# Chronik des Zweiten Weltkriegs

# Chronik
## des Zweiten Weltkriegs

**Abbildungen auf dem Schutzumschlag:**
**Vorderseite:** Flüchtende Frauen und Kinder im umkämpften Danzig
(März 1945).
**Rückseite:** Unternehmen »Merkur«: Deutsche Fallschirm- und
Gebirgsjäger erobern im Mai 1941 die Insel Kreta.

# Impressum:

©Chronik Verlag im Wissen Media Verlag GmbH,
Gütersloh/München 2004

**Redaktion**
Brigitte Esser, Michael Venhoff (Per/Factory, Köln)
**Bildredaktion**
Ilona Rudolph
**Lektorat**
Ingrid Reuter

## Erweiterte Neuausgabe 2004:

**Redaktion**
Hanno Ballhausen, Petra Niebuhr-Timpe
**Autor der Themenseiten**
Friedemann Bedürftig
**Bildredaktion**
Thekla Sielemann
**Grafik- und Kartenredaktion**
Dr. Matthias Herkt

**Satz und Layout**
SOFTWIN, Bukarest
**Layoutkonzeption der Themenseiten:**
JOSCH Werbeagentur GmbH, Essen
**Datentechnik**
Claudia Renner, Franziska Streckert, Daniela Wuttke
**Herstellung**
Martin Kramer
**Einband- und Schutzumschlaggestaltung**
INIT, Büro für Gestaltung, Bielefeld
**Druck**
MOHN Media • Mohndruck GmbH, Gütersloh

ISBN 3-577-14367-3

# Inhalt

# Der Zweite Weltkrieg und das Jahrhundert der Kriege

Das 20. Jahrhundert war ein Jahrhundert außergewöhnlicher Gewaltanwendung. Der Zweite Weltkrieg ragt aus ihm als Aufgipfelung heraus. Das wird besonders deutlich, wenn man es mit dem vergleichsweise friedlichen 19. Jahrhundert zusammen sieht, gab es doch in diesem »langen Jahrhundert« zwischen 1815 und 1914 keinen großen oder allgemeinen Krieg. Unser Jahrhundert dagegen sah den Kampf von Massenheeren und den Einsatz von Massenvernichtungsmitteln in einem nie zuvor erlebten Maße – aber es könnte sein, dass sich die Epoche zwischen 1914 und 1989 als ein vergleichsweise »kurzes Jahrhundert« der Kriege herausstellt: Erster Weltkrieg, Zwischenkriegszeit, Zweiter Weltkrieg und Kalter Krieg heißen die verkürzend gebrauchten Kennzeichen.

## Erster Weltkrieg: Der schwierige Frieden

Mit dem Ersten Weltkrieg fing es an und George Kennans Kennzeichnung, er sei die »Urkatastrophe« unseres Jahrhunderts gewesen, trifft den Kern. Hier entluden sich lange aufgestaute innergesellschaftliche Spannungen und zwischenstaatliche Konflikte in einem neuartigen Massenmorden. Er wurde aber auch deswegen als »Krieg, der alle Kriege beenden sollte« (H.G. Wells) proklamiert und genau das erwies sich als schwierig.

Gewiss gingen die Friedensmacher nach Kriegsende mit der Absicht ans Werk, eine dauerhafte Weltordnung zu schaffen. Aber sie scheiterten damit in längerer Sicht.

Der Keim dazu, der den Zweiten Weltkrieg brachte, war in der Saat des Friedensvertrages von Versailles 1919 bereits enthalten. Man hat den US-amerikanischen Präsidenten Woodrow Wilson, den britischen Premierminister David Lloyd George und den französischen Ministerpräsidenten Georges Clemenceau heftig gescholten, hat gesagt, ihnen sei die Kunst des Friedensschlusses abhanden gekommen.

Jedoch verkennt dieses Verdikt, dass zwar Chancen versäumt wurden, aber die Probleme wirklich ungeheuer groß waren. Auf der Pariser Friedenskonferenz konnten sich nicht einfach, wie in vorangegangenen Jahrhunderten, die Staatsmänner zusammensetzen, Ländergrenzen versetzen und dann wieder zur Tagesordnung übergehen mit »Friede wirkendem Vergessen«, wie man das vormals genannt hatte. Nein, gerade die Völker waren im Krieg mit einem aufgeputschten Nationalismus und Hass gegeneinander angetreten und erwarteten nun auch Genugtuung für ihre Opfer, nicht zuletzt die materiellen; denn der Krieg war in Europa überall durch Raubbau an den Volkswirtschaften finanziert worden.

Das setzte auch die Regierungen der Sieger unter Druck, so dass der amerikanische Präsident kaum als gleichsam unparteiischer Schiedsrichter nachträglich einen unentschiedenen Frieden durchsetzen konnte. Gerade in Ostmitteleuropa gab es unentwirrbare nationale Gemengelagen. Strategische und wirtschaftliche Gründe konnte man darüber hinaus bei der Gründung neuer Nationalstaaten nicht ganz vernachlässigen. Und schließlich galt unausgesprochen, dass man die weithin als Angreifer des Krieges angesehenen Verlierermächte nicht noch nachträglich durch territoriale Zuwächse gestärkt aus dem Krieg hervorgehen lassen wollte.

## Zwischenkriegszeit: Instabile Weltordnung

Die Pariser Vorortverträge lassen sich als Versailler Ordnung begreifen und sie hatten ihren ideellen Kern im Völkerbund. Die Verlierer des Weltkrieges konnten ihm erst nach und nach beitreten, gleichsam zur Bewährung. Die Deutschen taten dies 1926.

*Deutsche Geländewagen überfahren die polnische Grenze; mit dem Überfall auf den östlichen Nachbarn beginnt das nationalsozialistische Deutschland am 1. September 1939 den Zweiten Weltkrieg.*

Aber auch die vormalige Großmacht Russland gehörte ihm erst seit 1934 an, denn nach den Revolutionen von 1917 tobte auf ihrem Territorium für fünf Jahre Bürgerkrieg, der erst 1922 endgültig zugunsten der bolschewistischen Herrschaft entschieden war. Erst seit diesem Zeitpunkt begann sich die Sowjetunion auch als Staat unter anderen Staaten zu begreifen, nicht primär als Träger der Weltrevolution, die sich unmittelbar in der Mitte Europas ausbreiten sollte – Lenin hatte an der Versailler Friedenskonferenz nicht teilgenommen. Dennoch blieb die Herausforderung eines anderen, sozialistischen oder kommunistischen Gesellschaftsmodells fortan bestehen und wirkte als Herausforderung auch in den übrigen Staaten des internationalen Systems, die sich ihrerseits nur bedingt den amerikanischen Vorstellungen von freier Regierung und kapitalistischer Wirtschaft annäherten.

Die Versailler Ordnung wies aber noch ein weiteres schwer wiegendes Defizit auf: Die Vereinigten Staaten blieben ihr fern – obwohl sie doch nach dem Krieg soviel zu deren Entstehung beigetragen hatten –, ratifizierten alle einschlägigen Verträge nicht und traten auch dem Völkerbund in Genf nicht bei. Das war um so wichtiger, als die nordamerikanische Weltmacht mittlerweile längst zur wirtschaftlich stärksten Potenz aufgestiegen war, und ihr Prinzip eines offenen, kapitalistisch strukturierten Weltmarktes auch weiterhin propagierte und international durchsetzen wollte.

Die um den Völkerbund zentrierte Versailler Ordnung war weltweit konzipiert, doch wurde sie in globalem Maßstab durch die Washingtoner Ordnung ergänzt, wie man sie nach einer in der US-Hauptstadt Ende 1922 abgehaltenen Konferenz nennen könnte. Hier ging es nicht um Regelungen zwischen Siegern und Besiegten, wohl aber um machtpolitische Anpassungen, die alle zugunsten der USA erfolgten und bedingt Großbritannien aus der noch um die Jahrhundertwende bestehenden weltgeschichtlichen Führungsrolle verdrängten. Die Briten mussten so z. B. die Parität der US-Seemacht anerkennen; die Japaner erschienen hier auf dem zweiten Rang, Franzosen und Italiener gar stiegen in die dritte Kategorie auf. Ferner wurde auch für Ostasien der politische Einfluss der USA neben dem britischen festgeschrieben – zumal der wirtschaftliche Zugang zum ostasiatischen Riesenreich China.

Halten wir also fest, die USA bestimmten die internationale Ordnung nach dem Ersten Weltkrieg wirtschaftspolitisch nachdrücklich, beschränkten sich aber machtpolitisch-militärisch auf ihren Kontinent. Das forderte in Europa gerade die Franzosen heraus, ihre Sicherheitsbedürfnisse durch ein konventionelles System von Militärbündnissen zusätzlich zum Völkerbund zu befriedigen. Aber es gab auch den Versuch, in einem gemeinsamen Konzert der vier europäischen Großmächte Großbritannien, Frankreich, Deutschland und Italien ein Einvernehmen zur Steuerung des europäischen Machtsystems zu erreichen – wie durch den Locarno-Vertrag 1925.

Revisionismus hieß hingegen das Schlagwort für die Politik der zu kurz Gekommenen gegen die Ordnung von 1919 und zu den Verlierern gesellten sich bald auch mit Japan und Italien unzufriedene Siegermächte des Ersten Weltkriegs. Japan entwickelte Expansionsgelüste in Ostasien, die 1931 mit dem Einmarsch in die Mandschurei offenkundig wurden und sich dann 1937 in einem offenen, aber unerklärten Krieg gegen China fortsetzten. In Italien, wo sich das faschistische Regime Benito Mussolinis festigte, erstrebte man dagegen so etwas wie die Wiederherstellung des Römischen Reiches um das Mittelmeer herum, begann aber mit den beschränkten Machtmitteln des Staates 1934 nur einen Eroberungskrieg gegen das Völkerbundmitglied Äthiopien. Mit beiden Aggressionsakten, dem japanischen wie dem italienischen, wurde der Völkerbund nicht fertig und verkam zur Farce.

Die nach dem Ersten Weltkrieg eingeforderte internationale Solidarität schwand endgültig im Gefolge der Weltwirtschaftskrise, ausgelöst durch den Börsenkrach in den USA im Herbst 1929. Bis dahin hatte sich die Weltwirtschaft unter amerikanischer Führung weitgehend vom Ersten Weltkrieg erholt. Wenn auch zuvor schon nationale Strukturkrisen deutlich waren, so trieb die Weltwirtschaftskrise erst recht viele nationale Gesellschaften in Produktionskrisen, Verarmung und politische Radikalisierung. Zudem suchten die Staaten in nationalem Egoismus primär nach Gegenmaßnahmen zur wirtschaftlichen Eigensanierung, ein Vorgehen, das auch politisch die Solidarität der Staatengemeinschaft schrumpfen ließ.

## Zweiter Weltkrieg: Hitlers Griff nach Weltherrschaft

All dies förderte den Aufstieg der Nationalsozialisten zur Macht in Deutschland. Adolf Hitler trat ab 1933 nicht nur zur Revision von Versailles an – da hatte er fast alle Deutschen hinter sich –, ebenso nicht nur, um den Ersten Weltkrieg durch einen zweiten Anlauf für Deutschland zu gewinnen, sondern ihm ging es um eine potentiell schrankenlose Expansion der Deutschen, der sog. arischen Rasse, um einen Lebensraum im Osten für die nächsten Jahrhunderte, ja letztlich darum, den »Wanderpokal« Erde unter deutsche Herrschaft zu bringen. Verbunden war dies mit einer rassistischen Weltsicht, in der die Ausrottung der Juden und die Unterordnung anderer als minderwertig angesehener Rassen, vornehmlich der Slawen, zum gleichrangigen Ziel eines Bürger- wie Staatenkrieges wurde. Deutsche, italienische und japanische Expansion bedrohten also Versailler und Washingtoner Ordnung gleichermaßen.

Die demokratischen Staaten geboten der Expansion zunächst keinen Einhalt. Vielmehr kamen vor allem in Großbritannien, aber auch in Frankreich und in den USA Überlegungen auf, den Habenichtsen eine begrenzte, als legitim erachtete Revision der Versailler und Washingtoner Ordnung zu gestatten, wenn sie sich wieder in die Staatengesellschaft einfügten. Appeasement nannte man dieses probate Mittel zur Ausgleichspolitik seit jeher. Es beruhte jedoch letztlich auf einer Unterschätzung vor allem des nationalsozialistischen Kriegswillens, wobei in Rechnung zu stellen ist, dass Hitler lange eine Politik der grandiosen Selbstverharmlosung betrieb, die ihm innen- wie außenpolitisch zweckmäßig erschien.

Unter diesen Umständen wurde auch in den späten 30er Jahren die Sowjetunion zu einem interessanten Partner im Staatensystem. Josef Stalin als sowjetischer Diktator ging zwar innenpolitisch skrupellos mordend vor, blieb jedoch außenpolitisch lange zurückhaltend und erwartete den Krieg der »kapitalistischen Mächte« untereinander. Erst unmittelbar vor Kriegsbeginn 1939 schlossen die Sowjetunion und das Deutsche Reich einen Pakt, der auch die Aufteilung großer Teile der zwischen ihnen liegenden neuen Nationalstaaten Ostmitteleuropas vorsah. Die deutsche Besetzung des entmilitarisierten Rheinlandes, der Anschluss Österreichs im März, die erzwungene Abtretung der Sudetengebiete im Oktober 1938, die Besetzung Böhmens und Mährens (März 1939) waren nur Teile der Salamitaktik Hitlers, unter dem Deckmantel der legitimen Revision einen großen Krieg vorzubereiten, der mit dem Überfall auf Polen begann.

Im Zweiten Weltkrieg wurde letztlich die Expansion des Deutschen Reiches, Japans und Italiens samt Verbündeten niedergeschlagen, aber auch eine Reihe weiterer Sonderkriege zu nationaler Machterweiterung und -erhalt geführt. Entscheidend war jedoch der vom Deutschen Reich in die Praxis umgesetzte rassenideologische Vernichtungs- und Expansionskrieg gegen alles, was sich deutsch-arischer Herrschaft entgegenstellte – bis 1943 vor Stalingrad und bis zum Völkermord an den europäischen Juden. Das gegenüber dem Ersten Weltkrieg noch einmal gesteigerte Vernichtungspotenzial eines industrialisierten Krieges, erhöhte Schrecken und Dauer des Krieges, aber es gab den ebenso emotionalen, ja fanatischen Durchhaltewillen der Soldaten und ganzer Gesellschaften auf allen Seiten. Einen Höhepunkt fand die Massenvernichtung mit den Abwürfen der ersten US-Atombomben auf Hiroschima und Nagasaki kurz vor der japanischen Kapitulation im August 1945.

## Nachkriegszeit: Ost-West-Konflikt

Vernichtung und Vernichtungspotential des Zweiten Weltkrieges wirken weiter bis in die Gegenwart hinein. Auschwitz, Stalingrad und Hiroschima stehen dabei bildhaft für unterschiedliche Stränge dieses organisierten Verbrechens im Weltkrieg. Aber nicht allein dies bestimmt die aus dem Zweiten Weltkrieg hervorgehende neue Weltordnung. Die Vereinten Nationen waren ursprünglich der Name der 1942 als Bündnis begründeten Weltkoalition, die 1945 zum neuen

Rahmen der internationalen Ordnung werden sollte und bis heute diese Funktion nicht voll hat übernehmen können.

Diesmal war sichergestellt, dass die Verlierer, die den Krieg begonnen hatten, nicht wieder in einen neuen Revisionismus verfallen konnten. Ihr Gebiet wurde militärisch besetzt, ihr demokratischer Neuaufbau dabei eingeleitet oder zumindest überwacht. Den Aggressorstaaten wurde nicht erneut jede Aufstiegsmöglichkeit genommen, vielmehr fanden gerade die Bundesrepublik Deutschland und Japan seit den 60er Jahren eine neue Rolle als wirtschaftliche Weltmächte. Aber gerade im deutschen Fall trugen die unterschiedlichen Ordnungsvorstellungen der vier Hauptsiegermächte nicht nur zur 40-jährigen Spaltung in zwei Staaten bei, sondern verstärkten auch den sich anbahnenden Kalten Krieg.

Der Ost-West-Konflikt war als ideologische Auseinandersetzung zwischen bolschewistischem Ordnungsmodell und kapitalistisch-demokratischem »Westen« schon seit der Oktoberrevolution 1917 angelegt; er wurde aber zeitweilig durch die für beide Seiten zentrale nationalsozialistisch-faschistische Herausforderung überlagert. Der Zweite Weltkrieg, der diese Gefahr ausschaltete, trug schon den Keim zum neuen Antagonismus zwischen den Vereinten Nationen in sich. Es waren zunächst kleinere Konflikte über Kriegführung, Separatfrieden und Kriegsziele, welche die Bündnispartner belasteten. Mit der zunehmenden Rückeroberung des deutsch-italienischen bzw. japanischen Machtbereichs kam die durch die jeweilige ideologische Wahrnehmung des anderen verstärkte Tendenz auf, den eigenen Bereich auch gesellschaftspolitisch abzuschotten und nach eigenen Modellen umzugestalten. Nach Polen, ab 1944, ergriff dieser Antagonismus die anderen Staaten Ostmitteleuropas, aber auch den Nahen und Mittleren Osten, China und Korea. Das deutsche Problem wurde nur eines der wichtigsten im 1947 voll entfalteten Kalten Krieg, der in Korea 1950 zum regional ausgetragenen Stellvertreterkrieg zwischen Ost und West wurde. Die Zerstörungskraft atomarer Waffen verhinderte für Jahrzehnte in einem Gleichgewicht des Schreckens, dass der in mehreren Phasen zum Kalten Krieg eskalierende Ost-West-Gegensatz in einem Dritten Weltkrieg explodierte.

International gesehen, gingen die USA durch die Leistungskraft ihrer Wirtschaft und durch ihren militärischen Kriegsbeitrag als die unangefochtene erste Macht der Welt aus dem Zweiten Weltkrieg hervor. Die Sowjetunion, deren Widerstand und sodann Gegenangriff gegen die deutsche Invasion und die ihrer Verbündeten wesentlich zur Wende im Weltkrieg beigetragen hatten, war selbst ein zerstörtes und verwüstetes Land. Ihr gelang jedoch der vor allem militärisch begründete Aufstieg zur zweiten Supermacht neben den USA erstaunlich schnell unter den harten Bedingungen der Stalin'schen Diktatur, obwohl sie wirtschaftlich schwach blieb. In Europa hatten im Grunde – wie schon 1918 – alle Staaten verloren, auch die Sieger Frankreich und Großbritannien. Beide hielten den Anspruch auf Weltgeltung zwar mehr oder weniger erfolgreich aufrecht; aber insgesamt trat (Rest-)Europa gegenüber den Vereinigten Staaten und der Sowjetunion in weltpolitischer Bedeutung erneut stark zurück.

Europäische und transatlantische wirtschaftliche, politische und militärische Zusammenarbeit ist eine Einsicht der Staaten aus den Zerstörungen des Zweiten Weltkrieges. Sie wurde als Versicherung gegen eine Wiederholung dieser Selbstzerstörung der alten Vormacht Europas in der Welt begriffen, aber sie kam auch aus amerikanischem Eigeninteresse zustande. Die Kooperation betraf zunächst Westeuropa und Nordamerika, die unter diesen Bedingungen Inseln des Wohlstandes auf der Erde schaffen konnten. Von den Möglichkeiten ihrer Ausdehnung auf ganz Europa, aber auch auf die Dritte Welt hängt es ab, ob die Lehren des Zweiten Weltkrieges gezogen werden, die nach dem Ende des bisherigen Ost-West-Konflikts die Chancen zu neuen Weltordnungen bieten. Das Vernichtungspotenzial des Zweiten Weltkriegs aber bleibt in gewandelter Form weiterhin eine Bedrohung der Menschheit.

**Jost Dülffer**

*Atompilz über Nagasaki: Mit den Atombombenabwürfen über Hiroschima am 6. August 1945 und Nagasaki drei Tage später beenden die USA den Zweiten Weltkrieg in Asien. Japan unterzeichnet am 2. September die Kapitulation.*

# 1939

Mit dem Überfall der Wehrmacht auf Polen beginnt am 1. September der Zweite Weltkrieg. Anders als von Adolf Hitler erwartet, erfüllen Großbritannien und Frankreich ihre Bündnisverpflichtungen und erklären dem Deutschen Reich den Krieg.

### ■ 1. September
Um 4.45 Uhr beginnt vor Danzig der deutsche Angriff auf Polen. → S. 14

*Eine deutsche Wagenkolonne überfährt die polnische Grenze.*

Durch eine Polizeiverordnung wird für Juden im Deutschen Reich eine Ausgangssperre eingeführt.

### ■ 3. September
Die Botschafter Frankreichs und Großbritanniens übergeben in Berlin die Kriegserklärungen ihrer Regierungen an das Deutsche Reich. → S. 18

In Bromberg (Polen) werden mehrere tausend Deutsche ermordet. → S. 16

### ■ 4. September
Während eines britischen Luftangriffs auf Wilhelmshaven und Brunsbüttel werden von 24 Bombern der Royal Air Force sieben abgeschossen.

### ■ 5. September
Die USA und Japan erklären ihre Neutralität im europäischen Krieg.

### ■ 6. September
Deutsche Truppen besetzen Krakau. Die polnische Regierung wird nach Lublin evakuiert.

### ■ 7. September
Die französische Armee eröffnet eine begrenzte Offensive an der Saar.

### ■ 8. September
Die deutsche 4. Panzerdivision (Generalleutnant Georg-Hans Reinhardt) erreicht den Stadtrand von Warschau. Teile der deutschen 10. Armee (General Walter von Reichenau) beginnen bei Radom mit der Einkesselung von Teilen der polnischen Armee »Pruzy« (General Stefan Dab-Biernacki → S. 17).

### ■ 9. September
Mit dem Angriff der polnischen Armee »Poznan« (General Tadeusz Kutrzeba) auf die deutsche 8. Armee (General der Infanterie Johannes Blaskowitz) beginnt die entscheidende Schlacht an der Bzura. → S. 17

*Die polnische Kavallerie konnte die Wehrmacht nicht aufhalten.*

### ■ 10. September
Kanada erklärt dem Deutschen Reich den Krieg.

### ■ 12. September
Bei der Kapitulation der Armee »Pruzy« (General Stefan Dab-Biernacki) im Kessel von Radom geraten rd. 60 000 Polen in deutsche Gefangenschaft (→ S. 17).

In Abbéville tagt erstmals der Oberste Alliierte Kriegsrat.

### ■ 14. September
Nach einem vergeblichen Torpedoangriff auf den britischen Flugzeugträger »Ark Royal« wird das deutsche U-Boot »U 39« bei den Hebriden vor der Küste Schottlands durch Wasserbomben versenkt.

### ■ 15. September
An der Südfront nehmen die deutschen Truppen Przemysl und Bialystok ein.

### ■ 16. September
Teile der Heeresgruppe Süd (Generaloberst Gerd von Rundstedt) beginnen an der Bzura die Umfassung der Armeen »Poznan« und »Pomorze« (→ S. 17).

### ■ 17. September
Um 6 Uhr überschreitet die sowjetische Armee die polnische Grenze. → S. 19

Polens Staats- und Armeeführung treten auf rumänisches Gebiet über.

### ■ 19. September
Im Kessel an der Bzura kapitulieren die polnischen Armeen »Poznan« und »Pomorze« mit rund 170 000 Mann.

### ■ 21. September
Reinhard Heydrich, Chef der Sicherheitspolizei und des Sicherheitsdienstes der SS, legt die Polenpolitik fest: Liquidierung der Intelligenz, Ghettoisierung der Juden, Umsiedlung der Polen in ein Gebiet mit der Hauptstadt Krakau.

### ■ 25. September
Im Deutschen Reich werden Lebensmittelkarten ausgestellt. → S. 20

### ■ 27. September
Warschau kapituliert bedingungslos vor den deutschen Truppen (→ S. 17).

*Große Teile Warschaus wurden dem Erdboden gleichgemacht.*

### ■ 28. September
Ein in Moskau vereinbarter Grenzvertrag zwischen dem Deutschen Reich und der UdSSR legt die deutsch-sowjetische Demarkationslinie in Polen fest. → S. 19

*J. Stalin (links) und der deutsche Außenminister J. von Ribbentrop*

### ■ 30. September
General Wladyslaw Eugeniusz Sikorski wird mit der Bildung einer Exilregierung betraut. → S. 20

### ■ 3. Oktober
Bis auf 30 Divisionen werden die in Polen eingesetzten deutschen Streitkräfte an die Westfront bzw. ins Reich verlegt.

### ■ 4. Oktober
Ein Geheimerlass von Adolf Hitler amnestiert die von Reichsdeutschen in Polen seit dem 1. September verübten Straftaten.

### ■ 6. Oktober
Bei Kock und Lublin kapitulieren die letzten polnischen Truppen. → S. 23

Vor dem Deutschen Reichstag macht Adolf Hitler dem Westen ein Friedensangebot unter Anerkennung des Status quo, das abgelehnt wird. → S. 22

### ■ 7. Oktober
Heinrich Himmler, Reichsführer SS und Chef der deutschen Polizei, erhält die Aufgaben eines Reichskommissars für die »Festigung des deutschen Volkstums«. Er soll die Zwangsumsiedlung von Polen in das Generalgouvernement organisieren. → S. 23

### ■ 9. Oktober
In der Reichskanzlei von Adolf Hitler findet eine Besprechung der am geplanten Euthanasieprogramm beteiligten Behörden statt. Sie planen, 65 000 bis 70 000 Menschen zu ermorden. → S. 21

Beim Abschluss eines Beistandspaktes mit Litauen tritt die UdSSR das zuvor polnische Wilna und das Wilnagebiet an Litauen ab (→ S. 20).

### ■ 12. Oktober
Das besetzte und nicht dem Reich angegliederte Territorium Restpolens wird per Erlass Hitlers zum Generalgouvernement unter Leitung von Reichsminister Hans Frank zusammengefasst.

Aus dem ehemaligen Österreich und dem Protektorat Böhmen und Mähren werden Juden in das Generalgouvernement deportiert (→ S. 24).

### ■ 14. Oktober
Im britischen Scapa Flow versenkt »U 47« (Kapitänleutnant Günther Prien) das britische Schlachtschiff »Royal Oak«. → S.25

### ■ 15. Oktober
Zwischen der Reichsregierung und Estland wird ein Protokoll zur Umsiedlung der Baltendeutschen unterzeichnet (→ S. 24).

HEFT 42 / JAHRG. 41 / BERLIN, 18. OKTOBER       **DIE WOCHE**       PREIS 40 PFENNIG (FREI HAUS 45 PFENNIG)

Ein historisches Bilddokument vom Ende des polnischen Krieges
Zwei Züge begegnen einander in den Straßen von Warschau: die Sieger rücken ein, das geschlagene
polnische Heer marschiert in die Gefangenschaft        *Aufnahme Udo Wolter*

*Das siegreiche Ende des »Blitzkrieges« gegen Polen ist der Aufmacher der Berliner »Woche« vom 18. Oktober 1939.*

**■ 17. Oktober**

Bei einem Angriff deutscher Bomber auf die britische Flottenbasis Scapa Flow wird das Schul- und Depotschiff »Iron Duke« schwer beschädigt. → S. 25

**■ 20. Oktober**

Rund 2000 Juden, vor allem Einwanderer aus Polen, werden von Wien nach Lublin ins Generalgouvernement deportiert (→ S. 24).

**■ 21. Oktober**

In Rom einigen sich Italiens Außenminister Galeazzo Ciano, Graf von Cortellazzo, und der deutsche Botschafter Hans Georg von Mackensen auf die Umsiedlung von Reichs- und Volksdeutschen aus Südtirol. → S. 20

**■ 26. Oktober**

Im Generalgouvernement werden alle polnischen Einwohner von 18 bis 60 Jahren unter Arbeitsdienstpflicht und alle Juden unter Arbeitszwang gestellt.

**■ 28. Oktober**

Ein Befehl von Heinrich Himmler, Reichsführer SS und Chef der deutschen Polizei, fordert unverheiratete Angehörige der SS vor dem Ausrücken ins Feld zur Zeugung von Nachwuchs auf.

**■ 30. Oktober**

Das Deutsche Reich und Lettland schließen ein Umsiedlungsabkommen. → S. 24

Heinrich Himmler, Reichsführer SS und Chef der deutschen Polizei, befiehlt die Umsiedlung der jüdischen Bevölkerung aus Pommern, Posen und Oberschlesien ins Generalgouvernement (→ S. 23).

**■ 31. Oktober**

Beim Generalgouverneur für die besetzten polnischen Gebiete, Hans Frank, in Lódź werden die Prinzipien der Besatzungspolitik besprochen. → S. 24

**■ 1. November**

Der Oberste Sowjet billigt die Eingliederung der ehemals polnischen Westukraine in die UdSSR.

**■ 3. November**

Das Deutsche Reich und die UdSSR unterzeichnen ein Umsiedlungsabkommen. Volksdeutsche verlassen die Westukraine sowie Weißrussland und Ukrainer, Weißrussen, Russen sowie Ruthenen das Generalgouvernement (→ S. 38).

**■ 4. November**

US-Präsident Franklin Delano Roosevelt unterzeichnet eine revidierte Neutralitätsakte. Sie erlaubt Krieg führen-

den, US-Waffen zu kaufen und auf eigenen Schiffen abzutransportieren. → S. 26

**■ 6. November**

Der gesamte Lehrkörper der Jagiellonischen Universität Krakau wird von der Schutzstaffel (SS) verhaftet und in Konzentrationslager überführt.

**■ 7. November**

Der Termin für den Beginn der deutschen Offensive im Westen wird wegen des schlechten Wetters zunächst vom 12. auf den 15. November verschoben.

**■ 8. November**

*Der Bürgerbräukeller wurde durch den Bombenanschlag verwüstet.*

Ein Bombenattentat von Johann Georg Elser auf Adolf Hitler im Münchner Bürgerbräukeller schlägt fehl.

**■ 11. November**

In Teilen des besetzten Polen werden Plakate zur Erinnerung an die Gründung der Polnischen Republik am 11. November 1918 angeschlagen. Generalgouverneur Hans Frank ordnet an, dass »in jedem Haus, in dem das Plakat hängen bleibt, ein Bewohner erschossen wird«.

**■ 16. November**

Generalfeldmarschall Hermann Göring befiehlt eine verstärkte Anwerbung polnischer Arbeitskräfte. → S. 26

**■ 18. November**

General Johannes Blaskowitz legt Adolf Hitler einen Bericht über Gewalttaten deutscher Polizei und SS-Einsatzgruppen im besetzten Polen vor. → S. 26

Den Juden im Distrikt Krakau wird das Tragen eines Judensterns mit Wirkung zum 1. Dezember 1939 befohlen.

Der niederländische Passagierdampfer »Simon Bolivar« (8309 t) läuft im Kanal auf eine Mine. 84 Fahrgäste und Besatzungsmitglieder kommen ums Leben.

**■ 21. November**

Der britische Kreuzer »Belfast« wird

durch einen Minentreffer im schottischen Firth of Forth schwer beschädigt.

**■ 26. November**

Die Sowjetregierung protestiert bei der finnischen Regierung gegen die Beschießung sowjetischer Truppen durch finnische Artillerie (→ S. 28).

**■ 27. November**

Großbritanniens König Georg VI. unterzeichnet ein Dekret über die Durchführung der über das Deutsche Reich verhängten Ausfuhrblockade. Frankreich schließt sich dieser Maßnahme an.

**■ 28. November**

Das Oberkommando der deutschen Wehrmacht gibt die Versenkung eines britischen Kreuzers der »London-Klasse« durch »U 47« (Kapitänleutnant Günther Prien) bekannt.

*Die deutsche U-Boot-Flottille »Weddigen« läuft zur Feindfahrt aus.*

**■ 29. November**

In der Weisung Nr. 9 für die Kriegführung befiehlt Adolf Hitler die Bombardierung und Verminung britischer Seehäfen. → S. 28

**■ 30. November**

Mit einem Luftangriff auf Helsinki und einer Offensive an der Karelischen Landenge beginnt der sowjetische Angriff auf Finnland. → S. 28

**■ 1. Dezember**

Im Reichsgau Posen beginnt die Umsiedlung der rund 150 000 Polen in das Generalgouvernement.

**■ 7. Dezember**

Bei einem Gefecht mit den deutschen Zerstörern »Hans Lody« und »Erich Giese« vor der britischen Küste wird der Zerstörer »Jersey« schwer beschädigt.

**■ 8. Dezember**

Mit der Ankunft einer von der Volksdeutschen Mittelstelle zusammengestellten Umsiedlungskommission in Przemysl beginnt die Übersiedlung von rund 120 000 Volksdeutschen aus Wolynien (Westukraine) und Ostgalizien ins Deutsche Reich.

**■ 9. Dezember**

Das sowjetische Außenkommissariat informiert die in Moskau akkreditierten Botschafter über die Verhängung einer Blockade über die finnische Küste und erklärt die Region zum Kriegsgebiet.

**■ 14. Dezember**

Bei einem Angriff auf Wilhelmshaven verliert die britische Luftwaffe sechs Vickers-Wellington-Bomber.

Der Völkerbundrat in Genf schließt die UdSSR wegen ihres Angriffs auf Finnland aus dem Völkerbund aus (→ S. 28).

**■ 16. Dezember**

Winston Churchill, der Erste Lord der Admiralität, regt wie bereits am 19. September im britischen Kriegskabinett eine Landung in Norwegen an (→ S. 44).

**■ 17. Dezember**

Das Panzerschiff »Admiral Graf Spee« versenkt sich außerhalb der Dreimeilenzone vor der Küste Uruguays. → S. 29

*Der Untergang der »Admiral Graf Spee« vor Montevideo*

**■ 18. Dezember**

Bei einer Luftschlacht verliert die britische RAF zwölf Bomber.

**■ 28. Dezember**

Bei Suomussalmi wird die sowjetische 163. Schützendivision nach 17-tägigen Kämpfen aufgerieben (→ S. 28).

**■ 31. Dezember**

Adolf Hitler erhält einen OKW-Bericht über den sowjetisch-finnischen Krieg, wonach die Rote Armee für moderne Armeen kein ernsthafter Gegner sei.

München, 5. November 1939
44. Jahrgang / Nummer 44

30 Pfennig

# SIMPLICISSIMUS

VERLAG KNORR & HIRTH KOMMANDITGESELLSCHAFT, MÜNCHEN

## Nach der ersten Runde

(E. Thöny)

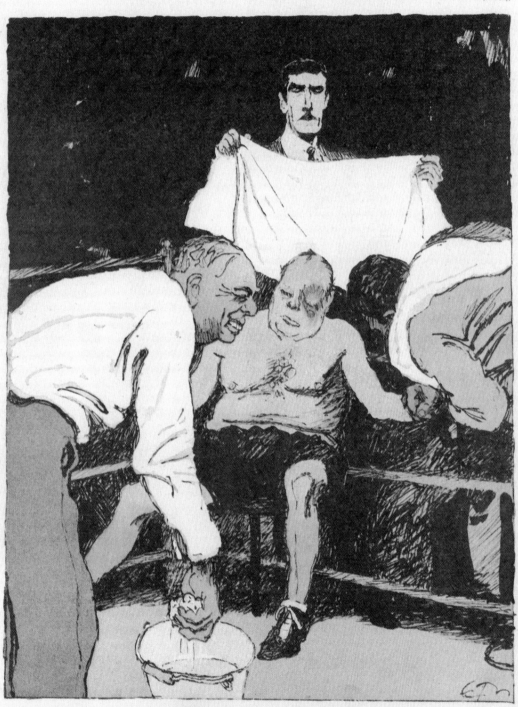

Churchill mußte mehrere schwere Treffer einstecken. Erste Runde einwandfrei für uns!

*Nach den Anfangserfolgen der deutschen Kriegsmarine gegen die britische Schifffahrt ergießt der »Simplicissimus« vom 5. November 1939*
*seinen Spott über den britischen Marineminister Winston Churchill.*

## 1. SEPTEMBER

# Linienschiff feuert auf Westerplatte

Im Morgengrauen um 4.45 Uhr er-öffnet das Linienschiff »Schleswig-Holstein« das Feuer auf die polnischen Befestigungen auf der Westerplatte vor Danzig. Planmäßig fängt der von Adolf Hitler am 31. August befohlene Angriff der deutschen Wehrmacht auf Polen an. Dies ist der Beginn des Zweiten Weltkriegs.

Schon um 4.34 Uhr war die Weichselbrücke bei Dirschau (Tczew) Ziel von Sturzkampfbombern des Typs Junkers Ju 87 der 3. Staffel des Stukageschwaders 1 gewesen. Sie hatten die Zündleitungen der Sprengladung an der Brücke, über die der Nachschub der deutschen 3. Armee laufen soll, bombardiert. Den Polen gelingt es jedoch, die Leitungen zu reparieren und die Brücke um 6.30 Uhr zu sprengen.

Am »Fall Weiß«, der deutschen Offensive gegen Polen, sind zwei deutsche Heeresgruppen beteiligt. Während die Heeresgruppe Süd unter Führung von Generaloberst Gerd von Rundstedt von Schlesien und der Slowakei aus in Richtung Warschau vorstößt, hat die Heeresgruppe Nord (Generaloberst Fedor von Bock) die Aufgabe, die Verbindung zwischen Ostpreußen und dem Reich herzustellen.

Auf deutscher Seite kämpfen sechs Panzerdivisionen, vier motorisierte Divisionen, vier leichte Divisionen, drei Gebirgs- und 37 Infanteriedivisionen mit 3195 Panzern. Die Polen können 38 Infanteriedivisionen, eine motorisierte und elf Kavalleriebrigaden sowie 1134 Panzer aufbieten. Den deutschen Luftflotten 1 und 4 stehen 1929 Flugzeuge zur Verfügung. Die Polen haben 397 Flugzeuge an der Front.

Zunächst verläuft der deutsche Vorstoß weitgehend nach Plan. Im Norden erreicht die 4. Armee die Weichsel. Die deutsche 14. Armee erobert am 6. September Krakau. Zur größten Schlacht kommt es ab dem 9. September an der Bzura (→ S. 17).

*Soldaten der deutschen Wehrmacht reißen am 1. September die polnischen Schlagbäume nieder.*

*Die brennende Westerplatte im Danziger Hafen unter dem Feuer der »Schleswig-Holstein«; die sich heftig wehrende polnische Besatzung kapituliert am 7. September.*

*Im Schutz von Panzerwagen greift die Danziger SS-Heimwehr das polnische Postamt an. Die überlebenden Polen werden nach der Kapitulation ohne Ausnahme erschossen.*

*Die Weichselbrücke bei Dirschau, die von polnischen Einheiten am 1. September gesprengt wird, um die deutschen Invasoren aufzuhalten*

---

## 3. SEPTEMBER

# Polnische Racheakte dienen der Propaganda

Während der deutsche Vormarsch weitergeht, macht sich die Erbitterung der Polen gegenüber den dort lebenden Deutschen in blutigen Übergriffen Luft.

Im polnischen Bromberg werden mehrere tausend Deutsche getötet, die verdächtigt wurden, mit der Wehrmacht zu paktieren. Anlass für die Vergeltungsaktion war ein Gerücht über die Beschießung polnischer Soldaten durch volksdeutsche Heckenschützen. In der deutschen Presse wird dieser Übergriff als »Bromberger Blutsonntag« propagandistisch ausgeschlachtet. Die deutschen Besatzer nutzen die polnischen »Septembermorde« als Rechtfertigung für die Verschärfung ihrer Terrorakte gegen die Bevölkerung (→ S. 24). So werden am 10. September auf dem Bromberger Markt polnische Geiseln erschossen.

*Ein deutsches Illustriertenfoto: Weinende Frau vor der Tür ihres Hauses, im Flur ihr von Polen ermordeter Mann*

*Propagandafoto mit folgender Originalunterschrift: »Hier liegt ein Teil der Opfer des polnischen Blutrausches.«*

## Entscheidung durch »Blitzsiege«

Die sich zurückziehende Armee »Poznan« unter General Tadeusz Kutrzeba fasst die in Richtung Warschau vorrückende 8. Armee in der Flanke, wodurch die Lage der deutschen Truppen bedrohlich wird.

Am 14. September schaltet sich auch die Armee »Pomorze« (General Wladyslaw Bortnowski) ein. Aus dem polnischen Gegenangriff entwickelt sich an der Bzura die größte und entscheidende Schlacht des Polenfeldzuges.

Deutsche Fliegerangriffe verringern die polnische Angriffswucht und wenden die beginnende Krise ab. Die polnischen Verbände werden ab dem 16. September durch die aus Norden vorstoßende 4. Armee und Teile der weiter südlich operierenden 10. Armee, die über zahlreiche Panzer und außerordentlich schnelle Verbände verfügt, eingekesselt. Das enge Zusammenspiel schneller motorisierter Einheiten und der Luftwaffe ist die Grundlage der deutschen »Blitzsiege« in den offenen Feldschlachten. Am 19. September ergeben sich die Armeen »Poznan« und »Pomorze« im Kessel an der Bzura mit rund 170 000 Mann. Zusammen mit den bereits am 12. September bei der Kapitulation der Armee »Pruzy« (General Stefan Dab-Biernacki) bei Radom gemachten 60 000 Gefangenen hat Polen einen Großteil seiner schlagkräftigsten Verbände verloren. Die verbleibenden Truppen sind hoffnungslos überlastet, weil Polen mit Beginn der sowjetischen Invasion am 17. September (→ S. 19) im Zwei-Fronten-Krieg steht. Bereits am 13. September schloss sich der Ring um Warschau. Vier Tage später flüchten Regierung und Armee. Am 25. September erfolgt die schwerste Attacke der deutschen Luftwaffe. Die Angriffe fordern unter der Zivilbevölkerung 10 000 Todesopfer, 35 000 Menschen werden verwundet. 12% der Gebäude sind zerstört.

Zwei Tage nach dem deutschen Luftangriff kapitulieren die Verteidiger Warschaus. Rd. 140 000 Polen geraten in Gefangenschaft. Am 28. September ergibt sich die Festung Modlin. Damit ist der Polenfeldzug fast beendet; die letzten Truppen kapitulieren am 6. Oktober.

*Führer und Reichskanzler Adolf Hitler in Soldatenuniform bei seiner Rede vor dem Deutschen Reichstag am 1. September*

# Hitler begründet den Überfall auf Polen

**Adolf Hitler begründet vor dem Reichstag den ohne Kriegserklärung erfolgten Angriff auf Polen.**

Der Diktator hofft einen Kriegseintritt der Westmächte verhindern zu können, indem er den Überfall als Verteidigungsakt verschleiert. Für den Fall seines Todes ernennt er Hermann Göring und, falls dieser sterben sollte, Rudolf Heß zu Nachfolgern. Hitler vermeidet in seiner von allen deutschen Sendern übertragenen Rede das Wort Krieg. Ziel sei die Lösung der Probleme Danzig und »Polnischer Korridor« sowie die Herbeiführung eines »friedlichen Zusammenlebens« beider Völker. Der fingierte Überfall auf den Sender Gleiwitz am 31. August dient als Rechtfertigung dafür, dass nun endlich »zurückgeschossen« werden müsse.

Das Reichspropagandaministerium gibt die Parole aus: »Keine Überschriften, in denen das Wort Krieg vorkommt. Der Rede des Führers zufolge schlagen wir nur zurück.« Der erste vom Oberkommando der Wehrmacht herausgegebene Bericht hat folgenden Wortlaut: »Auf Befehl des Führers und Obersten Befehlshabers hat die Wehrmacht den aktiven Schutz des Reiches übernommen. In Erfüllung des Auftrages, der polnischen Gewalt Einhalt zu gebieten, sind Truppen des deutschen Heeres heute früh über alle deutsch-polnischen Grenzen zum Gegenangriff angetreten.« Die Propagandaanstrengungen erweisen sich als nutzlos. Am 3. September treten kurz nacheinander die Westmächte Großbritannien und Frankreich in den Krieg ein.

## »Seit 5.45 Uhr wird zurückgeschossen«

*In seiner Reichstagsrede erklärt Reichskanzler Adolf Hitler am 1. September zum Angriff auf Polen (Auszug):*

»... Seit Monaten leiden wir alle unter der Qual eines Problems, das uns einst das Versailler Diktat beschert hat und das nunmehr in seiner Ausartung und Entartung unerträglich geworden war. Danzig war und ist eine deutsche Stadt. Der Korridor war und ist deutsch ... Ich habe mich daher nun entschlossen, mit Polen in der gleichen Sprache zu reden, die Polen seit Monaten gegen uns anwendet...

Polen hat nun heute nacht zum ersten Mal auf unserem eigenen Territorium auch durch reguläre Soldaten geschossen. Seit 5.45 Uhr wird jetzt zurückgeschossen. Und von jetzt ab wird Bombe mit Bombe vergolten. Wer mit Gift kämpft, wird mit Giftgas bekämpft... Ich will jetzt nichts anderes sein, als der erste Soldat des Deutschen Reiches. Ich habe damit wieder jenen Rock angezogen, der mir selbst der heiligste und teuerste war... Ein Wort habe ich niemals kennen gelernt, es heißt: Kapitulation...«

## 3. SEPTEMBER

# Alliierte machen mobil

Zwei Tage nach dem Überfall deutscher Truppen auf Polen überreicht der Botschafter Großbritanniens, Neville Meyrick Henderson, Reichsaußenminister Joachim von Ribbentrop um 9 Uhr die britische Kriegserklärung.

Um 12.20 Uhr folgt eine entsprechende französische Note. Damit geben Großbritannien und – nach einigem Zögern – Frankreich ihre Zurückhaltung gegenüber Hitler endgültig auf. In Polen, das seit dem Frühjahr versuchte, sich durch britische und französische Garantie- und Beistandserklärungen abzusichern, löst die Nachricht Jubel aus.

Zwar machten Großbritannien und Frankreich seit dem 1. September mobil, doch zögerten sie zunächst mit ihren Kriegserklärungen. Erst am Abend des 1. September wurden in Berlin Noten der britischen und fran-

## HITLER A ATTAQUÉ
## MOBILISATION GENERALE aujourd'hui en France et en Angleterre

*Schlagzeile aus der französischen Presse am 2. September: »Heute Mobilmachung in Frankreich und Großbritannien«*

zösischen Regierung überreicht. Die beiden Westmächte drohten mit militärischem Eingreifen, sofern die Reichsregierung nicht »bereit [wäre], ihre Truppen unverzüglich aus polnischem Gebiet zurückzuziehen«. Ribbentrop erklärte darauf, nicht das Deutsche Reich habe angegriffen, sondern Polen habe mobilisiert. Während am folgenden Tag die polnische Regierung in Paris und London energisch auf ein militärisches Eingreifen drängte, unternahm Italiens Ministerpräsident und Duce Benito Mussolini noch einen Vermittlungsversuch. Er schlug einen sofortigen Waffenstillstand und die Einberufung einer Konferenz innerhalb von drei Tagen vor. Damit würde das Reich »alle seine Ziele erreichen und gleichzeitig einen Krieg vermeiden, der heute schon als allgemein und nach außerordentlich langer Dauer aussieht«.

## ZITAT

# »Hitler saß völlig still und regungslos an seinem Platz«

*Am 3. September um 9 Uhr übergibt Botschafter Neville Meyrick Henderson Paul Schmidt, dem Dolmetscher des Auswärtigen Amtes, die endgültige britische Note. Reichsaußenminister Joachim von Ribbentrop hatte es abgelehnt, Henderson zu empfangen:*

»Obwohl diese Mitteilung [die Note vom 1. September] vor mehr als 24 Stunden erfolgte, ist keine Antwort eingegangen; hingegen wurden die deutschen Angriffe auf Polen fortgesetzt und verstärkt. Ich habe demgemäß die Ehre, Sie davon zu unterrichten, dass, falls nicht bis 11 Uhr vormittags britischer Sommerzeit am heutigen Tage, dem 3. September, eine befriedigende Zusicherung im oben erwähnten Sinne [der Einstellung aller Angriffshandlungen] von der Deutschen Regierung erzielt wird und bei Seiner Majestät Regierung in London eintrifft, der Kriegszustand zwischen beiden Ländern von dieser Stunde an bestehen wird...«

*Über die Wirkung der britischen Note notiert sich Chefdolmetscher Paul Schmidt:*
»... Ich blieb in einiger Entfernung vor Hitlers Tisch stehen und übersetzte ihm dann langsam das Ultimatum der britischen Regierung. Als ich geendet hatte, herrschte völlige Stille... Wie versteinert saß Hit-

*Robert Coulondre vor der französischen Botschaft am Pariser Platz*

ler da und blickte vor sich hin... Er saß völlig still und regungslos an seinem Platz. Nach einer Weile, die mir wie eine Ewigkeit vorkam, wandte er sich Ribbentrop zu, der wie erstarrt am Fenster stehen geblieben war: ›Was nun?‹ fragte Hitler seinen Außenminister mit einem wütenden Blick in den Augen, als wolle er zum Ausdruck bringen, dass ihn Ribbentrop über die Reaktion der Engländer falsch informiert habe. Ribbentrop erwiderte mit leiser Stimme: ›Ich nehme an, dass die Franzosen uns in der nächsten Stunde ein gleich lautendes Ultimatum überreichen werden.‹«
*Um 11.30 Uhr wird die deutsche Antwort übergeben (Auszug):*
»... Die Deutsche Reichsregierung und das deutsche Volk lehnen es ab, von der britischen Regierung ultimative Forderungen entgegenzunehmen, anzunehmen oder gar zu erfüllen. Seit vielen Monaten herrscht an unserer Ostgrenze der... Zustand

des Krieges... Die britische Regierung hat – ein einmaliger Vorgang in der Geschichte – dem polnischen Staat eine Generalvollmacht erteilt für alle Handlungen gegen Deutschland, die dieser Staat etwa vorzunehmen beabsichtigen würde... Die Drohung, Deutschland ansonsten im Krieg zu bekämpfen, entspricht der seit Jahren proklamierten Absicht zahlreicher britischer Politiker... [Wir] werden... jede Angriffshandlung Englands mit den gleichen Waffen und in der gleichen Form beantworten.«
*Um 12.20 Uhr übergibt der französische Botschafter Robert Coulondre das Ultimatum seiner Regierung (Auszug):*
»Die Regierung der Französischen Republik betrachtet es als ihre Pflicht, ein letztes Mal an die schwere Verantwortung zu erinnern, die von der Reichsregierung dadurch übernommen wurde, dass sie ohne Kriegserklärung die Feindseligkeiten gegen Polen eröffnete...«

*Deutsche Offiziere und ein Kommissar der Roten Armee in Brest, das nach deren Einmarsch von der Wehrmacht übergeben wird*

*Sowjetische Panzerwagen im eroberten Brest, wo am 18. September die Soldaten der Wehrmacht und der Roten Armee erstmals im Feldzug gegen Polen direkt zusammentreffen*

## 17. SEPTEMBER

# Die Rote Armee marschiert in Polen ein

Um 6 Uhr dringen die beiden sowjetischen Heeresgruppen Weißrussische und Ukrainische Front mit sieben Armeen in Polen ein.

*Deutsche und sowjetische Offiziere bei der Abnahme einer Truppenparade*

*Deutsch-sowjetische Truppenparade am 22. September im eroberten Brest*

*Gemäß dem Ribbentrop-Molotow-Pakt vom 23. August rücken Panzerkampfwagen der Roten Armee in den östlichen Teil Polens bei Grodezk ein.*

Tags zuvor hatte die Sowjetregierung Polens Botschafter Waclaw Grzybowski erklärt, die UdSSR müsse die dort lebenden Ukrainer und Weiß-russen schützen, da Polen als Staat nicht mehr existiere. Tatsächlich entspricht die Invasion Absprachen aus dem Ribbentrop-Molotow-Pakt vom 23. August. Die sieben sowjetischen Armeen stoßen nur auf geringen Widerstand. Die unmittelbar an der Grenze liegenden polnischen Garnisonen werden in kurzer Zeit überrollt. Viele der im Nordosten stehenden Truppen können sich nach Litauen durchschlagen. Den Verbänden aus Südostpolen gelingt z.T. die Flucht nach Ungarn und Rumänien, wohin am Abend des 17. September auch Staatspräsident Ignacy Mościcki, die Regierung und die Oberste Armeeführung emigrieren.

Bewusst hat die sowjetische Führung die Entwicklung der deutschen Offensive abgewartet, von deren Schnelligkeit sie überrascht wurde (→ S. 17). Auf deutschen Wunsch wird am 18. September eine gemeinsame Erklärung veröffentlicht, wonach die auf polnischem Boden operierenden Truppen »keinerlei Ziele verfolgen, die den Interessen Deutschlands oder der Sowjetunion zuwiderlaufen«. Am selben Tag treffen Sowjets und Deutsche in Brest (bis 1921: Brest-Litowsk) erstmals aufeinander. Am 22. September kapituliert die Festung Lemberg vor der Roten Armee, während sich die deutschen Truppen schon auf die mit den Sowjets vereinbarte Linie zurückziehen.

(→ S. 17)

## HINTERGRUND

### Ein Staat besteht nicht mehr

In Moskau werden ein deutsch-sowjetischer Grenz- und Freundschaftsvertrag sowie zwei geheime Zusatzprotokolle unterzeichnet.

In dem Vertrag erklären beide Staaten es »nach dem Auseinanderfallen des bisherigen polnischen Staates ausschließlich als ihre Aufgabe, in diesen Gebieten die Ruhe und Ordnung wiederherzustellen«.

Damit ist die Zerstörung Polens als Staat, so wie er seit 1921 existierte, endgültig vollzogen. Sie war bereits im Ribbentrop-Molotow-Pakt vom 23. August vorbereitet worden. Die als endgültig anerkannte Grenze verläuft von der Südspitze Litauens entlang der Reichsgrenze bis zur Pissa. Sie folgt dem Fluss bis Ostroleka, wendet sich nach Südosten bis zum Bug und folgt ihm bis Krystnopol, biegt nach Westen ab bis zum San und folgt seinem Lauf. Das erste geheime Zusatzprotokoll legt fest, dass in Abänderung der Geheimabsprachen vom 23. August Litauen an die UdSSR fallen soll, während das Deutsche Reich die Woiwodschaft Lublin und Teile der Woiwodschaft Warschau erhält. Die Interessengrenze wird ostwärts an den Bug verschoben.

---

## 25. SEPTEMBER

# Lebensmittel nur noch auf Karte

Im Deutschen Reich treten die Verordnungen über die öffentliche Bewirtschaftung von Nahrungs- und Genussmitteln vom 7. September 1939 in Kraft.

Für die erste Zuteilungsperiode vom 25. September bis 22. Oktober werden Karten für Brot, Milch, Fleisch, Fett, Marmelade und Zucker verteilt.

Ferner gibt es eine allgemeine Lebensmittelkarte und eine Seifenkarte (vom 25.9.–31.10. erhält jeder Karteninhaber 75 g Fein- oder 125 g Kernseife sowie 250 g Waschpulver oder 200 g Schmierseife bzw. 125 g Kernseife oder ein Kleinpaket Waschmittel). Brot und Mehl sind nun rationiert. Vollmilch gibt es nur noch für Kinder, werdende oder stillende Mütter sowie Schwer- und Schwerstarbeiter.

Die allgemeine Lebensmittelkarte ist bestimmt für Nährmittel und rationierte Nahrungsmittel, für die andere Karten nicht gelten, z.B. Kunsthonig. Die Zuteilung erfolgt nach Ankündigung in der Presse. Der Normalverbraucher erhält zunächst (ohne Nährmittel):

Brotkarte: 2400 g Brot oder 1900 g Brot und 375 g Mehl pro Woche

Milchkarte: Vollmilch für Bezugsberechtigte 0,5 l pro Tag (Kinder bis 6 Jahre 0,75 l, bis 14 Jahre 0,25 l)

Fettkarte: 80 g Butter, 125 g Margarine bzw. Pflanzen- oder Kunstspeisefett oder Speiseöl, 65 g Schweineschmalz oder Speck und Talg, 62,5 g Käse oder Quark.

*Eine der am 25. September im Deutschen Reich eingeführten Lebensmittelkarten, die für zehn Jahre jeden Deutschen begleiten werden: Die Reichsfettkarte (im Bild eine Karte für die Zuteilungsperiode vom 25. September bis 22. Oktober 1939) berechtigt zum Bezug von Butter, Margarine, Käse oder Quark sowie Schweineschmalz, Speck oder Talg.*

---

## 21. OKTOBER

# Italien lässt seine Südtiroler gehen

In Rom unterzeichnen der deutsche Botschafter Hans Georg von Mackensen und Italiens Außenminister Galeazzo Ciano Graf von Cortellazzo ein Abkommen über die Umsiedlung der deutschsprachigen Bevölkerung von Südtirol in das Deutsche Reich. Der Vertrag sieht vor, dass alle in Südtirol lebenden Reichsdeutschen innerhalb von drei Monaten übersiedeln sollen. Umsiedler müssen eine Erklärung über die Staatsangehörigkeit unterschreiben. Die Aktion leitet die Aus- und Umsiedlungen Volksdeutscher aus ganz Europa ein. Sie dienen der nationalsozialistischen Führung in Berlin zur Verwirklichung ihrer rasse- und bevölkerungspolitischen Ziele (→ S.23).

---

## 30. SEPTEMBER

# Polnische Exilregierung

In Paris bildet sich – unter General Wladyslaw Eugeniusz Sikorski – eine polnische Exilregierung, die von den Westalliierten anerkannt wird.

Sie ringt aber um die Durchsetzung ihres Führungsanspruches mit den verschiedenen Widerstandsorganisationen in Polen.

*Bei einer Messe in der polnischen Kirche in Paris: Staatsoberhaupt Wladyslaw Raczkiewicz (2.v.l.) und Wladyslaw Eugeniusz Sikorski (vorn, 2.v.r.)*

---

## 28. SEPTEMBER

# UdSSR will Macht in Nordosteuropa

In Moskau unterzeichnen Außenkommissar Wjatscheslaw M. Molotow und der estländische Außenminister Karl Selter einen auf sowjetischen Druck zustande gekommenen Beistandspakt.

Der Vertrag kommt der Vorbereitung einer Annexion gleich und dokumentiert als Erster einer Reihe von Abkommen den sowjetischen Führungsanspruch in Nordosteuropa (→ S.69).

Neben der Beistandsverpflichtung im Falle eines Angriffs von außen sieht der Vertrag die Stationierung sowjetischer Truppen vor. Die Sowjetunion darf auf den Inseln Ösel und Dagö sowie in Baldiski (Baltischport) Stützpunkte errichten und dort Marine- und Luftwaffeneinheiten stationieren.

Am 5. Oktober und 10. Oktober schließt die UdSSR ähnliche Beistandsverträge mit Lettland und Litauen. In Lettland erhält die UdSSR die Häfen von Libau und Windau als Flottenstützpunkte und darf an der Küste zwischen Libau, Windau und Pitrags Küstenartillerie unterhalten. Im Beistandspakt mit Litauen gibt die UdSSR das lange Zeit zu Polen gehörende Wilnagebiet zurück, das sie nach der Aufteilung Polens besetzt hatte (→ S. 19).

Die Verträge sind ein Schritt hin zu der im deutsch-sowjetischen Geheimabkommen vom 23. August vorgesehenen Eingliederung des Baltikums in die Interessensphäre der Sowjetunion. In Kontinuität zum zaristischen Russland betreibt die UdSSR eine expansive Hegemonialpolitik im nordosteuropäischen Raum. Der sowjetische Diktator Josef Stalin nutzt das Zweckbündnis mit Hitler zur Erreichung seiner Ziele und gewährt ihm dafür Handlungsfreiheit im Westen. Gegenüber Finnland fordert Stalin im Oktober die Abtretung eines Gebietsstreifens an der Karelischen Landenge gegen ein großes, an Finnland grenzendes Gebiet Kareliens. Darüber hinaus wünscht er die Verpachtung des Hafens von Hangö zur Errichtung eines sowjetischen Marine- und Luftwaffenstützpunktes sowie des eisfreien Hafens Petsamo (Petschenga). Als die Verhandlungen ergebnislos verlaufen, überfällt Moskau das Nachbarland am 30. November (→ S. 28).

## 9. OKTOBER

# Mord an Kranken

In der Reichskanzlei von Adolf Hitler wird das Euthanasieprogramm vorbereitet. Ein Ende Oktober verfasstes und auf den 1. September zurückdatiertes Ermächtigungsschreiben Hitlers leitet den organisierten Massenmord an angeblich unheilbar Kranken unter dem Deckmantel des »Gnadentods« ein.

Dieser Begriff des Gnadentodes oder der Euthanasie (griech.; schöner Tod) soll verschleiern, dass es sich um eine auch nach NS-Recht ungesetzliche Tötungsaktion handelt.

Mit der Durchführung des Mordprogramms, das unter dem Namen T 4 läuft (nach der Dienststelle in der Tiergartenstraße 4, Berlin), wird die Kanzlei des Führers unter Leitung von NS-Reichsleiter Philipp Bouhler beauftragt. Weitere Verantwortliche sind Hitlers Leibarzt Karl Brandt, Reichsgesundheitsführer Leonardo Conti und Oberdienstleiter Viktor Brack. Täter aus dem Kreis der »T4-Aktion« werden später vom NS-Regime gewissermaßen als »Tötungsexperten« bei der Organisation des Massen-

*Krankenhaus Gilead in der Heil- und Pflegeanstalt Bethel bei Bielefeld*

mords an den Juden eingesetzt (→ S. 141). Für die vorgesehene Tötung von 65 000 bis 70 000 Menschen werden drei Tarnorganisationen gegründet. Die Auswahl der Opfer erfolgt durch die Reichsarbeitsgemeinschaft Heil- und Pflegeanstalten. Sie versendet durch das Reichsinnenministerium Fragebogen an alle deutschen Pflege- und Heilanstalten. Gefragt wird nach Insassen, die an Schizophrenie, Epilepsie, senilen Erkrankungen, Syphilis, Schwachsinn sowie Gehirnhautentzündungen und Veitstanz leiden, ferner nach Patienten, die seit fünf Jahren dort leben, als kriminell oder nicht arisch gelten. Auf-

grund dieser Meldungen entscheiden die der Arbeitsgemeinschaft angehörenden Ärzte über Leben und Tod der Pfleglinge. Der Transport erfolgt in den grauen Bussen der Gemeinnützigen-Krankentransport GmbH in die Anstalten, die mit der Tötung beauftragt werden. Es sind: Hadamar bei Limburg, Grafeneck in Württemberg, Sonnenstein bei Pirna, Hartheim bei Linz sowie Brandenburg, Bernburg und Kaufbeuren. Sie werden von der Gemeinnützigen Stiftung für Anstaltspflege betrieben. Gerüchte über die sog. Euthanasie rufen 1940 erheblichen Protest der katholischen Kirche hervor (→ S. 71).

## HINTERGRUND

### Tarnmaßnahmen für Massenmord

Weder die Anstalten, aus denen die »unheilbar« Kranken abtransportiert werden, noch die Angehörigen sollen etwas von den staatlich organisierten Morden im Rahmen des Euthanasieprogramms erfahren. Den Anstalten wird meist nur mitgeteilt, dass die »aus ihrer Anstalt verlegten Pfleglinge« alle verstorben sind. Die Angehörigen erhalten Formbriefe wie diesen: »Es tut uns aufrichtig leid, Ihnen mitteilen zu müssen, dass... die am... im Rahmen von Maßnahmen des Reichsverteidigungskommissars in diese Anstalt verlegt werden musste, hier am ... plötzlich und unerwartet an einer Hirnschwellung verstorben ist. Bei der schweren geistigen Erkrankung bedeutete für die Verstorbene das Leben eine Qual. So müssen Sie ihren Tod als Erlösung auffassen. Da in der hiesigen Anstalt z.Z. Seuchengefahr herrscht, ordnete die Polizeibehörde die sofortige Einäscherung... an. Wir bitten um Mitteilung, auf welchen Friedhof wir die Übersendung der Urne ... veranlassen sollen.«

## HINTERGRUND

# »Rassenstärkung« durch Massemord

**Entscheidend für die Gesundheitspolitik des Dritten Reiches sind die Begriffe »Rasse« und »Volkskörper«.**

Es geht dabei nicht um die Gesundheit des Individuums, sondern um die »Funktionstauglichkeit« des Einzelnen innerhalb des Volkes und für die »Rasse«. Eine Werbekampagne der NS-Zeit lautet: »Deine Gesundheit gehört nicht Dir!«, sondern dem »Führer« oder dem Volk. Auch der bekannte Slogan »Vorsorgen ist besser als heilen!« kommt auf.

Aus dem Blickwinkel der nationalsozialistischen Machthaber gehört zu diesen Überzeugungen die Verbesserung der »Rasse« durch »Züchtungsauslese«. Auf der einen Seite werden etwa Angehörige der Schutz-

*Ein Werbeplakat der Wehrmacht zeigt die ideale deutsche Frau.*

staffel, die zur Aufnahme in die SS bestimmte körperliche Anforderungen erfüllen müssen, zur intensiven Fortpflanzung angehalten. 1935

*Plakat zu »Jud Süß«: antisemitischer Propagandafilm von Veit Harlan*

gründete Heinrich Himmler, Reichsführer SS, den Verein »Lebensborn«, um Geburt und Aufzucht »rassisch hochwertiger« Kinder zu fördern.

Auf der anderen Seite versucht die NS-Führung seit der Machtübernahme die Fortpflanzung von »minderwertigem Leben« zu verhindern. Bereits im Sommer 1933 erging das »Gesetz zur Verhütung erbkranken Nachwuchses«, das bei schwerwiegenden erblichen Störungen die Zwangssterilisation ermöglicht. Im Krieg setzt ein Radikalisierungsprozess ein, der die in der NS-Ideologie bereits deutlich angelegten Mordambitionen gegenüber den »Minderwertigen« Realität werden lässt. Schwerkranke werden als »unnütze Esser« diffamiert, die auf Kosten der »Gesunden« die durch den Krieg verknappten Ressourcen in Anspruch nehmen. Die Massentötungen im Rahmen der »T4-Aktion« sind der Beginn des organisierten Mordes an sog. Volksschädlingen, der schließlich ab 1941 in die »Endlösung der Judenfrage« mündet (→ S. 133).

*Die Ministerbank: 1. Reihe v.l. Konstantin Freiherr von Neurath, Joseph Goebbels, Wilhelm Frick, Erich Raeder, Joachim von Ribbentrop, Rudolf Heß*

## 6. OKTOBER

# Hitlers »Friedensangebot«

**Vor dem Deutschen Reichstag in Berlin zieht Adolf Hitler eine Bilanz des Polenfeldzugs und bietet den Westmächten Frieden an.**

Seine Vorschläge sind inakzeptabel, weil sie auf ein hochgerüstetes Großdeutsches Reich in Mitteleuropa hinauslaufen, das faktisch zur kontinentalen Hegemonialmacht würde. Als Ziele seiner Politik in Polen nennt Hitler u.a.: Schaffung einer Reichsgrenze, die »den historischen, ethnografischen und wirtschaftlichen Bedingungen entspricht«; Lösung aller Minderheitenfragen; den »Versuch einer Ordnung und Regelung des jüdischen Problems« sowie »die Herstellung eines polnischen Staates, der in seinem Aufbau und in seiner Führung die Garantie bietet, dass weder ein neuer Brandherd gegen das Deutsche Reich entsteht noch eine Intrigenzentrale gegen Deutschland und Russland gebildet wird«. Hitler fordert eine vollständige Revision des Versailler Friedensvertrags. Seine Vorschläge werden von Frankreich und Großbritannien abgelehnt.

*Adolf Hitler auf der Reichstagssitzung in der Berliner Krolloper*

*1. Reihe v.l. Joseph Goebbels, Wilhelm Frick, Erich Raeder, Joachim von Ribbentrop, Rudolf Heß, Adolf Hitler, 2. Reihe Bernhard Rust, Richard Walther Darré, Franz Gürtner, Walther Funk, Johann Ludwig Graf Schwerin von Krosigk*

## HINTERGRUND

## Westfrieden für die Expansion

Das Friedensangebot des deutschen Diktators Adolf Hitler beruht auf der Behauptung, dass das Deutsche Reich mit dem Polenfeldzug seine Ziele erreicht habe. Tatsächlich sucht er zwar einen Frieden im Westen, doch hat Hitler nie einen Zweifel an seinen weit reichenden Expansionsplänen gelassen.

Wichtigstes Ziel der nationalsozialistischen Außenpolitik ist die Ausweitung des Territoriums für das »Volk ohne Raum«, um der »arischen Rasse« eine ausreichende Basis im »Lebenskampf der Völker« zu geben.

Der Gebietserwerb sollte aber keinesfalls nur im Rahmen einer Revision des Versailler Friedensvertrages bleiben, der 1919 den Ersten Weltkrieg beendete und Deutschland hohe territoriale Verluste brachte: »Die Forderung nach Wiederherstellung der Grenzen des Jahres 1914 ist ein politischer Unsinn von Ausmaßen und Folgen, die ihn als Verbrechen erscheinen lassen.«

Tatsächlich stand für Hitler bereits 1925 fest, wo er neuen »Lebensraum« sucht: »Wollte man in Europa Grund und Boden, dann konnte dies im Großen und Ganzen nur auf Kosten Russlands geschehen, dann muss sich das Reich wieder auf der Straße der einstigen Ordensritter in Marsch setzen«.

Das Bündnis mit Josef Stalin vom 23. August schloss Hitler lediglich aus taktischen Gründen, um Polen rasch und gemeinsam zu besiegen (→ S.19). Gegenüber der Gewinnung von »Lebensraum im Osten« spielt der Westen in Hitlers außenpolitischem Denken nur eine untergeordnete Rolle. Großbritannien und Frankreich sieht Hitler zwar als Feinde, doch hat er kein Interesse an ihrem Territorium.

Ihr Kriegseintritt hat ihn überrascht (→ S.18) und sein »Friedensangebot« soll zu diesem Zeitpunkt den Kampf im Westen vorerst verhindern, um alle Kräfte auf den Feldzug gegen die Sowjetunion konzentrieren zu können (→ S. 124).

*Die Barrieren zwischen dem Wilnagebiet und Litauen werden entfernt, durch die litauisch-sowjetische Einigung (10.10.) fällt diese Region an Litauen.*

*Adolf Hitler nimmt als Oberster Befehlshaber der deutschen Wehrmacht im eroberten Warschau am 5. Oktober den Vorbeimarsch der deutschen 8. Armee ab.*

---

6. OKTOBER

# Polnische Feldtruppen strecken ihre Waffen

Bei Kock und Lublin kapitulieren die letzten polnischen Feldtruppen in einer Stärke von 16 800 Mann unter der Führung von General Franciszek Kleeberg vor der deutschen Wehrmacht. Der am 1. September (→ S. 14) begonnene »Blitzkrieg« gegen Polen ist damit beendet.

In seiner am selben Tag vor dem Deutschen Reichstag gehaltenen Rede beziffert Adolf Hitler die deutschen Verluste auf 10 572 Gefallene, 30 322 Verwundete und 3409 Vermisste. Die Zahl der polnischen Gefangenen gibt er mit 694 000 an.

Auf polnischer Seite fielen etwa 123 000 Soldaten, 133 700 wurden verwundet. Rund 76 000 Angehörigen der polnischen Armee ist die Flucht nach Rumänien gelungen, wo auch 116 polnische Flugzeuge mit ihren Besatzungen interniert wurden. Die polnische Fliegertruppe verlor während des Krieges 333 kampfbereite Flugzeuge, darunter 82 Bomber. Die deutsche Luftwaffe büßte 285 Maschinen ein, darunter 109 Bomben- und Sturzkampfflugzeuge sowie 734 Soldaten.

Die UdSSR nennt 217 000 polnische Kriegsgefangene und gibt die Zahl der eigenen Verluste mit 737 Toten und 1859 Verwundeten an.

Ausschlaggebend für den raschen Verlauf des Polenfeldzugs waren auf deutscher Seite neben der zahlenmäßigen Überlegenheit der Vorsprung bei modernen Waffen wie Panzern und Flugzeugen und die strategisch günstige Ausgangslage: Aufgrund der Annexion Böhmens und Mährens am 16. März und eines Bündnisses mit der Slowakei war die deutsche Führung in der Lage gewesen, mit zwei Heeresgruppen Polen in die Zange zu nehmen. Statt seine Kräfte zu konzentrieren, hatte der polnische Oberbefehlshaber, Marschall Edward Rydz-Smigly, versucht, sowohl die Landesgrenzen zu verteidigen als auch gegen Ostpreußen offensiv zu werden. Dazu hatten jedoch die polnischen Mittel nicht ausgereicht, zumal die erst am 30. August verfügte Generalmobilmachung bei Kriegsausbruch noch längst nicht beendet gewesen war.

Nachdem die Polen bereits in der Kesselschlacht von Radom am 12. September rund 60 000 Mann verloren hatten, waren an der Bzura am 19. September rund 170 000 Mann in Gefangenschaft geraten (→ S. 17). Endgültig entschieden worden war der Krieg durch den Einmarsch der Sowjets am 17. September (→ S.19): Er hatte den Rückzug der polnischen Truppen und den Aufbau einer Verteidigungslinie in Ostpolen vereitelt.

Mit der Einnahme Warschaus (→ S.17) und der Kapitulation der letzten Truppen ist jedoch der polnische Widerstand noch nicht gebrochen. Am 27. September konstituierte sich in Warschau eine Militärorganisation unter Führung von General Mieczyslaw Karaszewicz-Tokarzewski. Am 30. September wurde in Paris eine Exilregierung gebildet.

---

*Heinrich Himmler, Reichsführer SS und Chef der deutschen Polizei*

7. OKTOBER

# Himmler beginnt Umsiedlung

Ein Geheimerlass Hitlers überträgt Heinrich Himmler, Reichsführer SS und Chef der deutschen Polizei, Aufbau und Leitung des »Reichskommissariats für die Festigung deutschen Volkstums« (RKF).

Es soll der »ethnischen Neuordnung« Europas dienen, die Hitlers rasseideologischen Lebensraumzielen entspricht (→ S. 22). Himmler erhält die Aufgabe, die Rückwanderung von Volksdeutschen aus dem Ausland zu organisieren. Sie sollen durch ihre Ansiedlung in den eroberten Ostgebieten den neu zuschaffenden deutschen Siedlungsraum sichern.

Himmler soll ferner den »schädigenden Einfluss von solchen volksfremden Bevölkerungsteilen, die eine Gefahr für das Reich und die deutsche Volksgemeinschaft bedeuten«, ausschalten. Auftakt zur Verwirklichung dieser Vision einer ethnischen Neuordnung in Europa bildet die Umsiedlung der Volksdeutschen aus dem Baltikum und dem ehemaligen Ostpolen (→ S. 24). Sie werden in die Reichsgaue Posen und Westpreußen gebracht, während die dortige nichtdeutsche Bevölkerung in das neu geschaffene polnische Generalgouvernement deportiert wird.

30. OKTOBER

# Umsiedlung und Terror

**Das Deutsche Reich und Lettland vereinbaren die Umsiedlung der Baltendeutschen. Ein entsprechender Vertrag mit Estland ist am 15. Oktober unterzeichnet worden.**

Bis Mai 1940 verlassen über 61 000 Baltendeutsche Estland und Lettland. Vielen Umsiedlern fällt es schwer, ihre Heimat zu verlassen. Die Sorge vor einem sowjetischen Einmarsch, die Verschlechterung ihrer Lebensbedingungen und nicht zuletzt das Vertrauen auf den »Führer«, der ihnen ein Leben in Wohlstand verspricht, veranlassen die meisten jedoch zur Auswanderung. Die Volksdeutschen sollen als »Vorreiter« der nationalsozialistischen Siedlungsziele die eingegliederten Ostgebiete »eindeutschen« (→ S. 23, 34).

### Die eingegliederten Ostgebiete

Nach einer Verordnung Hitlers vom 8. Oktober werden 91 973 km² des 180 000 km² umfassenden polnischen Gebietes, das seit dem 28. September (→ S. 19) unter deutscher Kontrolle steht, dem Reich unmittelbar eingegliedert. Hier leben 9,9 Mio. Menschen, davon etwa 7,8 Mio. Polen. Um die Ansiedlungen zu be-

werkstelligen, beginnen Ende Oktober Verschleppungen von Polen aus ihren Häusern und Höfen ins Generalgouvernement. Bis Februar 1940 sollen eine Million Menschen deportiert werden.

Ein deutscher Journalist berichtet am 23. Oktober: »Der Pole begibt sich, soweit er bewegliche Habe mitnehmen kann, auf die Wanderschaft... Um nicht unangenehme Bilder hervorzurufen, bewegen sich diese Flüchtlingsströme ausschließlich in der Dunkelheit.«

*Das Passagierschiff »Der Deutsche« der NS-Gemeinschaft »Kraft durch Freude« liegt zur Aufnahme von volksdeutschen Aussiedlern im Hafen von Reval.*

*Verladung von Gepäck übersiedlungswilliger Volksdeutscher*

*Volksdeutsche aus Estland an Bord der Passagierdampfers*

HINTERGRUND

## Absichten der deutschen Politik im Generalgouvernement

**Bei einer Besprechung in der Dienststelle von Reichsminister Hans Frank, dem Generalgouverneur für die besetzten polnischen Gebiete in Łódź am 31. Oktober werden die Grundlinien der zukünftigen Besatzungspolitik festgelegt.**

Neben der Zwangsumsiedlung wird der Arbeitseinsatz von Polen (→ S. 26) besprochen. Die deutsche »Kulturpolitik« richtet sich besonders gegen die polnische Intelligenz, deren Angehörige seit Ende September zu Tausenden von Einheiten der Sicherheitspolizei ermordet werden. Im März 1940 münden die Beratungen in den »Polenerlassen«, die die Degradierung der Polen zu einem Volk der »Rechtlosen« weiter vorantreiben.

Das Generalgouvernement ist auf Befehl Hitlers am 12. Oktober als »Nebenland« ohne eigene Staatlichkeit aus dem nicht ins Reich eingegliederten »Restpolen« geschaffen worden.

*Polnische Kriegsgefangene, bewacht von deutschen Soldaten, auf dem Weg zur Arbeit in der Landwirtschaft*

*Ein deutscher Soldat befragt einen Warschauer, der mit seiner ausgebombten Familie in den Trümmern lebt.*

---

## 14. OKTOBER

# »Royal Oak«

n britischen Flottenstützpunkt capa Flow versenkt das deutsche -Boot »U 47« unter dem Komando von Kapitänleutnant Günter Prien das 29 000-t-Schlachtchiff »Royal Oak« mit 24 Offizieren nd 809 Matrosen an Bord.

s ist der bisher größte deutsche Erlg im Seekrieg, nachdem bereits am 7. September »U 29« (Kapitänleutant Otto Schuhart) den Flugzeugäger »Courageous« westlich von Irnd versenkte.

Der Hafen von Scapa Flow auf den rkneyinseln ist durch Netze und chiffswracks gegen feindliche -Boote gesichert. Dennoch gelingt s Prien gegen Mitternacht, in den lafen einzudringen. Als er zwei roßkampfschiffe, die »Royal Oak« nd die »Repulse«, entdeckt, feuert er eine Torpedos ab, die um 0.59 Uhr en Schiffsrumpf der »Royal Oak« eftig erschüttern. Da im Hafen zuächst alles ruhig bleibt, entfernt sich

*Menschen vor den Listen der 414 Geretteten der »Royal Oak«*    *Joseph Goebbels (M.), Günther Prien (vorn, 2.v.r.)*

Prien, um seine Torpedorohre nachzuladen, und greift erneut an. Um 1.27 Uhr treffen drei Torpedos die »Royal Oak«, die innerhalb weniger Minuten sinkt. Während es im Hafen nun lebendig wird, Patrouillenboote alarmiert und Wasserbomben geworfen werden, nimmt Prien Südkurs und erreicht, dicht unter Land steuernd, den Kirksund und das offene Meer. Am 17. Oktober läuft »U 47« in Kiel ein, Prien und seine Besatzung

werden vom Oberbefehlshaber der Kriegsmarine, Großadmiral Erich Raeder, und dem Befehlshaber der U-Boote, Konteradmiral Karl Dönitz, der jedem Besatzungsmitglied das Eiserne Kreuz verleiht, begrüßt. Tags darauf werden Prien und seine Besatzung von Adolf Hitler empfangen, der Prien mit dem Ritterkreuz des Eisernen Kreuzes auszeichnet. Die Berliner Bevölkerung bereitet den »U-Boot-Helden« einen

begeisterten Empfang. Prien wird zum »Helden von Scapa Flow«.

Seine Erlebnisse vermittelt er anschaulich: »Also stand der Entschluss fest, in einen britischen Kriegshafen einzudringen... Im Norden, direkt vor mir, sah ich die Silhouette von zwei Schlachtschiffen. Das sind Ziele, wie sie sich jeder U-Boot-Mann wünscht. Also darauf zu! Alle Torpedorohre fertig! Besatzung auf alle Befehlsstände! Unser Grundsatz: Ran!«

---

## 17. OKTOBER

# Luftwaffe gegen Royal Navy

rei Tage nach der Versenkung des chlachtschiffs »Royal Oak« durch U 47« greifen vier Junkers Ju-88-omber des I. Kampfgeschwaders 30 en Hafen von Scapa Flow an.

as Schul- und Depotschiff »Iron uke« wird schwer beschädigt. Tags uvor war die britische Marinebasis osyth im schottischen Firth of Forth

Ziel eines Angriffs des in Westerland stationierten Kampfgeschwaders. Die Kreuzer »Southampton« und »Edinburgh« sowie der Zerstörer »Mohawk« wurden leicht beschädigt. Zwei Ju 88 wurden abgeschossen.

Die britische Admiralität verlegt daraufhin ihre Großkampfschiffe in die Mündung des Clyde vor Glasgow.

*oto vom Angriff deutscher Bomber auf die Royal Navy im Firth of Forth: Rauchwolken an der Backbordseite des neuen 10 000-t-Kreuzers »Edinburgh«*    *Die britischen Kriegsschiffe im Firth of Forth versuchen durch Zick-Zack-Kurs den Bomben der Junkers Ju 88 des I. Kampfgeschwaders 30 zu entgehen.*

*US-Präsident Franklin Delano Roosevelt (am Tisch sitzend) unterzeichnet am 4. November die neue Neutralitätsakte.*

## 4. NOVEMBER

# Die USA lockern Neutralitätspolitik

US-Präsident Franklin Delano Roosevelt unterzeichnet ein neues Neutralitätsgesetz, das den Krieg führenden Staaten erlaubt, gegen Barzahlung (cash) Waffen und Munition in den USA zu kaufen und sie auf eigenen Schiffen (carry) abzutransportieren.

Diese Regelung, die in erster Linie Frankreich und Großbritannien begünstigt, ist erst nach heftigen Debatten zustande gekommen. Eine Klausel der Neutralitätsakte vom 1. Mai 1937 hatte den Präsidenten ermächtigt, den Verkauf bestimmter kriegswichtiger Güter und den Abtransport auf nicht amerikanischen Schiffen zu erlauben.

Diese bis zum 1. Mai 1939 befristete sog. Cash-and-carry-Klausel war stets umstritten: Für die Isolationisten barg sie die Gefahr der Verwicklung in einen Konflikt in Europa, zumal Roosevelts Ablehnung der NS-Diktatur bekannt war. Anfang Juli wurde eine auf Roosevelts Demokraten zurückgehende Revision des Neutralitätsgesetzes von 1937 vom Repräsentantenhaus angenommen, allerdings mit der Einschränkung, dass die Ausfuhrregelungen neu gefasst wurden (kein Export von tödlichem Kriegsgerät) und der Präsident

nur mit Zustimmung des Kongresses den Kriegszustand zwischen Fremdstaaten und das daraus folgende Waffenembargo feststellen kann.

Bislang war dies allein die Sache des Präsidenten gewesen. Nachdem der Senat beschloss, die Neufassung der Neutralitätsakte zu vertagen, trat am 5. September mit der Verkündung der Neutralität der USA die ursprüngliche Neutralitätsakte ohne die mittlerweile abgelaufene Cash-and-carry-Klausel in Kraft. Roosevelt

gab aber seinen Kampf um die Aufhebung des Waffenembargos nicht auf und am 27. Oktober stimmten der Senat (63 gegen 30 Stimmen) und am 2. November das Repräsentantenhaus (244 gegen 179 Stimmen) der Neufassung zu.

Neben der Cash-and-carry-Klausel für den Verkauf von Munition und Kriegsgerät enthält das neue Neutralitätsgesetz u.a. ein Verbot für US-Bürger, auf Schiffen von Krieg führenden Staaten zu reisen.

*Einzug der Senatoren ins Capitol zur Entgegennahme einer Erklärung von US-Präsident Franklin Delano Roosevelt zur Änderung des Neutralitätsgesetzes*

## 18. NOVEMBER

## Blaskowitz-Kritik an Erschießungen

Der deutsche Oberbefehlshaber Os General der Infanterie Johannes Blas kowitz, legt Führer und Reichskanz ler Adolf Hitler ein Memorandur zur Lage in Polen vor.

Er äußert »größte Besorgnis wegen i legaler Erschießungen, Festnahme und Beschlagnahmungen, Sorge ur Disziplin der Truppe, die diese Ding sehenden Auges erlebt«.

Blaskowitz hatte bereits Gerichts verfahren gegen zwei SS-Standarten führer beantragt, die jedoch nieder geschlagen wurden. Mit der Trupp waren im September Einsatzgruppe aus Schutzstaffel (SS) und Polizei i Polen eingerückt. Ihrem Befehl, di polnische Führungsschicht und all potenziellen Gegner zu liquidieren sind allein in Westpreußen 720 Menschen zum Opfer gefallen, u.a wurden von 701 Geistlichen der Di özese Kulm 218 sofort erschossen Hitler weist die Einwände zurück.

## 16. NOVEMBER

## Polnische Arbeiter nach Deutschland

Der Vierjahresplan-Beauftragte Her mann Göring befiehlt die verstärkt Anwerbung polnischer Arbeiter fü den Einsatz im Deutschen Reich:

»Einsatz und ihre Entlöhnung müs sen zu Bedingungen erfolgen, die de deutschen Betrieben leistungsfähig Arbeitskräfte billigst zur Verfügun stellen.« Bis Ende 1939 komme 40 000 Zivilarbeiter ins Reich. 210 00( Kriegsgefangene sind in der Land wirtschaft tätig. Als erste zivile In stitutionen sind in den annektierte Gebieten Arbeitsämter errichtet wor den, von denen die polnischen Er werbslosen erfasst und nach den deut schen Sätzen finanziell unterstütz wurden.

Im Generalgouvernement sind an 26. Oktober alle polnischen Ein wohner von 18 bis 60 Jahren unter Ar beitsdienstpflicht und alle Juden unte Arbeitszwang gestellt worden. Di Entlohnung soll sich nur »an der tat sächlich geleisteten Arbeit« und nich an bestehenden Tarifen orientieren.

*An diesem französischen Bunker kostet ein Blick über die Brustwehr auf das deutsche Ufer des Rheins eine Zigarette.*

*Durch Netze, Zweige und Grasbüschel gegen Feindeinsicht getarnte vorderste deutsche Stellung an der Westfront*

*Französische Kriegsberichterstatter in Uniform an der durch Drahtverhaue gesicherten Rheinbrücke bei Kehl*

*Beobachtung des französischen Ufers aus durch Schilf getarnter Deckung*

*Soldatenfreizeit an der Westfront: deutsche Soldaten beim Lesen von Zeitungen und Büchern in ihrem Bunker*

---

**30. NOVEMBER**

**HINTERGRUND**

# »Sitzkrieg« an der Grenze zu Frankreich

## Verlorene Parolen gegen den Krieg

Der deutsche Wehrmachtsbericht meldet: »An der Westfront schwaches örtliches Artilleriefeuer. Die Luftaufklärung gegen England wurde fortgesetzt.«

Seit Abzug der Franzosen vom Reichsgebiet herrscht im Westen neben gegentlicher Spähtrupptätigkeit, vor allem bei Forbach sowie bei Apach an der luxemburgischen Grenze, vereinzeltem Artilleriefeuer und einzelnen Luftkämpfen der »Sitzkrieg« bzw. der »Komische Krieg« (Drôle de guerre).

*Die französische Zeitschrift »L'Illustration« zeigt auf ihrer Titelseite vom 25. November den französischen Ministerpräsidenten Edouard Daladier (mit Stock) und seinen Luftfahrtminister Guy La Chambre in einem Gespräch mit Fliegeroffizieren. Bilder wie dieses sollen das Vertrauen der französischen Öffentlichkeit in die politische Führung des Landes und die Moral der Truppen erhöhen. Daladier war bereits 1933 und 1934 französischer Regierungschef.*

Lediglich am 7. September gab es bei Saarbrücken einen Vormarsch französischer Truppen, denen die deutschen Einheiten auswichen. Seit die Verbände am 19. Oktober das Reichsgebiet wieder verlassen haben, ist es zu keinen größeren Kampfhandlungen gekommen.

Ungestört bauen die deutschen Soldaten an ihren Befestigungsanlagen. Auf dem östlichen Rheinufer fährt die Eisenbahn wie im Frieden. Der im November einsetzende Regen macht endgültig größere Unternehmen unmöglich. Die für den 12. November geplante deutsche Westoffensive wird verschoben (→ S. 38, 49). Frankreich vertraut auf seine Maginotlinie, das zwischen 1929 und 1932 entstandene Befestigungssystem zwischen Montmédy und Basel, das im Durchschnitt 12 km hinter der Grenze zum Deutschen Reich verläuft. 21 Divisionen warten hier fast untätig in ihren Bunkern.

Zwischen Grenze und Maginotlinie wurde die Zivilbevölkerung evakuiert, Straßburg ist zur toten Stadt geworden, die wegen befürchteter Plünderungen von der Gendarmerie abgesperrt wurde.

Seit Oktober wird der Krieg an der Westfront hauptsächlich als Propagandafeldzug geführt. Mit Lautsprecherdurchsagen und Plakaten appellieren die deutschen Propagandakompanien an die Kriegsmüdigkeit der Franzosen und ihr Misstrauen gegenüber Großbritannien.

»Schießt nicht! Wir schießen nicht, wenn ihr nicht zuerst schießt!« »Sterben für Danzig, für die Polen, für die Briten?«, »Verhindern wir das Blutvergießen«, »Lassen wir uns nicht von England erschlagen« und »Die Engländer werden bis zum letzten Franzosen kämpfen« lauten einige der Propagandaparolen, die den französischen Soldaten tagtäglich in ihren vorgeschobenen Posten in den Ohren dröhnen und die sie auf großen Schautafeln sehen können, wenn sie das östliche Rheinufer beobachten.

---

# Angriff auf Finnland

Mit Luftangriffen auf die Hauptstadt Helsinki und andere Städte, der Beschießung der Südküste durch die Baltische Flotte und einer Offensive der überlegenen sowjetischen Landstreitkräfte beginnt der Angriff der UdSSR auf das neutrale Finnland, weil es Forderungen Josef Stalins abgelehnt hat (→ S. 20).

26 Divisionen sind gegen Finnland aufgeboten worden: Die 7. Armee greift auf der Karelischen Landenge an, die 8. Armee operiert nördlich des Ladogasees, die 9. Armee versucht von Sowjet-Karelien aus den Bottnischen Meerbusen zu erreichen und die 14. Armee kämpft im hohen Norden bei Murmansk.

Der finnische Oberkommandierende, Feldmarschall Carl Gustaf Emil Freiherr von Mannerheim, verfügt über wenig mehr als neun schwach ausgerüstete Divisionen. Kernstück der Verteidigung ist die nach ihm benannte Festungslinie.

*Finnische Tageszeitung mit einer Meldung vom sowjetischen Bombenangriff*

## Der Kriegsverlauf im Überblick

Als Vorwand für den Angriff auf Finnland dient der UdSSR ein angeblicher Grenzzwischenfall in Mainila am 26. November. Vier Soldaten sollen durch finnische Artillerie gefallen sein.

**28.11.1939:** Die UdSSR erklärt den 1932 mit Finnland geschlossenen Nichtangriffspakt für ungültig.

**29.11.1939:** Die UdSSR bricht die diplomatischen Beziehungen zu Finnland ab.

**11.–28.12.1939:** Die 9. finnische Division vernichtet bei Suomussalmi die 163. sowjetische Schützendivision.

**5.–8.1.1940:** Die 9. finnische Division vernichtet ebenfalls bei Suomussalmi die 44. sowjetische Schützendivision.

**11.–23.2.1940:** Der 7. sowjetischen Armee gelingt der Durchbruch durch die Mannerheim-Linie bei Summa.

**3.–12.3.1940:** Wyborg wird erobert – der Krieg ist entschieden.

---

# Seekrieg bedroht Handelsschifffahrt

In seiner Weisung Nr. 9 für die Kriegsführung befiehlt Hitler die Bombardierung und Verminung der wichtigsten britischen Seehäfen. Zunehmend leidet die neutrale Handelsschifffahrt unter den Folgen des Seekrieges (→ S. 29).

Sowohl Briten als auch Deutsche haben bestimmte Regionen vor ihren Küsten vermint, um die eigene küstennahe Schifffahrt vor gegnerischen Schiffen zu schützen. Über diese Maßnahmen hinaus versuchen vor allem die deutsche Kriegsmarine und die Luftwaffe die Schifffahrt um die Britischen Inseln durch Minen möglichst vollständig lahmzulegen.

Neben traditionellen Ankertauminen mit Berührungszündung werden Grundminen mit Magnetzündung verlegt, was anfänglich zu zahlreichen Versenkungen führt. Am 17. Oktober begannen deutsche Zerstörer mit der Verminung der britischen Ostküste

*Ein britischer Zerstörer erreicht das auf eine Mine gelaufene niederländische Passagierschiff »Simon Bolivar«. Immer wieder geraten zivile Schiffe zwischen die Fronten.*

*Der brennende französische Öltanker »Emile-Miguet«, der Opfer der Torpedos eines deutschen U-Bootes im Atlantischen Ozean geworden ist*

zwischen Themse- und Tynemündung. Am 20. November startete die Luftwaffe zu ihrem ersten Mineneinsatz. Die Entwicklung wirksamer Gegenmittel wird den Briten jedoch ermöglicht, als am 23. November vor der Themsemündung eine vom Flugzeug abgeworfene Mine unversehrt geborgen werden kann.

Nach Angaben der britischen Admiralität verlor die neutrale Handelsschifffahrt zwischen dem 3. Septem-

ber und dem 6. November 32 Schiffe mit einer Gesamttonnage von 88 385 t. Zu einem »schwarzen Tag« wurde der 18. November: Vor der britischen Ostküste lief die niederländische »Simon Bolivar« (8309 t) auf eine Mine; an diesem und in den nächsten Tagen erlitten 14 weitere neutrale und britische Schiffe dieses Schicksal.

Beide Seiten weisen sich gegenseitig die Schuld an den Schiffsverlusten zu: Die Briten erklären, die

»Simon Bolivar« und andere Schiffe seien auf deutsche Minen gelaufen, während die deutsche Seekriegsleitung behauptet, es habe sich um ein geheimes britisches Minenfeld gehandelt. Im Kampf gegen die britische Kriegsflotte versenkten am 23. November die zur Aufklärung in die nördliche Nordsee ausgelaufenen Schlachtschiffe »Scharnhorst« und »Gneisenau« den britischen Hilfskreuzer »Rawalpindi« (16 697 t).

*Selbstversenkung des deutschen Panzerschiffs »Admiral Graf Spee« am Abend des 17. Dezember in der La-Plata-Mündung*

## 17. DEZEMBER

# »Graf Spee« versenkt sich

Kurz vor 20 Uhr versenkt sich außerhalb der uruguayischen Hoheitsgewässer in der Mündung des Rio de la Plata das deutsche Panzerschiff »Admiral Graf Spee«.

Die am 21. August aus Wilhelmshaven ausgelaufene »Graf Spee« hatte zwischen dem 30. September und dem 7. Dezember im Indischen Ozean sowie im Südatlantik neun Schiffe mit 50 000 BRT versenkt. Am 13. Dezember traf die »Graf Spee« vor der Mündung des Rio de la Plata auf den britischen Schweren Kreuzer »Exeter« und die Leichten Kreuzer »Ajax« und »Achilles«. Es gelang der »Graf Spee« im Verlauf des von 6.14 Uhr bis 7.40 Uhr dauernden Gefechts, die »Exeter« weitgehend und die »Ajax« teilweise außer Gefecht zu setzen, doch die Schäden auf dem eigenen Schiff veranlassten den Kommandanten der »Graf Spee«, Kapitän zur See Hans Langsdorff, Montevideo zu Reparaturarbeiten anzulaufen.

Aufgrund von Fehlinformationen über die Stärke eines vor dem Rio de la Plata zusammengezogenen britischen Flottenverbands erhielt Langsdorff von der deutschen Seekriegsleitung die Erlaubnis zur Versenkung, falls ein Durchbruch unmöglich wäre. Seine Mannschaft wird in Argentinien interniert,

Langsdorff begeht schließlich am 20. Dezember Selbstmord.

*Links: Kontrollturm des deutschen Panzerschiffs »Admiral Graf Spee«; das 1934 vom Stapel gelaufene Schiff hat eine Wasserverdrängung von 10 000 t (voll ausgerüstet 12 000 t). Die Briten nennen diesen Typ – neben der »Spee« noch die »Deutschland« und die »Admiral Scheer« – »Pocket battleship« Westentaschenschlachtschiff).*

*Unten: Das brennende deutsche Panzerschiff »Admiral Graf Spee« nach der Detonation der an Bord angebrachten Bomben außerhalb der Hoheitsgewässer von Uruguay in der Mündung des Rio de la Plata; die Besatzung wird trotz des Protests der deutschen Regierung in Argentinien interniert.*

## Passagiere – Opfer des Seekriegs

Im Nordatlantik wird der deutsche Passagierdampfer »Columbus« (32 565 Bruttoregistertonnen, BRT) vom britischen Zerstörer »Hyperion« gestellt und versenkt sich daraufhin selbst.

Die Besatzung wird von dem US-Kriegsschiff »Tuscaloosa« aufgenommen. Die »Columbus« war seit dem Auslaufen aus Veracruz ständig von der US-Marine beschattet worden, die ihre Position den Briten weitergaben.

Der Luxusdampfer »Bremen« (51 656 BRT) erreichte hingegen nach abenteuerlicher Seereise am 13. Dezember Bremerhaven. Er war auf der Rückfahrt von New York vom Krieg überrascht worden und hatte sich nach Murmansk (UdSSR) durchschlagen können, wo er am 6. September eingelaufen war.

Bereits zu Beginn des Kriegs wurde ein Passagierschiff angegriffen: Am 3. September hatte der Kommandant des deutschen U-Boots »U 30«, Fritz Lemp, den britischen Passagierdampfer »Athenia« torpedieren lassen. Er hatte das Schiff 300 km nordwestlich der Küste Schottlands gesichtet und angenommen, es handele sich um einen Hilfskreuzer. Von den mehr als 1400 Passagieren kamen 128 ums Leben, darunter 28 Bürger der USA. Die »Athenia« (13 581 BRT) der Cunard-White-Star-Line war auf dem Weg von Glasgow nach Montreal. Während die britische Admiralität meldete, die »Athenia« sei ohne Warnung durch ein deutsches U-Boot versenkt worden, lehnten die deutsche Führung und das Oberkommando der Kriegsmarine jede Verantwortung für den Zwischenfall ab. Propagandaminister Joseph Goebbels klagte Winston Churchill, seit dem l. September Erster Lord der Admiralität, an, die »Athenia« mit einer Höllenmaschine in die Luft gejagt zu haben.

Goebbels will einen neuen »Lusitania«-Fall vermeiden: Bei deren Versenkung durch das deutsche U-Boot »U 20« waren 1915 124 Bürger der neutralen USA getötet worden. Seit Kriegsausbruch sind nach deutschen Angaben 18 eigene Schiffe mit 128 689 BRT versenkt worden. Nach Angaben der Alliierten wurden 19 Schiffe mit 88 128 BRT gekapert.

# Hitlers Kriegsziele

*Nach der Besetzung des Memellandes 1939 feiern die Einwohner Memels die neue Zugehörigkeit zum Reich. Gleichzeitig fliehen tausende von Juden vor dem Terror nach Litauen*

*Schon in seinem Buch »Mein Kampf« waren Hitlers politische Ziele deutlich formuliert.*

Lange hat man in Hitler einen prinzipienlosen Opportunisten gesehen, dem es einzig und allein um die eigene Macht um jeden Preis ging. In seiner Kriegführung wollte mancher daher ebenfalls nur den Versuch der gewaltsamen persönlichen Machterweiterung ins Gigantische sehen, wobei Hitler die Prioritäten und die Schrittfolge je nach Bedarf festgelegt habe. Mit dieser Optik verkannte man, dass Hitler nach einem genauen »Fahrplan« vorging, den er in mehreren Dokumenten unmissverständlich formuliert hatte. Dass nur sehr wenige die Zielstellungen zum Nennwert nahmen, wurde vielen zum Verhängnis.

So täuschten sich seine außenpolitischen Kontrahenten, weil ihnen undenkbar oder doch als reine Propaganda erschien, was der immer mächtiger werdende deutsche Diktator nicht müde wurde zu fordern und schon von früh an gefordert hatte. Nicht einmal, nachdem er sie ein über das andere Mal überspielt hatte, konnten sie sich dazu verstehen, die Drohungen aus Berlin als das zu sehen, was sie waren: eine bitterernst gemeinte

Kampfansage an alle, die sich ihm beim Umsetzen seiner weltanschaulichen Fernziele in den Weg zu stellen wagen würden. Und so täuschte sich die militärische Elite Deutschlands gründlich darin, dass seine und ihre Ziele fast deckungsgleich seien. Aufrüstung zur Gewinnung von außenpolitischem Handlungsspielraum und notfalls für eine Kriegführung, die auf eine Korrektur des Versailler Friedensvertrags von 1919, vielleicht mit gewissen zusätzlichen Gewinnen, abzielte.

## ANKÜNDIGUNGEN IN »MEIN KAMPF«

Dabei hatte Hitler schon in »Mein Kampf« (1925/26) nur Verachtung für solche bescheidenen Ansprüche geäußert. Dieses Buch ist das Schlüsseldokument für die bei allen Umwegen, Winkelzügen und zeitweiligen Notbehelfen erschreckende Konsequenz, mit der Hitler als machtloser Aufsteiger, als angehender Regierungschef, als Blitzkrieger und auch noch als Geschlagener an seinen Visionen festhielt.

Sie erschienen so wahnwitzig, dass sogar noch lange nach dem Zusammenbruch seines »Tausendjährigen Reiches« Historiker zögerten, seinem Denkgebäude eine gewisse Schlüssigkeit zu attestieren. Das Verbrecherische seines Handelns und seines politischen Systems wirkte derart abstoßend, dass man sich weigerte, darin so etwas wie Rationalität oder gar Intelligenz zu entdecken. Dabei bedarf es gerade zum Planen und zum Durchsetzen von Schandtaten derartigen Ausmaßes erheblicher Intelligenz. Mittelmäßige Begabungen wären sonst schon im Vorfeld gescheitert, ehe sie sich die erforderlichen Machtmittel zur Ausführung solcher Ungeheuerlichkeiten hätten verschaffen können.

## WEITERE BELEGE UND ZEUGEN FÜR HITLERS PLANUNGEN

Wäre nur »Mein Kampf« als Zeuge dafür aufzurufen, dann ließe sich das Argument abtun mit dem Hinweis darauf, dass dieses Buch zwar nach der Bibel das verbreitetste in Deutschland war, aber mit Sicherheit auch eines der am wenigsten gelesenen. Außerdem wäre zu berücksichtigen, dass es in einer Zeit entstand, als Hitler nach seinem gescheiterten Operettenputsch von 1923 im Gefängnis saß und munter fabulieren konnte, ohne gewärtigen zu müssen, dass ihn jemand jemals bei Wort nähme.

Es gibt aber auch weitere Zeugnisse aus Schlüsselzeiten der Karriere Hitlers: So berichtete der Danziger Senatspräsident Hermann Rauschning, der 1934 auf Hitlers Druck entmachtet wurde und ins Exil ging, über Gespräche mit dem neuen Regierungschef aus dem Jahr 1933/34, also aus der Zeit der Machtetablierung und des Entwurfs seines Programms. Diese Unterhaltungen sind natürlich keine Wortprotokolle, sondern auf »kümmerlichen Notizen« beruhende spät festgehaltene Nachschriften oder gar Erfindungen (1939). Sie treffen dennoch erstaunlich gut Hitlers Ton und wurden von den Ereignissen und anderen Äußerungen Hitlers verblüffend bestätigt. Sinngemäß gibt Rauschning die mit den Thesen aus »Mein Kampf« genau übereinstimmenden Hitler-Bemerkungen jedenfalls völlig richtig wieder.

Das belegt auch ein Dokument aus der Zeit, da der Krieger Hitler auf dem Gipfel seiner Macht stand: 1941/42 ließ sein Sekretär Martin Bormann die Monologe des Diktators im Führerhauptquartier mitschreiben; diese Protokolle sind erhalten und handeln wiederum genau von dem, was auch die anderen beiden Dokumente berichten. Und den schlagendsten Beweis für die Stringenz des Hitler'schen Vorgehens liefern ebenfalls von Bormann aufgezeichnete Gespräche aus der Endphase des Krieges im Februar 1945. Gerade jetzt, da alles verloren war, beharrte Hitler auf der Unvermeidlichkeit seines Handelns, das nicht an inhärenten Widersprüchen gescheitert sei, sondern an Verkettungen unglücklicher Umstände. Am Konzept habe er nicht ein Jota zu ändern. Dieses letzte Dokument, von Bormann als »Das politische Testament Hitlers« bezeichnet, zeigt einen Despoten, der zutiefst überzeugt geblieben war von den beiden Säulen seiner Weltanschauung: Raum und Rasse oder im Klartext: von der Notwendigkeit zur Eroberung von Lebensraum und von der »Ausmerzung minderwertigen Blutes«, worunter der »Rassenkrieg« gegen Juden und andere »Untermenschen« zu verstehen war.

## RECHT AUF LEBENSRAUM

Hitler entnahm das Schlagwort vom »Lebensraum« der um die Jahrhundertwende in Deutschland geführten kolonialpolitischen Debatte. Damals tauchte der Begriff auf als Titel eines Buches des Geographen Friedrich Ratzel, der darin die Geschichte als einen »permanenten Kampf um Lebensraum« beschrieb, daraus allerdings noch keine politischen Folgerungen ableitete. Das blieb einer wenig später entstehenden neuen Fachrichtung vor-

behalten: der so genannten Geopolitik, maßgeblich geprägt von Karl Haushofer, der mit seiner Theorie von der »deutschen Raummenge« Hitler beeinflusste und den Roman »Volk ohne Raum« (1926) von Hans Grimm inspirierte. Dessen Titel wurde bezeichnenderweise ein gängiges nationalsozialistisches Schlagwort. Hitler verstand es allerdings nicht mehr kolonial, sondern kontinentaleuropäisch und forderte, dass Außenpolitik letztlich stets Bodenpolitik zu sein habe.

Schon 1919 war dieses Denken beim eben aus dem Kriege kommenden Hitler angelegt, der damals erbittert notierte, »dass auf den Kopf eines Russen 18-mal mehr Grund trifft als auf einen Deutschen«. Daraus leitete er gleich zu Beginn seines Buches »Mein Kampf« das »moralische Recht zur Erwerbung fremden Grund und Bodens« her. Anders aber als bei den Geopolitikern, die militärische Eroberung nur als Notlösung vorsahen, gehörte für Hitler Gewalt wesensmäßig zum Lebensraum-Konzept (die folgenden Zitate stammen aus »Mein Kampf«): »Der Pflug ist dann das Schwert.« Die Revisionspolitik zur Korrektur der Ergebnisse des Versailler Vertrags von 1919 konnte darin nur eine erste Stufe sein, und er bezeichnete sie offen als eine bloße »Rückendeckung für eine Vergrößerung des Lebensraums«, da ein Krieg für die Wiedergewinnung der deutschen Vorkriegsgrenzen »sich, wahrhaftiger Gott, nicht lohnen« würde. Abkommen und Bündnisse, deren »Ziel nicht die Absicht zu einem Krieg« umfasse, seien daher »sinn- und wertlos«.

## EXPANSION NACH OSTEN ALS STRATEGISCHES ZIEL

Wenn Hitler in diesem Zusammenhang oft auch Kolonien forderte, so geschah das ganz offenkundig nur in taktischer Absicht als Spitze gegen die Kolonialmächte England und Frankreich. Ihm selbst ging es immer nur um »Lebensraum im Os-

*Hitler hatte seine Zielvorstellungen zur deutschen Außenpolitik ganz klar vor Augen – vor allem die »Raumfrage« stand hinter seinem Entschluss zum Krieg.*

*Die deutschen Soldaten wurden in Russland bei ihrem Eintreffen vielerorts von der Bevölkerung zunächst als Befreier begrüßt. Mit Brot und Salz und Blumensträußen empfing besonders die Dorfbevölkerung die deutschen Soldaten.*

ten«, wie er es schon drei Tage nach seiner Ernennung zum Regierungschef 1933 in einer Rede vor Reichwehrgenerälen klar aussprach. Und er wiederholte es noch in seinem so genannten politischen Testament vom Februar 1945. Da bedauerte er, dass er 1940/41 nicht doch ein wenigstens zeitweiliges Arrangement mit London getroffen hatte, denn dann hätte er sich noch stärker auf die Gewinnung von Lebensraum konzentrieren können: »Deutschland, im Rücken gesichert, hätte sich nun mit Leib und Seele in seinen wahren Kampf für die heilige Mission meines Lebens, den Daseinszweck des Nationalsozialismus stürzen können: die Vernichtung des Bolschewismus. Ostwärts, einzig und allein ostwärts müssen sich unsere Lebensadern ausdehnen.« Eine Expansion nämlich habe nur dort Sinn, »wo der geographische Zusammenhang mit dem Mutterland gesichert ist«. Schon in den Tischgesprächen im Herbst 1941 hatte er es so gesagt: »Unser Missisippi müsse die Wolga werden, und nicht der Niger.«

Nur Russland also konnte das Ziel sein, wie schon in »Mein Kampf« mit aller Klarheit gesagt. Hier aber verwirrte Freund wie Feind die Tatsache, dass Hitler unmittelbar vor Kriegsbeginn sich mit Stalin verständigt und einen Pakt mit ihm geschlossen hatte. Wer das nur wenige Monate vorher, als von einer Annäherung zwischen Moskau und Berlin noch keine Rede sein konnte, erschienene Buch von Rauschning gelesen hatte, wäre allenfalls insofern überrascht gewesen, als der Autor eben dieses Bündnis vorhergesehen hatte. Oder hatte sich Hitler ihm gegenüber vielleicht doch tatsächlich so geäußert? Gleichviel, Rauschning berichtete von einem Gespräch, in dem Hitler gesagt habe: »Vielleicht werde ich das Bündnis mit Russland nicht vermeiden können.« Und dann schließen sich so typisch Hitler'sche Sätze an, dass sie der Zeuge schlechterdings nicht erfunden haben kann: »Ich halte es als letzten Trumpf in der Hand. Vielleicht wird dies das entscheidende Spiel meines Lebens werden. Aber es wird mich nicht davon abhalten, ebenso entschlossen die Wendung zurück zu machen und Russland anzugreifen, nachdem ich meine Ziele im

Westen erreicht habe. Nur wir können den kontinentaler Großraum schaffen.« Hellseher war Rauschning sicher nicht er hatte wohl doch recht genau hingehört damals 1933.

## PLANUNGEN FÜR RUSSLAND

Auch von dem, was er mit einem unterworfenen Russland anzufangen gedachte, hatte Hitler klare Vorstellungen, die er in den Tischgesprächen 1941/42 ein über das andere Mal variierte. Es sind erschreckende, menschenverachtende, gefühllose, brutale Pläne, die den Abgrund an Verrohung Hitlers grell ausleuchten: Das Dümmste, was ein Sieger tun könne, sei das Aufgeben auch nur einer Handbreit des Eroberten und »gefühlsduselige« Behandlung der Unterworfenen. Sie dürften selbstverständlich keinerlei Waffen haben und sollten von jeg-

*Ein deutscher Soldat nimmt einen russischen Soldaten an der russisch-deutschen Kriegsfront gefangen. Der Russe versuchte, aus dem brennenden Gebäude zu fliehen.*

licher kulturellen Erziehung abgeschnitten werden (von der erforderlichen Deutschkenntnissen zum Befehlsempfang abgesehen): »Die Kenntnis der Verkehrsschilder genüge, der deutsche Schulmeister habe dort gar nichts zu suchen.« Hingegen sei Geburtenverhütung nachhaltig zu fördern, und der Zutritt zu medizinischer Behandlung sei den Russen zu verwehren, so dass ihre Zahl durch versiegenden Nachwuchs und hohe Sterblichkeit niedrig gehalten werde. Elend sei »der Slawe« - und das hörte sich bei Hitler nicht von ungefähr wie »Sklave« an - ohnedies gewohnt. Er werde es schon als Freiheitsgewinn empfinden, wenn er sich unter deutscher Herrschaft bloß noch einmal statt bisher zweimal im Monat waschen müsse. Die verbliebenen Russen dürften Holz hacken und Wasser holen für die Aristokratie der deutschen Kolonisten, die in durch Autobahnen verbundenen Festungen residieren sollten: »Nachdem der Nationalsozialismus eine gewisse Zeit existiert hat, wird man sich eine andere Lebensweise als die unsrige überhaupt nicht mehr vorstellen können.«

*1941 eröffnete das Deutsche Reich den Krieg gegen die Sowjetunion. Die Truppen eroberten überfallartig die ersten weißrussischen Städte.*

## RUSSEN UND JUDEN ALS SKLAVENVOLK

Hinter den Raumgründen und ihren »brotpolitischen« Zielen der Erweiterung der Ernährungs- und Rohstoffbasis verbargen sich allerdings auch Rassegründe. Nach der Hitler'schen Lehre vom unterschiedlichen Rassewert der Völker kam den Russen nur der Status eines »Sklavenvolkes« zu, das sich dem deutschen »Herrenvolk« zu beugen habe oder aber

*Deportation ungarischer Juden im Sommer 1944 nach dem Einmarsch deutscher Truppen und der Waffen-SS in Ungarn*

ganz zu »verdrängen« sei, wobei Völkermord durchaus mitgedacht war. Außerdem werde Russland vom bolschewistischen System beherrscht, das von noch niedriger stehenden Menschen, nämlich den Juden geprägt sei. Die Oktoberrevolution war in Hitlers Augen nichts anderes als eine jüdische Machtergreifung. Da aber Juden niemals Staaten zu gründen, sondern nur ihre »Wirtsvölker« auszusaugen verstünden, sei der Kollaps ihres Reiches programmiert. Man müsse ihm nur noch den Todesstoß geben, was »die gewaltigste Bestätigung der Richtigkeit der völkischen Rassentheorie« sein werde (»Mein Kampf«). Nach Hitlers abwegiger Ansicht nämlich bildeten Juden eine Rasse, und zwar eine besonders abgefeimte und gefährliche, weil man sie als solche nicht zu erkennen vermöge. Aus der angeblichen Rassenhaftigkeit der Juden folgerte er:

Im ewigen Kampf der Völker und Rassen könne sich der Jude natürlich nur so beteiligen, wie es sein niedriger »Volkswert« und sein Mangel an idealistischer Gesinnung zulasse. Da er anders dem Kampf nicht gewachsen sei, predige er statt der realen Ungleichheit der Rassen und Menschen widernatürlicherweise die Gleichheit aller, rufe zum Pazifismus auf und verbreite das Gift des Internationalismus, der Demokratie und des Marxismus. All diese Gesellschaftsentwürfe sah Hitler als Verfallssysteme an, die der Jude nur propagiere, um desto sicherer die Weltherrschaft erringen zu können. Deswegen lege er es auf die »Zertrümmerung der Persönlichkeit und der Rasse« an, weil diese der »Herrschaft des Minderwertigen« entgegenstünden - »dieser aber ist der Jude«.

## VERNICHTUNG DES JUDENTUMS ALS ENDZIEL

Insoweit galt Hitler der Ostkrieg auch als Rassenkrieg. Hier wollte er das »Weltjudentum« im Lebensnerv treffen und damit seine weltgeschichtliche Mission erfüllen: »Indem ich mich des Juden erwehre, kämpfe ich für das Werk des Herrn.« Das zeugt von dem fast religiösen Wahn, mit dem Hitler sein letztes und höchstes Ziel verfolgte und dafür alle Machtmittel einzusetzen bereit war. Und so sah er dann am Ende den Grund für sein Scheitern so: »Ich selbst aber habe eines unterschätzt: das Ausmaß des jüdischen Einflusses auf die Engländer Churchills.« Und in seinem Vermächtnis vom 29.4.1945 hieß es: »Vor allem verpflichte ich die Führung der Nation und die Gefolgschaft zur peinlichen Einhaltung der Rassengesetze und zum unbarmherzigen Widerstand gegen den Weltvergifter aller Völker, das internationale Judentum.«

### Stichworte

- Überfall auf Polen → S. 17
- Angriff auf die Sowjetunion → S. 124
- Anisemitismus und erste Ghettos → S. 48

*Widerstand an der Ostfront 1943: Deutsche Soldaten versuchen vergeblich, die in einem Getreidespeicher versteckten Panzer vor dem wütenden Feuer zu retten.*

# 1940

Mit seinen erfolgreichen »Blitzkriegen« ist Adolf Hitler, der sich zum »Größten Feldherrn aller Zeiten« stilisiert, auf dem Höhepunkt der Macht. Die Benelux-Staaten, Frankreich, Dänemark und Norwegen werden erobert. England, die einzige europäische Macht, die dem NS-Regime trotzt, behauptet jedoch die Lufthoheit gegenüber Deutschland.

## ■ 8. Januar

In zwei seit dem 5. Januar andauernden Schlachten fügt die 9. finnische Division der Roten Armee östlich von Suomussalmi (Mittelfinnland) die größten Verluste seit Beginn der Auseinandersetzungen am 30. November 1939 zu.

## ■ 10. Januar

Nach Auswertung der Optionsabstimmung vom 31. Dezember 1939 in Südtirol haben sich amtlichen Angaben zufolge 69% der Abstimmungsberechtigten für das Deutsche Reich und damit für ihre Umsiedlung bis zum 31. Dezember 1942 entschieden (→ S. 20).

## ■ 15. Januar

Die deutsche Reichsregierung erlässt eine erste Durchführungsverordnung zur »Sicherstellung des polnischen Vermögens« im Generalgouvernement, die eine Beschlagnahme sämtlicher »feindlicher Werte« umfasst.

## ■ 26. Januar

Der letzte Aussiedlertreck von Wolyniendeutschen erreicht die deutsch-sowjetische Interessengrenze. → S. 38

## ■ 11. Februar

Eine groß angelegte Offensive der sowjetischen Roten Armee gegen die finnische Mannerheim-Linie (benannt nach dem finnischen Oberbefehlshaber Carl Gustaf Emil Freiherr von Mannerheim) führt zum Durchbruch bei Summa (→ S. 42).

## ■ 12. Februar

Aus dem Reichsgebiet werden bis zum 15. Februar die ersten Judendeportationen in den Bezirk Lublin durchgeführt. → S. 39

## ■ 24. Februar

Der deutsche Diplomat Ulrich von Hassell legt in einer Denkschrift Grundsätze für einen deutschen Staat nach Hitlers Sturz vor. → S. 40

## ■ 12. März

Der »Friede von Moskau« beendet den Finnisch-Sowjetischen Winterkrieg. → S. 42

## ■ 18. März

Adolf Hitler und Benito Mussolini treffen am Brenner zu Gesprächen über die Kriegslage zusammen. → S. 41

*Titelseite der »Münchner Illustrierten Presse« vom 28. März 1940*

## ■ 2. April

Hitler setzt in einer Konferenz mit den Oberbefehlshabern der drei Wehrmachtsteile (Heer, Marine, Luftwaffe) den Beginn der Besetzung Dänemarks und Norwegens auf den 9. April fest.

## ■ 9. April

Die deutschen Truppen beginnen mit dem Unternehmen »Weserübung« und besetzen die neutralen Länder Dänemark und Norwegen. Dänemarks kampflose Besetzung ist am 10. April abgeschlossen. → S. 44

In Oslo bildet sich eine deutschfreundliche Regierung unter Vidkun Abraham Quisling, dem Führer der faschistischen Partei Nasjonal Samling. Das Kabinett wird aber weder vom Parlament noch von König Håkon VII. anerkannt, der aus Oslo flieht. → S. 47

## ■ 24. April

Hitler ernennt Josef Terboven, Gauleiter von Essen, zum Reichskommissar für die besetzten norwegischen Gebiete und verfügt die Einrichtung einer deutschen Zivilverwaltung. → S. 47

## ■ 30. April

In Litzmannstadt (Lódź) wird ein bewachtes Ghetto für die jüdische Bevölkerung errichtet. → S. 48

Im besetzten polnischen Gebiet Reichsgau Wartheland beginnt die Realisierung des »Zweiten Nahplans« zur Umsiedlung von Polen ins Generalgouvernement. Bis Oktober 1940 sollen monatlich durchschnittlich 15 000 Polen umgesiedelt werden (→ S. 24).

## ■ 10. Mai

In den frühen Morgenstunden, um 5.35 Uhr, beginnt von der Nordsee bis zur Südgrenze Luxemburgs die Westoffensive (»Fall Gelb«). → S. 49

Aufgrund einer Fehlnavigation werfen deutsche Flugzeuge Bomben über Freiburg im Breisgau ab. Als feindlicher Angriff ausgegeben, dient er als Vorwand für den Luftkrieg gegen Großbritannien. → S. 56

Infolge der gescheiterten Appeasement-Politik (Beschwichtigungspolitik) muss die britische Regierung unter Arthur Neville Chamberlain zurücktreten. Winston Churchill wird neuer Premierminister und bildet eine Allparteienregierung. → S. 54

## ■ 11. Mai

Die britische Regierung unter Winston Churchill erlaubt Nachtangriffe britischer Bomberstaffeln auf deutsches Gebiet. Damit wird der Befehl zur Bombardierung deutscher Städte gegeben.

## ■ 15. Mai

Der niederländische Oberbefehlshaber General Hendrik G. Winkelman unterzeichnet um 11.45 Uhr die Kapitulation aller niederländischen Streitkräfte.

## ■ 18. Mai

Per Erlass vollzieht Hitler die »Wiedereingliederung« der belgischen Gebiete Eupen, Malmedy und Moresnet in das Reich. In Limoges konstituiert sich einen Tag später ein belgisches Exilkabinett, das später nach Vichy und London emigriert. → S. 52

## ■ 26. Mai

Auf Weisung des britischen Kriegsministers Robert Anthony Eden löst sich das britische Expeditionskorps aus der alliierten Front und zieht sich nach Dünkirchen zurück. Die Evakuierung von mehr als 300 000 Mann wird am 4. Juni abgeschlossen. → S. 53

## ■ 27. Mai

Rumänien schließt mit dem Deutschen Reich einen Öl-Waffen-Pakt. → S. 56

## ■ 28. Mai

Der belgische König Leopold III. unterzeichnet die Kapitulation der belgischen Armee und begibt sich in deutsche Kriegsgefangenschaft. → S. 55

## ■ 30. Mai

Der Generalgouverneur der besetzten polnischen Gebiete, Hans Frank, ruft zur Liquidation der polnischen Führungsschicht auf. → S. 56

## ■ 5. Juni

In den frühen Morgenstunden, um 5.35 Uhr, beginnt die »Schlacht um Frankreich«. Deutsche Truppen durchbrechen die französische Linie südlich der Somme und an der unteren Aisne (→ S. 66).

US-Präsident Franklin D. Roosevelt lehnt einen Kriegseintritt der USA zugunsten Frankreichs ab. → S. 69

## ■ 10. Juni

Auf Anweisung von König Håkon VII. von Norwegen kapitulieren die nordnorwegischen Streitkräfte. Das am 9. April begonnene Unternehmen »Weserübung« der deutschen Wehrmacht ist damit abgeschlossen (→ S. 44).

Italiens Ministerpräsident und Duce Benito Mussolini erklärt Frankreich und Großbritannien den Krieg. → S. 64

## ■ 14. Juni

Nachdem Paris am 13. Juni zur »offenen Stadt« erklärt worden ist, rücken deutsche Truppen in die französische Hauptstadt ein. → S. 66

*Adolf Hitler und seine Begleiter besichtigen das eroberte Paris.*

Die ersten politischen Gefangenen werden in das KZ Auschwitz transportiert. → S. 70

*Die Titelseite der Zeitschrift »Westfront« vom Juli 1940, Erinnerungsausgabe für die Soldaten der Armee von Generaloberst von Reichenau, zeigt den Straßenkampf in Lille während des Westfeldzuges.*

### ■ 15. Juni
Die Rote Armee besetzt Litauen nach einem Ultimatum der UdSSR vom 12. Juni zur Errichtung von Stützpunkten. Nach Ultimaten vom 16. Juni annektiert die UdSSR Lettland und Estland.

### ■ 18. Juni
General Charles de Gaulle, ehemaliger Unterstaatssekretär im französischen Verteidigungsministerium, erklärt sich im Londoner Exil zum Führer des »Nationalkomitees des Freien Frankreich«, das kurz darauf von Großbritannien anerkannt wird (→ S. 78).

### ■ 22. Juni
Zwischen dem Deutschen Reich und Frankreich wird in Rethondes bei Compiègne ein Waffenstillstandsvertrag geschlossen. → S. 68

### ■ 27. Juni
Die französische Regierung in Bordeaux beschließt die Übersiedlung in unbesetztes Gebiet und wählt den Kurort Vichy im Département Allier zu ihrem Regierungssitz (' S. 74).

### ■ 28. Juni
Rumänien tritt Bessarabien und Nord-Bukowina an die UdSSR ab. → S. 69

### ■ 3. Juli
Legationssekretär Franz Rademacher, Judenreferent im Auswärtigen Amt, verfasst die Denkschrift »Judenfrage im Friedensvertrage«, wonach alle europäischen Juden nach Ende des Krieges auf der Insel Madagaskar angesiedelt werden sollen. → S. 71

Der britische Premier Winston Churchill ordnet den Überfall auf die in britischen Häfen und bei Oran (Algerien) liegenden französischen Kriegsschiffe an (»Catapult«). → S. 72

### ■ 12. Juli
Nach Rücktritt des französischen Präsidenten Albert Lebrun und aufgrund der ihm von der Abgeordnetenkammer erteilten Vollmachten erklärt sich Marschall Philippe Pétain zum Chef des französischen Staates. → S. 74

### ■ 18. Juli
Großbritannien schließt auf japanische Initiative die Birmastraße für den Nachschub der nationalchinesischen Truppen unter Chiang Kai-shek. → S. 74

### ■ 19. Juli
Während einer Rede in der Kroll-Oper richtet Hitler ein letztes »Friedensangebot« an Großbritannien. → S.75

Theophil Wurm, Landesbischof von Württemberg, protestiert gegen die »Euthanasie«. → S. 71

### ■ 5. August
Die Krakauer Juden werden nach Warschau deportiert. Krakau wird an Stelle von Warschau zum Sitz der Verwaltung im Generalgouvernement der besetzten polnischen Gebiete bestimmt.

### ■ 8. August
Zwischen der britischen Regierung und General Charles de Gaulle wird ein Militärabkommen geschlossen. → S. 78

### ■ 13. August
Die deutsche Luftwaffe beginnt den verstärkten Luftkrieg gegen Großbritannien (»Adlertag«). → S. 77

*Deutsches Jagdflugzeug Messerschmitt Bf 110 über England*

### ■ 19. August
In einer am 4. August begonnenen Offensive erobern italienische Truppen Britisch-Somaliland.

### ■ 30. August
Der zweite Wiener Schiedsspruch regelt auf Druck Italiens und Deutschlands die Gebietsansprüche Ungarns gegenüber Rumänien. → S. 79

### ■ 2. September
Zwischen Großbritannien und den USA wird ein »Tauschvertrag« abgeschlossen: 50 ältere US-Zerstörer gegen die Einräumung von Stützpunkten. → S. 80

### ■ 15. September
Bei schweren Luftkämpfen im Südosten von Großbritannien, dem »Battle-of-

Britain«-Tag, verliert die deutsche Luftwaffe 56 Kampfflugzeuge. → S. 81

### ■ 16. September
Nach einer dreitägigen Offensive gegen die britischen Nordafrikatruppen nehmen italienische Verbände das ägyptische Sidi Barrani ein (→ S. 106).

### ■ 27. September
Zwischen dem Deutschen Reich, Italien und Japan wird in Berlin ein Dreimächtepakt geschlossen. → S. 83

### ■ 4. Oktober
Ein neues Gesetz gibt der Vichy-Regierung das Recht, auch innerhalb der von Deutschen besetzten Zone Juden zu internieren.

### ■ 7. Oktober
Britische Bomber fliegen ihren bisher schwersten Luftangriff auf Berlin, es werden insgesamt 50 t Sprengbomben abgeworfen. 25 Tote und 50 Verletzte sind unter der Zivilbevölkerung zu beklagen. → S. 86

### ■ 8. Oktober
In Bukarest wird zwischen deutschen und rumänischen Regierungsvertretern über die Umsiedlung von Volksdeutschen aus den Gebieten der Süd-Bukowina und der Dobrudscha verhandelt. → S.88

### ■ 12. Oktober
Hitler verschiebt das Unternehmen »Seelöwe« auf das Frühjahr 1941, die Vorbereitungen für eine Invasion der Britischen Inseln sollen bis dahin fortgesetzt werden (→ S. 81).

Durch die Einführung einer neuen Disziplinar-Strafverordnung soll die Rote Armee modernisiert und einsatzfähig gemacht werden. → S. 85

### ■ 20. Oktober
Helmuth James Graf von Moltke, führendes Mitglied der Widerstands-

gruppe Kreisauer Kreis, verfasst seine Denkschrift »Über die Grundlagen der Staatslehre«. → S. 87

### ■ 28. Oktober
Ein deutsches U-Boot versenkt den von deutschen Fernbombern getroffenen Passagierdampfer »Empress of Britain«; es handelt sich um das größte im Krieg zerstörte alliierte Handelsschiff.

Italien erklärt nach dem Ablauf eines Ultimatums Griechenland den Krieg. → S. 85

### ■ 14. November
Bei einem deutschen Luftangriff wird die britische Stadt Coventry nahezu vollständig zerstört. Mehrere hundert Menschen kommen bei dem Angriff ums Leben. → S. 90

*Das Zentrum von Coventry nach dem deutschen Luftangriff*

### ■ 10. Dezember
Admiral Wilhelm Canaris, Chef der Abwehr, übermittelt der griechischen Regierung ein Friedensvermittlungsangebot. Da Griechenland ablehnt, wird der deutsche Angriff auf das Land beschlossen. Am 23. Dezember folgt Hitlers »Weisung Nr. 20« (Angriff auf Griechenland) für das Unternehmen »Marita« (→ S. 112).

Hitler erlässt die »Weisung Nr. 19« zum Unternehmen »Attila«. Es enthält Richtlinien zur schnellen Okkupation des unbesetzten Frankreichs (→ S. 91).

### ■ 17. Dezember
Die britische Armee erobert das von Italien besetzte Sollum (Ägypten) zurück und dringt nach Libyen vor. Die italienischen Truppen in Nordafrika geraten in starke Bedrängnis (→ S.106).

### ■ 18. Dezember
Hitler unterzeichnet die »Weisung Nr. 21« (Fall »Barbarossa«), in der die Vorbereitungen für den Ostfeldzug bis zum 15. Mai 1941 terminiert werden.

*Piloten der RAF erholen sich zwischen ihren Kampfeinsätzen*

# THE ILLUSTRATED LONDON NEWS

## SATURDAY, SEPTEMBER 14, 1940.

### ONE OF GOERING'S "MILITARY OBJECTIVES."

Goering chose a Sunday evening (September 8) to announce in a wireless speech that Hitler had entrusted him with the task of attacking the "heart of the and economic value" were being attacked. In reality, intensive, indiscriminate bombing took place over London, in which the poor people above, whose home

*Die Wochenzeitschrift »The Illustrated London News« zieht in ihrer Ausgabe vom 14. September gegen den deutschen Luftkrieg zu Felde, dessen Opfer häufig wehrlose Zivilisten sind, ohne dass die deutschen Bomben irgendwelche militärisch*

*Mit Pferdefuhrwerken erreichen Deutschstämmige aus Wolynien die deutsch-sowjetische Grenze bei Przemyśl.*

## 26. JANUAR

# Volksdeutsche werden umgesiedelt

**Die in einem Abkommen zwischen dem Deutschen Reich und der UdSSR am 3. November 1939 vereinbarte Umsiedlung von Volksdeutschen aus Wolynien (Westukraine) und Ostgalizien ins Reich ist abgeschlossen.**

Diese ehemals ostpolnischen Gebiete wurden am 17. September 1939 von der UdSSR besetzt und gehören seit dem Grenz- und Freundschaftsvertrag vom 28. September 1939 zum sowjetischen Staatsgebiet.

Seit dem 20. Dezember 1939 erfolgt die Umsiedlung in großer Eile; die Landstraßen sind mit endlosen Trecks überfüllt. Im rauen Winterklima mit Temperaturen bis zu – 40 °C legen die Auswanderer Strecken von 60 km pro Tag zurück. Bis Ende Januar haben bereits 136 463 Menschen die Grenze bei Przemyśl überschritten.

Schon am 9. Januar wurde die Umsiedlung von mehr als 61 000 Baltendeutschen aus Estland und Lettland abgeschlossen (→ S. 24).

Die Umsiedlungen Volksdeutscher aus dem ehemaligen Ostpolen sowie aus Estland und Lettland stehen in Zusammenhang mit der sowjetischen Besetzung dieser Gebiete: Hitler dienen die Umsiedlungen für seine außenpolitischen Ziele. Er stabilisiert damit die kriegswichtigen Beziehungen zur UdSSR (→ S. 39), indem er durch die Aussiedlungen sein politisches Desinteresse gegenüber den von ihr beanspruchten Gebieten demonstriert. Im Reich dient die Aktion der Propaganda, die die Umsiedlungen als großzügigen Akt der nationalsozialistischen Führung gegenüber den »verlorenen Kindern« jenseits der deutschen Grenzen darstellt.

Die Volksdeutschen werden vorerst in sog. Umsiedlerlagern untergebracht oder im weiteren Reichsgebiet verteilt. Sie sollen in den Reichsgauen Posen (ab 29.1. Reichsgau Wartheland) und Danzig-Westpreußen angesiedelt werden.

*Mit den entsprechenden Parolen werden die Umsiedler bei ihrer Ankunft im Lager Litzmannstadt (Lódź) begrüßt. Neben Litzmannstadt dienen auch sog. Umsiedlungslager im alten Reichsgebiet zur vorläufigen Aufnahme der Volksdeutschen. Die Volksdeutschen sollen später im Reichsgau Wartheland angesiedelt werden. Rund 205 000 Volksdeutsche wollen ins Deutsche Reich.*

## 10. JANUAR

# Westoffensive wird aufgedeckt

Der deutsche Fallschirmjägermajor Hellmuth Reinberger und der Kommandeur des Fliegerhorstes Münster, Major Erich Hoenmanns, müssen auf ihrem Flug von Münster nach Köln wegen schlechter Witterung in Mecheln (Belgien) notlanden. Im Flugzeug befinden sich die geheimen Aufmarschpläne für die am 13. Januar geplante Westoffensive.

Der Versuch, die geheimen Dokumente zu verbrennen, gelingt nur zum Teil. Bald nach ihrer Landung werden die Offiziere von belgischen

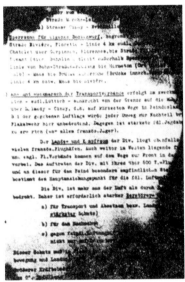

*Teil des halb verbrannten Plans*

Soldaten gefangen genommen. Die entdeckten Pläne bewirken in den Niederlanden und Belgien die Verstärkung der Verteidigungsbereitschaft. Jedoch setzt sich hier wie in Frankreich und Großbritannien der Verdacht durch, die Dokumente seien ihnen absichtlich zugänglich gemacht worden, um sie über die wirklichen Angriffspläne des Deutschen Reiches zu täuschen. Der französische Oberkommandierende General Maurice Gustave Gamelin leitet deshalb keine direkten Gegenmaßnahmen ein.

Auf deutscher Seite wird bereits am 11. Januar von Hitler der »Grundsätzliche Befehl Nr. 1« erlassen, der strikte Geheimhaltung anordnet. Am 30. Januar gibt Hitler den Befehl, einen neuen Aufmarschplan »Gelb« zu erarbeiten (→ S. 49).

# Kohle gegen Öl

Nach fast sechsmonatigen Verhandlungen wird in Moskau ein für das Deutsche Reich wichtiges Handelsabkommen mit der UdSSR mit einem Volumen von 600 bis 700 Mio. Reichsmark unterzeichnet.

Der auf ein Jahr befristete Vertrag verpflichtet das Deutsche Reich neben Kohlelieferungen zum Export von Rüstungsmaterialien vor allem aus dem Marine- und Werkzeugmaschinenbereich. Im Gegenzug liefert die Sowjetunion Getreide, Öl und Phosphate. Im geheimen Zusatzprotokoll sichert die UdSSR dem Reich außerdem zu, als Zwischenhändler den Einkauf von Metallen und anderen Rohstoffen in Drittländern zu tätigen, zu denen das Reich seit Kriegsbeginn keine Wirtschaftsbeziehungen mehr hat.

Das von der nationalsozialistischen Propaganda als großer wirtschaftspolitischer Erfolg dargestellte Abkommen entspricht in seinem verabredeten Volumen jedoch nicht den deutschen Erwartungen. Dennoch stellt der Vertrag einen wichtigen Schritt für die deutsche kriegswirtschaftliche Planung dar. Vor allem die umfangreichen Rohstofflieferungen stellen trotz der von Großbritannien

*Der sowjetische Volkskommissar Anastas I. Mikojan (l.) und der deutsche Sonderbevollmächtigte Karl Ritter unterzeichnen den Vertrag in Moskau.*

am 6. September 1939 verhängten Seeblockade den materiellen Bedarf für die geplante Westoffensive sicher (→ S. 49).

Andererseits begibt sich das Deutsche Reich – unter dem Druck kriegswirtschaftlicher Sachzwänge – mit diesem Abkommen in starke Abhängigkeit von der UdSSR. Einer sinkenden Exportfähigkeit der deutschen Wirtschaft steht ein Anstieg von Lieferverpflichtungen gegenüber, die von der deutschen Rüstungsindustrie, ursprünglich auf eine begrenzte Kriegsführung im Rahmen

der »Blitzkriegstrategie« eingerichtet, nur schwer zu erfüllen sind. Die im Frühjahr 1940 am Rande einer Krise stehende deutsche Schwerindustrie weigert sich wiederholt, sowjetische Aufträge anzunehmen, so dass sich die Regierung in Berlin bemüht, wenigstens Teilbereiche der Exportverpflichtungen zu erfüllen. Die Lieferstreitigkeiten veranlassen Moskau sechs Wochen vor dem Beginn der Westoffensive zu einer vorübergehenden Einstellung aller Öl- und Getreidelieferungen, um ihre Ansprüche durchzusetzen.

*Links: Die erste sowjetische Getreidelieferung nach Abschluss des Wirtschaftsvertrages wird in einem Bahnhof an der deutsch-sowjetischen Grenze mit Kippkarren auf einen deutschen Güterzug verladen. Die im Abkommen vorgesehene Liefermenge von 1 Mio. t Getreide soll die Lebensmittelengpässe im Deutschen Reich ausgleichen.*

*Rechts: Über Rohrsysteme wird das Öl von sowjetischen in deutsche Tankwagen umgefüllt. Insgesamt 1 Mio. t Erdöl soll die Sowjetunion liefern.*

# Judendeportation ins »Lublinland«

In einer groß angelegten Deportationsaktion werden erstmals Juden aus dem Reichsgebiet ins Generalgouvernement für die besetzten polnischen Gebiete transportiert.

Von der bis zum 15. Februar abgeschlossenen »Umsiedlungsaktion« sind insgesamt 6000 Juden aus Stralsund, Stettin, Schneidemühl, Wien und Mährisch-Ostrau betroffen. Sie werden im Raum Lublin angesiedelt, der durch ein Dekret des »Führers« Adolf Hitlers vom 9. Oktober 1939 als sog. Judenreservat ausgewiesen wurde.

Die maßgeblich dem Reichsführer SS und Chef der deutschen Polizei, Heinrich Himmler, unterstellten Deportationen werden von Mannschaften der Schutzstaffel (SS) mit größter Brutalität durchgeführt.

Ein Augenzeuge aus Stettin berichtet: »An Gepäck durfte jede Person nur einen Handkoffer mitnehmen... Soweit Bankkonten und Haus- und Grundbesitz vorhanden waren, wurden die Juden in Stettin veranlasst, einen Verzicht auf diese Vermögenswerte zu unterzeichnen ... Auch die Insassen der beiden jüdischen Altersheime in Stettin, darunter Frauen und Männer über 80 Jahre, wurden deportiert. Soweit sie nicht mehr zu gehen imstande waren, wurden sie auf Tragbahren zum Güterbahnhof transportiert.«

Die schon im Polenfeldzug (→ S. 17, 23) eingesetzten SS-Divisionen zeichnen sich auch bei ihren sog. volkspolitischen Sonderaufträgen durch eine besonders gewalttätige, geradezu unmenschliche Vorgehensweise gegen die jüdische und polnische Bevölkerung aus.

Die in Güterwaggons abtransportierten Juden stoßen im Generalgouvernement auf die denkbar schlechtesten Lebensbedingungen. Aufgrund ungenügender organisatorischer Vorbereitung bestehen kaum Unterbringungsmöglichkeiten; die Ernährungslage ist nicht ausreichend.

SS-Chef Heinrich Himmler, der mit seiner Volkstumspolitik eine fortlaufende Entrechtung der Juden im Generalgouvernement durchführt, bereitet zur isolierten örtlichen Konzentration der »Umgesiedelten« die Errichtung von Ghettos vor.

# Pläne für neue Regierung

Der zur bürgerlich-konservativen Widerstandsgruppe um Carl Friedrich Goerdeler und Ludwig Beck zählende Botschafter a.D. Ulrich von Hassell legt in einer Denkschrift Grundsätze für eine Regierung nach dem Umsturz nieder.

Hassell gilt als außenpolitischer Experte der Widerstandsgruppe. Er war deutscher Botschafter in Italien, wurde aber infolge seiner ablehnenden Haltung gegenüber der NS-Expansionspolitik am 4. Februar 1938 aus dem Dienst entlassen.

Als Befürworter eines Verhandlungsfriedens plädiert er nicht für die Ermordung des deutschen Diktators Adolf Hitler.

Hassell geht bei seinen Überlegungen von der Entschlossenheit einer (neuen) deutschen Regierung aus, den Krieg weiterzuführen, bis der Friede, die Lebensfähigkeit, aber auch »die alte Reichsgrenze« gegenüber Polen gesichert seien. Ein »starkes Deutschland« unter Einbeziehung Österreichs und des Sudetenlandes solle auf dieser Machtbasis ein »Bollwerk gegen den Bolschewismus« bilden.

Grundlagen für einen dauerhaften Frieden sieht der ehemalige Botschafter in der Freiheit der Person und ihrer freien Meinungsäußerung, der Integrität von Recht und Gesetz. Eine große Bedeutung misst er dem Einheitsgedanken bei. Zwar soll die NSDAP mit ihren Gliederungen aufgelöst werden, aber z.B. der Arbeitsdienst in veränderter Form weiterbestehen, um somit eine Organisation sozialer Gruppen zu erhalten. Ein parlamentarisches System mit geheimem und freiem Wahlrecht wird nicht erwogen. In der Betonung des Berufsbeamtentums, im Gegensatz zum politischen Beamtentum der NSDAP, sowie dem Vorbehalt, die Wehrmacht nicht auf die Verfassung, sondern auf die künftige Regentschaft zu vereidigen, dokumentiert Ulrich von Hassell im Grunde seine Absicht, die Staatsform einer Militärdiktatur zu etablieren. In der Vorbereitung zum 20. Juli spielt die Gruppe eine zentrale Rolle (→ S. 306).

*Ludwig Beck*

*Carl Friedrich Goerdeler*

*Ulrich von Hassell*

## Gruppe Goerdeler–Beck–Hassell

Die Entlassung des Oberbefehlshabers des Heeres, Generaloberst Werner Freiherr von Fritsch, am 4. Februar 1938 erregte in Offiziers- und bürgerlich-konservativen Kreisen heftigen Unmut gegen das Regime.

Fritsch hatte jegliche Kriegsführung abgelehnt und wurde zum Rücktritt gezwungen. Als sich nach dem »Anschluss« Österreichs an das Reich (13.3.1938) die deutschen Aggressionen kurz darauf gegen die Tschechoslowakei richteten, versuchte der Generalstabschef des Heeres, Generaloberst Ludwig Beck, den Widerstand in Offizierskreisen gegen diese Pläne zu organisieren. Nachdem es ihm nicht gelang, die militärische Führungsschicht gegen Adolf Hitlers Pläne zu mobilisieren, trat er am 18. August 1938 zurück.

Beck pflegt in der Folgezeit gute Kontakte zum konservativen Oppositionskreis, zu dem der Ex-Leipziger Oberbürgermeister Carl Friedrich Goerdeler, Botschafter a.D. Ulrich von Hassell sowie der noch im Amt befindliche preußische Finanzminister Johannes Popitz zählen. In ihren z.T. anachronistisch anmutenden Staatsplänen spielt die Wiederbelebung einer autokratisch-autoritär ausgerichteten Hohenzollern-Monarchie eine tragende Rolle.

*In agrarwissenschaftlichen Instituten entstehen neue, ertragreiche Pflanzen, die speziell auf das osteuropäische Klima abgestellt sind.*

## »Schwarzwald im Osten«

**Seit dem Sieg über Polen versucht die NS-Führung die »eingegliederten Ostgebiete« zum neuen »deutschen Lebensraum« umzuformen. Eines der wichtigsten Mittel ist die Vertreibung der einheimischen polnischen Bevölkerung.**

Darüber hinaus soll aber die Landschaft im Osten selbst durch wissenschaftliche Methoden »eingedeutscht« und landwirtschaftlich durch neu entwickelte Zuchtpflanzen optimiert werden. An der Umgestaltung arbeitet der renommierte Professor Heinrich Friedrich Wiepking-Jürgensmann zusammen mit seinem Mitarbeiter Erhard Mäding in der Planungsabteilung beim »Reichskommissariat zur Festigung des deutschen Volkstums«, das Heinrich Himmler untersteht (→ S. 23). Die Landschaftsplaner resümieren: »Die Landschaft... ist auf weiten Flächen durch das kulturelle Unvermögen fremden Volkstums vernachlässigt, verödet ... Sollen daher die neuen Lebensräume den Siedlern Heimat werden, so ist die planvolle... Gestaltung der Landschaft eine entscheidende Voraussetzung... Die Räume müssen ein unserer Wesensart entsprechendes Gepräge erhalten, damit der germanisch-deutsche Mensch sich heimisch fühlt.« Die Planer beschließen, die Beskiden in eine Art »Schwarzwaldidylle« zu verwandeln: »Nur heimische und standortgerechte Pflanzen aus Sämlingen bester Rasse, die größte Holz- und Fruchtleistungen sichern, sollen verwendet werden. Ausgefallene Varietäten mit rotem, gelbem, blauem oder buntem Laub sind ebenso zu vermeiden wie erbkranke Pflanzen, die sich nur ungeschlechtlich vermehren lassen und Hänge-, Dreh-, Kümmer- oder Steilwuchs zeigen.« Parallel zu diesen Überlegungen wird die Züchtung neuer, ertragreicher Pflanzen vorangetrieben. Maßgeblich beteiligt sind das Institut für Pflanzengenetik der »SS-Forschungs- und Lehrgemeinschaft das Ahnenerbe« sowie das Zentralinstitut für Kulturpflanzenforschung der Kaiser-Wilhelm-Gesellschaft. Ziel ist die »Züchtung kälte- und dürrefester Getreidesorten für die Siedlung im Osten«, also Pflanzen, die an die kontinentaleuropäischen Klimaverhältnisse angepasst und ertragstechnisch optimiert sind.

Zur Erreichung dieser Ziele sammeln die Stellen vorhandene Gene in einem »Genpool«. Bereits 1938/39 führten SS-Mitglieder eine Tibetexpedition durch, um die dortigen Pflanzen zu untersuchen und für Kreuzungszwecke nach Deutschland zu bringen.

---
**2. MÄRZ**

## Welles sondiert Frieden

Der US-Unterstaatssekretär Sumner Welles (s. Abb. l., mit Hermann Göring) trifft in Berlin zu einer Unterredung mit Adolf Hitler zusammen. Er ist vom US-Präsidenten Franklin D. Roosevelt beauftragt, Möglichkeiten eines Friedens zu erkunden.

---
**28. MÄRZ**

## Kriegsrat der Alliierten

Der Kriegsrat der Alliierten berät in London über Strategien zur Schwächung der Wirtschaftskraft des Deutschen Reiches. Eine Einigung wird aufgrund britisch-französischer Kontroversen nur in wenigen Punkten erzielt (Abb.: Verhandlungsdelegation).

---
**11. MÄRZ**

## Audienz bei Papst Pius XII.

Reichsaußenminister Joachim von Ribbentrop (s. Abb. M.) bereitet das geplante Treffen zwischen Italiens Ministerpräsident Benito Mussolini und Adolf Hitler in Rom vor. Seine Audienz bei Papst Pius XII. wird propagandistisch genutzt.

---
**18. MÄRZ**

# Hitler und Mussolini konferieren auf dem Brenner

Auf dem Brenner-Grenzbahnhof treffen Adolf Hitler und Benito Mussolini zur ersten Konferenz während des Krieges zusammen.

In der Unterredung erklärt der Duce Italiens grundsätzliche Bereitschaft, in den Krieg einzutreten. Der italienische Außenminister und Schwiegersohn Mussolinis, Galeazzo Ciano Graf von Cotellazzo, hält in seinem Tagebuch fest: »Die Unterredung... ist eigentlich eher ein Monolog. Hitler spricht unentwegt... Mussolini hört mit Sympathie und Ergebenheit zu. Er spricht wenig und bestätigt sein Versprechen, mit Deutschland zu marschieren.«

*Rechts: Hitler heißt den Duce herzlich willkommen.*

*Unten: Hitler und Mussolini schreiten die Ehrenkompanie ab.*

## 12. MÄRZ

# Frieden mit Moskau

Nach fünftägigen Verhandlungen wird in Moskau ein Waffenstillstands- und Friedensvertrag zwischen Finnland und der Sowjetunion abgeschlossen. Das am folgenden Tag unterzeichnete Dokument beendet den am 30. November 1939 ausgebrochenen Finnisch-Sowjetischen Winterkrieg (→ S. 28).

Der Friedensvertrag verpflichtet Finnland zu umfangreichen Gebietsabtretungen; die Hafenstadt Hangö wird als militärischer Stützpunkt für 30 Jahre an die UdSSR verpachtet.

Weiterhin legt der Vertrag fest, dass keiner der beiden Staaten Bündnisse eingehen darf, die gegen eine der Vertrag schließenden Parteien gerichtet sind. Der UdSSR werden handels- und verkehrspolitische Transitrechte im Gebiet des eisfreien Hafens Petsamo eingeräumt. Finnland verpflichtet sich darüber hinaus, keine Kriegshäfen oder militärische Basen an den Küsten des Eismeeres anzulegen.

Der Friedensvertrag stellt den Finnen harte Bedingungen, erhält aber die Souveränität des Landes. Sogar zu Konzessionen ist die UdSSR bereit: Auf die noch vor Kriegsbeginn geforderten Nickellagerstätten im Petsamogebiet, die zum Teil in britischem Besitz sind, verzichtet die Sowjetunion, um einen Konflikt mit den Westmächten zu vermeiden.

Die Bereitwilligkeit der sowjetischen und finnischen Regierungen, über eine Beendigung des Krieges zu verhandeln, kam für die Weltöffentlichkeit überraschend. Sie gründete auf sowjetischer Seite in der Furcht vor einer möglichen Intervention der Alliierten in Skandinavien, zum anderen für die Finnen in den nur unzureichenden und teilweise völlig veralteten schwedischen und alliierten Waffen. Starke Verluste der fin-

*Außenminister Vätinö Alfred Tanner, Mitglied der finnischen Delegation*

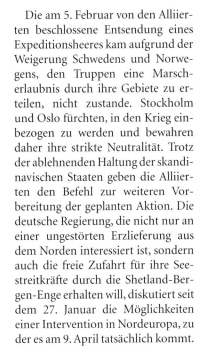

*W. M. Molotow, Außenminister der UdSSR, unterzeichnet den Vertrag.*

nischen Armee seit Anfang Februar (rund 20%) zwangen zum Einlenken; am 29. Februar erklärte sich die finnische Regierung zu Friedensverhandlungen mit der UdSSR bereit. Nachdem der finnische Oberbefehlshaber Carl Gustaf Emil Freiherr von Mannerheim am 7. März im finnischen Kriegsrat offen für einen Waffenstillstand mit der UdSSR eintrat, begab sich einen Tag später eine finnische Delegation nach Moskau zu Verhandlungen, die Tage später zur Einstellung der Kampfhandlungen führten.

Die am 5. Februar von den Alliierten beschlossene Entsendung eines Expeditionsheeres kam aufgrund der Weigerung Schwedens und Norwegens, den Truppen eine Marscherlaubnis durch ihre Gebiete zu erteilen, nicht zustande. Stockholm und Oslo fürchten, in den Krieg einbezogen zu werden und bewahren daher ihre strikte Neutralität. Trotz der ablehnenden Haltung der skandinavischen Staaten geben die Alliierten den Befehl zur weiteren Vorbereitung der geplanten Aktion. Die deutsche Regierung, die nicht nur an einer ungestörten Erzlieferung aus dem Norden interessiert ist, sondern auch die freie Zufahrt für ihre Seestreitkräfte durch die Shetland-Bergen-Enge erhalten will, diskutiert seit dem 27. Januar die Möglichkeiten einer Intervention in Nordeuropa, zu der es am 9. April tatsächlich kommt.

### Politische Eckdaten des Konflikts

**5.10.1939:** Nachdem das finnische Staatsgebiet im deutsch-sowjetischen Geheimprotokoll vom 23. August 1939 als sowjetischer Interessensbereich festgelegt wurde, fordert die UdSSR von Finnland die Abtretung der Karelischen Landenge und die Verpachtung der Stadt Hangö am Finnischen Meerbusen zur Errichtung von Militärbasen. Im Austausch soll Finnland ein Gebiet in Ostkarelien erhalten.

**28.11.1939:** Nach gescheiterten Verhandlungen mit der finnischen Regierung (13.11.) kündigt die UdSSR den 1932 geschlossenen Nichtangriffspakt auf.

**2.12.1939:** Nach Beginn der Kampfhandlungen (30.11.1939) schließt die von der Sowjetunion gebildete finnische Gegenregierung unter dem ehemaligen Vorsitzenden der Kommunistischen Partei Finnlands, Otto Wilhelm Kuusinen, einen Beistandspakt und erfüllt formal die sowjetischen Forderungen. Diese Regierung findet aber im Volk keine Unterstützung. Eine neue bürgerlich-nationale Regierung konstituiert sich am 1. Dezember.

**14.12.1939:** Die Sowjetunion wird aufgrund ihrer Aggression gegen Finnland aus dem Völkerbund ausgeschlossen.

**12.3.1940:** Nach viermonatigen Gefechten schließen beide Parteien in Moskau Frieden.

*Finnische Soldaten verfolgen Verhandlungen in Moskau.*

*Aushang des Moskauer Friedensvertrages in Helsinki*

**er finnisch-sowjetische Kriegsschauplatz**

*Die bedeutende Karelische Landenge und Gebiete in Mittel- und Nordfinnland gehen 1940 an die UdSSR.*

---

**21. MÄRZ**

# Finnland nach dem Krieg

Anlässlich einer Beratung in Stockholm über Hilfeleistungen für das durch den Krieg schwer geschädigte Finnland gibt der ehemalige finnische Ministerpräsident Aimo Kaarlo Cajander einen Situationsbericht über die von Finnland zu verkraftenden Kriegsfolgen.

Mit den im Friedensvertrag festgelegten Gebietsabtretungen büßt Finnland rund 40 000 km² seines Territoriums ein: u.a. die Karelische Landenge einschließlich der Hafenstadt Wyborg, das West- und Nordufer des Ladogasees, eine Reihe von Inseln im Finnischen Meerbusen, Gebietsstreifen in Mittel- und Nordfinnland und die Fischerhalbinsel im nördlichen Eismeer. Finnland verliert 10% seines Ackerlandes, 11% seines Waldbestandes und 10% seiner Industrie mit 400 Gewerbebetrieben. Etwa 500 000 Menschen,

*Nach Abschluss der Friedensverhandlungen räumen finnische Skipatrouillen die karelische Hauptstadt Wyborg, die nun zur Sowjetunion gehört.*

größtenteils Kleinbauern, müssen aus den abgetretenen Territorien evakuiert und neu angesiedelt werden. Die Unterbringung der Umsiedler bedeutet für das vom Krieg gezeichnete Land eine unerhörte Kraftanstrengung.

Die unmittelbaren Kriegsschäden belaufen sich auf rund 1 Mrd. Finnmark (5,05 Mrd. RM). Allein die Kosten für den Wohnungsbau werden auf 1,2 Mrd. Finnmark (6,06 Mrd. RM) geschätzt. 637 Zivilisten sind durch sowjetische Bombenangriffe ums Leben gekommen.

Am 1. April errichtet die UdSSR als neuen Teilstaat die Karelisch-Finnische Bundesrepublik. Finnland selbst ist bestrebt, sich von der Dominanz der Sowjetunion zu befreien.

*Finnen verlassen die ehemals umkämpfte Region.*

*Sowjetbürger siedeln auf ehemals finnischem Gebiet.*

*Hinweisschilder nach Wyborg werden entfernt.*

*Sanitäter transportieren finnische Kriegsverletzte.*

*Finnische Umsiedler auf dem Weg in eine neue Heimat.*

## 9. APRIL

# Wehrmacht erobert Dänemark und Norwegen

Ohne eine vorherige Kriegserklärung landen deutsche Truppen in Dänemark und Norwegen (Unternehmen »Weserübung«).

Die von Marineeinheiten transportierten Truppenverbände gehen gleichzeitig an sechs Stellen der 1500 km langen westnorwegischen Küsten-linie an Land. Luftlandetruppen sichern die Flugplätze von Stavanger und Fornebu. Dänemark wird durch motorisierte Einheiten über Jütland und von See her über die wichtigsten Ostseezugänge besetzt. In offiziellen Noten an die Regierungen in Oslo und Kopenhagen, die kurz vor der Operation von der deutschen Reichs-regierung übermittelt wurden, heißt es, die Invasion sei notwendig, um die Neutralität beider Länder vor einem unmittelbar bevorstehenden Zugriff der Alliierten zu schützen. Ultimativ werden die Regierungen aufgefordert, keinen Widerstand zu leisten und die militärische Aktion als Schutz-maßnahme anzuerkennen.

Tatsächlich bereitete Großbritannien eine Invasion in Norwegen vor und begann am 8. April mit der Verminung der norwegischen Küstengewässer. Unabhängig davon hat die deutsche Führung jedoch seit längerem die Besetzung aus wirtschaftlichen und militärischen Erwägungen vorbereitet.

Die dänische Armee, die sich gegen die militärische Übermacht nicht zur Wehr setzen kann, kapituliert schon einen Tag nach Beginn der Aktion. König Christian X. fügt sich unter Protest und fordert sein Volk auf, jeglichen Widerstand aufzugeben. Unter dem bisherigen Ministerpräsidenten Thorvald Stauning wird ein Kabinett des Nationalen Zusammenschlusses gebildet.

Die norwegische Regierung, die auf das deutsche Ultimatum nicht eingeht und sich gegen die mit deutscher Zustimmung unter dem Faschistenführer Vidkun Abraham Quisling gebildete Regierung ausspricht (→ S. 47), ordnet am 10. April die Mobilmachung der 60 000 Mann starken Armee an. Aufgrund des Einsatzes der norwegischen Küstenbatterien sinkt im Oslofjord der deutsche Schwere Kreuzer »Blücher«; vor Kristiansand und Bergen erleiden die Leichten Kreuzer »Karlsruhe« und »Königsberg« das gleiche Schicksal. Ab 14. April landen britische und französische Truppen bei Narvik, Namsos und Åndalsnes zur Verstärkung der norwegischen Streitkräfte.

Trotz der Unterstützung durch die Alliierten kann der Vormarsch der Deutschen aber nicht aufgehalten werden. Das deutsche Heer in Süd- und Mittelnorwegen dringt bis in das Landesinnere vor. Den von Oslo und Drontheim aus vormarschierenden Truppen gelingt es, sich bei Domjås zu vereinigen (30.4.). Dagegen sind die im äußersten Norden bei Narvik unter Generalleutnant Eduard Dietl kämpfenden Einheiten auf sich gestellt und können sich nur schwer behaupten (→ S. 46). Am 10. Juni fordert König Håkon VII. die Streitkräfte zur Kapitulation auf. In etwa acht Wochen gelingt es dem Deutschen Reich, seine Machtposition auf Europas Norden auszudehnen.

Deutsches Kriegsschiff (mit Hakenkreuz für Fliegersichtung) versenkt britischen Zerstörer vor Norwegen.

Nach ihrer Landung am 9. April dringen deutsche motorisierte Einheiten in das Landesinnere Norwegens vor.

## HINTERGRUND

## Kriegsmarine treibt »Weserübung« voran

Wichtigstes Kriegsziel der Invasion in Dänemark und Norwegen ist die Sicherung der Erzlieferungen an das Deutsche Reich aus den schwedischen Gruben. Deutschland bezieht etwa 50% seines Erzbedarfes aus dem neutralen skandinavischen Land.

Die Erze werden größtenteils entlang der norwegischen Küste verschifft und sind damit potentiell durch die britische Flotte bedroht. Das Oberkommando der Wehrmacht (OKW) hat seit Kriegsbeginn mehrfach auf eine Intervention in Nordeuropa gedrängt, weil das Deutsche Reich im Falle einer britischen Blockade im norwegischen Raum durch den Ausfall der Erzlieferungen nur sechs Monate kriegsfähig bleiben könnte. Narvik spielt bei den Planungen eine zentrale Rolle, weil über diesen Hafen die hochwertigsten und unersetzbaren Erze verschifft werden. Anfang 1940 schaltete sich auch der deutsche Oberbefehlshaber der Marine, Erich Raeder, in die Diskussion ein. Er betont die vom OKW vorgebrachten Argumente, erhofft sich aber zudem einen Prestigegewinn für die Kriegsmarine, die bisher als einzige Waffengattung noch keine spektakulären Erfolge aufzuweisen hat.

*Ein Teil des britisch-französischen Expeditionskorps auf dem Weg nach Norwegen; erst am 14. April landen britische Truppen an der nordnorwegischen Küste. Der Vormarsch der deutschen Truppen kann jedoch infolge Luftüberlegenheit nicht aufgehalten werden. Norwegen muss im Juni kapitulieren.*

**Unternehmen »Weserübung« vom 9. 4. bis 16. 6. 1940**

Oben: Die am 9. April etwa gleichzeitig in allen größeren Häfen Norwegens an Land gesetzten deutschen Truppen nehmen das Land in nur wenigen Wochen ein.

Oben links: Die von der deutschen Reichsregierung als Schutzmaßnahme ausgegebene Besetzung Dänemarks soll in einem guten Verhältnis der Soldaten zur Zivilbevölkerung zum Ausdruck kommen (Propagandafoto der deutschen Presse).

Unten links: Auch zivile Objekte im Inland Norwegens sind von Kriegszerstörungen infolge des deutschen Überfalls betroffen.

---

HINTERGRUND

# Der Kriegsverlauf in Dänemark und Norwegen

Der Erfolg des deutschen Feldzugs in Dänemark und Norwegen ist auf den Einsatz der deutschen Seestreitkräfte und die Luftüberlegenheit zurückzuführen.

Die deutsche Marine verliert aber drei von sechs Kreuzern und zehn von 14 Zerstörern sowie 25 kleinere Einheiten. Damit ist ein Großteil der Überwasserverbände des Deutschen Reiches vernichtet.

**7. April:** Gemäß dem von Adolf Hitler am 2. April festgelegten Termin laufen die ersten deutschen Flottenverbände aus.

**8. April:** Britische Kriegsschiffe verminen die norwegischen Hoheitsgewässer. Das in Schottland seit einiger Zeit bereitstehende britisch-französische Heer wird eingeschifft.

**9. April:** Deutsche Truppen beginnen mit der Besetzung Dänemarks und Norwegens. Dänemark wird nahezu kampflos im Laufe eines Tages eingenommen. Norwegen leistet heftigen Widerstand.

**10. April:** König Christian X. von Dänemark erklärt die Kapitulation des Landes.

**13. April:** Vor Narvik vernichten

britische Seestreitkräfte zehn deutsche Zerstörer.

**14. April:** Alliierte Truppen landen bei Narvik; bis zum 18. April werden auch bei Namsos und Åndalsnes Einheiten an Land gesetzt.

**16. April:** Britische Truppen besetzen die Färöer-Inseln.

**2. Mai:** Britische Truppen räumen Namsos und Åndalsnes vor den anrückenden deutschen Verbänden.

**28. Mai:** Die alliierten Streitkräfte dringen nach 14-tägigen Kämpfen in Narvik ein. Die dort unter General Eduard Dietl operierende

deutsche Kampfgruppe räumt die Stadt, kann sich aber an der Erzbahntrasse halten.

**3. Juni:** Nach einem Beschluss der britischen Regierung vom 24. Mai 1940, das Norwegenunternehmen wegen der deutschen Westoffensive vom 10. Mai vorerst abzubrechen, werden die alliierten Verbände eingeschifft.

**8. Juni:** Narvik wird erneut von der Gruppe Dietl eingenommen.

**10. Juni:** Die nordnorwegischen Streitkräfte kapitulieren vor der deutschen Wehrmacht.

*Nachschub für die in Norwegen unter Eduard Dietl kämpfenden Truppen wird im Hafen von Narvik entladen.*

*Gebirgsjäger gehen von Bord zweier Zerstörer. Britische Einheiten setzen die deutschen Truppen unter Druck.*

## 17. APRIL

# Oberkommando verweigert Befehl

Die bei Narvik (Nordnorwegen) operierende Kampfgruppe unter Generalleutnant Eduard Dietl gerät durch eine Großinvasion britischer Truppen in Bedrängnis.

Starke britische Kampftruppen landen nördlich von Narvik. Sie werden von aus östlicher Richtung vorstoßenden Verbänden unterstützt und schließen mit den entlang der Erzbahn (Ofotbahn) östlich von Hunddalen bis zur schwedischen Grenze gesammelten norwegischen Truppen die Gruppe Dietl mit insgesamt 1800 Gebirgsjägern und 3000 Matrosen von drei Seiten ein. Im Süden von Narvik landen durch den schmalen Skjomenfjord zusätzlich starke Verbände polnischer Exiltruppen; der Küstenbereich wird seit dem 13. April von britischen Seestreitkräften beherrscht. Insgesamt treten 20 000 alliierte Soldaten gegen die von den anderen deutschen Truppenteilen vollkommen abgeschnittene Gruppe unter Generalleutnant Dietl an.

Noch bevor es zum Angriff kommt, gibt der Diktator Adolf Hitler den Befehl an Dietl, Narvik aufgeben und sich über die Grenze nach Schweden zurückzuziehen. Der mit der Weitergabe des Befehls beauftragte Oberstleutnant Bernhard von Loßberg verweigert jedoch diese Anweisung und gibt nach Rücksprache mit dem Chef des Wehrmachtsführungsstabes, Generalmajor Alfred Jodl, und dem Oberbefehlshaber des

*Alliierte Soldaten rücken bei Narvik gegen deutsche Stellungen vor.*

Heeres, Generaloberst Walter von Brauchitsch, am 18. April einen anderen Funkspruch nach Narvik durch, in dem Dietl aufgefordert wird, die Stellung bis zum letzten Mann zu verteidigen.

Der General richtet sich nach diesen Direktiven und zieht sich Ende April in die umliegenden Berge zurück. Die alliierten Truppen, in der alpinen Kriegsführung ungeübt, stoßen nur langsam vor und es kommt zu zähen Einzelgefechten. Am 28. Mai muss Narvik schließlich angesichts der alliierten Übermacht von den deutschen Truppen aufgegeben werden; die Stellung an der für Eisenerzlieferungen ins Deutsche Reich wichtigen Erzbahn wird jedoch gehalten.

*Mit einem sog. Panzerzug dringt ein deutscher Stoßtrupp in einen Eisenbahntunnel vor, der von norwegischen Einheiten verteidigt wird; die Panzerung des Zugs besteht aus mit Sand gefüllten Holzverschlägen.*

## 11. APRIL

# Churchill gesteht Fehlschlag ein

In Großbritannien bricht eine ernste Krise des Kabinetts Arthur Neville Chamberlains aus, als bekannt wird, dass die deutschen Truppen den alliierten Verbänden bei der Landung in Norwegen zuvorgekommen sind.

Vor dem britischen Unterhaus muss der Erste Lord der Admiralität, Winston Churchill, Pressemeldungen vom Vortag dementieren, in denen über die Landung britischer Streitkräfte in den Küstenstädten Narvik, Drontheim und Bergen berichtet wurde.

In einem persönlichen Memorandum erläutert Churchill die weiteren Pläne der Kriegsführung nach dem Scheitern in Norwegen: »Wir sollten alles tun, um Schweden zu einem Kriegseintritt zu ermutigen, ... um so die Kampfkraft der Deutschen zu schwächen. Wenn die Schlacht in Flandern beginnt, werden die Deutschen nicht mehr viele Kräfte für Skandinavien übrig haben.«

## 3. APRIL

# Osters »Verrat« kommt zu spät

Über seine Kontakte zum Militärattaché der niederländischen Gesandtschaft in Berlin, Major Jacobus Gijsbertus Sas, verrät Oberst Hans Oster, Stabschef des Amtes Abwehr/Ausland im OKW, den Termin für »Weserübung« (→ S. 44).

Sas, der die geheime Nachricht der dänischen, norwegischen und britischen Regierung übermitteln soll, schafft es nur noch, die Warnung rechtzeitig an Dänemark weiterzuleiten. Da es für Dänemark aber aussichtslos ist, die ohnehin schwache militärische Abwehr des Landes noch zu mobilisieren, bleibt die Nachricht Osters praktisch ohne Auswirkungen. Seit 1938 plant der Kreis um Oster, zu dem u. a. der Chef der Abwehr, Admiral Wilhelm Canaris, und dessen Mitarbeiter Hans von Dohnanyi zählen, Hitler zu stürzen, ohne sich aber zur Tat entschließen zu können. Dohnanyi wird 1943 verhaftet, Canaris 1944 entlassen und 1945 hingerichtet.

## 9. APRIL

# Nur fünf Tage an der Macht

Der Führer der 1933 gegründeten Partei Nasjonal Samling, Vidkun Abraham Quisling, ruft in Norwegen eine nationale, faschistisch gesonnene Regierung aus.

Dieser vom deutschen Diktator Adolf Hitler sowie vom Leiter des Außenpolitischen Amtes der NSDAP, Alfred Rosenberg, befürwortete Staatsstreich findet jedoch kaum Rückendeckung bei Quislings norwegischen Landsleuten. Die Nasjonal Samling war immer nur eine winzige Minderheitspartei.

Durch den am gleichen Tag von Quisling ausgegebenen Befehl, den Widerstand gegen die deutsche Wehrmacht einzustellen und den aus Oslo geflohenen König sowie die rechtmäßige norwegische Regierung zu verhaften, diskreditiert sich der »Landesverräter« endgültig. Das ausschließlich aus Faschisten bestehende Kabinett Quisling bleibt nur fünf Tage an der Macht, weil das Aus-

*Vidkun Abraham Quisling (M.) im Gespräch mit Reichsführer SS Heinrich Himmler (I.); seit 1939 steht Quisling in Kontakt mit der Führung in Berlin*

wärtige Amt in Berlin eine norwegische Regierung aus kriegswirtschaftlichen und politischen Erwägungen ablehnt. Da die notwendige Massenbasis für die Regierung nicht vorhanden ist, befürchtet das Amt eine Stärkung des nationalen Widerstands in Norwegen, die der Zielsetzung, das Land »friedlich zu unterwerfen« und sich an dem vorhandenen wirt-

schaftlichen Potenzial zu bereichern, zuwiderläuft. Einer sich möglicherweise bildenden Untergrundbewegung will Deutschland lieber mittels einer eigenen, ohne Rücksichten agierenden Verwaltung gegenübertreten. Als diese Überlegungen auch von Hitler akzeptiert werden, wird Quisling am 15. April durch einen Administrationsrat abgelöst.

## 24. APRIL

# Reichskommissar für Norwegen

Nach dem Beschluss der deutschen Regierung, das faschistische norwegische Kabinett unter Vidkun Abraham Quisling abzusetzen, ernennt Hitler den Gauleiter von Essen, Josef Terboven, zum Reichskommissar für Norwegen.

Terboven übt die gesamte zivile Gewalt in Norwegen aus und ist nur Hitler unterstellt. Er begründet eine rigide Besatzungsherrschaft und strebt über die Nasjonal Samling unter Quisling als einzige zugelassene Partei einen Ausbau des norwegischen Faschismus.

Josef Terboven (*23.5. 1898 in Essen), seit 1928 Gauleiter von Essen, wurde am 5. Februar 1935 Oberpräsident der Rheinprovinz. Als Reichskommissar von Norwegen zeichnet er sich durch rigides Vorgehen gegen die Widerstandsbewegung aus.

## HINTERGRUND

## Faschismus in Europa

In allen Ländern Europas etablierten sich vor Ausbruch des Krieges faschistische Parteien.

Massenzulauf erhielten sie besonders in Italien (Benito Mussolini), dem Deutschen Reich (Adolf Hitler) und Spanien José Antonio Primo de Rivera bzw. Francisco Franco Bahamonde).

Die deutsche NS-Führung bemüht sich während des Krieges die bereits bestehenden, aber meist extrem kleinen faschistischen Bewegungen in den besetzten Staaten zu verstärken und für ihr Besatzungsregime zu instrumentalisieren. In Nordeuropa existieren die norwegische Nasjonal Samling (Vidkun Abraham Quisling) sowie die Dänische Nationalsozialistische Arbeiterpartei (Frits Clausen). Nach dem Westfeldzug (→ S. 49) werden der belgische Flaamsch Nationaal Verbond (Gustave de Clercq), die französischen Parteien Parti Popu-

laire Français (Jacques Doriot) und Rassemblement National Populaire (Marcel Déat) sowie die niederländische Nationaal Socialistische Beweging (Adnaan Mussert) von Deutschland unterstützt. Diese Gruppierungen bleiben aber ohne Rückhalt in der Bevölkerung.

In Südosteuropa haben die faschistischen Bewegungen traditionell stärkeren Zulauf. Wichtigste Parteien sind die ungarische Partei des nationalen Willens (Ferenc Szßlasi), die rumänische Eiserne Garde (Horia Sima) und die kroatische Ustascha-Bewegung (Ante Pavelić). Auch in Großbritannien gibt es mit der British Union of Fascists unter Oswald Mosley eine nazistische Gruppe, die im Krieg interniert wird. In den USA existieren zahlreiche ultrarechte und faschistische Bewegungen, die die Vorherrschaft der »weißen arischen Rasse« über die Farbigen propagieren.

## 9. APRIL

# Flucht König Håkons VII.

Aus Furcht vor Gefangennahme flieht der norwegische König Håkon VII. in Begleitung von Regierungsmitgliedern aus Oslo in das rund 150 km entfernte Hamar.

Nach seiner Weigerung, einer von der deutschen Reichsregierung beabsichtigten »friedlichen Annexion« Norwegens zuzustimmen, hat die Wehrmacht den Auftrag, Norwegens Staatsoberhaupt unter allen Umständen am Verlassen des Landes zu hindern. Damit soll die Bildung einer norwegischen Exilregierung unter Håkon VII. im Ausland unmöglich gemacht werden. Verfolgt von deutschen Bombern und Fallschirmjägern zieht sich die norwegische Regierung zunächst nach Elverum, 30 km vor der schwedischen Grenze gelegen, zurück. Als sich der König schließlich in einem Hotel in Otta in Sicherheit wähnt, landen auch dort deutsche Fallschirmjäger. Nach einer Belagerung von sechs Tagen gelingt

ihm die Flucht über Romsdal nach Åndalsnes nahe der Westküste Norwegens. Auch auf seinem weiteren Weg Richtung Küste wird der König,

Håkon VII. (*3.8.1872 in Charlottenlund = Kopenhagen) setzte der deutschen Besatzung seines Landes im April entschiedenen Widerstand entgegen; nach der Niederlage seiner Truppen ging er nach Großbritannien ins Exil.

auf dessen Ergreifung eine Belohnung ausgesetzt ist, immer wieder angegriffen. In Molde schließlich werden König Håkon VII. und die Regierungsmitglieder vom britischen Kreuzer »Glasgow« aufgenommen und zunächst nach Tromsø gebracht. Am 11. Juni trifft der Monarch in seinem Exil in London ein.

## 30. APRIL

# Juden werden zum Umzug in Ghettos gezwungen

Die deutschen Besatzungsbehörden veranlassen die Abriegelung des »jüdischen Wohnbezirks« in Litzmannstadt (Lódź), in dem etwa 160 000 Menschen zusammenleben. Seit Februar 1940 wurde die jüdische Bevölkerung der Stadt zum Umzug in diesen Bezirk gezwungen. Hier wird sie auf engstem Raum (4,13 km$^2$) unter menschenunwürdigen Bedingungen zusammengepfercht. Die Versorgung ist unzulänglich; Seuchen breiten sich aus.

**Antisemitismus führt zum Völkermord:** Hintergrund der Errichtung des Ghettos sind die rasseideologischen Inhalte der nationalsozialistischen Weltanschauung, nach denen Polen und Juden als »minderwertig« betrachtet werden. Bereits seit Beginn des Krieges richten sich die deutschen Terrormaßnahmen insbesondere gegen diese Personenkreise (→ S. 24, 56). Um sämtliche Juden aus den eroberten »deutschen Lebensräumen« im Osten zu verbannen, sollen sie in einem ersten Schritt in den großen polnischen Städten konzentriert werden. Dabei wird die Verelendung der Menschen, die zu massenhaften Todesfällen im Ghetto führt, planvoll vorangetrieben.

**Zweites jüdisches Ghetto:** Am 15. November wird in Warschau unter dem Vorwand einer drohenden Seuchengefahr ein zweites Großghetto eingerichtet. Die deutsche Polizei besetzt zusammen mit polnischen Stadtpolizisten ein Netz dichter Sperren an allen Zugangsstraßen des 4 km langen und 2,5 km breiten Bezirks, der später durch eine hohe Ziegelsteinmauer abgeriegelt wird. Mit einer Sonderverordnung vom 16. Oktober befahl der Gouverneur des Distrikts Warschau, Ludwig Fischer, allen Warschauer Juden, in den jüdischen Wohnbezirk umzusiedeln. Wie im Ghetto Lódź werden die 400 000 Menschen auf engstem Raum zusammengedrängt. Im Schnitt steht für 1100 Personen lediglich 1 ha Fläche zur Verfügung.

Kaum 20% der Menschen können einer Arbeit in einem der Handwerksbetriebe nachgehen, die für die deutsche Kriegswirtschaft produzieren. Das Vermögen der wenigen wohlhabenden Juden in diesem Bezirk wird durch Tauschhandel aufgebraucht. Die von den deutschen Stellen gewährten Lebensmittelzuteilungen betragen offiziell 1 kg Brot wöchentlich sowie monatlich 250 g Zucker, 100 g Marmelade und 50 g Fett. In der Praxis werden diese Rationen allerdings wesentlich unterschritten. Täglich brechen Menschen, von Hunger oder Krankheit geschwächt, auf den Straßen zusammen. Vor allem die Kindersterblichkeit nimmt drastisch zu (→ S. 107). Die Ghettoverwaltung, ein von der deutschen Besatzungsmacht eingesetzter Judenrat, steht diesen Verhältnissen machtlos gegenüber. Neben ihm werden im Ghetto eine Polizeitruppe – oft getaufte Juden oder ehemalige Angehörige der polnischen Polizei oder Armee – und eine jüdische Sonderpolizei eingesetzt, die eng mit der Geheimen Staatspolizei (Gestapo) zusammenarbeiten. Viele Mitglieder dieser Polizeieinheiten glauben, mit ihrem Dienst für die Deutschen dem Tod entgehen zu können. An den illegalen Geschäften mit gefälschten Papieren, Privilegien und Lebensmitteln beteiligen sich vor allem Gestapobeamte, Mitglieder der SS und des Sicherheitsdienstes (SD).

**Ghettos als Vorstufe des Völkermords:** Ab Mitte Oktober 1941 werden weitere 19 287 Juden aus dem deutschen Machtbereich ins Ghetto Lódź verschleppt (→ S. 147). Die Kasernierung der Juden mündet ab 1942 in ihrer Deportation in Konzentrationslager.

*Überall im Ghetto herrschen bedrückende Armut und Wohnungsnot.*

*Zwangsumsiedlung in den jüdischen Wohnbezirk der Stadt Warschau*

*Swietorkrzyska-Straße in Warschau; die um das Ghetto errichtete Mauer entsteht mit dem Geld, das der Judenrat an eine deutsche Baufirma zahlen muss.*

*Szene aus dem Warschauer Ghetto; die Strafen für die Juden, die ohne Erlaubnis auf die »arische Seite« wechseln, reichen von Arbeitslager bis zur Todesstrafe.*

10. MAI

# Offensive im Westen

Gemäß dem am Vortag von Führer und Reichskanzler Adolf Hitler fest-gelegten Termin für den »Fall Gelb« beginnt um 5.35 Uhr die deutsche Offensive im Westen (→ S. 38).

Heeresdivisionen und Luftein-heiten greifen die neutralen Staaten Niederlande, Belgien und Luxem-burg an. Trotz vorhergehender War-nungen werden die alliierten Füh-rungsstäbe von der ohne Kriegser-klärung eingeleiteten deutschen Groß-offensive überrascht.

Die Heeresgruppe B rückt nach einem von Generalleutnant Erich von Manstein entwickelten Schlacht-plan unter Generaloberst Fedor von Bock vor und bindet durch ihre Ge-fechte die alliierten Streitkräfte in Belgien und den Niederlanden. Kurz darauf besetzen deutsche Luftlande-truppen die niederländischen und belgischen Verteidigungslinien, die Festung Holland sowie das belgische Fort Eben-Emael.

Bei ihrem weiteren Vormarsch nach Westen kapituliert am 15. Mai die niederländische Armee. Am 17. Mai wird Belgiens Hauptstadt Brüssel kampflos besetzt, am 20. Mai die Schelde erreicht.

Währenddessen führt die Heeres-gruppe A unter Generaloberst Gerd von Rundstedt ihren Überraschungs-angriff durch die Ardennen durch. Die seit dem 10. Mai über Luxemburg und die südbelgischen Befestigungen im Ardennengebirge vorrückenden Truppen und Panzer überschreiten am 14. Mai die Maas und erreichen am 20. Mai die Kanalküste.

## Kriegspotenzial im Westfeldzug

| | Deutsche | Alliierte |
|---|---|---|
| Infanteriedivisionen | 119 | 119 |
| mot. Divisionen | 7 | 7 |
| Panzerdivisionen | 10 | 11 |
| Fallsch.-Divisionen | 1 | - |
| Panzer-Kampfwagen | 2 580 | 3 000 |
| **Luftwaffe:** | | |
| Bombenflugzeuge | 1 367 | Gesamt: |
| Jagdflugzeuge | 1 076 | 2613, davon |
| Aufklärer | 482 | 500 in |
| Sonstige | 300 | Frankreich |
| U-Boote | 2 | stationiert |

### Deutsche Operationen im Westen

1. Phase: Überfall auf Belgien, Niederlande, Luxemburg; 2. Phase: »Schlacht um Frankreich«

GROSSBRITANNIEN

NIEDERLANDE

BELGIEN

DEUTSCHES REICH

28. 5. 1940

5. 6. 1940

LUXEMBURG

Paris

13. 6. 1940

FRANKREICH

19. 6. 1940

Basel

SCHWEIZ

22. 6. 1940

24. 6. 1940

Atlantik

UNBESETZTES FRANKREICH

ITALIEN

SPANIEN

Mittelmeer

- - - - Demarkationslinie (22. 6. 1940)
—•—•— deutsche Vormarschlinien
——— deutsche Aufmarschlinie (5. 6. 1940)
0  100  200 km
➤ Vorstöße der Hauptangriffslinie

Oben rechts: Deutsche Soldaten in einer durch die Kampfhandlungen völ-lig zerstörten französischen Stadt; auf den ohne Kriegserklärung erfolgenden Einmarsch der deutschen Truppen sind die jeweiligen nationalen und alliierten Führungsstäbe trotz Warnungen nur unzureichend vorbereitet.

Oben links: Eine deutsche 3,7 cm Pak 35/36 wird vor den nur wenige Meter entfernten gegnerischen Truppen in Stellung gebracht. Das vom Feind ge-haltene Gehöft im Hintergrund wird beschossen und zerstört, der Vormarsch kann fortgesetzt werden. Seit dem 10. Mai überrennen die mo-bilen und gut ausgerüsteten deutschen Heeresgruppen die Staaten Belgien, Niederlande und Luxemburg.

Links: Die Offensive im Westen erfolgt nach dem »Sichelschnittplan« des Oberkommandos des Heeres (OKH): Besetzung der Niederlande und Vor-stoß über die belgisch-luxemburgische Grenze, um gegnerische Streitkräfte zu besiegen. Die Heeresgruppe A süd-lich der Linie Lüttich–Charleroi soll sich parallel zur Heeresgruppe B, die die Grenzbefestigungen im Norden durchbrechen soll, den Übergang über die Maas nach Sedan erkämpfen, um so die Gegner sichelförmig zu fassen.

# Chronik: Deutscher Westfeldzug

**10. Mai:** Gegen 5.35 Uhr beginnt die deutsche Offensive im Westen (»Fall Gelb«). Fallschirmjäger landen auf der Festung Holland bei Rotterdam und an der Brücke von Moerdijk. Die Maas und der Albert-Kanal werden überschritten.

**11. Mai:** Luxemburg wird von deutschen Truppen eingenommen. Deutsche Fallschirmjäger erobern das Fort Eben-Emael bei Lüttich. Die französisch-britische Heeresgruppe 1 stößt im Gegenzug nach Belgien und in den Süden der Niederlande vor.

**13. Mai:** Lüttich kapituliert vor der militärischen Übermacht der deutschen Wehrmachtsverbände.

**14. Mai:** Rotterdam wird während bereits laufender Kapitulationsverhandlungen von der deutschen Luftwaffe angegriffen (→ S. 14).

**15. Mai:** Der niederländische General Hendrik G. Winkelman unterzeichnet die Kapitulation der Streitkräfte. Deutsche Truppen überqueren die Maas im Raum zwischen Namur und Givet.

**16. Mai:** Deutsche Truppen durchbrechen die alliierte Verteidigungsstellung am Fluss Dyle im Westen von Belgien.

**17. Mai:** Brüssel wird von Einheiten der deutschen Wehrmacht besetzt.

**19. Mai:** Deutsche Panzer erreichen Abbéville an der Somme-Mündung.

**20. Mai:** Motorisierte deutsche Verbände dringen bis zur französischen Kanalküste vor. Die sich nördlich der Somme befindenden französischen, britischen und belgischen Streitkräfte werden durch diesen »Sichelschnitt« von ihren rückwärtigen Verbindungen abgeschnitten.

**24. Mai:** Deutschen Einheiten gelingt der Durchbruch durch die Schelde-Stellung. Die Panzergruppe unter General Ewald von Kleist wird auf Befehl Adolf Hitlers vor Dünkirchen angehalten.

**27. Mai:** Bei Dünkirchen wird bis zum 4. Juni 1940 ein Großteil der alliierten Truppen über den Kanal evakuiert (Operation »Dynamo«; → S. 53).

**28. Mai:** König Leopold III. von Belgien erklärt die Kapitulation der belgischen Streitkräfte (→ S. 55).

**4. Juni:** Nach Abzug der alliierten Verbände wird Dünkirchen von deutschen Truppen eingenommen.

**5. Juni:** Gemäß der Führerweisung »Fall Rot« für die »Schlacht um Frankreich« beginnt die zweite Phase des Westfeldzugs. Mit dem Vorstoß über die improvisierte Weygand-Linie (benannt nach dem Oberbefehlshaber der alliierten Streitkräfte Maxime Weygand) dringen deutsche Truppen südlich der Somme in Richtung auf die untere Aisne vor.

**9. Juni:** Durch einen zweiten Vormarsch in den Rücken der Maginotlinie stoßen deutsche Truppen an die schweizerische Grenze vor.

**10. Juni:** Der italienische Ministerpräsident Benito Mussolini erklärt Großbritannien und Frankreich den Krieg. Die italienische Militärführung verzichtet jedoch wegen der unzureichenden Kriegsbereitschaft des Landes auf jegliche Offensivoperationen (→ S. 64).

**12. Juni:** General Maxime Weygand befiehlt den allgemeinen Rückzug der französischen Armeen. In St. Valery an der Kanalküste kapituliert der dort eingesetzte Teil der britisch-französischen Streitkräfte.

**14. Juni:** Paris wird kampflos von deutschen Truppen eingenommen. Ferner werden Le Havre und Montmédy, Eckpfeiler der Maginotlinie, besetzt (→ S. 66).

**15. Juni:** Deutschen Verbänden gelingt der Einbruch in die Maginotlinie. Die Festung bei Verdun wird genommen.

**16. Juni:** Zwischen St. Avold und Saaralben fällt ein Abschnitt der Maginotlinie. Der Oberrhein östlich von Colmar wird überschritten.

**17. Juni:** Nach Rücktritt des französischen Ministerpräsidenten Paul Reynaud bildet Marschall Philippe Pétain eine neue Regierung und ersucht die deutsche Regierung um Waffenstillstand.
Die über Verdun vorstoßende Panzergruppe unter Generaloberst Heinz Guderian erreicht die Grenze zur Schweiz. Damit ist ein Großteil des französischen Heeres in Lothringen und an der Maginotlinie eingeschlossen.

**18. Juni:** Führer und Reichskanzler Adolf Hitler und Benito Mussolini legen bei einer Unterredung in München die Waffenstillstandsbedingungen gegenüber der Regierung von Frankreich fest.

General Charles de Gaulle, bisher Unterstaatssekretär im französischen Kriegsministerium, erklärt sich in London zum Führer des Nationalkomitees des Freien Frankreich und fordert sein Land zur Fortsetzung des Widerstandes an der Seite Großbritanniens auf.

**21. Juni:** Obwohl die französische Regierung am 20. Juni Italien um Waffenstillstand gebeten hat, eröffnen italienische Truppen an der Alpenfront eine Offensive, die aber nur wenige Kilometer vorankommt. Deutsche Truppen stoßen über Lyon von Westen her auf die Alpenregion vor.

*Nach Abzug der Alliierten beherrschen deutsche Soldaten die Küste.*

*Vor allem der Einsatz von leistungsfähigen Panzerdivisionen trägt zum schnellen Erfolg der deutschen Wehrmacht im Westfeldzug bei.*

**22. Juni:** Im Wald von Compiègne wird ein deutsch-französischer Waffenstillstand geschlossen: Er teilt Frankreich in eine besetzte und eine unbesetzte Zone auf. Das unbesetzte südliche Gebiet des Landes wird der Regierung Pétain unterstellt (→ S. 68).

**24. Juni:** In Rom wird von Frankreich und Italien ein Waffenstillstandsvertrag unterzeichnet.

**25. Juni:** In Frankreich tritt Waffenruhe ein. Die deutschen Truppen ziehen sich auf die im Waffenstillstandsvertrag festgelegte Demarkationslinie nördlich der Linie Genf-Tours sowie bis zur spanischen Grenze zurück.

**30. Juni:** Bis zum 1. Juli besetzen Truppen der deutschen Wehrmacht die britischen Kanalinseln Jersey, Guernsey und Alderney.

*Mit Panzerabwehrkanonen gegen Feld- und Dorfbefestigungen*

# ZWEITER WELTKRIEG

Eine Kolonne französischer Gefangener auf dem Weg ins Lager; etwa zwei Millionen französische Soldaten geraten in deutsche Hände.

Unter Strapazen und Entbehrungen legen deutsche Infanteriesoldaten bei ihrem Vormarsch durch Frankreich täglich lange Strecken zurück; viele zu Fuß.

Deutlich signalisiert ein französischer Soldat seine Kapitulationsbereitschaft.

Von Panzern zerstörte Straßen und Wege können von den Soldaten nur unter großen Mühen passiert werden.

Stürmende deutsche Infanterieeinheiten belagern den »Feind« vor einem französischen Schloss an der Loire.

Am 27. Juni erreichen deutsche Truppen die spanische Grenze.

Unzählige Soldaten kommen in ihren Panzern ums Leben.

A TOUS LES FRANÇAIS

La France a perdu une bataille!
Mais la France n'a pas perdu la guerre!

Des gouvernants de rencontre ont pu capituler, cédant à la panique, oubliant l'honneur, livrant le pays à la servitude. Cependant, rien n'est perdu!

Rien n'est perdu, parce que cette guerre est une guerre mondiale. Dans l'univers libre, des forces immenses n'ont pas encore donné. Un jour, ces forces écraseront l'ennemi. Il faut que la France, ce jour-là, soit présente à la victoire. Alors, elle retrouvera sa liberté et sa grandeur. Tel est mon but, mon seul but!

Voilà pourquoi je convie tous les Français, où qu'ils se trouvent, à s'unir à moi dans l'action, dans le sacrifice et dans l'espérance.

Notre patrie est en péril de mort.
Luttons tous pour la sauver!

## VIVE LA FRANCE !

GÉNÉRAL DE GAULLE
QUARTIER-GÉNÉRAL,
4 CARLTON GARDENS.

Aufruf von General Charles de Gaulle zum Widerstand

SCALE IN FEET

*Luftaufnahme des Gebiets von Rotterdam, auf das einen Tag vor der Kapitulation noch deutsche Bomben fielen.*

---

## 14. MAI

# Bombardierung verwüstet Rotterdam kurz vor der Kapitulation

Um die Verteidiger zur Aufgabe zu zwingen, befiehlt der Befehlshaber der deutschen Luftwaffe, Generalfeldmarschall Hermann Göring, die Bombardierung Rotterdams.

Als kurze Zeit nach dem Start des Fluggeschwaders 54 die Kommandantur Rotterdams die Kapitulation unterzeichnet, können die Bomber nicht mehr vollständig zurückbeordert werden. Von 100 Flugzeugen greifen 57 Rotterdam an und werfen 97 t Bomben auf die Stadt. Das Zentrum der 600000-Einwohner-Stadt wird durch eine sich schnell ausbreitende Feuersbrunst völlig vernichtet; etwa 900 Bürger verbrennen in ihren Häusern, werden von Bomben getötet oder unter Trümmern begraben. Auch das Hafenviertel wird stark zerstört. Am 15. Mai unterzeichnet der Oberbefehlshaber der niederländischen Streitkräfte die Kapitulation.

---

## 18. MAI

# Verwaltung der besetzten Gebiete

Noch bevor sich der belgische König Leopold III. zur Kapitulation des Landes bereit erklärt (→ S. 55), werden die belgischen Gebiete Eupen, Malmedy und Moresnet dem Deutschen Reich angegliedert.

Die durch Führererlass bestimmte Eingliederung soll den deutsch-belgischen Grenzverlauf in seinem Bestand vor Abschluss des Versailler Friedensvertrages (28.6.1919) wiederherstellen.

Die von Belgien abgetrennten Gebiete sind der Reichsregierung in Berlin direkt unterstellt und dem Regierungsbezirk Aachen zugeteilt. Das restliche Belgien wird am 30. Juni dem Militärbefehlshaber von Belgien

### Reichskommissar Seyß-Inquart

Der am 22. Juli 1892 in Stannern (bei Iglau/Mähren) geborene Arthur

Der 47-jährige Arthur Seyß-Inquart ist während seiner gut fünfjährigen Amtszeit als Reichskommissar der Niederlande für die Deportation niederländischer Arbeitskräfte ins Deutsche Reich verantwortlich.

Seyß-Inquart wurde nach dem Ersten Weltkrieg Mitglied mehrerer Vorläuferorganisationen der österreichischen NSDAP. Auf deutschen Druck am 16. Februar 1938 zum Innenminister der Republik Österreich ernannt, konnte er am 11. März desselben Jahres das Amt des Bundeskanzlers übernehmen und ermöglichte so den deutschen Einmarsch. Nach der Errichtung eines Generalgouvernements in Polen (12.10.1939) wurde Seyß-Inquart Stellvertreter des Generalgouverneurs Hans Frank. Als Reichskommissar der Niederlande betreibt er rigoros die Judenverfolgung.

und Nordfrankreich, General Alexander Ernst Freiherr von Falkenhausen, unterstellt. Nach der Kapitulation der Niederlande am 15. Mai (→ S. 49) wird eine deutsche Zivilverwaltung eingerichtet. Seyß-Inquart ist ab 29. Mai Reichskommissar der Niederlande.

## 26. MAI

# Alliierte Truppen evakuiert

Auf Befehl des britischen Kriegsministers Robert Anthony Eden zieht sich das britisch-französische Expeditionsheer von der alliierten Front nach Dünkirchen (Dunkerque) zurück.

In einer bereits am folgenden Tag beginnenden Evakuierungsaktion, der Operation »Dynamo«, sollen die rund 350000 im Raum Lille und Brügge von deutschen Truppen eingekesselten britischen und verbündeten Landstreitkräfte mit Jachten, Fischerbooten, Schleppern, Zerstörern und Torpedobooten über den Ärmelkanal auf die Britischen Inseln in Sicherheit gebracht werden. Die al-

### Evakuierungen aus Dünkirchen

| Datum | vom Strand | vom Hafen | zusammen |
|---|---|---|---|
| 27. Mai | – | 7 669 | 7 669 |
| 28. Mai | 5 930 | 11 874 | 17 804 |
| 29. Mai | 13 752 | 33 558 | 47 310 |
| 30. Mai | 29 512 | 24 311 | 53 823 |
| 31. Mai | 22 942 | 45 072 | 88 014 |
| 1. Juni | 17 348 | 47 081 | 64 429 |
| 2. Juni | 8 695 | 19 561 | 26 256 |
| 3. Juni | 1 870 | 24 876 | 26 746 |
| 4. Juni | 622 | 25 553 | 26175 |
| Summe | 98 871 | 239 555 | 338 226 |

liierte Evakuierungsaktion wird durch den am 24. Mai vom Obersten Befehlshaber der Wehrmacht, Adolf Hitler, ausgegebenen Befehl, den Vormarsch der Heeresgruppe A vorerst zu unterbrechen, erleichtert. Der gegen den erklärten Willen des Oberbefehlshabers des Heeres, Walter von Brauchitsch, von Hitler gegebene »Haltbefehl« für die Panzergruppe unter General Ewald von Kleist am La-Bassée-Kanal soll die Kampfkraft der um die Hälfte reduzierten Panzerwaffe für die weiteren Gefechte in Frankreich schonen. Die eingeschlossenen alliierten Truppen sollen allein von der Luftwaffe angegriffen werden. Nach dem Bekanntwerden des alliierten Evakuierungsunternehmens hebt die deutsche Heeresführung den »Haltbefehl« für die Panzer unverzüglich auf.

*Eine Messerschmitt über der zerstörten französischen Stadt Dünkirchen: Trotz des Plans von Hermann Göring, die eingeschlossenen Verbände mit der Luftwaffe zu bekämpfen, kann der Großteil der alliierten Truppen evakuiert werden.*

*Am Strand von Dünkirchen nach dem 4. Juni: Mit Stegen schufen sich die Alliierten einen Weg zu den an der Küste liegenden Schiffen, um der Gefangenschaft zu entgehen.*

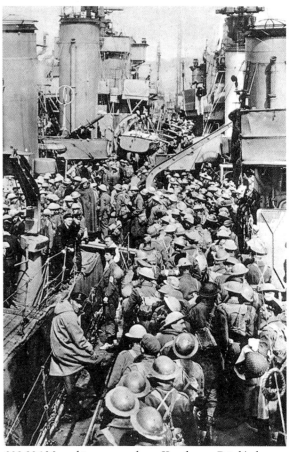

*338 226 Mann können aus dem »Kessel« von Dünkirchen evakuiert werden. Hier treffen britische Soldaten auf völlig überladenen Schiffen wieder in ihrer Heimat ein.*

## 10. MAI

# Churchill wird neuer Premier

Nachdem zwei Tage zuvor das britische Unterhaus dem amtierenden Premierminister Arthur Neville Chamberlain mit 281 zu 200 Stimmen das Vertrauen entzogen hatte, erklärt dieser seinen Rücktritt.

König Georg VI. von Großbritannien und Nordirland beruft den Ersten Lord der Admiralität und Mitglied der Konservativen Partei, Winston Churchill, zum neuen Chef der Regierung. Churchill, der sich entschieden gegen die von Chamberlain praktizierte Appeasement-Politik (Beschwichtigungspolitik) ausspricht, beabsichtigt, die Kriegführung gegen das Deutsche Reich zu intensivieren. Er bildet ein Kriegskoalitionskabinett mit allen Parteien. Der Führer der Labour Party, Clement Richard Attlee, wird Stellvertreter der Regierung. In seiner ersten Rede als Premier fordert Churchill am 13. Mai das britische Volk zu großen Opfern auf, um dem deutschen Großmachtstreben ein Ende zu bereiten. Seit der fehlgeschlagenen britischen Landung in Norwegen (→ S. 44) formiert sich gegen Chamberlain selbst in konservativen Kreisen eine Opposition.

---

### Churchills Rede (Auszug)

»Ich habe nichts zu bieten als Blut, Mühsal, Tränen und Schweiß. Uns steht eine Prüfung von allerschwerster Art bevor. Wir haben viele, viele lange Monate des Kämpfens und des Leidens vor uns. Sie werden fragen: Was ist unsere Politik? Ich erwidere: Unsere Politik ist, Krieg zu führen, zu Wasser, zu Lande und in der Luft, mit all unserer Macht und mit aller Kraft, die Gott uns verleihen kann; Krieg zu führen gegen eine ungeheure Tyrannei, die in dem finsteren, trübseligen Katalog des menschlichen Verbrechens unübertroffen bleibt... Sie fragen: Was ist unser Ziel? Ich kann es in einem Wort nennen: Sieg – Sieg um jeden Preis, Sieg trotz allem Schrecken. Sieg, wie lang und beschwerlich der Weg dahin auch sein mag...«

MR. CHURCHILL'S CABINET:      AN ALL-PARTY MINISTRY.

SIR ARCHIBALD SINCLAIR; WHO BECAME SECRETARY OF STATE FOR AIR IN SUCCESSION TO SIR SAMUEL HOARE. (Bassano.)

MR. ANTHONY EDEN; WHO EXCHANGED THE DOMINIONS OFFICE FOR THE MINISTRY OF WAR. (Bassano.)

MR. C. R. ATTLEE, FORMERLY LEADER OF THE OPPOSITION IN THE COMMONS—APPOINTED LORD PRIVY SEAL. (Elliott and Fry.)

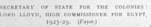

THE NEW FIRST LORD OF THE ADMIRALTY: THE RT. HON. A. V. ALEXANDER, LABOUR FIRST LORD, 1929-31.

MR. CHURCHILL, A DESCENDANT OF THE GREAT MARLBOROUGH, BECOMES PRIME MINISTER AND MINISTER OF DEFENCE. (A.P.)

A LABOUR "STRONG MAN" IN THE WAR CABINET: THE RT. HON. ARTHUR GREENWOOD, MINISTER WITHOUT PORTFOLIO. (Howard Coster.)

SECRETARY OF STATE FOR THE COLONIES: LORD LLOYD, HIGH COMMISSIONER FOR EGYPT, 1925-29. (Fayer.)

MR. CHURCHILL, THE RT. HON. HERBERT MORRISON, APPOINTED MINISTER OF SUPPLY IN SUCCESSION TO MR. LESLIE BURGIN. (Elliott and Fry.)

MR. BEVIN, GENERAL SECRETARY, TRANSPORT AND GENERAL WORKERS' UNION—MINISTER OF LABOUR AND NATIONAL SERVICE. (Lafayette.)

MR. L. S. AMERY; SECRETARY FOR INDIA. HE HAS BEEN FIRST LORD AND COLONIAL SECRETARY. (Bassano.)

THE NEW MINISTER OF INFORMATION: MR. DUFF COOPER, WHO WAS WAR SECRETARY, 1935-37, AND FIRST LORD 1937-38. (Bassano.)

#### THE WAR CABINET.

Prime Minister and Minister of Defence, Mr. Winston Churchill.
Lord President of the Council, Mr. Neville Chamberlain.
Foreign Secretary, Viscount Halifax.
Lord Privy Seal, Mr. C. R. Attlee.
Minister without Portfolio, Mr. Arthur Greenwood.

#### OTHER NEW MINISTERS.

First Lord of the Admiralty, Mr. A. V. Alexander.
Secretary for War, Mr. Anthony Eden.
Secretary for Air, Sir Archibald Sinclair.
Lord Chancellor, Sir John Simon.
Chancellor of the Exchequer, Sir Kingsley Wood.
Home Secretary, Sir John Anderson.
Colonial Secretary, Lord Lloyd.
President of the Board of Trade, Sir Andrew Duncan.

Minister of Supply, Mr. Herbert Morrison.
Minister of Information, Mr. Duff Cooper.
Minister of Labour and Minister of National Service, Mr. Ernest Bevin.
Secretary for India and for Burma, Mr. L. S. Amery.
Minister of Health, Mr. Malcolm MacDonald.
Minister of Food, Lord Woolton.
Dominions Secretary, Viscount Caldecote.
Secretary for Scotland, Mr. Ernest Brown.
Minister for Aircraft Production, Lord Beaverbrook.
President, Board of Education, Mr. H. Ramsbotham.
Minister of Agriculture, Mr. Robert Hudson.
Minister of Transport, Sir John Reith.
Minister of Shipping, Mr. Ronald Cross.
Minister of Economic Warfare, Mr. Hugh Dalton.

Announcing the formation of a Government "representing the united and inflexible resolve of the nation to prosecute the war with Germany to a victorious conclusion," Mr. Churchill stated that it was the evident wish and will of Parliament and the nation that it should be conceived on the broadest possible basis and include all parties. He announced that it was the Government's policy "to wage war by sea, land and air, with all our might and with all the strength that God can give us," against "a monstrous tyranny" never surpassed in the catalogue of human crime.

*Mit einer Allparteienregierung will der neue britische Premier Winston Churchill die Kriegsführung intensivieren. Zu seinen engsten Mitarbeitern zählen Clement R. Attlee, Edward F. Halifax und Arthur Greenwood.*

ZUR PERSON

## Ein großer Staatsmann

Als Winston Churchill Premierminister wird, hat er bereits eine 40-jährige bewegte Karriere als Politiker hinter sich. Er gilt als der größte britische Staatsmann des 20. Jahrhunderts.

Churchill kam am 20. November 1874 als Sohn von Lord Randolph Henry Spencer Churchill zur Welt, der einer der Führer der konservativen Partei war. 1900 zog er als konservativer Abgeordneter in das Unterhaus ein. 1904 wechselte er zu den Liberalen, wurde 1908 Handels- und 1910 Innenminister. Als Erster Lord der Admiralität ab 1911 sorgte er für die massive Erweiterung und Modernisierung der Flotte.

Im Ersten Weltkrieg trat Churchill 1915 zurück, weil ihm Premierminister Herbert Henry Asquith Kompetenzen entzog. Churchill meldete sich zum Frontdienst in Flandern. Erst als sein Freund David Lloyd George Regierungschef wurde, kehrte Churchill 1917 als Munitionsminister ins Kabinett zurück. Die radikale Mobilisierungspolitik des Premiers wurde zum Vorbild für Churchills eigenes Vorgehen ab 1940. Nach Posten als Heeres- und Luftwaffenminister (1918) sowie Kolonialminister (1921) wechselte Churchill 1922 wieder zu den Konservativen und war 1924 bis 1929 Schatzkanzler. Bereits 1937/38 wandte er sich massiv gegen die von Premier Arthur Neville Chamberlain verfolgte Politik der Zugeständnisse an Hitler und forderte mehr Rüstung. Bei Kriegsausbruch wurde er abermals Erster Lord der Admiralität und aufgrund seiner harten Anti-Hitler-Haltung von der Öffentlichkeit als Premierminister favorisiert. Trotz seines Antikommunismus sucht er außenpolitisch die Koalition mit der UdSSR und macht innenpolitisch den Gewerkschaften Zugeständnisse (»Kriegssozialismus«). 1945 verliert er die Wahlen, wird aber 1951 (bis 1955) noch einmal Premier. Er stirbt am 25. Januar 1965.

---

# Staatsoberhäupter flüchten ins Exil

**Vor den massiv vorrückenden deutschen Truppen in Belgien und aufgrund der schon am 17. Mai erfolgten Besetzung den Hauptstadt Brüssel kapituliert die belgische Armee auf Befehl von König Leopold III. bedingungslos.**

Der Monarch, der diese Entscheidung gegen den Willen des belgischen Kabinetts fällt, begibt sich in deutsche Kriegsgefangenschaft (→ S. 49).

Das Regierungskabinett unter Ministerpräsident Hubert Graf Pierlot bildet am 25. Mai eine Exilregierung in Limoges (später in Vichy) mit dem Ziel, von dort aus den Kampf gegen das Deutsche Reich fortzusetzen. Der König, von den Kabinettsmitgliedern als Landesverräter tituliert, wird nach einem Beschluss des Exilparlaments vom 31. Mai abgesetzt. Er bleibt in Brüssel.

Nach der Entscheidung der Vichy-Regierung vom 13. September, alle diplomatischen Vertretungen in Südfrankreich aufzulösen, geht die belgische Exilregierung am 22. Oktober nach London.

In den Niederlanden, die nach Landung deutscher Fallschirmtruppen und nach der Bombardierung Rotterdams am 15. Mai kapitulierten, entschlossen sich das Königshaus sowie die Regierung schon vor Beginn der Kapitulationsverhandlungen, aus dem Land zu flüchten. Königin Wilhelmina begab sich am 13. Mai ins Londoner Exil.

Großherzogin Charlotte von Luxemburg begab sich am 11. Mai auf die Flucht. Sie zieht in einer wahren Odyssee über Paris nach Portugal, von dort aus nach Großbritannien und erhält am 13. November, während eines Aufenthalts in den USA, von der kanadischen Regierung die Erlaubnis, in Montreal eine Exilregierung zu bilden.

Während in Nordnorwegen bei Narvik die Kampfhandlungen gegen die deutschen Invasoren weiter andauern, bildet sich in der britischen Hauptstadt ein norwegisches Exilkabinett, dem seit dem 11. Juni, nach seiner gelungenen Flucht aus Norwegen, König Håkon VII. vorsteht. Auch die polnische Exilregierung siedelt nach London über.

*Deutsche und belgische Delegationsmitglieder kurz vor der Unterzeichnung der bedingungslosen Kapitulation Belgiens am 28. Mai gegen 10.00 Uhr*

---

### Bildung der Exilregierungen

**5. Mai:** Norwegische Exilregierung (London, König Håkon VII.)
**14. Mai:** Niederländische Exilregierung (London, Königin Wilhelmina)
**25. Mai:** Belgische Exilregierung (Limoges, Vichy, ab 22. Oktober London, Hubert Graf Pierlot)
**21. Juni:** Der polnische Nationalrat lässt sich in London nieder (Wladyslaw Eugeniusz Sikorski)
**23. Juli:** London wird Sitz der tschechoslowakischen Exilregierung (Jan Srámek)
**13. November:** Die luxemburgische Exilregierung errichtet in Montreal ihren Sitz (Großherzogin Charlotte)

*Die neu gebildete belgische Exilregierung während einer Kabinettssitzung in der französischen Stadt Limoges*

*Die niederländische Exilregierung unter Ministerpräsident Jan Dirk de Geer (l.) siedelt sich in London an.*

## 10. MAI

# Deutsche Bomben auf Freiburg i.B.

Freiburg im Breisgau wird aufgrund eines Navigationsfehlers von drei deutschen Flugzeugen angegriffen. Durch die in der Innenstadt niedergehenden Bomben werden 24 Zivilpersonen getötet.

Die Bombardierung, die eigentlich der französischen Stadt Dijon gelten sollte, wird vom Deutschen Nachrichtenbüro als feindlicher Angriff ausgegeben und dient trotz sofort erfolgender Dementis des britischen Foreign Office als Argument, den Luftkrieg auf britische Städte zu eröffnen. Als Reaktion darauf genehmigt die neue britische Regierung unter Winston Churchill am 11. Mai Nachtangriffe auf das deutsche Hinterland, die zunächst keine Wirkung haben.

Der Luftkrieg spielt auf britischer wie deutscher Seite zu diesem Zeitpunkt noch nicht die entscheidende Rolle in den Auseinandersetzungen. Nur vereinzelt werden – und dies unter erheblichen Schwierigkeiten – militärische Stützpunkte sowie Industrieanlagen bombardiert. Die zum größten Teil bei Tag geflogenen Angriffe treffen ihre Ziele nur ungenau, da sich die Ortung der Objekte als schwierig erweist.

## 30. MAI

# Deutscher Terror in Polen

Der Generalgouverneur der besetzten polnischen Gebiete, Hans Frank, gibt in einer streng vertraulichen Besprechung mit hohen SS- und Polizeioffizieren in Krakau das »außerordentliche Befriedungsprogramm« für Polen bekannt.

Frank, der vom »Führer« damit betraut wurde, massiv gegen die polnische Intelligenz vorzugehen, initiiert damit eine weitere Welle des Terrors in diesem Gebiet (→ S. 24). Durch die Ermordung Angehöriger der polnischen Intelligenz soll der Vorherrschaftsanspruch der »arischen Rasse« in Europa mit aller Brutalität durchgesetzt werden. Vor allem die Spitze der polnischen Widerstands- und Untergrundbewegung soll getroffen werden, von deren Aktivitäten sich die deutschen Besatzer zunehmend bedroht fühlen. Frank führt aus: »Ich gestehe ganz offen, dass das einige tausend Polen das Leben kosten wird, vor allem aus der geistigen Führungsschicht Polens. Für uns alle als Nationalsozialisten bringt aber diese

*Gefangene Polen*

Zeit die Verpflichtung mit sich, dafür zu sorgen, dass aus dem polnischen Volk kein Widerstand mehr emporsteigt.«

Die Grundlage der deutschen Schreckensherrschaft in Polen bildet u.a. eine Denkschrift des Reichsführers SS und Chef der deutschen Polizei, Heinrich Himmler. Am 25. Mai legte er Hitler »Einige Gedanken über die Behandlung der Fremdvölkischen im Osten« vor. Damit versucht der am 7. Oktober 1939 zum Reichskommissar für die »Festigung deutschen Volkstums« ernannte Himmler sein Konzept für den Umgang mit »rassisch minderwertigen Volksgruppen« durchzusetzen.

## 27. MAI

# Rumänien sucht deutschen Schutz

Der Abschluss eines Öl-Waffen-Pakts zwischen dem Deutschen Reich und Rumänien wird in Bukarest unterzeichnet.

Mit dem Abkommen, das den direkten Austausch von rumänischem Erdöl und deutschen Waffen vorsieht, vollzieht sich ein weiterer Schritt der Annäherung des bis zu diesem Zeitpunkt neutralen Rumäniens an die Reichsregierung.

Eine am 6. März getroffene vorläufige Vereinbarung, durch die das Reich bis Ende April 200 000 l Öl importieren konnte, schuf die erste wirtschaftliche Anbindung Rumäniens an das Dritte Reich. Die deutsche Regierung will nicht nur den eigenen Rohstoffmangel durch Handelsbeziehungen zu neutralen Staaten, vorzugsweise aus der Balkanregion, ausgleichen, sondern verfolgt auch bündnisstrategische Pläne für einen Angriff auf die Sowjetunion. Aus rumänischer Sicht ist der Vertragsabschluss vor allem eine Antwort auf die seit Ende März massiv geäußerten Ansprüche der UdSSR auf das 1918 von Rumänien annektierte Bessarabien. Um die Annäherung an das Reich zu verschleiern, schließt Rumänien einen Wirtschaftsvertrag mit London.

## HINTERGRUND

### Flüchtlingsströme nach Süden

Der Einmarsch deutscher Truppen in den Niederlanden, Belgien und Nordfrankreich löst eine große Flüchtlingswelle aus.

Millionen Menschen fliehen mit ihrer schnell zusammengerafften Habe vor den Deutschen. Die kilometerlangen Flüchtlingstrecks beeinträchtigen nicht unerheblich die alliierten Truppen in ihrer Mobilität bei militärischen Gegenaktionen. Auch die Einwohner von Paris treffen jetzt Fluchtvorbereitungen (→ S. 66). Viele Juden haben ihre Wohnungen in der französischen Metropole bereits verlassen, die nun den belgischen Flüchtlingen als Bleibe dienen.

*Auf französischen Bahnhöfen warten die Flüchtenden oft tagelang auf einen Zug, der sie in sichere Gebiete bringt.*

*Vielfach säumen nur noch Trümmer den Weg der Flüchtenden; die Menschen sind von den Strapazen gezeichnet.*

# Großer Bedarf an Hilfskräften

Nach der Besetzung Dänemarks, Norwegens, der Niederlande und Belgiens melden die drei Wehrmachtsteile (Heer, Luftwaffe, Marine) erstmals vermehrten Bedarf an weiblichen Hilfskräften.

Diese sollen als zusätzliches Personal in den Militärverwaltungen der besetzten Gebiete eingesetzt werden. Wehrkreisverwaltungen und Arbeitsämter vermitteln interessierte Frauen oder zivile weibliche Hilfskräfte werden aus militärischen Dienststellen im Reich zu den jeweiligen Einsatzstellen abgeordnet. Die Einsatzbereiche der verpflichteten Frauen bei Heer, Luftwaffe und Marine finden sich vorrangig im Fernmeldedienst, im Flugwachdienst und Luftschutzwarndienst. Aufgrund ihres dort üblichen Verwendungsabzeichens (Pfeilsymbole aus dem Funkdienst) werden die Helferinnen auch »Blitzmädchen« genannt. Alle Wehrmachtshelferinnen sind wie die aktiven Soldaten dem Militärstrafgesetzbuch, der Kriegsstrafverfahrens- und der Wehrdisziplinarstrafordnung unterstellt. Die mit dem ersten Einsatz von Frauen im Wehrdienst aufkommende Frage ihrer Uniformierung wird bald gegen anfängliche Widerstände positiv entschieden. Mit Argumenten, in einem uniformierten Korps ließe sich leichter Zucht und Ordnung erhalten und um die Frauen als Repräsentanten der deutschen Wehrmacht im Ausland kenntlich zu machen, wird als erste Gruppe das weibliche Flugmeldedienstpersonal eingekleidet (→ S. 103).

## Einsatz von »Frauen in Uniform«

Der 1940 vorangetriebene Einsatz von Frauen für Aufgaben in der Wehrmacht wird ab 1941, mit Vorbereitung und Beginn des »Russlandfeldzugs«, weiter forciert. Im Oktober 1941 müssen alle Heeresdienststellen 10% der bei ihnen beschäftigten zivilen weiblichen Hilfskräfte freistellen, 1943 werden durchgehend Soldaten im Fernmelde- und Funkhorchdienst durch Frauen ersetzt. Mitte 1944 wird die Anzahl der Wehrmachthelferinnen um 150 000 Frauen auf 300 000 angehoben.

*Fachkundige Anleitung erhalten Frauen in Paris für ihren Dienst in einer Fernsprechzentrale der Wehrmacht.*

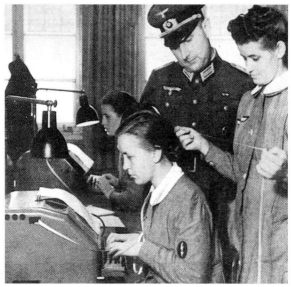

*Nachrichtenhelferinnen des Heeres bereiten sich in der Heeresschule auf ihre Aufgaben an Fernschreibern vor.*

*Britische Freiwillige verstärken die Armee.*

*Britische Frauen dienen als motorisierte Miliz in Frankreich und verstärken so die alliierten Streitkräfte.*

*Modische Uniformierung britischer Helferinnen*

*Praktische Übungen in der Vermittlung von Telefongesprächen sind Bestandteil der Ausbildung zur Nachrichtenhelferin.*

*Für die Hilfskräfte im britischen Sanitätsdienst ist die Hose Bestandteil ihrer Uniform.*

# Der Alltag in Kriegszeiten

*Das Winterhilfswerk wurde 1933 zur Bekämpfung der Folgen von Arbeitslosigkeit und Armut gegründet. In den Kriegsjahren waren immer neue Aktionen nötig, um die angestrebte Volksgemeinschaft zu mobilisieren. Das Bild zeigt den Start der Reichslotterie des 3. Kriegswinterhilfswerks 1941 mit Lottoverkäuferinnen am Pariser Platz in Berlin.*

**In allen betroffenen Ländern mussten sich die Menschen während des Krieges auch im zivilen Leben vielfach radikal umstellen und einschränken; innerhalb kürzester Frist zwangen die Umstände viele Millionen dazu, ihren Alltag anders zu organisieren und ihre Einstellungen den neuen Gegebenheiten anzupassen.**

In all den Ländern, die der Krieg unmittelbar traf, bemerkten die Menschen eine zunächst schleichende, sich bald aber dramatisch beschleunigende Verschlechterung ihrer Lebensbedingungen. Sie ernährten sich kalorienärmer und zudem ungesunder, sie mussten auf vieles verzichten oder sich mit – nach einer typischen Vokabel des deutschen Kriegsalltags – Ersatz begnügen. Sie hatten ungekannte Lasten zu tragen, waren nicht mehr Herren ihrer Freizeit, wurden von Verwandten und Freunden getrennt, verloren innere und äußere Heimaten. Möglichkeiten zur Unterhaltung und zum Ausspannen schwanden mehr und mehr, Angst war das alles dominierende Lebensgefühl – Todesangst in den Bombennächten, Zittern vor der Briefträgerin (Männer gab es bald in solchen Berufen kaum noch) mit den Gefallenen- oder Vermisstenmeldungen, Bangen vor dem Näherrücken der Front, Angst auf der Flucht, Furcht vor allem der Frauen vor Ausschreitungen siegreicher Truppen. Und viele im Deutschland Hitlers fürchteten lange

sogar einen Sieg der deutschen Waffen – die politischen Feinde des Systems, die Häftlinge in den Konzentrationslagern und die aus rassischen Gründen Verfolgten.

*Ab Januar 1943 verstärkten sich die alliierten Luftangriffe auf die deutschen Städte. Nach der Rückkehr aus den Luftschutzbunkern fanden die Menschen ihre Häuser oft komplett zerstört vor und mussten zunächst ihre Habseligkeiten auf die Straße retten.*

## STARKE REGIONALE UNTERSCHIEDE

Natürlich gab es erhebliche Unterschiede je nach Grad der direkten Kriegseinwirkung in den verschiedenen Ländern, je nach sozialer Schicht, je nach Region, je nach Ausgangslage. So erlebten US-Bürger das Kriegsgeschehen vergleichsweise wenig beeinträchtigt, während etwa die Russen, ohnedies wirtschaftlich schwach, schwere Entbehrungen ertragen mussten. So traf der deutsche Besatzungsterror Polen deutlich schlimmer als etwa Dänen. Und so litt der deutsche Westen um ein Vielfaches stärker unter dem strategischen Luftkrieg der Alliierten als der Osten. Die Nahrungsbeschaffung, mit wachsender Kriegsdauer in vielen Ländern eines der Hauptprobleme, gestaltete sich auf dem Lande einfacher als in den Großstädten, schon gar in den zerbombten. Die gesundheitliche Versorgung wiederum war in westlichen Ländern und in Städten besser als in Osteuropa und in ländlichen Gebieten. Wo starke Partisanenbewegungen entstanden, also etwa in Jugoslawien, lebten die Menschen wegen des Gegenterrors der Besatzer wesentlich gefährlicher als dort, wo ein gewisses Einvernehmen oder doch eine Hinnahme der Machtverhältnisse die Jahre über herrschte, beispielsweise in Norwegen.

Gemeinsam aber war allen die Sorge um das tägliche Brot und um die lebenswichtigen Medikamente, das oft stundenlange Schlangestehen nach raren Waren ohne Gewissheit, etwas zu ergattern, die immer stärkere Reglementierung des öffentlichen Lebens, die Beanspruchung durch sich ständig verlängernde Arbeitszeiten, das Zittern um Angehörige an der Front oder in »Luftnotgebieten«, wie die von der Bomberoffensive besonders betroffenen Industriezentren in Deutschland genannt wurden. Ältere Menschen litten besonders unter den seelischen und körperlichen Strapazen, und auch die Lebensmittelrationierung machte ihnen zu schaffen, die in nahezu allen Ländern, außer in den USA, eingeführt wurde. Sie sollte die Grundversorgung sicher stellen und Luxus eindämmen, so dass auch ärmere Zeitgenossen sich ausreichend ernähren konnten. Die Rationen sanken mit der Kriegsdauer allerdings, und etwa in Japan wurde nur noch die tägliche Reisportion garantiert, seit Mitte 1943 sogar nur noch viermal pro Woche, gestreckt zudem nicht selten durch Getreidebeimengungen.

## DEUTSCHLAND HAT VORGESORGT

Deutschland dagegen war bei Kriegsbeginn relativ gut bevorratet und ergänzte die Versorgung über Jahre durch beschlagnahmte Lebensmittel aus den besetzten Gebieten. Das harte Schicksal der dortigen Bevölkerung kümmerte die Besatzungsbehörden in der Regel nicht. Im Deutschen Reich setzte massiver Mangel erst gegen Ende der Kampfhandlungen und vor allem in der Nachkriegszeit ein. Da Hitlers Politik von vornherein auf Krieg abzielte, war bessere Vorsorge als anderswo getroffen, zumal die landwirtschaftliche Produktion staatlich durch den Reichsnährstand gelenkt wurde. Es standen zudem Erfahrungen aus den Engpässen im Krieg 1914-18 zur Verfügung, und man beugte bewusst einer etwaigen erneuten Blockade der Seewege durch die britische Flotte vor. Dass diese zunächst nicht mehr greifen konnte, lag auch an der Absicherung der Belieferung vor allem mit Getreide aus der bis 1941 verbündeten Sowjetunion. Im Reich selbst waren sechs Millionen Tonnen Korn und 600 000 Tonnen Fett eingelagert, nicht üppig, aber als Basis ausreichend.

Als versorgungspolitischer Vorteil erwies es sich auch, dass der autoritäre Staat ohne viel Umstände reglementierend eingreifen konnte, wenn sich Mangel irgendwo bemerkbar machte. Er setzte Hitlerjugend für Sammlungen von Schrott, Stoffen

*Auch in Japan wurden die Lebensmittel knapp. Hier warten Japaner auf ihre Ration an schwarzen Bohnen, die den Reis ersetzen, der praktisch nicht mehr erhältlich ist.*

und sonstigem knapper werdenden Material ein. Er warb mit Slogans wie »Kampf dem Verderb!« zum Sparen und empfahl schon in der Vorkriegszeit einen fleischfreien »Eintopfsonntag« im Monat. Das Nationalsozialistische Kraftfahrkorps stellte sich in den Dienst von Transportaufgaben, die NS-Frauenschaft betreute Reisende und vor allem Fronturlauber auf den Bahnhöfen. Die Deutsche Arbeitsfront organisierte das Lebensmittelkarten- und Bezugsscheinwesen, ihre großen Urlauberschiffe der »Weißen Flotte« des Freizeitunternehmens »Kraft durch Freude« wurden zu schwimmenden Lazaretten umfunktioniert. Jahrelanges Training hatte ein gut geschultes Luftschutzkorps entstehen lassen, das Wegweiser zu Schutzräumen auswies, Dachböden wegen der erhöhten Brandgefahr entrümpelt und für nahe Löschteiche gesorgt hatte; große massive Bunkeranlagen waren in allen Städten entstanden; jeder kannte seine Aufgaben bei Fliegeralarm. Das Winterhilfswerk kümmerte sich um Spenden für minderbemittelte »Volksgenossen«.

## DER HUNGER FORDERT VIELE OPFER

Wo die Vorbereitung auf den Krieg weniger gründlich geplant worden war oder wo die Wirtschaft ohnehin danieder lag, traf der Ausbruch der Feindseligkeiten die Menschen weit härter. Erschreckendstes Beispiel wurde Leningrad: Die 3,2-Millionen-Stadt schlossen deutsche Truppen im September 1941 ein und schnitten sie von allen Landverbindungen ab. Als der Ring um Leningrad nach 900 Tagen brach, war ein Drittel der Bevölkerung verhungert oder mangels Brennstoffen erfroren. Aber auch anderswo forderte Hunger ungezählte Opfer, etwa auf dem Balkan und in Griechenland, wo ausgemergelte Städter die ländlichen Regionen auf der Suche nach Nahrungsmitteln überschwemmten und einen Vorgeschmack von dem erlebten, was in Deutschland bei Kriegsende die »Hamsterfahrten« genannt wurden: demütigende Bettelgänge zu Bauern, die nicht selten enorme Geschäfte mit der Not ihrer Landsleute aus der Stadt machten. Die Verknappung machte

*Temperaturen weit unter Null bringen den deutschen Schulkindern eine neue Aufgabe. Gruppenweise überfallen sie Kohlewaggons und versuchen, ihre Eimer zu füllen.*

*Hungrige Deutsche auf einer Müllhalde in Frankfurt. Im Vordergrund zwei Jungen, die versuchen, auf einem alten Kohleofen Spiegeleier zuzubereiten.*

*Die Zigarettenwährung wird in Kriegszeiten zur Grundlage vieler Geschäfte.*

auch erfinderisch, den Einzelnen wie manche Behörden: In einigen Parks in London und Paris wurde den Bürgern die Anlage von Gemüsegärten erlaubt. Auf Balkons und in Vorgärten wuchsen statt wie bisher Blumen auf einmal Gewürzpflanzen und Tomaten, Gemüse und großblättriger Tabak.

### DER SCHWARZMARKT BLÜHT AUF

Gerade Raucher hatten es schwer bei der knappen Zuteilung von Glimmstengeln, die sich zu einer Art Nebenwährung auf dem aufblühenden Schwarzen Markt entwickelten. Der Handel mit Adressen, wo es angeblich oder tatsächlich noch etwas gab, florierte ebenso.

Illegale Beschaffung hatte natürlich ihren Preis, und sie war auch nicht ungefährlich. Nach Razzien der Polizei fanden sich nicht wenige Schwarzmarktteilnehmer in der Zelle wieder; das mühsam Erhandelte konfiszierte die Behörde. Leisten konnten sich solche Umwege zu einem etwas besseren Leben ohnedies nur Menschen, die über hohes Einkommen, über entsprechende Verbindungen oder über Wertgegenstände verfügten, die sie eintauschen konnten. Ein Frühstück in einem Schwarzmarkt-Restaurant konnte ein durchschnittliches Monatseinkommen verschlingen. Zu den Einkaufsstätten etwa der Nomenklatura in Moskau hatten Normalsterbliche keinen Zugang; die Bonzen hatten dort sozusagen für ihren Bedarf einen staatlich genehmigten Schwarzmarkt geschaffen.

Den Hochgestellten ging es natürlich überall besser: So flog in Berlin 1943 der Fall des Feinkosthändlers Nöthling auf, der die allerhöchsten Kreise belieferte, und das in erstaunlichem Umfang marken- und bezugsscheinfrei. Involviert waren zahlreiche NS-Prominente vom Chef des Oberkommandos der Wehrmacht Keitel bis zu Wirtschaftsminister Funk, von Reichsarbeitsführer Hierl bis zu Großadmiral Raeder. Hitler wurde eingeschaltet: Er verbot aber ein Strafverfahren, weil dies die Sache durch öffentliches Aufsehen wohl nur verschlimmert hätte.

### NOTREZEPTE, KRANKHEIT UND DURCH-HALTEPAROLEN

Für den kleinen Mann und vor allem die kleine Frau blieb meist nur die Möglichkeit, den Gürtel enger zu schnallen, die Augen für Schnäppchen offen zu halten und sich ansonsten mit minderwertigem Ersatz abzufinden. Geröstetes Getreide mit Zichorie ergab aufgebrüht einen wenig schmackhaften

Kaffee, Kuchen aus Möhren und Kartoffeln verschönte höchst unvollkommen Festtafeln. Durch Streckung mit Grieß erhielt man backfähiges Mehl für freilich recht pappige Kekse. Von den Feldern gesammelte Rübenschnitzel verarbeiteten die Hausfrauen zu Marmeladen und gewannen bei größeren Mengen in aufwändiger Kocherei Sirup und Zucker. Alles in allem blieb solche Mangelernährung nicht ohne Folgen für die Gesundheit und für die Widerstandsfähigkeit der Menschen, die sich zudem Sprüche der Propaganda anhören mussten, nach denen in diesen harten Zeiten halt »Kanonen statt Butter« angesagt waren, oder in der noch drastischeren japanischen Version, dass »Magerkeit für den Sieg« (yase gaman) kein zu hoher Preis sei.

Wie die Alten litten insbesondere auch die Kinder. Statistiken aus Frankreich und Japan belegen ein bedrohliches Ansteigen der Kindersterblichkeit und von Wachstumsstörungen. Die bereits in vielen Ländern kaum noch bekannte Tuberkulose oder, wie der Volksmund sagte, Lungenschwindsucht, kehrte wellenweise wieder. Typhus und Diphtherie breiteten sich vielerorts beängstigend aus.

### KRIMINALITÄT IM ALLTAG

Beschaffungskriminalität machte den Sicherheitsorganen zunehmend Sorge, die bei personeller Ausdünnung durch das Militär schon bald an ihre Grenzen stießen oder aber zu brutalem Terror übergingen und damit einer Kriminalisierung des Staates den Weg bereiteten, wie sie in Deutschland schon zum Alltag in der Friedenszeit gehört hatte. Bis heute loben Unbelehrbare die Nazi-Diktatur mit Sprüchen wie »Unter Hitler konnten Frauen wenigstens noch ohne Angst im Dunkeln allein auf die Straße gehen.« Im Krieg ließ sich die kurzschlüssige Formel dann so abwandeln: »Unter Hitler konnten

*Auf dem Land ist die Versorgung mit Lebensmitteln deutlich einfacher. Hier haben Kinder Blaubeeren gesammelt.*

*Vor dem Hintergrund zunehmender Bombenangriffe und der gravierend anwachsenden Versorgungsprobleme in den Städten wurden bis Kriegsende rund 2,5 Millionen Mädchen und Jungen in ländliche Gebiete evakuiert.*

Frauen nur noch im Dunkeln und nur noch allein auf die Straße gehen.« Tagsüber nämlich mussten sie die eingezogenen Männer an der Werkbank und in den Rüstungsschmieden ersetzen. Nachts herrschte wegen der Bombengefahr meist überall Finsternis. Und in männlicher Begleitung machte sich jede Frau sofort verdächtig, denn der Begleiter konnte ihr Ehemann gewöhnlich nicht sein. Der war im Feld oder gefallen.

Deutschen Frauen aber war der Umgang mit Fremdarbeitern strikt untersagt; so hießen beschönigend die für deutsche Unternehmen zwangsweise für Hungerlöhne schuftenden Ausländer, wobei es sich um Kriegs-

gefangene oder kurzerhand aus den besetzten Gebieten deportierte Menschen handelte.

### DRANGSALIERUNG DURCH DAS KRIEGSSONDER-STRAFRECHT

In Deutschland war ohnedies unter den Bedingungen der totalitären Diktatur vieles anders, insbesondere auf rechtlichem Gebiet, das durch ständig verschärftes Kriegssonderstrafrecht geprägt war. Für eine wachsende Zahl von Delikten wurde die Höchststrafe verhängt oder konnte doch verhängt werden. Dazu gehörten so dehnbare Tatbestände wie Wehrkraftzersetzung, die schon bei Zweifeln am »Endsieg« gegeben sein konnte, Plünderung oder kriminelle Ausnutzung der Verdunklung bei Fliegeralarm, Störung der Arbeit von kriegswichtigen Betrieben, Wehrmittelbeschädigung, Behinderung der Versorgung der Bevölkerung, Rassenschande, Abhören von »Feindsendern«, Teilnahme an wehrfeindlichen Verbindungen. »Fremdvölkische« standen unter scharfem Sonderrecht wie zum Beispiel der »Polenstrafrechtsverordnung«. Die Rechte von Angeklagten und ihre Verteidigern wurden systematisch ausgehöhlt, der Instanzenweg wurde verkürzt. Die Polizei, insonderheit die Geheime Staatspolizei (Gestapo) war nahezu allmächtig und konnte Einweisungen ins Konzentrationslager ohne Verfahren anordnen. Damit mussten auch »Schieber und Raffer« rechnen, wie die Schwarzmarkthändler und Kriegsgewinnler im NS-Jargon genannt wurden. Doch in der Not fruchteten solche Drohungen wenig, zu viele hatten viel zu wenig, als dass sich der Versuchung illegalen Beschaffens widerstehen ließ.

*Nur mit dem Arbeitseinsatz der Frauen konnte die Industrieproduktion weiter aufrecht erhalten werden. Hier fixiert eine Fabrikarbeiterin Nietenverbindungen von Panzerwagen.*

### BEKLEIDUNG WIRD RATIONIERT

Das galt in besonderer Weise auf dem Gebiet der Versorgung mit Kleidung und Schuhen. Die sich verschärfende Verknappung war allerdings keineswegs auf Deutschland beschränkt, das die Lage durch Einführung der Reichskleiderkarte mit jährlich 100 Punkten in den Griff zu bekommen suchte; beispielsweise 35 Punkte für einen Mantel, 20 für einen Rock. In den besetzten Gebieten verschwanden Textilien und Lederwaren noch rascher vom Markt; die modebewussten Franzosen mussten fast sofort auf Ledersohlen verzichten und auf Gummi, später sogar auf Holz ausweichen.

In den USA begegnete man dem Unmut der Bevölkerung über die raren Stoffe und steigenden Preise mit Weisungen an die Hersteller, kürzere und engere Modelle anzubieten, was angesichts des Gewichtsverlusts der meisten Menschen eigentlich plausibel war und dennoch nur zähneknirschend hingenommen wurde. Japan stellte schließlich sogar die Produktion des traditionellen Kimonos ein und ging zu uniformer Kleidung über, einer Art wenig kleidsamer Hosen-Overall, dessen Hosenbeine über den Füßen zusammengebunden wurden, genannt »Patriotentracht«; 1943 wurde der

*Zwei Kriegswaisen versuchen, in dem völlig zerbombten Rotter-*
*dam ihr Zuhause auszumachen. Die Menschen, die in den*
*Städten geblieben waren, lebten unter katastrophalen Bedin-*
*gungen in Trümmerbehausungen oder waren in Notunter-*
*künften untergekommen.*

Kauf von neuer Kleidung ganz untersagt und die Kundschaft
auf 1945 vertröstet. In England bestellten viele Kunden über-
große oder überlange Modelle, weil sie nach dem Ändern Stoff
übrig hatten beispielsweise für Jackenaufschläge, die es sonst
schon längst nicht mehr gab.

### HEIZMATERIAL UND TREIBSTOFF WERDEN KNAPP

Ähnlich war die Lage beim Heizmaterial, es sei denn man war
Bewohner eines kohlereichen Landes wie Großbritannien
oder eines ölreichen wie die USA. Dort aber, wo Besatzer sich
im Lande bedienten nutzte auch der Reichtum
an Bodenschätzen wenig, im Gegenteil: die
fremden Truppen hatten es gerade auf solche
Regionen abgesehen wie auf die »Korn-
kammer« Ukraine oder das Ölgebiet am Kaukasus. In Russland erfroren nicht nur wegen
der eisigen Kontinentalwinter Hunderttausende, sondern auch weil den Menschen
von den für den Winterkrieg nicht gerüsteten
Deutschen alles genommen wurde. Dennoch
musste daheim im Reich das Brennmaterial
kontingentiert werden. Die Belieferung mit
Hausbrand richtete sich nach Kopfzahl, Heiz-
stellen und Gesundheitszustand der Berech-
tigten; über 18 Grad Raumtemperatur war
nicht gestattet. Mahnungen, sparsam mit
Energie umzugehen prangten überall, vor allem die Figur des »Kohlenklaus«, ein schnauz-
bärtiger, sacktragender Finsterling warnte eindringlich vor Verschwendung. Treibstoff für
private Fahrzeuge gab es nur in winzigen Mengen, die bald
ganz gestrichen und für Ärzte oder andere wichtige Personen
reserviert wurden. Fahrrad-Taxis kamen in vielen Ländern
wieder auf. Selbst im hochmotorisierten Amerika kam es zu
Engpässen, aber weniger beim Benzin als bei der Produktion
von Autos und von Ersatzteilen, so dass sich ein schwunghaf-
ter Handel mit Gebrauchtwagen, ja mit schrottreifen Fahrzeugen entwickelte.

*Schon kurz nach Kriegsbe-*
*ginn gab es Lebensmittel nur*
*noch auf Karte.*

### DIE ARBEITSZEITEN GEHEN IN DIE HÖHE

Die Schattenwirtschaft fraß Zeit, und Zeit war fast das rarste
Gut, denn die Beanspruchung durch Beruf, Militärdienst oder

öffentliche Arbeiten wuchs mit der Kriegsdauer. In England
wurde sogleich eine Verlängerung der Arbeitszeit von 48 auf 54
Wochenstunden beschlossen, zusätzlich sollte jeder gesunde
Erwachsene zwischen 18 und 60 Jahren 48 Stunden im Monat
zur Mithilfe bei der nationalen Verteidigung zur Verfügung stehen. Streiks wurden ganz untersagt, während in den USA die
Gewerkschaften von sich aus auf vielerlei Privilegien und oft
auch auf Arbeitskämpfe verzichteten. Das vom Krieg am meisten getroffene Russland musste seine Bewohner in besonderer
Weise ausbeuten, wollte es den Krieg überhaupt bestehen. Todesfälle durch Erschöpfung wuchsen dramatisch an. In Japan
gab es überhaupt keine geregelte Arbeitszeit; die Bürger - und
darunter verstand man alle Menschen über 12 Jahre - hatten
sich nach Bedarf, also fast rund um die Uhr, in der Produktion
oder bei zivilen Dienstleistungen zu engagieren. Nur Deutschland hatte es anfangs leichter, weil die Zwangs- oder offiziell
Fremdarbeiter die Lücken auffüllten. Später gelang das dann
auch nicht mehr, und auch die Deutschen mussten längere Arbeitszeiten hinnehmen. Damit waren vermehrt die deutschen
Frauen gemeint, denn die Männer waren eingezogen oder tot.

### DIE SITUATION DER FRAUEN

Was die Arbeit anbetrifft, kamen die Frauen in Deutschland
jedoch glimpflicher davon als ihre Geschlechtsgenossinnen in
anderen Ländern. Das Frauenbild und der Mutterkult des Nationalsozialismus ließ die Machthaber zögern, die weibliche
Bevölkerung so vollständig zu mobilisieren wie das in anderen Ländern geschah. In der Sowjetunion wurden Frauen massenweise in der Landwirtschaft eingesetzt, weil die Er-
nährungssituation das drängendste Problem war. Japan hingegen zog Frauen aus ländlichen Gebieten in Bergwerke und
Industriebetriebe, weil der Krieg gegen die USA sich zu einer
ungeheuren Materialschlacht entwickelte und vor allem Luftwaffe und Marine einen ungeheuren Nachschubbedarf hatten.
Großbritannien stellte sogar eine weibliche Truppe auf: die
»Women's Land Army«, 75 000 Frauen stark, während die
deutschen Streitkräfte zwar ein weibliches Wehrmachtgefolge
kannten, aber nur in Ausnahmefällen Frauen an Waffen wie
zum Beispiel bei der Flak einsetzten. Erst nach der Invasion
1944 zwang die Personalnot auch Deutschland zum vermehrten Heranziehen von Frauen in der Rüstungsindustrie

*Junge Frauen des nationalsozialistischen Reichsarbeitsdienstes*
*(RAD) auf dem Weg zum Arbeitseinsatz in der Landwirtschaft.*
*Bereits 1935 hatte die NS-Regierung eine halbjährliche Dienst-*
*pflicht für männliche und weibliche Jugendliche vom 18. bis*
*25. Lebensjahr eingeführt.*

und bei militärischen Hilfsdiensten. Auch Mütter traf das, deren Kinder landverschickt, also aus bombengefährdeten Gebieten in ländliche Räume möglichst weit im Osten oder Süden unter HJ-Aufsicht evakuiert wurden.

Lebensgefahr bestand dennoch immer und überall, freilich in höchst unterschiedlichem Maße. An den Fronten und durch Verfolgung wurde millionenfach gestorben, in den brennenden Großstädten zu Hunderttausenden, an Hunger und Mangel zu Zigtausenden, durch Terror von Besatzern oder Partisanen desgleichen. Kam der Tod anfangs vor allem durch die siegreich vorrückenden Japaner und Deutschen in Gestalt von direkter Waffeneinwirkung und von Verfolgung Unerwünschter, so kehrte er gegen Kriegsende mit den Siegern gesteigert zurück in die Verursacherländer. Die Mittel der Alliierten waren inzwischen derart angewachsen, dass sie weder zu Lande noch in der Luft oder zur See aufzuhalten waren.

*Der wachsende Arbeitskräftebedarf in der Rüstungsindustrie wurde zum großen Teil auch durch Umschichtungen weiblicher Arbeitskräfte von kriegsunwichtigen Betrieben in die Kriegswirtschaft gedeckt.*

Was die einstigen Eroberer seinerzeit den Besiegten angetan hatten rächte sich nun auch an Menschen, die keinerlei Schuld an den Gräueln des Kriegs traf. Da Engländer und Amerikaner am wenigsten betroffen gewesen waren, fürchtete man sie in Deutschland am wenigsten, während man von den Russen nur das Schlimmste zu gewärtigen hatte. Ein riesige Fluchtwelle von Millionen Menschen setzte Richtung Westen ein, nicht selten angegriffen von Tieffliegern oder - schlimmer noch - überholt von Panzern der Roten Armee.

Zwei Millionen Menschen kamen bei dieser gigantischen Bevölkerungsverschiebung ums Leben, wobei Schicksale wie das des mit Flüchtlingen überfüllten Schiffes »Wilhelm Gustloff« (30.1.1945) nur die spektakulärsten Fälle waren. Die Überlebenden beneideten allerdings manchmal die Toten. Vor allem die Frauen erwarteten Massenvergewaltigungen von unnennbarer Scheußlichkeit. Hier fand ein Kapitel seinen Abschluss, das in Kriegsdarstellungen gern nur am Rand behandelt wird, wenn überhaupt: Die sexuelle Sondersituation, wie sie jeder Krieg mit sich bringt, dieser »totale« aber in besonderer Weise. Nicht erst gegen Kriegsende machte sich das

**Stichworte**

■ Lebensmittelrationierung → S. 20
■ Frauen in der Wehrmacht → S. 57
■ Ausgebombte Bewohner → S. 277
■ Bombenkrieg → S. 312/313, S. 318/319, S. 472/473

*Frauen im Kriegsdienst. Schon 1940 wurde ein vermehrter Bedarf an weiblichen Hilfskräften durch die deutsche Wehrmacht gemeldet. Zunächst wurden die Frauen vorrangig im Fernmeldedienst eingesetzt. Erst 1944 wurde die Zahl der Wehrmachthelferinnen drastisch erhöht.*

bemerkbar, auch zahllose Kinder deutscher Soldaten in den besetzten Ländern belegen es. Nicht selten waren sie Folgen von Übergriffen, aber auch freiwillige »horizontale Kollaboration« war verbreitet. Wurde im Westen und im Norden seitens der Wehrmacht noch auf gewissen Anstand gesehen, so waren Frauen im Osten und Südosten oft Freiwild. Die japanische Armee hielt sich zahllose Bordelle mit Koreanerinnen, so genannten Trostfrauen. Rache blieb den Japanerinnen weitgehend erspart; Japan wurde von den USA besetzt. In Deutschland aber wütete die Vergeltung der Roten Armee um so ungebremster und noch weit über das Kriegsende hinaus.

*Nach Kriegsende stellten die riesigen Trümmerberge in den Städten ein fast unüberwindbares Hindernis für den Neuaufbau dar. Um den Mangel an männlichen Arbeitskräften auszugleichen, mussten die Frauen (Trümmerfrauen) den Schutt wegräumen.*

*Die Kriegsmarine zählt zu den stärksten Waffengattungen Italiens, mit der das Land den Mittelmeerraum beherrscht.*

---

## 10. JUNI

# Mussolini will eigene Eroberungen

Kurz vor der Entscheidung des deutschen Westfeldzugs in Frankreich erklärt Italien Großbritannien und Frankreich den Krieg. Während der Duce Benito Mussolini am nächsten Tag vom Balkon des Palazzo Venezia in Rom dem italienischen Volk seine Entscheidung über den Kriegseintritt bekannt gibt, greift die italienische Luftwaffe zum ersten Mal britische Stützpunkte auf der Insel Malta an.

Die schon am 18. März von Mussolini gegenüber Hitler bekundete Absicht, in den Konflikt einzugreifen (→ S. 41), kommt der deutschen Wehrmachtsführung zu diesem Zeitpunkt nicht gelegen. Mussolini, der eher darauf abzielt, eigenständige Eroberungen im Mittelmeerraum durchzuführen, als die deutsche Front gegen Frankreich zu verstärken, vermeidet vorerst jegliche Offensive. Nur um dem stetig an Stärke gewinnenden deutschen Bündnispartner die militärische Kampfkraft Italiens zu beweisen, lässt der Duce am 21. Juni, einen Tag nach Beginn der Kapitulationsverhandlungen mit Frankreich (→ S. 68), seine Armeen an der Alpenfront angreifen. Aufgrund mangelnder militärischer Vorbereitungen verläuft weder diese Aktion noch die

beabsichtigte militärische Eroberung von Nizza an der Côte d'Azur erfolgreich. An der französischen Rivieraküste gelingt den italienischen Streitkräften nur die Eroberung der Kleinstadt Menton. Die eigentlichen

Interessengebiete Italiens zur Schaffung eines italienischen »mare nostro« sind Malta, Korsika, Tunesien und Dschibuti sowie weiterer französischer und britischer Kolonialbesitz in Afrika.

---

### HINTERGRUND

## Geringe Heeres- und Waffenstärke Italiens

Wegen des übereilten Kriegseintritts Italiens werden Aufrüstung und Modernisierung der Armee nicht abgeschlossen.

Nur 19 von 73 vorhandenen Divisionen können bei Kriegseintritt des Landes als kampfbereit bezeichnet werden. 34 Divisionen gelten als einsatz-, aber nicht kampffähig, da sie zwar die vorgesehene Ausrüstung, aber nur 75% ihres Personals besitzen. Etwa 20 Divisionen gelten als kaum einsatzfähig. Sie weisen Lücken in ihrer Bewaffnung auf und verfügen nur über die Hälfte der benötigten Kraftfahrzeuge und Zugtiere. Insgesamt sind große Teile der Ausrüstung veraltet. Die zahlenmäßig gut gerüstete Kriegsmarine – mit sechs Schlachtschiffen und über 100 U-Booten – ist nur

z.T. einsatzbereit. Es fehlt ihr, ebenso wie der Luftwaffe, an Treibstoff. Von etwa 1800 Flugzeugen sind nur ein Drittel einsatzbereit.

**Verteilung der Heeresverbände**
**Westliche Alpengrenze:** 1. und 4. Armee mit insgesamt sechs Armeekorps und einigen Divisionen
**Östliche Landesgrenze:** 2. Armee, Po-Armee, 8. Armee (in Aufstellung) mit insgesamt sieben Armeekorps und Kleinverbänden
**Mittel- und Süditalien:** 3. Armee und einige Großverbände
**Albanien:** ein Armeekorps
**Ägäis:** eine Division
**Nordafrika:** 5. Armee (Tripolitanien) und 10. Armee (Cyrenaika) mit fünf Armeekorps
**Ostafrika:** Zwei Divisionen, 29 Kolonialbrigaden

---

## 1. JUNI

# Großbritannien wirbt um Spanien

Der britische Sonderbotschafter für Spanien, Samuel Hoare Viscount Templewood of Chelsea, unterbreitet der spanischen Regierung in Madrid Handelsangebote.

Um das vom Bürgerkrieg (1936 bis 1939) gezeichnete Land wirtschaftlich von der Hilfe der Achsenmächte (Italien, Deutsches Reich) unabhängig zu machen, sollen die britische Blockade gegenüber Spanien gelockert, die Handelsbeziehungen zwischen beiden Staaten belebt sowie die Kontakte zu den USA ausgebaut werden.

Samuel Hoare Viscount Templewood of Chelsea (*24. 2. 1880 in Cromer), von 1937 bis 1939 britischer Verteidigungsminister und 1939 bis 1940 Lordsiegelbewahrer, setzt sich als Botschafter in Madrid für eine spanisch-britische Verständigung ein.

---

## 14. JUNI

# Tanger jetzt von Spanien besetzt

Im Schutz der beendeten deutschen Westoffensive beziehen spanischmarokkanische Soldaten die internationale Zone von Tanger, deren Neutralität Spanien schützen will.

Spanien versucht an den militärischen Erfolgen der Achsenmächte zu partizipieren. Es erklärte am 4. September 1939 seine Neutralität, obwohl es seit März 1939 dem Antikominternpakt angehört. Am 16. Juni bietet Francisco Franco Hitler den Kriegseintritt an (→ S. 84).

Francisco Franco Bahamonde (*4.12.1892 in El Ferrol) spanischer General und Politiker, wurde 1936 zum Chef der nationalen Regierung und zum Generalissimus ausgerufen. Während des Bürgerkriegs (1936 bis 1939) baute er seine Führungsrolle aus.

## 9. JUNI

# Rundfunk auf Linie

Auf Anordnung von Propagandaminister Joseph Goebbels sind alle regionalen Reichssender verpflichtet, ein einheitliches Programm auszustrahlen, das vom Sender in Berlin zusammengestellt wird.

Diese Maßnahme dient der ungehinderten reichsweiten Verbreitung wichtiger Sondermeldungen zum Kriegsgeschehen.

Im Programm spielen die regelmäßig übertragenen Rundfunkansprachen der nationalsozialistischen Führungsspitze eine herausragende Rolle. Die sog. Propagandakompanien produzieren Reportagen für Wochenschau und Rundfunk, die die Überlegenheit der deutschen Wehrmacht dokumentieren und Zweifel an einem Sieg in der Bevölkerung ausräumen sollen.

Für das NS-Regime, das sich seit 1933 bemüht, die Massenmedien für seine propagandistischen Zwecke zu nutzen (→ S. 213), spielt der Rundfunk eine entscheidende Rolle: Durch ihn können Informationen in kürzester Zeit einem großen Teil der Bevölkerung zeitgleich zugänglich gemacht werden. Mit Kriegsbeginn ist so auch ein beträchtlicher Anstieg der Wortbeiträge in den Programmen zu verzeichnen. Durch die Subventionspolitik zur Förderung des Verkaufs von preisgünstigen Radioapparaten, den sog. Volksempfängern, beläuft sich im April 1940 die Zahl der Rundfunkteilnehmer im Deutschen Reich auf 12,6 Mio.

### Rundfunkprogrammgestaltung

Während des Krieges nehmen Berichte und Reportagen von den verschiedenen Kriegsschauplätzen einen breiten Raum im täglichen Rundfunkprogramm ein, so z.B. der »Bericht zur Lage« oder die Berichterstattung der Propagandakompanien (»PK-Berichte«). Breites Interesse finden Sendungen zu aktuellen Themen aus der internationalen Politik, Wissenschaft und Kultur wie der »Zeitspiegel« und »Lebendige Wissenschaft«. Im Unterhaltungsprogramm dominiert die leichte Muse.

*Oben: Die Chefs der Propaganda- und Kriegsberichterkompanien bei einem Erfahrungsaustausch mit Reichspropagandaminister Joseph Goebbels (2. v.l.) in Berlin*

*Links: Kameramann im Kriegseinsatz: Die hautnahen Aufnahmen vom Frontgeschehen dienen den Wochenschauen als Propagandamaterial. Der heroische Einsatz der Truppe soll anschaulich gemacht werden.*

*Rechts: Unter denkbar schlechten Arbeitsbedingungen stellen die Soldaten der Propagandakompanien ihre täglichen Berichte zusammen. Presse-, Bild- und Rundfunkjournalisten leisten auf diese Weise ihren Kriegsdienst.*

*Ausschau nach einem lohnenden »Kampfmotiv« hält dieser Radioreporter, begleitet von einem Infanteristen.*

*Die Aufnahmen vom Frontgeschehen werden an Ort und Stelle am Schneidetisch bearbeitet und ausgewertet.*

## 14. JUNI

# Paris fällt in deutsche Hände

Im Zuge der am 5. Juni begonnenen »Schlacht um Frankreich« dringen deutsche Heeresgruppen von Nordfrankreich in Richtung Paris vor.

Die 18. Armee unter ihrem führenden General Georg von Küchler zieht in die nahezu menschenleere Seine-Metropole ein, nachdem die 7. französische Armee die Hauptstadt einen Tag zuvor kampflos geräumt hat. Viele Pariser sind vor den Truppen geflüchtet oder haben sich in ihre Wohnungen zurückgezogen (→ S. 56). Die am nächsten Tag folgenden Truppenverbände demonstrieren mit Paraden auf der Place de la République und auf der Place de la Nation ihren militärischen Erfolg über Frankreich.

Der Krieg mit Frankreich ist jedoch noch nicht beendet. Die Divisionen verbleiben nicht in der Stadt, sondern ziehen weiter nach Süden in Richtung Orléans. Die französische Regierung, die sich vor den anrückenden deutschen Truppen über Tours nach Bordeaux in Sicherheit gebracht hat, berät über die ihr verbliebenen Spielräume. Ein vom britischen Premier Winston Churchill am 16. Juni unterbreiteter Vorschlag, eine politische Union beider Länder zu gründen, um somit den Kampf gegen das Deutsche Reich fortsetzen zu können, wird von der französischen Regierung mehrheitlich abgelehnt. Dem Angebot zur Schaffung einer gemeinsamen Staatsbürgerschaft von Briten und Franzosen und einer einheitlichen Außen- und Verteidigungspolitik begegnet Frankreich mit Skepsis. Aufgrund des Verdachts, Großbritannien wolle sich auf diese Weise nur der französischen Flotte bemächtigen und wegen des entschiedenen Eintretens des stellvertretenden Ministerpräsidenten Philippe Pétain für eine sofortige Einstellung der Kampfhandlungen, kommt eine Union nicht zustande. Ministerpräsident Paul Reynaud, der für seine Forderung nach einer Fortsetzung des Krieges keinen Rückhalt im Kabinett findet, tritt noch am gleichen Tag als Regierungschef zurück. Sein Nachfolger Pétain unterbreitet – mit Vermittlung der spanischen Regierung – dem Deutschen Reich vom 16. auf den 17. Juni ein Waffenstillstandsangebot (→ S. 68).

Während sich die französische Regierung zur Kapitulation bereit erklärt, gründet General Charles de Gaulle in London das »Nationalkomitee des Freien Frankreich« und ruft zur Fortsetzung des Kampfes auf.

*Am Arc de Triomphe de l'Étoile vorbei ziehen die deutschen Truppen in die französische Hauptstadt ein.*

*Nachdem mit der Kapitulation Frankreichs am 17. Juni die Phase II des Westfeldzugs entschieden ist, zeigt sich Führer und Reichskanzler Adolf Hitler sichtlich zufrieden. In einem dritten »Blitzkrieg« seit Kriegsbeginn am 1. September 1939 eroberte die deutsche Wehrmacht zwischen dem 10. Mai und dem 17. Juni die westeuropäischen Staaten Belgien, Niederlande, Luxemburg und Frankreich. Hitler, gleichzeitig auch Oberster Befehlshaber der Wehrmacht, befindet sich als »siegreicher Feldherr« auf dem Höhepunkt seines Erfolgs. Seinen Zielen, die »schmähliche« deutsche Niederlage im Ersten Weltkrieg »wiedergutzumachen«, eine Revision des Versailler Vertrags zu erreichen und die Vorherrschaft in Europa zu erlangen, ist er damit greifbar nah. Die nächste militärische Operation Hitlers heißt: Landung auf den Britischen Inseln.*

ZITAT

## Siegesmeldungen und Glückwünsche

*Die Erfolge des mit dem Einmarsch deutscher Truppen in Paris schon faktisch entschiedenen Westfeldzugs werden in offiziellen Erklärungen der Reichsregierung entsprechend herausgestellt. Das Oberkommando der Wehrmacht lässt zu diesem Triumph am 14. Juni verlautbaren:*
»Der zweite Abschnitt des gewaltigen Westfeldzuges ist siegreich beendet. Die Widerstandskraft der französischen Nordfront ist zusammengebrochen. Die Seine abwärts Paris ist in breiter Front überschritten, Le Havre genommen. Auf der ganzen Front von Paris bis an die Maginotlinie bei Sedan ist der Feind in vollem Rückzug. An mehreren Stellen haben unsere Panzer- und motorisierten Divisionen die Rückmarschbewegungen durchstoßen und überholt. Dort floh der Feind unter Preisgabe seiner ganzen Ausrüstung. Von Infanteriedivisionen wurde die Schutzstellung von Paris durchbrochen. Die feindlichen Kräfte reichten zum Schutz der französischen Hauptstadt nicht mehr aus. Unsere siegreichen Truppen marschieren seit heute Vormittag in Paris ein... Montmedy, der starke Eckpfeiler der Maginotlinie, ist erobert. Der dritte Abschnitt der Verfolgung des Feindes... hat nunmehr begonnen. Heute früh sind unsere Truppen an der Saarfront auch zum Frontalangriff gegen die Maginotlinie angetreten.«
*Angesichts des Kapitulationsangebotes der französischen Regierung sendet der ehemalige deutsche Kaiser Wilhelm II. am 17. Juni aus seinem niederländischen Exil Doorn bei Utrecht ein Glückwunschtelegramm an Hitler:*
»Unter dem tief greifenden Eindruck der Waffenstreckung Frankreichs beglückwünsche ich Sie und die gesamte Wehrmacht zu dem von Gott geschenkten gewaltigen Sieg mit den Worten Wilhelms des Großen vom Jahre 1870: ›Welche Wendung durch Gottes Fügung‹. In allen deutschen Herzen erklingt der Choral von Leuthen, den die Sieger von Leuthen, des Großen Königs Soldaten, anstimmten: ›Nun danket alle Gott!‹«

## »Begeisterte Anteilnahme« im Reich

*Die geheimen Lageberichte des Sicherheitsdienstes der SS »Meldungen aus dem Reich« berichten am 17. Juni über Reaktionen in der deutschen Bevölkerung:*
»Die Nachricht vom Einmarsch deutscher Truppen in die kampflos übergebene französische Hauptstadt versetzte die deutsche Bevölkerung in allen Teilen des Reiches in eine bisher in diesem Maße noch nicht erlebte Begeisterung. Auf vielen Plätzen und Straßen kam es zu lauten Freudenkundgebungen und herzlichen Begeisterungsszenen. In Erkenntnis der strategischen und moralischen Bedeutung dieses neuen deutschen Sieges wurde überall die Überzeugung ausgesprochen, dass in aller Kürze die Kapitulation ganz Frankreichs folgen würde. Die Überraschung über den Fall von Paris war, wie fast übereinstimmend aus dem gesamten Reichsgebiet gemeldet wurde, dadurch etwas gemindert, dass schon Stunden vor der Durchgabe der Sondermeldung Gerüchte in Umlauf waren, dass Paris gefallen sei. Erstaunt nahm die Bevölkerung die Meldung hin, dass an der Saarfront die Maginotlinie in größerer Breite angegriffen werde, glaubte man doch nicht mehr an ein solches Vorgehen und vermutete eher ein Aufrollen dieser Linie von rückwärts. Wie ein Wunder bestaunte man die erfolgreiche Erstürmung von Verdun in so unglaublich kurzer Zeit, war doch noch in aller Erinnerung, dass diese Festung im [Ersten] Weltkrieg monatelang erfolglos umkämpft wurde und über 300 000 Soldaten das Leben kostete. Die kaum mehr zu überbietenden Erfolge der deutschen Truppen lassen immer mehr die Gefahr aufkommen, dass die wahren Leistungen und übermenschlichen Anstrengungen unterschätzt und die größten Siege als Selbstverständlichkeit hingenommen werden... Mit größtem Optimismus sieht jeder Frankreich in wenigen Wochen, wenn nicht Tagen, völlig am Boden liegen und mit ebenso sicherer Überzeugung will man die Niederringung der englischen Armee auf eigenem Boden in einer noch viel kürzeren Frist beendet wissen...«

# Wieder Waffenstillstand in Compiègne

Einen Tag nach Verhandlungsbeginn wird in Rethondes bei Compiègne ein deutsch-französischer Waffenstillstandsvertrag geschlossen. Um der französischen Delegation die Bedeutung des deutschen Sieges schmählich bewusst zu machen, werden die Verhandlungen in demselben Salonwagen geführt, in dem 1918 der französische Marschall Ferdinand Foch einer deutschen Abordnung die Waffenstillstandsbedingungen gestellt hatte.

Das von Generaloberst Wilhelm Keitel, Leiter der deutschen Delegation, und dem französischen General Charles Léon Clément Huntziger unterzeichnete Dokument teilt Frankreich in eine besetzte und eine unbesetzte Zone. Die Demarkationslinie verläuft von der schweizerischen bis zur spanischen Grenze und stellt drei Fünftel des französischen Territoriums mit den bedeutendsten Industriestädten sowie die Atlantikküste direkt unter deutsche Kontrolle. Während das unbesetzte Frankreich unter französischer Regierung verbleiben soll, die eng mit dem Deutschen Reich zusammenarbeitet, wird der besetzte Teil unter deutsche Militärverwaltung gestellt; für Elsass-Lothringen ist eine deutsche Zivilverwaltung vorgesehen. Die nordfranzösische Industrieregion Briey-Longwy wird zur Sperrzone erklärt. Frankreich wird zur Demobilisierung gezwungen, bleibt jedoch im Besitz seiner Flotte (→ S. 72). Es verpflichtet sich, alle deutschen politischen Flüchtlinge an das Deutsche Reich auszuliefern (→ S. 70). Nach der Kapitulation ersucht die französische Regierung auch Italien, das am 10. Juni in den Krieg eingetreten ist, um Waffenstillstand. Nach dem Diktat Hitlers muss sich Italien im Vertrag vom 24. Juni mit der Kontrolle Französisch-Nordafrikas und Marokkos begnügen.

*Nach Abschluss der deutsch-französischen Waffenstillstandsverhandlungen am 22. Juni verlässt die französische Delegation den Salonwagen. General Charles Léon C. Huntziger (vorn l.) unterzeichnete den Vertrag, der für weite Teile Frankreichs eine Besetzung durch das Deutsche Reich vorsieht.*

*Außenminister J. v. Ribbentrop, Großadmiral E. Raeder, Obergruppenführer Brückner, Adolf Hitler, Generaloberst W. Keitel, Generalfeldmarschall H. Göring, Generaloberst W. v. Brauchitsch und Führerstellvertreter R. Heß (v. l.)*

## Dokument des Waffenstillstands

*Der in Rethondes bei Compiègne geschlossene deutsch-französische Waffenstillstandsvertrag besiegelt die Niederlage Frankreichs. In 24 Artikeln verpflichtet das Deutsche Reich die französische Regierung zu Waffenruhe und »Wiedergutmachung«, um selbst für die Weiterführung des Krieges gegen Großbritannien abgesichert zu sein. Der Vertrag mit den Frankreich auferlegten Bedingungen lautet (in Auszügen):*

»**Art. 1:** Die französische Regierung veranlasst überall die Einstellung des Kampfes.

**Art. 3:** In den besetzten Teilen Frankreichs (Gebietsfestlegungen in Art. 2) übt das Deutsche Reich alle Rechte der besetzenden Macht aus. Die französischen Behörden haben diesen Anordnungen der deutschen Militärbefehlshaber Folge zu leisten.

**Art. 4:** Demobilisierung aller französischen Streitkräfte.

**Art. 5:** Als Garantie für die Einhaltung des Waffenstillstandes kann gefordert werden die unversehrte Auslieferung aller jener Geschütze, Panzerkampfwagen, Panzerabwehrwaffen..., die im Kampf gegen Deutschland standen und sich zur Zeit des Inkrafttretens dieses Abkommens in dem von Deutschland nicht zu besetzenden Gebiet befinden...

**Art. 8:** Die französische Kriegsflotte ist unter deutscher bzw. italienischer Kontrolle demobil zu machen und abzurüsten...

**Art. 10:** Die französische Regierung verpflichtet sich, mit keinem Teil der ihr verbliebenen Wehrmacht und in keiner anderen Weise weiterhin feindselige Handlungen gegen das Deutsche Reich zu unternehmen...

**Art. 19:** Freilassung aller Kriegs- und Zivilgefangenen durch Frankreich. Die französische Regierung ist verpflichtet, alle in Frankreich sowie in den französischen Besitzungen usw. befindlichen Deutschen... auf Verlangen auszuliefern.

**Art. 24:** Der Waffenstillstandsvertrag gilt bis zum Abschluss des Friedensvertrages. Er kann von der deutschen Regierung jederzeit mit sofortiger Wirkung gekündigt werden, wenn die französische Regierung die... übernommenen Verpflichtungen nicht erfüllt.«

5. JUNI

# Roosevelt bleibt neutral

In einem Antworttelegramm lehnt US-Präsident Franklin D. Roosevelt die Aufforderung des französischen Ministerpräsidenten Paul Reynaud vom Vortag, in den Krieg gegen Deutschland einzutreten, ab.

Roosevelt kann aufgrund der in den USA vorherrschenden Meinung, das Land solle sich besser aus dem europäischen Konflikt heraushalten, seine offiziell neutrale Außenpolitik zu diesem Zeitpunkt nicht radikal ändern, obwohl er persönlich eine Intervention gegen Hitler befürwortet. Zudem muss er Rücksicht auf den großen Anteil von deutschstämmigen US-Amerikanern nehmen. Dieser außenpolitischen Zurückhaltung stehen jedoch die Begünstigung der Westmächte im Waffenhandel durch die Cash-and-carry-Klausel seit 1939 sowie ein 1940 massiv erhöhter Verteidigungsetat gegenüber. Die Aufrüstung, die Überlassung von 50 Zerstörern an Großbritannien gegen Stützpunkte sowie Wirtschaftssanktionen gegenüber Japan sind Zeichen für eine Änderung der US-Außenpolitik.

*In Washington fordern Mitglieder des US-amerikanischen Jugendkongresses »Anleihen für Farmen, nicht für Waffen« und »Jobs, keine Waffen«.*

*Ein US-Dekret vom 17. Juni macht die Übergabe der von Großbritannien in den USA gekauften Flugzeuge an der kanadischen Grenze überflüssig.*

28. JUNI

# UdSSR sichert sich Gebiete

Nach Rücksprache mit den Achsenmächten Deutsches Reich und Italien akzeptiert Rumänien das sowjetische Ultimatum vom 26. Juni, in dem die UdSSR die Abtretung der Gebiete Bessarabien und Nord-Bukowina forderte.

Innerhalb von vier Tagen besetzen die Truppen das 1918 von Rumänien annektierte, ehemals sowjetische Bessarabien sowie auch die Nord-Bukowina, die nach einer Verlautbarung des sowjetischen Außenministers Wjatscheslaw M. Molotow als »letzter fehlender Teil einer vereinigten Ukraine« zum sowjetischen Gebiet gehöre.

Zwei Wochen zuvor, in der Zeit vom 15. bis 17. Juni, besetzten sowjetische Truppen die baltischen Staaten Estland, Litauen und Lettland (→ S. 20). Diese Länder wie auch Bessarabien werden von der Sowjetunion gemäß den Vereinbarungen des deutsch-sowjetischen Nichtangriffspakts vom 23. August 1939 annektiert. Die Besetzung der Nord-Bukowina erfolgt dagegen ohne jede Absprache.

Die baltischen Staaten, die seit Herbst 1939 auf Druck der Sowjetunion durch gegenseitige Beistandspakte mit der UdSSR verbunden sind, werden in der Zeit vom 3. bis 6. August als Sowjetrepubliken der UdSSR angegliedert. Am 2. August werden Bessarabien und die Nord-Bukowina mit der zur Ukrainischen SSR gehörenden Autonomen Moldauischen SSR zur Moldau-ischen SSR vereint. Geografisch nähert sich die Sowjetunion mit diesen umfangreichen Annexionen den Grenzen der deutschen Ein-flusssphäre.

Im Juli beginnen deutsch-sowjetische Verhandlungen über die Umsiedlung der Volksdeutschen aus Bessarabien und der Nord-Bukowina. Sie münden am 20. August in einer Umsiedlungsanordnung von Heinrich Himmler als Leiter des »Reichskommissariats für die Festigung deutschen Volkstums« (→ S. 23). Bis Ende Oktober 1940 verlassen 93 329 Menschen Bessarabien, aus der Nord-Bukowina wandern 43 641 aus.

Wie die vorhergehenden Umsiedlungen steht auch diese im Zeichen der Vermeidung deutsch-sowjetischer Konflikte.

ZITAT

## Hitler warnt USA vor einem Kriegseintritt

*Reichskanzler Adolf Hitler gibt dem US-Korrespondenten Karl von Wiegand ein Interview. Hitler erläutert darin seine grundsätzliche Auffassung über die Stellung der USA zu dem in Europa ausgebrochenen Konflikt. Das Interview wird am 14. Juni im »New York Journal American« veröffentlicht (Auszug):*

»Deutschland hat territoriale Interessen oder politische Interessen auf dem amerikanischen Kontinent weder früher gehabt noch besitzt es solche heute. Wer das Gegenteil behauptet, lügt aus irgendwelchen Gründen vorsätzlich. Wie sich der amerikanische Kontinent daher sein Leben gestaltet, interessiert uns nicht. Dies gilt nicht nur für Nord-

amerika, sondern auch für Südamerika. Ich glaube nicht, dass eine Doktrin, wie sie Monroe proklamiert hat, als eine einseitige Inanspruchnahme der Nichteinmischung aufgefasst werden konnte oder kann; denn der Zweck der Monroe-Doktrin bestand nicht darin zu verhindern, dass europäische Staaten sich in inneramerikanische Dinge einmischen – was übrigens England, das selbst ungeheure territoriale und politische Interessen in Amerika besitzt, fortgesetzt tut –, sondern dass ebenso Amerika sich nicht in europäische Angelegenheiten einmischt. Die Tatsache, dass George

Washington [1. Präsident der USA] selbst eine derartige Warnung an das amerikanische Volk ergehen ließ, bestätigt die Logik und Vernünftigkeit dieser Auslegung. Ich sage daher: Amerika den Amerikanern, Europa den Europäern!... Wenn einige Völker – und an der Spitze sind es gerade England und Frankreich – erklären, überhaupt und ausschließlich in der ganzen Welt Interessen zu besitzen, dann ist dies ein Weltherrschaftsanspruch, den sich die erwachenden Völker auf die Dauer nicht bieten lassen. Deutschland… wird nicht dulden, dass in seinem Lebensraum eine andere Macht hineinredet.«

14. JUNI

# Erste Gefangene im KZ Auschwitz

In den ehemaligen polnischen Kasernen in der Nähe von Auschwitz (Oświecim), zwischen Kattowitz und Krakau gelegen, werden die ersten politischen Häftlinge interniert.

Betroffen sind zunächst 728 polnische Gefangene aus Tarnow. Die meisten von ihnen waren zuvor an der Ostgrenze festgenommen worden, von wo aus sie versuchten, über Ungarn in den Westen, vor allem nach Frankreich zu fliehen.

Im Winter 1939/40 beauftragte Heinrich Himmler, Reichsführer SS und Chef der deutschen Polizei, die höheren SS- und Polizeiführer, Pläne zur Einrichtung neuer Internierungslager auszuarbeiten. Nach einer Meldung des Inspekteurs der Konzentrationslager, SS-Gruppenführer Richard Glücks, vom 21. Februar über zu diesem Zweck geeignete Kasernenanlagen in Auschwitz gab Himmler am 27. März den Befehl zur Schaffung eines Durchgangs- oder Quarantänelagers. Das am 20. Mai offiziell in Dienst genommene Lager in der Grenzregion Oberschlesiens, des Generalgouvernements und des

Warthegaus soll in erster Linie als Internierungslager für Mitglieder des polnischen Widerstands dienen. Aufgrund der großen Zahl polnischer Häftlinge, die von der Sicherheitspolizei festgenommen wurden, sind die polnischen Polizeigefängnisse überfüllt. Nach nur geringen baulichen Veränderungen werden die Ge-

bäude der ehemaligen polnischen Kaserne übernommen. Zum Leiter des neuen KZ wurde schon am 4. Mai der Schutzhaftlagerleiter von Sachsenhausen, Rudolf Höß, bestellt. Ende 1940 fasst Himmler den Entschluss, eine Erweiterung des Lagers zur Aufnahme von 100 000 Häftlingen vorzunehmen.

*Eingangstor des KZ Auschwitz mit der Aufschrift »Arbeit macht frei«.*

HINTERGRUND

## Entwicklung der Konzentrationslager

**Die Radikalisierung des NS-Regimes im Krieg, die Eskalation des Terrors der Staatssicherheitsstellen gegen alle als potentielle Gegner des Deutschen Reichs angesehenen Personen führen ab 1940 zur Einrichtung mehrerer neuer Konzentrationslager (KZ).**

Etwa zur gleichen Zeit wie Auschwitz wird im Juni das Konzentrationslager Neuengamme bei Hamburg errichtet, wo schon seit Herbst 1938 ein Außenkommando des Lagers Sachsenhausen besteht. Die Schaffung eines selbstständigen KZ Neuengamme dient in erster Linie der Aufnahme von Verfolgten aus den vom Deutschen Reich besetzten Ländern Norwegen, Dänemark, Niederlande, Belgien und Frankreich.

Am 2. August entsteht in Groß-Rosen (Niederschlesien) ein wei-

teres KZ im Osten, das – ebenso wie das schon am 1. September 1939 eingerichtete Lager Stutthof bei Danzig – als Gefangenen- und Arbeitslager für polnische Häftlinge dient.

Alle Konzentrationslager sind nach dem Beispiel Dachaus, das als Muster-KZ und Experimentierfeld der gesamten Organisation der Konzentrationslager schon 1933 eingerichtet wurde, hierarchisch organisiert. Das im Laufe der Jahre entwickelte System der kontrollierten Häftlings-Selbstverwaltung sieht für jeden Block einen Blockältesten, für jede Stube einen Stubenältesten vor. Aus dem Heer der Gefangenen werden die sog. Kapos ausgewählt, die, selbst vom Arbeitsdienst befreit, Kontrollfunktionen über ihre Mithäftlinge ausüben. Als Einrichtungen der SS

werden alle Lager von Mannschaften der Totenkopfverbände bewacht und unterhalten, die aufgrund ihrer Brutalität gefürchtet sind.

Die Häftlinge in den als Arbeitslager organisierten KZ werden vor allem bei Bauarbeiten, in Steinbrüchen und umliegenden Industriebetrieben eingesetzt. Schwere körperliche Arbeit, ungenügende Ernährung und medizinische Versorgung bedeuten für viele Lagerinsassen den sicheren Tod.

Den jeweiligen Hauptlagern sind oft sog. Außenlager zugeordnet, die teilweise in weiter Entfernung vom KZ u.a. zur Versorgung von SS- und Rüstungsbetrieben eingerichtet werden. Auch hier überschreitet die Zahl der Internierten vielfach die eigentlich geplante Kapazität der Lager.

21. JUNI

# Emigranten ohne Zuflucht

Der deutsche Lyriker und Dramatiker Walter Hasenclever begeht im französischen Les Milles wegen des Zusammenbruchs Frankreichs Selbstmord.

Der Abschluss des deutsch-französischen Waffenstillstandsvertrags (→ S. 68) bringt für die im französischen Exil lebenden deutschen politischen Flüchtlinge katastrophale Konsequenzen mit sich. Die im Art. 19 des Vertrags vorgesehene Auslieferung der Emigranten an das Deutsche Reich löst unter den betroffenen deutschen und österreichischen Staatsbürgern Panik aus. Wem die Flucht über die Pyrenäen nach Spanien nicht mehr gelingt, wird in Lagern im unbesetzten Südfrankreich interniert und auf Verlangen an die Geheime Staatspolizei (Gestapo) ausgeliefert. Die im Juli gebildete neue französische Regierung unter Marschall Philippe Pétain (→ S. 74) zeigt sich hierbei gegenüber den deutschen Stellen für Staatssicherheit sehr kooperativ. Schon kurz nach dem 22. Juni befinden sich in Gurs, Le Vernet, Rieucors, Argéles und fünf weiteren Lagern 25 000 deutschsprachige Flüchtlinge. Auch der Untergrund bietet nicht immer Schutz vor Verhaftung. Der deutsche Geheimdienst spürt die deutschen »Staatsfeinde« auch in den besten Verstecken auf. Da die Vichy-Regierung den Emigranten Ausreisevisa verweigert, sind die Flüchtenden für die Durchreiseerlaubnis durch Spanien und Portugal auf Überseevisa angewiesen.

Flüchtlingshilfe leisten in Frankreich Untergrundorganisationen, die mit Wegbeschreibungen und falschen Ausweispapieren den Bedrohten ihren oft abenteuerlichen Weg in die Freiheit ermöglichen. Die von dem US-amerikanischen Journalisten und Schriftsteller Varian Fry geleitete US-Hilfsorganisation Emergency Rescue Committee versucht, gefährdeten Schriftstellern, Musikern und Schauspielern von Marseille aus die Emigration in die USA zu ermöglichen. Dies gelingt u. a. Lion Feuchtwanger, Golo und Heinrich Mann, Alfred Döblin, Franz Werfel. Andere Emigranten sehen wie Hasenclever nur noch den Selbstmord als Ausweg, darunter Ernst Weiß und Walter Benjamin.

---

**19. JULI**

# »Euthanasie« löst Protest der Kirche aus

In einem Brief an den Reichsminister des Innern, Wilhelm Frick, protestiert der württembergische Landesbischof Theophil Wurm gegen die in der Anstalt Schloss Grafeneck im Kreis Münsingen durchgeführte sog. Euthanasie.

**Ergebnisloser Protest:** Wurm, dem mehrere Fälle von Tötungen geistig oder körperlich behinderter Menschen bekannt geworden sind, hebt in einem Brief an Frick hervor, dass sich unter den Opfern auch viele Kriegsversehrte aus dem Ersten Weltkrieg befänden. Das Protestschreiben des lutherischen Bischofs, das ohne sein Zutun in mehreren Abschriften in Umlauf kommt, sowie die seit Juli zunehmenden Proteste anderer evangelischer und katholischer Theologen bewirken jedoch nicht den Stopp der Massentötung, die unmittelbar nach Kriegsausbruch durch eine Ermächtigung Hitlers gegenüber dem Chef der Parteikanzlei Philipp Bouhler begonnen hat (→ S. 21).

**Justizminister schweigt:** Im Juli erfährt auch der deutsche Justizminister Franz Gürtner von der unter dem Decknamen »T4« laufenden Mordaktion. Der deutschnationale Politiker, der nicht Mitglied der NSDAP ist, wurde bei der Vorbereitung bewusst übergangen und reagiert entsetzt: »Es ist für einen Reichsjustizminister eine fatale Angelegenheit, wenn ihm von glaubwürdigster Seite gesagt wird: In Deinem Reich wird am laufenden Band gemordet und Du weißt nichts davon!« Nach einer Unterhaltung mit dem Chef der Reichskanzlei Hans Heinrich Lammers steckt Gürtner jedoch zurück, weil Lammers ihm von der direkten Ermächtigung Bouhlers durch Hitler berichtet. Im August versetzt er sogar den brandenburgischen Amtsrichter Kreyßig in den Ruhestand, weil dieser Mordanklage bei der Potsdamer Staatsanwaltschaft erhoben hat. Der laufende Massenmord nimmt immer größere Ausmaße an. Allein 1940 werden 35 224 Menschen umgebracht.

*Grafeneck im Kreis Münsingen: Allein hier werden 9839 Menschen umgebracht.*

---

**3. JULI**

# Judenkolonie auf Insel Madagaskar

**Legationssekretär Franz Rademacher, Judenreferent im Auswärtigen Amt, entwickelt den Plan, nach dem Krieg alle Juden aus Europa zu verbannen.**

In seinen Aufzeichnungen zur »Judenfrage im Friedensvertrage« schlägt Rademacher vor, alle unmittelbar im deutschen Herrschaftsbereich lebenden vier Millionen Juden nicht mehr, wie bisher geplant, in den Raum Lublin zu deportieren, sondern eine Überseekolonie auf der französischen Insel Madagaskar zu errichten. Die jüdische Bevölkerung soll damit abseits von Europa auf dem Inselbereich jederzeit kontrollierbar angesiedelt werden. Dieses Madagaskar-Projekt wird bald auch vom Reichssicherheitshauptamt sowie vom Außenministerium als realistischer Vorschlag zur Lösung des »Judenproblems« in Betracht gezogen. In der Reichsstelle für Raumordnung entstehen Expertisen, die die Umsetzung in die Praxis untersuchen und vorbereiten. Voraussetzung ist, dass der Krieg im Westen rasch gewonnen wird, um die Insel in einem Friedensvertrag von Frankreich als Mandatsgebiet einzufordern.

---

**ZITAT**

## Rosenberg über die »nordische Schicksalsgemeinschaft«

*Drei Monate nach der Besetzung der skandinavischen Staaten Dänemark und Norwegen legitimiert Alfred Rosenberg, Leiter des Außenpolitischen Amtes der NSDAP, in einer Rede vor Pressevertretern in Berlin die Annexion. Rosenberg vertritt in seiner Erklärung die These, dass die nordischen Völker aufgrund ihrer rassischen Verbundenheit und gemeinsamen Geschichte eigentlich als ein Volk anzusehen seien. In Erläuterung seiner Ansichten über die »nordische Schicksalsgemeinschaft« führt Alfred Rosenberg in seiner Rede aus (Auszug):*

»Wenn auch die politische Entwicklung Deutschlands durch seine Revolution und die politischen und sozialen Auffassungen voneinander abwichen, waren wir trotzdem der tiefen Überzeugung, dass über alles Zeitbedingte hinaus Charakter- und Schicksalsauffassung der artverwandten Völker doch im Wesentlichen die gleiche war und dass nur neue Mittel und Wege gefunden werden müssten, um über manche verschütteten Gefühle und Gedanken wieder die ursprünglich verwandten Kräfte zu neuem Leben zu erwecken.

Die nationalsozialistische Bewegung hat sich bemüht, möglichst viele Kreise Skandinaviens mit dem neuen Deutschland bekannt zu machen, und umgekehrt haben viele deutsche Künstler und Forscher Skandinavien bereist und Bekanntschaften und sachliche Beziehungen angeknüpft. Dieser... Gedankenaustausch sollte den Sinn für... die tiefe Erkenntnis der großen germanischen Schicksalsgemeinschaften bedingen. Doch diese Bestrebungen hatte Englands grenzenloser Impe-

rialismus zu verhindern versucht. So ist der große Zusammenprall des europäischen Kernlandes mit England erfolgt und im Zuvorkommen eines britischen Überfalles auf Norwegen sind die Ereignisse des deutschen Einmarsches in Dänemark und Norwegen bereits Geschichte geworden [Unternehmen »Weserübung«, → S. 44]. In anderer Form, als wir dachten, ist die Frage der Schicksalsgemeinschaft aufs Neue gestellt worden.«

*Der 1893 in Reval (heute Tallinn) geborene Rosenberg gilt als einer der frühesten Förderer Hitlers. Er gilt als führender NS-Theoretiker und »Chefideologe« der NSDAP.*

---

3. JULI

# Unternehmen »Catapult«

**Nach der vergeblichen ultimativen Aufforderung an das französische Flottengeschwader in Mersel-Kébir bei Oran (Algerien), sich den britischen Streitkräften anzuschließen oder die Kriegsschiffe zu versenken, eröffnet das britische Gibraltar-Geschwader das Feuer.**

Der auf Befehl des britischen Premiers Winston Churchill durchgeführte Handstreich gegen die Marine des ehemaligen Bundesgenossen soll der Inbesitznahme des französischen Geschwaders durch das Deutsche Reich vorgreifen.

Das französische Schlachtschiff »Bretagne« sinkt nach mehreren Treffern, »Dunkerque« und »Provence« sowie der Großzerstörer »Mogador« werden schwer beschädigt.

»Vergesst nicht Oran!« – die Vichy-Regierung fordert zur Vergeltung auf.

Die in britischen Häfen liegenden Flotteneinheiten waren schon kurz zuvor von britischen Marineeinheiten beschlagnahmt worden. Am 6. Juli greifen britische Torpedoflugzeuge zum zweiten Mal das französische Schlachtschiff »Dunkerque« an und versenken das Hilfsschiff »Terre Neuve«. Zwei Tage darauf wird das in Dakar liegende neue Schlachtschiff »Richelieu« schwer beschädigt, es bleibt jedoch seeklar. Die unter dem Decknamen »Catapult« laufende Operation gilt als das bislang größte Unternehmen der Royal Navy.

Das vor Alexandria liegende französische Geschwader wird nur durch die französische Zusage einer vollständigen Demobilisierung am 7. Juli vor einer Zerstörung bewahrt. Der britische Angriff auf die französische Flotte beendet das französisch-britische Bündnis. Die Flotte sollte nach dem deutsch-französischen Waffenstillstandsvertrag vom 22. Juni (→ S. 68) weiterhin im Besitz Frankreichs verbleiben, um so der Vichy-Regierung die Möglichkeit zur Verteidigung ihrer überseeischen Kolonien gegen Großbritannien und die freifranzösischen Truppen unter General Charles de Gaulle zu geben (→ S. 66). Am 4. Juli bricht die Vichy-Regierung die diplomatischen Beziehungen zu Großbritannien ab, ohne jedoch den Krieg zu erklären.

*Rechts: Die zerstörte französische Flotte vor Oran nach dem Angriff am 3. Juli*

*Unten: Der französische Zerstörer »Bretagne« nach dem britischen Angriff*

---

## 12. JULI

# Pétain wird Staatschef

Nach dem Rücktritt der französischen Regierung, deren Ministerpräsident Paul Reynaud sich im Gegensatz zum Kabinett für eine Fortsetzung des Kampfes gegen das Deutsche Reich eingesetzt hatte, stellt Präsident Albert Lebrun sein Amt zur Verfügung.

Der am 17. Juni zum Ministerpräsidenten ernannte 84-jährige Marschall Philippe Pétain wird Staatschef im unbesetzten Frankreich (→ S. 66).

Pétain, der damit die gesamte Regierungsvollmacht inne hat, ist befugt, ihm gegenüber verantwortliche Staatssekretäre zu benennen und abzuberufen. Er bestimmt den ehemaligen Ministerpräsidenten (1935/36) und bisherigen Senator Pierre Laval zu seinem Stellvertreter. Laval, der sich für eine verstärkte Zusammenarbeit mit der Reichsregie-

*Die neue Regierung in Vichy stellt sich vor: Pierre Laval (5.v.l.) und Philippe Pétain (8. v.l.) bestimmen von nun an die Politik Frankreichs.*

rung ausspricht, ist maßgeblich an der Machtübernahme von Pétain beteiligt.

Die mit dem Deutschen Reich kollaborierende Regierung im Badeort Vichy nahm am 9. Juli eine Vorlage zur Revision der Verfassung an, die ein autoritärkorporatives Regime in Frankreich schafft. Besondere Be-

achtung finden dabei Ausbildung und Erziehung der Jugend, die unter staatliche Kontrolle gestellt werden sollen, um Einflüsse »intellektueller und moralischer Verderbtheit« zu verhindern. Wirtschaftlich soll sich das Land vor allem auf seine agrarischen Strukturen besinnen.

Mit dem am 11. Juli von der Nationalversammlung mit 569 zu 8 Stimmen angenommenen Verfassungsgesetz, dem Etat Français, wurde die nach dem Ersten Weltkrieg begründete 3. Republik aufgelöst; die Prinzipien der parlamentarischen Demokratie von 1789 wurden außer Kraft gesetzt. Die neue Staatsführung, die den Wahlspruch »Arbeit, Familie, Vaterland« verbreitet versucht mit nationalistischem Gedankengut neue politische Maßstäbe zu setzen. Zahlreiche Gesetze und Erlasse festigen den Herrschaftsanspruch des Vichy-Regimes:

Am 15. August werden die Geheimgesellschaften aufgelöst und deren Vermögen beschlagnahmt. Mit dem Gesetz zur Einführung einer gelenkten Wirtschaft am 20. August werden Arbeitgeberverbände und Gewerkschaften aufgelöst und durch korporative Organisationen ersetzt.

Am 3. September wird die Schutzhaft zur Sicherung vor »staatsgefährdenden Umtrieben« zugelassen. Das am 18. Oktober veröffentlichte Judengesetz ist das erste Rassengesetz in der Geschichte Frankreichs (→ S. 132).

---

## 18. JULI

# Japan nutzt Krieg in Europa für eigene Expansion

Auf Druck der japanischen Regierung sperrt Großbritannien für die Dauer von drei Monaten die Birmastraße, eine der Hauptnachschublinien der nationalchinesischen Truppen unter Marschall Chiang Kai-shek, die seit 1937 im Krieg gegen Japan stehen.

Durch die Blockade der Gebirgsstraße zwischen Kunming und dem birmanischen Eisenbahnendpunkt Lashio ist die Kuomintang-Regierung in Tschungking von jeglichen Waffenlieferungen abgeschnitten. Schon am 20. Juni forderte Japan von Frankreich den Abzug von Kolonialtruppen und am l. Juli musste Großbritannien jeglichen Waffentransit von Hongkong nach China einstellen.

An der Jahrhundertwende rückte der chinesische Raum ins Blickfeld der aufsteigenden Großmacht Japan, nachdem diese in einem ersten Krieg mit China 1894/95 Formosa und die Pescadores erworben hatte. Der unerwartete Sieg im Krieg mit dem zaristischen Russland 1904/05 brachte Korea, Südsachalin, Port Arthur und

die Südmandschurei ein. Den Ersten Weltkrieg nutzte Japan, um von der chinesischen Regierung erfolgreich Kiau-tschou als japanisches Protektorat und weite Teile Nord- und Mit-

telchinas als wirtschaftliches Einflussgebiet einzufordern. Seit Anfang der 30er Jahre strebt die Führung Japans die Bildung eines »Großasiatischen Wirtschaftsraumes« an.

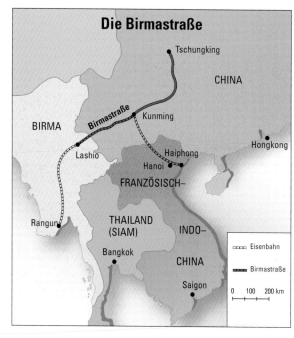

**Die Birmastraße**

*Die auf Druck Japans von Großbritannien gesperrte 1100 km lange Birmastraße dient vor allem dazu, Nachschub über Land nach China zu bringen, dessen Häfen von Japan kontrolliert werden. Die Sperrung der einzigen Nachschublinie schwächt die Kampfkraft der nationalchinesischen Truppen unter Chiang Kai-shek in erheblichem Maße.*

1937 marschierten japanische Truppen in China ein, um es endgültig zu unterwerfen. Zwar gelang die Inbesitznahme des Raumes um Peking bis zum Fluss Hwangho sowie de unteren Jangtse-Tals und der wichtigsten chinesischen Seehäfen. Tatsächlich aber können die den chinesischen Truppen zahlenmäßig weit unterlegenen, aber ungleich moderner ausgestatteten japanischen Truppen ihre Eroberungen in China nicht flächenmäßig sichern.

Angesichts der japanischen Bedrohung schloss die chinesische Regierung unter Chiang Kai-shek ein Bündnis mit der kommunistischen Untergrundbewegung unter Mao Tsetung, die einen großen Rückhalt in der Bevölkerung besitzt. Faktisch war die japanische Regierung 1939 mit ihren Eroberungsvisionen gescheitert, zumal Grenzzwischenfälle mit der UdSSR 1938/39 neue Gefahren heraufbeschworen. Der Ausbruch des Krieges in Europa gibt der japanischen Führung jedoch neue Druckmittel in die Hand.

Unter dem Jubel der Bevölkerung zieht die erste Berliner Division durch das Brandenburger Tor in die Reichshauptstadt Berlin ein.

Adolf Hitler (2. v. l.) und Benito Mussolini (vorne r.) verhandeln am 18. Juni über Frankreich

## 6. JULI

# Triumph für Hitler – Große Siegesparade in der Reichshauptstadt

Nach Beendigung des Westfeldzugs und dem Abschluss der Waffenstillstandsverhandlungen mit Frankreich (→ S. 68) findet in Berlin eine große Siegesparade statt.

Der Oberste Befehlshaber der Wehrmacht, Adolf Hitler, zieht unter dem Jubel der Bevölkerung in die Stadt ein. In der geschmückten Reichshauptstadt sind Truppen der Wehrmacht gemeinsam mit Formationen der NSDAP aufmarschiert, um den Führer zu feiern. Vier Tage später empfängt Hitler den italienischen Außenministers Galeazzo Ciano, Graf von Cortellazzo, um den Erfolg der Achsenmächte über Frankreich zu dokumentieren. Darüber hinaus werden u.a. Gebietsansprüche Ungarns diskutiert.

## 19. JULI

# Friedensappell an Großbritannien

Zu Beginn einer Reichstagssitzung in der Kroll-Oper gibt Hitler einen Rechenschaftsbericht über die bisherige deutsche Kriegsführung ab.
Nach Ausführungen über die Operationen in Dänemark, Norwegen sowie in Belgien, den Niederlanden und Frankreich kommt er auf die Ziele zu sprechen. Mit Adresse an die britische Regierung erklärt Hitler, dass er es nicht als notwendig erachte, diesen Krieg weiterzuführen, wenn sich London zur Aufgabe seiner Feindseligkeiten gegenüber dem Deutschen Reich entschließen könnte. Hinter diesem »Friedensappell« verbirgt sich der Versuch, die Belastungen bei einer beabsichtigten Landung auf den Britischen Inseln zu umgehen. Der Appell trifft in Großbritannien jedoch auf entschiedene Ablehnung.

Adolf Hitler (5.v.l.) vollzieht vor dem Reichstag eine große »Siegerehrung«: Allein zwölf Generalobersten werden zu Generalfeldmarschällen, Generalfeldmarschall Hermann Göring (4.v.l.) zum Reichsmarschall ernannt.

*Ankunft französischer Kriegsgefangener in Duisburg*

*Französische Kriegsgefangene in einer Autowerkstatt*

---

## 15. JULI

# Kriegsgefangene als Arbeitskräfte

**Nach Abschluss der militärischen Eroberungen in Nord- und Westeuropa fordert die Reichsgruppe Industrie, den Arbeitskräftenmangel verstärkt durch den Einsatz von Kriegsgefangenen auszugleichen.**

Die Reichsregierung glaubt, in den besetzten Ländern stehe ihr ein unerschöpfliches Arbeitskräftereservoir zur Verfügung, das deutsche Arbeitnehmer entlasten könne. Der Einsatz niederländischer, französischer sowie auch britischer Gefangener soll den sich auf eine Million belaufenden Fehlbedarf an Arbeitskräften in Betrieben mit Wehrmachtsaufträgen ausgleichen und die angespannte Landwirtschaftsproduktion entlasten. Anfang Juli sind etwa 200 000 französische und britische Gefangene in

der deutschen Wirtschaft eingesetzt; schon Ende Oktober beläuft sich die Zahl der sogenannten Westarbeiter auf 1,2 Mio.

Seit Beginn des Jahres werden auch verstärkt Zivilpersonen in Polen in Form von willkürlichen Verhaftungen und Deportationen für den Einsatz als Zwangsarbeiter im Deutschen Reich rekrutiert.

---

## 27. JULI

# Hoffnung auf deutsche Afrika-Kolonien

In einer Denkschrift des Oberkommandos der Marine an das Oberkommando der Wehrmacht sowie an das Auswärtige Amt fordert die Seekriegsleitung die Einrichtung von Stützpunkten an der West- und Ostküste Afrikas, um das künftige deutsche Kolonialreich ausreichend verteidigen zu können.

Die im Zuge der erfolgreichen Blitzkriege entstandene Siegesgewissheit begünstigt deutsche Planungen für eine politische Neuordnung weit über Europa hinaus.

Die Hoffnung auf französische und britische Kolonialbesitzungen u.a. in Afrika, die nach Friedensschluss an das Deutsche Reich fallen sollen, veranlasste schon am 29. Juni den Reichsinnenminister Wilhelm Frick zu einem Runderlass, in dem er alle Beamten aufforderte, ihre Wünsche für eine Tätigkeit im Kolonialdienst rechtzeitig anzumelden.

*Über die ehemals deutschen Kolonialbesitzungen Togo, Kamerun, Ost- und Südwestafrika hinaus sollen auch britische, spanische und französische Gebiete in Afrika nach einem Friedensschluss an das Deutsche Reich fallen. Die als »kolonialer Ergänzungsraum« ausgewiesenen Länder sollen dem Deutschen Reich in erster Linie wichtige Rohstoffe sichern und darüber hinaus als militärische Stützpunkte dienen.*

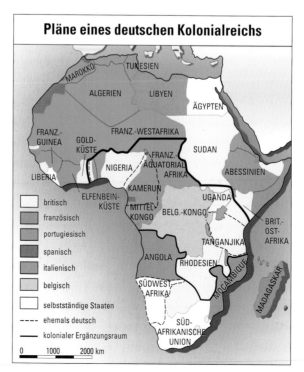

**Pläne eines deutschen Kolonialreichs**

□ britisch
▨ französisch
▨ portugiesisch
▨ spanisch
▨ italienisch
▨ belgisch
□ selbstständige Staaten
--- ehemals deutsch
— kolonialer Ergänzungsraum
0    1000    2000 km

---

15. JULI

# Internierung von Emigranten

**Aus Furcht vor einer faschistischen Unterwanderung der Bevölkerung werden weit über 7000 in Großbritannien lebende Flüchtlinge zusammen mit Kriegsgefangenen nach Übersee deportiert.**

Allein 6560 Menschen finden in Kanada ein neues Zuhause. Kontrollmaßnahmen gegenüber Emigranten aus dem Deutschen Reich, Österreich, der Tschechoslowakei und Italien setzten in Großbritannien mit Beginn des deutschen Westfeldzug ein. Am 12. Mai wurden die Küstengebiete von allen männlichen Deutschen und Österreichern geräumt und für etwa 2800 Menschen die Internierung angeordnet. Mitte Juni befanden sich rd. 15 000 westeuropäische Flüchtlinge in britischer Internierungshaft. Die Verhaftungen die auch Antifaschisten und Juden einschließen, finden in der britischen Öffentlichkeit nicht nur Zustimmung. Nach einer Verordnung von 31. Juli wird ein Großteil der Internierten wieder entlassen.

---

1. JULI

# Rohstoffquellen für das Reich

Der Inhaber der Röchlingschen Eisenwerke, Hermann Röchling, wird Generalbevollmächtigter für die Eisenerzgewinnung und -verteilung in den annektierten Gebieten Luxemburg und der französischen Departements Meurthe-et-Moselle.

Er soll die Ausbeutung der dortigen Erzbecken betreiben. Die deutsche Schwerindustrie, die von ausländischen Rohstoffquellen abhängig ist versucht so die Isolation des Deutschen Reiches vom Welthandel zu überwinden (→ S. 44).

Auch die Industrien und Rohstoffvorkommen der anderen besetzten Staaten werden für die deutsche Kriegswirtschaft herangezogen. Im besetzten Frankreich, in Belgien und den Niederlanden werden einheimische Unternehmer zwangsweise zu Partnern deutscher Firmen.

## 13. AUGUST

# Luftkrieg gegen England

Gemäß der Führerweisung Nr. 17 vom 1. August über die »Führung des Luft- und Seekriegs gegen England« und der am folgenden Tag durch Reichsmarschall Hermann Göring gegebenen Weisung zum Angriff »Adler«, fliegen Bomber der Luftflotten 2 und 3 fast 500, die Jäger etwa 1000 Einsätze gegen die Britischen Inseln.

**Invasionsvorbereitung:** Mit dem Ziel, die britische Luftwaffe sowie die Flotte zu zerschlagen und die Luftherrschaft zu erringen, konzentrieren sich die Angriffe, bei denen 34 Flugzeuge verloren gehen, auf die Südküste Großbritanniens. Nach der vorläufigen Planung soll durch Großeinsätze der Luftwaffe die Landung deutscher Invasionstruppen bis zum 15. September erreicht, im günstigsten Fall sogar die Kapitulation der Briten erzwungen werden. Aber es zeigt sich bald, dass die Möglichkeiten dazu beschränkt sind.

**Luftwaffe unterlegen:** Schon bei den ersten Großeinsätzen offenbaren sich die Rüstungs- und Ausbildungsmängel der deutschen Luftwaffe. Bei einem zweiten Großangriff am 15. August gehen von 520 Kampf- sowie 1270 Jagd- und Zerstörerflugzeugen 55 Maschinen verloren. Die britischen Jäger stürzen sich auf die abwehrschwachen Kampfflugzeuge,

*Szene aus dem deutsch-britischen Luftkrieg: Ein deutscher Messerschmitt-Jäger verfolgt eine britische Spitfire.*

und weichen in der Regel einem Kampf mit den deutschen Jagdfliegern aus. Im Begleitschutz von Kampfflugzeugen sind die deutschen Flieger aber weniger geübt als in der »freien Jagd«. Außerdem reicht der Jagdschutz für die vorhandenen Kapazitäten nicht aus. Bei den Zerstörergeschwadern nehmen die Verluste so rasch zu, dass der personelle und materielle Einsatz von reinen Zerstörergeschwadern nicht mehr gewährleistet ist.

**London wird Hauptziel:** Als sich deutlich abzeichnet, dass der Kampf gegen die britischen Jäger sowie auch Angriffe auf Stützpunkte der Royal Air Force (RAF), Rüstungsbetriebe und Nachschubeinrichtungen nicht den erhofften schnellen Sieg bringen können, fliegt die deutsche Luftwaffe am 24. August einen ersten Angriff auf Hafengebiete und Versorgungseinrichtungen im Raum um London. Dabei fallen erstmals auch Bomben auf das

Stadtgebiet – allerdings mehr wegen mangelhafter Zieltechnik.

Nach britischen Angriffen vom 25., 26. und 29. August auf Berlin wird am 7. September in einem »deutschen Vergeltungsangriff« nochmals London bombardiert. Die Verlagerung der Angriffe auf London stellt aus britischer Sicht eine Wende dar. Sie bringt die Entlastung der arg strapazierten Luftverteidigung in Südengland. Im September entscheidet sich der Luftkrieg jedoch zugunsten der RAF.

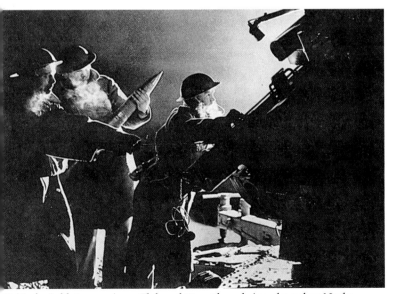

*Britische Soldaten an einem Flakgeschütz während eines deutschen Nachtangriffs auf Großbritannien; trotz Sommer ist es empfindlich kühl.*

*Neun Menschen liegen unter den Häusertrümmern in einer britischen Stadt begraben; die Bombardierungen weiten sich auf zivile Objekte aus.*

5. AUGUST

# Churchills Abwehrplan

In einer Botschaft an die Stabschefs erläutert der britische Premier Winston Churchill seine Weisungen zur Abwehr eines deutschen Invasionsversuchs auf der Insel.

Der verschärfte deutsche Luftkrieg gegen Großbritannien zur Vorbereitung einer Truppenlandung auf britischem Gebiet (→ S. 77, 81) veranlasst Churchill zur Bekanntgabe einer Reihe konkreter Verteidigungsstrategien. Neben umfangreichen militärischen Abwehrmaßnahmen (Luftsperren durch Ballons, Intensivierung der Fliegerabwehr und erhöhte Verteidigungsbereitschaft der heimischen Luftwaffe)

muss sich auch die Zivilbevölkerung auf die Gefahren durch den Luftkrieg einstellen. Luftschutzdienst sowie der Bau von Bunkern und Unterständen haben absolute Priorität bei den Abwehrmaßnahmen.

In abgelegenen Gegenden wird die britische Bevölkerung von der Regierung dazu angehalten, sich in Kellern und Erdlöchern private Unterstände zu errichten, um nicht schutzlos den deutschen Angriffen ausgeliefert zu sein. Allgemein herrscht unter den Briten die Bereitschaft vor, zusammen mit Militärs und Regierung dem deutschen Gegner »die Stirn zu bieten«.

*Mobilisiert die Abwehrbereitschaft der Briten: Winston Churchill*

### Churchills Weisungen zur Verteidigung der Britischen Inseln (Auszug)

»Unsere erste Verteidigungslinie gegen die Invasion muss... in den Häfen des Feindes liegen. Auf Luftaufklärung, Unterseebootbewachung und andere Erkundungsmittel müssen entschlossene Angriffe aller verfügbaren und geeigneten Kräfte gegen jede feindliche Schiffskonzentration folgen.

Unsere zweite Verteidigungslinie bilden unsere wachsamen Patrouillen zur See, die jede Invasionsstreitmacht abzufangen und unterwegs zu vernichten haben.

Unser drittes Abwehrmittel ist, einen Gegenangriff auszulösen, wenn der Feind unsere Küste erreicht und insbesondere während er mit der Landung beschäftigt ist...

Die Landbefestigungen und die Landstreitkräfte sind hauptsächlich dazu da, den Feind zu zwingen, in so großer Stärke anzutreten, dass er für die See- und Luftstreitkräfte ein dankbares Ziel bietet...

Sollte es dem Feind dennoch gelingen, an mehreren Punkten Fuß zu fassen, so müssen wir ihn durch örtlichen Widerstand am Strande, verbunden mit dem... Angriff von der See und aus der Luft, möglichst unter Druck setzen...

Kommen wir zur Westküste von England... Der Feind muss sich auf die offene See wagen und da wird reichlich Zeit vorhanden sein, ihn... mit Kreuzern und Flottillen anzugreifen.«

*Auch alte Männer werden in der britischen Home Guard ausgebildet.*

## Hitlers Kalkül geht nicht auf

Der deutsche Diktator fordert die Westmächte in den Jahren 1939/40 mehrmals zum Frieden auf (→ S. 22, 75).

Gerade den Krieg mit Großbritannien hat Hitler zu verhindern gehofft. Seine eigentlichen Kriegsziele liegen im Osten, dem Gebiet des zukünftigen »deutschen Lebensraumes«. Seit den 20er Jahren setzt Hitler auf eine Art Dreierbund in Europa, der aus Deutschland, Italien und Großbritannien bestehen sollte. Die Interessenssphären der Staaten sollten klar abgegrenzt werden: Italien expandiert im Mittelmeerraum, Deutschland in den Osten und Großbritannien wird Übersee überlassen. Hitler glaubt, dass Großbritannien die deutsche Expansion akzeptieren würde, solange sie »ersichtlich rein kontinentaler Natur« sei. Tatsächlich aber hat die Politik vom »Gleichgewicht der Kräfte« auf dem Kontinent in Großbritannien große Tradition – eine Hegemonialmacht in Europa kann London nicht akzeptieren. Entscheidend bei Hitlers Fehleinschätzung ist aber, dass das NS-Reich durch den beispiellosen Terror in den besetzten Gebieten endgültig als nicht friedensfähig gilt.

8. AUGUST

## Bündnisse mit den Exiltruppen

Ein Abkommen zwischen der britischen Regierung und dem Führer der Truppen des freien Frankreichs General Charles de Gaulle, legt die Einzelheiten des Oberbefehls gemeinsamer Militäroperationen fest. Sofern die freifranzösischen Truppen nicht gegen Frankreich eingesetzt werden, unterstellt sich de Gaulle dem britischen Kommando (→ S. 137) Ein weiteres Abkommen mit der polnischen Exilregierung unterstellt deren Truppen dem britischen Oberkommando.

*Häufig dienen provisorische, selbstgebaute Luftschutzgräben dem Schutz der britischen Bevölkerung.*

*Mit Sandsäcken werden in südenglischen Dörfern und Städten die Straßen vor Angreifern verbarrikadiert.*

## 30. AUGUST

# Zweiter Wiener Schiedsspruch

Nach dem Scheitern direkter rumänisch-ungarischer Verhandlungen über Gebietsansprüche Ungarns gegenüber Rumänien vom 16. bis 23. August in Turnu Severin wird im Wiener Schloss Belvedere der zweite Wiener Schiedsspruch gefällt. Das von den Außenministern des Deutschen Reichs, Italiens, Rumäniens und Ungarns unterzeichnete Dokument spricht den nördlichen Teil Siebenbürgens sowie das Szeklerland Ungarn zu.

Damit geht ein großer Teil Siebenbürgens, der im Frieden von Trianon 1920 an Rumänien gefallen war, an Ungarn zurück. Das insgesamt 43 500 km² große, an Ungarn abgetretene Gebiet hat 2,5 Mio. Einwohner. Den über eine Million rumänischen Staatsangehörigen des Territoriums ist es innerhalb von sechs Monaten möglich, sich für die ungarische oder rumänische Staatsbürgerschaft zu entscheiden.

Die von deutscher und italienischer Seite verfügte Gebietsregelung garantiert den Bestand des rumänischen Restterritoriums. Die auf Wunsch Rumäniens von den Achsenmächten übernommene Grenzgarantie bedeutet für das Land eine deutliche Parteinahme für die faschistische Achse. Nach der Annexion Bessarabiens sowie der Nord-Bukowina durch die Sowjetunion (→ S. 69) versucht der rumänische König Karl II. unter deutschem Schutz eine Auflösung seines Staatsgebiets zu verhindern. Schon am 2. und 7. Juli bat er um die Entsendung einer deutschen Militärmission. Die deutsche Regierung, an der Lieferung rumänischen Öls interessiert (→ S. 56), bot am 26. August an, unter ihrer Führung die Gebietsstreitigkeiten zu beenden. Italiens Regierung versucht mit Rumänien einen Verbündeten für Ansprüche gegenüber Jugoslawien und Griechenland (→ S. 85) zu gewinnen. Am 7. September entspricht Rumänien auf deutschen Rat bulgarischen Revisionsforderungen im Gebiet der Süd-Dobrudscha.

*Oben: Reichsaußenminister Joachim von Ribbentrop (am Tisch stehend) eröffnet im Goldenen Saal des Wiener Schlosses Belvedere den feierlichen Akt zur Unterzeichnung des zweiten Wiener Schiedsspruches; am Tisch links neben ihm der italienische Außenminister Galeazzo Ciano Graf von Cortellazzo. Der erste Wiener Schiedsspruch der Achsenmächte vom 2. November 1938 hatte keine stabilen politischen Verhältnisse im Donauraum bewirken können.*

*Links: Der ungarische Reichsverweser Miklós Horthy zieht im September an der Spitze seiner Truppen in Nagyvàrad (Nord-Siebenbürgen) ein.*

### Veränderung des rumänischen Staatsgebiets im Zuge der beiden Weltkriege

UNGARN · UdSSR · Bukowina · Bessarabien · Siebenbürgen · Szeklerland · JUGO-SLAWIEN · Bukarest · Dobrudscha · BULGARIEN

UNGARN · UdSSR · Bukowina · Bessarabien · Siebenbürgen · Szeklerland · JUGO-SLAWIEN · Bukarest · Dobrudscha · BULGARIEN

Staatsgebiet Rumäniens

nach dem Ersten Weltkrieg

Status 1940

0    50    100 km

*US-amerikanische Kriegsschiffe aus dem Ersten Weltkrieg; aus dieser Reserve alter Zerstörer im Hafen von Philadelphia gehen 50 nach Großbritannien.*

## 2. SEPTEMBER

# Tausch – 50 Zerstörer gegen Stützpunkte

Zwischen der britischen und US-amerikanischen Regierung wird ein Verteidigungsabkommen geschlossen. Danach stellen die USA Großbritannien 50 US-Zerstörer der Klasse 1200 t sowie Munition und Waffen gegen die Überlassung von Stützpunkten in der westlichen Hemisphäre zur Verfügung.

Gegen die Lieferung von Zerstörern aus dem Ersten Weltkrieg, mit denen Großbritannien seine stark reduzierte Flotte zu verstärken sucht, beanspruchen die USA Stützpunkte u.a. auf Neufundland, den Bermudas, den Bahamas, in Westindien und Britisch-Guayana. Seine militärischen Basen tritt Großbritannien für die Dauer einer 99-jährigen Pacht an die USA ab. Die Gebiete sind von Pachtzinsen und Kosten frei.

Großbritannien überträgt den USA für die angrenzenden Küsten- und Lufträume dieser Basen alle notwendigen Rechte und Vollmachten, um die Stützpunkte militärisch nutzen

zu können. In einer Note an den Kongress erklärt US-Präsident Franklin D. Roosevelt anlässlich des Vertragsabschlusses, dass die Vereinbarung in keiner Weise unvereinbar mit dem Friedenszustand der Vereinigten

Staaten sei noch eine Bedrohung irgendeiner Nation bedeuten würde. Abwehrmaßnahmen stellen nach den Worten des Präsidenten ein Recht jedes souveränen Staates dar und seien von Bedeutung für den Er-

halt des Friedens und der Sicherheit der USA.

Jedoch ist der britisch-amerikanische Tauschhandel nur unter Umgehung der US-Neutralitätsgesetze zu Stande gekommen.

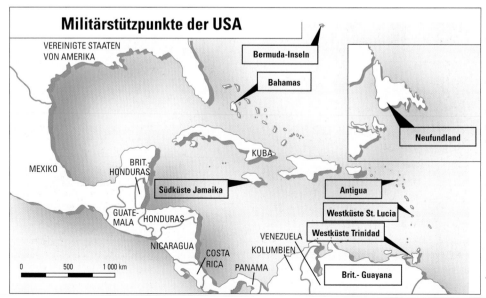

*Von besonderer strategischer Bedeutung für die Verteidigung der Vereinigten Staaten sind die neu erworbenen Stützpunkte auf den Westindischen Inseln. Sie sichern den Zugang zur Karibik und zum Panamakanal. Nördlichster Stützpunkt ist die Insel Neufundland an der kanadischen Ostküste. Eine Basis für Luft- und Seestreitkräfte soll hier Ausgangspunkt für die Nordatlantik-Verteidigung sein.*

## 15. SEPTEMBER

# Luftkampf über London

Die zweite Phase der »Luftschlacht um England« wird von der deutschen Luftwaffe mit dem sog. Battle-of-Britain-Tag eingeleitet. Der am Mittag begonnene deutsche Großangriff wird von der Royal Air Force (RAF), die von 250 Spitfire- und Hurricane-Flugzeugen 26 Maschinen verliert, erfolgreich abgewehrt.

Bei diesem zweiten Höhepunkt der Luftkämpfe um London und den Südosten Großbritanniens verliert die deutsche Luftwaffe von etwa 1700 eingesetzten Kampf-, Jagd- und Zerstörerflugzeugen 56 Maschinen. Der »Battle-of-Britain«-Tag leitete die Wende in der Luftschlacht um Großbritannien ein.

**»Seelöwe« totgesagt:** Die schweren deutschen Verluste zeigen, dass die Luftherrschaft über die Britischen Inseln nicht erreicht werden kann. Die am 3. September auf den 21. des Monats angesetzte deutsche Invasion in Großbritannien (Unternehmen »Seelöwe«) gerät damit vollends zur Illusion. Am 17. September verschiebt Hitler die geplante Landung »bis auf

*Messerschmitt-Zerstörer »BF 110« sind maßgeblich an der »Luftschlacht um England« beteiligt; Probleme ergeben sich wegen mangelnder Wendigkeit*

weiteres«. Zum ersten Mal seit Kriegsbeginn zeichnet sich somit die Begrenztheit des deutschen militärischen Potenzials ab. Trotz der erheblichen Zerstörungen in Großbritannien durch den deutschen Luftkrieg gegen die Insel und trotz der beträchtlichen Produktionsausfälle in britischen Rüstungs- und Industriebetrieben gelingt es nicht, das industrielle Potenzial und den

Widerstandswillen der Bevölkerung zu brechen.

**Moderne britische Flugabwehr:** Die Royal Air Force, im Jahr 1935 nach den Prinzipien einer strategischen Luftkriegsführung aufgebaut, erweist sich der deutschen Luftwaffe als überlegen. Vor allem die Jagdflieger mit ihren durch Funkleitsysteme gesteuerten Einsätzen, unterstützt von den an der Küste stationierten Ra-

daranlagen, stellen für die deutschen Flieger eine erhebliche Bedrohung dar. 52 Radarstationen geben der britischen Luftverteidigung genaue Informationen über die Entfernung und Anflugrichtung der angreifenden deutschen Kampfflugzeuge. Auf einer Entfernung bis zu 120 km liefern sie Angaben über Anflughöhe und Anzahl der Flugzeuge. Nach Überfliegen der Küste werden die Maschinen durch das Royal Observer erfasst, die Informationen an die vier Gefechtsstände des Fighter Command weitergeleitet. Die schnelle Reaktionsfähigkeit des britischen Luftverteidigungssystems macht weitgehend den prekären Personalmangel des Fighter Command wett. Während des deutschen Angriffs auf Frankreich (→ S. 49) verlor die britische Luftwaffe ein Drittel ihrer Piloten.

**Verstärkte Terrorangriffe:** Nach der deutschen Niederlage am »Battle-of-Britain«-Tag verstärkt die Luftwaffe ihre Angriffe gegen Großstädte wie London, um dadurch die Moral der Bevölkerung zu brechen. Großbritannien nimmt diese Strategie 1942 mit ebensowenig Erfolg auf (→ S. 181, 186). Die meisten Einsätze werden im Oktober geflogen (9911; August: 4779; September: 7260). Erstmals kommen auch Brandbomben zum Einsatz. Im November legen deutsche Flugzeuge Coventry im schlimmsten Angriff des Krieges gegen eine britische Stadt in Schutt und Asche. Der Luftkrieg wird auch nach 1940 – allerdings mit vermindertem Einsatz – fortgesetzt.

*Obwohl die britische Regierung die Londoner Bevölkerung mahnt, U-Bahn-Stationen nur in dringenden Notfällen als Luftschutzraum zu benutzen, sind diese fast jede Nacht vollkommen überfüllt mit Schutz suchenden Menschen.*

### Der »Luftkampf um England«

Flugzeugverluste der Luftwaffe (1.8.1940–31.3.1941)

| Verbandsart | total u. leicht beschädigt | Nachschub ab 1.8. |
|---|---|---|
| Kampf | 1 817 | 1 919 |
| Jagd | 1 166 | 1 191 |
| Zerstörer | 468 | 778 |
| Stuka | 208 | 447 |
| Aufklärer | 204 | 525 |
| Verbände | 136 | 88 |
| Sonstige | 384 | 560 |
| **Summe der Verl.** | **4363** | **5507** |

### Verluste d. brit. Zivilbevölkerung (1940)

| Monat | Männer tot | verl. | Frauen tot | verl. | Kinder tot | verl. |
|---|---|---|---|---|---|---|
| Juli | 178 | 227 | 57 | 77 | 23 | 17 |
| August | 627 | 711 | 335 | 448 | 113 | 102 |
| Sept. | 2844 | 4405 | 2943 | 3807 | 1167 | 2403 |
| Okt. | 2791 | 4228 | 2900 | 3750 | 643 | 717 |
| Nov. | 2289 | 3493 | 1806 | 2251 | 493 | 458 |
| Dez. | 1838 | 2962 | 1434 | 1775 | 521 | 307 |
| **Ges.** | **10567** | **16026** | **9475** | **12108** | **2960** | **4004** |

16. SEPTEMBER

# US-Armee im Aufbau

US-Präsident Franklin D. Roosevelt unterzeichnet die Gesetzesvorlage über die teilweise Wehrpflicht in den USA. Damit wird das erste Wehrpflichtgesetz in den USA zu Friedenszeiten erlassen.

Nach einer entsprechenden Proklamation des Präsidenten müssen sich 16,5 Mio. männliche Landesbewohner zwischen 21 und 35 Jahren für die militärische Ausbildung melden. Als Stichtag für die Registrierung der künftigen Soldaten wird der 16. Oktober festgesetzt. 65 000 Offizieren und Soldaten der Nationalgarde wird der aktive Militärdienst für die Dauer eines Jahres in Aussicht gestellt. Schon einen Monat später sollen 75 000 Staatsbürger militärisch ausgebildet werden. Infolge dieses Gesetzes wird der Bau von 100 neuen Kasernen notwendig. Der Verteidigungsetat in Höhe von 5,2 Mio. US-Dollar (21,75 Mio. RM) sieht bereits den Aufbau einer 2-Millionen-Soldaten-Armee vor. Die US-Verteidigungsanstrengungen richten sich besonders gegen Japan, bereiten aber auch eine mögliche Intervention gegen NS-Deutschland vor.

*US-Präsident Franklin D. Roosevelt bei der Unterzeichnung des neuen Wehrpflichtgesetzes; obwohl seine zweite Amtsperiode zu Ende geht und er sich am 5. November erneut zur Wahl stellen muss, forciert er trotz innenpolitischer Widerstände unbeirrt die Aufrüstung.*

*»Arbeit statt Krieg« fordern diese US-amerikanischen Demonstranten in New York.*

25. SEPTEMBER

# Vergehen vor Sondergerichte

Auf Anweisung des Staatssekretärs im Reichsjustizministerium, Roland Freisler, sollen zukünftig Sondergerichte für die Verurteilung aller Kriegsverbrecher zuständig sein. Damit setzt eine weitere Phase der Entrechtung ein.

Die Sondergerichtsbarkeit bei den Oberlandesgerichten wurde bereits am 21. März 1933 durch Verordnung eingeführt und setzte die gültige Prozessordnung außer Kraft. Die Sondergerichte können danach Urteile fällen, ohne Sachverständige und Zeugen gehört oder Beweise geprüft zu haben. Die Überprüfung des gefällten Urteils durch das Gericht selbst oder durch ein höheres Gericht ist ausgeschlossen.

Vor Kriegsbeginn lag die Zuständigkeit der Sondergerichte vor allem in der Urteilssprechung über Vergehen gegen die »Reichstagsbrandverordnung« (1933) oder das »Heimtückegesetz« (1934). Insbesondere sog. staatsfeindliche politische Vergehen wurden vor diesen Gerichten verhandelt. Mit Kriegsbeginn erweiterte Reichsjustizminister Franz Gürtner ihre Zuständigkeit auch auf Fälle sog. Volksschädlinge, die der Brandstiftung oder Delikten in Ausnutzung der Verdunkelung verdächtigt werden.

22. SEPTEMBER

# Japanische Stützpunkte

Nach mehrwöchigen Verhandlungen zwischen der japanischen und der französischen Vichy-Regierung einigen sich beide Parteien auf die Übernahme militärischer Stützpunkte in Indochina durch Japan.

Gemäß dem Übereinkommen überschreiten am nächsten Tag japanische Truppen die Nordostgrenze bei Dendang. Das japanische Außenministerium äußert in diesem Zusammenhang, dass das japanische Kaiserreich keine territorialen Pläne in Bezug auf Indochina verfolge.

Die Zugeständnisse Frankreichs gegenüber Japan resultieren aus dem Bestreben der Regierung in Vichy, die Verbindungen zu den Kolonien nicht durch einen militärischen Konflikt mit Japan zu gefährden. Japan, das seit Abschluss des deutschen Westfeldzugs am 22. Juni (→ S. 68) gezielt seinen Machtbereich durch massive Repressionen gegenüber Frankreich und Großbritannien in Asien erweitert, stärkt damit seine strategische Position gegenüber seinem Kriegsgegner China (→ S. 74). Schon kurz nach der Kapitulation Frankreichs forderte Japan am 20. Juni die französische Regierung auf, ihre Truppen an der Grenzregion zu Französisch-Indochina zurückzuziehen. Am 18. Juli musste Großbritannien auf japanischen Druck die Birmastraße – eine der Hauptnachschublinien der nationalchinesischen Truppen – sperren.

26. SEPTEMBER

# US-Embargo gegen Japan

**Mit Wirkung vom 16. Oktober ordnet US-Präsident Franklin D. Roosevelt an, dass hochwertiger Eisen- und Stahlschrott künftig nur noch in Länder der westlichen Hemisphäre ausgeführt werden darf.**

Dieses Embargo, das sich vor allem gegen Japan richtet, wird offiziell mit dem steigenden Eigenbedarf durch das US-amerikanische Aufrüstungsprogramm begründet.

Tatsächlich antwortet die US-Regierung mit dieser restriktiven Außenhandelspolitik jedoch auf die sich entwickelnde Vormachtstellung Japans im ostasiatischen Raum. Die Abhängigkeit der japanischen Rüstungsindustrie von den importierten Schrottkontingenten aus den USA soll Japan zur Einstellung seines seit 1937 gegen China geführten Krieges zwingen. Schon seit Jahresbeginn wird das Verhältnis zwischen Japan und den USA von einer zunehmend aggressiver geführten Politik bestimmt. Bereits im Januar hat Washington den seit 1991 bestehenden Handelsvertrag gekündigt. Japan, das sich mit Abschluss des Dreimächtepakts am 27. September (→ S. 83) offiziell zur Angriffspolitik der Achsenmächte Deutsches Reich und Italien bekennt, soll auf diesem Weg daran gehindert werden, weitere Teile des chinesischen Festlandes zu besetzen. Die USA sehen durch die japanische Expansion ihre eigene wirtschaftliche Position gefährdet (→ S. 114).

*Nach der Unterzeichnung (am Tisch v.l.): Japans Botschafter Saburu Kurusu; Italiens Außenminister Ciano, Hitler, Außenminister Joachim von Ribbentrop*

---

**27. SEPTEMBER**

# Dreimächtepakt verfehlt sein Ziel

Reichsaußenminister Joachim von Ribbentrop, der italienische Außenminister Galeazzo Ciano Graf von Cortellazzo und der japanische Botschafter Saburu Kurusu unterzeichnen in der Berliner Reichskanzlei den Dreimächtepakt.

**Pakt soll USA abschrecken:** Der Zusammenschluss der drei faschistischen Staaten, die sich schon 1936/37 im Antikominternpakt verbündeten,

ist in erster Linie gegen die USA gerichtet. Sie sollen durch die Demonstration einer gemeinsamen Front der Aggressorstaaten vom Kriegseintritt abgehalten werden (→ S. 69). In dem Abschlussdokument ihrer Vereinbarungen sichern sich die drei Bündnispartner gegenseitig volle Unterstützung zu, falls einer der Staaten von einer Macht angegriffen würde, »die gegenwärtig nicht in den eu-

ropäischen Krieg oder in den chinesisch-japanischen Konflikt verwickelt ist«. Aufgrund des Bündnisses zwischen der UdSSR und dem Deutschen Reich vom 23. August 1939 (Ribbentrop-Molotow-Pakt) wird die UdSSR aus den Bestimmungen ausgeklammert.

**Uneinigkeit belastet das Bündnis:** Der Pakt ist aufgrund der sich widersprechenden Konzeptionen der Vertragspartner von geringerer Bedeutung, als die deutsche Propaganda glauben machen will. Tatsächlich belasten die unterschiedlichen Zielvorstellungen der drei Mächte das Bündnis: Während Hitler den Eroberungsfeldzug gegen die Sowjetunion plant (→ S. 89), zielt Japan u.a. auf eine dauerhafte Entspannung seines Verhältnisses zur UdSSR und eine Fortsetzung des Krieges gegen China.

**Der Pakt verfehlt sein Ziel:** Die USA lassen sich vom Pakt nicht abschrecken. US-Präsident Franklin Delano Roosevelt hat sich bereits auf einen Parallelkrieg gegen Japan und das Deutsche Reich eingestellt.

*Joachim von Ribbentrop bei der Unterzeichnung des Dreimächtepakts. Die Vereinbarung soll dem Deutschen Reich die Vorherrschaft in Kontinentaleuropa sichern.*

*Der italienische Außenminister Galeazzo Ciano Graf von Cortellazzo bei der Signierung. Italien lässt sich die Vorherrschaft im Mittelmeerraum zusichern.*

*Japans Botschafter Saburu Kurusu. Von einer Stärkung der Achse Berlin–Rom–Tokio verspricht sich Japan eine Unterstützung seines Vormachtstrebens in Ostasien.*

---

**HINTERGRUND**

## Deutscher Pakt mit Japan und Italien

Der zwischen dem Deutschen Reich, Japan und Italien auf die Dauer von zehn Jahren in Berlin abgeschlossene Dreimächtepakt tritt mit sofortiger Wirkung in Kraft. Seine wichtigsten Bestimmungen (Auszug):

**Art. 1:** »Japan anerkennt und respektiert die Führung Deutschlands und Italiens bei der Schaffung einer neuen Ordnung in Europa.

**Art. 2:** Deutschland und Italien anerkennen und respektieren die Führung Japans bei der Schaffung einer neuen Ordnung im ostasiatischen Raum.

**Art. 3:** Deutschland, Italien und Japan kommen überein,... auf der vorstehend angegebenen Grundlage zusammenzuarbeiten. Sie übernehmen ferner die Verpflichtung, sich mit allen politischen, wirtschaftlichen und militärischen Mitteln gegenseitig zu unterstützen, falls einer der drei vertragschließenden Teile von einer Macht angegriffen wird...«

## 21. OKTOBER

# Reise ohne Erfolge

Auf seiner mehrtägigen Westeuropareise trifft der deutsche Diktator Adolf Hitler mit Regierungsvertretern Spaniens und Vichy-Frankreichs zusammen. Sein Ziel ist es, neue Verbündete für die weitere Kriegsführung gegen Großbritannien zu finden.

**Laval sichert Zusammenarbeit zu:** Auf der ersten Station seiner Reise empfängt Hitler in seinem Sonderzug in Montoire-sur-le-Loir den Vizepräsidenten der Vichy-Regierung, Pierre Laval (→ S. 74). Dem Anliegen Hitlers, durch ein deutsch-französisches Bündnis die Front gegen Großbritannien zu verstärken und damit auch die kolonialen Interessen Frankreichs in Afrika zu wahren, steht Laval positiv gegenüber. Der Vizepräsident versichert Hitler, dass die Vichy-Regierung bereit sei, an diesem Kampf teilzunehmen.

**Franco hält sich bedeckt:** Am 23. Oktober trifft Hitler bei Hendaye an der französisch-spanischen Grenze mit dem spanischen Staatschef General Francisco Franco Bahamonde zusammen. Hitler schlägt Franco vor, im Frühjahr 1941 auf Seiten der Achsenmächte in den Krieg einzutreten. Hitlers Hoffnung, mit spanischer Unterstützung das unter britischer Herrschaft stehende Gibraltar einzunehmen und damit über das Mittelmeer freien Zugang nach Afrika zu erwirken, stößt bei Franco auf wenig Gegenliebe. Noch am 16. Juni (→ S. 64) hatte der spanische Caudillo dem deutschen Reichskanzler seine Bereitschaft erklärt, auf deutscher Seite in den Krieg einzutreten, sofern Spanien vom Reich Waffen und Rohstoffe erhalte. Aufgrund der spanischen Forderung nach Zusicherung umfangreicher Kolonialgebiete hatte damals Hitler das Angebot abgelehnt. Der nun von deutscher Seite unterbreiteten Aufforderung steht Franco nach der offensichtlichen deutschen Niederlage im Kampf gegen Großbritannien (→ S. 81) skeptisch gegenüber. Unter anderem fürchtet der spanische Staatschef, dass bei einem Kriegseintritt Spaniens die Kanarischen Inseln und Küsten-

Hitler (vorne l.) kann den spanischen General Franco (vorne r.) nicht zum Eintritt in den Krieg bewegen.

Treffen in der Krise: Hitler (l.) und Mussolini (vorn r.) nach dem italienischen Angriff auf Griechenland

Marschall Pétain (l.), Reichsaußenminister von Ribbentrop (M.) und Hitler (r.) im französischen Montoire

Pierre Laval (r.) stellvertretender Präsident der Vichy-Regierung, wird von Adolf Hitler (l.) empfangen.

bereiche Spaniens leicht durch die überlegenen britischen Seestreitkräfte eingenommen werden könnten. Franco, der zwar in einem Zusatz-

protokoll dem Dreimächtepakt und dem deutsch-italienischen Stahlpakt von 1939 beitritt, lässt eine Entscheidung über den Kriegseintritt seines Landes offen und bleibt letztlich neutral.

**Pétain fordert klare Grenzen:** Auch Hitlers Unterredung mit dem französischen Staatschef Philippe Pétain am 24. Oktober in Montoire, von dem der Reichskanzler zwar eine generelle Bereitschaft zu einer intensiveren deutsch-französischen Zusammenarbeit (Kollaboration) erreicht, bleibt im Kern ohne greifbares Ergebnis. Pétain lehnt eine gemeinsame Kriegsführung gegen Großbritannien ab, da ihm Hitler die Auslieferung der zwei Millionen Kriegsgefangenen sowie eine klare Auskunft über die künftigen europäischen und kolonialen Grenzen Frankreichs schuldig bleibt.

---

## ZITAT

### Hitlers Vorschläge bleiben erfolglos

*Gespräch zwischen Hitler und Franco nach Aufzeichnungen des deutschen Chefdolmetschers des Auswärtigen Amts, Paul Schmidt (Auszug):*

»Ohne viel Umschweife bot Hitler Spanien Gibraltar und, in einer etwas vageren Formulierung, auch Kolonialgebiete... Franco sagte zunächst gar nichts. Zusammengekauert saß er in seinem Sessel. Ich konnte an seinem undurchdringlichen Gesicht nicht erkennen, ob er über den Vorschlag verblüfft war oder sich nur in Ruhe eine Antwort überlegte. Er vollführte dann ein

ähnliches Ausweichmanöver wie sein italienischer Kollege bei Ausbruch des Krieges. Spaniens Lebensmittellage sei sehr schlecht. Das Land brauche Weizen, und zwar... mehrere 100 000 Tonnen... Spanien brauche eine moderne Rüstung. Für ein Unternehmen gegen Gibraltar sei schwere Artillerie notwendig. Franco nannte eine recht hohe Zahl von Geschützen, die er von Deutschland haben wollte. ... Hitlers hochgespannte Erwartung... England besiegen zu können, erhielten einen Dämpfer«.

28. OKTOBER

# Italiens Armee greift an

Nach einem Entschluss des italienischen Kriegsrats vom 15. Oktober greifen italienische Truppen von Albanien (seit April 1939 von Italien besetzt) aus Griechenland an.

Nach einem provozierten Grenzzwischenfall an der albanisch-griechischen Grenze eröffnet die italienische Armee die Gefechte. Ziel ist die Sicherung italienischer Territorialansprüche auf dem Balkan nach der Stationierung deutscher Truppen in Rumänien (→ S. 87). Auch der Prestigeverlust aufgrund des Kriegsverlaufs in Afrika (→ S. 106) soll durch die Eroberung Griechenlands ausgeglichen werden.

Doch die 150 000 Mann starken italienischen Truppen werden mit Unterstützung der am 29. Oktober auf Kreta gelandeten britischen Heeres- und Luftwaffenverbände schon bald zurückgedrängt. Der zeitig einsetzende Winter behindert Nachschublieferungen. Viele albanische Soldaten schließen sich den Griechen an und schwächen die Kampfkraft der Italiener.

*Nach dem Ausbruch der Feindseligkeiten am 28. Oktober: italienische Kavallerie beim Vormarsch über die Grenze zwischen Albanien und Griechenland*

*Italienische Pioniere beim Bau eines behelfsmäßigen Übergangs in Nordgriechenland; Einheiten der griechischen Truppen hatten sämtliche Brücken gesprengt, um den italienischen Vormarsch zu stoppen. In der Tat werden die Italiener schon bald zurückgedrängt.*

23. OKTOBER

# »Eindeutschung« durch Erfassung

Walter König-Bayer, Mitarbeiter des Rasse- und Siedlungshauptamtes der SS, stellt in einer Denkschrift fest, dass die »Rassenschichtung« in den tschechischen und sudetendeutschen Siedlungsgebieten im Sudetengau nicht zufriedenstellend sei.

Er schlägt die Erfassung der Bevölkerung nach Abstammungs- und Gesinnungskategorien vor. Allein Bewohner, die die Note I oder II erhalten, sollen im Sudetengau verbleiben dürfen.

Seit Kriegsbeginn beschäftigen sich im deutschen Machtbereich zahlreiche Wissenschaftler mit der statistischen Erfassung der Bevölkerung in den besetzten oder eingegliederten Ostgebieten.

In diesem zukünftigen »deutschen Lebensraum« soll unter Führung Heinrich Himmlers als »Reichskommissar zur Festigung des deutschen Volkstums« (→ S. 23) die »Germanisierung« rasch vorangebracht werden. So werden in der Reichsstelle für Raumordnung Experten über die Bevölkerungsstruktur angefertigt. Die Behörde greift dabei auf die Reichsarbeitsgemeinschaft für Raumforschung zurück, die namhafte Wissenschaftler des Deutschen Reiches zusammenfasst (→ S. 203).

12. OKTOBER

# Moskau rüstet auf

Mit dem Befehl »Nr. 356« führt der sowjetrussische Volkskommissar für das Verteidigungswesen, Marschall Semjon K. Timoschenko, eine neue, verschärfte Disziplinarstrafordnung in der Roten Armee ein.

Danach sind die Kommandeure verpflichtet, alle geeigneten Maßnahmen zu ergreifen, um die Befolgung eines Befehls durch die ihnen unterstehenden Soldaten zu garantieren. Bei Befehlsverweigerung kann zukünftig auch von der Schusswaffe Gebrauch gemacht werden.

Der Befehl steht in Zusammenhang mit der seit April in Angriff genommenen Umorganisation der Roten Armee. Gleichzeitig erfolgt die

*Sowjetische Panzer auf einem Armeegelände, wo sie gewartet werden.*

konsequente Modernisierung der Waffensysteme. 125 Heeresdivisionen sind neu gebildet, die Mannstärke der Armeen ist auf das 2,8-fache erhöht worden. Die im Finnisch-Sowjetischen Winterkrieg offensichtlich gewordenen Mängel sollen beseitigt und ein modernes, mobiles Heer geschaffen werden. Auch im zivilen Wirtschaftsbereich stellt sich die UdSSR auf Hochrüstung um. Ein vierjähriger Arbeitsdienst für Jugendliche von 14 bis 17 Jahren, die Dienstverpflichtung von Facharbeitern für die Rüstungswirtschaft, die von sieben auf acht Stunden verlängerte tägliche Arbeitszeit sowie die Wiedereinführung der Sieben-Tage-Woche sollen die Produktion erhöhen.

Parallel zu den sowjetischen Aktivitäten forciert Adolf Hitler die Vorbereitungen zum deutschen Angriff auf die UdSSR im Jahr 1941.

## 22. OKTOBER

# HJ soll die Elite sein

Vor Pressevertretern in Berlin gibt Artur Axmann, seit dem 4. September Reichsjugendführer der NSDAP, neue Ausbildungsrichtlinien für die Hitlerjugend (HJ) bekannt. In einem »Achtjahresplan für Weltanschauung« sollen die 10- bis 18-jährigen Jungen der HJ ihrem Entwicklungsstand entsprechend mit der nationalsozialistischen Weltanschauung vertraut werden.

Die acht Erziehungsjahrgänge der HJ sind nach den Ausführungen Axmanns auf die jeweiligen Interessengebiete der Altersklasse sowie auf den Stand der schulischen Ausbildung abgestimmt. Um die »HJ im Großdeutschen Reich zu einem ganz neuen, umfassenden Weltbild zu erziehen«, schlägt der Reichsjugendführer außerdem vor, die HJ-Führer zukünftig in die neuen deutschen Gebiete und ins Ausland zu entsenden. Dort sollen sie erkennen, »dass das deutsche Volk der Kernpunkt ist, der die größten Kräfte spendet«.

Auch die schulischen Einrichtungen des NS-Systems werden auf die eroberten Ostgebiete ausgedehnt. Am 9. Oktober wurde die erste Nationalpolitische Erziehungsanstalt (NPEA) auf Schloss Reisen bei Lissa im Reichsgau Wartheland eröffnet. In den damit reichsweit eingerichteten 22 NS-Eliteschulen wird eine ausgesuchte Zahl von Schülern (Jungmannen) im nationalsozialistischen und soldatischen Geist erzogen. Im Gegensatz zu den Adolf-Hitler-Schulen sind die Erziehungsanstalten nicht als Parteischulen organisiert, sondern entsprechen in ihrem Lehrplan den deutschen Oberschulen. Sie sind dem Reichserziehungsminister unterstellt. Die dort unterrichteten Schüler sollen künftig als zuverlässige Nationalsozialisten ihrem Staat dienen. Seit dem Sommer gelten die NPEA als die Eliteschulen, deren Aufgabe es ist, den Nachwuchs für das »germanische Großreichs« heranzubilden. Am 10. Dezember hebt Hitler in Berlin diese Bedeutung der Erziehungsanstalten erstmals öffentlich hervor. Mit Fortlauf des Krieges dient die HJ zunehmend als kriegsvorbereitende »Erziehungsinstanz«.

*Im Geschichts- und Geografieunterricht der nationalsozialistischen Eliteschulen werden die Jungen streng im Geiste der Parteiideologie erzogen.*

*Schüler der Nationalpolitischen Erziehungsanstalt Schulpforta (Saale)*

*Jungen auf dem Weg zum Morgenappell mit Fahnengruß.*

*Hitlerjugend beim Reichsschießwettkampf; so früh wie möglich werden die jungen Deutschen zu »Wehrhaftigkeit« und Kriegsbegeisterung erzogen.*

## OKTOBER

# Bonhoeffer zur Schuld der Kirche

In einem Schuldbekenntnis legt Dietrich Bonhoeffer, Mitglied der Bekennenden Kirche, Versäumnisse der Kirche dar.

Dietrich Bonhoeffer (*4.2.1906 in Breslau) war nach dem Studium evangelischer Pfarrer in Barcelona, Berlin und London. Als Leiter des illegalen Predigerseminars der Bekennenden Kirche erhielt er 1936 Lehrverbot.

Bonhoeffer, über den im September 1940 ein Lehr- und Predigtverbot verhängt wurde, steht in Kontakt mit dem Widerstandskreis um Ludwig Beck und Hans Oster. Im Sinne seiner religiösen Überzeugung setzt sich der evangelische Theologe aktiv für den Kampf gegen das NS-Regime ein. In seinem Schuldbekenntnis führt er an: »Die Kirche bekennt, ihre Verkündigung von dem einen Gott, der... keine anderen Götter neben sich leidet, nicht... deutlich genug ausgerichtet zu haben. Sie bekennt ihre Furchtsamkeit,... ihre... Zugeständnisse... Sie war stumm, wo sie hätte schreien müssen, weil das Blut der Unschuldigen zum Himmel schrie.« Im Frühjahr führt Bonhoeffer in Stockholm Geheimgespräche für einen Friedensschluss.

## 7. OKTOBER

# Britische Bomber greifen Berlin an

Bomberverbände der Royal Air Force (RAF) fliegen in der Nacht auf den 8. Oktober den bisher schwersten Angriff auf Berlin, bei dem 25 Menschen sterben.

In fast allen Stadtteilen richten die 42 Bomber große Schäden an. Mehrere Berliner Großkrankenhäuser, darunter die Charité, werden schwer beschädigt. Luftangriffe der RAF-Bomber auf Berlin fordern bis zum Jahresende 222 Menschenleben. Die deutschen Luftangriffe auf Großbritannien sind zu diesem Zeitpunkt noch wesentlich massiver (→ S. 81, 90).

## 6. OKTOBER

# UdSSR im Visier

Nach dem Entschluss von Adolf Hitler vom 31. Juli, im Frühjahr 1941 einen etwa fünfmonatigen Feldzug gegen die Sowjetunion zu führen, verlegt die Heeresgruppe B unter Generalfeldmarschall Fedor von Bock ihr Hauptquartier nach Posen.

Im Rahmen der militärischen und wehrwirtschaftlichen Vorbereitungen verlangte Hitler am 26. August, das Heer im Osten zu verstärken. Am 12. September befahl der Oberbefehlshaber des Heeres, Generalfeldmarschall Walter von Brauchitsch, die Verlegung des Heeresgruppenkommandos B sowie der Armeeoberkommandos 4 und 12. Darüber hinaus wurden vier Infanteriedivisionen und die 1. Panzerdivision in den Osten überführt. Die Hee-

*In Polen wird durch die »Organisation Todt« ein Verkehrsnetz für den Aufmarsch gegen die UdSSR aufgebaut.*

*Angehörige der Heeresgruppe vor Besteigen eines Transportzuges; ihre Einheit wird nach Posen verlegt.*

resgruppe B soll offiziell die Sicherung der deutschen Ostgrenze zwischen der Slowakei und der Ostsee übernehmen. Weiter ist die Heeresgruppe für den Ausbau der Landesbefestigung sowie für den Aufbau einer Infrastruktur zuständig, die für den Krieg gegen die UdSSR unerlässlich ist. Gemäß mehrerer von Hitler

in Auftrag gegebener »Operationsstudien Ost« sollen die eingegliederten Ostgebiete sowie das Generalgouvernement als Aufmarschgebiete für den beabsichtigten Feldzug dienen. Die Verlegung mehrerer Truppenverbände in den Osten schafft vor allem im Generalgouvernement erhebliche Probleme, das

durch die Aufnahme deportierter Juden und Polen ohnehin schon ökonomisch bis an die Grenzen belastet ist. Aber nicht nur die deutsch besetzten Gebiete werden in den sog. Aufbau Ost einbezogen. Strategische Bedeutung für den Transport von Nachschub und Truppen besitzen vor allem auch Rumänien und Finnland.

## 20. OKTOBER

# Erste Anstöße für die Errichtung eines neuen Staats

Helmuth James Graf von Moltke legt seine Denkschrift mit dem Titel »Über die Grundlagen der Staatslehre« nieder.

Moltke, Sachverständiger für Völkerrecht im Oberkommando der Wehrmacht und führendes Mitglied der sich seit dem Sommer 1940 konstituierenden bürgerlichliberalen Widerstandsbewegung Kreisauer Kreis, entwickelt in seiner Schrift erste Anstöße für die Errichtung eines neuen Staats, der sich nach dem geplanten Sturz des NS-Regimes etablieren soll. Dieser Staat soll demokratisch von unten nach oben aufgebaut sein. Seine Repräsentanten sind durch ein Wahlmännerkollegium zu wählen. Das Reich als zentralistisches Staatsgefüge hat nach dem Verfassungskonzept Moltkes weiter Bestand. Jedoch sollen alle Parteien durch Wählerinitiativen zu ersetzen sein (→ S. 40).

Der Kreisauer Kreis ist eine Bewegung, der religiöse sowie sozialdemokratische Oppositionelle angehören. Bis 1943 konkretisieren sich die staatspolitischen Vorstellungen der Gruppe weiter (→ S. 324).

*Oben v.l.: Angehörige des Kreisauer Kreises – Adolf Reichwein, Julius Leber, Peter Graf Yorck von Wartenburg und Helmuth James Graf von Moltke*

*Links: Gut und Schloss des Grafen von Moltke geben dem Kreisauer Kreis seinen Namen. An drei Wochenenden ist das einsam gelegene »Berghaus« des Gutes Ort größerer Diskussionsrunden, in denen eine Analyse der Machtergreifung durch die Nationalsozialisten sowie die politische Perspektive eines »Nach-Hitler-Deutschland« erarbeitet wird. Den »Tyrannenmord« lehnt Moltke ab.*

*In riesigen Wagenkolonnen ziehen die Umsiedler nach Rumänien; DRK-Schwestern stehen ihnen helfend zur Seite.*

## 8. OKTOBER

# Umsiedlungen werden fortgesetzt

In Bukarest triff Hermann Behrends als Vertreter der Volksdeutschen Mittelstelle ein, um mit der rumänischen Regierung über die Umsiedlung der Volksdeutschen aus der Süd-Bukowina und Dobrudscha zu verhandeln.

Am 31. Oktober ergeht die Umsiedlungsanordnung Himmlers als Leiter des »Reichskommissariats für die Festigung deutschen Volkstums« (→ S. 23). Aus der Süd-Bukowina wandern insgesamt 52 400, aus der Dobrudscha 13 968 Menschen aus.

**Umsiedlungen verfolgen neue Ziele:** Die Verhandlungen in Bukarest beginnen direkt im Anschluss an die Umsiedlung aus den sowjetisch besetzten Gebieten Rumäniens – der Nord-Bukowina und Bessarabien (→ S. 69). Wie diese Bevölkerungsverschiebung stellten auch alle bisherigen Umsiedlungen aus Estland und Lettland, Litauen und dem ehemaligen Ostpolen (→ S. 24, 38) Reaktionen auf sowjetische Annexionen dar. Die jetzt beginnenden Verhandlungen über die Süd-Bukowina- und Dobrudschadeutschen stehen in einem neuen Zusammenhang. Durch die vorhergehende Umsiedlung ihrer volksdeutschen Nachbarn sind sie aus deutscher Sicht isolierte »Volks-

splitter«, die ihre politischen Einflussmöglichkeiten in Rumänien verloren haben. Die Instrumentalisierung der Volksdeutschen für außenpolitische Ziele kann zudem endgültig aufgegeben werden, als Rumänien durch seinen Beitritt zum Dreimächtepakt am 23. November 1940 (→ S. 88) zum deutschen Verbündeten wird.

**Unterbringung Volksdeutscher verschärft Probleme:** Obwohl seit Beginn des Krieges ein riesiger Apparat an Institutionen für die Bewältigung der vom deutschen Diktator Adolf Hitler proklamierten »ethnischen Neuordnung« entstanden ist, wird die Ansiedlung der massenhaft einwandernden Volksdeutschen in den eroberten Ostgebieten immer schwieriger. Die Deportationen von Polen ins Generalgouvernement (→ S. 24) – an deren Stelle die deutschen Umsiedler treten sollten – stoßen bereits seit Beginn des Jahres auf Widerstand. Hermann Göring verweist als Beauftragter für den Vierjahresplan auf die Aufrechterhaltung der kriegswichtigen Industrie in den eingegliederten Gebieten: »Alle Evakuierungsmaßnahmen sind darauf abzustellen, dass brauchbare Arbeitskräfte nicht verschwinden.«

Hinzu kommt die Errichtung großer Truppenübungsplätze der Wehrmacht im Zuge der Vorbereitung auf den Ostfeldzug (→ S. 87). Nachteilig wirkt sich jetzt auch die von Himmler angeordnete »Reservierung« von Siedlungsland für Reichsdeutsche aus, die nach dem von deutscher Seite erhofften »Endsieg« in den eroberten Ostgebieten angesiedelt werden sollen. Die »Reservierung« nimmt den bereits vor Ort lebenden Volksdeutschen trotz Freiflächen die Möglichkeit zur Ansiedlung.

**Umsiedler leben in Lagern:** Bis 1942 folgen aufgrund der Ausweitung des Krieges Tausende Umsiedler aus Siebenbürgen, Bulgarien, dem italienisch besetzten Teil Jugoslawiens, aus Serbien, Bosnien und sowjetischen Gebieten. Obwohl Hitler im Vorfeld des Angriffs auf die Sowjetunion plant, auch aus dem Generalgouvernement »ein rein deutsches Land zu machen« (→ S. 315), gelingt die geregelte Unterbringung der Umsiedler nicht mehr. Viele von ihnen müssen monatelange Lageraufenthalte in Kauf nehmen, bevor sie ihre neuen Wohnstätten beziehen können. Erhalten sie schließlich Siedlungsflächen, werden sie häufig Opfer von Partisanenangriffen.

## 20. NOVEMBER

# Erweiterung des Dreimächtepakts

Nach dem Scheitern deutsch-sowjetischer Verhandlungen über einen sowjetischen Beitritt zum Dreimächtepakt (→ S. 89) tritt Ungarn dem Bündnis bei.

Ungarns Außenminister István Graf Csáky unterzeichnet im Wiener Schloss Belvedere den Beitritt seines Landes zum Militär- und Verteidigungsbündnis der drei expansionistischen Staaten Deutsches Reich, Italien und Japan (→ S. 83).

Seit der Unterzeichnung des Wiener Schiedsspruchs am 30. August (→ S. 79), mit dem Ungarn einen Teil seiner territorialen Forderungen gegenüber Rumänien unter deutscher Führung geltend machen konnte, fungiert der Balkanstaat Ungarn als Satellit der Achsenmächte. Nach dem Scheitern eines deutsch-sowjetischen Ausgleichs soll das ursprünglich gegen Großbritannien und die Vereinigten Staaten gerichtete Dreimächtebündnis nun auch als Koalition gegen sowjetische Interessen wirken.

Aufgrund ihrer strategischen Bedeutung für den seit dem 31. Juli beschlossenen deutschen Angriff gegen die Sowjetunion bekommen auch Rumänien und der deutsche Marionettenstaat Slowakei die Erlaubnis, sich dem Verteidigungspakt anzuschließen (→ S. 108). Mit den vollzogenen Beitritten unterstützen diese Staaten die proklamierte deutsch-italienische Vorherrschaft in Europa und stellen ihre Territorien als Aufmarschgebiete zur Verfügung.

*Der ungarische Außenminister István Graf Csáky bekräftigt mit dem Beitritt zum Dreimächtepakt die enge Anlehnung Ungarns ans Deutsche Reich.*

---
12. NOVEMBER
---

# Molotow-Besuch in Berlin verschärft Spannungen

Der Vorsitzende des Rates der Volkskommissare der UdSSR und Volkskommissar für Auswärtige Angelegenheiten, Wjatscheslaw M. Molotow, trifft auf Einladung der deutschen Regierung in Berlin ein.

Dem sowjetischen Außenminister wird ein großer Empfang in der Reichskanzlei bereitet. Während seines zweitägigen Aufenthalts in der Reichshauptstadt kommt Molotow u.a. zu mehreren Gesprächen mit Adolf Hitler und Reichsaußenminister Joachim von Ribbentrop zusammen.

Die deutsch-sowjetischen Konsultationen sollen zur grundlegenden Klärung des bilateralen Verhältnisses beitragen. Vorrangiges Ziel ist dabei für die Reichsregierung, die UdSSR zu einem Beitritt ihres am 27. September (→ S. 83) mit Japan und Italien geschlossenen Dreimächtepakts zu bewegen.

**Britisches Empire als Köder:** Hitler ist auf der Suche nach einer neuen Strategie, um den Krieg gegen Großbritannien zur Entscheidung zu bringen; er macht während seiner Unterredungen mit Molotow am 12. und 13. November der UdSSR das Angebot, sich an der Aufteilung des britischen Weltreichs zu beteiligen. Mit Beitritt der Sowjetunion zum Dreimächtepakt sollen britische Kolonialbesitzungen in Indien und im Iran dem sowjetischen Einflussbereich zufallen. Die Hoffnung Hitlers, durch den Beitritt der UdSSR zum Pakt endlich die rasche britische Kapitulation zu erreichen, lassen sich jedoch nicht realisieren.

**UdSSR fordert Gebiete in Europa:** Im Verlauf der Gespräche stellt Molotow klar, dass es der Sowjetunion weniger um die Expansion in Asien geht; das Bestreben der sowjetischen Großmacht richtet sich vielmehr auf die Schaffung einer Neuordnung in Europa. Im Vordergrund stehen dabei sowjetische Gebietsforderungen in Skandinavien und auf dem Balkan. Molotow äußert den Wunsch, Finnland und die Süd-Bukowina (Rumänien) als sowjetisches Staatsgebiet zu annektieren. Darüber hinaus fordert er die Aufhebung der im Wiener Schiedsspruch (→ S. 79) gewährleisteten Garantien gegenüber Rumänien und meldet bündnisstrategische Interessen an Bulgarien an. An den Dardanellen und am Bosporus fordert er die dauerhafte Einrich- tung militärischer Operationsbasen. Über diese konkreten Vorstellungen hinaus zeigt Molotow auch Interesse an Rumänien, Ungarn, Jugoslawien und Griechenland. Hitler wie auch Ribbentrop betonen jedoch den hohen wirtschaftlichen Stellenwert Rumäniens und Finnlands für das Reich, die insgeheim als Verbündete für einen Feldzug gegen die UdSSR dienen sollen (→ S. 87, 88).

**Einigung ist nicht in Sicht:** Die schon seit dem Sommer bestehenden deutsch-sowjetischen Interessenkonflikte in Südosteuropa können im Verlauf der Gespräche nicht ausgeräumt werden, sondern erfahren eher ihre Bekräftigung. Molotow, der einem Beitritt der UdSSR zum Dreimächtepakt nur als Partner und nicht als Objekt deutsch-italienischer und japanischer Interessen zuzustimmen bereit ist, reist nach den ergebnislosen und in »kühler Atmosphäre« verlaufenden Berliner Verhandlungen am 14. November ab. Am 25. November übermittelt der sowjetische Diktator Josef W. Stalin die Minimalforderungen für einen Beitritt zum Dreimächtepakt: Finnland und Bulgarien sind danach als sowjetische Interessengebiete anzuerkennen und Stützpunkte auf türkischem Gebiet unerlässlich. Stalins Dekret wird jedoch von deutscher Seite nicht beantwortet. Ein deutsch-sowjetischer Interessenausgleich ist damit endgültig gescheitert.

Aber auch bei einer im deutschen Sinne erfolgreichen Übereinkunft zwischen den beiden Staaten hätte Hitler nicht dauerhaft auf den bereits am 31. Juli beschlossenen Feldzug gegen die UdSSR verzichtet, der sein eigentliches und wichtigstes Ziel ist.

*Hitler (r.) will den sowjetischen Außenminister Molotow (l.) zum Kriegseintritt auf deutscher Seite bewegen.*

---
ZITAT
---

## Weisung 21: Angriff auf UdSSR ist beschlossene Sache

*Bereits während des Molotow-Besuches in Berlin laufen die deutschen Vorbereitungen für einen Angriff auf die UdSSR auf vollen Touren, die in Adolf Hitlers Weisung Nr. 21 (»Fall Barbarossa«) am 18. Dezember zusammenlaufen:*

»Die deutsche Wehrmacht muss darauf vorbereitet sein, auch vor Beendigung des Krieges gegen England Sowjetrussland in einem schnellen Feldzug niederzuwerfen (Fall Barbarossa). Das Heer wird hierzu alle verfügbaren Verbände einzusetzen haben mit der Einschränkung, dass die besetzten Gebiete gegen Überraschungen gesichert sein müssen... Der Schwerpunkt des Einsatzes der Kriegsmarine bleibt auch während eines Ostfeldzuges eindeutig gegen England gerichtet.

Den Aufmarsch gegen Sowjetrussland werde ich gegebenenfalls acht Wochen vor dem beabsichtigten Operationsbeginn befehlen. Vorbereitungen, die eine längere Anlaufzeit benötigen, sind, soweit noch nicht geschehen, schon jetzt in Angriff zu nehmen und bis zum 15.4.41 abzuschließen... Die im westlichen Russland stehende Masse des russischen Heeres soll in kühnen Operationen unter weitem Vortreiben von Panzerkeilen vernichtet, der Abzug kampfkräftiger Teile in die Weite des russischen Raumes verhindert werden. In rascher Folge ist dann eine Linie zu erreichen, aus der die russische Luftwaffe reichsdeutsches Gebiet nicht mehr erreichen kann. Das Endziel... ist die Abschirmung gegen das asiatische Russland auf der Linie Wolga–Archangelsk...«

## Churchills Vichy-Memorandum

Nach den deutsch-französischen Vereinbarungen in Montoire zur Zusammenarbeit (→ S. 84) und nach dem Rundfunkaufruf des französischen Staatschefs Philippe Pétain am 30. Oktober zur Kollaboration spricht sich der britische Premier Winston Churchill für ein härteres Vorgehen gegenüber der Vichy-Regierung aus. Versuche der britischen Regierung, noch während der Konsultationen zwischen Adolf Hitler und der französischen Regierung am 22. und 24. Oktober die Vichy-Regierung von einer Kollaboration mit dem Deutschen Reich abzuhalten, waren nur begrenzt erfolgreich. Bei einem Treffen am 24. und 25. Oktober in London, an dem der britische Außenminister Edward Frederick Lindley Wood Halifax, Churchill und der inoffizielle französische Verbindungsmann Louis Rougier teilnahmen, waren Möglichkeiten der Zusammenarbeit nach dem Abbruch der Beziehungen am 4. Juli (→ S. 72) erörtert worden. In einer dabei getroffenen geheimen Vereinbarung erklärte sich Großbritannien bereit, den französischen Kolonialbesitz zu respektieren. Rougier versicherte im Namen der Vichy-Regierung, die von General Charles de Gaulles freifranzösischen Truppen im November besetzten Kolonien in Äquatorialafrika nicht zurückzuerobern.

Churchills Memorandum (Auszug)
»Laval ist ganz gewiss vom bittersten Hass gegen England erfüllt... Zweifellos würde er, wenn er die Macht dazu besessen hätte, den unerwarteten englischen Widerstand dazu benützt haben, bei seinen deutschen Herren einen höheren Preis für den französischen Beitrag zu unserer Abschlachtung herauszuschlagen... Die Vorstellung, dass wir auf solche Männer bauen könnten, ist eitel. Sie können jedoch durch die öffentliche Meinung in Frankreich und durch die deutschen Härten genötigt werden, ihre Haltung zu unseren Gunsten zu ändern... Aber um solch günstige Tendenzen zu fördern, müssen wir alles tun, damit die Vichy-Leute zwischen dem deutschen und englischen Mühlstein zermahlen werden.«

*Zerstörte St.-Michaels-Kathedrale in Coventry*

*Der britische König Georg VI. (Mitte) in der Kathedrale*

## Deutscher Nachtangriff zerstört die mittelenglische Stadt Coventry

In der Nacht zum 15. November fliegen 500 Bomber der deutschen Luftwaffe einen Großangriff auf die mittelenglische Stadt Coventry (Abb. u.: zerstörtes Stadtzentrum).

500 t Sprengbomben und Luftminen werden abgeworfen. Bei diesem bisher schwersten deutschen Angriff gegen eine britische Stadt werden von etwa 75 000 Gebäuden Co-

ventrys 65 000 zerstört. 568 Menschen kommen in dieser Nacht um. Mit dem Begriff »coventrieren« bezeichnet die deutsche Propaganda künftig Angriffe auf zivile Ziele.

# Kriegspläne für 1941 liegen fest

Die Unterzeichnung der »Weisung Nr. 19« zum Unternehmen »Attila« leitet eine Reihe weiterer Operationsbefehle Adolf Hitlers ein.

»Attila« gibt der Wehrmacht den Auftrag, für den Fall einer weiter um sich greifenden Loslösung afrikanischer Kolonialbesitzungen vom Mutterland Frankreich unter größter Geheimhaltung die Besetzung ganz Frankreichs vorzubereiten. Dazu kommt es erst 1942 (→ S. 228). Die »Weisung Nr. 20a (»Marita«) vom 13. Dezember gibt den definitiven Befehl für Angriffsvorbereitungen auf das griechische Festland von Bulgarien aus, um einem Übergriff Großbritanniens, sowie dem Einmarsch jugoslawischer Truppen ins umkämpfte Albanien vorzubeugen.

Die Weisung Nr. 21 (»Barbarossa«) vom 18. Dezember bereitet den Angriff auf die UdSSR vor.

## Durchgeführte und geplante deutsche militärische Operationen 1940

- ⊏ ab Ende Juni 1940 vom Deutschen Reich besetzt
- → Operation durchgeführt
- ▪▪▶ Operation nicht durchgeführt

1. »Weserübung«: Besetzung von Dänemark und Norwegen
2. »Fall Gelb«: Besetzung von Belgien, Niederlande, Luxemburg
3. »Fall Rot«: Besetzung von Frankreich
4. »Seelöwe«: geplante Landung in Großbritannien
5. »Adlerangriff«: verstärkte Luft- und Seekriegführung gegen Großbritannien
6. »Felix«: Eroberung Gibraltars
7. »Attila«: Besetzung Südfrankreichs (1942)
8. »Marita«: Operation gegen Griechenland (1941)
9. »Barbarossa«: Feldzug gegen die Sowjetunion (1941)

- Achsenmächte einschl. besetzte Gebiete
- britische Positionen
- unter der französischen Vichy-Regierung
- neutrale Staaten

0　500　1000 km

### Militär-Operationen 1940

- **»Weserübung«** zur Vorbereitung und Durchführung des Unternehmens gegen Norwegen und Dänemark
  Weisung: 1. März
  Durchf.: 9. April bis 10. Juni
- **Fall »Gelb«** zur Vorbereitung einer raschen Besetzung Hollands, um das Land dem Zugriff Großbritanniens zu entziehen.
  Weisung: 24. Februar
  Durchf.: 10. Mai bis 4. Juni
- **Fall »Rot«** Befehl zur Durchführung der »Schlacht um Frankreich«
  Weisung: 31. Mai,
  Durchführung: 5. Juni bis 24. Juni

### Gescheiterte Operationen

- **Unternehmen »Seelöwe«** zur Vorbereitung einer Landungsoperation in Großbritannien
  Weisung: 16. Juli
  Aufgegeben: 12. Oktober
- **Unternehmen: »Adlerangriff«** zur Führung eines Luft- und Seekriegs gegen Großbritannien
  Weisung: 1. August
  Gescheitert: 15. September, anschließend Angriffe auf britische Städte
- **Unternehmen »Felix«** zur Vorbereitung einer Inbesitznahme der Halbinsel Gibraltar und Schließung der Meerenge

Weisung: 12. und 27. November.
Aufgegeben: 11. Dezember

### Planungen für 1941

- **Unternehmen »Attila«:** Besetzung des französischen Mutterlandes
  Weisung: 10. Dezember
  Durchgeführt: November 1942
- **Unternehmen »Marita«:** Angriff auf Griechenland
  Weisung: 10. Dezember 1940
  Durchgeführt: April 1941
- **Unternehmen »Barbarossa«:** Vorbereitung des Feldzugs gegen die UdSSR
  Weisung: 18. Dezember 1940
  Durchgeführt: seit Juni 1941

# Rohstoffmangel ist Problem Nr. 1

Die Zeitschrift »Der Vierjahresplan« stellt in einem Beitrag zur Rohstoffsituation im Deutschen Reich mit Besorgnis fest, dass der für die Herstellung von Lebensmittelkarten pro Monat notwendige Papierbedarf 2000 bis 3000 t betrage.

Angesichts der zunehmenden Verknappung von Rohstoffen vor allem in den Bereichen Edelmetalle, Leder, Papier, Kautschuk, Wolle und Energie wird versucht, durch den verstärkten Einsatz von Ersatzstoffen sowie durch umfangreiche Sammelaktionen Abhilfe zu schaffen. Die Bevölkerung wird in mehreren Aktionen dazu aufgerufen, privat entbehrliche Gegenstände der staatlichen Nutzung zur Verfügung zu stellen. Ein Beispiel dafür ist die im Rahmen der Metallspende durchgeführte Sammlung von Edelmetallen, die der Rüstungsproduktion zufließen. Auch der Papiermangel soll durch die Sammlung von Altpapier in Haushalten und Betrieben ausgeglichen werden. Schon am 8. Februar forderte die Wirtschaftsgruppe der Deutschen Arbeitsfront (DAF) in einem Appell alle Betriebsleiter auf, jegliche nicht mehr benötigten Altpapiermengen der deutschen Wirtschaft zwecks Wiederverwertung zur Verfügung zu stellen.

Aber auch der täglich anfallende Hausmüll soll der Wiederverwertung und Rohstoffgewinnung zugeführt werden. So werden Hausfrauen dazu angehalten, Küchenabfälle wie Kartoffelschalen und Knochen in gesonderten Behältern für die Viehfutterherstellung aufzubewahren; gesammelte Tuben und Konservendosen dienen der Zinngewinnung; Lumpen und Altwolle finden in Spinnereien für die Herstellung neuer Stoffe Verwendung. Dennoch können diese Aktionen den Rohstoffmangel der von Auslandslieferungen nahezu abgeschnittenen deutschen Wirtschaft nicht vollständig kompensieren. Aufgrund des herrschenden Papiermangels wurde bereits im Februar die zugeteilte Papiermenge für Zeitungsverlage um 25% herabgesetzt. Viele Zeitungen haben ihre Kultur- und Lokalbeiträge auf ein Minimum reduziert, um in ihren zwei- bis vierseitigen Ausgaben Platz für politische Meldungen zu schaffen.

# Adolf Hitler – »Führer Großdeutschlands« und Völkermörder

Schon drei Tage nach der Übernahme der Kanzlerschaft am 30. Januar 1933 hatte er der Generalität der Reichswehr sein bereits in »Mein Kampf« formuliertes Programm für die Eroberung von »Lebensraum im Osten und dessen rücksichtsloser Germanisierung« entwickelt. Daran hielt er unbeirrt fest, auch wenn er zeitweilig taktische Zugeständnisse und verbale Tarnungen brauchte, ehe er über die notwendige Rüstung verfügte, mit der er zur blutigen Tat schreiten konnte. Seine Generale verstanden nur »Aufrüstung« und »Revision« und beruhigten sich in dieser scheinbaren Identität der Ziele. Das Wort von der »Germanisierung« nahmen sie zum eroberischen Nennwert und ahnten nicht den völkermörderischen Hintersinn, zu dessen Gefangenen sie dann wurden. Manche nolens, viele aber nach den beispiellosen Triumphen des »Führers« auch volens. Wer so lange so spektakulär Recht behielt, warum sollte der nicht auch mit seinen rassistischen Konstrukten im Kern Recht haben?

## TRIUMPHE ZU BEGINN DES KRIEGES

Die Kette der Erfolge Hitlers, die zu solchen Verwirrungen aller ethischen Maßstäbe hatte führen können, war bis zu seinem offenen Auftreten als Vernichtungs- und Rassenkrieger in Russland wahrlich imponierend. Zunächst gab es politische Erfolge im rasanten Wiederaufstieg des eben noch am Boden liegenden Deutschen Reiches zu einer Großmacht ersten Ranges. Dann kamen militärische hinzu durch Blitzsiege, wie sie die Kriegsgeschichte kaum je gesehen hatte und wie sie die vom jahrelangen unentschiedenen Ringen im vorigen Krieg geprägten Zeitgenossen nie und nimmer für möglich gehalten hätten. Hitler düpierte die schreckensstarre Welt mit einer un-

*Am 1. 9. 1939 hält Hitler in Soldatenuniform eine Rede vor dem Deutschen Reichstag, in der er den Angriff auf Polen erklärt. Er stellt den Überfall als notwendigen Verteidigungsakt dar.*

Für Hitler in seiner Rolle als oberster Kriegsherr hatte die Prägung als Soldat des Weltkriegs 1914-18 eine nicht zu unterschätzende Bedeutung. Das galt für die Erfahrungen mit neuen Waffensystemen wie Tanks und Flugzeuge, das galt aber ebenso für die Grabenmentalität, die er aus den Unterständen des Stellungskriegs im Westen mitbrachte. Was er als junger Gefreiter mitmachte, beherrschte auch späterhin seine Vorstellungswelt, auch wenn er im Detail dank seines hervorragenden Gedächtnisses unendlich viel hinzulernte.

Der Entschluss zum Krieg selbst war ebenfalls eine Folge des traumatischen Erlebens der nie für möglich gehaltenen Niederlage von 1918, die er sich nur mit Verschwörungstheorien erklären konnte. Sein wahnhafter Hass auf »die jüdische Weltpest« hatte hier ebenso seine Wurzeln wie der auf den Bolschewismus, den er mit dem Judentum identifizierte. Nur ein Sieg über diesen Doppelfeind konnte die Schmach tilgen und die beiden zentralen Visionen Hitlers erfüllen: die gleichzeitige Lösung der Raum- und der Rassenfrage.

*Einige Tage nach dem Anschluss Österreichs (12. 3. 1938) fährt Hitler im offenen Wagen auf einer Landstraße in Richtung Wien und nimmt den Nazigruß Jugendlicher am Straßenrand entgegen.*

erhört offensiven Aufrüstung, verleibte sich das Saarland, Österreich, das Sudeten- und das Memelland sowie Böhmen und Mähren ein und vollzog dann die entscheidende außenpolitische Volte, als er sich am 23. August 1939 mit dem bisher (und in Wahrheit natürlich auch weiterhin) als Todfeind bekämpften bolschewistischen Russland verständigte und mit ihm die Teilung der Beute aus dem Krieg gegen Polen vereinbarte.

## HITLERS BLITZKRIEG-STRATEGIE GEHT AUF

Hier ereilte den Strategen Hitler der erste schwere Irrtum: Er hatte den Westmächten als »verweichlichten Demokratien« nie zugetraut, dass sie auch noh nach seinem Arrangement mit Stalin zu ihrem Beistandsversprechen für Polen stehen würden. Nachdem er den östlichen Nachbarn am 1. September 1939 angegriffen hatte, las er zwei Tage später fassungslos die Ultimaten aus Paris und London. Er fand die Sprache aber bald wieder und das war die der Gewalt, mit der er die Wehrmacht Polen überrollen und seine Städte sturmreif bomben ließ. Er schuf damit förmlich so »blitzartig« Tatsachen, dass Hilfe von Westen für Polen gar nicht beizeiten kommen konnte und dass er selbst Hilfe von Osten durch die Rote Armee nicht mehr brauchte. Sie besetzte seit 17.9.1939 den für sie vorgesehenen Teil Polens und erfüllte so ihre Bündnisverpflichtungen. Und zu Stalins Freude gruppierte Hitler seine Streitkräfte unverzüglich nach Westen um, wo er sich, so hoffte der Kremlchef, eine blutige Abfuhr holen würde.

## AUCH DER WESTFELDZUG HAT ERFOLG

Daraus wurde nichts, und das hatte drei Gründe. Zum einen waren die Westmächte zu einem Angriff noch lange viel zu schwach, zum anderen widerrief auch Hitler die Angriffsbefehle viele Male. Das gab ihm Zeit zu seinem Invasions-Coup gegen Dänemark und Norwegen am 9. April 1940, mit dem er der britischen Flotte eine empfindliche Schlappe zufügte, der ihn aber auch selbst in Gefahr brachte. Daher drängte nun wieder die Zeit, im Westen aktiv zu werden, um der Be-

drohung in Norwegen durch britische Kräfte zu begegnen. Immerhin hatte der Aufschub im Westen so lange gedauert, dass Hitler – und das war der dritte und entscheidende Grund – ein ungeahnter Trumpf in die Hand fiel:

Er erfuhr während des so genannten Sitzkrieges im Winter 1939/40 an der Westfront von einem Operationsplan, den die Heeresführung verworfen hatte, der ihm als Risikospieler aber imponierte: General von Manstein schlug darin vor, statt der Attacke mit einem starken rechten Flügel wie 1914 den Gegner zu umfassen, ihn im Zentrum durch die angeblich unwegsamen Ardennen anzugreifen, seine rückwärtigen Verbindungen zu durchtrennen (»Sichelschnitt«) und ihn dann mit einer Heeresgruppe von Norden her zu zerschlagen. Gegen seine Frontkommandeure setzte Hitler dieses Konzept durch und erntete einen Erfolg, der ihm zeitweilig selbst unheimlich wurde. Der am 10. Mai 1940 angesetzte zentrale Stoß mit schnellen gepanzerten Verbänden entwickelte eine derartige Dynamik, dass Hitler um die Flanken zu fürchten begann und kurz vor der völligen Vernichtung der gegnerischen Kräfte die Panzerspitzen anhielt. Das britische Expeditionskorps und Reste französischer Armeen konnten sich, freilich unter Verlust aller Waffen, nach England retten. Frankreich brach in den nächsten zwei Wochen zusammen und musste um Waffenstillstand bitten.

## LEBENSRAUM FÜR DAS DEUTSCHE VOLK

Hitler, vom OKW-Chef Wilhelm Keitel zum »größten Feldherren aller Zeiten« glorifiziert, hatte den Scheitelpunkt seiner Karriere erreicht, und das Bild sagt schon, dass damit auch ein Wendepunkt erreicht war. Fortan nämlich hielt er sich selbst für unfehlbar, erlag seinem eigenen Nimbus und duldete auch militärisch keine Meinung neben der seinen. Seine Heerführer sanken zu »hochbezahlten Unteroffizieren« herab (Generalfeldmarschall von Richthofen). Es erhob sich daher auch kein Widerspruch, als der »Führer« angesichts der unbeirrten Fortführung des Kampfes durch Großbritannien beschloss, seinen immer angestrebten Krieg, die »heilige Mission meines Lebens«, nämlich den um »Lebensraum« vorzuziehen und dabei gleich mit dem Judentum endgültig abzurechnen. Dabei kam es allerdings zu einer vielleicht entscheidenden Verzögerung:

Vom Neid auf die deutschen Triumphzüge verzehrt, hatte der verbündete Mussolini Italien in riskante Parallelkriege gegen Griechenland und in Nordafrika gegen die Briten gestürzt. Die Niederlagen häuften sich, und die Südflanke des deutschen Aufmarsches gegen die Sowjetunion geriet in Gefahr. Sie musste vor einem Angriff ausgeräumt werden, und so schickte Hitler Hilfstruppen nach Libyen und griff am 6. April 1941 auf dem Balkan ein. Doch trotz eines erneuten Blitzkrieges, in dem Jugoslawien und Griechenland überrannt wurden, schob das Unternehmen den Schlag gegen Stalin um gefährliche sechs Wochen hinaus.

**Ein Volk, ein Reich, ein Führer!**

*In zahllosen deutschen Amtsstuben ersetzt dieses Plakat von Führer und Reichskanzler Adolf Hitler religiöse Bildnisse und Kruzifixe.*

## KRISE AN DER OSTFRONT

Erst am 22. Juni 1941 rollte die größte Militärmaschine der Kriegsgeschichte an: Mit drei Millionen Mann überschritt die Wehrmacht die russische Westgrenze und stieß in einem so atemberaubenden Tempo vor, dass Freund und Feind die UdSSR bereits verloren gaben. Es zeigte sich, dass die Rote Ar-

*...dolf Hitler besucht die deutschen Truppen 1939 in Polen, um ...ie Kampflinien zu inspizieren. Beim Verlassen des Flugzeugs ...assiert er die Ehrengarde.*

mee tatsächlich in schlechtem Zustand war, doch es zeigte sich auch eine verhängnisvolle Fehlrechnung in Sachen Zeit, Menschen- und Raumreserven des Gegners. Millionen Rotarmisten gerieten in deutsche Gefangenschaft und kamen darin zum größten Teil um, Millionen fielen im Kampf und Millionen wurden verwundet. Doch immer neue Verbände traten zur Verteidigung an und fanden mit fortschreitender Jahreszeit Verbündete in Schlamm und schließlich Frost. Hitler triumphierte am 3.10.1941 in seiner Rede im Sportpalast zu früh: »Ich spreche das hier und heute aus, weil ich es heute sagen darf, dass dieser Gegner bereits gebrochen und sich nie

Noch ist die Beziehung freundschaftlich und herzlich: Am 4. 10. 1940 treffen sich Hitler und der italienische Ministerpräsident und Duce Benito Mussolini am Brenner, um ihre Politik gegenüber Frankreich und Spanien zu besprechen.

mehr erheben wird.« Zwei Monate später äußerte er selbst bereits Zweifel daran, dass dieser Krieg noch gewonnen werden könnte.

Seine Fehleinschätzung rächte sich jetzt doppelt: Mochte die Rote Armee auch in manchem rückständig sein, ihre zahlenmäßige Überlegenheit ließ sich nicht brechen. Und sie war für den Winterkrieg, zu dem die Verzögerung des Angriffs nun führte, weit besser gerüstet. Hinzu kam die selbstherrliche Art Hitlers, mit der er die Bundesgenossen bei der Planung und Inszenierung seines »Krieges zweier Weltanschauungen« übergangen hatte. Italien wurde ebenso vor vollendete Tatsachen gestellt wie Ungarn oder Rumänien. Vor allem Japan wurde völlig überrascht, das daher nun keinen Grund sah, den eigenen Nichtangriffsvertrag mit Moskau zu brechen, bereitete sich Tokio doch auf einen Waffengang gegen die USA vor. Stalin konnte daher sibirische Eliteeinheiten an die Westfront verlegen und der Wehrmacht vor Moskau die ersten schweren Niederlagen beibringen. Die frierenden deutschen Landser durften zudem nicht mit der Hilfe der ohnedies bettelarmen Unterworfenen rechnen, die von den Besatzungsbehörden terrorisiert und als »Untermenschen« stigmatisiert wurden. Aus den zunächst vielerorts als Befreier begrüßten Deutschen waren in wenigen Monaten verhasste Eindringlinge geworden, gegen die eine Partisanenarmee heranwuchs.

Zwar konnte Hitler, der sich in dieser Krisenzeit auch zum Oberbefehlshaber des Heeres und damit den Ostkrieg zu sei-

Antijüdische Kampagnen waren ein Hauptbestandteil der NS-Propaganda. Hier ein Titelblatt der Zeitung »Der Stürmer«, das von Flammen umgebene polnische Juden zeigt.

Auf Hitlers Initiative schlossen das Deutsche Reich, Japan und Italien am 27. September 1940 den auf zehn Jahre befristeten Dreimächtepakt zur militärischen Zusammenarbeit. Das Foto zeigt den japanischen Botschafter Sakuro Kurosu (links), Hitler (Mitte) und den italienischen Außenminister Galeazzo Ciano nach der Vertragsunterzeichnung in Berlin.

nem höchstpersönlichen Feldzug machte, die Lage noch einmal stabilisieren und im Folgejahr einen neuen Anlauf nehmen. Der Schwung aber war gebrochen, der Gegner hatte seine bittere Lektion gelernt, die neuen deutschen Offensiven wurden immer teurer mit hunderttausenden von Verlusten erkauft.

Seltene Aufnahme der NS-Reichstagsfraktion aus dem Jahr 1930. Die Wahlen in diesem Jahr bedeuteten einen entscheidenden Schritt für Hitler auf dem Weg zur Machtergreifung.

## KRIEGSERKLÄRUNG AN DIE USA

Nun machten sich zunehmend auch die Folgen eines weiteren, bis heute unerklärlichen Fehlers bemerkbar. Ausgerechnet in der Winterkatastrophe hatte Hitler im Gefolge des japanischen Überfalls auf die US-Pazifikflotte in Pearl Harbor den USA den Krieg erklärt, ohne dass dazu die geringste Notwendigkeit bestanden hätte. Bei Stillhalten Berlins wäre es Washington äußerst schwer geworden, sich auf dem europäischen Kriegsschauplatz zu engagieren. Nun lud sie Hitler persönlich dazu ein, und US-Präsident Roosevelt ließ sich nicht dreimal bitten

Es hatte beinahe den Anschein, als ob Hitler nun, da der Sieg nicht mehr zu haben war, zynisch die Niederlage in Kauf nahm und nur noch Zeit gewinnen wollte für seine zweite Wahnidee: »Vernichtung des Judentums in Europa«. Die (mündlichen) Befehle zur Ermordung aller Juden ergingen in dieser Zeit.

*Ruinen des Führerbunkers, in dem sich Adolf Hitler und Eva Braun versteckt hielten*

### »HALTEN UM JEDEN PREIS!«

Der sich überall versteifende Widerstand im Laufe des Jahres 1942 war nicht zuletzt auf den immer reißender strömenden Materialfluss aus der auf Touren kommenden amerikanischen Rüstungsindustrie zurückzuführen. Die nochmals beachtlichen deutschen Erfolge im Kaukasus, an der Wolga, in Nordafrika und in der Atlantikschlacht, trugen bereits unübersehbar das Signum von Pyrrhussiegen. Völlig überdehnt waren die deutschen Kräfte, die nun schwanden, während die der gegnerischen Koalition zusehends wuchsen.

Und so kam es, dass es spätestens von der Jahreswende 1942/43 an fast nur noch rückwärts ging, und zwar in immer schnelleren Schritten. Symbolnamen dafür sind Stalingrad, wo sich das Schicksal der 6. deutschen Armee erfüllte, und El Alamein, wo auch einem Rommel nur noch der mehr oder weniger geordnete Rückzug blieb.

Zu den Katastrophen trug in entscheidender Weise auch die Tatsache bei, dass Hitler nur noch ein einziges Rezept zu kennen schien: »Halten um jeden Preis!« Nun, da bewegliche Kampfführung das Schlimmste noch vielleicht für einige Zeit hätte bannen können, opferte der wieder zum Gefreiten des Schützengrabens mutierte Blitzkrieger ganze Armeen seinem starren Defensivkonzept.

### ENDE DES »GRÖSSTEN FELDHERRN ALLER ZEITEN«

Während Deutschlands Städte im alliierten Bombenhagel starben, vergrub sich Hitler in seinen Hauptquartierfestungen. Er fantasierte von vierstrahligen Langstreckenbombern, die Amerika angreifen sollten, dieweil er die tatsächlich sensationelle Erfindung des Düsenjägers Me 262 durch Umrüstung zum Jagdbomber verschenkte. Er hoffte auf seine »Wunder-

waffen«, vor allem die Rakete V-2, die England in die Knie zwingen würden. Er operierte mit nicht mehr vorhandenen Armeen auf längst überholten Lagekarten. Er badete in Blut nach dem 20. Juli 1944, als das Attentat und der Putsch von Offizieren gegen ihn gescheitert war, die dem Verhängnis in letzter Minute in den Arm zu fallen versucht hatten. Er ließ seine »willigen Vollstrecker« bis zu eben dieser letzten Minu-

*Am 29. April 1945 wird das Konzentrationslager Dachau von den Alliierten befreit. Erst am Ende des Krieges wird das ganze Ausmaß von Hitlers Schreckensherrschaft bekannt.*

te in Vernichtungs- und Konzentrationslagern morden. Er setzte in aberwitziger Verkennung der Realitäten auf ein Zerbrechen der »widernatürlichen Koalition« seiner kommunistischen und kapitalistischen Gegner. Dabei hielt doch er selbst sie ganz allein eisern zusammen. Erst nach seinem Selbstmord am 30. April 1945 im Bunker unter der Reichskanzlei und nach der bedingungslosen Kapitulation der Wehrmacht eine Woche später zeigte sich, wie weit sie sich inzwischen auseinandergesiegt hatten.

**Stichworte**

- Hitler → S. 499
- Attentat auf Hitler → S. 420
- »Endlösung« der Judenfrage → S. 170

*Das Bild zeigt das durch den Bombenhagel zerstörte Nürnberg mit Blick auf die Pegnitz.*

# 1941

Zwei Ereignisse prägen das dritte Kriegsjahr: Der deutsche Angriff auf die Sowjetunion, der zunächst militärische Erfolge für die Wehrmacht bringt, und der Überfall der japanischen Armee auf den US-Stützpunkt Pearl Harbor, der die USA zum Kriegseintritt bewegt.

### ■ 5. Januar
Britische Truppen erobern das bislang von italienischen Einheiten besetzte Bardia in Libyen, 40 000 italienische Soldaten geraten dabei in Gefangenschaft (→ S. 106).

### ■ 6. Januar
Der US-amerikanische Präsident Franklin Delano Roosevelt verkündet die »Vier Freiheiten für die Menschheit«. → S. 103

### ■ 9. Januar
Die deutsche Luftwaffe fliegt weiterhin schwere Angriffe auf britische Großstädte, 143 Bomber greifen Manchester und 67 London an.

### ■ 11. Januar
Adolf Hitler ordnet in der »Weisung Nr. 22« an, dass deutsche Truppen im Mittelmeerraum und in Nordafrika zur Unterstützung der italienischen Verbände eingesetzt werden (→ S. 106).

### ■ 19. Januar
Mit der Einnahme des seit dem 4. Juli 1940 von den Italienern besetzten Kassala durch britische Truppen beginnt eine Offensive zur Befreiung Äthiopiens (Abessinien) von italienischer Herrschaft.

In Berchtesgaden vereinbaren Adolf Hitler und Benito Mussolini eine gemeinsame Kriegführung der Achsenmächte im Mittelmeerraum. → S. 103

### ■ 22. Januar
Britische Truppen erobern die nordafrikanische Stadt Tobruk und nehmen rund 25 000 italienische Soldaten gefangen (→ S. 106).

### ■ 4. Februar
Die Schlachtschiffe »Scharnhorst« und »Gneisenau« durchbrechen von der britischen Marine unbemerkt die stark überwachte Dänemarkstraße zwischen Grönland und Island und stoßen zum Handelskrieg in den Atlantik vor. → S. 104

### ■ 6. Februar
Die britische Armee in Nordafrika nimmt Bengasi ein, die Hauptstadt der Cyrenaika (→ S. 106).

### ■ 11. Februar
Die britische Luftwaffe greift mit 189 Bombern Hannover an, bei einem gleichzeitigen Angriff auf Rotterdam setzen die Briten erstmals viermotorige Bomber vom Typ »Short Stirling« ein. → S. 105

*Der britischen Bomber »Short Stirling« haben eine maximale Reichweite von 3100 km und tragen eine Waffenlast von bis zu 6400 kg.*

### ■ 12. Februar
Generalleutnant Erwin Rommel trifft einen Tag nach den ersten Wehrmachtsverbänden in Libyen ein und übernimmt das Kommando der deutschen Truppen in Nordafrika. → S. 106

### ■ 25. Februar
In den Niederlanden, die seit dem 15. Mai 1940 von deutschen Truppen besetzt sind, kommt es zu einem Generalstreik aus Protest gegen die Verfolgung und Deportation dort lebender Juden. → S. 107

### ■ 1. März
Der bulgarische Ministerpräsident Bogdan Dimitrow Filow unterzeichnet in Wien die Beitrittserklärung seines Landes zum Dreimächtepakt. → S. 108

### ■ 2. März
Die 12. deutsche Armee rückt um 6 Uhr von Rumänien aus in Bulgarien ein; die Besetzung erfolgt mit Zustimmung der bulgarischen Regierung. → S. 108

### ■ 4. März
Die britische Armee beginnt mit der Operation »Lustre«, bei der bis zum 24. April. 58 000 britische Soldaten in Griechenland stationiert werden. → S. 109

### ■ 9. März
Die italienische Armee startet eine Offensive an der Front in Albanien. → S. 109

### ■ 11. März
Mit der Unterzeichnung durch US-Präsident Franklin D. Roosevelt tritt der Lend-and-Lease-Act (Leih- und Pachtgesetz) in den USA in Kraft. Er ermächtigt den Präsidenten, Kriegsmaterial an befreundete Staaten zu verleihen oder zu verpachten. → S. 110

### ■ 13. März
Das Oberkommando der Wehrmacht erlässt die »Richtlinien auf Sondergebieten zur Weisung 21«. In ihnen ist u. a. eine Aufteilung der zu besetzenden Gebiete in der UdSSR vorgesehen; die Einsatzgruppen der SS erhalten sog. Sonderaufgaben womit insbesondere Terrorakte gegen die jüdische Bevölkerung der Sowjetunion gemeint sind. → S. 110

### ■ 27. März
Bei einem Staatsstreich in Jugoslawien wird die Regierung des Ministerpräsidenten Dragiša Cvetković gestürzt; an die Stelle des bisherigen Prinzregenten Paul tritt der 17-jährige König Peter II. → S. 109

Nach dem Putsch in Jugoslawien unterzeichnet Adolf Hitler die Weisung Nr. 25 die einen Blitzkrieg gegen Jugoslawien zeitgleich mit dem Angriff auf Griechenland vorsieht (→ S. 112).

In Washington werden Generalstabsbesprechungen der britischen und der US-Armeeführung beendet. Für den Fall eines amerikanischen Kriegseintritts soll zunächst das Deutsche Reich Ziel des Vorgehens sein. → S. 110

### ■ 30. März
Das Deutsche Afrikakorps eröffnet in Nordafrika unter dem Befehl von Generalleutnant Erwin Rommel eine Offensive gegen die Briten, in deren Verlauf die deutschen Truppen bis zum 13. April die gesamte Cyrenaika bis auf die Festung Tobruk einnehmen (→ S. 111).

### ■ 4. April
Einheiten des Deutschen Afrikakorps besetzen die nordlibysche Hafenstadt Bengasi. → S. 111

### ■ 6. April
Deutsche Truppen greifen Jugoslawien und Griechenland an. → S. 112

### ■ 10. April
Im von deutschen und italienischen Truppen eroberten Agram (Zagreb) wird der Unabhängige Staat Kroatien proklamiert, die Staatsführung übernimmt der aus dem Exil zurückgekehrte Führer der faschistischen Ustascha-Bewegung, Ante Pavelić.

### ■ 13. April
Der japanische Außenminister Josuke Matsuoka unterzeichnet in Moskau ein fünfjähriges Neutralitätsabkommen mit der UdSSR. Darin verpflichten sich beide Staaten zu gegenseitiger Unantastbarkeit ihrer Territorien und versichern sich Neutralität. → S. 114

### ■ 16. April
Japanische und US-amerikanische Regierungsvertreter nehmen in Washington geheime Verhandlungen auf, um eine Übereinkunft bezüglich ihrer gegensätzlichen Interessen in Ostasien und im pazifischen Raum zu treffen. → S. 114

### ■ 17. April
Vertreter der jugoslawischen Armeeführung unterzeichnen in Belgrad die Kapitulation der jugoslawischen Streitkräfte; 344 000 Soldaten geraten in deutsche Kriegsgefangenschaft (→ S. 112).

685 deutsche Flugzeuge greifen London an und werfen 890 t Sprengbomben sowie 151 t Brandbomben ab.

*Generalleutnant Erwin Rommel; Oberbefehlshaber des Afrikakorps*

18. Jahrgang / Nr. 46
13. November 1941
Verlag Knorr & Hirth
Kommanditgesellschaft
München

Preis: 20 Pfennig
Italien: 4 Lire / Holland: 20 Cent
Schweiz: 40 Rappen
Frankreich 4.- Fra. / Belgien 2.- Fra.

# Münchner
# Illustrierte Presse

Aufnahme  H. v. Perkhammer

## Das bolschewistische Gesicht

„... Denn dieser Feind besteht nicht aus Soldaten, sondern zum großen Teil nur aus Bestien."

(Aus dem Aufruf des Führers an die Soldaten der Ostfront)

■ **24. April**

Die britische Flotte beginnt mit der Räumung des griechischen Festlandes, über 50 000 britische Soldaten werden bei dieser Aktion nach Kreta und Ägypten übergesetzt. → S. 113

■ **1. Mai**

In Athen wird unter der deutsch-italienischen Besatzungsmacht eine neue Regierung unter General Jeorjios Tsolakoglu gebildet.

■ **8. Mai**

Die britische Luftwaffe fliegt mit 359 Bombern ihre bislang schwersten Angriffe auf Ziele im Deutschen Reich, darunter die Städte Hamburg und Bremen.

■ **10. Mai**

Rudolf Heß, Stellvertreter des Führers und Reichskanzlers Adolf Hitler, fliegt nach Großbritannien. Er will mit britischen Regierungsvertretern eine Übereinkunft bezüglich des deutschen Angriffs auf die UdSSR erzielen. → S. 121

Die deutsche Luftwaffe fliegt mit 507 Flugzeugen, die 711 t Sprengbomben und 2393 Brandschüttkästen abwerfen, den letzten großen Angriff für drei Jahre auf London. → S. 122

■ **13. Mai**

Adolf Hitler sichert in einem Erlass über die Kriegsgerichtsbarkeit während des Angriffs auf die Sowjetunion der Wehrmacht Straffreiheit für brutales und völkerrechtswidriges Vorgehen gegen die sowjetische Zivilbevölkerung zu (→ S. 126).

■ **18. Mai**

Die italienischen Hauptstreitkräfte in Ostafrika kapitulieren nordöstlich von Gondar in Äthiopien (Abessinien) vor den britischen Truppen; damit ist der größte Teil Italienisch-Ostafrikas in britischer Hand.

■ **20. Mai**

Um 7.15 Uhr beginnen deutsche Luftlandeeinheiten mit dem Angriff auf die von Briten und Griechen gehaltene

*Deutsche Soldaten warten auf ihren Abflug nach Kreta.*

Insel Kreta, nach zwölftägigen Kämpfen gibt das Oberkommando der Wehrmacht am 1. Juni die Eroberung Kretas bekannt. → S.123

■ **27. Mai**

Britische Luft- und Seestreitkräfte versenken 400 Seemeilen westlich von Brest das deutsche Schlachtschiff »Bismarck«. → S. 122

■ **3. Juni**

Das finnische Oberkommando erteilt dem deutschen Generalstab die Erlaubnis, Nordfinnland als Aufmarschgebiet für den geplanten Angriff auf die Sowjetunion zu benutzen (→ S. 127).

■ **6. Juni**

Das Oberkommando der Wehrmacht erlässt die »Richtlinien für die Behandlung politischer Kommissare«, in denen vorgeschrieben wird, dass gefangen genommene sowjetische Kommissare der Roten Armee sofort nach der Gefangennahme zu liquidieren sind. → S. 126

■ **10. Juni**

Britische Truppen erobern Assab, den letzten italienischen Hafen am Roten Meer.

■ **14. Juni**

Der US-amerikanische Präsident Franklin Delano Roosevelt erlässt eine Verordnung, die das »Einfrieren« aller deutscher Guthaben in den Vereinigten Staaten vorsieht. Zwei Tage später fordert er den deutschen Geschäftsträger in Washington auf, alle deutschen Konsulate in den USA zu schließen.

■ **17. Juni**

Finnland gibt seinen Austritt aus dem Völkerbund bekannt. Die finnische Armee bereitet sich auf die Teilnahme am Krieg gegen die UdSSR vor.

■ **22. Juni**

Die deutsche Wehrmacht überfällt die UdSSR. → S. 124

Rumänien und Italien erklären der Sowjetunion den Krieg.

■ **23. Juni**

Die Slowakei unterstützt die deutsche Wehrmacht mit eigenen Truppen im Krieg gegen die Sowjetunion (→ S. 124).

■ **25. Juni**

In Litauens Hauptstadt Kowno (Kaunas) beginnen kurz nach der Besetzung durch deutsche Truppen Pogrome, denen 3800 Juden zum Opfer fallen.

■ **26. Juni**

Finnland erklärt der Sowjetunion den Krieg. → S. 127

■ **28. Juni**

Im Mittelabschnitt der Ostfront erobern deutsche Truppen Brest-Litowsk, im Südabschnitt kann Kowel eingenommen werden.

*Schwere Panzer der deutschen Wehrmacht im Vormarsch*

■ **29. Juni**

Das Zentralkomitee der Kommunistischen Partei der UdSSR erklärt in einem Aufruf die Abwehr des deutschen Angriffs zum Großen Vaterländischen Krieg. → S. 127

■ **1. Juli**

In Mittelfinnland beginnen finnische und deutsche Truppen mit einer groß angelegten Offensive (→ S. 127).

■ **2. Juli**

Die deutschen Einsatzgruppen ermorden bei einem Massaker im Lemberg (Lwow) rund 7000 Menschen.

■ **3. Juli**

Der sowjetische Parteichef Josef W. Stalin ruft in seiner Rundfunkrede nach dem deutschen Überfall auf die Sowjetunion die Bevölkerung zum Partisanenkrieg auf. → S. 130

■ **7. Juli**

US-amerikanische Truppen treffen mit Einverständnis der isländischen Regierung auf Island ein, um die dort stationierten britischen Einheiten zu verstärken.

■ **9. Juli**

328 000 sowjetische Soldaten geraten nach Abschluss der Doppelschlacht von Bialystok und Minsk in deutsche Kriegsgefangenschaft. → S. 128

■ **10. Juli**

In Moskau wird der Stab der zentralen Partisanenbewegung gegründet, der den Widerstand in den besetzten Gebieten organisieren soll. → S. 130

■ **12. Juli**

Britische und sowjetische Regierungsvertreter unterzeichnen in Moskau ein Beistandsabkommen, das separate Friedens- und Waffenstillstandsverhandlungen eines Vertragspartners mit dem Deutschen Reich ausschließt.

■ **17. Juli**

Alfred Rosenberg wird von Adolf Hitler zum Reichsminister für die besetzten Ostgebiete ernannt. → S. 132

■ **20. Juli**

Britische Luftwaffeneinheiten greifen Köln und Neapel an. Immer häufiger werden auch italienische Städte Ziel britischer Luftangriffe.

■ **21. Juli**

195 deutsche Bomber fliegen den ersten Luftangriff auf die sowjetische Hauptstadt Moskau. → S. 131

Japanische Armee-Einheiten beginnen mit dem Einmarsch in Indochina. Am 29. Juli kommt es zu einem Abkommen mit der französischen Vichy-Regierung über die Einräumung von Militärstützpunkten für Japan.

■ **24. Juli**

Britische Bomber greifen beim bisher größten Tagesangriff die deutschen Schlachtschiffe »Gneisenau« und »Scharnhorst« in La Pallice an. Die »Scharnhorst« erhält dabei fünf Bombentreffer.

■ **27. Juli**

Britische Seestreitkräfte verstärken mit Hilfe von Geleitzügen die Mittelmeerinsel Malta, so dass die von dort aus operierenden Flugzeuge und U-Boote vor deutschen Angriffen geschützt sind.

■ **30. Juli**

Der sowjetische Parteichef Josef W. Stalin empfängt den Sonderbeauftragten von US-Präsident Franklin D. Roosevelt, Harry Lloyd Hopkins, in Moskau zu Verhandlungen über US-amerikanische Lieferungen von Kriegsmaterial. → S. 131

Die polnische Exilregierung in London und die Regierung der UdSSR schließen ein Abkommen, in dem die Wiederaufnahme der diplomatischen Beziehungen vereinbart wird.

■ **31. Juli**

SS-Gruppenführer Reinhard Heydrich wird von Reichsmarschall Hermann Göring beauftragt, »alle erforderlichen Vorbereitungen für eine Gesamtlösung der Judenfrage im deutschen Einflussgebiet« zu treffen; damit wird die Vernichtung der Juden eingeleitet. → S. 133

Bei einer groß angelegten Mordaktion der Einsatzgruppe D des Sicherheitsdienstes der SS in der Sowjetunion werden in der Stadt Kischinjow innerhalb von 14 Tagen über 12 000 Juden ermordet. → S. 133

■ 1. August
Im Rahmen eines Staatsaktes gibt Hans Frank, Generalgouverneur im von Deutschen besetzten Polen, die Eingliederung Galiziens in das sog. Generalgouvernement bekannt (→ S. 138).

■ 3. August
Der Bischof von Münster, Clemens August Graf von Galen, prangert in seiner Sonntagspredigt in der Münsteraner Lambertikirche die Massentötung von Geisteskranken, wie sie von der nationalsozialistischen Führung angeordnet wurde, als Mord an. → S. 138

■ 4. August
Die US-amerikanische Regierung verfügt die Einstellung des Schiffsverkehrs zwischen Japan und den USA.

■ 5. August
Nach dreiwöchigen Kämpfen beendet die Heeresgruppe Mitte der deutschen Wehrmacht siegreich eine Kesselschlacht bei Smolensk. → S. 134

■ 7. August
Der sowjetische Staatschef Josef W. Stalin ernennt sich selbst zum Oberbefehlshaber der Roten Armee. → S. 134

■ 8. August
Die Heeresgruppe Süd der deutschen Wehrmacht in der UdSSR schließt die Kesselschlacht bei Uman erfolgreich ab; 103 000 sowjetische Soldaten sind während der Kämpfe in deutsche Kriegsgefangenschaft geraten.

Sowjetische Soldaten auf dem Weg ins Lager. In den deutschen Kriegsgefangenenlagern erwarten sie unmenschliche Lebensbedingungen

■ 11. August
In Japan wird die Generalmobilmachung verkündet, da sich der Konflikt mit den USA um das japanische Vorgehen in Indochina und in der Pazifikregion weiter zugespitzt hat.

■ 12. August
Britische Flugzeuge fliegen den bisher schwersten Luftangriff auf Berlin und richten bei einem Tagesangriff auf Köln schwere Verwüstungen an.

■ 14. August
US-Präsident Franklin D. Roosevelt und der britische Premierminister Winston Churchill verkünden die Atlantikcharta. → S. 135

Um ihr Treffen geheim zu halten, treffen sich Roosevelt (rechts) und Churchill auf Schiffen in der Argentia-Bucht vor Neufundland.

Deutsche Wehrmachtseinheiten besetzen das wichtige sowjetische Erzgebiet Kriwoi Rog im Dnjepr-Bogen, das bisher rund 60% der sowjetischen Erzproduktion deckte.

In der Sowjetunion werden Truppenverbände aus polnischen Kriegsgefangenen aufgestellt. → S. 134

Im Konzentrationslager Auschwitz stirbt der polnische Franziskanerpater Maximilian Kolbe. → S. 137

■ 21. August
Adolf Hitler lehnt die Vorschläge der Heeresführung zur raschen Einnahme Moskaus vom 18. August ab und befiehlt verstärkte Angriffe auf die Krim und den Kaukasus (→ S. 134).

■ 23. August
Der französische General Charles de Gaulle bildet in London ein Nationalkomitee, das die Befreiung Frankreichs von der Besetzung anstrebt. → S. 137

■ 24. August
Adolf Hitler befiehlt u. a. wegen zahlreicher Proteste den zeitweiligen Stopp der systematischen Ermordung geistig und psychisch Kranker. → S. 138

■ 25. August
Britische und sowjetische Truppen marschieren in den neutralen Iran ein unter dem Vorwand, einer Besetzung des Landes durch die Achsenmächte vorzubeugen. → S. 134

■ 28. August
Auf ausdrücklichen Befehl Josef W. Stalins, des Oberbefehlshabers der Roten Armee, wird der Staudamm des Dnjepr bei Saporoschje beim Rückzug sowjetischer Einheiten vor den angreifenden deutschen Truppen gesprengt.

Der Oberste Rat der Sowjetunion verfügt die Deportation der gesamten deutschen Bevölkerung des Wolgagebietes nach Sibirien. → S. 134

■ 29. August
Der jugoslawische General Milan Nidic bildet im Auftrag der deutschen Besatzungsbehörden im besetzten Serbien eine Zivilregierung. → S. 138

Die deutsche Einsatzgruppe C an der Front in der Sowjetunion meldet die

Erschießung von rund 14 000 Juden bei Kamenez-Podolski.

■ 1. September
Durch eine Polizeiverordnung wird mit Wirkung vom 19. September der Judenstern eingeführt. → S. 140

Juden müssen gut sichtbar den 6-zackigen Davidstern tragen.

■ 3. September
Im Konzentrationslager Auschwitz finden die ersten Vergasungen von Juden mit Zyklon B statt. → S. 141

■ 5. September
Deutsche Armeeverbände schließen die Besetzung Estlands ab.

■ 6. September
Im deutsch besetzten Wilna (Vilnius) wird ein jüdisches Ghetto eingerichtet.

■ 8. September
Mit der Eroberung Schlüsselburgs (Petrokrepost) durch deutsche Truppen ist Leningrad eingeschlossen. → S. 142

■ 9. September
Britische und kanadische Verbände besetzen Spitzbergen. → S. 145

■ 11. September,
Der US-amerikanische Präsident Franklin Delano Roosevelt erteilt der US-Marine den Befehl, ohne Vorwarnung auf deutsche und italienische Schiffe zu schießen, die sich in Gewässern der US-amerikanischen Sicherheitszone aufhalten. → S. 145

■ 16. September
Wilhelm Keitel, deutscher Generalfeldmarschall, ordnet auf Adolf Hitlers Befehl im sog. Kommunistenerlass an, dass für jeden in den besetzten Gebieten getöteten deutschen Soldaten »50 bis 100 Kommunisten« zu erschießen sind.

■ **19. September**
Die 6. deutsche Armee erobert Kiew.
→ S. 143

■ **27. September**
Adolf Hitler ernennt SS-Obergruppenführer Reinhard Heydrich zum stellvertretenden Reichsprotektor in Böhmen und Mähren. → S. 145

■ **29. September**
In Moskau beginnt ein Treffen sowjetischer, britischer und US-amerikanischer
Regierungsvertreter, in dessen Verlauf
sich die USA verpflichten, Waren im
Wert von über 1 Milliarde US-Dollar an
die UdSSR zu liefern. → S. 144

Nach der Einnahme Kiews durch deutsche Wehrmachtsverbände am 19. September kommt es zu Massenerschießungen von Juden, 33 771 Menschen
werden im Verlauf der Massaker ermordet.

■ **2. Oktober**
Die Heeresgruppe Mitte der deutschen
Wehrmacht eröffnet den Angriff auf
Moskau. → S. 146

■ **14. Oktober**
Der Chef der Ordnungspolizei im
Deutschen Reich, Kurt Daluege, unterzeichnet den ersten Befehl zur Deportation deutscher Juden in die besetzten
osteuropäischen Gebiete. → S. 147

■ **16. Oktober**
Die Regierung der UdSSR und das Diplomatische Korps verlassen das von
den deutschen Wehrmachtseinheiten
belagerte Moskau und siedeln nach Kui-
byschew an der Wolga über. → S. 146

■ **18. Oktober**
Die japanische Polizei verhaftet in
Tokio den dortigen Korrespondenten
der »Frankfurter Zeitung«, Richard
Sorge, der seit rund 20 Jahren für die
Sowjetunion spioniert hat. → S. 147

In Berlin beginnen Massendeportationen von jüdischen Bürgern in Konzen-
trations- und Arbeitslager in den

*Jüdische Familien vor ihrem Abtrans-
port in Konzentrationslager.*

deutsch besetzten Ostgebieten. Im gesamten Reichsgebiet werden in diesen
Tagen alle Juden, deren das Regime
habhaft wird, interniert und in Lager
abtransportiert.

■ **19. Oktober**
Der sowjetische Parteichef Josef W. Sta-
lin lässt über Moskau den Belagerungs-
zustand ausrufen und kündigt in einer
Rede die Verteidigung der Stadt bis zum
Letzten an (→ S. 146).

■ **20. Oktober**
Die Doppelschlacht bei Wjasma und
Brjansk an der Ostfront kann von der
deutschen Armee erfolgreich beendet
werden, 673 000 sowjetische Soldaten
geraten in deutsche Kriegsgefangenschaft.

■ **21. Oktober**
Deutsche Polizeieinheiten erschießen
im ehemaligen jugoslawischen Kragu-
jevac 7000 Geiseln und in Kraljevo 2300
Geiseln als Vergeltung für Partisanenaktivitäten in dieser Region.

■ **23. Oktober**
Auf Anordnung des Reichsführers SS,
Heinrich Himmler, wird den deutschen
Juden verboten, aus dem Deutschen
Reich auszuwandern.

■ **25. Oktober**
Die deutsche Offensive auf Moskau
kommt wegen des schlechten Wetters
fast völlig zum Stehen.

*Regen verwandelt die Straßen in unpas-
sierbare Schlammwüsten.*

■ **27. Oktober**
Die 11. deutsche Armee der Heeresgruppe Süd durchbricht die sowjetischen Stellungen auf der Landenge
von Perekop und erobert in den
folgenden Tagen die Städte Krama-
torsk, Simferopol, Feodossija und
Kertsch.

■ **10. November**
Nach deutschen Angaben wurden bis-
her 3 632 000 Soldaten der Roten
Armee gefangen genommen.

■ **13. November**
Das deutsche U-Boot »U 81« versenkt
den britischen Flugzeugträger »Ark
Royal« bei Gibraltar. → S. 156

■ **14. November**
In der sowjetischen Stadt Simferopol
werden 11 000 Juden vom Sicherheitsdienst der SS ermordet.

■ **15. November**
Mit dem ersten Frost an der Ostfront
setzen deutsche Truppen den Angriff
auf Moskau fort (→ S. 146).

In Mexiko erscheint die erste Ausgabe
der Zeitschrift »Freies Deutschland«,
an der zahlreiche deutsche Exil-Litera-
ten mitarbeiten. → S. 148

■ **16. November**
Durch die Eroberung der sowjeti-
schen Stadt Kertsch hält die deutsche
Armee die gesamte Krimhalbinsel mit
Ausnahme der Festung Sewastopol
besetzt.

■ **18. November**
Die britische 8. Armee in Nordafrika
unter General Alan Cunningham eröffnet eine Offensive (→ S. 159).

■ **20. November**
Japan überreicht den USA das letzte
Verhandlungsangebot zur Bereinigung
der Spannungen im pazifischen Raum.
→ S. 148

■ **22. November**
Der deutsche Hilfskreuzer »Schiff 16
Atlantis« wird im Südatlantik von dem
britischen Schweren Kreuzer »Devonshire« überrascht; die Mannschaft versenkt ihr Schiff selbst. → S. 156

■ **24. November**
In Theresienstadt (Terezín) wird ein
Konzentrationslager errichtet. → S. 149

Britische Truppen landen für wenige
Stunden an der Küste der Normandie
und greifen deutsche Stellungen an.
→ S. 148

■ **28. November**
Deutsche Truppen erobern die von
Josip Tito proklamierte Volksrepublik
Užiće auf dem Gebiet des ehemaligen
Jugoslawien; Titos Partisanen ziehen
sich in die Berge zurück. → S. 156

Die letzten italienischen Streitkräfte
in Ostafrika kapitulieren bei Gondar vor der britischen Übermacht,
23 000 Italiener geraten in Kriegsgefangenschaft.

■ **29. November**
Streitkräfte der Roten Armee erobern
das im November von deutschen Truppen eingenommene Rostow zurück.

■ **2. Dezember**
Verbände der deutschen Wehrmacht
dringen in die Vororte von Moskau ein,
werden am weiteren Vordringen jedoch von starken Verteidigungskräften
gehindert.

■ **5. Dezember**
An der »Kalininfront« eröffnet die Rote
Armee eine Offensive gegen die deut-
schen Truppen in der UdSSR, deren
Vormarsch nach dem Wintereinbruch
ins Stocken geraten ist. → S. 158

■ **7. Dezember**
Mit dem japanischen Angriff auf den
US-amerikanischen Flottenstützpunkt
Pearl Harbor auf Hawaii eröffnet Japan
den Krieg gegen die USA und ihre Ver-
bündeten. → S. 160

*Das Wrack der »Arizona« nach dem ja-
panischen Angriff*

■ **8. Dezember**
Japan erklärt den Vereinigten Staaten,
Großbritannien, Kanada und Australien den Krieg. Die USA greifen nun
aktiv in den Krieg ein. → S. 162

Die USA erklären Japan nach Abstimmungen in beiden Parlaments-
kammern den Krieg. → S. 163

■ **11. Dezember**
Vor dem Deutschen Reichstag in der
Berliner Kroll-Oper verkündet Adolf
Hitler die deutsche Kriegserklärung an
die USA. → S. 162

■ **16. Dezember**
Adolf Hitler fordert die deutschen
Truppen an der Ostfront zu »fanati-
schem Widerstand« auf und verbietet
jedes Zurückweichen (→ S. 158).

■ **19. Dezember**
Adolf Hitler entlässt Generalfeldmarschall Walter von Brauchitsch, den
Oberbefehlshaber des Heeres, und übernimmt selbst den Oberbefehl. → S. 158

# DIE WOCHE

BERLIN, 17. DEZEMBER 1941
HEFT 51 · PREIS 40 PFENNIG

## Japan kämpft

Zehn Tage nach dem japanischen Angriff auf den US-Stützpunkt Pearl Harbor auf Hawaii bildet die deutsche Zeitschrift »Die Woche« einen

# Dönitz will 40 U-Boote pro Monat

Die deutsche Reichsregierung gibt den Bau von insgesamt 40 Unterseebooten des Typs VII C bei mehreren deutschen Werften in Auftrag.

Die deutsche U-Boot-Flotte, die ähnlich wie die gesamte Marine bei Ausbruch des Krieges nach Einschätzung des zuständigen Großadmirals Karl Dönitz nicht ausreichend gerüstet war, hat in den ersten beiden Kriegsjahren trotz spektakulärer Erfolge insgesamt 31 ihrer Boote verloren (→ S. 104).

Von den besetzten französischen Atlantikhäfen aus konzentrieren sich die Angriffe der deutschen U-Boote hauptsächlich auf Transport- und Handelsschiffe, die Großbritannien mit lebenswichtigen Gütern und Rüstungsmaterial versorgen. Dönitz fordert seit Kriegsbeginn einen massiven Ausbau der

U-Boot-Flotte, um die Britischen Inseln möglichst vollständig von Überseelieferungen abzuschneiden.

Dönitz kann sich mit seinen Vorstellungen bei Hitler jedoch in keiner Weise durchsetzen.

*Im Rahmen des zügigen Ausbaus der U-Boot-Flotte werden in den deutschen Werften insgesamt 40 U-Boote gebaut; im Bild zwei U-Boote des Typs VII C in der Fertigungshalle einer norddeutschen Werft; das linke Boot ist im Bau, während das rechte voll verkleidet und fast fertig zum Stapellauf ist.*

HINTERGRUND

## Milliarden für die Rüstung

Die deutsche Rüstungsindustrie konzentriert sich auf die Flugzeug- und Panzerherstellung sowie auf die Produktion von Munition und Gerät für den Luftkrieg gegen Großbritannien und die geplanten Feldzüge u. a. gegen die UdSSR.

Die Rüstungsindustrie produziert in diesem Jahr 11 030 Flugzeuge, mehr als 3200 Panzer und 62 400 Lkw; außerdem werden rd. 85 000 Maschinengewehre, 1,6 Mio. Karabiner und Gewehre sowie 24,5 Mio. Handgranaten hergestellt. Bei einem Volkseinkommen von 97,8 Mrd. Reichsmark (RM) betragen die Ausgaben für Waffen und militärisches Gerät insgesamt 14,9 Mrd. Reichsmark.

# Neue Flugzeuge verschärfen den Luftkrieg

In Großbritannien startet das Flugzeug »Lancaster« der Firma Avro zu seinem Erstflug. Die viermotorige Maschine wird zu einem der wichtigsten Bombenflugzeuge der britischen Luftwaffe.

Sie erreicht eine Höchstgeschwindigkeit von 462 km/h, hat eine Reichweite von 1600 km und eine Bombenzuladung von 5900 kg. Mit »Lancaster«-Maschinen, von denen

in Kanada und Großbritannien insgesamt 7366 gebaut werden, fliegt die Royal Air Force im Verlauf des Zweiten Weltkrieges u.a. den Angriff auf die Möhnetalsperre im Mai 1943 (→ S. 291).

Im Februar des Jahres 1941 kommt mit der viermotorigen »Short Stirling« eine weitere Neuentwicklung auf britischer Seite zum Einsatz. Dieses Flugzeug erreicht eine Höchst-

geschwindigkeit von 418 km/h, hat eine Reichweite von 3100 km und kann eine Waffenlast von bis zu 6400 kg tragen.

Britische und deutsche Flugzeughersteller begannen schon vor dem Ausbruch des Krieges mit intensiven Forschungs- und Entwicklungsarbeiten in den Bereichen der Aerodynamik und des Triebwerkbaus. Nur mit schnellen, wendigen Flugzeugen,

die über eine große Reichweite und große Bombenzuladung verfügen, ist ein Krieg in der Luft zu gewinnen. So erwiesen sich die im Polen- und im Frankreichfeldzug auf deutscher Seite erfolgreich eingesetzten Sturzkampfbomber (Stuka) vom Typ Ju 87 im Krieg gegen Großbritannien wegen ihrer Schwerfälligkeit als unbrauchbar und wurden durch Do 17, He 111 und Ju 88 ersetzt.

*Das viermotorige Bombenflugzeug »Lancaster« der britischen Flugzeugfirma Avro gehört zu den wirkungsvollsten Waffen der Royal Air Force.*

*He 111 auf einem Propagandabild der deutschen Luftwaffe; die Maschine gehört zu den häufig eingesetzten Bombern im Krieg gegen Großbritannien.*

## Zivilbevölkerung leidet im Luftkrieg

Die deutsche Luftwaffe fliegt in zwei aufeinander folgenden Nächten schwere Angriffe auf die britische Hauptstadt London.

Die Piloten werfen 299 t Sprengbomben und 1421 Brandschüttkästen ab; einen Tag später bombardieren britische Bomberstaffeln Ziele im Süden des Deutschen Reiches. Der seit August 1940 tobende Luftkrieg zwischen dem Deutschen Reich und Großbritannien trifft vor allem die Zivilbevölkerung.

*Nach dem Angriff der deutschen Luftwaffe auf London sind viele Häuser beschädigt.*

## Parallelkrieg wird endgültig beendet

Adolf Hitler empfängt in Berchtesgaden den italienischen Duce Benito Mussolini.

Sie vereinbaren eine neue Kriegsstrategie. Bisher hatte sich Hitler auf die nördlich der Alpen gelegenen Gebiete, Mussolini auf die südlichen beschränkt. Jetzt wird eine Zusammenarbeit in Nordafrika und auf dem Balkan beschlossen. Hintergrund sind die Misserfolge Italiens u.a. in Griechenland (→ S. 85, 109), die den seit geraumer Zeit geplanten deutschen Angriff auf die UdSSR gefährden.

*Gefangene Italiener werden von Briten durch die Ruinen Tobruks geführt.*

## »Vier Freiheiten der Menschheit«

US-Präsident Franklin D. Roosevelt formuliert die »vier Freiheiten«. Er ist entschlossen, gegen den Faschismus zu kämpfen (Auszüge):

»Die erste Freiheit ist die Freiheit der Rede und der Meinungsäußerung... Die zweite Freiheit ist die Freiheit eines jeden, Gott auf seine Weise zu dienen... Die dritte Freiheit ist Freiheit von Not, ... wirtschaftliche Verständigung, die für jede Nation ein gesundes, friedliches Leben gewährleistet... Die vierte Freiheit ist Freiheit von Furcht... vor Angriffen.«

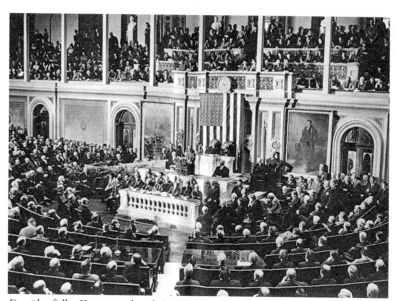

*Das überfüllte Kongressgebäude in Washington, in dem Präsident Roosevelt eine eindringliche Rede gegen Faschismus und Unterdrückung hält*

## Fraueneinheiten entlasten Armeen

Die britische Zeitung »Daily Telegraph« berichtet über den Auxiliary Transport Service (A.T.S.), eine freiwillige Transporttruppe des britischen Kriegsministeriums.

Im A.T.S. sind fast nur Frauen tätig. Auch in anderen Ländern Europas werden Frauen im Dienst der Armeen eingesetzt; so werden z.B. in Finnland und im Deutschen Reich Frauen (sog. Blitzmädchen; → S. 57) als Nachrichtenhelferinnen ausgebildet. Viele Frauen des A.T.S. transportieren täglich Lebensmittel, Ausrüstungsgegenstände und Munition mit 30-t-Lkw zu britischen Armee-Einheiten. Sie unterstützen damit wichtige Verteidigungsmaßnahmen, da durch sie mehr männliche Soldaten in kämpfenden Einheiten eingesetzt werden können; vom Kampfeinsatz sind Frauen ausgeschlossen. Einzige Bedingung zur Aufnahme in den A.T.S. ist der Nachweis zweijähriger Fahrpraxis.

## Streit in den USA um Rüstungshilfe

Im US-Kongress in Washington wird eine Gesetzesvorlage von Präsident Franklin Delano Roosevelt eingebracht, der am 3. November 1940 nach 1932 und 1936 zum dritten Mal Staatsoberhaupt wurde.

Gemäß seinem »internationalistischen« Standpunkt fordert er eine stärkere Unterstützung Großbritanniens und anderer mit dem Deutschen Reich im Krieg befindlicher Staaten. Vorgesehen ist, Staaten, deren Verteidigung im Interesse der USA liegt, nicht mehr gegen sofortige Bezahlung mit Rüstungsgütern zu beliefern, sondern diese auch leihweise bereitzustellen. Die Vorlage des sog. Lend-and-Lease-Act (Leih- und Pachtgesetz) stößt bei den Befürwortern einer strikten Neutralität der USA auf Widerspruch. Sie befürchten, dass die Vereinigten Staaten in einen Krieg hineingezogen werden, obwohl ihr Territorium nicht ernsthaft gefährdet ist. Trotz breiter Ablehnung in der Bevölkerung tritt das Leih- und Pachtgesetz am 11. März in Kraft.

4. FEBRUAR

# Deutsche Erfolge im Atlantikkrieg

**Die deutschen Schlachtschiffe »Scharnhorst« und »Gneisenau« durchbrechen unbemerkt von der britischen Marine die stark überwachte Dänemarkstraße und stoßen in den Nordatlantik vor.**

Auftrag der beiden Schiffe ist es, im Handelskrieg gegen Großbritannien Transport- und Versorgungsschiffe mit Frachtgut für die Britischen Inseln anzugreifen (→ S. 102). Am 22. Februar versenken die beiden Schiffe rund 500 Seemeilen südlich von Neufundland fünf Handelsschiffe eines Konvois mit insgesamt 25 784 Bruttoregistertonnen (BRT).

Die deutsche Marine führt aufgrund der großen britischen Überlegenheit zur See einen Krieg, der sich in der Hauptsache gegen die überseeischen Handelsverbindungen Großbritanniens richtet, das in hohem Maße von Importen abhängig ist. Der Oberbefehlshaber der deutschen Marine, Erich Raeder, gibt als Ziel aller Marineoperationen an: »Die Störung der Seeverbindungen [Großbritanniens] durch Versenkung von möglichst viel gegnerischer Handelsschiffstonnage, wodurch eine Knappheit vor allem an Kriegsmaterial und an Zufuhr für die Rüstungsindustrie erreicht werden soll.« Direkte Auseinandersetzungen mit gegnerischen Kriegsschiffen sind laut Anweisung der Seekriegsleitung möglichst zu vermeiden.

Großbritannien begann als Gegenmaßnahme, im September 1939 seine Handelsschiffe in Konvois zusammenzustellen, die von Kriegsschiffen durch die gefährdeten Zonen geleitet werden. Trotz der Geleitzüge bringt die deutsche Marine der britischen Handelsflotte große Verluste bei (→ S. 217, 273); deutsche U-Boote versenken im Februar 1941 Handelsschiffe mit einer Gesamttonnage von 207 649 BRT. Neben den U-Booten werden sog. Hilfskreuzer eingesetzt; diese werden gegen zivile Transportschiffe eingesetzt.

*Deutscher Sturzkampfbomber vom Typ Ju 87 greift britisches Handelsschiff über dem Ärmelkanal an.*

6. FEBRUAR

# Deutsche Bomben auf Industrie

In der »Weisung Nr. 23« ordnet Führer und Reichskanzler Adolf Hitler an, die Luft- und Seekriegsführung gegen Großbritannien auf die Zerstörung von Schiffen, Hafenanlagen und Betrieben der Luftrüstung zu verlagern.

Die monatelangen deutschen Angriffe auf britische Großstädte, insbesondere London, mit denen die Bevölkerung demoralisiert werden sollte, werden dadurch beendet. Deutsche Bomber greifen mehr als zuvor Industrie- und Hafenstädte wie Birmingham, Manchester, Liverpool, Bristol, Plymouth, Glasgow und Swansea an. Über diese Häfen wird der größte Teil der lebens- und kriegswichtigen Importe für Großbritannien aus den Vereinigten Staaten und anderen Überseeländern abgewickelt. Trotz der Verlagerung der deutschen

### Luftangriffe Januar – Februar

| Datum | Ziel | Zahl der Flugzeuge | Abgeworfene Bomben |
|---|---|---|---|
| 3.1. | Cardiff | 111 | 115 t |
| 4.1. | Bristol | 178 | 154 t |
| 4.1. | Avonmouth | 103 | 82 t |
| 9.1. | Manchester | 143 | 111 t |
| 9.1. | London | 67 | |
| 11.1. | London | | |
| 12.1. | London | 278 | 299 t |
| 16.1. | Avonmouth | 126 | 124 t |
| 19.2. | Swansea | | |
| 21.2. | Swansea | 125 | 112 t |

Luftangriffe auf Industrieanlagen und Transporteinrichtungen kommen im Februar 793 britische Zivilisten bei deutschen Luftangriffen ums Leben, 1068 Menschen werden verletzt; im Januar 1941 waren es 1550 Tote und 2021 Verletzte.

Dass die Deutschen die angestrebte Luftüberlegenheit über den Britischen Inseln nicht erkämpfen konnten, ist u. a. auf den Einsatz eines Radarsystems zurückzuführen, dessen Antennen an der britischen Ost- und Südküste stehen. Angreifende Flugzeuge können damit schon über dem Festland entdeckt und über dem Kanal abgefangen werden.

11. FEBRUAR

## Briten offensiver bei Luftangriffen

Die britische Luftwaffe fliegt mit 189 Bombern einen Angriff auf Hannover. Zwei Nächte später sind die Bremer Focke-Wulf-Flugzeugwerke Ziel der britischen Bomberstaffeln, am 21. Februar folgt Wilhelmshaven.

Der britische Luftkrieg konzentrierte sich bislang angesichts der massiven deutschen Luftangriffe seit dem sog. Adlertag am 13. August 1940 (→ S. 77) auf die Verteidigung. Als zu Beginn des Jahres die deutschen Vorbereitungen für den Angriff auf die UdSSR (→ S. 124) vorrangig werden, ergreifen die Briten die Gelegenheit zur Offensive.

---

## HINTERGRUND

## Nächte voll Angst in Bunkern

Vom Luftkrieg zwischen dem Deutschen Reich und Großbritannien ist die Bevölkerung britischer Großstädte bislang stärker betroffen als die Bewohner deutscher Städte.

Insbesondere die Menschen in der britischen Hauptstadt London, die seit September 1940 zahlreiche Bombennächte erlebt haben, sind gezwungen, ganze Nächte in Luftschutzbunkern und U-Bahn-Schächten zu verbringen.

Rund um die Städte sind Flugabwehrkanonen (Flak) stationiert. Das speziell ausgebildete Personal der Flakbatterien leuchtet bei Luftalarm den Himmel mit Scheinwerfern ab, um die angreifenden Flugzeuge möglichst abzuschießen, ehe sie ihre Bombenlast über den Städten abwerfen können. Die angreifenden Bomberstaffeln schaffen es jedoch immer wieder, ganze Wohnviertel und Industriegebiete, aber auch historische Gebäude in Schutt und Asche zu legen. Auch deutsche Städte sind von nächtlichen Luftangriffen betroffen, doch schweigen die nationalsozialistischen Machthaber über das Ausmaß der Zerstörungen und die Zahl der Opfer aus Angst, die deutsche Bevölkerung könne eine Vorstellung von der britischen Kampfkraft bekommen.

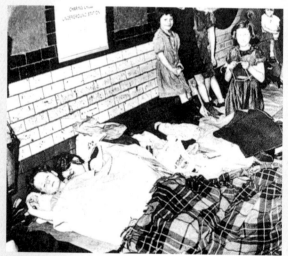
Kinder suchen in einer Londoner U-Bahn-Station Schutz.

Zeitvertreib im Luftschutzraum während des Angriffs

Die Flak schützt Industrieanlagen.

Deutsche Flakhelfer im Einsatz

Übungen deutscher Flakbatterie

## 12. FEBRUAR

# Rommel trifft in Afrika ein

Der Kommandant der deutschen Truppen in Nordafrika (ab 18. Februar offiziell Deutsches Afrikakorps), Generalleutnant Erwin Rommel, trifft einen Tag nach den ersten Truppen in Libyen ein.

Am 6. Februar war Rommel von Adolf Hitler und dem Oberbefehlshaber des deutschen Heeres, Generalfeldmarschall Walter von Brauchitsch, eingewiesen worden.

Das Afrikakorps soll die italienischen Streitkräfte von General Italo Gariboldi in Libyen unterstützen. Rommel setzt daher seine Verbände sofort Richtung Sirte in Marsch und am 24. Februar kommt es westlich der Stadt El Agheila, die am 9. Februar in britische Hände gefallen war, zu ersten Gefechten (→ S. 111).

### Afrika: britisch-italienischer Krieg

**19.8.1940:** Italienische Streitkräfte erobern Britisch-Somaliland und die französische Kolonie Dschibuti. Die britischen Verbände werden zum Rückzug gezwungen.

**16.9.1940:** Die 10. italienische Armee nimmt die ägyptische Wüstenstadt Sidi Barrani ein. Am 19. September stoppt der Vormarsch wegen Nachschubschwierigkeiten und fortdauernden britischen Angriffen.

**11.12.1940:** Die Briten erobern Sidi Barrani im Zuge einer groß angelegten Gegenoffensive zurück.

**17.12.1940:** Der italienische Stützpunkt Sollum wird von britischen Truppen eingenommen.

Innerhalb von zwei Monaten haben die Briten, die jetzt die gesamte Cyrenaika beherrschen, eine 800 km lange Strecke zurückgelegt, die Festung Tobruk sowie Darna und Bengasi erobert und rund 140 000 italienische Soldaten gefangen genommen. Der britische Premierminister Winston Churchill gratuliert dem Oberbefehlshaber der britischen Armee in Afrika, General Archibald Percival Wavell, zu diesem »bewundernswerten Sieg«.

Panzer der deutschen Wehrmacht werden in Tripolis, der wichtigsten Hafenstadt in Libyen, ausgeladen.

Erwin Rommel (M.) schreitet mit General Italo Gariboldi (l.) Truppeneinheiten des Deutschen Afrikakorps in Libyen ab.

Nach Besetzung der ostlibyschen Hafenstadt Tobruk transportieren Einheiten der britischen Armee eine Flak zum Zielort.

# Kriegsschauplatz Nordafrika

Der italienische Ministerpräsident und Duce Benito Mussolini versucht sich mit dem Einsatz seiner Truppen in Nordafrika den lange gehegten Wunsch nach einem autonomen italienischen Machtbereich zu erfüllen (→ S. 64, 85). An allen Fronten mussten sich die Italiener jedoch auf Rückzugsgefechte beschränken. Nachdem der britische Vormarsch nicht zu stoppen war, bat Mussolini am 19. Dezember Hitler um Waffenhilfe.

*Am 11. 12. 1940 mussten mehr als 35 000 Italiener in brit. Gefangenschaft.*

## 22. FEBRUAR

# 85 g Brot pro Tag

Die deutschen Besatzungsbehörden in Warschau ordnen an, dass jeder Pole, der außerhalb des Ghettos einem Juden Lebensmittel verkauft, mit drei Monaten harten Zwangsarbeit bestraft wird.

In dem 1940 errichteten Ghetto leben 400 000 Juden auf engstem Raum. Ihre Brotrationen sind von den deutschen Behörden auf 85 g Brot pro Tag festgesetzt worden.

*Brückenübergänge verbinden einzelne Viertel des weitläufigen Ghettos.*

*Soziale Gegensätze gibt es auch im Warschauer Ghetto.*     *Jüdisches Begräbnis*     *Hungernder Junge wird zum Dieb.*

*Hinweisschild, das den jüdischen Mitbürgern nur »beschränkte Bewegungsfreiheit« zubilligt, aufgestellt in einem Park südöstlich von Amsterdam*

## 19. FEBRUAR

# Aktion »T4« gegen Kranke

Eine Ärztekommission beginnt in der Heil- und Pflegeanstalt Bethel bei Bielefeld mit der Selektion von psychisch Kranken, die im Rahmen der »Euthanasie«-Aktion ermordet werden sollen. Anstaltsleiter Pastor Friedrich von Bodelschwingh weigert sich, an der Aussonderung teilzunehmen (→ S. 71).

Im gesamten Deutschen Reich werden in Heilanstalten lebende psychisch Kranke, Alkoholiker, Epileptiker, sog. Ballastexistenzen, von einer der Reichskanzlei unterstellten Dienststelle erfasst und je nach Schwere ihrer Krankheit in eine »Euthanasie-Anstalt« überführt (→ S. 21). Im Januar war bei Limburg an der Lahn die Anstalt Hadamar eröffnet worden. Hier und an fünf weiteren Orten werden die Kranken, die mit Spezialtransporten aus den Heilanstalten abgeholt werden, in eigens errichteten Gaskammern mit Kohlenmonoxid vergiftet und anschließend in anstaltseigenen Krematorien verbrannt. Allein in der »Euthanasie-Anstalt« Hadamar werden 1941 über 10 000 Menschen ermordet. Diese »Aktion T4« genannte Vernichtungsaktion wird geheim gehalten, da die Nationalsozialisten Proteste befürchten.

## 25. FEBRUAR

# Streik gegen Terror

In der niederländischen Hauptstadt Amsterdam kommt das öffentliche Leben infolge eines Streiks zum Erliegen, zu dem die Kommunistische Partei nach Terrorakten deutscher Besatzungskräfte gegen die jüdische Bevölkerung aufgerufen hat.

Am 22. und 23. Februar hatten deutsche Sicherheitskräfte das Amsterdamer Judenviertel unter dem Vorwand gestürmt, die Urheber eines Überfalls auf eine Polizeipatrouille festnehmen zu wollen. Dabei verhafteten sie rund 400 Juden und brachten sie in Konzentrationslager.

Die niederländische Öffentlichkeit reagiert empört auf den deutschen Terror. Der Streik in Amsterdamer Unternehmen, öffentlichen Versorgungsbetrieben und der Verwaltung dauert zwei Tage und wird von den deutschen Besatzungskräften mit brutaler Gewalt beantwortet. Bei Auseinandersetzungen zwischen Sicherheitskräften und Streikenden wird ein Niederländer getötet, mehrere verletzt und einige hundert verhaftet. Eine Niederländerin schreibt über den Streik in ihr Tagebuch: »Die Holländer haben plötzlich gezeigt, dass sie sich nicht alles gefallen lassen, dass sie für ihre Landsleute einstehen, welcher Rasse sie immer angehören.« Die deutschen Behörden stoßen in den seit Mai 1940 besetzten Niederlanden immer häufiger auf den Widerstand der Bevölkerung, die sich für Juden engagiert einsetzt.

2. MÄRZ

# Aufmarsch in Bulgarien

**Einheiten der deutschen Wehrmacht überschreiten an drei Stellen gleichzeitig die Grenze zwischen Rumänien und Bulgarien.**

Der Einmarsch wird möglich, weil der bulgarische Ministerpräsident, Bogdan Dimitrow Filow, einen Tag zuvor in Wien den Beitritt zum Dreimächtepakt unterzeichnet hat. Hitler ordnet die Stationierung deutscher Einheiten im Inneren Bulgariens an, um den Angriff auf Griechenland vorzubereiten, der am 6. April gleich-

### Deutsche Truppen in Sofia

»Fast in jeder Straße des Stadtzentrums rollten schmutzbedeckte deutsche Militärautos, denen man ansah, dass sie eine lange Fahrt hinter sich hatten. Die neu angekommenen deutschen Soldaten führen in der bulgarischen Hauptstadt ein typisches Touristenleben. Eine große Zahl deutscher Geschwader überflog Sofia und bezog dann auf den verschiedensten Flughäfen Bulgariens Stützpunkte.« (Nachrichtenagentur Reuter, 2.3.1941).

zeitig mit dem Einmarsch in Jugoslawien beginnt (→ S. 112).

Bis zum 25. März ist die Aktion weitgehend abgeschlossen, in deren

Verlauf 14 Divisionen und ein Infanterieregiment der deutschen Wehrmacht in Bulgarien stationiert werden. Hitler hatte in der »Weisung Nr. 20« vom 13. Dezember 1940 vorgesehen, deutsche Streitkräfte »über Bulgarien hinweg zur Besitznahme... des ganzen griechischen Festlandes einzusetzen«.

Der Balkan ist für die strategische Planung der deutschen Führung von besonderem Interesse, nachdem der Versuch gescheitert ist, die »Westfront durch eine Niederwerfung Großbritanniens zu befrieden« (→ S. 78, 81). Für den geplanten Angriff auf die Sowjetunion (→ S. 124) will Hitler wenigstens die südost-europäische Front sichern, wo sich britische Truppen festzusetzen drohen, die Griechenland im Krieg mit Italien unterstützen sollen (→ S.85, 109).

Die Verhandlungen mit der bulgarischen Regierung über eine Stationierung deutscher Truppen gestalteten sich zunächst schwierig, da diese ein Eingreifen der UdSSR befürchtete. Im Rahmen der Konsultationen wurde die bulgarische Seite von den deutschen Verhandlungsführern massiv unter Druck gesetzt bis sie schließlich nachgab.

*Lange Kolonnen von Lastfahrzeugen der deutschen Wehrmacht auf der Fahrt zu ihren neuen Einsatzzielen hinter der rumänisch-bulgarischen Grenze*

1. MÄRZ

# Sofia tritt dem Dreimächtepakt bei

**Der bulgarische Ministerpräsident Bogdan Dimitrow Filow unterzeichnet im Wiener Schloss Belvedere die Beitrittserklärung seiner Regierung zum Dreimächtepakt.**

Dieses Bündnis, das 1940 zwischen Japan, Italien und dem Deutschen Reich geschlossen wurde, umfasst die Zusage gegenseitiger Kriegsunterstützung (→ S. 83). Im November 1940 hatten sich Rumänien, Ungarn und die Slowakei dem Pakt angeschlossen (→ S. 88). Durch den Beitritt Bulgariens kann die deutsche Regierung ihren Einfluss auf dem Balkan entscheidend verstärken.

*Ribbentrop (am Tisch stehend) und B. Dimitrow Filow (M., sitzend)*

# Putsch gefährdet Achsenmächte

**Bei einem Staatsstreich in Jugoslawien wird General Dušan Simović neuer Ministerpräsident.**

In der Nacht hatten 300 Luftwaffensoldaten alle wichtigen Gebäude der jugoslawischen Hauptstadt Belgrad besetzt, die Regierung verhaftet und den bislang amtierenden Prinzregenten Paul aufgefordert, das Land zu verlassen. Der 17-jährige Prinz Peter II. Karadordević, Sohn des früheren Königs Alexander II., wird zum König ausgerufen. Schon im Oktober 1940 hatte die deutsche Botschaft in Belgrad das Auswärtige Amt in Berlin über die Spannungen und Putschpläne in Jugoslawien unterrichtet, die sich gegen die enge Bindung der jugoslawischen Regierung an die Achsenmächte (Italien und Deutsches Reich) richteten und den Serben eine größere politische Mitwirkungsmöglichkeit im Land verschaffen sollte. Die Unruhe in der Bevölkerung kommt zum Ausbruch, als der jugoslawische

*Nach der Zerstörung des deutschen Verkehrsbüros fahren jugoslawische Luftwaffensoldaten durch Belgrad.*

Ministerpräsident Dragiša Cvetković am 25. März in Wien die Beitrittserklärung seines Landes zum Dreimächtepakt unterschreibt. Dieses im September 1940 zwischen Italien, Japan und dem Deutschen Reich geschlossene Bündnis beinhaltet eine enge Zusammenarbeit der Unterzeichnerstaaten, zu denen inzwischen auch Rumänien, Ungarn, die Slowakei und Bulgarien gehören (→ S. 83, 88, 108).

Der Staatsstreich in Jugoslawien kommt für das Ausland überraschend. Während in Großbritannien und Griechenland die Nachricht mit Freude und Erleichterung aufgenommen wird, da in der neuen Regierung ein möglicher Bündnispartner gesehen wird, sind die deutsche und die italienische Regierung bestürzt. Sie hatten geglaubt, ihren Einfluss auf dem Balkan durch Jugoslawiens Beitritt zum Dreimächtepakt gefestigt und sich eine wichtige Ausgangsbasis für den Krieg gegen Griechenland und die Sowjetunion geschaffen zu haben.

Hitler fordert in einer Besprechung in der Reichskanzlei die Wehrmachtsführung auf, gleichzeitig mit dem in Vorbereitung befindlichen Angriff auf Griechenland Jugoslawien militärisch zu zerschlagen.

*Britische Soldaten treffen aus Nordafrika kommend in Griechenland ein.*

# Hilfe für bedrohte Griechen

Die britische Regierung startet die Operation »Lustre«, in deren Verlauf 58 000 britische Soldaten bis Ende April nach Griechenland entsendet werden, um die griechische Armee militärisch zu unterstützen.

Seit dem 8. Februar hatten Vertreter der beiden Regierungen über die Entsendung britischer Truppen verhandelt, die bislang von griechischer

# Balkan-Offensive gescheitert

**Die am 9. März von italienischen Truppen gestartete Offensive in Albanien gegen griechische Armeeverbände gerät ins Stocken und scheitert zwei Tage später.**

Die Offensive begann, um vor dem Eingreifen deutscher Wehrmachtstruppen, deren Unterstützung der italienische Duce Benito Mussolini 1941 bei einem Treffen mit Hitler in Berchtesgaden erbeten hatte, noch einen Erfolg für die italienische Armee auf dem Balkan zu erringen.

Italienische Truppen hatten am 28. Oktober 1940 von Albanien aus Griechenland angegriffen (→ S. 85). Der Vormarsch geriet allerdings nach wenigen Tagen ins Stocken.

*Zwei gefangen genommene italienische Kommandanten einer Gebirgseinheit werden von Soldaten in ein griechisches Militärhauptquartier gebracht.*

Der 65-jährige griechische Premierminister Alexandros Koryzis war im Jahre 1933 vorübergehend Finanzminister für öffentliche Hilfe und Wohlfahrt.

Seite abgelehnt wurde. Unter dem Eindruck des deutschen Einmarsches in Bulgarien am 2. März (→ S. 108) gibt der griechische Ministerpräsident Alexandros Koryzis dem britischen Drängen nach. Den Verbündeten ist die fast aussichtslose strategische Situation klar.

Der britische Premierminister Winston Churchill telegrafiert seinem Außenminister, Anthony Eden, Anfang März nach Kairo: »Ein schneller deutscher Vormarsch wird vermutlich die Engagierung ansehnlicher britischer Truppenkontingente verhindern.«

## Anweisungen für Krieg im Osten

Wilhelm Keitel, Chef des Oberkommandos der Wehrmacht, unterzeichnet die »Richtlinien auf Sondergebieten zur Weisung Nr. 21«.

In der Geheimen Kommandosache werden Anordnungen für den Angriff auf die UdSSR getroffen, den »Fall Barbarossa« (→ S. 124), den Hitler am 18. Dezember 1940 befohlen hatte.

In den Richtlinien heißt es: »Das im Zuge der Operationen zu besetzende russische Gebiet soll, sobald der Ablauf der Kampfhandlungen es erlaubt, nach besonderen Richtlinien in Staaten mit eigenen Regierungen aufgelöst werden.« Die Sowjetunion soll als Staatsgebilde zerschlagen und in Vasallenstaaten aufgeteilt werden, die zur wirtschaftlichen Ausbeutung einer einheitlichen deutschen Wirtschaftsleitung unterstellt werden.

Weiterhin wird festgelegt, dass »der Reichsführer SS zur Vorbereitung der politischen Verwaltung Sonderaufgaben« erhält, womit u.a. der von Hitler zum Kriegsziel erklärte Massenmord an der jüdischen Bevölkerung (→ S. 171) und die Liquidierung politisch Andersdenkender durch sog. Einsatzgruppen der SS gemeint sind (→ S. 133).

*Ein deutscher Schwerer Kreuzer greift ein britisches Schiff im Atlantik an.*

## 22 Schiffe versenkt

**Das Oberkommando der deutschen Wehrmacht schreibt in seinem Bericht zu den Tagesereignissen:**
»Der Flottenchef Admiral [Günther] Lütjens als Führer eines Schlachtschiffverbandes meldet als bisherigen Erfolg einer längeren Unternehmung schwerer Streitkräfte im Nordatlantik die Versenkung von insgesamt 22 bewaffneten Handelsschiffen mit zusammen 116 000 Bruttoregistertonnen.« Bei den Schlachtschiffen handelt es sich um die am 4. Februar (→ S. 104) durch die Dänemarkstraße vorgestoßenen Schiffe »Scharnhorst« und »Gneisenau«.

## Alliierte Strategie: »Germany First«

In der US-Hauptstadt Washington gehen britisch-US-amerikanische Generalstabsbesprechungen zu Ende, bei denen eine gemeinsame Strategie für den Fall des Kriegseintritts der USA entwickelt wurde.

In den geheimen Gesprächen einigten sich die Vertreter beider Staaten auf eine »Germany-first«-Strategie bei dem befürchteten Zwei-Ozeane-Krieg. Die USA sind bereit, ihre Streitkräfte zunächst auf den Krieg gegen das Deutsche Reich und Italien zu konzentrieren, um zu verhindern, dass sich deren Truppen in Europa und Afrika festsetzen; die Armeestäbe gehen davon aus, dass sich Japans Streitkräfte ohne deutsche Unterstützung nicht lange halten können (→ S. 160).

Am gleichen Tag unterzeichnen Großbritanniens Premierminister Winston Churchill und US-Botschafter John Gilbert Winant in London ein Abkommen, mit dem die Briten ihre Marinestützpunkte vor Neufundland, auf den Bermudainseln, in Britisch-Guayana und auf den Westindischen Inseln an die USA abtreten. Von hier sollen künftig Schiffskonvois gesichert werden.

# Verstärkte US-Rüstungshilfe durch Leih- und Pachtgesetz

**US-Präsident Franklin D. Roosevelt unterzeichnet den Lend-and-Lease-Act (Leih- und Pachtgesetz).**
Dadurch wird er ermächtigt, solche Staaten mit Rüstungsmaterial auf Leih- oder Pachtbasis beliefern zu lassen, deren Verteidigung im Interesse der USA liegt. Die bisherige Regelung sah vor, dass Waffen- und Kriegsmateriallieferungen von den Empfängern sofort bezahlt werden mussten (→ S. 26). Insbesondere Großbritannien profitiert von dieser Neuregelung, da seine Dollarreserven in den USA fast erschöpft sind, die britische Armee aber auf Rüstungsgüter aus den USA angewiesen ist. Bis Jahresende liefern die USA Waffen und kriegswichtige Waren im Wert von über einer Milliarde US-Dollar. Der Verabschiedung des Gesetzes war eine heftige öffentliche Debatte zwischen Kriegsgegnern und Kriegsbefürwortern vorausgegangen.

*Britischer Flottenstützpunkt mit US-Zollkuttern*

*Stapellauf eines Frachtschiffes für Großbritannien*

*Erste US-Lebensmittelsendung für die Briten*

## 4. APRIL

# Vormarsch in Afrika

Spähtrupps des Deutschen Afrikakorps dringen in den frühen Morgenstunden in die libysche Stadt Bengasi ein und besetzen sie nach kurzem Gefecht mit australischen Nachhuteinheiten der Briten.

Die britischen Truppen hatten die Stadt vor den anrückenden Truppen von Generalleutnant Erwin Rommel geräumt und sich Richtung Osten zurückgezogen.

Seit dem 24. März hatte das Deutsche Afrikakorps die britischen Besatzungstruppen auf der libyschen Halbinsel Cyrenaika zurückgedrängt und u.a. die Städte und Festungen El

fort und durchquert trotz des gefürchteten Sandsturms Ghibli die 400 km lange Strecke durch die nordafrikanische Halbinsel. Die Truppen erreichen am 7. April El Mechili. Drei Tage später stehen deutsche Einheiten bei Sollum, nahe der ägyptischen Grenze, wo sie ihre Offensive wegen Nachschubmangels schließlich stoppen.

Die Truppen Rommels (»Wüstenfuchs«), dem Hitler in einem Telegramm vom 3. April volle Handlungsfreiheit für die Kriegsführung in Nordafrika einräumt, nehmen bei ihrem Vormarsch Tausende britische Solda-

Deutsche und italienische Soldaten patrouillieren nach der Besetzung der nordlibyschen Hafenstadt Bardia vor den wichtigen Zufahrten zur Stadt. Zu Beginn des Jahres sind Rommels Truppen erfolgreich.

**Deutsche Offensive in Nordafrika**

Agheila, Mersa Brega und Adschdabija eingenommen. So konnte die Vormachtstellung der Briten in der Cyrenaika gebrochen werden (→ S. 106). Der britische General Archibald Percival Wavell weicht einer Schlacht mit den deutschen Truppen aus, da seine eigenen Streitkräfte durch die Entsendung mehrerer tausend Soldaten zur Verteidigung Griechenlands (→ S. 109, 112) nicht mehr über eine ausreichende Kampfkraft verfügen. Die britische Nachrichtenagentur »Exchange« berichtet am 7. April: »Es war die Absicht von General Wavell, eine durch das Gelände begünstigte Verteidigungslinie zu wählen und damit einen gewissen Ausgleich für die zahlenmäßige Schwächung seiner Truppen zu erzielen.« Wavells Truppen ziehen sich in die Festung Tobruk an der östlichen Cyrenaika-Küste zurück.

Das Deutsche Afrikakorps setzt den Vormarsch in den folgenden Tagen

ten und führende Generäle gefangen, scheitern jedoch in diesem Monat mehrfach bei kraftraubenden Angriffen auf die gut befestigte britische Festung Tobruk.

### 50 °C am Tag – 0 °C des Nachts

Das nordafrikanische Klima stellt an die Soldaten, die nicht an derartige klimatische Verhältnisse gewöhnt sind, hohe körperliche Anforderungen. In einer Beschreibung des Generalstabes des Heeres heißt es dazu: »Mittagstemperaturen von 30 °C werden in der Libyschen Wüste auch in den Wintermonaten häufig erreicht. Höchsttemperaturen von 40 bis 50 °C sind keine Seltenheit... In der Wüste sinkt die Temperatur in den Stunden nach Mitternacht bis auf wenige Grade über Null, ja im Winter nicht selten unter den Gefrierpunkt.« Jeder Soldat muss pro Tag bis zu 5 l Wasser trinken, um den Flüssigkeitsverlust auszugleichen.

Neben dem Schiffsweg ist der Weg quer durch die Wüste eine der beiden Möglichkeiten des deutschen Korps, afrikanische Gebiete zu besetzen.

Eine Pause unter der sengenden Sonne Afrikas legt dieses deutsche Bataillon im antiken Tempel auf der nordlibyschen Mittelmeerinsel Apollonia ein. Die harten klimatischen Bedingungen stellen an die Soldaten besonders hohe Anforderungen.

6. APRIL

# Angriff ohne Warnung

**Das Deutsche Reich greift Jugoslawien und Griechenland an. Ohne Vorwarnung marschieren Einheiten der deutschen Wehrmacht von Ungarn, Bulgarien und der Steiermark aus nach Jugoslawien vor.**

Nach dem Beitritt Jugoslawiens zum Dreimächtepakt, einem Militärbündnis des Deutschen Reiches, Italiens und Japans, am 25. März in Wien, war es in Belgrad zu einem Staatsstreich gegen die deutschfreundliche Regierung gekommen (→ S. 109). Adolf Hitler hatte noch am gleichen Tag trotz Loyalitätserklärungen der neuen Regierung angeordnet, »Jugoslawien militärisch und als Staatsgebilde zu zerschlagen«.

Unter dem Kommando von Generalfeldmarschall Wilhelm List, Generaloberst Ewald von Kleist und Generaloberst Maximilian Freiherr von Weichs beginnt um 5.15 Uhr der Angriff auf Jugoslawien mit vier Panzerdivisionen, vier motorisierten Divisionen und sieben Infanteriedivisionen. Der Vormarsch wird unterstützt von Bomberstaffeln, die schwere Angriffe auf die Hauptstadt Belgrad und wichtige Teile des jugoslawischen Verkehrsnetzes fliegen.

Die jugoslawische Armee ist nicht vorbereitet auf den deutschen Vormarsch. Von 17 Infanterie- und drei Kavalleriedivisionen sind nur zwei Drittel kriegsbereit, und die Luftwaffe verfügt nur über 300 einsatzbereite, aber veraltete Flugzeuge. Die Verteidigungskraft der jugoslawischen Armee wird zudem durch die kroatischen Verbände geschwächt, die deutsche Wehrmachteinheiten als Befreier begrüßen und Befehle des eigenen Oberkommandos missachten.

Die überlegenen deutschen Streitkräfte erobern am 10. April Agram (Zagreb) und zwei Tage später die jugoslawische Hauptstadt Belgrad. Am 17. April unterzeichnen Vertreter der jugoslawischen Generalität in Belgrad die Kapitulationsurkunde, nachdem Ministerpräsident Dušan Simović bereits am 14. April von seinem Posten als Oberbefehlshaber der jugoslawischen Armee zurückgetreten und über Montenegro nach Ägypten geflohen ist. Der jugoslawische König Peter II., der durch den Putsch am 27. März an die Macht gekommen war (→ S. 109), geht nach London ins Exil.

334 000 jugoslawische Soldaten geraten in Kriegsgefangenschaft. Mehrere tausend Zivilisten kommen bei den deutschen Luftangriffen ums Leben. Die deutsche Wehrmacht hat 151 Tote, 392 Verwundete und 15 Vermisste zu verzeichnen. Am Morgen des deutschen Angriffs auf Jugoslawien unterzeichnen der jugoslawische Botschafter in Moskau, Hugolín Gavrilović, und der sowjetische Staatschef, Josef W. Stalin, einen Freundschaftspakt beider Länder. Der Vertrag wird aber vordatiert, um dadurch den Eindruck zu vermeiden, die sowjetische Regierung schließe ein Abkommen mit einem Staat, der sich im Kriegszustand mit dem verbündeten Deutschen Reich befindet.

Gleichzeitig mit dem Angriff auf Jugoslawien stoßen deutsche Truppen über die bulgarische Grenze und erobertes jugoslawisches Gebiet zum Feldzug gegen Griechenland vor. Der griechische Ministerpräsident Alexandros Koryzis war wenige Stunden zuvor von Berlin über den Angriff informiert worden; in der Botschaft heißt es: »Seit einigen Wochen kann nun kein Zweifel mehr darüber bestehen, dass England im Begriff ist,... eine neue Front gegen Deutschland in Griechenland zu errichten, um von

*Deutsche Wehrmachtseinheiten kommen nach anfänglichem massivem Widerstand in Nordgriechenland schnell voran in Richtung Ägäisches Meer.*

*Griechische Offiziere überbringen als Unterhändler den deutschen Militärs das Kapitulationsangebot.*

*Unwegsames und stark befestigtes Gelände wirft insbesondere an der thrakischen Front Probleme auf.*

*Gefangene makedonische Soldaten werden drei Tage nach dem Angriff der deutschen Armee abgeführt.*

dort noch einen letzten Versuch zu machen, den Krieg nach Europa hineinzutragen... Die Reichsregierung hat daher nunmehr ihren Truppen den Befehl erteilt, die britischen Streitkräfte vom griechischen Boden zu vertreiben.«

Der Krieg in Griechenland gestaltet sich für die deutschen Truppen erheblich schwieriger als in Jugoslawien. Trotz des Einsatzes schwerer Waffen und massiver Luftangriffe verteidigen griechische Truppen die sog. Metaxas-Linie verbissen. Erst am 9. April ist Saloniki in deutscher Hand, wo 60 000 Mann der ostmakedonischen Streitkräfte vor den Deutschen kapitulieren. Gemeinsam mit italienischen Streitkräften (→ S. 85, 109) stoßen die deutschen Wehrmachtsverbände nach Westmakedonien vor und erzwingen die Kapitulation von 16 griechischen Divisionen am 21. April. Sechs Tage später ist die griechische Hauptstadt Athen in deutscher Hand.

Das Hauptziel des deutschen Angriffs auf Griechenland, die Vertreibung der britischen Truppen aus dem Ägäis-Staat, ist erreicht, als das britische Oberkommando am 24. April die Operation »Demon« startet, die Ausschiffung von über 50 000 briti-

### Bericht aus Athen

»Um halb neun erreichten wir das Weichbild Athens. Oberstleutnant Sch., der Führer der Vorausabteilung, überbrachte der bereits wartenden griechischen Abordnung die Aufforderung zur Kapitulation. Um 9.15 Uhr wurde sie in einem kleinen dunklen Café am Stadteingang unterschrieben. Dann nahm die Besetzung der wichtigsten militärischen und politischen Punkte Athens schnell ihren Fortgang. Auf der Akropolis weht seit den Vormittagsstunden die Hakenkreuzflagge« »Völkischer Beobachter«).

schen Soldaten vom griechischen Festland zur Insel Kreta und nach Ägypten (→ S. 123).

Nach Abschluss der Besetzung des gesamten griechischen Festlandes am 30. April sind 223 000 Griechen und 21 900 Briten in deutscher Kriegsgefangenschaft. Die deutschen Verluste bei den Feldzügen auf dem Balkan belaufen sich insgesamt auf 2559 Tote, 5820 Verwundete und 3169 Vermisste. In der Folgezeit kommt es zu Angriffen von Partisanen.

---

### 24. APRIL

## Britische Truppen werden vom griechischen Festland evakuiert

**Auf Befehl des britischen Oberkommandos in Griechenland werden die dort kämpfenden Truppen auf die Insel Kreta und nach Ägypten in Sicherheit gebracht.**

50 672 Soldaten werden auf diesem Weg aus Griechenland evakuiert (s. Abb.), das sich zum größten Teil in der Hand der deutschen Truppen befindet, die am 6. April das Land angriffen. Die britischen Soldaten gehen im Schutz der Dunkelheit an gut getarnten Einschiffungsstellen an Bord der Schiffe, die vor Tagesanbruch den Küstenbereich verlassen. Die Einschiffungsstellen liegen an Buchten der griechischen Halbinsel Peloponnes, da die Häfen Piräus, Wolos und Salamis von der deutschen Luftwaffe zerstört wurden. Deutsche Flugzeuge greifen nach Sonnenaufgang die Truppentransporte in der Ägäis an, die gegen die Angriffe aus der Luft zumeist wehrlos sind. Bis zum 29. April werden insgesamt sechs britische Schiffe nach Angriffen aus der Luft versenkt.

# Neutralitätsvertrag Japan–UdSSR

In Moskau unterzeichnen der japanische Außenminister Josuke Matsuoka und der sowjetische Außenminister Wjatscheslaw M. Molotow einen Neutralitätspakt zwischen den beiden Staaten.

Darüber hinaus wird eine Deklaration über die gegenseitige Achtung des von Japan kontrollierten Mandschukuo und der Mongolischen Volksrepublik im Machtbereich der UdSSR unterschrieben.

In dem für fünf Jahre abgeschlossenen Neutralitätspakt heißt es u.a.: »Artikel 1. Alle Vertrag schließenden Parteien verpflichten sich, friedliche und freundschaftliche Beziehungen untereinander aufrechtzuerhalten und gegenseitige territoriale Integrität und Unantastbarkeit der anderen Vertrag schließenden Partei zu achten. Artikel 2. Im Falle, wenn eine der... Parteien Objekt kriegerischer Handlungen von Seiten einer oder mehrerer dritter Mächte wird, wird die andere... Partei während der Dauer des Konfliktes Neutralität wahren.« Die japanische Regierung verfolgt mit diesem Vertrag das Ziel, sich in einem drohenden Konflikt mit den Vereinigten Staaten in der Pazifikregion vor einem Eingreifen der Sowjetunion, die in diesem Raum ebenfalls territoriale Interessen verfolgt, zu schützen. Der UdSSR nutzt der Vertrag mit Japan, einem Bündnispartner des Deutschen Reiches, im Falle eines deutschen Angriffs, da sie dann ihre Verteidigung auf die westliche Front konzentrieren kann. Die deutsche Regierung, die seit Beginn des Jahres Japan zu militärischen Aktivitäten in Asien zu bewegen sucht, begrüßt das Abkommen. Sie glaubt, dass nun eine Verbesserung der Ausgangslage für Aktionen der Japaner gegen US-amerikanische und britische Stützpunkte in Fernost geschaffen ist.

*Japans Ministerpräsident Fumimaro Fürst Konoe sucht die Annäherung an die Sowjetunion.*

## Konflikte um Rohstoffe in Asien

Japanische und US-Regierungsvertreter nehmen in Washington Geheimverhandlungen auf, um zu einem Ausgleich ihrer gegensätzlichen strategischen und wirtschaftlichen Interessen in Fernost zu kommen (→ S. 82, 147).

Wie eine Karte der »Berliner Illustrierten Zeitung« (in der Abb. überarbeitet) zeigt, werden in Malaya, Sumatra und Niederländisch-Indien große Mengen Kautschuk, Zinn und Erdöl gewonnen. Die Vereinigten Staaten und Japan sind vor allem auf die Lieferungen dieser Rohstoffe aus dem Pazifikraum angewiesen. In der »Berliner Illustrierten Zeitung« heißt es dazu: »Das wirtschaftliche Schwergewicht des gesamten Raumes liegt im Süden, wo sich die Engländer und Holländer staatlich den Besitz teilen, die Vereinigten Staaten aber größtes wirtschaftliches Interesse haben; denn hier liegt das Gebiet, das die Amerikaner das der ›kritischen Rohstoffe‹ nennen... Alle militärischen Vorteile liegen auf der Seite der Verbündeten Deutschlands und Italiens: Die Entfernung San Francisco–Philippinen beträgt 12 500 Kilometer, die von Tokio nach den Philippinen aber nur 3000 Kilometer!«

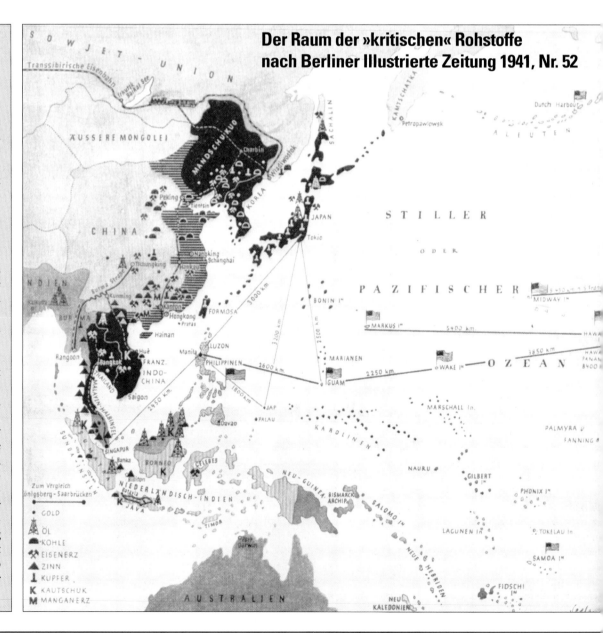

**Der Raum der »kritischen« Rohstoffe nach Berliner Illustrierte Zeitung 1941, Nr. 52**

2. MAI

# Deutsche Flugzeuge im Irak

Britische Luftstreitkräfte greifen im Westirak die um ihren Stützpunkt Habbannijja zusammengezogenen irakischen Truppen an. Die 9000 Mann starken irakischen Einheiten erwidern das Feuer und greifen ihrerseits mit schwachen Luftstreitkräften den britischen Stützpunkt an.

Am 30. Mai können die Briten jedoch in der irakischen Hauptstadt Bagdad einziehen und die Macht in dem kriegswirtschaftlich wichtigen Ölland übernehmen.

Der Konflikt zwischen dem antibritischen und deutschfreundlichen Raschid Al Gailani, der am 2. April durch einen Staatsstreich an die Macht gekommen war, und der britischen Regierung hatte sich entzündet, als Mitte April größere britische Truppenverbände zur Sicherung britischer Transportwege und Ölfelder im Irak in Basra landeten; sie unterstützen die schon im Land stationierten Einheiten.

Die irakische Regierung will die Verstärkung der britischen Truppen im Land nicht zulassen und befiehlt die Belagerung der Briten in Habbannijja. In den Konflikt schaltet sich auch die deutsche Regierung ein. Sie entsendet neun Kampfflugzeuge in den Irak. Größere Unterstützungsmaßnahmen werden aber nicht ergriffen.

*Arabische Freischärler brechen in der Nähe von Bagdad zum Kampf gegen die britischen Truppeneinheiten auf.*

*Soldaten der irakischen Streitmacht paradieren auf einem Exerzierplatz im Zentrum der irakischen Hauptstadt Bagdad.*

### Weisung »Mittlerer Orient«

»Die arabische Freiheitsbewegung ist im Mittleren Orient unser natürlicher Bundesgenosse gegen England. In diesem Zusammenhang kommt der Erhebung im Irak besondere Bedeutung zu. Sie stärkt über die irakischen Grenzen hinaus die englandfeindlichen Kräfte im Mittleren Orient, stört die englischen Verbindungen und bindet englische Truppen sowie englischen Schiffsraum auf Kosten anderer Kriegsschauplätze« (Aus einer Geheimen Kommandosache vom 23. Mai 1941).

*Eine der zahlreichen Massenkundgebungen gegen britisches Militär im Irak*

9. MAI

# Japans Einfluss gesichert

In der Dienstwohnung des japanischen Ministerpräsidenten Fumimaro Fürst Konoe unterzeichnen Regierungsvertreter von Thailand und Französisch-Indochina einen Friedensvertrag.

Er beendet die seit September 1940 andauernden Grenzstreitigkeiten beider Staaten. Die Regierungen einigen sich auf einen Grenzverlauf, Gebietsabtretungen und die Aufnahme gegenseitiger diplomatischer Beziehungen. In einem Zusatzabkommen versichern sie, keine Verträge mit dritten Staaten zu schließen, die »irgendwie gegen Japan gerichtet sind«. Japan war als Vermittler aufgetreten und hatte im Falle eines Scheiterns der Gespräche mit militärischem Eingreifen gedroht. Tokio sah seinen Einfluss in Südostasien durch den thailändisch-indochinesischen Konflikt gefährdet, da Großbritannien und die USA womöglich eingegriffen hätten, um ihre Rohstofflieferungen aus diesem Raum sicherzustellen.

16. MAI

# Island wird unabhängig

Das isländische Parlament in der Hauptstadt Reykjavík beschließt, den im Jahr 1918 abgeschlossenen Bundesvertrag mit Dänemark nach seinem Auslaufen 1943 nicht zu verlängern.

Island ist durch diesen Bundesvertrag ein unabhängiges Königreich in Personalunion mit Dänemark. Es anerkennt den dänischen König als Staatsoberhaupt und wird in auswärtigen Angelegenheiten vom dänischen Außenministerium vertreten. Dafür erhielt Island ein eigenes Parlament, das für die Regelung der inneren Angelegenheiten des Inselstaates zuständig ist.

Die Beziehungen zwischen Island und Dänemark sind seit der Besetzung Dänemarks durch deutsche Truppen im April 1940 (→ S. 44) und der Besetzung Islands durch Großbritannien im Mai 1940 gespannt. Ihr Handel kommt durch den deutsch-britischen Atlantikkrieg fast vollständig zum Erliegen.

# Winston Churchill – Gegenspieler Hitlers

### CHURCHILL WARNT VERGEBENS

Der an diesem Maitag 1940 die Zügel der britischen Politik und Kriegführung übernahm, stammte aus der Familie der Herzöge von Marlborough, berühmt durch den legendären Feldherren, der zu Beginn des 18. Jahrhunderts dem »Sonnenkönig« Ludwig XIV. von Frankreich erfolgreich die Stirn geboten hatte. Sein Nachfahre sollte ihn an Unbeugsamkeit und Nimbus noch in den Schatten stellen. Dabei hatte das zunächst gar nicht danach ausgesehen, nicht nur wegen der Dardanellen-Schlappe, sondern auch wegen einer gewissen politischen Glücklosigkeit des schlechten Schülers, schillernden Journalisten und bestaunten Abenteurers. Diese Draufgängerqualität zeichnete auch den angehenden Politiker aus. Der am 30. November 1874 auf Schloss Blenheim geborene Sohn von Lord Randolph Churchill errang als 26-Jähriger einen Unterhaussitz für die Konservativen, wechselte aber bald zu den Liberalen, weil er sich bei diesen ein rascheres Avancement erhoffte. Das brachte ihm den Ruf eines »Judas« ein, den er durch erneuten Wechsel zu den Konservativen 1922 nicht nur nicht los wurde, sondern eher zementierte.

Hinzu kamen seine Misserfolge als Minister und Flottenchef, denen sich weitere in den 1920er Jahren als konservativer Schatzkanzler anschlossen. Churchill stürzte 1929 mit der Re-

*1924 trat Churchill nach zwei Jahren politischer Abstinenz wieder in die Konservative Partei ein und wurde Finanzminister in der Regierung von Stanley Baldwin. Das Foto zeigt ihn beim Verlassen des Buckingham Palace, nachdem er das Amtssiegel von König George erhalten hat.*

**Die Stunde des von den Briten einhellig als bedeutendster Mann des letzten Jahrhunderts eingestuften Winston Churchill schlug mit der Kriegserklärung Englands an das Deutschland Hitlers am 3. September 1939. Jetzt führte kein Weg mehr an dem unbequemen Mann vorbei, der seit Jahren vor der Bedrohung durch den Despoten in Berlin gewarnt und sich in der Zeit der Appeasement-Politik damit völlig ins politische Abseits manövriert hatte. Die Appeaser aber hatten das Spiel verloren, und Churchill hatte auf furchtbare Weise Recht behalten. Premierminister Chamberlain besann sich darauf, dass der Mahner immer ein Mann des Krieges gewesen war, und stellte ihn wieder auf den Posten, den er auch im Weltkrieg 1914/15 bekleidet hatte: Churchill wurde 1. Lord der Admiralität, also soviel wie Marineminister, und gebot damit über die stärkste Flotte der Welt.**

Churchill war 1915 am Misserfolg der von ihm entworfenen britischen Dardanellen-Offensive gescheitert, und auch dieses Mal begann seine Amtszeit mit einem Desaster. Um wenige Tage kam ihm Hitler am 9. April 1940 mit einer Invasion in Norwegen zuvor. Doch dieses Mal lastete das niemand Churchill an. Ihn traf ja keine Schuld an den Rüstungs- und Planungsdefiziten; die hatten eben jene zu verantworten, die zu lange zu wenig, wenn überhaupt, auf ihn gehört hatten. Als der nächste Schlag fiel, stürzte daher auch nicht Churchill, sondern sein Premier Chamberlain: Der deutsche Angriff im Westen auf die Benelux-Staaten und auf Frankreich am 10. Mai 1940 verlangte gebieterisch nach einer energischeren Führung, als sie der von Hitler vorgeführte bisherige Regierungschef noch glaubwürdig verkörpern konnte. Nur einer bot sich noch an, der nicht diskreditiert war durch frühere Flirts mit dem Tyrannen: Winston Leonard Spencer Churchill.

*Churchill als Offizier im Ersten Weltkrieg 1915 an der Front in Frankreich*

gierung Baldwin und verschwand ein Jahrzehnt lang »in der privaten Wildnis«, wie er es nannte. Er blieb aber als Journalist höchst präsent. Seine hellsichtigen bissigen Kommentare waren so gefürchtet wie begehrt und entsprechend hoch bezahlt. Mit besonderer Bosheit begleitete er als Kolumnist die Versuche der konservativen Regierung Ende der 1930er Jahre, zu einem friedlichen Ausgleich mit Hitler zu kommen. Für das Münchener Abkommen mit dem »Führer« 1938 hatte er nur Verachtung: »In Berchtesgaden wurde mit vorgehaltener Pistole 1 Pfund verlangt. Nachdem es bezahlt war (in Godesberg), verlangte man in München mit vorgehaltener Pistole 2 Pfund. Schließlich ließ sich der Diktator auf 1,75 Pfund herunter handeln, während man ihm den Rest in Gestalt eines Wechsels auf künftigen guten Willen auszahlte. Wir stehen einem Unheil erster Ordnung gegenüber.«

### CHURCHILL RUFT ZUM DURCHHALTEN AUF

Zu dieser Zeit von vielen nur noch milde belächelt, rückte der inzwischen 65-jährige Churchill mit den Ereignissen 1939/40 in den Rang eines Propheten, den man sträflicherweise zu lange nicht ernst genommen hatte. Wenn überhaupt jemand, so konnte nur er das Unheil noch aufhalten, das nun direkt auch Großbritannien bedrohte. Und so wurde der 10. Mai 1940 zu einem Schlüsseldatum der Weltgeschichte, nicht weil Hitler ein neuer, beispielloser Triumph bevorstand, sondern weil der scheinbar Geschlagene dem Geschehen eine entscheidende Wende gab, denn er entpuppte sich als nur angeschlagen und damit als doppelt gefährlich. Der neue Premierminister bildete ein »Kabinett der nationalen Konzentration« unter Hereinnahme der Labour Party, die seit 1935 in der Opposition gestanden hatte. Er schenkte seinen Landsleuten reinen Wein ein und versprach ihnen in seiner Regierungserklärung am 13. Mai nichts als »Blut, Mühlsal, Tränen und Schweiß«, obwohl der Tiefpunkt noch gar nicht abzusehen war.

Der kam erst mit dem raschen Zusammenbruch Frankreichs, der seit Ende Mai absehbar war, als die Reste französischer Armeen und die britischen Expeditionstruppen nur noch mit knapper Not und ohne alle Waffen aus Dünkirchen entkommen konnten. In dieser schweren Stunde zeigte es sich, dass der neue Premierminister aus härtestem Holz geschnitzt

*Treffen vom 9. bis 12. August 1941 an Bord eines US-amerikanischen Kreuzers vor der Küste Neufundlands: Hier erarbeiten Winston Churchill und US-Präsident Roosevelt die sog. Atlantikcharta, eine Erklärung zu den Zielen ihrer Politik nach Kriegsende.*

war; seinen Landsleuten rief er zu: »Wir werden bis zum Ende durchhalten. Wir werden in Frankreich kämpfen, wir werden auf den Meeren und Ozeanen kämpfen, wir werden mit wachsendem Vertrauen und wachsender Kraft in der Luft kämpfen; wir werden unsere Insel verteidigen, was es auch kosten mag, wir werden an den Küsten kämpfen, wir werden auf den Landungsplätzen kämpfen, wir werden auf den Feldern und in den Straßen kämpfen; wir werden uns niemals ergeben.«

Hinter der Durchhalterhetorik stand ein fast alttestamentarischer Hass gegen Hitler »diesen üblen Menschen, diesen Brutherd von Seelenkrebs, diese Missgeburt aus Neid und Schande«. Nein, Churchill war kein Linker, ihn leitete Abscheu vor der offenbar direkt der Hölle entstiegenen Menschenverachtung des Nazi-Rassismus und der Unterjochungsideologie.

*Soldaten der britischen Flugabwehr beobachten den Himmel. Seit August 1940 führt das Deutsche Reich einen verheerenden Luftkrieg gegen England.*

Es stand dahinter aber auch bereits die Hoffnung, dass »die Neue Welt mit all ihrer Macht und Kraft zur Hilfe und Befreiung der Alten Welt« eingreifen werde. Doch bis dahin war es noch weit. Nach dem Fall vom Paris (14.6.1940) und der Kapitulation Frankreichs nur acht Tage später sah sich Churchills England allein dem kontinentbeherrschenden hochgerüsteten Koloss des Deutschen Reiches gegenüber und musste weitere Schläge hinnehmen. Sie kamen zunächst in Form von »großzügigen« Friedensangeboten Hitlers, die abzulehnen kaum weniger Mut erforderte als die Fortsetzung des Kampfes.

Doch Churchill blieb hart und signalisierte, dass er auf Sieg setzte um buchstäblich jeden Preis, wenn es sein musste sogar unter Aufgabe der Insel und der Fortführung des Kampfs von den Kolonien aus. Es folgten seit August 1940 Attacken aus der Luft in der »Battle of Britain«, die nach schweren Verlusten, für die das Inferno von Coventry (November 1940) und die Nachtangriffe auf London stehen, im Frühjahr 1941 siegreich durchgestanden war. Hitler musste die ge-

*Bombenhagel auf London 1940: Durch den Explosionsdruck einer Bombe stürzte dieser Doppeldecker-Bus um und kippte gegen das Gebäude.*

*Am 16. 6. 1944 betritt Churchill französischen Boden, zehn Tage nach Beginn der Invasion der Alliierten in der Normandie.*

plante Invasion Englands (Unternehmen »Seelöwe«) endgültig abblasen. Schwere Niederlagen aber setzte es für Großbritannien im Südosten: Die Wehrmacht überrollte im April und Mai 1941 Jugoslawien und Griechenland. Selbst von der Insel Kreta vertrieb sie die britischen Truppen, die Griechenland hatten beistehen sollen.

Nur am Lichtblick in Ostafrika konnten sich die Engländer und ihr Premier aufrichten: Die Italiener kapitulierten am 6. April 1941 in Addis Abeba. Im Norden des schwarzen Kontinents dagegen drohten weitere Rückschläge, denn unter dem genialen Panzergeneral Rommel waren deutsche Truppen den Italienern zur Hilfe geeilt und zum Angriff auf die britischen Stellungen in der libyschen Cyrenaika Richtung Ägypten und Suezkanal angetreten. Churchills Heerführer gerieten schnell in die Defensive und argwöhnten bei ihrem Obersten Befehlshaber fortschreitenden »Realitätsverlust«, zumal sich auch in Fernost dunkle Wolken zusammenbrauten. Churchill aber, der sich selbst zum Verteidigungsminister und damit zum Chef der Stabschefs aller drei Waffengattungen ernannt hatte, ein Amt, das es bisher nie gegeben hatte und dessen Kompetenzen er bewusst nicht genau umriss – Churchill aber triumphierte, als Hitler am 22. Juni 1941 gegen die bisher mit ihm verbündete Sowjetunion losschlug. Aller Gefahren nicht achtend reiste der Premier unverzüglich nach Moskau und schmiedete das Bündnis mit dem »Teufel« gegen den »Satan«, wie er selbst das Paktieren mit dem »Roten Zaren« Stalin nannte.

### DIE USA TRETEN IN DEN KRIEG EIN

Auch der Preis schien ihm nun nicht zu hoch, zumal er damit ein weiteres Argument gewann: Jetzt drohte wirklich die halbe Welt in den Würgegriff des Völkermörders in Berlin zu geraten, und das musste über kurz oder lang die USA auf den Plan und an die Seite der angelsächsischen Brüder rufen. Es hätte wohl noch sehr lange gedauert, wenn nicht Japan schließlich gegen die amerikanische Embargopolitik zum Verzweiflungsschlag ausgeholt und in Pearl Harbor am 7. Dezember 1941 die USA förmlich in den Krieg gezwungen hätte. Und lange musste Churchill dann auch nicht mehr zittern, dass sich der Konflikt auf den Pazifik beschränken würde. Er

hatte den deutschen Feind richtig eingeschätzt: Hitler erklärte vier Tage nach dem japanischen Überfall seinerseits den USA ohne Not den Krieg. Churchill sah seine Rechnung nun voll aufgehen. Augenzeugen berichteten, dass er bei der Nachricht wie in Ekstase ausgerufen habe: »Jetzt haben wir es geschafft! Jetzt haben wir den Krieg gewonnen! Also doch!«

### DIE STRATEGIE GEHT NICHT AUF

Seine Landsleute und vor allem sein Offizierkorps sahen das freilich völlig anders, denn es folgte ein Jahr der Katastrophen, das die Opposition im Land gegen den fast diktatorisch schaltenden und waltenden Premierminister bedrohlich wachsen ließ: Die USA hatten zunächst einmal mehr als genug mit sich selbst und den rasant vorrückenden Japanern zu tun, die auch die britischen Besitzungen in Fernost überrannten; Burma, Malaya wie Singapur fielen ihnen in die Hände. In Indien trat die Unabhängigkeitsbewegung immer selbstbewusster auf und drohte dem Kolonialherren offen. In Nordafrika eroberte die deutsch-italienische Panzerarmee Tobruk und stieß bis zum ägyptischen El Alamein vor. Im Atlantik versenkten deutsche U-Boote dreimal soviel Schiffsraum wie die Alliierten nachzubauen vermochten; Versorgung der Britischen Inseln über die »western approaches« geriet in gefährliches Stocken. Der im Winter 1941/42 schon gerettet scheinende Verbündete Stalin sah sich erneut weitausgreifenden deutschen Offensiven gegenüber; bald stand die Wehrmacht am Kaukasus, eroberte dessen Gipfel und stieß zur südlichen Wolga vor. Ein erster Landungsversuch von Briten und Kanadiern beim französischen Dieppe endete in einem blutigen Fiasko.

Und noch ein eingeplanter Erfolg wollte sich nicht einstellen: Die Antwort auf den deutschen »Blitz«, der einsetzende strategische Luftkrieg gegen deutsche Städte, brach nicht nur nicht wie erhofft die Moral der deutschen Zivilbevölkerung, sondern band sie nur noch enger an Hitlers Terrorregime. »Bomber Harris«, Spitzname des für die Flächenbombardements verantwortlichen Luftmarschalls, wurde zur Schreckfigur und zum Symbol der angeblich »barbarischen Kriegführung« Churchills. Seine Zermürbungsstrategie jedenfalls scheiterte gründlich, kostete mehr als 600 000 Zivilisten das Leben und die Alliierten bis Kriegsende 110 000 Mann fliegendes Personal (allein die Royal Airforce beklagte über 58 000 Tote). Die Offensive gegen die Zivilbevölkerung hat den Krieg nicht um einen Tag verkürzt. Sie band vielmehr wichtige Ressourcen und hatte für Churchill im Krisenjahr 1942 allenfalls insofern entlastende Funktion, als sie Luftüberlegenheit demonstrierte. Zum Schweigen konnte sie die Kritiker nicht bringen, die mit Sorge sahen, wie sich Churchill auf das Niveau des Gegners herabließ.

Zugleich alarmierten die Welt durchsickernde Nachrichten über die Ermordung der Juden im deutschen Machtbereich, über das Massensterben von Gefangenen in deutschem Gewahrsam, über Bestialitäten in den Konzentrationslagern. Erfolge wie die der US-Pazifikflotte in der Korallensee und bei Midway wogen das in keiner Weise auf, und dass die Siege der Wehrmacht immer teurer mit einer Unzahl von Gefallenen und Verwundeten bezahlt wurden, registrierte auch kaum jemand. Churchill hatte jedenfalls alle propagandistischen Hände voll zu tun, die Kritik aus den eigenen Reihen zu dämpfen.

*Am 22. 7. 1945 besichtigt Churchill die Ruinen von Berlin und erhebt gegenüber den englischen Soldaten seine Hand zum Siegesgruß, indem er das berühmte V (Victory)-Zeichen macht.*

Er spielte auf Zeit und hielt auch jetzt durch, seiner Sache auf lange Sicht völlig sicher: die Vernichtung Hitlers. Die Früchte erntete er am Jahresende, als die Landung von US-Truppen in Nordafrika und später in Italien auch die zweite Säule seiner Strategie zu stärken schien: Angriff von Süden gegen Italien als den schwächeren Partner der Achse, Vormarsch nach Norden und Nordosten und damit Abschneiden der Roten Armee vom Vormarsch nach Südost- und Mitteleuropa.

Doch eben der Vormarsch in Italien verlief zu stockend. In Teheran (November/ Dezember 1943) überstimmten Stalin und Roosevelt die Briten und vereinbarten den direkten Stoß über den Ärmelkanal ins Herz des Gegners.

Doch um diesen Hitler ging es Churchill längst nicht mehr. Dessen Schicksal war besiegelt. Das war Churchills Triumph. Mit seinem Warnungen vor der kommunistischen Gefahr und vor der bedenkenlosen Brutalität Stalins aber stieß er bei Roosevelt auf taube Ohren. Und das war seine Tragödie. Sie vollendete sich nach dem Sieg, als der von Churchill vorausgesagte »Eiserne Vorhang« zwischen West und Ost niederging und als er selbst mitten in der Neuordnung Europas auf der Potsdamer Konferenz von den Wählern daheim abberufen wurde. Man brauchte nun keinen Krieger mehr, sondern einen Friedenspremier. Oft und oft mag sich Churchill in den verbleibenden zwei Lebensjahrzehnten (gestorben 24.1.1965) gefragt haben: Eine Despotie gegen die andere eingetauscht – war das den Einsatz (und Verlust) des gesamten Empires wert?

### Stichworte

- Bombenkrieg gegen England → S. 77
- Churchills Abwehrplan → S. 78
- Invasion in der Normandie → S. 94ff.
- Potsdamer Konferenz → S. 518f.

*Auf der Potsdamer Konferenz nach Kriegsende 1945 verständigen sich die drei Siegermächte über die Koordinierung und Ziele der alliierten Nachkriegspolitik. Im Bild die „Großen Drei": Winston Churchill, US-Präsident Harry S. Truman und der russische Staatschef Josef W. Stalin (von links).*

10. MAI

# Heß fliegt nach Schottland

Die Öffentlichkeit ist überrascht über eine spektakuläre Aktion, deren Hintergründe allerdings weitgehend im Dunkeln bleiben.

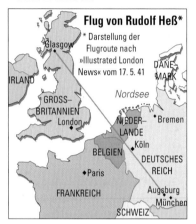

Flug von Rudolf Heß*
* Darstellung der Flugroute nach »Illustrated London News« vom 17. 5. 41

*Das ausgebrannte Flugzeug vom Typ Me 110, mit dem Rudolf Heß den Ärmelkanal und England überquert hat*

Rudolf Heß, der die Posten des »Stellvertreters des Führers« und eines Reichsministers ohne Geschäftsbereich innehat, startet um 18.00 Uhr mit einer Me 110 von Augsburg-Haunstetten zu Verhandlungen mit der britischen Regierung – ob (wie er selbst behauptet) mit Wissen des Reichskanzlers Adolf Hitler, wird nie eindeutig geklärt.

Er springt gegen 23.00 Uhr mit dem Fallschirm in der Nähe des schottischen Landsitzes des Herzogs von Hamilton bei Glasgow ab. Durch Vermittlung des Herzogs, den er bei

den Olympischen Spielen 1936 in Berlin kennen gelernt hatte, hofft Heß, in Kontakt mit der britischen Regierung treten zu können. Nach seiner Landung wird Heß, der sich zunächst als Alfred Horn ausgibt, von britischen Sicherheitskräften verhaftet und wegen einer Fußverletzung in ein Glasgower Krankenhaus gebracht. Nach mehreren Verhören wird Heß als Kriegsgefangener in den Tower von London überführt und dort bis Kriegsende interniert.

Heß hat die Absicht, vor dem deutschen Angriff auf die UdSSR, dessen Beginn für den 22. Juni (→ S. 124) geplant ist, mit der britischen Regierung ein Friedensabkommen zu schließen, damit die deutsche Wehrmacht ihre gesamte Kraft auf den »Russlandfeldzug« konzentrieren kann. Als Gegenleistung für ein Nichteingreifen der Briten auf dem europäischen Kontinent bietet er die Respektierung des britischen Empire durch das Deutsche Reich an.

Hitler erklärt am 13. Mai in der deutschen Presse, dass Heß »wahnsinnig« sei und eventuell »von englischer Seite bewusst in eine Falle gelockt wurde«. Weiter betont Hitler, er bedauere, dass »dieser Idealist einer so verhängnisvollen Wahnvorstellung zum Opfer fiel«. Martin Bormann, der bisherige Sekretär von Heß, wird zu dessen Nachfolger ernannt. Die britische Regierung nimmt die »Verhandlungsangebote« von Heß jedoch nicht ernst.

ZUR PERSON

## Vertrauter Hitlers

Der 1894 geborene Rudolf Heß trat 1920 in die NSDAP ein und wurde ein enger Vertrauter des Führers Adolf Hitler, dem er sich vollständig unterwirft. Zunächst Hitlers Privatsekretär, später sein »Stellvertreter«, hielt Heß sich seit 1923 immer in Hitlers Nähe auf. Eine schweizerische Zeitung schreibt über Rudolf Heß: »In jahrelanger Zusammenarbeit entstand zwischen beiden [Heß und Hitler] ein enges Vertrauensverhältnis und Rudolf Heß galt lange als der Mann, der Hitlers Ideen am besten kenne und zu ihrer Interpretation am ehesten befugt sei.«

*Adolf Hitler (l.) mit seinem engsten Vertrauten Rudolf Heß (r.), mit dem er im Jahre 1923 gemeinsam die Festungshaft in Landsberg verbüßte – nach dem gescheiterten Putschversuch der Rechtsradikalen in München.*

*Rudolf Heß (r.) mit Adolf Hitler (M.) 1939 im Münchner Bürgerbräukeller, in dem am 8. November ein geplantes Bombenattentat auf Hitler misslang: Bei dem Attentat gab es acht Tote und 63 Verletzte; Hitler selbst war zu der Zeit nicht anwesend.*

## »Kommen nicht verstanden«

*Nach seiner Landung in Schottland wird Rudolf Heß, Stellvertreter des Führers der NSDAP, Adolf Hitler, von britischen Sicherheitsbeamten am 10. Mai vernommen. Bei den Verhören sagt Heß u.a.:*

»Ich weiß, dass mein Kommen wohl von niemandem richtig verstanden worden ist. Ich bin auf den Gedanken gekommen, als ich im Juni des vergangenen Jahres noch während des Frankreichfeldzuges beim Führer war... Er war der Meinung, dass der Krieg vielleicht der Anlass sein könnte, endlich zur Verständigung mit England zu kommen... Und er sagte mir damals in Frankreich, dass man keine harten Bedingungen, auch wenn man siegen würde, stellen dürfte einem Land gegenüber, mit dem man sich verständigen wolle.

Ich habe damals den Gedanken gehabt, wenn man in England das wüsste, könnte es vielleicht möglich sein, dass England seinerseits zu einer Verständigung bereit wäre... Es kamen dann im Verlaufe der nächsten Zeit die Kriegshandlungen zur Luft zwischen Deutschland und England... Deshalb sagte ich mir, muss ich jetzt erst recht meinen Plan verwirklichen...«

*Rudolf Heß landet nach seinem Flug über Großbritannien mit einem Fallschirm.*

## »Fall Heß« für Presse geklärt

**Laut einer Anweisung des Propagandaministeriums wird der Fall Heß in der deutschen Presse heruntergespielt. Rudolf Heß selbst gilt als wahnsinnig.**

In der Anweisung heißt es: »Von der am Ende dieses Krieges stehenden Vernichtung Englands völlig überzeugt, gab Heß sich der naiven Wahnidee hin, durch sein persönliches Erscheinen in England die dortigen Friedensfreunde schon jetzt zur Aktion gegen Churchill bringen zu können, um der Welt eine längere Kriegsdauer und England die völlige Vernichtung zu ersparen. Heß hatte diese fixe Idee mit niemandem besprochen und völlig geheim gehalten. Er begriff es nicht, dass er in England nicht in Kontakt mit den dortigen Friedensfreunden kommen, sondern Churchill in die Hände fallen würde. Die Tatsache der Anwesenheit des reinen Toren Heß in England wird Churchill nun mit Lügen und Gewalt zur Propaganda für England und gegen Deutschland auszunützen versuchen. Daraus ergibt sich für die Haltung der deutschen Presse: Sie wird Herrn Churchill nicht den Gefallen tun, durch Breittreten des Falles, der für die deutsche Öffentlichkeit einwandfrei geklärt ist, seinen Absichten Vorschub zu leisten. Sie hat den bedauerlichen Fall Heß als erledigt zu betrachten...«

*Rudolf Heß, der im Ersten Weltkrieg Stoßtruppführer und Flieger der Luftwaffe war, hier kurz vor dem Start zu einem Übungsflug mit einem Sportflugzeug (r.); links neben ihm seine Ehefrau und ein Wehrmachtsoffizier.*

*Rudolf Heß (M.), hier unter den Tarnnetzen einer Geschützstellung am Ärmelkanal, liebt öffentliche Auftritte mit Wehrmachtsangehörigen.*

*Anlässlich einer Jubiläumsfeier des Nationalsozialistischen Studentenbundes in München empfängt Reichsminister Rudolf Heß (r.) Studentinnen, die in den Trachten ihrer Heimat erschienen sind, l. neben Heß: Reichsstudentenführer Scheel.*

*Nordflügel der Londener St. Paul's Cathedral*     *Dachsparren vor dem Hochaltar der Westminster Abbey*     *Winston Churchill (l.) im Parlamentsgebäude*

---

**10. MAI**

# Bomben auf London treffen St. Paul's Cathedral und Westminster Abbey

**Die deutsche Luftwaffe fliegt den letzten schweren Angriff auf London für drei Jahre (→ S. 362).**

Premierminister Winston Churchill berichtet über die Folgen des Angriffs: »Er entfachte über zweitausend Brände und da beinahe hundertfünfzig Wasserrohre barsten und gleichzeitig in der Themse Ebbe herrschte, war es uns unmöglich, sie zu löschen... Fünf Docks und einundsiebzig Hauptziele in unserer Hauptstadt... hatten Treffer erhalten. Alle großen Bahnhöfe blieben wochenlang blockiert. Über 3000 Personen wurden getötet oder verletzt.« Bei früheren Angriffen der Deutschen waren mehrere historische Bauwerke in London stark zerstört worden, so die St. Paul's Cathedral und die Krönungskirche Westminster Abbey. Die Angriffe legten aber auch Wohnviertel sowie Verkehrs- und Industrieziele in Schutt und Asche.

---

**27. MAI**

# Schlachtschiff »Bismarck« wird im Atlantik versenkt

**Vierhundert Seemeilen vor der französischen Stadt Brest sinkt das deutsche Schlachtschiff »Bismarck«.**

1977 Mann der Besatzung gehen mit dem Schiff unter. Am 18. Mai waren die »Bismarck« und der Schwere Kreuzer »Prinz Eugen« aus Gotenhafen (Gdynia) zu Angriffen auf britische Geleitzüge im Atlantik ausgelaufen.

Nachdem beide Schiffe schon am 20. Mai von der britischen Aufklärung gesichtet worden waren, kam es am Morgen des 24. Mai zu einem Gefecht, bei dem der britische Schlachtkreuzer »Hood« – das größte Kampfschiff der britischen Marine – versenkt und das Schlachtschiff »Prince of Wales« beschädigt wurden. Die britische Flotte begann daraufhin mit der Jagd auf die beiden Schiffe. Die »Prinz Eugen« konnte entkommen, die »Bismarck« wurde am 26. Mai manövrierunfähig geschossen und sinkt nach weiteren Treffern und der Eigensprengung der Besatzung. Die Jagd auf die »Bismarck« war ein Prestigekampf zwischen deutschen und britischen Seestreitkräften. Der Verlust des Schiffes ist ein schwerer Schlag für die deutsche Marine.

*Das 35 000-t-Kriegsschiff »Bismarck« – hier während eines Manövers im Baltikum –, das für unsinkbar gehalten wurde, war mit 32 Kanonen und Geschützen sowie vier Flugzeugen bestückt, ein »Paradeschiff« der deutschen Kriegsmarine.*

## 20. MAI

# Deutsche Landung auf Kreta

Das deutsche Luftlandeunternehmen »Merkur«, die Eroberung der griechischen Insel Kreta, beginnt. Nach verlustreichen Kämpfen befiehlt der Kommandant der britischen Kreta-Armee, General Bernard Cyril Freyberg, eine Woche später den Rückzug seiner Soldaten.

Die erste Welle deutscher Fallschirmjäger wird um 7.15 Uhr abgesetzt, gegen 15.25 Uhr springt die zweite Welle über Kreta ab. Die deutschen Truppen unter dem Oberkommando von Generaloberst Alexander Löhr greifen in drei Gruppen die Insel mit dem Ziel an, zunächst die drei Flughäfen Iraklion, Maleme und Rethimnon für den Nachschub unter ihre Kontrolle zu bringen; am Abend des ersten Angriffstages ist dieses Ziel noch nicht annähernd erreicht.

Die britischen und griechischen Truppen auf der Insel sind erheblich stärker, als dies von deutscher Seite vermutet wurde. Sie werden zudem von der kretischen Bevölkerung unterstützt, die z.T. dauerhaften Widerstand gegen die deutschen Truppen leistet (→ S. 138). Die abspringenden leicht bewaffneten Fallschirmjäger sind schutzlose Ziele für die Briten und müssen sehr große Verluste hinnehmen – 6850 deutsche Soldaten kommen ums Leben.

Absprung deutscher Fallschirmjäger über Griechenland

Deutsches leichtes Kettenkrad in britischem Sperrfeuer

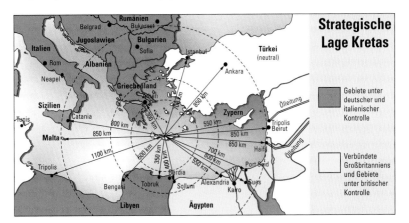

Strategische Lage Kretas

Gebiete unter deutscher und italienischer Kontrolle

Verbündete Großbritanniens und Gebiete unter britischer Kontrolle

## HINTERGRUND

## Gefahrenherd für Planung

Obwohl die Insel Kreta für die eigentliche deutsche Kriegsplanung nicht von entscheidender Bedeutung ist, bildet sie eine wichtige Basis zur Absicherung des südosteuropäischen Raumes, der unter deutscher Kontrolle steht (→ S. 112).

Von Kreta aus könnte zudem der geplante deutsche Angriff auf die UdSSR bedroht werden (→ S. 124). Seit dem 29. Oktober 1940 sind britische Soldaten auf der Insel stationiert, so dass Großbritannien im Mittelmeer über eine Stützpunktkette von Gibraltar über Malta bis Kreta verfügt. Von hier aus können die Briten den Nachschub für das Deutsche Afrikakorps behindern, Luftangriffe auf die für das Deutsche Reich wichtigen Ölfelder in Rumänien fliegen und im Balkanraum eine Destabilisierungspolitik betreiben, die größere deutsche Truppenverbände in dieser Region binden würde.

Einheiten der deutschen Luftwaffe laden auf einem griechischen Feldflughafen Bomben, Munition und Kraftstoff für deutsche Maschinen aus; an mehreren Stellen werden auf der griechischen Insel Kreta Stützpunkte errichtet.

Vor dem Angriff auf Kreta nehmen Truppen der deutschen Wehrmacht bereits Stützpunkte im ägäischen Raum ein; hier sind deutsche Einheiten auf der Insel Lemnos gelandet und dringen in lockerer Schützenlinie über freies Feld vor.

Ein Befehlspanzer III, wichtiger Bestandteil der sog. Panzerwaffe, die großen Anteil am schnellen Vormarsch der Truppen hat

Die deutsche Wehrmacht ist längst nicht

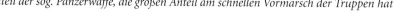

## 22. JUNI

# Der Überfall auf die Sowjetunion

Um 3.15 Uhr greifen deutsche Wehrmachtsverbände auf breiter Front zwischen der Ostsee und den Karpaten ohne Kriegserklärung die Sowjetunion an. 118 Infanteriedivisionen, 15¼ motorisierte Divisionen und 19 Panzerdivisionen mit insgesamt 3 050 000 Soldaten sind an dem Überfall beteiligt.

Sie sind in drei Heeresgruppen aufgeteilt, die durch einen schnellen Vormarsch große sowjetische Truppenverbände einkreisen und tief in sowjetisches Gebiet eindringen sollen. Die Heeresgruppe Nord unter Generalfeldmarschall Wilhelm Ritter von Leeb stößt von Ostpreußen aus durch die baltischen Staaten auf Leningrad vor; die Heeresgruppe Mitte unter Generalfeldmarschall Fedor von Bock marschiert entlang der Linie Warschau–Moskau gegen Minsk und Smolensk und die Heeresgruppe Süd unter Generalfeldmarschall Gerd von

Rundstedt hat die Aufgabe, die sowjetischen »Kräfte in Galizien und in der Westukraine noch westlich des Dnjepr

*Auf der Titelseite berichten die »Münchner Neueste Nachrichten« vom 23. Juni über den Überfall.*

zu vernichten sowie die Dnjeprübergänge bei und unterhalb Kiew frühzeitig in die Hand zu nehmen«. Der deutsche Angriff unter dem Tarnnamen »Unternehmen Barbarossa« wird unterstützt von starken Luftstreitkräften. 1945 deutsche Flugzeuge bombardieren wichtige militärische Einrichtungen in der UdSSR. Am ersten Angriffstag werden mehr als 1200 sowjetische Flugzeuge vernichtet.

Die sowjetischen Einheiten werden von dem Überfall überrascht, obwohl der Regierung in Moskau die deutschen Kriegsvorbereitungen nicht verborgen geblieben sind (→ S. 127). Der britische Geheimdienst hatte die sowjetische Führung mehrfach über die deutschen Pläne unterrichtet. Auf sowjetischer Seite stehen 88 Infanteriedivisionen, sieben Kavalleriedivisionen und 54 Panzer- und motorisierte Divisionen, die den vorrückenden deutschen Truppen zähen Wider-

stand leisten. Sie verzögern dadurch entscheidend den geplanten schnellen Vormarsch der Wehrmacht trotz deren spektakulärer Siege (→ S. 134). Bis zum Ende des Monats erobern die Deutschen u.a. die Städte Riga, Minsk und Dünaburg (Daugawpils). Ihnen folgen Einsatzgruppen der Sicherheitspolizei und des Sicherheitsdienstes, deren wichtigste Aufgabe die systematische Ermordung aller Juden ist (→ S. 133), und ein Wirtschaftsstab, der die wirtschaftlichen Kapazitäten in den eroberten Gebieten für das Deutsche Reich nutzbar machen soll. Adolf Hitler teilt der deutschen Bevölkerung in einem Aufruf den Angriff auf die UdSSR mit. Dabei stellt er den Krieg gegen den einstigen Verbündeten als Präventivmaßnahme hin: »Das bolschewistische Moskau ist im Begriff, dem nationalsozialistischen Deutschland in seinem Existenzkampf in den Rücken zu fallen...«

*Markierung der deutsch-sowjetischen Grenze auf ehemals polnischem Gebiet; seit 22. Juni wird diese Linie von deutschen Truppen überschritten.*

*voll motorisiert, sondern u.a. noch auf Pferdegespanne für die Artillerie angewiesen.*

*Deutscher Unteroffizier vor einem brennenden russischen Bauernhaus; die Bewohner haben vor ihrer Flucht ihre Habe selbst in Brand gesteckt.*

*Kradmelder haben im Feldzug eine wichtige Funktion: Da die einzelnen Bataillone häufig nur unzureichend mit Sprechfunk ausgerüstet sind, müssen sie direkt an der Front Meldungen zwischen den Truppenteilen der deutschen Wehrmacht überbringen. Ausgerüstet mit Motorrädern wagen sie sich durch unwegsames Gelände, bewaffnet mit einfachen Karabinern; die Gefahr, feindlichen Truppen in die Hände zu fallen, verbunden mit oft ungenauem Kartenmaterial, macht dieses Unternehmen zu einem ebenso anstrengenden wie gefährlichen Unterfangen.*

*Die Propagandazeitschrift »Signal« illustriert mit diesem Bild die deutsche Überlegenheit gegenüber der sowjetischen Armee. Vor allem die Panzerstreitkräfte sind ein beliebtes Thema der deutschen Propaganda.*

## 6. JUNI

# Ermordung der Kommissare

Das Oberkommando der Wehrmacht erlässt »Richtlinien für die Behandlung politischer Kommissare«. Der sog. Kommissarbefehl sieht die sofortige Ermordung der im Krieg gegen die UdSSR gefangen genommenen politischen Leiter innerhalb der Roten Armee vor.

Dieser Befehl wird nur den Truppenkommandanten zugänglich gemacht, die ihn zur Durchführung den untergeordneten Rängen mündlich jeweils weitergeben. Der Oberbefehlshaber des Heeres, Generalfeldmarschall Walter von Brauchitsch, verfügt in Ergänzung zum Kommissarbefehl, dass »die Erledigung der politischen Kommissare bei der Truppe nach ihrer Aus-

---

Der »Kommissarbefehl« (Auszug)
»Im Kampf gegen den Bolschewismus ist Schonung und völkerrechtliche Rücksichtnahme diesen Elementen gegenüber falsch. Sie sind eine Gefahr für die eigene Sicherheit und die Befriedung der eroberten Gebiete. Sie sind daher, wenn im Kampf oder Widerstand ergriffen, grundsätzlich sofort mit der Waffe zu erledigen.«

---

sonderung außerhalb der eigentlichen Kampfzone unauffällig zu erfolgen« habe.

Der Krieg gegen die Sowjetunion wird von der NS-Führung mit dem Ziel der Eroberung neuen »Lebensraumes« geführt und als ideologischer Kampf zwischen den sich in »Todfeindschaft« gegenüberstehenden Ideologien des Bolschewismus und des Nationalsozialismus. Schon im März hatte Adolf Hitler die »Vernichtung der bolschewistischen Kommissare und der kommunistischen Intelligenz« formuliert.

## 22. JUNI

# Demokratien auf Seiten der UdSSR im Krieg

Am Tag des deutschen Angriffs auf die Sowjetunion erklären Italien und Rumänien der UdSSR den Krieg: Ungarn, die Slowakei und Finnland folgen in den nächsten Tagen. Regierungen, die eng mit dem nationalsozialistischen Regime zusammenarbeiten, brechen die diplomatischen Beziehungen zur UdSSR ab.

Großbritannien erklärt die UdSSR dagegen zum Verbündeten und Exilregierungen von Ländern, die von deutschen und – wie Polen – auch von sowjetischen Truppen besetzt wurden, nehmen Kontakt zur Moskauer Regierung auf. Die USA beginnen mit Materiallieferungen an die UdSSR, während Japan sich vorerst nicht in den Krieg einmischt.

Der rumänische Militärdiktator Ion Antonescu verkündet in einem Aufruf an die Bevölkerung: »Vor der rumänischen Geschichte habe ich heute die Verantwortung übernommen, durch Gerechtigkeit und Ehrenhaftigkeit das zurückzugewinnen, was uns durch Verrat und gewaltsame Demütigung geraubt wurde, und habe beschlossen, den heiligen Kampf für die Wiedergewinnung der Rechte der Nation zu beginnen... Zum heiligen Kampf gegen die Schänder der Zivilisation, der Gerechtigkeit und unsrer eigenen Rechte [gemeint ist die Sowjetunion]!... Zum großen und gerechten Kampf an der Seite des großen deutschen

Volkes für eine glückliche Zukunft der Menschen!«

Die Regierung des deutschbesetzten Dänemark veröffentlicht am 26. Juni eine Erklärung zum Abbruch der dänisch-sowjetischen Beziehungen: »Mit dem Krieg, der zwischen Deutschland und der Sowjetunion ausgebrochen ist, ist die große kriegerische Auseinandersetzung in Europa in eine neue Phase eingetreten, die die Aufmerksamkeit Dänemarks in einem ganz besonderen Grade beanspruchen muss, denn Deutschland hat nunmehr im Osten seine Waffen gegen eine Macht gerichtet, die Jahre hindurch eine Bedrohung der Wohlfahrt und des Gedeihens der nordischen Staaten bedeutete.«

In einer Rundfunkansprache erklärt der britische Premierminister Winston Churchill am 22. Juni: »Hitler ist ein Ungeheuer von unersättlicher Bosheit in seiner Blut- und Plünderungsgier. Nicht zufrieden damit, ganz Europa unter seinem Absatz zu haben oder es in verschiedenen Formen abscheulicher Unterwürfigkeit unter Terror zu halten, muss er jetzt sein Werk der Schlächterei und Zerstörung zu den Volksmengen Russlands und Asiens tragen... Niemand ist ein konsequenterer Gegner des Kommunismus gewesen als ich. Ich will kein Wort widerrufen... Aber alles dies verblasst vor dem Schauspiel, das sich jetzt entfaltet... Jedermann, der gegen

den Nationalsozialismus kämpft, erhält unsere Hilfe. Jeder, der mit ihm marschiert, ist unser Gegner... Wir haben Russland alle technische und wirtschaftliche Hilfe, die ihm von Nutzen sein kann, angeboten.«

Der Unterstaatssekretär der US-amerikanischen Regierung, Sumner Welles, erklärt am 23. Juni: »Für das amerikanische Volk [sind] die Grundsätze und Lehren der kommunistischen Diktatur ebenso unerträglich und ihren eigenen Anschauungen ebenso fremd, wie die Grundsätze und Lehren der nationalsozialistischen Diktatur. Keine der beiden Arten aufgezwungenen Herrschertums kann oder wird irgendwelche Unterstützung oder Geltung in dem Leben oder Regierungssystem des amerikanischen Volkes haben.

Aber die Frage, die sich jetzt dem amerikanischen Volke unmittelbar präsentiert, ist, ob der Plan der Welteroberung und der grausamen, brutalen Versklavung aller Völker sowie der schließlichen Zerstörung der letzten freien Demokratien, ein Plan, den Hitler jetzt verzweifelt durchzuführen versucht, erfolgreich aufgehalten und zunichte gemacht werden kann... Nach Ansicht der amerikanischen Regierung wird... jede Verteidigung gegen den Hitlerismus... den schließlichen Untergang der gegenwärtigen deutschen Führer beschleunigen und sich von Vorteil erweisen.«

## Hitler führt Krieg als »Kreuzzug«

Der Krieg des Deutschen Reiches gegen die Sowjetunion wird nach dem Willen Adolf Hitlers als »Kreuzzug« mit terroristischen Methoden geführt. Die sowjetische Bevölkerung gilt als »feindlich« und gegen sie sollen keinerlei Rücksichten beachtet werden. Bereits am 13. Mai genehmigt Hitler alle Verbrechen im Zusammenhang mit »Barbarossa«: »Für Handlungen, die Angehörige der Wehrmacht und des Gefolges gegen feindliche Zivilpersonen begehen, besteht kein Verfolgungszwang, auch dann nicht, wenn die Tat zugleich ein militärisches Verbrechen oder Vergehen ist...« Seine Maßnahmen erläutert er bei einer Besprechung am 16. Juli: »Wir werden also wieder betonen, dass wir gezwungen waren, ein Gebiet zu besetzen, zu ordnen und zu sichern... Es soll also nicht erkennbar sein, dass sich damit eine endgültige Regelung anbahnt! Alle notwendigen Maßnahmen – Erschießen, Aussiedeln etc. – tun wir trotzdem... Grundsätzlich kommt es also darauf an, den riesenhaften Kuchen handgerecht zu zerlegen, damit wir ihn erstens beherrschen, zweitens verwalten und drittens ausbeuten können... Die Bildung einer militärischen Macht westlich des Ural darf nie wieder in Frage kommen und wenn wir hundert Jahre darüber Krieg führen müssten.«

*Adolf Hitler fordert von der Wehrmacht brutales Vorgehen.*

*Carl Gustaf Emil Freiherr von Mannerheim (\*4.6.1867 in Villnäs bei Turku), 74-jähriger Oberbefehlshaber der finnischen Armee, im Arbeitszimmer seines Hauptquartiers an der finnisch-sowjetischen Front; Mannerheim, der bereits am finnischen Unabhängigkeitskrieg von 1917/18 teilgenommen hatte, wurde 1933 zum finnischen Marschall ernannt und ist der populärste Heerführer seines Landes.*

**26. JUNI**

# Helsinki erklärt Moskau den Krieg

Die finnische Regierung erklärt der Sowjetunion den Krieg. Sie begründet diese Maßnahme offiziell mit sowjetischen Luftangriffen auf finnische Städte.

Tatsächlich sind Finnlands Ziele im Krieg gegen die UdSSR die Rückgewinnung der im Moskauer Frieden vom 12. März 1940 abgetretenen Gebiete und die Sicherung seiner Unabhängigkeit (→ S. 42). Nach der Niederlage im Finnisch-Sowjetischen Krieg 1939/40 (→ S. 28) musste es rund ein Zehntel seines Territoriums mit wichtigen Rohstoffen an die Sowjetunion abtreten. Zudem fühlte sich Finnland nach dem Friedensschluss ständig von einer Invasion sowjetischer Truppen und einer Annexion nach dem Beispiel Estlands, Litauens und Lettlands bedroht (→ S. 69).

Die Streitkräfte Finnlands unter dem Befehl von Marschall Carl Gustaf Emil Freiherr von Mannerheim sind hauptsächlich im Süden des Landes eingesetzt, wo sie beiderseits des Ladogasees in Richtung Onegasee, Swir und Karelische Landenge vorstoßen. In Nord- und Mittelfinnland stehen deutsche Wehrmachtsverbände, die von einigen finnischen Truppenverbänden unterstützt werden. Ihr Ziel ist die Unterbrechung der Eisenbahnlinie nach Murmansk, dem einzigen sowjetischen Nordmeerhafen, der auch im Winter eisfrei ist. Im Oktober 1940 machte die deutsche Führung erstmals Andeutungen über einen Angriff auf die UdSSR.

*Eine finnische Einheit schiebt Sturmboote in einen See bei Vuokkinen.*

**29. JUNI**

# KPdSU ruft »Vaterländischen Krieg« aus

*Marschall Semjon K. Timoschenko (\*1895) gehört zu den drei sowjetischen Heerführern, die einzelne Frontabschnitte der Landesgrenze verteidigen sollen; er übernimmt im Juli 1941 das Oberkommando über die an der sowjetischen Westfront stationierten Truppen. Bereits im Mai 1940 hatte er das Volkskommissariat für Verteidigung geleitet und für eine Steigerung der Disziplin der bis dahin schlecht organisierten Roten Armee gesorgt.*

Das Zentralkomitee der KPdSU in Moskau erklärt in einem Aufruf an die Bevölkerung des Landes die Abwehr des deutschen Angriffs zum Großen Vaterländischen Krieg.

Obwohl die sowjetische Führung über die deutschen Kriegspläne informiert war, ist die Rote Armee offenbar völlig unvorbereitet. Stalin hat den britischen Berichten und den Experten seiner eigenen Beobachter, die einen deutschen Angriff vorhersagten, keinen Glauben geschenkt. Eine planmäßige Abwehr der deutschen Truppen kommt in den ersten Kriegstagen nicht zustande. Trotz hartnäckigem Widerstand gelingt es ihnen, tief in sowjetisches Gebiet vorzustoßen.

Seit dem Ende des Zweiten Weltkriegs wurde verschiedentlich in Politik und Geschichtswissenschaft die NS-Rechtfertigung, man sei einem sowjetischen Angriff zuvorgekommen, wieder aufgenommen. Gerade die schnellen Erfolge der deutschen Truppen in der Anfangsphase werden als Beweis herangezogen, denn sie seien nur möglich gewesen, weil die Truppen der Roten Armee an der Westgrenze ihres Landes in einer offensiven Gliederung gestanden hätten, die eine erfolgreiche Verteidigung unmöglich gemacht habe. Trotz bis heute wiederkehrender Behauptungen dieser Art, ist die »Präventivkriegsthese« falsch.

Die deutsche Führung beobachtete vor »Barbarossa« sehr genau die Aufstellung und Bewegungen der Roten Armee und kam mehrfach zu dem Schluss, dass es sich eindeutig um eine defensive Anordnung handle, die keine Gefahr für das Deutsche Reich bedeutet. Lediglich im Rahmen der deutschen Balkanoffensiven (→ S. 112) wurden die sowjetischen Truppen in vorderster Front verstärkt – wahrscheinlich nur, um Druck auszuüben, da Stalin den deutschen Angriff auf Jugoslawien ablehnte.

Darüber hinaus ist die Rote Armee im Sommer 1941 überhaupt nicht in der Lage, das Deutsche Reich anzugreifen. Die neuesten Waffensysteme wie der Panzer T 34 leiden noch an »Kinderkrankheiten« und sind nur in geringer Zahl verfügbar. Große Teile des Kriegsgeräts sind veraltet. Vor allem aber sind die Folgen der sog. Säuberung aus den 30er Jahren noch nicht überwunden, als der Diktator aus Angst vor einem Umsturz den größten Teil des Offizierskorps ermorden ließ.

Die Rote Armee ist zahlenmäßig stark, aber schlecht gerüstet und ohne kompetente Führer. Strategie, Taktik und das operative Vorgehen entsprechen nicht dem Stand von 1941 – dies ist der entscheidende Grund für die großen deutschen Erfolge in der Blitzkriegsphase von »Barbarossa«. Stalin selbst will die Realität der deutschen Offensive offenbar zuerst nicht anerkennen.

5. JULI

# Erste Schwierigkeiten bremsen Vormarsch

Einheiten der Wehrmacht durchbrechen im Einsatzgebiet der Heeresgruppe Süd die Stalinlinie, eine Verteidigungslinie der Roten Armee. Sie erstreckt sich vom Ostufer des Dnjestr bis in den Raum westlich von Opotschka. An allen Frontabschnitten kommen die deutschen Einheiten in den ersten Tagen des Angriffs auf die Sowjetunion (→ S. 124) schnell voran, da der Gegner nicht auf die deutsche Offensive vorbereitet ist.

Die deutsche Wehrmachtsführung und der deutsche Diktator Adolf Hitler verfolgen das Ziel, durch schnelle Panzervorstöße die Hauptstreitkräfte der Roten Armee im europäischen Teil der UdSSR zu umzingeln und zu vernichten. In der »Weisung Nr. 21«, in der Hitler die Ziele des Krieges gegen die Sowjetunion unter dem Codenamen »Unternehmen Barbarossa« formulierte, wird der deutschen Wehrmacht die Aufgabe gestellt, schnellstmöglich eine Linie zu erreichen, »aus der die russische Luftwaffe reichsdeutsches Gebiet nicht mehr angreifen kann. Das Endziel der

*Deutsche Panzer dringen weit in sowjetisches Gebiet an der Ostfront vor, um die Truppen der Roten Armee einzuschließen. In den ersten Kriegsjahren kommen vornehmlich Panzer des Typs »Panzerkampfwagen III« zum Einsatz, die seit dem Jahr 1936 gebaut werden und 1938/39 in einer verbesserten Version in Serie gingen.*

---

### Kriegsgeschehen an der Ostfront

**5. Juli:** Deutsche Truppen setzen zum Durchbruch durch die sog. Stalinlinie an.

**7. Juli:** Wehrmachtsverbände erobern Salla an der finnischen Front.

**8. Juli:** Adolf Hitler beschließt, Moskau und Leningrad dem Erdboden gleichzumachen.

**9. Juli:** Nach Abschluss der Doppelschlacht von Bialystok und Minsk geraten 328 000 sowjetische Soldaten in Gefangenschaft. Deutsche Einheiten nehmen Schitomir, Witebsk und Pleskau (Pskow).

**11. Juli:** Bei Mogiljow überschreitet die Panzergruppe 2 unter Generaloberst Heinz Guderian den Dnjepr.

**13. Juli:** Truppen der Roten Armee erobern bei einem Gegenangriff Rogatschow und Schlobin.

**16. Juli:** Smolensk und Kischinjow werden von deutschen Einheiten erobert (→ S. 134).

**21. Juli:** Die deutsche Luftwaffe fliegt ihren ersten Angriff auf Moskau(→ S. 131).

**31. Juli:** Die deutsche 16. Armee erreicht den Ilmensee.

---

9. JULI

# Kesselschlachten von Bialystok und Minsk

Nach Abschluss der ersten großen Doppelschlacht im Krieg gegen die Sowjetunion geraten rund 328 000 Soldaten der Roten Armee in deutsche Kriegsgefangenschaft. In den Kesseln von Bialystok und Minsk werden u.a. die 3., die 10. und die 13. sowjetische Armee vernichtend geschlagen.

Nach deutschen Meldungen verliert die Rote Armee 1809 Geschütze und 3332 Panzer. In Kommentaren deutscher Zeitungen wird die Doppelschlacht propagandistisch ausgeschlachtet und in eine Reihe mit historischen Schlachten gestellt.

Die »Münchner Neuesten Nachrichten« schreiben dazu: »Aber nur die Doppelschlacht von Bialystok und Minsk bannte eine Weltkrise. Sie rettete Europa vor der Invasion des Bolschewismus.«

Die Einkesselung großer sowjetischer Armeeverbände durch deutsche Truppen ist zentraler Bestandteil der deutschen Strategie. Schnelle Panzereinheiten stoßen keilförmig tief ins sowjetische Hinterland vor, ohne sich auf Gefechte mit zwischen den Keilen stehenden sowjetischen Truppen einzulassen. Wenn sie die Fronttruppen der Roten Armee hinter sich gelassen haben, schwenken sie ein und schließen so gemeinsam mit der nachrückenden Infanterie die sowjetischen Verbände ein, die ohne Nachschub schnell kapitulieren müssen.

Die deutschen Erfolge in den Kesselschlachten müssen jedoch schwer und verlustreich erkämpft werden, da die sowjetischen Einheiten auch in aussichtslosen Situationen zähen Widerstand leisten. Dadurch werden deutsche Truppen gebunden und können nicht so schnell wie von der Heeresleitung ursprünglich geplant weiter vorstoßen.

Da die deutschen Truppen zudem Schwierigkeiten mit dem Gelände und starken Regenfällen haben, können sie sowjetische Einheiten nicht schnell genug einschließen.

Einheiten der Roten Armee können aus der Umzingelung entkommen und sich im Hinterland zu einer neuen starken Verteidigungslinie formieren.

*In Schitomir trifft deutsche Infanterie auf Einheiten der Roten Armee und liefert sich mit ihnen ein Gefecht.*

Operation ist die Abschirmung gegen das asiatische Russland aus der allgemeinen Linie Wolga–Archangelsk«. Mit jedem Tag aber wächst der Widerstand der Roten Armee gegen die vorrückenden deutschen Verbände, so dass sich deren Vormarsch verlangsamt.

Die Schlagkraft der deutschen Verbände wird darüber hinaus geschwächt durch unterschiedliche strategische und taktische Vorstellungen über die Kriegsführung in der Wehrmachtsspitze und durch unvorhersehbare Befehlsänderungen von Hitler (→ S. 134).

*Nach der Doppelschlacht um Bialystok und Minsk werden zahlreiche sowjetische Soldaten von deutschen Truppen in ein Sammellager bei Minsk gebracht.*

*Ein langer Zug sowjetischer Kriegsgefangener trifft nach verlorenem Kampf im Durchgangslager an einer der Rückzugsstraßen beim Kessel von Bialystok ein.*

## 10. JULI

# Partisanen kämpfen weiter

Beim Zentralkomitee der Kommunistischen Partei der Sowjetunion (KPdSU) in Moskau wird der Stab der zentralen Partisanenbewegung gegründet.

Aufgabe des Gremiums ist es, in den von deutschen Truppen besetzten sowjetischen Gebieten den Widerstand zu organisieren und zu koordinieren. Schon am 29. Juni hatten das Zentralkomitee und der Rat der Volkskommissare beschlossen: »In den vom Feind okkupierten Gebieten sind Partisanenabteilungen und Diversionsgruppen zu schaffen für den Kampf gegen Einheiten der feindlichen Armee, zur Entfesselung des Partisanenkrieges überall und allerorts, für die Zerstörung von Brücken, Straßen, Telefon- und Telegrafenverbindungen, zur Niederbrennung der Versorgungslager usw.« Josef W. Stalin rief am 3. Juli in einer über alle Rundfunkstationen ausgestrahlten Ansprache die Bevölkerung zur Unterstützung der Partisanen auf. In den Gebieten, die in deutscher Hand sind, werden die Besatzer durch einen Partisanenkrieg und eine Strategie der »verbrannten Erde« zermürbt.

*Die Not der Zivilbevölkerung wächst.*

*Sowjetische Landarbeiterinnen unterstützen die Soldaten der Roten Armee.*

*Zivilisten in den besetzten sowjetischen Städten werden von Deutschen durchsucht.*

*Sowjetische Partisanin wird von Ungarn festgenommen.*

*Deutsche Soldaten nehmen Partisanen gefangen.*

## 30. JULI

# Waffenhilfe der USA für die UdSSR

In Moskau verhandeln der sowjetische Staatschef Josef W. Stalin und Harry Lloyd Hopkins, der Sonderbotschafter des US-Präsidenten Franklin D. Roosevelt, über materielle Hilfeleistungen der USA für die Sowjetunion.

Hopkins war zuvor in London, wo er mit der britischen Regierung Gespräche über die US-amerikanischen Rüstungslieferungen führte. Im Auftrag von Roosevelt bietet er nun auch Stalin Hilfe in Form von Waffen und Kriegsmaterial an. Unmittelbar nach

Der US-amerikanische Politiker Harry Lloyd Hopkins (*7.8.1890 in Sioux City/Iowa) prägte unter Präsident Franklin D. Roosevelt die Sozialgesetzgebung der USA und war von 1938 bis 1940 Handelsminister des Landes.

dem deutschen Angriff auf die UdSSR hatte die US-Regierung eine Exportsperre für Lieferungen in die UdSSR aufgehoben. Schon im Juli erhält die Sowjetunion Hilfsgüter im Wert von 6,5 Mio. US-Dollar.

Sonderbotschafter Hopkins erhält von Stalin bei den Moskauer Verhandlungen genaue Informationen über Truppenstärke und Bewaffnung der Roten Armee sowie über die Kriegspläne der sowjetischen Militärführung. Daran anschließend macht die Regierung in Moskau genaue Angaben über ihre Wünsche. Sie benötigt vor allem Maschinen und Rohstoffe zur Herstellung von Waffen und Munition, da viele ihrer Produktionsstätten von deutschen Truppen erobert wurden. Neue Anlagen entstehen im Uralgebiet.

Im September kommt es in Moskau zu weiteren Absprachen über britisch-amerikanische Hilfslieferungen für die Sowjetunion (→ S. 144). Bis zum Jahresende werden insgesamt 360 778 t Rüstungs- und Hilfsgüter an die Sowjetunion geliefert; 1941 erhält die UdSSR allein auf einer Transportroute über den Iran 337 Flugzeuge, 10 138 Lkw und Jeeps, 443 t Metalle und Metallprodukte sowie 330 t anderes Material aus den USA.

## 21. JULI

# Erste deutsche Luftangriffe auf sowjetische Hauptstadt

Während der Nacht fliegen 195 deutsche Bomber einen Luftangriff auf die Hauptstadt Moskau.

In den folgenden Nächten greift die deutsche Luftwaffe mit 125 bzw. 141 Flugzeugen erneut die Stadt an (→ S. 146). Die US-amerikanische Nachrichtenagentur United Press berichtet am 23. Juli: »In den ersten Berichten über den Luftangriff auf Moskau wird darauf hingewiesen, dass die deutschen Piloten, die in einer späteren Phase des Angriffs auf Moskau zuflogen, das Flammenmeer in der russischen Hauptstadt auf einer Distanz von über 140 km sehen konnten... Die Fliegerabwehr sei sehr heftig gewesen und inmitten der bereits brennenden Häuser habe man un-

Luftbild eines Angriffs auf Moskau

aufhörlich das Mündungsfeuer der Abwehrgeschütze konstatieren können.« Die deutsche Luftwaffe, die rund 2000 Flugzeuge im Krieg gegen die UdSSR einsetzt, will durch die massiven Angriffe Moskau als Verkehrs- und Nachrichtenzentrum der UdSSR lahm legen.

Die Bombardements sollen außerdem die Bevölkerung der Stadt und des gesamten Landes demoralisieren und ihr die »Unfähigkeit der militärischen Führung« vor Augen führen. Während der Angriffe fliehen die Moskauer Bürger in Keller, Unterstände und unterirdische Stationen des U-Bahnnetzes (s. Abb. oben), wo sie sich mit Feldbetten und Matratzen auf längere Aufenthalte einrichten.

# Rosenberg Minister für den Osten

Adolf Hitler ernennt Alfred Rosenberg, der sich gern als Chefideologe des Nationalsozialismus darstellt, zum Reichsminister für die besetzten Gebiete in der UdSSR.

In einer Richtlinie zu den Aufgaben von Rosenbergs Ministerium heißt es im September: »Dem Reichsminister für die besetzten Ostgebiete sind die neuerdings besetzten Ostgebiete unterstellt. Auf Weisung des Führers richtet er dort bei Aufhebung der Militärverwaltung eine Zivilverwaltung ein. Er leitet und beaufsichtigt die gesamte Verwaltung dieses Raumes und vertritt die Souveränität des Reiches in den besetzten Ostgebieten.«

Die nationalsozialistische Führung will durch diese Maßnahme die besetzten sowjetischen Gebiete der Wehrmachtskontrolle entziehen, um ihre Besatzungsziele schneller erreichen zu können. Die Ermordung der jüdischen Bevölkerung (→ S. 133),

aller kommunistischen Funktionäre und der Roma und Sinti sowie die wirtschaftliche Ausbeutung der besetzten Regionen sind Hauptinteressen des NS-Regimes. Unter Rosenbergs Leitung werden zunächst die Reichskommissariate Ostland und

---

### NS-Ideologe Alfred Rosenberg

Der 1893 in Reval geborene Alfred Rosenberg war 1919 in die NSDAP eingetreten und 1923 Hauptschriftleiter des Parteiorgans »Völkischer Beobachter« geworden. Der fanatische Antisemit und Nationalist veröffentlichte 1930 das selbst von Hitler gering geschätzte Buch »Der Mythos des zwanzigsten Jahrhunderts«, eine krude Darstellung seiner Ideen. Rosenberg befasst sich hauptsächlich mit der »Erforschung der Judenfrage«, wozu er so genannte »Forschungsinstitute« gründete.

Ukraine unter Hinrich Lohse und Erich Koch eingerichtet, die beide mit brutaler Gewalt gegen die einheimische Bevölkerung vorgehen.

## Pétains autoritäre neue Verfassung

Der Staatschef des von deutschen Truppen nicht besetzten Teils von Frankreich, Marschall Philippe Pétain, erläutert vor dem zuständigen Ausschuss der Nationalversammlung seine Vorstellungen von einer neuen Verfassung.

Pétain, der eng mit dem Deutschen Reich zusammenarbeitet, strebt die Errichtung eines autoritären und streng hierarchisch aufgebauten Staatsapparates an. Aus allen wichtigen Gesellschaftsgruppen soll eine kleine Zahl von Beratern ausgewählt werden. Sie sollen einer Person zuarbeiten, die an der Spitze des Staates steht und der alle unteren Stellen gegenüber verantwortlich sind. Der rechtsextrem gesinnte französische Staatschef, der im Juli 1940 dieses Amt übernommen hatte (→ S. 74), lehnt sich stark an den Aufbau des »Führerstaates« im Deutschen Reich an.

---

HINTERGRUND

## Geheime Protokolle zeugen von Hitlers Plänen und Ideen

Von den im Führerhauptquartier »Wolfsschanze« im Beisein von Adolf Hitler eingenommenen Mahlzeiten werden auf Betreiben des Chefs der Parteikanzlei, Martin Bormann, insgeheim stichpunktartige Protokolle angefertigt, die später in Anlehnung an den genauen Wortlaut ergänzt werden.

Über die zukünftige europäische Politik sagt Hitler: »Wir dürfen von Europa keine Germanen mehr nach Amerika gehen lassen. Die Norweger, Schweden, Dänen, Niederländer müssen wir alle in die Ostgebiete hereinleiten: Wir stehen vor der großen Zukunftsaufgabe, planmäßige Rassenpolitik zu betreiben.« Ziel der Besiedlung im Osten sei es, ein unabhängiges »germanisches Weltreich« zu bilden: »Wir werden, einschließlich Baumwolle, der autarkste Staat, den es gibt. Das einzige, was wir nicht haben werden, wird der Kaffee sein, aber eine Kaffeekolonie werden wir schon irgendwo zusammenkratzen! Holz haben wir genü-

gend, Eisen unbegrenzt, die größten Manganerz-Vorkommen der Welt, Öl, da schwimmt alles!«

Am 1. Dezember spricht Hitler auch über seine Auffassung zur »Judenfrage«: »Vor zehn Jahren hat unsere ganze intellektuelle Welt noch keine Vorstellung davon gehabt, was ein Jude ist... Viele Juden sind sich auch des destruktiven

Charakters ihres Daseins nicht bewusst gewesen. Aber wer das Leben zerstört, setzt sich dem Tod aus, und etwas anderes geschieht auch ihnen nicht.«

*Adolf Hitler bei einem Spaziergang in den Außenanlagen des Führerhauptquartiers »Wolfsschanze« in Ostpreußen*

*V.l.: Hermann Göring, Wilhelm Keitel, Heinrich Himmler und Hitler bei einer Besprechung im Hauptquartier*

**31. JULI**

# Massaker an Juden in UdSSR

In Kischinjow endet ein Massaker der Einsatzgruppe D der Sicherheitspolizei und des Sicherheitsdienstes der SS an Juden, bei dem seit dem 17. Juli mehr als 12 000 Menschen getötet wurden.

Die Aufgabe dieser Einsatzgruppen, von denen vier hinter der Front im Krieg gegen die Sowjetunion eingesetzt werden, ist die systematische Ermordung von kommunistischen Funktionären, Juden, Roma, Sinti und »asiatisch-minderwertigen« Menschen in der Sowjetunion.

### Massaker der Einsatzgruppen

| Ort | Zahl | Ort | Zahl |
|---|---|---|---|
| Augustów | 1500 | Lemberg (Lwow) | 3000 |
| Bialystok | 5200 | Liepaja (Libau) | 3000 |
| Brest-Litowsk | 5000 | Marculesti | 1000 |
| Chotin | 3000 | Minsk | 2000 |
| Czyzewo | 3500 | Nikolajew | 5000 |
| Gródek | 1000 | Pinsk | 11000 |
| Jassy | 4000 | Radzilow | 1500 |
| Jelgava | 2000 | Schitomir | 2500 |
| Kamenez-Podolski | 14000 | Szczuczyn | 1900 |
| | | Tarnopol | 5000 |
| Kirowograd | 6000 | Tschernowzy | 4000 |
| Kischinjow | 12300 | Wilna (Vilnius) | 5000 |
| Kowno (Kaunas) | 3000 | Zloczow | 3500 |

(Orte und Zahl der ermordeten Juden zwischen dem 22.6.1941 und dem 31.8.1941, Auswahl)

*Oben links: Fotos von ermordeten Juden aus der Sowjetunion werden gezielt zu antisowjetischer Propaganda eingesetzt, indem suggeriert wird, sie seien Opfer der »bolschewistischen Untermenschen«.*

*Oben rechts: Opfer des deutschen Massenmordes an der Zivilbevölkerung hinter einem Bretterverschlag; die nationalsozialistischen Einsatzgruppen arbeiten zumeist von der Öffentlichkeit unbeobachtet.*

*Links: Gefangen genommene Zivilisten werden in der deutschen Presse als Mörder ihrer Landsleute dargestellt. Mit allen Mitteln will die NS-Propaganda den Überfall auf die Sowjetunion rechtfertigen.*

Sofort nach der Besetzung eines Ortes durch deutsche Truppen rücken die Einsatzgruppen ein, treiben die ortsansässigen Juden zusammen, transportieren sie aus den Städten hinaus und erschießen sie auf einem abgelegenen Gelände, nachdem sie den Juden Kleidung und Wertsachen weggenommen haben. Die Einsatzgruppen bedienen sich auch einheimischer Antisemiten, durch die sie Aufenthaltsorte von Juden erfahren und die sie bei den Massenerschießungen einsetzen. Die vier Einsatzgruppen umfassen 3000 Mann, die mit Wissen und z.T. mit Unterstützung der Wehrmachtsführung hinter den Frontlinien ihre »Sonderaufgaben im Auftrag des Führers« erfüllen (→ S. 110). Ihre Instruktionen erhalten sie ausschließlich mündlich. Seit Mai 1941 waren sie auf ihren Auftrag vorbereitet worden.

**HINTERGRUND**

## Befehl zur »Endlösung der Judenfrage«

**Reichsmarschall Hermann Göring** erteilt am 31.Juli dem Chef der Sicherheitspolizei und des Sicherheitsdienstes der SS, Reinhard Heydrich, den Auftrag, »alle erforderlichen Vorbereitungen für eine Gesamtlösung der Judenfrage im deutschen Einflussbereich in Europa zu treffen«.

Heydrich erhält damit die Vollmacht, alle Maßnahmen für die »Endlösung« einzuleiten, wie Göring die Vernichtung aller im deutschen Einflussbereich lebenden Juden in seinem Brief nennt.

Schon im Januar 1939 war Heydrich von Göring beauftragt worden, »die Judenfrage... einer den Zeitverhält-

nissen entsprechend möglichst günstigen Lösung« zuzuführen, womit eine Beschleunigung der jüdischen Auswanderung gemeint war. Aufgrund der Ausschreitungen in der Pogromnacht 1938 (»Reichskristallnacht«) hatte die NS-Führung beschlossen, das »Judenproblem« mit staatlichen Mitteln zu »lösen«. Durch die Anweisung vom 31. Juli 1941 werden die Auswanderungen gestoppt.

Außer Heydrich wird auch der Kommandant des Konzentrationslagers Auschwitz, Rudolf Höß, darüber informiert, dass der deutsche Diktator Adolf Hitler die »Endlösung der Judenfrage« befohlen

habe (→ S. 141). Ziel des Befehls ist es, ein effektives Instrumentarium zum Massenmord zu entwickeln – in Amts- und Rechnungsstuben der beteiligten Institutionen wird der Kostenaufwand der Mordvarianten genau berechnet.

In den Aufzeichnungen liest sich der Holocaust wie die Kosten-Nutzen-Abwägung eines gigantischen Industrieunternehmens. Heydrichs Experten können bei ihren Überlegungen insbesondere auf die Erfahrungen während der »Aktion T4« zurückgreifen, der bei Kriegsausbruch anlaufenden Ermordung seelisch und körperlich unheilbar Kranker (→ S. 21).

## 5. AUGUST

# »Pyrrhus-Sieg« bei Smolensk

**Nach dreiwöchigen Kämpfen besiegen deutsche Truppen der Heeresgruppe Mitte Verbände der Roten Armee im Raum Smolensk.**

Nach Abschluss einer verlustreichen Kesselschlacht machen die Deutschen 310 000 Gefangene. Trotz des Sieges hat die Wehrmacht beim Vormarsch einen entscheidenden Zeitverlust hinnehmen müssen, der durch Hitler noch ausgeweitet wird.

Schon am 15. Juli hatten Panzertruppen die Außenbezirke von Smo-

*Die Stadt Witebsk nördlich von Smolensk ist nur eine von vielen Städten, die die deutschen Truppen bei ihrem Vormarsch in der Sowjetunion zerstört hinterlassen.*

lensk erreicht. Sie sollten in einer weiten Umfassungsbewegung die dort stationierten sowjetischen Verbände einkesseln. Die Panzertruppen stießen jedoch auf massiven Widerstand

der Roten Armee, der ihren Vormarsch zeitweise zum Stehen brachte. Währenddessen formierte die Rote Armee eine Verteidigungslinie rund 40 km östlich von Smolensk u.a.

mit Truppenverbänden, die aus dem deutschen Kessel entkommen konnten. Die sowjetische Militärführung will den deutschen Vormarsch auf Moskau um jeden Preis aufhalten.

Während der Schlacht spitzt sich in der deutschen Führung ein Streit über die Oststrategie zu. Seit dem Beginn von »Barbarossa« (→ S. 124) stieß die Heeresgruppe Mitte mit Richtung Moskau besonders schnell vor. Im Norden und Süden verlief der Vormarsch langsamer. Generalstabschef Franz Halder plädiert dennoch für einen raschen »Marsch auf Moskau«, um den wichtigsten Verkehrsknotenpunkt und vor allem die politische Herrschaftszentrale auszuschalten. Hitler will demgegenüber jedoch erreichen, dass die Heeresgruppen Nord und Süd aufschließen und vor allem Wirtschaftsgebiete erobert werden.

## 25. AUGUST

# Briten und Sowjets besetzen den Iran

**Britische Truppen überschreiten von Süden und Westen, sowjetische von Norden die Grenzen des Iran.**

Die Einheiten dringen rasch ins Landesinnere vor. Die Regierungen begründen gegenüber Teheran ihre In-

*M. Resa Pahlawi*     *Resa K. Pahlawi*

tervention mit Erkenntnissen über Spionage- und Terroraktionen der im Iran lebenden Deutschen. Tatsächlich will sich die britische Regierung den Zugang zu den außerordentlich wichtigen iranischen Ölfeldern sichern. Am 28. August kapitulieren die iranischen Streitkräfte – das Land bleibt besetzt. Der iranische Schah Resa Khan Pahlawi muss am 16. September zugunsten seines Sohnes Mohammed zurücktreten.

## 14. AUGUST

# Polen kämpfen auf sowjetischer Seite

**Polens Exilregierung in London und die sowjetische Regierung unterzeichnen ein Militärabkommen über ihre Zusammenarbeit im Krieg.**

Das Abkommen sieht die Freilassung der Polen vor, die nach der Zerschlagung des Landes im September 1939 in sowjetische Kriegsgefangenschaft geraten sind. Sie sollen unter dem Kommando des polnischen Generals Wladyslaw Anders eine eigene Armee in der Sowjetunion bilden.

Nach der Aufnahme der beiderseitigen Kontakte am 30. Juli ist das Militärabkommen ein weiterer Schritt zur Normalisierung der Beziehungen zwischen beiden Regierungen. Die Freilassung der internierten Polen kommt in der Folgezeit aber nur schleppend voran. Auch kann die sowjetische Führung keine zufriedenstellende Auskunft über den Verbleib von 15 000 seit ihrer Gefangennahme vermissten polnischen Offizieren und Unteroffizieren geben.

Im Jahre 1943 finden deutsche Truppen Massengräber von polnischen Soldaten bei Katyn (→ S. 278). Der Fund führt zum Bruch zwischen der Sowjetunion und der Exilregierung in London.

## 7. AUGUST

# Stalin wird neuer Oberbefehlshaber

**Der sowjetische Staatschef Josef W. Stalin ernennt sich selbst zum Oberbefehlshaber der Roten Armee.**

Bereits seit Juli werden die sowjetischen Streitkräfte reorganisiert. Zur Koordinierung der militärischen Einsätze und zur Erleichterung der strategischen Führung im Verteidigungskrieg wurde Mitte Juli die gesamte Front auf drei Oberkommandos aufgeteilt.

Durch die Aufstellung neuer Nachrichteneinheiten kann das vor Kriegsausbruch vernachlässigte Informationswesen deutlich verbessert werden. Bis zum Jahresende werden zudem neun Pioniereinheiten aufgestellt, deren Aufgabe der Ausbau der Verteidigungsanlagen ist. Durch eine intensive ideologische Schulung werden die Soldaten der Roten Armee auf Stalin als Heerführer eingeschworen. Spezielle Kommandos sollen zudem die häufigen Desertionen in der Roten Armee mit allen Mitteln verhindern.

In der Rüstungsindustrie konnte trotz der Gebietsverluste die Produktion im zweiten Halbjahr des Jahres 1941 gegenüber den ersten sechs Monaten um mehr als 300% gesteigert werden.

## 28. AUGUST

# Umsiedlung der Wolgadeutschen

**Die sowjetische Führung beschließt die Umsiedlung der deutschstämmigen Bewohner des Wolgagebietes.**

Die gesamte Bevölkerung in diesem Gebiet wird nach dem Willen Moskaus nach Sibirien umgesiedelt.

Die Maßnahme wird begründet mit Aktivitäten deutscher Agenten in dieser Region, die sich gegen die Sowjetunion richten. Diese Fünfte Kolonne sei bereit, »auf ein deutsches Signal hin Explosionen und Sabotage auszulösen«. Tatsächlich gab es von deutscher Seite Versuche, die Wolgadeutschen für ihre Aggressionspolitik einzuspannen. In Teilen der Bevölkerung hat der deutsche Überfall auf die UdSSR Hoffnungen auf eine Befreiung von der stalinistischen Diktatur geweckt. Ähnliche Beobachtungen machten deutsche Wehrmachtseinheiten in der Anfangsphase von »Barbarossa« auch im Westen der UdSSR unter der slawischen Bevölkerung.

Deutsche Truppen wurden zunächst oft freudig begrüßt. Mit Etablierung des deutschen Unterdrückungsregimes in den besetzten Gebieten (→ S. 133) wandelte sich diese Stimmung aber innerhalb kürzester Zeit ins Gegenteil (→ S. 130).

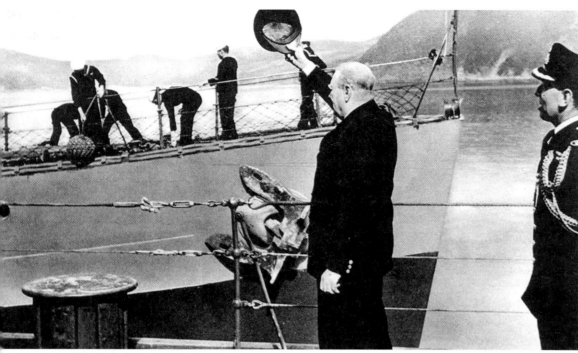

*Winston Churchill verabschiedet Präsident Franklin D. Roosevelt bei dessen Abreise mit dem Kreuzer »Augusta«.*

---

### 14. AUGUST

# Atlantikcharta wird verkündet

**US-Präsident Franklin D. Roosevelt und der britische Premierminister Winston Churchill verkünden die Atlantikcharta.**

Die beiden Regierungschefs hatten diese Erklärung zu gemeinsamen Friedenszielen bei einem Treffen vom 9. bis 12. August an Bord des US-amerikanischen Kreuzers »Augusta« und des britischen Schlachtschiffes »Prince of Wales« in der Argentia-Bucht vor Neufundland erarbeitet. Die Atlantikcharta wird zu einer Basis der Vereinten Nationen.

In der Charta sind die Prinzipien niedergelegt, die beide Staaten nach dem Krieg verwirklichen wollen, u.a. das Selbstbestimmungsrecht der Völker. Bei den geheim gehaltenen Verhandlungen gab es Meinungsverschiedenheiten in den Fragen des freien Zugangs zu den Weltrohstoffen und des freien Welthandels. Churchill wehrte sich lange gegen diesen Passus, der eine Einschränkung der britischen Kolonialpolitik mit sich bringt, beugte sich aber, weil Großbritannien abhängig ist von US-amerikanischer Unterstützung. Elliott Roosevelt, der Sohn des US-Präsidenten, der bei den Unterredungen anwesend war, beschreibt die Verhandlungen zu dieser Frage: »All-

mählich, fast unmerklich glitt der Kommandomantel von den britischen auf die amerikanischen Schultern... Churchill hatte sich erhoben und durchmaß mit weiten Schritten das Zimmer... Endlich rief er aus: ›Herr Präsident, ich glaube, Sie wollen das britische Empire zerstören. Alle Ihre Ideen über die Ordnung des Friedens nach dem Krieg zeigen dies

an. Aber dennoch wissen wir, dass Sie unsere einzige Hoffnung sind.‹« Über das Treffen der beiden Regierungschefs schreibt die »New York Times«: »Die Zusammenkunft bedeutet den Beginn einer neuen Ära, in der die Vereinigten Staaten entschlossen sind, die einer großen Weltmacht zustehenden Verantwortlichkeiten zu übernehmen...«

*An Bord der »Augusta« begrüßt der US-amerikanische Präsident Franklin D. Roosevelt (2.v.r., neben seinem Sohn Elliott Roosevelt) kurz nach seiner Ankunft vor der Küste Neufundlands den britischen Premierminister Winston Churchill (l.), der ihm einen Brief König Georgs VI. überreicht. Während der Besprechungen bleiben die beiden Staatsmänner an Bord.*

Dörfer und Städte werden während des Russlandfeldzuges völlig zerstört.

Straßenszene in einer sowjetischen Stadt; die Deutschen herrschen mit Terror.

### HINTERGRUND

## Terror gegen die Bevölkerung

**Die deutsche Besatzungsherrschaft nach dem Überfall auf die UdSSR gründet auf Brutalität und Terror.**

Der Krieg gegen die Sowjetunion erscheint in den Augen Hitlers und der NS-Führung als der große Kampf um »Lebensraum«. Nach Hitlers rassistischer Weltanschauung sind die Menschen, die in der Sowjetunion leben, gegenüber der »germanischen Rasse« als minderwertig zu betrachten. Um eine radikale Umgestaltung des Ostens nach nationalsozialistischen Wertmaßstäben zu ermöglichen, sollen sie zu Dienern und Knechten der »Herrenrasse« degradiert werden oder durch Mord und Terror aus den eroberten Gebieten »entfernt« werden. Schon Monate vor dem Überfall steht für die NS-Wirtschaftsexperten fest, dass »viele 10 Mio. Menschen« in diesem Prozess »überflüssig werden« und »sterben oder nach Sibirien abwandern«. Zwischen dem 22. Juni 1941 und Kriegsende werden in der Sowjetunion 5,7 Mio. Rotarmisten gefangengenommen, von denen bis 1945 etwa 3,3 Mio. der geplanten Unterversorgung und unmenschlichen Behandlung zum Opfer fallen. Viele von ihnen sterben bereits auf den qualvollen Märschen, die über Hunderte von Kilometern in die

---

### 4. AUGUST

# Arbeitsdienstpflicht verlängert

**Schulentlassene Mädchen müssen nach Beendigung des sechsmonatigen Arbeitsdienstes einen sog. Kriegshilfsdienst von weiteren sechs Monaten ableisten.**

Das sieht ein »Erlass des Führers und Reichskanzlers Adolf Hitler über den weiteren Einsatz des Reichsarbeitsdienstes für die weibliche Jugend« vor. Der Kriegshilfsdienst, von dem in diesem Jahr rund 100 000 Mädchen und Frauen betroffen sind, kann im Bürobetrieb der Wehrmacht, in Krankenhäusern, Lazaretten, Erholungsheimen und sozialen Einrichtungen des Staates sowie bei hilfsbedürftigen, kinderreichen Familien abgeleistet werden. Unmittelbar nach Veröffentlichung des Erlasses wird kritisiert, dass »zwar dem Bedarf in der Hauswirtschaft und den Krankenhäusern Rechnung getragen ist, aber nicht dem der Rüstungsindustrie.«

### 21. AUGUST

## »Ihr behandelt die Leute wie Vieh«

**Aus dem von deutschen Truppen besetzten Lothringen werden 240 Menschen von nationalsozialistischen Behörden ins Saarland deportiert.**
Anlass ist die Flucht Jugendlicher vor dem Reichsarbeitsdienst und die Weigerung ihrer Angehörigen, Auskunft über deren Aufenthaltsorte zu geben. Die Bevölkerung Lothringens reagiert mit Empörung, ebenso wie auf die Ankündigung, dass lothringische Eisenbahner und Lehrer ins Deutsche Reich versetzt werden.

Auch im Elsass wenden sich große Teile der Bevölkerung unvermindert heftig gegen die deutschen Besatzer. Ein nationalsozialistischer Ortsgruppenleiter in Kirchberg wird bedroht: »Ich möchte Euch bitten, so langsam das Testament zu machen, ... wir sind auch nur Menschen, ... aber Ihr behandelt die Leute wie Vieh. Das Blatt dreht sich wieder, aber dann wird abgerechnet.«

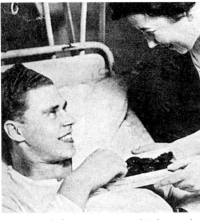

Propagandafotos zeigen verschiedene Arbeitsfelder, in denen Frauen und Mädchen im Kriegshilfsdienst eingesetzt werden: Die Versorgung verwundeter Soldaten im Lazarett, Hauswirtschaftsaufgaben und Kinderbetreuung.

*Obdachlose sowjetische Bauernfamilien fliehen mit der letzten Habe.*

*Während einer Exekution*

*Requiriertes russisches Getreide*

deutschen Gefangenenlager führen. Hinter den deutschen Wehrmachtsverbänden rücken Einsatzgruppen der SS und der Sicherheitspolizei ein und beginnen mit der systematischen Ermordung ganzer Bevölkerungsgruppen (→ S. 133).

Gemäß dem sog. Kommissarbefehl vom 6. Juni beteiligen sich auch Wehrmachtsangehörige an den brutalen Ermordungen. Partisanenaktivitäten werden von den deutschen Besatzern mit massenhaften Erschießungen beantwortet. Ende 1941 setzt aufgrund der Ankurbelung der deutschen Kriegswirtschaft die Rekrutierung sowjetischer Arbeitskräfte ein, die bald in brutale Zwangsmaßnahmen wie »Inbrandsetzung des Hauses.... Fesselung und Misshandlung...« sowie »Zwangsaborte von schwangeren Frauen« münden. Bis Mitte 1944 werden etwa 2,8 Mio. so genannte Ostarbeiter ins Deutsche Reich verschleppt. Viele von ihnen werden in Industrieunternehmen und in der Landwirtschaft als Zwangsarbeiter eingesetzt.

Um ein weiteres wichtiges Ziel des Ostfeldzuges zu erreichen – die wirtschaftliche Ausbeutung – zwingen die nationalsozialistischen Reichskommissare die Bewohner zu Arbeiten, deren Erträge dem Deutschen Reich zugute kommen. Den Menschen in der Sowjetunion bleiben kaum Nahrung, Kleidung und Brennstoffe. Sämtliche Erzeugnisse werden von den Armeen verbraucht, so dass die Menschen unter Hunger und Not leiden.

---

## 14. AUGUST

# Franziskanerpater Kolbe ermordet

Im KZ Auschwitz wird der aus Polen stammende Franziskanerpater Maximilian Kolbe im Alter von 47 Jahren durch eine Phenolinjektion ermordet.

Er war zuvor in den Hungerbunker gesperrt worden und soll dort gemeinsam mit neun Häftlingen für die Flucht eines Lagerinsassen büßen. Nach dem Tod von sechs Häftlingen werden die noch lebenden getötet. Kolbe hatte sich statt des Familienvaters Franciszek Gajowniczek gemeldet.

Maximilian Kolbe war am 7. Januar 1894 in Zdunska-Wola geboren worden. Als 17-Jähriger hatte er das erste Gelübde des Franziskanerordens abgelegt. Nach seinem Theologiestudium wurde er 1918 Priester. 1927 war er an der Gründung der Klosterstadt Niepolkalanow beteiligt. Im Februar 1941 wurde der Pater nach Auschwitz deportiert, wo er trotz der schwierigen Bedingungen Seelsorger blieb.

---

## 23. AUGUST

# Einfluss de Gaulles wächst

Der französische General Charles de Gaulle bildet sein Provisorisches Komitee in London in ein Nationalkomitee um, das u.a. die Beziehungen zu westlichen Regierungen intensivieren soll.

Diesem tritt ein beratender Nationalrat zur Seite. Die Umbildung ist Ausdruck der gefestigten Position der sog. Freien Franzosen, die sich nach der Besetzung und Teilung Frankreichs im Juni 1940 (→ S. 66) um de Gaulle geschart haben. Charles de Gaulle hatte Frankreich kurz vor der Kapitulation verlassen können. Er begann unmittelbar nach der Unterzeichnung des Waffenstillstandes durch die Regierung von Philippe Pétain im Juni 1940 den Widerstand zu organisieren. Die freifranzösische Bewegung strebt die Wiedervereinigung

*General Charles de Gaulle (l.) beim Besuch freifranzösischer Soldaten*

Frankreichs an, den Abzug der deutschen Besatzungstruppen und die Absetzung der Pétain-Regierung, die sich nur mit Duldung der deutschen Besatzer im Amt hält. Nach anfänglichen Schwierigkeiten hatte de Gaulles Bewegung wachsenden Zulauf, so dass er schon bald eigene Streitkräfte aufstellen konnte.

---

## 27. AUGUST

# Pierre Laval bei Attentat verletzt

Bei einer Festveranstaltung in Versailles für die ersten französischen Freiwilligentruppen, die auf deutscher Seite im Krieg gegen die Sowjetunion eingesetzt werden, schießt ein Anhänger General Charles de Gaulles auf den früheren Ministerpräsidenten Pierre Laval.

Laval und Marcel Déat, der Initiator der Freiwilligentruppen, werden schwer verletzt. Laval, der sich für einen Kriegseintritt Frankreichs im Bündnis mit Hitler-Deutschland einsetzt (→ S. 74), musste nach einem missglückten Umsturzversuch gegen den gemäßigteren Marschall Philippe Pétain am 8. Januar in das deutsch besetzte Paris fliehen (→ S. 191).

De Gaulle organisiert von Großbritannien aus den Widerstand gegen die deutschen Besatzer und die Pétain-Regierung im unbesetzten Teil des Landes, die mit den Deutschen kollaboriert.

ZITAT

## Bischofswort zur »Euthanasie«

*Der Bischof von Münster, Clemens August Graf von Galen (s. Abb.), bezeichnet in der Sonntagspredigt am 3. August die Tötung von Geisteskranken durch die nationalsozialistischen Machthaber als Mord:*

»Seit einigen Monaten hören wir Berichte, dass aus Heil- und Pflegeanstalten für Geisteskranke auf Anordnung von Berlin Pfleglinge, die schon länger krank sind und vielleicht unheilbar krank erscheinen, zwangsweise abgeführt werden. Regelmäßig erhalten dann die Angehörigen nach kurzer Zeit

die Mitteilung, die Leiche sei verbrannt, die Asche könne abgeliefert werden.

Allgemein herrscht der an Sicherheit grenzende Verdacht, dass diese zahlreichen unerwarteten Todesfälle von Geisteskranken nicht von selbst eintreten, sondern absichtlich herbeigeführt werden, dass man dabei jener Lehre folgt, die behauptet, man dürfe so genanntes ›lebensunwertes Leben‹ vernichten, also unschuldige Menschen töten, wenn man meint, ihr Leben sei für Volk und Staat nichts mehr wert. Eine furchtbare Lehre, die die Ermordung Unschuldiger rechtfertigen will, die die gewaltsame Tötung nicht mehr arbeitsfähiger Invalider, Krüppel, unheilbar Kranker, Altersschwacher grundsätzlich freigibt... Wenn man den Grundsatz aufstellt und anwendet, dass man den ›unproduktiven‹ Mitmenschen töten darf, dann wehe uns allen, wenn wir alt und altersschwach werden.«

24. AUGUST

# Massenmord vorerst gestoppt

Der deutsche Diktator Adolf Hitler ordnet die Einstellung der »Aktion T4« an, der systematischen Ermordung von psychisch Kranken. Hitler hatte 1939 den Befehl zur Tötung von Menschen gegeben, deren Leben von den Nationalsozialisten als »lebensunwert« betrachtet wird.

Trotz der Anweisung, strengste Geheimhaltung über die Ermordungen in eigens eingerichteten »Euthanasieanstalten« zu bewahren, drangen nach und nach Informationen an die Öffentlichkeit. Personal und Ärzten von Heil- und Pflegeanstalten war die Aussonderung von Kranken durch Untersuchungskommissionen, ihr Abtransport in speziellen Fahrzeugen und die in jedem Fall kurze Zeit später erfolgende Todesmeldung aufgefallen. Sie hatten diese Beobachtungen weitergegeben und vor allem in Kirchenkreisen regte sich massiver Protest gegen die Mordaktion.

Geistliche beider Konfessionen wie der evangelische Landesbischof von Württemberg, Theophil Wurm, und der katholische Kardinal von München und Freising, Michael von Faul-

haber, haben ab 1940 in Schreiben an die Reichsregierung gegen die Morde protestiert (→ S. 71). Schließlich erstattete der Münsteraner Bischof Clemens August Graf von Galen am 28. Juli bei der Staatsanwaltschaft in Münster wegen Mordes Strafan-

*In dem am 29.8.1941 uraufgeführten Film »Ich klage an« wird das Thema des »lebensunwerten« Lebens aufgegriffen (Szene mit H. Hatheyer und P. Hartmann).*

zeige gegen Unbekannt und prangerte die Verbrechen in einer Predigt an.

Unter diesem Druck stellt die nationalsozialistische Führung die »Aktion T4«, durch die 70 273 Menschen getötet wurden, für – wenn auch nur – kurze Zeit ein.

12. AUGUST

## Partisanenkampf in Griechenland

Die deutschen Besatzungstruppen in Griechenland erhalten die Anweisung, ohne Vorwarnung auf Personen zu schießen, die sich in unmittelbarer Nähe von Telegrafenleitungen aufhalten.

In den vergangenen Wochen sind mehrfach Anschläge auf Telefon- und Telegrafeneinrichtungen verübt worden. Kurze Zeit nach der Besetzung Griechenlands durch deutsche Wehrmachtsverbände (→ S. 112) formierten sich Partisanengruppen gegen die deutschen Besatzer.

Eine im Juli ausbrechende Hungersnot hat den Zulauf zum Untergrund noch verstärkt. Auf Kreta (→ S. 123) operiert nach Angaben der Nachrichtenagentur Reuter eine kleine Streitmacht, der auch Briten und Neuseeländer angehören.

29. AUGUST

## Regierung gegen Serbiens Guerilla

In Belgrad bildet General Milan Nedić im Auftrag der deutschen Militärbehörden eine Zivilregierung und wird Ministerpräsident. Die neue Regierung soll den Serben das Gefühl der Unabhängigkeit geben.

In Serbien, dem südöstlichen Teil des im Balkankrieg zerschlagenen Vielvölkerstaates Jugoslawien (→ S. 112), tobt seit Anfang Juli ein Bürgerkrieg. Die kommunistische Guerilla unter Josip Tito (→ S. 229) und die nationalistischen Cetnici (Tschetniks) verüben Anschläge auf deutsche Truppen und militärische Einrichtungen.

Die deutschen Besatzungsbehörden versuchen ihrerseits mit Massenerschießungen die Bevölkerung einzuschüchtern, die auf Seiten der Partisanen steht, haben dabei aber nur wenig Erfolg.

1. AUGUST

## NS-Terrorregime auch in Galizien

In Lemberg (Lwow) wird die Eingliederung der ehemals polnischen Provinz Galizien ins Generalgouvernement vollzogen, das aus den nicht eingegliederten Gebieten Polens 1939 gebildet wurde.

Deutsche Wehrmachtseinheiten hatten Galizien, das nach der Zerschlagung Polens durch deutsche und sowjetische Truppen der UdSSR zugefallen war (→ S. 19), bei ihrem Angriff auf die Sowjetunion erobert.

Der Generalgouverneur Hans Frank kann damit sein Terrorregime – Deportation, Zwangsarbeit und Ghettoisierung der jüdischen Bevölkerung – auch auf Galizien ausdehnen. Für Ansiedlungen Volksdeutscher im Rahmen der »Germanisierungspolitik« wird die Region wegen der agrarischen Struktur interessant.

# NS-Regime im Spiegel des Humors

Witze, die hinter vorgehaltener Hand in der Bevölkerung erzählt werden, drücken Gefühle und Empfindungen aus, die viele Menschen im nationalsozialistischen Deutschen Reich beschäftigen.

Verse wie »Lieber Gott mach mich stumm, dass ich nicht nach Dachau kumm« oder »Alter schützt vor Schutzhaft nicht« zeugen von den Ängsten vieler Menschen vor SS und Gestapo, vor Konzentrationslagern und Gefängnissen. Auch die sich ausbreitende Unzufriedenheit über die schlechte Versorgung mit Lebensmitteln und Gebrauchsgütern des täglichen Bedarfs wird in zahlreichen Witzen zum Ausdruck gebracht: »Welche drei Arten von Ernährten gibt es im Deutschen Reich? Die schlecht Ernährten, die Unter-Ernährten und die Unter-der-Hand-Ernährten.« Zielscheibe des heimlichen Spotts sind die drei führenden Nationalsozialisten Adolf Hitler, Hermann Göring und Joseph Goebbels. Die Frage nach der deutschen Weihnachtsgans wird beantwortet: »Fett wie Göring, schnatternd wie Goebbels, braun wie die Partei und gerupft wie das deutsche Volk.« Über Hitlers Buch »Mein Kampf« ist zu erfahren, »dass es nur noch auf der Kleiderkarte erhältlich ist, da es zu den Spinnstoffen gehört«. Über Hitler selbst wird erzählt: »Hitler besucht eine Irrenanstalt. Er fragt einige Kranke, ob sie wüssten, wer er sei. Als sie verneinend den Kopf schütteln, erklärt er: ›Ich bin Adolf Hitler, der Führer. Ich bin fast so mächtig wie der liebe Gott.‹ Die Kranken schauen sich mitleidig lächelnd an. Einer klopft Hitler auf die Schulter und sagt: ›Ja, ja, so hat es bei uns auch angefangen.‹« Auch die massive Propaganda der nationalsozialistischen Führung ist häufig Thema von Witzen. »Tünnes ist gestorben. Woran denn? Er lag verkohlt im Wohnzimmer vor dem Volksempfänger.«

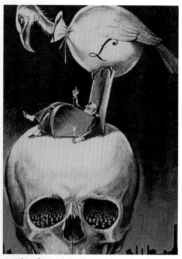

In der französischen Ausgabe der deutschen Zeitschrift »Signal« wird das britische Kapital attackiert.

Churchill, Roosevelt und Stalin (v.l.) als apokalyptische Reiter; Karikatur in der Illustrierten »Die Woche«

Die Pressefreiheit wird in Karikaturen deutscher Zeichner mit Spott kommentiert (aus Zeitschrift »Signal«).

## Karikaturen zeigen dümmliche und hinterlistige Feinde

**Ein wichtiges Mittel der deutschen Propaganda sind Karikaturen.**

Durch sie werden mit geringem Aufwand der großen Leserschaft von Zeitungen und Zeitschriften grotesk verzerrte Bilder der Kriegsgegner und ihrer Verbündeten vermittelt, die sich durch ihr häufiges Erscheinen einprägen. Figuren, die in den Zeitungskarikaturen beinahe täglich auftauchen, sind ein tolpatschiger, großspuriger und dümmlicher britischer Premierminister Winston Churchill, ein überheblicher und raffgieriger US-Präsident Franklin D. Roosevelt und ein hinterlistiger sowjetischer Staatschef Josef W. Stalin. Der russische Bär mit verbranntem Pelz und ein mit Pflastern übersäter britischer Löwe gehören auch zu den ständig benutzten Karikaturen.

Vertreter der nationalsozialistischen deutschen Führung werden in den Zeichnungen deutscher Karikaturisten jedoch nie, auch nicht als positive Helden abgebildet.

Ein US-Propagandaplakat zeichnet den Nationalsozialisten als Henker.

In US-Zeitschriften werden die US-Soldaten als »Sonnyboys« dargestellt.

Eine Karikatur von Boris Efimov zeigt Goebbels als geifernde Micky Maus.

## Fanatischer Hitler umgeben von bornierten Gefolgsleuten

**Auch die Propagandafachleute in den Vereinigten Staaten und in Großbritannien setzen die Karikatur als Mittel ein, die Kriegsgegner Deutsches Reich und Italien in den Augen der Zeitschriften- und Zeitungsleser herabzusetzen.**

Der deutsche Führer und Reichskanzler Adolf Hitler wird von britischen und US-amerikanischen Karikaturisten mit Vorliebe als hysterischer Fanatiker gezeigt, der häufig von Peitschen, Waffen und anderen Folterwerkzeugen umgeben ist. Seine Untergebenen sind als Duckmäuser, Karrieristen und borniere Gefolgsleute dargestellt. Britische und US-amerikanische Karikaturisten beschäftigen sich aber auch satirisch mit den politischen Führern der eigenen Länder.

## 1. SEPTEMBER

# Tragen des Judensterns wird Pflicht

*Jüdische Frau, die sich mit dem gelben Stern kenntlich machen muss*

**Für das Deutsche Reich erlässt die nationalsozialistische Führung eine Polizeiverordnung zur »Kennzeichnung der Juden«.**

Ab dem 19. September müssen alle Juden und Jüdinnen vom sechsten Lebensjahr an »auf der linken Seite auf der Kleidung ein handtellergroßes, aufgenähtes Abzeichen in gelber Farbe, das einen 6-zackigen Stern zeigt, tragen... Auf diesem Stern steht in schwarzer Schrift das Wort ›Jude‹«. Die Polizeiverordnung schreibt weiter vor, dass Juden ihren Wohnsitz nur mit Genehmigung der zuständigen Polizeibehörden verlassen dürfen, auch wenn es sich nur um eine kurzfristige »Abwesenheit« handelt. In einer Meldung des Deutschen Nachrichten-Büros, die von deutschen Tageszeitungen übernommen wird, heißt es zur Begründung dieser Maßnahmen: »Der deutsche Soldat hat im Ostfeldzug den Juden in seiner ganzen Widerwärtigkeit und Grausamkeit kennengelernt... Dieses Erlebnis lässt den deutschen Soldaten und das deutsche Volk in seiner Gesamtheit fordern, dass den Juden in der Heimat die Möglichkeit genommen wird, sich zu tarnen und damit jene Bestimmungen zu durchbrechen, die dem deutschen Volksgenossen die Berührung mit dem Juden ersparen.« Der Sicherheitsdienst der SS berichtet über die Reaktion der Bevölkerung auf die Einführung des Judensterns: »Die Verordnung über die Kennzeichnung der Juden wurde vom überwiegenden Teil der Bevölkerung begrüßt und mit Genugtuung aufgenommen, zumal eine solche Kennzeichnung von vielen schon lange erwartet worden war. Nur in geringem Umfang... wurden einzelne Stimmen des Mitleids laut... Überall ist das erste Auftreten von gekennzeichneten Juden stark beachtet worden. Mit Erstaunen wird festgestellt, wie viele Juden es eigentlich in Deutschland gibt.«

Mit der Einführung der Kennzeichnungspflicht für die jüdische Bevölkerung und des Verbotes, den Wohnort zu verlassen, das im kommenden Monat durch das Auswanderungsverbot für Juden ergänzt wird, beginnen die konkreten Vorbereitungen zur systematischen Ermordung aller Juden im Einflussgebiet des Deutschen Reiches (→ S. 170). Hier wie in den besetzten Gebieten werden die Juden in Listen erfasst, in engen Wohnvierteln zusammengetrieben, von wo aus sie in den kommenden Monaten in die Ghettos in den besetzten osteuropäischen Gebieten deportiert werden.

*Jüdische Frauen und Kinder vor ihrem Abtransport nach Osten, wo Ghettos und Lager zur Internierung und Ermordung errichtet wurden*

*Bei der Ankunft im Konzentrationslager Auschwitz werden die Deportierten von einem SS-Mann durchsucht.*

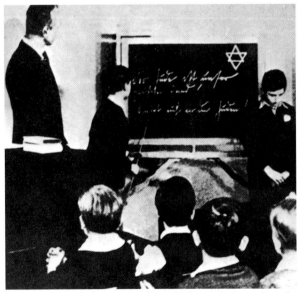

*In deutschen Schulen werden die jüdischen Schüler während des Unterrichts von ihren Klassenkameraden diffamiert.*

*Gaststättenbesitzer weisen auf Plakaten darauf hin, dass Juden nicht bedient werden.*

*Jüdische Familie in Berlin; die Verfolgung wird durch den Stern bis in die Privatsphäre getragen.*

In einem polnischen Ghetto tragen Juden den gelben Stern.

Deutsche Soldaten erschießen jüdische Zivilisten in Polen.

Als Revanche für den Tod eines deutschen Soldaten werden 100 Polen zu ihrer Hinrichtung durch die Stadt geführt.

Jüdische Frauen und Männer, gleich welchen Alters, werden zu den anstrengendsten Straßenarbeiten herangezogen.

---

## 3. SEPTEMBER

# Erster Einsatz von Zyklon B

In Arrestzellen im Keller von Block 11 des Konzentrationslagers Auschwitz finden die ersten »Probevergasungen« von Menschen mit Zyklon B statt, einer blausäurehaltigen Chemikalie, die bisher in der Landwirtschaft zur Insektenbekämpfung eingesetzt wurde.

Nach den »Versuchen« wird im Krematorium des Lagers eine Gaskammer eingerichtet, die mit gasdichten Türen und Luken zum Gaseinwurf ausgestattet ist. Der Kommandant von Auschwitz, Rudolf Höß, berichtet über die »Probevergasung«: »Die Russen mussten sich im Vorraum entkleiden und gingen alle ganz ruhig in den Leichenraum, da ihnen gesagt wurde, sie würden da entlaust. Der ganze Transport ging gerade genau in den Leichenraum. Die Tür wurde zugeschlossen und das Gas durch die Öffnungen hineingeschüttet...«

Rudolf Höß (→ S. 70) war im Sommer des Jahres vom Reichsführer SS und Chef der deutschen Polizei, Heinrich Himmler, unterrichtet worden, dass Adolf Hitler die »Endlösung der Judenfrage« angeordnet habe (→ S. 133). Höß erhielt aus Berlin den Befehl: »Alle... erreichbaren Juden sind jetzt während des Krieges ohne Ausnahme zu vernichten.« Im Januar 1942 findet die so genannte Wannsee-Konferenz zur »Endlösung der Judenfrage« statt.

Die SS testet seit einiger Zeit verschiedene Tötungsverfahren mit Gas, da Massenerschießungen »eine zu große Belastung für die SS-Männer sind, die dies durchführen müssten«. Bei den Massenmorden an sowjetischen Kriegsgefangenen und Juden hinter den Fronten in der UdSSR werden Gaswagen eingesetzt. Diese eigens hergestellten Lkw verfügen über eine Vorrichtung, mit der die Auspuffgase in den Laderaum geleitet werden, in dem die Gefangenen eingesperrt sind. Da diese Methode für die erwartete große Zahl von Morden nicht geeignet ist, entscheidet sich die SS-Führung für die Vergasung mit Zyklon B.

---

## 1. SEPTEMBER

# »Auf Ausbrüche der Volksseele vorbereitet«

Durch die Einführung des Judensterns, den die im Deutschen Reich lebenden Juden tragen müssen, sind diese für jeden Menschen, dem sie begegnen, sofort als Juden zu identifizieren.

Nach Berichten des Sicherheitsdienstes der SS wird die »Judenstern-Verordnung« in weiten Teilen der Bevölkerung zustimmend aufgenommen, doch machen einige Juden auch andere Erfahrungen. Elisabeth Freund, die in Berlin Zwangsarbeit leistet, berichtet: »Seit der letzten Woche tragen wir den Judenstern. Die Wirkung auf die Bevölkerung ist anders als die Nazis erwarteten. Berlin hat noch vielleicht 80 000 Juden... Leute, von denen man nach dem Äußeren nicht angenommen hätte, dass sie Juden sind, tragen den Stern... Alle Maßnahmen gegen die Juden sind bisher im Dunkeln vor sich gegangen. Jetzt kann niemand daran vorbeisehen... Ich höre es von anderen Leuten und erlebe es selbst, dass ich von wildfremden Menschen auf der Straße mit besonderer Höflichkeit gegrüßt werde und dass mir in der Bahn ostentativ Platz gemacht wird, obwohl Sternenträger nur sitzen dür-

### Auswanderung deutscher Juden

| | |
|---|---|
| 1933 | 37 000 |
| 1934 | 23 000 |
| 1935 | 21 000 |
| 1936 | 25 000 |
| 1937 | 23 000 |
| 1938 | 40 000 |
| 1939 | 78 000 |
| 1940 | 15 000 |
| 1941 | 8 000 |

(Schätzwerte; im Deutschen Reich lebten 1933 rund 500 000 Juden)

fen, wenn kein Arier mehr steht. Aber es werden mir auch mal von Straßenjungen Schimpfworte nachgerufen. Und gelegentlich sollen Juden verprügelt worden sein.« Der jüdische Geschichtswissenschaftler Jacob Jacobson beschreibt die Zeit nach der Einführung des Judensterns: »Ich muss gestehen, dass ich auf Ausbrüche der aufgepeitschten Volksseele, auf Spott und Verhöhnung gefasst war, als ich zuerst als Sternträger meine Wohnung in Charlottenburg verließ; aber nichts davon geschah. Die erste, ebenfalls mit dem Stern gekennzeichnete Person, der ich begegnete, war eine mir völlig unbekannte Dame. Unwillkürlich zog ich tief den Hut vor ihr und damit war für mich... der Bann gebrochen. Das soll aber nicht heißen, dass ich nicht später durch den Judenstern zu unangenehmen Zusammenstößen kam. Am ersten Tage aber brachte er mir heimlich zugesteckte Zigaretten ein...«

Schon vor der Einführung der Kennzeichnungspflicht für Juden hatte das nationalsozialistische Regime mit Deportationen von jüdischen Bürgern in die besetzten Ostgebiete begonnen.

*Zwei sowjetische Flugzeuge umkreisen sichernd das Leningrader Hafengebiet zwischen dem hellen Turm der Admiralität (M.) und der Isaak-Kathedrale (r.).*

## 8. SEPTEMBER

# Metropole Leningrad umzingelt

Einheiten der Heeresgruppe Nord der deutschen Wehrmacht an der sowjetischen Front nehmen die Stadt Schlüsselburg (Petrokrepost) am Ladogasee ein.

Das benachbarte Leningrad ist dadurch eingeschlossen, die Landverbindung nach Südosten ist unterbrochen. Eine Versorgung der Bevölkerung während der folgenden 900 Tage dauernden deutschen Belagerung ist nur noch auf dem See- und dem Luftweg möglich. Da bei einem deutschen Vordringen in die Stadt große Verluste durch Straßenkämpfe, Tretminen und Heckenschützen befürchtet werden, ordnet Adolf Hitler die enge Einschließung Leningrads und nicht seine Eroberung an. Bevölkerung und Verteidiger sollen durch Luftangriffe und Artilleriebeschuss mürbe gemacht werden. Die Verteidigung der zweitgrößten Stadt der UdSSR war bereits seit Juli vorbereitet worden, da schon früher mit dem deutschen Angriff gerechnet worden war.

*Der Blick auf die Innenstadt Leningrads vermittelt einen Eindruck von der Architektur der ehemaligen russischen Hauptstadt.*

*Bombentreffer eines deutschen Flugzeugs auf ein sowjetisches Fort zur Verteidigung Leningrads*

*Marschall Kliment J. Woroschilow, der Chef der Leningrader Front*

*Luftaufnahme Leningrads, auf der deutlich die Mündungsarme der Newa mit der Kronstädter Bucht zu sehen sind*

## HINTERGRUND

## 200 Jahre Russlands Hauptstadt

**Das von deutschen Truppen eingeschlossene Leningrad ist nach Moskau die zweitgrößte Stadt der Sowjetunion. Sie liegt an der Mündung der Newa am Finnischen Meerbusen und gehört zu den wichtigsten Verkehrs- und Wirtschaftszentren des Landes.**

Der russische Zar Peter I., der Große, ließ 1703 auf der Haseninsel vor der Newamündung eine Festung bauen. Sie diente der Sicherung von Gebieten, die er zuvor von den Schweden erobert hatte. In unmittelbarer Nähe der Festung, die den Namen St. Petersburg erhielt, wurde der

Hafen Kronstadt angelegt. 40 000 bis 50 000 Arbeiter bauten in den folgenden Jahren die Stadt auf dem sumpfigen Gelände aus und 1712 verlegte Zar Peter I. die Hauptstadt seines Reiches von Moskau nach St. Petersburg.

Die Stadt entwickelte sich während des 18. und 19. Jahrhunderts zum kulturellen, politischen und wirtschaftlichen Zentrum des Zarenreiches. Handels- und Schiffbauunternehmen siedelten sich hier an. Vor der Stadt ließen sich Textilunternehmen, Eisengießereien und andere Industriebetriebe nieder.

In der 1914 in Petrograd umbenannten Stadt kam es in den ersten Jahren des 20. Jahrhunderts zu Aufständen der Arbeiter, die sich gegen ihre schlechte soziale Situation auflehnten. Während der Oktoberrevolution 1917 war die Stadt ein Zentrum der Revolutionäre, die 1919 die Hauptstadt nach Moskau verlegten und Petrograd 1924 in Leningrad umbenannten.

Das Bild der über 500 km² großen Stadt, die zu einem Zehntel von Wasserflächen bedeckt ist, prägen große Plätze, Parks und die zahlreichen historischen Bauwerke.

## Vormarsch in der Ukraine

**Die 6. deutsche Armee unter Generalfeldmarschall Walter von Reichenau erobert Kiew, die Hauptstadt der Ukrainischen Sowjetrepublik.**

Östlich der Stadt tobt eine Kesselschlacht, bei der bis zum 26. September die 5., 21., 26., 37. und Teile der 38. sowjetischen Armee von der 2., 6. und 17. deutschen Armee vernichtend geschlagen werden. 665 000 sowjetische Soldaten geraten nach der Umfassungsschlacht gegen die sowjetische »Südwestfront« in deutsche Gefangenschaft. Die deutschen Truppen erbeuten 3718 Geschütze und 884 Panzer.

Deutsche Zeitungen berichten in großer Aufmachung vom Frontgeschehen unter Schlagzeilen wie »Millionenheer bei Kiew untergegangen« und »Reichskriegsflagge weht über Kiew«. Den erschöpften deutschen Soldaten werden Versprechungen über ein baldiges Kriegsende gemacht. Unteroffizier Robert Rupp schreibt am 20. September in sein Tagebuch: »Einen Monat höchstens noch, nach der neuen Verheißung, sind wir in Russland. Der Chef sagt, er wisse von oben her, dass bis zum 20. Oktober die Aufgaben... erfüllt sein müssen... Ich habe immer mit September gerechnet.«

Nachdem der deutsche Diktator Adolf Hitler den Angriff auf Moskau zugunsten der Eroberung der Ukraine und dem Einschluss von Leningrad zunächst gestoppt hatte, soll nun der Vorstoß auf die sowjetische Hauptstadt erfolgen.

*Blick von der Zitadelle in Kiew, der eroberten Hauptstadt der Ukraine*

*Stalinorgeln wie diese bestehen aus Mehrfachraketenwerfern.*

*Sowjetische Panzereinheiten rücken in die von Deutschen besetzten Gebiete vor.*

## 21. SEPTEMBER

# Erfolgreicher Einsatz von »Stalinorgeln«

Bei der Verteidigung der eingeschlossenen Stadt Leningrad setzen die sowjetischen Einheiten zum ersten Mal »Katjuscha«-Werfer ein, die gefürchteten sog. Stalinorgeln.

Die einfachen Raketenwerfer feuern bis zu 48 Geschosse mit Reichweiten von bis zu 8 km gleichzeitig ab. Die Salvengeschütze sind mit schwenkbaren Schienen auf Lkw montiert.

## SEPTEMBER

# T-34-Panzer setzt neue Maßstäbe

Deutsche Soldaten sehen sich in der Sowjetunion erstmals mit dem Panzer T-34 der Roten Armee konfrontiert. Er ist den deutschen Panzern an Feuerkraft weit überlegen.

Im Schlamm und Schnee der folgen den Monate ist der T-34 mit seiner breiten Ketten beweglicher als di deutschen Panzer und bringt de Roten Armee wichtige Vorteile.

## 24. SEPTEMBER

# Konferenz mit der Sowjetunion

In London findet die zweite Interalliierte Konferenz statt.
Bei einem ersten Treffen im Juni war eine Fortführung des Krieges gegen das Deutsche Reich bis zum Sieg beschlossen worden. Neben

Mitgliedern der britischen Regierung sind die Exilregierungen Belgiens, Griechenlands, Polens, der Tschechoslowakei, Norwegens, Jugoslawiens, Luxemburgs, der Niederlande und der freifranzösischen

Bewegung vertreten. Erstmals nimmt auch ein Vertreter der sowjetischen Regierung an dem Treffen teil. Einmütig wird die Unterstützung der Atlantik-Charta (→S. 135) verabschiedet.

*Der US-amerikanische Politiker William A. Harriman (2.v.r.), der als Vorsitzender der US-Mission in Moskau tätig ist, um die von Franklin D. Roosevelt vorbereiteten militärischen Hilfeleistungen der Vereinigten Staaten zu koordinieren, hier mit Vertretern der US-amerikanischen und britischen Delegationen in London*

## 29. SEPTEMBER

# Sowjets erhalten Waffen aus USA

In Moskau beginnen dreitägige Gespräche zwischen britischen, sowjetischen und US-amerikanischen Regierungsvertretern über Hilfslieferungen für die Sowjetunion.

Schon im Juli hatte Josef W. Stalin mi US-Vertretern über die strategisch Situation an den sowjetischen Fronten und Unterstützung für die UdSSI beraten. Die USA und Großbritannien verpflichten sich, bis Mitt 1942 Material im Wert von über 1 Mrd US-Dollar an die UdSSR zu liefern darunter 1800 Flugzeuge, 2250 Panzer rund 1200 Panzerabwehrgeschütze 5000 Jeeps, 85 000 Lkw, Panzerplat ten, Chemikalien und andere Ausrüstungsgegenstände.

Die deutsche Regierung erklärt z den Konferenzen, dass ihre Ergeb nisse für den Krieg bedeutungslo seien, da für die Sowjetunion jed Hilfe zu spät komme. Auch in de westlichen Staaten erwarten viele Po litiker und Militärs einen baldigen Zu sammenbruch der UdSSR.

# Briten besetzen Spitzbergen

Britische und kanadische Streitkräfte landen gemeinsam mit norwegischen Exiltruppen auf der norwegischen Insel Spitzbergen im Nordpolarmeer.

Offiziellen Angaben zufolge besteht der Zweck der Operation darin, zu verhindern, dass Spitzbergen mit seinen reichhaltigen Kohlevorkommen, die z.T. von der Sowjetunion ausgebeutet werden, von deutschen Wehrmachtsverbänden besetzt wird.

Durch handstreichartige Angriffe auf Küsten und Inseln der von deutschen Truppen besetzten Länder versucht die britische Armeeführung das deutsche Oberkommando zu zwingen, stärkere Verbände in diesen Regionen zu stationieren. So hatten im Frühjahr britische Marineeinheiten einen Angriff auf die norwegischen Lofotinseln unternommen.

Gleichzeitig dienen diese »Raids« aber auch Propagandazwecken, da sie der britischen Bevölkerung als große Erfolge ihrer Truppen vermittelt werden.

*Norwegische, kanadische und britische Soldaten an der Küste Spitzbergens*

*Norwegische Zivilbevölkerung kurz vor ihrer Abfahrt nach Großbritannien*

# Verschärfung des Besatzungsterrors

Generalfeldmarschall Wilhelm Keitel, Chef des OKW, unterzeichnet einen Geheimbefehl, in dem brutale Vergeltungsmaßnahmen für jeden Aufstand in den besetzten Gebieten angeordnet werden.

Wörtlich heißt es: »Seit Beginn des Feldzuges gegen Sowjetrussland sind in den von Deutschland besetzten Gebieten allenthalben kommunistische Aufstände ausgebrochen. Die Formen des Vorgehens steigern sich von propagandistischen Maßnahmen und Anschlägen gegen einzelne Wehrmachtsangehörige bis zu offenem Aufruhr und verbreitetem Bandenkrieg... Der Führer hat nunmehr angeordnet, dass überall mit den schärfsten Mitteln einzugreifen ist, um die Bewegung... niederzuschlagen...

Hierbei ist nach folgenden Richtlinien zu verfahren: a) Bei jedem Vorfall der Auflehnung gegen die deutsche Besatzungsmacht... muss auf kommunistische Ursprünge geschlossen werden. b) Um die Umtriebe im Keim zu ersticken, sind beim ersten Anlaß unverzüglich die schärfsten Mittel anzuwenden... Dabei ist zu bedenken, dass ein Menschenleben in den betroffenen Ländern vielfach nichts gilt...«

# Heydrich soll Rücksichten fallen lassen

Adolf Hitler entlässt den Reichsprotektor für Böhmen und Mähren. Konstantin Freiherr von Neurath muss gehen. Der 37-jährige SS-Ober-

*Reinh. Heydrich*　　*Karl H. Frank*

gruppenführer Reinhard Heydrich wird mit der Führung der Geschäfte im Reichsprotektorat beauftragt. In

der Öffentlichkeit wird als Grund für den Wechsel angegeben, dass Freiherr von Neurath zur Wiederherstellung seiner angegriffenen Gesundheit um einen längeren Erholungsurlaub gebeten habe.

Tatsächlich hatte sich in der Führung Unzufriedenheit über die Amtsführung Neuraths breit gemacht, nachdem es in den ehemals tschechischen Gebieten wiederholt zu Ausschreitungen und Protestkundgebungen der Bevölkerung gegen die deutschen Behörden gekommen war und Konstantin von Neurath nach Meinung der NS-Größen nicht ausreichend gegen die Aufrührer »durchgegriffen« habe. Der als besonders brutal und entschlossen geltende

Heydrich, der auch mit der sog. Endlösung der Judenfrage betraut ist (→ S. 133, 170), soll den Widerstandswillen der Bevölkerung endgültig brechen. Einen Tag nach seiner Amtsübernahme verhängt er den zivilen Ausnahmezustand über das Land. Der Präsident der Protektoratsregierung, Alois Elias, wird verhaftet und wegen Hoch- und Landesverrats zum Tode verurteilt. 24 Menschen werden an diesem Tag exekutiert, drei Tage später weitere 188.

Reinhard Heydrich, unterstützt von Staatssekretär Karl Hermann Frank, lässt insgesamt über 15 000 Radiogeräte einziehen, um zu verhindern, dass weiterhin NS-feindliche Auslandssender gehört werden.

# Schießbefehl für US-Kriegsmarine

US-Präsident Franklin D. Roosevelt erteilt der US-Marine den »Shoot-on-Sight«-Befehl.

Danach soll ab sofort das Feuer auf deutsche und italienische U-Boote und Schiffe ohne Warnung eröffnet werden, wenn sie sich in Seegebieten aufhalten, die zur Sicherheitszone der USA gehören. Gleichzeitig kündigt er den Schutz aller Handelsschiffe durch die US-Marine in diesen Seegebieten an. Roosevelt reagiert damit auf den ersten Angriff eines deutschen U-Boots auf ein Schiff der US-Navy. »U 652« hatte den Zerstörer »Greer« beschossen, nachdem es von einem britischen Flugzeug attackiert worden war.

*Panzer der deutschen Wehrmacht arbeiten sich durch unwegsames Gelände im Raum Smolensk immer weiter Richtung Moskau vor.*

*Deutsche Sturmbataillone stoßen in die sowjetische Abwehr vor. Bis auf wenige Kilometer nähern sich die Einheiten Moskau.*

## 2. OKTOBER

# Angriff auf Moskau

**Die Heeresgruppe Mitte tritt nordöstlich von Smolensk zum »Unternehmen Taifun«, dem Angriff auf Moskau, an.**
Der deutsche Diktator Adolf Hitler hatte noch im August den Vorschlag der Wehrmachtsführung zum sofortigen Angriff auf Moskau abgelehnt (→ S. 134), um zunächst u.a. die sowjetischen Wirtschaftsgebiete in der Ukraine in die Hand zu bekommen und Leningrad einzukesseln.

*Über eine von sowjetischen Truppen nur z. T. zerstörte Brücke marschieren deutsche Soldaten in die wirtschaftlich bedeutende Stadt Charkow ein.*

Bereits am 7. Oktober fällt in der UdSSR der erste Schnee, und die Schlammperiode beginnt, die einen schnellen Vormarsch unmöglich macht. Die Wehrmachtsspitze sieht sich in ihrer Befürchtung bestätigt dass der Angriff auf Moskau durch die wetterbedingte Verzögerung vor Einbruch des Winters nicht mehr erfolg reich abgeschlossen werden kann. Hitler – noch immer im Glauben an den Erfolg von »Taifun« – verbietet den deutschen Truppen die Annahme einer Kapitulation Moskaus. Am 14. Oktober befiehlt das Oberkommando des Heeres, Moskau eng einzuschließen Bis zum 20. Oktober werden in der Doppelschlacht bei Wjasma und Brjansk zwar Teile von neun sowjetischen Armeen besiegt und 673 000 sowjetische Soldaten gefangen genommen. Doch erst nach dem Einsetzen von leichtem Dauerfrost Anfang November können die motorisierten Verbände wieder vorankommen, treffen nun aber auf frische, wintererfahrene sowjetische Verbände aus Sibirien.

In Moskau läuft die Organisation der Verteidigung auf Hochtouren. Am 16. Oktober verlässt die Regierung die Stadt und Staatschef Josef W. Stalin, der in Moskau bleibt, verkündet an 19. Oktober den Belagerungszustand

Nachdem deutsche Truppen bis au wenige Kilometer an den Stadtrand von Moskau herangekommen sind setzt am 5. Dezember die sowjetische Gegenoffensive ein, die alle Eroberungswünsche Hitlers endgültig zunichte macht (→ S. 158).

## 16. OKTOBER

# Die Verteidigung von Moskau

**Die sowjetische Regierung und das in Moskau akkreditierte diplomatische Korps verlassen die sowjetische Hauptstadt.**
Der sowjetische Diktator Josef W. Stalin entschließt sich demonstrativ in Moskau zu bleiben und proklamiert am 19. Oktober den Belagerungszustand.

Der deutsche Vormarsch auf Moskau überrascht die schlecht organisierte sowjetische Verteidigung. Die großen Verluste der Roten Armee in der Doppelschlacht von Wjasma und Brjansk lähmen die Bemühungen zur

Abwehr der deutschen Truppen. Der sowjetischen Führung kommen aber die Witterungsverhältnisse im Herbst zugute, die den deutschen Angriff aufhalten.

Als General Georgi K. Schukow Mitte des Monats den Oberbefehl der Verbände übernimmt, reorganisiert er effektiv die Verteidigung der Hauptstadt. Der sog. Vorteil der inneren Linie, die schnelle Verlegung von Truppen in einem schmalen Verteidigungsring, wird von Schukow optimal genutzt.

Schukow kann innerhalb kurzer Zeit mehrere tausend Soldaten in Ver-

teidigungsstellungen vor der sowjetischen Hauptstadt zusammenziehen, die von der Bevölkerung durch Gräben und Befestigungen ausgebaut werden. Dazu gehören Truppen, die in größter Eile von den sowjetischen Grenzen im Fernen Osten abgezogen und nach Moskau gebracht werden. Dieser Truppenabzug wurde möglich, nachdem Stalin über den Spion Richard Sorge in Tokio im September erfahren hatte, dass Japan trotz des Paktes mit dem Deutschen Reich nicht in den Krieg gegen die UdSSR eingreifen werde (→ S. 147).

# Deportation von Juden nach Lódź

Kurt Daluege, Chef der Ordnungspolizei im Deutschen Reich, gibt den Befehl zur Deportation von 19 287 Juden aus Berlin, Wien, Prag, Köln und anderen Städten des Deutschen Reiches nach Lódź.

Ein zweiter Befehl vom 24. Oktober ordnet den Abtransport von 50 000 Juden nach Riga und Minsk bis Ende November an. Die Zusammenfassung der jüdischen Bevölkerung im Deutschen Reich und ihre Deportation in osteuropäische Ghettos ist eine der Maßnahmen zur nationalsozialistischen »Endlösung der Judenfrage«, mit der SS-Obergruppenführer Reinhard Heydrich von Reichsmarschall Hermann Göring am 31. Juli beauftragt worden ist (→ S. 133).

Die zur Deportation vorgesehenen Juden erhalten auf Anordnung des Reichssicherheitshauptamtes, das zum SS-Imperium Heinrich Himmlers gehört, sog. Evakuierungsbefehle.

Zu einer festgesetzten Zeit werden sie von Polizisten abgeholt und zu zentralen Sammelstellen gebracht,

wo sie auf ihren Abtransport warten müssen. Von dort werden sie zu den Bahnhöfen geführt, wobei sie in manchen Fällen in Kolonnen durch die Innenstädte geleitet werden, ohne

dass die Bevölkerung große Kenntnis von ihnen nimmt. Die Verladung der Juden in Sonderzüge und der Transport wird von bewaffneten SS-Einheiten genau überwacht.

*Jüdisches Ghetto in Lódź, in das zahlreiche der 1941 fast 70 000 aus den Großstädten des Deutschen Reiches deportierten Juden verschleppt werden*

# Vorbereitungen für Angriff

Die japanische Kriegsmarine beginnt mit den Vorbereitungen für einen Angriff auf den Stützpunkt der US-amerikanischen Pazifikflotte in Pearl Harbor auf Hawaii.

Wegen der ergebnislosen Verhandlungen zwischen der japanischen und der US-amerikanischen Führung seit April des Jahres hatte der japanische Kronrat am 6. September beschlossen, den Krieg gegen die USA zu beginnen, falls bis zum 10. Oktober keine Übereinkunft erzielt sei. Die japanische Armee erhielt den Auftrag, bis Ende Oktober alle Vorbereitungen für diesen Fall abgeschlossen zu haben. Am 16. Oktober wird mit dem bisherigen Kriegsminister Hideki Todscho ein Anhänger der »militärischen Option« Ministerpräsident. Im November erfolgt ein letztes ultimatives Angebot an die USA zur Beilegung der Interessensgegensätze.

## Japan und die USA verhandeln

Seit dem 16. April (→ S. 114) verhandeln Vertreter der US-Regierung und der japanischen Führung in meist geheim gehaltenen Besprechungen über eine Beilegung der Interessenkonflikte im pazifischen Raum.

Die japanische Regierung unter Ministerpräsident Fumimaro Fürst Konoe und Außenminister Josuke Matsuoka will eine wirtschaftlich unabhängige großasiatische Wohlstandssphäre unter japanischer Führung in der Pazifikregion aufbauen und die Vereinigten Staaten zur Einhaltung strikter Neutralität veranlassen. US-Präsident Franklin D. Roosevelt und Außenminister Cordell Hull wollen die US-Position im Pazifikraum festigen, da die USA wichtige Rohstoffe von dort beziehen. Sie versuchen daher u.a. Japan aus dem Dreimächtepakt mit dem Deutschen Reich und Ita-

lien zu lösen und den Rückzug japanischer Truppen aus China zu erreichen, dessen östlicher Teil unter Japans Kontrolle steht.

*Der japanische Gesandte Saburo Kuruso (r.) mit US-Außenminister Cordell Hull (M.) in Singapur*

## UdSSR-Spion Sorge verhaftet

Der deutsche Journalist Richard Sorge, der für die »Frankfurter Zeitung« in Japan arbeitet, wird von der japanischen Polizei wegen Spionagetätigkeit für die Sowjetunion in Tokio verhaftet. Sorge ist seit 1933 in Japan tätig und hatte dort einen großen Spionagering aufgebaut.

Der 1895 in Baku geborene Sorge, der im Ersten Weltkrieg in der deutschen Armee diente und 1919 der Kommunistischen Partei beitrat, verfügte über gute Kontakte zu Spitzenpolitikern und Militärs, wodurch er einen präzisen Einblick in die Politik der japanischen Regierung hatte. Er informierte u.a. die sowjetische Regierung im Jahre 1940 vor dem Abschluss des Dreimächtepaktes zwischen Japan, Italien und dem Deutschen Reich (→ S. 83) über das Zustandekommen dieses Bündnisses. Im Frühjahr 1941 leitete er den genauen deutschen Angriffstermin an die UdSSR weiter – ohne allerdings Gehör zu finden.

Wenige Wochen vor seiner Festnahme konnte er die sowjetische Führung davon unterrichten, dass Japan nicht auf deutscher Seite in den Krieg gegen die UdSSR eintreten wird. Diese Nachricht ermöglichte es der Roten Armee, ausgeruhte Truppen von der sowjetischen Ostgrenze abzuziehen und in den Kämpfen zur Verteidigung der Hauptstadt Moskau einzusetzen (→ S. 146).

Am 7. November 1944 wird Sorge nach Ablehnung eines deutschen Auslieferungsantrags hingerichtet.

*Der Journalist Richard Sorge, Geheimagent in Japan seit 1933*

# USA bereiten sich auf Krieg vor

**US-Präsident Franklin D. Roosevelt unterzeichnet das abgeänderte Neutralitätsgesetz, um den Kriegseintritt der USA vorzubereiten.**

Es erlaubt eine Bewaffnung US-amerikanischer Handelsschiffe. Weitere Regelungen gestatten US-amerikanischen Schiffen die Häfen Krieg führender Staaten anzulaufen. Das im November 1939 verabschiedete Neutralitätsgesetz (→ S. 26) sollte – unter Begünstigung der Westmächte – durch Handelsbeschränkungen eine mögliche Verwicklung der Vereinigten Staaten in den auf dem europäischen Kontinent ausgebrochenen Krieg verhindern. Durch die Gesetzesänderung steuert Roosevelt nun einen baldigen Kriegseintritt der Vereinigten Staaten an.

US-Schiffe können künftig Großbritannien und andere Verbündete direkt mit Kriegsgerät beliefern, was sie zum Angriffsziel der deutschen Kriegsmarine macht, deren Aufgabe die Blockade der Britischen Inseln ist. Bewaffnete Zusammenstöße zwischen US-amerikanischen und deutschen Schiffen sind in Zukunft unvermeidbar.

*Das Foto, aufgenommen von einem US-amerikanischen Flugboot, zeigt einen Konvoi britischer Versorgungsschiffe vor der Kanalküste. US-amerikanische Langstreckenbomber, von einer geheimen Basis aus operierend, schützen den Konvoi vor Angriffen der deutschen Wehrmacht, die vor allem mit U-Booten die Schiffe bedroht.*

## Keine Einigung im Pazifikkonflikt

**Die Unterhändler der japanischen Regierung in Washington, Botschafter Kichisaburo Nomura und Admiral Saburo Kurusu, überreichen US-Außenminister Cordell Hull das letzte Angebot zur Beilegung des Interessenkonfliktes beider Staaten in der Pazifikregion.**

Die US-Regierung ist über die Ernsthaftigkeit des ultimativen Verhandlungsangebotes informiert, da sie nach der Entschlüsselung des japanischen Funkcodes weiß, dass die Regierung unter Hideki Todscho Kriegsvorbereitungen trifft (→ S. 147).

US-Präsident Franklin Delano Roosevelt entschließt sich dennoch am 25. November, die Verhandlungen mit Japan abzubrechen, und lässt Nomura eine Zehn-Punkte-Note überbringen, die für Japan unannehmbare Forderungen enthält. Er sieht keine Möglichkeit, zu einem Ausgleich mit dem expansionistischen Kaiserreich zu kommen.

Roosevelt hält ein Eingreifen der USA in den europäischen Krieg seit langem für unumgänglich, muss aber Rücksichten auf die einheimische Bevölkerung nehmen, die einem Kriegseintritt gespalten gegenübersteht.

# Zeitschrift der Exilschriftsteller

**In Mexiko-Stadt erscheint die erste Ausgabe der Zeitschrift »Freies Deutschland«, die von europäischen Schriftstellern im Exil herausgegeben wird.**

Sie enthält u.a. Beiträge von Lion Feuchtwanger, Thomas Mann, Egon Erwin Kisch, Ludwig Renn, Anna Seghers, Alfred Kantorowicz und Rudolf Leonhard. Redakteure sind Bruno Frei und Bodo Uhse.

Im Grußwort der Erstausgabe heißt es: »Deutsche Schriftsteller, die, vertrieben aus ihrer Heimat, in dem freien Lande Mexico Gastfreundschaft und Asyl gefunden haben, geben diese Blaetter heraus. Sie koennen nicht stumm bleiben, wenn auf den Schlachtfeldern von Moskau das Schicksal der kommenden Generationen entschieden wird... Diese Blaetter sollen dem Kampf gegen Hitler dienen... Diese Zeitschrift soll helfen, die Verbindung unter den in der westlichen Hemisphaere zerstreuten freiheitlichen Deutschen herzustellen.« Neben Nachrichten und Berichten aus dem Deutschen Reich und von den Kriegsschauplätzen enthält »Freies Deutschland« Essays, Redetexte bekannter Antifaschisten und literarische Texte.

In der ersten Ausgabe erscheinen zudem mehrere Grußworte prominenter Flüchtlinge. Lion Feuchtwanger wünscht der Zeitschrift, dass sie von »Baustein eines soliden Hauses für freie und vernuenftige Menschen« werde. Der deutsche Regisseur Wilhelm (William) Dieterle schreibt: »Mit Bewunderung begruesse ich die Männer, die, entwurzelt und ihrer Ausdrucksmittel beraubt, nicht den Mut verloren haben, den Kampf gegen den Faschismus, d.h. Versklavung und Verdummung der Menschen fortzusetzen.«

Die Redaktion der Zeitschrift setzt sich in kurzen Berichten, Anzeigen und Spendenaufrufen für Antifaschisten ein, die in südfranzösischen Lagern von der Regierung des unbesetzten Teils Frankreichs festgehalten werden (→ S. 70).

Sie unterstützt damit die Arbeit von süd- und nordamerikanischen Flüchtlingsorganisationen, die Geldmittel sammeln, um Flüchtlinge in Frankreich freizukaufen und nach Übersee in Sicherheit zu bringen.

## Heftige Kämpfe an der Kanalküste

**Nach Meldungen der US-Nachrichtenagentur United Press landet ein britisches Sturmkommando an der deutsch besetzten französischen Kanalküste.**

Nach der Zerstörung von Verteidigungsanlagen zieht es sich nach wenigen Stunden wieder zurück. Die Auseinandersetzungen am Ärmelkanal sind von überfallartigen Angriffen und ständigen Scharmützeln kleiner Einheiten gekennzeichnet. Obwohl die überwiegende Masse des deutschen Heeres im Osten Europas steht, kann Großbritannien allein keinen Erfolg versprechenden Angriff im Westen starten. Die britische Armee ist zu klein und auch die für einen Erfolg notwendige Lufthoheit ist nicht zu erreichen.

Ernst Udet (l.) und Reichsmarschall Hermann Göring

Trauerfeier für den Flieger Ernst Udet in Berlin

## Mölders stirbt

Werner Mölders, Oberst der Luftwaffe und Inspekteur der Jagdflieger, kommt bei einem Flugzeugabsturz in der Nähe von Breslau ums Leben. Er befand sich auf dem Weg nach Berlin zum Staatsbegräbnis von Ge-

Werner Mölders (*18.3.1913 in Gelsenkirchen) war seit 1939 Kommandeur eines Jagdgeschwaders und seit 1940 Kommodore des Jagdgeschwaders 51; er war einer der gefeiertsten deutschen Kriegshelden.

---

**17. NOVEMBER**

# Freitod von Udet wird verschleiert

**Der 45-jährige Generalluftzeugmeister Ernst Udet geht in den Freitod. Die NS-Führung gibt einen Tag später bekannt, Udet sei bei der Erprobung eines neuen Flugzeugtyps ums Leben gekommen. Auf Anordnung**

des Diktators Adolf Hitler findet am 22. November in Berlin ein Staatsbegräbnis statt.

Der erfolgreiche Jagdflieger des Ersten Weltkrieges hatte sich in den 20er Jahren den Ruf eines waghalsigen

Testpiloten erworben. Die Nationalsozialisten holten ihn ins Technische Amt des Reichsluftfahrtministeriums. Göring machte ihn für das Versagen der Luftwaffe im Kampf gegen Großbritannien verantwortlich.

neralluftzeugmeister Ernst Udet, der am 17. November Selbstmord begangen hatte. Jagdflieger Mölders hatte am 15. Juli für seinen 101. Abschuss die höchste militärische Auszeichnung erhalten. Die nationalsozialistische Propaganda hatte den 28-jährigen Fliegeroffizier in zahlreichen Büchern und Zeitungsartikeln zum Volkshelden, »Vorbild für die Jugend« und »kühnsten deutschen Jagdflieger« hochstilisiert.

---

**14. NOVEMBER**

## Propaganda für Judenvernichtung

**Reichspropagandaminister Joseph Goebbels veröffentlicht in der Zeitschrift »Das Reich« Grundsätze zur Behandlung der »Judenfrage«.**
**Er betont, dass alle Juden zu vernichten seien.** In Goebbels' Artikel heißt es: »Die Juden sind unser Verderben. Sie haben den Krieg angezettelt... Jeder deutsche Soldat, der in diesem Krieg fällt, geht auf das Schuldkonto der Juden... Die Juden sind Sendboten des Feindes unter uns. Wer sich zu ihnen stellt, läuft im Krieg zum Feind über... Sie [die Juden] erleiden durch die Behandlung, die wir ihnen angedeihen lassen, kein Unrecht. Sie haben sie mehr als verdient.«

Der Aufsatz ist eine der Propagandamaßnahmen, mit denen das NS-Regime die Öffentlichkeit auf die sog. Endlösung der Judenfrage vorbereitet (→ S. 133, 170).

**24. NOVEMBER**

## »Gegenbeweis« KZ Theresienstadt

**Die SS richtet in der tschechischen Stadt Theresienstadt (Terezín) ein Konzentrationslager ein. Es dient zunächst als Durchgangslager.**
Kurz nach der Errichtung des Lagers werden hier Juden interniert, die vorerst nicht getötet werden sollen. Die Schutzstaffel (SS) pfercht in der kleinen Festungsstadt jüdische Kriegsveteranen des Ersten Weltkrieges, Halbjuden, ehemalige hohe Staatsbeamte und andere privilegierte Juden zusammen. Das NS-Regime benutzt Theresienstadt später vor der internationalen Öffentlichkeit als »Beweis« gegen Massenmorde. Die Häftlinge müssen aber auch hier Zwangsarbeit verrichten, leben auf engstem Raum und erhalten wenig Nahrung. 30 000 Menschen finden hier den Tod, mehrere tausend werden in andere KZ deportiert und ermordet.

Sowjetische Kriegsgefangene

**25. NOVEMBER**

## Zwangsarbeiter

**108 395 Polen, 13 476 Weißrussen, 89 396 Belgier, 951 004 Franzosen und 26 368 Briten sind als Kriegsgefangene im Deutschen Reich.**
Ein großer Teil von ihnen wird in der Industrie und der Landwirtschaft als Zwangsarbeiter eingesetzt, oft ohne ausreichende Nahrung und hygienische Versorgung.

## Arbeit in der Wollkämmerei

*Der 13-jährige Pole Julian Oleg Nowak trifft mit anderen polnischen Jungen in Bremen ein. Er berichtet über die Arbeit in der dortigen Wollkämmerei:*
»Wir waren 98 Jungen und alle mit dem Transport aus Posen gekommen... Im Lager Albrechtstraße wurden uns Stuben zugeteilt, unterschiedlich groß, in denen jeweils zwischen 6 und 28 Jungen untergebracht waren... Ich musste... als Auflader arbeiten, das heißt, erst die Krempelmaschinen mit Rohfasern beladen und dann das fertige Band von den Maschinen nehmen zwölf Stunden in der verstaubten und stickigen Luft – Entlüftungs- und Entstaubungsanlagen gab es keine... Der eingeatmete Staub setze sich in... Mengen in Rachen und Nase... und Atemwegen ab... «

# Die Lage der Zwangsarbeiter

*Zwangsrekrutierte russische Arbeitskräfte treffen mit ihren Habseligkeiten in einem deutschen Barackenlager ein.*

Schon im Vorfeld des Polenfeldzugs war den Verantwortlichen in Berlin klar, dass eine so umfassende Mobilisierung von Männern im besten Alter, wie sie ein Krieg verlangt, nicht ohne Folgen für den ohnedies leergefegten Arbeitsmarkt bleiben konnte. Und da Hitlers Politik unbeirrt auf Krieg zielte, hieß es Vorsorge treffen.

Erste Versuche mit der Anwerbung von zusätzlichen Arbeitskräften machte man 1938 nach dem Anschluss Österreichs, wo die Lage nicht so angespannt war. Etwa 100 000 Menschen wurden zur Arbeit ins Altreich geholt - insbesondere in Rüstungsbetrieben. Es folgten 1939 etwa 70 000 Arbeiter aus Böhmen und Mähren nach Bildung des deutschen Protektorats. Absehbar aber war schon jetzt, dass kriegerische Verwicklungen den Einsatz von fremden Arbeitskräften in deutlich größerem Umfang erforderlich machen würden. Ihre Rekrutierung sollte zunächst einmal nur mit sanftem Nachdruck erfolgen oder notfalls durch Drohungen (etwa Entzug der Lebensmittelkarten) gefördert werden, was während und nach dem Feldzug in Polen schon deswegen einigermaßen gelang, weil sich die Lebensbedingungen im geschlagenen Land unter der Besatzungsmacht wenig erfreulich gestalteten und weil aus dem Osten Polens viele vor der einrückenden Roten Armee flohen.

## EINSATZGRUPPEN REKRUTIEREN ZWANGSARBEITER MIT GEWALT

Mit Freiwilligen aber kam man schon bald nicht mehr aus, weil der Krieg sich in die Länge zog und daher weitere Deutsche zur Wehrmacht eingezogen werden mussten. Hatte man schon während des Feldzugs in Polen und verstärkt nach dem Sieg kurzerhand und wider geltendes Völkerrecht auch auf die Kriegsgefangenen zurückgegriffen und etwa 340 000 von ihnen zur Arbeit in die deutschen Landwirtschaft gepresst, so gingen nun Einsatzgruppen und Rekrutierungskommandos der Arbeitsverwaltung bald zu regelrechten Menschenjagden über. Wer sich nicht ausweisen konnte oder sich irgendetwas tatsächlich oder angeblich hatte zuschulden kommen lassen, wer sich auch nur »arbeitsunwillig« zeigte oder als widersetzlich galt, fand sich unversehens auf einem der zahlreichen Transporte ins Deutsche Reich wieder, wo er Betrieben zugeteilt und in einem »Fremdarbeiter«-Lager untergebracht wurde. Dieser offizielle Begriff für die ausländischen Arbeiter beschönigte die schon in den Anfängen von Zwang und Ausbeutung gekennzeichnete Situation der aus ihren Heimaten gerissenen Menschen. Offiziell sollte es sich dabei um »Erwachsene« handeln doch hatte man die Definition großzügig auf alle arbeitsfähigen Personen vom 15. Lebensjahr an ausgedehnt.

## NACHSCHUB DURCH DIE ERSTEN BLITZSIEGE

Die folgenden raschen Siege der Wehrmacht über Dänemark, Norwegen, Belgien, die Niederlande, Luxemburg und Frankreich schwemmten weitere Kriegsgefangene ins Reich, aber auch freiwillige und zudem zunehmend zwangsrekrutierte Arbeiter. Ein erneuter Schub kam im Frühjahr 1941 vom Balkan nach dem Blitzkrieg gegen Jugoslawien und Griechenland, und einen kleinen Beitrag leisteten auch Verbündete wie Italien, Ungarn oder die Slowakei, die mehr oder weniger freiwillige Kräfte dem großen ideologischen Bruder in Berlin zur Verfügung stellten. Das entspannte die Lage auf dem Arbeitsmarkt aber immer nur vorübergehend und war angesichts der Vorbereitungen auf den von Hitler stets angestrebten Krieg um »Lebensraum« gegen den »jüdischen Bolschewismus« völlig unzureichend. Immerhin traten dafür allein an der Ostfront über drei Millionen Mann an, von den Besatzungstruppen in den diversen besiegten Ländern nicht zu reden. Da Berlin aber auch und gerade im Osten mit einem schnellen Sieg und mit entsprechenden Möglichkeiten zur Ausbeutung der eroberten Gebiete und ihrer Menschen rechnete, meinte man, den vorübergehenden Engpass in Kauf nehmen zu können.

## KEINE FREIWILLIGEN MEHR

Dass die Rechnung nicht aufging, wurde allerdings im Spätherbst 1941 nach mehreren Monaten Krieg offensichtlich. Und zwar in doppelter Hinsicht: Gelang es auch in Russland zunächst Freiwillige für die Arbeit im Deutschen Reich oder in Zulieferbetrieben anderer besetzter Länder zu werben, so wandelte sich das Bild rasch. Die deutschen Invasoren traten so unverhüllt rassistisch den »slawischen Untermenschen« gegenüber auf und plünderten so gründlich, was irgend für die Wehrmacht oder die Besatzungsbehörden brauchbar schien, dass sich die Freude über die Vertreibung der »Roten« in Entsetzen über die »Braunen« verwandelte. Diese gaben sich keine sonderliche Mühe, ihre Verfolgung der Juden und ihre gefühllose Behandlung von Gefangenen zu verbergen und zeigten offen die Fratze des Unterdrückers. Außerdem waren schreckliche Nachrichten über die Behandlung der russischen Landsleute im Reich längst durchgesickert. Freiwillig meldete sich daher schon bald niemand mehr; und wenn ruchbar wurde, dass Einsatztrupps der deutschen Arbeitsverwaltung ausschwärmten, flohen möglicherweise Betroffene in Scharen in die Wälder, wo sie die ohnedies wachsende Partisanenarmee zusätzlich verstärkten.

## VERHEERENDE LEBENSBEDINGUNGEN

Hinzu kam das schwere Schicksal der Kriegsgefangenen, das die Bevölkerung hautnah erlebte: In den ersten Wochen und Monaten des Ostfeldzugs brachten die deutschen Truppen Millionen von Gefangenen ein. Selbst bei anderer Haltung den armen Menschen gegenüber, wäre es wohl zu Massen-

*Zur Zwangsarbeit in Deutschland verpflichtete junge Polen in Luckenwalde, Brandenburg (Aufnahme aus dem Sommer 1940).*

sterben gekommen, weil niemand auf solche ungeheuren Zahlen vorbereitet war, weil keine Transportkapazitäten für Verbringung der Rotarmisten tiefer ins Hinterland oder gar nach Deutschland zur Verfügung standen. Es fehlte an festen Unterkünften, Nahrungsmitteln und Trinkwasser. Auch von medizinischer Betreuung konnte nicht die Rede sein. Vor allem die verwundet gefangengenommenen Soldaten kamen daher fast ausnahmslos um. Der hunderttausendfache Tod aber war vor allem auf die Gleichgültigkeit der Sieger zurückzuführen. Sie sperrten die Gefangenen in riesige stacheldrahtumzäunte, bewachte Areale und überließen sie ihrem

Schicksal auf freiem Feld. Bei geringstem Fluchtverdacht wurde von der Waffe Gebrauch gemacht. Wer die Sommerwochen überlebte, hatte schon Glück; im schlammigen Herbst und in den ersten eisigen Winterwochen aber hatten nur die allerwenigsten eine Chance, denn nun litten selbst die Sieger und dachten nicht daran, irgendetwas mit den Besiegten zu teilen.

*Unter unmenschlichen Bedingungen mussten die Insassen der Konzentrationslager für die Industrie arbeiten. Diese Fotografie zeigt Häftlinge im Konzentrationslager Dachau auf dem Weg zur Arbeit.*

*Rotarmisten begrüßen ehemalige russische Zwangsarbeiterinnen nach Kriegsende 1945 in Berlin.*

## KATASTROPHALE SITUATION FÜR RUSSISCHE GE-FANGENE

Nach nur sieben Monaten Krieg waren bereits zwei Millionen russische Gefangene im deutschen Gewahrsam umgekommen, die Hälfte davon verhungert. Erste Kritik an der brutalen Kriegsgefangenenpolitik kam von den Frontkommandeuren, die auf einen immer erbitterter kämpfenden, todesmutigen Gegner trafen; schon bald wusste ja jeder Rotarmist, was ihm blühte, wenn er sich ergäbe. Kritik aber kam auch von denen, die sich durch den Vormarsch in Russland einen größeren Zustrom von Arbeitskräften nach Deutschland erhofft hatten. War schon das Freiwilligenreservoir ausgetrocknet, so schwand jetzt auch die Aussicht auf den Einsatz von Kriegsgefangenen. Es kam ohnehin nur ein Bruchteil bis nach Deutschland wegen der Transportprobleme und wegen der Verluste auf den wenigen Transporten. Die lebend an-

*Fremdarbeiterinnen »Ost« bei der Küchenarbeit. Zwangsarbeiter, die in der Landwirtschaft oder im Haushalt arbeiten mussten, trafen auch manchmal auf gute Arbeitsbedingungen.*

kamen, waren zudem meist derart entkräftet, dass sie selbst bei besserer Behandlung an Erschöpfung starben oder lange Zeit nicht arbeitsfähig waren. Die politische und militärische Führung reagierte vorübergehend mit Milderung des Gefangenenregimes und Verbesserung der Versorgung, doch blieb das in Ansätzen stecken; die rassistische Ideologie stand letztlich einem grundlegenden Wandel unüberwindlich entgegen. Von insgesamt 5,7 Millionen russischen Gefangenen kamen 3,3 Millionen (58 Prozent) ums Leben (zum Vergleich: von den 3,6 Millionen deutschen Gefangenen in russischem Gewahrsam starben 1,2 Millionen, also »nur« 33 Prozent).

Nennenswerte Effekte für den deutschen Arbeitsmarkt durch den Einsatz russischer Gefangener waren bei dieser Vernichtungsstrategie nicht zu erwarten. Zu keiner Zeit arbeiteten mehr als 630 000 gefangene Rotarmisten im Reichsgebiet, wo sie zudem noch nach den Polen auf der untersten Stufe aller »Fremdarbeiter« standen und schweren Diskriminierungen ausgesetzt waren.

## RUSSISCHE ZIVILISTEN WERDEN ZUR ARBEIT VER-SCHLEPPT

Erheblich hingegen war die Zahl der zwangsweise zur Arbeit nach Deutschland verbrachten Zivilisten aus der Sowjetunion. Hitler hatte diese Aufgabe im März 1942 Gauleiter Fritz Sauckel übertragen unter Ernennung zum Generalbevollmächtigten für den Arbeitseinsatz. Er konnte schon nach einem Jahr stolz melden, dass er in dieser Zeit der deutschen Wirtschaft über 3,64 Millionen »fremdvölkische Arbeitskräfte« sowie 1,62 Millionen Kriegsgefangene zugeführt hatte, unter den Zivilisten vornehmlich Russen.

Sie hatten ursprünglich nur vor Ort eingesetzt werden sollen, weil man den schlechten Einfluss von »rassisch Minderwertigen« in Deutschland fürchtete. Der Arbeitskräftemangel aber führte zu einem Umdenken. Sauckel konnte sich dabei auf einen Führer-Erlass vom 22.8.1942 stützen, der die zwangsweise Verpflichtung zur Arbeit genehmigte. Für die einzelnen Gebiete wurden Quoten festgelegt. Um diese zu erfüllen, gingen die dortigen Befehlshaber dazu über, ganze Ortschaften zu umstellen und die Bevölkerung abtransportieren zu lassen; in den Städten ließen sie Kinos und Kirchen räumen und die Besucher in Güterzüge mit Ziel Deutschland buchstäblich verfrachten. Rund 40 000 Menschen wurden so allwöchentlich verschleppt, in der Mehrzahl Frauen und Jugendliche. Bis Ende des Jahres 1944 kamen auf diese Weise 2,8 Millionen Zwangsarbeiter aus sowjetischem Gebiet in das Deutsche Reich.

Für Zwangsarbeiter waren dort die Sicherheitspolizei und das Referat »Ausländische Arbeiter« bei der Gestapo als Kontrollinstanzen zuständig.

### STARKER ZWANG FÜR OSTARBEITER

Während die Zwangsarbeiter aus westlichen Ländern den Kriegsumständen entsprechend in ihrer Lebensführung weniger eingeschränkt waren (bevorzugt vor allem die begehrten Facharbeiter), wurden die »Ostarbeiter« aus der UdSSR und die »nicht eindeutschungsfähigen« Arbeitskräfte aus Polen und Südosteuropa zahlreichen Beschränkungen unterworfen. Sie mussten Kennzeichen auf der Kleidung tragen - »Ost« für russische, »P« für polnische Zwangsarbeiter - durften nicht und auf keinen Fall gemeinsam mit Deutschen an kulturellen oder kirchlichen Veranstaltungen teilnehmen, Radio und Zeitungen waren ihnen verboten, intimer Umgang mit deutschen Frauen konnte die Hinrichtung durch Erhängen nach sich ziehen. Zudem waren die Zwangsarbeiter aus dem Osten spätestens seit Februar 1942 in geschlossenen und bewachten Lagern untergebracht und erhielten deutlich niedrigere Löhne. Von den deutschen Betrieben waren zum Ausgleich dafür die Sozialausgleichsabgabe für Polen und die Ostarbeiterabgabe für Russen an das Reich abzuführen. Viele Betriebe versuchten durch Erhöhung der Arbeitszeiten (Nachtschichten auch für Ostarbeiterinnen), schlechtere Versorgung und Unterbringung sowie Antreiben durch Prügel diese »Sondersteuern« wettzumachen. Einige wenige bemühten sich dagegen mit deutlich mehr Erfolg, durch Prämiensysteme die Arbeitsleistung zu erhöhen.

Werke, Daimler-Benz, Dornier, Siemens, Telefunken, Junkers, Messerschmitt. Zwangsrekrutierte Menschen arbeiteten aber auch einzeln oder in kleineren Gruppen in der Landwirtschaft und als Haushaltshilfen, ja sogar die Kirchen beschäftigten solche Personen, wobei die Behandlung auf dem Land und bei human eingestellten Arbeitgebern manchmal so gut war, dass sich Freundschaften über das Kriegsende hinaus bildeten. Der Normalfall freilich sah drastisch anders aus: unerträglich lange Arbeitszeiten, Arbeit ohne Ruhetage, Schuften in zerlumpter Kleidung und Schuhfetzen oder gar ganz ohne Fußbekleidung, miserable und unzureichende Ernährung, geringer Lohn, der oft auch noch monatelang einbehalten wurde, schlechte oder keine medizinische Betreuung, Nichtanerkennung von Krankheiten, Prügel durch Vorarbeiter, Polizisten, Hauswirte, Anpöbelung durch Passanten.

### STRENGE VERORDNUNGEN FÜR ZWANGSARBEITER

Um einen möglichst reibungslosen und effektiven Arbeitseinsatz der Zwangsarbeiter zu gewährleisten, wurden besonders den Polen und Russen durch Verordnungen und Sondervorschriften strenge »Lebensführungsregeln« auferlegt. Grundlegend dafür war ein Schreiben Himmlers vom 8.3.1940, wonach die Gestapo bei Verstößen gegen die Arbeitsmoral Einweisungen in Arbeitserziehungslager (AEL) und KZ anordnen und in schweren Fällen sogar »Sonderbehandlung« – Tarnbezeichnung für Hinrichtungen – beantragen konnte. Die Erhängungen waren zur Abschreckung nach Möglichkeit durch Angehörige der gleichem Volksgruppe vorzunehmen, die für den Vollzug der Todesstrafe drei Zigaretten erhielten.

*Plakat der deutschen Besatzungsmacht in Frankreich zur Anwerbung von Fremdarbeitern*

*Auch Jugendliche wurden als Fremdarbeiter »Ost« aus ihrer Heimat verschleppt. Deutlich sichtbar ist der Aufnäher an der Jacke.*

### ARBEIT IN INDUSTRIE, LANDWIRTSCHAFT UND HAUSHALT

Die in der Industrie eingesetzten ausländischen Zwangsarbeiter dienten vor allem im Ruhrkohlebergbau und bei den großen Firmen der Rüstungsindustrie wie z.B. Flick-Konzern, AEG, IG-Farben, Krupp, Hanomag, VW-Werk, BMW-

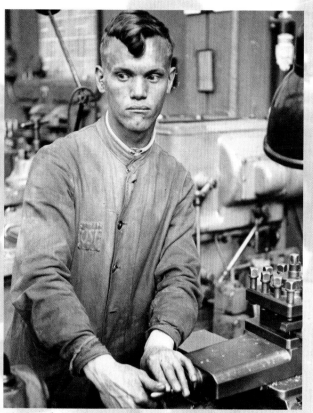

*Ein Ostarbeiter des Lagers Wernigerode an der Drehbank.*

*Junge Frau aus der Ukraine als Fremdarbeiterin »Ost« bei Siemens (1943)*

### KZ-HÄFTLINGE ALS ZWANGSARBEITER IN DER INDUSTRIE

Noch schlechter gestellt, sofern das überhaupt vorstellbar war, in der Hierarchie der Zwangsarbeiter, waren KZ-Häftlinge und Juden. Hatte man sie ebenfalls lange aus ideologischen Gründen für nicht geeignet zum Einsatz in deutschen Betrieben betrachtet, so kam der Wandel auch hier durch die Engpässe des Krieges. Doch wie bei den russischen Kriegsgefangenen ebenfalls nicht im von der Industrie erhofften Maße. Die Ideologen nämlich, allen voran der oberste Herr des KZ-Archipels, Reichsführer SS Himmler, gaben das Heft nie ganz aus der Hand und blieben bei ihren Quälmethoden, die auf eine »Vernichtung durch Arbeit« hinausliefen; entsprechend hoch waren die »Ausfälle«. Nur Fachleute und hochqualifizierte Experten wurden später davon bis zu einem gewissen Grade ausgenommen. Zwar hatten Häftlinge immer schon hart arbeiten müssen, aber zur Strafe und eher aus »erzieherischen« als aus ökonomischen Gründen. Das änderte sich seit Ende 1941, als man im SS-Wirtschafts- und Verwaltungshauptamt (WVHA) entdeckte, dass sich die rechtlosen KZ-Insassen profitabel an die Industrie vermieten ließen. Ende 1944 leisteten etwa 480 000 der inzwischen rund 600 000 KZ-Häftlinge Frondienste in Industrie und Bauprojekten (insbesondere bei der Verlegung von Betrieben unter Tage).

Das Widersprüchliche am Häftlingseinsatz, manifestiert im Zielkonflikt zwischen Ausbeutung und Vernichtung, ließ sich nie ganz überwinden. Forderte die Industrie die Bewahrung der Leistungsfähigkeit der inhaftierten Zwangsarbeiter, so stand bei der SS und bei ihrem Lagerpersonal der ideologische Gedanke und mithin Schikane gegen »Staatsfeinde« (politische Häftlinge) und »Minderwertige« (aus rassischen Gründen Inhaftierte) im Vordergrund. Bemühte sich die Industrie, Mitleidseffekte bei den freien Arbeitern den Häftlingen gegenüber zu vermeiden, so holten die Bewacher

während der Arbeitszeit aufgeschobene Misshandlungen im Lager nach. Typisch dafür war das Lager Auschwitz mit seiner Doppelfunktion von Vernichtung (Birkenau) und Sklavenarbeit (Monowitz): Hier ging es ja vor allem um jüdische Arbeitskräfte, deren Tod seitens der SS von vornherein beschlossene Sache war. Wurden also Zwangsarbeiter krank oder vor Erschöpfung arbeitsunfähig, so überstellte man sie ins Vernichtungslager Birkenau zur Tötung und tauschte sie durch neu angekommene Arbeitsfähige aus. Ein Gesundpflegen war ideologisch undenkbar und rechnete sich ökonomisch nicht, solange der Zustrom von Opfern nicht stockte. So kamen SS und der Betrieb auf ihre »Kosten«.

*1947 wurde der deutsche Großindustrielle Friedrich Flick (1883–1972) in Nürnberg als Kriegsverbrecher verurteilt. Auch er hatte in seinen Rüstungsbetrieben zahllose Zwangsarbeiter beschäftigt.*

Damit ist die unterste, todgeweihte Gruppe von Zwangsarbeitern angesprochen: Schon gleich nach Ende des Polenfeldzugs verfügte am 26.10.1939 eine Verordnung Arbeitszwang für alle jüdischen Männer vom 14. Lebensjahr an, wenig später ausgedehnt auf alle Juden, auch auf Frauen und sogar auf Kinder über 12 Jahre. Dafür mussten sich die Juden registrieren lassen, damit die Besatzer sie auch zu kürzerfristigen Arbeiten wie Schneeräumen oder Versand von beschlagnahmten Gütern heranziehen konnten. Dauerhaft Zwangs-

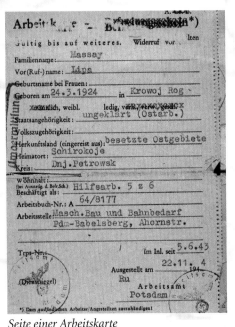

*Seite einer Arbeitskarte »Ost«, Teil des so genannten Arbeitsbuches. Hier wurden persönliche Daten sowie jeder Arbeitgeberwechsel eingetragen.*

*»Arbeit macht frei« lautet das zynische Motto über dem Lagereingang. Alle für arbeitstauglich befundenen Häftlinge wurden zur Arbeit in der Industrie eingesetzt.*

arbeit leisteten Ende 1939 bereits 700 000 Juden im Generalgouvernement, später stieg die Zahl vorübergehend an, weil auch die Juden in den anderen besetzten Teilen Polens herangezogen wurden. Schon bald aber ging sie zurück wegen der enormen Sterblichkeit in den inzwischen gebildeten völlig unterversorgten Gettos und drastisch vor allem wegen der systematischen Tötungen im Rahmen der »Endlösung«. Anfangs war noch eine wenn auch kaum nennenswerte Entlohnung vorgesehen, die durch immer neue Abzüge bald gegen Null tendierte und schließlich ganz unterblieb.

## JÜDISCHE ZWANGSARBEIT IN DEN BESETZTEN GEBIETEN

Ähnlich stellte sich die Lage in den ersten Monaten des Russlandfeldzugs dar. Allerdings gingen hier die deutschen Stellen von Anfang an zum Massenmord über. Doch da die Einsatzgruppen nicht sogleich alle Gebiete kontrollieren und »judenfrei« machen konnten, beutete man in der Zwischenzeit die jüdischen Arbeitskräfte durch Zwangsverpflichtung aus, bis auch sie deportiert oder vor Ort ermordet wurden. Bis dahin wurden die Juden in den besetzten Gebieten einzeln oder in Kolonnen bei Dienststellen oder in Bautrupps oder in Zweigbetrieben deutscher Unternehmen eingesetzt bei Lebensbedingungen, die keinen Zweifel daran ließen, dass ihnen ohnehin der Tod zugedacht war. Nur Facharbeiter genossen zeitweilig etwas mehr Schonung, weil hier der ökonomische Gesichtspunkt eine Rolle spielte, einige ganz wenige von ihnen überlebten sogar den Holocaust. Wie stark die ideologische Komponente, also die rassistische, war, geht daraus hervor, dass wirtschaftliche Rücksichten sonst in keiner Weise zählten. Trotz der angespannten Lage zum Beispiel auf dem Transportsektor waren immer Züge bereit zur Verbringung der Juden in Vernichtungslager oder zur weiteren Zwangsarbeit in Durchgangslager vor der schließlichen Tötung. Und auch das war ein Merkmal der jüdischen Zwangsarbeit: Sie spielte sich fast nur in den besetzten Gebieten ab, weil Juden in Deutschland noch weniger erwünscht waren als Angehörige der verachteten »Ostvölker«.

## ENDLOSER STREIT UM DIE ENTSCHÄDIGUNG

Trotz des entsetzlichen Schicksals aller Zwangsarbeiter haben Industriebetriebe, die von ihrem Einsatz profitierten, nach dem Krieg im Allgemeinen Entschädigungen für die Opfer abgelehnt, von einigen als »freiwillig« bezeichneten, eher symbolischen Zahlungen abgesehen; ehemalige KZ-Häftlinge erhielten unter gewissen Bedingungen staatliche Zuwendungen nach den Bundesentschädigungsgesetz (BEG). Die Firmen beriefen sich dabei auf das Londoner Schuldenabkommen von 1953, nach dem Reparationszahlungen erst nach einem Friedensvertrag fällig würden. Außerdem betonten sie ihre angebliche Ohnmacht gegenüber den Forderungen des Staates nach drastischen Produktionssteigerungen. Sie ließen sich durch die Aussage von Rüstungsminister Speer im Prozess gegen den Großindustriellen Flick 1947 belegen, wonach ein »Unternehmer verpflichtet gewesen sei, diejenigen Arbeitskräfte anzufordern, die das ihm auferlegte Produktionsprogramm erforderte«. Es steht jedoch fest, dass die Zuweisung von Zwangsarbeitern von vielen Betrieben nicht nur billigend in Kauf genommen, sondern ausdrücklich begrüßt wurde.

Erst nach der Wende 1989 kam mit der deutschen Einigung und dem friedensvertragsähnlichen 2+4-Abkommen die Debatte über eine Entschädigung wieder in Gang, für die allermeisten Opfer allerdings um Jahre zu spät. Und noch weitere starben darüber hin, denn es dauerte bis zum Regierungswechsel 1998, ehe konkrete Schritte zu einer Regelung

unternommen wurden. Als im Jahr darauf Verhandlungen in den USA mit dem Jüdischen Weltkongress und anderen Opferorganisationen begannen, lebten noch 300 000 der einstmals rund zehn Millionen Zwangsarbeiter. Probleme bereitete vor allem die Frage, wie deutsche Firmen, die in den geplanten 10-Milliarden-DM-Entschädigungsfonds einzahlten, vor Nachfolgeklagen geschützt werden könnten. Im Mai 2001 verabschiedete der Bundestag schließlich nach bindenden Zusagen, dass weitere Klagen in den USA künftig abgewiesen würden, das Zwangsarbeiter-Entschädigungsgesetz. Erste Zahlungen aus dem zur Hälfte von den Unternehmen und zur anderen Hälfte vom Staat aufgebrachten Fonds begannen wenig später.

*Ein ehemaliger Zwangsarbeiter aus Polen protestiert 2001 in Berlin gegen die andauernden Verzögerungen der versprochenen Entschädigungszahlungen.*

*Mel Urbach, Anwalt des Internationalen Rates Orthodoxer Jüdischer Gemeinden, dankt Otto Graf Lambsdorff und Außenminister Fischer. 2001 waren die Verhandlungen über die Entschädigungen endlich abgeschlossen. Viele ehemalige Zwangsarbeiter konnten jedoch die Auszahlungen aufgrund der langen Verhandlungsdauer nicht mehr erleben.*

**Stichworte**

- Kriegsgefangene als Arbeitskräfte → S. 76
- Zwangsarbeiter → S. 275, S. 381

---

## 28. NOVEMBER

# Partisanen auf dem Balkan

Deutsche Panzereinheiten nehmen die Ortschaft Užice (Titovo Užice) ein, 260 km südwestlich von Belgrad. In diesem Gebiet haben die kommunistischen Partisanen unter Führung

Josip Tito, eigentlich Josip Broz (* 25.5.1892 in Kumrovec, Kroatien), Generalsekretär der Kommunistischen Partei Jugoslawiens ab 1937, organisiert den Partisanenkampf gegen die deutsche und die italienische Besatzung.

*Sitzung des Politbüros der Kommunistischen Partei Jugoslawiens; v.l.: Bakarić, Milutinović, Kardelj, Josip Tito, Rancović, Vukmanović und Milovan Djilas*

von Josip Tito ihre Hauptstützpunkte. Sie ziehen sich nach dem deutschen Vormarsch in die Berge des Sandschak in Bosnien zurück.

Im ehemaligen Jugoslawien kämpfen zwei Widerstandsgruppen mit militärischen Mitteln gegen die deutschen Besatzungstruppen: die kommunistischen Tito-Partisanen und die nationalistischen Cetnići (Tschetniks) unter Dra ža Mihailović. Beide Gruppen hatten im Spätherbst mehr als ein Drittel des ehemaligen Staatsgebietes unter ihre Kontrolle gebracht.

Die zwischen beiden Partisanenarmeen bestehenden Spannungen verschärften sich, als die deutschen Besatzungstruppen mehrere tausend Menschen als Vergeltung für einen Partisanenangriff ermordeten. Mihailović, der zivile Opfer vermeiden will, rückte von Tito ab und zu Beginn des Monats kam es zu offenen Kämpfen zwischen den beiden Gruppen.

Bei Požega (Slavonska Požega) zwangen Titos Partisanen Mihailovićs Truppen nach eintägigem Gefecht zum Rückzug und umzingelten ihn in seinem Hauptquartier. Sie ließen ihn nach sowjetischen und britischen Vermittlungen aber wieder frei.

---

## 25. NOVEMBER

# Bündnis gegen den Kommunismus

In der Berliner Reichskanzlei unterzeichnen Vertreter der Mitgliedsländer des Anti-Kominternpaktes, Deutsches Reich, Japan, Italien, Ungarn, Mandschukuo und Spanien, die Verlängerung des Bündnisses um fünf Jahre.

Bulgarien, Dänemark, Finnland, Kroatien, Rumänien, die Slowakei und National-China erklären ihren Beitritt zu dem Bündnis.

Der Anti-Kominternpakt wurde am 25. November 1936 von Japan und dem Deutschen Reich zur Bekämpfung der 1919 gegründeten Kommunistischen Internationale (Komintern) geschlossen.

Der japanische Botschafter in Berlin, Hiroshi Oshima, sagt bei der Verlängerung des Pakts, »... dass die Notwendigkeit immer größer wird, dass die Staaten, die von dem gleichen Willen beseelt sind, den Kommunismus zu bekämpfen, sich immer enger zusammenschließen..., damit jeder Staat in seinem Raum die ihm aufgetragene Mission erfüllen kann.«

---

---

## 13. NOVEMBER

# Flugzeugträger »Ark Royal« torpediert

Der britische Flugzeugträger »Ark Royal« (s. Abb.) wird im Mittelmeer von dem deutschen U-Boot »U 81« torpediert und schwer beschädigt.

Einen Tag später sinkt das Schiff knapp 30 Seemeilen vor Gibraltar, wohin es von einem Begleitschiff zur Reparatur geschleppt werden sollte. Die Besatzung kann sich vor dem Untergang retten. Die 72 Flugzeuge tragende und 30 Knoten schnelle »Ark Royal« wurde 1938 in Dienst gestellt und war schon mehrfach Ziel deutscher Angriffe.

---

## 22. NOVEMBER

# »Atlantis«-Mannschaft versenkt sich selbst

Der deutsche Hilfskreuzer »Schiff Atlantis« (s. Abb.) wird im Südatlantik von dem britischen Schweren Kreuzer »Devonshire« bei der Versorgung von »U 126« überrascht.

Die Besatzung der »Atlantis« versenkt ihr Schiff und wird wenig später von der »U 126« aufgenommen. Die deutsche Kriegsmarine setzt insgesamt neun als Handelsschiffe getarnte Hilfskreuzer ein, deren Aufgabe die Unterstützung der Seestreitkräfte bei der Störung des feindlichen Handelsverkehrs ist.

Holzbude an der Ostfront, die als Kartenraum und Regimentsbüro dient

Für eine warme Mahlzeit sorgt die improvisierte Küche unter freiem Himmel auf einem besetzten Bauernhof in der Sowjetunion.

Sogar mit elektrischem Licht ist dieses Notquartier an der Ostfront ausgestattet.

Die Frontbuchhandlung in Smolensk, deren Angebot schon einen Tag nach der Eröffnung stark gelichtet ist, versorgt deutsche Soldaten mit Lesestoff.

## HINTERGRUND

## Zermürbt vom Klima

**Die deutschen Soldaten an den Kriegsfronten können Marsch- und Kampfpausen meist nicht zur Erholung nutzen.**

Waffen- und Militärgerät müssen überholt oder repariert werden, da sie durch die schnellen Vormärsche und die extremen klimatischen und geografischen Bedingungen überbeansprucht sind.

Darüber hinaus verwenden die Soldaten viel Zeit zur Sicherung ihrer Quartiere und zur Beschaffung einer ausreichenden Menge von Lebensmitteln. Sind Truppeneinheiten für längere Zeit an einem Ort stationiert, so versuchen die Soldaten ihre meist schlechten Unterkünfte zu verbessern. Schutz vor Frost und Schnee ist in der UdSSR ebenso wichtig wie der Schutz vor Hitze und Sand auf dem nordafrikanischen Kriegsschauplatz. Die einfachen Soldaten erfahren kaum etwas über ihre künftigen Einsätze, so dass immer neue Gerüchte über ein Kriegsende, neue Siege und Niederlagen in Umlauf kommen und die Moral zermürben.

## KdF-Unterhaltung für Soldaten

**Auf einer Jubiläumsveranstaltung der nationalsozialistischen Gemeinschaft Kraft durch Freude (KdF) in Berlin wird eine Bilanz der Truppenbetreuung gezogen.**

Seit Beginn des Krieges im Jahr 1939 hat KdF rund 500 000 Veranstaltungen vor mehr als 160 Mio. Soldaten durchgeführt. KdF schickt Künstler und Künstlerinnen, zu denen auch bekannte Film-, Varieté- und Theaterstars gehören, auf Tourneen. Sie treten vor Frontsoldaten sowie in Kriegslazaretten auf und versuchen, ihr Publikum u.a. mit Schlagern und Sketchen für kurze Zeit, vom Kriegsalltag abzulenken.

Der beliebte Bühnen- und Filmschauspieler Paul Kemp (4.v.l.) probiert bei seinem Besuch der Soldaten an der Ostfront das Feldküchenessen.

Tänzerin in bulgarischer Tracht führt deutschen Soldaten Volkstänze vor.

---

5. DEZEMBER

# Winteroffensive erzwingt Rückzug

An der Kalininfront treten sowjetische Streitkräfte zur Offensive gegen die deutschen Truppen nordwestlich von Moskau an.

Am folgenden Tag beginnt der Angriff der sog. Westfront unter dem Kommando von Armeegeneral Georgi K. Schukow gegen die vor Moskau stehenden Verbände.

**Überraschende Erfolge:** Seit Oktober hatte die sowjetische Armeeführung im Raum östlich von Moskau starke Truppenverbände zusammengezogen und geschult, um die drohende Einnahme Moskaus durch deutsche Heeres-

### Hitler übernimmt Heeresführung

Der deutsche Diktator Adolf Hitler übernimmt am 19. Dezember den Oberbefehl des Heeres, nachdem der bisherige Oberbefehlshaber, Generalfeldmarschall Walter von Brauchitsch, seinen Posten niedergelegt hat. Damit endet der Streit zwischen dem Diktator und der Heeresleitung über die Ostkriegsführung, der sich seit August immer mehr zugespitzt hat (→ S. 134). Hitler ersetzt von nun an alle Offiziere, die sich seinen Befehlen widersetzen, durch linientreue Kommandeure. Grundlinie von Hitlers Strategie ist der Kernsatz seiner Weisung vom 16. Dezember: »Größere Ausweichbewegungen können nicht durchgeführt werden. Unter persönlichem Einsatz der Befehlshaber.... ist die Truppe zum fanatischen Widerstand in ihren Stellungen zu zwingen.« Hitler, der militärisch faktisch ohne jede Ausbildung ist, fehlen die Einsichten in die strategische Defensive. Die überlegene taktische Beweglichkeit der deutschen Wehrmacht bleibt so ungenutzt.

In den folgenden Jahren prägt sich die »Haltestrategie« Hitlers immer stärker aus, die zu Verlusten wie in Stalingrad (→ S. 254-256) oder Nordafrika (→ S. 288) führt.

reseinheiten um jeden Preis zu verhindern (→ S. 146).

　Die Wirkung der Angriffe dieser Verbände auf die deutschen Linien übertrifft die Erwartung der sowjetischen Militärführung. Bis zum Ende

des Monats müssen sich die deutschen Truppen an manchen Frontabschnitten um mehr als 100 km westlich zurückziehen. Einheiten der Roten Armee erobern am 9. Dezember Jelez und Tichwin zurück, durchbrechen am 13. Dezember den deutschen Frontbogen bei Tula und nehmen am 14. Dezember die Stadt Kalinin ein.

**Deutsches Heer ausgelaugt:** Die deutschen Truppen an der Ostfront sind zermürbt und entkräftet. Der Oberbefehlshaber der Heeresgruppe Mitte, Generalfeldmarschall Fedor von Bock, hatte am 1. Dezember an das Oberkommando des Heeres gemeldet, der Zeitpunkt sei »sehr nahe gerückt, in dem die Kraft der Truppe völlig erschöpft ist«. Die deutsche Wehrmacht hat seit dem Angriff auf die UdSSR Verluste von 162 314 Toten, 571 767 Verwundeten und 33 334 Vermissten zu verzeichnen. Die geschwächten Verbände müssen nun eine Frontlinie von etwa 1800 km verteidigen. Die Versorgung mit Munition, Waffen und Lebensmitteln ist mangelhaft. Nur acht bis zehn Versorgungszüge erreichen die Einheiten der Heeresgruppe Mitte, deren Tagesbedarf mehr als dreimal so groß ist. Zudem wurden wegen der Erwartung eines schnellen Sieges keine Vorbereitungen auf den extrem kalten Winter getroffen.

**Druck lässt nicht nach:** Die zahlenmäßig überlegenen sowjetischen Truppen führen unter hohen Verlusten dauernde Angriffe an allen Frontabschnitten auf die zurückweichenden deutschen Verbände durch. Die sowjetische Führung will verhindern, dass die Wehrmachtsführung ihre Kräfte in rückwärtigen Stellungen neu formieren kann.

**Propaganda verschweigt Niederlage:** Die nationalsozialistische Regierung lässt die deutsche Bevölkerung im Unklaren über die Situation. In deutschen Zeitungen wird ausführlich über den Krieg im pazifischen Raum (→ S. 160) berichtet, und nur vereinzelt erscheinen Artikel zur Lage in der UdSSR, die zudem das Geschehen beschönigen und den Rückzug als strategische Maßnahme bezeichnen.

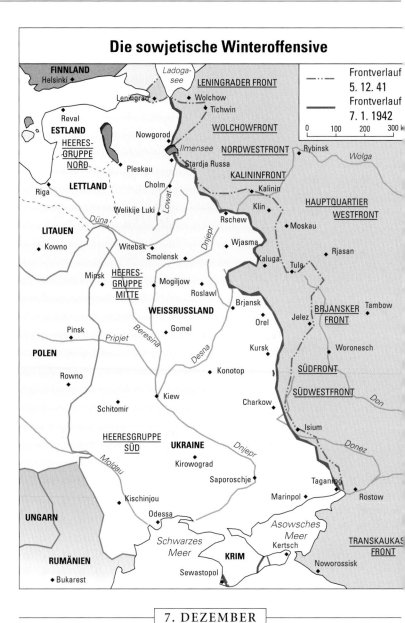

**Die sowjetische Winteroffensive**

- - - Frontverlauf 5. 12. 41
——— Frontverlauf 7. 1. 1942

0　100　200　300 k

7. DEZEMBER

# »Grundsätzlich die Todesstrafe«

Der Chef des Oberkommandos der Wehrmacht, Wilhelm Keitel, unterzeichnet den »Nacht- und Nebel-Erlass« des deutschen Diktators Adolf Hitler.

Für die besetzten Gebiete wird die »Verfolgung von Straftaten gegen das Reich« neu geregelt, um jeden Widerstand gegen die deutschen Truppen zu unterdrücken.

　Der Erlass schreibt vor, dass für Straftaten nicht deutscher Zivilisten gegen die Besatzungsmacht grundsätzlich die Todesstrafe angebracht ist. Die Täter sollen in den besetzten Gebieten abgeurteilt und hingerichtet werden, wenn ein Todesurteil wahrscheinlich und in kurzer Zeit

vollstreckbar ist. Andernfalls sollen sie ohne Aufsehen verhaftet und ins Deutsche Reich gebracht werden. Keitel begründet die neue Vorgehensweise: »Die abschreckende Wirkung liegt a) in dem spurlosen Verschwindenlassen der Beschuldigten, b) darin, dass über ihren Verbleib und ihr Schicksal keinerlei Auskunft gegeben werden darf.« Der Erlass bedeutet eine neuerliche Verschärfung im Besatzungsregime des Deutschen Reiches in den besetzten Staaten Europas. Einer der Hintergründe für den Erlass ist das Erstarken der Widerstandsbewegungen in den besetzten Gebieten seit Beginn des deutschen Angriffs auf die Sowjetunion.

*Eine der Panzerformationen der britischen Armee, die im libysch-ägyptischen Grenzgebiet gegen die deutschen Gefechtsstellungen eingesetzt wird*

---

**7. DEZEMBER**

# Afrikakorps weicht vor Briten zurück

Der Kommandant des Deutschen Afrikakorps, Generalleutnant Erwin Rommel, ordnet den umgehenden Rückzug der deutsch-italienischen Einheiten aus dem libysch-ägyptischen Grenzgebiet in Richtung westliche Cyrenaika an.

Die Stellungen sind gegen den Druck der seit dem 18. November angreifenden britischen Verbände nicht länger zu halten, da Nachschub nicht rechtzeitig eintrifft.

**Rückzug auf Ausgangsstellung:** Der britische Plan, den deutschen Ring um die britische Festung Tobruk schnell zu sprengen, war bislang am hartnäckigen Widerstand gescheitert. Da die Briten über mehr als fünfmal so viele Panzer wie die deutsch-italienischen Truppen und ausreichenden Nachschub verfügen, müssen sich Rommels Truppen aber schließlich zurückziehen. Bis zum Ende des Jahres kehren sie in ihre Ausgangsstellungen am Westrand der Cyrenaika zurück, wo ihr Angriff begonnen hatte.

**Befreiung Tobruks:** Am 10. Dezember stellen die britischen Truppen die Verbindung zur Festungsbesatzung in Tobruk her, die seit April von deutschen Einheiten eingeschlossen war. Die US-Nachrichtenagentur United Press berichtet nach der Einnahme El Adems südlich von Tobruk durch britische Streitkräfte: »Die Eroberung von El Adem hat zweifellos in der Lage auf dem nordafrikanischen Kriegsschauplatz eine Wende zugunsten der britischen Streitkräfte gebracht, weil Tobruk jetzt als britische Versorgungsbasis benutzt werden kann.«

**Malta blockiert Nachschub:** Hauptproblem von Rommels Truppen ist die Blockade des Nachschubs durch britische Schiffe und Flugzeuge, die von Malta aus agieren. Mehrmals plante die deutsche Militärführung eine Eroberung dieses »unsinkbaren Flugzeugträgers« aus der Luft. Aufgrund der Verluste, die deutsche Fallschirmtruppen auf Kreta erlitten hatten, verschob man die Invasion aber immer wieder.

## Britische Offensive in Nordafrika: »Operation Crusader«

Mittelmeer

Kyrene   Darna 19. Dez.

Barka 23. Dez.

Bengasi 25. Dez.

Tmimi
El Gazala
Tobruk Entsatz, 10. Dez.

El Mechili 17. Dez.

El Adem   Gambut

Sidi Rezegh   Bardia

Msus 21. Dez. 41   Bir Gerrari   Bir Hacheim   Gabr Saleh   Sollum

Bir el Gubi   Sidi Omar

Große Syrte

Cyrenaika

Sirte

Mersa Brega   Adschdabija   Fort Maddalena

El Agheila

LIBYEN     ÄGYPTEN

0   100   200 km

## 7. DEZEMBER

# Krieg im Pazifik nach Angriff auf Pearl Harbor

**Gegen 6.00 Uhr morgens startet der erste Flugzeugverband der japanischen Streitkräfte zum Angriff auf den US-amerikanischen Marinestützpunkt Pearl Harbor auf der Hawaii-Insel Oahu. Japan hatte den USA zuvor nicht den Krieg erklärt.**

Bei dem Großangriff schalten 360 japanische Flugzeuge die US-amerikanische Luftabwehr aus, versenken die Schlachtschiffe »Arizona«, »California«, »Oklahoma«, »West Virginia«, »Nevada« und zwei weitere Schiffe; drei Schlachtschiffe, drei Kreuzer, drei Zerstörer und zwei Versorgungsschiffe der US-Marine werden schwer beschädigt und 188 Flugzeuge zerstört. Über 2400 US-Amerikaner kommen bei dem Überraschungsangriff ums Leben, 1178 werden verwundet. Die japanischen Streitkräfte verlieren 55 Soldaten und 29 Flugzeuge.

Am 26. November war das Angriffsgeschwader von den Kurilen aus in See gestochen. Zu ihm gehören die Flugzeugträger »Akagi«, »Kaga«, »Shokaku«, »Zuikaku«, »Hiruyu« und »Soryu« sowie zwei Schlachtschiffe, zwei Schwere und ein Leichter Kreuzer, neun Zerstörer, Versorgungsschiffe und U-Boote. Bei völliger Funkstille hatte der Verband durch den Nordpazifik Kurs auf Hawaii genommen.

Die US-Streitkräfte in Pearl Harbor sind von dem Angriff vollkommen überrascht. Der US-amerikanische Schriftsteller James Jones [Autor des Romans »Verdammt in alle Ewigkeit«, 1951] schildert seine Erlebnisse bei dem Angriff: »In der Schofield-Kaserne saßen die von uns, die bereits aufgestanden waren, beim Frühstück... Die meisten von uns waren mehr mit ihrer Milch beschäftigt als mit dem Lauschen auf die Explosionen, deren Lärm von dem drei Kilometer entfernten Wheeler-Flugplatz zu uns herüberdrang. ›Machen die Sprengversuche?‹, fragte ein älterer Soldat... Erst als das erste Jagdflugzeug im Tiefflug mit ratterndem MG-Feuer über uns hinwegdonnerte, liefen wir mit unsern Milchgläsern in der Hand hinaus... und wurden uns mit einem plötzlichen Gefühl des Schreckens bewußt, dass wir mit eigenen Augen einen wirklich historischen Augenblick sahen und erlebten. Als wir, mit dem Rücken an die

Mauer des Tagesraums drängend, draußen auf der Straße standen, kam ein zweites Jagdflugzeug mit den roten Sonnen auf den Flügeln über die Hauptstraße heran, 80 Meter vor ihm bohrten sich zwei Reihen Löcher in den Asphalt.«

Die japanische Führung hatte den Angriff auf Pearl Harbor sorgfältig

**Japans Vorstoß im Pazifik**

| Japanischer Machtbereich Dez. 1941 |
| 14. 12. 1941 Bündnis mit Japan |
| Stoßrichtung jap. Angriffe |
| Japanische Luftangriffe |
| Erdölfelder |

ALASKA · UdSSR · SACHALIN · ALEUTEN · KURILEN · MONGOLEI · MANDSCHUKUO · KOREA · JAPAN · Pazifischer Ozean · CHINA seit 1937 im Krieg mit Japan · TIBET · BRIT.-INDIEN · RIUKIU-INSELN · OKINAWA · TAIWAN (FORMOSA) · MIDWAY-INSELN · HAWAII-INSELN · Pearl Harbor 7. 12. 1941 jap. Luftangriff · THAILAND · FRANZ.-INDO-CHINA · HAINAN · ANDAMANEN (brit.) · NIKOBAREN (brit.) · BRIT.-MALAYA · PHILIPPINEN · MARIANEN · WAKE · GUAM · KAROLINEN · MARSHALL-INSELN · MINDANAO · JAP.-INSELN · TRUK-INSELN · PALAU-INSELN · BORNEO · BISMARCK-ARCHIPEL · Äquator · SUMATRA · CELEBES · AMBOINA · NEUGUINEA · GILBERT-INSELN · GUADELCANAL · JAVA · SALOMON-INSELN · NEUE HEBRIDEN · SAMOA-INSELN · FIDSCHI-INSELN · HOLLÄNDISCH-INDIEN · TIMOR · PORT DARWIN · AUSTRALIEN · Indischer Ozean

*Oben: Der japanische Machtbereich in Südostasien erstreckt sich auf Mandschukuo, Korea, große Teile im Osten Chinas, die Insel Taiwan und Französisch-Indochina; Thailand musste sich inzwischen ebenfalls dem japanischen Druck beugen und die Stationierung von Truppen in seinem Land zulassen. Die japanische Regierung verfolgt das Ziel, im Fernen Osten ein Staatenbündnis unter seiner Führung aufzubauen, das den Großmächten in Europa und vor allem den Vereinigten Staaten ebenbürtig ist.*

*Links: Zahlreiche Flugzeugdepots der US-amerikanischen Streitkräfte wie dieses gehen nach den ersten Bombardements der japanischen Flugstaffel auf Pearl Harbor in Flammen auf; insgesamt 188 US-Flugzeuge werden bereits am Boden zerstört; da auch gefüllte Treibstofftanks getroffen werden und in Flammen aufgehen, sind effektive Löscharbeiten nahezu unmöglich.*

vorbereitet, nachdem die USA wegen des japanischen Vorgehens im Pazifik ein Wirtschaftsembargo verhängt hatten. Das von Öl- und Rohstoffimporten abhängige Japan versucht nun die Pazifikstreitkräfte der USA zu vernichten, um seine Machtposition in der rohstoffreichen Region (→ S. 114) auszubauen. Auf die US-amerikanische Bevölkerung wirkt der japanische Angriff wie ein Schock. In vielen Städten des Landes kommt es zu Übergriffen gegen japanische Bürger; mehrere tausend Japaner werden interniert.

US-Präsident Franklin D. Roosevelt unterzeichnet nach dem Eintreffen der ersten Meldungen aus Hawaii die Kriegserklärung gegen Japan (→ S. 163). Der britische Premierminister Winston Churchill empfindet »größte Freude«; er schreibt: »Das britische Reich, die Sowjetunion und nun auch die Vereinigten Staaten... Keine andere Kombination auf der Welt konnte gegen unsere vereinte Macht bestehen.«

Im Deutschen Reich wird die Nachricht von dem japanischen Überraschungsangriff mit Bestürzung zur Kenntnis genommen. Adolf Hitler hatte sich seit Kriegsausbruch bemüht, die Vereinigten Staaten vom Krieg fernzuhalten, da er deren wirtschaftliche und militärische Stärke

### Japans Vormarsch im Südpazifik

Gleichzeitig mit dem Angriff auf die US-Streitkräfte in Pearl Harbor eröffnet die japanische Armee eine Offensive in der Pazifikregion. Der japanische Plan sieht u.a. die Eroberung von Britisch-Malaya, der Philippinen, von Hongkong, Guam, Borneo und Sumatra sowie die Zerstörung des britischen Stützpunktes in Singapur vor. Von Indochina aus marschieren japanische Streitkräfte in Thailand ein und erobern am 8. Dezember die Hauptstadt Bangkok. Am gleichen Tag landen japanische Truppen im Norden Britisch-Malayas und auf der Philippineninsel Luzon (→ S. 172). Zwei Tage später versenken sie die britischen Schlachtschiffe »Prince of Wales« und »Repulse«, die japanische Invasionstruppen in Britisch-Malaya angreifen sollten. Am 24. Dezember nehmen japanische Verbände auch die britische Kronkolonie Hongkong ein.

fürchtet. Er muss nun auch mit dem Eingreifen US-amerikanischer Streitkräfte auf dem europäischen Kriegsschauplatz rechnen. Aus taktischen Erwägungen erklärt er den USA den Krieg (→ S. 162).

*Ein Vorpostenboot der US-amerikanischen Marine nähert sich den bombardierten Schlachtschiffen, von denen fünf versenkt und drei beschädigt wurden.*

*Das US-amerikanische Schlachtschiff »Arizona« ist nach japanischen Bombenangriffen im Hafen von Pearl Harbor schwer beschädigt worden und liegt auf Grund.*

8. DEZEMBER

# Der Krieg wird zum Weltkrieg

In Tokio überreicht ein Vertreter des japanischen Auswärtigen Amtes den Botschaftern Großbritanniens und der USA sowie den Gesandten Kanadas und Australiens die Kriegserklärungen seiner Regierung. Die USA greifen nun aktiv in den Konflikt ein, an dem sie bislang nur als Waffenlieferant Großbritanniens und der Sowjetunion teilgenommen hatten. Der Krieg wird gleichzeitig auf den ostasiatischen Raum ausgedehnt.

Am 11. Dezember (→ S. 162) erklären Adolf Hitler und der italienische Duce und Ministerpräsident Benito Mussolini den USA den Krieg. Am gleichen Tag unterzeichnen Vertreter der beiden Länder mit der japanischen Regierung ein Abkommen; sie verpflichten sich darin, »ohne volles gegenseitiges Einverständnis weder mit den USA noch mit England Waffenstillstand oder Frieden zu schließen«.

Auf den Kriegsschauplätzen in Europa, Nordafrika und im Atlantik werden künftig auch US-Truppen auf britischer Seite in die Kämpfe eingreifen. Während das Bündnis der europäischen Achsenmächte Italien und Deutsches Reich mit Japan keine gemeinsame Kriegsführung beinhaltet, koordinieren das britische und US-amerikanische Armeekommando die Aktionen; sie hatten sich schon im Frühjahr im Grundsatz auf eine gemeinsame Kriegsstrategie verständigt, derzufolge zunächst in Europa angegriffen werden soll (→ S. 110): Lediglich die Sowjetunion passt sich nicht vollständig in die beiden Krieg führenden Blöcke ein. Seit dem deutschen Überfall (→ S. 124) ist sie Bündnispartner der alliierten Westmächte. Die sowjetische Führung gibt jedoch einen Tag nach dem japanischen Angriff auf den US-Stützpunkt Pearl Harbor in Hawaii (→ S. 160) bekannt, dass sie in einen ostasiatischen Krieg nicht eingreifen werde. Sie betrachtet den sowjetisch-japanischen Neutralitätspakt vom 13. April 1941 (→ S. 114) weiterhin als gültig.

*Nach Bekanntgabe der Kriegserklärung gegen die USA durch Adolf Hitler in der Kroll-Oper folgt das Deutschlandlied.*

11. DEZEMBER

## Deutsche Kriegserklärung an USA

In der Berliner Kroll-Oper gibt Adolf Hitler die deutsche Kriegserklärung an die Vereinigten Staaten bekannt. Am 5. Dezember hatte er der japanischen Führung zugesagt, er werde den USA den Krieg erklären, falls Japan in einen militärischen Konflikt mit den USA verwickelt wird.

Zu diesem Zeitpunkt war Hitler jedoch nicht über den geplanten japanischen Angriff auf den US-Pazifikstützpunkt Pearl Harbor (→ S. 160) informiert.

Nach Ausführungen über den bisherigen Kriegsverlauf sagt Hitler: »Dass die japanische Regierung es nach jahrelangem Verhandeln mit diesem Fälscher [US-Präsident Franklin D. Roosevelt] endlich satt hatte, sich noch weiter in so unwürdiger Weise verhöhnen zu lassen, erfüllt auch die übrigen anständigen Menschen auf der ganzen Welt mit tiefer Genugtuung... Auch wenn wir nicht im Bündnis mit Japan stünden, wären wir uns darüber im Klaren, dass es die Absicht der Juden und ihres Franklin Roosevelt ist, einen Staat nach dem anderen allein zu vernichten... In Verfolg der immer weiteren Ausdehnung einer auf unbegrenzte Weltherrschaftsdiktatur gerichteten Politik des Präsidenten Roosevelt sind die Vereinigten Staaten von Amerika im Verein mit England vor keinem Mittel zurückgewichen, um dem deutschen, dem italienischen und auch dem japanischen Volk die Voraussetzungen ihrer natürlichen Lebenserhaltung zu bestreiten... Deutschland und Italien haben demgegenüber sich nunmehr endlich gezwungen gesehen, getreu den Bestimmungen des Dreimächtepaktes... Seite an Seite mit Japan den Kampf... gegen die Vereinigten Staaten von Amerika und England gemeinsam zu führen.«

Hitler hat bisher mit allen Mitteln versucht, einen Kriegseintritt der USA zu vermeiden, weil deren riesiges Potenzial auf Seiten der Achsenmächte nicht aufgewogen werden kann. Nach dem Angriff Japans war eine Kriegserklärung der USA an das Deutsche Reich jedoch sicher. Daher wählt Hitler durch die eigene Kriegserklärung

*US-Geschäftsträger Morris (l.) nach seinem letzten Besuch beim deutschen Außenminister von Ribbentrop*

gewissermaßen die Flucht nach vorn und gaukelt der deutschen Bevölkerung dadurch eine »Politik der Stärke« vor. Zudem bietet der fernöstliche Kriegsschauplatz der NS-Führung die Möglichkeit, vom Scheitern der deutschen Offensive in der Sowjetunion (→ S. 158) abzulenken, indem sie das Medieninteresse auf den Pazifik konzentriert. Den kurzzeitigen Erfolg dieser Strategie bestätigt der Sicherheitsdienst der SS am 18. Dezember in einer Informationsmeldung.

*Roosevelt (am Rednerpult) im Repräsentantenhaus der USA*

## 8. DEZEMBER

## »Bis zum Sieg ohne Bedingung«

**Nach Abstimmungen in den beiden Kammern des US-amerikanischen Parlaments in Washington erklären die USA Japan offiziell den Krieg.**

Nur eine Abgeordnete des Repräsentantenhauses stimmte gegen die Erklärung. Zuvor hatte US-Präsident Franklin D. Roosevelt vor den Abgeordneten eine von starkem Beifall begleitete Rede gehalten: »Ganz gleichgültig, wie lange Zeit es dauern mag, bis wir diesen niederträchtigen Angriff zurückgewiesen haben mögen – eines ist gewiss, wir Amerikaner sind entschlossen, den Weg bis zum bedingungslosen Sieg fortzusetzen.«

*Der Präsident der USA, Franklin D. Roosevelt, unterzeichnet die Kriegserklärung an das Deutsche Reich.*

## HINTERGRUND

# Verbündete erklären Krieg

Mit dem japanischen Angriff auf den Stützpunkt der US-Marine in Pearl Harbor auf Hawaii weitet sich der bislang auf Europa, Afrika und den Atlantik beschränkte Krieg auch auf Ostasien aus. Verbündete der Krieg führenden Staaten erklären in den Tagen nach dem Angriff den Feinden ihrer Partner den Krieg, auch wenn sie nicht selbst aktiv in das Geschehen eingreifen.

**8. Dezember:** Japan erklärt offiziell den USA, Großbritannien, Kanada und Australien den Krieg. Die Regierungen der USA und Großbritanniens erklären ihrerseits Japan den Krieg. Am gleichen Tag erfolgen weitere Kriegserklärungen nicht direkt an den Kampfhandlungen beteiligter Staaten:

Mandschukuo, ein enger Verbündeter Japans, erklärt den Kriegszustand mit den USA und Großbritannien.

Kanada, Costa Rica, Australien, Nicaragua und Niederländisch-Indien erklären Japan den Krieg.

Kanada, Neuseeland, Indien und die tschechische Exilregierung in London teilen der finnischen Regierung mit, dass sie sich im Kriegszustand mit Finnland befinden.

Die sowjetische Führung erklärt, dass sie den am 13. April 1941 (→ S. 114) mit Japan geschlossenen Neutralitätsvertrag weiterhin als gültig betrachtet. Sie will nicht in den Krieg mit Japan eintreten, da ihre Verteidigung gegen die deutschen Truppen dadurch geschwächt würde. Die brasilianische Regierung bekundet in einem Memorandum ihre Solidarität mit den Vereinigten Staaten, tritt aber nicht in den Krieg ein.

**9. Dezember:** Ägypten, die Dominikanische Republik, Haiti, Honduras, Kuba, El Salvador, Mexiko und Panama verkünden den Kriegszustand mit Japan.

**10. Dezember:** Die japanische Regierung erhält Kriegserklärungen von Neuseeland, Südafrika, Guatemala, Bolivien, Indien, Kolumbien sowie von den Exilregierungen der Niederlande und Belgiens in London. Auch die frei-französische Bewegung unter General Charles de Gaulle, die von London aus die deutsche Besatzung ihres Landes bekämpft, erklärt Japan den Krieg.

**11. Dezember:** Weitere Regierungen verkünden, dass sie sich im Krieg mit den Feinden ihrer Bündnispartner befinden:

Das Deutsche Reich, Italien und Albanien erklären den USA den Krieg.

Dominikanische Republik, Guatemala und Costa Rica übermitteln der deutschen und der italienischen Regierung Kriegserklärungen, Bolivien nur der italienischen Regierung.

**12. Dezember:** Weitere Staaten treten in den Krieg ein:

Die USA erklären dem Deutschen Reich und Italien den Krieg; Kuba, Nicaragua, Haiti, Honduras und El Salvador folgen.

Die deutschen Bündnispartner Bulgarien, Kroatien und die Slowakei verkünden, dass sie sich im Krieg mit den USA und Großbritannien befinden; Rumänien und Ungarn erklären den USA den Krieg.

Durch die Kriegserklärungen von Staaten aller Kontinente wird die Kriegsführung in Europa, Nordafrika und Asien miteinander verknüpft. In Europa kämpfen die westlichen Alliierten, Großbritannien und USA, gemeinsam mit der UdSSR, Frei-franzosen und verschiedenen europäischen Exilregierungen gegen die Achsenmächte Deutsches Reich und Italien. Briten und US-Amerikaner führen gleichzeitig in Ostasien Krieg gegen Japan und werden dabei u.a. von Australien und Neuseeland unterstützt

Der Kriegseintritt vieler kleiner Staaten dient nur in wenigen Fällen militärischen Zwecken. Vielfach wollen sich ihre Regierungen die Sympathie und den Schutz der übermächtigen Bündnispartner sichern.

Manche dieser Staaten liefern wichtige Rohstoffe oder sichern strategische Punkte wie z.B. Panama: Der Panamakanal, der den Atlantischen mit dem Pazifischen Ozean verbindet, ist von großer Bedeutung für die Versorgung der US-amerikanischen Truppen.

# 1942

NS-Parteiführer und -Bürokraten gehen dazu über, den Massenmord vor allem an der jüdischen Bevölkerung im Deutschen Reich und den besetzten Gebieten bürokratisch nachzuvollziehen. Auf der sog. Wannsee-Konferenz beschließen sie die »Endlösung der Judenfrage«. An den Fronten befinden sich die alliierten Truppen auf dem Vormarsch.

### ■ 1. Januar

Vertreter von 26 Staaten unterzeichnen in der US-Hauptstadt Washington den Pakt der »Vereinten Nationen«, in welchem sie sich zu den Prinzipien der Atlantikcharta vom 14. August 1941 bekennen und sich außerden verpflichten, keinen Separatfrieden mit den Dreimächtepaktstaaten zu schließen (→ S. 178).

### ■ 2. Januar

Im Mittelabschnitt der Ostfront durchbricht die sowjetische 39. Armee die Stellungen der deutschen 9. Armee nordwestlich von Rschew und stößt in Richtung Wjasma vor. → S. 172

Teile der japanischen 48. Division besetzen Manila, die Hauptstadt der Philippinen. → S. 172

### ■ 11. Januar

Mit der Operation »Paukenschlag« beginnt vor der US-Küste eine neue deutsche U-Boot-Offensive. → S. 173

### ■ 12. Januar

Die deutsch-italienische Panzergruppe Afrika räumt die Cyrenaika in Libyen. Die Verluste belaufen sich auf 33 000 Soldaten und 300 Panzer. Die Briten verlieren 17 000 Mann und 280 Panzer (→ S. 159).

### ■ 14. Januar

Im Abschlusskommuniqué der am 22. Dezember 1941 begonnenen Arcadia-Konferenz bestätigen der US-Präsident Franklin Delano Roosevelt und der britische Premierminister Winston Churchill die am 27. März des Vorjahres beschlossene »Germany-first«-Strategie (→ S. 178).

### ■ 15. Januar

An der Ostfront kommt es zu einer Führungskrise. Der Oberbefehlshaber der Heeresgruppe Nord, Generalfeldmarschall Willhelm Ritter von Leeb, reicht seinen Abschied ein (→ S. 172).

### ■ 20. Januar

Auf der sog. Wannsee-Konferenz beraten die Staatssekretäre der wichtigsten deutschen Ministerien unter Vorsitz des Chefs des Reichssicherheitshauptamtes der SS, Reinhard Heydrich, über die »Endlösung der Judenfrage«. → S.170

### ■ 30. Januar

Zum Jahrestag der nationalsozialistischen Machtübernahme spricht Adolf Hitler im Berliner Sportpalast, er prophezeit die Vernichtung des Judentums bis zum Kriegsende. → S. 171

### ■ 3. Februar

Eine deutsche Gegenoffensive an der Ostfront nördlich von Juchnow im Raum Wjasma führt zur Einschließung der sowjetischen 33. Armee. → S. 179

### ■ 5. Februar

Reichsjugendführer Artur Axmann referiert in Berlin über den Kriegseinsatz der Hitlerjugend (HJ). → S. 180

*Der Dienst in der Hitlerjugend wurde zum »Ehrendienst am deutschen Volk« erklärt.*

### ■ 8. Februar

Der Reichsminister für Bewaffnung und Munition und Leiter der Organisation Todt, Fritz Todt, kommt bei einem Flugzeugabsturz bei Rastenburg in Ostpreußen ums Leben. → S. 180

### ■ 12. Februar

Den deutschen Schlachtschiffen »Scharnhorst« und »Gneisenau« sowie dem Schweren Kreuzer »Prinz Eugen« gelingt der unter dem Decknamen »Cerberus« vorbereitete Durchbruch vom Militärhafen Brest in Frankreich durch den Kanal in die Nordsee. → S.181

### ■ 5. Februar

Singapur kapituliert mit etwa 70 000 britischen, australischen und indischen Soldaten vor den Japanern. → S. 182

### ■ 19. Februar

In der französischen Stadt Riom beginnt ein von der Vichy-Regierung eingeleiteter Prozess gegen Politiker der Dritten Republik, denen die Schuld an der französischen Niederlage gegeben wird.

### ■ 23. Februar

Aus Anlass des 24. Jahrestages der Gründung der Roten Armee erklärt der Staatschef Josef W. Stalin im Tagesbefehl Nr. 55, »dass Hitler kommen und gehen, aber das deutsche Volk, der deutsche Staat bleibt«. → S. 181

Arthur Travers Harris wird zum Oberbefehlshaber des Bomberkommandos der britischen Luftwaffe (Royal Air Force) ernannt. → S. 181

### ■ 24. Februar

Auf den deutschen Botschafter in der Türkei, Franz von Papen, wird in Ankara ein Attentat verübt. → S. 180

### ■ 1. März

Im Hauptquartier des jugoslawischen Partisanenführers Josip Broz Tito in Foca wird die 2. Proletarische Brigade aufgestellt. → S. 184

### ■ 3. März

Bei einem Luftangriff der Royal Air Force auf die Pariser Renault-Werke bei Billancourt werden etwa zwei Drittel der Werksanlagen zerstört. → S. 184

### ■ 6. März

Der Oberbefehlshaber der in der birmanischen Hauptstadt Rangun eingeschlossenen britischen Truppen, General Harold Alexander, befiehlt die Räumung der Stadt vor den Japanern. → S. 183

### ■ 8. März

Mit der Kapitulation der letzten alliierten Streitkräfte auf der südostasiatischen Insel Java befindet sich ganz Niederländisch-Indien in den Händen japanischer Truppen. → S. 183

### ■ 17. März

Mit der Ankunft des ersten jüdischen Deportationszuges in Belzec beginnt die unter dem Decknamen »Aktion Reinhard« bereits vor Monaten geplante Vernichtung der Juden im polnischen Generalgouvernement. → S. 184

Der US-amerikanische General Douglas MacArthur übernimmt den Oberbefehl über die alliierten Streitkräfte im Südwestpazifik. → S. 185

*Douglas McArthur (1880-1964), US-amerikanischer General und Politiker*

### ■ 21. März

Der Gauleiter von Thüringen, Fritz Sauckel, wird von Adolf Hitler zum Generalbevollmächtigten für den Arbeitseinsatz mit Vollmachten zur Rekrutierung ausländischer Zwangsarbeiter ernannt (→ S. 192).

### ■ 24. März

Ein Plan des neu geschaffenen Amts für Kriegsumsiedlungen in den Vereinigten Staaten sieht die Umsiedlung von US-Amerikanern japanischer Abstammung von der Pazifikküste ins Landesinnere vor. → S. 185

### ■ 26. März

Mit Transporten aus der Slowakei beginnen die Deportationen von Juden in das Vernichtungslager Auschwitz. Am 27. März folgen erste jüdische Transporte aus dem besetzten Frankreich.

### ■ 28. März

Beim ersten Flächenbombardement der Royal Air Force auf eine deutsche Großstadt im Zweiten Weltkrieg wird die Innenstadt von Lübeck fast vollständig zerstört. → S. 186

*Blick auf die vom Bombenhagel zerstörte Stadt Lübeck*

### ■ 3. April

Mit dem Durchbruch von Teilen der japanischen 14. Armee beginnt auf der philippinischen Halbinsel Bataan der Endkampf mit den US-amerikanischen und philippinischen Verbänden, die sich am 9. April auf die Felseninsel Corregidor zurückziehen (→ S. 195).

weiter westlich steht...

RAUCHER

**Feind hört mit!**

Propagandaplakate warnen überall im Deutschen Reich vor gegnerischer Spionagetätigkeit.

**■ 4. April**

In seiner »Weisung Nr. 41 « zur Kriegführung ordnet Adolf Hitler für den Sommer im Südabschnitt der Ostfront den Vorstoß zum Kaukasus an. → S. 189

**■ 8. April**

In bis zum 17. April dauernden Besprechungen zwischen Vertretern der britischen Regierung und dem Sonderbeauftragten des US-Präsidenten Franklin D. Roosevelt, Harry Lloyd Hopkins, werden u. a. die Möglichkeiten einer zweiten Front erörtert. → S. 190

**■ 15. April**

Die Reste der von deutschen Truppen an der Ostfront im Raum südöstlich von Wjasma seit Anfang Februar eingeschlossenen sowjetischen 33. Armee werden vernichtet. → S. 188

**■ 16. April**

4160 Mann der japanischen 14. Armee landen auf der Philippineninsel Panay. Die US-amerikanischen Verteidiger in Stärke von 7000 Mann ziehen sich zum Dschungelkampf in das Innere der unwegsamen Insel zurück.

*US-amerikanische Soldaten verteidigen ihre Stellungen im philippinischen Dschungel.*

**■ 18. April**

US-amerikanische Bomber greifen erstmals japanische Großstädte, darunter auch die Hauptstadt Tokio, an.

Nach Einsetzen der Frühjahrs-Schlammperiode flauen an der gesamten Ostfront die Kämpfe ab. → S. 188

Der Staatschef des unbesetzten Frankreichs, Marschall Philippe Pétain, ernennt den früheren Regierungschef Pierre Laval zum Ministerpräsidenten der Vichy-Regierung. → S. 191

**■ 24. April**

In vier aufeinander folgenden Nachtangriffen durch Bombenflugzeuge der Royal Air Force wird bis zum 27. April die Altstadt von Rostock weitgehend zerstört. → S. 190

**■ 26. April**

Die Abgeordneten des Deutschen Reichstages erteilen in der Kroll-Oper in Berlin Adolf Hitler die Vollmacht, als Oberster Gerichtsherr ohne Bindung an formale Rechtsgrundsätze nach Gutdünken Recht zu sprechen. → S. 192

**■ 6. Mai**

Die alliierten Streitkräfte auf der Philippinen Insel Corregidor kapitulieren vor den Japanern. → S. 195

**■ 8. Mai**

Im Korallenmeer zwischen Australien und Neuguinea kommt es zu einer See-Luftschlacht zwischen einem japanischen und einem US-amerikanischen Flugzeugträgerverband. → S. 194

**■ 11. Mai**

Deutsche U-Boote dringen in die Mündung des kanadischen Sankt-Lorenz-Stroms und des Mississippi in den Vereinigten Staaten ein und versenken mehrere Handelsschiffe. → S. 195

**■ 12. Mai**

Bei der ersten genau datierten Massenvergasung im Vernichtungslager Auschwitz-Birkenau werden 1500 jüdische Männer, Frauen und Kinder aus dem benachbarten polnischen Ort Sosnowiec ermordet. → S. 193

**■ 20. Mai**

Die britischen Truppen unter dem Oberbefehl von General Harold Alexander ziehen sich vor der japanischen

15. Armee über die indisch-birmanische Grenze nach Indien zurück. → S. 194

**■ 26. Mai**

Unter dem Decknamen »Theseus« beginnt an der El-Gazala- Front in Nordafrika eine Offensive der deutsch-italienischen Panzerarmee. → S. 201

**■ 27. Mai**

Auf den stellvertretenden Reichsprotektor von Böhmen und Mähren SS-Obergruppenführer Reinhard Heydrich, wird in Prag ein Attentat verübt. Er stirbt am 4. Juni. → S. 197

**■ 28. Mai**

Die Schlacht bei Charkow im Südabschnitt der Ostfront endet mit der Vernichtung der eingeschlossenen sowjetischen Verbände. 240 000 sowjetische Soldaten geraten in deutsche Gefangenschaft.

**■ 30. Mai**

Beim ersten 1000-Bomber-Angriff der Royal Air Force wird in 90 Minuten die gesamte Innenstadt von Köln stark zerstört, 474 Menschen sterben, 45 000 werden obdachlos. → S. 196

**■ 4. Juni**

Im Vorfeld eines japanischen Landungsversuchs auf den Midway-Inseln im Nordpazifik erleidet ein japanischer Flottenverband eine vernichtende Niederlage gegen US-amerikanische Seestreitkräfte in einer See-Luftschlacht (→ S. 199).

**■ 10. Juni**

Als Vergeltungsmaßnahme für das Attentat auf den stellvertretenden Reichsprotektor von Böhmen und Mähren, Reinhard Heydrich, machen Einheiten der deutschen Sicherheitspolizei den nördlich von Prag gelegenen Ort Lidice dem Erdboden gleich. → S. 202

**■ 12. Juni**

Der Reichsführer SS Heinrich Himmler billigt den sog. Generalplan Ost, der die »Aussiedlung« der von der NS-Rassenideologie als »Untermenschen« eingestuften Bevölkerung Osteuropas nach Sibirien vorsieht. → S. 203

**■ 13. Juni**

Auf Anordnung des Oberbefehlshabers der deutschen U-Boote, Großadmiral Karl Dönitz, verlegen die U-Boote den Schwerpunkt ihrer Tätigkeit von den US-Küsten wieder auf den Geleitzugverkehr im Nordatlantik (→ S. 189).

**■ 15. Juni**

Das Komitee vom Internationalen Roten Kreuz in Genf gibt die Gründung einer »Stiftung zur Durchführung von Transporten im Interesse des Roten Kreuzes« bekannt. → S. 205

**■ 18. Juni**

Der britische Premierminister Winston Churchill und der US-amerikanische Präsident Franklin Delano Roosevelt beschließen, die Errichtung einer zweiten Front in Europa zugunsten einer Landung in Nordafrika im Spätherbst 1942 zurückzustellen (→ S. 190).

Nachdem die Partisanenverbände von Josip Broz Tito in Montenegro von deutschen und kroatischen Truppen umzingelt worden sind, entschließt sich Tito zum legendären »Langen Marsch« über 350 km durch Westbosnien.

**■ 21. Juni**

Deutsche und italienische Truppen erobern in einem Überraschungsangriff die Festung Tobruk; 32220 britische und neuseeländische Soldaten geraten in Gefangenschaft. → S. 200

**■ 23. Juni**

Einheiten der deutsch-italienischen Panzerarmee Afrika erreichen bei der Verfolgung der Reste der britischen 8. Armee die libysch-ägyptische Grenze. → S. 200

**■ 28. Juni**

Mit einem Angriff der Heeresgruppe Süd im Raum östlich von Charkow und Kursk beginnt an der Ostfront die deutsche Sommeroffensive. → S. 203

**■ 1. Juli**

Die deutsche 11. Armee unter dem Oberbefehl von Generaloberst Erich von Manstein und rumänische Truppen erobern an der Ostfront nach erbitterten Kämpfen die Festung Sewastopol auf der Halbinsel Krim. → S. 206

**■ 3. Juli**

Generalfeldmarschall Erwin Rommel, Oberbefehlshaber der Panzerarmee Afrika, bricht den Versuch, die Al-Alamain-Stellung der britischen 8. Armee zu durchbrechen, ab und geht mit seinen geschwächten Truppen zur Verteidigung über. → S. 207

**■ 4. Juli**

Deutsche Unterseeboote und Bomber vernichten im Nordmeer den größten Teil des für die Sowjetunion bestimmten alliierten Nachschubkonvois PQ. 17. → S. 207

*Mit Fahrrädern versuchen deutsche Verbände, im morastigen Gelände um Leningrad voranzukommen.*

Mit der Einnahme der Halbinsel Chersones befindet sich die gesamte Krim in den Händen der deutschen 11. Armee. 97 000 sowjetische Soldaten geraten in deutsche Gefangenschaft (→ S. 206).

■ 12. Juli

Bei der Ausräumung des im Winter 1941/42 südöstlich von Leningrad entstandenen Wolchow-Kessels durch deutsche Einheiten der Heeresgruppe Nord gerät der Oberbefehlshaber der sowjetischen 2. Stoßarmee, General Andrei A. Wlassow, in deutsche Kriegsgefangenschaft. → S. 207

■ 13. Juli

Das sowjetische Oberkommando ordnet an der gesamten Ostfront den Rückzug der Roten Armee auf die Linie Wolga- Stalingrad-Kaukasus an.

■ 15. Juli

Mit dem Abtransport von 1135 Juden aus Amsterdam beginnen die Deportationen niederländischer Juden in das Vernichtungslager Auschwitz.

■ 16. Juli

Adolf Hitler verlegt sein Hauptquartier von Rastenburg in Ostpreußen (»Wolfsschanze«) unter dem Namen »Werwolf« in die Nähe von Winniza in der Ukraine.

■ 21. Juli

Mit der Landung japanischer Truppen in Buna und Gona auf Neuguinea erreicht die japanische Expansion im Pazifik ihren Höhepunkt im Zweiten Weltkrieg.

■ 22. Juli

Mit der Deportation von 5000 jüdischen Männern, Frauen und Kindern in das Vernichtungslager Treblinka beginnt der Abtransport der im Warschauer Ghetto zusammengepferchten jüdischen Bevölkerung. → S. 208

■ 23. Juli

Die deutsche 125. Infanteriedivision sowie die 13. und 22. Panzerdivision erobern die Stadt Rostow am Don im Südabschnitt der Ostfront am Zusammenfluss von Donez und Don. → S. 207

Adolf Hitler erlässt die »Weisung Nr. 45« für die Kriegführung, nach der die Truppen an der Ostfront nicht nacheinander, sondern gleichzeitig im Süden gegen Stalingrad und den Kaukasus vorstoßen sowie im Norden das belagerte Leningrad erobern sollen. → S. 207

■ 27. Juli

Nach der Ermordung zweier SS-Offiziere auf der norwegischen Insel Tela-

vaag zerstören Einheiten der Waffen-SS sämtliche Wohnhäuser auf der Insel, die Bewohner werden deportiert.

■ 28. Juli

Im besetzten Frankreich werden 32 000 jüdische Unternehmen »arisiert«, d. h. enteignet und »Ariern« übergeben.

■ 1. August

Der von der Organisation Todt errichtete Atlantikwall von Biarritz an der spanisch-französischen Grenze bis Kirkenes in Nordnorwegen ist im wesentlichen fertig gestellt. → S. 212

Der Atlantikwall mit seinen zahllosen Geschützbunkern sollte eine Invasion der alliierten Truppen aufhalten.

■ 3. August

Im Rahmen des Vormarsches zum Kaukasus erreichen deutsche Verbände der Heeresgruppe Süd den Kuban. → S. 211

■ 7. August

Einheiten der US-amerikanischen 1. und 2. Marineinfanteriedivision landen auf den japanisch besetzten Salomoninseln Guadalcanal und Tulagi östlich von Neuguinea. → S. 210

■ 9. August

Bei ihrem Vormarsch im Kaukasus besetzt die deutsche 1. Panzerarmee der Heeresgruppe A die Ölfelder von Maikop.

■ 12. August

Bis zum 15. August finden in der sowjetischen Hauptstadt Moskau Besprechungen zwischen dem sowjetischen Staatschef Josef W. Stalin, dem US-amerikanischen Botschafter in Moskau, William Averell Harriman, zund dem britischen Premierminister Winston Churchill über weitere militärisch-strategische Maßnahmen gegen die Achsenmächte statt (→ S. 213)

■ 19. August

Aufgrund des Drängens des sowjetischen Staatschefs Josef W. Stalin auf die Eröffnung einer zweiten Front in Europa landen 60 000 Mann der 4. und 6. Brigade der kanadischen 2. Division bei Dieppe an der Normandieküste. → S. 212

■ 20. August

Roland Freisler, seit 1935 Staatssekretär im Reichsjustizministerium, tritt die Nachfolge von Otto Georg Thierack als Präsident des Volksgerichtshofes in Berlin an. → S. 213

Auf Weisung des Kommandanten des westlichen Militärbezirks der Vereinigten Staaten wird an der gesamten Pazifikküste zum Schutz der Küstenschifffahrt die Verdunkelung eingeführt.

■ 23. August

Im Rahmen der Offensive gegen Stalingrad reitet italienische Kavallerie im Don-Bogen bei Izbutsenskij einen erfolgreichen Angriff gegen Einheiten der Roten Armee. Es ist der letzte Einsatz von Reiterei in der Kriegsgeschichte.

■ 27. August

An der Leningrad- und der Wolchowfront im Bereich der deutschen Heeresgruppe Nord beginnt eine sowjetische Offensive, die zu einem Einbruch in die Stellungen der deutschen 18. Armee bei Schlüsselburg (Petrokrepost) führt.

■ 31. August

Bei der Aushebung einer kommunistischen Agentengruppe in Brüssel stößt der Sicherheitsdienst der SS auf Unterlagen über die Widerstandsorganisation »Rote Kapelle«. In den folgenden Wochen werden in Berlin über 100 Mitglieder der Gruppe verhaftet. → S. 214

■ 3. September

Stoßtrupps des XIV. Panzerkorps der deutschen 6. Armee kämpfen sich bis auf 8 km an den Stadtkern von Stalingrad heran. → S. 219

Soldaten kämpfen in einem zerstörten Gebäude in Stalingrad.

■ 9. September

Mit der Entlassung des Oberbefehlshabers der Heeresgruppe A, Feldmarschall Wilhelm List, und der Übernahme des Kommandos durch Adolf Hitler erreicht die Führungskrise im Generalstab ihren vorläufigen Höhepunkt. → S. 216

Die Stadt Brookings im US-Bundesstaat Oregon ist Ziel eines vereinzelten japanischen Luftangriffs.

■ 12. September

Aufklärungsflugzeuge der deutschen Luftwaffe stellen in den Morgenstunden im Nordmeer den aus 46 Schiffen bestehenden alliierten Geleitzug PQ.18, den bislang größten für die Sowjetunion bestimmten Nachschubkonvoi. → S. 217

Das deutsche U-Boot »U 156« versenkt im Atlantik den britischen Truppentransporter »Laconia« mit 1800 italienischen Kriegsgefangenen an Bord. → S. 219.

■ 14. September

Ein Versuch britischer Sonderkommandos, in den Hafen der libyschen Stadt Tobruk einzudringen, scheitert. → S. 218

■ 15. September

Im Rahmen einer Gegenoffensive erzwingen Truppen der Roten Armee den Übergang über den Don. → S. 219

Bei einem Angriff japanischer Unterseeboote auf einen US- Flottenverband vor der Salomoninsel Guadalcanal versenken die Japaner den US-Flugzeugträger »Wasp« und beschädigen das Schlachtschiff »North Carolina« und einen weiteren Zerstörer schwer. → S. 218

**■ 21. September**
Zur Verstärkung der US-amerikanischen Luftoffensive in Europa treffen weitere Bomber vom Typ Boeing B 17 »Flying Fortress«, auf denen die Hauptlast der künftigen Luftangriffe auf das deutsche Reichsgebiet liegen soll, in Großbritannien ein. → S. 218

**■ 24. September**
Der Chef des Generalstabs des deutschen Heeres, Generaloberst Franz Halder, tritt nach Konflikten mit Adolf Hitler von seinem Posten zurück, sein Nachfolger wird General Kurt Zeitzler (→ S. 216).

**■ 27. September**
Der im US-amerikanischen Exil lebende deutsche Schriftsteller Thomas Mann nimmt in einer von der British Broadcasting Corporation (BBC) übertragenen Rundfunkrede zur Judenvernichtung Stellung. → S. 216

**■ 1. Oktober**
Die auf deutschem Reichsgebiet befindlichen Konzentrationslager werden »judenfrei« gemacht, die jüdischen Häftlinge nach Auschwitz deportiert.

**■ 3. Oktober**
Auf dem Gelände der Heeresversuchsanstalt für Raketenforschung in Peenemünde auf der Ostseeinsel Usedom gelingt der Start der »A 4«, der ersten Fernrakete der Welt. → S. 221

**■ 19. Oktober**
Die japanische Regierung kündigt an, in Zukunft alle feindlichen Piloten, die in japanische Kriegsgefangenschaft geraten, wie gewöhnliche Verbrecher zu bestrafen.

**■ 23. Oktober**
Die britische 8. Armee unter dem Oberbefehl von Generalleutnant Bernard Law Montgomery eröffnet mit überlegenen Kräften eine Großoffensive gegen die Achsenstreitkräfte in der Al-Alamain-Stellung. → S. 221

**■ 26. Oktober**
Während einer See-Luftschlacht bei den Santa-Cruz-Inseln versenken japanische Verbände den US-amerikanischen Flugzeugträger »Hornet«. → S. 221

**■ 27. Oktober**
Der britische Innenminister Herbert Stanley Morrison beziffert die bisherigen Verluste der britischen Zivilbevölkerung bei Luftangriffen auf 47 305 Tote und 55 658 Verletzte. → S. 220

**■ 1. November**
Der Geheimen Staatspolizei (Gestapo) gelingt in Hamburg die Zerschlagung der kommunistischen Widerstandsorganisation von Jacob Bästlein. → S. 227

**■ 4. November**
Der Oberbefehlshaber der deutsch-italienischen Panzerarmee Afrika, Generalfeldmarschall Erwin Rommel, ordnet auf eigene Verantwortung und gegen den Befehl Hitlers den weiteren Rückzug seiner Truppen aus der Al-Alamain-Stellung an. → S. 228

**■ 8. November**
Unter dem Decknamen »Torch« landen überraschend US-amerikanische und britische Truppen unter dem Oberbefehl von General Dwight D. Eisenhower in Französisch-Nordwestafrika. → S. 222

**■ 9. November**
Zur Errichtung eines deutsch-italienischen Brückenkopfes in Tunesien werden Alarmeinheiten des deutschen Heeres von Sizilien aus auf dem Luftweg nach Tunis überführt. → S. 223

*Die deutsche A4-Großrakete bei den Startvorbereitungen in Peenemünde*

**■ 10. November**
In einem Geheimtelegramm an den Oberbefehlshaber der französischen Streitkräfte, Admiral François Darlan, willigt der Staatschef des unbe-

setzten Frankreichs, Marschall Philippe Pétain, in einen Waffenstillstand mit den alliierten Invasionstruppen ein. → S. 222

**■ 11. November**
Um 7.00 Uhr morgens beginnt unter dem Decknamen »Anton« der Einmarsch deutscher Truppen in den unbesetzten Teil Frankreichs. → S. 228

**■ 18. November**
Vor dem Hintergrund des deutschen Einmarsches in Südfrankreich ordnet der spanische Regierungschef Francisco Franco Bahamonde zur Verteidigung der »Integrität und Souveränität Spaniens« eine Teilmobilmachung der Land-, Luft- und Seestreitkräfte seines Landes an. → S. 229

**■ 22. November**
Sowjetische Einheiten schließen die deutsche 6. Armee unter Generalmajor Friedrich Paulus sowie weitere deutsche und rumänische Verbände in einer Gesamtstärke von etwa 284 000 Soldaten im Raum Stalingrad zwischen Don und Wolga ein. → S. 224

**■ 26. November**
Im Hauptquartier des Partisanenführers Josip Broz Tito im jugoslawischen Bihac findet die erste Tagung des Antifaschistischen Rates für die Nationale Befreiung Jugoslawiens (AVNOJ) statt. → S. 229

**■ 27. November**
Aus Furcht vor einem Übergang der in Toulon vor Anker liegenden französischen Kriegsflotte auf die Seite der Alliierten lässt Adolf Hitler den Kriegshafen durch die Wehrmacht besetzen. Die französische Flotte versenkt sich daraufhin selbst. → S. 229

**■ 2. Dezember**
Im Sportstadion der Universität von Chicago gelingt unter der Leitung des italienischen Kernphysikers Enrico Fermi die erste von Menschen eingeleitete nukleare Kettenreaktion. → S. 237

**■ 3. Dezember**
In Tunesien wird aus den dort vorhandenen Kräften die neue 5. Panzerarmee unter Generaloberst Hans-Joachim von Arnim gebildet (→ S. 274).

**■ 4. Dezember**
US-amerikanische Bomber vom Typ Boeing B 24 »Liberator« fliegen einen Angriff auf die Hafenstadt Neapel. → S. 232

**■ 12. Dezember**
Unter dem Decknamen »Wintergewitter« tritt die 4. Panzerarmee zu einem Entlastungsangriff für die eingeschlossene 6. Armee an. → S. 234

*Munitionslager der deutschen Wehrmacht an der Ostfront*

**■ 14. Dezember**
In einem Abkommen zwischen dem britischen Außenminister Robert Anthony Eden und dem Organisator des Nationalkomitees der Freien Franzosen, General Charles de Gaulle, wird die Übernahme der Zivilverwaltung auf der seit dem 5. Mai 1942 von britischen Truppen besetzten Insel Madagaskar durch General de Gaulle vereinbart. → S. 237

**■ 17. Dezember**
Britische Truppen scheitern bei dem Versuch, von der Provinz Arakan im indisch-birmanischen Grenzgebiet aus nach Birma vorzustoßen, am Widerstand der japanischen 15. Armee. → S. 237

**■ 24. Dezember**
Der De-facto-Staatschef von Französisch-Nordwestafrika, Admiral François Darlan, wird von einem Parteigänger des Generals Charles de Gaulle in Algier ermordet. → S. 237

**■ 27. Dezember**
Der am 12. Juli in deutsche Gefangenschaft geratene sowjetische General Andrej A. Wlassow gründet zur Formierung einer Freiwilligenarmee gegen die kommunistische Regierung der Sowjetunion das Smolensker Komitee. → S. 237

**■ 31. Dezember**
Nach Angaben der US-Regierung verloren die USA und Großbritannien 1942 insgesamt 12 Millionen Bruttoregistertonnen (BRT) Schiffsraum. Nach deutschen Angaben gehen davon 9 Millionen BRT auf das Konto deutscher See- und Luftstreitkräfte, 2,2 Millionen BRT entfallen auf japanische und 0,8 Millionen BRT auf italienische Operationen.

# THE ILLUSTRATED LONDON NEWS

The World Copyright of all the Editorial Matter, both Illustrations and Letterpress, is Strictly Reserved in Great Britain, the British Dominions and Colonies, Europe, and the United States of America.

SATURDAY, NOVEMBER 28, 1942.

"OLD GLORY" FLIES OVER FORT LYAUTEY, IN MOROCCO, AS A SYMBOL GUARDING FRENCH INDEPENDENCE.

American occupation troops patrolling Fort Lyautey, on whose ramparts the Stars and Stripes proudly flies. The defenders of the fort, which lies on the Moroccan coast north of Rabat, put up a fierce resistance, but capitulated

broadcast to the people of North Africa on November 11, General Eisenhower, saluting the memory of the Marshal, referred to him as "that great soldier of France who created the North African Empire." It was particularly fitting,

*Die US-amerikanischen Erfolge in Marokko dokumentiert das Titelbild der »Illustrated London News« vom 28. November; das Sternenbanner weht über der ehemals französischen Festung Lyautey, nördlich von Rabat.*

## 20. JANUAR

# Die Wannsee-Konferenz

Im Büro der Internationalen Kriminalpolizei-Kommission Am Großen Wannsee 56–58 in Berlin treffen auf Einladung Reinhard Heydrichs Vertreter von SS und Sicherheitspolizei zu einer Besprechung über die organisatorische Durchführung der sog. Endlösung der europäischen Judenfrage zusammen.

**Kompetenzsicherung Heydrichs:** Reinhard Heydrich, der u.a. Chef des Sicherheitsdienstes der SS (SD) und der Sicherheitspolizei ist, war am 31. Juli 1941 von Hermann Göring mit der Organisation und Durchführung der »Endlösung« beauftragt worden (→ S. 133). Als die sog. Wannsee-Konferenz beginnt, ist der Völkermord an den europäischen Juden bereits im vollen Gange. Allein in der UdSSR töteten spezielle Sonderkommandos hinter der Front bisher etwa 370 000 Menschen (→ S. 133). Aus dem Reichsgebiet werden Juden in die Ghettos des Ostens deportiert (→ S. 147) und in Auschwitz wurden 1941 die ersten Vergasungen mit Zyklon B verübt (→ S. 141). Seit September 1941 müssen die Angehörigen der jüdischen Gemeinde in Deutschland den sog. Judenstern tragen, der sie kenntlich macht und Diffamierungen und Repressalien aussetzt (→ S. 140). Ihre Ausreiseoption ist zum selben Zeitpunkt vom Reichsführer SS, Heinrich Himmler, bereits gestoppt worden, damit sie sich der laufenden und geplanten »Vernichtung« nicht entziehen können.

Heydrichs wichtigstes Ziel ist es daher auf der Konferenz, die zur Durchführung maßgeblichen Stellen nun offiziell über seine Beauftragung zu unterrichten und sich ihrer Unterordnung zu versichern. Anwesend sind u.a. Vertreter des Reichssicherheitshauptamtes, des Rasse- und Siedlungshauptamtes der SS und der Sicherheitspolizei sowie der Reichskanzlei, des Ost-, Innen- und Justizministeriums.

**Verschleiernde Sprache:** Protokollführer der Sitzung ist SS-Obergruppenführer Adolf Eichmann. Wenngleich sein schriftliches Protokoll an keiner Stelle die beabsichtigte systematische Ermordung der europäischen Juden unverhüllt ausspricht, lässt das Nebeneinander von Begriffen aus der nationalsozialistischen Rassenlehre und der Mordterminologie der SS keinen Zweifel am tatsächlich gemeinten Inhalt des Gesagten. Während der Besprechung wird die Mordabsicht hinter Begriffen wie »natürliche Verminderung«, »natürliche Auslese«, »durchkämmen«, »entsprechend behandeln« verschleiert. Einer der Gründe dieser Beschönigungen ist der psychologische Selbstschutz der Beteiligten vor dem kaum begreiflichen Ausmaß der nationalsozialistischen Ausrottungspolitik. Mit bürokratischer Akribie beziffert das Protokoll die Anzahl der von der »Endlösung« betroffenen Juden Europas. Über 11 Mio. Menschen spricht die nationalsozialistische Rassenideologie jegliche Existenzberechtigung ab.

**Massenmord längst geplant:** Die Wannsee-Konferenz symbolisiert den konsequenten Vollzug des Vernichtungswahns von Adolf Hitler gegenüber der sog. jüdischen Rasse. In der gesamten NS-Führung spielt die Judenvernichtung als »weltgeschichtliche Aufgabe«, die »durchgestanden« werden müsse, eine herausragende Rolle. In mehreren Reden hatte Hitler »die Vernichtung der jüdischen Rasse in Europa« offen angekündigt. Auch in seiner Schrift »Mein Kampf« finden sich bereits Hinweise: »Hätte man zu Kriegsbeginn und während des Krieges einmal zwölf- oder fünfzehntausend dieser hebräischen Volksverderber so unter Giftgas gehalten wie Hunderttausende unserer allerbesten Arbeiter..., wäre das Millionenopfer der Front nicht vergeblich gewesen...« Im März beginnt der systematische Völker- und Massenmord in Vernichtungslagern.

*Im Interpol-Gebäude Am Großen Wannsee 56-58 wird die sog. Endlösung der Judenfrage organisiert.*

**Die Vernichtung der europäischen Juden**

Die roten Zahlen geben die auf der »Wannsee«-Konferenz am 20. 1. 1942 festgelegte Anzahl der für Deportationen vorgesehenen Juden an

Norwegen 1300
Dänemark 5600
Niederlande 160 800
Belgien
Berlin
Wannsee
Deutsches Reich 131 800
Frankreich besetztes Gebiet 165 000
Frankreich unbesetztes Gebiet 700 000 einschließlich Französisch-Nordwestafrika
Österreich 43 700
Böhmen und Mähren 74 200
Slowakei 88 000
Ungarn 742 800
Italien 58 000
Kroatien 40 000
Serbien 10 000
Bulgarien 48 000
Albanien 200
Griechenland 69 600
Marokko
Algerien
Tunesien
Estland »judenrein«
Lettland 3500
Litauen 34 000
Weißrussland 446 484
Bezirk Bialystok 480 000
Generalgouvernement 2 284 000
Reichskommissariate Ostland/Ukraine 420 000
Ukraine 2 994 684
UdSSR 5 Millionen
Baltische Länder
Kos
Rhodos
Kreta

## »11 Millionen Juden kommen in Betracht«

*Das Besprechungsprotokoll der Konferenz am Großen Wannsee in Berlin am 20. Januar 1942 gibt detailliert Aufschluss über die bürokratische Planung der Ausrottung eines ganzen Volkes durch deutsche Behörden, die mit dem Terminus »Endlösung der Judenfrage« nur mühsam verschleiert wird:*

»Geheime Reichssache!

... II. Chef der Sicherheitspolizei und des SD, SS-Obergruppenführer Heydrich, teilte eingangs seine Bestallung zum Beauftragten für die Vorbereitung der Endlösung der europäischen Judenfrage durch den Reichsmarschall [Hermann Göring] mit und wies darauf hin, dass zu dieser Besprechung geladen wurde, um Klarheit in grundsätzlichen Fragen zu schaffen. Der Wunsch des Reichsmarschalls... erfordert die vorherige gemeinsame Behandlung aller an diesen Fragen unmittelbar beteiligten Zentralinstanzen im Hinblick auf die Parallelisierung der Linienführung. Die Federführung bei der Bearbeitung der Endlösung der Judenfrage liege ohne Rücksicht auf geografische Grenzen zentral beim Reichsführer SS [Heinrich Himmler] und Chef der Deutschen Polizei. Der Chef der Sicherheitspolizei und des SD gab sodann einen kurzen Überblick über den bisher geführten Kampf gegen diese Gegner. Die wesentlichsten Momente bilden

a) Die Zurückdrängung der Juden aus den einzelnen Lebensgebieten des deutschen Volkes,
b) die Zurückdrängung der Juden aus dem Lebensraum des deutschen Volkes...

III. An Stelle der Auswanderung ist nunmehr als weitere Lösungsmöglichkeit nach entsprechender vorheriger Genehmigung durch den Führer die Evakuierung der Juden nach dem Osten getreten... Im Zuge dieser Endlösung der europäischen Judenfrage kommen rund 11 Mio. Juden in Betracht...

Unter entsprechender Leitung sollen im Zuge der Endlösung die Juden in geeigneter Weise im Osten zum Arbeitseinsatz kommen. In großen Arbeitskolonnen, unter Trennung der Geschlechter, werden die arbeitsfähigen Juden Straßen bauend in diese Gebiete geführt, wobei

zweifellos ein Großteil durch natürliche Verminderung ausfallen wird. Der allfällig endlich verbleibende Restbestand wird, da es sich bei diesen zweifellos um den widerstandsfähigsten Teil handelt, entsprechend behandelt werden müssen, da dieser, eine natürliche Auslese darstellend, bei Freilassung als Keimzelle eines neuen jüdischen Aufbaues anzusprechen ist. (Siehe die Erfahrung der Geschichte.)... Im Zuge der praktischen Durchführung der Endlösung wird Europa von Westen nach Osten durchgekämmt. Das Reichsgebiet einschließlich Protektorat Böhmen und Mähren wird, allein schon aus Gründen der Wohnungsfrage und sonstiger sozialpolitischer Notwendigkeiten, vorweggenommen werden müssen. Die evakuierten Juden werden zunächst Zug um Zug in so genannte Durchgangsghettos verbracht, um von dort weiter nach dem Osten transportiert zu werden. Wichtige Voraussetzung, so führte SS-Obergruppenführer Heydrich weiter aus, für die Durchführung der Evakuierung überhaupt, ist die genaue Festlegung des in Betracht kommenden Personenkreises. Es ist beabsichtigt, Juden im Alter von über 65 Jahren nicht zu evakuieren, sondern sie einem Altersghetto – vorgesehen ist

Theresienstadt – zu überstellen.
... Der Beginn der einzelnen größeren Evakuierungsaktionen wird weitgehend von der militärischen Entwicklung abhängig sein. Bezüglich der Behandlung der Endlösung in den von uns besetzten und beeinflussten Gebieten wurde vorgeschlagen, dass die in Betracht kommenden Sachbearbeiter des Auswärtigen Amtes sich mit den zuständigen Referenten der Sicherheitspolizei und des SD besprechen.
... Bezüglich der Frage der Auswirkung der Judenevakuierung auf das Wirtschaftsleben erklärte Staatssekretär Neumann, dass die in kriegswichtigen Betrieben im Arbeitseinsatz stehenden Juden derzeit, solange noch kein Ersatz zur Verfügung steht, nicht evakuiert werden können...
Staatssekretär Dr. Bühler stellte fest, dass das Generalgouvernement es begrüßen würde, wenn mit der Endlösung dieser Frage im Generalgouvernement begonnen würde, weil einmal hier das Transportproblem keine übergeordnete Rolle spielt und arbeitseinsatzmäßige Gründe den Verlauf dieser Aktion nicht behindern würden. Juden müssten so schnell wie möglich aus dem Gebiet des Generalgouvernements entfernt werden, weil gerade hier der Jude als Seuchenträger eine eminente Gefahr bedeutet... Von in Frage kommenden etwa 2,5 Mio. Juden sei überdies die Mehrzahl der Fälle arbeitsunfähig...
Abschließend wurden die verschiedenen Arten der Lösungsmöglichkeiten besprochen, wobei sowohl seitens des Gauleiters Dr. Meyer als auch seitens des Staatssekretärs Dr. Bühler der Standpunkt vertreten wurde, gewisse vorbereitende Arbeiten im Zuge der Endlösung gleich in den betreffenden Gebieten selbst durchzuführen, wobei jedoch eine Beunruhigung der Bevölkerung vermieden werden müsse. Mit der Bitte des Chefs der Sicherheitspolizei und des SD an die Besprechungsteilnehmer, ihm bei der Durchführung der Lösungsarbeit entsprechende Unterstützung zu gewähren, wurde die Besprechung geschlossen.«

*Reinhard Heydrich leitet die Wannsee-Konferenz; er gehört als Leiter des Reichssicherheitshauptamtes (seit 1939) zu den skrupellosesten NS-Machtträgern.*

## Hitler spricht offen vom Holocaust

**In einer Rede im Berliner Sportpalast steigert sich Adolf Hitler durch einen Rückblick auf den Ersten Weltkrieg und die Arbeit der NSDAP in eine Welle geifernder Hasstiraden gegen die USA und Großbritannien als Exponenten des »Weltjudentums« hinein. Seine Ausführungen gipfeln in der Prophezeiung, das jüdische Volk vollständig zu vernichten.**

»Die Jahre 1914 bis 1918 beweisen, dass nicht etwa der Gegner gesiegt hat; es war eine gemeine Revolte, angezettelt von marxistischen..., liberalistischen, kapitalistischen Subjekten und hinter allem als treibende Kraft der ewige Jude... Damals trat uns ein Mann entgegen, der dem deutschen Volk unermesslichen Schaden zugefügt hat:

Woodrow Wilson, der Mann, der mit eiserner Stirn log, wenn Deutschland die Waffen niederlegen würde, bekäme es einen Frieden der Versöhnung... Der junge Mann dieses Heuchlers war der heutige Präsident Roosevelt... Diesem Mann aber hatte unser deutsches Volk damals vertraut... [Es] hat aber noch... nicht gewusst, dass es sich hier um einen Paralytiker gehandelt hat... in der Zeit, meine Volksgenossen, bin ich in das politische Leben eingetreten, mit dem Entschluss, dieses verlorene Deutschland wieder aufzurichten... 1933/34 habe ich zunächst im Innern Ordnung geschaffen... 1935 begann nun der Kampf um die Freiheit nach außen... Überall aber entstanden neue Pläne von mir... Wenn ich mir demgegenüber meine Gegner ansehe:

... Dieser Schwätzer und Trunkenbold Churchill... dieses verlogene Subjekt, dieser Faulpelz ersten Ranges... Und von seinem Spießgesellen im Weißen Hause möchte ich dabei gar nicht reden, denn dieser ist nur ein armseliger Irrer... Ich habe am 1. September 1939 im Deutschen Reichstag schon ausgesprochen...., dass dieser Krieg nicht so ausgehen wird, wie es sich die Juden vorstellen..., sondern dass das Ergebnis dieses Krieges die Vernichtung des Judentums sein wird. Zum ersten Mal wird diesmal das echt altjüdische Gesetz angewendet: Aug' um Aug', Zahn um Zahn.«

US-Soldaten, die auf den Philippinen eingesetzt sind, reparieren einen Entfernungsmesser.

Die Stadt Singapur, Stützpunkt der britischen Flotte, nach einem japanischen Bombenangriff

Philippiner räumen die von japanischen Truppen eroberte Hauptstadt Manila von Trümmern.

**2. JANUAR**

# Schnelle Erfolge im Kampf um Philippinen

**Teile der japanischen 48. Division erobern die philippinische Hauptstadt Manila auf Luzon.**

Am gleichen Tag stoßen japanische Verbände, unterstützt von Landungen an der Westküste der Halbinsel Malakka, über den Slim-Fluss bis an die Grenze des südlichsten Malayen-Staates, Johore, vor. Die japanische Luftwaffe beginnt mit der Bombardierung des britischen Flottenstützpunktes Singapur.

**Manila nicht zu halten:** Die ersten japanischen Landungstruppen waren bereits am 8. Dezember 1941, einen Tag nach dem Angriff auf den US-Flottenstützpunkt Pearl Harbor (→ S. 160), auf der Hauptinsel der Bataan-Gruppe, 190 km nördlich der philippinischen Hauptinsel Luzon, erschienen. Nach weiteren Landeoperationen an der Nordküste von Luzon am 10. Dezember und zwei Tage später im Südosten der Insel, ging die japanische Hauptstreitmacht am 22. Dezember im Golf von Lingayen, 190 km nördlich von Manila, an Land. Die japanischen Einheiten in einer Gesamtstärke von knapp 100 000 Mann stießen kaum auf nennenswerten Widerstand der schlecht ausgerüsteten philippinischen Armee. Das Hauptkontingent der US-amerikanischen und philippinischen Streitkräfte unter dem Befehl von General Douglas MacArthur hatte sich bereits nach den ersten japanischen Landungen auf Manila zurückgezogen. Der Großteil der auf den Philippinen stationierten US-amerikanischen B-17-Bomberflotte war zudem bei einem Luftangriff am 8. Dezember zerstört worden. Am 23. Dezember befahl MacArthur den Rückzug auf die Halbinsel Bataan.

**Große Verluste auf Bataan:** Am 3. April beginnt die japanische Offensive gegen die gegnerischen Stellungen im Süden Bataans, der bereits am 6. April das philippinische II. Korps zum Opfer fällt. Durch Malaria-Fälle stark geschwächt und ohne Aussicht auf Verstärkung beginnen US-amerikanische und philippinsche Armee-Einheiten unter hohen Verlusten mit der Räumung der Halbinsel.

**2. JANUAR**

# Militärische Krise im Osten verschärft die Führungskrise

**Im Mittelabschnitt der Ostfront durchbricht die 39. sowjetische Armee nordwestlich von Rschew die deutschen Linien nach Süden in Richtung auf Wjasma.**

Der Frontdurchbruch der Roten Armee ist Teil der am 5. Dezember 1941 begonnenen sowjetischen Winteroffensive, die darauf abzielt, die deutsche Heeresgruppe Mitte zwischen Smolensk und Wjasma einzukesseln (→ S. 158). Drei Tage später durchbricht die Rote Armee auch im Südabschnitt der Ostfront die Stellungen der erschöpften deutschen Truppen bei Charkow.

Unter dem Eindruck der Erfolge der Roten Armee erreicht die Krise innerhalb der deutschen Führungs-spitze ihren Höhepunkt, als am 15. Januar der Oberbefehlshaber der Heeresgruppe Nord in der Sowjetunion, Generalfeldmarschall Wilhelm Ritter von Leeb, seinen Abschied einreicht.

Leeb hatte zwischen dem 7. und 23. Dezember 1941 eigenmächtig den Rückzug von Teilen der 16. Armee aus unhaltbar gewordenen Stellungen im Raum Cholm und Demjansk befohlen und war daraufhin von Adolf Hitler durch Generaloberst Georg von Küchler ersetzt worden. Bis zum 18. Januar werden auf Hitlers Befehl, der seit 19. Dezember selbst das Oberkommando führt (→ S. 158), die Chefs aller Heeresgruppen an der Ostfront abgelöst. Im Februar konsolidiert sich die Lage bei Wjasma (→ S. 179).

*Große Teile des deutschen Heeres leiden unter der extremen Winterkälte. Die Wehrmacht hatte in der Hoffnung auf einen raschen Sieg keinen Winterfeldzug in der Sowjetunion eingeplant, so dass es allenthalben an der Ausrüstung mangelt.*

## 11. JANUAR

# Deutsche U-Boote vor Amerikas Küsten

Unter dem Decknamen »Paukenschlag« beginnt die vierte Phase der »Schlacht im Atlantik«, in deren Verlauf deutsche U-Boote erstmals vor der US-amerikanischen Ostküste operieren, da seit dem Kriegseintritt der USA am 8. Dezember 1941 (→ S. 162) Rücksichten auf ihre Neutralität gegenstandslos geworden sind.

Bis Ende Januar versenken sieben U-Boote insgesamt 27 Handelsschiffe. Aufgrund mangelhaften Küstenschutzes und fehlender Verdunklungsmaßnahmen in großen Küstenstädten wie New York, vor deren erleuchteter nächtlicher Silhouette Schiffe ein leichtes Ziel für U-Boote sind, fallen den deutschen »Grauen Wölfen« bis zum 1. April 500 000 Bruttoregistertonnen (BRT) US-Schiffsraums zum Opfer, davon 57% Tanker.

Während der ersten Phase der »Schlacht im Atlantik« hatten deutsche Unterseeboote zwischen September 1939 und März 1940 in Einzelunternehmungen 148 Handelsschiffe mit 678 130 BRT vernichtet. Mit der Versenkung des britischen Flugzeugträgers »Courageous« am 17. September 1939 und des Schlachtschiffes »Royal Oak« am 14. Oktober des gleichen Jahres waren der deutschen U-Boot-Waffe zudem zwei spektakuläre Schläge gegen die britische Kriegsmarine gelungen (→ S. 25).

Nach einer durch die Besetzung Norwegens im April 1940 (→ S. 44) erzwungenen Unterbrechung der U-Boot-Operationen im Atlantik begann im Juni 1940 die zweite Phase der »Atlantikschlacht«. Nach einem Befehl Adolf Hitlers vom 17. August 1940 zur verschärften Luft- und Seekriegsführung gegen Großbritannien stand sie im Zeichen des uneingeschränkten U-Boot-Krieges im Seegebiet um die Britischen Inseln, um eine totale Blockade von See her zu erreichen. Die Verluste im alliierten Geleitzugverkehr nach Großbritannien erreichten ab Oktober 1940 bedrohliche Ausmaße, als deutsche U-Boote erstmals in sog. Rudeln von bis zu zwölf Booten operierten. Noch im gleichen Monat konnten mit dieser neuen Taktik allein aus einem Konvoi 31 Handelsschiffe »herausgeschossen« werden.

Erst der Einsatz neuartiger Ortungssysteme bei Nacht sowie die Ausrüstung von Patrouillenflugzeugen mit Suchscheinwerfern führten im März 1941 zu hohen U-Boot-Verlusten und zur vorläufigen Einstellung der Geleitzugoperationen (→ S. 122). Die ab Mai erneut aufgenommenen Angriffe auf den Konvoiverkehr im Nordatlantik erreichten im Juni mit der Torpedierung von 61 Schiffen einen weiteren Höhepunkt. Im Zuge dieser dritten Phase der »Atlantikschlacht« gelang den Briten jedoch mit kanadischer und US-amerikanischer Hilfe eine Verbesserung des Geleitschutzsystems. Im Juni 1941 wurde ein kanadischer Geleitschutzverband gebildet, und ab September eskortierten US-amerikanische Schiffe und Flugzeuge britische Konvois bis zur Mitte des Atlantiks.

Als die deutschen U-Boote vor der nordamerikanischen Küste auftauchen. stoßen sie auf eine noch unerfahrene US-Navy und können zunächst hohe Versenkungsziffern erreichen. Zudem ist die alliierte Luftsicherung geschwächt.

**Die Schlacht im Atlantik**

Spitzbergen · ISLAND · NORWEGEN · Grönland · KANADA · Reykjavik · NORDSEE · Archangelsk · Kattegat · Kiel · IRLAND · Brest · Halifax · Bordeaux · VEREINIGTE STAATEN · New York · Azoren · Gibraltar · Casablanca · Miami · Bermuda-Inseln · NORDATLANTIK · Dakar · SIERRA LEONE · Trinidad · BRASILIEN · Rio de Janeiro · Kapstadt · SÜDATLANTIK

　　Konvoirouten
　　Grenze der alliierten Luftsicherung im Sept. 1939/Juli 1942
　　Hauptoperationsgebiete der U-Boote der Achsenmächte im Sept. 1939/Juli 1942

## ZITAT

### Tanker vor New York torpediert

*Nach der Rückkehr von einer Feindfahrt vor der US-Ostküste schildert ein deutscher U-Boot-Kommandant den nächtlichen Angriff auf einen Tanker vor New York. Tagsüber liegen die U-Boote getaucht in Küstennähe:* »Staunend betrachteten wir diese einzigartige Millionenstadt; wir sahen Long Island mit seinen Piers, beobachteten den hastenden, eilenden Verkehr all der vielen Hafenfahrzeuge, der Schlepper und Barkassen... Neue Beute ließ nicht lange auf sich warten. Ein großer, voller Tanker von gut 10 000 BRT kam da nichtsahnend an, die Torpedos flitzten los, trafen in die Maschinenräume und Bunker, entzündeten die Ladung und lösten eine gigantische Feuersäule aus, die wohl 300 bis 400 Meter hoch in den Himmel stieg. Der Tanker sackte langsam ab und blieb... vor der New Yorker Hafeneinfahrt auf Grund stehen. Wir liefen ab, begegneten einem einwandfrei als neutral erkannten Dampfer, erwischten später einen etwa 4000 BRT großen Frachter, der so... getroffen wurde..., dass er innerhalb von etwa 30 Sekunden... versackte.«

*Der Ausguck eines deutschen U-Bootes hält, im Turm angeschnallt, Ausschau nach feindlichen Geleitzügen.*

*Der Oberbefehlshaber der deutschen Kriegsmarine, Karl Dönitz (M.), mit Offizieren beim Kartenstudium*

# Josef W. Stalin - sowjetischer Diktator

»Der große Eid«: Rede von Josef Stalin auf dem 2. Allrussischen Sowjetkongress am 26. Januar 1924; Gemälde von Reschetnikow, St. Petersburg, Staatliches Russisches Museum

## VORBEREITUNG DER ALLEINHERRSCHAFT

Stalin bewies nach der erfolgreichen Oktoberrevolution im gleichen Jahr als Volkskommissar für Nationalitätenfragen sowohl brutale Bedenkenlosigkeit wie Organisationstalent. Das empfahl ihn für Höheres: 1922 avancierte er zum Generalsekretär des Zentralkomitees und wusste diese Schlüsselstellung so auszubauen und seine Anhängerschaft so zu verbreitern, dass nach Lenins Tod im Januar 1924 alles auf ihn zulief als Erben von dessen Macht. Als nervenstarker Meister der Intrige verstand es der wenig gebildete, aber instinktsichere und verschlagene Stalin, alle Rivalen, auch den von Lenin favorisierten genialen Trotzki, bis 1929 auszumanövrieren. Der Errichtung einer persönlichen Diktatur auf der Basis polizeistaatlichen Terrors stand nichts mehr im Wege.

Aufnahme aus dem Jahr 1922: Zwei Jahre vor seinem Tod sitzt Lenin (links) mit Stalin in Gorki bei Moskau zusammen.

Anfangs war er wohl mehr Desperado als Revolutionär oder gar Politiker, und etwas von dieser elementaren Rohheit blieb zeitlebens für ihn charakteristisch: Josef Wissarionowitsch Dschugaschwili, der sich später den Kampfnamen »Stalin« (der Stählerne) zulegte, kam von ganz unten und aus einer Region, die man heute zur ärmsten Dritten Welt rechnen würde.

In Gori (Georgien) als Sohn eines Schuhmachers am 21. Dezember 1879 geboren, besuchte der energisch-ungebärdige junge Mann 1894-1898 ein Priesterseminar in Tiflis, wurde der Schule wegen marxistischer Agitation verwiesen, trat der russischen Sozialdemokratischen Arbeiterpartei bei und schloss sich 1904 den Bolschewiki (Mehrheitlern) an. Mehrmals verhaftet und nach Sibirien verbannt wegen Hetze, Überfällen auf Postzüge und anderer Anschläge, stieg Stalin dank Lenin 1912 in das Zentralkomitee auf und wurde Mitbegründer der Parteizeitung »Prawda«. Nach neuer Verbannung kehrte er erst in der Zeit der Februarrevolution 1917 nach Petrograd (später Leningrad) zurück und machte sich Lenins Forderung nach gewaltsamer Machteroberung zu Eigen.

## STALIN RÜSTET FÜR DEN KRIEG

Stalin verordnete in der Folgezeit seinem Staat ein Programm radikaler Modernisierung: Durch Zwangskollektivierung der Landwirtschaft, die zu schweren Hungersnöten führte und Millionen Opfer forderte, schuf er sich die Mittel zum Ausbau der Infrastruktur, zur Entwicklung von Schwerindustrie und zu massiver Aufrüstung, von der er sich mehr außenpolitischen Handlungsspielraum versprach. Im Innern setzte er Mitte der 1930er Jahre mit der »Großen Säuberung« gegen vermeintliche und tatsächliche Gegner den Terrorkurs fort, der allein im Offizierkorps der Roten Armee über 40 000 Kommandeure das Leben kostete – ein Aderlass, der Stalins Rüstungsbemühungen in gewisser Weise konterkarierte und sich noch rächen sollte. Bei der aggressiven Politik Berlins und Roms war absehbar, dass es zu kriegerischen Verwicklungen kommen würde. Der Spanische Bürgerkrieg, in den Stalin auf

*Die Straf- und Arbeitslager in Russland waren wegen ihrer katastrophalen Bedingungen berüchtigt. Hier werden Strafgefangene zum Bau eines Kanals eingesetzt.*

Seiten der Republik und Hitler zugunsten Francos eingriffen, zeigte, wie wenig die Sowjetunion dem vermutlichen Gegner gewachsen war. Das Münchener Abkommen zwischen den Westmächten und Hitler ließ dann 1938 alle Alarmglocken in Moskau schrillen: Bahnte sich da ein antisowjetisches Bündnis der Demokratien mit den Diktatoren an?

## ÜBERRASCHENDER NICHTANGRIFFSPAKT MIT DEM DEUTSCHEN REICH

Vorsichtig steuerte Stalin um, entließ 1939 seinen jüdischen Außenminister Maxim M. Litwinow und ersetzte ihn durch Wjatscheslaw M. Molotow, einen ausgekochten Pragmatiker, dem eine Verständigung mit dem deutschen Todfeind zuzutrauen war. Für die Westmächte, die sich ihrerseits um eine gemeinsame Front mit Moskau gegen Hitler bemühten, baute Stalin immer höhere Hürden auf. So forderte er beispielsweise ein Durchmarschrecht durch Polen, woran letztlich eine Einigung scheitern musste. Jetzt schlug die Stunde von Hitlers Außenminister Ribbentrop, der im Auftrag des Diktators am 23. August 1939 in die sowjetische Hauptstadt flog und noch am selben Tag einen Nichtangriffsvertrag zwischen Moskau und Berlin zustande brachte. Es ist viel gerätselt worden, was Stalin dazu bewogen hat, alle kommunistischen Bruderparteien zu brüskieren und Hitler wenigstens vorübergehend zu trauen. Neben den außen- und machtpolitischen Motiven darf sicher nicht übersehen werden, dass der sowjetische Diktator vom deutschen insoweit fasziniert war, als er Ähnlich-

keiten im politischen Denken zu erkennen und daher Hitler durchschauen zu können meinte. Eine gefährliche Illusion.

Stalins direkter Profit beim Handel mit Hitler bestand in erster Linie im Zeitgewinn und in der Hoffnung, dass sich Deutschland im Kampf gegen Polen und die Westmächte erschöpfen werde, ehe der auch von ihm als unvermeidlich angesehene Konflikt zwischen Kommunismus und Nationalsozialismus zum Krieg Hitlers gegen die UdSSR führen würde. Dafür sicherte sich der »Rote Zar« in einem geheimen Zusatzprotokoll zum Vertrag mit Hitler weite Gebiete in Ost- und Südosteuropa: den Ostteil Polens, das Baltikum, Finnland, Bessarabien und weitere Optionen. Hitler sagte Stillhalten zu, wenn sich Stalin die seiner Interessensphäre zugeschlagenen Länder aneignen sollte.

*Josef Stalin und der deutsche Außenminister Joachim von Ribbentrop reichen sich nach der Unterzeichnung des deutsch-sowjetischen Freundschaftsabkommens die Hände. In dem Abkommen ist u.a. festgelegt, wie Polen geteilt werden soll.*

So geschah es dann auch, wobei sich allerdings die Finnen wie vorher die Polen nicht freiwillig fügten. Während aber die Wehrmacht Polen in wenigen Wochen niederwarf, kam es zwischen Finnland und dem russischen Koloss zu einem monatelangen verlustreichen Abnutzungskrieg, der den schlechten Zustand der von den »Säuberungen« geschwächten Roten Armee entlarvte. Hitler sah sich in seiner Einschätzung bestätigt, das »Riesenreich im Osten« sei »reif für den Zusammenbruch«, was seinen Entschluss zum baldigen Angriff auf den Noch-Verbündeten reifen ließ. Nach seinem Triumph über Frankreich 1940, die stärkste Militärmacht des Kontinents, in nur sechs Wochen, hielt er Russland für einen leichten Gegner. Eine tödliche Illusion.

### DEUTSCHER ÜBERFALL AUF DIE SOWJETUNION

So bekam Stalin den vorausgesehenen Krieg schneller als erwartet und gegen einen keineswegs erschöpften Gegner, der England nicht hatte in die Knie zwingen können und sich deswegen nach Osten wandte. Stalin aber wollte die Gefahr buchstäblich bis zur letzten Minute nicht sehen. Zwar blieb ihm der deutsche Aufmarsch von drei Millionen Mann natürlich nicht

*Unterzeichnung des deutsch-sowjetischen Freundschaftsabkommens 1939. Das Bild zeigt den russischen Außenminister W. Molotow bei der Unterzeichnung des Vertrages. Im Hintergrund stehend von links nach rechts: Joachim von Ribbentrop, Josef Stalin, V. Pawlow und Friedrich Gaus.*

PROZESSBERICHT
ÜBER DIE STRAFSACHE
DES SOWJETFEINDLICHEN
TROTZKISTISCHEN ZENTRUMS

*In Moskau erschienener Bericht über einen Prozess während der »großen Säuberung«. In den Schauprozessen wurden alle potentiellen Gegner Stalins verurteilt und hingerichtet.*

*Leon Trotzki (1879–1940) bei seiner Ankunft in Mexiko 1937. Von links: Trotzkis Ehefrau, Frida Kahlo und Max Schachtmann, Vorsitzender des amerikanischen Komitees der Kommunisten.*

verborgen, doch er schätzte ihn als bloße Drohkulisse ein. In seine Logik passte es nicht, dass ihn Hitler angreifen könne, der seinen Pakt mit ihm ja gerade zur Vermeidung eines Zwei-Fronten-Krieges geschlossen hatte. Eine so radikale Kehrtwende schien Stalin so undenkbar, dass er substanzielle Warnungen aus London und von seinem Superspion Richard Sorge in Tokio in den Wind schlug. Der Westen wollte offenbar nur Unruhe stiften, und Spione neigen zu Horrorszenarien. Die Rohstofflieferungen an Deutschland jedenfalls rollten noch am Angriffsmorgen des 22. Juni 1941 über die sowjetische Westgrenze.

Wie ganz und gar überrumpelt der sonst so kaltblütige Stalin war, zeigte sich auch in seiner Sprach- und Ratlosigkeit nach dem Überfall. Er überließ Molotow die Rundfunkmeldung vom Einmarsch deutscher Truppen und den Aufruf zum Widerstand. Er blieb Stabsbesprechungen und Ministerratssitzungen fern und ließ sich volle zehn Tage nicht vernehmen. Als er wieder in Erscheinung trat, zog er nicht etwa die Zügel wieder scharf an, sondern beschränkte sich aufs Notwendigste. In militärische Angelegenheiten mischte er sich so gut wie gar nicht ein, vielleicht auch aus dem Instinkt heraus, seinen Namen so wenig wie möglich mit den schweren Niederlagen der ersten Wochen zu verknüpfen. Er zeigte eine Ängstlichkeit, die niemand je vorher an ihm gesehen hatte, ja er floh sogar Hals über Kopf aus seiner Hauptstadt, als deutsche Panzerspitzen sich ihr auf Sichtweite zu nähern drohten. Und selbst die lebensrettende Verlagerung von Industrie in den noch sicheren Osten überließ er anderen.

## STALIN WANDELT SICH ZUM GENERALISSIMUS

Sein Schicksal und das seines Reiches stand ja auch im Herbst 1941 gefährlich auf der Kippe. Sein Terrorregime hatte ihm vor allem die nichtrussischen Völker entfremdet, ihn zum Ziel ihres Hasses gemacht. Ukrainer wie Balten begrüßten den Einmarsch der deutschen Armeen mit Jubel und Blumen. Eine geschickte Propaganda hätte Heere von Hilfstruppen gegen den »roten Despoten« zu mobilisieren verstanden. Doch Hitlers Handlanger kamen mit dem Dünkel von »germanischen Herrenmenschen«, die nicht viel Federlesens mit den »slawi-

*Stalinistischer Schauprozess 1931: Die Angeklagten verfolgen den Verlauf ihrer Verhandlung. Sie werden beschuldigt, zu Gunsten der Einführung des Kapitalismus das sowjetische Regime stürzen zu wollen.*

schen Untermenschen« machten. Welches Schicksal diesen zugedacht sein würde, konnten sie an den ersten Opfern der deutschen Besatzer ablesen: Die Juden – und nicht nur sie – wurden von mobilen Einsatzgruppen gnadenlos gejagt und zu Hunderttausenden hingemordet. Statt Bundesgenossen zu gewinnen, baute der »braune Terror« erbitterten Partisanen-Widerstand auf und machte Stalins »roten« fast vergessen, zumal der Kremlchef schnell lernte und von sozialistischer Propaganda auf »vaterländische« umstellte.

Auch im Innern nutzte niemand die Schwächeperiode des Diktators. Alle, die dazu irgend imstande gewesen wären, waren längst Opfer seiner Blutmühle geworden, und angesichts der tödlichen Gefahr aus dem Westen kam wohl auch niemand auf die Idee einer Palastrevolution. Allmählich fand Stalin zudem zu alter Tatkraft zurück, schloss das Bündnis mit Großbritannien, kam in den Genuss amerikanischer Materiallieferungen, konnte sich am Scheitern des deutschen Blitzkrieges in Schlamm und Frost wieder aufrichten und erntete

die Früchte seines Nichtangriffspakts mit Japan vom April 1941: Er erlaubte es ihm, wintererprobte Truppen aus Ostsibirien gegen die Wehrmacht in dem Kampf zu werfen, die vor Moskau die ersten schweren Rückschläge durch diese Eliteverbände hinnehmen musste. All dies führte auch dazu, dass Stalin, ebenso ein militärischer Laie wie Churchill, aber ebenso lernfähig, mehr und mehr in die Rolle des obersten Befehlshabers hineinwuchs, sich 1943 zum Marschall ernannte und sich als Generalissimus bezeichnen ließ.

## STALIN ZEIGT »STÄHLERNE« HÄRTE

Dass er dazu eine gewisse Berechtigung hatte, bestätigte schaudernd-bewundernd der britische Empire-Generalstabschef Alan F. Brooke, der in seinem Tagebuch notierte: »Ohne Zweifel ist er ein außergewöhnlicher Mann, aber nicht anziehend. Er hat ein unangenehm kaltes, schlaues, grausames Gesicht. Wann immer ich ihn anschaue, kann ich mir vorstellen, wie er Menschen ins Verderben schickt, ohne mit der Wimper zu zucken. Anderseits ist er zweifellos rasch von Begriff und erfasst alles Wesentliche, worauf es in diesem Krieg ankommt.« Nach der Konferenz von Teheran Ende 1943 stieg Brookes Bewunderung noch, der dem roten Tyrannen einen »erstklassigen militärischen Verstand« attestierte. Er war inzwischen auch längst wieder der unerschütterliche Fels in der kriegerischen Brandung geworden und bewies wirklich »stählerne« Härte, auch gegen sich selbst: Als ihm Berlin den gefangenen Sohn Jakow im Austausch gegen hochrangige Of-

*Plakat zur Zwangskollektivierung und »Säuberung« der Dörfer vor den Kulaken: »Das Popenpack ist der Kulaken Stütze. Mit den Kolchosen werden wir das Kulakentum endgültig ausrotten.«*

fiziere anbot, wies er das ungerührt zurück; Jakow kam bald darauf in einem deutschen Lager um. Sogar Hitler imponierte das; er bezeichnete Stalin als eine »Bestie, aber immerhin eine von Format«.

## STALINS STRATEGIE GEHT AUF

Spätestens seit dem Untergang der deutschen 6. Armee Anfang 1943 in Stalingrad auf der Siegerstraße bewies der sowjetische Diktator dieses Format insbesondere beim Taktieren gegenüber seinen großen Verbündeten Roosevelt und Churchill. Er spielte vor allem gegenüber dem US-Präsidenten seinen Charme aus und wusste ihn für eine Umorientierung der westalliierten Stoßrichtung zu gewinnen. Beim ersten Zusammentreffen in Teheran konnte er den mächtigsten Mann im Triumvirat der künftigen Sieger auf eine »zweite Front« ge-

*Am 5. März 1953 starb Josef Stalin. Seine Leiche wurde im Kremlsaal aufgebahrt.*

gen die Wehrmacht in Frankreich einschwören; Churchills Versuch, die Rote Armee von Süden her noch vor Mitteleuropa zu stoppen, war gescheitert. Dazu trug auch das Versprechen Stalins bei, die USA in Fernost beim Endkampf gegen Japan zu unterstützen. Hatten sich die Japaner 1941 an den Nichtangriffspakt mit Moskau gehalten und Stalin gerettet, so kümmerte diesen das Abkommen längst nicht mehr, im Gegenteil: Er war fest entschlossen, sich auch im äußersten Osten einen Teil der Kriegsbeute zu sichern.

Im Westen wurden ihm schon zu diesem Zeitpunkt die Gebiete in Ostpolen zugesagt, die er von Hitler erhalten hatte und auf die er unverändert Anspruch erhob. Polen sollte zu Lasten deutscher Ostprovinzen westwärts verschoben werden. Und es sollte nach Stalins Willen Teil seines Imperiums werden. In dieser Logik lag es, dass er nicht in den Warschauer Aufstand im Spätsommer/Herbst 1944 eingriff, sondern Gewehr bei Fuß auf der östlichen Weichselseite wartete, bis er sich gegen die Deutschen verblutet hatte. Unerwünschte bürgerliche Kräfte waren damit ausgeschaltet, eine Bolschewisierung Polens, wie sie Churchill immer warnend an die Wand gemalt hatte, würde auf wenig Widerstand stoßen. Sie gelang Stalin auch in Südosteuropa (Rumänien, Bulgarien,

Tschechoslowakei, Ungarn, Jugoslawien), nur in Griechenland konnte Churchill die Amerikaner für ein energisches »Halt!« gewinnen. Sonst ging Stalins Strategie fast restlos auf, die er auch nach dem Sieg fortsetzte: Er provozierte den Bruch mit den Verbündeten, schottete seinen Machtbereich mit einem »Eisernen Vorhang« ab und führte so auch die Teilung des verbliebenen Kern-Deutschlands herbei.

Das alles war sein persönliches Werk, das er durch einen ideologisch-sozialistischen Überbau zusammenhielt, an den er allenfalls lippenbekenntnishaft selber glaubte. In Wahrheit hatten seine Herrschaftsmethoden mit Marxismus soviel gemein wie die Hexenverbrennungen mit dem Evangelium. Als Stalin starb (5. 3. 1953) erbte daher der von ihm geschaffene Ostblock in seinen Grundfesten. Trotz der Risse hielt der Block noch knapp vier Jahrzehnte, doch sein Kollaps war absehbar geworden.

### Stichworte

■ Überfall auf die Sowjetunion → S. 124/125
■ Schlacht um Stalingrad → S. 254/255
■ Konferenz in Jalta → S. 460/461

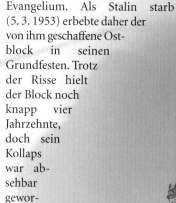

*Sieben Hochhäuser im Zuckerbäckerstil ließ Stalin Anfang der 1950er Jahre in Moskau erbauen. Sie stehen als Zeichen für das Selbstbewusstsein des russischen Kriegssiegers und sollten die Stadt zu einer modernen Metropole machen. Hier das Hotel »Ukraine« mit dem Fluss Moskwa im Vordergrund.*

## 14. JANUAR

# Regierungen beraten über globale Kriegslage

**14. Januar, Washington:** Eine seit dem 22. Dezember des Vorjahres in der US-amerikanischen Hauptstadt tagende Konferenz von Vertretern der US-amerikanischen und der britischen Regierung unter dem Vorsitz von US-Präsident Franklin Delano Roosevelt sowie dem britischen Premierminister Winston Churchill endet mit einem gemeinsamen Kommunique der beiden Regierungschefs zur militärischen Strategie der Westalliierten.

### Pakt der »Vereinten Nationen«

Am 1. Januar unterzeichnen 26 Staaten, darunter Vertreter der Großmächte USA, UdSSR und Großbritannien sowie zahlreicher europäischer Exilregierungen, der südamerikanischen, afrikanischen und asiatischen Staaten in Washington einen Pakt der »Vereinten Nationen«: »Die unterzeichnenden Regierungen... sind überzeugt, dass ein vollständiger Sieg über den Feind von größter Bedeutung für die Verteidigung der Existenz, Freiheit und Unabhängigkeit der Nationen, die Erhaltung der Menschenrechte und der Gerechtigkeit in ihren eigenen wie in den anderen Ländern ist, die jetzt im gemeinsamen Kampf gegen die wilden und brutalen Kräfte stehen, die die Welt zu unterjochen drohen. Sie verpflichten sich... ihre militärischen und wirtschaftlichen Hilfsmittel gegen die Mitgliedsstaaten des Dreimächtepaktes, mit denen sie im Kriege stehen, einzusetzen... und keinen separaten Waffenstillstand oder Frieden abzuschließen.«

Auf der Grundlage einer am 27. März 1941 beschlossenen »Germany-first«-Strategie (→ S. 110) einigen sich die Konferenzteilnehmer darauf, zunächst alle Anstrengungen auf den europäischen Kriegsschauplatz zu konzentrieren. Im pazifischen Raum soll vorerst rein defensiv operiert werden. Gleichzeitig wird ein gemeinsamer US-amerikanisch-britischer militärischer Führungsstab (»Combined Chiefs of Staff Committee«) mit Sitz in der US-amerikanischen Hauptstadt Washington zur Festlegung der westalliierten Strategie bis zum Kriegsende gebildet.

Im Januar 1942 kommt es angesichts der dramatischen Ausweitung des Krieges seit dem japanischen Angriff auf Pearl Harbor am 7. Dezember 1941 und dem Kriegseintritt der USA zu mehreren Konferenzen sowohl auf Seiten der Alliierten als auch zwischen den Achsenmächten. Ziel aller Treffen ist der Versuch, die Anstrengungen zur Niederringung des Gegners auf dem nunmehr globalen Kriegsschauplatz zu koordinieren.

**13. Januar, London:** Unter dem Vorsitz des britischen Außenministers Robert Anthony Eden findet im St.-James-Palast die dritte Interalliierte Konferenz statt, an der Regierungsvertreter aus Belgien, Frankreich, Griechenland, den Niederlanden, Norwegen, Luxemburg, Polen, Jugoslawien und der Tschechoslowakei teilnehmen.

In einer gemeinsamen Erklärung ächten die Konferenzteilnehmer alle Gewaltakte, die von Deutschen in den besetzten Gebieten begangen werden und sprechen sich für die Bestrafung der Hauptverantwortlichen als Hauptkriegsziel aus.

**15. Januar, Rio de Janeiro:** An einer bis zum 26. des Monats dauernden panamerikanischen Konferenz in der brasilianischen Hauptstadt nehmen neben Vertretern der USA die Außenminister und Sonderbeauftragten von 20 lateinamerikanischen Staaten teil. Wichtigstes Ergebnis der Tagung ist die Bildung von zwei Ausschüssen zur »Verteidigung der westlichen Hemisphäre« und zur wirtschaftlichen Zusammenarbeit. In einem gemeinsamen Abschlusskommunique wird den Unterzeichnerstaaten u.a. der Abbruch der diplomatischen Beziehungen zu den Achsenmächten Deutsches Reich, Italien und Japan empfohlen sowie der Austausch von kriegswichtigen Rohstoffen zwischen den amerikanischen Staaten und der Ausbau von Straßen, Häfen und Flugplätzen zur militärischen Nutzung beschlossen.

**18. Januar, Berlin:** Vertreter der Regierungen des Deutschen Reiches, Italiens und Japans einigen sich auf Richtlinien zur Koordination ihrer militärischen Aktivitäten.

*Links: Wilhelm Keitel (2.v.l.), Chef des Oberkommandos der Wehrmacht, unterzeichnet im Beisein der japanischen Delegation die Militärkonvention zwischen den Achsenmächten Italien, Deutschland und Japan.*

*Unten links: Im Rahmen der in Washington stattfindenden Konferenz von Vertretern Großbritanniens und der USA spricht der britische Premierminister Winston Churchill vor dem US-amerikanischen Kongress.*

*Unten rechts: Der interalliierten Konferenz im Londoner St.-James-Palast am 13. Januar wohnen neben den neun Teilnehmerstaaten auch Vertreter aus den Vereinigten Staaten, der Sowjetunion und Chinas als Beobachter bei.*

*Zur Abwehr der Kälte werden die Soldatenunterkünfte in den Schnee gegraben; nur der Schornstein verrät sie.*

## 27. FEBRUAR

# Japanischer Sieg in der Javasee

Bei dem vergeblichen Versuch eines alliierten Flottenverbands, eine aus der Makassarstraße zwischen Borneo und Celebes kommende japanische Invasionsflotte aufzuhalten, wird ein Drittel der alliierten Seestreitkräfte versenkt.

Am 1. März landen japanische Marineeinheiten bei Surabaja auf der zum niederländischen Kolonialreich gehörenden Insel Java und festigen dadurch Japans Stellung in Ostasien. Die Reste der alliierten Flotte ziehen sich nach Australien zurück.

## 1. FEBRUAR

# NS-Regierung in Oslo

Mit einem Staatsakt in Oslo setzt der deutsche Reichskommissar für das besetzte Norwegen, Josef Terboven, den Führer der nationalsozialistischen Nasjonal Samling, Vidkun Abraham Lauritz Quisling, zum Ministerpräsidenten ein.

Die Nasjonal Samling wird zur einzigen zugelassenen Partei. Die zweite Amtsübernahme Quislings (→ S. 47) ist Teil der vom NS-Regime verfolgten Politik, aus besetzten Ländern mit Hilfe einheimischer Kräfte hitlertreue Vasallen zu machen.

## 3. FEBRUAR

# Deutsche Gegenoffensive bei Wjasma

Im Mittelabschnitt der Ostfront werden nach einer Gegenoffensive der deutschen Wehrmacht im Raum südöstlich von Wjasma die sowjetische 33. Armee, das I. Garde-Kavalleriekorps und das IV. Luftlandekorps eingeschlossen.

Der Einkesselung vorausgegangen ist ein Angriff der Roten Armee auf Wjasma am 1. Februar, der durch Luftlandetruppen, die von den Sowjets im Rücken der deutschen Linien abgesetzt worden waren, unterstützt wurde. Behindert von Schneestürmen war der Vorstoß jedoch nach erbitterter deutscher Gegenwehr bereits einen Tag später im Süden der Stadt vorerst zum Stehen gekommen. Durch die deutsche Gegenoffensive gelingt es, eine »Lücke« in der Frontlinie zu schließen.

## ZITAT

### »Times« fordert Hilfe für die UdSSR

*In mehreren Artikeln (u.a. am 3. Februar) beschäftigt sich die Londoner »Times« mit den deutschen Vorbereitungen für eine geplante Frühjahrsoffensive an der Ostfront. Die Artikel nehmen die tatsächlichen Geschehnisse weitblickend vorweg und fordern eine massive Unterstützung der UdSSR:*

*»Der Frühling wird seine Auswirkungen zunächst im Süden Russlands zeigen, und alle Hoffnungen Hitlers sind auf die Ukraine, die Krim und von dort auf den verheißungsvollen Weg zum Kaukasus gerichtet. Das kaukasische Öl bildet das Ziel. Das Ziel der russischen Winteroffensive ist daher, dem deutschen Generalstab das Sprungbrett zum Kaukasus zu entreißen. Wir müssen alles tun, um britische Panzerwagen für die kommenden Schlachten um den Kaukasus bereitzustellen.«* Am 25. März führt das Blatt weiter aus: *»Dass Deutschland gegen Russland den mächtigsten Schlag führen wird, dessen es fähig ist, scheint sicher... Die russische Front ist entscheidend für die alliierte Sache, und keine Front wird wahrscheinlich einer härteren Probe unterworfen werden... «*

*Die norwegische Exilregierung in London lehnt die Einsetzung Quislings (l.) als Ministerpräsident ab.*

# Todt stirbt bei einem Absturz

Auf dem Rückflug vom Führerhauptquartier bei Rastenburg in Ostpreußen nach Berlin kommt der Reichsminister für Bewaffnung und Munition, Fritz Todt, bei einem Absturz ums Leben.

Todt, am 4. September 1891 in Pforzheim geboren und seit 1922 Mitglied der Nationalsozialistischen Deutschen Arbeiterpartei (NSDAP), war von Adolf Hitler am 30. Juni 1933 zum Generalinspekteur für das deutsche Straßenwesen ernannt und mit der Leitung der Bauarbeiten an der Reichsautobahn betraut worden. Mit seinem Namen verbunden ist die Schaffung der Organisation Todt (OT) im Jahr 1938. Zunächst gestützt auf Dienstverpflichtungen deutscher Arbeiter, Angehöriger des Reichsarbeitsdienstes und der Wehrmacht begann die Organisation Todt im gleichen Jahr mit dem Bau des Westwalls, der militärischen Befestigungsanlage an der deutschen Reichsgrenze zu Frankreich. Todt selber wurde im Dezember 1938 als Generalbevollmächtigter mit der Oberaufsicht über sämtliche Straßenbauvorhaben, über Bauvorhaben bei Wasserstraßen und Kraftwerken be-

*Fritz Todt genoss wegen seiner Leistungen Hitlers Hochachtung.*

*Trauerfeier für den verunglückten Todt in Anwesenheit von Adolf Hitler*

auftragt. Seit dem Kriegsausbruch 1939 werden Arbeiter der OT, äußerlich kenntlich an olivgrünen Uniformen mit einer Hakenkreuzbinde am Ärmel, verstärkt als Bautrupps in den von deutschen Truppen besetzten Gebieten für den Wiederaufbau zerstörter Straßen, Brücken oder Eisenbahnlinien eingesetzt.

Mit der Ernennung von Todt zum Reichsminister für Bewaffnung und Munition am 17. März 1940 übernahm die OT sämtliche militärischen Bauvorhaben, u.a. die Ausführung der Arbeiten am sog. Atlantikwall vom Nordkap bis Südfrankreich und den forcierten Bau von U-Boot-Bunkern. Ihren Personalbedarf stillt die Organisation seit 1940 zunehmend mit zwangsverpflichteten ausländischen Arbeitskräften, mit Kriegsgefangenen und Häftlingen aus Konzentrationslagern, die unter härtesten Bedingungen zu Niedrigstlöhnen oder auch umsonst arbeiten müssen. Am 23. Februar 1940 wurde Todt zum Generalinspekteur für Sonderfragen des Vierjahresplans ernannt. Wenige Wochen später erfolgte seine Berufung in das neu geschaffene Ministerium für Bewaffnung und Munition. Durch ein System von Sonderausschüssen für Munition, Waffen, Panzer und allgemeines Wehrmachtsgerät unter der Leitung von Industriellen versuchte Todt in der Folgezeit den Kompetenzwirrwarr zwischen staatlichen Stellen und einzelnen Betrieben zu beseitigen.

*Albert Speer, Architekt im Dienst des NS-Regimes*

## Architekt Albert Speer

*Einen Tag nach dem Tod von Fritz Todt ernennt Adolf Hitler den Architekten Albert Speer, seit 1937 Generalbauinspektor für Berlin, zu dessen Nachfolger.*

Zu diesem Zeitpunkt kann Speer bereits auf eine eindrucksvolle Karriere im NS-Staat zurückblicken. Ab 1933 mit der Planung und Gestaltung sämtlicher NS-Massenkundgebungen beauftragt, die er zu suggestiven Inszenierungen staatlicher Macht perfektionierte, entwarf Speer im Auftrag Hitlers die Neue Reichskanzlei in Berlin und das Parteitagsgelände in Nürnberg. Als Bauinspektor für Berlin beauftragte Hitler ihn mit der Ausarbeitung von Plänen zur Neugestaltung von Berlin (»Germania«) als zukünftige Hauptstadt eines germanischen Großreiches. Als Reichsminister für Bewaffnung und Munition verstärkt Speer die Anstrengungen in der Rüstung und dehnt das System eigenverantwortlicher Gremien der Munitions- und Waffenindustrie auf alle Branchen aus. Die Leiter der Ausschüsse werden direkt dem Ministerium Speers unterstellt. 1943 ernennt Hitler Speer zum Reichsminister für Rüstung und Kriegsproduktion.

## Papen-Attentat scheitert

Der deutsche Botschafter in der Türkei und ehemalige Reichskanzler, Franz von Papen, entgeht in Ankara nur knapp einem Attentat.

Von Papen hatte in Begleitung seiner Frau seine Wohnung in der ehemaligen tschechoslowakischen Botschaft verlassen und befand sich auf dem Fußweg zum deutschen Botschaftsgebäude. Kurz vor Erreichen der Botschaft wurde Papen durch eine Bombenexplosion zu Boden geschleudert, blieb jedoch unverletzt.

*Franz von Papen ist seit 1938 deutscher Botschafter in der Türkei.*

## Hitlerjugend auch im »Kriegseinsatz«

Unter der Parole »Osteinsatz und Landdienst« findet in Berlin ein Treffen von Führern und Führerinnen der Hitlerjugend (HJ) statt.

Reichsjugendführer Artur Axmann referiert über die kommenden Aufgaben der HJ. Kern seines Vortrags ist die Forderung nach Forcierung der paramilitärischen Ausbildung als Vorbereitung für den Fronteinsatz. Für alle 17-jährigen HJ-Mitglieder, deren Einberufung kurz bevorsteht, seien Zeltlager zur »Wehrertüchtigung« einzurichten.

## 12. FEBRUAR

# »Cerberus« überrascht die Briten

Um 12.18 Uhr passieren, unbemerkt von der gesamten britischen Aufklärung, die deutschen Schlachtschiffe »Scharnhorst« und »Gneisenau«, gefolgt von dem Schweren Kreuzer »Prinz Eugen«, unter Vizeadmiral Otto Ciliax und gesichert von sechs Zerstörern, Minensuch- und Torpedobooten sowie 176 Flugzeugen die Straße von Dover.

Der unter dem Decknamen »Cerberus« geplante Durchbruch der deutschen Schlachtschiffe vom französischen Hafen Brest durch den Ärmelkanal in die Nordsee hatte im dichten Dunst künstlicher Nebelschwaden am Vorabend um 22.45 Uhr begonnen. Um 1.14 Uhr war der Flottenverband in den Kanal eingelaufen, während deutsche Störsender an der französischen Küste das britische

Die französische Ausgabe der deutschen Propagandazeitschrift »Signal« dokumentiert die Kanaldurchfahrt der »Scharnhorst« und »Gneisenau«.

Radar lahm legten. Beim Passieren der Straße von Dover wird die britische Küstenwacht schließlich – trotz zusätzlicher Behinderung durch Schnee- und Regenböen – auf die Schiffe aufmerksam. Da jedoch weder Navy noch Royal Air Force mit einem Kanaldurchbruch deutscher Überwassereinheiten bei Tageslicht gerechnet haben, kommt die britische Luftwaffe zu spät. Durch Mi-

nentreffer vor der Scheldemündung nur leicht beschädigt, erreichen die beiden Schlachtschiffe mit ihrer Begleitung am Morgen des 13. Februar die Stadt Wilhelmshaven.

Hauptmotiv für die Verlegung der schweren Kampfschiffe ist der seit Monaten andauernde Versuch der britischen Luftwaffe, Brest als Operationsbasis und Reparaturwerft für deutsche Schiffe auszuschalten.

## 23. FEBRUAR

# Oberbefehlshaber »Bomber-Harris«

Arthur Travers Harris erhält den Oberbefehl über das britische Bomberkommando.

Harris, am 13. April 1892 in Cheltenham geboren, war 1937/38 Kommandeur der britischen 4. Bombergruppe, bevor er als Oberbefehlshaber der britischen Luftwaffe nach Palästina und Transjordanien abkommandiert wurde. Kurz nach dem Kriegseintritt Großbritanniens (→ S. 18) wurde Harris am 11. September 1939 Kommandeur der 5. Bombergruppe der Royal Air Force. 1940 wechselte Harris ins Luftfahrtministerium. Der Tag seiner Ernennung zum Oberbefehlshaber des Bomberkommandos wird für die deutsche Zivilbevölkerung schicksalhaft. Unter seiner Leitung beginnen ab März Flächenbombardements auf zivile Ziele. Von der Bevölkerung erhält er den Spitznamen »Bomber-Harris«.

## 10. FEBRUAR

# Chiang Kai-shek besucht Indien

Der Chef der unabhängigen chinesischen Regierung in Tschungking, Marschall Chiang Kai-shek, trifft in Indien ein.

Motiv der Reise ist der nach der Eroberung von Malakka drohende japanische Einmarsch in Birma, der den alliierten Nachschub für Chiang Kai-shek über die Birmastraße gefährden würde. Bereits 1940 fiel die Birmastraße für kurze Zeit als Nachschubweg aus (→ S. 74), da Großbritannien auf japanischen Druck zur Schließung gezwungen wurde. Seit Dezember 1941 sind beide Länder Kriegsgegner (→ S. 163), und Großbritannien sucht wieder eine engere Anlehnung an Chiang Kai-shek. Thema der Gespräche mit britischen Militärs ist die Koordination der Aktionen in Birma und im japanisch besetzten Teil Chinas, der seit 1940 von einem Marionettenregime regiert wird.

*7000 Europäer werden aus der britischen Kronkolonie Singapur evakuiert.*

*Bei einem japanischen Luftangriff auf Singapur werden zahlreiche Häuser zerstört.*

---

## 17. FEBRUAR

# Bittere Niederlage für London

Die Nachrichtenagentur Domei veröffentlicht den Wortlaut der Verhandlungen zur Übergabe Singapurs zwischen Briten und Japanern:

Yamashita: ›Ich möchte eine endgültige Antwort haben... Was haben Sie dazu zu sagen?‹ Percival: ›Ja.‹« Mit der Übergabe von Singapur verliert Groß-

*Eine Abordnung der britischen Streitkräfte auf dem Weg zum japanischen Hauptquartier, wo die bedingungslose Kapitulation unterzeichnet wird*

»Yamashita: ›Ich wünsche kurze und präzise Antworten zu erhalten. Ich werde mich nur mit einer bedingungslosen Kapitulation zufrieden geben.‹ Percival: ›Ja.‹ Yamashita: ›Ich möchte jetzt hören, ob Sie sich zu ergeben wünschen oder nicht... Was ist Ihre Antwort hierauf? Ja oder nein?‹ Percival: ›Wie wäre es, wenn wir bis 23.30 Uhr... warten würden?‹ Yamashita: ›In diesem Fall würden die japanischen Streitkräfte ihre Angriffe... fortsetzen. Wollen Sie sich jetzt mit ja oder nein erklären?‹ Percival schweigt.

britannien seinen wichtigsten Flottenstützpunkt im Pazifik. Den Japanern ermöglicht die schnelle Eroberung der Halbinsel Malakka und der britischen Kronkolonie sowie der bereits am 2. Januar eingenommenen philippinischen Hauptstadt Manila den weiteren Vorstoß zu Lande nach Birma und zur See nach Niederländisch-Indien.

Damit bedroht die japanische Expansion das für Großbritannien besonders wichtige Indien sowie Australien.

---

## 15. FEBRUAR

# Britische Festung Singapur kapituliert vor Japanern

Eine Woche nach Landung der ersten japanischen Divisionen auf der Insel Singapur kapituliert die aus Briten, Australiern und Indern bestehende Besatzung der Festung Singapur unter dem Befehl von General Arthur E. Percival mit 70 000 Mann vor Japans Invasionsarmee.

Während die Briten seit Dezember 1941 einen japanischen Angriff auf die britische Kronkolonie von See her erwartet hatten, waren japanische Eliteeinheiten am Tag nach dem Angriff auf Pearl Harbor (→ S. 160), am 8. Dezember 1941, unerwartet im äußersten Nordosten der Halbinsel Malakka gelandet. Unterstützt von 211 Panzern und 560 Flugzeugen, denen die Briten in Malakka zahlenmäßig hoffnungslos unterlegen waren, eroberten die im Dschungelkampf erfahrenen Japaner bis zum 30. Januar 1942 die gesamte Halbinsel. In der Nacht zum 1. Februar zogen sich die letzten britischen Einheiten auf die Insel Singapur zurück, die von der japanischen Luftwaffe seit dem 2. Januar pausenlos bombardiert wurde.

In den Morgenstunden des 8. Februar begannen auf einer Breite von 13 km die ersten beiden japanischen

Divisionen die Landungen auf Singapur. Ein Korrespondent der Nachrichtenagentur United Press schildert die aussichtslos gewordene Lage in der britischen Kronkolonie: »Die japanischen Minenwerfer ließen in den vorderen Linien eine wahre Mauer von Einschlägen entstehen, während die japanischen Flugzeuge die Verteidiger ungehindert aus geringer Höhe mit Bomben und Maschinengewehrfeuer belegen konnten...

Die Fronttruppen taten ihr Bestes, wurden aber buchstäblich aus ihren Stellungen herausbombardiert und gingen... auf die Stadt zurück. Sie verloren die Schlacht wegen der furchtbaren Stukaangriffe, des konzentrierten Artilleriefeuers und der zahlenmäßigen Überlegenheit der Japaner.« Anfang März fällt auch Rangun in japanische Hände (→ S. 183).

Schwer wiegender als die strategischen Folgen der Kapitulation von Singapur ist die psychologische Wirkung der Niederlage Großbritanniens. Nach dem Ersten Weltkrieg als Festung systematisch ausgebaut, galt Singapur als Symbol westlicher Macht in Asien. Der Verlust der Kronkolonie erschüttert das Prestige Großbritanniens nachdrücklich.

## 6. MÄRZ

# Briten räumen Rangun

Der Oberbefehlshaber der britischen Birma-Armee, General Harold Alexander, befiehlt die Räumung von Rangun. Mit Rückendeckung der neu eingetroffenen 7. Panzerbrigade gelingt der Besatzung der Durchbruch durch den japanischen Einschließungsring nach Norden in Richtung auf das 600 km weiter nördlich gelegene Mandalay.

Die japanische Invasion Birmas hatte Mitte Dezember 1941 mit der Besetzung strategisch wichtiger Flugplätze an der birmanischen Westküste der Halbinsel Malakka begonnen. Am 23. und 24. Dezember war Rangun das Ziel schwerer japanischer Luftangriffe gewesen, die zur Flucht der mit dem Ausbau der Verteidigungsanlagen beauftragten indischen Arbeiter aus der Hauptstadt geführt hatten. Am 31. Dezember besetzten die Japaner Moulmein am Golf von Martaban, etwa 150 km Luftlinie östlich von Rangun. Da die Briten im Januar 1942 zunehmend Kräfte für die Verteidigung Malakkas und der Festung Singapur aus Birma abzogen (→ S. 182), stießen die Japaner beim weiteren Vormarsch nach Norden nur auf schwachen Widerstand. Am 4. März umzingelten sie den Eisenbahn- und Straßenknotenpunkt Pegu 80 km vor den Toren der Hauptstadt, wo sich die Reste der britischen Truppen gesammelt hatten.

Mit der Räumung Ranguns wird die Birmastraße, der Nachschubweg für Tschungking-China (→ S. 74, 181), vom Meer abgeschnitten. Angesichts der aussichtslosen Lage hatte General Alexander bereits am 4. März Truppen in den Raum von Mandalay geschickt, um den Bau der Assamstraße von Indien nach Tschungking zu beschleunigen.

Im Mai müssen die britischen Truppen Birma räumen (→ S. 194).

*Wichtige Verbindungswege in Birma*

## 8. MÄRZ

# Java kapituliert

Mit der Kapitulation der alliierten Streitkräfte auf Java ist die japanische Eroberung von Niederländisch-Indien abgeschlossen.

Um 10.00 Uhr MEZ gibt das japanische Oberkommando die Übergabe offiziell bekannt: »Die japanischen Streitkräfte, die gegen die Hauptmacht des Feindes in der Umgebung von Surabaja... operierten, zwangen die feindlichen Streitkräfte, die 93 000 Mann holländischer und 5000 Mann australischer, britischer und amerikanischer Truppen umfassen, am 9. März um 15.00 Uhr [8.00 Uhr MEZ] zur bedingungslosen Kapitulation. Die Kapitulation erfolgte innerhalb von neun Tagen seit der Landung japanischer Truppen am 1. März« (→ S. 179). Nach Beendigung der Kapitulationsverhandlungen hat sich die Regierung von Niederländisch-Indien nach Australien begeben.

*Der Generalgouverneur von Niederländisch-Indien, T. van St. Stachouwer, und Vizeadmiral C. E. L. Helfrich (l.)*

*Soldaten der alliierten Truppen an einem Panzerabwehrgeschütz im Kampf um Niederländisch-Indien*

*Mitglieder einer niederländischen Landungsdivision auf Java*

## ZITAT

### »Die Lage der Alliierten bedrohlich«

*In ihrem Leitartikel vom 10. März befasst sich die »Neue Zürcher Zeitung« mit den Folgen der alliierten Niederlagen in Birma und Niederländisch-Indien:*
»Die Lage ist heute die, dass Java, das als Zentrum und letztes Bollwerk der Verteidigung des britisch-holländisch-amerikanischen Kolonialreichs in Ostindien bezeichnet worden war, von den Japanern besetzt ist... Damit ist die Nordküste Australiens zur Frontlinie für die alliierten Mächte geworden... Genauso tief wie die Kapitulation Javas auf Australien wirken muss, wird der Eindruck des Falles von Rangun bei den Alliierten im Norden sein, bei China... Rangun und Java sind die beiden Flügel der breiten Front, auf denen die Macht Japans jetzt, mit dem Gesicht zum Indischen Ozean gewandt, steht.«

*Luftaufnahmen der zerstörten Renault-Werke nahe Paris*

*Detailansicht der Zerstörung; ein Teil der Bomben trifft auch Wohnhäuser.*

## 3. MÄRZ

# Royal Air Force bombardiert kriegswichtige Renault-Werke im Pariser Vorort Billancourt

Bei einem schweren britischen Luftangriff auf die Renault-Werke im Pariser Vorort Billancourt kommen 700 Zivilpersonen ums Leben.

Etwa 1000 erleiden Verletzungen. Die Werksanlagen werden zu zwei Dritteln zerstört. Während die deutsche Presse das Bombardement von Paris als »Gipfel der Schamlosigkeit« und als bisher »größtes Verbrechen am ehemaligen Verbündeten Frankreich bezeichnet, rechtfertigt das Oberkommando der Royal Air Force den Angriff mit dem Hinweis auf die kriegswichtige Rolle der Renault-Werke für Deutschland.

## 17. MÄRZ

# Deportation nach Belzec

Mit dem Eintreffen des ersten jüdischen Deportationszuges in dem Vernichtungslager Belzec im Südosten des Bezirks Lublin beginnt die organisierte Massenvernichtung der jüdischen Bevölkerung des polnischen Generalgouvernements.

Die Vorbereitungen für die »Aktion Reinhard«, so bezeichnet nach dem mit der »Endlösung der Judenfrage« beauftragten SS-Obergruppenführer Reinhard Heydrich, hatten im Oktober 1941 begonnen. Seit dem 8. Dezember rollten Transporte mit polnischen Juden in das erste im Rahmen der »Aktion Reinhard« errichtete Todeslager nach Chelmno (Culm), nordwestlich von Belzec. Bis

*Jüdische Frauen auf dem Weg ins Konzentrationslager; die Öffnungen der Eisenbahnwaggons sind mit Stacheldraht bewehrt.*

zum 28. Februar 1942 wurden hier 13 000 Juden in Gaswagen ermordet. Am 27. März notiert Reichspropagandaminister Joseph Goebbels in sein Tagebuch: »Aus dem Generalgouvernement werden jetzt, bei Lublin beginnend, die Juden nach dem Osten abgeschoben. Es wird hier ein barbarisches und nicht näher zu beschreibendes Verfahren angewandt und von den Juden selbst bleibt nicht mehr viel übrig.«

## 1. MÄRZ

# Proletarische Brigaden

In Josip Titos Hauptquartier in Foca wird die 2. Proletarische Brigade gegründet, nachdem am 21. Dezember 1941 die 1. Proletarische Brigade entstanden war.

Die Brigaden rekrutieren sich aus kampferprobten Mitgliedern der nach der jugoslawischen Kapitulation am 17. April 1941 (→ S. 112) entstandenen Widerstandsgruppen gegen die deutsche Besatzung. Organisiert wie reguläre Truppeneinheiten, sind die Proletarischen Brigaden bei der Verpflegung ausschließlich auf sich selbst gestellt, da die alliierte Luftversorgung sich auf Waffen, Munition und Medikamente beschränkt. Für Tito sind sie Kader einer kommunistischen Befreiungsarmee (→ S. 229).

## 24. MÄRZ

# USA internieren Japaner

Die US-Regierung gibt bekannt, dass als erste Etappe einer groß angelegten Umsiedlungsaktion 20 000 Amerikaner japanischer Abstammung aus Gebieten an der Westküste der USA nach Arizona deportiert werden sollen. Am Abend zuvor hatte der erste Zug mit 1000 Japanern Los Angeles verlassen.

Der Umsiedlungsplan ist vom neu eingerichteten Amt für Kriegsumsiedlungen in Zusammenarbeit mit dem Kriegsministerium ausgearbeitet worden. Begründet wird die Zwangsmaßnahme mit zunehmender japanischer Spionagetätigkeit in den USA; so seien an kalifornischen Schulen und auf Hawaii japanische Spione ausgebildet worden. US-Präsident Franklin D. Roosevelt hatte sich gegen die Maßnahmen verwehrt, musste aber im Februar 1942 nachgeben, weil die öffentliche Meinung von den Blättern des rechten Pressezaren William Randolph Hearst aufgeputscht worden war.

Bis 1944 werden im Zuge der Umsiedlung 110 000 US-Amerikaner japanischer Herkunft in Internierungslagern in abgelegenen Gegenden von Arkansas, Utah, Arizona und anderen Staaten zusammengefasst. Die rassistische Komponente der Aktion zeigt sich in der Tatsache, dass nur 3000 deutsche und 85 italienische Einwanderer, die noch nicht die US-Staatsbürgerschaft hatten, interniert werden. Die meisten Japaner waren in der Zeit von 1885 bis 1924 in die USA eingewandert. Vornehmlich siedelten Landarbeiter auf Hawaii und Kaufleute an der Westküste. Durch die Internierung gehen Eigentums- und Grundstückswerte in Höhe von schätzungsweise 400 Mio. US-Dollar verloren.

Viele der Internierten sind in den Vereinigten Staaten geboren und fühlen sich als Amerikaner. 12 000 melden sich freiwillig zu den Streitkräften, bis 1944 der Wehrdienst für alle Japaner zur Pflicht wird.

Eine Wende in der Internierungspolitik kündigt sich erst Ende 1944 an, als der Oberste Gerichtshof feststellt, dass die Lagereinweisung von Bürgern, die sich als loyal zum Staat erklären, verfassungswidrig sei. Im Januar 1945 löst die US-Regierung daraufhin die Lager auf.

## 17. MÄRZ

# MacArthur neuer Oberbefehlshaber

General Douglas MacArthur übernimmt den Oberbefehl über die alliierten Streitkräfte im Südwestpazifik.

Der am 26. Januar 1880 in Little Rock (Arkansas) geborene Offizier war zwischen 1930 und 1935 Chef des Generalstabs des Heeres und danach Leiter der US-amerikanischen Militärmission auf den Philippinen. Nach dem japanischen Angriff auf Pearl Harbor (→ S. 160) oblag ihm die Verteidigung des südostasiatischen Landes. Im Februar musste MacArthur die Philippinen aufgeben (→ S. 172), äußerte aber das Gelübde, als Sieger wiederzukehren.

In seiner neuen Funktion spricht sich MacArthur daher für eine massive Offensive gegen Neuguinea, Birma und die Philippinen aus, stößt aber auf den Widerstand von Ad-

*US-General Douglas MacArthur, bekannt für sein taktisches Geschick*

miral Chester Nimitz, der im Zentralpazifik angreifen will. Im Oktober 1944 beginnt die Schlacht um die Philippinen (→ S. 439) und im Januar 1945 setzt mit der Landung US-amerikanischer Truppen auf der Hauptinsel Luzon die Rückeroberung ein (→ S. 457).

## 27. MÄRZ

# Japaner bedrohen Nordaustralien

Nachdem mit der Kapitulation von Java das letzte alliierte Bollwerk gegen einen japanischen Angriff gefallen ist, verhängt die australische Regierung den Ausnahmezustand über Nordaustralien.

Angesichts der gefährdeten Stellung des Kontinents war bereits am 17. März das Hauptquartier der alliierten Streitkräfte im Südwestpazifik nach Sydney verlegt worden. Wie sehr die angeschlagene militärische Position der Alliierten in Ostasien Australien direkt bedroht, war bereits nach dem Fall von Singapur deutlich geworden. Am 19. Februar hatte die japanische Luftwaffe erstmals australisches Festland bombardiert. Schon am Jahresanfang hatte Japan Australien ultimativ vor die Wahl gestellt, mit Japan zu kooperieren oder unterzugehen.

## 28. MÄRZ

# Briten greifen Saint-Nazaire an

**Unterstützt von schweren Bombardements der Royal Air Force greifen britische Streitkräfte kurz nach Mitternacht den deutschen U-Boot-Stützpunkt Saint-Nazaire in der Loiremündung an.**

Ziel des Unternehmens ist die Zerstörung der Hafenschleuse und des Trockendocks, das als einziges an der

französischen Atlantikküste für die Aufnahme von Schlachtschiffen geeignet ist. Während die Briten unter heftigem Feuer der deutschen Küstenbatterien versuchen, von Torpedo- und Sturmbooten aus Infanterie an Land zu setzen, gelingt es dem mit fünf Tonnen Dynamit beladenen Zerstörer »Campbelltown«, die Torpe-

*Gefallener Brite in Saint-Nazaire: Propagandawirksam meldet das Oberkommando der Wehrmacht den Angriff auf Saint-Nazaire als Fehlschlag: »Neben hohen blutigen Verlusten ließ der Feind über hundert Gefangene in unserer Hand. Auf deutscher Seite ging nicht ein Kriegsfahrzeug verloren.«*

doschutzvorrichtungen an der Schleuseneinfahrt zu durchbrechen und das Schleusentor zu rammen. Zwei britische Militärberichterstatter schildern den Einsatz des Schiffes: »Die ›Campbelltown‹ steuerte mit Volldampf, aus allen Geschützen feuernd... den Docks zu... Wenige Minuten darauf stand ihr Bug in Flammen, aber die Mannschaft blieb an den Geschützen und feuerte wie rasend. Kurz nach der Zerstörung des Docktores hörten wir im Hafengebiet die ersten Explosionen... Inzwischen hatten Flammen das Deck des festgekeilten Zerstörers ergriffen und wir sahen deutlich, wie die Mannschaften mitten im deutschen Maschinengewehrfeuer die Anlegestellen erklommen...« Während die Sprengladung der »Campbelltown« durch Zeitzündung nach acht Stunden explodiert und die Schleuse vollends unbrauchbar macht, wird ein Großteil der an Land gesetzten britischen Stoßtrupps im Häuserkampf aufgerieben. Nur vier von ursprünglich 16 Landungsbooten gelingt die Rückkehr nach Großbritannien.

## 28. MÄRZ

# Lübeck Opfer von Flächenbombardements

In der Nacht zum Sonntag fliegen 324 »Wellington«- und »Sterling«-Bomber der Royal Air Force auf Lübeck einen der bislang schwersten Luftangriffe gegen das Deutsche Reich.

Zum ersten Mal wird eine Stadt Opfer eines massierten Flächenbombardements. Bei dem für die deutsche Luftabwehr völlig überraschenden Angriff wird die historische Lübecker Innenstadt fast vollkommen zerstört, 320 Menschen kommen ums Leben, 785 Personen werden verletzt. Aus Sorge vor Panikreaktionen in der deutschen Zivilbevölkerung gibt das Oberkommando der Wehrmacht die Zahl der Opfer nur mit 50 Toten und 200 Verwundeten an, während in der deutschen Presse vorerst lediglich von »stärkeren Verlusten« gesprochen wird. Die großflächige Bombardie-rung Lübecks geschieht auf Anweisung des neuen Oberbefehlshabers des britischen Bomberkommandos, Arthur Travers Harris (→ S. 181). Bisher flog die Royal Air Force meist mehrere Angriffswellen kleinerer Verbände, die gegen kleinere Ziele wie Industriekomplexe oder Hafenanlagen vorgingen. Harris hofft, durch Flächenbombardements die Moral der Zivilbevölkerung und der Industriearbeiter im Deutschen Reich zu treffen. Darüber hinaus können sich die Großverbände aus Hunderten von Flugzeugen besser gegen die deutschen Jagdflugzeuge wehren. Tatsächlich aber wird die Moral der deutschen Bevölkerung durch die Angriffe der nächsten Jahre eher gestärkt und die Propaganda kann noch leichter Feindbilder aufbauen.

*Durch die schweren Fliegerangriffe wird ein großer Teil der Lübecker Altstadt mit ihren kulturhistorischen Baudenkmälern fast völlig zerstört.*

*Luftbild der Ostseestadt nach dem britischen Bombardement; die beiden über die Trave und den Stadtgraben führenden Übergänge, die Holsten- und die Puppenbrücke (im Bild oben) sowie die Marienbrücke (rechts unten) wurden teilweise zerstört; zahlreiche Industrieansiedlungen brennen aus.*

Die Marienkirche in Lübeck (hier eine Innenansicht nach der britischen Bombardierung) wurde erstmals 1163 urkundlich genannt. Ende des 12. Jahrhunderts begann der Umbau zu einer romanischen Backsteinbasilika nach dem Vorbild des damaligen Lübecker Domes; doch noch vor der endgültigen Fertigstellung erfolgte die Neugestaltung der Kirche als frühgotische Hallenkirche. Dieser erneute Umbau war notwendig geworden, weil der große Stadtbrand im Jahr 1251 große Schäden an dem Gebäude angerichtet hatte. Bis zur Mitte des 14. Jahrhunderts war der Bau der Kirche dann im wesentlichen vollendet. Die monumentale, das Stadtbild Lübecks beherrschende Marienkirche wurde zum Vorbild für zahlreiche Kirchen im Ostseeraum. Als Ratskirche diente die Marienkirche dem Stadtrat als Versammlungsstätte, der von hier »unter dem Geläut der Ratsglocke« zum Rathaus hinüberschritt. Vom 13. Jahrhundert bis zum Beginn des Zweiten Weltkrieges wurden im Obergeschoß der Bürgermeisterkapelle, der sog. Trese, die Privilegien und Urkunden der Stadt Lübeck und der Hanse aufbewahrt. Von der wertvollen Innenausstattung der Marienkirche ist der größte Teil durch die britischen Bombenangriffe unwiederbringlich zerstört worden.

---

### ZITAT

## »Hitler-Deutschland hat weder Tradition noch Zukunft«

*Nach dem britischen Luftangriff auf seine Geburtsstadt Lübeck am 28. März wendet sich der Schriftsteller Thomas Mann, »geistiges Oberhaupt« deutscher Emigranten im Ausland, in einer Sondersendung der British Broadcasting Corporation (BBC) in London an die deutschen Hörer:*

»Zum ersten Mal jährt sich der Tag der Zerstörung von Coventry durch Görings Flieger – eine der schauderhaftesten Leistungen, mit denen Hitler-Deutschland die Welt belehrte, was der totale Krieg ist und wie man sich in ihm aufführt;... Beim jüngsten britischen Raid über Hitlerland hat das alte Lübeck zu leiden gehabt. Das geht mich an, es ist meine Vaterstadt... und lieb ist es mir nicht, zu denken, dass die Marienkirche, das herrliche Renaissance-Rathaus oder das Haus der Schiffer-Gesellschaft sollten Schaden gelitten haben. Aber ich denke an Coventry – und habe nichts einzuwenden gegen die Lehre, dass alles bezahlt werden muss... Sogar könnte es sein, dass mein Sinn für Gerechtigkeit durch dies Bombardement noch auf eine besondere Probe gestellt wäre. Schwedische Blätter melden und amerikanische fragen mich danach aus, dass das Haus meiner Großeltern, das so genannte Buddenbrook-Haus in der Mengstraße, bei dem Raid zerstört sein soll. Ich weiß nicht, ob die Nachricht wahr ist. Für viele draußen ist durch meinen Jugendroman der Name Lübecks nun einmal mit dem Gedanken an dies Haus verbunden und leicht kommt es ihnen in den Sinn, wenn Bomben auf Lübeck fallen... Das alte Bürgerhaus, von dem man nun sagt, dass es in Trümmern liege, war mir das Symbol der Überlieferung, aus der ich wirkte... Hitler Deutschland hat weder Tradition noch Zukunft. Es kann nur zerstören und Zerstörung wird es erleiden. Möge aus seinem Fall ein Deutschland erstehen, das ›gedenken‹ und ›hoffen‹ kann, dem Liebe gegeben ist rückwärts zum Gewesenen und vorwärts in die Zukunft der Menschheit hinaus...«

*Das Erscheinen seines ersten Romans »Buddenbrooks« im Jahr 1901 machte den Lübecker über Nacht berühmt. 1929 mit dem Literaturnobelpreis ausgezeichnet, kehrte Thomas Mann, dessen erzählerisches Werk um den Gegensatz zwischen Künstler und Bürger, Geist und Leben kreist, im März 1933, zwei Monate nach der Machtübernahme der Nationalsozialisten, von einer Reise in die Schweiz nicht mehr nach Deutschland zurück. 1938 emigrierte der Schriftsteller in die Vereinigten Staaten von Amerika.*

# Sowjetische 33. Armee vernichtet

Die nach einem deutschen Gegenangriff bei Wjasma eingeschlossenen Reste der sowjetischen 33. Armee, ein Kavalleriekorps und Teile des 4. Luftlandekorps, werden von Einheiten der deutschen 4. Armee und der 4. Panzerarmee vernichtet.

Zuvor waren mehrere sowjetische Ausbruchsversuche gescheitert. 6000 sowjetische Soldaten geraten in deutsche Kriegsgefangenschaft. Die Einschließung der Verbände war überraschend

## Weisungen für Sommeroffensive

**4. April.** In der »Weisung Nr. 41« zur Kriegsführung setzt Adolf Hitler, die operativen Ziele der deutschen Sommeroffensive 1942 fest (→ S. 203): »Die Winterschlacht in Russland geht ihrem Ende zu... Sobald Wetter- und Geländeverhältnisse die Voraussetzungen dazu bieten, muss nunmehr die Überlegenheit der deutschen Führung und Truppe das Gesetz des Handelns an sich reißen, um dem Feinde ihren Willen aufzuzwingen. Das Ziel ist, die den Sowjets noch verbliebene lebendige Wehrkraft endgültig zu vernichten und ihnen die wichtigsten kriegswirtschaftlichen Kraftquellen so weit als möglich zu entziehen...

Unter Festhalten an den ursprünglichen Grundzügen des Ostfeldzuges kommt es darauf an..., im Norden Leningrad zu Fall zu bringen und die Landverbindung mit den Finnen herzustellen, auf dem Südflügel der Heeresfront aber den Durchbruch in den Kaukasus-Raum zu erzwingen... Die Einleitung der Gesamtoperation hat mit einem umfassenden Angriff bzw. Durchbruch aus dem Raum südlich Orel in Richtung auf Woronesch zu beginnen...«

am 3. Februar gelungen, nachdem am 21. Januar Teile der sowjetischen 1. Stoßarmee und der 16. Armee zur Stützung der Nord- und Südabschnitte der Ostfront aus dem Raum zwischen Juchnow und Wjasma abgezogen worden waren. Der Erfolg der Gegenoffensive konsolidiert nach den Winterschlachten die Front der Heeresgruppe Mitte sowie der südlichen Gebiete der Heeresgruppe Nord.

# Winterkrieg wird zur Schlammschlacht

**Nach einem Wetterumschwung setzt an der Ostfront die Frühjahrs-Schlammperiode ein.**

Die Schneeschmelze und tagelange Regenfälle verwandeln Straßen und Wege in unpassierbare Schlamm-

wüsten. Nach wenigen Tagen kommt an allen Frontabschnitten jede Kampftätigkeit zum Erliegen. Die deutschen und sowjetischen Fronten erstarren im Stellungskrieg. Noch Ende März war es zu einem Tem-

peratursturz gekommen. 20 °C Kälte, dichter Schneefall und eisige Schneestürme hatten insbesondere die schlecht ausgerüsteten deutschen Truppen bis an die Grenzen der physischen und psychischen Belastbarkeit erschöpft.

Ein Brief des Infanteristen Harald Henry legt beredtes Zeugnis von den Leiden der Soldaten ab:

»... Könnt Ihr auch nur ahnen, wie diese endlosen Nächte verlaufen, ohne Decken, ohne Mantel, in halb offener Scheune oder gar im Freien eingegraben! Nachts darf, wenn der Feind nahe ist, nicht abgeschnallt werden, also schläft man in furchtbarer Kälte, geschüttelt von eisigem Sturm, heute nacht noch vorher von kaltem Regen genässt, mit sämtlichem Marschgepäck am Koppel und auf dem Rücken...«

Mit Einsetzen des Tauwetters ist noch kein Ende der unmenschlichen Strapazen abzusehen. Ganz im Gegenteil: Kniehoch steht nach dem Wetterumschwung das Tauwasser auf den Straßen. Bis zum Bauch waten

*Häufig bleiben Fahrzeuge im Schlamm stecken; hier helfen ukrainische Bauern einem Pkw über eine besonders morastige Stelle hinweg.*

*Oben: Märsche durch das versumpfte Gelände führen deutsche und sowjetische Soldaten an die Grenze der Belastbarkeit.*
*Links: Viele Straßen verwandeln sich nach dem Tauwetter in der Sowjetunion in regelrechte Schlammwüsten.*

die Soldaten durch eiskalte Moräste und Sümpfe. Für die schweren Maschinengewehre müssen Unterlagen aus Ästen und Sträuchern konstruiert werden, damit sie nicht im Schlamm versinken. Verwundete werden auf Tragen aus Baumästen gebettet, da sie ansonsten im morastigen Gelände ertrinken würden.

Während die Rote Armee mit den Unbilden der Witterung besser vertraut ist und über relativ kurze Nachschubwege verfügt, bricht für die weit auseinander gezogenen und durch die Stoßkraft der sowjetischen Winteroffensive geschwächten und zersplitterten deutschen Einheiten jede Versorgung mit Treibstoff, Munition, Bekleidung: und Nahrungsmitteln zusammen. Der Eisenbahnverkehr aus dem Reich verläuft zudem nur sehr schleppend.

Leichte Gleiskettenfahrzeuge und Pferdewagen bleiben in diesen Wochen die einzigen einsatzfähigen Transportmittel; ihre Zahl ist jedoch angesichts der mehrere tausend Kilometer langen deutschen Front viel zu gering. Während Adolf Hitler noch vor einem halben Jahr die unmittelbar bevorstehende Zerschlagung der

Roten Armee verkündet hatte, ist im Frühjahr 1942 endgültig klar geworden, dass ein Sieg über die Sowjetunion in weite Ferne gerückt ist.

*Die katastrophalen äußeren Bedingungen führen dazu, dass die Versorgung der deutschen Truppen zeitweilig nicht mehr bewältigt werden kann.*

15. APRIL

## U-Boot-Krieg steht vor Entscheidung

Seit Beginn der vierten Phase der »Atlantikschlacht« (→ S.173) versenkten deutsche U-Boote im Nordatlantik und vor der US-amerikanischen Ostküste 229 Handelsschiffe mit 1 521 882 Bruttoregistertonnen (BRT). Bis zum Juni steigt diese Zahl auf 3 048 089 BRT bei nur 23 verlorenen deutschen U-Booten.

**US-Navy vorerst unterlegen:** Die vierte Phase der »Atlantikschlacht« bringt die höchsten durchschnittlichen Versenkungsziffern des gesamten Krieges. Die hohen alliierten Verluste erklären sich aus der Weigerung der US-Navy, das britische Konvoi-System zu übernehmen sowie aus der Unerfahrenheit der US-amerikanischen Besatzungen. Außerdem können die deutschen U-Boote mit Einführung der U-Boot-Tanker wesentlich längere Feindfahrten absolvieren, weil sie auf See mit Treibstoff, Nachschub und Torpedos versorgt werden. Ende Mai reduziert die US-Führung den Schiffsverkehr an der Ostküste und verstärkt die Abwehr. Der Oberbefehlshaber der U-Boote, Karl Dönitz, verlagert daraufhin erneut den Schwerpunkt der Operationen in den Nordatlantik. Ab Ende Juli beginnt dort die fünfte und entscheidende Phase des U-Boot-Krieges.

**Luftschirm bringt die Wende:** Die deutsche Unterseebootflotte ist mittlerweile auf 330 Boote angewachsen, von denen allerdings nur etwa 140 Einheiten frontfähig sind. Dennoch bleiben die Versenkungsziffern im Nordatlantik sehr hoch und übertreffen bis Herbst 1942 sogar die Neubaurate in den alliierten Werften. Ende 1942 entschließen sich die Alliierten zu einer neuen Strategie: Ab Januar 1943 werden die deutschen Stützpunkte an der französischen Küste ständig aus der Luft angegriffen, die Flugsicherung der Geleitzüge wird verstärkt. Ab März 1943 begleiten spezielle Flugzeugträger die Konvois und errichten einen permanenten Luftschirm über dem Atlantik. Darüber hinaus machen die modernen Ortungsverfahren die deutschen U-Boote nun chancenlos.

Im Mai 1943 beschließt Dönitz den vorläufigen Abbruch der »Atlantikschlacht« (→ S. 287).

---

## 8. APRIL

# Beratungen über zweite Front

In Begleitung des US-Generalstabschefs George Catlett Marshall trifft der Sonderbeauftragte Harry Lloyd Hopkins, zu Besprechungen mit Vertretern der britischen Regierung in London ein.

Hauptthema der bis zum 17. April dauernden Gespräche ist neben der Entwicklung einer alliierten Gesamtstrategie gegenüber den Achsenmächten die Frage der Errichtung einer zweiten Front in Europa. Seit dem deutschen Überfall auf die UdSSR am 22. Juni 1941 (→ S. 124) hatte der sowjetische Staatschef Josef W. Stalin wiederholt auf die Notwendigkeit hingewiesen, durch eine alliierte Invasion in Westeuropa deutsche Kräfte zu binden und dadurch den Druck auf die Rote Armee zu mindern (→ S. 197).

Während der britisch-US-amerikanischen Besprechungen in London betont der sowjetische Botschafter in den USA, Maxim M. Litwinow, bei einer Rede in Philadelphia am 11. April noch einmal die Bedeutung einer zweiten Front zur Entlastung der UdSSR: »Ist es nicht Zeit für uns, Hitler darüber nachdenken zu lassen, wo seine Feinde ihren nächsten Schlag führen... werden? Ist es nicht Zeit für uns, ihn zu einer Verteilung seiner Streitkräfte zu zwingen... Der Sieg kann noch in weiter Ferne liegen, wenn ein Staat seine Hauptstreitkräfte erschöpfen muss, während ein anderer sie für eventuelle Operationen in einem unbestimmten... Zeitpunkt spart.«

Am 14. April wird eine Landeoperation in Nordfrankreich beschlossen.

*General George C. Marshall (vorn l.) und H. L Hopkins (mit Hut) in London*

---

## 24. APRIL

# Schwere Schäden nach Luftangriff

In der Nacht zum Sonnabend startet die Royal Air Force eine Serie von Luftangriffen gegen Rostock. In vier Angriffswellen werfen 468 britische Bomber bis zum 27. April 747 Tonnen Spreng- und Brandbomben auf Hafenanlagen und Verkehrseinrichtungen.

Bei den Bombardements werden zwölf britische Maschinen abgeschossen. Auf deutscher Seite betragen die Verluste 204 Tote und 89 Schwerverletzte. 60% der Altstadt von Rostock, darunter die Nikolaikirche, das Stadttheater und das Ständehaus, liegen in Trümmern. Bereits in der folgenden Nacht fliegt die deutsche Luftwaffe einen Vergeltungsangriff gegen die südenglische Stadt Bath, bei dem rund 400 Zivilpersonen ums Leben kommen. Während die deutsche Presse die britische Luftoffensive als »Terrorangriff« verurteilt, rechtfertigt die London die Angriffe mit der strategischen Bedeutung Rostocks.

---

## 20. APRIL

# Frauenarbeit in der Kriegsindustrie

Eine Verordnung des Generalbevollmächtigten für den Arbeitseinsatz (→ S. 192), Fritz Sauckel, verpflichtet Frauen zum Arbeitseinsatz in den kriegswichtigen deutschen Industriebetrieben.

Der zunehmende Arbeitskräftemangel in der Rüstungsindustrie hatte die Reichsregierung bereits seit 1940 gezwungen, den von der nationalsozialistischen Propaganda vertretenen Standpunkt, die Berufung der deutschen Frau liege in der Mutterschaft, zu revidieren. Mit der neuen Verordnung Sauckels werden erstmals auch verheiratete Frauen und Mütter zur Berufsarbeit herangezogen. Sie werden z. T. zu schweren körperlichen Arbeiten in der Produktion eingesetzt, erhalten jedoch für die gleiche Arbeit in der Regel um 20% niedrigere Löhne als ihre männlichen Kollegen. Von vielen Frauen wird die Dienstverpflichtung wegen der Doppelbelastung durch Beruf und Haushalt scharf kritisiert.

*Rostock: Das Foto eines Luftaufklärungsflugzeuges vom 2. Mai verdeutlicht auszugsweise das Ausmaß der Zerstörung in der Ostseestadt. Die Nummern zeigen den getroffenen Hauptbahnhof (1 und 2) und zerbombte Schienenverbindungen (3), das ausgebrannte Krankenhaus (4), das Gerichtsgebäude (5) sowie eine Reihe von durch Brand verwüstete Warenhäuser. Neben der Altstadt von Rostock werden auch die ansässigen Heinkel-Flugzeugwerke in Mitleidenschaft gezogen. Für die bis Oktober gegen Großbritannien geflogenen Vergeltungsangriffe prägt der stellvertretende Leiter der Presseabteilung des Auswärtigen Amtes, Baron Braun von Stumm, den Begriff »Baedeker-Angriffe«. Die deutsche Luftwaffe werde in Großbritannien nur Städte angreifen, die im Baedeker-Reiseführer mit drei Sternen verzeichnet seien und sich dadurch als Städte mit wertvollen Kulturdenkmälern auszeichnen. Der Vorschlag, bei den Vergeltungsaktionen Flugbilder mit Bildern der zerstörten Städte Lübeck und Rostock abzuwerfen, wird von Hermann Göring allerdings zurückgewiesen.*

22. APRIL

# Widerstand gegen die Besatzung

Die deutsche Kommandantur von Groß-Paris gibt die Schließung aller Vergnügungsstätten für drei Tage bekannt.

Der Anordnung der deutschen Militärbehörden ist eine Serie von Anschlägen gegen Angehörige der deutschen Besatzungsmacht und gegen Einrichtungen der Wehrmacht in Paris, aber auch in anderen Städten der besetzten Zone Frankreichs vorausgegangen.

In der Bekanntmachung heißt es: »Zahlreiche kommunistische Anschläge gegen Angehörige der deutschen Wehrmacht und besonders die feige Ermordung eines deutschen Soldaten in der Nacht des 20. April erfordern Maßnahmen, die der Bevölkerung den Ernst der Lage zum Bewusstsein bringen. Unter Vorbehalt weiterer Maßnahmen verfüge ich deshalb: Alle Theater, Kinos, Konzertrestaurants, Cabarets und andere Vergnügungsstätten werden am 21. April von 14 Uhr bis 24. April um 5 Uhr geschlossen sein. In den Restaurants sind musikalische Unterhaltungen untersagt. Während dieser Zeit ist die Polizeistunde auf 23 Uhr angesetzt.«

Die deutschen Militärbehörden antworten auf den zunehmenden Widerstand aus den Reihen der französischen Zivilbevölkerung mit drakonischen Maßnahmen. Bereits einen Tag nach der Ermordung eines deutschen Wachpostens am 2. April in Paris waren fünf angebliche Kommunisten verhaftet und ohne Gerichtsverfahren standrechtlich erschossen worden. Am 17. April wurden bei einer Razzia wahllos jüdische Bürger, Mitglieder der verbotenen Kommunistischen Partei Frankreichs und andere »solidarisch verantwortliche« Personen von SS-Einheiten erschossen.

Auch in anderen von der deutschen Wehrmacht besetzten westeuropäischen Ländern greifen die Militärbehörden im Frühjahr 1942 beim geringsten Anzeichen von Widerstand zu drastischen Gegenmaßnahmen. In Norwegen, wo seit dem 1. Februar 1942 (→ S. 179) eine Marionettenregierung unter dem Führer der norwegischen Nationalsozialisten, Vidkun Abraham Lauritz Quisling, amtiert, stoßen Versuche der neuen Machthaber, Kirche und Schulen gleichzuschalten, auf den Widerstand der Mehrheit der norwegischen Bevölkerung. Träger der zivilen Opposition ist die von der Londoner Exilregierung unterstützte Organisation Sivorg, die aus dem Untergrund erfolgreich den passiven Widerstand gegen alle Nazifizierungsversuche in Vereinen und Verbänden Norwegens koordiniert. Nach vereinzelten Sabotageakten gegen Wehrmachts- und SS-Stellen wurden in ganz Norwegen am 14. April »Oppositionelle«, darunter zahlreiche Lehrer und Hochschulprofessoren, verhaftet und in Konzentrationslager verschleppt.

In den Niederlanden war es bereits im Februar 1941 nach der Verhaftung und öffentlichen Misshandlung von 400 Juden während der großen Amsterdamer Pogrome zu Streiks gekommen (→ S. 107). »Liever Dood dan Slaaf« (Lieber tot als Sklave), mit dieser Parole überkleben niederländische Widerstandskämpfer die Verlautbarungen der deutschen Besatzungsmacht unter Reichskommissar Arthur Seyß-Inquart.

*Von Beruf Rechtsanwalt: der neue Regierungschef Pierre Laval (\*1883)*

18. APRIL

## Pierre Laval neuer Ministerpräsident

Der Staatschef des unbesetzten Frankreich, Marschall Philippe Pétain, ernennt Pierre Laval zum Ministerpräsidenten.

Laval war 1931/32 und 1935/36 Ministerpräsident und von Juni bis Dezember 1940 Stellvertreter von Pétain in der nach der Kapitulation Frankreichs gebildeten Regierung. Am 13. Dezember 1940 war Pierre Laval von Marschall Pétain aus Misstrauen entlassen worden. Ein Umsturzversuch Lavals im Januar 1941 scheiterte ebenso wie ein Attentat auf ihn (→ S. 137). Die Rückberufung erfolgt auf Druck der deutschen Regierung, die den Nachfolgern Lavals mangelnde Bereitschaft zur Zusammenarbeit vorgeworfen hatte. In einer Rundfunkansprache formuliert Laval die Grundlinien seiner Politik: »Zu den Gründen, die uns bisher bestimmten, mit Deutschland eine Politik der Verständigung und Versöhnung zu suchen, kommen heute neue und gebieterische Gründe. Der riesige Kampf, den Deutschland gegen den Bolschewismus führt, hat nicht nur den Krieg ausgedehnt, sondern auch seinen Sinn enthüllt... So stehen wir vor der Alternative, uns unter der Achtung unserer Ehre und unserer Lebensinteressen in ein neues... Europa einzugliedern... oder uns damit abzufinden, dass unsere Kultur verschwindet.«

*Nach einem Bombenanschlag niederländischer Saboteure geht ein Lastwagen der deutschen Wehrmacht in Amsterdam in Flammen auf.*

*Drucker vervielfältigen in einem Kellerraum die Ausgabe einer Untergrundzeitung im besetzten Dänemark.*

*Eine Norwegerin hört die BBC ab, um Nachrichten für eine illegale Osloer Zeitung zusammenzustellen.*

---

**26. APRIL**

# Unumschränkte Gerichtsgewalt für Hitler

Der deutsche Diktator Adolf Hitler erhält vom Reichstag die Vollmacht, als »Oberster Gerichtsherr« entscheiden zu können, »ohne an bestehende Rechtsvorschriften gebunden zu sein«.

Reichstagspräsident Hermann Göring erläutert die Tragweite der Vollmacht. Hitler müsse »in seiner Eigenschaft als Führer der Nation, als Oberster Befehlshaber der Wehrmacht, als Regierungschef und Oberster Inhaber der vollziehenden Gewalt... jederzeit in der Lage sein, nötigenfalls jeden Deutschen, sei er einfacher Soldat oder Offizier, niedriger oder hoher Beamter oder Richter, leitender oder dienender Funktionär der Partei, Arbeiter oder Angestellter, mit allen ihm geeignet erscheinenden Mitteln zur Erfüllung seiner Pflichten anzuhalten und bei Verletzung dieser Pflichten... ohne Rücksicht auf so genannte wohlerworbene Rechte mit der ihm gebührenden Sühne zu belegen, ihn im Besonderen ohne Einleitung vorgeschriebener Verfahren aus seinem Amt, aus seinem Rang und aus seiner Stellung zu entfernen.« Mit der Übertragung dieser Vollmacht festigt der Reichstag in der Person Hitlers die nationalsozialistische Willkürherrschaft, die sich über sämtliche formalen Rechtsgrundsätze hinwegsetzt.

### »Brüllrede« vor dem Reichstag

In einer »hysterischen Brüllrede« – so ein Mitarbeiter der Reichskanzlei – rechtfertigt Hitler vor dem Reichstag die ihm übertragenen richterlichen Vollmachten unter Hinweis auf seine »historische Mission«: »Ich erwarte... dass mir die Nation das Recht gibt, überall dort, wo ich im Dienst der größeren Aufgabe, bei der es um Sein oder Nichtsein geht, gezwungen und gewillt bin, sofort einzugreifen, auch dementsprechend handeln zu dürfen... Verwaltung und Justiz haben dem einzigen Gedanken zu gehorchen, nämlich dem der Erringung des Sieges. Es kann in dieser Zeit keiner auf wohlerworbenes Recht pochen, sondern jeder muss wissen, dass es jetzt nur Pflichten gibt...«

Hitler erhält die Macht, in festgeschriebene Verfahren der konkreten Rechtsprechung beliebig einzugreifen, Urteile aufzuheben und neu festzusetzen, sowie Richter zu entlassen.

Bis 1941 hatte sich Hitler nur sporadisch in die konkrete Rechtsprechung eingemischt. In Alltagsfällen besaßen die deutschen Richter noch relativ große Freiheit, die allerdings immer stärker durch örtliche Parteistellen eingeschränkt wurde. Aufgrund einiger konkreter Fälle wurde Hitler aber durch Presseberichte auf die Rechtsprechung aufmerksam und intervenierte zugunsten härtester Urteile. So forderte er im Oktober 1941 die Tötung eines Mannes, der wegen »Hamsterei« von 65 000 Eiern zu zweieinhalb Jahren Gefängnis verurteilt worden war. Hitlers Amt des »Obersten Gerichtsherrn« verunsichert die Richterschaft und führt zu einer allgemeinen Verschärfung der Rechtsprechung. Die Richter fürchten Interventionen und die Versetzung in den Ruhestand aufgrund zu »weicher« Urteile. Vorsichtige Versuche der Berliner Ministerialbürokratie, die Eingriffe Hitlers zu begrenzen, scheiterten. Die Vereinigung des Amtes des »Führers« mit dem des »Obersten Richters« ist in der NS-Auffassung von Justiz angelegt.

1937 formulierte der Jurist und Staatsrechtler Ernst Rudolf Huber

*Oberste Gerichtsgewalt für Hitler*

eine Art Hohelied mit fast religiös überhöhten Zügen über die Stellung des Diktators im nationalsozialistischen Recht: »Die Trennung der Gewalten gehört einem politischen Zustand an, in dem die politische Einheit zugunsten der autonomen bürgerlichen Gesellschaft auf ein Mindestmaß reduziert ist. Die völkische Einheit und Ganzheit aber verlangt, dass alle politische Gewalt in der Hand des einen (!) Führers vereinigt ist. Der oberste Wille des Führers erscheint im Gesetz... Alles politische Leben im Volk wird vom... Führerwillen bestimmt.«

---

**23. APRIL**

# Fritz Sauckel forciert den Arbeitskräfteeinsatz

Auf Anordnung des Generalbevollmächtigten für den Arbeitseinsatz, Fritz Sauckel, werden Schüler der fünften und sechsten sowie Schülerinnen der siebten Klassen zur Landarbeit herangezogen.

Am 21. März ernannte Adolf Hitler den Gauleiter von Thüringen, Fritz Sauckel, zum Generalbevollmächtigten für den Arbeitseinsatz und stattete ihn mit weitgehenden Vollmachten bei der Rekrutierung zusätzlicher Arbeitskräfte für die deutsche Rüstungswirtschaft aus. Dabei sollte besonders die Rekrutierung von Zwangsarbeitern in den von der deutschen Wehrmacht besetzten Gebieten Osteuropas intensiviert werden. Hintergrund der Berufung Sauckels ist der zunehmende Mangel von Arbeitskräften im Deutschen Reich wegen des immen-

*Sauckel organisiert Fremdarbeit.*

sen »Menschenbedarfs« der deutschen Wehrmacht und die gleichzeitige Ausweitung der Rüstungsproduktion.

In einem Brief an den Reichsminister für die besetzten Ostgebiete, Alfred Rosenberg, vom 3. Oktober 1942 umreißt Sauckel sein Aufgabengebiet: »Der Führer hat... mich insbesondere ermächtigt, nach meinem Ermessen alle Maßnahmen im Reich, dem Protektorat, dem Generalgouvernement und in den besetzten Gebieten zu treffen, die den geordneten Arbeitseinsatz für die deutsche Rüstungswirtschaft unter allen Umständen gewährleisten. Die erforderlichen zusätzlichen Arbeitskräfte werden in größtem Umfange aus den neu besetzten Ostgebieten genommen werden müssen, insbesondere aus dem Reichskommissariat Ukraine müssen daher 225 000 Arbeitskräfte bis zum 31. Dezember 1942, weitere 225 000 bis zum 1. Mai 1943 gestellt werden...«

Bis Ende 1944 lässt Sauckel 7,5 Mio. »Fremdarbeiter« ins Reich schaffen, die in eigens errichteten Barackenlagern untergebracht sind und größtenteils in der deutschen Kriegswirtschaft eingesetzt werden. Die Rekrutierungsmaßnahmen geschehen meist unter massivem Zwang und kommen Deportationen gleich: So wird »Arbeitsverweigerern« und deren Familienangehörigen mit der Einweisung in Konzentrationslager gedroht oder die weibliche Bevölkerung eines Ortes bis zur Verpflichtung einer ausreichenden Zahl männlicher Arbeitskräfte in Geiselhaft genommen. Am untersten Ende der nationalsozialistischen Wertehierarchie rangieren die zwangsverpflichteten polnischen Arbeitskräfte. Ihnen ist jeder Kontakt mit der Bevölkerung untersagt.

12. MAI

# Organisierter Massenmord in Auschwitz

Im Vernichtungslager Auschwitz-Birkenau werden 1500 jüdische Männer, Frauen und Kinder aus der nahe gelegenen Ortschaft Sosnowiec in Gaskammern ermordet. Es handelt sich um die erste exakt datierbare Massenvernichtungsaktion in dem Ende 1941/Anfang 1942 als Todeslager errichteten Außenlager Birkenau.

Das Stammlager Auschwitz war 1940 auf dem Gelände einer ehemaligen österreichischen Kavalleriekaserne am Zusammenfluss von Sola und Weichsel erbaut worden (→ S. 70). Bereits damals galten die dortigen Wachmannschaften der SS als besonders brutal und skrupellos. 1941 fanden in den Arrestzellen des Blockes 11 erste »Probevergasungen« mit Zyklon B als Massentötungsmittel

### Bericht des Lagerkommandanten

»Es kamen nun im Frühjahr 1942 die ersten Judentransporte aus Oberschlesien, die alle zu vernichten waren. Sie wurden nach dem Bauerngehöft... von der Rampe über die Wiesen... geführt... Am Gehöft angekommen, mussten sie sich ausziehen. Sie gingen auch zuerst ganz ruhig in die Räume, wo sie desinfiziert werden sollten. Bis dann einige doch stutzig wurden und von Ersticken, von Vernichten sprachen. Doch schnell wurden die noch draußen Stehenden in die Kammern hineingetrieben und die [Türen] zugeschraubt... Ab und zu kam es auch vor, dass Frauen während des Ausziehens plötzlich markerschütternd losschrien, sich die Haare ausrissen und sich wie wahnsinnig gebärdeten. Schnell wurden sie herausgeführt und hinter dem Haus mit dem Kleinkalibergewehr durch Genickschuss getötet... Ich erlebte auch, dass eine Frau aus der Kammer beim Zumachen ihre Kinder herausschieben wollte und weinend rief: ›Lasst doch wenigstens meine lieben Kinder am Leben.‹ So gab es viele erschütternde Einzelszenen... Im Frühjahr 1942 gingen Hunderte von blühenden Menschen unter den blühenden Obstbäumen des Bauerngehöfts... in die Gaskammern, in den Tod...«
(Aufzeichnungen von Auschwitz-Kommandant Rudolf Höß).

statt (→ S. 141). Neben Transporten polnischer und deutscher Juden rollen ab Frühsommer 1942 Deportationszüge aus Frankreich, den Niederlanden, Ungarn, Belgien, Griechenland, Italien, Norwegen, Kroatien und der Slowakei nach Auschwitz. Auf einem Nebengleis der Bahn-

*Kinder mit ihrer Mutter auf dem Weg in die Gaskammer: Kleinkinder werden sofort ermordet, weil sie nicht als Arbeitskräfte zu gebrauchen sind.*

station erfolgt die »Selektion« der »Arbeitsfähigen« durch zwei deutsche SS-Ärzte.

Etwa 80% der Deportierten werden sofort vergast, darunter sämtliche Kinder unter 14 Jahren, Männer über 50 und Frauen über 45 Jahren. Zwischen vier und 72 Tagen liegt die Lebenserwartung der Übrigen, die zum größten Teil als Zwangsarbeiter in den in unmittelbarer Nähe des Lagerkomplexes errichteten chemischen Betrieben der I.G. Farben eingesetzt werden.

Mitte 1942 beginnt unter der Tarnbezeichnung »Entlausungsaktion« die systematische »Auskämmung« der Krankenabteilungen für die Gaskammern. Invaliden erhalten Phenolinjektionen ins Herz. Allein an fünf Tagen, vom 28. September bis 2. Oktober 1942, werden auf diese Weise 1500 Lagerinsassen ermordet. Als »Assistenten« sind die Lagerärzte darüber hinaus fast täglich bei Massenvergasungen anwesend.

Ein Arzt führt darüber ein grausiges Tagebuch: »2. 9. 42. – Zum ersten Male hier draußen um 3 Uhr früh bei einer Sonderaktion zugegen. Im Vergleich hierzu erscheint mir die Hölle von Dante als eine Komödie...« Die Ausräumung der Gaskammern überlassen die SS-Kommandos jüdischen Häftlingen.

Bis Oktober 1944 werden zwischen 2,5 und 4 Mio. Menschen in Auschwitz auf bestialische Art ermordet.

*Mit ihren wenigen noch verbliebenen Habseligkeiten warten Juden auf den Abtransport nach Auschwitz; viele Menschen sterben während der mehrtägigen Fahrt an Erschöpfung oder verdursten in den überfüllten Eisenbahnwaggons.*

*Ein US-amerikanischer Pilot hält die Seeschlacht zwischen japanischen und US-amerikanischen Streitkräften fotografisch fest.*

*Am 6. Mai bombardierten vier Bomber der von General Douglas MacArthur befehligten US-Luftwaffe im Pazifik erfolgreich einen größeren japanischen Schiffskonvoi.*

---

**8. MAI**

# See-Luftschlacht im Korallenmeer

Eine See-Luftschlacht zwischen US-amerikanischen und japanischen Seestreitkräften im Korallenmeer zwischen Australien und Neuguinea endet mit einem numerischen Erfolg der Japaner.

Während der große US-amerikanische Flugzeugträger »Lexington« nach zwei Torpedo- und zwei Bombentreffern von der Besatzung aufgegeben werden muss und der zweite Träger »Yorktown« schwer beschädigt wird, verlieren die Japaner lediglich den kleinen Träger »Shoho«. Außerdem büßt der US-amerikanische Verband einen Flottentanker und einen Zerstörer ein.

Allerdings gibt das japanische Oberkommando nach dem Zusammentreffen im Korallenmeer die ursprünglich verfolgte Absicht auf, in Port Moresby an der Südspitze Neuguineas zu landen. Damit kann die unmittelbare Bedrohung Nordaustraliens durch eine von der Südküste Neuguineas ausgehende japanische Invasion erfolgreich abgewendet werden (→ S. 185).

Die Schlacht im Korallenmeer ist die erste Seeschlacht der Kriegsgeschichte, die zwischen Flotten ausgetragen wird, die ohne Sichtkontakt über große Distanz kämpfen. Während die äußerste Reichweite der Ar-

tillerie großer Schlachtschiffe bei 30 km liegt, operieren die gegnerischen Flottenverbände im Korallenmeer auf Entfernungen von etwa 150 km. Bei den ausschließlich von Flugzeugträgern aus geführten Gefechten verlieren die US-Amerikaner 74 Maschinen ihrer ursprünglich 122, die Japaner etwa 80 von 121 Flugzeugen. Die Verluste an Menschenleben betragen auf japanischer Seite 1000, auf US-amerikanischer 543.

Hintergrund für das Zusammentreffen der amerikanischen und japanischen Trägerverbände ist der Plan der Japaner, die Seeverbindungen zwischen den USA und Australien zu blockieren, um den Ausbau Australiens als Operationsbasis für eine alliierte Offensive gegen die japanischen Eroberungen im Südwestpazifik zu verhindern. Erste Phase des japanischen Plans sollte der Vorstoß zu den Salomoninseln sein.

*Die Besatzung des getroffenen US-Flugzeugträgers »Lexington« versucht sich durch einen Sprung ins Wasser zu retten, bevor das Schiff versenkt wird.*

---

**20. MAI**

## Briten müssen Birma räumen

Nachdem die britischen Truppen unter dem Befehl von General Harold Alexander sich auf die indische Grenze zurückgezogen haben, ist die Eroberung Birmas durch die japanische 15. Armee abgeschlossen.

Damit ist die chinesische Regierung des Marschalls Chiang Kai-shek in Tschungking vom alliierten Nachschub über die Birmastraße abgeschnitten und die britische Kronkolonie Indien bedroht.

Das militärische Fiasko der Briten in Birma, dem Nachbarstaat Indiens, hatte am 6. März (→ S. 183) mit der Räumung Ranguns begonnen. Verfolgt von der japanischen Armee, hatten die britischen Verbände sich zunächst nach Norden in Richtung auf Mandalay zurückgezogen. Anfang April war es 60 000 britischen Soldaten, unterstützt von chinesischen Einheiten, gelungen, 250 km südwestlich von Mandalay eine Verteidigungslinie aufzubauen. Die Japaner umgingen jedoch die britischen Stellungen und rückten in Richtung auf Lashio an der Birmastraße vor. Am 26. April entschloss sich Alexander zum 300 km langen Rückzug auf die indische Grenze. Eine Woche vor Beginn des Monsuns erreichten die Briten Mitte Mai Assam (→ S. 237).

## 6. MAI

# Corregidor kapituliert vor Japan

Das US-amerikanische Verteidigungsministerium veröffentlicht das nachfolgende Kommunique:
»Philippinischer Kriegsschauplatz. Beim Kriegsdepartement ist eine Meldung aus Corregidor eingetroffen, wonach der Widerstand unserer Truppen [gegen die Japaner] zusammengebrochen ist. Die Kämpfe sind eingestellt worden und es wird momentan über die Bedingungen verhandelt, unter denen sich die Inselbefestigungen in der Bucht von Manila ergeben.«

Der Oberbefehlshaber der alliierten Streitkräfte auf Corregidor, General Jonathan Wainwright, hatte den Japanern zunächst in einer Funkbotschaft eine lokale Kapitulation angeboten. Bei den Übergabeverhandlungen lehnt das japanische Oberkommando eine solche Teilkapitulation ab, solange noch US-amerikanische und philippinische Truppen auf den südlichen Philippinen eine Art Guerillakrieg gegen die japanische Armee führten. Aus Furcht, die mittlerweile von den Japanern entwaffnete Garnison von Corregidor würde massakriert werden, willigt Wainwright noch am gleichen Tag in eine Gesamtkapitulation sämtlicher alliierter Streitkräfte auf den Philippinen ein. 11 574 US-ame-

*US-Soldaten patrouillieren im Dschungel der ca. 4,5 km langen Insel Corregidor, dem letzten Stützpunkt der Vereinigten Staaten im Westpazifik.*

*Ein US-amerikanischer Geschützstand*

rikanische und philippinische Soldaten geraten in Gefangenschaft. Die USA verlieren 30 000 Mann, ihre

philippinischen Verbündeten etwa 110 000, davon jedoch einen Teil durch Desertion, und die Japaner 12 000 Mann.

Seit Beginn des Rückzugs der alliierten Verteidiger von der Halbinsel Bataan auf die drei Kilometer entfernte Felseninsel Corregidor Anfang April (→ S. 172) hatten die Japaner diesen letzten alliierten Stützpunkt auf den Philippinen unter schweren Artilleriebeschuss genommen. Am 4. Mai, nachdem die Wasserversorgung auf der Insel zusammengebrochen war, hatte sich die Beschießung auf 16 000 Geschosse gesteigert. In der darauf folgenden Nacht waren 2000 japanische Soldaten an der Nordküste von Corregidor gelandet. Mit Hilfe zusätzlicher Panzertruppen konnte der alliierte Widerstand am Morgen des 6. Mai gebrochen werden.

## 5. MAI

# Basis Madagaskar

Britische Truppen landen im Norden der Insel Madagaskar vor der südostafrikanischen Küste.

Ziel des Unternehmens ist es, einer japanischen Landung auf dem französischen Marinestützpunkt Diego Suarez zuvorzukommen und nach dem Verlust Niederländisch-Indiens, Birmas und der Philippinen neben Australien eine weitere Operationsbasis für eine Gegenoffensive gegen die weiter wachsende japanische Machtposition zu gewinnen.

*Britische und südafrikanische Soldaten laden nach der geglückten Landung am Strand von Majunga Kisten mit Munition und Lebensmitteln aus.*

## 11. MAI

# Deutsche U-Boote in Nordamerika

Ein deutsches U-Boot torpediert in der Mündung des kanadischen Sankt-Lorenz-Stroms einen alliierten Frachter.

87 Passagiere und Besatzungsmitglieder, von denen einige bei dem Angriff leicht verwundet werden, können sich ans Ufer retten. Es handelt sich um den ersten Angriff deutscher Seestreitkräfte auf den alliierten Schiffsverkehr auf inneramerikanischen Gewässern. Noch im gleichen Monat dringen deutsche U-Boote trotz starker Küstensicherungen auch in die Mündung des Mississippi im Süden der Vereinigten Staaten ein.

## 28. MAI

# Mexiko schaltet sich in Krieg ein

In einer Sondersitzung des mexikanischen Kongresses in Mexiko-Stadt stellt sich die Mehrheit der Abgeordneten hinter einen Antrag des Staatspräsidenten Manuel Avila Camacho, den Achsenmächten Deutsches Reich, Italien und Japan den Krieg zu erklären.

Vor dem Kongress begründet Avila Camacho die Kriegserklärung mit der Torpedierung neutraler Handelsschiffe unter mexikanischer Flagge in amerikanischen Küstengewässern während der letzten Wochen. Der Präsident fährt fort: »Für ein freies Volk gibt es nur einen Weg, um diesem rücksichtslosen Angriff zu begegnen, nämlich die Erklärung, dass zwischen uns und den Dreierpaktmächten – Deutschland, Italien und Japan – der Kriegszustand besteht. Der Entschluss wird Opfer und Entbehrungen... bedeuten, doch muss er für die Verteidigung unseres Lebens und der Ehre unseres Landes ergriffen werden...« Mexiko ist nach Costa Rica, der Dominikanischen Republik, Guatemala (11.12.1941), Kuba, Nicaragua, Haiti, Honduras, El Salvador (12.12.) und Panama (18.12.) der zehnte lateinamerikanische Staat, der seine neutrale Haltung aufgibt.

## 30. MAI

# Innenstadt Kölns in Trümmern

In der Nacht zum Sonntag wird Köln das Ziel des ersten britischen 1000-Bomber-Angriffs auf eine deutsche Großstadt.

Insgesamt sind 1047 Maschinen der Royal Air Force von 52 britischen Flugplätzen aus gestartet. 868 Bomber erreichen Köln. In nur 90 Minuten gehen 1459 Tonnen Brand- und Sprengbomben auf die Stadt nieder;

**»Es war zu gigantisch«**

»Es war die vernichtendste Anderthalbstunde, die ein Zielgebiet jemals erlebt hat... »Gebt's ihnen, genau unter das Kinn«, so lautete die Botschaft von Luftmarschall Harris, Chef des Bomberkommandos, an seine Piloten und Besatzungen. Das taten sie auch. Sogar die Deutschen gaben zu, dass »schwerer Schaden« angerichtet wurde. Unsere Piloten konnten Rauch und Feuer von der holländischen Küste aus sehen –140 Meilen entfernt... Unsere Bomber kamen über Köln genauso schnell und pünktlich an, wie sie in England gestartet waren. Köln verwandelte sich rasch in Leuchtfeuer, das die anfliegenden Bomber bereits von der holländischen Küste anzog. »Es war zu gigantisch, um wahr zu sein«, sagte der Pilot einer Halifax. »Doch es war echt genug, als wir ankamen. Unter uns brannten in jedem Stadtteil Häuser... Es gab überall Flugzeuge«, sagte er. »Der Himmel über Köln war belebt wie Piccadilly Circus. Ich konnte jeden einzelnen Bombertyp in unserer Streitmacht im Schein des Mondes und der Brände erkennen.« Die Scheinfeuer, die die Deutschen gewöhnlich auf offenem Feld in der Umgebung Kölns entzündeten, schrumpften zur Bedeutungslosigkeit...«

(Bericht des Londoner »Daily Herald« vom 1. Juni 1942).

die schwersten Schäden entstehen im Bereich der Kölner Innenstadt. Bei dem Flächenbombardement kommen 474 Menschen ums Leben, über 5000 werden z.T. schwer verletzt.

Die Knapsack-Kraftwerke in Köln sind eines der exponiertesten Ziele der britischen Bombenangriffe.

Totalansicht der brennenden Fortuna-Kraftwerke, die schon einmal im August 1941 bombardiert wurden

Löscharbeiten in der Minoritenstraße

Trümmerberge zwischen den Häusern

Haus in der Ludwigstraße

Aufräumarbeiten in der Remscheider Straße

Die ausgebrannte Feuerwache am Kölner Apostelnmarkt

*W. Molotow und A. Eden (sitzend 2. und 3.v.l.) bei der Unterzeichnung des Bündnisvertrages in London: r. W. Churchill*

## 26. MAI

# Molotow und Eden unterzeichnen Pakt

Die Außenminister der UdSSR und Großbritanniens, Wjatscheslaw M. Molotow und Anthony Eden, unterzeichnen in London einen auf 20 Jahre befristeten Bündnisvertrag.

Im ersten Teil des Abkommens vereinbaren sie, »gegenseitig einander jede militärische und sonstige Hilfe im Kriege gegen Deutschland und alle mit ihm in Angriffspakten in Europa verbündeten Staaten zu gewähren«. Beide Seiten verpflichten sich,

keinen Separatfrieden mit dem Deutschen Reich abzuschließen. Im zweiten Teil des Bündnisvertrages einigen sich Großbritannien und die Sowjetunion auf ein »gemeinsames Vorgehen zur Aufrechterhaltung des Friedens nach Beendigung der Kriegshandlungen« und »alle Maßnahmen zu ergreifen... um eine Wiederholung der Angriffe und Friedensverletzungen durch Deutschland... unmöglich zu machen«.

### HINTERGRUND

#### Geheimprotokoll

Für Verwirrung sorgt eine Meldung der schwedischen Zeitung »Göteborgs Morgenpost« vom 23. Juni 1942 über ein geheimes Zusatzprotokoll zum Bündnisvertrag zwischen der UdSSR und Großbritannien vom 26. Mai. Über den offiziellen Vertragsinhalt hinaus habe die britische Regierung der Sowjetunion das Recht zugestanden, im Zuge territorialer Sicherungsmaßnahmen auch nach Kriegsende »im Einverständnis mit Großbritannien eine militärische und politische Kontrolle über Finnland, Deutschland, Ungarn, Rumänien und Bulgarien auszuüben«. Außerdem seien »Finnland, gewisse Teile von Nordskandinavien, die Tschechoslowakei, Rumänien, Bulgarien und Jugoslawien... als sowjetische Interessensphären anerkannt« worden. Sowohl von britischer als auch von sowjetischer offizieller Seite wird die Existenz eines Geheimabkommens dementiert.

*Die »Stuttgarter Illustrierte« karikiert Winston Churchill, Josef W. Stalin und Franklin D. Roosevelt unter dem Titel »Die drei Gangster« (v.l.).*

## Heydrich stirbt nach Attentat

Bei einem Attentat in Prag wird Reinhard Heydrich, stellvertretender Reichsprotektor von Böhmen und Mähren, schwer verletzt: Er stirbt am 4. Juni.

Die Attentäter, zwei Exiltschechen, hatten zunächst aus Maschinenpistolen das Feuer auf den offenen Wagen Heydrichs eröffnet und warfen anschließend eine Bombe in das Fahrzeug. Am 18. Juni spüren SS-Einheiten die angeblichen Täter und zahlreiche weitere Personen, die von deutschen Stellen mit dem Attentat in Verbindung gebracht werden, in einer Prager Kirche auf. Bei der Festnahme werden alle Vorgefundenen erschossen (→ S. 202).

Heydrich, am 7. März 1904 als Sohn eines Musiklehrers in Halle geboren, zählt zu den grausamsten Vertretern nationalsozialistischer Terrorherrschaft. Seit 1936 Chef des Sicherheitsdienstes (SD) der SS schuf Heydrich mit der Sicherheitspolizei ein Netz polizeilicher Überwachung. Die Erstellung von Dossiers über mögliche »Staatsfeinde« fiel ebenso in seinen Verantwortungsbereich wie die Verhaftung, Folterung und Ermordung der politischen Gegner. Seit 1939 unterstand ihm als Chef des Reichssicherheitshauptamtes der SS auch die Gestapo. Untrennbar mit seinem Namen verbunden ist die seit Mitte 1941 vorbereitete Ermordung der jüdischen Bevölkerung Europas.

*Reinhard Heydrich war wegen seiner kalten Brutalität gefürchtet.*

# Staaten der Erde mobilisieren alle Kräfte für den Krieg

Das Jahr 1942 markiert in den Volkswirtschaften der am Weltkrieg beteiligten Staaten den Beginn einer umfassenden Mobilisierung sämtlicher verfügbaren Produktionsreserven.

Alle Ressourcen – menschliche Arbeitskraft, Material und Rohstoffen – werden für den militärischen Konflikt mobilisiert. Im Deutschen Reich steigt der Index der Rüstungsproduktion von Januar bis Juli um 53 Punkte. Insgesamt hat sich die Produktion von Kriegsgütern im Deutschen Reich seit 1939 verzweieinhalbfacht. In Großbritannien verdoppelt sich die Waffenproduktion gegenüber dem Vorjahr. Die Produktionszahlen, die der US-amerikanische Präsident Franklin Delano Roosevelt am 6. Januar 1942 in einer Botschaft an den Kongress als Ziele für die nächsten Jahre nennt, verschlagen den Abgeordneten in Washington den Atem: 60 000 Flugzeuge im Jahr 1942, 125 000 im Jahr 1943; 45 000 Panzer im Jahr 1942, 75 000 im Jahr 1943; 20 000 Flugabwehrkanonen im Jahr 1942, 35 000 im Jahr 1943; dazu Handelsschiffe mit einem Gesamtvolumen von 8 Mio. Tonnen für das Jahr 1942 und von 10 Mio. Tonnen für das darauffolgende Jahr. 52 bis 55 Mrd. US-Dollar erfordert eine solche Produktion nach amtlichen Schätzungen der US-amerikanischen Regierung, das ist etwa die Hälfte der industriellen Gesamtproduktion der USA.

Ein großer Teil der Kriegsproduktion fließt im Rahmen des am 11. März 1941 verabschiedeten Pacht- und Leihgesetzes (→ S. 110), das es erlaubt, Rüstungsgüter befreundeten Staaten ohne Bezahlung zur Verfügung zu stellen, den Verbündeten Großbritannien und UdSSR zu.

Die weltweite Steigerung der Kriegsproduktion geht einher mit einschneidenden Einschränkungen der zivilen Güterproduktion. So ist im Deutschen Reich seit 1939 die Produktion in der Konsumgüterindustrie um 14% zurückgegangen. Die Mehrzahl alltäglicher Gebrauchsgüter und Nahrungsmittel unterliegt einem strengen Rationierungssystem, das im Laufe des dritten Kriegsjahres auch von anderen Krieg führenden Nationen übernommen wird. So führt z.B. der größte Wollproduzent der Erde, Australien, im Frühsommer die Kleiderkarte ein. Die US-amerikanische Regierung ruft die Bevölkerung der Vereinigten Staaten erstmals zu fleischlosen Sonntagen auf. Der Bezug von Fleisch, Zucker und Kaffee wird eingeschränkt. Dennoch erlebt der Großteil der US-Amerikaner den Krieg anders als etwa Deutsche, Chinesen, Polen, Franzosen, Russen, Briten und Japaner, bleibt doch das Territorium der USA von Eroberung, Verwüstung und Besatzung verschont. Wirtschaftlich befreien Krieg und Rüstungsproduktion die Vereinigten Staaten aus einer zehnjährigen wirtschaftlichen Dauerkrise und bescheren den US-Amerikanern Vollbeschäftigung, Preisstabilität und wachsende Kaufkraft. Während die Vereinigten Staaten trotz zeitweiliger Engpässe bei Kupfer, Aluminium, Stahl und Gummi über riesige Reserven an Menschen und Material verfügen – so werden die von Roosevelt vorgegebenen Planziele für die Rüstung 1942 uneingeschränkt erreicht –, kann die deutsche Kriegswirtschaft der Produktion ihrer Kriegsgegner nur durch rücksichtslose Versklavung der Arbeitskraft und Ausbeutung der Rohstoffe und Industrien in den eroberten Gebieten standhalten. Allerdings übersteigt bereits Ende 1942 allein die Produktion Großbritanniens an Panzerfahrzeugen den deutschen Ausstoß um rd. 30%.

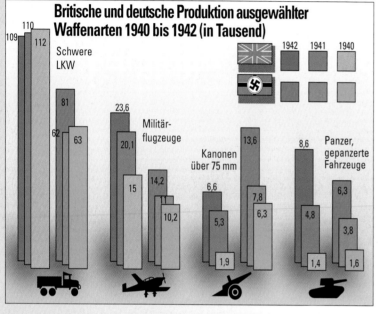

**Britische und deutsche Produktion ausgewählter Waffenarten 1940 bis 1942 (in Tausend)**

Schwere LKW: 109, 110, 112, 81, 62, 63
Militärflugzeuge: 23,6, 20,1, 15, 14,2, 11, 10,2
Kanonen über 75 mm: 6,6, 13,6, 5,3, 7,8, 6,3, 1,9
Panzer, gepanzerte Fahrzeuge: 8,6, 6,3, 4,8, 3,8, 1,4, 1,6
1942   1941   1940

## Belastung der Volkswirtschaften durch Rüstungsausgaben

Im Deutschen Reich verschlingt der Rüstungsetat im dritten Kriegsjahr 33,1 Mrd. Reichsmark (RM) oder 70,6% des Volkseinkommens.
Nur 34,7 Mrd. RM fließen an Steuern in die Staatskasse. Die Gesamteinnahmen aus Steuern, Anleihen, Zöllen usw. belaufen sich auf 69 Mrd. RM. In den USA klettert der Anteil des Militäretats am Gesamthaushalt auf 50,9% des Vorkriegs-Volkseinkommens, in Japan liegen die Rüstungsausgaben um 128,9% über dem Volkseinkommen der Friedenszeit: Etwa 34,5 Mrd. Yen lässt sich Japan 1942 seinen Großmachtanspruch kosten.
Grundsätzlich hat eine Regierung drei Möglichkeiten zur Deckung von Militärausgaben: Steuern, Kredite oder Anleihen und eine vermehrte Notenemission. Da in Kriegszeiten jede Ankurbelung der Rüstung auf Kosten der Konsumgüterindustrie geht, durch ein vermindertes Warenangebot gleichzeitig die Kaufkraft erhöht wird, birgt jede Finanzierung des Krieges mit der Notenpresse die Gefahr einer unkontrollierbaren Inflation in sich. So greifen die USA bei der Kostendeckung auf Steuererhöhungen und Kredite zurück, während das NS-Regime aus Furcht vor einer Popularitätseinbuße und einer damit verbundenen »Kriegsmüdigkeit« mit Ausnahme geringer Kriegszuschläge auf Bier, Tabak und Spirituosen vor Steuererhöhungen zurückschreckt. Die Reichsregierung finanziert den Krieg zu über 50% durch Anleihen bei Kreditinstituten.

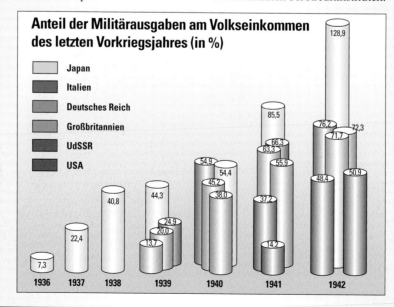

**Anteil der Militärausgaben am Volkseinkommen des letzten Vorkriegsjahres (in %)**

Japan
Italien
Deutsches Reich
Großbritannien
UdSSR
USA

1936: 7,3
1937: 22,4
1938: 40,8
1939: 44,3, 24,9, 20,0, 13,7
1940: 54,9, 54,4, 45,2, 38,0
1941: 85,5, 66,3, 63,3, 55,9, 37,2, 14,2
1942: 128,9, 76,2, 72,3, 71,7, 48,4, 50,9

## 3.-6. JUNI

# Schlacht um Midway

Bei der fünftägigen See-Luftschlacht um die Midway-Inseln im nördlichen Pazifik wird die japanische Flotte überraschend von den US-amerikanischen Einheiten geschlagen. Die vernichtende Niederlage bedeutet die entscheidende Wende im Pazifikkrieg.

**Japans Expansion in der Krise:** Seit dem japanischen Überraschungsangriff auf Pearl Harbor 1941 (→ S. 160), der den Krieg mit den Vereinigten Staaten auslöste, hat Japan riesige Gebiete in Asien und der pazifischen Inselwelt besetzt. Für die japanische Führung boten sich im Frühjahr 1942 vier mögliche Expansionsrichtungen an. Ceylon und der Nahe Osten wurden schnell fallengelassen, weil die geplante Zusammenarbeit mit den deutschen Armeen aufgrund der Rückschläge der Wehrmacht in der UdSSR (→ S. 158) und Nordafrika (→ S. 159) nicht länger möglich schien.

Die mit dem Fall Singapurs und Ranguns sowie der Eroberung Birmas mögliche Ausdehnung auf den indischen Subkontinent stellte Japan schließlich für eine geplante Eroberung Australiens zurück. Die Schlacht im Korallenmeer beendete jedoch trotz eines zahlenmäßigen Erfolges für Japan die Offensive gegen die Salomoninseln und Neuguinea,

*Ein japanisches Unterseeboot versucht US-amerikanischen Angriffen zu entkommen; Szene während der fünftägigen Schlacht um die Midway-Inselgruppe im nördlichen Pazifik, für die Japan fast seine gesamte Überwasserstreitmacht aufbietet. Die hohen Verluste drängen die Japaner im Krieg gegen die Vereinigten Staaten in die Defensive.*

die eigentlich als Sprungbrett für eine geplante Invasion des australischen Kontinents dienen sollte.

**Priorität für den Pazifik:** Daher entschied sich die japanische Führung, wieder im pazifischen Raum anzugreifen, um die US-amerikanische Flotte herauszufordern und entscheidend zu schlagen. Auch ein erster Luftangriff von US-Trägerflugzeugen gegen die japanische Hauptstadt Tokio machte eine Offensive im Pazifik notwendig, um die japani-

schen Mutterinseln aus dem Zugriffsbereich der trägergestützten Bomber fernzuhalten.

**Zangenmanöver scheitert:** Am 3. Juni beginnen japanische Bomberangriffe auf die Aleuten, die die am 7. Juni erfolgte Invasion und Besetzung vorbereiten. Die japanische Führung hofft, die US-Flugzeugträger nach Norden abzulenken und die dann ungeschützten Midway-Inseln zu erobern. Anschließend sollen die US-Träger von den Aleuten und den

Midways aus in die Zange genommen und vernichtet werden. Tatsächlich aber laufen die US-Schiffe aus Pearl Harbor in Richtung auf die Midways aus und treffen auf die japanische Hauptflotte. In der Schlacht verlieren die USA den Flugzeugträger »Yorktown«, können aber ihrerseits vier der modernsten und stärksten japanischen Träger vernichten. Damit ist die japanische Flotte trotz weiterhin imponierender Stärke nicht mehr zu einer größeren Offensive fähig.

*Im Sperrfeuer der japanischen Bomben und Torpedos wird der US-amerikanische Flugzeugträger »Yorktown« (im Bild links) schwer getroffen.*

*Ein brennender japanischer Kreuzer der »Mogami«-Klasse, der nach schweren Treffern bereits Schlagseite hat, wenige Augenblicke vor dem Untergang*

21. JUNI

# Briten in Tobruk kapitulieren

Unterstützt von pausenlosen Luftangriffen deutscher Sturzkampfbomber erstürmen deutsche und italienische Verbände der Panzerarmee Afrika unter dem Befehl von Generaloberst Erwin Rommel die britische Festung Tobruk.

Sie erzwingen die Kapitulation der Besatzung unter dem Oberbefehl von Generalmajor Hendrik B. Klopper. 32 220 britische, südafrikanische und indische Soldaten geraten in deutsche Kriegsgefangenschaft. Den Eroberern fallen Vorräte an Verpflegung für 30 000 Mann für drei Monate, große Treibstofflager und Tausende von Fahrzeugen in die Hände. Die verbliebenen Truppen der 8. Armee zie-

hen sich in überstürzter Flucht in Richtung libysch-ägyptische Grenze zurück.

Am 20. Juni um 5.20 Uhr eröffneten deutsche Bomber mit Angriffen auf den äußeren Festungsgürtel den Sturm auf Tobruk. Kurz nach 8.00 Uhr brachen die ersten Panzerverbände in den Festungsgürtel ein. Bei Einbruch der Dunkelheit befanden sich zwei Drittel der Stadt und des Hafens in der Hand deutscher und italienischer Kräfte. Um 20.00 Uhr meldete General Klopper an das Hauptquartier der britischen 8. Armee, dass die Festung nicht mehr länger gehalten werden könne und kündigt die Kapitulation

an. Damit erzielt Rommel den bisher größten Sieg der im Januar begonnenen deutschen Gegenoffensive in Nordafrika.

Der stellvertretende britische Premierminister Clement Richard Attlee berichtete am 23. Juni im Unterhaus: »Der Angriff auf Tobruk begann am Morgen des 20. Juni. Schweren Bombardierungen durch die feindliche Luftwaffe folgte ein Angriff durch die Infanterie, der es gelang, eine Bresche in unsere Verteidigungsstellungen zu schlagen... Der Fall von Tobruk und die Gefangennahme eines großen Teils der Garnison sind ein schwerer und unvorhergesehener Schlag...«

*Vor dem nächsten Feindflug wird das Luftbildgerät überprüft.*

23. JUNI

# Afrikakorps nach Ägypten

Im Zuge der Verfolgung der versprengten Reste der britischen 8. Armee erreicht das deutsch-italienische Afrikakorps das libysch-ägyptische Grenzgebiet.

Obwohl die deutschen Verbände nur noch über 44 einsatzfähige Panzer verfügen, ist der am Vortag zum Generalfeldmarschall beförderte Kommandeur des Afrikakorps, Erwin Rommel, entschlossen, den britischen Gegner bis nach Ägypten hinein zu verfolgen (→ S. 159).

Bereits als Tobruk am 21. Juni erobert wurde, hatte der Oberbefehlshaber der deutschen Luftstreitkräfte im Mittelmeer und in Nordafrika, Generalfeldmarschall Albert Kesselring, bei Rommel gegen dessen Absichten protestiert, unter Ausnutzung der psychologischen Vorteile des Sieges bis nach Alexandria und Kairo vorzustoßen. Ebenso wie das italienische Oberkommando in Nordafrika forderte Kesselring vor einem Weitermarsch nach Ägypten zunächst die

Ausschaltung des britischen Stützpunkts Malta, die unter dem Decknamen »Herkules« am 29. April 1942 beschlossen worden war. Allerdings hat Adolf Hitler bereits seit Wochen den Entschluss gefasst, im Falle einer Einnahme Tobruks auf die Eroberung Maltas zu verzichten. Da auch der italienische Ministerpräsident und Duce Benito Mussolini den momentan siegverheißenden Vormarsch nach Ägypten einer ungewissen Aktion gegen Malta vorzieht, erhält Rommel in der Nacht vom 23. auf den 24. Juni aus Rom grünes Licht für den Vorstoß nach Ägypten. Noch in der Nacht rollen Rommels Panzer über die libysch-ägyptische Grenze und erreichen am Abend nach einem Vorstoß von 160 km die Küstenstraße östlich von Sidi Barrani. Am 29. Juni überrollt Rommel mit drei deutschen und sechs italienischen Divisionen mit 60 Panzern, denen 160 gegnerische Panzer gegenüberstehen, die britischen Verteidigungsstellungen bei Matruk. Der beweglichen Kampfführung der schnellen Verbände Rommels haben die schwerfälligen und durch Rückzugsgefechte demoralisierten britischen Panzertruppen nichts entgegenzusetzen. Am 30. Juni stößt das Afrikakorps in den Raum zwischen der Kottara-Senke und Al Alamain vor Alexandria vor.

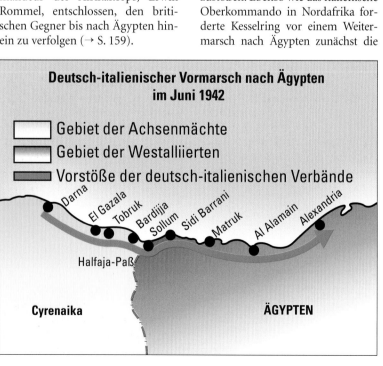

**Deutsch-italienischer Vormarsch nach Ägypten im Juni 1942**

☐ Gebiet der Achsenmächte
☐ Gebiet der Westalliierten
☐ Vorstöße der deutsch-italienischen Verbände

Darna El Gazala Tobruk Bardijja Sollum Sidi Barrani Matruk Al Alamain Alexandria

Halfaja-Paß

Cyrenaika      ÄGYPTEN

*Zwischen den Einsätzen machen Luftwaffenflieger eine Pause.*

*Auf dem Beobachtungsstand verfolgen Posten den Gegner.*

# Der »Wüstenfuchs«

Nach der Eroberung von Tobruk steht der Kommandeur der Panzerarmee Afrika, Generalfeldmarschall Erwin Rommel, im Zenit seiner militärischen Laufbahn. Während von der nationalsozialistischen Propaganda eifrig die Legende vom unbesiegbaren Heerführer verbreitet wird, erkennen auch die alliierten Kriegsgegner die strategischen und operativen Leistungen Rommels vorbehaltlos an.

Seine den geografischen Gegebenheiten Nordafrikas, aber auch der quantitativen Unterlegenheit der deutschen und italienischen Panzertruppen angepasste Taktik schneller, überraschender Bewegungen bringt ihm den Spitznamen »Wüstenfuchs« ein. Am 15. Januar 1891 in Heidenheim geboren, trat Rommel 1910 als Fahnenjunker in das württembergische 5. Infanterieregiment ein und avancierte im Oktober 1915 als Oberleutnant zum Kompaniechef eines Gebirgsbataillons. Nach dem Sturm auf den Monte Matajur in Rumänien erhielt Rommel 1917 den Orden Pour le mérite.

Als Hauptmann nach dem Ende des Ersten Weltkrieges im Dezember 1918 entlassen, stellte Rommel im Frühjahr 1919 eine eigene Sicherheitskompanie auf, die sich an der Niederschlagung der Münchner Räterepublik beteiligte. Von 1929 bis 1933 als Lehrer für Taktik an der Dresdner Infanterieschule, kommandierte Rommel anschließend als Major das III. Jägerbataillon des Infanterieregiments 27 in Goslar. 1935 kam Rommel, inzwischen Oberstleutnant, als Verbindungsoffizier zur Reichsjugendführung in das Reichskriegsministerium nach Berlin.

1939 ernannte ihn Adolf Hitler zum Kommandanten des Führerhauptquartiers. Als Kommandeur der 7. Panzerdivision hatte Rommel während des Frankreichfeldzuges 1940 Gelegenheit, sein operatives Geschick bei der Operation »Sichelschnitt«, dem Panzerdurchbruch durch die Ardennen, unter Beweis zu stellen. Durch Rommels überraschende und äußerst schnelle Vorstöße erwarb sich die von ihm befehligte Panzerdivision unter den Gegnern den Beinamen »Gespensterdivision«. Am 6. Februar 1941 erhielt Rommel den Oberbefehl über einen auf Anweisung Hitlers am 11. Januar aufgestellten Panzersperrverband, der Mitte Februar nach Tripolis kam. Aufgabe des »Afrikakorps« sollte die Entlastung des italienischen Verbündeten auf dem nordafrikanischen Kriegsschauplatz sein, der im Winter 1940/41 von den britischen Truppen überrollt worden war. Rommel hatte am 24. März 1941 bei El Agheila im Westen der Cyrenaika einen Angriff auf die britischen Verbände gestartet, der zur Rückeroberung der Cyrenaika und Einschließung Tobruks führte. Bis zum 12. Januar 1942 musste sich Rommel aufgrund einer britischen Gegenoffensive aus der Cyrenaika zurückziehen.

Nachdem sich die Nachschublage Rommels durch eine verstärkte Luftoffensive auf Malta gebessert hatte, war die Panzerarmee Afrika am 21. Januar zu einer neuen Offensive angetreten, in deren Verlauf sie bis El Gazala vorgestoßen war, von wo aus am 26. Mai der Angriff zur Eroberung Tobruks gestartet wurde. Im Juli kommt der deutsch-italienische Angriff vor Al Alamein zum Stehen und Rommel muss sich ab November endgültig zurückziehen. Die im selben Monat erfolgte Landung alliierter Truppen in Nordafrika besiegelt bereits die Niederlage der Achsenmächte. Vergeblich fordert Rommel bei Hitler eine Evakuierung der Truppen und wird 1943 abgelöst.

Seine Erfahrungen mit der ungeheuren alliierten Materialüberlegenheit und der strategischen Stümperei Hitlers führen bei Rommel zu der Einsicht, dass der Krieg verloren ist. 1944 wird er Oberbefehlshaber der Heeresgruppe B in Frankreich. Nach der alliierten Invasion in Nordfrankreich fordert er Hitler auf, Friedensverhandlungen einzuleiten. Parallel nimmt Rommel Kontakte zum militärischen Widerstand auf, die nach dem Attentat vom 20. Juli 1944 aufgedeckt werden. Hitler schreckt vor einer öffentlichen Anklage des populären Heerführers, den die NS-Propaganda jahrelang hochgejubelt hat, zurück und zwingt ihn unter Bedrohung seiner Familie am 14. Oktober 1944 zum Selbstmord.

Generalfeldmarschall Erwin Rommel, dessen Erfolge in Afrika seinen legendären Ruf begründen, bei einer Besprechung mit italienischen Generälen

## Bewegungskrieg in der Cyrenaika

Der Krieg in Nordafrika ist wie auf keinem anderen Kriegsschauplatz ein Bewegungskrieg, der durch wechselnde Offensiven und Rückzüge geprägt ist.

Nachdem Rommel am 18. November 1941 die Cyrenaika aufgrund britischer Angriffe bis zur Mersa-Brega-Stellung im äußersten Westen räumen musste, trat die neu geschaffene deutsch-italienische Panzergruppe am 21. Januar 1942 zum Gegenangriff an.

Nach Zerschlagung des XXX. britischen Korps stießen Rommels Panzertruppen entlang der afrikanischen Küste in Richtung Darna vor. In schnellem Vormarsch erreichte Rommels Panzertruppe am 7. Februar El Gazala, ca. 80 km westlich von Tobruk, wo die Offensive zunächst zum Stillstand kam.

Am 26. Mai begann eine erneute Offensive unter dem Decknamen »Theseus«. Genau um 18.30 Uhr hatten sich die motorisierten Verbände der Panzerarmee Afrika in Bewegung gesetzt. Während die nördliche Gruppe direkt gegen die El-Gazala-Stellung der Briten vorgerückt war, um die feindlichen Kräfte durch einen Frontalangriff zu binden, war das Gros unter dem Befehl von Rommel nach Süden in den Raum von Bir Hacheim vorgestoßen. Erst am 11. Juni konnten Soldaten der 90. leichten Division den von Einheiten der Freien Französischen Armee zäh verteidigten südlichsten Eckpfeiler der britischen Front besetzen. Nachfolgend gelang es deutschen Panzertruppen drei britische Panzerbrigaden fast vollständig aufzureiben.

*Ein seltenes Bild des noch unzerstörten Ortes Lidice; vor dem Panorama der barocken Dorfkirche steht der alte Kornspeicher der Bergarbeitersiedlung.*

*Das völlig zerstörte tschechoslowakische Dorf Lidice wird zum Symbol des gnadenlosen nationalsozialistischen Terrors in den besetzten Ostgebieten.*

## 10. JUNI

# Lidice wird zerstört

Das Dorf Lidice bei Prag wird als »Vergeltung« für das Attentat auf den stellvertretenden Reichsprotektor von Böhmen und Mähren, Reinhard Heydrich, zwei Wochen zuvor (→ S. 197) dem Erdboden gleichgemacht.

**Mord und Deportationen als Rache für das Attentat:** In den frühen Morgenstunden umstellen Einheiten der deutschen Sicherheitspolizei das Dorf. Sämtliche männlichen Einwohner ab 15 Jahren, insgesamt 199 Männer und Jugendliche, werden von einem Exekutionskommando erschossen. Frauen und Kinder werden deportiert. Die Frauen kommen in das Frauenkonzentrationslager Ravensbrück, die Kinder werden teils zur »Germanisierung« auf SS-Familien, teils auf Lager im Wartheland verteilt und erfahren nichts über das Schicksal der Eltern.

**Lidice – Opfer im Kampf gegen das NS-Regime:** Ende Dezember 1941 wurden auf Betreiben der tschechoslowakischen Exilregierung in London unter Ministerpräsident Eduard Beneš zwei Fallschirmjäger in die besetzte Tschechoslowakei entsandt. Sie sollten das Attentat auf Reinhard Heydrich vorbereiten, der ab Ende September die Geschäfte des Reichsprotektors für Böhmen und Mähren

führte. Mit diesem Anschlag gegen einen der Protagonisten des NS-Regimes wollte Beneš gegenüber den Alliierten die Entschlossenheit der Tschechoslowakei im Kampf gegen Hitler demonstrieren. Während er dabei von Seiten Großbritanniens unterstützt wurde, warnten Angehörige der Widerstandsbewegung in der Tschechoslowakei vor den zu erwartenden deutschen Racheakten an der Zivilbevölkerung.

Nach dem Attentat bewahrheitet sich die Vorhersage: Als es den deutschen Besatzern nicht gelingt, die Täter aufzuspüren, richtet sich die Gewalt zunächst gegen den tschechoslowakischen Widerstand. Zahlreiche seiner Angehörigen werden von der Gestapo verhaftet und hingerichtet. Aus

Erbitterung über die ausbleibenden Fahndungserfolge und um die Bevölkerung einzuschüchtern, gibt Hitler am Tag der Beisetzung Heydrichs, am 9. Juni, schließlich den Befehl, Lidice dem Erdboden gleichzumachen. Offiziell wird das Massaker damit begründet, dass die Bewohner von Lidice den Mördern Heydrichs Unterschlupf gewährt hätten und dass in dem Dorf ein illegaler Agentensender betrieben worden sei. Tatsächlich aber haben seine Einwohner mit dem Attentat auf Heydrich nichts zu tun.

**Blutiger Terror nimmt kein Ende:** Zwei Wochen nach dem grausamen Massaker in Lidice wird ein weiteres Dorf, der Ort Lezaky südlich von Pardubice, Opfer des Terrors. Die Berliner Zeitung »Neuer Tag« berichtet:

*Die Frauen und Kinder von Lidice erfahren nichts über die Ermordung der Männer und Jugendlichen des Dorfes. Überlebende Kinder versuchen bei Verwandten Näheres zu erfahren: »Hat Mama oder Papa Euch nicht geschrieben?... Lasst uns wissen, was in Lidice geschehen ist... Wir wissen nicht, wo unsere Eltern sind.« Die Kinder werden teilweise ins Deutsche Reich verschickt. Dort erhalten sie neue Namen und dürfen ihre Muttersprache nicht mehr sprechen. So soll ihre Herkunft verschleiert werden. Die Identität von 16 der etwa 100 Kinder lässt sich nach Kriegsende rekonstruieren. Von den 195 ins KZ Ravensbrück oder in Gefängnisse deportierten Frauen kehren nach dem Krieg 143 zurück.*

»Die erwachsenen Einwohner wurden standrechtlich erschossen. Die Einwohnerschaft hatte tschechische Fallschirmagenten, die an der Vorbereitung des Attentats gegen SS-Obergruppenführer Heydrich führend beteiligt waren, beherbergt und dem polizeilichen Zugriff zu entziehen versucht.« Sicherheitspolizei und SS wüten im gesamten Protektorat und ermorden ganze Familien, die unter vermeintlichen »Tatverdacht« geraten sind. Bis zum 1. Juli 1942 werden 823 Tschechen zum Tode verurteilt und hingerichtet.

**Lidice – Symbol des Terrors:** Nach Kriegsende entsteht in der Nähe des vollständig zerstörten Dorfes Neu-Lidice. Der Tatort selbst ist heute eine Gedenkstätte.

---

## 28. JUNI

# Ostfront-Offensive hat Ölfelder im Visier

Um 2.15 Uhr beginnt unter dem Decknamen »Blau« aus dem Raum östlich von Charkow und Kursk die deutsche Sommeroffensive, die sich aber auf den Südflügel der Ostfront beschränkt.

**Hitler richtet sich auf langfristigen Krieg ein:** Nachdem der Vormarsch der deutschen Truppen im Winter 1941 zum Stehen gekommen war, gelang es im Frühjahr 1942, die Lage erneut zu stabilisieren.

Daraufhin erklärte Hitler am 5. April die Vernichtung der sowjetischen »Wehrkraft« und die Eroberung der kaukasischen Ölfelder zum Ziel einer neuen Offensive. Damit hält er weiterhin an seinen bereits im Sommer 1941 formulierten Zielen fest. Schon während des deutschen Vormarsches auf Smolensk im August 1941 (→ S. 134) hatte er die Einnahme der Ukraine und des Donezbeckens sowie den Vormarsch in den Kaukasus geplant. Hinter diesen Zielsetzungen steht die Einsicht in das Scheitern der »Blitzkriegs«-Kon-

zeption und die Notwendigkeit, wirtschaftliche Ressourcen für einen langfristigen Krieg zu sichern. Durch eine Blockierung des sowjetischen Zugriffs auf kriegswichtige Rohstoffe und ihre eigene Nutzung will Hitler die deutsche Position in der Sowjetunion festigen.

**Vormarsch aus Nord- und Südosten:** Ziel der Offensive ist die staffelweise Erreichung des Wolgaknies bei Stalingrad (Wolgograd) mit anschließendem Vorstoß zu den kaukasischen Ölfeldern. Der Vormarsch der 11. Armee auf die Festung Sewastopol auf der Halbinsel Krim dient dabei der Flankensicherung für die Hauptoffensive (→ S. 206). In der ersten Phase marschieren die deutschen Truppen aus Nord- und Südosten Richtung Stalingrad, um durch diese Zangenbewegung möglichst starke sowjetische Kräfte einzuschließen. Die Heeresgruppe B unter Generaloberst Maximilian von Weichs marschiert entlang des Don nach Südosten. Die Heeresgruppe A kommt

*Schwere deutsche Panzer an der Ostfront*

ihr von Süden her entgegen. Die Einkesselung sowjetischer Truppen misslingt jedoch.

**Hitler ändert Vormarschpläne:** Hitler, der die Schlagkraft der Roten Armee aufgrund des Rückzugs unterschätzt, erlässt am 23. Juli eine neue Weisung, die ab jetzt zwei getrennte Offensiven vorsieht (→ S. 207). Die Heeresgruppe A soll nach Süden in den Kaukasus vorstoßen, die Ostküs-

te des Schwarzen Meeres einnehmen, zum Kaspischen Meer vorstoßen und schließlich die Erdölfelder von Grosny und Baku besetzen.

**Widerstand in der Wehrmacht:** Gegen das Ziel Hitlers, die beiden geplanten Operationen gleichzeitig in Angriff zu nehmen, anstatt sie – wie vorgesehen – nacheinander durchzuführen, erhebt Generalstabschef Franz Halder Einspruch.

---

## 12. JUNI

# SS plant »Aussiedlung« von 31 Mio. Menschen

Der Reichsführer SS Heinrich Himmler billigt den sog. Generalplan Ost, der die »Aussiedlung« der slawischen Völker Osteuropas nach Sibirien und die Ansiedlung von »Germanen« in den eroberten Ostgebieten vorsieht.

Betroffen wären u.a. 31 Mio. Polen, Tschechen, Weißrussen und Ukrainer. Statt ihrer sollen im Raum von Leningrad bis zur Krim binnen 30 Jahren nach dem Krieg 10 Mio. Deutsche »angesetzt« werden.

Unter dem Begriff »Generalplan Ost« laufen verschiedene Pläne zusammen, die zwischen 1940 und 1943 von Dienststellen der SS ausgearbeitet wurden. In der Planungsabteilung des Himmler unterstehenden »Reichskommissariats zur Festigung des deutschen Volkstums« (→ S. 23) entstehen durch den Agrarwissenschaftler Konrad Meyer(-Hetling) Pläne und

Kostenrechnungen für die Besiedlung des Ostraums. In Meyers Dokumenten wird das »Problem der einheimischen Bevölkerung« weitgehend ausgeklammert. Er geht gewissermaßen von einem leeren Raum aus. Demgegenüber beschäftigt sich eine Dienststelle unter Hans Ehlich im Reichssicherheitshauptamt mit der im Osten ansässigen Bevölkerung. In

### Himmler für Terror verantwortlich

Heinrich Himmler, am 7. Oktober 1900 in München geboren, seit dem Jahr 1925 Mitglied der NSDAP und der Schutzstaffel (SS), seit 1936 Reichsführer SS und Chef der deutschen Polizei, verkörpert wie kein zweiter die Herrenmenschen- und Rassenideologie der Machtelite des nationalsozialistischen Regimes. Als Chef des Reichssicherheitshauptamtes der SS untersteht ihm mit den SS-Totenkopf-Verbänden, der Geheimen Staatspolizei (Gestapo) und dem Sicherheitsdienst (SD) der gesamte umfangreiche Terrorapparat des nationalsozialistischen Regimes.

einem Dokument heißt es: »Die Deutschen sind die Herren. Ihre Interessen sind allein maßgebend. Eine Vermehrung der slawischen Bevölkerung ist unerwünscht. Kinderlosigkeit und Abtreibung sind zu ermutigen. Erziehung ist für slawische Kinder unnötig. Wenn sie bis 100 zählen können, ist es genug. Die Slawen sollen für die Deutschen arbeiten. Diejenigen, die nicht zur Arbeit gebraucht werden, sollen sterben.« Dass Begriffe wie »Aussiedlung« oder »Evakuierung«, wie sie auch im Protokoll der so genannten Wannsee-Konferenz zu finden sind, die Vernichtung ganzer Bevölkerungsgruppen bedeuten, ist seit Beginn der Deportationen nur allzu deutlich. Vieles deutet deshalb darauf hin, das die NS-Führung nach dem »Endsieg« einen Holocaust an den Völkern Osteuropas mit 31 Millionen Toten plante.

*Sowjetische Kriegsgefangene auf dem Weg ins Lager; bis zum Ende des Zweiten Weltkriegs sterben etwa 3,3 Mio. russische Soldaten an den unmenschlichen Lebensbedingungen in deutscher Gefangenschaft.*

*Häufig müssen sowjetische Soldaten nach ihrer Gefangenschaft weite Strecken bis zu den Sammellagern zurücklegen. Wasser gegen den Durst, das sich wie hier in Bombentrichtern am Wegrand gesammelt hat, führt nach dem Genuss schnell zu lebensgefährlichen Infektionskrankheiten.*

*Sowjetische Gefangene aus dem Gebiet südlich des Ilmensees; Verwundete werden in der Regel als »kriegsunbrauchbar« behandelt und exekutiert.*

---

HINTERGRUND

## Sowjetische Gefangene sterben an Seuchen und Hunger

Zu Beginn des Jahres 1942 befanden sich 3,35 Millionen sowjetische Soldaten in den deutschen Kriegsgefangenenlagern, die z.T. in den besetzten Ostgebieten, z.T. auf dem Gebiet des Deutschen Reiches errichtet wurden.

Bis zum 1. Februar 1942 kamen etwa 60% von ihnen ums Leben, davon über 600 000 seit Anfang Dezember 1941. In einem von der SS verwalteten Lager in Nowgorod-Savaskij starben von 2800 sowjetischen Insassen im Dezember 1941 täglich 50 bis 60. In den auf Reichsgebiet errichteten Lagern lag die Sterblichkeitsrate im April 1942 bis etwa 47%, im Winter hatte sie bei 90 bis 95% ge-

legen. Neben Seuchen wie Fleckfieber, die aufgrund der völlig unzureichenden hygienischen Verhältnisse in den überbelegten Lagern grassieren, ist Hunger die häufigste Todesursache. Der Halbmonatsbericht des Wirtschaftsstabes Ost vom 27. November 1941 gibt Aufschluss über die Ernährungslage: »Man beobachtet es auf allen Straßen, auf denen Kriegsgefangene entlanggeführt werden, dass Blätter und weggeworfene Strünke der Rüben mit wilder Gier vom Felde aufgegriffen und verzehrt werden... In den Dörfern sammelt sich die Einwohnerschaft, um in den Zug hinein Rüben, Kartoffeln und Melonenteile

zu werfen...« Von deutschen Dienststellen wird der millionenfache Hungertod der sowjetischen Gefan-

### Millionen Opfer

|  | Deutsche Kriegsgefangene | | Sowjetische Kriegsgefangene | |
|---|---|---|---|---|
|  | Absolut | Gestorben (in %) | Absolut | Gestorben (in %) |
| 1. WK | 158 104 | 39,45 | 1 434 529 | 5,39 |
| 2. WK | 3 500 000 | 33,00 | 5 000 000 | 60,00 |

genen als Teil des rassenideologischen Vernichtungskrieges gegen die UdSSR gutgeheißen (→ S. 136). Am 21. Oktober 1941 hatte das Wirtschaftsamt Ost die Führer von Wehrmachts- und SS-Einheiten ausdrücklich angewiesen, sich bewusst zu

sein, »dass jedes Verpflegungsmittel, das den Kriegsgefangenen zu unrecht oder zuviel gewährt wird, den Angehörigen in der Heimat oder dem deutschen Soldaten abgezogen werden muss«. Die Vernichtung durch Hunger ist die letzte Konsequenz einer Eroberungspolitik, die den sowjetischen Kriegsgegner von vornherein außerhalb jeden Kriegsrechts stellte. So fielen allein bis zum Herbst 1941 auf Grundlage der von Adolf Hitler am 6. Juni 1941 erlassenen »Richtlinien für die Behandlung politischer Kommissare« Tausende gefangener sowjetischer Soldaten den Mordkommandos der SS zum Opfer (→ S. 126).

*Das Oberkommando der Wehrmacht drängt 1942 auf den schnellen Abtransport der Gefangenen ins Reich, um sie der Kriegswirtschaft zuzuführen.*

*Bei den kilometerlangen Märschen sterben viele Kriegsgefangene.*

*Sowjetische Kriegsgefangene während einer der kurzen Marschpausen*

*Blick in ein Gefangenensammellager einer sowjetischen Panzerdivision; Misshandlungen durch Wehrmachtsangehörige sind an der Tagesordnung.*

15. JUNI

# Weltweite Hilfsorganisation

**Das Genfer Internationale Komitee vom Roten Kreuz (IKRK) gibt die Gründung der »Stiftung zur Durchführung von Transporten im Interesse des Roten Kreuzes« mit Sitz in Basel bekannt.**

Aufgabe der Stiftung ist es, im Auftrag des Internationalen Roten Kreuzes weltweit Transporte mit Hilfsgütern für Zivilinternierte und Kriegsgefangene zu organisieren und in Zusammenarbeit mit einer zu diesem Zweck gegründeten »Schweizerischen Reederei AG« durchzuführen. Hintergrund für die Neugründung ist die Ausweitung des europäischen Konfliktes zum Weltkrieg. Die dadurch bedingte Ausdehnung der Seetransporte von Lebensmitteln, Medikamenten, Kleidungsstücken und anderen Hilfsgütern übersteigt die finanziellen und organisatorischen Möglichkeiten des IKRK Bislang hatten fünf bis sechs Handelsschiffe, die von den Rotkreuzgesellschaften neutraler Staaten gechartert worden waren, unter Kontrolle des IKRK die Verschiffung der Hilfssendungen übernommen.

In der Zeit von Juni 1941 bis Juni 1942 hatten die unter der neutralen Flagge des Roten Kreuzes fahrenden Schiffe 42 000 Tonnen Hilfsgüter transportiert. Zentraler Stapelplatz ist Lissabon, von wo aus die Sendungen nach Marseille und Genf befördert werden. Seit Anfang des Jahres hatten die nationalen Rotkreuzgesellschaften beim IKRK auf die Beschaffung zusätzlichen Schiffsraums gedrängt. Da ausschließlich Schiffe in schweizerischem Besitz zum Führen der neutralen Schweizer Flagge befugt sind, das IKRK selber aufgrund seines beschränkten Etats aber keine

neuen Schiffe erwerben kann, die unter dem Zeichen des Roten Kreuzes fahren könnten, war die Gründung einer Stiftung notwendig geworden.

Sie schafft die Voraussetzungen zum Erwerb sowohl von Schiffen Krieg führender Staaten, als auch von Schiffen, die als Eigentum von Staaten, deren Territorium besetzt ist, nicht unter eigener Flagge verkehren dürfen. Als erstes Schiff unter Schweizer Flagge hat am 9. Juni der ehemalige belgische 4000-Tonnen-

*Hunderttausende von Briefen werden beim Roten Kreuz im Genfer Palais du Conseil Général täglich bearbeitet.*

Dampfer »Frédéric«, der seit Kriegsbeginn an der marokkanischen Küste vor Anker gelegen hatte, Casablanca in Richtung Lissabon verlassen. Zu den Aufgaben des IKRK gehört neben der Sammlung und Verteilung von Hilfssendungen, die von nationalen Regierungen und karitativen Organisationen zur Verfügung gestellt werden, die Inspektion von Kriegsgefangenenlagern in allen Krieg führenden Staaten, die Weiterleitung von Briefen Kriegsgefangener und der Austausch von Post zwischen verfeindeten Staaten. Das IKRK verfügt über ein monatliches Budget von 500 000 Schweizer Franken, das durch Spenden finanziert wird.

1. JULI

# 11. Armee erobert Sewastopol

Die deutsche 11. Armee unter dem Oberbefehl von Generaloberst Erich von Manstein erobert im Verein mit rumänischen Truppen die Festung Sewastopol auf der sowjetischen Halbinsel Krim.

Die Reste der Besatzung ziehen sich auf die Halbinsel Chersones südwestlich von Sewastopol zurück. Am 4. Juli fällt nach schweren Kämpfen auch dieser letzte Brückenkopf der Roten Armee auf der Krim in deutsche Hand. 97 000 Rotarmisten geraten in deutsche Gefangenschaft. Auf deutscher Seite sind seit Eröffnung des Angriffs auf Sewastopol am 7. Juni (→ S. 203) 4337 Soldaten gefallen, 1591 werden vermisst; die Rumänen verloren 1874 Mann. Mit Sewastopol büßt die UdSSR ihren wichtigsten Flottenstützpunkt am Schwarzen Meer ein. Bereits am 16. Mai war es der deutschen 11. Armee gelungen, die Stadt Kertsch im Osten der Krim-Halbinsel zu erobern. Danach stand der Roten Armee nur noch Sewastopol als wichtiger Brückenkopf zur Verfügung. Bereits einen Tag nach Zerschlagung der letzten sowjetischen Verbände auf Chersones trifft eine Gruppe ausländischer Journalisten in Sewastopol ein, darunter der Berliner Korrespondent der »Neuen Zürcher Zeitung«, der nach seiner Rückkehr den folgenden Bericht aus dem zerstörten Sewastopol nach Zürich telegrafiert: »Von der Halbinsel Chersones konnten auf Schiffen nur wenige hundert Mann entkommen, weil die deutsche Luftwaffe das Meer beherrschte und eine Evakuierung verhinderte. Die Stadt Sewastopol selbst, die an der Reede prachtvoll gelegen ist, bietet das Bild trostloser Verwüstung. Sie muss von Grund auf neu gebaut werden. Es steht... kein Haus mehr, das bewohnbar wäre. Die Häuser sind entweder ausgebrannt oder... nur noch Trümmerhaufen...«

Mit der Eroberung der Krim-Halbinsel schafft die 11. Armee die Voraussetzung für einen Erfolg der deutschen Sommeroffensive.

*Oben links: Deutsche Wehrmachtssoldaten bergen in der eroberten Maxim-Gorki-Festung verwundete Rotarmisten.*

*Oben rechts: Vor dem Hintergrund der zerstörten Docks von Bartenjewka steht ein deutscher Soldat auf Wachtposten.*

*Links: In einer Kampfpause leistet eine Armee-Schwester einem verwundeten sowjetischen Soldaten erste Hilfe.*

*Rechts: Soldaten der Roten Armee verteidigen eine strategisch wichtige Bahnstrecke gegen die anrückenden deutschen Verbände.*

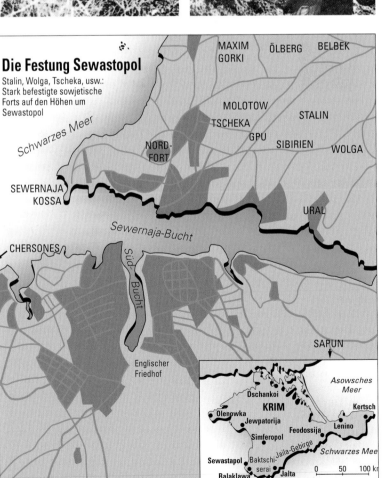

### Festung Sewastopol

Karte der Festung Sewastopol auf der Krim-Halbinsel im Schwarzen Meer; nördlich der Sewernaja-Bucht sind die stark befestigten sowjetischen Forts (Stalin, Wolga usw.) zu erkennen. Am 5. Juli meldet das Oberkommando der Wehrmacht (OKW): »Südwestlich von Sewastopol sind die letzten feindlichen Gruppen nach hartnäckiger Gegenwehr vernichtet oder gefangen genommen. Damit ist die Schlacht von Sewastopol beendet.« Dem Ende der Schlacht folgt, wie überall in den sowjetischen Städten hinter der Front, die Liquidierung jüdischer Bürger. Peter Stamm, als Soldat in Sewastopol bei den Erschießungen zugegen, schreibt dazu nach Beendigung des Kriegs: »Wir wussten das. Wir taten nichts. Jeder, der wirklich protestiert oder etwas gegen das Mordkommando unternommen hätte, wäre vierundzwanzig Stunden später verhaftet worden und verschwunden. Es gehört zu den Raffinements der totalitären Staatskonstruktion,... dass sie ihren Gegner keine Gelegenheit geben, für ihre Überzeugung... einen Märtyrertod zu sterben.«

## 4. JULI

### Konvoi angegriffen

Deutsche Seestreitkräfte und Einheiten der Luftwaffe attackieren im Nordmeer den alliierten Nachschubkonvoi PQ. 17.

Nachdem die starke Deckungs- und Sicherungsgruppe des Geleitzuges auf Befehl der britischen Admiralität abdreht, als Aufklärer das In-See-Gehen schwerer deutscher Einheiten melden, gelingt es deutschen U-Booten und Flugzeugen bis zum 10. Juli 24 Schiffe und damit den größten Teil des Konvois zu vernichten.

## 12. JULI

### Stoßarmee besiegt

Verbände der deutschen 18. Armee zerschlagen die Reste der eingeschlossenen 52., 59. und 2. sowjetischen Stoßarmee bei Wolchow.

Bei der Ausräumung des Kessels geraten 32 759 Soldaten der Roten Armee in deutsche Kriegsgefangenschaft, darunter auch der Oberbefehlshaber der 2. Stoßarmee, Generalleutnant Andrei A. Wlassow. Wlassow erklärt sich bereit, an der Seite der Wehrmacht gegen die Rote Armee zu kämpfen.

## 23. JULI

### Rostow erobert

Auf dem linken Flügel der deutschen Heeresgruppe Süd erobern die 125. Infanteriedivision und die 13. und 22. Panzerdivision Rostow.

Durch die Einnahme der am Don gelegene Stadt werden die sowjetischen Armeen von der aus dem Kaukasus kommenden Öl-Pipeline abgeschnitten. Die UdSSR ist künftig auf Tankerlieferungen aus dem Kaspischen Meer und auf eine Bahnlinie quer durch die Steppen des Ostkaukasus angewiesen.

## 23. JULI

### Plan für Vorstoß

Adolf Hitler befiehlt den gleichzeitigen Vorstoß nach Stalingrad (Wolgograd) und in den Kaukasus sowie die Einnahme von Leningrad.

Damit erhält die deutsche Sommeroffensive im Südabschnitt der Ostfront zwei auseinander strebende Stoßrichtungen. Die nach den Vorstellungen Hitlers zu errichtende Front erstreckt sich auf eine Länge von 4000 km, wobei die Versorgung mit Nachschub und Treibstoff weitgehend ungesichert ist.

## 3. JULI

# Deutsch-italienischer Vormarsch endet

Der deutsche Oberbefehlshaber der Panzerarmee Afrika, Generalfeldmarschall Erwin Rommel, beschließt die Angriffe auf die britische Verteidigungslinie von Al Alamain bis zum Eintreffen von Verstärkung einzustellen. Zuvor war ein erneuter Durchbruchsversuch gescheitert.

**Vormarsch stößt auf britischen Widerstand:** Die Panzerarmee Afrika hatte den Raum zwischen der Enge von Al Alamain und der Kattara-Senke am 30. Juni erreicht (→ S. 200). Während die ägyptischen Ausfallstraßen nach Palästina bereits mit Flüchtlingen verstopft waren und Angehörige der britischen Botschaft in Kairo in Erwartung eines deutsch-italienischen Einmarsches begannen, Akten zu verbrennen, waren die Verbände der Achsenmächte vor Al Alamain auf heftigen britischen Widerstand gestoßen. Bei seinem Eintreffen vor Al Alamain verfügte Rommel noch über etwa 2000 Mann Infanterie, 55 Panzer, 15 Spähwagen, 77 Geschütze und 65 Panzerabwehrkanonen. Am 1. Juli hatten deutsch-italienische Einheiten einen ersten Versuch unternommen, die durch Bunkerreihen und Minenfelder verstärkte Linie zwischen der Küste und der Kattara-Senke zu durchbrechen. Am Abend scheiterte der Vormarsch am Abwehrfeuer. Am 2. Juli befahl Rommel mit den verbliebenen 40 Panzern einen weiteren Angriff – wieder vergeblich.

**Wochenlanger Stellungskrieg ohne ausreichenden Nachschub:** Nach

*Das Wrack eines abgeschossenen deutschen Sturzkampfbombers Ju 87 in der Gegend von Al Alamain*

*Soldaten der Achsenmächte werden auf einem Lastwagen in ein britisches Gefangenenlager gebracht.*

dem Abbruch der Angriffe am 3. Juli kommt es in den folgenden Wochen zu einer Erstarrung der Fronten. Ödes Felsengelände, Staub, brütende Hitze am Tage, beißende Kälte nach Sonnenuntergang und schwieriges Schanzen in steinigem Boden machen die Belagerung für die Soldaten der Panzerarmee Afrika zur Tortur. Viel zu spärlich trifft der Nachschub für die Einheiten Rommels ein. 400 km ist das nächste Nachschublager der Achsenmächte von der Al-Alamain-Front entfernt. Die Entfernung zwischen Bengasi und den vordersten Linien – ein Weg, der durch britische Luftangriffe stark gefährdet ist – beträgt 1000 km, während die Briten auf eine nur 100 km lange ungehinderte

Nachschublinie zurückgreifen können. Statt der erforderlichen 45 000 Tonnen an Versorgungsgütern erreichen die Einheiten der Panzerarmee Afrika im Juli nur rund 3000 Tonnen.

**Britische Überlegenheit vereitelt den Durchbruch:** Während die zahlreichen blutigen Gefechte im Juli und August für keine Seite eine Entscheidung bringen, gelingt es britischen Kommandoeinheiten immer wieder, bei nächtlichen Überraschungsangriffen auf Nachschubbasen der Achsenmächte und auf Flugplätze im Rücken der deutsch-italienischen Linien den ohnehin bereits spärlichen Nachschub der Panzerarmee noch weiter zu stören (→ S. 218).

Am 30. August startet Rommel eine neue Offensive zum Durchbruch durch die Al-Alamain-Front. Bei schweren Panzergefechten verlieren seine Truppen bis zum 2. September 3000 Mann, 50 Panzer sowie 55 Geschütze und Panzerabwehrkanonen. Luftangriffe der Royal Air Force machen jede bewegliche Operation in dem Kampfgebiet unmöglich. Als Rommel erfährt, dass ein erwarteter Tanker mit 8000 Tonnen Treibstoff an Bord vor Tobruk versenkt worden ist, befiehlt er am 2. November den Abbruch des Angriffs und entschließt sich zum sofortigen Rückzug (→ S. 228). Die Schlacht von Al Alamain ist damit verloren, die Alliierten setzen ihren Vormarsch in Afrika weiter fort.

*Juden vor dem Transport ins KZ. Bei der sog. Umsiedlungsaktion der polnischen Juden werden – nach Schätzungen – mindestens 1, 75 Mio. Juden ermordet.*

## 22. JULI

# Organisierter Massenmord an den Juden

Mit dem Abtransport von 5000 Männern, Frauen und Kindern beginnt die Deportation der im Warschauer Ghetto zusammengepferchten Juden in das nahe gelegene Vernichtungslager Treblinka.

**NS-Rassenwahn mündet im Massenmord:** Mit der systematischen Ermordung der jüdischen Bevölkerung, die bereits im März 1941 eingesetzt hatte, vollzieht sich der von Hitler und der NS-Führung proklamierte Vernichtungswahn, der sich gegen die »jüdische Rasse« richtet (→ S. 170). Bis Mitte August werden 66 701 Juden aus Warschau in den Gaskammern von Treblinka ermordet. Arbeitsfähige Männer und Frauen werden von deutschen Unternehmern zur Zwangsarbeit ausgesucht. Bereits am 24. April hatte der Chef des Wirtschaftsverwaltungshauptamtes der SS, Oswald Pohl, die Effizienz des Zwangsarbeitseinsatzes von KZ-Häftlingen vor Kommandanten der Konzentrationslager erläutert (→ S. 275). In einer Rentabilitätsrechnung der SS heißt es über jüdische Arbeitskräfte: »Täglicher Verleihlohn... RM 6, abzüglich Ernährung RM 0,60, abzüglich Bekleidung RM 0,10, durchschnittliche Lebensdauer 9 Monate... Erlös aus rationeller Verwertung der Leiche: 1. Zahngold, 2. Kleidung, 3. Wertsachen, 4. Geld, abzüglich Verbrennungskosten RM 2,00,... Gesamtgewinn nach 9 Monaten: RM 1631 zuzüglich Erlös aus Knochen und Aschenverwertung.«

**Tausende sterben täglich in den Gaskammern:** Im September 1942 treffen täglich bis zu 12 000 Deportierte aus dem Ghetto in Treblinka ein. Der Jude Abraham Goldfarb erinnert sich: »Auf dem Weg in die Gaskammern standen zu beiden Seiten des Zaunes Deutsche mit Hunden. Die Hunde waren darauf abgerichtet, Menschen anzufallen; sie bissen die Männer in die Genitalien und die Frauen in die Brüste und rissen Fleischstücke heraus. Die Deutschen schlugen mit Peitschen und Eisenstangen auf die Menschen ein... Um den Schlägen zu entkommen, rannten die Opfer so schnell sie konnten zu den Gaskammern... Sobald die Gaskammern voll waren, schlossen die Ukrainer die Türen und starteten die Maschine.« Am 3. Oktober 1942 sind von den knapp 500 000 Juden des Warschauer Ghettos bereits 430 000 ermordet.

**Deportationen auch aus Westeuropa:** Wenige Tage vor Beginn der Deportationen aus Warschau war am 15. Juli der erste Zug mit 1135 niederländischen Juden in Auschwitz eingetroffen. Bis Ende Juli sterben 6000 Juden aus den Niederlanden in den Gaskammern. Unterdessen gehen die am 1. Juni 1942 begonnenen Deportationen französischer Juden in die Vernichtungslager weiter. Am 16. Juli hatte die französische Polizei bei einer Razzia in Paris 12 884 jüdische Männer, Frauen und Kinder verhaftet, von denen etwa 6000 direkt nach Auschwitz transportiert wurden, während der Rest, darunter 4051 Kinder, in einem Stadion zusammengepfercht wurde. Später werden auch sie in Auschwitz ermordet.

*Vor der Deportation ins Vernichtungslager Auschwitz müssen sich Juden in Amsterdam registrieren lassen.*

ZITAT

# Anne Frank – Leben im Versteck

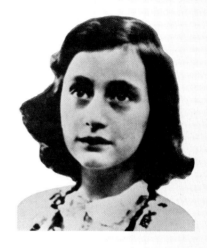

**Samstag, 20. Juni 1942**

Es ist für jemanden wie mich ein eigenartiges Gefühl, Tagebuch zu schreiben. Nicht, dass ich noch nie geschrieben habe, sondern ich denke auch, dass sich später keiner... für die Herzensergüsse eines dreizehnjährigen Schulmädchens interessieren wird. Aber darauf kommt es eigentlich nicht an, ich habe Lust zu schreiben und will mir vor allem alles Mögliche gründlich von der Seele reden... Darum dieses Tagebuch.

Um nun die Vorstellung der lang ersehnten Freundin in meiner Phantasie noch zu steigern, will ich nicht einfach Tatsachen in mein Tagebuch schreiben..., sondern ich will dieses Tagebuch die Freundin selbst sein lassen, und diese Freundin heißt: Kitty...

Unser Leben verlief nicht ohne Aufregung, da die übrige Familie in Deutschland nicht von Hitlers Judengesetzen verschont blieb... Ab Mai 1940 ging es bergab mit den guten Zeiten: erst der Krieg, dann die Kapitulation, der Einmarsch der Deutschen und das Elend für uns Juden begann. Judengesetz folgte auf Judengesetz und unsere Freiheit wurde sehr beschränkt. Juden müssen einen Judenstern tragen; Juden müssen ihre Fahrräder abgeben; Juden dürfen nicht mit der Straßenbahn fahren;... Juden dürfen nur von 3–5 Uhr einkaufen;... Juden dürfen zwischen 8 Uhr abends und 6 Uhr morgens nicht auf die Straße; Juden dürfen sich nicht in Theatern, Kinos und an anderen dem Vergnügen dienenden Plätzen aufhalten... Juden dürfen in der Öffentlichkeit keinen Sport treiben; Juden dürfen nach 8 Uhr abends weder in ihrem eigenen Garten noch bei Bekannten sitzen; Juden dürfen nicht zu Christen ins Haus kommen...

**Mittwoch, 8. Juli 1942**

Liebe Kitty!

Zwischen Sonntagmorgen und jetzt scheinen Jahre zu liegen. Es ist so viel geschehen, als hätte sich plötzlich die Welt umgedreht. Aber, Kitty, Du merkst, dass ich noch lebe, und das ist die Hauptsache, sagt Vater. Ja,

in der Tat, ich lebe noch, aber frage nicht, wo und wie. Ich denke, dass Du mich heute überhaupt nicht verstehst, deshalb werde ich einfach anfangen, Dir zu erzählen, was am Sonntag geschehen ist.

Um 3 Uhr... klingelte jemand an der Tür... Kurz darauf erschien Margot [Annes Schwester] ganz aufgeregt an der Küchentür. ›Für Vater ist ein Anruf von der SS gekommen‹, flüsterte sie.... ›Mutter ist zu van Daan gegangen und fragt, ob wir schon morgen in unser Versteck umziehen können...‹

**Donnerstag, 9. Juli 1942**

Liebe Kitty!

So gingen wir dann im strömenden Regen, Vater, Mutter und ich, jeder mit einer Schul- und Einkaufstasche, bis obenhin vollgestopft mit den unterschiedlichsten Sachen. Die Arbeiter, die früh zu ihrer Arbeit gingen, schauten uns mitleidig nach. In ihren Gesichtern war deutlich das Bedauern zu lesen, dass sie uns keinerlei Fahrzeug anbieten konnten. Der auffallende gelbe Stern sprach für sich selbst.

Erst als wir auf der Straße waren, erzählten Vater und Mutter mir stückchenweise den ganzen Versteckplan. Schon monatelang hatten wir so viel Hausrat und Leibwäsche wie mög-

*Das Haus in der Prinsengracht 263 dient den Franks als Zuflucht.*

lich aus dem Haus geschafft... Das Versteck war Vaters Bürogebäude...

**Samstag, 11. Juli 1942**

Liebe Kitty!

... Es wird Dich vermutlich interessieren, wie es mir als Untergetauchter gefällt. Nun, ich kann Dir nur sagen, dass ich es selbst noch nicht genau weiß. Ich glaube, ich werde mich in diesem Haus nie daheim fühlen, aber damit will ich überhaupt nicht sagen, dass ich es hier unangenehm finde. Ich fühle mich eher wie in einer sehr eigenartigen Pension, in der ich Ferien mache... Gestern abend sind wir alle vier hinunter ins Privatbüro gegangen und haben den englischen Sender angestellt. Ich hatte solche Angst, dass es jemand hören könn-

*Hinter diesem Bücherregal liegt das Versteck der Familie Frank.*

*Anneliese Marie Frank wurde am 12. Juni 1929 als Tochter eines jüdischen Bankiers in Frankfurt am Main geboren. Nach der Machtübernahme der Nationalsozialisten emigrierte die Familie 1933 in die Niederlande. Seit Juli 1942 verbirgt sie sich in einem Hinterhaus in der Prinsengracht in Amsterdam. Am 4. August 1944 entdeckt die Geheime Staatspolizei das Versteck. Anne Frank stirbt im März 1945 im Konzentrationslager Bergen-Belsen an einer Epidemie.*

te... Auch sonst haben wir große Angst, dass die Nachbarn uns hören oder sehen könnten...

**Donnerstag, 1. Oktober 1942**

Beste Kitty!

Gestern bin ich schrecklich erschrocken. Um 8 Uhr klingelte es plötzlich ganz laut. Ich dachte natürlich, da käme jemand... Wer, kannst Du Dir wohl denken. Als aber alle behaupteten, es wären sicher Straßenjungen oder die Post gewesen, beruhigte ich mich.

Die Tage werden hier sehr still... Wer hätte vor drei Monaten angenommen, dass die Quecksilber-Anne stundenlang ruhig sitzen müsste und auch kann?...

**Freitag, 9. Oktober 1942**

Liebe Kitty!

Nichts als traurige und deprimierende Nachrichten habe ich heute. Unsere jüdischen Bekannten werden gleich gruppenweise festgenommen. Die Gestapo geht nicht im Geringsten zart mit diesen Menschen um... Die Menschen bekommen fast nichts zu essen, geschweige denn zu trinken. Sie haben nur eine Stunde pro Tag Wasser und ein Klo und ein Waschbecken für ein paar tausend Menschen... Wenn es in Holland schon so schlimm ist, wie muss es dann erst in Polen sein? Wir nehmen an, dass die meisten Menschen ermordet werden. Der englische Sender spricht von Vergasungen, vielleicht ist das die schnellste Methode zu sterben... Ein schönes Volk, die Deutschen, und da gehöre ich eigentlich auch noch dazu! Aber nein, Hitler hat uns längst staatenlos gemacht.

## 7. AUGUST

# Erbitterte Kämpfe auf Guadalcanal

Um 9.00 Uhr Ortszeit landen Einheiten der US-amerikanischen 1. und 2. Marine-Infanteriedivision unter dem Befehl von Generalmajor Alexander A. Vandegrift auf den japanisch besetzten Salomoninseln Tulagi und Guadalcanal östlich von Neuguinea.

Bis zum Abend befinden sich 17 000 Marinesoldaten auf den Inseln. Die US-amerikanischen Truppen treffen auf Tulagi auf harten Widerstand der 1500 Mann starken japanischen Besatzung, der erst am nächsten Abend gebrochen werden kann. Die etwa 2200 Japaner auf der größeren Insel Guadalcanal, in der Mehrzahl Angehörige von Bautrupps, fliehen vor den US-Einheiten in das unwegsame Dschungelgelände.

*Mit ihren Schwimmpanzern landen US-amerikanische Marineverbände auf der Insel Guadalcanal.*

*Japanische Soldaten lassen auf der Flucht vor den US-Landungstruppen Teile ihrer Ausrüstung zurück.*

**Offensivere US-Strategie sieht Dreistufenplan vor:** Der Plan einer US-amerikanischen Landung auf den Salomoninseln war im Juni 1942 entstanden. Der durch den Sieg bei Midway (→ S. 199) gegenüber den Japanern im Pazifik errungene strategische Vorteil soll für einen schnellen Übergang von der Defensive zur Offensive genutzt werden. Der Gegenangriff ist in drei Phasen geplant. Zunächst sollen die Santa-Cruz-Inseln sowie Tulagi und Guadalcanal besetzt werden. In einer zweiten Phase ist die Besetzung der Küsten Neuguineas vorgesehen. In der dritten Phase soll

der Bismarckarchipel mit Rabaul als wichtigstem japanischem Stützpunkt im Südwestpazifik unter US-amerikanische Kontrolle gebracht werden. Als US-Ausländer am 5. Juli die Verlegung japanischer Truppen von Tulagi nach Guadalcanal meldeten, wo die Japaner im Begriff seien, einen Flugplatz anzulegen, entschied sich das US-Oberkommando für die Landung auf Guadalcanal.

**Japaner unterschätzen Stärke der US-Streitkräfte:** Aufgrund einer Fehleinschätzung der Stärke des US-amerikanischen Landungsverbandes entsendet das japanische Oberkom-

mando zunächst kleinere Truppenverbände nach Guadalcanal, die von den US-Truppen in zähen Dschungelkämpfen zersprengt werden. In den kommenden Wochen folgt eine Reihe japanischer Truppenlandungen. Die ursprünglich als schnelle Eröffnungsaktion einer Gegenoffensive geplante Besetzung der Insel entwickelt sich zu einem zermürbenden Feldzug. Bei den japanischen Versuchen, Truppen und Versorgungsgüter unter starkem Geleitschutz nach Guadalcanal zu eskortieren, kommt es zudem zu schweren Seegefechten zwischen US-amerikani-

schen und japanischen Schlachtschiff- und Flugzeugträgerverbänden, die nach Anfangserfolgen langfristig zu einer Schwächung der japanischen Offensivkraft führen. Unterdessen gelingt es den US-Amerikanern, der auf Guadalcanal stationierten Marine-Infanterie Verstärkungen zuzuführen.

**USA erreichen Räumung Guadalcanals:** Am Jahresende verteidigen 50 000 US-Marinesoldaten die Insel. 1943, als wegen der US-See- und Luftherrschaft kaum noch Nachschub die japanischen Einheiten erreicht, befiehlt das Kaiserliche Hauptquartier die Räumung Guadalcanals.

*Luftbild der Salomoninsel Tulagi nach der US-amerikanischen Bombardierung; die erfolgreiche Landung der US-Truppen bedeutet das Ende des bis dahin stürmischen Vorrückens der Japaner im Pazifischen Ozean.*

*Die Insel Tanamboga wird durch einen US-amerikanischen Zerstörer in Brand geschossen; nach verbissenem Kampf nehmen die US-Truppen auch die im Hintergrund zu sehende Insel Gavatu im Handstreich ein.*

## 3. AUGUST

# Vorstoß zum Kaukasus

**Verbände der deutschen Heeresgruppe A überschreiten im Rahmen der Kaukasusoffensive den Kuban.**

Am 9. August erobern Teile der von Generalfeldmarschall Ewald von Kleist befehligten 1. Panzerarmee die Ölfelder von Maikop, mehr als 300 km südlich von Rostow am Don. Am gleichen Tag erreichen die mittleren Panzerverbände der Heeresgruppe A Pjatigorsk am Fuße des Kaukasus, 240 km östlich von Maikop, während ihr linker Flügel weiter östlich in Richtung auf das Kaspische Meer einen Vorstoß unternimmt. Ziel der

---

### Reichskriegsflagge auf dem Elbrus

Während der Kaukasusoffensive besteigt eine Kampfgruppe der bayrischen 1. Gebirgsjägerdivision den höchsten Berg des Kaukasus, den 5633 m hohen Elbrus. Der eigens für dieses alpine Unternehmen zusammengestellte Stoßtrupp war am 19. August um 3.00 Uhr morgens aufgebrochen. Durch Schneestürme behindert, erreicht die Gruppe am 21. August um 11.00 Uhr den Gipfel. Die Teilnehmer hissen die Reichskriegsflagge. Bei Hitler löst die Meldung vom Erfolg dieses – militärisch sinnlosen – Unternehmens einen Tobsuchtsanfall aus.

---

Offensive sind die Ölfelder von Maikop, Baku und Grosny im Kuban-Schwarzmeer-Gebiet (→ S. 203). Nach der Einnahme von Maikop ordnet Hitler die Teilung der Kaukasusfront an, deren äußerste westliche Spitzen am Südwestrand des Kaukasus über die Schwarzmeerhäfen Tuapse und Noworossisk hinaus bis zur türkischen Grenze vorstoßen sollen. Im Hauptabschnitt der Front soll die 1. Panzerarmee in Richtung auf Tiflis (Tbilissi) und Baku am Kaspischen Meer durchbrechen. Ende August bleibt die weit auseinander gezogene Offensive jedoch an allen Abschnitten aufgrund wachsenden sowjetischen Widerstands, aber auch wegen Schwierigkeiten bei der Treibstoffversorgung stecken. Weder gelingt es, auf dem linken Flügel Grosny zu erobern und die Kaukasuspässe zu besetzen noch im Westen über das Gebirge nach Tuapse vorzudringen

(→ S. 216). Während der deutsche Vorstoß in den Kaukasus zunehmend gebremst wird, erreicht die 6. Armee unter Generalleutnant Friedrich Paulus den Don, etwa 60 km westlich von Stalingrad (Wolgograd).

Sie verfügt über weniger motorisierte, treibstoffabhängige Einheiten als die Panzerarmeen Kleists und damit über größere Beweglichkeit. Am 19. August gibt Paulus den Befehl zum Angriff auf die Stadt. Am 21. August erzwingt die 6. Armee den Übergang über den Don und erreicht zwei Tage später bereits die Wolga nördlich von Stalingrad.

*In langen Kolonnen überqueren deutsche Gebirgsjäger die Höhen des Kaukasus; an die Stelle von Fahrzeugen zum Transport sind Maultiere getreten.*

*Unter der Führung eines deutschen Rittmeisters überquert eine freiwillige Kosakeneinheit, die mit den deutschen Besatzern kollaboriert und auf Seiten der Wehrmacht am Russlandfeldzug teilnimmt, einen Gebirgsbach.*

*Hinter der Deckung eines Hanges beobachten deutsche Soldaten auf vorgeschobenem Posten das Gelände.*

*Deutsche Infanterie durchkämmt mit Unterstützung von Panzereinheiten ein Kornfeld nach Rotarmisten.*

*Leichte Flottenverbände bei Dieppe*

*Verwundete alliierte Soldaten*

*Alliierte Soldaten in einem britischen Hafen*

## 19. AUGUST

# Landung bei Dieppe

Mit der Landung von rd. 6000 Mann der 4. und 6. Brigade der kanadischen 2. Division an der französischen Kanalküste bei Dieppe tritt das Unternehmen »Jubilee« in seine entscheidende Phase.

Der unter starker Luftsicherung mit Panzerwagen durchgeführte Landungsversuch stößt auf heftigen Widerstand der deutschen Küstenbatterien und der Luftwaffe. Nach neun Stunden ziehen sich die Landungstruppen unter dem Feuer der deutschen Artillerie zurück.

Bei dem Landeunternehmen kommen 1179 alliierte Soldaten ums Leben, 2190 geraten in Gefangenschaft; die deutschen Verluste betragen 311 Tote und Vermisste. Ein britischer Zerstörer muss nach schweren Torpedotreffern von der Besatzung aufgegeben werden. Die Alliierten verlieren insgesamt 33 Landungsfahrzeuge und 106 Flugzeuge, die Deutschen 48 Maschinen. Während britische und US-Kommuniques den unter hohen eigenen Verlusten abgebrochenen Landungsversuch als Generalprobe für eine Invasion an der Atlantikküste darstellen, besteht der deutsche Wehrmachtsbericht darauf, dass es sich bei dem von den Briten als »Hand-

streich« bezeichneten Unternehmen um die vom sowjetischen Staatschef Josef W. Stalin seit langem geforderte Invasion in Europa gehandelt habe, die von der Wehrmacht erfolgreich zurückgeschlagen worden sei.

*Gefangene kanadische Soldaten der 2. Division helfen einem verwundeten Kameraden beim Abtransport in ein deutsches Militärlazarett.*

*Soldaten der deutschen Wehrmacht inspizieren ein britisches Landungsboot, das beim Unternehmen »Jubilee« in deutsche Hände gefallen ist.*

## HINTERGRUND

### Befestigungen an der Küste

**Der Atlantikwall von Biarritz an der spanisch-französischen Grenze bis nach Kirkenes in Nordnorwegen ist weitgehend fertig gestellt.**

Das ausgedehnte System von Befestigungsanlagen, Bunkern und Flugplätzen wurde in fast zweijähriger Bauzeit von 200 000 Arbeitern der deutschen Organisation Todt (→ S. 180) errichtet. Allein an der französischen Kanalküste wurden monatlich etwa 0,5 Mio. m³ Stahlbeton verbaut, 100 000 m³ Felsgestein mussten gesprengt werden.

Der Atlantikwall ist die zweite deutsche Befestigungsanlage im Westen. In den Jahren 1938/39 war, ebenfalls von der Organisation Todt, an der Grenze zu Frankreich mit einem Kostenaufwand von 3,5 Mrd. Reichsmark der Westwall errichtet worden, ein 630 km langes System aus Bunkeranlagen und Kampfständen. Die deutsche Propaganda feiert den Atlantikwall als modernstes Befestigungswerk und als unüberwindliches Hindernis für jeden alliierten Landungsversuch an den Küsten Westeuropas, was sich zwei Jahre später als großer Irrtum erweist (→ S. 392).

---

31. AUGUST

# Propaganda im Kino

Der berühmte US-amerikanische Filmproduzent und Vizepräsident von 20th Century Fox, Darryl F. Zanuck, meldet sich freiwillig zur Armee. Nach kurzer Zeit kehrt er aber wieder zum Filmgeschäft zurück, weil er davon ausgeht, er könne seinem Vaterland besser durch »positive« Kinoarbeit dienen. In allen Krieg führenden Staaten besitzt der Propagandafilm einen hohen Stellenwert.

Parallel zu offenkundig politisch motivierten Streifen steigt aber auch die Nachfrage nach Unterhaltungsfilmen, die den Kriegsalltag wenigstens für kurze Zeit vergessen machen. Häufig fließen in diese Werke propagandistische Inhalte ein.

Darüber hinaus nehmen in allen Staaten die Wochenschauen eine zentrale Stellung für den Propagandaapparat ein. Ihre Vorführung ist für die Kinobesitzer Pflicht und meist sind sie Spielfilmen vorgeschaltet. Sie reagieren am schnellsten auf die politische Lage, bauen »Feindbilder« auf oder rechtfertigen Bündnisse.

**USA:** In etwa 40% aller produzierten Filme bildet der Krieg den Hintergrund der Geschichten, aber nur in 10% werden Kampfhandlungen dargestellt. Die bekannteste dokumentarische Arbeit ist die Reihe »Warum wir kämpfen«, die Frank Capra seit 1942 im Auftrag des Kriegsministeriums herstellt. 1943 wird der erste Teil »Präludium des Krieges«, der die Vorgeschichte des Zweiten Weltkrieges von 1931 bis 1938 darstellt, sogar mit einem Oscar ausgezeichnet. Daneben entsteht eine Fülle dokumentarischer und halb dokumentarischer Filme über das Kampfgeschehen an den Fronten. So drehte John Ford 1942 bei der See-Luftschlacht um die Midways (→ S. 199) berühmt gewordene Aufnahmen direkt während der Kämpfe.

Die Masse der Hollywoodarbeiten konzentriert sich aber weiterhin auf die Genres Komödie und Krimi. Eine perfekte Mischung von Spannung, Liebesgeschichte und politischem Inhalt gelingt 1942 dem Regisseur Michael Curtiz mit dem Film »Casablanca«, der am 26. November uraufgeführt wird. Einem breiteren Publikum wird der Streifen allerdings erst im Jahr 1943 bekannt.

**Großbritannien:** Die britische Filmindustrie stellt sich seit 1940 massiv auf den Krieg ein. Transportable Vorführanlagen sorgen für die Verbreitung von Wochenschauen und Dokumentarfilmen in den Betrieben. Das bekannteste Beispiel aus dem Jahr 1942, »Hört auf England«, ist eine kommentarlose Aneinanderreihung von Bildern aus dem Alltag britischer Bürger und Soldaten. Im Auftrag des britischen Informationsministeriums erarbeitet auch Alfred Hitchcock mit »Bon Voyage« und »Operation Amalgache«, die von der französischen Résistance handeln, zwei kurze Beiträge zum Krieg.

**Deutsches Reich:** Die gesamte Propaganda untersteht Joseph Goebbels, der bereits in den 30er Jahren die unterschwellige Beeinflussung der Massen perfektioniert hatte. Im deutschen Herrschaftsgebiet entsteht eine Fülle von Filmen, die massiv politische Inhalte vermitteln: »Ich klage an« thematisiert die sog. Euthanasie, worunter die NS-Führung den massenhaften Mord an Kranken versteht. In die gleiche Richtung zielt »Jud Süß«, der massiv den Antisemitismus und unterschwellig den Mord als einzige »Lösung« propagiert. Die Historienfilme »Ohm Krüger« und »Carl Peters« verschärfen die antibritische Stimmung und zeigen Briten als »Erfinder« der Konzentrationslager. Die 1944/45 entstandenen Filme »Junge Adler« und »Kolberg« gehören in die Kategorie der »Durchhaltefilme«: Sie sollen Treue, Glaube und Pflichterfüllung auch in schwieriger Lage als Botschaft vermitteln. Der bekannteste und teuerste Unterhaltungs- und Ablenkungsfilm des Dritten Reiches ist »Münchhausen« mit Hans Albers. Die Kriegswochenschauen – die 150. wird am 1. August 1942 ausgestrahlt – zeigen eine Chronik der Frontereignisse und appellieren an den Durchhaltewillen.

**Japan:** Die Produktionszahlen der japanischen Filmindustrie sinken im Krieg infolge eines massiven, staatlich gelenkten Konzentrationsprozesses rapide. Die Filme werden jedoch immer teurer und aufwändiger und kreisen in der Regel um den Seekrieg im Pazifik (»Kriegsflotte«, 1943; »Zorniges Meer«, 1944).

---

20. AUGUST

# Terrorurteile des Volksgerichtshofes

Roland Freisler, seit 1935 Staatssekretär im Reichsjustizministerium, übernimmt anstelle des am selben Tag zum Reichsjustizminister ernannten Otto Georg Thierack den Vorsitz des Volksgerichtshofes.

Gegen die Urteile dieser Instanz ist keine Berufung möglich. Sie wurde geschaffen, um Angeklagte abzuurteilen, die des Hoch- und Landesverrats beschuldigt werden. Diese Anklage wird im NS-Regime ein Mittel zur Unterdrückung jeglicher politischer Kritik. Sowohl Freisler als auch Thierack sind Garanten für die »nationalsozialistische Rechtspflege«, die sich über bestehende Gesetze hinwegsetzt und Angeklagte einer unberechenbaren Willkürherrschaft aussetzt. Freisler, der die Angeklagten mit Schmähungen überhäuft, erwirbt sich wegen rücksichtsloser Aus-

*Roland Freisler, Personifikation des nationalsozialistischen Justizterrors*

legung nationalsozialistischer Rechtsgrundsätze den Ruf eines »Blutrichters«. Seine Person wird zur Inkarnation juristisch verbrämten NS-Terrors. Thierack erhält von Hitler die Kompetenz, sich über alle Normen hinwegzusetzen.

---

18. AUGUST

# Landung geplant

Nach Abschluss der Moskauer Besprechungen zwischen dem sowjetischen Staatschef Josef W. Stalin, dem britischen Premierminister Winston Churchill und dem Botschafter der USA in Moskau, William A. Harriman, veröffentlichen die Regierungen Großbritanniens und der UdSSR ein Kommuniqué:

»Es wurde eine Reihe von Beschlüssen in Bezug auf den Krieg gegen Hitler-Deutschland und seine Verbündeten gefasst. Beide Regierungen sind entschlossen, diesen gerechten Befreiungskrieg mit aller Kraft und Energie zu führen, bis die vollständige Vernichtung des Nationalsozialismus... vollendet ist.« Über den eigentlichen Gegenstand der Unterredungen, die für den Spätherbst geplante alliierte Landung in Nordafrika, von der Stalin bei dem Treffen in Moskau unterrichtet wurde, wird Stillschweigen bewahrt (→ S. 222).

*Premierminister Winston Churchill (r.) zusammen mit US-Botschafter William Averell Harriman (M.) neben dem sowjetischen Gastgeber Wjatscheslaw Molotow beim Abspielen der Nationalhymnen auf dem Flughafen von Moskau*

*Mitglieder der »Roten Kapelle« (v.l.): Klara Schabbel, Karl Böhme, Karl Behrens, Wolfgang Thies, Wilhelm Guddorf, Oda Schottmüller, John Rittmeister*

*In der »Roten Kapelle« organisiert (v.l.): Horst Heilmann, John Sieg, Hans Coppi, Walter Husemann, Wilhelm Thews, Martin Weise, Harro Schulze-Boysen*

---

### 31. AUGUST

# Mitglieder der »Roten Kapelle« verhaftet

Bei der Aushebung einer kommunistischen Agentengruppe in Brüssel stößt der Sicherheitsdienst der SS auf Unterlagen über die deutsche Zweigstelle der internationalen Widerstands- und Spionageorganisation »Rote Kapelle« (Bezeichnung der Gestapo).

Nachdem die Gestapo durch Folter zahlreiche Namen von deutschen Angehörigen der Gruppe erpresst hat, werden über 100 zum Kreis der »Roten Kapelle« gehörende Personen verhaftet. Nach einem Bericht der Gestapo besteht die Organisation zu mehr als 37% aus Angehörigen der deutschen Wehrmacht und Beamten, zu 21% aus Künstlern und Schriftstellern, zu 13% aus Arbeitern und Angehörigen des Mittelstands und zu weiteren 29% aus Akademikern und Studenten.

Führende Köpfe der »Roten Kapelle«, die verhaftet werden, sind Harro Schulze-Boysen, Oberregierungsrat im Luftfahrtministerium, und Arvid Harnack, Oberregierungsrat im Wirtschaftsministerium. Sie werden mit der Mehrzahl der übrigen Verhafteten durch den Volksgerichtshof zum Tode verurteilt und durch den Strang hingerichtet.

Auch 18 Frauen, darunter die Ehefrau von Harnack Mildred Harnack-Fish, die zu Zuchthausstrafen verurteilt werden, werden auf Befehl Adolf Hitlers, der mehrfach auf Verschärfung von Urteilen drängt, hingerichtet.

Mit der Ausschaltung der »Roten Kapelle« gelingt der Gestapo ein entscheidender Schlag gegen den kommunistischen Widerstand. Die »Rote Kapelle« bestand aus zwei getrennten Organisationen, einer großen, dem sog. Äußeren Kreis, der den Widerstand im Deutschen Reich organisierte, und dem sog. Inneren Kreis, der über Brüssel und Paris Funkkontakte nach Moskau unterhielt. Seit 1941 erreichten die Moskauer Zentrale Meldungen über militärische, politische und wirtschaftliche Vorgänge im Deutschen Reich, von Zahlen über die Flugzeugproduktion bis hin zu Details über Angriffsvorbereitungen. Unterdessen versuchte der Äußere Kreis durch Flugblattaktionen und Zeitschriften den geistigen Widerstand zu stärken.

*Abschiedsbrief von Harro Schulze-Boysen aus der Todeszelle in der Berliner Haftanstalt Plötzensee*

# Zahllose Formen des Widerstands gegen das NS-Regime

Im Widerstand gegen das NS-Regime finden sich seit 1933 Angehörige aller weltanschaulichen Richtungen zusammen. Unabhängig von unterschiedlichen politischen Zielvorstellungen vereint alle Gruppen ein moralischer Antrieb, dessen Stoßkraft sich aus der Empörung über das NS-Regime und seine Menschen verachtenden Unrechtstaten nährt.

Unmittelbar nach der nationalsozialistischen Machtübernahme waren es zunächst die verfolgten Kommunisten und Sozialdemokraten, die Untergrundgruppen aufbauten und ihre Opposition im Untergrund aufrecht erhielten. Durch ein seit 1933/34 systematisch aufgebau-

Der 1880 in Biebrich geborene Ludwig Beck wurde 1935 an die Spitze des Generalstabs des Heeres berufen; in dieser Funktion widersetzte er sich Hitlers Plänen zur Zerschlagung der Tschechoslowakei.

tes Überwachungs- und Bespitzelungsnetz gelang es der Gestapo und dem Sicherheitsdienst der SS bis 1935 die aus der Arbeiterbewegung entstandene Opposition weit-

Theophil Wurm, 1868 in Basel geboren, ist seit 1933 Landesbischof der Evangelischen Landeskirche in Württemberg, wo er Wortführer des kirchlichen Widerstands gegen den Nationalsozialismus wurde.

gehend zu zerschlagen, ohne dass es jedoch gelungen wäre, den Widerstand vollständig zu ersticken. Der relativ schwache Widerstand der linken Gruppen erklärt sich u.a. aus der lange vorhaltenden Fehleinschätzung in Bezug auf die Dauer der NS-Herrschaft. Trotzdem wurden noch 1941 im Deutschen Reich 11 405 Personen wegen ihrer Zugehörigkeit zu kommunistischen

und sozialdemokratischen Kreisen verhaftet (→ S. 227).

Führende Vertreter der evangelischen und katholischen Kirche im Dritten Reich standen der nationalsozialistischen »Revolution« zunächst positiv gegenüber, denn in Übereinstimmung mit den Anhängern des Nationalsozialismus lehnten sie jede Form von »Bolschewismus«, »Marxismus« und »Liberalismus« ab, in denen die Kirchen die Ursachen für einen »allgemeinen Sittenverfall« zu erkennen glaubten. Hinzu kam die starke Affinität der oft kleinbürgerlichen Klientel zum Nationalsozialismus, deren Existenzängsten das Regime mit dem Judentum ein begierig aufgegriffenes Feindbild lieferte. Erst als das NS-Regime zunehmend offener die Unvereinbarkeit von nationalsozialistischer und christlicher Weltanschauung propagierte, kam seit 1934 in beiden Kirchen ein Prozess der Distanzierung vom NS-Regime in Gang. Er wurde durch Eingriffe in innerkirchliche Angelegenheiten, wie die Aushöhlung der Bekenntnisschule oder Versuche der Amtsenthebung von Pfarrern, die sich nicht zu den Zielen des Nationalsozialismus bekannten, gefördert. Den in Predigten und Hirtenbriefen versteckten Angriffen des katholischen Episkopats und der evangelischen Bekennenden Kirche begegneten die NS-Machthaber mit unnachsichtiger Härte. Priester, Pfarrer und Ordensleute wurden wegen angeblicher Sittlichkeitsdelikte oder unterstellter finanzieller Unterschlagungen in propagandistisch aufgebauschten Prozessen abgeurteilt, theologische Schriften verboten, Kirchengut beschlagnahmt und Klöster enteignet.

Als der Bischof von Münster, Clemens August Graf von Galen, 1941 von der Kanzel herab die Euthanasie-Aktion der Nationalsozialisten gegen Geisteskranke vehement verurteilte und offiziell Anzeige wegen Mordes erstattete (→ S. 138), bewahrte ihn zwar sein über die Grenzen des Deutschen Reiches hinaus bekannter Name vor dem Zugriff der Gestapo, zahlreiche Amtskollegen, die z.B. in Predigten für

Juden und Konzentrationslagerhäftlinge beteten, gingen hingegen wegen »Kanzelmissbrauchs« in den Tod.

Einer der führenden Köpfe der evangelischen Bekennenden Kirche, der Pfarrer Dietrich Bonhoeffer

(→ S. 86), reiste im Mai 1942 mit Hans Schoenfeld nach Stockholm, um dort gemeinsam mit dem britischen Lordbischof von Chichester, George Bell, über die Bedingungen für einen Frieden zu verhandeln. Mit dieser Reise versuchten Bonhoeffer und Schoenfeld in Großbritannien auf die zunehmende Opposition gegen Hitler innerhalb des Offizierkorps aufmerksam zu machen, die einen Umsturz des NS-Regimes denkbar machte. Aufgrund der Ablehnung von Seiten der Regierung blieben die Gespräche jedoch ohne Folgen.

Auch in Kreisen des Bürgertums formierten sich mit zunehmender Dauer der NS-Herrschaft kleine

Gruppen aus Hochschulprofessoren, Medizinern, Beamten, Schriftstellern und Künstlern, deren Überzeugungen im Widerspruch zu den Wertmaßstäben des Nationalsozialismus stehen. Herausragende Gruppen sind der »Freiburger Kreis« aus

### Karmeliterin Edith Stein
*Die am 12. Oktober 1891 in Breslau geborene Philosophin wird am 9. August 1942 im Konzentrationslager Auschwitz vergast. Edith Stein, eine Schülerin des Philosophen Edmund Husserl, war 1922 zum Katholizismus übergetreten und im Jahr 1933 in das Karmeliterkloster in Köln-Lindenthal eingetreten. Aus Furcht, ihre jüdische Abstammung könnte das Kloster gefährden, war sie 1938 in die Niederlande übergesiedelt, wo sie am 2. August 1942 verhaftet wurde.*

### Arzt und Pädagoge Korczak
*Janusz Korczak, am 22. Juli 1878 in Warschau geboren, stirbt am 5. August 1942 im nationalsozialistischen Vernichtungslager Treblinka. Nachdem die SS die Deportation der 200 Kinder des von ihm im Warschauer Ghetto geleiteten Waisenhauses angeordnet hatte, war Korczak seinen Schützlingen freiwillig in die Gaskammern von Treblinka gefolgt – obwohl ihm von den deutschen Besatzungsbehörden angeboten worden war, er könne in Warschau bleiben.*

Mitgliedern der am 1. März 1942 aufgelösten Akademie für Deutsches Recht um den Historiker Gerhard Ritter und die Berliner »Mittwochsgesellschaft«. Die letzte Gruppe unterhält über den Ex-Oberbürgermeister von Leipzig, Carl Friedrich Goerdeler, auch Kontakte zum militärischen Widerstand um den 1938 während der Sudetenkrise als Generalstabschef des Heeres zurückgetretenen Generaloberst Ludwig Beck. Namenlos bleiben viele, die keiner Widerstandsgruppe angehören, jedoch aufgrund ihrer Weigerung, in die Partei einzutreten oder wegen ihrer kritischen Äußerungen oder weil sie jüdischen Mitbürgern helfen, ihr Leben riskieren.

ZITAT

## Thomas Mann zum Massenmord

*In einer seiner monatlichen Rundfunk-ansprachen, die von der British Broad-casting Corporation (BBC) übertragen werden, nimmt der seit 1938 im Exil in den USA lebende deutsche Schriftsteller Tho-mas Mann zum Massenmord an den euro-päischen Juden Stellung:*

»Deutsche Hörer! Man wüsste gern, wie ihr im Stillen von der Aufführung derer denkt, die in der Welt für euch handeln, die Juden-Greuel in Europa zum Beispiel – wie euch dabei als Menschen zumute ist, das möch-te man euch wohl fragen. Ihr steht immer weiter zu Hitlers Krieg und ertragt das Äußerste... Jetzt ist man bei der Vernichtung... der europä-ischen Judenschaft angelangt... Kein vernunftbegabtes Wesen kann sich in den Gedankengang dieser ver-jauchten Gehirne versetzen. Wozu? fragt man sich. Warum?... Wird ir-gendjemand es besser haben, wenn die Juden vernichtet sind... Nach den Informationen der polnischen Exil-Regierung sind alles in allem bereits siebenhunderttausend Juden von der Gestapo ermordet oder zu Tode gequält worden... Wisst ihr Deutsche das? Und wie findet ihr es... In Paris wurden binnen weniger Tage sechzehntausend Juden zu-sammengetrieben, in Viehwagen ver-laden und abtransportiert. Wohin? Das weiß der deutsche Lokomotiv-führer, von dem man sich in der Schweiz erzählt. Er ist dorthin ent-flohen, weil er mehrmals Züge vol-ler Juden zu fahren hatte, die auf of-fener Strecke hielten, hermetisch verschlossen und dann durchgast wurden. Der Mann hatte es nicht mehr ausgestanden. Aber seine Er-fahrungen sind keineswegs außer-ordentlich.

Ein genauer und authentischer Be-richt liegt vor über die Tötung von nicht weniger als elftausend pol-nischen Juden mit Giftgas... Man hat die eingehende Beschreibung... der Schreie und Gebete der Opfer und des gutmütigen Gelächters der SS-Hottentotten, die den Spaß zur Auf-führung brachten. Und da wundert ihr Deutschen euch,... dass die zivili-sierte Welt beratschlagt, mit welchen Erziehungsmethoden aus den deut-schen Generationen, deren Gehirne vom Nationalsozialismus geformt sind, aus moralisch völlig begriffs-losen und missgebildeten Killern also, Menschen zu machen sind?«

*Thomas Mann, einer der bedeutends-ten deutschen Schriftsteller*

9. SEPTEMBER

# Führungskrise an der Ostfront

Die schon länger schwelende Füh-rungskrise im deutschen Generalstab an der Ostfront kommt offen zum Ausbruch. Hitler entlässt den Ober-befehlshaber der im Kaukasus ope-rierenden Heeresgruppe A, Feld-marschall Wilhelm List, und über-nimmt selbst das Kommando.

Anlass für den Wechsel im Ober-kommando ist die Unzufriedenheit Hitlers mit dem Fortgang der Of-fensive im Kaukasus, die aufgrund wachsenden sowjetischen Wider-stands und ungenügenden deutschen Nachschubs vor dem eigentlich an-gestrebten Erreichen der Erdölfelder von Grosny steckengeblieben ist (→ S. 211).

Die von Hitler ebenfalls ins Auge gefasste Entlassung des Chefs des Oberkommandos der Wehrmacht, Generalfeldmarschall Wilhelm Kei-tel, und des Chefs des Wehrmachts-führungsstabes, Alfred Jodl, unter-bleibt jedoch. Allerdings verzichtet Hitler von diesem Tag an auf das ge-meinsame Mittagessen mit seinen Generälen im Führerhauptquartier in Winniza.

Bereits zwei Tage zuvor hatte Hit-ler, erbost über die ungenügenden Fortschritte der Kaukasusoperatio-nen, eine Lagebesprechung abrupt verlassen. Am 8. September war es im Führerhauptquartier zu einem hefti-gen Zusammenstoß zwischen Hitler und dem Chef des deutschen Ge-neralstabs, Generaloberst Franz Hal-der, gekommen. Bereits seit Beginn der Sommeroffensive im Juni hatte Halder mehrfach die von Hitler an-geordnete Zweigleisigkeit des deut-schen Vormarsches kritisiert (→ S. 203). Unter Hinweis auf die schweren Kämpfe in Stalingrad (Wolgograd) und die absehbare Erschöpfung der deutschen Reserven warnte er erneut vor einer Fortsetzung der Kaukasus-offensive. Hitler hingegen ließ sich nicht davon abhalten, auf der Land-karte immer neue Vormarschziele zu entwerfen.

Zunehmend angegriffen von den Auseinandersetzungen mit Hitler tritt Halder am 24. September zurück.

*Adolf Hitler (M.) zusammen mit Generalfeldmarschall Walter von Brauchitsch (l.) und Generaloberst Franz Halder im Führerhauptquartier*

23. SEPTEMBER

# NS-Erziehung im Rahmen der KLV

Vor genau zwei Jahren begann mit einem Erlass von Adolf Hitler die verstärkte Verschickung von Kindern aus Gebieten des Deutschen Reiches, die durch Luftangriffe besonders ge-fährdet sind, in ländliche Gegenden (→ S. 295).

Bis dahin waren ausschließlich ge-sundheitsgefährdete Stadtkinder, so-weit sie den rassischen Vorstellungen der NS-Behörden entsprachen, in den Genuss derartiger Ferien gekommen. Im Rahmen der erweiterten Kinder-landverschickung (KLV) verbringen seitdem Tausende von Schülern meh-rere Wochen in Schullandheimen, Ju-gendherbergen oder umfunktionier-ten Hotels. Die Leitung der Lager un-tersteht der Hitlerjugend. Die KLV dient dem NS-Regime dazu, Kinder dem Einfluss ihrer Eltern zu entzie-hen, um sie mit nationalsozialisti-schem Gedankengut infiltrieren zu können. Häufig werden Familien, de-ren politische Haltung lokalen NS-Behörden zweifelhaft erscheint, unter Druck gesetzt, um die Beteiligung ihrer Kinder an den KLV-Aktionen zu erzwingen. In die Lager reisen Lehrer mit, die den Kindern während der wochenlangen Aufenthalte Unter-richt erteilen.

*Ein Konvoi britischer Schiffe bahnt sich den Weg durch das Nördliche Eismeer in Richtung Sowjetunion; die klimatischen Bedingungen mit bitterer Kälte, Eis und Schneestürmen stellen auf solchen Fahrten höchste Anforderungen an Mensch und Material.*

*Das vereiste Deck eines britischen Kreuzers im Nordmeer; nur die Kanonen werden in regelmäßigen Abständen vom Eis befreit, damit sie bei Feindberührung jederzeit einsatzfähig sind.*

---

**12. SEPTEMBER**

# See- und Luftstreitkräfte attackieren PQ. 18

Deutsche Aufklärungsflugzeuge sichen im Nordmeer den bislang größen, für die UdSSR bestimmten alliierten Nachschubkonvoi PQ. 18.

In den folgenden Tagen werden dem Konvoi schwere Verluste beigebracht. Der Geleitzug besteht aus 39 Frachern, einem Rettungsschiff, einem Tanker, drei Minensuchern und zwei Flottentankern. Der Konvoi wird durch mehrere Verbände aus Schlachtschiffen, Zerstörern, Kreuzern und U-Booten gesichert.

Am 13. September versenken die

### Geleitzüge gegen U-Boote

Aufgrund der U-Boot-Angriffe fahren viele alliierte Handelsschiffe in »Geleitzügen«. Von Sicherungsfahrzeugen begleitet, werden Frachtschiffe und Tanker zusammengestellt. Meist handelt es sich um U-Boot-Jäger und Zerstörer. Die wichtigsten Geleitzugrouten führen über den Nordatlantik.

deutschen U-Boote »U 405« und »U 589« im Verein mit Torpedoflugzeugen und Bombern der Kampfgeschwader 26 und 30 sowie der Kampffliegergruppe 906 neun US-amerikanische und sowjetische Frachter. In der Nacht zum 14. September tor-

pediert »U 457« zunächst den britischen Tanker »Atheltemplar«, der kurz darauf von der Besatzung aufgegeben werden muss. Bei einem erneuten Luftangriff wird der Frachter »Mary Luckenbach« versenkt.

Nachdem die stürmische See und schlechte Sicht an den beiden darauf folgenden Tagen weitere Luftangriffe auf den Konvoi verhindern und auch am 17. September Angriffe der

Kampfgruppe 26 wegen schlechter Sicht abgebrochen werden müssen, nehmen die deutschen See- und Luftstreitkräfte am 18. September die Operationen gegen den stark angeschlagenen Geleitzug wieder auf. Der Konvoi, zu dessen Sicherung inzwischen vier sowjetische Zerstörer gestoßen sind, verliert bei den folgenden Angriffen durch Bombentreffer die Frachter »Kentucky«

und »Troubadour«. Insgesamt büßt der Nachschubkonvoi PQ. 18 durch deutsche U-Boote bis zum 18. September zwei Transporter und einen Tanker mit zusammen 17 742 Bruttoregistertonnen (BRT) und durch Luftangriffe zehn Schiffe mit 55 915 BRT ein. Im Gegenzug versenken britische Sicherungsschiffe drei deutsche U-Boote, die deutsche Luftwaffe verliert 20 Maschinen.

*Während ein von der deutschen Luftwaffe getroffener Frachter untergeht, setzt der alliierte Nachschubkonvoi seine Fahrt in Richtung Sowjetunion fort; auf beiden Seiten werden bei den Kämpfen erhebliche Verluste verzeichnet.*

*Der havarierte US-amerikanische Flugzeugträger »Wasp« kurz vor dem Untergang*

*Der US-Zerstörer »Little« wird im Laufe der Kämpfe um Guadalcanal versenkt.*

## 15. SEPTEMBER

## Japanische Unterseeboote versenken US-amerikanischen Flugzeugträger »Wasp« im Pazifik

**Zwei japanische Unterseeboote versenken vor der Salomoninsel Guadalcanal den US-amerikanischen Flugzeugträger »Wasp«.**
Das US-Schlachtschiff »North Carolina« und ein Zerstörer werden durch Torpedotreffer schwer beschädigt.

Die drei Schiffe gehörten zu einer Eskorte für einen von den Neuen Hebriden kommenden Nachschubkonvoi für die auf Guadalcanal kämpfenden US-amerikanischen Einheiten. Seit der Landung US-amerikanischer Marine-Infanterie auf Guadalcanal

(→ S. 210) ist es zu mehreren, für beide Seiten verlustreichen See-Luftgefechten gekommen. So hatten japanische Einheiten in der Nacht zum 7. August bei einem Überraschungsangriff vier US-Kreuzer versenkt, ein fünfter war schwer beschädigt wor-

den. Am 24. August war es US-Trägerflugzeugen gelungen, den japanischen Flugzeugträger »Ryujo« zu versenken und 70 Flugzeuge abzuschießen, allerdings erlitt auch ihr eigenes Trägerschiff, die »Enterprise«, schwerste Schäden.

## 21. SEPTEMBER

# »Fliegende Festungen« über Europa

**In den USA absolviert der Prototyp des neuen Langstreckenbombers B 29 »Superfortress« seinen ersten Probeflug. Zudem treffen Maschinen vom Typ Boeing B 17 »Flying Fortress« in Großbritannien ein.**

Die Bomber kommen im Direktflug aus den USA und sollen zur Verstärkung der Luftoffensive über dem Deutschen Reich eingesetzt werden. Sie können bei einer Reichweite von 3200 km eine Bombenlast von

2700 kg transportieren (Deutsche Bomber Junkers Ju 88: Reichweite 1300 km, Bombenlast max. 800 kg). Über Europa werden die sog. Fliegenden Festungen seit dem 17. August 1942 eingesetzt.

*Die US-amerikanische Boeing B 17 (Bild), auch »Fliegende Festung« genannt, stellt genau wie die B 24 »Liberator« im Laufe des Krieges die deutschen Jagdflugzeuge vor große Probleme, weil sie die Höhe der US-Maschinen nicht erreichen können; darüber hinaus verfügen die Bomber über eine hohe Treffsicherheit.*

## 14. SEPTEMBER

# Landeoperation in Tobruk scheitert

**Ein Versuch britischer Sonderkommandos, in den frühen Morgenstunden von See her in den Hafen von Tobruk einzudringen, scheitert.**
576 britische Soldaten und Matrosen, überwiegend Angehörige der »Long Range Desert Group«, einer Spezialeinheit für Wüsteneinsätze, geraten in Kriegsgefangenschaft. Der britische Kreuzer »Coventry«, zwei Zerstörer, drei Schnellboote und die Mehrzahl der britischen Landungsboote werden versenkt.

In der gleichen Nacht unternehmen britische Sonderkommandos noch zwei weitere Anschläge auf Nachschubbasen der Achsenmächte in Nordafrika: auf Flugplatz und Stadt Al Mardsch, etwa 850 km westlich von Al Alamain, wo 32 italienische Flugzeuge zerstört werden, und auf Bengasi, wo die rechtzeitig in Alarmbereitschaft versetzte Garnison den Überfall aber vereiteln kann.

SEITE 219

## 12. SEPTEMBER

## »Laconia« durch U-Boot versenkt

Das deutsche U-Boot »U 156« unter Kapitänleutnant Werner Hartenstein versenkt im Mittelatlantik den britischen Truppentransporter »Laconia«. Von Schiffbrüchigen erfährt der deutsche Kommandant, dass sich an Bord des torpedierten Schiffes 1800 italienische Kriegsgefangene befunden haben. Daraufhin lässt Hartenstein im offenen Funkverkehr weitere Schiffe zur Rettung der Schiffbrüchigen herankommen. Am 13. September attackiert ein Bomber der US-Luftwaffe die an der Rettungsaktion beteiligten deutschen Schiffe. Durch die Luftangriffe behindert, gelingt es den deutschen Seestreitkräften lediglich, von den 3000 an Bord befindlichen Menschen etwa 1000 zu retten. Am 17. September erteilt der Befehlshaber der deutschen U-Boote, Admiral Karl Dönitz, den Befehl, in Zukunft »alle Versuche sofort einzustellen, die Besatzungen versenkter Schiffe zu retten«.

## 15. SEPTEMBER

## Gegenoffensive der Roten Armee

Im Rahmen einer Gegenoffensive im Raum nordwestlich von Woronesch erzwingt die Rote Armee gegen den Widerstand der mit dem Deutschen Reich verbündeten ungarischen Truppen am frühen Morgen den Übergang über den Don.
Die Kämpfe am oberen Don waren vor drei Tagen mit einer Offensive der ebenfalls verbündeten rumänischen Truppen eröffnet worden, die jedoch nach wenigen hundert Metern Geländegewinn stecken geblieben war. Eine zweite Angriffswelle ungarischer Einheiten war anschließend in ein sowjetisches Minenfeld geraten. Schließlich war auch ein Entlastungsangriff deutscher Truppen im Sperrfeuer sowjetischer Mörser zusammengebrochen. Taktisches Ziel der Angriffsaktionen auf dem linken Flügel der Heeresgruppe Süd war es, der in Stalingrad (Wolgograd) stehenden 6. Armee den Rücken freizuhalten.

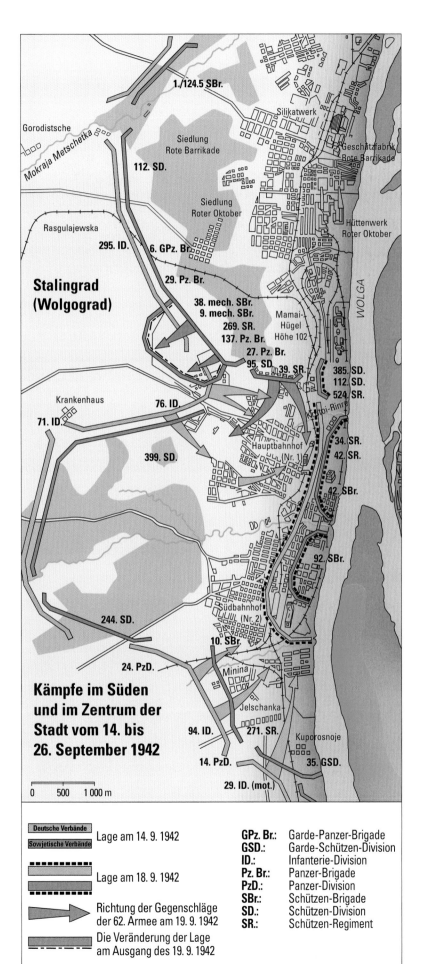

Stalingrad (Wolgograd)

Kämpfe im Süden und im Zentrum der Stadt vom 14. bis 26. September 1942

0   500   1 000 m

Deutsche Verbände
Sowjetische Verbände    Lage am 14. 9. 1942

-------- Lage am 18. 9. 1942

Richtung der Gegenschläge der 62. Armee am 19. 9. 1942

Die Veränderung der Lage am Ausgang des 19. 9. 1942

| | |
|---|---|
| GPz. Br.: | Garde-Panzer-Brigade |
| GSD.: | Garde-Schützen-Division |
| ID.: | Infanterie-Division |
| Pz. Br.: | Panzer-Brigade |
| PzD.: | Panzer-Division |
| SBr.: | Schützen-Brigade |
| SD.: | Schützen-Division |
| SR.: | Schützen-Regiment |

## 3. SEPTEMBER

## Ringen um Stalingrad

Bis auf 8 km kämpfen sich Stoßtrupps des XIV. deutschen Panzerkorps an den Stadtkern von Stalingrad (Wolgograd) heran.
Einen Tag später bleibt der Angriff im sowjetischen Abwehrfeuer stecken. Unterdessen gelingt es der 4. Panzerarmee zu den Südwestausläufern der Stadt vorzudringen, wo die deutschen Verbände auf sowjetische Artilleriestellungen und schwere Panzereinheiten treffen. In den nächsten Wochen entwickelt sich der Kampf um Stalingrad zu einem erbitterten Ringen um jeden Häuserblock und Straßenzug. Am 14. September stoßen deutsche Einheiten an der Wolga entlang über den Hauptbahnhof nach

### Bericht über heftige Kämpfe

»Die Hauptkampfmittel sind in den Ruinen die Maschinenpistole, das Bajonett, die Handgranate, das leichte Maschinengewehr, der Handflammenwerfer und die Flasche mit chemischen Brennstoffen, während hinter den Barrikaden Panzerabwehr- und Fliegerabwehrgeschütze feuern. Die Außenbezirke sind rauchverhüllt, und nachts liegt der Feuerschein brennender Gebäude nahezu über allen Stadtgebieten. Je mehr man sich den Außenbezirken nähert, um so größer wird die Zahl ausgebrannter Panzer, Transportwagen, von Geschützen, Mörsern und Dingen, die man nicht mehr identifizieren kann. Am grauenhaftesten ist es aber, dass niemand mehr Zeit findet, sich um die Gefallenen zu kümmern. Es ist buchstäblich richtig, dass sich vor den Barrikaden die Leichen zu Haufen türmen...« (Britischer Korrespondentenbericht aus Stalingrad vom 23. September 1942).

Norden vor. Nachdem sich die südlichen Stadtteile bis Mitte September in deutscher Hand befinden, werden die gespenstischen Kulissen stillgelegter Industrieanlagen, Straßenschluchten und Hafenanlagen im Nordteil der Stadt zum Schauplatz heftiger Kämpfe zwischen deutschen Einheiten und der Roten Armee (→ S. 224).

# U-Bahnschächte werden zu Bunkern

Der britische Innenminister Herbert Stanley Morrison gibt in London bekannt, dass in den ersten drei Kriegsjahren in Großbritannien bei deutschen Luftangriffen 47 305 Zivilpersonen getötet und 55 658 verletzt worden seien.

Nach Auskunft der britischen Behörden gehören die Keller großer Hochhäuser bei Luftangriffen zu den sichersten Zufluchtsorten, wobei die Sicherheit mit der Größe und Höhe der Gebäude zunehme. Zu den luxuriösesten Londoner Unterständen zählt der Keller des Savoy Hotels. Weniger betuchte Familien finden bei Angriffen Schutz in den Kellern von Warenhäusern, z.B. in der Oxford Street, wo im November 1940 eine Bombe im zweiten Stockwerk detonierte und das gesamte vierstöckige Gebäude zum Einsturz brachte, ohne dass die etwa 1000 Personen im Keller des Kaufhauses verletzt wurden.

**Bomben auf Großbritannien**
**Januar:** Angriff u.a. auf Liverpool
**April:** Angriffe auf Bath, Exeter, Norwich und Canterbury
**Mai:** Angriffe auf Exeter, Norwich und Canterbury
**Juni:** Angriff auf Norwich
**Juli:** Nachtangriffe auf Middlesbrough und Birmingham
**August:** Angriff auf Norwich
**Oktober:** Bombardement von Canterbury

Beliebter Zufluchtsort der Londoner Bevölkerung ist die Untergrundbahn, deren Stationen etwa 15 m unter der Erdoberfläche liegen. In ländlichen Gegenden bieten die von den Behörden aufgestellten »Anderson Shelters«, eine Konstruktion aus zeltförmig zusammengeschobenen Wellblechplatten, oder die »Morrison Shelters«, tischförmige Stahlgerüste im Hausinnern, notdürftig Schutz gegen Bombensplitter.

*Häuserruinen nach dem deutschen Bombenangriff auf Exeter*

*Das Bild des zerstörten Zentrums der Industrie- und Hafenstadt Norwich*

*Beim Angriff auf Canterbury, Teil der von der deutschen Luftwaffe geflogenen »Baedeker-Angriffe«, werden 18 t Bomben auf die Stadt abgeworfen.*

*Die Bombardierung Yorks gehört zur deutschen Vergeltungsaktion für das britische Flächenbombardement auf die deutschen Städte Lübeck und Rostock.*

*Das Verwaltungsgebäude der Universität von Cambridge wird durch mehrere Bomben getroffen; drei Menschen sterben im Bombenhagel.*

# »A 4« in Peenemünde

Am 3. Oktober um 16.00 Uhr gelingt vom Prüfstand VI der deutschen Raketenversuchsanstalt Peenemünde auf der Ostseeinsel Usedom der Start der ersten Fernrakete der Welt. Bei einer Reichweite von knapp 320 km erreicht die »A 4« eine maximale Flughöhe von 96 km.

Die deutschen Versuche auf dem Gebiet der Raketenentwicklung reichen zurück bis in die 30er Jahre. Ziel der Forschungen, die auf dem Gelände des Flugplatzes von Kummersdorf bei Berlin unter Leitung des Technikers Walter Dornberger durchgeführt wurden, war der Bau einer Flüssigkeitsrakete, die eine Sprengladung über große Entfernungen ins Ziel tragen kann. Hinter diesem militärischen Zweck stand als langfristige Perspektive die Entwicklung von Flugkörpern zur wissenschaftlichen Erforschung des Weltraums. 1933 begann in Kummersdorf der Bau der ersten Rakete, die von einem 75-prozentigen Alkoholgemisch und Sauerstoff angetrieben werden sollte. Für die Dauer von 16 Sekunden sollte diese »A 1« einen Schub von 300 Kilopond entwickeln. Da die Rakete durch einen in der Spitze eingebauten Drehstrommotor zur Stabilisierung der Flugbahn zu kopflastig wurde, erwies sich der Prototyp als fluguntüchtig. Erst im Dezember 1934 gelang der erste Start, nachdem man beim Nachfolgemodell »A 2« den Stabilisierungsmotor in der Mitte der Rakete angebracht hatte. Im August 1936 begann in Peenemünde der Bau der bis dahin größten und modernsten Raketenversuchsanstalt der Welt. Den Technikern um Dornberger stehen hier seit 1937 Reihen von Raketenprüfständen und ein Windkanal, in dem Überschallgeschwindigkeiten erzeugt werden können, zur Verfügung. Am 4. Dezember 1937 startete die »A 3«, die jedoch aufgrund eines Fehlers im Steuerungssystem bereits nach 45 Sekunden abstürzte. Die am 3. Oktober 1942 erfolgreich gestartete Rakete »A 4« wird zwei Jahre später unter der Bezeichnung »V 2« bei der Bombardierung Londons erstmals eingesetzt.

*Startversuch der Fernrakete »A 4«, besser bekannt unter dem Propagandanamen »V 2«, in Peenemünde*

*Der Prüfstand VII der Heeresversuchsanstalt für Raketenforschung in Peenemünde auf der Ostseeinsel Usedom*

## Gegenoffensive bei Al-Alamain

Um 21.40 Uhr beginnt eine Gegenoffensive der britischen 8. Armee gegen die von deutschen und italienischen Streitkräften gehaltene Al-Alamain-Stellung. Den 1229 britischen Panzern stehen 550 deutsche und italienische gegenüber.

Allein im September war ein Drittel des deutsch-italienischen Nachschubs im Mittelmeer von britischen Seestreitkräften versenkt worden (→ S. 207). In den Panzerschlachten schmilzt die Kampfstärke der deutschen und italienischen Truppen bis zum 2. November auf 30 Panzer zusammen, während den Briten noch mehr als 600 zur Verfügung stehen. In der Nacht zum 3. November entschließt sich der Kommandeur der deutsch-italienischen Panzerarmee Afrika, Generalfeldmarschall Erwin Rommel, zum Rückzug aus der Al-Alamain-Linie und handelt damit gegen Hitlers Befehl.

## Seegefecht bei Santa-Cruz

Zwei Tage nach Beginn einer japanischen Großoffensive zur Rückeroberung der von US-Truppen besetzten Salomoninsel Guadalcanal kommt es bei den Santa-Cruz-Inseln zu einem schweren Seegefecht zwischen einem japanischen Flottenverband und US-amerikanischen Seestreitkräften.

Ebenso wie die See-Luftschlachten in der Korallensee und bei Midway wird der Zusammenstoß zwischen japanischen und US-amerikanischen Flottenverbänden von Flugzeugen entschieden, die von Trägern aus operieren. Während die US-Amerikaner mit der »Hornet«, die von japanischen Torpedofliegern versenkt wird, einen weiteren Flugzeugträger verlieren, büßen die Japaner neben zwei Trägern etwa sieben Flugzeuge ein. Auch zu Lande erleben die Japaner an diesem Tag eine Niederlage, als US-Marinesoldaten auf Guadalcanal die japanische Offensive abwehren.

Der britische Konteradmiral Harold Burrough (l., mit Stab) erklärt den Einsatzplan.

US-amerikanische Truppen während der Landung an der marokkanischen Küste

## 8. NOVEMBER

# Alliierte Truppen landen in Marokko und Algerien

**Um 1.00 Uhr Ortszeit beginnt unter dem Oberbefehl des US-amerikanischen Generals Dwight D. Eisenhower in Französisch-Nordwestafrika die Operation »Torch«.**

In kurzen Zeitabständen landen US-amerikanische und britische Streitkräfte in Stärke von 107 000 Mann bei Casablanca an der marokkanischen Küste sowie bei Algier und Oran in Algerien. Die alliierten Landungstruppen für Oran und Algier waren am 22. Oktober in zwei Geleitzügen von Schottland und Irland aus eingeschifft worden, während die westliche Einsatzgruppe von dem US-amerikanischen Hafen Hampton Roads in Virginia aus in Richtung Marokko in See gegangen war. Unklar ist bis zuletzt die Haltung der 120 000 Mann starken französischen Streitmacht in Nordwestafrika gegenüber der alliierten Invasion. Die alliierten Landungstruppen stoßen zunächst auf heftigen französischen Widerstand, als der US-amerikanische Geschäftsträger in Nordafrika, Robert Murphy, den französischen Oberbefehlshaber in Marokko und Algerien, General Alphonse Juin, erst kurz nach Mitternacht von der Landung in Kenntnis setzt. Juin ist nicht bereit, den von den US-Amerikanern favorisierten General Henri-Honoré Giraud als Oberbefehlshaber und Verwaltungschef in Französisch-Nordwestafrika anzuerkennen.

Im Bemühen, die Unterstützung der französischen Vichy-Behörden in Nordafrika zu gewinnen, nimmt Murphy noch in der Nacht mit dem zufällig in Algier weilenden Oberbefehlshaber sämtlicher französischer Streitkräfte, Admiral François Darlan, Kontakt auf. Darlan erhält vom Staatschef des unbesetzten Frankreich, Marschall Philippe Pétain, Handlungsfreiheit und ordnet am Vormittag die Einstellung der Kampfhandlungen zunächst im Raum Algier an. Während Pétain unter Druck offiziell gegen die alliierte Landung protestiert, stimmt er in einem Geheimtelegramm an François Darlan einem Waffenstillstand in Marokko und Algerien zu.

## 10. NOVEMBER

# Vichy wechselt die Seiten

Während der Oberbefehlshaber der französischen Streitkräfte, Admiral François Darlan, mit heimlicher Rückendeckung des französischen Staatschefs Philippe Pétain die Einstellung der feindlichen Handlungen gegen die alliierten Invasionstruppen in Marokko und Algerien anordnet, zitiert Adolf Hitler den französischen Ministerpräsidenten Pierre Laval nach München.

Hitler will ihn zum Kriegseintritt Frankreichs gegen die Alliierten bewegen. Laval versucht Hitler hinzuhalten, indem er sich auf die Entscheidungskompetenz von Pétain beruft. Telefonisch versucht er den französischen Staatschef dazu zu bewegen, die Billigung des Waffenstillstands in Nordafrika zurückzuziehen, um Hitler keinen Vorwand zum Einmarsch in den unbesetzten Teil

Dwight David Eisenhower

Marschall Philippe Pétain

Frankreichs zu geben. Während Pétain sich offiziell deutschem Druck beugt und Darlan aller Ämter enthebt, versichert er ihn heimlich weiterhin seiner Unterstützung. Für Verwirrung sorgt die Politik Vichys bei den Militärbefehlshabern in Nordafrika, die z.T. den Weisungen Darlans folgen, sich z.T. aber auch auf den offiziellen Befehl von Pétain berufen und den Widerstand gegen die Invasoren fortsetzen. Erst die exakt geplante Besetzung Südfrankreichs durch die deutsche Wehrmacht am 11. November (→ S. 228) führt die Franzosen auf die Seite der Alliierten. Am 13. November erkennt der alliierte Oberbefehlshaber Eisenhower Darlan als De-facto-Staatsoberhaupt von Französisch-Nordwestafrika an.

*US-Bodentruppen ruhen sich nach dem Kampf aus.*

*Im alliierten Hauptquartier in Algier hissen Briten und Amerikaner ihre Flaggen.*

---

## ZITAT

# Churchill: »Schweiß, Blut und Tränen«

*Anlässlich eines Banketts des Lord Mayors von London nimmt der britische Premierminister Winston Churchill zur Landung alliierter Streitkräfte in Marokko und Algerien Stellung:*

»In diesem Krieg haben wir bis jetzt noch nicht so viele Gefangene gemacht wie die Deutschen. Aber die Deutschen werden am Ende in großen Scharen hereinströmen wie das letzte Mal. Ich habe bisher nichts anderes als Schweiß, Blut und Tränen versprochen, aber jetzt kommen wir zu einem neuen Kapitel. Wir haben einen Sieg errungen, einen bemerkenswerten und eindeutigen Sieg.

Der verstorbene Weniselos [Eleftherios Weniselos, griechischer Politiker (1864–1936)] hat einmal das seither berühmt gewordene Wort geprägt: ›England gewinnt in allen seinen Kriegen immer nur eine Schlacht, nämlich die letzte.‹ Diesmal scheinen wir etwas früher begonnen zu haben... Wie ich bereits sagte, suchen wir in diesem Krieg keine Gebietsgewinne oder Handelsvergünstigungen. Wir wollen keine Grenze, keine Souveränität zu unseren Gunsten ändern. Wir sind nach Nordafrika... mit unseren nord-amerikanischen Freunden zu einem einzigen Zweck gegangen: um eine Absprungstelle zu erhalten, wo wir eine neue Front gegen Hitler eröffnen können, um die Küsten Afrikas von nationalsozialistischer und faschistischer Tyrannei zu säubern, um das Mittelmeer für die See- und Luftmacht der Verbündeten zu öffnen...« Von deutscher Seite wird die »Großmäuligkeit« Churchills als Freude an »kleinen Erfolgen« diskreditiert.

---

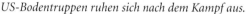

### Die Amerikaner in Nordafrika
#### Die Ereignisse in italienischer Beleuchtung   |   Das Kommando der alliierten Seestreitkräfte

*Die »Neue Zürcher Zeitung« berichtet unter dieser Überschrift von der alliierten Landung in Nordafrika.*

## Europäische Pressestimmen zur alliierten Landung in Afrika

*Am 8. November weist Reichspressechef Otto Dietrich die Presse an, die Landung in Französisch-Nordwestafrika als »infamen Rechtsbruch des Gangsterpräsidenten« Roosevelt darzustellen.*

Dementsprechend wirft der nationalsozialistische »Völkische Beobachter« den USA in seiner Ausgabe vom 9. November vor, mit der Operation »Torch« das Ziel zu verfolgen, Frankreich und Großbritannien um ihren Kolonialbesitz zu bringen.

In die gleiche Richtung zielt auch ein Kommentar des italienischen »Giornale d'Italia«, der im Eingreifen der Vereinigten Staaten in Nordafrika den Versuch sieht, die Nachfolge des britischen Empire anzutreten. Der regierungstreue »Lavoro Fascista« befürchtet, dass die alliierte Invasion an den Küsten des südlichen Mittelmeers die Lebensinteressen Italiens bedrohe.

Von der britischen Presse wird die Invasion einhellig als Höhepunkt interalliierter Strategie begrüßt. Sie sprenge auf dem Weg über das Mittelmeer die »Hintertüre zur Achse« schreibt der »Daily Express«. Für die »Times« ist die Landung der Auftakt einer nun notwendigen direkten Offensive gegen das Deutsche Reich.

---

## 9. NOVEMBER

# Deutsche Truppen nach Tunis verlegt

Einen Tag nach der für die deutsche Führung völlig überraschenden Landung der Alliierten in Marokko und Algerien treffen Einheiten des deutschen Heeres auf dem Luftweg von Sizilien aus in Tunis ein.

Am 11. November wird eine Luftbrücke eingerichtet; Panzer, Geschütze und Transportfahrzeuge werden auf dem Seeweg nach Biserta, etwa 50 km nordwestlich von Tunis, geschafft. Ende November erreichen die deutschen Truppen in Tunesien eine Stärke von 15 000 Mann, verstärkt von 9000 Mann italienischer Einheiten, die aus Tripolis hinzukommen. Die französische Vichy-Regierung, die am 8. November das deutsche Angebot bewaffneter Unterstützung gegen die Invasionstruppen in Nordwestafrika ausgeschlagen hatte, nimmt die Errichtung des deutsch-italienischen Brückenkopfes auf ihrem Territorium widerstandslos hin. Auf Anweisung der Vichy-Behörden räumen die französischen Truppen die Häfen von Tupis und Biserta und ziehen sich in Richtung des algerischen Grenzgebietes zurück. Erst nach dem deutschen Einmarsch in Südfrankreich am 11. November erteilt der französische Militärbefehlshaber in Nordafrika, Admiral François Darlan, den französischen Truppen in Tunesien den Befehl zum Widerstand.

## 22. NOVEMBER

# 6. Armee im Kessel

**Drei Tage nach Beginn einer sowjetischen Offensive an der Südwestfront, der Donfront und der Stalingradfront treffen die sowjetischen Angriffszangen bei Kalatsch am Don im Rücken der deutschen 6. Armee zusammen.**

Etwa 284 000 deutsche und rumänische Soldaten werden im Raum Stalingrad (→ S. 219) zwischen Don und Wolga von ihren rückwärtigen Verbindungen abgeschnitten.

### Im Kessel von Stalingrad

Nach Abschluss der sowjetischen Umfassungsoperation sind die deutsche 6. Armee, das IV. Armeekorps der deutschen 4. Panzerarmee, die rumänische 20. Infanterie- und 1. Kavalleriedivision von sowjetischen Verbänden eingekesselt. Über die Stärke der Armeen besteht auf beiden Seiten Unklarheit. Während die sowjetische Führung glaubt, es seien 80 000 Mann, vermutet das Oberkommando der Wehrmacht, dass sich 400 000 Soldaten im Kessel befinden. Generalmajor Paulus selber schätzt die Stärke seiner Truppen auf 200 000 Mann. Tatsächlich befinden sich am 22. November auf einem Raum von 1500 km² etwa 284 000 Mann im Kessel, darunter 9590 Rumänen und 20 300 sowjetische Kriegsgefangene.

**Überraschende Gegenoffensive:** Der erste Teil der sowjetischen Offensive hatte am 19. November nordwestlich von Stalingrad aus den Don-Brückenköpfen heraus begonnen. Aufgrund des seit Tagen anhaltenden trüben Wetters mit Nebel und dichtem Schneetreiben waren die sowjetischen Truppenkonzentrationen von deutschen Aufklärungsmaschinen unbemerkt geblieben. Am 20. November hatte im Süden von Stalingrad der zweite Teil der Offensive begonnen. Am 21. November erreichten den deutschen Stab die ersten alarmierenden Nachrichten vom konzentrischen Vorstoß der Roten Armee, der die rückwärtigen Teile der 6. Armee und der am Don stationierten rumänischen Verbände völlig überraschte. Am gleichen Tag einsetzende heftige Schneestürme und ein Temperatursturz auf minus 26 °C hatten zusätzlich die Verteidigungskraft der deutschen und rumänischen Ver-

bände gelähmt. Durch den überstürzten Rückzug auf Stalingrad waren den Sowjets im rückwärtigen Raum lebenswichtige Verpflegungslager, Waffen, Munition und Fahrzeuge der 6. Armee in die Hände gefallen.

**Hitler befiehlt Einigelung:** Noch am Abend des 22. November erhält der Kommandeur der 6. Armee, Generalmajor Friedrich Paulus, vom Diktator Adolf Hitler den persönlichen Funkspruch: »Die 6. Armee igelt sich ein und wartet Entsatz von außen ab!« Am nächsten Tag (→ S. 225) bittet Paulus Hitler in einem direkten Funkspruch an das Führerhauptquartier um Handlungsfreiheit für den Ausbruch der eingeschlossenen Truppen. Die Versorgungsreserven der 6. Armee reichen am Abend noch für sechs Tage. In der folgenden Nacht versucht der Generalstabschef des deutschen Heeres, General Kurt Zeitzler, vergeblich, Hitler zur Räumung Stalingrads zu bewegen. Stattdessen verbürgt sich Reichsmarschall Hermann Göring am Morgen für die Luftversorgung der 6. Armee.

**Luftversorgung aussichtslos:** Am 25. November fliegen die ersten Junkers-Ju-52-Maschinen in den Kessel. 600 Tonnen Munition, Treibstoff, Futter für die etwa 50 000 ebenfalls eingeschlossenen Pferde und Lebensmittel, davon allein 40 Tonnen Brot, benötigt die 6. Armee täglich. Obwohl sämtliche verfügbaren Ju 52 für den Einsatz in Stalingrad abgestellt werden, bringen die Maschinen an den ersten beiden regulären Versorgungstagen, am 25. und 26. November, nur 65 Tonnen Munition und Treibstoff in den Kessel. Am 26. November werden die Verpflegungssätze der 6. Armee auf den halben Satz gekürzt: Jeder Mann erhält täglich 200 g Brot und Büchsenverpflegung.

Am 27. November übernimmt Generaloberst Erich von Manstein den Oberbefehl über die neu gebildete Heeresgruppe Don, die den Befehl erhält, den Kessel von Stalingrad zu sprengen und die Verbindung mit der 6. Armee herzustellen (→ S. 234). Am gleichen Tag trifft beim Stab der 6. Armee ein erneuter Durchhalteaufruf Hitlers ein, den Generalmajor Arthur Schmidt, Stabschef der 6. Armee, mit einer Anmerkung ergänzt: »Drum haltet aus, der Führer haut uns raus.«

*Deutsche Infanteristen dringen bei Stalingrad in eine zerstörte Fabrik ein.*

*Durch die sowjetische Offensive werden die im Raum Stalingrad kämpfenden deutschen Soldaten von der übrigen Front vollständig abgeschnitten.*

*Sturmgeschütze rollen als Deckung für die Infanterie durch Stalingrad.*

*In Stalingrad fallen auf beiden Seiten ca. 200 000 Soldaten.*

*Deutsche Grenadiere verschanzen sich in den Trümmern einer Industriehalle.*

---

**23. NOVEMBER**

## Keine Vollmachten für Paulus

Über Funk bittet der Kommandeur der 6. Armee, Generalmajor Friedrich Paulus, den Führer und Reichskanzler Adolf Hitler um die Genehmigung zum Ausbruch seiner Armee-Einheiten aus dem Kessel von Stalingrad:

»Munition und Betriebsstoff gehen zu Ende... Die Armee geht in kürzester Zeit der Vernichtung entgegen... Bitte aufgrund der Lage... um Handlungsfreiheit.«

Einen Tag nach dem Funkspruch von Generalmajor Friedrich Paulus lehnt Adolf Hitler dessen Ersuchen um Handlungsfreiheit für den Ausbruch der 6. Armee ab (→ S. 234): »Jetzige Wolgafront und jetzige Nordfront... unter allen Umständen halten. Luftversorgung durch Einsatz weiterer 100 Ju im Anlaufen.«

*Ein deutscher Soldat in den Außenbezirken von Stalingrad vor dem Hintergrund zerstörter Wohnblocks*

*Sowjetische Scharfschützen beobachten ein Gebäude, in dem sich deutsche Wehrmachtssoldaten versteckt haben.*

*Die britische »Illustrated London News« dokumentiert die Rede Hitlers in München mit dieser Bildfolge, die den Führer als geifernden Demagogen zeigt.*

8. NOVEMBER

# Stalingrad wird zur fixen Idee der Diktatoren

Aus Anlass des 19. Jahrestages des Hitler-Putsches spricht Adolf Hitler vor Mitgliedern der Partei im Münchener Löwenbräukeller.

**Hasstiraden gegen Gegner:** Nach dem obligatorischen Überblick über die Entwicklung der Partei seit 1920 mit zahllosen Hinweisen auf die eigenen Verdienste um den »Wiederaufstieg des Deutschen Reiches nach 1918 gipfeln Hitlers Ausführungen in Hasstiraden gegen den »Oberstrolch« Roosevelt und die Kriegsgegner des Deutschen Reiches, hinter denen, auch dies ein ständig wiederholter Vorwurf, das »internationale Judentum« als Drahtzieher stehe. Kern der

Rede ist ein Kommentar zu den Kämpfen um Stalingrad (Wolgograd): »Ich wollte zur Wolga kommen, und zwar an einer bestimmten Stelle, an einer bestimmten Stadt. Zufälligerweise trägt sie den Namen von Stalin selber. Also denken Sie nur nicht, dass ich aus diesen Gründen dorthin marschiert bin... Dort schneidet man nämlich 30 Mio. Tonnen Verkehr ab,... dort war ein gigantischer Umschlagplatz. Den wollte ich nehmen und – wissen Sie – wir sind bescheiden, wir haben ihn nämlich! Es sind nur noch ein paar kleine Plätzchen da.« Am Ende ruft der deutsche Diktator unter dem Jubel

der Masse aus: »Keine Macht der Erde kriegt uns dort wieder weg!«

**Hitler von Realität entfernt:** Dass diese »kleinen Plätzchen« etwa ein Zehntel der Stadt ausmachen und seit Wochen erbittert umkämpft sind, ohne dass den deutschen Truppen ein nennenswerter Bodengewinn gelungen wäre, während die sowjetische Führung zu einer Großoffensive rüstet, verschweigt Hitler trotz genauer Kenntnis der aussichtslosen Lage.

Bereits seit Monaten ist offensichtlich, dass der »Größte Feldherr aller Zeiten« zu keiner einigermaßen objektiven Lageeinschätzung mehr fähig ist. Am 14. Oktober hatte er eine

Zurücknahme deutscher Kräfte an anderen Fronten zur Flankendeckung für den Vorstoß gegen Stalingrad kategorisch untersagt. Hitler will alles auf einmal erreichen und unterschätzt die Stärke der Roten Armee maßlos.

**Stalin will die Wolga halten:** Auch für den sowjetischen Diktator Josef W. Stalin hat die Stadt seines Namens eine besondere Bedeutung. Die strategische Lage und der mit seiner Eroberung durch deutsche Verbände verbundene Prestigeverlust veranlasste ihn bereits am 12. Juli zur Anweisung, dass die Wolgametropole unter allen Umständer zu halten sei.

# KPD ist am Ende

Zwei Monate nach Zerschlagung der »Roten Kapelle« (→ S. 214) gelingt der Geheimen Staatspolizei (Gestapo) ein weiterer Schlag gegen eine illegale kommunistische Widerstandsgruppe im Deutschen Reich.

In Hamburg verhaftet die Gestapo den 47-jährigen Feinmechaniker Bernhard Bästlein, in den 20er Jahren Redakteur verschiedener kommunistischer Tageszeitungen und 1933

*Illegale Druckerei der Widerstandsgruppe um Theodor Neubauer und Magnus Poser, die im Raum Thüringen ihre Aktivitäten konzentrierte*

*Nach den schweren Luftangriffen der Alliierten setzt die KPD vergeblich auf die Kriegsmüdigkeit der deutschen Bevölkerung.*

Reichstagsabgeordneter der Kommunistischen Partei Deutschlands (KPD). In den nächsten Tagen erfolgt die Verhaftung fast der gesamten Widerstandsgruppe, die Bästlein Anfang 1942 zusammen mit dem Versicherungsangestellten Robert Abshagen und dem ehemaligen kommunistischen Abgeordneten der Hamburger Bürgerschaft, Franz Jacob, aufgebaut hatte.

Lediglich Jacob gelingt es, durch einen Telefonanruf rechtzeitig gewarnt, den Verfolgern zu entkommen. Von der Existenz der Gruppe, deren Ziel es war, in traditionell »roten« Hamburger Betrieben wie den Werften von Blohm & Voss Opposition zu wecken, hatte die Gestapo erstmals im Sommer 1942 erfahren.

*Aufruf zum Widerstand von Wilhelm Pieck, der seit der Verhaftung von Ernst Thälmann 1933 die Führung der KPD im Exil inne hat.*

*Flugblatt der verbotenen KPD, die unter der Leitung von Wilhelm Pieck und Walter Ulbricht von Moskau aus den Widerstand organisiert*

*Ein Stempel mit antifaschistischer Losung; der Versuch, Arbeiter in der Rüstungsindustrie zu Sabotageakten zu bewegen, steht im Zentrum der Agitation von kommunistischen Widerstandsgruppen im Deutschen Reich.*

## Neue Verwaltung für Großostasien

Die japanische Regierung in Tokio gibt die Gründung eines Großostasienministeriums bekannt.

Das neue Ministerium setzt sich aus vier Abteilungen zusammen. Neben einem Amt für allgemeine Angelegenheiten umfasst es Ämter für mandschurische und für chinesische Fragen sowie ein Amt für die Südseegebiete. Zu den Hauptaufgaben des neu geschaffenen Ministeriums gehören die politische Verwaltung der von Japan besetzten Gebiete im ostasiatischen Raum.

## Pläne für Zeit nach Kriegsende

Im Auftrag des US-amerikanischen Kriegsministeriums richtet die Universität von Virginia eine Schule für Militärregierungen ein.

Ziel der Anstalt ist es, eine Gruppe von Militärs und Zivilisten auszubilden, die imstande sind, während einer Übergangszeit vom Kriegsende bis zum Inkrafttreten von Friedensbedingungen in befreiten und besetzten Ländern die militärische Regierungsgewalt zu übernehmen. Der Einsatz von Spezialisten soll ein Machtvakuum verhindern.

## Todesurteile bei kleinen Vergehen

Wegen Diebstahls von Lebensmittelzuteilungen verurteilt ein Berliner Sondergericht zwei Angestellte eines Reservelazaretts als »Volksschädlinge« zum Tode.

Am 30. November fällt ein Sondergericht in Hannover ein Todesurteil wegen Schwarzschlachtens gegen einen Metzgermeister. Jeder Verstoß gegen kriegswirtschaftliche Verordnungen sei als Zersetzung der Verteidigungskraft zu werten.

## 11. NOVEMBER

# Deutsche besetzen Südfrankreich

*Schwer bewaffnete italienische Truppen kontrollieren eine Zugangsstraße in die französische Hafenstadt Marseille.*

*Die französische Bevölkerung beobachtet wie hier in Toulouse die deutsche Besetzung misstrauisch und hilflos.*

**Um 7.00 Uhr morgens überschreiten Einheiten der deutschen Wehrmacht die Demarkationslinie zwischen dem besetzten und dem unbesetzten Teil Frankreichs.**

Gleichzeitig landen italienische Truppen von Sardinien aus auf Korsika. Einheiten der italienischen 4. Armee marschieren in das Gebiet an der französischen Riviera ein. Unbesetzt bleiben der Sitz der französischen Regierung in Vichy und der Kriegshafen Toulon mit der vor Anker liegenden französischen Kriegsflotte, die sich am 27. November selbst versenkt (→ S. 229).

In einem Brief an den französischen Staatschef Marschall Philippe Pétain begründet Adolf Hitler den deutschen Einmarsch in Südfrankreich mit dem Hinweis auf die alliierte Landung in Französisch-Nordwestafrika (→ S. 222), die der erste Schritt zu einer Besetzung der französischen Mittelmeerküste durch US-amerikanische und britische Truppen sei. Der Einmarsch der Wehrmacht in den unbesetzten Teil Frankreichs geschehe somit allein zum Schutz der Souveränität des französischen Mutterlandes »gegenüber der angelsächsischen räuberischen Koalition«.

Eigentlicher Hintergrund für die Besetzung Südfrankreichs ist die Weigerung der Vichy-Regierung, nach der alliierten Landung in Nordwestafrika an der Seite der Achsenmächte in den Krieg einzutreten. Hitler nimmt dabei den zu erwartenden Übergang der französischen Streitkräfte in Nordafrika in Kauf, die – wie alle Kolonialtruppen Frankreichs – nach Bruch der Waffenstillstandsbedingungen vom 22. Juni 1940 (→ S. 68) durch das Deutsche Reich keine Verpflichtungen gegenüber der deutschen Führung mehr haben.

## 2. NOVEMBER

# Rückzug aus Al-Alamain

**Unter dem Namen »Super Charge« setzt die britische 8. Armee zum Durchbruch durch die Stellungen der Panzerarmee Afrika bei Al Alamain an (→ S. 221).**

Am Abend informiert Generalfeldmarschall Erwin Rommel das Führerhauptquartier, dass ein Rückzug aus der Al-Alamain-Stellung unumgänglich sei. Am 3. November befiehlt er den Rückzug nach Westen. Kurz darauf erreicht ihn ein Funkspruch Adolf Hitlers: »Ihrer Truppe aber können Sie keinen anderen Weg zeigen, als den zum Siege oder zum Tode.« 24 Stunden später erweist sich der Haltebefehl als undurchführbar. Die Schlacht von Al Alamain ist verloren, die Panzerarmee Afrika setzt den Rückzug fort. Rommels Truppen erhalten seit August wegen der alliierten Luftoffensive im Mittelmeerraum nur noch minimalen Nachschub (→ S. 232). Am 13. November erobert die britische 8. Armee Tobruk.

*In langen Schlangen marschieren Soldaten der Achsenmächte in die Gefangenschaft. Generalfeldmarschall Erwin Rommel muss die Überlegenheit der britischen Verbände anerkennen, die mit 220 000 Mann zum Angriff auf die deutsch-italienischen Stellungen vorgehen. Rommel beschließt den sofortigen Rückzug der Panzerarmee Afrika.*

## Franco mobilisiert spanische Armee

»Um die Integrität und Souveränität Spaniens zu verteidigen«, ordnet der spanische Regierungschef Francisco Franco Bahamonde die Teilmobilmachung an.

Sieben Tage nach dem Einmarsch der deutschen Wehrmacht in Südfrankreich und der Besetzung der spanisch-französischen Pyrenäen-Grenze durch deutsche Truppen reagiert die spanische Regierung damit auf die neue Lage. Der Spanienkorrespondent der Londoner »Times« kommentiert am 18. November den von Franco angeordneten Schritt: »In London wurde seit Beginn des afrikanischen Feldzuges die Möglichkeit eines deutschen Einfalls in Spanien diskutiert. Die Balearen und andere Punkte spanischen Gebiets wären für einen deutschen Gegenschlag äußerst wertvoll.« Meldungen, wonach die deutsche Regierung Spanien die Beachtung seiner Souveränität zugesichert habe, werden von spanischen Regierungskreisen dementiert.

## Selbstversenkung der französischen Kriegsflotte im Hafen von Toulon

In einem Handstreich besetzen Einheiten der deutschen Wehrmacht den französischen Mittelmeer-Kriegshafen Toulon.

Die Aktion findet statt, um das von Adolf Hitler befürchtete Auslaufen der französischen Flotte nach Französisch-Nordwestafrika zu verhindern. Damit die Schiffe nicht in die Hände der Deutschen fallen, versenkt die französische Marine selbst die Flotte – 61 Schiffe (s. Abb. o.).

## Keine zweite Front vor Jahresablauf

Vier Tage nach der Landung US-amerikanischer und britischer Truppen an den Küsten von Marokko und Algerien (→ S. 222) nimmt US-Präsident Franklin Delano Roosevelt auf einer Pressekonferenz zur Frage nach der Errichtung einer zweiten Front in Europa Stellung.

Unter Hinweis auf die organisatorischen Vorarbeiten einer Invasion an den europäischen Küsten und die Schwierigkeiten der Bereitstellung ausreichender Mengen an Schiffsraum angesichts der hohen Tonnageverluste durch Angriffe deutscher Seestreitkräfte im Atlantik schließt Roosevelt eine zweite Front in Europa noch in diesem Jahr aus. Demgegenüber betont er, dass mit der alliierten Landung in Französisch-Nordwestafrika inzwischen an der Südflanke Europas eine »kleinere zweite Front« eröffnet worden sei.

## Widerstand in Griechenland

Spezialisten eines britischen Sabotageteams sprengen die 180 m lange Gorgopotamos-Eisenbahnbrücke.

Die Sprengung der Brücke an der Strecke Saloniki–Athen, über die etwa 80% des deutschen Nachschubs für die Panzerarmee Afrika rollten, ist die erste größere Aktion der Widerstandsbewegung in Griechenland (→ S. 138), die die Aktion sicherten.

*Die Gorgopotamos-Eisenbahnbrücke nach der Zerstörung durch ein britisches Sabotageteam; Rivalitäten unter den griechischen Widerstandsgruppen haben die Aktion gegen die strategisch wichtige Verbindungsstrecke verzögert.*

## Partisanen bilden Befreiungsrat

54 Delegierte des von Josip Broz Tito geführten jugoslawischen Volksbefreiungskomitees gründen in Bihac in Westbosnien als provisorisches Parlament den Antifaschistischen Rat der Nationalen Befreiung Jugoslawiens (AVNOJ).

Die Sitzung findet in einem Kloster statt, dessen Wände mit Porträts des US-amerikanischen Präsidenten Franklin Delano Roosevelt, des britischen Premierministers Winston Churchill und des sowjetischen Staatschefs Josef W. Stalin geschmückt sind. Die Delegierten, die für die Abhaltung freier Wahlen nach Kriegsende plädieren, wählen den Kommunisten Ivan Ribar zum Präsidenten des Rates (→ S. 342).

Zum Zeitpunkt der Konstituierung des AVNOJ verfügt die Partisanenarmee Titos über 150 000 Mann unter Waffen, die u.a. in Slowenien und Serbien operieren.

Ein Munitionslager der deutschen Wehrmacht an der Ostfront; im Vordergrund rechts 21-cm-Granaten

Die Propagandazeitschrift »Signal« zeigt ein verharmlosendes Farbfoto vom Frontalltag.

Ein Kanonier der Wehrmacht vor einer 21-cm-Haubitze

Stroh soll das Durchdrehen der Reifen verhindern.

Feindlicher Artilleriebeschuss beim Vormarsch

Nachschub wird meist mit Pferden beschafft.

*Der Krieg an der sowjetischen Front wird auch von der Witterung mitbestimmt.*

## DEZEMBER

# Zeit der Siege zu Ende

Während die deutschen Truppen sich an allen Fronten in der Defensive befinden, verbreitet das Oberkommando der Wehrmacht (OKW) unverdrossen optimistisch geschönte Lageeinschätzungen.

Aus Tunesien wird am 5. Dezember die »nahezu völlige« Vernichtung feindlicher Kräfte gemeldet. Berichte über »planmäßige Ausweichbewegungen« verharmlosen die bedrohliche Situation der Panzerarmee Afrika, die seit der alliierten Landung in Marokko und Algerien von zwei Seiten eingekeilt wird.

Für die Ostfront äußert der Führer und Reichskanzler Adolf Hitler am 9. Dezember die Ansicht, dass »die erste Phase der großen russischen Winteroffensive abgeschlossen [sei], ohne dass sie entscheidende Erfolge gebracht hat«. Den verzweifelten Kampf der seit dem 22. November (→ S. 224) bei Stalingrad (Wolgograd) eingeschlossenen 6. Armee ignoriert Hitler offensichtlich ganz bewusst.

*Gefangene deutsche Wehrmachtssoldaten an der Ostfront, gegen die Kälte in der Sowjetunion sind die Soldaten nur unzureichend geschützt.*

*Getarnte Schützen im Anmarsch auf die Stellung*

*Panzerschützen ergänzen ihre Munitionsvorräte.*

*Fahrzeuge müssen häufig freigeschaufelt werden.*

## 4. DEZEMBER

# Alliierte Offensive

Beim ersten Angriff der US-Luftwaffe auf Italien greifen schwere Bomber vom Typ Boeing B 24 »Liberator« Handels- und Kriegsschiffe sowie Hafen- und Eisenbahnanlagen in Neapel an.

Das italienische Oberkommando verlegt daraufhin Teile der italienischen Flotte nach La Spezia und nach Maddalena auf Sardinien. Der US-Angriff ist Teil einer im August begonnenen Luftoffensive gegen die Versorgungsschiffahrt der Achsenmächte für die Truppen in Nordafrika und gegen die italienischen Nachschubhäfen Neapel, Tarent und Palermo auf Sizilien. Zwischen August und November verlieren die Achsenmächte im Mittelmeer 205 000 Tonnen Schiffsraum für Nordafrika. Seit Mitte Oktober fliegt die britische Luftwaffe zudem Luftangriffe gegen italienische Städte.

*Die alliierten Bombergeschwader fliegen Einsätze gegen Städte im Deutschen Reich und Italien.*

*Die Häuser in Neapel sind fast ausgebrannt.*

*Luftbild eines US-amerikanischen Angriffs auf Neapel*

*Der Hafen von Neapel nach einer Bombardierung*

*Im Hafen der libyschen Stadt Bengasi brennen italienische Versorgungsschiffe.*

*Zwei abgeschossene deutsche Maschinen in der Nähe von El Daba (Libyen)*

*Bild vom völlig zerstörten Kölner Hauptbahnhof*

*US-amerikanische Bomben über dem französischen Lille*     *Ruinen in Hamburg zeugen von den schweren Luftkämpfen.*

*Der viermotorige britische Bomber vom Typ »Stirling« kann eine Bombenlast von insgesamt 8 t transportieren.*

## HINTERGRUND

# Bilanz alliierter Luftangriffe '42

Die Schwerpunkte des alliierten Luftkrieges gegen die Achsenmächte liegen während des Jahres 1942 zum einen auf Angriffen gegen deutsches Reichsgebiet, zum anderen auf kombinierten Aktionen von Luft- und Seestreitkräften gegen den deutsch-italienischen Nachschub für den Kriegsschauplatz in Nordafrika.

Bei den etwa 100 Luftangriffen auf das Gebiet des Deutschen Reiches fallen 53 755 Tonnen Bomben auf deutsche Städte und Industrieanlagen. Die durchschnittliche Verlustquote der Angreifer liegt bei 5,6% der eingesetzten Maschinen, die durch den Ausbau der US-amerikanischen Flugzeugproduktion zunehmend ausgeglichen werden kann. Bis zum Jahresende laufen in den USA 47 836 Flugzeuge vom Band, darunter 2625 Bomber der Typen Boeing B 17 »Flying Fortress« und B 24 »Liberator«.

Obwohl die alliierte Luftoffensive in Westeuropa mit dem ersten Flächenbombardement auf Lübeck (→ S. 186) und drei 1000-Bomber-Angriffen auf Köln (→ S. 196), Essen und Bremen eine neue Dimension erreicht, bleiben ihre Ergebnisse im Gegensatz zur Offensive gegen den Geleitzugverkehr der Achsenmächte im Mittelmeer (→ S. 232) hinter den Erwartungen zurück. Weder gelingt es, die deutsche Kriegsproduktion entscheidend zu schwächen, noch scheinen die Angriffe die erhoffte zermürbende Wirkung auf die Zivilbevölkerung zu zeigen.

Entscheidend für den weiteren Erfolg der in diesem Jahr noch ausschließlich von der Royal Air Force geflogenen Angriffe ist jedoch der Übergang der Initiative auf die Alliierten. Seit 1942 wird der Kampf um die Luftherrschaft in Westeuropa über deutschem Boden ausgetragen, wobei es der deutschen Luftwaffe nicht gelingt, das Gebiet des Deutschen Reiches erfolgreich zu verteidigen.

## 12. DEZEMBER

# Stalingrad: 6. Armee kapituliert

Aus dem Raum Kotelnikowo südwestlich von Stalingrad (Wolgograd) beginnt die erfolglose Operation »Wintergewitter«, der Entsatzversuch der Heeresgruppe Don für die im Kessel von Stalingrad eingeschlossene deutsche 6. Armee.

Der Entsatzversuch scheitert schon nach wenigen Tagen. Unter dem Oberbefehl von Generaloberst Hermann Hoth gelingt es der deutschen 4. Panzerarmee zunächst, gemeinsam

### Knappe Versorgung der 6. Armee

Ab dem 8. Dezember erhält jeder Soldat im Kessel täglich 200 g Brot, 120 g Frischfleisch oder 200 g Pferdefleisch, 50 g Käse oder 75 g Frischwurst, 30 g Butter, Margarine oder Schmalz bzw. 120 g Marmelade, 3 Portionen Getränke und 3 Zigaretten, 1 Zigarre oder 25 g Tabak. Brot, Aufstrich, Mittag- und Abendkost reichen bis zum 26., Getränke und Tabakwaren bis zum 28. Dezember. Auf dem Luftweg erreichen die eingeschlossenen Truppen in diesen Tagen täglich etwa 95 statt der geforderten 300 Tonnen Nachschub. Häufig bringen die Maschinen jedoch statt der dringend benötigten Lebensmittel Stapel alter Zeitungen, Kragenbinden, Dachpappe oder Stacheldraht; als Gewürze angefordert werden, fliegen zwei Ju 52 an einem Tag vier Tonnen Majoran und Pfeffer in den Kessel. Am 15. Dezember muss die Brotration auf 100 g täglich reduziert werden. Jeder Soldat erhält pro Tag zwei Schnitten Brot, einige Tassen Kräutertee oder Malzkaffee und mittags eine dünne Suppe, von der häufig erst die Eisschicht entfernt werden muss, bevor sie gegessen werden kann. Am 17. Dezember meldet die Sanitätsführung der 6. Armee die ersten Todesfälle wegen Erschöpfung und unzureichender Ernährung.

mit der aus Frankreich herangeführten 6. Panzerdivision und der 23. Panzerdivision innerhalb weniger Stunden die am äußeren Ring von

*Der Kampf um Stalingrad hat in der sowjetischen Stadt unübersehbare Spuren der Zerstörung hinterlassen.*

Stalingrad stehenden Einheiten der sowjetischen 51. Armee zurückzudrängen. Ein gleichzeitig vom Oberbefehlshaber der Heeresgruppe Don, Generalfeldmarschall Erich von Manstein, befohlener Vorstoß des XXXVIII. Panzerkorps unter General Karl Hollidt aus dem Don-Bogen heraus, der den Entsatzversuch an der linken Flanke absichern soll, bleibt nach wenigen Tagen zwischen Don und Donez stecken.

**Sowjetische Gegenoffensive zwingt zum Rückzug:** Am 16. Dezember set-

zen Einheiten der sowjetischen Südwestfront am mittleren Don auf einem 90 km langen Frontabschnitt zu einer Gegenoffensive an. Am 20. Dezember gelingt der Roten Armee der Durchbruch mit Stoßrichtung auf Rostow am Don, der die deutschen Heeresgruppen Don und A von ihren rückwärtigen Verbindungen abzuschneiden droht. Am 23. Dezember sieht Manstein sich gezwungen, starke Kräfte der 4. Panzerarmee, die sich inzwischen dem Einschließungsring um Stalingrad auf 48 km

*Soldaten der Feldküche holen aus einem fast zugefrorenen Fluß Wasser; die Ernährungslage der deutschen Truppen im Kessel von Stalingrad verschlechtert sich im Laufe der Zeit immer mehr, weil die von Hitler großspurig zugesagte Versorgung aus der Luft nur unzureichend funktioniert.*

genähert hat, nach Nordwesten abzuziehen. Der Entsatzversuch für die Truppen in Stalingrad wird abgebrochen, da alle verfügbaren deutschen Reserven zur Eindämmung der sowjetischen Gegenoffensive benötigt werden. Gleichzeitig nimmt die 6. Armee ihre Westfront schrittweise auf Stalingrad zurück. Um angesichts der sowjetischen Gegenoffensive zwischen Don und Donez sowie der erschöpften deutschen Kräfte die Abschließung der im Kaukasus operierenden deutschen Heeresgruppe A und damit eine Katastrophe wie vor Stalingrad zu verhindern, ordnet das Oberkommando des Heeres am 28. Dezember den Rückzug der Truppen aus dem Kaukasus an.

**Sprengung des Kessels führt zu Kapitulationen:** Im Raum Stalingrad setzt die Rote Armee am 10. Januar 1943 von Westen zum Angriff an. Am 22. Januar fällt der letzte Flugplatz im Kessel, Gumrak, in sowjetische Hand. Die Luftversorgung bricht zusammen. Am 25. Januar zersprengen sowjetische Einheiten die deutschen Kräfte in zwei Teilkessel. Friedrich Paulus, der am Vortag zum Generalfeldmarschall beförderte Oberbefehlshaber der 6. Armee, kapituliert mit dem südlichen Kessel am 31. Januar, der Nordkessel am 2. Februar (→ S. 254).

ZITAT

# »In Stalingrad die Frage nach Gott stellen«

*Zahlreiche Briefe deutscher Soldaten, die Ende 1942 im Kessel von Stalingrad (Wolgograd) eingeschlossen sind, erreichen in der Weihnachtszeit die Angehörigen in der deutschen Heimat. Die Mehrzahl der Schreiber vereint ganz offensichtlich die Gewissheit, dass es die letzten Zeilen an die Daheimgebliebenen sein werden:*

»Liebe Mama, lieber Papa, nun ist in ein paar Tagen das Weihnachtsfest heran. Um ehrlich zu sein, mir ist nicht ganz danach zumute. Es ist entsetzlich kalt. Bunker habe ich zur Zeit keinen. Ich mache jetzt Funkdienst in einem Panzerwagen. Heute sitze ich schon den ganzen Tag in diesem Eisschrank mit Hörer auf dem Kopf, ohne Decken und ohne mich zu rühren. Zu essen hab ich längst nichts mehr. Selbstverständlich sind die Rationen gekürzt worden... Pferdefleisch ist selten geworden; außerdem kann man es auch nicht roh essen; denn mitten in der baumlosen Steppe gibt es kein Brennholz... An die Panzerwand über meinem Funkgerät habe ich ein Bild Hermanns geklebt [Reichsmarschall Hermann Göring, der sich am 24. November 1942 für die Luftversorgung der 6. Armee verbürgt hatte], unter dem seine klassischen Worte stehen: ›Die Ernährungslage wird immer besser!‹ Humor muss bleiben, auch wenn man das Lachen verlernt hat...«

»...Du weißt, wie ich zu Dir stehe, Augusta; über unsere Gefühle haben wir wenig oder gar nicht gesprochen; ich liebe Dich sehr und Du liebst mich, und darum sollst Du die Wahrheit wissen. Sie steht in diesem Briefe. Die Wahrheit ist das Wissen um den schwersten Kampf in hoffnungsloser Lage. Elend, Hunger, Kälte, Entsagung, Zweifel, Verzweiflung und entsetzliches Sterben. Mehr sage ich darüber nicht... Meine persönliche Schuld an den Dingen ist nicht abzuleugnen. Aber sie steht im Verhältnis wie 1 zu 70 Millionen, das Verhältnis ist klein, aber es ist da. Ich denke nicht daran, mich um die Verantwortung herumzudrücken, und ich argumentiere so, dass ich durch die Hin-gabe meines Lebens die Schuld beglichen habe...«

»Sechsundzwanzigmal habe ich Dir schon aus dieser verfluchten Stadt geschrieben, und Du hast mir mit siebzehn Briefen geantwortet. Nun schreibe ich noch einmal, und dann nicht mehr. So, da steht es, ich habe lange darüber nachgedacht, wie ich diesen inhaltsschweren Satz formulieren sollte, um alles in ihm zu sagen, und doch nicht so weh zu tun. Ich nehme Abschied von Dir, weil die Entscheidung seit heute morgen gefallen ist. Ich will in meinem Brief die militärische Seite gänzlich unberücksichtigt lassen, sie ist eine eindeutige Angelegenheit der Russen, und die Frage geht nur dahin, wie lange wir noch dabei sind. Es kann noch ein paar Tage dauern oder ein paar Stunden... Du wirst im Januar 28 Jahre alt, das ist noch sehr jung für eine so hübsche Frau, und ich freue mich, dass ich Dir dieses Kompliment immer wieder machen durfte. Du wirst mich sehr vermissen, aber schließe Dich trotzdem nicht ab von den Menschen. Lass ein paar Monate dazwischen liegen, aber nicht länger. Denn Gertrud und Claus brauchen einen Vater. Vergiss nicht, dass Du für die Kinder leben musst, und mach um ihren Vater nicht viel Wesen. Kinder vergessen sehr schnell und in dem Alter noch leichter. Sieh Dir den Mann, auf den Deine Wahl fällt, genau an und achte auf seine Augen und seinen Händedruck, so wie das bei uns der Fall gewesen ist, und Du wirst Dich nicht täuschen. Vor allem eins, erzieh die Kinder zu aufrechten Menschen, die den Kopf hoch tragen und jedem frei ins Angesicht blicken können. Ich schreibe mit schwerem Herzen diese Zeilen. Du würdest mir auch nicht glauben, wenn ich schrieb, dass es mir leicht fiele, aber mach Dir keine Sorgen, ich habe keine Angst vor dem, was kommt. Sage es Dir immer wieder, und den Kindern auch, wenn sie älter geworden sind, dass ihr Vater nie feige gewesen ist und dass sie es nie sein sollen.«

»... In Stalingrad die Frage nach Gott stellen, heißt sie verneinen. Ich muss Dir das sagen, lieber Vater, und es ist mir doppelt leid darum. Du hast mich erzogen, weil mir die Mutter fehlte, und mir Gott immer vor die Augen und die Seele gestellt. Und doppelt bedaure ich meine Worte, weil es meine letzten sein werden, und ich hiernach keine Worte mehr sprechen kann, die ausgleichen könnten und versöhnen. Du bist Seelsorger, Vater, und man sagt in seinem letzten Brief nur das, was wahr ist oder von dem man glaubt, dass es wahr sein könnte. Ich habe Gott gesucht in jedem Trichter, in jedem zerstörten Haus, an jeder Ecke, bei jedem Kameraden, wenn ich in meinem Loch lag, und am Himmel. Gott zeigte sich nicht, wenn mein Herz nach ihm schrie. Die Häuser waren zerstört, die Kameraden so tapfer oder so feige wie ich, auf der Erde war Hunger und Mord, vom Himmel kamen Bomben und Feuer, nur Gott war nicht da. Nein, Vater, es gibt keinen Gott. Wieder schreibe ich es und weiß, dass es entsetzlich ist und von mir nicht wiedergutzumachen. Und wenn es doch einen Gott geben sollte, dann gibt es ihn nur bei Euch, in den Gesangbüchern und Gebeten, den frommen Sprüchen der Priester und Pastöre, dem Läuten der Glocken und dem Duft des Weihrauches, aber in Stalingrad nicht.«

»...Du warst mein bester Freund, Monika. Du hast Dich nicht verlesen. Du warst es. Die Zeit ist zu ernst, um Scherze zu machen. Dieser Brief wird 14 Tage gebrauchen, um zu Dir zu kommen. Bis dahin wirst Du es schon in der Zeitung gelesen haben, was sich hier abgespielt hat... Ringsherum bricht alles zusammen, eine ganze Armee stirbt, der Tag und die Nacht brennen, und vier Menschen sind damit beschäftigt, Temperatur und Wolkenhöhe täglich weiterzugeben. Ich verstehe nicht viel vom Krieg. Von meiner Hand ist kein Mensch gefallen. Ich habe noch nicht einmal mit meiner Pistole scharf geschossen... Ich hätte noch gern ein paar Jahrzehnte die Sterne gezählt, aber damit wird es nun wohl nichts mehr werden.«

Oberbefehlshaber der 6. Armee, Generalfeldmarschall Friedrich Paulus

### 22. DEZEMBER

## Hitler verbietet »Donnerschlag«

**Adolf Hitler verbietet die Operation »Donnerschlag«, den Ausbruchsplan für die 6. Armee aus dem Kessel von Stalingrad (Wolgograd).**

Als die 4. Panzerarmee, die sich dem Einschließungsring um die Stadt bis auf 48 km genähert hat (→ S. 234), am folgenden Tag den Befehl erhält, ihren Entsatzangriff abzubrechen, um den linken Flügel der Heeresgruppe Don gegen die Offensive der sowjetischen Südwestfront zwischen Don und Donez abzusichern, ist der Untergang der 6. Armee besiegelt. Schrittweise nimmt Generalmajor Friedrich Paulus in den nächsten Tagen die Westfront des Kessels auf Stalingrad zurück (→ S. 254). An einen eigenmächtigen Ausbruch über 50 km Luftlinie ist angesichts der Erschöpfung der Soldaten, Tausenden von Verwundeten, ohne ausreichende Mengen an Munition und Treibstoff, nicht zu denken. Was Paulus nicht weiß: Der Entsatzangriff der 4. Panzerarmee sollte der 6. Armee nach den Plänen Hitlers zu keinem Zeitpunkt ermöglichen, Stalingrad zu räumen. Vielmehr sollte eine Versorgungsstraße der 6. Armee Luft verschaffen, um die Stadt noch zu halten. Durch Bindung weiterer sowjetischer Kräfte im Raum Stalingrad sollte die deutsche Südfront gerettet werden.

**DEZEMBER**

## Hitler gegen separaten Frieden

Ein möglicher deutsch-sowjetischer Separatfrieden ist im Dezember Gegenstand offizieller und inoffizieller Gespräche in Berlin und Stockholm.

In Lissabon finden gleichzeitig spanisch-portugiesische Konsultationen über die außenpolitische Lage der iberischen Staaten nach der alliierten Landung in Nordwestafrika und der deutschen Besetzung Südfrankreichs (→ S. 228) statt.

**18. DEZEMBER**

## Ciano will Frieden

Auf brüske Ablehnung bei Adolf Hitler stößt ein Vorschlag des italienischen Außenministers Galeazzo Ciano Graf von Cortellazzo, sich »in irgendeiner Form mit Stalin [zu] arrangieren« und einen Separatfrieden mit Moskau abzuschließen.

Ciano hatte den Vorschlag auf Anregung des italienischen Ministerpräsidenten und Duce Benito Mussolini im Rahmen zweitägiger Kon-

*Unterredung in der »Wolfsschanze« (v.r.): Hermann Göring, Galeazzo Ciano, Adolf Hitler und Pierre Laval*

sultationen mit Hitler in dessen Hauptquartier »Wolfsschanze« bei Rastenburg in Ostpreußen zur Sprache gebracht. Hintergrund für den

italienischen Vorstoß ist die sich an der Ostfront anbahnende Katastrophe für die Wehrmacht und die offenkundige Kriegswende in Nord-

afrika. Für Hitler kommt ein Friedensschluss mit der UdSSR aber keineswegs in Frage, da er den Ostkrieg als »Überlebenskampf« sieht.

**19. DEZEMBER**

## Hitler trifft Laval und Ciano

Zu Gesprächen mit Adolf Hitler trifft der französische Ministerpräsident Pierre Laval im Führerhauptquartier »Wolfsschanze« ein.

In Anwesenheit des italienischen Außenministers Galeazzo Ciano Graf von Cortellazzo muss sich Laval, wie ein Dolmetscher vermerkt, »wieder das ganze Sündenregister Frankreichs« anhören. Die Teilnahme von Ciano ist ein Indiz für das italienische Misstrauen gegenüber deutsch-französischen Kontakten. Rom befürchtet eine starke Mittelmeermacht Frankreich. »Die Ereignisse des Novembers, die Frankreich den Untergang seiner Mittelmeerflotte und die Auflösung der Armee brachten, haben Vichy aller Voraussetzungen für eine aktive Rolle im Mittelmeer beraubt«, kommentiert dagegen die »Neue Zürcher Zeitung«.

**14. DEZEMBER**

# Geheime Friedenskontakte

In der Nähe von Stockholm trifft der Leiter der Zentralstelle Osteuropa im Reichsaußenministerium, Peter Kleist, mit Edgar Klaus, einem V-Mann der deutschen Abwehr mit Verbindungen zur sowjetischen Führung, zusammen.

Anlass für das Gespräch ist der Versuch von Kleist, Möglichkeiten eines deutsch-sowjetischen Separatfriedens zu sondieren. Motiv für den Vorstoß sind neben der für die Achsenmächte zunehmend bedrohlicheren militärischen Lage an allen Fronten die Versuche des deutschen Widerstands, über die Schweiz, Portugal und Schweden ähnliche Kontakte zu den Westmächten zu knüpfen (→ S. 215).

In dem Gespräch, das ohne Wissen des deutschen Außenministeriums stattfindet, räumt Klaus die Möglichkeit ein, dass es der deutschen Füh-

rung innerhalb weniger Tage gelingen könne, auf der Basis der Grenzen vom September 1939 (→ S. 19) zu einem Frieden mit der Sowjetunion zu kommen. Die mögliche sowjetische Bereitschaft zu einem Ausgleich mit dem Deutschen Reich über die Westmächte hinweg war deutschen Gesprächspartnern bereits im Sommer 1942 von japanischen Diplomaten in Berlin signalisiert worden. Dabei stützten die Japaner, denen an einer Konzentration der gemeinsamen Kriegsanstrengungen auf die Westalliierten liegt, ihre Vermutungen weitgehend auf die Unzufriedenheit des sowjetischen Staatschefs Josef W. Stalin über die zögerliche Haltung der Westmächte bei der Errichtung einer zweiten Front (→ S. 229). Im April und Juni 1943 kommt es in Schweden erstmals zu direkten Kontakten zwischen deutschen und sowjetischen Diplomaten.

**18. DEZEMBER**

## Neutralitätskurs betont

Der spanische Außenminister Francisco Gómez Graf Jordana y Souza trifft in Lissabon ein.

Bei den dreitägigen Gesprächen in der portugiesischen Hauptstadt, an

Antonio de Oliveira Salazar bekleidet seit 1932 in Portugal das Amt des Ministerpräsidenten mit diktatorischen Vollmachten; Portugal wird durch seine Neutralitätspolitik nicht in den Weltkrieg verwickelt.

denen der portugiesische Staatspräsident Antonio Oscar Fragoso Carmona und Regierungschef Antonio de Oliveira Salazar teilnehmen, bekräftigen beide Seiten ihren Willen, den bisherigen Neutralitätskurs weiter zu verfolgen.

## 24. DEZEMBER

# Darlan ermordet

Admiral François Darlan (s. Abb. u. l.), seit dem 13. November De-facto-Staatsoberhaupt von Französisch-Nordwestafrika, wird in Algier von einem Parteigänger des Generals Charles de Gaulle ermordet.

Der kurz darauf verhaftete Täter wird auf Anweisung des Kommandeurs der französischen Armee in Nordwestafrika, General Henri-Honoré Giraud, am 26. Dezember hingerichtet. Einen Tag später wird Giraud Staatschef (s. Abb. u., r.). In gaullistischen Kreisen war die Ernennung Darlans, eines Exponenten der Vichy-Regierung, zum Staatsoberhaupt von Französisch-Nordwestafrika durch den Oberbefehlshaber der alliierten Invasionstruppen, General Dwight D. Eisenhower, als Affront gegen das Nationalkomitee der Freien Franzosen empfunden worden, das in den Augen de Gaulles die einzig legitime Interessenvertretung ist.

*General Andrei A. Wlassow (r.) während einer militärischen Übung*

## 27. DEZEMBER

# Wlassow-Komitee

Der am 12. Juli bei den Kämpfen um Wolchow in deutsche Kriegsgefangenschaft geratene sowjetische General Andrei A. Wlassow gründet in Berlin das Smolensker Komitee.

Ziel von Wlassow ist es, aus sowjetischen Kriegsgefangenen eine Freiwilligenarmee zur Befreiung Russlands vom Kommunismus aufzustellen. 1943 bekennt er sich zur Revolution vom 7. November 1917, diese sei aber von den Bolschewisten missbraucht worden. Außenpolitisch suche er die Freundschaft zum deutschen Volk.

## 14. DEZEMBER

## De Gaulle erhält Regierungsgewalt

Der britische Außenminister Anthony Eden und der Chef des Nationalkomitees der Freien Franzosen, General Charles de Gaulle, unterzeichnen in London ein Abkommen, mit dem die Zivilverwaltung auf Madagaskar an de Gaulle übergeht.

Die Militärhoheit auf der seit dem 5. Mai (→ S. 195) von britischen Truppen besetzten Insel bleibt in britischer Hand. Mit dem Abkommen wird erstmals ein Mitglied des französischen Nationalkomitees von den Alliierten mit Regierungsaufgaben auf französischem Territorium betraut. Noch im November hatte die Einsetzung von Admiral François Darlan als De-facto-Staatsoberhaupt von Französisch-Nordwestafrika für Missstimmung zwischen dem Komitee und den Alliierten gesorgt.

## 2. DEZEMBER

## Fermi leitet erste Kettenreaktion ein

Um 15.45 Uhr setzen der italienische Kernphysiker Enrico Fermi und sein Forschungsteam unter der Tribüne des Stadions der Universität von Chicago die erste von Menschen eingeleitete nukleare Kettenreaktion in Gang.

Die Vorbereitungen waren unter strengster Geheimhaltung von Fermi und aus Europa emigrierten Kernphysikern getroffen worden. Ziel ist es, die Entwicklung einer Atombombe zu ermöglichen. Dazu ist eine ausreichende Menge spaltbaren Materials (Uran-Isotop 235, das zu 0,7% im Natururan enthalten ist) erforderlich. Übersteigt sie die sog. kritische Masse, kommt es zu einer Kettenreaktion. Erforderlich sind außerdem Regelstäbe aus Cadmium und ein Moderator (z.B. Kohlenstoff).

## 17. DEZEMBER

## Birma-Offensive erfolglos

An der birmanisch-indischen Grenze scheitert eine britische Offensive.

Es gelingt nicht, den Widerstand der Japaner zu brechen. 40 km vor Akyab bleibt der Vorstoß stecken.

*Eine japanische Panzerdivision bei ihrem Vorstoß in Birma*

*US-Truppen in Neuguinea*

## 10. DEZEMBER

## Alliierter Vorstoß

US-amerikanische und australische Einheiten besetzen Gona an der Nordküste von Neuguinea.

Seit dem 19. November ist es den Alliierten gelungen, die Japaner auf der gesamten Länge der Insel nach Norden abzudrängen. Die Aktion läuft im Rahmen der Offensive auf Neuguinea.

# Der Massenmord an den Juden – die »Endlösung«

*Befreite Überlebende eines Konzentrationslagers im österreichischen Evensee; Aufnahme vom 7. 5. 1945.*

Im 19. Jahrhundert gewann die vorher durch Neid und religiöse Vorurteile genährte Judenfeindschaft in Europa eine neue Qualität. Man begründete sie nun »wissenschaftlich«, und der deutsche Publizist Wilhelm Marr (1819–1904) schuf dafür 1879 die Vokabel »Antisemitismus«, obwohl die seit mehr als tausend Jahren assimilierten Juden alles sein mochten, mit Sicherheit aber keine Semiten mehr (Angehörige orientalischer Nomadenvölker) im Sinne des damaligen Begriffs.

Marr und in seiner Nachfolge völkische Ideologen vertraten die Ansicht, dass es sich bei Juden um eine eigene Rasse handele. Christliche Taufe vermöge daran auch nichts zu ändern, denn die verderblichen Rasseeigenschaften seien »blutsmäßig« angelegt und mithin nicht abwaschbar. Dass Ju-

den nicht ohne Weiteres als solche zu erkennen seien, belege gerade die Abgefeimtheit dieser Rasse, die sich selbst nicht zu organisieren verstehe und nur mit Hilfe von »Wirtsvölkern« lebensfähig sei. Die Antisemiten hofften, mit solchen wirren Konstrukten die Integration der Juden in den europäischen Gesellschaften blockieren und sie dort, wo sie bereits fortgeschritten war, möglichst rasch und radikal wieder rückgängig machen zu können.

## SCHNELLE UMSETZUNG ANTIJÜDISCHER GESETZE

Antisemitisches Gedankengut im Sinne dieser rassistischen Ideologie machte Hitler zur Basis der nationalsozialistischen Weltanschauung. Bereits im Parteiprogramm der NSDAP von 1920 hieß es, Juden seien aus der »Volksgemeinschaft« auszuschließen und unter Fremdengesetzgebung zu stellen. Nach

*Zerstörte jüdische Geschäfte in den Straßen von Berlin im November 1938. Während dieses ersten antisemitischen Pogroms wurden über 1000 Synagogen abgebrannt und mindestens 8000 jüdische Geschäfte zerstört.*

der Übernahme der Regierung durch Hitler am 30. 1. 1933 gingen die Nationalsozialisten sogleich daran, wahr zu machen, was niemand in dieser Radikalität sich hatte vorstellen können. Neben inszenierten Aktionen wie dem Boykott jüdischer Geschäfte am 1. 4. 1933 setzte man hauptsächlich auf rechtsförmige Maßnahmen und selektiven Terror gegen jüdische Mitbürger und Einrichtungen. Dem Gesetz über das Berufsbeamtentum vom 7. 4. 1933, das Nicht-«Arier» vom Staatsdienst ausschloss, folgte eine ganze Reihe von Ausnahmegesetzen, die auf konsequente Entrechtung und Ächtung der jüdischen Deutschen hinausliefen. Ging es in der ersten Zeit vornehmlich um einschränkende Maßnahmen gegen bestimmte Berufsgruppen, so wurden auf dem »Reichsparteitag der Freiheit« mit dem Erlass der so genannten Nürnberger Gesetze »zum Schutze des deutschen Blutes und der deutschen Ehre« vom 15. 9. 1935 die Juden insgesamt betroffen. Sie verloren die Reichsbürgerschaft, durften keine »Deutschblütigen«

*Der 17-jährige polnische Jude Herschel Grynszpan wird in Handschellen vom Polizeiquartier »Invalides« abgeführt. Grynszpan ist angeklagt, den Botschaftssekretär Ernst vom Rath ermordet zu haben.*

heiraten und auch nicht außerehelich mit ihnen verkehren (Rassenschande).

Die vom Nationalsozialismus angestrebte Trennung von Juden und Nichtjuden war damit erreicht, mehr noch: Die Nürnberger Gesetze bildeten in den nächsten Jahren auch die Basis für die völlige Entfernung der Juden aus der gesellschaftlichen Gemeinschaft.

Nur im Wirtschaftsleben ließ man die Juden aus ökonomischen Rücksichten noch eine gewisse Frist lang gewähren. Doch mit dem Gesetz zur Änderung der Gewerbeordnung vom 6. 7. 1938 wandelte sich auch dies: Berufsverbote ergingen, jüdische Firmen wurden »arisiert«, das heißt man nötigte ihre Eigentümer zum Verkauf so weit unter Preis, dass die Veräußerung einer Enteignung gleichkam.

### »REICHSKRISTALLNACHT«

Schließlich kam es im Oktober 1938 auch zu ersten Ausweisungen. Sie betrafen etwa 17 000 früher in Polen beheimatete Juden. Die polnischen Grenztruppen ließen die Juden jedoch nicht ein; tagelang mussten die Abgeschobenen im Niemandsland kampieren. Aus Empörung darüber erschoss am 7. 11. 1938 der aus Hannover stammende jüdische Jugendliche Herschel Grynszpan, dessen Eltern sich unter den Ausgewiesenen befanden, in Paris den deutschen Legationssekretär vom Rath. Das Attentat nahm die NSDAP-Führung zum Anlass zu massivem Vorgehen gegen Juden und jüdische Einrichtungen. Angeblich in einer Aufwallung »spontaner Volkswut« demolierten SA-, SS- und HJ-Trupps jüdische Geschäfte, plünderten Wohnungen von Juden, zündeten Synagogen an und misshandelten und ermordeten jüdische Bürger. Diese Ausschreitungen erhielt im Volksmund bald die Bezeichnung »Reichskristallnacht«, weil man wusste, wer die wirklichen Drahtzieher waren: die Partei und mithin der Staat selbst. Neben unermesslichem Sachschaden gab es auch fast 100 Tote. Die Schuld an den Tumulten und dem Blutbad wies man den Juden zu und verhängte entsprechende Strafen: Entschädigungen, die die Versicherungen an die jüdischen Eigentümer hätten zahlen müssen (mehrere hundert Millionen RM), wurden beschlagnahmt, darüber hinaus hatten die Juden als »Sühne« für das Attentat eine Kontribution von einer Milliarde RM aufzubringen. Weitere Erlasse zur weiteren Diskriminierung folgten.

### ZWANG ZUR AUSWANDERUNG

Eine neue Qualität erreichte die Verfolgung am 12. 11. 1938 durch die auf einer Konferenz unter Vorsitz Görings diskutierte und beschlossene Absicht, die Juden zur Auswanderung zu drängen. Dazu wurde im Februar 1939 die »Reichszentrale für die jüdische Auswanderung« gegründet unter Leitung des Chefs der Sicherheitspolizei Heydrich, als deren Geschäftsführer zunächst der Abteilungsleiter der Geheimen Staatspolizei (Gestapo) Heinrich Müller und seit Oktober 1939 SD-Judenreferent Adolf Eichmann fungierten. Die Juden Deutschlands mussten sich zu einer »Reichsvereinigung« zusammenschließen; diese zog bei wohlhabenden Juden Geld ein, mit dem armen Juden die Auswanderung ermöglicht wurde. Bei Ausbruch des Krieges war so von der knapp einer halben Million Juden, die Anfang 1933 in Deutschland lebten, gut die Hälfte emigriert. Die Gebliebenen hofften in Verkennung des wahren Charakters des Hitlerismus weiter auf eine Normalisierung der Verhältnisse. Doch auch die Emigrationswilligen standen vor einem riesigen Problem: Viele Länder waren nicht bereit, mittellose Juden aufzunehmen. Keine Lösung brachte die Weltflüchtlingskonferenz in Evian am Genfer See, im Juli 1938 vom US-Präsident Roosevelt angeregt. Einige Delegierte begründeten die ablehnende Haltung sogar

*Aufruf der NSDAP zu einer Kundgebung nach der »Reichskristallnacht« in München*

*SS-Hauptsturmführer Rudolf Höß (1900-1947) wurde 1940 Kommandant des KZ Auschwitz, wo er die Endlösung verwaltungstechnisch organisierte.*

mit rassistischen Argumenten, die der nationalsozialistischen Ideologie nahekamen.

### BEGINN DES MASSENMORDS AN DEN JUDEN

Die Verfolgungsmaßnahmen verschärften sich mit Kriegsbeginn weiter: Hitler stellte die Juden als Urheber des Krieges hin und verkündete, der Kampf gegen sie erlaube jetzt alle Mittel. (»Wenn es dem internationalen Finanzjudentum inner- und außerhalb Europas gelingen sollte, die Völker der Welt noch einmal in einen Weltkrieg zu stürzen, dann wird das Ergebnis nicht die Bolschewisierung der Erde und damit der Sieg des Judentums sein, sondern die Vernichtung der jüdischen Rasse in Europa.« Reichstagsrede vom 30. 1. 1939).

Außerdem brachten die Blitzsiege der Wehrmacht und die Unterwerfung weiter Teile Europas Millionen von Juden unter deutsche Herrschaft; das vom Nationalsozialismus behauptete »Judenproblem« wurde also erst einmal noch viel drängender. Der im Grundsatz längst beschlossene Massenmord trat jetzt ins Stadium der Realisierung. Er ließ sich im Osten, in Polen, in Russland und im Baltikum, einigermaßen unbemerkt und ungestört ins Werk setzen. Dafür konnten die Täter sogar einen dort seit langem schwelenden Antisemitismus mobilisieren, Helfer finden und auf die Gleichgültigkeit, oder auch Billigung weiter Bevölkerungskreise rechnen.

Es ist nicht exakt festzustellen, wann Hitler den Befehl zur Vernichtung der Juden gab; Schriftliches gibt es und gab es vermutlich auch nicht. Verheimlichung und Tarnung spielten bei diesen beispiellosen Verbrechen von Beginn an eine entscheidende Rolle. Man griff zu verschleiernden Vokabeln wie »Sonderbehandlung«, »Säuberung« oder »Umsiedlung« für Mordaktionen. Die Bemäntelung war um so wirksamer, als auch die mit der »Endlösung der Ju-

*Im Warschauer Ghetto 1942: Bewaffnete Soldaten suchen nach Juden, die sich dann mit erhobenen Händen an die Wand stellen müssen.*

denfrage« schließlich Beauftragten ihr einen unterschiedlichen Zweck unterstellten. Für den Chef der Sicherheitspolizei und des SD Heydrich etwa hatte das Wort zunächst eine politische Dimension: Die Juden sollten durch ein System des abgestuften Terrors »reif zur Auswanderung« gemacht werden. Daher trugen sich er und seine Mitarbeiter 1939 und 1940 zunächst mit Plänen, im besetzten Polen halbautonome Reservate für Juden zu bilden oder die Juden möglichst »restlos« in die französische Kolonie Madagaskar zu verbringen.

*KZ Buchenwald nach der Befreiung am 11. 4. 1945: Eheringe, die Häftlingen abgenommen wurden.*

*Kinder hinter Stacheldraht im KZ Auschwitz. Auschwitz war das größte nationalsozialistische Lager. Es wurde 1940 als Arbeitslager errichtet und war ab 1941 auch Vernichtungslager.*

*Zahllose persönliche Gegenstände von Opfern wurden nach der Befreiung des KZ Auschwitz noch gefunden.*

## ERSTE GHETTOS UND MASSENHINRICHTUNGEN

In einem ersten Schritt wurde im Herbst 1940 mit der Errichtung »geschlossener Wohnbezirke« für Juden beispielsweise in Warschau, Lodz, Lublin und Lemberg begonnen. Diese Großghettos, in denen wegen Überfüllung und mangelhafter Versorgung Seuchen und Unterernährung zu enormer Sterblichkeit führten, wurden zur Vorstufe einer allgemeinen Zusammenfassung der Juden im deutschen Machtbereich. Unter dem Vorwand, »Saboteure, Spione, Schmuggler und Diebe« zu bekämpfen, kam es vermehrt zu Massenexekutionen, die von Einsatzgruppen, mobilen Einheiten der Sicherheitspolizei und des SD, durchgeführt wurden.

Zu ersten großangelegten, systematischen, direkt gegen das Leben der Juden gerichteten Aktionen kam es mit dem Beginn des Russlandfeldzugs (22. 6. 1941). Heydrich gab den ihm unterstellten Einsatzgrup-

pen nun den Befehl, in den neu zu besetzenden Gebieten Pogrome unter der Hand auszulösen, sie zu schüren und in die »richtigen«, sprich: mörderischen Bahnen zu lenken. Das gelang in großem Umfang in der Ukraine und in den eroberten Baltischen Staaten. Darüber hinaus wurden aus »Sicherheitsgründen« oder zur »Vergeltung« für den Juden angelastete Vorfälle vorwiegend jüdische Männer massenweise erschossen. Seit August 1941 bezog man alle Juden in die Vernichtungsmaßnahmen ein, um »keine Rächer entstehen zu lassen«. Auch Polizeieinheiten beteiligten sich daran. Die einzelnen Einsatzgruppen versuchten, sich gegenseitig mit ihren »Ereignismeldungen« über die Zahl der Ermordeten auszustechen. Darin wurden jeweils Tausende von Juden als »erledigt«, »liquidiert« oder »der Grube übergeben« gemeldet. Nach Schätzungen fielen den Einsatzgruppen bis Ende 1941 rund 500 000, insgesamt mindestens 900 000 Menschen zum Opfer.

Unterstützt wurden sie verschiedentlich durch die Wehrmacht, die vor allem Transportmittel zur Verfügung stellte, wie denn auch die Morde keineswegs so geheim blieben, wie es manche Reinwäscher behaupten. Die im Spätherbst 1941 stark anschwellende Partisanenbewegung diente den Einsatzgruppen als willkommener Vorwand für ihre blutige »Arbeit«, die als »Bandenbekämpfung« umschrieben wurde.

*Carl Lautenschläg während des Nürnberger Kriegsverbrechertribunals (IG-Farben-Prozesses) 1947. Er befindet sich für nicht schuldig.*

## ERSTER EINSATZ VON GAS

Um die »seelischen Belastungen« der Täter bei den Massenerschießungen zu verringern – mehrere Kommandoführer hatten Stresssymptome gezeigt, Himmler selbst hatte als Augenzeuge einer Tötung von 200 Menschen in Minsk einen Schwächeanfall erlitten –, wurden um die Jahreswende 1941/42 die ersten Gaswagen eingeführt, in denen man die Juden mittels der Auspuffgase des Motors tötete. Ein Bericht der Einsatzgruppe C meldete am 5. 6. 1942: »Seit Dezember 1941 wurden mit drei eingesetzten Wagen 97 000 verarbeitet, ohne dass Mängel an den Fahrzeugen auftraten.«

## DAS PROGRAMM DER WANNSEE-KONFERENZ

Als die Vernichtungsaktionen der Einsatzgruppen bereits liefen, beauftragte Göring SD-Chef Heydrich am 31. 7. 1941, einen Entwurf »zur Durchführung der angestrebten Endlösung der Judenfrage« vorzulegen. Zu dessen Beratung lud Heydrich Vertreter der für die Durchführung benötigten Behörden zum

*Robert Heydrich (1904–1942) galt als radikaler Antisemit. Zu Beginn des Krieges ordnete er die Errichtung von jüdischen Ghettos an. Heydrich starb nach einem Attentat tschechischer Widerstandskämpfer.*

20. 1. 1942 nach Berlin ins Kripogebäude Am Großen Wannsee. Auf dieser so genannten Wannsee-Konferenz wurde das Programm der Judenvernichtung in kaum verhüllter Form ausgesprochen und im Einzelnen festgelegt. Die Juden sollten im Osten zum Arbeitseinsatz kommen; in großen Arbeitskolonnen würden sie »straßenbauend« in diese Gebiete geführt, wobei »zweifellos ein Großteil durch natürliche Verminderung ausfallen« werde. Der »allfällig verbleibende Restbestand«, der mithin »widerstandsfähigste Teil«, werde daher »entsprechend behandelt«, im Klartext: getötet werden müssen.

Die Deportationen der Juden aus dem Reichsgebiet hatten bereits im Oktober 1941 begonnen. Ausgenommen blieben (im Wesentlichen) zunächst Juden mit Kriegsauszeichnungen, in »Mischehe« lebende und solche Juden, die in Rüstungsbetrieben arbeiteten. Für Erstere wurde jedoch bald das »Altersghetto« Theresienstadt eingerichtet, in das sich die Juden unter Abgabe ihres Vermögens »einkaufen« mussten. Theresienstadt bekam den Anstrich einer »jüdischen Siedlung«; man präsentierte es sogar – sorgfältig geschönt – Vertretern des Roten Kreuzes. Doch auch von hier gingen ständig Transporte weiter in die Vernichtungslager. Bis zum Einsetzen der Deportationen hatten sich die Lebensbedingungen der Juden ständig verschlechtert. Mit dem Judenstern gekennzeichnet, diffamiert, schikaniert, ihres Vermögens beraubt, aus ihren Wohnungen vertrieben und als Arbeitssklaven ausgenutzt, lebten sie als rechtlose Parias. Von den Anfang 1941 noch um die 180 000 Juden im »Altreich« wurden am 1. 9. 1944 nur noch 14 574 registriert. Auch danach gingen noch zahlreiche Transporte in den Osten; der vermutlich letzte »Alterstransport« nach Theresienstadt verließ Berlin am 27. 3. 1945.

Gemäß Heydrichs Ankündigung auf der Wannsee-Konferenz wurde »Europa von Westen nach Osten durchgekämmt«. Zwar widersetzten sich in einigen besetzten Ländern Regierung und Bevölkerung der nationalsozialistischen Judenpolitik (so in Bulgarien, Dänemark, den Niederlanden, Italien); aber nur selten gelang es, die Juden allgemein vor dem Zugriff der Gestapo zu bewahren. Auf Einzelfälle beschränkten sich die Einsprüche oder gar Sabotageversuche deutscher Militärbefehlshaber gegen die Judenrazzien (General von Falkenhausen in Belgien, General von Stülpnagel in Paris), die Regel war eher Mithilfe oder wenigstens Duldung des Vorgehens von SS und SD.

### ERRICHTUNG VON VERNICHTUNGSLAGERN

Im Zuge der Vorbereitungen zur »Endlösung« wurde in Auschwitz (fünfzig Kilometer westlich von Krakau) das erste Vernichtungslager errichtet. Dort existierte schon seit Mai/Juli 1940 ein Schutzhaftlager. Diesem KZ wurde in drei Kilometer Entfernung ein Lager angegliedert (Auschwitz II, Birkenau). Der Lagerkommandant Rudolf Höß ließ dort ein Bauernhaus für Vergasungen umbauen und begann mit Probevergasungen.

Inzwischen waren in einem anderen Lager im besetzten Polen, in Kulmhof (Chelmno) im Reichsgau Wartheland, die Vorbereitungen für Massenvergasungen abgeschlossen. Von Dezember 1941 an wurden hier Juden aus dem Warthegau und dem Ghetto Lódź ermordet, bis März 1943 insgesamt 145 000, und 1944 noch einmal vermutlich mindestens 25 000. Dabei setzte man Kohlenmonoxid in Gaskammern ein.

*Das Buch des US-Politologen Daniel J. Goldhagen »Hitlers willige Vollstrecker« sorgte 1996 bei seiner Veröffentlichung für heftige Diskussionen und Kontroversen.*

In Auschwitz dagegen entschied sich Höß für das Blausäurepräparat Zyklon B, ursprünglich ein Desinfektionsmittel zur Rattenbekämpfung in Schiffsräumen. Das kristalline Gift entwickelte an der Luft Cyanwasserstoff-Dämpfe und tötete die in den Kammern eingesperrten Menschen in wenigen Minuten. Die Vergasungsanstalt in Auschwitz-Birkenau nahm Ende 1941 den Betrieb auf. Seit Anfang 1942 trafen laufend größere Transportzüge mit Juden ein, zunächst aus den benachbarten Gebieten, dann im Zuge des militärischen Vordringens der Wehrmacht aus immer mehr europäischen Ländern. Bei der Ankunft wurden die Juden selektiert: Die arbeitsfähigen kamen zum Arbeitseinsatz in die Produktionsstätten der SS oder der IG Farben; die schwächeren wurden umgehend in die Gaskammern geschickt. Dieses Schicksal konnte auch ganze Transporte ohne vorherige Selektion treffen. Ende November 1944 wurden die Anlagen von der SS demontiert und im Januar 1945 kurz vor Aufgabe des Lagers zerstört. Die Gesamtzahl der in Auschwitz getöteten Juden ist mangels Registrierung nicht bekannt. Höß sprach im Nürnberger Prozess zunächst von 2,5 Millionen, später von 1,3 Millionen Opfern, eine Zahl die der unfassbaren Wirklichkeit sehr nahe kommen dürfte.

### »AKTION REINHARD«

Die Täter erkannten bald, dass für die Vernichtung der europäischen Juden Kulmhof und Auschwitz nicht genügen würden. In Belzec, Sobibor (beide im Distrikt Lublin) und Treblinka (nordöstlich von Warschau) wurden drei weitere Vernichtungslager eingerichtet. Die »Umsiedlung« der Juden (hauptsächlich aus dem Generalgouvernement) lief unter dem Decknamen »Aktion Reinhard« (nach dem Ende Mai 1942 einem Attentat zum Opfer gefallenen Reinhard Heydrich). In allen Lagern geschah die Vergasung vorwiegend mit Kohlenmonoxid aus Kfz- oder Panzermotoren. Anfang März 1942 begannen die Vernichtungsaktionen in Belzec. In

*Polnische Juden auf dem Weg ins Konzentrationslager, flankiert von Angehörigen der Gestapo.*

Sobibor trafen die ersten Transporte im Mai 1942 ein. Treblinka folgte am 23. 7. 1942. Eine Selektion fand hier nicht statt, denn die Lager waren als reine Tötungsfabriken geplant. Dabei versuchte man, die Opfer möglichst lange über ihr Schicksal im Unklaren zu lassen; die Gaskammern wurden als Bäder oder Desinfektionsräume, das Entkleiden wurde als hygienische Maßnahme ausgegeben. Hunderttausende gingen so tatsächlich ahnungslos in den Tod. Die persönliche Habe sowie alles, was an den Leichen noch irgend verwertbar schien (Haare, Goldzähne) wurden gesammelt und der Wirtschaftsbetrieben der SS zur Verfügung gestellt. Der Leiter der Aktion, SS- und Polizeiführer Odilo Globocnik, gab

1943 den Gesamtwert der Gegenstände mit 180 Millionen RM an.

Im Sommer 1942 kam die Vernichtungsmaschinerie aufgrund von Transportschwierigkeiten vorübergehend ins Stocken (bis Anfang August 1942). Die erzwungene Pause nutzten die Kommandanten zu Kapazitätserweiterungen. Danach konnten die Anlagen in Belzec 1500, die in Treblinka 4000 und die in Sobibor 1200–1300 Menschen täglich töten. Ende 1942 war der größte Teil der jüdischen Bevölkerung im Generalgouvernement (etwa zwei Millionen) ermordet; man beschloss, die Lager aufzulösen. Vorher jedoch sollten die Spuren beseitigt werden. In einer »Enterdungsaktion« wurden die in Massengräbern verscharrten Leichen ausgegraben und in Tag- und Nachtarbeit verbrannt. In Sobibor und Treblinka traten Verzögerungen ein, weil einige Ghettos wegen der Weigerung deutscher Firmen, ihre jüdischen Arbeiter herauszugeben, nicht in der vorgesehenen Zeit geräumt wurden oder weil es dort zu Widerstand gekommen war.

So wagte am 19. 4. 1943 eine Kampforganisation von rund 1500 Männern und Frauen im Warschauer Ghetto einen Aufstand, der erst Mitte Mai durch Einheiten unter SS-Brigadeführer Stroop blutig niedergeschlagen wurde. Im November 1943 war die »Aktion Reinhard« abgeschlossen.

*Der Kaufmann Oskar Schindler (1908-1974) rettete in seinen Betrieben in Krakau zahlreiche Juden vor der Deportation.*

Daneben und später fanden weitere Vernichtungsaktionen statt, die zumeist Juden betrafen, die in kriegswichtigen Betrieben arbeiteten und in Lagern in der Nähe dieser SS-eigenen oder privaten Produktionsstätten lebten. Sie wurden seit November 1943 im KZ Majdanek (bei Lublin) und in den Lagern Poniatowo und Trawniki erschossen. In den besetzten Teilen der UdSSR und im Baltikum hatten zahlreiche Juden überlebt, da die Einsatzgruppen häufig ihren Standort wechselten, um mit dem Vormarsch der deutschen Armeen Schritt zu halten. Für die bisher verschonten Juden wurden in Libau, Dünaburg, Wilna, Kowno und Minsk Ghettos eingerichtet – Vorstufe zu Massentötungen zwischen August 1941 und Oktober 1942.

### KEINE EINSICHT BEI DEN TÄTERN

Die genaue Zahl der im deutschen Herrschaftsbereich der »Endlösung« zum Opfer gefallenen Juden lässt sich nicht feststellen. Schätzungen sprechen von fünf Millionen. Im Nürnberger Prozess gegen die Hauptkriegsverbrecher, in den Nachfolgeprozessen und bei späteren Gerichtsverhandlungen wurden Teile des Völkermordes aufgeklärt. Durchweg zeigten die

Mitwirkenden, »Hitlers willige Vollstrecker« (Buchtitel von Daniel J. Goldhagen 1996) an der industriemäßig betriebenen Tötung wenig Einsicht; stereotyp beriefen sie sich auf einen Befehlsnotstand. Dabei gelang es keinem Täter nachzuweisen, dass ihm mehr als dienstliche Nachteile (Versetzung oder ausbleibende Beförderung) entstanden wären, hätte er sich der Teilnahme am Vernichtungswerk entzogen. Wie das Fabrikmäßige am Genozid gehörte auch die »grundsätzliche Befehlsergebenheit und ein falsch verstandenes Pflichtgefühl gegenüber den Anordnungen der obersten Staatsführung« (Kulmhof-Urteil des Schwurgerichts Bonn 1963) bei den Tätern zu den Merkmalen des größten Massenmords der deutschen, wenn nicht der Weltgeschichte.

*Ab 1941 mussten die Juden in Deutschland aufgrund der Nürnberger Gesetze wieder gut sichtbar den 6-zackigen David-Stern tragen.*

# 1943

Im fünften Kriegsjahr gewinnen die Alliierten an allen Fronten endgültig die Oberhand. In Stalingrad kapituliert die deutsche 6. Armee, auf dem Kriegsschauplatz in Afrika streckt die deutsch-italienische Heeresgruppe die Waffen. Erste Konzepte für eine Nachkriegsordnung werden publik.

### ■ 1. Januar
Bei der deutschen Heeresgruppe A im Südabschnitt der Ostfront beginnt die 1. Panzerarmee ihren Rückzug von der Terek-Front und aus dem Hochkaukasus.

### ■ 2. Januar
US-amerikanische Truppen besetzen Buna auf Neuguinea.

### ■ 10. Januar
In einem Erlass des Reichserziehungsministeriums werden der Schulbesuch und die Ablegung von Prüfungen durch »jüdische Mischlinge ersten Grades« im Deutschen Reich beschränkt. → S. 252

### ■ 13. Januar
Mit dem Erlass Adolf Hitlers über den Einsatz der Männer und Frauen für die Aufgaben der Reichsverteidigung beginnt die »totale Mobilisierung« der Bevölkerung des Deutschen Reiches (→ S. 258).

### ■ 14. Januar
In der marokkanischen Stadt Casablanca beginnt eine Konferenz zwischen US-Präsident Franklin Delano Roosevelt und dem britischen Premierminister Winston Churchill. → S. 250

### ■ 18. Januar
Die Rote Armee stellt erstmals wieder eine Landverbindung mit dem seit dem 8. September 1941 von Deutschen belagerten Leningrad her. → S. 251

*Bei Stalingrad: Deutsche Grenadiere graben sich zum Schutz vor der Kälte in den Boden ein.*

### ■ 20. Januar
In Bosnien beginnt die Operation »weiß«, eine deutsch-italienisch-kroatische Gemeinschaftsaktion gegen die Partisanen unter Josip Tito. → S. 252

### ■ 23. Januar
Die deutsch-italienische Panzerarmee räumt Tripolis und zieht sich auf die libysch-tunesische Grenze zurück. → S. 252

### ■ 25. Januar
Im alten Hafenviertel der französischen Stadt Marseille findet eine Polizeirazzia statt, in deren Verlauf rund 40 000 Menschen deportiert werden. → S. 253

### ■ 27. Januar
Die US-Luftwaffe führt ihren ersten Tagesangriff gegen das Deutsche Reich durch, 55 Bomber werfen ihre tödliche Fracht auf Wilhelmshaven. → S. 253

### ■ 30. Januar
Admiral Karl Dönitz löst den am 6. Januar zurückgetretenen Großadmiral Erich Raeder als Oberbefehlshaber der deutschen Kriegsmarine ab (→ S. 253).

SS-Gruppenführer Ernst Kaltenbrunner wird Chef des Reichssicherheitshauptamtes, des Sicherheitsdienstes und der Sicherheitspolizei. → S. 251

### ■ 31. Januar
Die Südgruppe der bei Stalingrad (Wolgograd) eingeschlossenen 6. deutschen Armee kapituliert (→ S. 254).

### ■ 2. Februar
Die Nordgruppe der bei Stalingrad (Wolgograd) eingeschlossenen 6. deutschen Armee kapituliert → S. 254

*Über 100 000 Mann treten in Stalingrad den Weg in die Kriegsgefangenschaft an.*

### ■ 8. Februar
Die japanischen Truppen räumen die Salomoninsel Guadalcanal, auf der am 7. August 1942 US-amerikanische Einheiten gelandet waren. → S. 266

### ■ 14. Februar
Für den Rückzug der deutschen Truppen von der Ostfront befiehlt Adolf Hitler die Zerstörung sämtlicher Anlagen Einrichtungen u. ä., die dem sowjetischen Gegner nützen könnten. → S. 266

### ■ 18. Februar
Reichspropagandaminister Joseph Goebbels verkündet in seiner Rede im Berliner Sportpalast den »totalen Krieg«. → S. 258

Die Geschwister Hans und Sophie Scholl von der Widerstandsgruppe Weiße Rose werfen Flugblätter in den Lichthof der Münchner Universität, in denen sie zum »Kampf gegen die Partei« aufrufen, daraufhin werden sie verhaftet und hingerichtet. → S. 268

### ■ 22. Februar
Die deutsche Heeresgruppe Süd tritt zwischen Dnjepr und Donez zu einer Offensive gegen die Verbände der Roten Armee an. → S. 266

### ■ 23. Februar
Die deutschen und italienischen Truppen in Tunesien werden unter der Leitung des legendären Generalfeldmarschalls Erwin Rommel zur Heeresgruppe Afrika zusammengefasst. → S. 267

### ■ 24. Februar
Adolf Hitler erlässt einen Befehl, nach dem ein militärischer Vorgesetzter in der Wehrmacht »Ungehorsame auf der Stelle zu erschießen« hat.

### ■ 27. Februar
Norwegische Widerstandskämpfer und britische Agenten verüben einen Sprengstoffanschlag auf das Norsk-Hydro-Werk bei Rjukan in Südnorwegen, in dem schweres Wasser zur Herstellung von Atombomben produziert wird. → S. 267

### ■ 1. März
Die deutsche Heeresgruppe Mitte an der Ostfront beginnt mit der Räumung des Frontbogens von Rschew, die zu einer Verkürzung der Front um 230 km führt.

### ■ 2. März
In einer Note an die polnische Exilregierung in London stellt die Sowjetunion fest, dass Polen keinen Anspruch auf von ihr besetzte Gebiete habe. → S. 272

### ■ 5. März
In der Nacht zum 6. März startet die britische Luftwaffe eine Großoffensive gegen das Ruhrgebiet. → S. 270

### ■ 6. März
Die deutschen Truppen westlich von Charkow bringen die sowjetische Offensive zum Stehen. → S. 272

Generalfeldmarschall Erwin Rommel wird von Reichskanzler Adolf Hitler als Oberbefehlshaber der Heeresgruppe Afrika abgesetzt. Als sein Nachfolger wird Generaloberst Hans-Jürgen von Arnim ernannt. → S. 274

### ■ 11. März
Angehörige des Kreises um den jugoslawischen Partisanenführer Josip Broz Tito nehmen Kontakt zur deutschen Wehrmacht auf, um über einen Gefangenenaustausch zu verhandeln → S. 274

*Der Partisanenführer Josip Broz Tito telefoniert in seinem Höhlen-Hauptquartier.*

### ■ 12. März
Das SS-Unternehmen Ostindustrie GmbH wird gegründet. Jüdische Häftlinge sollen dort Zwangsarbeit leisten. → S. 275

### ■ 13. März
Ein Sprengstoffattentat des Widerstandskreises in der Heeresgruppe Mitte um Oberst Henning von Tresckow auf Adolf Hitler scheitert. → S. 276

### ■ 14. März
SS-Truppen nehmen die Stadt Charkow, die erst am 16. Februar von der Roten Armee besetzt worden war, wieder ein. → S. 272

### ■ 20. März
Vom Atlantik wird die größte Geleitzugschlacht des Krieges gemeldet, bei der deutsche U-Boote 140 842 Bruttoregistertonnen an gegnerischen Schiffen versenkt haben. → S. 273

### ■ 21. März
Ein Attentat von Oberst Rudolf-Christoph Freiherr von Gersdorff auf Adolf Hitler schlägt fehl (→ S. 276).

### ■ 29. März
Reichsführer SS Heinrich Himmler befiehlt die Deportation aller niederländischen Sinti ins Konzentrationslager Auschwitz. → S. 276

Preis: 20 Pfennig
Frankreich 4 frs.
en 2 Lire. Schweiz 40 Rappen
men Pias. 1.25. Portugal
ssc., Ungarn Pengö .36,
gien 2 frs., Holland 20 Cts.
tien 5 Luna, Serbien 5 Dinar.
garien 5 Lewa Rumänien 14 Lei
Slowakei Ks. 2.50

DONNERSTAG, 11. FEBRUAR 1943
18. JAHRGANG ✶ FOLGE 6

# JB Illustrierter Beobachter

VERLAG FRANZ EHER NACHF. GM. B.H. MÜNCHEN 22
Copyright 1943 by Franz Eher Nachf. G. m. b. H., München 22.

Aufn.: Hr. Hoffmann (2), Weltbild (1).

Mit herzlichen Heimatgrüßen
an die Front von:

Generalfeldmarschall Paulus
führte die ruhmreiche 6. Armee.

Generaloberst Heitz,
Kommandierender General eines Armeekorps.

General der Infanterie Strecker,
der Führer der Nordgruppe.

# DAS FANAL VON STALINGRAD

Nach der Kapitulation der 6. Armee an der Ostfront weist das Propagandaministerium die deutsche Presse an, »die unsterblichen Heldentaten der Männer von Stalingrad« als »heiliges Fanal« zu feiern, nach welchem der Siegeswille der deutschen Nation um so »entschlossener und fa-

### 31. März

Ein US-amerikanischer Bombenangriff auf die niederländische Stadt Rotterdam fordert 180 Menschenleben.

### 1. April

Der »Münchner Laienbrief« verurteilt die Judenvernichtung durch das nationalsozialistische Regime.

### 5. April

Um zu verhindern, dass sie das Land verlassen und eine Exilregierung bilden, werden mehrere inhaftierte französische Politiker von Frankreich ins Deutsche Reich gebracht. → S. 283

Die Gestapo verhaftet Dietrich Bonhoeffer, Hans von Dohnanyi und andere Widerstandskämpfer. → S. 284

### 7. April

Mit dem Zusammentreffen von Teilen der 8. britischen Armee unter Generalleutnant Bernard Law Montgomery und des II. US-Korps unter General George S. Patton in Tunesien beginnt die Einschließung der deutsch-italienischen Heeresgruppe Afrika (→ S. 288).

### 9. April

Das bisherige Gefangenenlager Lublin-Majdanek wird in ein Konzentrationslager umgewandelt.

### 12. April

Reichskanzleichef Hans Heinrich Lammers legt ein geheimes Gutachten über Korruption und Misswirtschaft im Generalgouvernement Polen vor. → S. 279

### 13. April

Bei Katyn (westlich von Smolensk) haben deutsche Soldaten Massengräber mit den Leichen von mehr als 4000 polnischen Offizieren entdeckt, die 1940 von der sowjetischen Staatspolizei ermordet worden sind. → S. 278

### 16. April

In Köln werden 55 Mitglieder der Jugend-Widerstandsgruppe Edelweißpiraten verhaftet, die antifaschistische Flugblätter verteilt haben sollen. → S. 284

### 19. April

Bei Enfidaville in Tunesien treten die alliierten Truppen zur Großoffensive gegen die deutsch-italienische Heeresgruppe Afrika an. → S. 282

Im Warschauer Ghetto, aus dem bereits über 300 000 Juden deportiert worden sind, kommt es vor dessen völliger Auf-

lösung zu einem bis zum 16. Mai dauernden Aufstand. → S. 280

*Deutsche Patrouillen heben einen Bunker im Warschauer Ghetto aus.*

### 20. April

Vertreter der Essener Krupp-Werke sprechen bei Auschwitz-Kommandant Rudolf Höß wegen der Errichtung eines Werkes auf dem Gelände des Konzentrationslagers vor. → S. 284

### 21. April

Die USA gibt die Hinrichtung von US-amerikanischen Piloten durch Japan bekannt, die bei Luftangriffen der Air Force auf Tokio abgeschossen worden waren. → S. 282

### 30. April

In den Niederlanden wird in mehreren Provinzen der Ausnahmezustand erklärt: Es war zu einem Generalstreik gekommen, nachdem Adolf Hitler befohlen hat, die im Mai 1940 entlassenen 300 000 Kriegsgefangenen zum Arbeitseinsatz zu internieren. → S. 283

Das Konzentrationslager Bergen-Belsen wird errichtet (→ S. 284).

### 9. Mai

Die 5. deutsche Panzerarmee ergibt sich südlich der tunesischen Stadt Biserta den Alliierten (→ S. 288).

### 13. Mai

Die Reste der deutsch-italienischen Heeresgruppe Afrika in Tunesien kapitulieren. → S. 288

Mehrere Mitglieder der Widerstandsgruppe Rote Kapelle werden in Berlin-Plötzensee hingerichtet.

### 15. Mai

Die Kommunistische Internationale wird aufgelöst. → S. 290

### 17. Mai

In den frühen Morgenstunden greifen 18 britische Bomber Talsperren im Deutschen Reich an. Die Staudämme der Möhne- und der Edertalsperre brechen; im Möhne- und Ruhrtal werden 1284 Menschen getötet bzw. vermisst. → S. 291

### 19. Mai

Die Reichshauptstadt Berlin wird für »judenfrei« erklärt.

Großbritannien stellt offiziell klar, dass Rom keine offene Stadt sei und gegebenenfalls von den Alliierten bombardiert werde (→ S. 321).

### 22. Mai

Jagdfliegergeneral Adolf Galland erprobt für die Luftwaffe die von Willy Messerschmitt entworfene Me 262, den ersten Düsenjäger der Welt. → S. 290

*Die Me 262 war schneller als jedes andere Flugzeug zu ihrer Zeit.*

### 24. Mai

Großadmiral Karl Dönitz bricht aufgrund der hohen Verluste an deutschen U-Booten – allein im Mai gehen 43 Schiffe verloren – die Geleitzugbekämpfung im Nordatlantik ab. → S. 287

### 27. Mai

Jean Moulin, der Repräsentant von General Charles de Gaulle in Frankreich, bildet in Paris den nationalen Widerstandsrat Conseil National de la Résistance. → S. 290

### 30. Mai

Josef Mengele wird Lagerarzt im Konzentrationslager Auschwitz; zu seinen ersten Amtshandlungen gehört die Vergasung von mehreren hundert typhusverdächtigen Sinti und Roma. → S. 290

### 3. Juni

Die Generäle Charles de Gaulle und Henri-Honoré Giraud bilden in Algier ein Komitee für die nationale Befreiung Frankreichs. → S. 292

*Charles de Gaulle inspiziert eine französische Truppe.*

### 5. Juni

Von den Niederlanden aus werden 1266 Kinder unter 16 Jahren ins Konzentrationslager Sobibór deportiert und bei ihrer Ankunft vergast. → S. 292

### 7. Juni

SS-Brigadeführer Carl Clauberg teilt Heinrich Himmler mit, dass er durch Menschenversuche eine Methode zur nichtoperativen Sterilisation von Frauen entwickelt habe. → S. 302

### 10. Juni

Die Alliierten beginnen mit ihrer auf der Konferenz von Casablanca beschlossenen kombinierten Bomberoffensive mit Tagesangriffen der US-Luftflotte und Nachtbombardements durch britische Flugzeuge. → S. 294

### 11. Juni

Die Alliierten nehmen die italienische Mittelmeerinsel Pantelleria ein. → S. 293

Ein Bombenangriff auf Düsseldorf in der Nacht zum 12. Juni macht 120 000 Menschen obdachlos.

Reichsführer SS Heinrich Himmler ordnet die Liquidierung aller polnischen Juden-Ghettos an.

### 14. Juni

Die faschistische Partei Italiens fasst in einer Denkschrift ihr Kampfprogramm für den »Endsieg« zusammen. → S. 293

### 21. Juni

Reichsführer SS Heinrich Himmler befiehlt die Liquidierung aller jüdischen Ghettos in den besetzten sowjetischen Gebieten.

### 26. Juni

Der Reichsminister für Bewaffnung und Munition, Albert Speer, übernimmt die Kontrolle über die Marinerüstung und lenkt nun die gesamte deutsche Rüstungsproduktion bis auf den Luftwaffenbereich (→ S. 325).

*Junge Frauen überprüfen die in Massenproduktion hergestellten Propeller.*

■ **28. Juni**

Der Bund polnischer Patrioten fordert die Abtretung Oberschlesiens, Danzigs und Westpreußens an Polen. → S. 292

Chinesische Truppen der Tschungking-Regierung erobern Hangtschou von den Japanern zurück. → S. 293

■ **30. Juni**

Mit der Landung US-amerikanischer Truppen auf Rendova und New Georgia (Salomoninseln) und auf Neuguinea beginnt eine Großoffensive der Alliierten im südlichen Pazifik. → S. 303

■ **4. Juli**

General Wladyslaw Eugeniusz Sikorski, der Ministerpräsident der polnischen Exilregierung in London, kommt bei einem Flugzeugabsturz in der Nähe von Gibraltar ums Leben. → S. 315

■ **5. Juli**

Die deutschen Truppen beginnen mit dem Unternehmen »Zitadelle«, der letzten großen deutschen Offensive an der sowjetischen Front. → S. 304

Die Befreiungsarmee der Griechischen Nationalen Front unterstellt sich dem Oberbefehl der Alliierten im Nahen Osten. → S. 314

■ **10. Juli**

Britische und US-amerikanische Truppenverbände landen auf der Insel Sizilien. → S. 308

Reichsführer SS Heinrich Himmler ordnet die völlige Räumung »bandenverseuchter« Gebiete in der Ukraine und in Mittelrussland an (→ S. 307).

■ **11. Juli**

In einer persönlichen und geheimen Botschaft an US-Präsident Franklin Delano Roosevelt klagt der sowjetische Staatschef Josef W. Stalin darüber, dass die Alliierten im Westen keine zweite Front zur Entlastung der UdSSR eröffnen (→ S. 340).

■ **12. Juli**

Auf Initiative der Sowjets und von Exilvertretern der Kommunistischen Partei Deutschlands wird bei einem zweitägigen Kongress in Krasnogorsk bei Moskau das Nationalkomitee Freies Deutschland gegründet. → S. 306

■ **13. Juli**

Adolf Hitler ordnet den Abbruch des Unternehmens »Zitadelle«, der deutschen Offensive an der Ostfront bei Kursk, an, nachdem der Angriff stecken geblieben ist (→ S. 304).

*Das Titelblatt soll den angeblich ungebrochenen Siegeswillen der deutschen Wehrmacht demonstrieren.*

■ **15. Juli**

Die Alliierten einigen sich auf einen Operationsplan für die Invasion in Frankreich. → S. 314

Das deutsche Besatzungsregime in Polen übt im Bezirk Bialystok blutige Vergeltung an der Zivilbevölkerung für Partisanenanschläge. → S. 315

■ **16. Juli**

Der württembergische Landesbischof Theophil Wurm protestiert in einem Schreiben an Adolf Hitler gegen die nationalsozialistischen Massentötungen. → S. 306

■ **17. Juli**

Die Rote Armee tritt am Mius und bei Isjum zu einer Offensive gegen die 1. deutsche Panzerarmee und die 6. deutsche Armee an. Parallel dazu nimmt die Partisanentätigkeit zu → S. 307

■ **24. Juli**

Die britische Luftwaffe beginnt in der Nacht zum 25. Juli mit einer Reihe von schwersten Bombenangriffen auf Hamburg. Bei der sog. Operation Gomorrha, die bis zum 3. August dauert, kommen über 30 000 Menschen ums Leben. → S. 312

■ **25. Juli**

Der italienische Ministerpräsident Benito Mussolini wird auf Veranlassung von König Viktor Emanuel III. verhaftet. → S. 311

In einem Schreiben an Generalfeldmarschall Hans Günther von Kluge versucht Carl Friedrich Goerdeler, die-

sen für den deutschen Widerstand gegen Hitler zu gewinnen. → S. 306

■ **26. Juli**

Marschall Pietro Badoglio bildet eine neue italienische Regierung ohne Beteiligung der Faschisten und erklärt am 28. Juli, sein Land werde den Krieg an der Seite des Deutschen Reiches fortsetzen (→ S. 311).

■ **30. Juli**

General Charles de Gaulle bildet ein französisches Exilkabinett mit Sitz in Algio. → S. 314

■ **1. August**

Reichspropagandaminister Joseph Goebbels fordert die Berliner Bevölkerung auf, die Stadt soweit wie möglich zu evakuieren. → S. 316

■ **5. August**

Die Rote Armee erobert die Städte Orel und Belgorod (→ S. 307).

■ **9. August**

Die deutsche Widerstandsgruppe Kreisauer Kreis legt einen letzten Entwurf für die Neuordnung des Deutschen Reiches nach Ende der nationalsozialistischen Herrschaft vor. → S. 324

■ **13. August**

61 US-Bomber fliegen einen Luftangriff gegen die Flugzeugwerke in

*Zahllose alliierte Bombenangriffe verwandeln die Städte in Trümmerhaufen.*

Wiener Neustadt; dies ist der erste alliierte Bombenangriff auf Ziele im österreichischen Territorium.

■ **15. August**

US-amerikanische Truppen landen auf Vella Lavella. → S. 316

■ **17. August**

Die letzten deutsch-italienischen Truppen räumen Sizilien. → S. 321

In der Nacht zum 18. August greifen britische Bomber die wissenschaftli-

chen Versuchsanstalten des deutschen Heeres für Gleitbomben und Raketenwaffen in Peenemünde an, die stark beschädigt werden (→ S.317).

Der norwegische Ministerpräsident Vidkun Abraham Lauritz Quisling verhängt den Ausnahmezustand über das Land. → S. 321

■ **23. August**

Die Rote Armee erobert die Stadt Charkow endgültig zurück. → S. 322

■ **24. August**

Reichsführer SS Heinrich Himmler wird als Nachfolger von Wilhelm Frick Innenminister des Deutschen Reichs; Frick geht als Reichsprotektor für Böhmen und Mähren nach Prag. → S. 324

■ **27. August**

Bei einem schweren britischen Bomberangriff sterben in Nürnberg mehr als 3000 Menschen. → S. 317

■ **29. August**

Der deutsche Militärbefehlshaber in Dänemark, General Hermann von Hanneken, verhängt den Ausnahmezustand über das Land. → S. 320

■ **30. August**

Die Alliierten geben bekannt, dass Polen durch das deutsche Besatzungsregime systematisch entvölkert werde.

■ **2. September**

Adolf Hitler erlässt eine Verordnung über die Konzentration der Kriegswirtschaft im Deutschen Reich. → S. 325

■ **3. September**

Britische Verbände landen an der Südspitze des italienischen »Stiefels« in Kalabrien. → S. 326

■ **4. September**

Starke US-amerikanische Truppenverbände landen auf Neuguinea.

■ **7. September**

In Berlin-Plötzensee beginnt eine Serie von 294 Hinrichtungen in nur fünf Tagen (»Plötzenseer Blutnächte«).

■ **8. September**

Die deutschen Truppen an der Ostfront geben Stalino (Donezk) und damit das Donezbecken auf → S. 330

Der Waffenstillstand zwischen Italien und den Alliierten wird bekannt gegeben. → S. 327

*Amerikanische Soldaten gehen in Sizilien an Land.*

### 9. September

Die 5. US-Armee landet bei Salerno in Süditalien, britische Truppen landen bei Tarent (→ S. 326).

### 10. September

Truppen der deutschen Wehrmacht besetzen die italienische Hauptstadt Rom.

### 11. September

Im sowjetischen Kriegsgefangenenlager Lunjowo wird der Bund deutscher Offiziere gegründet. → S. 330

### 12. September

Eine deutsche Fallschirmjägereinheit befreit den auf dem Gran-Sasso-Massiv in den Abruzzen gefangen gehaltenen ehemaligen italienischen Ministerpräsidenten Benito Mussolini. → S. 328

### 15. September

Adolf Hitler genehmigt den Rückzug zweier Heeresgruppen an der Ostfront.

Benito Mussolini bildet in Salò am Gardasee eine »republikanisch-faschistische Regierung« Italiens. → S. 329

### 17. September

Die in Italien von Tarent und aus Kalabrien vordringenden Verbände der 8. britischen Armee vereinigen sich mit der bei Salerno gelandeten Verbänden der 5. US-Armee.

### 20. September

Die deutsche Kriegsmarine bringt im Atlantik erstmals Geräusch-Torpedos gegen alliierte Schiffe zum Einsatz.

Der britische Düsenjägerprototyp De Havilland »Vampir« absolviert seinen Probeflug.

### 21. September

Die Rote Armee erzwingt beiderseits der Pripjet-Mündung in 80 km Breite den Übergang über den Dnjepr und erzielt damit einen tiefen Einbruch in die noch kaum ausgebaute deutsche Panther-Stellung

Die deutsche Heeresgruppe B legt ihren Abschlussbericht über die Entwaffnungsaktion in Norditalien vor; demnach wurden 13 000 italienische Offiziere und 402 600 Unteroffiziere und Mannschaften entwaffnet (→ S. 329).

Auf der griechischen Insel Kefallinia ermordet die deutsche Wehrmacht 4000 italienische Kriegsgefangene. → S. 329

### 1. Oktober

In einer Großaktion in der Nacht zum 2. Oktober versucht das deutsche Besatzungsregime in Dänemark erfolglos, die mehr als 8000 dänischen Juden zu verhaften, die größtenteils vom dänischen Widerstand nach Schweden in Sicherheit gebracht werden konnten. → S. 332

### 6. Oktober

Die Rote Armee beginnt eine Offensive im Raum südlich von Welikije Luki, die zur Eroberung der Stadt Newel führt. → S. 335

### 9. Oktober

Die deutschen Truppen an der Ostfront beenden die Räumung des Kuban-Brückenkopfes. → S. 335

*September 1943: Kämpfe an der Woroneschkifront*

### 13. Oktober

Die italienische Regierung unter Ministerpräsident Pietro Badoglio erklärt dem Deutschen Reich den Krieg und wird daraufhin von den Alliierten als »mit Krieg führende Macht« anerkannt. → S. 336

### 14. Oktober

Bei einem US-amerikanischen Angriff auf Schweinfurt werden von den 291 angreifenden US-Maschinen 60 abgeschossen, 17 gehen über See und über Großbritannien verloren, 121 werden schwer beschädigt. → S. 336

### 18. Oktober

Die ersten rund 1000 italienischen Juden werden von Rom aus ins Konzen-

trationslager Auschwitz deportiert (→ S. 332).

### 19. Oktober

In Moskau wird eine Konferenz der Außenminister der Sowjetunion, der Vereinigten Staaten und Großbritanniens eröffnet; das Treffen dauert bis zum 30. Oktober. → S. 335

### 24. Oktober

Der Roten Armee gelingt beiderseits von Dnjepropetrowsk der Durchbruch durch die deutsche Front.

### 1. November

Nach dem sowjetischen Vorstoß bis zur Dnjeprmündung ist die 17. deutsche Armee auf der Krim von allen Landverbindungen abgeschnitten.

US-amerikanische Verbände landen auf der Salomoninsel Bougainville. → S. 339

### 3. November

In seiner letzten strategischen Weisung ordnet Adolf Hitler die Verstärkung der Verteidigung im Westen an. → S. 339

Benito Mussolini, Ministerpräsident der faschistischen italienischen Gegenregierung, lässt seinen Schwiegersohn und ehemaligen Außenminister Galeazzo Ciano, Graf von Cortellazzo, verhaften.

### 6. November

Die Rote Armee erobert die ukrainische Hauptstadt Kiew. → S. 339

### 12. November

Adolf Hitler unterzeichnet die sog. Lex Krupp, mit der Alfried Krupp von Bohlen und Halbach zum Alleinerben des Unternehmens eingesetzt wird.

### 16. November

Ägypten tritt der Atlantikcharta vom 14. August 1941 bei (→ S. 135).

### 18. November

In der Nacht zum 19. November beginnt eine Reihe von britischen Bombenangriffen auf die Reichshauptstadt Berlin, in deren Verlauf 2700 Menschen ums Leben kommen und 250 000 Einwohner obdachlos werden. → S. 342

### 21. November

Die deutsche Luftwaffe setzt erstmals Fernbomber des Typs He 177 gegen einen britischen Geleitzug 1400 km westlich von Bordeaux ein.

### 22. November

In Kairo beginnt eine Konferenz zwischen dem britischen Premierminister Winston Churchill, US-Präsident Franklin Delano Roosevelt und dem Präsidenten von Tschungking-China, Marschall Chiang Kai-shek. → S. 338

### 28. November

In Teheran beginnt eine bis zum 1. Dezember dauernde Konferenz zwischen US-Präsident Franklin Delano Roosevelt, dem sowjetischen Staatschef Josef W. Stalin und dem britischen Premier Winston Churchill. → S. 340

### 29. November

In der jugoslawischen Stadt Jajce wird auf der zweiten Tagung des Antifaschistischen Rates der Volksbefreiung Jugoslawiens ein Nationalkomitee unter der Führung von Marschall Josip Tito gebildet. → S. 342

### 1. Dezember

Benito Mussolini, der Ministerpräsident der faschistischen italienischen Gegenregierung, ordnet an, dass alle Juden des Landes in ein Konzentrationslager eingewiesen werden sollen. Ihr Vermögen wird beschlagnahmt. → S. 345

### 5. Dezember

Adolf Hitler ordnet die vordringliche Fertigung des Düsenjägers Me 262 für den Jagdbombereinsatz an.

### 18. Dezember

In der sowjetischen Stadt Charkow werden drei Deutsche zum Tode verurteilt und am folgenden Tag öffentlich hingerichtet. → S. 346

### 24. Dezember

An der Straße zwischen Schitomir und Kiew beginnt die sowjetische Winteroffensive. → S. 346

### 26. Dezember

Bei einem Angriffsversuch auf einen Geleitzug wird das Schlachtschiff »Scharnhorst« versenkt. → S. 344

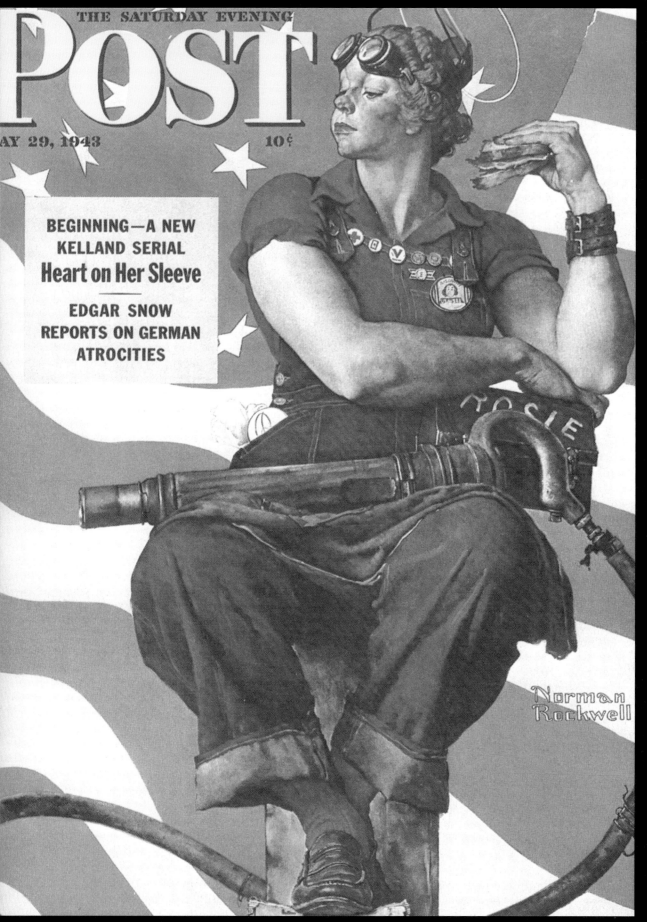

*Die von Norman Rockwell gestaltete Titelseite des US-amerikanischen Magazins »Saturday Evening Post« karikiert die Einbeziehung der Frauen in die Kriegswirtschaft.*

US-Präsident Roosevelt (vorn r.) und der britische Premierminister Winston Churchill (vorn l.) in Casablanca

---

## 14. JANUAR

# Konferenz von Casablanca

In der marokkanischen Hafenstadt Casablanca beginnt eine bis zum 26. Januar dauernde Geheimkonferenz über strategische Fragen zwischen US-Präsident Franklin D. Roosevelt und dem britischen Premierminister Winston Churchill sowie den militärischen Führungsstäben der beiden Länder.

Die Konferenz kommt auf Anregung von Roosevelt zustande, der nach der erfolgreichen Landung der Alliierten in Nordafrika (→ S. 222) eine genaue Festlegung der weiteren strategischen Pläne wünscht.

Im Mittelpunkt der Verhandlungen steht die Frage der Errichtung einer zweiten Front, die vor allem von der Sowjetunion gefordert wird, um die Ostfront zu entlasten. Beide Seiten kommen überein, im Sommer des Jahres auf Sizilien zu landen (→ S. 286), die Invasion in Frankreich aber auf 1944 zu verschieben (→ S. 392). Außerdem wird vereinbart, den Sieg über die deutsche U-Boot-Waffe an die Spitze der Prioritätenliste der alliierten Kriegsführung zu setzen. Der Luftkrieg soll in Form einer kombinierten britisch-US-amerikanischen Bomberoffensive fortgesetzt werden:

US-Präzisionbombardierungen am Tag und bei Nacht Flächenabwürfe der Royal Air Force.

Auf Initiative Roosevelts wird die bedingungslose Kapitulation (»unconditional surrender«) des Deutschen Reichs, Italiens und Japans als Voraussetzung für das Ende des Krieges gefordert, d.h. ein einfacher Waffenstillstand ist für die Alliierten auch nach einem Sturz oder einer Ermordung Adolf Hitlers inakzeptabel.

Diese Proklamation zielt auf eine Beruhigung des sowjetischen Diktators Josef W. Stalin, der ebenfalls zur Konferenz eingeladen war, sich aber mit dem Hinweis auf seine Unabkömmlichkeit von Moskau wegen der laufenden Kämpfe um Stalingrad entschuldigte.

Tatsächlich bleibt er demonstrativ fern, weil er über ein Ausbleiben einer alliierten zweiten Front in Westeuropa verärgert ist.

Präsident Roosevelt (mit Hut) nimmt eine Ehrenparade ab; USA und Großbritannien einigen sich in Casablanca auf die Errichtung einer zweiten Front.

## Churchill über die Konferenz

*In einer Erklärung zur Kriegslage vor dem Unterhaus in London am 11. Februar geht der britische Premier Winston Churchill noch einmal ausführlich auf die Ergebnisse der Geheimkonferenz westlicher militärischer Führungsstäbe in Casablanca ein:*

»Das Hauptziel, das wir uns in der Konferenz von Casablanca gesetzt haben, ist, den Feind überall, auf dem Land, zur See und in der Luft, anzugreifen, und zwar so rasch als möglich und in weitestem Ausmaß. Wir müssen veranlassen, dass der Feind physisch und moralisch auf jede mögliche Art zum Bluten gebracht wird... Großbritannien und die Vereinigten Staaten, einst friedliche Nationen, sind heute kriegerische Staaten, aufs Äußerste gerüstet, und blicken... unerschütterlich in die Zukunft. Wir besitzen die machtvollsten wachsenden Kräfte, für die große Munitionsmassen aus den Produktionsstätten heranrollen. Das Problem besteht darin, diese Kräfte zur Aktion zu bringen. Die Vereinigten Staaten müssen einen gewaltigen Ozean überqueren, um an den Feind heranzukommen. Wir müssen ebenfalls zuerst Meere und Ozeane bewältigen... Dies ist der Grund, weshalb der U-Boot-Krieg den ersten Platz in unserem Denken einnimmt... Auf keiner der interalliierten Besprechungen hatte ich je eine solch ausführliche und sachverständige Überprüfung des Gesamtbildes dieses Krieges in seinen militärischen, rüstungsmäßigen und wirtschaftlichen Aspekten erlebt... Wenn ein halbes Dutzend wichtiger Kriegsschauplätze in verschiedenen Weltteilen existieren, müssen notgedrungen Meinungsverschiedenheiten auftreten... Diese Differenzen bezogen sich auf Fragen der Dringlichkeit und des Hauptgewichts des Angriffs, nicht aber auf Prinzipien... Wir sind nun im Besitz eines kompletten Aktionsplans... Diesen Plan werden wir entsprechend unseren Fähigkeiten in den nächsten neun Monaten in die Tat umsetzen...«

── 18. JANUAR ──

# Zugang nach Leningrad erhalten

Mit der Rückeroberung von Schlüsselburg (Petrokrepost), am Austritt der Newa in den Ladogasee gelegen, gelingt es der Roten Armee, eine 8 bis 11 km breite Landverbindung zu dem seit dem 8. September 1941 (→ S. 142) von deutschen Truppen belagerten Leningrad herzustellen.

Die beherrschenden Sinjawino-Höhen bleiben jedoch in deutscher Hand; es vergeht noch über ein Jahr, bevor der Ring um die Stadt am 20. Januar 1944 endgültig beseitigt wird (→ S. 359). Die Offensive der Roten Armee war von zwei Seiten geführt worden: vom westlichen Ufer der Newa (südwestlich von Schlüsselburg) und von Osten aus der Region südlich des Ladogasees. »Nachdem unsere Truppen«, so ein sowjetisches Sonderkommunikee, »die auf lange Sicht befestigte, bis zu 14 km tiefe Zone des Gegners durchbrochen... hatten, eroberten sie in sieben Tage dauernden... Kämpfen... die Stadt Schlüsselburg,

vier große befestigte Ortschaften, acht Arbeitersiedlungen, die Eisenbahnstationen Sinjawino und... Podgornoja.«

Bereits am selben Tag treffen die ersten Eisenbahnzüge mit Lebensmitteln in Leningrad ein.

*Rote Armee bei der Einnahme von Schlüsselburg (Petrokrepost); die Rückeroberung dieser Stadt ist ein wichtiger Erfolg der sowjetischen Winteroffensive.*

── 30. JANUAR ──

## Kaltenbrunner neuer SD-Chef

SS-Obergruppenführer Ernst Kaltenbrunner wird als Nachfolger des am 4. Juni 1942 an den Folgen eines Attentats gestorbenen Reinhard Heydrich (→ S. 197) Chef der Sicherheitspolizei und des Sicherheitsdienstes sowie des Reichssicherheitshauptamtes in Berlin.

Er kontrolliert damit u.a. den für die »Endlösung der Judenfrage« zuständigen Verwaltungsapparat.

Kaltenbrunner, am 4. Oktober 1903 im österreichischen Ried (Innkreis) als Abkömmling ländlicher Handwerker geboren, studierte Jura in Graz und war dort in einer der ersten nationalsozialistischen Studentengruppen Österreichs aktiv. 1932 schloss er sich endgültig der Nationalsozialistischen Deutschen Arbeiterpartei und der SS an. 1934 wurde er vorübergehend wegen Hochverrats verhaftet und arbeitete nach seiner Freilassung für den »Anschluss« Österreichs an das Deutsche Reich.

*Selbst gebauter Ofen zum Auftauen von Kühlwasser*

*Gemauerter Ofen in einer zerstörten Fabrik*

*Ein Wachtposten wärmt sich an selbst gebautem Ofen.*

## Wärmende Winteröfen sollen harten Soldatenalltag an der Ostfront erträglicher machen

Die Wintermonate an der Ostfront sind bitterkalt. Aufgrund der Erfahrungen des ersten Ostwinters der deutschen Truppen 1941/42 hat die Heeresverwaltung für die kalten Monate 1942/43 Vorsorge getroffen und die Einheiten mit einer großen Zahl an Öfen ausgestattet.

Laut einem Bericht in der Zeitschrift »Die Heeresverwaltung« sind, entsprechend den verschiedenen Verwendungszwecken, drei Haupttypen von Wärmequellen konstruiert worden: Der sog. Dauerbrandofen ist für dauernde und feste Unterkünfte wie Baracken, Blockhäuser u.ä. gedacht.

Der sog. Feldofen, auch Schützengrabenofen genannt, ist für vorübergehende Unterkünfte bestimmt. Der sog. Einmannofen schließlich soll Einzelpersonen, etwa einem Vorposten, die nötige Wärme geben; diese Öfen sind sehr leicht, lassen sich an der Hand tragen und werden mit

Holzkohle befeuert. Darüber hinaus ist auch ein Spezialofen für die Erwärmung von Güterwagen entwickelt worden, die mit frostempfindlichen Lebensmitteln beladen sind; mit Hilfe eines solchen Ofens kann bei Transporten eine Temperatur über 0 °C gehalten werden.

*Britische Soldaten nach Einnahme der libyschen Hauptstadt Tripolis*

## 23. JANUAR

# Briten besetzen Tripolis

**Das Oberkommando der Wehrmacht veröffentlicht folgenden Lagebericht von der Front:**

»Die deutsch-italienische Panzerarmee in Tripolitanien setzte sich nach Abwehr schwerer feindlicher Angriffe in der vergangenen Nacht planmäßig vom Gegner ab. Mit dieser Bewegung nach Westen wurde [die libysche Hauptstadt] Tripolis kampflos geräumt, nachdem alle Vorräte und das gesamte Kriegsmaterial aus der Stadt fortgeschafft und der Hafen zerstört worden waren« (→ S. 228).

Ein Augenzeuge berichtet: »Der Einzug der 8. britischen Armee in Tripolis vollzog sich am 23. Januar kurz nach Tagesanbruch. An der Spitze... marschierte ein schottisches Eliteregiment, angeführt von Dudelsackpfeifern. Dann folgten leichte Panzer und fahrende Mitrailleure [Schnellfeuerwaffenschützen]. Eine Vorhut war schon einige Stunden vorher... einmarschiert. Die britischen Truppen stießen in der Stadt auf keinen Widerstand... Die meisten Gebäude... weisen Spuren von Artilleriegeschossen auf...«

*Hissen des »Union Jack« durch die Briten in Tripolis; die deutsch-italienische Panzerarmee hatte die libysche Hauptstadt kampflos geräumt.*

## 20. JANUAR

# Partisanen in Not

In Bosnien beginnt eine deutsch-italienisch-kroatische Großaktion zur Zerschlagung der Partisanen unter der Führung von Marschall Josip Broz Tito (Operation »Weiß«).

80 000 Mann, die von Panzern, Artillerie und Flugzeugen unterstützt werden, sind im Einsatz. Auf Seiten der Partisanen kämpfen rund 30 000 Mann (→ S. 229).

Am 29. Januar dringt die SS-Division »Prinz Eugen« in Bihac ein und nimmt am 1. Februar Bosanski Petrovac. Am 7. Februar befiehlt Tito allen Partisanenverbänden, Verbindungswege zu zerstören, Bewegungen und Versorgung des Gegners zu erschweren und seine Garnisonen anzugreifen, um ihn so zum Abzug wenigstens eines Teils seiner Kräfte zu zwingen. Daraufhin beginnen schwere Kämpfe zwischen den Partisanen und deutschen sowie kroatischen Verbänden. Die Partisanen leiden unter den jetzt einsetzenden Luftangriffen; erschwerend hinzu kommt eine in den Kolonnen grassierende Typhusepidemie. Am 18. Februar ist der erste Teil der Operation abgeschlossen. Sie wird am 26. aber wieder aufgenommen.

*Aushebung eines Stützpunktes von Partisanen in Bosnien*

## 10. JANUAR

# Antisemitische Schulverordnung

**Durch einen Erlass des Reichserziehungsministeriums werden der Schulbesuch und die Ablegung von Prüfungen durch »jüdische Mischlinge ersten Grades« neu geregelt und massiv verschärft.**

Die Zulassung der Betroffenen zur Reifeprüfung und zur Erlangung des Mittelschulabschlusses wird ab 1. April stark eingeschränkt. Ebenso wird der Besuch vergleichbarer privater Schulen beschränkt: Der Besuch von Privatschulen, die nicht als Berufs- oder Fachschulen anerkannt sind (z.B. private Fremdsprachenschulen), ist ihnen zwar weiterhin erlaubt, doch haben sie keinen Anspruch auf Aufnahme; die Entscheidung darüber soll den betreffenden Schulen im Einzelfall selbst überlassen werden. Vielfach kommt die Regelung aber einem Ausschluss aus dem Schulwesen gleich. Die »soziale Kontrolle« im Deutschen Reich wurde durch die antisemitische Propaganda verschärft.

## 11. JANUAR

# 100 Mrd. für Krieg

**US-Präsident Franklin Delano Roosevelt unterbreitet dem Kongress in Washington den Staatshaushalt für das am 1. Juli beginnende Haushaltsjahr.**

Franklin D. Roosevelt ist seit 1932 Präsident der Vereinigten Staaten; mit dem Reformprogramm des New Deal (»neue Handlungsweise, neue Politik«) leitete er 1933 die Entwicklung der USA zu einem modernen Sozialstaat ein.

Der Etat sieht öffentliche Ausgaben in Höhe von 109 Mrd. US-Dollar vor; davon sind 100 Mrd. für Kriegszwecke bestimmt.

Die durchschnittliche Belastung aller Einwohner (Männer, Frauen und Kinder) der Vereinigten Staaten durch den neuen Haushalt beträgt pro Kopf 819 US-Dollar. Die Verschuldung der öffentlichen Hand beläuft sich derzeit auf rund 112 Mrd. US-Dollar.

# ZWEITER WELTKRIEG

## 25. JANUAR

## Marseille erlebt eine Massenrazzia

Im alten Hafenviertel der südfranzösischen Stadt Marseille führt die Polizei eine Großrazzia durch, in deren Verlauf rund 40 000 Menschen ins Militärlager Fréjus im Departement Var deportiert werden.

Von der Verschickung werden nur Angehörige bestimmter Berufsgruppen wie Ärzte und Beamte ausgenommen. Verschont werden auch Personen, die den Besitz einer Wohnung in anderen Stadtvierteln oder in der Umgebung von Marseille nachweisen können.

Der Vieux Port, ein malerisches, seit Jahrhunderten berühmtes Seemanns- und Prostituiertenviertel, war zu einem Versteck für Widerstandskämpfer, Anhänger von General Charles de Gaulle, Agenten und Waffenschmuggler geworden. Seine Räumung und anschließende Sprengung, bei der viele historische Gebäude zerstört werden, erfolgen auf Veranlassung der deutschen Besatzungsbehörden.

*Fünf Tage nach der Razzia; Blick von einer Krananlage über das zerstörte Altstadtviertel von Marseille; Zentrum des französischen Widerstandes*

## 27. JANUAR

## Erster Tagesangriff der US-Luftwaffe

Das 8. Korps der United States Army Air Force fliegt von Großbritannien aus erstmals einen Tagesangriff gegen das Deutsche Reich.

55 Bomber vom Typ B 17 greifen den Marinestützpunkt Wilhelmshaven an. Gleichzeitig bombardieren »Liberator«-Flugzeuge weitere Ziele im Nordwesten des Deutschen Reiches.

Von nun an fliegt die Royal Air Force Nachtangriffe auf das Reichsgebiet, während die US-Luftwaffe am Tage angreift (→ S. 294). Hinzu kommen Tagesangriffe britischer »Mosquito«-Bomber. Am 30. Januar, dem zehnten Jahrestag der sog. Machtergreifung durch die Nationalsozialisten, werfen erstmals Flugzeuge dieses Typs Bomben auf Berlin.

Mit dem Angriff auf Wilhelmshaven beginnt eine Reihe von insgesamt 33 US-Tagesangriffen bis zum Beginn der sog. Herbstkrise am 14. Oktober (→ S. 336).

## 30. JANUAR

# Endgültiger Baustopp für »Graf Zeppelin«

Der Bau des einzigen Flugzeugträgers der deutschen Kriegsmarine, »Graf Zeppelin«, wird endgültig eingestellt.

Am selben Tag ernennt Adolf Hitler den bisherigen Chef der U-Boot-Waffe, Karl Dönitz, zum Oberbefehlshaber der Kriegsmarine.

**»Z-Plan« bleibt Vision:** Der bisherige Marinechef Erich Raeder war ein Anhänger ehrgeiziger Flottenbaupläne, die im 1938 aufgestellten sog. Z-Plan Ausdruck fanden. Bis 1945 sollten zehn schwere Schlachtschiffe, 15 Panzerschiffe, 8 Flugzeugträger, 65 Kreuzer und 249 U-Boote vom Stapel laufen.

Die »Graf Zeppelin« war Teil dieser Pläne und bereits am 8. Dezember vom Stapel gelaufen. Wegen des Kriegsausbruchs standen für die Realisierung dieser Flotte immer weniger Kapazitäten zur Verfügung. So wurde bereits 1940 erstmals die Arbeit an dem Träger eingestellt, obwohl er bereits zu 85% fertig gestellt war.

**Endgültige Entscheidung für U-Boote:** Raeders Differenzen mit Hitler nahmen 1942 zu. Der »Führer« zeigte sich von den U-Boot-Erfolgen begeistert und verfügte am 6. Januar 1943 endgültig, den weiteren Bau von Großkampfschiffen zugunsten der Unterseeboote einzustellen. Daraufhin erklärte der enttäuschte Großadmiral Raeder seinen Rücktritt.

**Dönitz von Siegeschancen überzeugt:** Raeders Nachfolger im Amt als Marinechef ist ein überzeugter Anhänger der billigeren und effektiveren U-Boot-Waffe.

*Flugzeugträger »Graf Zeppelin«; das 263 m lange und 36 m breite Schiff bietet Platz für 42 Flugzeuge und sollte mit 50 Flugabwehrkanonen bestückt werden; die »Graf Zeppelin« ist der einzige deutsche Flugzeugträger.*

2. FEBRUAR

# Mit der Kapitulation der Nordgruppe endet die

Mit der Kapitulation der Nordgruppe der 6. Armee unter General der Infanterie Karl Strecker endet die Schlacht um Stalingrad (Wolgograd), nachdem sich die Südgruppe unter Generalfeldmarschall Friedrich Paulus bereits am 31. Januar ergeben hat. Die längste Schlacht des Zweiten Weltkrieges ist die bisher größte deutsche Niederlage und ein Wendepunkt des Ostkrieges.

**Sechs Monate Kämpfe um Wolga:** Die Kämpfe um Stalingrad haben am 19. August mit dem Befehl von Paulus zum Angriff auf die Wolgametropole begonnen (→ S. 211). Bei der Einkesselung der 6. Armee am 22. November 1942 wurden rund 280 000 Soldaten eingeschlossen (→ S. 224, 234). Am Ende sind fast zwei Drittel der Mannschaften und Unteroffiziere sowie die Hälfte der Offiziere gefallen, erfroren, verhungert oder an Erschöpfung gestorben, der größte Teil von ihnen in den beiden letzten Wochen der Schlacht. Bis zum 24. Dezember 1942 wurden rund 34 000 Verwundete von der Luftwaffe ausgeflogen.

**108 000 Mann in Gefangenschaft:** Sowjetischen Angaben zufolge gingen in der letzten Phase der Schlacht bis zum 29. Januar rund 16 800 Deutsche in Kriegsgefangenschaft, bis zum 2. Februar folgten weitere nahezu 91 000 Soldaten; unter ihnen befinden sich 2500 Offiziere und 24 Generäle. Mehr als die Hälfte von ihnen erliegt im Frühjahr in den Sammellagern Beketowka, Krasnoarmeisk und Frolow dem Fleckfieber. Zehntausende sterben auf wochenlangen winterlichen Transporten nach Sibirien oder kommen in Waldlagern und Bergwerken um. Bis zum Jahr 1956 kehren insgesamt 6000 Mann, die in Stalingrad gekämpft haben, nach Deutschland zurück.

**Luftwaffe hat schwere Verluste:** Auf dem Schlachtfeld bleiben 146 300 tote deutsche Soldaten zurück. Die Verluste der Roten Armee sind nicht genau bekannt, liegen aber um ein Mehrfaches höher als diejenigen der deutschen Verbände. Das Ende von Stalingrad bedeutet nicht nur den Untergang der 6. Armee, sondern auch schwere Verluste für die deutsche Luftwaffe, die den Nachschub für die Eingeschlossenen sicherstellen sollte.

Sie zählte zwischen dem 24. November 1942 und der endgültigen Kapitulation beim Bodenpersonal 7223 und beim fliegenden Personal rund 1000 Gefallene und Vermisste. 168 Flugzeuge wurden völlig zerstört, 215 schwer beschädigt, 112 gelten als vermisst. Die Luftversorgung des Kessels kostete fast die Hälfte aller vorhandenen Transportflugzeuge vom Typ Ju 52 und den größten Teil des fronterfahrenen Personals.

*An Teilen des Frontabschnitts nehmen die deutschen Soldaten trotz ihrer aussichtslosen Lage noch sowjetische Kriegsgefangene (mit Pelzmütze) fest.*

*Südwestlich von Stalingrad: Um sich notdürftig gegen die bittere Kälte zu schützen, graben sich diese deutschen Grenadiere in die Erde ein.*

*Sowjetische Maschinengewehrschützen beziehen Stellung an der Nordwestfront; zur Fortbewegung im Schnee werden, soweit vorhanden, Skier benutzt.*

*Diesem Angriff der Roten Armee auf eine Geschützstellung konnte kein Soldat entkommen; Leichen und Trümmerteile bedecken den Erdboden.*

*Sowjetische Soldaten verfolgen die im Rückzug befindliche deutsche Armee; noch unter deren Beschuss reparieren sie zerstörte Eisenbahngleise.*

# Stalingrad-Schlacht

**Hälfte der Einwohner stirbt:** Besonders schwer haben die erbitterten Kämpfe um Stalingrad die Stadt selbst in Mitleidenschaft gezogen. Von den fast 600 000 Einwohnern (Stand: Sommer 1942) kamen laut sowjetischen Angaben 42 750 Menschen durch Bombenangriffe, Artilleriebeschuss und Infanteriefeuer ums Leben. Weitere 3345 Personen starben als Opfer deutscher Repressalien.

64 220 Menschen wurden als Zwangsarbeiter ins Deutsche Reich bzw. in den von den Deutschen besetzten Teil der Sowjetunion verschleppt. Rund 120 000 Bewohner wurden in Gebiete jenseits der Wolga evakuiert und in den Ortschaften entlang des Flusses angesiedelt oder zur Unterstützung der Rüstungsindustrie hinter den Ural gebracht.

**Stalingrad gleicht Trümmerfeld:** Rd. 75 000 Männer und Frauen blieben in ihrer Heimatstadt, um sie zu verteidigen; bis zum Ende der Kämpfe leben in den Ruinen von Stalingrad noch 30 000 Menschen.

Am 2. Februar stehen von 42 000 Häusern kaum mehr die Fundamente; die gesamte Infrastruktur ist restlos vernichtet. Die einzige Unterkunft für die ersten zurückkehrenden Bewohner bilden die ehemaligen Unterstände der Roten Armee am Steilufer der Wolga.

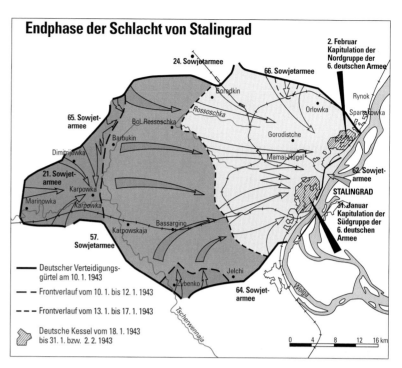

**Endphase der Schlacht von Stalingrad**

| | | |
|---|---|---|
| —— | Deutscher Verteidigungsgürtel am 10. 1. 1943 | |
| – – | Frontverlauf vom 10. 1. bis 12. 1. 1943 | |
| - - - | Frontverlauf vom 13. 1. bis 17. 1. 1943 | |
| ▨ | Deutsche Kessel vom 18. 1. 1943 bis 31. 1. bzw. 2. 2. 1943 | |

*Zwei Frauen in Stalingrad, die sich nach der Befreiung ihrer Stadt von den Deutschen aus dem Keller wagen, wo sie Schutz vor Luftangriffen gesucht hatten; die meisten Häuser sind bis auf die Grundmauern zerstört.*

*Eines der ersten Fotos aus dem befreiten Stalingrad; von den Einwohnern, die nicht evakuiert worden waren, lebt nur noch weniger als die Hälfte.*

*Nach viermonatiger Besatzungszeit weht die rote Flagge wieder von den Verwaltungsgebäuden der sowjetischen Industriestadt; die Niederlage der deutschen Armee wird von den Alliierten als Kriegswende betrachtet.*

Deutscher Störungssuchtrupp in der Nähe von Stalingrad; nachdem das Telefonkabel repariert worden ist, ziehen sich die Soldaten geduckt zurück.

Angriff der Deutschen auf ein Dorf südwestlich von Stalingrad; der Stadt an der Wolga näherte sich die 4. Panzerarmee im Dezember 1942 bis auf 48 km.

## HINTERGRUND

# Stalingrad wird Symbol eines längst verlorenen Krieges

**Der Kampf um Stalingrad ist die bekannteste Schlacht des Zweiten Weltkrieges und wird oft als »Kriegswende« bezeichnet.**

Der Verlust von etwa 250 000 Soldaten in der Wolgametropole ist tatsächlich ein schwerer Schlag für die deutsche Wehrmacht und ein Trauma für die Reichsbevölkerung, doch war der Krieg 1942 mit dem Kriegseintritt der Vereinigten Staaten faktisch bereits entschieden, bevor deutsche Truppen in Stalingrad eindrangen. Auch bedeutet die deutsche Niederlage noch längst nicht den Zusammenbruch der Ostfront, denn das deutsche Heer kann in den folgenden Monaten erfolgreich reorganisiert werden. Daher bedeutet Stalingrad nicht eigentlich die Kriegswende, sondern stellt als bekannteste Niederlage lediglich ein griffiges Symbol eines bereits aussichtslosen Mehrfrontenkrieges dar.

**Mehrfrontenkrieg überlastet die Wehrmacht:** Die deutsche Wehrmacht hat sich in den Feldzügen der Jahre 1939/40 als perfekt funktionierende Kriegsmaschinerie erwiesen, die ihre Gegner getrennt schlug. Mit dem Kriegseintritt der USA (→ S. 162) und dem fast gleichzeitigen Scheitern des deutschen Überfalls auf die UdSSR im Dezember 1941 (→ S. 158) war Hitlers Krieg aber bereits zugunsten der großen Anti-Hitler-Koalition entschieden. Das Deutsche Reich befindet sich seitdem in einem lang andauernden Kontinentalkrieg, wobei die UdSSR und Großbritannien als vorläufige Hauptgegner nun offen durch die mächtigen USA unterstützt werden. Seit November 1942 greifen zudem US-Soldaten in die Kämpfe um Nordafrika ein – neben der wirtschaftlichen Hilfe beginnt sich nun auch die Mobilisierung der US-Army auszuwirken (→ S. 222).

**Rote Armee modernisiert:** Neben den psychologischen und materiellen Auswirkungen der Niederlage von Stalingrad bereitet der deutschen Militärführung besonders die Art und Weise des sowjetischen Gegenangriffs große Sorgen. Schnelle, modern ausgestattete Verbände stoßen weit vor und schließen durch Zangenangriffe die deutschen Verbände ein. Die Rote Armee hat sich das deutsche »Blitzkriegkonzept« zu eigen gemacht. Zudem verfügt die sowjetische Militärleitung über große Reserven und kann mehrere Angriffe an verschiedenen Abschnitten der Ostfront einleiten und so die knappen deutschen Eingreiftruppen hoffnungslos überlasten.

**UdSSR besitzt Initiative:** Dies zeigte sich besonders deutlich, als die Rote Armee am 16. Dezember die Linien der 8. italienischen Armee am Don durchbrach und auf Rostow vorstieß. Die Offensive bedrohte den gesamten Südflügel der Ostfront und brachte die Gefahr eines »Superstalingrad« mit sich, das 1,5 Mio. Soldaten von ihren rückwärtigen Verbindungen abgeschnitten hätte. Generalfeldmarschall Erich von Manstein musste Verbände aus den Entsatztruppen für Stalingrad herausziehen, die nun für eine Befreiung der 6. Armee nicht mehr stark genug waren (→ S. 234).

Zwar gelingt bis zum März 1943 die Stabilisierung der Ostfront. Als Hitler im Sommer 1943 die letzte deutsche Großoffensive an der Ostfront befiehlt, werden die mühsam aufgebauten Reserven innerhalb weniger Tage verbraucht (→ S. 304).

## Generalfeldmarschall Paulus

Paulus nach der Gefangennahme

Der am 23. September 1890 als Beamtensohn geborene Friedrich Paulus trat 1910 in die kaiserliche Armee ein und war während des Ersten Weltkriegs als Adjutant und Generalstabsoffizier an der Ost- und an der Westfront eingesetzt.

Zwischen 1920 und 1939 hatte er verschiedene Stabs- und Truppenkommandos inne. Im Januar 1939 zum Generalmajor befördert, nahm Paulus als Stabschef unter Generaloberst Walter von Reichenau an den Feldzügen der deutschen Wehrmacht gegen Polen, Belgien und Frankreich teil. 1940 wurde er stellvertretender Stabschef. 1942 wurde er Oberbefehlshaber der 6. Armee. In Kriegsgefangenschaft ruft er die deutschen Truppen zum Überlaufen auf.

# Viele sterben schon auf dem Marsch ins Gefangenenlager

**Durch die Niederlage der 6. Armee bei Stalingrad (Wolgograd) gehen fast 108 000 deutsche Soldaten in sowjetische Kriegsgefangenschaft.** Einer der Betroffenen erinnert sich an die ersten Tage der Gefangenschaft: »Am 2. Februar 1943 geriet ich beim Traktorenwerk Rote Brigade in Gefangenschaft. Wir hatten bis dahin noch zwei Gebäude gehalten. Ich befand mich mit 30 bis 35 Mann meiner Kampfgruppe im Erdgeschoss..., als wir plötzlich ringsum russische Panzer sahen... Als wir draußen standen, sahen wir vor der Giebelwand des Traktorenwerkes Roter Oktober massenhaft deutsche Landser – alle mit erhobenen Händen... Im Zentrum von Stalingrad-Nord befand sich... unser letzter Divisionsgefechtsstand, wohin alle Meldungen gingen... Dort sahen wir Kolonnen von Gefangenen vorüberziehen, von den Russen bewacht. Jedesmal, wenn die Wachtposten vorbei waren, sprang einer von uns aus dem Gang und reihte sich in die Kolonnen ein, bevor der nächste Posten ihn sehen konnte. Wir sind dann bis in die Nähe von Beketowka marschiert. Wir übernachteten im Freien. Die Lager, wo sie die Gefangenen sammelten, waren von Stalingrad-Süd und Stalingrad-Mitte schon überfüllt...

Dann gingen wir für vier Wochen auf den sog. Todesmarsch... Auf diesem Marsch hat es die meisten Toten bei uns gegeben.

Wir sind den ganzen Tag gelaufen, übernachtet haben wir im Schnee. Wir hatten kaum was zu essen... Viele sind erfroren...«

### Beglückwünschung

US-Präsident Franklin D. Roosevelt übermittelt dem sowjetischen Staatschef Josef W. Stalin eine Botschaft, in der es u.a. heißt: »Als oberster Befehlshaber der bewaffneten Streitkräfte der Vereinigten Staaten von Amerika beglückwünsche ich Sie aufs Herzlichste zum glänzenden Sieg von Stalingrad, den die russischen Armeen unter Ihrem Oberkommando davongetragen haben. Die 162 Tage des heldenhaften Kampfes um die Stadt haben Ihren Namen auf immer mit einem... Ereignis verflochten, das... stets eines der glorreichsten Geschehnisse dieses Krieges bleiben wird.«

### »Ein heiliges Fanal«

Einen Tag nach dem Ende von Stalingrad wird die Presse im Deutschen Reich angewiesen, »das ergreifende Ereignis, das die größten Waffentaten der Weltgeschichte überstrahlt, [zu] würdigen und dieses erhabene Beispiel höchster heldischer Haltung, letzten Opferwillens für den Sieg dem deutschen Volk als ein heiliges Fanal vor Augen [zu] führen. Aus den unsterblichen Heldentaten der Männer von Stalingrad werden sich in der deutschen Nation noch stärker als bisher der Geist und die Kräfte entfalten, die ihr den Sieg sichern, den zu erringen sie jetzt um so fanatischer entschlossen ist.«

### »Rote Gefahr«?

In seiner Rundfunkansprache an die Bevölkerung des Deutschen Reiches über die British Broadcasting Corporation in London vom 23. Februar setzt sich der im US-Exil lebende deutsche Schriftsteller Thomas Mann mit der nationalsozialistischen Berichterstattung über die Niederlage von Stalingrad auseinander. Neben der patriotischen Mobilisierung des Volkes sieht er den Hauptgrund der staatlichen Trauerpropaganda darin, »die angelsächsische Welt in Schrecken zu versetzen vor der ›Roten Gefahr‹, vor der Überschwemmung des europäischen Kontinents durch den Bolschewismus«.

# Deutsche Bevölkerung sieht Stalingrad als Kriegswende

**In den geheimen Lageberichten des Sicherheitsdienstes der Schutzstaffel vom 4. Februar werden die ersten Reaktionen in der deutschen Bevölkerung auf die schwere Niederlage der 6. Armee an der Ostfront beschrieben:**
»Die Meldung vom Ende des Kampfes in Stalingrad hat im ganzen Volke... eine tiefe Erschütterung ausgelöst... In erster Linie ist es die Höhe der Blutopfer, nach denen die Bevölkerung fragt... Man rechnet damit, dass der größte Teil der Kämpfer in Stalingrad gefallen ist. Bezüglich der in russische Kriegsgefangenschaft geratenen Truppen schwankt man zwischen zwei Auffassungen.

Die einen erklären, die Gefangenschaft sei schlimmer als der Tod, weil die Bolschewisten die lebend in ihre Hände gelangten Soldaten unmenschlich behandeln würden. Andere wiederum meinen, es sei doch ein Glück, dass nicht alle gefallen seien, so sei doch noch Hoffnung, dass später einmal ein Teil von ihnen in die Heimat zurückkehre... Ferner wird in allen Bevölkerungsschichten die Zwangsläufigkeit der Entwicklung in Stalingrad und die Notwendigkeit der ungeheuren Opfer diskutiert... Vor allem wird darauf hingewiesen, dass die Kräfte des Gegners unterschätzt worden sein müssten... Der dritte Punkt, um den die Gespräche der Volksgenossen z.Zt. kreisen, ist die Bedeutung des Kampfes um Stalingrad im gesamten Kriegsverlauf. Allgemein ist die Überzeugung vorhanden, dass Stalingrad einen Wendepunkt des Krieges bedeute.«

Dieselbe Quelle vermerkt am 15. Februar: »Weit verbreitet ist die Meinung, dass, wenn es nicht gelinge, im Sommer mit den Russen fertig zu werden, man nicht wisse, wie der Krieg noch gewonnen werden könne. Öfter werde sogar die derzeitige Situation mit der von 1918 verglichen. Auch im Ersten Weltkriege hätten wir zuerst immer gesiegt, und dann seien die großen Rückschläge gekommen. Damals wie heute hätte Amerika im Hintergrund gestanden. Die USA hätten ›noch gar nicht richtig angefangen‹, als Deutschland ›schon ausgepumpt‹ gewesen sei...

Aus der Arbeiterschaft höre man die Äußerung, den Arbeitern würde es unter dem Bolschewismus nicht wesentlich schlechter gehen als jetzt.

Ältere Arbeiter... äußerten, sie hätten unter dem Kaiser, in der Systemzeit [Weimarer Republik] und im Dritten Reich schwer arbeiten müssen und vom Bolschewismus hätten sie... wohl auch nichts Schlimmeres zu erwarten als viel Arbeit und wenig Lohn.«

*Mehr als 100 000 Mann treten in Stalingrad den Weg in sowjetische Kriegsgefangenschaft an; Entkräftung und Hoffnungslosigkeit spiegeln sich auf den Gesichtern der Männer; das Gefühl, spätestens ab Dezember 1942 in einer völlig aussichtslosen Schlacht »verheizt« worden zu sein, ist vorherrschend.*

*Stimmungsmache für den »totalen Krieg«: Propagandaminister Joseph Goebbels bei seiner Rede vor Tausenden von Zuhörern im Berliner Sportpalast*

---

18. FEBRUAR

# »Totaler Krieg«

Im Berliner Sportpalast hält Reichspropagandaminister Joseph Goebbels eine Rede, in der er die Bevölkerung des Deutschen Reiches zur Mobilisierung der letzten Reserven für den Krieg aufruft.

Das »handverlesen« ausgesuchte Publikum soll äußerlich einen repräsentativen Querschnitt durch die Bevölkerung darstellen, um den propagandistischen Eindruck einer Volksabstimmung zu verstärken.

Nach einer aufpeitschenden Rede (→ S. 260) stellt Goebbels den Zuhörern zehn Fragen, die in der Aufforderung zu einer Bejahung weiterer Kriegsanstrengungen kulminieren. Auf die Frage »Wollt ihr den totalen Krieg?« antwortet die fanatische Menge mit einem begeisterten »Ja«. Nach den letzten Worten des Reichspropagandaministers bricht tosender Beifall los, der im Rundfunk noch eine halbe Stunde lang übertragen wird. Später notiert Goebbels: »Diese Stunde der Idiotie! Hätte ich gesagt, sie sollen aus dem dritten Stock des Columbus-Hauses springen, sie hätten es auch getan!«

*Prominenz aus Wissenschaft und Kunst soll den »totalen Krieg« populär machen: Schauspieler Heinrich George (M.)*

*Rechts: Abordnungen aller Stände und Berufe wurden eingeladen, um den Eindruck einer Volksabstimmung zu erwecken.*

ZITAT

# Joseph Goebbels im Berliner Sportpalast: »Wollt ihr den

*Bei seiner Rede im Berliner Sportpalast am 18. Februar sagt Reichspropagandaminister Joseph Goebbels u.a. wörtlich:*

»Stalingrad war und ist der große Alarmruf des Schicksals an die deutsche Nation... Das Gedächtnis an die Helden von Stalingrad soll also auch heute bei meiner Rede vor Ihnen und vor dem deutschen Volk eine tiefe Verpflichtung für mich und für uns alle sein... Das im Nationalsozialismus erzogene, geschulte und disziplinierte deutsche Volk kann die volle Wahrheit vertragen. Es weiß, wie ernst es um die Lage des Reiches bestellt ist, und seine Führung kann es deshalb gerade auch auffordern, aus der Bedrängtheit der Situation die nötigen harten, ja auch härtesten Folgerungen zu ziehen... Ich habe die Aufgabe, Ihnen ein ungeschminktes Bild der Lage zu entwerfen und daraus die harten Konsequenzen für das Handeln der deutschen Führung, aber auch für das Handeln des deutschen Volkes zu ziehen. Wir durchleben im Osten augenblicklich eine schwere militärische Belastung... Der Ansturm der Steppe gegen unseren ehrwürdigen Kontinent ist in diesem Winter mit einer Wucht losgebrochen, die alle menschlichen und geschichtlichen Vorstellungen in den Schatten stellt... Zehn Jahre Nationalsozialismus haben genügt, das deutsche Volk über den Ernst der schicksalhaften Problematik, die aus dem östlichen Bolschewismus entspringt, vollkommen aufzuklären... Als der Führer die deutsche Wehrmacht am 22. Juni 1941 im Osten zum Angriff antreten ließ, waren wir uns alle im Klaren darüber, dass damit überhaupt der entscheidende Kampf dieses gigantischen Weltringens anbrach... Ich wende mich in meinen Ausführungen zuerst an die Weltöffentlichkeit und proklamiere ihr gegenüber drei Thesen unseres Kampfes gegen die bolschewistische Gefahr im Osten. Die erste dieser Thesen lautet: Wäre die deutsche Wehrmacht nicht in der Lage, die Gefahr aus dem Osten zu brechen, so wäre damit das Reich und in kurzer Folge ganz Europa dem Bolschewismus verfallen. Die zweite dieser Thesen lautet: Die deutsche Wehrmacht

und das deutsche Volk allein besitzen mit ihren Verbündeten die Kraft, eine grundlegende Rettung Europas aus dieser Bedrohung durchzuführen. Die dritte dieser Thesen lautet: Gefahr ist im Verzuge. Es muss schnell und gründlich gehandelt werden, sonst ist es zu spät... Im Osten tobt ein Krieg ohne Gnade... Wir sind in diesem Kampf zu der Erkenntnis gekommen, dass das deutsche Volk hier seine heiligsten Güter, seine Familien, seine Frauen und Kinder, die Schönheit und Unberührtheit seiner Landschaft, seine Städte und Dörfer, das 2000-jährige Erbe seiner Kultur und alles, was uns das Leben lebenswert macht, zu verteidigen hat... Die deutsche Nation steht somit vor der ernstesten Frage des Krieges, nämlich der, die Entschlossenheit aufzubringen, alles einzusetzen, um alles, was sie besitzt, zu erhalten und alles, was sie zum späteren Leben nötig hat, dazuzugewinnen... Der totale Krieg ist also das Gebot der Stunde... Es geht nicht mehr an, das reiche Kriegspotenzial nicht nur unse-

res eigenen Landes, sondern der uns zur Verfügung stehenden bedeutenden Teile Europas nur flüchtig und an der Oberfläche auszuschöpfen. Es muss ganz und gar zur Ausschöpfung gelangen, und zwar so schnell und so gründlich, als das organisatorisch und sachlich überhaupt nur denkbar ist... Wir wollen nicht mehr im Interesse der Aufrechterhaltung eines hohen... Lebensstandards für eine bestimmte Volksschicht das deutsche Kriegspotenzial schwächen und damit unsere Kriegführung gefährden... Wir verzichten freiwillig auf einen bedeutenden Teil dieses Lebensstandards, um das Kriegspotenzial so schnell und so gründlich wie möglich zu erhöhen... Wir nehmen keine Rücksicht auf Stand und Beruf. Arm und reich und hoch und niedrig müssen in gleicher Weise beansprucht werden. Jedermann wird in dieser ernstesten Phase unseres Schicksalskampfes zur Erfüllung seiner Pflicht der Nation gegenüber angehalten, wenn nötig, gezwungen werden... Der Krieg ist

nicht die richtige Zeit für einen gewissen Amüsierpöbel. Unsere Freude ist bis zu seinem Ende die Arbeit und der Kampf, darin finden wir unsere tiefe innere Genugtuung... Über allem aber, was wir jetzt unternehmen und lassen, steht, für jeden gültig, das moralische Gesetz, nichts zu tun, was dem Krieg schadet und alles zu tun, was dem Sieg nützt... Ich möchte... an Euch, meine deutschen Volksgenossen und Volksgenossinnen, eine Reihe von Fragen richten, die ihr mir nach bestem Wissen und Gewissen beantworten müsst. Als mir meine Zuhörer auf meine Forderungen vom 30. Januar [im Rahmen einer Rede im Sportpalast zum zehnten Jahrestag der sog. Machtergreifung] spontan ihre Zustimmung bekundeten, behauptete die englische Presse am anderen Tag, das sei ein Propagandatheater gewesen und entspreche in keiner Weise der wahren Stimmung des deutschen Volkes. Ich habe heute zu dieser Versammlung nun einen Ausschnitt des deutschen Volkes im besten Sinne des

## Versammlungen sollen die »Volksgemeinschaft« festigen

**Die Veranstaltung mit der Rede von Reichspropagandaminister Joseph Goebbels im Berliner Sportpalast am 18. Februar bleibt der Nachwelt als eine der zentralen nationalsozialistischen Massenversammlungen in Erinnerung.**

Derartige Spektakel, die vor allem der Ausgestaltung des »Führerkults« dienen sollen, gehören seit dem 30. Januar 1933 zum festen Repertoire des Reichsministeriums für Volksaufklärung und Propaganda, das an Planung und Durchführung dieser Versammlungen maßgeblich beteiligt ist.

Ein besonderer Rang im Veranstaltungskalender der Nationalsozialisten kommt den zahlreichen NS-Feiertagen zu: Am 30. Januar wird alljährlich der Tag der Übernahme der Reichskanzlerschaft durch Adolf Hitler gefeiert. Am 24. Februar steht die Gründungsfeier der NSDAP auf dem Programm. Im März wird der

Heldengedenktag zum Andenken an die gefallenen deutschen Soldaten begangen. Am 20. April soll die Bevölkerung im gesamten Deutschen Reich des Geburtstags seines »Führers« Hitler gedenken. Der 1. Mai ist der Tag der Arbeit im Dienste der »Volksgemeinschaft«. Der Sommeranfang wird als Sommersonnenwende gefeiert. Am 9. November wird der »Gefallenen der Bewegung« gedacht; an diesem Tag waren 1923 die Putschisten Hitler und General Erich Ludendorff an der Spitze eines Demonstrationszuges zur Feldherrnhalle in München marschiert. Im Dezember schließlich werden die Wintersonnenwende und Weihnachten gefeiert. Vor dem Krieg wurde zudem im großen Stil im September der Reichsparteitag der NSDAP in Nürnberg abgehalten.

Der wesentliche Zweck der zahlreichen nationalsozialistischen Feiertage und der im Allgemeinen mit ihnen

verbundenen Massenversammlungen ist die Einschwörung der Bevölkerung auf die »Volksgemeinschaft«. Als nationale Integrationsfigur steht dabei immer der »Führer« im Mittelpunkt, auch wenn er selbst nicht immer an den Veranstaltungen teilnimmt. Ganz im Sinne dieser Funktion des Führers beschließt auch Goebbels seine Rede im Berliner Sportpalast: »Der Führer hat befohlen, wir werden ihm folgen.« Der Führerkult soll nach dem Willen der Nationalsozialisten möglichst weitgehend in den Alltag der Bevölkerung hineinreichen: Der normale Gruß ist durch den »deutschen« Gruß – »Heil Hitler!« – ersetzt worden. Ab Juni soll Hitler von Deutschen nur noch als »Mein Führer« bezeichnet werden.

Ab 1943 inszeniert Goebbels nach den nicht mehr zu verschweigenden Niederlagen vermehrt Großveranstaltungen, um sie als »Heldentaten« umzudeuten.

# otalen Krieg?«

Wortes eingeladen... Kein Stand, kein Beruf und kein Lebensjahr blieb bei der Einladung unberücksichtigt... Ihr also, meine Zuhörer, repräsentiert in diesem Augenblick die Nation. Und an euch möchte ich zehn Fragen richten, die ihr mir mit dem deutschen Volk vor der ganzen Welt, insbesondere aber vor unseren Feinden, die uns auch in ihrem Rundfunk zuhören, beantworten sollt.

Erstens: Die Engländer behaupten, das deutsche Volk habe den Glauben an den Sieg verloren. Ich frage euch: Glaubt ihr mit dem Führer und mit uns an den endgültigen, totalen Sieg des deutschen Volkes? – Ich frage euch: Seid ihr entschlossen, dem Führer in der Erkämpfung des Sieges durch dick und dünn und unter Aufnahme auch der schwersten persönlichen Belastungen zu folgen?

Zweitens: Die Engländer behaupten, das deutsche Volk ist des Kampfes müde. Ich frage euch: Seid ihr bereit, mit dem Führer, als Phalanx der Heimat hinter der kämpfenden Wehrmacht stehend, diesen Kampf mit wilder Entschlossenheit und unbeirrt durch alle Schicksalsfügungen fortzusetzen, bis der Sieg in unseren Händen ist?

Drittens: Die Engländer behaupten, das deutsche Volk hat keine Lust mehr, sich der überhand nehmenden Kriegsarbeit, die die Regierung von ihm fordert, zu unterziehen. Ich frage euch: Seid ihr und ist das deutsche Volk entschlossen, wenn der Führer es befiehlt, zehn, zwölf und wenn nötig 14 und 16 Stunden täglich zu arbeiten und das Letzte herzugeben für den Sieg?

Viertens: Die Engländer behaupten, das deutsche Volk wehrt sich gegen die totalen Kriegsmaßnahmen der Regierung. Es will nicht den totalen Krieg, sondern die Kapitulation. Ich frage euch: Wollt ihr den totalen Krieg? Wollt ihr ihn, wenn nötig, totaler und radikaler, als wir ihn uns heute überhaupt noch vorstellen können?

Fünftens: Die Engländer behaupten, das deutsche Volk hat sein Vertrauen zum Führer verloren. Ich frage euch: Ist euer Vertrauen zum Führer heute größer, gläubiger und unerschütterlicher denn je? Ist eure Bereitschaft, ihm auf allen seinen Wegen zu folgen

und alles zu tun, um den Krieg zum siegreichen Ende zu führen, eine absolute und uneingeschränkte?

Ich frage euch als sechstes: Seid ihr bereit, von nun ab eure ganze Kraft einzusetzen und der Ostfront die Menschen und Waffen zur Verfügung zu stellen, die sie braucht, um dem Bolschewismus den tödlichen Schlag zu versetzen?

Ich frage euch siebentens: Gelobt ihr mit heiligem Eid der Front, dass die Heimat mit starker Moral hinter ihr steht und ihr alles geben wird, was sie nötig hat, um den Sieg zu erkämpfen?

Ich frage euch achtens: Wollt ihr, insbesondere ihr Frauen selbst, dass die Regierung dafür sorgt, dass auch die deutsche Frau ihre ganze Kraft der Kriegsführung zur Verfügung stellt und überall da, wo es nur möglich ist, einspringt, um Männer für die Front freizumachen und damit ihren Männern an der Front zu helfen?

Ich frage euch neuntens: Billigt ihr, wenn nötig, die radikalsten Maßnahmen gegen einen kleinen Kreis

von Drückebergern und Schiebern, die mitten im Kriege Frieden spielen und die Not des Volkes zu eigensüchtigen Zwecken ausnützen wollen? Seid ihr damit einverstanden, dass, wer sich am Krieg vergeht, den Kopf verliert?

Ich frage euch zehntens und zuletzt: Wollt ihr, dass, wie das nationalsozialistische Parteipogramm gebietet, gerade im Kriege gleiche Rechte und gleiche Pflichten vorherrschen, dass die Heimat die schweren Belastungen des Krieges solidarisch auf ihre Schultern nimmt und dass sie für hoch und niedrig und arm und reich in gleicher Weise verteilt werden?« [Auf jede Frage antwortet die Menge mit einem begeisterten »Ja«.]

»Ich habe euch gefragt; ihr habt mir eure Antwort gegeben. Ihr seid ein Stück Volk, durch euren Mund hat sich damit die Stellungnahme des deutschen Volkes manifestiert. Ihr habt unseren Feinden das zugerufen, was sie wissen müssen, damit sie sich keinen Illusionen... hingeben. Somit sind wir, wie von der ersten Stunde

Joseph Goebbels, am 29. Oktober 1897 als Sohn eines Buchhalters in (Mönchengladbach-)Rheydt geboren, studierte Philosophie, Germanistik und Kunstgeschichte in Bonn, Freiburg, Würzburg und Heidelberg. 1924 trat Goebbels der Nationalsozialistischen Deutschen Arbeiterpartei (NSDAP) bei.
Im folgenden Jahr wurde er Geschäftsführer der Partei im Gau Rheinland-Nord und Schriftleiter der von den Brüdern Gregor und Otto Strasser herausgegebenen »Nationalsozialistischen Briefe«. Während er zunächst noch den Ausschluss des »kleinen Bourgeois Adolf Hitler« aus der NSDAP forderte, schwenkte er doch bald auf dessen Kurs um und wurde von ihm im November 1926 zum Gauleiter von Berlin-Brandenburg ernannt. Seit 1928 Reichstagsabgeordneter, wurde er 1929 Reichspropagandaleiter der Partei. Am 13. März 1933 erhielt er das eigens für ihn geschaffene Ministerium für Volksaufklärung und Propaganda; im Herbst desselben Jahres wurde Joseph Goebbels zudem Präsident der neu gegründeten Reichskulturkammer.

unserer Macht an und durch all die zehn Jahre hindurch fest und brüderlich mit dem deutschen Volk vereint. Der mächtigste Bundesgenosse, das Volk selbst, steht hinter uns... Der Führer erwartet von uns eine Leistung, die alles bisher Dagewesene in den Schatten stellt. Wir wollen uns seiner Forderung nicht versagen. Wie wir stolz auf ihn sind, so soll er stolz auf uns sein können. In den großen Krisen und Erschütterungen des nationalen Lebens erst bewähren sich die wahren Männer, aber auch die wahren Frauen... Die Nation ist zu allem bereit. Der Führer hat befohlen, wir werden ihm folgen. Wenn wir je treu und unverbrüchlich an den Sieg geglaubt haben, dann in dieser Stunde der nationalen Besinnung und der inneren Aufrichtung. Wir sehen ihn greifbar nahe vor uns liegen; wir müssen nur zufassen. Wir müssen nur die Entschlusskraft aufbringen, alles andere seinem Dienst unterzuordnen... Und darum lautet die Parole: Nun, Volk, steh auf und Sturm brich los!«

# Propaganda und psychologische Kriegführung

*Antijüdische Propaganda der Deutschnationalen Volkspartei DNVP während des Wahlkampfes für die Reichstagswahl 1933. Deutlich sind die antisemitischen Parolen auf dem Propagandawagen zu erkennen.*

Welche herausragende Rolle Meinungslenkung, Irreführung des Gegners und Stimmungsaufhellung der eigenen Seite im Zweiten Weltkrieg gespielt haben, wurde erst nach dem Ende der Feindseligkeiten zur Gänze abschätzbar. Der alliierte Oberkommandierende im Westen, General Eisenhower, stellte rückblickend fest: »Wir haben in diesem Krieg, der wahrlich total war, bemerkenswerte und bemerkenswert viele Veränderungen auf dem militärischen Sektor erlebt. Und für mich war die wichtigste die immer perfektere Ausbildung der psychologischen Kriegführung als einer Waffe eigener Art.«

Es handelte sich bei diesem weltweiten Waffengang eben nicht mehr nur um eine militärische Auseinandersetzung, sondern vor allem um ein Ringen von Völkern und Weltanschauungen, von Werten und Lebensgefühlen. Es beanspruchte alle Kräfte der Beteiligten in einem ungekannten Ausmaß, und der Sieg war nicht nur von Panzern, Kanonen und Bombern abhängig, sondern auch von der Kampfmoral, der Bereitschaft, für die eigene Seite Opfer zu bringen und unter schwierigsten Bedingungen durchzuhalten. Das Gegenstück dazu war das Bemühen, den Gegner eben um diese Moral zu bringen, sie, wo immer möglich, mit allen Mitteln der Desinformation zu schwächen und die feindliche Zuversicht zu untergraben.

Denn die Front war sozusagen überall. Der Krieg hatte sich mittels Luftwaffe nun nicht nur die dritte Dimension erschlossen, sondern auch die Hauptkampflinien im doppelten Sinn durchlässig gemacht: Flieger kümmerten sich nicht um sie, ob sie nun Bomben oder Flugblätter an Bord hatten; die Wellen des Rundfunks waren von keiner Abwehr aufzuhalten, und selbst drakonische Strafandrohung gegen »Feindhörer« fruchteten wenig bis nichts. Der Krieg fand damit auch im Hinterland des Gegners statt, denn die Kampfkraft aller Seiten hing maßgeblich von der Stabilität der Stimmung und vom Rückhalt daheim ab. Nicht von ungefähr hatte die NS-Propaganda den Begriff »Heimatfront« geprägt, der jedem eintrichtern sollte, dass Schlachten auch zu Hause gewonnen werden oder verloren gehen konnten. Und ebensowenig zufällig entstand das Wort vom »totalen Krieg« in Deutschland (geprägt von General Ludendorff, dem

*Mitglieder der französischen Widerstandsbewegung jubeln den ankommenden Amerikanern zu. In Frankreich hatten deutsche Geheimsender mit französisch-sprachigen Programmen versucht, in der Bevölkerung durch Greuelpropaganda Panik vor den Alliierten auszulösen.*

*Durch gezielte Propagandaplakate appellierte die Deutsche Arbeitsfront an die Arbeitsbereitschaft der Frauen.*

»Militärdiktator« des vorigen Weltkriegs). Schon in Friedenszeiten hatte das NS-Vokublar die aggressiven Ziele des Regimes unverhüllt zur Sprache gebracht, ob von »Arbeitsschlacht« oder »Geburtenkrieg« die Rede war oder ob die SA-Schlägertrupps als »braune Bataillone« soldatisch veredelt wurden.

## UNTERSCHIEDLICHE KONZEPTE DER KRIEG FÜHRENDEN STAATEN

Da sich in diesem Krieg völlig entgegengesetzte Ideologien unversöhnlich gegenüberstanden, war auch die Bandbreite der psychologischen Kriegführung mit ihrer Propaganda gewaltig. Unterschiedliche Staatsformen und Staatsideen wie das nationalsozialistische Deutschland, die bolschewistische Sowjetunion, die westlichen Demokratien oder das japanische Kaiserreich verschärften die militärisch-propagandistische Auseinandersetzung in einem bisher nicht erlebten Maße. Und da Propaganda, Rückgrat der psychologischen Kriegführung, immer nur Werkzeug der politischen Führung eines Staates sein kann, unterschieden sich hier die Inhalte und Konzepte der Kriegführenden erheblich.

## DAS FEINDBILD DER DEUTSCHEN

Eine Säule der NS-Agitation war die rassistische Botschaft von den »arischen Herrenmenschen«, die berufen seien, die Welt

*Der Volksempfänger, der 1933 auf der Großen Deutschen Funkausstellung erstmals vorgestellt wurde, fand schnelle Verbreitung in den Haushalten. Er wurde dadurch ein wichtiges Mittel, um die nationalsozialistische Propaganda zu verbreiten.*

von den »Minderwertigen« zu befreien, womit vor allem Juden und andere »Untermenschen« gemeint waren. Kurz: Wer nicht mit uns ist, der muss »verjudet« sein. So plump trat man freilich nicht immer auf, doch der Kern der Aussagen blieb konstant. Den damit unausweichlichen Kampf konnten nur entsprechend vorbereitete Soldaten und eine darauf eingeschworene »Volksgemeinschaft« bestehen. Das Einschwören war eine Aufgabe der deutschen psychologischen Kriegführung, gelenkt von Propagandaminister Goebbels. Er hatte in den beiden ersten Kriegsjahren die Realität auf seiner Seite und konnte die Siege als Beweis für die Überlegenheit, ja die Berechtigung der deutschen Sache hinstellen. Bald aber holte ihn der Rückzug ein, und es wurde immer schwerer für seine Propagandisten, den Schein der Glaubwürdigkeit zu wahren. So wurde Terror nach innen zu einem Instrument der psychologischen Kriegführung, musste die Führung doch darauf bedacht sein, dass Nachrichten über die tatsächliche Lage nicht oder doch nicht unkommentiert durchdrangen. Eine Propaganda nämlich, die nicht nur kurz-, sondern mittel- und langfristig erfolgreich sein wollte, stand und fiel mit ihrer Glaubwürdigkeit oder in ihrem Realitätswert.

## DIE JAPANISCHE PROPAGANDA

Ähnlich wie der deutschen ging es der japanischen Seite, die mit einer ähnlichen Herrenattitüde auftrat (»Volk der Götter«). Tokio rechtfertigte die Annexion Mandschukuos (1931) und das Ausgreifen nach China (1937) und dann auch den Eroberungskrieg seit 1941, der den europäischen Krieg erst zum Weltkrieg machte, als aus der Not eines »Volkes ohne Raum« geboren, wie es in Deutschland hieß. Und die japanische Propaganda arbeitete mit der Versprechung an die Unterworfenen, dass man einen Krieg zur Begründung einer »großostasiatischen Wohlstandssphäre« führe, die allen ein besseres Leben ermöglichen werde. Die Eroberer konnten zudem als Befreier auftreten, waren doch viele der fernöstlichen Völker von westlichen Kolonialmächten beherrscht, die sich in vielen Jahrzehnten als Ausbeuter verhasst gemacht hatten. Doch auch hier wurde schnell die Schattenseite deutlich, denn die neuen Herren erwiesen sich in keiner Weise als milder. Im Gegenteil: Mit sinkendem Kriegsglück verschärften auch sie den Terror, setzten statt auf Überzeugung auf Gewalt und riefen so Widerstandsbewegungen auf den Plan.

*Der russische Botschafter Japans, Smetanin (rechts) und der japanische Außenminister Yosuke Matsuoka nach der Unterzeichnung des russisch-japanischen Neutralitätsabkommens.*

## POLITICAL WARFARE IN GROSSBRITANNIEN

Großbritannien stützte sein »political warfare«, wie hier die psychologische Kriegführung sachlicher umschrieben wurde, ganz auf die traditionellen Ziele der englischen Politik: Niederwerfen der Aggressoren, Wiederherstellung des Gleichgewichts der Kräfte, Durchsetzung der Prinzipien der Humanität notfalls mit Gewalt, Propagierung der demokratischen Werte. Nach innen bemühte sich der britische Kriegslenker Churchill um Kräftigung des Widerstandswillens. Er ließ sich gern von Presseleuten in zerbombte Stadtviertel Londons begleiten und strahlte mit seiner untersetzten Unbeugsamkeit Mut und Zuversicht aus. Wie Goebbels wusste er die neuen Möglichkeiten des Rundfunks virtuos zu nutzen und sorgte für materielle und moralische Unterstützung der Widerstandsbewegungen auf dem deutsch besetzten Kontinent. Der Diplomat Bruce Lockhart (1887–1970), der die britische psychologische Kriegführung konzipierte, schätzte ihre Wirkungen hoch ein, be-

Sowjetisches Propaganda-
plakat aus dem Jahr 1942:
»*Tod den deutschen
Besatzern!*«

70 000 Eurer Kameraden sind aus dem
Krieg hinausgesprungen.

**Sie alle sind wohlauf.**

Soldaten! Jeder, der noch seine fünf Sinne
beisammen hat, folge dem Beispiel der 70 000
Soldaten!

**NUR DARIN LIEGT EURE RETTUNG!**

Dieses Flugblatt gilt als Passierschein für eine unbegrenzte Zahl
von deutschen Soldaten und Offizieren, die sich den russischen
Truppen gefangengeben.

**ПРОПУСК**

Sowjetisches Flugblatt, das
hinter den deutschen Linien
in Russland ab 1941 abge-
worfen wurde: »*Dieses Flugblatt gilt als Passagierschein
für eine unbegrenzte Zahl
von deutschen Soldaten …,
die sich … gefangengeben.*«

tonte aber auch: »Sie kann
niemals Ersatz sein für den
militärischen Erfolg.« Das
Wort »Ersatz« entnahm er
dem Deutschen.

### DAS SOWJETISCHE
### KONZEPT

Revolutionäre Agitation war
nur eine Säule der sowjetischen psychologischen Kriegführung nach innen. In der
äußersten Gefährdung durch
den deutschen Einmarsch
besannen sich die Propagandisten auf alte vaterländische
Werte und Helden der gro-
ßen russischen Vergangen-
heit. »Mütterchen Russland«
galt es vor den teutonischen
Horden zu retten, Ideo-
logisches trat in den Hintergrund. Das spielte eher nach
außen eine Rolle: Moskau
setzte auf die vielen ver-
streuten kommunistischen
Gruppen im deutschen Un-
tergrund und in den be-
setzten Ländern. Nach dem
Hitler-Stalin-Pakt dauerte es
jedoch eine Weile, bis das Vertrauen zur Zentrale wieder
hergestellt werden konnte. Ganz gelang das nie, weil Stalin auch
auf seine Verbündeten Rücksicht nehmen musste und nicht offen klassenkämpferische Positionen bezog. Im Gegenteil: 1943
löste er sogar die Kommunistische Internationale (Komintern)
als Zeichen dafür auf, dass er weltrevolutionären Zielen angeblich abgeschworen habe.

### DIE PSYCHOLOGISCHE KRIEGFÜHRUNG DER USA

Die USA schufen unter General McClure eine Psychological
Warfare Division (PWD), die Rivalitäten zwischen dem Nachrichtendienst OWI (Office of War Information) und dem Geheimdienst OSS (Office of Strategic Studies), dem Vorgänger
der CIA, beenden sollte. Ganz glückte das nicht, doch leisteten
die Propagandisten Wichtiges bei der psychologischen Vorbereitung der von den Deutschen unterworfenen Völker auf
die Befreiung. Sie schürten die Hoffnung und damit auch den
Widerstandswillen, der den Besatzern schon lange vor der
Landung der Alliierten 1944 erhebliche Schwierigkeiten bereitete. Nach innen brauchte es in den USA neben den zün-
denden Reden von Präsident Roosevelt nicht viel zur Stimu-
lierung des Kampfeswillens, denn nach Pearl Harbor hatte eine Welle des Patriotismus das Land erfasst. Eine Art Kreuz-
zugsstimmung gegen die Despoten in Tokio, Berlin und Rom
machte sich breit. Die bald einsetzenden militärischen Erfolge erleichterten den Propagandisten die Arbeit.

### WEISS, GRAU ODER SCHWARZ? - FORMEN
### DER PROPAGANDA

Als »Schwert der psychologischen Kriegführung« lässt sich die
Propaganda nach ihren strategischen Zielen, Operationen und
Einzelmaßnahmen klassifizieren. Die Briten führten die Begriffe »weiße«, »graue« und »schwarze« Propaganda ein. Danach nennt »weiße« Propaganda klar und erkennbar ihren

Auftraggeber oder Produzenten, spielt also mit offenen Karten. Ein Beispiel dafür sind die als Flugblätter abgeworfenen
Passierscheine für Soldaten, die den Stempel gegnerischer
Dienststellen aufwiesen und offen zur Kapitulation unter eh-
renvollen Bedingungen aufforderten. Der Passierschein war
eine deutsche Erfindung, die im Laufe des Krieges von allen
beteiligten Mächten kopiert wurde. Die Erfolge blieben angesichts der eingeimpften stabilen Feindbilder bescheiden.

»Graue« Propaganda lässt sich nicht so ohne weiteres als
vom Feind produziert identifizieren. Sie weist keinen eindeutig bestimmbaren Hersteller aus. Ein klassisches Beispiel
dafür war die angloamerikanische Flugblattzeitung »Nachrichten für die Truppe«, die bekannteste des Krieges. Die pro-
duzierende Stelle, in diesem Fall der englische Propagandist
Denis Sefton Delmer mit einem Spezialstab des Foreign Office
in London, wurde nicht genannt. Die Zeitung sprach in ihren
Berichten stets von der »Wehrmacht«, von der sie angeblich
herausgegeben wurde. Trotz der »grauen« Machart waren die
»Nachrichten für die Truppe« wegen ihrer tendenziösen Berichterstattung allerdings leicht als Feindpropaganda zu erkennen und wurden mit entsprechender Skepsis von den
deutschen Soldaten zu Kenntnis genommen.

»Schwarze« Propaganda war die wirksamste, denn sie setzte auf möglichst perfekte Täuschung. Das beste Beispiel dafür
war der »Mölders-Brief«, den ein Mitarbeiter von Sefton Delmer fälschte, ein angebliches Schreiben des prominenten Jagd-
fliegers Werner Mölders an einen katholischen Geistlichen. Es
wurde nach dem Unfalltod des populären Luftwaffenoffiziers
(22.11.1941) seit Januar 1942 in zahllosen Abschriften im gesamten Reichsgebiet verbreitet. Der maschinenschriftliche
Text war auf gefälschten Funkerbögen der Luftwaffe abge-

Kameramann im Kriegseinsatz. Die hautnahen Aufnahmen
vom Frontgeschehen dienten den Wochenschauen als unent-
behrliches Propagandamaterial.

zogen worden; seine Verbreitung per Abwurf besorgten britische Jagdbomber bei einem Nachteinsatz im Raum Münster. Der Brief wurde als besonders eindrucksvolles Dokument katholisch motivierter Opposition gegen das NS-Regime interpretiert und gerade deshalb für echt gehalten und von vielen Kanzeln verlesen.

## SCHLACHTFELD DER GEHEIMSENDER

»Schwarze« Propaganda fand ein ideales Betätigungsfeld in einem Medium, das es während des 1. Weltkrieges noch nicht gegeben hatte: im Rundfunk. Hier erreichten die deutschen und die englischen Propagandisten hohe Perfektion. Im Verlauf des Krieges sollte sich der »Krieg über Ätherwellen« zu einer Spitzendomäne der psychologischen Kriegführung entwickeln. Hierbei spielten die Schwarz- oder Geheimsender eine enorme Rolle. Insgesamt gab es nicht weniger als 48 Geheimsender in englischer Regie, die ihre Programme in 16 Sprachen ausstrahlten. Unter ihnen befanden sich zehn Geheimsender für deutsche Hörer: für überzeugte Christen, Patrioten, Mitglieder der NSDAP, Soldaten der Wehrmacht oder der Waffen-SS - fast für jede Zielgruppe gab es einen entsprechend abgestimmten Geheimsender. Besonders zu nennen: »Gustav Siegfried I«, der »Deutsche Kurzwellensender Atlantik« und der »Soldatensender Calais« (später »Soldatensender West«).

Während des Frankreichfeldzuges erreichten die deutschen Geheimsender des »Büros Concordia« vor dem Hintergrund der spektakulären Siege der Wehrmacht ihren Erfolgshöhepunkt. Die beiden deutschen Geheimsender »Radio Humanité« und »Voix de la Paix« erzielten mit ihren französischsprachigen Programmen durchschlagende Wirkung. Ihr Auftrag bestand in erster Linie darin, in der französischen Bevölkerung durch Greuelpropaganda Panik zu erzeugen und eine ungeordnete Massenflucht auszulösen, die die Operationsfreiheit der alliierten Verbände behindern und stören sollte. Französische und englische Berichte dokumentieren eindrucksvoll, dass das Flüchtlingschaos auf den Straßen Frankreichs im Mai und Juni 1940 die Operationen der eigenen Truppen in der Tat entscheidend behinderte.

Aus den beiden Beispielen geht schon hervor, dass jedwede psychologische Kriegführung letztlich nur so wirkungsvoll sein kann, wie es der Realitätshintergrund erlaubt. Die Wahrheit sickert so oder so durch, mit welcher Verzögerung auch immer. Und selbst bei großen Siegen wie zu Kriegsbeginn auf deutscher und später auf alliierter Seite, können Hetze, Appelle, Desinformation, Agenten und was sonst zum Arsenal der Psychokrieger gehört nur ein flankierendes Moment sein. Das bestätigte der US-Propagandist James P. Warburg nach dem Krieg: »Es gelang der alliierten psychologischen Kriegführung nie, den deutschen Kriegswillen zu brechen. Die Kapitulation der deutschen Armeen war nicht das Ergebnis einer inneren Revolution und auch nicht das Ergebnis eines moralischen Zusammenbruchs der Heimat, sondern die Folge der totalen Niederlage auf dem Gefechtsfeld.«

### Stichworte

■ Rundfunk → S. 65
■ Sportpalastrede
  → S. 258ff.
■ Alliierte Propaganda
  → S. 386

*Joseph Paul Goebbels (1897–1945), Leiter des Reichsministeriums für Volksaufklärung und Propaganda, am Mikrofon des Berliner Rundfunksenders. Für Goebbels war der Rundfunk das wirksamste Mittel zur Beeinflussung der Massen.*

*Südwestlich von Charkow: Rotarmisten kommen aus ihrem Bunker und ergeben sich mit erhobenen Händen.*

---

**14. FEBRUAR**

# Rückzugsorder: »Verbrannte Erde«

**Adolf Hitler weist die Truppen an der Ostfront an, bei notwendigen Rückzügen die Infrastruktur der geräumten Gebiete zu zerstören.**

Bereits in der Winterkrise 1941/42 hatte Hitler den Befehl ausgegeben, dass »jede Ortschaft... ohne Rücksicht auf die Bevölkerung niedergebrannt und zerstört werden« muss, um den Gegner beim Vormarsch maximal zu behindern. Auch der sowjetische Diktator Stalin hatte am 3. Juli 1941 eine ähnliche Anweisung ausgegeben. Die sog. Strategie der verbrannten Erde hat eine lange militärische Tradition. Im Zweiten Weltkrieg erreicht die Verwüstung von Gebieten aber eine neue Dimension. Die großräumigen Absetzungsbewegungen deutscher Truppen werden ab 1943 von einer systematischen Zerstörung begleitet, die mit Deportationen verknüpft ist. Als sich die deutschen Verbände im September 1943 hinter den Dnjepr zurückziehen (→ S. 330), soll ein 20 bis 40 Kilometer breiter Streifen des Ostufers dem Erdboden gleichgemacht werden. Darüber hinaus wird die Zwangsevakuierung aller landwirtschaftlichen Arbeitskräfte sowie aller männlichen Zivilisten zwischen 16 und 65 Jahren beschlossen, um ihren Übertritt in die Rote Armee zu verhindern.

---

**22. FEBRUAR**

# Wehrmachtsoffensive im Donezbecken

**Zwischen Dnjepr und Donez tritt die deutsche Heeresgruppe Süd unter Generalfeldmarschall Erich von Manstein mit der 1. Panzerarmee, der 4. Panzerarmee sowie der Armeeabteilung Kempf mit Unterstützung durch die Luftflotte 4 zum Angriff gegen die Rote Armee an.**

Mit der erfolgreichen Operation kann die seit Dezember 1942 drohende Umfassung der Heeresgruppe Süd durch weit vorgerückte sowjetische Verbände verhindert werden. Der Schwerpunkt der Kämpfe liegt im Gebiet südwestlich von Charkow und nördlich des Verkehrs- und Industriezentrums Stalino. Nördlich von Stalino tobt eine schwere Panzerschlacht. Die Städte Stalino und Makajewka haben unter Artilleriefeuer und Luftangriffen zu leiden. Bereits am folgenden Tag zieht die militärische Führung in Berlin eine positive Bilanz der Lage im Südabschnitt der Ostfront.

---

**8. FEBRUAR**

# Japanische Truppen räumen Insel Guadalcanal

**Die letzten japanischen Soldaten räumen die seit der US-Invasion am 7. August 1942 umkämpfte Salomoninsel Guadalcanal (→ S. 210).**

Insgesamt sind in den vergangenen sechs Monaten 11 706 Mann evakuiert worden. Bei den vorangegangenen Kämpfen hatten die Japaner nach eigenen Angaben 16 734 Tote und Verwundete zu beklagen.

Nach der Landung von US-Marines am Morgen des 7. August 1942 hatten die Invasoren zunächst ihre Truppen auf der Insel verstärkt. Am 25./26. Oktober kam es zur See- und Luftschlacht bei den Santa-Cruz-Inseln (→ S. 221), die zwar mit einem zahlenmäßigen Erfolg der Japaner en-

*US-Oberst Merrit A. Edson (M.) bespricht mit Offizieren einen Angriff auf Guadalcanal: Eine der wichtigsten Erfahrungen der beinahe sechsmonatigen Schlacht um die Salomoninsel ist, dass die US-Marines den japanischen Truppen im Dschungelkampf unterlegen sind.*

dete, der von diesen jedoch nicht genutzt werden konnte, da die am 19. Oktober auf Guadalcanal begonnene Offensive ihres Heeres gescheitert war.

Vom 11. bis zum 15. November kam es vor Guadalcanal zu einer erneuten Seeschlacht, die trotz schwerer Verluste mit einem entscheidenden Sieg der US-Verbände endete. Seitdem schickten die Japaner keine größeren Marineeinheiten mehr ins Gefecht.

Mitte Januar 1943 entschloss sich die japanische Führung zur Aufgabe von Guadalcanal, nachdem sich die weitere Versorgung der dort stationierten 17. Armee als unmöglich erwiesen hatte (→ S. 290).

## 23. FEBRUAR

## Truppen für Afrika

Die deutschen und italienischen Truppen in Tunesien werden zur Heeresgruppe Afrika zusammengefasst.

Den Oberbefehl hat Generalfeldmarschall Erwin Rommel. Die neu for-

Erwin Rommel wurde am 15. November 1891 in Heidenheim a. d. Brenz geboren, er durchstieß als Chef einer Panzerdivision 1940 die Ardennen und errang als »Wüstenfuchs« legendären Ruhm als Oberbefehlshaber des Afrikakorps.

mierte Heeresgruppe umfasst 120 000 Mann und 150 Panzer; sie hat eine Front von rd. 625 km Länge zu verteidigen. Aus der bisherigen deutsch-italienischen Panzerarmee an der Mareth-Linie wird die 1. italienische Armee gebildet.

## 21. FEBRUAR

## Heinz Guderian Panzerinspekteur

Adolf Hitler beruft Generaloberst Heinz Guderian zum Generalinspekteur für die Panzerwaffe.

Der Blitzkriegspezialist Guderian erhält erstmals wieder ein Kommando, nachdem er im Dezember 1941 aufgrund von Meinungsverschiedenheiten mit Hitler und Generalfeldmarschall Hans Günther von Kluge entlassen worden war und von diesem Zeitpunkt an ohne Aufgabenbereich blieb. Guderian wurde 1888 als Sohn eines Generalleutnants in Culm nahe der unteren Weichsel geboren. Nach seiner Ausbildung auf Kadettenanstalten in Karlsruhe und Groß-Lichterfelde bei Berlin sowie Kriegsdienst im Ersten Weltkrieg wurde er 1919 Mitglied der Reichswehr. Bei einem Telegrafenbataillon in Koblenz wurde er schon früh mit modernen

*Generalinspekteur Guderian (3.v.l.)*

Kommunikationstechniken vertraut, die es ihm im Zweiten Weltkrieg ermöglichten, als erster Korpsführer von einem mobilen Gefechtsstand aus Schlachten zu leiten. Nach der Machtergreifung 1933 wurde Guderian zum Oberst befördert.

## 1. FEBRUAR

## Scheinkabinett in den Niederlanden

Aufgrund eines Erlasses von Reichskommissar Arthur Seyß-Inquart wird in den Niederlanden ein Kabinett unter der Leitung des Führers der Nationaal-Socialistische Beweging (NSB), Anton Adriaan Mussert, gebildet.

Es erhält jedoch keine wirklichen Regierungsbefugnisse, sondern besitzt gegenüber den Dienststellen des deutschen Besatzungsregimes nur beratende Funktionen. Als einzige zugelassene Partei im Land hat die NSB jetzt noch größere Möglichkeiten, Einfluss auf den staatlichen Apparat auszuüben. Die ablehnende Haltung der deutschen Seite hinsichtlich einer echten Übertragung von Verantwortung auf Mussert wurzelt in einem Misstrauen gegenüber den niederländischen Nationalsozialisten.

## 5. FEBRUAR

## Mussolini erneut Außenminister

Die italienische Regierung in Rom wird auf zahlreichen Kabinettsposten umgebildet. Die wichtigste Änderung betrifft allerdings das Außenministerium.

Ministerpräsident und Duce Benito Mussolini übernimmt dieses Ressort wieder selbst; sein Vorgänger und Schwiegersohn, Galeazzo Ciano Graf von Cortellazzo, wird Botschafter im Vatikan.

Durch die Übernahme des Außenministeriums hat Mussolini nunmehr fünf Kabinettsposten inne: Neben seiner neuen Funktion und dem Amt des Ministerpräsidenten unterstehen ihm das Innen-, das Kriegs-, das Marine- und das Luftfahrtministerium.

Die »Neue Zürcher Zeitung« kommentiert die neue Machtfülle des Duce mit der Feststellung: »Mussolini ist mit der Umbildung seines Kabinetts ungefähr wieder auf den Stand der Dinge zurückgekehrt, den er kurz nach seiner Machtübernahme schuf... Die italienische Regierung wird jetzt wieder im allerpersönlichsten Sinn ein Kabinett Mussolini.«

## 27. FEBRUAR

# Atomfabrik-Anschlag

Das Norsk Hydro-Werk in der Nähe der südnorwegischen Stadt Rjukan, das sog. schweres Wasser zum Bau einer deutschen Atombombe produziert, wird bei einem Sprengstoffanschlag schwer beschädigt.

Eine völlige Zerstörung der Anlage gelingt den norwegischen Widerstands-

kämpfern und britischen Agenten, die den Anschlag ausführen, jedoch nicht; nach ungefähr fünf Monaten kann die Produktion bereits wieder aufgenommen werden. In der Folgezeit wird das Norsk Hydro-Werk verstärkt auch von US-amerikanischen und britischen Bombern angegriffen.

*Die Norsk-Hydro-Schwerwasseranlage westlich von Oslo; von hier bezieht Deutschland sein für die Kernforschung erforderliches schweres Wasser.*

## 24. FEBRUAR

## Massenproteste in Griechenland

In der griechischen Hauptstadt Athen kommt es zu einer großen Protestdemonstration gegen die geplante Einziehung von 80 000 Griechen zum Arbeitseinsatz für das deutsche Besatzungsregime.

Nach mehrstündigen erbitterten Straßenkämpfen müssen sich die eingesetzten Truppen der Achsenmächte zurückziehen.

Die griechische Bevölkerung hatte erstmals am Morgen des 20. Februar aus dem Radio von der beabsichtigten Rekrutierung erfahren. Nach der Veröffentlichung des entsprechenden Dekrets in der Presse kam es bereits am 23. Februar zu ersten öffentlichen Protesten; die Truppen wurden daraufhin in Alarmbereitschaft versetzt. Am Morgen des 24. Februar stehen die demonstrierenden Athener den aufmarschierten Besatzungstruppen gegenüber.

Dennoch gelingt es den aufgebrachten Griechen, die unbewaffnet sind, den alten Königspalast zu stürmen und das Arbeitsministerium anzuzünden (→ S. 229, 314).

## Kindertransport nach Auschwitz

Rund 1000 französische Juden, darunter mehrere hundert Kinder und alte Menschen, werden von Drancy bei Paris nach Auschwitz deportiert. Der Großteil von ihnen wird sofort nach Ankunft des Zuges im Vernichtungslager vergast; nur zehn werden den Krieg überleben. Laut Meldungen der Gestapo versuchen drei Juden an der französischen Grenze zu fliehen; sie werden jedoch aufgegriffen und gemeinsam mit den anderen deportiert (→ S. 292).

Die Kinder kommen aus allen Regionen Frankreichs; die jüngsten, zwei Säuglinge aus Angoulême, sind gerade elf Monate alt. Die meisten werden zusammen mit ihren Eltern verschickt. Unter den alten Menschen befinden sich mehrere Personen über 80 Jahren; eine Frau ist 91 Jahre alt. In Drancy bei Paris hat die Gestapo ein Sammellager eingerichtet.

## Kälteversuche mit Menschen im KZ

In einem Schreiben an Reichsführer SS Heinrich Himmler berichtet SS-Hauptsturmführer Sigmund Rascher von den Ergebnissen seiner »Erwärmungsversuche an ausgekühlten Menschen durch animalische Wärme«.

Darüber hinaus führt er aus, dass seine Experimente mit Menschen im Konzentrationslager Dachau den Sinn hätten, »nachzuweisen, dass Menschen, welche durch trockene Kälte ausgekühlt wurden, ebenso schnell wieder erwärmt werden können als solche, welche durch Verweilen im kalten Wasser auskühlten«.

Seinen Angaben zufolge hat Rascher bislang rund 30 Menschen gezwungen, sich zu entkleiden und bis zu 14 Stunden im Freien zu verbringen. Nach der Abkühlung ihrer Körpertemperatur auf 27 bis 29 °C wurden sie dann stündlich in ein heißes Vollbad gelegt. Rascher will seine Versuche fortsetzen.

*V.l.: Hans Scholl sowie Willi Graf, Alexander Schmorell und Hans' Schwester Sophie auf dem Münchner Bahnhof 1942*

# Geschwister Scholl verhaftet

An der Münchner Universität werden Hans und Sophie Scholl, Mitglieder der Widerstandsgruppe Weiße Rose, beim Verteilen von Flugblättern verhaftet, in denen sie das NS-Regime anprangern.

Am 22. Februar werden die beiden Geschwister im Alter von 24 bzw. 21 Jahren sowie ihr Freund Christoph Probst (23) in München zum Tode verurteilt und noch am selben Nachmittag hingerichtet. In der Urteilsbegründung des Volksgerichtshofs, der den Prozess unter Vorsitz des »Blutrichters« Roland Freisler durchführt (→ S. 213), heißt es u.a.: »Wenn solches Handeln anders als mit dem Tod bestraft würde, wäre der Anfang einer Entwicklungskette gebildet, deren Ende einst 1918 war.« Im Verlauf des Verfahrens stellt Sophie Scholl dem Vorsitzenden die Frage: »Sie wissen so gut wie ich, dass der Krieg verloren ist. Warum sind Sie so feige, das nicht zugeben zu wollen?«

Die im Vorjahr gegründete Weiße Rose ist eine lose Widerstandsorganisation von Studenten, Künstlern, Gelehrten und Geistlichen. Die Gruppe hat Anhänger in Berlin, Freiburg, Hamburg, Köln, München und Saarbrücken; die Zentren sind Hamburg und vor allem München, wo der Psychologieprofessor Kurt Huber großen Einfluss auf die beteiligten Studenten hat. Die mit »Die Weiße Rose« signierten Flugblätter des Widerstandskreises waren der Gestapo seit langem ein Dorn im Auge; sie vermutete ihre Urheber in der Münchner Universität.

Am 16. Februar berief der Münchner Gauleiter Paul Giesler eine Versammlung ins Auditorium Maximum an der Ludwigstraße ein, um die Studenten zu größerem Einsatz für die »Volksgemeinschaft« aufzufordern, erntete für seiane Ausführungen aber keinerlei Beifall. Als er sich in beleidigender Weise an die Studentinnen wandte, kam es zu lautstarken Protesten. Später am Tag kam es in der Stadt zur ersten offenen Kundgebung gegen das NS-Regime seit zehn Jahren.

*Sophie Scholl, mit 21 Jahren als Widerstandskämpferin hingerichtet*

*Hans Scholl, 24 Jahre, wird von den Nationalsozialisten enthauptet.*

# Widerstand »aus der Macht des Geistes«

*Das letzte verteilte Flugblatt der Geschwister Hans und Sophie Scholl vom 18. Februar hat den folgenden Wortlaut (Auszüge):*

»Kommilitonen! Kommilitoninnen! Erschüttert steht unser Volk vor dem Untergang der Männer von Stalingrad. Dreihundertdreißigtausend deutsche Männer hat die geniale Strategie des Weltkriegsgefreiten [Hitler] sinn- und verantwortungslos in Tod und Verderben gehetzt. Führer, wir danken dir. Es gärt im deutschen Volk: Wollen wir weiter einem Dilettanten das Schicksal unserer Armeen anvertrauen? Wollen wir den niederen Machtinstinkten einer Parteiclique den Rest der deutschen Jugend opfern? Nimmermehr! Der Tag der Abrechnung ist gekommen, der Abrechnung der deutschen Jugend mit der verabscheuungswürdigsten Tyrannis, die unser Volk je erduldet hat. Im Namen der deutschen Jugend fordern wir vom Staat Adolf Hitlers die persönliche Freiheit, das kostbarste Gut des Deutschen zurück, um das er uns in der erbärmlichsten Weise betrogen hat.

In einem Staat rücksichtsloser Knebelung jeder freien Meinungsäußerung sind wir aufgewachsen. HJ, SA, SS haben uns in den fruchtbarsten Bildungsjahren unseres Lebens zu uniformieren, zu revolutionieren, zu narkotisieren versucht. ›Weltanschauliche Schulung‹ hieß die verächtliche Methode, das aufkeimende Selbstdenken in einem Nebel leerer Phrasen zu ersticken. Eine Führerauslese, wie sie teuflischer und bornierter zugleich nicht gedacht werden kann, zieht ihre künftigen Parteibonzen auf Ordensburgen zu gottlosen, schamlosen und gewissenlosen Ausbeutern und Mordbuben heran, zur blinden, stupiden Führergefolgschaft. Wir ›Arbeiter des Geistes‹ wären gerade recht, dieser neuen Herrenschicht den Knüppel zu machen. Frontkämpfer werden von Studentenführern und Gauleiteraspiranten wie Schuljungen gemaßregelt, Gauleiter greifen mit geilen Späßen den Studentinnen an die Ehre. Deutsche Studentinnen haben an der Münchner Hochschule auf die Besudelung ihrer Ehre eine würdige Antwort gegeben, deutsche Studenten haben sich für ihre Kameradinnen eingesetzt und standgehalten... Das ist ein Anfang zur Erkämpfung unserer freien Selbstbestimmung, ohne die geistige Werte nicht geschaffen werden können. Unser Dank gilt den tapferen Kameradinnen und Kameraden, die mit leuchtendem Beispiel vorangegangen sind!

Es gibt für uns nur eine Parole: Kampf gegen die Partei! Heraus aus den Parteigliederungen, in denen man uns weiter politisch mundtot halten will! Heraus aus den Hörsälen der SS-Unter- und -Oberführer und Parteikriecher! Es geht uns um wahre Wissenschaft und echte Geistesfreiheit! Kein Drohmittel kann uns schrecken, auch nicht die Schlie-

**EIN DEUTSCHES FLUGBLATT**

*Auszug aus dem Manifest der Münchner Widerstandsgruppe*

ßung unserer Hochschulen. Es gilt den Kampf jedes Einzelnen von uns um unsere Zukunft, unsere Freiheit und Ehre in einem seiner sittlichen Verantwortung bewussten Staatswesen.

Freiheit und Ehre! Zehn lange Jahre haben Hitler und seine Genossen die beiden herrlichen deutschen Worte bis zum Ekel ausgequetscht, abgedroschen, verdreht, wie es nur Dilettanten vermögen, die die höchsten Werte einer Nation vor die Säue werfen. Was ihnen Freiheit und Ehre gilt, haben sie in zehn Jahren der Zerstörung aller materiellen und geistigen Freiheit, aller sittlichen Substanzen im deutschen Volk genügsam gezeigt... Der deutsche Name bleibt für immer geschändet, wenn nicht die deutsche Jugend endlich aufsteht, rächt und sühnt zugleich, ihre Peiniger zerschmettert und ein neues geistiges Europa aufrichtet. Studentinnen! Studenten! Auf uns sieht das deutsche Volk! Von uns erwartet es... die Brechung des nationalsozialistischen Terrors aus der Macht des Geistes. Beresina und Stalingrad flammen im Osten auf, die Toten von Stalingrad beschwören uns!

›Frisch auf mein Volk, die Flammenzeichen rauchen!‹ Unser Volk steht im Aufbruch gegen die Verknechtung Europas durch den Nationalsozialismus, im neuen gläubigen Durchbruch von Freiheit und Ehre.«

*Kern der Gruppe (v. l.): Hans und Sophie Scholl, Christoph Probst*

## Schließung von Luxusgeschäften

Das Reichswirtschaftsministerium schließt alle nicht kriegswichtigen Betriebe des Handels, des Handwerks und des Hotel- und Gaststättengewerbes.

Diese Maßnahme war bereits in einem Erlass Hitlers vom 13. Januar angekündigt worden. Im Sinne der »totalen Mobilmachung« hieß es darin: »Der Bedarf an Kräften für Aufgaben der Reichsverteidigung macht es notwendig, alle Männer und Frauen, deren Arbeitskraft für diese Zwecke nicht... voll ausgenutzt ist, zu erfassen und ihrer Leistungsfähigkeit entsprechend zum Einsatz zu bringen.«

Betroffen von der Anordnung sind z.B. Geschäfte für Juwelen, Gold- und Silberwaren, teures Porzellan, Briefmarken und Süßwaren sowie das entsprechende Produktionsgewerbe, ebenso besonders luxuriöse Bars. Die Geschäftsschließungen stellen eine Verschärfung der Mobilmachung dar.

## Schüler ab 15 als Luftwaffenhelfer

Im Deutschen Reich beginnt die Einberufung von Schülern, die das 15. Lebensjahr vollendet haben, zum Dienst als Luftwaffenhelfer.

Der Kriegseinsatz Jugendlicher ist ein weiterer Schritt zur »totalen Mobilisierung« der Bevölkerung, nachdem ein Erlass Hitlers vom 13. Januar bereits die Heranziehung von Männern zwischen 16 und 65 Jahren und Frauen zwischen 17 und 45 für die Reichsverteidigung erlaubt.

Die Schüler werden vor allem in besonders bombengefährdeten Gebieten eingesetzt, wobei die Luftwaffenhelfer in oder nahe bei ihrem Heimatort eingesetzt werden sollen. Der Schulunterricht soll jedoch mit Blick auf den Mangel an akademischen Nachwuchskräften im Deutschen Reich (→ S. 307) in möglichst großem Umfang weiter erteilt werden. Im September 1944 mündet die Rekrutierung waffenfähiger Männer ab 16 Jahren im »Volkssturm«.

*Essen am Morgen nach dem britischen Angriff vom 5. März; die wichtigste Industriestadt des Ruhrgebiets ist erstes Angriffsziel der Alliierten.*

*Mülheim an der Ruhr nach einem britischen Bombenangriff am 23. Juni; 250 Bomber flogen diesen bislang schwersten Angriff auf die Stadt.*

*Ausgebombte der Duisburger Ratingsee-Siedlung nach den Luftangriffen im Mai, bei denen Teile der Duisburger Altstadt zerstört werden.*

## 5. MÄRZ

# Neue britische Luftoffensive gegen das Ruhrgebiet

In der Nacht zum 6. März startet die britische Luftwaffe eine Großoffensive gegen das Ruhrgebiet. 369 Bomber der Royal Air Force werfen 150 000 Stabbrandbomben und 80 Minen auf Essen.

482 Menschen werden bei dem Angriff getötet oder als vermisst gemeldet, 1440 verletzt; 3018 Häuser werden zerstört, 2166 schwer und 19 271 leicht beschädigt.

Der britische Luftmarschall Arthur Travers Harris, als Chef des Bomberkommandos zuständig für die Flächenbombardierungen deutscher Städte (→ S. 181), äußert sich rückblickend über den Beginn der lang vorbereiteten Offensive: »Man hatte es aufgegeben, nur gegen die deutsche Kampfmoral vorzugehen und man forderte jetzt von mir, mit der allgemeinen ›Desorganisierung‹ der deutschen Industrie zu beginnen und

dabei sollten bestimmte Gesichtspunkte den Vorrang haben wie Angriffe gegen den U-Bootbau, die Flugzeugproduktion, die Ölproduktion, das Transportsystem.

Damit erhielt ich eine sehr weitgehende Entscheidungsfreiheit und ich konnte praktisch jede deutsche Industriestadt mit einer Einwohnerzahl von 100 000 und mehr angreifen. Das wichtigste Angriffsziel blieb aber das Ruhrgebiet, denn hier befand sich das bedeutendste Industriegebiet Deutschlands, und aus diesem Grunde war es auch schon vorher für Angriffe ausgewählt worden, durch die die Moral der Bevölkerung erschüttert werden sollte...

Schon vor einem Jahr hatte man beschlossen, Essen als erste Stadt zu zerstören, denn es war das bei weitem größte und wichtigste Industriezentrum an der Ruhr.«

Neben Essen werden im Laufe des Jahres auch die anderen Großstädte des Reviers von schweren Angriffen

*Die Industriestädte des Ruhrgebiets liegen in Trümmern; Blick auf den Dortmunder Hauptbahnhof*

heimgesucht: In den Nächten vom 26. zum 27. April und vom 12. zum 13. Mai wird Duisburg bombardiert; insgesamt 352 Menschen finden den Tod. 693 Tote sind unter der Dortmunder Bevölkerung zu beklagen, nachdem die Royal Air Force in der Nacht vom 4. zum 5. Mai 1436 t Bomben auf die Stadt geworfen hat. Mülheim an der Ruhr und Oberhausen werden besonders schwer in der Nacht vom 22. zum 23. Juni getroffen; Bochum und Gelsenkirchen erleben u.a. in der Nacht vom 9. zum 10. Juli einen schweren Angriff.

Für die Bevölkerung der betroffenen Städte wird der Luftschutzkeller in vielen Nächten zum Quartier auf Zeit. Eine Frau aus Essen beschreibt die bangen Minuten während des Angriffs vom 5./6. März: »In das Schießen der Flak donnern die ersten Bombenaufschläge ganz in der Nähe.

*Die Krupp-Werke in Essen*

## Angriff auf Essen

*Ein Augenzeuge berichtet von einem Luftangriff vom 12. zum 13. März:*
»Erst hatten Flak und Scheinwerfer guten Erfolg... Einige Maschinen platzten in der Luft entzwei. Doch dann ging das Tommy-Geschwader zum Angriff über. Auf die um uns liegenden Wohnviertel regnete es Brandbomben. Auf allen Straßen, Anlagen brannten Brandbomben und erhellten das Gelände...

Bomben heulten nieder und krachten zwanzig Meter hinter uns, Sprengbomben fielen wie Hagelschauer. Unsere Baracke wurde getroffen. Ein Volltreffer zwei Meter neben uns riss diese auseinander. Da die Engländer auch gleichzeitig Phosphor abwarfen, der bereits in der Luft brannte, stand alles sofort in hellen Flammen... Wie ich nach dem fürchterlichen Krach die Augen aufmache, sind wir drei von Balken, Steinen verschüttet. Die ganze Holzwand lag auf uns und brannte... Unter der stärksten Kraftanstrengung, die nur möglich ist, wenn der Tod sichtbar naht, stemmten wir, umgeben von einer Flammenhölle, die Barackenwand hoch und stürzten los. Von einer Deckung zur anderen mussten wir rasen, um nicht durch Volltreffer zerrissen zu werden. Brandbomben stießen wir in einen Wassergraben oder zogen sie aus der Deckung heraus zu uns heran und deckten sie zu oder stampften sie in den Boden... Wie wir aber aufsprangen, setzte der Amerikaner... zum Tiefangriff an.«

Und dann hält es sich daran, eine Bombe nach der anderen. Es heult und kracht. Bald ist kaum noch Flak zu hören. Alle Augenblicke erschüttert eine Luftmine das Haus; bis in den Keller bebt alles. Wenn man hoffte, es wäre bald ruhiger, kam wieder eine neue Welle. Wir haben gebetet und geweint.« Einige Menschen versuchen sich und anderen ihre Leiden durch Humor erträglicher zu machen. Ein verbreiteter Vers lautet: »Lieber Tommy, fliege weiter,/wir sind alle Bergarbeiter./Fliege weiter nach Berlin,/die haben alle ›ja‹ geschrien.« In

einem vielerorts erzählten Witz unterhalten sich ein Berliner und ein Essener über das Ausmaß der Bombenschäden in ihren Heimatstädten. Der Berliner sagt, das letzte Bombardement der Reichshauptstadt sei so schlimm gewesen, dass noch fünf Stunden nach dem Angriff die Fensterscheiben aus den Häusern gefallen seien. Der Essener antwortet daraufhin, das bedeute noch gar nichts, denn in seiner Stadt seien noch 14 Tage nach dem letzten Angriff die Bilder des Führers aus dem Fenster geflogen. Bei ihren Luftangriffen wer-

fen die britischen Flugzeuge nicht nur Bomben, sondern auch Flugblätter über dem Deutschen Reich ab. Nach dem Angriff auf Essen findet die Bevölkerung überall verstreut Flugschriften der deutschen Widerstandsgruppe Weiße Rose (→ S. 268), mit einem von der britischen Propagandabehörde verfassten Vorspann versehen, in dem es u.a. heißt:

»Wir sehen nicht ein, warum die Vernünftigen und Anständigen in Deutschland nicht zu Wort kommen sollen. Deswegen werfen die Flieger... dieses Flugblatt..., das die Gestapo

natürlich sofort konfisziert hat, in Millionen von Exemplaren über Deutschland ab.«

Ein Flugblatt vom 26. Juni wendet sich »An die Zivilbevölkerung der deutschen Industriegebiete« und klärt sie darüber auf, dass der britische Premierminister Winston Churchill schon am 10. Mai 1942 alle deutschen Städte öffentlich zum Kriegsgebiet erklärt habe; dies sei den Deutschen aber von ihrer Regierung verschwiegen worden. Jetzt sei die Bevölkerung gewarnt; sie solle die bedrohten Gebiete verlassen.

6. MÄRZ

## Deutsche Erfolge an der Ostfront

Die 4. deutsche Panzerarmee unter Generaloberst Hermann Hoth und die Armeeabteilung Kempf treten im Raum westlich von Charkow zum Angriff gegen die dortigen Verbände der Roten Armee an.

Nach der Zerschlagung von Teilen der 3. sowjetischen Panzerarmee wird am 14. März Charkow von SS-Truppen besetzt; die Stadt war erst am 16. Februar von der Roten Armee eingenommen worden. Am 21. März erobern die Deutschen Belgorod zurück, das am 9. Februar von der 40. sowjetischen Armee befreit worden war.

Mit diesen Erfolgen der Heeresgruppe Süd unter Generalfeldmarschall Erich von Manstein wird die sowjetische Offensive, durch die neben Charkow auch die Städte Rostow und Kursk von der Roten Armee erobert worden waren, in diesem Frontabschnitt zum Stehen gebracht. Nach der Einnahme von Belgorod klingt der deutsche Angriff jedoch ab; u.a. wegen der eintretenden Schlammperiode gelingt es nicht, den weit nach Westen ausholenden Frontbogen um Kursk zu begradigen. Die Stellungen der Wehrmachtseinheiten sind damit im Wesentlichen wieder auf den Stand gebracht, den sie bereits im Winter 1941 hatten (→ S. 158, 189).

*Deutsche Soldaten bereiten einen Angriff auf Verbände der Roten Armee vor.*

2. MÄRZ

## Grenzkonflikt UdSSR–Exilpolen

Die politischen Streitigkeiten über den Verlauf der durch den Frieden von Riga am 18. März 1921 festgelegten polnisch-sowjetischen Grenze flammen wieder auf. Polen hatte diesen Grenzverlauf im polnisch-sowjetischen Krieg 1920 militärisch durchgesetzt.

Die Regierung in Moskau lehnt die am 25. Februar vorgetragene Forderung der polnischen Exilregierung in London ab, dass die Grenze zwischen beiden Ländern wie vor Ausbruch des Zweiten Weltkriegs verlaufen solle. Die UdSSR will stattdessen den Gebietsstand wahren, den sie aufgrund der geheimen Vereinbarungen zwischen Staatschef Josef W. Stalin und Adolf Hitler vom 23. August 1939 bzw. des Grenz- und Freundschaftsvertrags beider Länder vom 28. September 1939 (→ S. 19) bis zum Beginn des deutschen Russlandfeldzugs am 22. Juni 1941 (→ S. 124) hatte. Damals hatte sich die Sowjetunion die polnischen Gebiete östlich der Flüsse Pissa, Narew, Weichsel und San angeeignet. Die Sowjetunion weist die polnischen Ansprüche als »imperialistische Tendenzen« zurück; Polen wendet dagegen ein, die geforderten Gebiete seien vor Jahrhunderten auf der Grundlage polnischer Kultur entstanden.

HINTERGRUND

# Manstein will Remisfrieden herbeiführen

Wie bereits nach den Winteroffensiven der sowjetischen Armee 1941/42 (→ S. 158) stabilisiert sich die deutsche Ostfront auch nach der Winterkrise 1942/43 mit dem Eintreten der Schlammperiode in der westlichen Sowjetunion.

Im Vergleich zum Vorjahr ist die deutsche Wehrmacht aber noch stärker geschwächt – bei gleichzeitiger Stärkung der Roten Armee.

In dieser Situation entwickelt der Oberbefehlshaber der Heeresgruppe Süd, Erich von Manstein, gemeinsam mit anderen führenden Militärs eine Defensividee für den Ostkrieg, die einen »Remisfrieden«

herbeiführen soll. Manstein hält den Krieg gegen die UdSSR für nicht mehr gewinnbar. Deshalb tritt er für den Verzicht auf groß angelegte Offensiven ein, die auf die Erreichung eines mittlerweile illusorischen »Siegfriedens« abzielen. Er plädiert für eine Begradigung der Front durch Rückzüge oder auch kleinere Angriffe, um diese Frontlinie mit einem Minimum an Kräften halten zu können. Die Ersparnis durch die Begradigung soll schnellen, hochmodern ausgerüsteten Verbänden zugute kommen, um Angriffe der Roten Armee abzufangen. Ziel dieser sog. Strategie des

»Schlagens aus der Nachhand« ist es, dem Angreifer notfalls große Geländegewinne zuzugestehen und ihn überraschend an den Flanken zu attackieren, um ihn abschließend einzukesseln und durch Gegenstöße die alte Frontlinie wieder einzunehmen. Mansteins Überlegung gipfelt in der Idee, dass sich die Rote Armee im Laufe der Zeit an der deutschen Front »totlaufen« würde und Stalin schließlich friedensbereit wäre. Hitler verschließt sich diesen Überlegungen, weil er den Krieg gegen die UdSSR als einen »Rassenkrieg« um Sieg oder Untergang führt (→ S. 304, 305).

7. MÄRZ

## Stalin wird zum Marschall ernannt

Der Oberste Sowjet in Moskau ernennt Partei- und Regierungschef Josef W. Stalin zum Marschall.

Der neue Titel, der Stalin fortan zum Tragen einer Marschalluniform berechtigt, soll ein Stück des Waffenruhms der Roten Armee, den sie sich mit dem Sieg bei Stalingrad (Wolgograd) am 2. Februar erworben hat, auf die Person des Diktators übertragen. Umgekehrt überhäuft Stalin seinerseits seine Generäle mit Ehren: Medaillen, die den Soldatenrock bis zur Gürtellinie hinunter bedecken und lobende Erwähnungen in den Tagesbefehlen an die Truppe.

*Japanischer Truppentransporter in der Bismarcksee; nach schwerem Bombardement sinkt das Schiff.*

## 4. MÄRZ

# Japanischer Konvoi versenkt

**Die US-Luftwaffe vernichtet zwei Zerstörer aus einem japanischen Truppenkonvoi in der Bismarcksee, der Teile der 18. japanischen Armee nach Neuguinea bringen sollte.**

Damit endet eine dreitägige Schlacht, die nach Ansicht des Sonderberichterstatters der Nachrichtenagentur Reuter der »härteste Schlag [ist], den die Japaner im Südwestpazifik bis jetzt erhalten haben. Die unmittelbare Folge dieses Sieges ist die teilweise Beseitigung der ernsten Bedrohung Australiens« durch die Japaner (→ S. 303).

Der japanische Truppentransport hatte Verstärkung für die Stützpunkte Lae und Salamaua am Huongolf bringen sollen. Die hier stationierten 3500 Soldaten sollten den 50 km südwestlich von Salamaua gelegenen australischen Luftwaffenstützpunkt Wau einnehmen, kamen aber ohne weitere Kräfte nicht voran. Am 28. Februar waren deshalb vom Stützpunkt Rabaul auf Neubritannien aus acht Transporter und neun Zerstörer mit 6900 Mann in Richtung Lae ausgelaufen. In den Morgenstunden des 2. März meldete ein US-amerikanischer Bomber den Konvoi, der sich zu diesem Zeitpunkt nordöstlich der Dampierstraße befand. Zwei Stunden später wurde er von zwölf »fliegenden Festungen«, Langstreckenbombern des Typs Boeing B 17, angegriffen; ein Transporter wurde versenkt, zwei wurden beschädigt. Am 3. März wurden die restlichen Schiffe in der Bismarcksee von australischen und US-amerikanischen Flugzeugen angegriffen.

Sämtliche übrigen Transporter mit zusammen 33 730 Bruttoregistertonnen und vier Zerstörer werden am 3. und 4. März versenkt. Die verbleibenden Zerstörer und japanischen U-Boote retten 2734 Mann, die übrigen Schiffbrüchigen werden, soweit sie nicht mit den Schiffen untergegangen sind, in den folgenden Tagen von US-Jagdbombern und Schnellbooten getötet. Die US-Luftwaffe verliert nur zwei Bomber und drei Jäger.

*US-Langstreckenbomber des Typs Boeing B 17 (»Flying Fortress«; Abb.) und australische »Beaufighters« greifen den japanischen Konvoi an.*

(→ S. 303)

## 20. MÄRZ

# Deutscher Sieg bei Geleitzugschlacht

**Im Nordatlantik geht die größte und aus deutscher Sicht erfolgreichste Schlacht des Zweiten Weltkriegs zwischen U-Booten der deutschen Kriegsmarine und alliierten Geleitzügen zu Ende.**

Von den 38 eingesetzten U-Booten sind 19 an der Versenkung von 21 Schiffen der Alliierten mit insgesamt 140 842 Bruttoregistertonnen beteiligt.

Die hohen Verluste bei dieser Schlacht führen in Großbritannien zu Zweifeln an der Tauglichkeit des Geleitzugsystems. Tatsächlich aber bietet sich keine Alternative zu dem seit mehreren Jahren praktizierten System. Darüber hinaus sind – trotz der Höhe der alliierten Verluste bei diesem einzelnen Geleitzug – die Besatzungen Großbritanniens und der USA insgesamt sehr erfolgreich bei der Abwehr der U-Boote.

Über dem Atlantik schließt sich zu Beginn des Jahres 1943 der Luftschirm durch den Einsatz von speziell gebauten Flugzeugträgern, die den näheren Seeraum um den Geleitzug ständig kontrollieren. Langstreckenflugzeuge überfliegen den Atlantik auf den von den deutschen U-Booten bevorzugten Routen.

Dabei überraschen sie häufig die einzeln fahrenden Boote, die zur schnelleren Fortbewegung über Wasser fahren und Angriffen aus der Luft hilflos ausgeliefert sind.

*Kolonne britischer Versorgungsschiffe im nördlichen Atlantik*

---
**6. MÄRZ**
---

# Rommel nach Misserfolg abgelöst

Die Heeresgruppe Afrika unter Generalfeldmarschall Rommel tritt mit drei Panzer- und zwei leichten Divisionen der deutschen Wehrmacht sowie Teilen von drei italienischen Divisionen zur letzten Offensive gegen die 8. britische Armee an.

Der Angriff aus der Mareth-Stellung heraus in Richtung Médenine kostet 55 der letzten 150 Panzer und fordert 500 Menschenleben.

Am 9. März wird Rommel abberufen und erhält den Befehl über die Heeresgruppe B in Italien; die Führung der Heeresgruppe Afrika übernimmt Generaloberst Hans-Jürgen von Arnim. Die deutsche Öffentlichkeit erfährt von dem Wechsel erst zwei reiche Taktik des mobilen Wüstenkrieges und seine Fähigkeiten als Truppenführer erwarb er sich schnell einen geradezu legendären Ruf. Aufgrund seiner Erfolge erlangte er den von der NS-Propaganda geschürten, aber auch unter der Bevölkerung verbreiteten Ruf des »Wüstenfuchses« (→ S. 201, 363).

Seit dem Beginn der alliierten Offensive bei Al Alamain am 23. Oktober 1942 (→ S. 221) und der Landungsoperation unter General Dwight D. Eisenhower bei Casablanca, Oran und Algier in der Nacht zum 8. November 1942 (→ S. 222) ist das Schicksal der vereinigten Streitkräfte der Achsenmächte in Nordafrika jedoch besiegelt. Adolf Hitler hält Rommel für persönlich verantwortlich.

In der Nacht vom 19. zum 20. März beginnt die 8. britische Armee mit einer Großoffensive gegen die 1. italienische Armee an der Mareth-Linie; die italienischen Truppen müssen sich daraufhin nach Norden zurückziehen (→ S. 282).

Wichtigster »Gegenspieler« Rommels in Afrika ist der Oberbefehlshaber der 8. britischen Armee, Generalleutnant Bernard Law Montgomery. Der wohl populärste aller britischen Heerführer des Zweiten Weltkriegs war nach Beendigung seiner Ausbildung in Sandhurst zunächst in Indien stationiert.

**Hans-Jürgen von Arnim**

Generaloberst Hans-Jürgen von Arnim (Abb.), Nachfolger von Generalfeldmarschall Erwin Rommel als Oberbefehlshaber der Heeresgruppe Afrika, wurde im Jahr 1889 ins Ernsdorf (Schlesien) geboren. Seit dem 3. Dezember 1942 war er Oberbefehlshaber der 5. deutschen Panzerarmee in Tunesien.

---
**11. MÄRZ**
---

## Kontakte Titos zu den Deutschen

Milovan Djilas, Koča Popović und Vlatko Velebit, drei der engsten Kampfgenossen des jugoslawischen Partisanenführers Josip Tito (→ S. 342), treffen sich in Gornji Vakuf mit Vertretern der deutschen Wehrmacht, um über den Austausch von Gefangenen zu verhandeln.

Am folgenden Tag wird eine Einigung erzielt, obwohl die Partisanen die deutsche Forderung nach einer Einstellung der Sabotageakte an der Eisenbahnlinie Agram (Zagreb)–Belgrad ablehnen. Velebit erhält sogar von deutscher Seite die Erlaubnis zum Besuch seiner Eltern in Agram. Nachdem der Gefangenenaustausch vollzogen ist, führen Djilas und Velebit am 26. März in Agram weitere Gespräche. Nach deutschen Berichten lässt Tito dabei ein Waffenstillstandsangebot übermitteln.

Die Kontakte zu den Deutschen führen zum ersten offenen Konflikt zwischen Tito und dem sowjetischen Staatschef Josef W. Stalin.

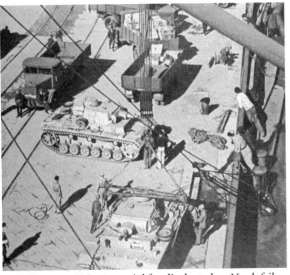

*Verladung von Kriegsmaterial für die deutschen Nordafrikatruppen im Hafen von Tarent (Italien)*

*Von der britischen 8. Armee abgeschossene deutsche Ju 52 in Tunesien, unweit der Mareth-Stellung*

Tage vor der Kapitulation des Afrikakorps (→ S. 288). Das Oberkommando der Wehrmacht nennt als Begründung für Rommels Ablösung: »Da der gesundheitliche Zustand des Feldmarschalls sich immer mehr verschlechtert hatte, entschloss sich der Führer, in Übereinstimmung mit dem Wunsche des Duce, dem Marschall Rommel zu befehlen,... zur nötigsten Wiederherstellung seiner Gesundheit nach Deutschland zurückzukehren.«

Mit seiner Abberufung verlässt Rommel den Kriegsschauplatz. Am 6. Februar 1941 wurde er zum Befehlshaber des Deutschen Afrikakorps ernannt (→ S. 106); durch seine erfolg-

*In Südtunesien: Britische Soldaten bringen sich in Sicherheit, nachdem sie einen Sprengsatz an einem deutschen Panzer angebracht haben.*

## 12. MÄRZ

# SS-Unternehmen Osti gegründet

Die Ostindustrie GmbH, ein Unternehmen der SS, wird mit dem Zweck gegründet, die jüdischen Arbeitskräfte in den Konzentrationslagern »wirtschaftlich nutzbar zu machen«. Ferner soll sie Wirtschaftsbetriebe der Dienststellen von SS- und Polizeiführern übernehmen sowie neue Werke errichten; im Laufe des Jahres gehen acht Betriebe in ihre Regie über. Die für die Arbeit notwendigen Maschinen und Rohstoffe übernimmt sie aus beschlagnahmtem jüdischem Vermögen.

Die Wirtschaftsunternehmen der SS sind organisatorisch zusammengefasst im 1942 gegründeten SS-Wirtschafts- und Verwaltungshauptamt unter der Leitung von SS-Obergruppenführer und General der Waffen-SS Oswald Pohl. Die Belegschaften der

SS-Betriebe werden aus KZ-Häftligen gebildet, denen trotz menschenunwürdiger Lebensbedingungen, brutaler Misshandlungen und vollkommen ungenügender Versorgung elf Stunden tägliche Arbeitsleistung abverlangt wird. Der Erhaltung ihrer Arbeitsfähigkeit unter diesen Bedingungen widmen sich Lagerärzte. 1942 veranschlagte Pohl die »durchschnittliche Lebensdauer« eines KZ-Häftlings im Arbeitseinsatz mit 9 Monaten.

## 9. MÄRZ

# Zwangsarbeiter sollen Leistung steigern

Die Leiter verschiedener Bremer Behörden beraten bei einer Dienstbesprechung über verschärfte Leistungsanforderungen an Zwangsarbeiter.

Als Maßnahmen zur Steigerung der Produktivität werden die Ausgabe der Verpflegung an die in Lagern untergebrachten Arbeitskräfte nur bei Nachweis der vollen Arbeitszeit bzw. doppelte Rationen für besonders eifrige Arbeitskräfte und eine verstärkte Disziplinierung beschlossen. Diese Anordnungen sind Teil der vielen Bemühungen im Deutschen Reich, die Kriegsgefangenen und die im Rahmen des Arbeitseinsatzes herangezogenen Kräfte den Bedingungen des »totalen Krieges« zu unterwerfen. Eine in einer Bremer Wollkämmerei beschäftigte Zwangsarbeiterin berichtet später davon, dass sie u.a. Menschenhaare verarbeiten musste: »Wir haben untereinander über die Haare gesprochen, denn wir konnten uns denken, woher sie kamen... Wir wussten..., was in den KZ passierte, denn einige von uns hörten... den Londoner Sender.«

*Zwangsarbeiterinnen aus den von deutscher Wehrmacht besetzten Gebieten der Sowjetunion treffen in Berlin ein.*

*Die »Ostarbeiter« werden als nicht »eindeutschungsfähig« betrachtet und zahlreichen Erniedrigungen unterworfen.*

*Russinnen in der Küche eines »Ostarbeiterlagers«; ihre Löhne sind deutlich niedriger als die der Fremdarbeiter aus westlichen Ländern.*

*Einsatz von Zwangsarbeitern zur Reparatur von Eisenbahngleisen*

---

## 13. MÄRZ

# Zwei Attentate auf Hitler

Ein Attentatsversuch deutscher Offiziere auf Führer und Reichskanzler Adolf Hitler scheitert.

Bei einem Besuch Hitlers im Hauptquartier der Heeresgruppe Mitte in Smolensk gibt Oberst Henning von Tresckow Oberstleutnant Heinz Brandt unter einem Vorwand zwei als Cointreau-Flaschen getarnte Zeitbomben mit. Die Zünder der britischen Haftminen versagen jedoch; Hitlers Flugzeug landet unbeschädigt in Rastenburg (Ostpreußen).

Am 21. März versuchen die Offiziere einen weiteren Anschlag: Oberst Rudolf-Christoph Freiherr von Gersdorff will sich bei einer Ausstellung in Berlin, die Hitler besucht, gemeinsam mit diesem in die Luft sprengen. Der Führer bleibt jedoch kürzer als erwartet; die Zünder sind zu spät explosionsbereit.

**Carl Friedrich Goerdeler**

Carl Friedrich Goerdeler, 1884 in Schneidemühl (Westpreußen) geboren, war 1930 bis 1937 Oberbürgermeister von Leipzig. Seit 1939 ist er der führende zivile Kopf der nationalkonservativen Widerstandsbewegung. Für den Fall eines erfolgreichen Staatsstreichs ist Goerdeler als provisorischer Nachfolger von Adolf Hitler im Reichskanzleramt vorgesehen. Als Staatsform will er die Monarchie wieder errichten.

**Oberst Henning von Tresckow**

Henning von Tresckow, geboren 1901 in Magdeburg, wurde im Ersten Weltkrieg Leutnant und war danach ein erfolgreicher Börsenmakler. 1924 trat er in die Reichswehr ein. Bei Ausbruch des Zweiten Weltkriegs war Tresckow zunächst Erster Generalstabsoffizier einer Infanteriedivision; nach seiner Beförderung zum Oberst ging er zur Heeresgruppe Mitte. Henning von Tresckow verfolgt eigene Attentatspläne.

**Oberst Freiherr von Gersdorff**

Rudolf-Christoph Freiherr von Gersdorff gehört zum Widerstandskreis in der Heeresgruppe Mitte um Oberst Henning von Tresckow. Der Plan für das Attentat vom 21. März im Berliner Zeughaus geht auf Tresckow zurück. Das Scheitern des Anschlags ist das Ergebnis eines nicht vorhersehbaren Zufalls: Adolf Hitler verlässt die Ausstellung bereits nach nur zwei Minuten – die Zünder hätten zehn Minuten gebraucht.

---

## 29. MÄRZ

## Himmler befiehlt Sinti-Deportation

Aufgrund eines Befehls von Reichsführer SS Heinrich Himmler beginnt die Deportation der Angehörigen der Volksgruppe der Sinti aus den Niederlanden.

Die Sinti sind, ebenso wie die Roma, in ganz Europa vom Vernichtungswahn des nationalsozialistischen Regimes betroffen. Im Deutschen Reich wurde bereits am 16. Dezember 1942 ihr Abtransport ins Konzentrationslager Auschwitz angeordnet (→ S. 415). Viele Sinti und Roma werden in Judenghettos deportiert und, wie in Babi Yar, zu Hunderten gemeinsam mit den Juden ermordet. In Ravensbrück und anderen Konzentrationslagern werden die Frauen dieser ethnischen Minderheit zwangssterilisiert (→ S. 302). Seit 1938 wurden Sinti und Roma auf ausdrücklichen Befehl Himmlers registriert.

---

## 22. MÄRZ

# Krematorien für Massenvernichtung

Im Vernichtungslager Auschwitz II (Birkenau) wird das erste von vier neu errichteten Krematorien in Betrieb genommen.

Zusammen mit dem Krematorium des Stammlagers Auschwitz I sollen ab Ende Juni innerhalb von 24 Stunden 4756 Leichen eingeäschert werden. Der Neubau der Krematorien war von Reichsführer SS Heinrich Himmler im Zuge der Umfunktionierung des Konzentrationslagers in Auschwitz zum Vernichtungslager seit 1941 angeordnet worden. Die Lebensbedingungen der Häftlinge in Auschwitz wie in anderen Konzentrationslagern sind, wie der Bericht einer Augenzeugin zeigt, menschenunwürdig: »Am 13. März 1943 wurde ich aus dem Krakauer Ghetto ins Lager Plaszow deportiert... Gleich am Anfang begann man, uns mit langwierigen Appellen, d. h. Zählen der Lagerinsassen, zu quälen... Ich ging auf die Lagerchaussee Steine klopfen... Neben mir saß eine Mutter mit ihrer Tochter. Goeth [der Lagerchef] ging an die Mutter heran, nahm ihr den Hammer aus der Hand und zeigte ihr, wie richtiges Steinestoßen aussehen soll... Als die Frau den Hammer mit vor Aufregung zitternder Hand erfasste, wurde sie vom Chef erschossen... Wenn der Chef guter Laune war, tötete er die Menschen in aller Ruhe und sang sogar sein Lieblingslied dazu: ›Schenk mir ein Herz, o Maria...‹ «

*Krematorien im Auschwitz-Museum; im polnischen Auschwitz befindet sich das größte nationalsozialistische Konzentrations- und Vernichtungslager; die Zahl der hier getöteten Juden ist nicht genau bekannt, sie liegt nach Schätzungen zwischen 2,5 und 4 Mio.*

*Am Brandenburger Tor in Berlin nach einer Bombennacht: Verpflegungskolonnen stellen warmes Essen für die Bombengeschädigten bereit.*

*Mit ihrer letzten Habe richten sich zahllose ausgebombte Familien nach den alliierten Luftangriffen provisorische Schlafgelegenheiten ein.*

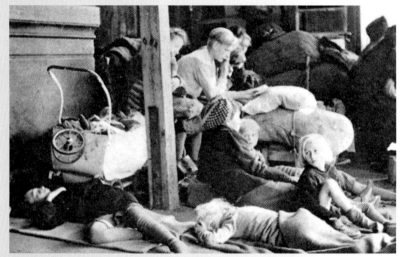

*Mit Schubkarren und Kinderwagen kommen Ausgebombte aus der Nähe von Berlin in die Reichshauptstadt, um hier neues Obdach zu finden.*

## HINTERGRUND

# Krieg ist allgegenwärtig

**Seit 1942 prägt der Krieg durch die Ausweitung der alliierten Bombenoffensive das »normale« Leben im Deutschen Reich.**

Demgegenüber versuchte die NS-Führung bis 1943, das kulturelle Leben aufrechtzuerhalten, um der Bevölkerung Alltagsnormalität vorzuspiegeln. In weiten Lebensbereichen vollzieht sich der Alltag trotz Rekrutierung und Rationierung noch immer wie in Friedenszeiten. Erst nach der Niederlage von Stalingrad (→ S. 254) und der Proklamation des »totalen Krieges« (→ S. 258) sowie der »Combined Bomber Offensive« (→ S. 294) der Alliierten ändert sich das Leben der deutschen Bevölkerung radikal. Viele Theater und Restaurants werden geschlossen, Luxusgüter gibt es nur noch auf dem Schwarzmarkt.

*Bis Unterkünfte angewiesen werden, müssen viele Menschen improvisieren.*

*Auf der Suche nach verwendbaren Sachen geht dieser Mann durch die Trümmerstraßen.*

*Mit »Abputzmaschinen« werden unzerstörte Ziegelsteine vom Kalk gereinigt.*

## 13. APRIL

# Gräber in Katyn entdeckt

Das Deutsche Nachrichten-Büro (DNB) in Berlin gibt bekannt, dass Angehörige der deutschen Wehrmacht kürzlich im russischen Katyn (20 km westlich von Smolensk) Massengräber von polnischen Offizieren gefunden haben, die im Frühjahr 1940, d.h. vor der deutschen Besetzung, angelegt worden seien.
Nach Angaben des DNB bergen die Gräber mehr als 10 000 Soldaten; spä-

**Bruch zwischen UdSSR und Polen**
Die Forderung der polnischen Exilregierung in London, die näheren Umstände der Morde an den polnischen Offizieren von einer internationalen Kommission untersuchen zu lassen, veranlasst Moskau am 26. April zum Abbruch der diplomatischen Beziehungen zum Kabinett unter Wladyslaw Eugeniusz Sikorski. Dieser Schritt dient dem sowjetischen Staatschef Josef W. Stalin zur Durchsetzung seiner territorialen Forderungen: Aus Rücksicht auf die Westmächte hatte er im Sommer 1941 seinen Verzicht auf die Annexion Ostpolens erklärt. Seitdem verhandelte die UdSSR mit Sikorski über die Nachkriegsgrenzen (→ S. 272). Tatsächlich hat Stalin die Erweiterung der UdSSR nach Westen auf Kosten Polens nicht aufgegeben. Der Abbruch der diplomatischen Beziehungen gibt der UdSSR neuen Spielraum in der Polenpolitik. Die Leichenfunde von Katyn wirken sich bis zum Schuldbekenntnis der UdSSR 1990 negativ auf das polnisch-sowjetische Verhältnis aus. Katyn symbolisiert im polnischen Nationalbewusstsein die Unrechtstaten der UdSSR gegenüber dem Nachbarstaat. 1987 wird aufgrund der von Michail Gorbatschow eingeleiteten Wende eine binationale Historikerkommission eingesetzt, die die Morde erforscht. 1990 gesteht die UdSSR die Hinrichtungen erstmals ein.

tere Untersuchungen ergeben 4443 Leichen. Der Fund führt zum Bruch

*Mitarbeiter der internationalen Ärztekommission bei der Exhumierung; nach späteren Untersuchungen wurden im Wald von Katyn 4443 Leichen begraben.*

zwischen der Sowjetunion und der polnischen Exilregierung in London.

Bereits 1941 war von polnischer Seite das Verschwinden von über 15 000 Angehörigen der Armee des Landes festgestellt worden, die 1939 in sowjetische Kriegsgefangenschaft geraten waren. Nachforschungen ergaben, dass sie bis zum Frühjahr 1940 in den Lagern Koselsk, Ostaschkowo und Starobelsk inhaftiert gewesen waren; danach verlor sich jede Spur. Die sowjetischen Behörden gaben auf Nachfrage keine weiteren Hinweise; in einem Gespräch mit dem polnischen Exilministerpräsidenten Wladyslaw Eugeniusz Sikorski am 3. Dezember 1941 gab der sowjetische Staatschef Josef W. Stalin an, die Gefangenen seien in die Mandschurei geflohen.

Die nach dem Fund von Katyn, für den die Sowjetunion das deutsche Besatzungsregime verantwortlich zu machen versucht, eingeleiteten langjährigen Untersuchungen ergaben, dass die dort gefundenen Leichen aus dem Lager Koselsk stammen. Die Soldaten wurden mit Kugeln deutscher Fabrikats aus der Zeit von 1939 erschossen; an einigen Körpern finden

sich Stichverletzungen von Bajonetten, wie sie in der Roten Armee verwendet werden. Die letzten überlieferten Tagebuchaufzeichnungen von Opfern sind auf den 9. April 1940 datiert; ein Eintrag vom 8. April lautet: »Wir werden unter starker Bewachung gefahren und in Gefängniswaggons verladen... Wir fahren in Richtung Smolensk.« Das Lager wurde zu diesem Zeitpunkt aufgelöst. Plan und Ausführung der Erschießung der Kriegsgefangenen gehen auf das Konto des sowjetischen Volkskommissariats für Innere Angelegenheiten bzw. seines Ressorts GPU (Gossudarstwennoje politischeskoje uprawlenije), der politischen Staatspolizei. Das Schicksal der übrigen vermissten polnischen Kriegsgefangenen, darunter zahlreiche Intellektuelle, bleibt weiterhin ungeklärt. Unter den Angehörigen von deutschen Soldaten in sowjetischer Kriegsgefangenschaft wächst vor dem Hintergrund der propagandistischen Ausschlachtung des Fundes von Katyn in den Medien die Sorge um die Inhaftierten. Die Presse wird zur Herausstellung des »bolschewistischen Massenmordes« in Katyn angewiesen.

## Ergebnis der Untersuchung

Die NS-Reichsregierung in Berlin setzt zur Untersuchung des Fundes von Katyn eine »internationale« Ärztekommission ein, deren Mitglieder jedoch vorwiegend aus den von der Wehrmacht besetzten Ländern stammen.
Die Kommission sagt u.a.: »Die Kommission vernahm persönlich einige russische einheimische Zeugen, die u.a. bestätigten, dass in den Monaten März und April 1940 fast täglich größere Eisenbahntransporte mit polnischen Offizieren auf den nahe bei Katyn gelegenen Bahnhof Gniesdowo ausgeladen, in Gefangenenautos nach dem Wald von Katyn transportiert, später nie wieder gesehen wurden... Zusammenfassendes Gutachten: Im Walde von Katyn wurden von der Kommission Massengräber von polnischen Offizieren untersucht, von denen bisher sieben geöffnet worden sind. Aus diesen wurden bisher 982 Leichen geborgen, untersucht, zum Teil obduziert und schon zu 70 Pro[zent] identifiziert. Die Leichen wiesen als Todesursache ausschließlich Genickschüsse auf... Hiermit stehen in völliger Übereinstimmung die im Protokoll geschilderten Befunde an den Massengräbern und den einzelnen Leichen der polnischen Offiziere.«

*Bericht der Ärztekommission über die Leichen in Katyn*

*Der kroatische Staatsführer Ante Pavelíc (r.) zu Besuch bei Hitler*

*Verbündet: Hitler mit Norwegens Ministerpräsident Quisling (r.)*

*Pierre Laval, Ministerpräsident der französischen Vichy-Regierung*

*Ungarns Reichsverweser Horthy (l.)*

*Rumäniens Staatschef Ion Antonescu (M.)*

*Jozef Tiso zu Besuch bei Hitler*

---

## 1. APRIL

## Kállay wirbt für den Separatfrieden

Zu dreitägigen Unterredungen mit Ministerpräsident und Duce Benito Mussolini trifft der ungarische Ministerpräsident Nikolaus Kállay von Nagy-Kálló in Rom ein.

Im Rahmen einer eingehenden Prüfung der politischen und militärischen Lage sowie der weiteren Ziele der Achsenmächte versucht er Mussolini für den Gedanken eines Separatfriedens zu gewinnen.

Ungarn, seit dem 5. April 1927 mit Italien durch einen Freundschaftsvertrag verbunden, war am 20. November 1940 dem Dreimächtepakt zwischen dem Deutschen Reich, Italien und Japan beigetreten (→ S. 88). Im Frühjahr 1941 beteiligte es sich am Einmarsch in Jugoslawien (→ S. 112). Am 27. Juni 1941 erklärte es der UdSSR den Krieg; drei ungarische Divisionen nahmen am Vormarsch in die Ukraine teil. Am 12. Dezember 1941 folgte die Kriegserklärung an die USA, nachdem sechs Tage zuvor Großbritannien Ungarn den Krieg erklärt hatte.

---

## 7. APRIL

# Führende Staatsführer bei Hitler

Mit dem Eintreffen des italienischen Ministerpräsidenten und Duce Benito Mussolini in Schloss Kleßheim bei Salzburg beginnt eine Reihe von Besuchen führender Politiker von Staaten, die mit dem Deutschen Reich verbündet oder von ihm besetzt sind, bei Adolf Hitler.

Mussolini drängt Hitler angesichts der sich abzeichnenden Niederlage in Tunesien zum Friedensschluss mit der Sowjetunion, damit die Truppen der Achsenmächte den Rücken frei haben zur Abwehr der drohenden Invasion der westlichen Alliierten (→ S. 236). Hitler kann jedoch die Zweifel des Duce am deutschen Endsieg im Osten zerstreuen.

Am 12. April kommt der rumänische Staatsführer Marschall Ion Antonescu nach Schloss Kleßheim. Im Gegensatz zu Mussolini fordert er den Einsatz aller militärischen Kräfte an der Ostfront, regt dafür aber eine Kontaktaufnahme mit den West-

mächten an. Hitler lehnt auch diesen Vorschlag ab; er selbst fordert die Ablösung des rumänischen Außenministers Mihai Antonescu, findet aber seinerseits ebenfalls keine Unterstützung.

*Wichtigster Verbündeter des Deutschen Reiches: der italienische Ministerpräsident Benito Mussolini*

terstützung. Ebensowenig Zustimmung findet er für sein Anliegen gegenüber dem ungarischen Reichsverweser Admiral Miklós Horthy bei dessen Besuch am 16./17. April, Ministerpräsident Nikolaus Kállay von Nagy-Kálló zu entlassen. Auch Hitlers Versuch, Horthy zu einem härteren Vorgehen gegen die ungarischen Juden zu bewegen, bleibt weitgehend ohne Erfolg.

Am 19. April empfängt Hitler den norwegischen Ministerpräsidenten Vidkun Abraham Lauritz Quisling im Berghof bei Berchtesgaden. Nach Angaben des Deutschen Nachrichten-Büros ergibt sich dabei »erneut die beiderseitige Übereinstimmung in der Beurteilung der behandelten Fragen«. Der Besuch des slowakischen Staatspräsidenten Jozef Tiso am 23. April ist, derselben Quelle zufolge, »von herzlichstem Geiste« getragen, ebenso das Treffen mit dem kroatischen Staatschef Ante Pavelić.

---

## 12. APRIL

## Korruption im besetzten Polen

In einem geheimen Gutachten weist Reichskanzleichef Hans Heinrich Lammers auf Korruption und Misswirtschaft im Generalgouvernement hin, dem 1939 von deutschen Truppen eroberten Landesteil Polens, der nicht dem Deutschen Reich eingegliedert oder von der Roten Armee besetzt worden ist.

Den Hauptgrund für die Zustände sieht Lammers in der Person von Generalgouverneur Hans Frank, der von Beginn an versucht habe, »aus dem Generalgouvernement ein Staatsgebilde zu machen, das in vollkommener Unabhängigkeit vom Reich sein eigenes Dasein führen sollte«. Frank habe ein »übersteigertes Herrschergefühl«, sich »mit zum Teil unfähigen Schmeichlern« umgeben und eine unproduktive »Günstlings- und Vetternwirtschaft« aufgebaut, die in der Bevölkerung in denkbar schlechtem Ansehen stehe.

*Nach der Niederlage des jüdischen Widerstandes werden die letzten Überlebenden aus dem Warschauer Ghetto in die Vernichtungslager transportiert.*

## 19. APRIL

# Beginn des Aufstands im Warschauer Ghetto

Zwei mit Panzerwagen ausgerüstete Bataillone der Waffen-SS rücken in das jüdische Ghetto von Warschau ein, um die 60 000 bis 70 000 hier noch lebenden Menschen in Konzentrationslager zu deportieren. Die jüdische Untergrundorganisation unter Mordecai Anielewicz leistet heftigen Widerstand.

Die Aufständischen können die deutschen Truppen unter dem Kommando von SS-Brigadeführer Jürgen Stroop zunächst zum Rückzug zwingen, nachdem bei deren Ankunft von allen Dächern Wurfgeschosse auf die SS-Einheiten niedergeprasselt sind. Wenige Stunden später kommen sie mit Geschützen zurück und beginnen mit der Beschießung des Ghettos. Am nächsten Tag setzen sie Flammenwerfer ein: Systematisch wird ein Haus nach dem anderen in Brand gesteckt; zahlreiche Bewohner sterben in den Flammen, andere kommen beim Sprung aus dem Fenster ums Leben. Wer sich in Bunkern oder in der Kanalisation versteckt, wird durch Rauch- oder Handgra-

naten getötet bzw. ins Freie getrieben. Die Überlebenden werden zum jüdischen Friedhof am Rande des Ghettos abgeführt, der Sammelstelle zum Abtransport ins Konzentrations- und Vernichtungslager Treblinka. Seit Beginn des Jahres 1942 kursierten im Ghetto Gerüchte über bevorstehende Deportationen. Am 22. Juli 1942 bewahrheiteten sich diese Befürchtungen, als 5000 Ghettobewohner nach Treblinka deportiert wurden (→ S. 208). Am 15. August war bereits etwa die Hälfte der Ein-

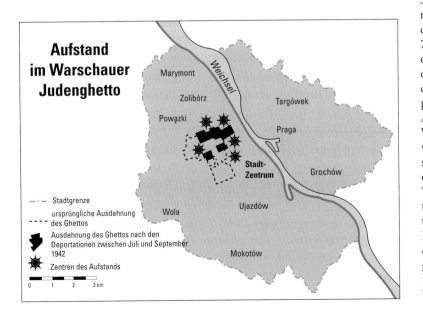

**Aufstand im Warschauer Judenghetto**

Marymont
Zoliborz
Powązki
Weichsel
Targówek
Praga
Stadt-Zentrum
Grochów
Wola
Ujazdów
Mokotów

– · – Stadtgrenze

- - - ursprüngliche Ausdehnung des Ghettos

Ausdehnung des Ghettos nach den Deportationen zwischen Juli und September 1942

Zentren des Aufstands

0 1 2 3 km

wohner abtransportiert worden. Angesichts dieser massenhaften Deportationen plädierten Vertreter verschiedener Parteien im Ghetto nun für den bewaffneten Widerstand und für die Aufgabe der defensiven Haltung gegenüber den Deutschen. Im September fand eine weitere Großrazzia statt; bis zum 3. Oktober war die Einwohnerzahl auf 60 000 bis 70 000 zusammengeschrumpft. Das daraufhin gegründete Koordinationskomitee im Ghetto stellte eine Jüdische Kampforganisation für die geplanten Widerstandsaktionen auf. Am 18. Januar 1943 begann eine neue Welle von Deportationen. Innerhalb von nur vier Tagen waren 6000 Menschen abtransportiert und 1000 auf offener Straße ermordet worden. Der Widerstand war so heftig, dass weitere Deportationen in das Vernichtungslager vorerst ausgesetzt wurden. Erst am 16. Mai wird der Aufstand endgültig von der SS niedergeschlagen. Offiziellen Angaben zufolge kamen mindesten 56 065 Juden bei der Räumung ums Leben.

---

ZITAT

# Mit Flammen gegen die Ghettobewohner

*SS-Brigadeführer Stroop (l.) leitet die Aktion im Warschauer Ghetto.*

*In einem Fernschreiben gibt SS-Brigadeführer Jürgen Stroop, der die Leitung bei der Niederschlagung des Aufstandes im Warschauer Ghetto hat, am 21. April einen Zwischenbericht:*
»Verlauf der Ghettoaktion am 21. 4. 43: Im Anschluss an die heute gegen 14 Uhr erfolgte telefonische Meldung berichte ich wie folgt: Zur Verfügung stehende Kräfte wie am 20. 4. 43.
Beginn der Aktion: 7.00 Uhr – die Absperrung des gesamten Ghettos besteht seit Beginn der Aktion am 19. 4. 43 unverändert fortlaufend.«
»Da Teilaktion im Gebäudekomplex HUW im ostwärtigen Teil des Ghettos am Vorabend wegen Ein-

---

### SS-Brigadeführer Jürgen Stroop

Die Karriere von Jürgen Stroop bei der Schutzstaffel (SS) begann 1934 mit der Beförderung zum Hauptsturmführer, 1939 war er bereits SS-Oberführer und Oberst der Polizei. Seit Ausbruch des Krieges ist er mit der »Befriedung« der Zivilbevölkerung in der Tschechoslowakei, der Sowjetunion, Polen und Griechenland beauftragt. Besonderen Ehrgeiz entwickelt Stroop bei der Partisanenbekämpfung sowie bei der »Umsiedlung« und Liquidierung von Juden.
Nach Abschluss der Räumung des Warschauer Ghettos am 16. Mai verfasst Stroop einen 75-seitigen, in schwarzes Leder gebundenen Bericht mit sämtlichen Kopien der Tagesmeldungen an seine Vorgesetzten. Für die Niederwerfung des Aufstandes erhält er das Eiserne Kreuz Erster Klasse.

---

tritt der Dunkelheit abgebrochen werden musste, wurde eine Kampfgruppe, verstärkt durch Pioniere und schwere Waffen, zur angegebenen Zeit erneut eingesetzt. Nach Durchkämmung des riesigen Häuserblocks, bei der sich herausstellte, dass eine Unmenge von Bunkern und unterirdischen Gängen vorhanden waren, wurden etwa 60 Juden gefasst. Trotz aller Anstrengungen konnten von den sich in dem Block befindlichen 700–800 Juden mehr nicht erfasst werden. Diese zogen sich von Schlupfwinkel zu Schlupfwinkel durch unterirdische Gänge, von Zeit zu Zeit feuernd, immer wieder zurück. Ich entschloss mich daher, soweit die Gänge bekannt waren, diese zu sprengen und dann den gesamten Block in Brand zu setzen. Erst nachdem das Feuer einen erheblichen Umfang angenommen hatte, kamen schreiende Juden zum Vorschein, die sofort ausgesiedelt wurden. Verluste traten bei dieser Aktion nicht ein. Es ist Vorsorge getroffen, dass das entstandene Großfeuer lokalisiert bleibt. Das Gros der Kräfte wurde zur Säuberung des sog. unbewohnten, aber noch nicht freigegebenen Ghettos von Süden nach Norden angesetzt. Vor Beginn dieser Aktion wurden aus den ehem[aligen] Rüko-Betrieben 5200 Juden erfasst und unter Bedeckung nach dem zur Umlagerung vorgesehenen Verladebahnhof verbracht. Es wurden 3 Durchsuchungskommandos gebildet, die besondere Stoßtrupps zugeteilt erhielten, um die bereits benannten Bunker zu bekämpfen bzw. zu sprengen. Dieses Unternehmen musste nach Durchkämmung der Hälfte des vorbezeichneten Raumes wegen Eintritt der Dunkelheit abgebrochen werden.«

---

ZITAT

# »... wenn man nur nicht gefangen wurde«

*Noëmi Szac-Wajnkranc, eine Teilnehmerin des Aufstandes im Warschauer Ghetto, der am 19. April beginnt, berichtet von den seit Monaten laufenden Vorbereitungen der jüdischen Untergrundorganisation im Ghetto und dem Verlauf der Kämpfe mit den deutschen Truppen. Zumeist operierten die Widerständler von unterirdischen Bunkern aus:*
»Jeden Tag brachten die Arbeitskolonnen Brotlaibe mit, in denen sich Handgranaten und Revolver befanden. Jeden Tag lieferte man uns durch unterirdische Gänge Waffen, jeden Tag entstanden neue Bunker... Wir hatten unter der Erde Häuser. Dort wurden Waffen und Lebensmittel angehäuft. Man hatte

begannen furchtbare Tage. Es war ein blutiger Kampf, von vornherein entschieden, aber ein Kampf... In der zweiten Kampfwoche nahmen wir die Lesznostraße ganz ein, verdrängten die Deutschen von der anderen Straßenseite und eroberten Waffen und Uniformen. Es brannte. Wir hatten alle Lager im Ghetto in der Gewalt, samt Kleidung, Maschinen und Zubehörteilen. Immer mehr deutsche Abteilungen wurden an unsere Front geschickt, aber wir waren befestigt, wir hatten Kraft, wir waren verbissen und hatten nur den einen Gedanken: Wir müssen uns rächen!... Wir waren ohne Wasser

*Die Ghettobewohner müssen angesichts der erdrückenden Übermacht der Waffen-SS kapitulieren; die verschiedenen Widerstandsgruppen hatten ihre Waffen vor allem von der im Untergrund operierenden polnischen »Heimatarmee« erhalten.*

Pumpen installiert, die Luft zuführten, wir hatten Radios und Telefone. Natürlich war dies alles getarnt, unter schweren Bedingungen in saurem Schweiß gebaut worden. Wir hatten unseren Stab, unsere Pläne, unsere Organisationen. Und das Geld – was war schon das Geld? Es floss entweder freiwillig herein oder durch Zwang...
Montags fing es an. Wir kannten es alle. SS, SA und Litauer. Man belagerte das Haus. Dreifache Wache. Alarm. Wieder Aussiedlung. Das sollte nunmehr die endgültige sein... Zum Kampf!... Es war eine Schlacht. Unsere Mädchen und Jungen liefen den Panzerwagen entgegen und warfen Handgranaten gegen sie. Ein kleiner zwölfjähriger Junge vernichtete zwei Panzerwagen und als er dann fiel, hatte er nicht einmal einen Angehörigen, der ihn hätte begraben können... Es

und Licht, denn die Deutschen hatten die Leitungen durchgeschnitten; die Waffenlieferung war sehr unzureichend; man hatte einen der Laufgräben im Bezirk Prezbieg entdeckt. Das war ein großes Unglück, aber wir ließen nicht einen Augenblick im Kampf nach... Da entschlossen sich die Deutschen, mit uns auf eine andere Weise Schluss zu machen... Warum sollten sie kämpfen, da sie uns verbrennen konnten! Ein schrecklicher, schrecklicher Gedanke, aber eine noch schrecklichere Verwirklichung. Wir hatten kein Wasser. Haus um Haus, Straße um Straße wurden von den Flammen ergriffen. Feuer!!! Die Menschen erstickten, aber sie kämpften noch, die Menschen brannten, aber sie verteidigten sich noch. Mauern stürzen ein. Mochte einen die Mauern begraben, wenn man nur nicht gefangen wurde.«

*Deutsche Soldaten der Heeresgruppe Afrika vor einem abgeschossenen US-amerikanischen Jäger*

*Mehrere tausend Soldaten der Achsenmächte geraten während des Vorstoßes der 8. Armee in Gefangenschaft.*

## 21. APRIL

## Todesurteile für Kriegsgefangene

US-Präsident Franklin D. Roosevelt gibt bekannt, dass einige der bei dem Luftangriff auf Tokio am 18. April 1942 in die Hände der japanischen Streitkräfte gefallenen US-Flugzeugbesatzungen dort verurteilt und hingerichtet worden seien.

Da die Soldaten nur militärische Ziele angegriffen hätten, sei dies ein »Akt der Barbarei«. In der US-Öffentlichkeit löst die Meldung eine Welle der Entrüstung aus, wie sie das Land seit dem japanischen Angriff auf Pearl Harbor nicht mehr erlebt hat. Nach dieser offenen Verletzung der sog. Genfer Konvention über die Behandlung der Kriegsgefangenen werden Repressalien gegen japanische Kriegsgefangene gefordert.

## 19. APRIL

# Alliierte Großoffensive in Tunesien

Mit dem Vorstoß von drei Infanteriedivisionen der 8. britischen Armee bei Enfidaville beginnt der Endkampf um Tunesien.

Zwar kann die deutsch-italienische Heeresgruppe Afrika zunächst erfolgreich Widerstand leisten, doch setzt sich die alliierte Offensive langfristig durch. Am Nachmittag des 7. April hatte mit dem Zusammentreffen von Panzerspähwagen der am weitesten nach Westen vorgedrungenen Patrouille der 8. britischen Armee mit der Vorhut des II. US-Korps auf der Straße Gafsa–Gabès südlich von Maknassy die Umklammerung der Heeresgruppe Afrika begonnen. Mitte des Monats waren die Vorbereitungen der Alliierten für ihren letzten Großangriff abgeschlossen. Gegen die Achsentruppen – die Reste von ehemals 13 Divisionen mit 48 Panzern und 300 Geschützen – treten rund 500 000 britische und US-Soldaten an. Die Alliierten besitzen zudem die Luftherrschaft, so dass die Versorgung der Heeresgruppe Afrika immer schwieriger wird: Am 22. April wird der letzte in diesem Raum verfügbare Großraumtransporter vom Typ Me 323 abgeschossen.

## 7. APRIL

## Keynes-Weißbuch zu Clearing-Union

John Maynard Baron Keynes of Tilton, britischer Nationalökonom und Finanzberater der Regierung in London, veröffentlicht ein Weißbuch über die Schaffung einer internationalen Clearing-Union.

John Maynard Baron Keynes of Tilton (*5.6.1883 in Cambridge) wurde mit seinem Hauptwerk »Allgemeine Theorie der Beschäftigung, des Zinses und des Geldes« (1936) zum Begründer des Keynesianismus.

Die Vorstellungen Keynes beziehen sich auf die Zeit nach dem Krieg. Die gegenseitigen Verbindlichkeiten und Forderungen der in dieser Union zusammengeschlossenen Staaten sollen auf dem Wege der Aufrechnung (Saldierung) über eine neu zu schaffende Verrechnungswährung »Bancor« vorgenommen werden. Der Plan von Keynes soll eine für Gläubiger und Schuldner erträgliche Regulierung der zwischenstaatlichen Kriegsschulden ermöglichen.

## 19. APRIL

## Alliierte beraten über Flüchtlinge

Delegationen aus Großbritannien und den Vereinigten Staaten kommen auf den Bermudas zu elftägigen Beratungen über das Flüchtlingsproblem zusammen.

Die Konferenz soll der Vorbereitung umfassender Besprechungen unter Hinzuziehung weiterer Staaten dienen (→ S. 338). Die Hauptschwierigkeiten für eine Hilfsaktion großen Stils liegen in dem Mangel an Schiffsraum zum Transport der Flüchtlinge und in fehlendem Siedlungsraum. Großbritannien kann wegen der herrschenden Lebensmittelknappheit keine weiteren Flüchtlinge aufnehmen; in Lateinamerika und in Kanada, wo Platz für Zehntausende wäre, lehnen die Behörden die Aufnahme von Flüchtlingen ab.

## 18. APRIL

# Japans Flottenchef fällt

Admiral Isoruku Jamamoto wird beim Landeanflug seiner Maschine auf den Flugplatz Buin (Bougainville) von einem US-Jäger abgeschossen und kommt dabei ums Leben.

Der Name von Admiral Isoruku Jamamoto ist untrennbar verknüpft mit dem Angriff der japanischen Luftwaffe auf den US-amerikanischen Marinestützpunkt Pearl Harbor 1941, der zum Anlass für den Kriegseintritt der USA wurde.

Jamamoto ist der Oberbefehlshaber der japanischen Flotte. Zu Lebzeiten hatte er angekündigt, den Vereinigten Staaten vom Weißen Haus in Washington aus die Friedensbedingungen zu diktieren. Jamamoto war im Jahr 1904 in die Marineakademie eingetreten und noch im selben Jahr als junger Offizier in den Russisch-Japanischen Krieg gezogen.

Zwischen 1921 und 1925 war er Marineattaché in den Vereinigten Staaten und im Jahr 1929 war er Vertreter seines Landes auf der Flottenkonferenz von London.

Auch die zivile Führung Japans erfährt eine einschneidende Veränderung: Mamoru Schigemitsu wird neuer Außenminister. Er intensiviert vor allem die Kontakte zur Sowjetunion und versucht einen deutsch-sowjetischen Separatfrieden zu vermitteln. In den von Japan besetzten südostasiatischen Ländern bemüht er sich um die Unterstützung für seine Parole »Asien den Asiaten« (→ S. 338).

## 30. APRIL

# Polizeistandrecht in Niederlanden

Reichskommissar Arthur Seyß-Inquart verhängt den Ausnahmezustand über Teile der Niederlande. Hintergrund ist ein Generalstreik gegen die erneute Internierung von rund

Arthur Seyß-Inquart vollzog als österreichischer Bundeskanzler 1938 den Anschluss Österreichs an das Deutsche Reich, seit 1940 ist er Reichskommissar für die besetzten Niederlande und u.a. verantwortlich für die Verschleppung von Fremdarbeitern.

300 000 im Mai 1940 entlassenen Kriegsgefangenen. Am 1. Mai wird das Polizeistandrecht auf das gesamte Land ausgedehnt; es bleibt bis zum 15. Mai in Kraft. Bei der Niederschlagung des Ausstands werden 140 Niederländer durch deutsche Einheiten getötet.

## 5. APRIL

# Politiker in Haft

Die Regierung in Berlin lässt die inhaftierten französischen Politiker Edouard Daladier und Léon Blum sowie General Maurice Gustave Gamelin ins Deutsche Reich bringen, um zu verhindern, dass sie möglicherweise Frankreich verlassen und eine Exilregierung bilden.

Bereits seit längerem sind die französischen Politiker George Mandel und Paul Reynaud im Deutschen Reich interniert. Nach Angaben des Deutschen Nachrichten-Büros hatte der französische Regierungschef Pierre Laval Widerspruch gegen diese Maßnahme eingelegt, konnte sich jedoch nicht durchsetzen. Von deutscher Seite befürchtete man »Unruhe und Wirrwarr in Frankreich« für den Fall der Aufstellung einer Gegenregierung. Die Internierten sind sämtlich

*Léon Blum, französischer Sozialist, ehemaliger Ministerpräsident*

prominente Vertreter Vorkriegsfrankreichs. Der Radikalsozialist Daladier war zwischen 1933 und 1940 dreimal Ministerpräsident; er befindet sich seit September 1940 in deutscher Haft. Blum, 1942 verhaftet, war zwischen 1936 und 1938 zweimal Ministerpräsident.

## 29. APRIL

# Anweisung zur Hetze

An die gleichgeschaltete Presse im Deutschen Reich ergeht eine geheime amtliche Weisung zur Verschärfung der antisemitischen Hetze. Anlass ist die offenbar nicht überall genügend linientreue »Berichterstattung« über die Aufdeckung des Massenmordes an polnischen Kriegsgefangenen in Katyn seit dem 13. April (→ S. 278).

Die Anweisung betont, »dass es ab sofort keine deutsche Zeitung mehr geben darf, die... nicht nachdrücklich auf die Blutfratze des Judentums hinweist. In Überschriften und Zwischentexten muss immer wieder auf das jüdisch-bolschewistische Mordbrennertum hingewiesen werden... Es muss laufend der Todfeind der Welt entlarvt und angeprangert werden... [Die deutschen Zeitungen werden] jetzt täglich ein Judenthema bekommen, das als Anregung... dienen soll.«

## HINTERGRUND

# Selbsthilfe nach Bombenangriffen

Auf Anordnung von Reichsmarschall Hermann Göring in seiner Funktion als Beauftragter für den Vierjahresplan werden in den besonders luftkriegsgefährdeten Gebieten im Deutschen Reich betriebliche Aufräumungs- und Bauhilfetrupps gebildet.

Die Aufstellung der Hilfstrupps erfolgt durch die Betriebsführer. Die Aufräumungstrupps sollen vornehmlich Trümmer von den Straßen räumen, Möbel und Hausrat aus Wohnungen und Betrieben bergen und die späteren Bauarbeiten vorbereiten; sie werden in erster Linie aus ungelernten Arbeitern zusammengestellt. Die Bauhilfetrupps werden möglichst aus geschulten Kräften gebildet.

Die Maßnahme Görings ist notwendig geworden angesichts der aktuellen Verschärfung des alliierten Bombenkrieges gegen Deutschland.

*Bei den Aufräumungsarbeiten nach Luftangriffen wird jeder gebraucht: Auch die HJ organisiert Trupps zur Beseitigung der ersten Schäden.*

*Auch in Italien treten Freiwillige des Arbeitsdienstes (Servizio Lavoro) an, um die Trümmer nach einem Bombenangriff der Alliierten zu beseitigen.*

## 12. APRIL

# BBC-Hörern droht die Todesstrafe

Ein 47-jähriger Wiener wird von einem Sondergericht zum Tode verurteilt und hingerichtet, weil er in seiner Wohnung Auslandssender gehört und sich anschließend in »deutschfeindlichem« Sinne zu dem Gehörten geäußert haben soll.

Das Abhören von Auslandssendern ist im Deutschen Reich seit Kriegsbeginn 1939 strikt verboten. Mitte 1941 wurde das Vergehen erstmals als »bewusster und zweckgewollter Volksverrat« nach § 2 der Rundfunkverordnung mit dem Tode bestraft. Bereits vor Kriegsbeginn hatte die Reichsregierung durch das Aussparen des Kurzwellenbereichs bei der Herstellung des sog. Volksempfängers die Bevölkerung auf deutsche Sender festlegen wollen. Die Zahl der Gerichtsurteile wegen Abhörens von Auslandssendern – 878 Verfahren in diesem Jahr – besagt wenig über die tatsächliche Verbreitung des unerlaubten Abhörens. Nach Schätzungen der BBC hat sie Millionen deutscher Hörer.

# KZ Bergen-Belsen

In der Lüneburger Heide nördlich von Celle wird das Konzentrationslager Bergen-Belsen errichtet.

Es umfasst einen Teilkomplex des 1941 hier eingerichteten sowjetischen Kriegsgefangenenlagers, dessen Insassen zum größten Teil einer Ruhr-

### Schätzungen über KZ-Opfer

Genaue Zahlen über die in diesem Jahr in Konzentrations- und Vernichtungslagern inhaftierten und ums Leben gekommenen Menschen gibt es nicht; die NS-Karteien sind kaum vollständig. Eine Schätzung – der einzige Weg zu annähernd zutreffenden Zahlen –, die für den gesamten Zeitraum der NS-Gewaltherrschaft (1933–1945) von über sieben Millionen KZ-Insassen ausgeht, kommt für 1943 auf gut 375 000 Häftlinge.

und Fleckfieberepidemie zum Opfer gefallen sind. Die Geschichte des Lagers Bergen-Belsen begann 1935 mit

dem Aufkauf von Gelände südlich von Belsen durch die deutsche Wehrmacht, die in den folgenden Jahren Kasernen und Verwaltungsgebäude errichtete. Bis 1940 befanden sich an dieser Stelle ein Truppenübungsplatz und ein Waffenlager. Dann entstand das Kriegsgefangenenstammlager 311 Bergen-Belsen, zunächst für belgische und französische, später auch für sowjetische Soldaten.

Das KZ wird von SS-Angehörigen, die für die Aufsicht über das Lager verantwortlich sind, »Aufenthaltslager« genannt. Es dient der Internierung von mehreren tausend europäischen Juden, die vor ihrer Deportation in die Vernichtungslager für eventuelle »Austauschzwecke« zur Verfügung stehen sollen. Der betroffene Personenkreis wird wie folgt festgelegt: »Juden mit verwandtschaftlichen oder sonstigen Beziehungen zu einflussreichen Personen im feindlichen Ausland... oder ehemalige jüdische Funktionäre.«

Ohne Gerichtsurteil wurden 13 Jugendliche öffentlich hingerichtet.

# Jugend im Widerstand

Das Reichssicherheitshauptamt meldet die Verhaftung von 55 Mitgliedern einer Widerstandsgruppe.

Dem Bericht zufolge haben die Mitglieder der Edelweißpiraten in Köln antifaschistische Flugblätter verbreitet und Inschriften an Häuserwänden angebracht. Die Edelweißpiraten sind Schüler und Lehrlinge aus dem Rhein-Ruhr-Raum, die sich zum Widerstand gegen das NS-System zusammengefunden haben.

# Massentötung unter Az. »14 f 13«

Das Wirtschaftsverwaltungshauptamt der SS begrenzt per Erlass die »Euthanasie«-Aktion »14 f 13« in Konzentrationslagern (KZ) auf geisteskranke Häftlinge.

Diese Einschränkung der Massentötung von Menschen, deren Dasein nach Maßgabe des nationalsozialistischen Rassenwahns von speziell geschulten Ärzten als »lebensunwert« eingestuft wird, erfolgt vor dem Hintergrund eines zunehmenden Bedarfs an der Arbeitskraft der KZ-Insassen. Auch bettlägerige Häftlinge, so der Erlass, »sollen zu einer entsprechenden Arbeit... herangezogen werden«. Schauplatz der Euthanasie-Aktion »14 f 13« – benannt nach dem Aktenzeichen des Inspekteurs der Konzentrationslager beim Reichsführer SS Heinrich Himmler – ist die Anstalt Hartheim bei Linz. Hier werden während des Krieges schätzungsweise 30 000 Menschen getötet.

# Schlag gegen die Opposition

Hans von Dohnanyi geboren 1902, war seit 1929 im Reichsjustizministerium tätig. Er erstellte eine Kartei nationalsozialistischer Verbrechen und gehört seit 1938 zum militärischen Widerstand.

Dietrich Bonhoeffer, geboren 1906, gehört zu den führenden Mitgliedern der Bekennenden Kirche. Er erhielt 1940 Rede- und Schreibverbot und gehört zur Widerstandsbewegung.

Die Gestapo verhaftet die deutschen Widerstandskämpfer Dietrich Bonhoeffer, Hans von Dohnanyi und Joseph Müller sowie deren Frauen.

Der Theologe Bonhoeffer hat bereits seit 1940 Lehr-, Predigt- und Publikationsverbot (→ S. 215). Dohnanyi arbeitete bisher im Stab der Abwehr des Oberkommandos der Wehrmacht, Müller war bislang Verbindungsmann der Abwehr zum Vatikan. Die Verhafteten gehören alle dem Widerstandskreis um General Hans Oster, den Stabschef der Abwehr, und Generaloberst Ludwig Beck (→ S. 276) an; Oster wird im Zusammenhang mit den Verhaftungen von seinem Dienst beurlaubt.

Bonhoeffer hatte während einer Reise vom 26. bis 31. Mai 1942 Friedensvorschläge an Großbritannien vorgelegt, die von London jedoch abgelehnt wurden. Die Vorschläge hatten ein geglücktes Attentat auf Hitler vorausgesetzt.

# Krupp plant Werk im KZ Auschwitz

Die Essener Fried. Krupp AG erwägt die Errichtung einer Zünderfabrik im Konzentrationslager Auschwitz. Vertreter des Unternehmens sprechen aus diesem Grund bei Lager-

Alfried Krupp von Bohlen und Halbach, 1907 geboren, ist der älteste Sohn des Krupp-Vorsitzenden Gustav Krupp; seit seinem Eintritt in das Direktorium der Firma 1938 ist er designierter Nachfolger seines Vaters.

kommandant Rudolf Höß vor. Im Juni werden die ersten Anlagen montiert, aber im Oktober übernimmt die aus der Ukraine evakuierte Zünderfabrik Union das im Aufbau befindliche Werk; das Krupp-Personal wechselt ins Bertha-Werk nach Breslau.

# Reichsbahn im Dienste der NS-Vernichtungsmaschinerie

**Das Verkehrswesen zu Lande, zu Wasser und in der Luft steht im Deutschen Reich weitestgehend im Zeichen des Krieges.**

Die Produktion von Lokomotiven und Lastkraftwagen steht ebenso wie der Schiffs- und Flugzeugbau zum größten Teil, die Panzerherstellung ausschließlich im Dienste des Militärs. In der vereinfachten Herstellung von Omnibussen und Straßenbahnen wirkt sich der Mangel an Rohstoffen und Ersatzteilen aus.

**Eisenbahn hat Vorrang:** Im Auftrag der Deutschen Reichsbahn werden in diesem Jahr dreimal so viele Loks und mehr als doppelt so viele Waggons produziert wie 1940; allein im Juni haben die Lokomotivfabriken einen Ausstoß von mehr als 500 Maschinen. Der knappe Stahl wird jedoch zunehmend auf die Panzerfertigung umgelenkt.

Reparatur ist das Gebot der Stunde, denn zahlreiche der Mitte des Jahres allein im Bereich der Generalverkehrsdirektion Ost eingesetzten 6700 Loks sind beschädigt. Zusätzlich führt der Rückzug der deutschen Truppen an der Ostfront zu hohen Materialeinbußen, wenn auch gleichzeitig durch den verringerten logistischen Bedarf Kapazitäten freigesetzt werden. Im Rücken der Front nehmen die Aktivitäten von Partisanen ständig zu, deren Anschläge – an einzelnen Tagen bis zu annähernd 1000 – besonders Eisenbahnstrecken und Brücken gelten. Im Deutschen Reich selbst beginnen die Alliierten zudem mit der Bombardierung von Bahnanlagen.

**Massendeportation per Bahn:** Die Deutsche Reichsbahn, Arbeitgeber für rund 1,6 Mio. Deutsche sowie über 400 000 Polen und Russen in den besetzten osteuropäischen Gebieten, ist mit ihren zahlreichen Unter- und Nebenorganisationen zuständig für den Personen- und Güterverkehr im gesamten vom Deutschen Reich beherrschten Teil Europas. Damit untersteht ihr auch die Massendeportation von Juden in die Konzentrations- und Vernichtungslager; diese läuft organisatorisch im Wesentlichen über die Reichsbahnzentrale und über die Generalbetriebs-

leitung Ost, beide mit Sitz in Berlin. Die Transporte, im Allgemeinen als Güterzüge abgefertigt, werden in der Planung als Personen-Sonderzüge behandelt.

Der zuständige Beamte in der Dienststelle 211 des Reichsverkehrsministeriums, Amtsrat Otto Stange, ist der Hauptansprechpartner für das Reichssicherheitshauptamt der Schutzstaffel, das für die Deportationen verantwortlich ist. Ein geregelter Dienstweg soll die nahtlose Integration der Judentransporte in den Gesamtfahrplan sicherstellen; sog. Umlaufpläne für die Beschaffung des rollenden Materials und die Erstellung der Transportpläne führen die vereinbarten Sonderzüge nach Gattung, Zugnummer sowie Ausgangs- und Bestimmungsbahnhof auf. Die Deportationszüge werden dabei wie Sonderzüge mit Erntehelfern, volksdeutschen Aussiedlern oder Kriegsgefangenen behandelt; zur Unterscheidung erhalten sie die Chiffren »Da« für Züge aus dem Reichsgebiet und »Pj« für polnische Juden. Die Transportkosten muss in den meisten Fällen offiziell das Reichssicherheitshauptamt tragen, doch werden sie letztlich den Deportationsopfern aufgezwungen, die im Reichsgebiet

umfangreiche Zahlungen auf ein »Sonderkonto W« leisten müssen. Grundlage der Berechnung ist der Personenbeförderungstarif der Dritten Klasse; Kinder unter zehn Jahren zahlen die Hälfte, Kinder unter vier fahren umsonst. Für Transporte über 400 Personen hat die Reichsbahn einen um die Hälfte reduzierten Sondertarif eingeräumt – eine Zahl, die fast immer überschritten wird. Nicht selten werden die Passagiere erst am Zielbahnhof gezählt; Tote werden nicht mitgerechnet.

**Straßenverkehr eingeschränkt:** Der Autoverkehr im Deutschen Reich erfährt ab 15. Mai mit der Einstellung des Betriebs- und der weitgehenden Einschränkung des Tankdienstes auf den Autobahnen eine zusätzliche Beschränkung; die Maßnahme soll der weiteren Freisetzung von Arbeitskräften für den Kriegseinsatz dienen.

**Schiffsneubauten der Alliierten:** Deutsche Werften bauen 1943 zwei Zerstörer, sechs Torpedoboote, 207 U-Boote, acht Beute-U-Boote, 46 Schnellboote, zwei Leichtschnellboote, zwölf Küstenmotorboote, 38 Minensucher, 64 Minenräumer und acht Beuteräumer. In der Handelsschifffahrt der Alliierten, einem

wichtigen Feld ihrer Zusammenarbeit, wird der Neubau von Schiffsraum mit dem Stapellauf von insgesamt 14 585 000 Bruttoregistertonnen in Großbritannien und den Vereinigten Staaten gegenüber dem Vorjahr mehr als verdoppelt und erreicht den höchsten Stand während des gesamten Krieges. Im Herbst werden in den USA innerhalb eines einzigen Monats 155 neue Schiffe fertig gestellt. Hier beginnt auch mit der Produktion der »Liberty«-Schiffe der Bau von Hochseeschiffen nach dem Serienmontage-Prinzip, wodurch ihre Fertigungszeit auf bis zu viereinhalb Tage reduziert wird.

**Langstreckenjäger verbessert:** Im Flugzeugbau gelten die Aktivitäten der Ingenieure in erster Linie einer Weiterentwicklung der vorhandenen Typen durch den Einbau leistungsfähigerer Motoren und durch eine stärkere Bewaffnung. Wichtig für den weiteren Luftkrieg wird die Neukonstruktion bzw. Verbesserung von Langstreckenjägern wie der Republic P 47 »Thunderbolt«, der Lockheed P 38 »Lightning« und der North American P 51 »Mustang«, die zur Begleitung der in Großbritannien und Italien startenden Bomber eingesetzt werden.

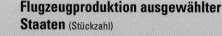

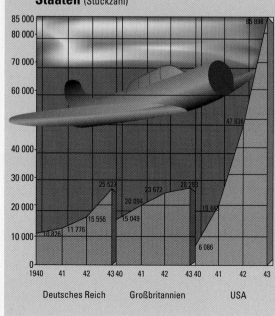

**Flugzeugproduktion ausgewählter Staaten** (Stückzahl)

85 000 / 80 000 / 70 000 / 60 000 / 40 000 / 30 000 / 20 000 / 10 000 / 0

85 898 · 47 836 · 25 527 · 20 094 · 23 672 · 28 288 · 19 445 · 15 556 · 15 049 · 10 826 · 11 776 · 6 086

1940 41 42 43 40 41 42 43 40 41 42 43

Deutsches Reich    Großbritannien    USA

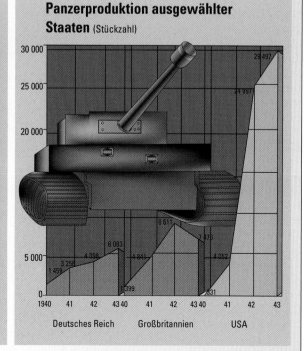

**Panzerproduktion ausgewählter Staaten** (Stückzahl)

30 000 / 25 000 / 20 000 / 5 000 / 0

29 497 · 24 997 · 8 611 · 7 476 · 6 083 · 4 098 · 4 841 · 4 052 · 3 256 · 1 459 · 1 399 · 831

1940 41 42 43 40 41 42 43 40 41 42 43

Deutsches Reich    Großbritannien    USA

*Gipfeltreffen in Washington; v.l.: Der britische Premierminister Churchill, US-Präsident Roosevelt, der kanadische Premierminister Mackenzie King*

*Der britische Premierminister bei seiner Rede vor dem US-Kongress; rechts hinter ihm Henry A. Wallace, Vizepräsident der Vereinigten Staaten*

## 12. MAI

# Landung in Italien beschlossen

**Der britische Premierminister Winston Churchill trifft zu einem bis zum 25. Mai dauernden Besuch in Washington ein.**

Auf der sog. Trident-Konferenz beschließt er gemeinsam mit US-Präsident Franklin Delano Roosevelt die Truppenlandung in Süditalien – sie beginnt am 10. Juli (→ S. 308) auf Sizilien – und die Besetzung der Azoren zur Verstärkung des Kampfes gegen die deutschen U-Boote: Am 12. Oktober räumt Portugal den Alliierten Stützpunkte auf der Inselgruppe im Atlantik ein. Der Termin für die Invasion in Frankreich wird auf den 1. Mai 1944 festgelegt; tatsächlich beginnt sie am 6. Juni 1944 (→ S. 392). Ein weiterer Verhandlungsgegenstand ist die Intensivierung des Kriegs gegen Japan.

Churchill muss auch die Befürchtung Roosevelts zerstreuen, Großbritannien verfolge im Mittelmeerraum imperialistische Ziele. Darüber hinaus trägt der britische Premierminister seine Gedanken über die Weltordnung nach Kriegsende vor: Unter der Kontrolle der Vereinigten Staaten, Großbritanniens, der Sowjetunion und Chinas soll eine Weltorganisation entstehen; internationale Streitkräfte sollen den Weltfrieden sichern.

Das Abschlusskommuniqué der Besprechungen ist von lakonischer Kürze: »Die jüngste Besprechung der kombinierten Generalstäbe in Washington hat zu völligem Einvernehmen über die künftigen Kriegsoperationen auf allen Kriegsschauplätzen geführt.« In einer gemeinsamen Pressekonferenz nach Ende ihrer Besprechungen richtet Churchill eine indirekte Aufforderung an die Adresse Roms, aus dem Krieg auszuscheiden. Er betont, er zähle auch gegen Italien auf nichts anderes als auf die Macht der Waffen, fügt aber ergänzend hinzu:

»Die Italiener werden nur gut daran tun, wenn sie sich von ihren Führern lossagen und sich der Gerechtigkeit derer ausliefern, denen sie ein so großes Unrecht angetan haben. Dies ist jedoch eine Angelegenheit, die die Italiener unter sich ausmachen müssen«. Churchill wie auch Roosevelt enthalten sich jeder Andeutung über die geplanten weiteren Aktionen, doch verweist Churchill wiederholt auf die Bedeutung des Bombenkriegs.

*Nach seinem Washington-Besuch begibt sich der britische Premier Churchill (l. am Tisch) nach Algier, wo er zu einer militärischen Lagebesprechung mit Vertretern der alliierten Generalstäbe zusammentrifft; vorn v.l.: Admiral Andrew Cunningham, Generäle Herold Alexander, George C. Marshall, Dwight D. Eisenhower, Bernard L. Montgomery*

ZITAT

## Krieg möglichst rasch beenden

*In einer Rede vor den beiden Häusern des US-amerikanischen Kongresses in Washington am 19. Mai setzt sich der britische Premierminister Winston Churchill u.a. mit der weiteren Entwicklung des Krieges auseinander:*

»Ich habe nicht die Absicht, den Gedanken entstehen zu lassen, dass der Krieg bereits gewonnen sei oder dass er bald zu Ende gehen werde. Sicher bin ich nur, dass wir ihn gewinnen werden. Wie und wann, kann nicht vorausgesehen und noch viel weniger vorausgesagt werden... Wenn wir die Dauer der Niedermetzelungen und Zerstörungen abkürzen wollen, die dieser Krieg auf so viele Länder ausdehnt,... so dürfen wir keine einzige Faser unseres Wesens entspannen... Wir haben viele Gefahren überwunden. Es gibt jedoch eine große Gefahr, die... Gefahr einer unnötigen Verlängerung des Krieges. Niemand kann sagen, welche neuen Verwicklungen und welche neuen Gefahren in fünf weiteren Kriegsjahren entstehen könnten und es dürfte jetzt die Haupthoffnung Deutschlands und Japans sein, dass der Krieg so lange dauert, bis die Demokratien seiner überdrüssig und untereinander uneinig seien.«

*Deutsches U-Boot im Nordatlantik unter Beschuss eines britischen »Mosquito«-Bombers; den alliierten Luftstreitkräften ist die deutsche Flotte unterlegen.*

24. MAI

# Abbruch der Geleitzugschlacht im Nordatlantik

**Großadmiral Karl Dönitz bricht den U-Boot-Krieg der deutschen Kriegsmarine gegen alliierte Geleitzüge im Nordatlantik ab, nachdem allein in den ersten drei Wochen dieses Monats über 30 U-Boote verloren gegangen sind; im gesamten Februar waren es 14, im März 13 und im April zwölf Boote.**

Damit tritt eine entscheidende Kriegswende zugunsten der alliierten Seestreitkräfte ein (→ S. 273).

Der deutsche Misserfolg ist vor allem auf die Stärke der alliierten Luftstreitkräfte zurückzuführen. Von den bis zum 22. Mai verloren gegangenen U-Booten sind nur etwa 40% bei der unmittelbaren Bekämpfung von Geleitzügen versenkt worden, die übrigen 60% durch gegnerische Flugzeuge.

Die alliierte Überlegenheit resultiert aus dem Zusammenwirken mehrerer für sie günstiger Faktoren: Durch den Ausbau ihres Funkpeilnetzes im Verein mit einer verbesserten Luftaufklärung durch den sog. Zentimeter-Radar haben die Alliierten ständig ein weitgehend zutreffendes Bild der deutschen U-Boot-Aufstellungen und sie können ihre Konvois entsprechend umlenken. Der Radar ermöglicht außerdem eine gute Ortung bei schlechtem Wetter und bei Nacht. Die Geleitfahrzeuge sind zudem mit Hochfrequenz-Ortungsgeräten ausgestattet, mit denen sich Fühlung haltende U-Boote schnell aufspüren lassen. Bedrohte Geleitzüge werden durch weitere Schiffe, darunter auch Flugzeugträger, verstärkt. Hinzu kommen eine ständig verbesserte Bewaffnung und die intensive taktische und operative Auswertung der zurückliegenden Kämpfe.

*Mit großem Aufwand werden die deutschen Befestigungen an der französischen Atlantikküste seit 1942 ausgebaut.*

*Deutsche U-Boot-Besatzung im Einsatz gegen alliierte Geleitzüge; über dem Boot kreuzen feindliche Zerstörer.*

*Zwei Tage vor der Kapitulation der Wehrmacht bei Tunis ergeben sich diese deutschen Soldaten auf Kap Bon angesichts der britischen Übermacht.*

## 13. MAI

# Reste der Heeresgruppe Afrika kapitulieren bei Tunis

**Mit der Kapitulation der Reste der Heeresgruppe Afrika unter Generaloberst Hans-Jürgen von Arnim endet der Afrikafeldzug der Achsenmächte. Rund 252 000 deutsche und italienische Soldaten gehen in britische bzw. US-amerikanische Kriegsgefangenschaft.**

Bereits am 7. Mai hatten zwei britische Panzerdivisionen Tunis erobert; am selben Tag zogen US-amerikanische Truppen in Biserta ein. Dadurch wurde die Heeresgruppe Afrika in zwei Teile gespalten. Am 11. Mai legte der Großteil der Achsentruppen auf der Halbinsel Kap Bon seine Waffen nieder. Bis zu diesem Tag waren 638 Offiziere, Unteroffiziere, Spezialisten, Geheimnisträger u.a. sowie Geheimpapiere und das Kriegstagebuch des Oberkommandos der Heeresgruppe Afrika nach Sizilien evakuiert worden. Am 12. Mai wurde Arnim auf dem Flugplatz Sainte Marie du Zit (westlich von

Hammamet) gefangen genommen. Am Spätnachmittag desselben Tages erreichte den Oberbefehlshaber der

*Einer der vielen deutschen Generäle, die nach der Kapitulation in Tunesien in alliierte Kriegsgefangenschaft geraten: Panzergeneral Hans Cramer (3.v.l.)*

1. italienischen Armee, General Giovanni Messe, folgender Funkspruch von Ministerpräsident und Duce Benito Mussolini: »Kampf einstellen. Sie sind zum Marschall ernannt. Alle Achtung vor Ihrer Leistung.«

18 594 deutsche Soldaten sind in Nordafrika gefallen; ihre Gräber liegen zwischen Al Alamain und Biserta verstreut. Über 3400 Mann gelten als vermisst. Die Italiener zählen 13 748 Tote und 8821 Vermisste. Die Alliierten haben 35 476 Tote auf britischer und rund 16 500 Tote auf US-amerikanischer Seite zu beklagen. Zählt man noch die gefallenen Franzosen hinzu, hat Mussolinis Traum von einem italienischen Afrika-Imperium mehr als 100 000 Menschen das Leben gekostet.

Rund 130 000 Deutsche und etwa 180 000 Italiener befinden sich in Kriegsgefangenschaft; die Neuankömmlinge in einem Lager bei Tunis werden mit Klängen eines Wiener Walzers begrüßt, gespielt von einem in Gefangenschaft geratenen deutschen Musikkorps.

Nach dem Sieg hält der britische General Anderson einen Dankgottesdienst im Amphitheater von Karthago.

5. Mai: US-amerikanische Truppen rücken in Biserta ein; die Wehrmacht muss die Stadt am 7. Mai aufgeben.

## Fair gegenüber Kriegsgefangenen

*Ein Sanitätswagen-Fahrer schildert seine Erlebnisse bei der Kapitulation der Heeresgruppe Afrika und seine spätere Ankunft in einem britischen Kriegsgefangenenlager:*

»In der Frühe des 12. Mai fuhr ich mit... Verwundeten zum Sanitätsplatz. Hier war schon alles im Aufbruch: Die Karabiner wurden zerschlagen, die Seitengewehre vergraben. Unschlüssig stand ich noch mit meinem Karabiner da... Ein Kamerad nahm ihn mir aus der Hand, ein kurzer Schlag mit dem Kolben auf den Boden, dann warf er die Stücke zu den anderen. Mir schien es geradezu eine symbolische Handlung... Hammamet, ein kleiner, freundlicher Ort, am Meer gelegen, war lieblich von grünen Olivenhainen eingerahmt. Ein solcher Hain nahm unsere [Sanitäts-]Kolonne gegen Abend auf. Eine kleine englische Sanitäts-Einheit stand dort und die ›Kameraden von der anderen Fakultät‹ nahmen den ›Zuwachs‹ in guter Haltung auf. Es dauerte keine halbe Stunde, da kamen sie mit Tee und Zwieback an. Schnell bildeten sich überall Gruppen, die sich ganz zwanglos über die Ereignisse unterhielten. Die Tommies interessierten sich sehr für unsere Wagen und unsere Ausrüstung. Lächelnd nahmen sie davon Kenntnis, dass die meisten Wagen und ein guter Teil der Zelte englischer Herkunft waren... In einer Ecke des Platzes stand ein Kino-Vorführwagen von einer deutschen Propaganda-Kompanie. Die P.K.-Leute erklärten stolz, sie wären sofort einsatzbereit. Im Handumdrehen wurde die Zustimmung des englischen Offiziers eingeholt, ein Zeppelinzelt aufgeschlagen und Punkt 8 Uhr lief ›vor ausverkauftem Haus‹ der Film ›Wir machen Musik‹ mit Ilse Werner. In der Mitte des Zeltes waren Ehrenplätze für die Tommies reserviert, die sich auch nicht lange bitten ließen. So saßen denn... Deutsche und Engländer im Zelt einträchtig beisammen und ließen sich von dem heiteren Revuefilm verzaubern.«

In Tunis werden die alliierten Truppen begeistert empfangen.

Der französische General Henri-Honoré Giraud nach der Befreiung von Tunis

Siegesparade eines französischen Regiments in der tunesischen Hauptstadt

Deutscher Soldat, der bei dem Vormarsch der alliierten Truppen in seiner Geschützstellung überrannt wurde.

Soldaten der Achsenmächte werden in diesem Kriegsgefangenenlager auf engstem Raum zusammengepfercht.

---
**30. MAI**
---

## Mengele wird Arzt im KZ Auschwitz

**Chefarzt im Konzentrationslager Auschwitz wird Josef Mengele.**
Der 1911 im bayerischen Günzburg geborene Mediziner ist fortan zu-

Josef Mengele, geboren 1911, trat nach dem Studium der Philosophie und Medizin 1937 in die NSDAP und 1938 in die SS ein, als »Standortarzt Auschwitz« nimmt er bei Menschenversuchen den Tod ungezählter Häftlinge in Kauf.

ständig für die Selektion und Vergasung von Juden. Er setzt seine 1934 begonnenen Forschungen über angebliche »Rassenmerkmale« und Anomalien wie Riesen- und Zwergwuchs fort und führt insbesondere medizinische Experimente mit Zwillingspaaren durch (→ S. 302).

---
**27. MAI**
---

# Résistance bildet Rat

**Verschiedene Gruppen der französischen Widerstandsbewegung schließen sich in Paris zum Conseil National de la Résistance zusammen.**
Die Führung im nationalen Widerstandsrat übernimmt Jean Moulin, der 1942 eingeschleuste Repräsentant von General Charles de Gaulle in Frankreich.

Die Résistance entstand nach dem 25. Juni 1940, dem Tag des Inkrafttretens des deutsch-französischen Waffenstillstands (→ S. 68). Besonders aktiv waren zu Beginn die Kommunisten: Sie hatten als verbotene Partei bereits eine Untergrundorganisation aufgebaut, aus der die erste Partisanengruppe Franc-Tireurs et Partisans hervorging. Überfälle auf Angehörige der deutschen Wehrmacht führten zu Massenexekutio-

*Jean Moulin schließt die Widerstandsgruppen zusammen.*

nen unschuldiger Geiseln und anderen Repressalien gegen die Bevölkerung, die diese gegen die deutsche Besatzungsmacht aufbrachten.

Bis Ende 1941 bildeten sich die Gruppen Combat, aus ehemaligen Militärs und christlich-demokratischen Politikern, und die gewerkschaftsnahe Libération. Neben diesen, im damals noch freien Süden Frankreichs agierenden Gruppen, entstanden im deutsch besetzten Norden die sozialistische Libération-Nord und die aus der Armee hervorgegangene Organisation Civile et Militaire.

Die Aktivitäten des Widerstands konzentrieren sich auf die Übermittlung militärischer Informationen nach London, die Sabotage von Verkehrsmitteln, die Verbreitung von Druckschriften und die Fluchthilfe für abgeschossene alliierte Piloten. Die britische Special Operations Executive, die viele Widerstandsgruppen in Europa unterstützt, gewährleistet die Versorgung mit Waffen. Die deutschen Besatzer können die im Februar 1944 in den Forces Françaises de l'Interieur zusammengefassten Partisanenverbände nicht nachhaltig bekämpfen. Besonders große Bedeutung erlangt der französische Widerstand bei der Invasion 1944.

---
**22. MAI**
---

## Luftwaffe ordert Düsenflugzeug

**Der erste Düsenjäger der Welt, die von dem deutschen Flugzeugkonstrukteur Willy Messerschmitt entworfene Me 262, wird von Jagdfliegergeneral Adolf Galland für die deutsche Luftwaffe erprobt.**
Unmittelbar nach der Landung ruft er Generalfeldmarschall Erhard Milch, den Generalinspekteur der Luftwaffe und Generalluftzeugmeister, an und empfiehlt die Serienfertigung des neuen Flugzeugtyps für den Einsatz in der deutschen Jagdwaffe. Die Me 262, die am 18. Juli 1942 ihren ersten rein strahlgetriebenen Probeflug absolviert hatte, wird auch von Reichsmarschall Hermann Göring als geeignetes Flugzeug eingestuft, um den alliierten Bombern über dem Deutschen Reich Widerstand zu leisten. Nach einer Vorführung des Flugzeugs vor Führer und Reichskanzler Adolf Hitler am 26. November in Insterburg beschließt dieser jedoch, den neuen Typ nicht als Jäger, sondern als »Blitzbomber« bauen zu lassen.

---
**29. MAI**
---

## US-Truppen erobern Attu

**Die Rückeroberung der strategisch für beide Seiten wichtigen Aleuteninsel Attu durch US-Truppen geht erfolgreich zu Ende.**
Die seit dem 11. Mai laufende Operation »Landcrab« ist der Auftakt zur Befreiung der gesamten Inselgruppe, die sich in Fortsetzung der Alaska-Halbinsel bogenförmig etwa 2000 km nach Westen erstreckt, von der japanischen Besetzung.

Den starken US-Verbänden, die auf der Insel gelandet waren, stellten sich rund 2600 japanische Soldaten zum Kampf, von denen sich schließlich nur 28 Überlebende ergaben.

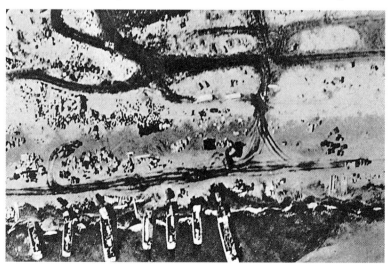

*Luftaufnahme von der Landung der US-Einheiten auf der westlichen Aleuteninsel Attu, einem wichtigen Militärstützpunkt der Vereinigten Staaten*

---
**15. MAI**
---

## Josef Stalin löst Komintern auf

**Der sowjetische Staatschef Josef W. Stalin löst die Kommunistische Internationale (Komintern) auf.**
Er will damit den Alliierten die Sorge vor einer kommunistischen Weltrevolution nehmen.

Der internationale Zusammenschluss der äußersten Linken trat erstmals am 2. März 1919 auf Initiative von Wladimir I. Lenin in Moskau zusammen. Ziel war die weltweite Diktatur des Proletariats. 1920 verpflichtete Lenin die vertretenen Parteien auf das sowjetrussische Vorbild. Im Auflösungsbeschluss heißt es: »Die Bewegung wuchs über ihre Aufgaben hinaus und diese selbst wurden in den verschiedenen Ländern immer komplizierter... Der von Hitler entfesselte Weltkrieg [hat] die Verschiedenheiten in der Lage der einzelnen Länder verschärft.« Die »Neue Zürcher Zeitung« schreibt zu der Sensation: »Auf die kommunistischen Kreise... [muss] der Auflösungsbeschluss eine große... Wirkung ausüben...«

L.: Die Staumauer der Möhnetalsperre nach dem britischen Luftangriff am 17. Mai 1943; die Talsperre fasste 130 Mio. m³ Wasser zur Versorgung der Städte und Industrieanlagen im Ruhrgebiet, r.: Am 12. Juli 1913 wurde die Talsperre als größte im Deutschen Reich nach fünfjähriger Bauzeit eingeweiht.

## 17. MAI

# Briten bombardieren deutsche Talsperren

Die britische Luftwaffe greift in den frühen Morgenstunden mit 18 Bombern vom Typ »Lancaster« Talsperren im Deutschen Reich an.

Die Staumauern der Talsperren von Möhne und Eder werden zerstört; der Staudamm der Sorpetalsperre hält trotz mehrerer Treffer dem Bombardement stand. Die Auswirkungen besonders im Möhne- und Ruhrtal sind verheerend: Eine riesige Flutwelle aus rund 100 Mio. Kubikmetern Wasser reißt Menschen, Häuser und Brücken mit sich. Am Ende des Infernos werden 1284 Tote und Vermisste gezählt; über 100 Gebäude sind völlig zerstört, weitere fast 1000 mehr oder weniger stark beschädigt. Durch die Zerstörung der Edertalsperre laufen aus dem dortigen Stausee pro Sekunde rund 2000 Kubikmeter Wasser aus.

Die Planungen der britischen Luftwaffe für eine Bombardierung deutscher Talsperren reichen bis zum Beginn des Zweiten Weltkriegs zurück. Die Luftangriffe auf wichtige Wasserreservoirs sollen vor allem die Wasserversorgung von Industrie und Privathaushalten erschweren, industrielle und infrastrukturelle Anlagen in den Flusstälern überfluten bzw. zerstören und für den Gütertransport wichtige Binnenschifffahrtswege schädigen. Die technisch schwierige Bombardierung von Staumauern gelingt der Royal Air Force durch den Einsatz von sog. Rollbomben. Das Prinzip dieses Bombentyps beruht, vergleichbar dem Hüpfen eines Kieselsteins auf dem Wasser, auf der Tragfähigkeit der Oberflächenspannung des Wassers: Die Bombe wird vor dem Abwurf in eine Rotation von rund 500 Umdrehungen pro Minute entgegen der Flugrichtung versetzt. Beim Auftreffen auf die Wasseroberfläche entfalten sich dadurch Reibungsenergien, die einen Rückstoß, d.h. eine Sprungbewegung, bewirken und ein frühzeitiges Abtauchen der Bombe ins Wasser verhindern.

## ZITAT

## Mühsamer Wiederbeginn des Lebens in den Flusstälern

Die »Basler Nachrichten« veröffentlichen am 22. Juni Augenzeugenberichte:
»Die Landschaft... scheint weitgehend verändert. Das Wasser, das, noch immer rauschend und reißend, wieder in der Mitte der einzelnen Täler fließt, dessen zerstörerische Gewalt jedoch gebrochen ist, strömt gelb und trüb dahin... Die Hilfsdienststellen verteilen Brot, Milch und Kaffee... an die Einwohner, deren Küchen, von Gas- und Stromzufuhr abgeschnitten, unbrauchbar geworden sind, und an die Unglücklichen, die mit allem Hab und Gut auch ihr Obdach verloren. Feldküchen bringen Suppe. Unterdessen hat der Tauschhandel... auch hier Platz gegriffen: Die Bevölkerung tauscht Schuhe, Strümpfe, Kleider.«

Geborstene Staumauer der Möhnetalsperre nach dem Angriff; die Staumauer hatte eine Höhe von 40,3 m und an der Mauerkrone eine Länge von 638 m.

## 3. JUNI

# Französisches Exil in Algerien

Die französischen Generäle Charles de Gaulle und Henri-Honoré Giraud bilden in Algier das nationale Befreiungskomitee Comité Français de la Libération Nationale (CFLN).

Damit wird der seit längerem schwelende Konflikt zwischen den beiden um die Führungsrolle im französischen Exil vorläufig beigelegt.

General de Gaulle, am 6. Juni 1940 als Unterstaatssekretär für Nationale Verteidigung in die Regierung von Ministerpräsident Paul Reynaud berufen, hatte nach der französischen Kapitulation in einer Rundfunkrede in London am 18. Juni 1940 zur Fortführung des Krieges aufgerufen und sich zum legitimen politischen Repräsentanten seines Landes erklärt. Zehn Tage später wurde das von ihm gebildete Nationalkomitee der Freien Franzosen von der britischen Regierung in London anerkannt.

General Giraud war im Mai 1940 als Oberbefehlshaber der 7. französischen Armee in deutsche Kriegsgefangenschaft geraten, aus der er jedoch im April 1942 fliehen konnte.

Nach der Landung der Alliierten bei Casablanca, Oran und Algier in der Nacht zum 8. November 1942 übernahm er das Oberkommando in Französisch-Nordafrika. Damit verschärften sich die schon länger bestehenden Spannungen zwischen ihm und de Gaulle erheblich. Auf der Konferenz in Casablanca 1943 kam es nach langwierigen Verhandlungen zu einer – allerdings nur oberflächlichen – Aussöhnung der Kontrahenten.

*Die Gründung des Befreiungskomitees durch General de Gaulle (3.v.l.) und General Giraud (2.v.r.) erfolgt nach lang anhaltenden Kompetenzstreitigkeiten.*

## 28. JUNI

# Neue Stimme aus polnischem Exil

Der Bund polnischer Patrioten fordert die Abtretung der Gebiete Oberschlesien, Danzig und Westpreußen an Polen nach Kriegsende.

Diese am 1. März in Moskau gebildete Gruppe ist eine Gegengründung zu der in London sitzenden polnischen Exilregierung unter Ministerpräsident Wladyslaw Eugeniusz Sikorski und tritt im Gegensatz zu dieser für ein kommunistisch orientiertes Nachkriegspolen ein. Auf der Konferenz von Teheran vom 28. November bis zum 1. Dezember (→ S. 340) kommt es zwischen den Westalliierten Großbritannien und den Vereinigten Staaten auf der einen und der Sowjetunion auf der anderen Seite zu ersten Meinungsverschiedenheiten über die Frage, welche der beiden Gruppen als legale Regierung anzusehen ist. Am 31. Dezember 1944 proklamiert sich das aus dem Bund polnischer Patrioten hervorgehende sog. Lubliner Komitee als provisorische polnische Regierung. Seine Gründung wird von Kremlchef Stalin initiiert.

## 5. JUNI

# Kinder-Deportation

1266 niederländische Kinder im Alter von unter 16 Jahren werden ins Konzentrationslager Sobibór deportiert und unmittelbar nach ihrer Ankunft vergast.

Das Konzentrationslager war im April 1942 im östlichen Teil des Generalgouvernements, nahe der Grenze zum sog. Reichskommissariat Ukraine, errichtet worden. Es fällt in den Aufgabenbereich des SS- und Polizeiführers Lublin, Odilo Globocnik, der 1941 vom Reichsführer SS Heinrich Himmler den Auftrag zur Durchführung des Massenmords an den europäischen Juden erhalten hatte.

Die Ermordung der 1266 Kinder findet im Rahmen einer seit März laufenden Deportationswelle aus den Niederlanden statt, die insgesamt 19 Transporte mit 34 314 Personen umfasst und Ende Juli abgeschlossen wird. Die Menschen werden in normalen

Personenzügen nach Sobibór transportiert. Das zuständige Personal verbreitet unter den Männern, Frauen und Kindern das Gerücht, sie seien dazu auserwählt worden, einen »neuen Judenstaat« zu gründen. Die perfiden Täuschungsmanöver gehen so weit, dass Gepäckaufbewahrungsstellen eingerichtet werden und die Gefangenen Postkarten erhalten, die sie an ihre Angehörigen versenden dürfen. Tatsächlich erwartet die Menschen in Sobibór ein umzäuntes und vermintes KZ an der Bahnstation. Das 70 ha umfassende Gebiet wurde von einem Vorkommando der SS-Zentralbauverwaltung Lublin für den systematischen Massenmord vorbereitet. An einem Rangiergleis befindet sich eine Rampe, an der die Menschen »abgefertigt« werden. In Gaskammern des sog. Lager III werden bis Ende 1943 rd. 250 000 Menschen umgebracht.

*Kinder in Westerbork, dem niederländischen Deportationssammelpunkt, am Vorabend ihrer Verschleppung ins polnische Konzentrationslager Sobibór*

# Pantelleria kapituliert

Die rund 11 000 Mann starke Besatzung der in der Straße von Sizilien gelegenen italienischen Insel Pantelleria kapituliert.

Am folgenden Tag muss sich auch die ebenfalls zwischen Tunesien und Sizilien gelegene Insel Lampedusa ergeben. Damit bereiten die alliierten Streitkräfte die Invasion Italiens weiter vor (→ S. 308).

Der italienische Wehrmachtsbericht meldet die Kapitulation von Pantelleria am 12. Juni mit den Worten: »Infolge von Massenangriffen aus der Luft und von See aus, die an Stärke und Heftigkeit bisher nicht ihresgleichen hatten, sah sich die Insel Pantelleria, deren Wasserbestände für die Zivilbevölkerung erschöpft waren, gestern gezwungen, den Widerstand einzustellen.« Die britischen und US-amerikanischen Luftstreitkräfte hatten in 5285 Einsätzen 6200 t Bomben auf die Insel geworfen. Noch am 10. Juni, dem letzten Tag der Luftoffensive, wurden etwa 1000 Einzelflüge durchgeführt. Am Tag der Übergabe landen Einheiten der 1. Division der britischen Streitkräfte auf der von den Italienern aufgegebenen Insel.

*Hafen von Pantelleria: Nach tagelangen Bombardements durch britische und US-Luftstreitkräfte bietet sich den Landtruppen ein Bild der Verwüstung.*

*Gefangene der italienischen Garnison auf Pantelleria warten auf ihre Einschiffung.*

## Frank will mildere Besatzungspolitik

Generalgouverneur Hans Frank versucht Hitler für eine grundsätzlich geänderte deutsche Besatzungspolitik in Polen zu gewinnen. Frank weist auf die anti-deutsche Stimmung im Generalgouvernement hin, die von den Willkürmaßnahmen der deutschen Terrorherrschaft herrühre.

Frank, der seit Kriegsbeginn die Verfolgung und Ermordung von Polen und Juden unumschränkt unterstützt hatte, versagte der NS-Terrorherrschaft seit Herbst 1941 zunehmend seinen Dienst. Seit seinem Amtsantritt als Generalgouverneur hatte er versucht, seinen Alleinherrschaftsanspruch in dem ihm unterstellten Teilgebiet des ehemaligen Polen durchzusetzen. Seine Pläne wurden seit Ende 1939 durch die vom Reichsführer SS Heinrich Himmler veranlassten Deportationen von Polen in das Generalgouvernement, die Aussiedlung von etwa 30 000 sog. Volksdeutschen und die blindwütige Verfolgung potenzieller polnischer Partisanen durchkreuzt. Es kam zu ernsten Versorgungskrisen im Land und einer durch den anhaltenden Terror verstärkten Aktivität der polnischen Untergrundkämpfer. Frank sah sein Ziel, aus dem Generalgouvernement ein »Musterland« des Reiches zu schaffen, ernsthaft gefährdet. Längst hatte er erkannt, dass »ein Volk... sich nicht durch Gewalt beherrschen« lässt und dass seine Herrschaft auf dieser Grundlage nicht lange bestehen würde.

Auf einer Sitzung mit Vertretern der SS in Krakau betonte Frank nachdrücklich seine Sicht der Machtverhältnisse im Generalgouvernement: »Es gibt keine Dienststelle des Reiches, die direkt oder indirekt in dies Gebiet hineinregieren könnte. Befehle erteilt nur der Generalgouverneur..., sonst niemand.«

Als Himmler im Herbst 1942 gegen Franks Willen mit der Ansiedlung sog. Volksdeutscher im Kreis Zamosc begann, verschärfte Frank seine Angriffe auf Himmler und die SS in Form von Protestbriefen an die Reichskanzlei und Hitler persönlich. Letztlich gelingt es ihm zwar, sein Amt bis zum Kriegsende weiter wahrzunehmen, gegen die Allmacht der SS kann er sich aber nicht durchsetzen.

## Italiens »innere Front«

Die italienische faschistische Partei Partito Nazionale Fascista (PNF) legt eine Denkschrift vor, in der sie ihre innen- und wirtschaftspolitischen Forderungen für den Kampf um den »Endsieg« zusammenfasst.

Die Faschisten sehen die Notwendigkeit einer Verstärkung der Kriegsanstrengungen durch Ahndung jedes Versuchs, die »innere Front« zu schwächen; straffe Vereinheitlichung der Industrieproduktion und der landwirtschaftlichen Erzeugung; wirksame Kontrolle des Versorgungs- und Verteilungswesens; Entbürokratisierung der wirtschaftlichen Dienststellen; Beschleunigung aller Vorgänge in der Staatsverwaltung; schärfste Unterdrückung des Schleichhandels; Kontrolle und ggf. Schließung von Luxusgaststätten, Modesalons und Kaufhäusern; Ausweisung aller unerwünschten Ausländer sowie strikte Anwendung der gesetzlichen Bestimmungen über die Arbeitsdienstpflicht.

Schon bald werden die Forderungen der PNF in die Tat umgesetzt: Am 19. Juni verfügt das Korporationsministerium die Einführung der Arbeitsdienstpflicht. Ihr unterliegen ab 1. Juli alle Männer der Jahrgänge 1907–1925 und alle Frauen der Jahrgänge 1919–1925.

## China erobert Hangtschou

Die chinesischen Truppen der Regierung in Tschungking erobern Hangtschou, die Hauptstadt der Küstenprovinz Tschekiang, zurück.

Die 600 000-Einwohner-Stadt, bisher von japanischen Truppen besetzt, ist nun nach dem Regierungssitz Tschungking die zweitgrößte Stadt in der Hand der Streitkräfte unter Marschall Chiang Kai-shek (→ S. 338). China befindet sich seit dem 7. Juli 1937 in einem von Japan provozierten Krieg (→ S. 74).

Der Konflikt hatte u.a. zur Verlegung der Nationalregierung nach Tschungking geführt.

*Von Bomben verwüstet: Nordschiff des Kölner Doms, Wahrzeichen einer Stadt und einer Epoche*

*Zerstörtes Deckengewölbe der Kathedrale; 540 britische Flugzeuge hatten 1614 t Bomben geworfen.*

*Die Trümmer der Orgel; im Vordergrund ein herabgestürzter Schlussstein des gotischen Deckenbaus*

---

**10. JUNI**

# Bomberoffensive der Alliierten beginnt

**Die Luftstreitkräfte der Alliierten beginnen mit ihrer auf der Konferenz in Casablanca beschlossenen »Combined Bomber Offensive« gegen das Deutsche Reich.**
Verbände der US-Luftflotte fliegen in Zukunft Präzisionsangriffe bei Tag, während die Royal Air Force nächtliche Flächenbombardements durch-

führt. In Abänderung der in Casablanca gefassten Beschlüsse wird zugleich die Bekämpfung der deutschen Jagdflugzeugstützpunkte und -werke an die Spitze der Prioritätenliste der alliierten Luftkriegsführung gesetzt. In der Nacht vom 11. zum 12. Juni kommt es zum ersten schweren Angriff gemäß der neuen Strategie: 693

britische Flugzeuge werfen annähernd 2000 t Bomben auf Düsseldorf ab. In der Stadt breiten sich große Flächenbrände aus; 120 000 Menschen werden obdachlos. Bereits bei Beginn des Angriffs fallen Strom- und Wasserversorgung aus; die Bekämpfung der Brände ist vielerorts unmöglich. Die Situation für die ob-

dachlos gewordenen Menschen ist zusätzlich dadurch erschwert, dass zahlreiche Sammelunterkünfte nur ebenfalls zerstört sind.

Wie die geheimen Lageberichte des Sicherheitsdienstes der Schutzstaffel vermerken, wird nach schweren Bombenangriffen in den betroffenen Städten von der Bevölkerung vielfach der Hitlergruß durch ein ostentatives »Guten Morgen« ersetzt. In Düsseldorf werden zynische Stimmen laut wie: »Das verdanken wir unserem Führer.« An einer Stelle wird ein Galgen mit einem Bild von Führer und Reichskanzler Adolf Hitler aufgerichtet.

Weitere schwere Angriffe treffen u.a. in der Nacht vom 12. zum 13. Juni Bochum, in der Nacht vom 14. zum 15. Juni Oberhausen, in der Nacht vom 21. zum 22. Juni Krefeld, in der folgenden Nacht Mülheim an der Ruhr und erneut Oberhausen, in der Nacht vom 24. zum 25. Juni Wuppertal-Elberfeld, in der darauf folgenden Nacht Gelsenkirchen und in der Nacht vom 28. zum 29. Juni Köln (→ S. 196, 270).

Der britische Angriff auf Köln richtet u.a. schwere Schäden am Dom an.

*Bei den nächtlichen Bombardements der Royal Air Force kommen auch diese »Bristol«-Beaufort-Bomber zum Einsatz; eine entscheidende Rolle im Kampf um die Überlegenheit in der Luft spielen für die britische Armee jedoch zunehmend viermotorige schwere Bomber wie die »Short Stirling« von 1940 oder die »Avro Lancaster« von 1942.*

HINTERGRUND

## Krieg macht keinen Halt vor Kulturgütern

Die Luftangriffe der Alliierten treffen immer wieder nicht nur militärische bzw. kriegswichtige Ziele, sondern auch wertvolle Kulturdenkmäler.

Jüngstes Beispiel sind die Bomben auf den Kölner Dom beim Angriff in der Nacht vom 28. zum 29. Juni. Am 30. Mai hatte das Deutsche Nachrichten-Büro (DNB) einen

### Bombenschäden an Kirchen

Ende Juni berichtet die britische Presse, offenbar als Reaktion auf die deutsche Berichterstattung von den schweren Bombenschäden am Kölner Dom, über die Zerstörung bzw. Beschädigung von bedeutenden Kirchen auf der Insel durch deutsche Luftangriffe. Aufgeführt werden die Kathedralen von Canterbury, Coventry, Exeter, Llandaff, London (St. Paul) und Norwich sowie die Abteien von Westminster und Bath.

Bericht über die Zerstörung ziviler Ziele durch alliierte Bomber im Deutschen Reich vorgelegt, in dem u.a. die Schäden an Baudenkmä-

lern in verschiedenen Städten aufgelistet sind. Demnach wurden bis zum 25. Mai dieses Jahres 133 Kirchen zerstört und 494 schwer beschädigt. Laut DNB sind in Köln allein bis zu diesem Zeitpunkt 31 Kirchen zerstört worden, darunter mittelalterliche wie St. Gereon, St. Aposteln, St. Maria im Kapitol, Groß St. Martin, St. Pantaleon und St. Severin. In Mainz ist dem Bericht zufolge u.a. der Dom fast völlig zerstört. Aus dem besonders schwer heimgesuchten Ruhrgebiet nennt die Liste u.a. die Zerstörung der Essener Münsterkirche, der Duisburger Salvatorkirche und mehrerer Dortmunder Kirchen; in der ehemaligen Reichsstadt ist auch das im frühen 13. Jahrhundert erbaute Rathaus, der älteste erhaltene deutsche Rathausbau, den Bomben zum Opfer gefallen. Schwere Schäden haben auch die zahlreichen Kirchen in Lübeck, der ehemaligen »Königin der Hanse«, erlitten. Die Luftangriffe schlagen darüber hinaus tiefe Kerben in die jahrhundertealten Stadtkerne.

*Aufgrund der Verschärfung des Luftkrieges stellen viele Schulen den Unterricht ein; die Kinder werden aus den gefährdeten Städten evakuiert.*

### 15. JUNI

## Evakuierung von Kindern nimmt zu

Mit dem Erlass, dass in Zukunft die Verlegung ganzer Schulen aus besonders luftkriegsgefährdeten Gebieten angeordnet werden kann, nimmt die Kinderlandverschickung im Deutschen Reich neue Ausmaße an.

Diese Maßnahme, die vor dem Krieg der Erholung gesundheitsgefährdeter Stadtkinder in ländlichen Gebieten diente, war seit Kriegsausbruch auf alle unmittelbar kriegsgefährdeten und im Vorjahr auf besonders luftkriegsgefährdete Gebiete ausgedehnt worden.

*Volkswohlfahrtsstellen organisieren die Quartiere auf dem Land.*

ZITAT

## Fortgang des Lebens in Trümmerwüsten

*Ein Korrespondent der »Frankfurter Zeitung«, der Köln nach dem Angriff bereist, schildert seine Eindrücke in der zerbombten Stadt:*

»Die Sonne scheint, und der Wind treibt hohe Staubsäulen in die Luft. Es ist der weiße, kleinkörnige Staub aller dieser zerstörten Städte hier oben, Staub aus Brand, aus zermahlenen Steinen, zerglühtem Zement, aus Gips und Mörtel... Rechts und links sind die Trümmer verbrannter, zersprengter Häuser auf die Bürgersteige gefallen... Hier ist die Straße von einem großen Trichter aufgerissen, drüben im Park hat eine Reihe von Luftminen uralte Platanen und Buchen knapp über dem Boden umgerissen und sie abgedreht. Herbstbraun ist ringsum alles Blattwerk, alles Gras versengt, die Schwanhäuschen auf dem See schwimmen kieloben, aber die klei-

nen diesjährigen Enten gründeln behaglich an der Uferstelle, wo eine Sprengbombe das Erdreich aufgewühlt hat... Irgendwo... sprudelt... Wasser aus einer angeschlagenen Leitung... Es ist still..., es kommt kein Hall zurück von den eigenen Schritten auf dem sich wellenden Boden; die Stille hat, so grotesk das klingen mag, etwas sonntägliches Geruhiges. Aber diese Menschen scheinen nicht geboren zu sein, dem Nichtstun anzuhängen... Und so hängen an Türpfosten und Hausmauern schon Schilder und Zettel, auf denen steht, dass dieses oder jenes Geschäft dort oder da wieder eröffnet werde, dass die Familie W. oder Z. nun in der P.-Straße wohne, alles Zeugnisse, dass das Leben weitergeht... Noch nie empfand man Kameradschaft unter den Menschen so elementar wie an diesen Stätten...«

*Die nationalsozialistische Lagererziehung ist neben der Sicherung von Gesundheit und Ernährung ein Hauptanliegen der Kinderlandverschickung.*

# Der Bombenkrieg

*In der Nacht zum 25. Juli 1943 beginnt die britische Luftwaffe mit einer Reihe von schweren Bombenangriffen auf Hamburg.*

Das Luftfahrtzeitalter war gerade ein Jahrzehnt alt, da kam schon die militärische Bewährung für die »fliegenden Kisten« und die kühnen Männer darin im 1. Weltkrieg. Es stellte sich schnell heraus, dass in der neuen Luftwaffe ungeahntes Potenzial steckte, das allerdings noch an technischen Kinderkrankheiten laborierte. Immerhin war unübersehbar, dass der Krieg in der »dritten Dimension« ungeheure taktische und operative Möglichkeiten eröffnete, ja dass die Flieger in künftigen Waffengängen eine entscheidende Rolle spielen würden.

Das war allen Beteiligten so präsent, dass den Kriegsverlierern, allen voran Deutschland, 1919 im Versailler Friedensvertrag die Luftrüstung ausdrücklich untersagt wurde. Es war aber gerade auch den Verlierern so bewusst, dass sie alles daran setzten, diese Bestimmung zu umgehen; die Reichswehr fand zu einem Arrangement mit der Roten Armee, die Fliegerhorste und Übungsgerät zur Verfügung stellte, so dass Hitler, als er im Zuge seiner Politik der Revision von Versailles zur offenen Aufrüstung überging, geschultes Personal und ausgefeilte Pläne vorfand.

## AUFBAU DER LUFTWAFFE UND BEGINN DES BOMBENTERRORS

Obwohl im Weltkrieg nur untergeordneter Infanterist, begriff der ehemalige Gefreite des Stellungskriegs die überragende Bedeutung der frontüberschreitenden Luftwaffe und räumte ihr als Regierungschef und Oberster Befehlshaber der Wehrmacht bei der Aufrüstung höchste Priorität ein. Nicht von ungefähr wurde der zweite Mann in seinem Dritten Reich, Hermann Göring, Oberbefehlshaber der neuen Luftwaffe, ein Mann, der als Kommandeur des legendären Jagdgeschwaders Richthofen praktische Erfahrung hatte sammeln können. Göring kannte aus der Kriegszeit außerdem die befähigsten Kameraden wie den hochdekorierten Ernst Udet, der ihm die Stuka-Waffe schuf, den einstigen Fliegerhauptmann Kurt Student, dem er den Aufbau der Fallschirmjägertruppe übertrug, oder den genialen Organisator Eduard Milch, den er zu seinem Stellvertreter und später zum Generalluftzeugmeister machte. Ihrer Arbeit waren nicht zuletzt die »Blitzsiege« der ersten beiden Kriegsjahre zu danken.

Ihre Fähigkeiten und Aufgaben aber zeigten schon, dass die Führung in der jungen Luftwaffe in allererster Linie ein taktisch-operatives Instrument und kein strategisches sah. Ihre eher

*Deutsche Soldaten beladen eine Junkers JU 87 mit ihrer Bombenfracht. Die JU 87 wurde vor allem durch ihren Einsatz als Sturzkampfflugzeug (Stuka) bekannt.*

dienende Funktion definierte sich aus dem Zusammenwirken mit den Bodentruppen, so dass der Aufbau einer schlagkräftigen Bomberflotte versäumt wurde. Solange Landverbindung zum Kriegsschauplatz bestand war das kein Problem. Als aber England über den Kanal hinweg bekämpft werden musste, weil nur dies die Voraussetzung für eine Landung von Bodentruppen schaffen konnte, kam es zu schweren Rückschlägen. Die deutsche Luftwaffe musste auf Bombenangriffe umstellen, wobei erstmals in großem Stil das stattfand, was wir seitdem unter Luftkrieg im engeren Sinn verstehen: den Versuch, den Feind durch unterschiedslosen Bombenterror ohne genaue Zielgebung und ohne Rücksicht auf unschuldige Opfer in die Knie zu zwingen. Das ging schon in dieser Frühphase gegen London oder Coventry schief und brachte auch dann nicht die erhofften Erfolge, als die Alliierten mit vielfacher Bombenlast gegen deutsche Städte wie Köln, Hamburg oder schließlich Dresden zurückschlugen. Die Moral der Zivilbevölkerung war so nicht zu brechen, im Gegenteil: Das Inferno der Bombennächte steigerte eher Erbitterung und Durchhaltewillen.

## DIE ENGLÄNDER SCHLAGEN ZURÜCK

Die Royal Airforce (RAF) führte den deutschen Misserfolg bei der Battle of Britain (Luftschlacht um England) 1940/41 auf zu geringen Mitteleinsatz zurück und verstand nicht, dass das

*In Großbritannien neu entwickelte Flugzeuge verschärften den Luftkrieg. Hier der viermotorige Langstreckenbomber »Lancaster«, von dem ca. 7 000 Stück gebaut wurden.*

*Hermann Göring (1893–1946), Reichsmarschall der Luftwaffe, spricht mit seinen Truppen nach einem Fliegerangriff auf Großbritannien.*

Konzept des Krieges gegen die Zivilbevölkerung überhaupt verfehlt war. Bei der britischen Gegenoffensive, geführt vom Bomber Command, sollte daher möglichst massiv zugeschlagen werden. Das gestaltete sich schwieriger als erwartet, denn für die englischen Besatzungen galt es nicht bloß, den Ärmelkanal zu überspringen, sondern weite Anmarschwege bis über das Reichsgebiet zu bewältigen, was vielfältige Probleme aufwarf. Insbesondere fehlte es an Begleitjägern mit entsprechender Reichweite sowie an einem leistungsfähigen Navigationssystem. Die anfänglichen Angriffe litten daher unter Zielungenauigkeit und brachten schwere Verluste. Erst als Anfang 1942 Arthur Harris, ein zu allem entschlossener Luftkrieger, das Kommando über die britischen Bomber übernahm, kam eine freilich wenig erfreuliche Dynamik in die Planungen.

»Bomber«-Harris, so der Kriegsname des gefürchteten Mannes, war Kampfflieger und daher eher ein Befürworter von Tagesangriffen auf Punktziele. Zum einen aber hatte sich die britische Führung bereits auf weniger riskante nächtliche Operationen festgelegt, zum anderen reichten die Mittel zunächst für eine erfolgreiche Strategie der Präzision nicht aus, weder navigatorisch noch vom Jagdschutz her. So kam es nicht nur zur Nacht-Offensive, sondern auch zu den wahllosen Teppichbombardements gegen Wohn- und Industriegebiete.

## UNTERNEHMEN »MILLENIUM« GEGEN KÖLN

Als Harris am 22. 2. 1942 sein Amt übernahm, stand es mit der Stimmung im Bomberkommando nicht zum Besten. Was Harris zur ungehinderten Ausführung seines Auftrags brauchte, war ein spektakulärer Erfolg.

Nicht nur die eigene Nation, sondern auch der neue Verbündete Amerika musste überzeugt werden, dass eine Luftoffensive nach dem Harris-Muster gegen Deutschland Erfolg versprach. Der Bomberbefehlshaber rechnete so: Wenn er alle irgend greifbaren Maschinen zusammenbrächte, käme er

*Generaloberst Ernst Udet (1896–1941), deutscher Kriegsheld und Kunstflieger, wurde von Hitler und Göring für das Scheitern der Luftschlacht um England verantwortlich gemacht.*

auf tausend Bomber, eine Zahl mit Signalwirkung. In der Nacht zum 31. 5. 1942 griffen beim Unternehmen »Millenium« dann tatsächlich fast 1000 britische Bomber die Domstadt Köln an. Die Angreifer, die 44 Flugzeuge verloren, blieben zunächst im Unklaren über das Ausmaß der erzielten Zerstörungen; Aufklärer konnten am nächsten Tag keine Fotos machen, weil eine gewaltige Rauchwolke über vier Kilometer hoch über der Stadt lag. Wenig später war klar: Alle 106 vorausgegangenen Luftangriffe auf Köln hatten bis dahin nur einen Bruchteil der nun »geglückten« Verwüstungen erreicht.

Dahinter stand eine logistische Meisterleistung: Die tausend Bomber gegen Köln mussten von 53 verschiedenen Basen in Südostengland

*Die Luftschutzkeller waren für die Bevölkerung die einzige Möglichkeit, um sich vor den Bomben in Sicherheit zu bringen. Die angsterfüllten Nächte während des Bombenhagels haben bei den Betroffenen traumatische Erinnerungen hinterlassen.*

aufsteigen, sich zu bestimmten Gruppen sammeln und innerhalb von hundert Minuten einen fest fixierten Punkt passieren, damit sie ihre Bomben pünktlich ins Ziel bringen konnten. Etwa die Hälfte der zusammengekratzten Tausend-Bomber-Flotte stellten zuverlässige Maschinen vom Typ Wellington, aber im Bomberstrom war auch ein neues, sonores Brummen zu hören, das in den folgenden Jahren das bestimmende Geräusch des nächtlichen Luftkrieges über Deutschland werden sollte: Es stammte von den vier Rolls Royce Merlin-Motoren des Fernbombers Avro Lancaster mit 3600 Kilometern Reichweite; fast 8000 Stück davon wurden während des Krieges gebaut. Als vermutlich erster Befehlshaber der Kriegsgeschichte hatte Harris seine gesamte Streitmacht bis zum letzten Mann aufs Spiel gesetzt – und gewonnen; so sah er es jedenfalls.

### HOHE VERLUSTE AUF BEIDEN SEITEN

Auch in anderer Hinsicht stellte Köln die Weichen für die weitere Entwicklung. Was auf der einen Seite eine der grausigsten und leidvollsten Tragödien der Geschichte wurde – knapp 600 000 Zivilisten wurden in Deutschland getötet, in der Mehrzahl Alte, Frauen und Kinder; zerfetzt, verbrannt, erstickt, eine unvor-

stellbare Liste entsetzlicher Schicksale –, stellte sich auf der anderen Seite zunächst einmal als ein technisches und organisatorisches Problem dar. Allerdings eines, das auch auf alliierter Seite erhebliche Opfer fordern sollte: Rund 100 000 Mann fliegendes Personal kostete der strategische Luftkrieg gegen die deutschen Städte. Moralisch vertretbar war die britische Strategie ebenso wenig wie die der deutschen Luftwaffe zuvor, doch 1941/42 mochte Churchill auf dieses Zeichen für den ungebrochenen britischen Kampfeswillen nicht verzichten. Einmal eingeschlagen, behielt die RAF diesen Weg auch bei, als mit Kriegseintritt der USA neue Mittel der Luftkriegführung zur Verfügung standen. Harris wollte die Amerikaner mit seinem Konzept beeindrucken und setzte weiter darauf, durch Furcht und Schrecken den Gegner zu schwächen und die »Festung Europa« sturmreif zu bomben. Bis zum Ende sah der englische Bomberchef nicht ein, dass er letztlich das Gegenteil des Bezweckten mit dem Terror erreichte.

### DIE AMERIKANISCHE LUFTWAFFE GREIFT EIN

Die USA folgten dem Beispiel von Harris denn auch nur in Ansätzen, obwohl sie über einen noch besseren viermotorigen Fernbomber verfügten als Harris: die Boeing B-17 Flying Fortress (Fliegende Festung). Vom Juni bis Dezember 1942 flogen knapp tausend dieser Maschinen über den Atlantik nach England; sie bildeten dort den Kern der 8. US-Luftflotte. Anders als die britischen Verbündeten verfolgten die amerikanischen Luftstreitkräfte von vornherein jedoch das Konzept des Präzisionsbombenangriffs bei Tage und in geschlossener Formation. Obwohl noch bis zum Ende des Krieges die beiden Luftwaffen auch andere Bomber gegen Deutschland flogen, wurden die Namen dieser beiden Flugzeugtypen zum Inbegriff des »Round the Clock« (Rund um die Uhr) Luftkrieges: Bei Nacht die Reihenwürfe aus den Bomberströmen der Lancaster, bei Tag die »Teppiche« aus den dicht gestaffelten Verbänden der B-17.

Diese »Arbeitsteilung« wurde auf der Casablanca-Konferenz zwischen Churchill und Roosevelt im Januar 1942 verabredet

*Vorsichtsmaßnahme während des Bombenkriegs: Berliner Bürger sichern ihren Keller durch Stützbalken ab.*

und das Ziel der alliierten Luftoffensive so umrissen: »Fortschreitende Störung und Zerstörung der militärischen Struktur Deutschlands und die Unterhöhlung der Moral seiner Bevölkerung bis zu einem Punkt, an dem die Fähigkeit, bewaffneten Widerstand zu leisten, entscheidend geschwächt ist.« Fast ungehindert von deutschen Bombern, die vom Nordkap bis nach Afrika und in den weiten Räumen Russlands ihre Kräfte verzettelten, lief die britische Flugzeugproduktion inzwischen auf höchsten Touren. Dazu kam nun das gewaltige industrielle Potenzial der Vereinigten Staaten. Präsident Roosevelt bezifferte die Flugzeugproduktion der USA im Dezember 1942, nur ein Jahr nach Eintritt seines Landes in den Krieg, auf monatlich (!) 5500 Stück.

### DIE DEUTSCHE VERTEIDIGUNG IST MACHTLOS

Alle Erfolge der deutschen Luftverteidigung waren dagegen letztlich unerheblich. Luftwaffenchef und »Reichsmarschall« Göring, der bei Kriegsbeginn großsprecherisch »Meier« hatte heißen wollen, wenn je ein feindliches Flugzeug über dem Reichsgebiet auftauchen würde, wurde den selbst gewählten Spitznamen schon bald nicht mehr los. Er hatte nämlich nicht nur den Ausbau einer Bomberwaffe versäumt, sondern auch die Verteidigung nur stiefmütterlich betrieben. Immerhin reagierte die Luftwaffe auf die britischen Einflüge relativ rasch durch Bildung von Nachtjagdverbänden, die im Zusammenwirken mit der Flak den Angreifern anfangs erheblich zu schaffen machten. Die Verlustziffern der RAF erreichten bedenkliche Höhen. Die Zahl der 36 Abschüsse durch Nachtjäger beim Tausend-Bomber-Schlag gegen Köln, scheint gering. Bedenkt man jedoch, dass Harris hier alles versammelt hatte, was Bomben tragen konnte, so schmerzten die so schnell nicht ersetzbaren Verluste doch erheblich, kamen doch Ausfälle aufgrund technischer Defekte noch hinzu.

Insgesamt waren damit im ersten Jahr der Bomberoffensive 600 Maschinen, vornehmlich viermotorige Bomber, allein den deutschen Nachtjägern zum Opfer gefallen. Sie flogen schnelle Maschinen vom Typ Messerschmitt Me 110 und Junkers Ju 88, die entlang einer Linie von Funkfeuern auf die einfliegenden Bomber warteten. Bis März 1943 holten die Jäger rund 2000 Bomber vom Himmel, ein schwerer Aderlass für

*Luftaufnahme des durch alliierte Bombenangriffe zerstörten Berlins, aufgenommen am 10. Juli 1945. Zu sehen ist u.a. der schwer beschädigte Reichstag (Mitte links) sowie im Hintergrund die Ruinen des Lehrter Bahnhofs.*

Harris und seine Flotte, die später durch eigene Begleitjäger zwar besser geschützt war, sich aber auch neuer Gefahr gegenüber sah: Dank Bordradar konnten die deutschen Jäger bald in den Bomberströmen »mitschwimmen« und unvermutet angreifen. Auf Sicht hingegen bekämpften deutsche Jäger, meist vom Typ Me 109 oder Focke-Wulf Fw 190, die US-Tagesangreifer, die ihren ersten schweren Schlag gegen Ziele im Reichsgebiet am 27. 1. 1943 führten.

### DIE US-LUFTWAFFE KOMMT MIT NEUEM FLUGZEUGTYP

Auch die Amerikaner erlitten höhere Verluste als eigentlich tragbar. Noch am 14.10. 1943 beim Angriff von 271 Viermotorigen auf die Kugellagerfabriken in Schweinfurt verloren sie 60 Maschinen durch Abschuss, 17 gingen auf dem Hin- und Rückmarsch verloren, 121 kehrten schwer beschädigt zurück. Die US-Offensive wurde vorübergehend abgeblasen. Ehe an eine Invasion auf dem deutsch beherrschten Kontinent zu denken war, musste für einen Langstreckenbegleitschutz gesorgt werden.

Schon die pure Reichweitenproblematik war diffizil genug, erforderte sie doch den Transport von enormen Mengen Treibstoff. Hinzu kam, dass die US-Jäger auch zur Führung von aufreibenden Luftkämpfen im Zielgebiet fähig sein und mithin eine erhebliche Munitionslast tragen mussten. Und bei dieser Last sollten die Maschinen auch noch wendig und extrem steigfähig sein, damit sie den schnellen deutschen Gegnern gewachsen waren.

Die von den US-Ingenieuren geforderte Genieleistung gelang in Form des Jagdeinsitzers North American P-51 Mustang, der 710 Stundenkilometer erreichte und in 16 575 Stück gebaut wurde. Im Dezember 1943

*Der britische Flugzeugträger »Courageous« wurde 1939 mit 48 Flugzeugen an Bord von dem deutschen U-Boot U 29 westlich von Irland versenkt. Über 500 britische Matrosen kamen ums Leben.*

*Der North American P-51 Mustang brachte die entscheidende Wende im Luftkrieg. Die deutsche Luftabwehr konnte diesem Flugzeugtyp nichts mehr entgegensetzen.*

tauchte der Jäger erstmals über Kiel auf, wenig später mit abwerfbaren Zusatztanks in wachsenden Schwärmen auch über Berlin. Die Hälfte aller abgeschossenen deutschen Maschinen ging auf das Konto von Mustang-Piloten. Die P-51, vermehrt auch als Jagdbomber zu Tiefangriffen eingesetzt, entschied endgültig die Schlacht über dem Reichsgebiet, denn weder Flak noch Nachtjäger vermochten fortan noch nennenswerte Erfolge gegen die Bomberströme zu erzielen.

### BOMBENSTURM AUF HAMBURG

Unterdessen hatte das britische Bomberkommando mit gnadenloser Konsequenz den einmal eingeschlagenen Weg der Flächenbombardements weiter verfolgt. Sie erreichten Ende Juli 1943 einen vorläufigen Höhepunkt beim Unternehmen mit dem selbstgerechten Decknamen »Gomorrha« gegen Hamburg. Die Hansestadt wurde in pausenlosen einwöchigen Angriffen in einen rauchenden Trümmerhaufen verwandelt; etwa genauso viele Menschen (etwa 30 000) kamen dabei um wie im gesamten deutschen Luftkrieg gegen England. Alle Maßnahmen des Luftschutzes konnten daran nichts ändern.

Die Menschen erstickten in bombensicheren Bunkern ebenso wie in notdürftig abgestützten Kellern. Sie starben in den kochenden Fleeten und verbrannten als Fackeln im geschmolzenen Asphalt der Straßen. Die meisten hatten hier wie in anderen Städten den Zeitpunkt zur Flucht versäumt; als der Feuersturm zur Orkanstärke anschwoll, war es zu spät.

### DIE US-LUFTWAFFE DEMONSTRIERT IHRE ÜBERLEGENHEIT

In der ersten Hälfte des Jahres 1944 demonstrierten die Amerikaner mit einigen gewaltigen Schlägen, dass die Luftschlacht über Deutschland für die Verteidiger endgültig verloren war. Die 8. US-Luftflotte erschien im Schutz ihrer Jäger fast täglich über dem Reichsgebiet. Mit dem Vordringen der Alliierten in Italien griff von dort immer stärker auch die 15. US-Luftflotte in den Kampf ein. Am 20. 2. 1944 begann die »Big Week« (Große Woche) der Alliierten: In 1000-Bomber-Schlägen zerstampfte die US Army Air Force Europe (USAAFE) große Teile der deutschen Flugzeugindustrie, wäh-

*Luftmarschall Arthur Travers Harris (1892–1984) übernahm im Februar 1942 die Führung der britischen Bomberverbände.*

rend in der Nacht die RAF die Arbeiter mit ihren Familien tötete oder ausbombte. Mit ungeheurem Aufwand an Menschen (KZ-Häftlingen) und Mitteln wurde die deutsche Flugzeugproduktion nun in unterirdische Höhlen und Tunnel verlagert, und es gelang sogar, den Ausstoß durch die Mobilisierung aller Kräfte erstaunlich zu steigern. Doch viele Maschinen blieben immer länger am Boden. Es fehlte der Sprit.

Der nächste Schlag der Amerikaner hatte nämlich die Kraftstoffversorgung getroffen. Bombenteppiche pflügten die Ölfelder im rumänischen Ploesti um und setzten viele Bohrlöcher in Brand, die Donau wurde aus der Luft vermint, so dass es Öltransporte nach Deutschland immer schwerer hatten, und schließlich vernichteten Präzisionswürfe die Hydrierwerke im Reichsgebiet selbst, die aus Kohle Treibstoff gewannen. Von Juni bis September 1944 sank die monatliche Benzinzuteilung für die Luftwaffe von 160 000 Tonnen, der Mindestmenge, auf 30 000 Tonnen. Das lähmte die Luftverteidigung nachhaltiger als alle Zerstörungen, die Harris mit seinem Konzept der verbrannten Städte verfolgte. Ja, die RAF konnte sich bei den US-Piloten bedanken, dass die Verluste bei den Nachtangriffen nicht noch weiter stiegen.

Und auch der Erfolg der Landung der Alliierten am 6.6. 1944 in der Normandie wäre noch stärker gefährdet gewesen, wenn die US-Luftschläge die deutsche Gegenwehr nicht so nachhaltig geschwächt hätten. Voraussetzung für die Stabilisierung der Brückenköpfe war die absolute Luftüberlegenheit, die sowohl die dort stationierten deutschen Einheiten in Schach hielt, als auch ihren Nachschub massiv behinderte und zeitweilig völlig lahm legte.

### DRESDEN LIEGT IN SCHUTT UND ASCHE

Doch immer noch keimte nicht die Erkenntnis, dass mit Terror gegen die Zivilbevölkerung nichts zu erreichen war. Harris fand für sein Vorgehen immer noch Unterstützung. So kam es am 13./14.2. 1945 zu jenem Luftschlag, der den ganzen Wahnwitz des Bombenkrieges in einem Wort gerinnen ließ: Dresden. Das mit Flüchtlingen aus dem Osten überfüllte, bisher unversehrte und daher »Reichsluftschutzkeller« genannte »Elb-Florenz« wurde durch britische Nacht- und amerikanische Angriffe bei Tage vollständig verwüstet. Die Opferzahlen schwanken in den Quellen zwischen 35 000 und 200 000, wobei es nichts am Inferno ändert, dass vermutlich die geringeren Angaben korrekt sein dürften. Dresden enthüllte auch in anderer Weise den Widersinn des Krieges gegen Unschuldige: Die Goebbels-Propaganda schlachtete das Blutbad weidlich aus zur Schürung von Angst vor den »Barbaren« und zum Aufputschen des längst sinnlos gewordenen Durchhaltewillens.

### BOMBEN AUF SWINEMÜNDE

Es folgten noch weitere, ähnlich unverantwortliche Angriffe, die aber bereits auf die Zukunft verwiesen. Dafür nur ein Beispiel: Wer im Frühjahr 1945 noch irgendeine Chance gesehen hatte, war vor der Roten Armee aus Ostpreußen und Pommern längs der Ostseeküste nach Westen geflohen. Über 100 000 Menschen drängten sich am 12. 3. 1945 in der 20 000-Einwohner-Stadt Swinemünde. Es herrschte heilloses Durch-

*Ein B17-Bomber der US-Armee fliegt über ein brennendes Gebiet nordwestlich von Stettin. Es wurde ein Werk zur Herstellung von Treibstoff angegriffen.*

Unruhe kam erst auf, als die Flak vor der Küste zu schießen begann und viele Schiffe plötzlich eiligst den Hafen zu verlassen bestrebt waren. Doch wo sollten sich die Leute an Land in Sicherheit bringen in einer Stadt, die nicht einmal für die eigene Einwohnerschaft genug Schutzraum bereit hielt? Für die allermeisten war es ohnedies zu spät, denn da waren sie schon heran: 643 Viermotorige, begleitet von 402 Langstreckenjägern. Tausende von 450-Kilo-Sprengsätzen ließen von der Stadt in kaum mehr als einer Stunde nur noch rauchende Reste übrig. Druckwellen, Brände und Splitter töteten 15 000 Zivilisten im Stadtgebiet. Tausende kamen auf den Schiffen um, die im Hafen sanken. Etwa 3000 Soldaten, die hier auf dem Weg an die Ostfront im Freien hatten kampieren müssen, fanden ebenfalls den Tod. Das aber zählte nicht, denn es ging wohl eher um eine Demonstration der amerikanischen Stärke vor der zuschauenden Roten Armee: Die neue Front des Kalten Krieges nahm bereits Konturen an.

Ob Dresden oder Swinemünde: der Luftkrieg gegen Zivilisten erwies sich auf beiden Seiten als militärisches Fiasko und als tragisches Versagen der Moral - für die Alliierten beinahe schlimmer noch als für die NS-Seite, denn sie waren ja im Namen der Humanität gekommen, die Welt von der Vernichtungsdespotie Hitlers zu befreien. Den Sieg aber verdankten sie nicht dem Luftterror, der den Krieg nur weiter entmenschte, sondern ihrer Material-, insbesondere ihrer Luftüberlegenheit über den Kampfgebieten.

einander, als kurz vor 12 Uhr mittags Luftalarm gegeben wurde. Den nahmen zunächst die wenigsten ernst, und manche Swinemünder beruhigten sogar die Durchreisenden: Bisher waren die alliierten Bomber fast immer nur über Usedom hinweg Richtung Berlin geflogen. Und paradoxerweise beruhigte auch die Nähe der Roten Armee vor der Stadt, denn bei einem Großangriff wären Ausreißer und damit eine Gefährdung der Verbündeten nicht auszuschließen gewesen.

*Deutscher Luftangriff auf England 1940: In der linken Hand die Karte und in der rechten das Fernglas – der Pilot eines deutschen Bombers hält nach feindlichen Jagdflugzeugen Ausschau.*

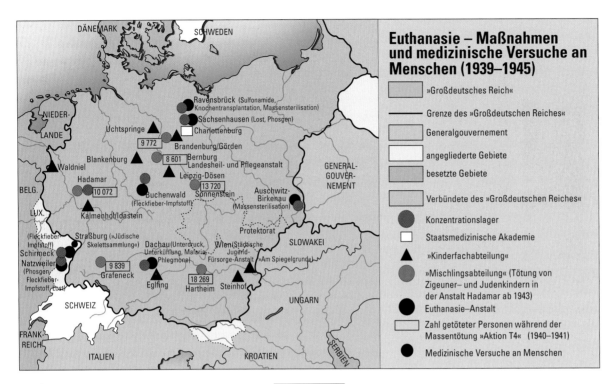

Euthanasie – Maßnahmen und medizinische Versuche an Menschen (1939–1945)

- »Großdeutsches Reich«
- Grenze des »Großdeutschen Reiches«
- Generalgouvernement
- angegliederte Gebiete
- besetzte Gebiete
- Verbündete des »Großdeutschen Reiches«
- Konzentrationslager
- Staatsmedizinische Akademie
- »Kinderfachabteilung«
- »Mischlingsabteilung« (Tötung von Zigeuner– und Judenkindern in der Anstalt Hadamar ab 1943)
- Euthanasie–Anstalt
- Zahl getöteter Personen während der Massentötung »Aktion T4«   (1940–1941)
- Medizinische Versuche an Menschen

HINTERGRUND

## Medizin und Nazi-Ideologie

Seit 1933 stellen die Nationalsozialisten durch eine Reihe von Gesetzen und Verordnungen die Medizin in ihren Dienst:

**14.7.1933:** Das »Gesetz zur Verhütung erbkranken Nachwuchses« wird erlassen. Es ermöglicht Zwangssterilisationen.

**1.10.1934:** Am Berliner Institut für Anthropologie, menschliche Erblehre und Eugenik der Kaiser-Wilhelm-Gesellschaft zur Förderung der Wissenschaften beginnt unter der Leitung seines Direktors Eugen Fischer der erste spezielle Kurs für SS-Ärzte.

**15.9.1935:** Der Parteitag der NSDAP in Nürnberg verkündet das antisemitische »Gesetz zum Schutze des deutschen Blutes und der deutschen Ehre«, das »Ariern« Ehen mit Juden verbietet.

**Frühjahr 1937:** Die illegale Sterilisation aller farbigen deutschen Kinder beginnt.

**1.9.1939:** Adolf Hitler ordnet an, die Befugnisse der Ärzte so zu erweitern, »dass nach menschlichem Ermessen unheilbar Kranken bei kritischer Beurteilung ihres Krankheitszustandes der Gnadentod gewährt werden kann« (sog. Euthanasiebefehl zur Ermordung psychisch Kranker).

**Januar 1940:** Im Zuchthaus Brandenburg wird die Tötung von Geisteskranken durch Kohlenmonoxyd erprobt.

**28.3.1941:** SS-Oberführer Viktor Brack unterrichtet Reichsführer SS Heinrich Himmler über die Massensterilisation durch Röntgenkastration.

**3.9.1941:** Im KZ Auschwitz wird erstmals die Tötung durch das Gas Zyklon B erprobt.

**10.12.1941:** Reichsführer SS Heinrich Himmler ordnet die »Ausmusterung« kranker und psychopathischer KZ-Häftlinge zur Euthanasie an.

**9.3.1943:** Reichsführer SS Heinrich Himmler bestimmt, dass nur anthropologisch ausgebildete Ärzte Selektionen in den SS-Vernichtungslagern vornehmen dürfen.

---

**7. JUNI**

# Experimente mit Menschen

In einem Schreiben an Reichsführer SS Heinrich Himmler berichtet SS-Brigadeführer Carl Clauberg über eine von ihm durch Versuche an weiblichen Häftlingen im Konzentrationslager Ravensbrück entwickelte Methode zur nichtoperativen Sterilisation von Frauen.

Dies ist einer von zahlreichen Fällen, in denen NS-Mediziner als »minderwertig« betrachtete Menschen zu Experimenten missbrauchen, bei denen diese furchtbaren Schmerzen ausgesetzt und häufig vorsätzlich getötet werden.

Nach der nationalsozialistischen Ideologie soll die Medizin vorrangig die »rassische Gesundheit« des deutschen »Volkskörpers« sicherstellen; ihre Aufgabenfelder sind demnach vor allem Rassenbiologie und Rassenhygiene. Die Spitzenverbände der deutschen Ärzteschaft hatten sich nach der sog. Machtergreifung am 30. Januar 1933 schnell auf die neue Regierung eingestellt: Am 1. Juli 1933 zeigte das »Deutsche Ärzteblatt« auf seiner Titelseite die rote Hakenkreuzfahne und die schwarzweißrote Flagge vor dem Äskulapstab – 14 Tage vor dem Erlass des »Gesetzes zur Verhütung erbkranken Nachwuchses, der Grundlage der Zwangssterilisation. Bald waren bereits rund 45% der Humanmediziner Mitglieder in der Nationalsozialistischen Deutschen Arbeiterpartei.

Zu den prominentesten NS-Medizinern gehört Eugen Fischer, der von 1927 bis 1942 Direktor des Instituts für Anthropologie, menschliche Erblehre und Eugenik der Kaiser-Wilhelm-Gesellschaft zur Förderung der Wissenschaften in Berlin war. Er ist außerdem Verfasser vieler Beiträge im »Archiv für Rassen- und Gesellschaftsbiologie«, dem Zentralorgan der Deutschen Gesellschaft für Rassenhygiene.

Josef Mengele, seit 30. Mai Chefarzt im Konzentrationslager Auschwitz, selektiert seine Versuchspersonen bei ihrer Ankunft an der Rampe; nach ihrem Tod durch Hunger, Seuchen – teils von Mengele infiziert – oder tödliche Injektionen lässt er sie sezieren. Zum Zweck seiner Habilitierung führt SS-Hauptsturmführer Sigmund Rascher im Konzentrationslager Dachau Kälteexperimente mit Menschen durch (→ S. 268).

---

**ZITAT**

## Schreiben über Zwangssterilisationen

*In dem Schreiben des Mediziners und SS-Brigadeführers Carl Clauberg an Reichsführer SS Heinrich Himmler über seine Methode einer nichtoperativen Sterilisation von Frauen heißt es:*

»Die von mir erdachte Methode, ohne Operation eine Sterilisierung des weiblichen Organismus zu erzielen, ist so gut wie fertig ausgearbeitet. Sie erfolgt durch eine einzige Einspritzung vom Eingang der Gebärmutter her und kann bei der üblichen... gynäkologischen Untersuchung vorgenommen werden... Was die Frage anlangt..., in welcher Zeit es etwa möglich sein würde, 1000 Frauen auf diese Weise zu sterilisieren, so kann ich dies heute voraussehend beantworten... Wenn die... Untersuchungen so weiter ausgehen wie bisher..., so ist der Augenblick nicht mehr sehr fern, wo ich sagen kann ›von einem entsprechend eingeübten Arzt... höchstwahrscheinlich mehrere hundert – wenn nicht gar 1000 – an einem Tage‹.«

*Nach Kämpfen gegen die Japaner in Salamaua und Lae (Neuguinea) werden verwundete US-Soldaten an Bord eines alliierten Landungsschiffes gebracht.*

*Wewak; der Rauch vor der Küste stammt von US-Bomben; vorne ein US-Jäger im Angriff auf ein japanisches Schiff; im weißen Kreis ein US-Bomber.*

---

**30. JUNI**

# Neue Großoffensive im Südpazifik

Am Morgen landen US-Verbände auf den Salomoninseln Rendova und New Georgia, auf den nördlich und nordöstlich Neuguineas gelegenen Inselgruppen Trobriand und Kulumadau sowie in der Nassaubucht bei Salamaua/Neuguinea.

Damit beginnt eine neue Großoffensive der alliierten Streitkräfte gegen die japanischen Truppen im Südpazifik. Die Leitung liegt bei General Douglas MacArthur, dem Oberbefehlshaber der US-Streitkräfte im Südpazifik (→ S. 185).

**Überraschende Strategie:** Die US-Landung auf Rendova überrascht die Japaner; während sie mit einer Invasion bei Munda auf New Georgia rechnen und ihre dortigen Stellungen stark ausgebaut haben, besetzen die US-amerikanischen Truppen die gegenüberliegende Insel Rendova, von wo aus sie das Feuer auf Munda eröffnen.

**Technische Neuerungen bei der Landung:** Die Invasion erfolgt mit modernsten Landungsschiffen und -fahrzeugen. Die kleineren Typen können den Bug als Rampe herunterklappen, die größeren diesen wie eine Tür aufklappen und dann eine Rampe herunterlassen. Vorn hochgetrimmt, gehen sie im rechten Winkel mit wenig Fahrt auf den Strand zu, schieben sich so weit wie möglich herauf und halten sich mit einem Heckanker gegen etwaige Küstenströmungen oder Seitenwind in

ihrer Lage. Truppen, Panzer, Bulldozer und beladene Lastwagen können unmittelbar an Land gehen bzw. fahren.

**Erfahrungen für D-Day:** Die Landungsfahrzeuge selbst sind nur langsam, schwach bewaffnet und wenig gepanzert. Entscheidend für das Gelingen der Invasion ist daher die unterstützende Beschießung bzw. Bombardierung der japanischen Küstenverteidigung durch vor der Küste liegende Verbände und durch Luftangriffe. Die von den Alliierten im Pazifikkrieg gemachten Erfahrungen bei der Landung auf stark verteidigten Küstenabschnitten fließen in die Planungen zur großen Invasion in der Normandie am 6. Juni 1944 ein. Besonders wichtig sind die Erkenntnisse für die Entwicklung der Landungsfahrzeuge, da die Menge an Material und Truppen, die innerhalb kürzester Zeit sicher an Land gebracht werden kann, entscheidend ist.

**Seeschlacht von Kula:** Nach der US-Landung auf Rendova entwickelt sich

eine ähnliche Situation wie nach der Invasion auf Guadalcanal am 7. August 1942. Die Japaner schicken zahlreiche Transportverbände, um ihre Stützpunkte zu versorgen; die US-Flotte operiert gegen diese Vorstöße und es kommt zu kleineren Gefechten. In der Nacht vom 5. zum 6. Juli treffen im Golf von Kula drei US-amerikanische Leichte Kreuzer und vier Zerstörer mit elf japanischen Zerstörern zusammen. Die US-Marine verliert ein Schiff, die japanische Flotte zwei.

*Gefallener Japaner auf dem Flugplatz von Munda (Salomoninseln) nach einem der massiven US-Bombardements*

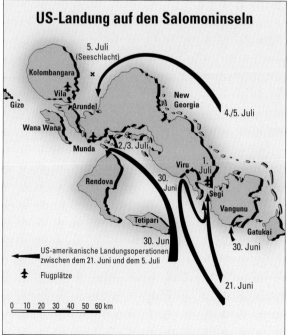

**US-Landung auf den Salomoninseln**

5. Juli (Seeschlacht)
Kolombangara
Vila
Gizo
Arundel
New Georgia
4./5. Juli
Wana Wana
Munda
2./3. Juli
Viru
1. Juli
Rendova
30. Juni
Segi
Tetipari
Vanganu
30. Juni
Gatukai
30. Juni
21. Juni

→ US-amerikanische Landungsoperationen zwischen dem 21. Juni und dem 5. Juli

✈ Flugplätze

0 10 20 30 40 50 60 km

**5. JULI**

# Letzte deutsche Ostfront-Offensive scheitert

Im Raum Orel-Belgorod beginnt mit dem Angriffsunternehmen »Zitadelle« gegen den sowjetischen Frontbogen bei Kursk die letzte Großoffensive der deutschen Wehrmacht an der Ostfront.

Der Operationsplan für »Zitadelle« sieht vor, dass die Heeresgruppen Süd und Mitte, unterstützt von der Armeeabteilung Kempf und der 4. Panzerarmee sowie der 9. Armee, die Verbände der Roten Armee in einer Zangenbewegung einschließen. Die Offensive gegen den Frontbogen wurde bereits seit März vorbereitet. Mehrere konkret angesetzte Angriffstermine wurden von Hitler aufgehoben, um die deutschen Verbände immer weiter zu verstärken. Der »Führer« braucht den Sieg bei Kursk und führt alle verfügbaren Reserven in den Raum Orel-Belgorod (→ S. 305). Die gigantischen Vorbereitungen bleiben der sowjetischen Führung aber nicht verborgen, die ihrerseits die Verteidigungsstellungen massiv ausbaut und auch an anderen Frontabschnitten Offensivvorbereitungen trifft (→ S. 307).

Am 5. Juli stehen sich gewaltige Mengen an Menschen und Material gegenüber: Auf deutscher Seite sind im Südabschnitt sieben Infanteriedivisionen, elf Panzerdivisionen und drei Sturmgeschützbrigaden, in der Nordgruppe weitere sieben Infanteriedivisionen, sechs Panzerdivisionen und zwei Panzergrenadierdivisionen im Einsatz; hinzu kommen die unterstützenden Verbände der Luftwaffe. Gegen die rund 900 000 deutschen Soldaten werden 1,337 Mio. Rotarmisten aufgeboten. Auf beiden Seiten werden insgesamt etwa

6000 Panzer und über 4500 Flugzeuge eingesetzt.

Als die deutschen Angriffsverbände am Morgen des 5. Juli die Offensive beginnen, zeichnet sich bereits in den ersten Stunden das Scheitern der Operation ab. Die Truppen stoßen auf ein tief gestaffeltes und alarmbereites sowjetisches Verteidigungssystem, das Schritt für Schritt erobert werden muss. Die Raumgewinne blieben minimal: Im Süden des Frontabschnitts können nur 18 km, im Norden nur 10 km Gelände gewonnen werden. Der deutsche Angriff besitzt kein Überraschungsmoment und ein Durchbruch durch die sowjetischen Stellungen bleibt aus. Statt eines Bewegungskrieges entsteht eine gewaltige Materialschlacht, die zu Lasten der schwächeren deutschen Wehrmacht geht. Am 12. Juli ist endgültig klar, dass ein Sieg unerreichbar ist; einen Tag später wird »Zitadelle« abgebrochen.

### Panzerschlacht bei Prochorowka

Während der deutsch-sowjetischen Kämpfe um den Frontbogen von Kursk kommt der Panzerwaffe beider Seiten eine entscheidende Bedeutung zu. Am 12. Juli kommt es bei Prochorowka zwischen der 5. sowjetischen Garde-Panzerarmee und dem 11. SS-Panzerkorps zur größten Panzerschlacht des Krieges, in der die Kontrahenten gleichzeitig insgesamt 1200 Panzer und Sturmgeschütze mit Unterstützung annähernd ebenso vieler Flugzeuge aufbieten. Aus der Schlacht geht letztlich keine der beiden Seiten als klarer Sieger hervor.

*Links: zerstörter sowjetischer Panzer*

*Raum Belgorod: Wehrmachtssoldaten vertreiben sich die Zeit mit Kartenspielen; sie warten auf den Befehl für einen Spähtruppeinsatz.*

*Feldflugplatz Schatalowka, südöstlich von Stary-Oskol, Stützpunkt des Stukageschwaders 1; eine Maschine der 7. Staffel wird für den Einsatz vorbereitet.*

*Soldaten der sowjetischen Panzerabwehr beim Stellungswechsel in der Nähe von Prochorowka; der Rauch brennender Panzer verdeckt den Himmel.*

*Deutsche Panzereinheit bei Belgorod; das fehlende taktische Überraschungsmoment lässt das Unternehmen »Zitadelle« schließlich scheitern.*

## 5. JULI

# Entscheidende Wende im Osten

**Das Scheitern von »Zitadelle« markiert die dauerhafte Wende im Krieg in Osteuropa.**

Als Hitler die Schlacht am 13. Juli beendet, hat die deutsche Wehrmacht innerhalb weniger Tage höhere Verluste erlitten als im Kampf um Stalingrad (→ S. 254). Sowjetischen Angaben zufolge belaufen sie sich auf 500 000 Mann, 1500 Panzer, 3000 Ge-

*Deutsche Panzer werden für einen neuen Angriff zusammengezogen; Stukas bereiten die Aktion mit Bombardements der sowjetischen Stellungen vor.*

schütze und 1500 Flugzeuge. Die – nicht genau bekannten – Verluste der Roten Armee sind vermutlich ebenfalls beträchtlich; allein die 4. deutsche Panzerarmee nimmt rund 32 000 sowjetische Soldaten gefangen und vernichtet neben anderem Material rund 4000 Panzer und Geschütze. Im Gegensatz zur deutschen Wehrmacht kann die Sowjetunion ihre Verluste aber relativ schnell wieder ausgleichen und so an allen Fronten zum Angriff übergehen.

Die Planungen für das Unternehmen »Zitadelle« hatten bereits Anfang März begonnen, als die deutschen Truppen im Südabschnitt der Roten Armee nach der Winterkrise 1942/43 die Initiative wieder ergreifen konnten (→ S. 272). Der dortige Heeresgruppenleiter Generalfeldmarschall Erich von Manstein wollte den Frontbogen bei Kursk möglichst rasch angreifen. Sein Ziel war keine Großoffensive, sondern eine Begradigung der dortigen Front durch einen begrenzten Angriff.

Für Hitler sollte die Schlacht bei Kursk aber nur der Auftakt für eine Reihe von Offensiven sein. Am 15. April erließ er den »Operationsbefehl Nr. 6«, in dem es u.a. heißt: »Ich habe mich entschlossen... als ersten der diesjährigen Angriffsschläge den Angriff ›Zitadelle‹ zu führen. Diesem Angriff kommt daher ausschlaggebende Bedeutung zu. Er muss schnell und durchschlagend gelingen. Er muss uns die Initiative für dieses Frühjahr und Sommer in die Hand geben... Die besten Verbände, die besten Waffen, die besten Führer, große Munitionsmengen sind... einzusetzen. Jeder Führer, jeder Mann muss von der entscheidenden Bedeutung dieses Angriffs durchdrungen sein. Der Sieg von Kursk muss für die Welt wie ein Fanal wirken.« Der Diktator steht nach den Niederlagen bei Stalingrad und in Nordafrika (→ S. 288) unter dem Druck, einen großen Sieg zu erringen. Er verzögert die Operation, um die deutschen Truppen immer weiter zu verstärken, die jedoch in der Materialschlacht chancenlos sind.

Nach dem Scheitern der Operation »Zitadelle« kehrt Hitler im Osten wieder zur alten »Durchhaltestrategie« zurück.

# Komitee Freies Deutschland

Auf einem heute beginnenden Kongress in Krasnogorsk bei Moskau wird das Nationalkomitee Freies Deutschland gegründet.

Die Initiative geht aus von deutschen kommunistischen Emigranten und Offizieren der Wehrmacht, die bei Stalingrad in sowjetische Kriegsgefangenschaft geraten waren. Die Gruppe unter Führung von Erich Weinert ruft zum Widerstand gegen das nationalsozialistische Regime auf. Obwohl auf die Initiative des sowjetischen Staatschefs Josef W. Stalin hin gegründet, ist das Komitee anfangs nicht eindeutig als Keimzelle eines künftigen kommunistischen Deutschlands angelegt.

Das verabschiedete Manifest fordert in national geprägtem Ton eine »starke demokratische Staatsmacht«, »Beseitigung aller auf Völker- und Rassenhass beruhenden Gesetze«, »Wiederherstellung der politischen Rechte und sozialen Errungenschaften der Schaffenden; Freiheit des Wortes, der Presse, der Organisation, des Gewissens und der Religion; Freiheit der Wirtschaft, des Handels und des Gewerbes, Sicherung des Rechtes auf Arbeit und des rechtmäßig erworbenen Eigentums«, »sofortige Befreiung und Entschädigung aller Opfer des Hitlerregimes« sowie »gerechtes, schonungsloses Gericht über die Kriegsverbrecher«. Gleichwohl gehören der Gruppe zahlreiche Personen an, die nach dem Ende des Weltkriegs in führende Positionen der sowjetischen Besatzungszone eingesetzt werden.

*Gründung des Nationalkomitees Freies Deutschland in Krasnogorsk*

## Kampfaufruf an alle Deutschen

*In dem am 13. Juli verabschiedeten Manifest des Nationalkomitees Freies Deutschland »an die Wehrmacht und an das deutsche Volk« heißt es u.a.:*

»Der Krieg ist verloren... Die Weiterführung... würde das Ende der Nation bedeuten. Aber Deutschland darf nicht sterben! Es geht jetzt um Sein oder Nichtsein unseres Vaterlandes... Wenn das deutsche Volk... durch seine Taten beweist, dass es ein freies Volk sein will und entschlossen ist, Deutschland von Hitler zu befreien, erobert es sich das Recht, über sein künftiges Geschick selbst zu bestimmen und in der Welt gehört zu werden...

Das deutsche Volk braucht und will unverzüglich den Frieden. Aber mit Hitler schließt niemand Frieden. Niemand wird auch nur mit ihm verhandeln...«

## Wurm protestiert gegen Verfolgung

In einem Schreiben an Adolf Hitler protestiert der württembergische Landesbischof Theophil Wurm gegen die Massentötungen in den nationalsozialistischen Vernichtungs- und Konzentrationslagern.

»Im Namen Gottes und um des deutschen Volkes willen sprechen wir die dringende Bitte aus, die verantwortliche Führung wolle der Verfolgung und Vernichtung wehren, der viele Männer und Frauen im deutschen Machtbereich unterworfen werden.« Diese Maßnahmen verletzten »das gottgegebene Urrecht menschlichen Daseins und menschlicher Würde überhaupt«.

Landesbischof Wurm ist Leiter des Einigungswerks der Evangelischen Kirche und Sprecher der Bekennenden Kirche, die sich 1933/34 als Opposition zu den nationalsozialistisch geprägten Deutschen Christen gebildet hatte. Seit 1940 hatte er mehrmals gegen die sog. Euthanasie protestiert.

## Goerdeler schreibt Kluge

Carl Friedrich Goerdeler will Hans Günther von Kluge, den Oberbefehlshaber der Heeresgruppe Mitte für einen Staatsstreich gegen Adolf Hitler zu gewinnen.

*Carl Friedrich Goerdeler, ehemaliger Oberbürgermeister von Leipzig*

Der führende Kopf der konservativen zivilen Widerstandsbewegung im Deutschen Reich wendet sich mit seinem Schreiben an Generalfeldmarschall von Kluge. Nach ausführlichen Darlegungen zur Aussichtslosigkeit, den Krieg zu gewinnen, fährt Goerdeler fort: »Nunmehr ist die Stunde gekommen, in der wir auch über unser persönliches Geschick endgültig zu entscheiden haben. Hier ist der Weg, den das Gewissen klar weist, dort der andere, bequemere... Wir müssen... Schluss damit machen, Narren zu gestatten, dem deutschen Volk ihre Illusionen und Lügen aufzwingen zu wollen... Ich werde Ihnen nicht mehr lästig werden, sehr geehrter Herr Generalfeldmarschall, ich habe nur noch eine Antwort von Ihnen zu erbitten und weiß, welche Bedeutung es hat, wenn Sie mir die Antwort verweigern.« Von Kluge schließt sich dem Kreis der Verschwörer nicht an, wird aber nach dem Attentat vom 20. Juli 1944 wegen Mitwisserschaft seines Amtes enthoben.

## Gewerkschaften und SPD im Exil

Zu einer Konferenz treffen in New York die deutschsprachigen Sozialdemokraten und Gewerkschafter in den USA zusammen.

Die Vorträge der verschiedenen Redner beschäftigen sich besonders mit der Rolle der Arbeiterbewegung beim Wiederaufbau des Staates nach Kriegsende. In ihrer Abschlussresolution fordern die Delegierten u.a. die Bestrafung der NS-Verbrecher, eine demokratische Entwicklung Nachkriegsdeutschlands sowie – als Lehre aus der Weimarer Republik – die Vergesellschaftung der Schwerindustrie und des Großgrundbesitzes.

Gewerkschafter und Sozialdemokraten im überseeischen Exil konzentrieren ihre Aktivitäten auf die Planungen für ein Deutschland nach der Niederlage Hitlers. Zugleich nehmen sie Kontakte mit befreundeten Organisationen im Ausland auf, um für Unterstützung des deutschen Widerstandes zu werben.

## 9. JULI

# Wissenschaft im Krieg

Anlässlich einer Tagung der Reichsstudentenführung hält Joseph Goebbels in Heidelberg eine Grundsatzrede über Wissenschaft und Forschung im Krieg.

*Joseph Goebbels (l.)*

Darin stilisiert der Propagandaminister Forscher und Denker zu Frontsoldaten: »Dieser Krieg in den Instituten und Laboratorien spielt sich nicht auf einem Nebenschauplatz ab. Er ist... von entscheidender Bedeutung für den Sieg.«

Nationalsozialistische Hochschulpolitik ist geprägt von der Ausrichtung der Hochschulverfassung nach dem Führerprinzip, der Besetzung des Lehrkörpers mit linientreuen Personen, der Politisierung der verschiedenen wissenschaftlichen Disziplinen nach »völkischen« Prinzipien und dem Einsatz von Forschung und Entwicklung für den deutschen »Endsieg«.

Viele Wissenschaftler solidarisieren sich mit den Vorgaben der NS-Führung. So beschwor der Obmann der Reichsarbeitsgemeinschaft für Raumforschung, Ritterbusch, 1942 seine Zuhörerschaft mit den Worten: »Niemals... hat die deutsche Wissenschaft vor größeren Aufgaben gestanden. Eine Welt wesentlich mitzugestalten ist ihr aufgegeben... Neben dem besten Soldaten der Welt muss der beste Wissenschaftler der Welt stehen!«

## 7. JULI

# Wernher von Braun

Der deutsche Raketenkonstrukteur Wernher von Braun hält Adolf Hitler in dessen Hauptquartier »Wolfsschanze« einen Vortrag über den Stand der Entwicklung der »A 4« (Aggregat 4).

Die Waffe, besser bekannt unter dem Propagandanamen »V 2« (Abk. für Vergeltungswaffe 2), kommt 1944 erstmals zum Einsatz (→ S. 374). Anlässlich des Vortrags wird von Braun zum Professor ernannt.

Wernher von Braun, am 23. März 1912 in Wirsitz bei Bromberg (Posen) geboren, absolvierte eine technische Lehre bei den Borsig-Werken in Berlin und studierte anschließend an der dortigen Technischen Hochschule Physik und Naturwissenschaften. Bereits als Student beschäftigte er sich

*Wernher von Braun (Aufnahme aus späteren Jahren), Leiter der Raketenversuchsanstalt in Peenemünde*

mit der Entwicklung von Raketen. 1932 wurde er Vorstandsmitglied im neu gegründeten Verein für Raumschifffahrt. Noch im selben Jahr kam er als Erster Mitarbeiter in die vom Heereswaffenamt eingerichtete Versuchsstelle für Flüssigkeitsraketen in Kummersdorf; seit 1936 arbeitet er in Peenemünde auf Usedom.

*Während zwei Wehrmachtssoldaten sich an einen sowjetischen Panzer heranpirschen, wird dieser durch einen Panzerfaust-Volltreffer zerstört.*

## 17. JULI

# Ostheer in Bedrängnis

Am Rand des Donezgebiets bei Isjum und am Mius beginnt eine Angriffsoperation der Südwest- und der Südfront der Roten Armee.

Damit übernimmt die Rote Armee erstmals seit Beginn des Krieges 1941 während der Sommermonate die Initiative. Parallel dazu nimmt die Partisanenaktivität in der Ukraine dramatische Ausmaße an.

**Ostufer des Dnjepr unhaltbar:** Der Angriff kann von der 1. Panzerarmee und der 6. Armee der deutschen Wehrmacht zunächst zurückgeschlagen werden: Allein im Mius-Abschnitt geraten bis zum 2. August 18 000 sowjetische Soldaten in deutsche Kriegsgefangenschaft; 700 Panzer werden zerstört. Die sowjetische Offensive weitet sich jedoch in den kommenden Wochen und Monaten auf den gesamten Raum zwischen dem Asowschen Meer und dem oberen Dnjepr aus. Bis zum Herbst erobert die Rote Armee den Süden bis zum Dnjepr zurück (→ S. 286).

**Verschleiß durch Dauereinsatz:** Das Oberkommando des deutschen Heeres ist gezwungen, starke Kräfte in das Donezbecken zu verlegen, die ihm an anderen Stellen fehlen. Zudem nimmt die Gefechtsstärke der Verbände durch die dauernden Kämpfe immer weiter ab, obwohl die Rüstungsproduktion steigt. 1943 werden 22 000 Panzer hergestellt, doch das Ostheer verfügt im Herbst 1943 nur noch über 2300 einsatzbereite Kampfwagen. Der Nachschub wird zudem durch massive Partisanenaktivitäten behindert, auf die die NS-Führung mit drakonischen Maßnahmen reagiert.

**Himmler befiehlt Zwangsevakuierung:** Am 10. Juli ordnet Reichsführer SS Heinrich Himmler als Beauftragter für die »Bandenbekämpfung« an, »dass die bandenverseuchten Gebiete der Nordukraine und von Russland-Mitte von jeder Bevölkerung zu räumen sind«. Die gesamte männliche Bevölkerung soll zum Arbeitseinsatz eingezogen werden, »jedoch unter den Bedingungen von Kriegsgefangenen«. Die Frauen sollen ebenfalls zur Zwangsarbeit herangezogen oder – ebenso wie die Kinder – in »Auffanglagern« interniert werden. Die geräumten Gebiete seien in landwirtschaftliche Nutzflächen umzuwandeln, deren Bearbeitung die inhaftierten Kinder vornehmen sollen.

**Armeen hinter der deutschen Front:** Hintergrund der Maßnahme ist die Zunahme der Partisanentätigkeit in dieser Region. In der Ukraine hat sich nach dem Aufruf Josef W. Stalins am 3. Juli 1941 die größte Widerstandsbewegung formiert. Am 14. Oktober 1942 wurde eine zentral geleitete Ukrainische Befreiungsarmee gebildet, die in kurzer Zeit eine Stärke von über 200 000 Mann erreichte. Anfang 1943 attackierte sie erstmals erfolgreich deutsche Nachschublinien.

*Britische Landungstruppen an der Südspitze Siziliens; an der Operation »Husky« sind britische, kanadische und US-amerikanische Verbände beteiligt.*

## 10. JULI

# Alliierte Truppen landen auf Sizilien

**Alliierte Truppenverbände unter dem Oberbefehl von US-General Dwight D. Eisenhower landen auf Sizilien.**

An der Operation »Husky« sind fünf britische und vier US-amerikanische Divisionen sowie kanadische Einheiten beteiligt. Eingesetzt werden 280 Kriegsschiffe, 320 Transporter, 900 große und 1225 kleine Landungsfahrzeuge sowie 3680 Flugzeuge. Der Invasion von See geht eine groß angelegte Luftlandeoperation mit 400 Transportern und 170 Lastenseglern voraus.

Die Landung erfolgt an der Südküste Siziliens; die US-amerikanischen Einheiten gehen bei Licata und Gela, die britischen Divisionen zwischen Syrakus und der Südostspitze der Insel an Land. Die italienischen Verbände können den Invasoren nur wenig Widerstand entgegensetzen. Am 13. Juli vereinigen sich die verschiedenen Teile der Landungstruppen bei Ragusa; am 22. Juli besetzen US-Truppen Palermo. Am 16. Juli werden die auf der Insel befindlichen deutschen Truppen – die Panzerdivi-

sion »Hermann Göring« und die 15. Panzergrenadierdivision – unter einheitlicher Führung zusammengefasst und im Nordostteil Siziliens, gegenüber der Straße von Messina, konzentriert. Am 29. Juli fallen die deutschen Stellungen bei Nicosia am Ätna in alliierte Hände. Am 17. August räumen die Streitkräfte der Achsenmächte die Insel (→ S. 321).

US-Präsident Franklin Delano Roosevelt bezeichnet die Landungsoperation als »Anfang vom Ende«. Er betont darüber hinaus, dass die Inva-

### ZITAT

### Aufruf an das italienische Volk

*Am 16. Juli verbreiten britische und US-Sender einen Aufruf von Premierminister Winston Churchill und US-Präsident Franklin D. Roosevelt:*
»1. In diesem Augenblick tragen die... Streitkräfte Amerikas, Großbritanniens und Kanadas... ihre Waffen tief in das Gebiet eures Landes. Dies ist die Folge der schmachvollen Führung, die euch Mussolini und sein... Regime aufgezwungen haben. 2. Mussolini hat euch in diesen Krieg getrieben als Helfershelfer eines brutalen Zerstörers von Völkern und eines Unterdrückers der menschlichen Freiheit...

4. Die Verbindung mit den Plänen des nationalsozialistischen Deutschland war und ist unwürdig der alten freiheitlichen und kulturellen Traditionen Italiens...
7. Die Kräfte, die euch gegenüberstehen, haben sich feierlich verpflichtet, die Macht Deutschlands zu vernichten...
8. Die einzige Hoffnung für Italiens Fortbestand liegt in seiner ehrenhaften Kapitulation...
9. Wenn ihr aber das faschistische Regime weiter duldet..., dann müsst ihr aber auch die Folgen eurer eigenen Wahl tragen...«

sion auf Sizilien erst der Beginn einer Reihe von Operationen sei, die darauf zielten, das europäische Festland von verschiedenen Seiten aus anzugreifen (→ S. 314).

Am Tag der Landung richtet das alliierte Oberkommando eine Botschaft an die französische Bevölkerung, die folgenden Wortlaut hat: »Englische, amerikanische und kanadische Streitkräfte haben heute eine Offensive gegen Sizilien eingeleitet. Dies ist der erste Schritt zur Befreiung des europäischen Kontinents. Andere werden folgen. Ich rufe die französische Bevölkerung auf, ruhig zu bleiben und sich nicht durch falsche Gerüchte täuschen zu lassen, die der Feind ausstreuen könnte. Die alliierten Sender werden euch über die militärischen Entwicklungen auf dem Laufenden halten. Ich zähle auf eure Standfestigkeit und Disziplin. Hört die alliierten Sender und prüft sorgfältig alle Nachrichten, die euch zugehen. Bewahrt die Ruhe und setzt euch nicht Vergeltungsmaßnahmen aus durch voreiliges Handeln...«

*Auch bei der Landung auf Sizilien werden diese in den USA entwickelten Boote benutzt, die schneller sind als bisherige mit eckigem Bug.*

*US-Truppen einen Monat nach der Einnahme Siziliens in Messina; die Stadt, besonders ihr Hafen, war massiven alliierten Bombenangriffen ausgesetzt.*

*Britische Pioniere befreien die Straße nach Randazzo von deutschen Minen; die Wehrmachtseinheiten haben sich in den Nordosten der Insel zurückgezogen.*

---

## ZITAT

# »Ein Bild rastlosen Trubels«

*Ein US-amerikanischer Kriegsberichterstatter, Teilnehmer an der Operation »Husky«, schildert rückblickend seine Erlebnisse bei der Landung der Alliierten auf Sizilien:*

»Der erste Tag der Überfahrt glich eher einer friedlichen Kreuzfahrt als einer militärischen Expedition. Das Mittelmeer, die Sonne, der blaue Himmel, die ruhige See erinnerten an Reiseprospekte. Und doch befanden wir uns im Alarmzustand. Jeden Augenblick konnten uns feindliche Unterseeboote oder Kriegsschiffe angreifen... In der Abenddämmerung änderte sich unsere Stimmung. Wir hatten zwar keine Angst, doch waren wir ergriffen von der Bedeutung dieser Überfahrt. Wir erinnerten uns an all die großen Schlachten der Geschichte, die auf diesem Meer ausgetragen worden waren...

Zunächst galt unsere Sorge einem Unwetter, das in der Nacht vor unserer Landung heraufzog. Der Morgen brach an, grau und regnerisch und die See wurde immer unruhiger. Selbst die größten Schiffe stampften und schlingerten, und unsere Landungsboote mit ihrem geringen Tiefgang wurden hin und her getrieben wie Strohhalme... Am frühen Nachmittag hatten selbst die Angehörigen des Generalstabs... ihre Ratlosigkeit eingestanden. Sie waren beunruhigt und aufgebracht und verfluchten die ungünstigen Wetterverhältnisse. Seit mehr als einem Monat war das Mittelmeer spiegelglatt gewesen und jetzt drohte dieses unvorhergesehene Unwetter unsere Operation in einen blutigen Misserfolg zu verwandeln... Um eine Katastrophe zu vermeiden, dachte man daran, die Landung zu verschieben... Um 22 Uhr legte ich mich angekleidet ins Bett. Ich hatte kein Mittel gegen die Seekrankheit, und der Brechreiz begann nun auch mich zu plagen...

Ich erwachte, als es aus den Lautsprechern tönte: ›Bereitmachen zum Kampf! Wir werden eventuell das Feuer auf die Scheinwerfer [der italienischen Küstenverteidigung] eröffnen.‹ Höchst erstaunt sprang ich auf. Die Maschinen standen still, der Wind schien sich gelegt zu haben. Das Schiff war wie ausgestorben, man hörte kaum einen Laut. Ich setzte meinen Helm auf, rannte an Deck und beugte mich über die Reling. Wir lagen vor Anker; nicht weit vor uns konnte man die düsteren Umrisse der italienischen Küste erkennen. Das Wasser schlug leise gegen den Rumpf des Schiffes. Wir hatten unseren Bestimmungsort erreicht, das Unwetter war vorbei. Die See war ruhig und spiegelglatt...

Kurz vor Sonnenaufgang gönnte ich mir auf Deck eine kurze Ruhepause, da ich annahm, dass nach Tagesanbruch keine Gelegenheit mehr dazu wäre. Ich hatte mich nicht getäuscht. Im kaum wahrnehmbaren Licht des neuen Tages brach im Umkreis von mehreren Kilometern die Hölle aus. Plötzlich erschütterten zahllose Explosionen die klare Luft... Die feindlichen Flugzeuge schienen uns im Sturzflug bombardieren zu wollen... Nachdem die letzten Schatten der Nacht gewichen waren, bot sich ein Bild rastlosen Trubels.

Unsere Sturmboote wirbelten strandwärts, setzten ihre Ladung ab und machten sich sofort davon... Wohin man auch blickte, überall verdeckte eine unermessliche Zahl von Schiffen die Sicht. Der Horizont schien durch die riesigen Transporter, die auf ihren Einsatz warteten, wie abgeriegelt. Das Meer zwischen diesem mächtigen Wall und der Küste war ständig in Bewegung. Ein Zug von Landungsbooten, mit Panzern beladen, bahnte sich durch dieses Getümmel einen Weg zum Strand. Man hätte meinen können, sie fahren auf einer Autobahn, die in gerader Linie einen Wald durchschneidet. Die schwer beladenen Boote folgten einander im Gänsemarsch, im Abstand von je 50 Metern.

Die feindlichen Flugzeuge zogen sich nun zurück. Aber im gleichen Moment eröffneten auch schon die italienischen Küstenbatterien auf den umliegenden Hügeln das Feuer... Endlich verstummten die italienischen Geschütze... Bald konnten wir die ersten Panzer auf Licata zurollen sehen... Damit waren die Kämpfe in unserem Abschnitt beendet.«

# Sizilien als Sprungbrett für weitere Angriffe der Alliierten

*Die geheimen Lageberichte des Sicherheitsdienstes der Schutzstaffel vom 15. Juli geben einen Einblick in die Wirkung der alliierten Landung auf Sizilien auf die öffentliche Meinung im Deutschen Reich:*

»Durch die Ereignisse an der Ostfront [Unternehmen ›Zitadelle‹; → S. 260] und in Sizilien ist die Anteilnahme an der Nachrichtengebung der öffentlichen Führungsmittel allgemein sprunghaft angestiegen. In sämtlichen Berichten wird hervorgehoben, dass Wehrmachtsberichte seit langem nicht mit derartiger Regelmäßigkeit gehört worden sind. Es geschehe dies mit einer ernsten Anteilnahme und ruhigen Sachlichkeit, die naturgemäß, was die Entwicklung in Sizilien angehe, von einer gewissen Besorgnis nicht frei sei. Nur vereinzelt, beispielsweise in Teilen der Ostmark, zeige sich eine alarmierende Gerüchtebildung über ein angeblich bevorstehendes Zusammenbrechen der Italiener und an anderen Stellen auch einige Nervosität über das anfängliche Ausbleiben näherer Meldungen über den Gang der Landungen und den Stand der Kämpfe, die offenbar zu dem Versuch geführt haben, sich aus Feindquellen zu informieren... Der Angriff auf Sizilien ist, wie allgemein gemeldet wird, nicht unerwartet gekommen, da die vorangegangene Berichterstattung seit dem Abschluss in Tunis und die fortgesetzten Luftangriffe auf Italien ein weiteres Vorgehen des Gegners im Mittelmeerraum vermuten ließ. Dass den Engländern und Amerikanern die Landung auf den ersten Anhieb gelang, hat jedoch zumeist überrascht.

Aus der Berichterstattung der letzten Wochen habe man entnehmen müssen, dass gegen eine derartige Landung starke Vorbereitungen getroffen worden sind und die Kommentierung beim Abschluss der Kämpfe in Tunis sei in der Hauptsache darauf hinausgelaufen, dass das Aushalten des Afrikakorps einen Ausbau der Südfront und der italienischen Küstenverteidigungen ermöglicht habe... Am

Sonnabend und Sonntag wurde allgemein bei jedem Nachrichtendienst darauf gewartet, dass nähere Mitteilungen über die Ereignisse in Sizilien kommen würden. Der zurückhaltenden Nachrichtengebung wird einerseits Verständnis entgegengebracht, andererseits wird befürchtet, dass sie nach der, ›Praxis der deutschen Propaganda‹ auf einen wenig günstigen Stand der Kämpfe hinweise. Einzelne am Sonntag und Montag gebrachte Aufsätze über Sizilien in seiner geografischen Gestalt und in seiner wirtschaftlichen, geopolitischen und strategischen Bedeutung hätten das starke Nachrichtenbedürfnis der Volksgenossen z.T. ausgefüllt. Verschiedentlich habe sich aus solchen Darstellungen ergeben, dass ein etwaiger Verlust der Insel nicht leicht zu nehmen sei (z.B. ›Sizilien, die Königin der Inseln‹, ›Berliner Lokalanzeiger‹ vom 11.7....). Inzwischen hätten die Angaben der Wehrmacht einige Klärung gebracht und vor allem wurde die Herausgabe einer Karte dankbar aufgenommen... Mit außerordentlicher Skepsis... steht die Bevölkerung allen von der Presse und vom Rundfunk wiedergegebenen italienischen Verlautba-

rungen gegenüber, so Formulierungen wie ›46 Millionen Italiener, 46 Millionen Kämpfer‹. In den Äußerungen der Bevölkerung kehren mit wenig Abwandlungen ständig Aussprüche wieder wie: ›Die sollen nicht soviel reden, sondern lieber beweisen, dass sie wenigstens auf ihrem eigenen Boden erfolgreich kämpfen können.‹ Wenig ansprechend sind alle Kommentierungen, bei denen die Volksgenossen eine Bagatellisierung und Abwertung der Ereignisse vermuten. So wurde beispielsweise ein Aufsatz im ›Hamburger Tageblatt‹ vom 11.7. 1943... in der Leserschaft sehr kri-

*Leiter der Invasion: General Dwight D. Eisenhower (l.) und sein Stellvertreter General H. Alexander*

*Deutsche Offiziere, die auf Sizilien in alliierte Gefangenschaft gerieten, bei ihrer Ankunft in Großbritannien*

*Die Hafenstadt Catania an der sizilianischen Ostküste; nach der Besetzung durch die Alliierten kommt das öffentliche Leben zunächst zum Stillstand.*

tisch besprochen, weil es darin hieß, dass sich der Feind ›mit einem Unternehmen begnüge, bei dem er mit seinen Kräften am leichtesten zu einem Erfolg zu kommen hoffe‹. Es könne dem Gegner nicht verdacht werden, dass er sich den schwächsten und für ihn günstigsten Punkt... aussuchte, und es könne Sizilien als Sprungbrett für weitere Angriffe auf die italienische Halbinsel selbst nicht als bedeutungslos angesehen werden... Auch den Darstellungen, dass die Engländer und Amerikaner den Angriff vorzeitig und auf Befehl der Sowjets durchgeführt hätten und dass ihn die Sowjets noch nicht einmal als richtige Entlastung anerkennen würden, wird wenig Verständnis entgegengebracht...«

*Viktor Emanuel III. stürzt Mussolini und ersetzt ihn durch Badoglio.*

*Duce Benito Mussolini (l.) mit dem deutschen Reichskanzler Adolf Hitler*

*Neuer Ministerpräsident: Pietro Badoglio, ein Freund des Königs*

---

### 25. JULI

# Mussolini wird verhaftet

Der italienische König Viktor Emanuel III. veranlasst Ministerpräsident und Duce Benito Mussolini zum Rücktritt von seinem Amt als Regierungschef und lässt ihn anschließend verhaften.

Nachfolger Mussolinis wird Marschall Pietro Badoglio, der am folgenden Tag ein neues Kabinett ohne Beteiligung der Faschisten vorstellt und die Partito Nazionale Fascista auflöst. Die politische Wende in Rom ist das Ergebnis der Unruhe in der Bevölkerung und eines Stimmungsumschwungs innerhalb der italienischen Faschisten.

Unter ihnen haben sich zwei Fraktionen gebildet: Eine Gruppe um den früheren Außenminister Galeazzo Ciano Graf von Cortellazzo und den früheren Justizminister Dino Graf Grandi fordert ein sofortiges Ende des Krieges, eine andere um Carlo Scorza und Roberto Farinacci tritt für eine noch engere Anlehnung an das Deutsche Reich ein. Am 24. Juli stellte Grandi im Großen Faschistischen Rat den Antrag auf Verabschiedung einer Erklärung, »dass die unverzügliche Wiederherstellung aller staatlichen Funktionen notwendig ist, indem der Krone, dem Großrat, der Regierung, dem Parlament und den Korporationen die ihnen durch die Verfassung zugesprochenen Pflichten wiedergegeben werden«. Diese Vorlage, mit der Mussolini als Oberbefehlshaber der italienischen Armee

#### Letztes Treffen Hitler – Mussolini

Der Verlauf des Treffens zwischen Ministerpräsident und Duce Benito Mussolini und dem deutschen »Führer« Adolf Hitler am 19. Juli im oberitalienischen Feltre gab der antideutschen Fraktion innerhalb der Faschisten den letzten Anstoß für eine Verwirklichung ihrer Umsturzpläne. Bei dieser Unterredung hatte Hitler Mussolini einen annähernd dreistündigen Vortrag über die Kriegslage gehalten und dem Duce schwere Vorwürfe wegen der gelungenen Landung der Alliierten auf Sizilien (→ S. 264) gemacht. Zu einer Aussprache über Hitlers Vorhaltungen kam es nicht.

*Mussolini (M., mit Schärpe) bei seinem legendären Marsch auf Rom; im November 1921 hatte der Duce seine Bewegung zur Partei (Partito Nazionale Fascista) ausgebaut und am 31. 10. 1922 die Macht übernommen.*

entmachtet werden soll, wurde vom Großen Rat mit einer deutlichen Mehrheit angenommen.

---

### ZITAT

## Glückwünsche von Eisenhower

*General Dwight D. Eisenhower, Oberbefehlshaber der US-Truppen in Europa und Leiter der alliierten Operationen im Mittelmeer, wendet sich am 29. Juli an das italienische Volk:*

»Wir beglückwünschen das italienische Volk und das Haus Savoyen dazu, dass sie sich Mussolinis entledigten, des Mannes, der sie als Werkzeug Hitlers in den Krieg verwickelte... Das größte Hindernis, das das italienische Volk von den Vereinten Nationen trennte, ist somit von den Italienern selbst beseitigt worden. Das einzige Hindernis, das jetzt noch übrig bleibt, bildet der deutsche Angreifer, der sich immer noch auf italienischem Boden befindet. Ihr wollt Frieden. Ihr könnt diesen Frieden sofort haben... Wir kommen als Befreier zu euch. Eure Aufgabe ist es nun, jede Hilfeleistung an die deutschen Streitkräfte, die sich noch in eurem Lande befinden, sofort einzustellen. Wenn ihr dies tut, werdet ihr den Schrecken des Krieges entgehen. Wie ihr bereits in Sizilien gesehen habt, wird unsere Besetzung mild und wohlwollend sein... Die alten Freiheiten und Traditionen eures Landes sollen wiederhergestellt werden.«

*Britisches Flugblatt, nach dem Sturz Mussolinis abgeworfen*

*Die Hamburger Mönckebergstraße nach den Angriffen im Juli und August; nach den Bombenabwürfen werden Frauen und Kinder aus der Stadt evakuiert.*

*Auch die Hamburger Universität wird schwer beschädigt; zwischen dem 24. Juli und dem 3. August kommen in Hamburg 30 482 Menschen ums Leben.*

## 24. JULI

# »Gomorrha«: Feuerstürme über Hamburg

In der Nacht zum 25. Juli beginnen die Alliierten eine Reihe schwerster Luftangriffe auf Hamburg: 740 britische Flugzeuge werfen 2300 t Bomben auf die Stadt.

Bis zum 3. August folgen zwei Tages- und vier Nachtangriffe. Insgesamt kommen 30 482 Menschen ums Leben; 277 330 Wohnungen, über 60% des Hamburger Wohnraums, werden vollkommen zerstört. Die Luftabwehr kann den angreifenden Flugzeugen nur wenige Verluste zufügen, da diese durch den Abwurf von Millionen von Stanniolstreifen die Ortungsgeräte der deutschen Nachtjäger ausschalten. Über 3000 Maschinen der Royal Air Force und der US-Luftflotte können rund 1200 Luftminen, 25 000 Spreng-, 3 Mio. Stabbrand-, 85 000 Phosphorbrand- bzw. Flüssigkeitsbrand-, 500 Leuchtbomben und 500 Phosphorkanister abwerfen.

Bei dem Angriff in der Nacht vom 27. zum 28. Juli fallen auf 1 km² im Durchschnitt 39 Luftminen, 803 Spreng-, 96 429 Stabbrand- und 2733 Phosphorbrand- bzw. Flüssigkeits-

brandbomben. Keine halbe Stunde nach Beginn des Angriffs sind die getroffenen Gebiete ein einziges Flammenmeer, in dem Feuerstürme von orkanartiger Gewalt wüten. Tausende von Menschen verbrennen auf den Straßen oder kommen in den Luftschutzräumen um. Viele fliehen vor der Hitze auf Freiflächen oder springen in Kanäle und Fleete.

Aufgrund der unvorstellbaren Auswirkungen dieses Angriffs werden alle Frauen und Kinder aufgefordert, die Stadt zu verlassen. Als in der Nacht vom 29. zum 30. Juli der, gemessen am Einsatz an Maschinen und der Abwurfmunition, schwerste Angriff erfolgt, sind die Menschenverluste geringer. Die Sachschäden dagegen sind gewaltig.

### Eine Chronologie des Schreckens

Warnungs- und Alarmstufen am 27. Juli (mit Uhrzeit):

| | |
|---|---|
| 00.14 | Luftgefahr 20 |
| 00.17 | Luftgefahr 15 |
| 00.20 | Fliegeralarm (4. Angriff) |
| 01.02 | Luftgefahr vorbei und Entwarnung |
| 10.10 | Luftgefahr 30 |
| 10.34 | Luftgefahr vorbei |
| 11.30 | Luftgefahr 30 |
| 11.35 | Luftgefahr 15 |
| 11.45 | Öffentliche Luftwarnung |
| 12.31 | Luftgefahr vorbei und Entwarnung |
| 13.00 | Luftgefahr 15 |
| 13.07 | Öffentliche Luftwarnung |
| 13.14 | Luftgefahr vorbei und Entwarnung |
| 14.59 | Öffentliche Luftwarnung |
| 15.06 | Luftgefahr vorbei und Entwarnung |
| 19.19 | Luftgefahr 30 |
| 19.26 | Luftgefahr 15 |
| 19.30 | Öffentliche Luftwarnung |
| 20.02 | Luftgefahr vorbei und Entwarnung |
| 23.38 | Luftgefahr 30 |
| 23.40 | Fliegeralarm (5. Angriff) |

## ZITAT

## Flammenmeer verschlingt Zigtausende

*Der Hamburger Polizeipräsident berichtet über die Auswirkungen der Flächenbombardements:*

»Bereits kurze Zeit nachdem die ersten Sprengbomben gefallen waren, war durch dichtesten Brandbombenabwurf... eine ungeheure Zahl von Bränden entstanden. Die Menschen, die nun ihre Schutzräume verlassen wollten, um nach der Lage zu sehen oder das Feuer zu bekämpfen, wurden von einem Flammenmeer empfangen... Das Feuer hatte sich zu einem Orkan entwickelt, der das Betreten des Freien meistens unmöglich machte. Der über viele Quadratkilometer tobende Feuer-

sturm hatte unzählige Menschen rettungslos eingeschlossen... Nur wo die Wege zu rettenden Gewässern oder genügend großen freien Plätzen kurz waren, konnte jetzt noch eine Flucht gelingen, denn längere Wege in den glühend heißen, flammendurchloderten Straßen zurückzulegen war unmöglich. Viele dieser Flüchtlinge kamen auch dann noch durch die Hitze ums Leben. Sie fielen um, erstickten, verbrannten oder rannten tiefer ins Feuer hinein... Viele... durchnässten ihre Kleider und fanden so Schutz vor der Glut. Nach kurzer Zeit waren Kleidung und Decken heiß und ausgetrocknet. Muss-

te einer längere Wege durch diese Hölle zurücklegen, so fing die Kleidung an zu brennen, oder die Decke geriet in Flammen und wurde durch den Sturm davongewirbelt. Unzählige sprangen in die Kanäle und Fleete und warteten hier schwimmend oder bis zum Halse im Wasser stehend durch Stunden hindurch das Abflauen der Hitze ab... Das utopisch anmutende Bild einer schnell verödenden Großstadt ohne Gas, Wasser, Licht und Verkehrsverbindungen, mit den Steinwüsten einst blühender Wohngebiete war Wirklichkeit geworden. Die Straßen waren mit Hunderten von Leichen bedeckt...«

*Ausgebombte mit den Resten ihrer Habe in der Innenstadt (vor dem Pressehaus Ecke Burchardstraße); unter den Kindern im Bild ein Luftschutzhelfer*

*Hamburg erleidet bis zum Ende des Krieges insgesamt 213 Luftangriffe; dabei sterben 55 000 Menschen und 295 654 Wohnungen werden zerstört.*

*Durch einen Bergungstrupp wird der vor der Zerstörung gerettete Hausrat auf einen Lkw geladen und zu einem Sammellager gebracht.*

*Gruppe der NS-Frauenschaft; einige Frauen bleiben Tag und Nacht auf ihrem Posten, um Ausgebombten Kaffee zu kochen oder anderweitig zu helfen.*

---

## HINTERGRUND

### Technik der Zerstörung

**Ein besonderes Merkmal der Operation »Gomorrha« ist der Feuersturm, der große Teile der bombardierten Gebiete heimsucht.**

Er ist die Folge der Großbrände, die mit ihrer ungeheuren Lufterwärmung und ihrem beträchtlichen Sauerstoffverbrauch zu Luftbewegungen bis zu orkanartiger Stärke führen.

Normale Bombenangriffe erzielen ihre verheerende Wirkung durch eine kombinierte Druck-Sog-Wirkung. Der in der Bombe enthaltene hochbrisante Sprengstoff wird durch Entzündung in Sekundenbruchteilen in Gas umgewandelt. Unter Entwicklung starker Wärme erfolgt dabei eine sich gleichmäßig nach allen Seiten verteilende Vergrößerung seines Rauminhalts um ein Mehrtausendfaches. Diese plötzliche Volumenvergrößerung stößt auf den Widerstand der umgebenden Luft, die sich staut und dadurch eine stoßartige Verdichtung, d.h. Druckerhöhung erfährt. Der Luftdruck kann in unmittelbarer Nähe der Detonationsstelle mehrere zehntausend Atmosphären erreichen.

Der vor den heißen Detonationsgasen hergetriebene Luftstoß breitet sich mit mehrfacher Schallgeschwindigkeit gleichmäßig in alle Richtungen aus. Die Druckfortpflanzung erfolgt in Wellenform:

Die rasche Ausbreitung führt zu einer Verdünnung der Luft; in der Verdünnungszone wandert sie in umgekehrter, d.h. in Richtung auf die Detonationsstelle zurück. Mit wachsendem Abstand vom Ort der Explosion nimmt die Sogwirkung zu, da die zunehmend entspannten Detonationsgase das Unterdruckgebiet immer weniger ausfüllen können. Während in unmittelbarer Nähe der Bombe die Druckwirkung des in Gas umgewandelten Sprengstoffs zerstörend wirkt, sind die Schäden in den entfernteren Bereichen eine Folge der Luftwelle. Trifft der Luftstoß frontal auf einen festen Körper, z.B. ein Haus, entsteht ein Staudruck, der u.U. ausreicht, eine Mauer einzudrücken. Dieser kann aber beispielsweise durch das Öffnen der Fenster entschärft werden, da er sich dann ungehindert fortpflanzen kann. Läuft die Druckwelle parallel zur Hauswand und sind die Fenster geschlossen, werden sie durch den außen herrschenden Überdruck nach innen geschleudert. Die Sogwirkung führt dazu, dass – infolge des Unterdrucks – Scheiben nach außen fallen oder Dächer abgedeckt werden. Druck und Sog überlagern sich in vielfältigster Weise. Zahlreiche der bei den Luftangriffen auf deutsche Städte auftretenden Zerstörungen erklären sich aus dieser Kombination.

## 5. JULI

# ELAS-Partisanen

Im alliierten Hauptquartier Nahost in Kairo wird ein Abkommen unterzeichnet, wonach die Partisanen der Armee der Griechischen Nationalen Befreiungsfront (Ethnikos Laikos Apeleftherotikos Stratos, ELAS) als ein Teil der unter dem Befehl des Hauptquartiers stehenden Truppen angesehen werden.

Diese Übereinkunft, auf britische Initiative hin geschlossen, ist das Ergebnis monatelanger, zäher Verhandlungen. Die Alliierten müssen Aktionen künftig mit einem vereinigten Partisanengeneralstab absprechen; drei der sechs Sitze in diesem Stab erhält die ELAS, je einen Sitz bekommen zwei weitere bewaffnete grie-

*In Prewesa treffen auch die EDES-Partisanen zu Verhandlungen über eine mögliche Zusammenarbeit mit einem US-Offizier (2. Reihe, M.) zusammen.*

chische Widerstandsgruppen, die EDES und die EKKA, sowie die britische Militärmission.

Darüber hinaus erhalten alle Guerillagruppen pro Kopf und Monat aus britischer Hand ein Pfund Sterling in Gold, was etwa der Kaufkraft von zehn Monatslöhnen eines griechischen Arbeiters entspricht. Die ELAS, die größte griechische Partisanengruppe, war am 16. Februar 1942 als militärische Organisation gebildet worden.

## 31. JULI

## Gegen ein Asyl für hohe Faschisten

Die Regierungen Großbritanniens, der USA und der Sowjetunion wenden sich mit weitgehend gleich lautenden Noten an die Regierungen der neutralen Staaten, in denen diese ersucht werden, mögliche Asylgesuche führender italienischer Faschisten abzulehnen.

Die Aufforderungen gehen an Argentinien, Portugal, Schweden, die Schweiz, Spanien, die Türkei und den Vatikan. Die Bitte um Verweigerung des Asyls ist in den Schreiben an London und Moskau mit dem warnenden Zusatz versehen, dass sie »jede Asylgewährung... oder jede Unterstützung... als eine Verletzung der Grundsätze... der Vereinten Nationen« sähen, für die sie »mit allen ihnen zu Gebote stehenden Mitteln kämpften.

## 13. JULI

## Britische Bomber über der Schweiz

Zwischen 0.04 Uhr und 0.51 Uhr dringen annähernd 100 Flugzeuge der britischen Luftwaffe in den schweizerischen Luftraum ein.

Vor allem im Kanton Freiburg werden Bomben und Flugblätter abgeworfen; bei Le Bouveret und südlich von Sion stürzen zwei Maschinen ab. Noch am selben Tag erhält die schweizerische Gesandtschaft in London die Anweisung, gegen diese Verletzung der Neutralität des Landes mit äußerster Entschiedenheit zu protestieren und eine Wiedergutmachung der entstandenen Schäden zu verlangen. Diese bei weitem nicht erste Verletzung des Luftraums der Eidgenossenschaft bleibt auch nicht die letzte:

Am 17. Juli überqueren mehrere Maschinen unbekannter Nationalität kurz nach Mitternacht die West- und die Ostschweiz in südöstlicher, eine Stunde später in umgekehrter Richtung.

Am 1. Oktober kommt es über der Schweiz zu einem Gefecht zwischen Flugzeugen der deutschen und der US-amerikanischen Luftwaffe.

## 30. JULI

# De Gaulle-Kabinett

Das am 3. Juni in der algerischen Hauptstadt Algier gebildete französische nationale Befreiungskomitee wird umstrukturiert.

General Henri-Honoré Giraud übernimmt die Leitung aller militärischen Fragen; General Charles de Gaulle ist ab sofort zuständig für alle übrigen, insbesondere alle politischen Fragen.

Damit hat de Gaulle seinen Rivalen Giraud ausmanövriert und ist nun unumstrittener Leiter der französischen Exilpolitik. Aufgrund der Neuverteilung der Kompetenzen bildet General de Gaulle ein regierungsähnliches Komitee der nationalen Verteidigung; ihm gehören neben de Gaulle als Präsident General Giraud als stellvertretender Kommissär sowie die Generalstabschefs von Heer, Marine und Luftwaffe an. Die Aufgaben des Komitees liegen in der Verteilung der französischen Streitkräfte auf die verschiedenen Operationsgebiete und in der Sicherstellung der Koordination der verschiedenen Truppenteile. Daneben berät es über Organisation und Ausrüstung der Streitkräfte.

Am 25. September wird zwischen dem persönlichen Vertreter von US-Präsident Franklin Delano Roosevelt in Nordafrika, Robert Murphy, und zwei Vertretern des Befreiungskomitees in Algier ein Abkommen unterzeichnet, mit dem den Franzosen u.a. Lieferungen der Vereinigten Staaten gemäß den Bedingungen des Leih- und Pachtgesetzes zugesichert werden (→ S. 110).

*Generäle de Gaulle (l.) und Catroux in der algerischen Hauptstadt*

## 15. JULI

## Invasionspläne der Westalliierten

Der jetzt vorgelegte Plan der Westalliierten für die Invasion in Frankreich sieht Landungen sowohl im Westen (»Overlord«) als auch im Süden (»Anvil«) des Landes vor.

Laut »Overlord«-Plan sollen die 1. US-Armee und die 2. britische Armee an der Küste der Normandie zwischen Orne und Carentan landen. Am zweiten Tag der Invasion soll Caen, am 17. Cherbourg erobert werden. Das Erreichen der Seine ist für den 90. Tag geplant. Als Datum der Landung ist der 1. Mai 1944 vorgesehen. Tatsächlich findet die Invasion der Normandie am 6. Juni 1944 statt (→ S. 392); Caen wird erst am 43. Tag erobert.

Der »Anvil«-Entwurf enthält den Plan für eine Invasion bei Marseille und Toulon; ab 6. Juni 1944 läuft er unter dem neuen Decknamen »Dragoon«. Wegen Mangel an Landungsschiffen muss er immer wieder verschoben werden, wird aber schließlich trotz der alliierten Erfolge in der Normandie am 15. August 1944 durch US- und freifranzösische Truppen durchgeführt (→ S. 418).

4. JULI

# General Sikorski ist tot

Bei einem Flugzeugabsturz in der Nähe von Gibraltar kommt der Ministerpräsident der polnischen Exilregierung in London, General Wladyslaw Eugeniusz Sikorski, um.

Aufkommende Spekulationen über eine dem Unglück möglicherweise zugrunde liegende Sabotage werden

Wladyslaw Sikorski, Ministerpräsident der polnischen Exilregierung in London; sein Tod durch einen Flugzeugabsturz führt in der Öffentlichkeit zu Spekulationen über eine mögliche Ermordung des Ministerpräsidenten.

mit eingehenden Ermittlungen über den Hergang des Unfalls zerstreut.

General Sikorski, 1881 in Tuszów Narodowy bei Mielec geboren, studierte Technische Wissenschaften in Lemberg und wurde Reserveoffizier der österreichisch-ungarischen Armee. 1914 bis 1917 war er Chef des Militärdepartements des Obersten Nationalkomitees und trat für eine austro-polnische Lösung ein. Im polnisch-sowjetischen Krieg war er

Oberbefehlshaber der 5. polnischen Armee; 1921 wurde er Generalstabschef. Nach der Ermordung von Staatspräsident Gabriel Narutowicz am 16. Dezember 1922 wurde er für ein halbes Jahr Ministerpräsident und Innenminister der neu gebildeten Regierung. 1924/25 bekleidete er das Amt des Kriegsministers. Nach Differenzen mit Marschall Josef Klemens Pilsudski reichte er 1929 seinen Abschied ein.

Seit dem 30. September 1939 war er Vorsitzender der polnischen Exilregierung in London und Oberbefehlshaber der polnischen Truppen. Am 30. Juli 1941 nahm seine Regierung diplomatische Beziehungen mit der UdSSR auf (→ S. 134) und noch im selben Jahr kam es zu Gesprächen Sikorskis mit dem sowjetischen Staatschef Josef W. Stalin über die polnische Nachkriegspolitik. Die aktive Förderung der polnischen Kommunisten durch Moskau (→ S. 292 ) und die Bekanntmachung der Leichenfunde in den Massengräbern von Katyn führten jedoch zum Bruch mit dem Kreml.

Nachfolger Sikorskis als Ministerpräsident wird Stanislaw Mikolajczyk.

*Polnische Zivilisten werden von deutschen Soldaten erschossen.*

15. JULI

# Deutscher Terror in Polen

Das deutsche Besatzungsregime in Polen gibt den Abschluss einer neuen sog. Vergeltungsaktion für Anschläge einheimischer Widerstandskämpfer bekannt.

Zur »Befriedung« des Bezirks Bialystok wurde das Dorf Szaulicze im Kreis Wolkowysk niedergebrannt; alle Dorfbewohner wurden erschossen. 75 angebliche Mitglieder der Partisa-

nenbewegung aus Bialystok sowie 50 »bandenverdächtige« Personen aus der Ortschaft Wasilkow wurden erschossen. Darüber hinaus wurden 1000 Personen aus dem Kreis Lomscha ermordet. In allen Kreisstädten wurden schließlich je 19 Personen aus den Schichten der Ärzte, Rechtsanwälte, Beamten und Lehrer sowie ihre Familienangehörigen erschossen.

24. JULI

# Widerstand im Wilnaer Ghetto

Im jüdischen Ghetto von Wilna kommt es zu einer Widerstandsaktion gegen dessen geplante Liquidierung gemäß der Anordnung von Reichsführer SS Heinrich Himmler vom 11. bzw. 21. Juni, alle Ghettos in den besetzten polnischen und sowjetischen Gebieten zu beseitigen.

21 junge Männer und Frauen aus der Untergrundbewegung fliehen und versuchen Kontakt zu sowjetischen Partisanen aufzunehmen. Neun von ihnen werden in einen von deutscher Seite gelegten Hinterhalt gelockt und umgebracht; in Wilna werden 32 Verwandte der Getöteten erschossen. Ähnliche Vergeltungsmaßnahmen kündigt die Geheime Staatspolizei für den Fall weiterer Fluchtversuche an.

HINTERGRUND

# »Germanisierungsaktion« stärkt Partisanentätigkeit in Polen

Im Juli 1941 beauftragte Heinrich Himmler den SS- und Polizeiführer Odilo Globocnik mit der »Germanisierung« des Distriktes Lublin im Generalgouvernement, wobei das Gebiet um die Stadt Zamosc zum ersten Siedlungsgebiet erklärt wurde.

Ende 1942 begannen die Vertreibungen der polnischen Bevölkerung, die ab dem Sommer 1943 ihren Höhepunkt erreichen.

Insgesamt werden aus dem Distrikt Lublin 108 000 Menschen vertrieben, 112 000 zur Zwangsarbeit nach Deutschland deportiert und 4500 »germanisierbare« Kinder ins Reich verschleppt. Bis 1944 werden von den etwa 85 000 geplanten Ansiedlungen Volksdeutscher 13 000 realisiert.

*Planwagentreck von volksdeutschen Umsiedlern in einem Lager bei Lódź*

## 15. AUGUST

# Landung auf Vella Lavella

*Auch neuseeländische Truppen sind an der Aktion auf Vella Lavella beteiligt.*

**US-Streitkräfte landen auf der Salomoninsel Vella Lavella. Schnelle Transportschiffe setzen 4600 Mann der 25. US-Infanteriedivision ab.**

Zwei Tage später bringen japanische Kleinfahrzeuge an der Nordküste der Insel Verstärkung an Land. Zwischen den zu ihrer Deckung eingesetzten Schiffen und mehreren US-Zerstörern kommt es zum Gefecht, in dessen Verlauf zwei japanische Zerstörer leicht beschädigt werden. Bei den Kämpfen auf der Insel nehmen die US-Truppen mehrere hundert Japaner gefangen.

**Ausweitung der Offensive:** Die am 30. Juni begonnene Großoffensive der Alliierten im Südpazifik weitet sich in den folgenden Monaten immer weiter aus. Am 4. September landen US-Truppen bei Lae auf Neuguinea, um die Bedrohung Australiens endgültig auszuschalten. Am 1. November folgt die Invasion auf der Salomoninsel Bougainville. Basis der Landungsoperationen ist die Strategie des so genanntes »Inselspringens«.

**Japanische Mutterinseln noch unangreifbar:** Seit der Schlacht um Guadalcanal (→ S. 210, 266) besitzen die Alliierten die Initiative im Pazifikkrieg. Kernproblem der alliierten Strategie im Kampf gegen Japan sind die zahllosen Inseln, die sich wie eine weite Kette um das japanische Mutterland legen. Sie wurden von Japan besetzt und zu militärischen Stützpunkten ausgebaut. Ein direkter Angriff auf die japanischen Mutterinseln kommt daher nicht in Frage, denn jede Invasionsflotte kann von den Inselbasen aus attackiert werden.

**Sprengung der Inselkette:** Aus dieser Einsicht heraus entwickelte die US-amerikanische Führung die Strategie des »Inselspringens«. Durch gezielte Eroberung einiger Hauptinseln können andere, kleinere Inseln vom japanischen Nachschub abgeschnitten werden und sind zur Kapitulation gezwungen. Im Laufe der Jahre 1943 bis 1945 nähern sich die alliierten Truppen auf diese Weise den japanischen Inseln an.

**»Safety first«:** Gemäß der US-Devise »safety first« setzen die Alliierten bei ihrer Offensive auf hohen Materialeinsatz. Vor der Landung werden die Inseln oft tagelang bombardiert.

## 1. AUGUST

# Evakuierung der Berliner Bevölkerung beginnt

**Reichspropagandaminister Joseph Goebbels fordert die Bevölkerung Berlins in einer Wurfsendung auf, sich in weniger luftkriegsgefährdete Gebiete des Reiches zu begeben.**

Der Evakuierungsaufruf richtet sich an Frauen, Kinder, Rentner bzw. Pensionäre und andere Bürger, die nicht aus beruflichen o.ä. Gründen an Berlin gebunden sind.

Zu den ersten Maßnahmen gehört die verstärkte Verschickung der Schulkinder in die ländlichen Gebiete des Reichs. Die älteren Kindersammellager sind bald überfüllt; größere, die ganze Schulen aufnehmen können (→ S. 295), werden neu eingerichtet. Bis Ende September haben 39 der insgesamt 142 Berliner Schulen die Stadt verlassen; mehr als 2000 Lehrer begleiten die betroffenen 260 000 Kinder.

Unter der Berliner Bevölkerung löst die Aufforderung von Goebbels große Aufregung aus. Die bisherige Propaganda hatte einen Großangriff auf Berlin als unwahrscheinlich dargestellt; entsprechend unerwartet kommt der jetzige Aufruf. Durch die Wurfsendung, die viele Menschen beim Sonntagsfrühstück überrascht, verbreitet sich die Ansicht, dass die Reichsregierung die Hauptstadt aufgegeben habe und dies der Anfang vom Ende sei. Verbreitet sind auch Klagen zu hören, dass die Evakuierung viel zu spät eingeleitet worden sei. Obwohl offiziell nur eine Evakuierung durch Unterkommen bei auswärtigen Verwandten oder eine Verschickung mit der Nationalsozialistischen Volkswohlfahrt vorgesehen ist, machen sich 700 000 Einwohner auf eigene Faust auf den Weg in die Umgebung der Stadt.

*Evakuierte Berliner Kinder nach der Ankunft in ihrer neuen »Heimat«*

*Hauptsächlich Frauen mit Kindern finden eine vorübergehende Unterkunft auf dem Lande; die meisten Männer werden in der Produktion benötigt.*

# ZWEITER WELTKRIEG

## 27. AUGUST

# Schwere Angriffe

Mit einem schweren britischen Bombenangriff auf Nürnberg in der Nacht zum 28. August, bei dem über 3000 Menschen den Tod finden, neigt sich ein Monat des verschärften alliierten Luftkriegs dem Ende zu.

Vorausgegangen waren u.a. Angriffe der US-Luftwaffe gegen das für die deutsche Versorgung wichtige Ölgebiet bei der rumänischen Stadt Ploieşti am 1. August und gegen die Flugzeugwerke in Wiener Neustadt am 13. August sowie der Royal Air

### Bomben auf Peenemünde

Ein Ingenieur der deutschen Raketenversuchsanstalt in Peenemünde berichtet von dem britischen Bombenangriff in der Nacht vom 17. zum 18. August, der 735 Menschenleben fordert:

»Gleich zu Beginn fielen in unmittelbarer Nähe schwere und schwerste Brocken, das Haus brannte und es fielen auch Sprengbomben ins Haus. Der Keller bebte von den ununterbrochenen Einschlägen und die erst kürzlich eingebauten Stützsäulen wankten manchmal gewaltig... Nun prasselte pausenlos der Segen von oben... Es gab nicht eine Pause in den eineinhalb Stunden, die der Angriff dauerte... Mit einem Kollegen ging ich nach einiger Zeit... los... Wir gingen quer durch die Siedlung... Von beiden Holzhaussiedlungen steht nicht mehr ein Haus, ein paar Brandmauern und hin und wieder der Rest eines Kamins... In die Gegend gingen mehrere Minen, die alles wegpusteten. So kamen viele durch Lungenschlag um...«

Force gegen die Raketenversuchsanstalt in Peenemünde in der Nacht vom 17. zum 18. August.

Der Angriff von 177 US-Bombern B 24 am 1. August auf das Ölgebiet bei Ploieşti, das 1943 ein Viertel des deutschen Ölbedarfs deckt, war aus alliierter Sicht wenig erfolgreich: 54 Flugzeuge wurden über Rumänien abgeschossen, andere stürzten auf dem Hin- oder Rückflug ab, ein Teil musste in der Türkei notlanden; insgesamt gingen 773 Mann fliegendes Personal verloren. Der Angriff auf Wiener Neustadt am 13. August war der erste alli-

ierte Bombenangriff auf österreichisches Gebiet. Die tödliche Fracht von 61 US-Bombern führte zu 181 Toten bzw. Vermissten und 850 Verletzten unter der Bevölkerung. In Wiener Neustadt befindet sich das größte Flugzeugwerk des Deutschen Reichs: Bis zum Angriff wurden hier pro Monat 280 Maschinen verschiedenen Typs hergestellt; auch nach dem 13. August läuft die Produktion weiter. Die Stadt ist bis Kriegsende noch mehrfach das Ziel schwerer Luftangriffe, so bereits wieder am 1. Oktober dieses Jahres; bei Kriegsende sind noch ganze 18 Häuser der Stadt unbeschädigt.

Die wissenschaftliche Versuchsanstalt des Heeres für Gleitbomben und Raketenwaffen in Peenemünde erlitt bei dem Angriff am 17./18. August zwar am Entwicklungs- und Fertigungswerk starke Schäden; diese führen jedoch zu keiner bedeutenden Verzögerung des Programms für die Herstellung der Fernrakete »V 2«, da ihre Fertigung in bombensichere Schächte im Harz verlegt wird. Dieses unterirdische Rüstungszentrum wird nach dem Angriff vom 17./18. August massiv ausgebaut. Bis Kriegsende werden hier schätzungsweise 30 000 Arbeiter, darunter die weitaus überwiegende Zahl Zwangsarbeiter oder Häftlinge aus dem Konzentrationslager Buchenwald, eingesetzt.

Der schwere Nachtangriff auf Nürnberg am 27./28. August ist begleitet von Gefechten zwischen britischen Bombern und deutschen Jägern, die sich zum Teil auch auf einige andere süddeutsche Städte erstrecken; 33 Maschinen der Royal Air Force werden abgeschossen. Nach Angaben von neutraler Seite kommen über 3000 Menschen ums Leben; 70 000 Einwohner werden obdachlos. Der Angriff erfolgt ohne vorherige Luftwarnung; in Panik rennen die Menschen teilweise direkt in die Schwerpunkte des Angriffs hinein. Aus London verlautet, dass der 28. August einen neuen Höhepunkt in der Bomberoffensive darstellt. Kurz nachdem eine der größten Luftflotten, die jemals bei Tageslicht den Kontinent angeflogen habe, zu ihren Stützpunkten zurückgekehrt sei, habe ein neuer Verband Großbritannien in Richtung Nürnberg und andere Ziele verlassen.

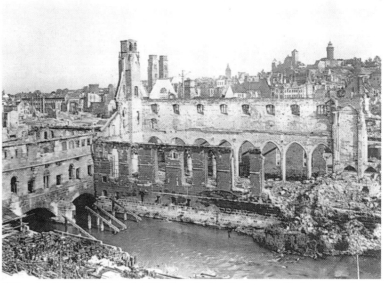

*Ruine der Heiliggeistkirche in Nürnberg; in der Nacht zum 28. August werfen 621 britische Flugzeuge 1671 t Bomben auf die bayerische Stadt.*

*Peenemünde, seit 1936 Sitz der Raketenversuchsanstalt des Heeres, wird am 17./18. August bombardiert; das Foto wurde nach dem Angriff aufgenommen.*

*Bei Tage greifen 61 Bomber der US-Air-Force das österreichische Wiener Neustadt an; Hauptziel der Aktion sind die hier angesiedelten Flugzeugwerke.*

Luftschutzhelfer im Dienst: Mit Hilfe von Einreißhaken, Wasser und Sand sollen Brände nach einem Angriff schnell unter Kontrolle gebracht werden.

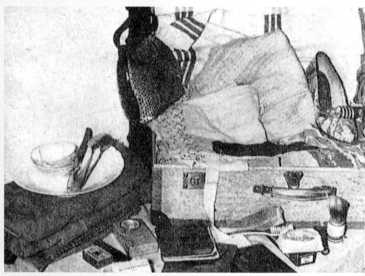

Das »Luftschutzhandgepäck für den möglichen Schadensfall«, Ratschläge und Anweisungen für den Ernstfall finden sich in allen Zeitungen.

HINTERGRUND

# Verstärkte Bombenangriffe erfordern besseren Luftschutz

**Eines der Hauptmerkmale des Kriegsjahres 1943 ist die Verschärfung der alliierten Luftangriffe auf das Deutsche Reich.**

Ab Mitte des Jahres werden monatlich 250 000 bis 300 000 Vollausgebombte gezählt, d. h. solche Geschädigte, die buchstäblich alles verloren haben außer dem, was sie auf dem Leib tragen. Die fortschreitende Zerstörung ganzer Städte und weiter

Stadtgebiete ist durch keine nationalsozialistische Propaganda mehr zu kaschieren.

Zeitungen und Zeitschriften geben der Bevölkerung unter Überschriften wie »Schütze dein Gut und Leben« oder »Luftschutzgepäck und Selbsthilfe – Neue wichtige Einzelheiten über das Verhalten bei Luftangriffen« bis ins kleinste Detail Anweisungen über sinnvolle Sicher-

heitsmaßnahmen vor oder bei einem Bombenangriff.

Die »Münchner Neuesten Nachrichten« vom 3. August empfehlen u.a., Wertgegenstände zur Aufbewahrung an Freunde und Verwandte in weniger bombengefährdete Gebiete zu schicken. Zur Ausrüstung eines Luftschutzkellers gehörten Decken und »Wasser, soviel Wasser wie nur irgend möglich« als Trink- und als

Löschwasser. Die Kleidung beim Aufsuchen des Schutzraums solle nicht aus leicht entflammbaren Stoffen (Kunstseide, Baumwolle) bestehen. Wichtig sei auch, vor einem Angriff seine Blase zu entleeren – »der Volksmund kennt längst den Zusammenhang zwischen Angst und Aufregung einerseits und der Überfüllung der Blase andrerseits«. Grundsätzlich gelte im Übrigen, dass der Luftschutzkeller die vergleichsweise größte Sicherheit biete, selbst wenn bei Sprengbombeneinsatz Verschüttung und Erstickungstod, bei Feuer der Flammentod drohe.

Schon zwei Tage später wartet dieselbe Zeitung mit weiteren Ratschlägen auf, darunter Tips zur Ausstattung des Schutzraums und zur Löschung von Phosphorbränden. In der Wochenendausgabe vom 21./22. August veröffentlicht das Blatt auch einen »Wegweiser für Fliegergeschädigte« und empfiehlt, diesen im Luftschutzkoffer aufzubewahren. Obdachlos Gewordene sollen sich demnach an besondere Sammelstellen wenden, wo sie Gemeinschaftsverpflegung, Notbekleidung, Geldvorschüsse und Notquartiere erhalten. Alle Haus- und Wohnungsschäden werden durch Beauftragte der Ortsgruppe der NSDAP aufgenommen und durch sie an die Stadtverwaltung weitergeleitet.

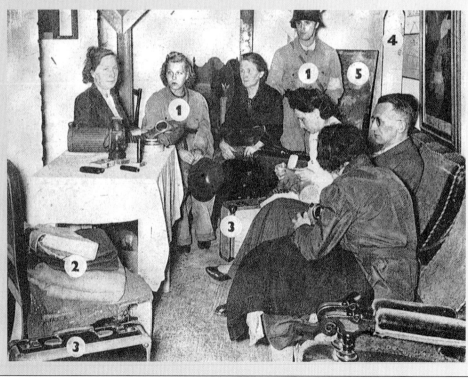

*Unter der Überschrift »Wenn die Terrorflieger über der Stadt sind« führt die »Berliner Illustrierte Zeitung« diese »mustergültige« Hausgemeinschaft im Luftschutzraum als Beispiel zur Nachahmung für ihre Leserschaft vor; erläutert werden (1) die »Selbstschutzkräfte«, (2) Decken gegen Brandgefahr, (3) das Luftschutzgepäck, (4) der Durchbruch nach außen sowie (5) ein Absperrschild aus Blech; Kerzen und Sturmlaterne sollen bereitliegen.*

*Großer öffentlicher Luftschutzbunker während eines schweren alliierten Bombenangriffes auf die Reichshauptstadt Berlin im November 1943*

*Werkzeuge sollen bei Gefahr einen Fluchtweg durch die Mauer öffnen.*

*Ein Absperrschild soll eine weitere Verbreitung der Flammen vermeiden.*

*In den Luftschutzräumen der großen Städte, in denen nur ein Teil der Zivilbevölkerung Zuflucht finden kann, herrscht meist drangvolle Enge.*

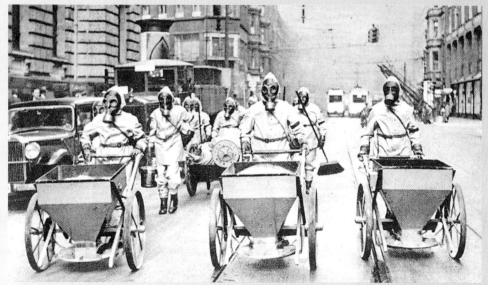

*Wenn der Schutzraum bei Gefahr verlassen werden muss, soll eine nasse Wolldecke den Körper gegen Feuer schützen.*

*Luftschutzpropaganda ist an der Tagesordnung; Reichsluftschutzbund und Volksgasmaske können jedoch nicht verhindern, dass die Bevölkerung den Angriffen wehrlos ausgesetzt ist.*

*Antideutsche Ausschreitungen in Odense: Erregte Bürger stürmen einen Gefängnisbus mit Saboteuren, die auf deutsche Anordnung hin festgenommen wurden.*

**29. AUGUST**

# Ausnahmezustand über Dänemark verhängt

Der deutsche Militärbefehlshaber im besetzten Dänemark, General Hermann von Hanneken, verhängt nach schweren Ausschreitungen den Ausnahmezustand über das Land.

Die Maßnahme erfolgt, nachdem es die Regierung unter Ministerpräsident Erik Scavenius abgelehnt hat, zur Aburteilung von Saboteuren Schnellgerichte einzusetzen und die Todesstrafe einzuführen.

Das Kabinett Scavenius verzichtet daraufhin bis Kriegsende auf die Ausübung seiner Amtsgeschäfte; die Regierungsgewalt übernimmt faktisch der Bevollmächtigte des Deutschen Reichs, Werner Best. Das dänische Heer wird entwaffnet, die Flotte versenkt sich selbst.

Die Krise in Dänemark hatte am 4. August mit der deutschen Forderung nach Auslieferung aller Saboteure ihren Anfang genommen. Der Ablehnung durch die Regierung Scavenius folgten neue Attentate von Widerstandskämpfern unter anderem auf Eisenbahnzüge mit deutschen Fronturlaubern aus Norwegen. Bald kam es zu offenen Zusammenstößen zwischen Dänen und Deutschen sowie in mehreren Städten zu größeren Streiks. Am 20. August wurde erstmals seit dem 9. April 1940 (→ S. 40) wieder ganz Kopenhagen von deutschen Truppen besetzt. Am folgenden Tag erließ die Regierung einen Aufruf an die Bevölkerung, »auf keine Weise zu unüberlegten Handlungen herauszufordern oder sich herausfordern zu lassen, sondern Ruhe, Besonnenheit und Zusammenhalt zu bewahren«.

Die Aktionen der dänischen Widerstandsbewegung sind, da das Land trotz der Besetzung völkerrechtlich neutral geblieben ist, Straftaten gegen die legale dänische Regierung. Der Widerstand hatte sich deshalb bis zur Jahreswende 1942/43 zurückhaltend verhalten.

Mit der Verhängung des Ausnahmezustands über Dänemark vereinigen sich die verschiedenen Widerstandsgruppen zum gemeinsamen Kampf gegen die Besatzer.

*Kopenhagen: Mit aufgepflanztem Bajonett verfolgen deutsche Besatzungssoldaten dänische Widerständler.*

*Der dänische König Christian X. beim Ausritt in Kopenhagen; er lebt als Gefangener auf Schloss Amalienborg.*

## 17. AUGUST

### Sizilien in Hand der Alliierten

Die Räumung Siziliens durch italienische und deutsche Truppen wird beendet. Damit ist die Eroberung der Insel durch die Alliierten abgeschlossen.

Über die Straße von Messina zwischen der Nordostspitze Siziliens und der Küste Kalabriens sind in den letzten gut fünf Wochen überführt worden: 62 000 italienische und 40 000 deutsche Soldaten, darunter über 4000 Verwundete, mehr als 9800 Fahrzeuge, 145 Geschütze, 47 Panzer, über 2000 t Munition und Treibstoff sowie rund 15 000 t sonstiges militärisches Material.

Am 20. August richtet US-Präsident Franklin Delano Roosevelt eine Glückwunschbotschaft an US-General Dwight D. Eisenhower, den Leiter der alliierten Invasion.

## 17. AUGUST

# Probleme für Quisling

Ministerpräsident Vidkun Abraham Lauritz Quisling verhängt den Ausnahmezustand über Norwegen.

Er errichtet Sondergerichtshöfe, mit denen die Osloer Polizei unter Androhung der Todesstrafe zur Loyalität gegenüber den deutschen Besatzungstruppen gezwungen werden soll. Hintergrund der Maßnahme sind u.a. Auflösungserscheinungen in der regierenden faschistischen Partei Nasjonal Samling.

*Fahndungsplakat der norwegischen Polizei: 100 000 Kronen werden für den Verrat von Partisanen geboten, die 1942 untergetaucht sind; in der Bevölkerung regt sich zunehmender Widerstand gegen die deutschen Besatzungstruppen.*

## 5. AUGUST

### Aufkündigung des Transitvertrages

Die schwedische Regierung kündigt ein 1940 mit dem Deutschen Reich geschlossene Transit-Abkommen.

Der Vertrag regelt die Durchfahrt von deutschen Truppentransporten von und nach Norwegen und Finnland. Am 15. August endet der Transit von Kriegsmaterial, am 20. August der Durchreiseverkehr von Fronturlaubern. Nicht betroffen sind der gewöhnliche Güter- und Reiseverkehr sowie Sanitätszüge mit Verwundeten von der Front.

Die nach dem militärischen Zusammenbruch Norwegens zustande gekommene Vereinbarung war in der schwedischen wie auch in Norwegens Öffentlichkeit zunehmend auf Kritik gestoßen und hatte die Kriegsgefahr für Schweden erhöht.

## 14. AUGUST

# Für Schonung Roms

Die italienische Regierung unter Ministerpräsident Pietro Badoglio erklärt einseitig Rom zur »offenen Stadt«, um seine unersetzlichen historischen Schätze vor Kriegszerstörungen zu bewahren.

Mit der Erklärung seiner Hauptstadt zur »offenen Stadt« will Italien die Anwendung von Artikel 25 der Haager Landfriedensordnung vom 18. Oktober 1907 erreichen. Dieser Bestimmung zufolge dürfen unverteidigte Ortschaften oder Gebäude nicht angegriffen oder beschossen werden. Zur Untermauerung seines Anliegens macht das Land die Verteidigungsanlagen von Rom (Flak u. ä.) unbrauchbar, beginnt mit der Zurücknahme der in der Stadt stationierten Truppen und der Verlegung militärischer bzw. kriegswichtiger Einrichtungen und versichert, dass die im Gebiet von Rom konzentrierten Eisenbahnstrecken künftig ausschließlich für zivile Zwecke genutzt würden.

Die Alliierten hatten bislang trotz entsprechender Überlegungen Rom nicht verschont. Am 19. Juli wurde die Stadt erstmals von alliierten Bombern heimgesucht. Der Angriff, dem 166 Menschen zum Opfer fielen, galt dem Eisenbahnknotenpunkt, doch wurde neben Wohnvierteln auch die Basilika San Lorenzo zerstört. Zwei Tage später beklagte Papst Pius XII. in einer Botschaft die ersten Vernichtungen wertvollster Kulturschätze: »Wir hatten bereits bei Kriegsausbruch alle Versuche unternommen, dass die menschlichen Gefühle und Regungen im Krieg nicht gänzlich... verdrängt wurden... In Unserer Eigenschaft als Bischof dieser heiligen Stadt taten wir Unser Möglichstes..., um die Schrecken der Luftangriffe Unserem geliebten Rom zu ersparen.«

Am 23. Juli erklärte US-Präsident Franklin Delano Roosevelt, die Alliierten hätten sich ebenfalls vergeblich darum bemüht, dass Rom zur »offenen Stadt« erklärt werde; der Angriff vom 19. Juli sei aber zum Schutz der Truppen in Sizilien notwendig gewesen. Einen Tag vor der Erklärung der neuen italienischen Regierung wurde die Stadt erneut von alliierten Geschwadern bombardiert. Die Initiative von Ministerpräsident Badoglio wird von den Alliierten zur Kenntnis genommen, die Verschonung Roms aber von seiner Entmilitarisierung abhängig gemacht.

*Luftaufnahme des Vatikan und seiner Umgebung: (1) Peterskirche, (2) Petersplatz, (3) Vatikanische Museen, (4) Engelsburg, (5) Justizpalast, (6) Piazza della Sacrestia, (7) Sixtinische Kapelle, (8) Villa Barberini. Die Erklärung Roms zur »offenen Stadt«, mit der die Badoglio-Regierung die historischen Schätze retten will, wird von den Alliierten nicht akzeptiert.*

## 23. AUGUST

# Rote Armee befreit Charkow

Die 69. sowjetische Armee und die 7. sowjetische Gardearmee besetzen die Stadt Charkow; die deutschen Truppen hatten sich kurz zuvor zurückgezogen, um nicht eingeschlossen zu werden.

Charkow, am 24. Oktober 1941 von der deutschen Wehrmacht eingenommen, gehörte zu den besonders umkämpften Städten an der Ostfront: Am 16. Februar 1943 waren Verbände der Roten Armee in die Stadt eingerückt und hatten die Deutschen zum Rückzug gezwungen. Am 14. März wurde Charkow jedoch durch SS-Truppen wieder zurückerobert (→ S. 272). Der im Nordosten der Ukraine gelegene drittgrößte Verkehrsknotenpunkt der Sowjetunion (nach Moskau und Leningrad) ist das Zentrum des Maschinenbaus und der Metallverarbeitung dieser Sowjetrepublik und gehört zu den bedeutendsten wirtschaftlichen Zentren der UdSSR. Vorübergehend nach der Oktoberrevolution von 1917 sowie zwischen den Jahren 1919 und 1934 war Charkow Hauptstadt der Ukraine.

Bereits am 5. August war mit der Eroberung von Orel und Belgorod durch die Rote Armee das deutsche Unternehmen »Zitadelle«, die letzte große Offensive an der Ostfront (→ S. 304), endgültig gescheitert. Orel erlebte noch am Tag vor der Befreiung erbitterte Kämpfe.

### ZITAT

## Auge in Auge mit dem Gegner

*Ein deutscher Soldat, der bei den Kämpfen um Charkow fällt, erzählt in seiner letzten Tagebucheintragung vom 23. August eine fronttypische Episode der Angst:*

»Die Nächte im offenen Erdloch sind kalt, zumal unsere Decken noch nicht da sind. Gestern fiel mir ein, dass ich mich mit Stroh zudecken könnte, gehe im Finstern los, ohne Waffen, links Wald, rechts Feld, auf breiter Straße... Ab und zu ruft mich ein Posten an. Aber wie die Finsternis täuscht. Ich halte, orientiere mich und höre hinter mir im Sonnenblumenfeld feste, raschelnde Schritte. Ich erschrecke..., fasse mich aber und brülle ›Parole!‹ Keine Antwort... Sofort weiß ich, dass mir auf wenige Meter ein russischer Spähtrupp gegenübersteht. Ich trete von der hellen Straße mit einem Schritt ins dunkle Gras und ducke mich... Lange Stille, dann Flüstern. Zwei Gestalten kreuzen lautlos den Weg, verschwinden im Wald... Ich vertraue auf die Dunkelheit, auf die Gewohnheit der Spähtrupps, jeder Feindberührung aus dem Wege zu gehen und renne plötzlich, so schnell ich nur irgend kann, los, zurück...«

*Nach der Befreiung von Charkow: Eine Rotarmistin regelt den Verkehr der einziehenden Armeefahrzeuge.*

*In zahlreichen Straßen bietet sich den in die Stadt einrückenden sowjetischen Truppen ein Bild der Zerstörung.*

*Der im Zentrum gelegene Dschersinski-Platz mit seinen Hochhäusern*

*Die abziehenden deutschen Truppen haben ein Trümmerfeld hinterlassen.*

## 14. AUGUST

## Westalliierte beraten in Quebec

In der kanadischen Stadt Quebec beginnt eine Konferenz zwischen US-Präsident Franklin Delano Roosevelt und dem britischen Premierminister Winston Churchill.

Bei dem bis zum 24. August dauernden Treffen wird der von den Vereinigten Stabschefs ausgearbeitete Plan zur Invasion in Frankreich verabschiedet. Darüber hinaus bestehen beide auf einer bedingungslosen Kapitulation Italiens auch nach dem Sturz von Ministerpräsident und Duce Benito Mussolini (→ S. 311). Außerdem wird der Plan von General Dwight D. Eisenhower gebilligt, mit den Kräften, die neben der Vorbereitung der Invasion in Frankreich verbleiben, auf dem italienischen Festland zu landen (→ S. 326). Ein weiteres Thema ist der Krieg gegen Japan.

Von Quebec aus richten Roosevelt und Churchill eine Botschaft an den sowjetischen Staatschef Josef W. Stalin, in der sie die Wichtigkeit einer baldigen Dreier-Konferenz betonen,

*Der kanadische Gastgeber Ministerpräsident Lyon Mackenzie King (vorn l.), Präsident Roosevelt (M.) und Premierminister Churchill (r.) in Quebec*

um die militärischen Aktionen besser aufeinander abstimmen zu können; als Ort eines solchen Treffens schlagen sie Fairbanks in Alaska vor. Stalin – noch immer verärgert über das Ausbleiben einer Landung in Frank-

reich – antwortet am 24. August, aufgrund der derzeitigen Anstrengungen der Roten Armee Moskau nicht verlassen zu können, erklärt aber zugleich seine grundsätzliche Bereitschaft zu einer Konferenz.

## 18. AUGUST

## Ankündigung der baldigen Invasion

Das Oberkommando der Alliierten strahlt über die Rundfunksender Großbritanniens und der Vereinten Nationen eine Botschaft an die Völker Europas aus, sich für eine Invasion der Alliierten auf dem europäischen Festland bereitzuhalten.

Nach der Eroberung Siziliens sei der Kampf für die Befreiung der besetzten Länder in ein neues Stadium getreten; der genaue Ort der nächsten Landung könne aber aus verständlichen Gründen nicht bekannt gegeben werden. Die Botschaft richtet sich dann im Besonderen an die französische Bevölkerung: Jeder, der zum Erfolg der künftigen Operationen beitragen wolle, müsse jetzt voll gerüstet sein. Parallel zu den militärischen Aktionen der Alliierten laufen die Planungen für die Nachkriegszeit. Am 27. August gibt die britische Regierung in London ein Weißbuch über den Standpunkt der Alliierten zur Frage der Behandlung der Kriegsverbrecher heraus.

## 14. AUGUST

## Bomben auf die Mailänder Scala

Das Mailänder Teatro della Scala, das traditionsreichste und wohl berühmteste Opernhaus der Welt, wird in der Nacht zum 15. August durch einen alliierten Luftangriff schwer beschädigt.

Die Bomben fallen auf den linken Teil des Gebäudes, durchschlagen das Dach und verwüsten den Zuschauerraum; auch ein Teil der Bühne wird zerstört. Weitere Schäden richtet das Löschwasser an.

Das Teatro della Scala war zwischen 1775 und 1778 von dem italienischen Baumeister Giuseppe Piermarini erbaut worden. Die Eröffnung fand am 3. August 1778 mit der »Europa riconosciuta« des Italieners Antonio Salieri statt. Der Theaterraum von 24 m Länge, 21,60 m Breite und 20 m Höhe mit vier Logenrängen und zwei Galerien bot insgesamt 2800 Zuschauern Platz.

## 25. AUGUST

# Neues Kommando

Admiral Louis Mountbatten wird erster Oberbefehlshaber des neu errichteten alliierten Südostasienkommandos, das militärische Operationen koordinieren soll.

*Neuer Oberbefehlshaber der alliierten Streitkräfte in Südostasien: Admiral Lord Louis Mountbatten (l.)*

Das neue Kommando hat den Auftrag, die Militäraktionen, die von Indien und Ceylon (Sri Lanka) aus gegen Japan durchgeführt werden sollen, aufeinander abzustimmen.

Mountbattan, ein Vetter des britischen Königs Georg VI., wurde am 25. Juni 1900 in Windsor (New Windsor) geboren. Er erhielt seine Erziehung an der Schule Locker's Park und auf den Marineakademien Osborne und Dartmouth. 1913 trat er in die Marine ein, diente im Ersten Weltkrieg bei der U-Bootwaffe, studierte Elektrotechnik und legte 1933 auch ein Dolmetscher-examen in Deutsch und Französisch ab. Ab 1934 war er Kommandant auf verschiedenen Zerstörern, darunter der »Kelly«, die 1941 bei den Kämpfen um die Insel Kreta versenkt wurde; dieses Kommando wurde später zur Legende und in dem Film »In Which We Serve« (Wofür wir dienen) von Noel Coward verewigt.

## 1. AUGUST

## Sauckel bildet Gauarbeitsämter

Mit der Einrichtung von Gauarbeitsämtern wird eine weitere Maßnahme zur Zentralisierung der Wirtschaft getroffen.

Fritz Sauckel, seit 1942 Generalbevollmächtigter für den Arbeitseinsatz, organisiert für die deutsche Kriegswirtschaft ein Millionenheer von Fremdarbeitern, deren rücksichtslose Ausbeutung viele in den Tod treibt.

Der Generalbevollmächtigte für den Arbeitseinsatz, Fritz Sauckel, begründet die Neuerung mit den Erfordernissen der Kriegswirtschaft: Der Arbeitseinsatz im Deutschen Reich müsse nach seinen Vorstellungen erheblich effektiver als bisher gestaltet werden.

---

## 24. AUGUST

# Reichsinnenminister Himmler

**Adolf Hitler ernennt Reichsführer SS Heinrich Himmler zum Innenminister. Sein Vorgänger Wilhelm Frick wird Reichsprotektor in Böhmen und Mähren.**

Himmler, am 7. Oktober 1900 als Sohn eines Münchner Gymnasialdirektors geboren, besuchte das Gymnasium in Landshut und meldete sich 1917 als Kriegsfreiwilliger. Nach einer

Ausbildung zum Diplomlandwirt nahm er am 8./9. November 1923 am Hitlerputsch in München teil und wurde danach Mitarbeiter von Gregor Strasser. 1925 trat er in die wiederbelebte Nationalsozialistische Deutsche Arbeiterpartei (NSDAP) sowie in die neu geschaffene Schutzstaffel (SS) ein und wurde schnell stellvertretender NSDAP-Gauleiter. 1926 bis 1930 war er stellvertretender Propagandaleiter der Partei; im Jahr 1930 übernahm er ein Reichstagsmandat der NSDAP für den Bereich Weser-Ems. Am 6. Januar 1929 wurde er zum Reichsführer SS ernannt und baute diese zu diesem Zeitpunkt nur 280 Mann umfassende, der Sturmabteilung (SA) unterstellte Einheit zu einer parteiinternen Polizeiorganisation aus; sie wurde die Grundlage seiner späteren Machtposition. Nach der Entmachtung der SA 1934 in Folge des sog. Röhmputsches war Himmler Hitler direkt nachgeordnet. In die Verantwortung Himmlers fallen u. a. die Errichtung der Konzentrations- und Vernichtungslager im Deutschen Reich.

*Der neue Reichsinnenminister, Reichsführer SS Heinrich Himmler (2.v.r.), hält eine Ansprache anlässlich der Übernahme seiner neuen Amtsgeschäfte.*

---

## 9. AUGUST

# Pläne für die Zeit nach Hitler

**Die deutsche Widerstandsgruppe Kreisauer Kreis fasst ihre Vorstellungen zur Neuordnung des Deutschen Reichs zusammen.**
Darin heißt es u.a.: »1. Das zertretene Recht muss wieder aufgerichtet und zur Herrschaft über alle Ordnungen des menschlichen Lebens gebracht werden... 2. Die Glaubens- und Gewissensfreiheit wird gewährleistet... 3. Brechung des totalitären Gewissenszwangs und Anerkennung der unverletzlichen Würde der menschlichen Person als Grundlage der zu erstrebenden Rechts- und Friedensordnung... 4. Die Grundeinheit friedlichen Zusammenlebens ist die Familie... 5. Die Arbeit muss so gestaltet werden, dass sie die persönliche Verantwortungsfreudigkeit fördert und

nicht verkümmern, lässt... 6. Die persönliche politische Verantwortung eines jeden erfordert seine mitbestimmende Beteiligung an der neu zu belebenden Selbstverwaltung der kleinen und überschaubaren Gemeinschaften. In ihnen verwurzelt und bewährt, muss seine Mitbestimmung im Staat und in der Völkergemeinschaft durch selbst erwählte Vertreter gesichert und ihm so die lebendige Überzeugung der Mitverantwortung für das politische Gesamtgeschehen vermittelt werden. 7. Die besondere Verantwortung und Treue, die jeder einzelne seinem nationalen Ursprung, seiner Sprache, der geistigen und geschichtlichen Überlieferung seines Volkes schuldet, muss geachtet und geschützt werden.

*Helmuth von Moltke*

*Alfred Delp*

*Carlo Mierendorff*

Sie darf jedoch nicht zur Machtzusammenballung, zur Herabwürdigung, Verfolgung oder Unterdrückung fremden Volkstums missbraucht werden... Der Friede erfordert die Schaffung einer die einzelnen Staaten umfassenden Ordnung. Sobald die freie Zustimmung aller beteiligten Völker gewährleistet ist, muss den Trägern dieser Ordnung das Recht zustehen, auch von jedem einzelnen Gehorsam... für die höchste politische Autorität der Völkergemeinschaft zu fordern.« Die zentrale

Gestalt des Kreisauer Kreises ist Helmuth James Graf von Moltke, nach dessen schlesischem Gut Kreisau sich die Gruppe nennt. Zu den Mitgliedern des Kreises gehören Sozialdemokraten wie Theodor Haubach, Julius Leber und Carlo Mierendorff, evangelische und katholische Geistliche wie Alfred Delp, Eugen Gerstenmaier und Harald Poelchau, Politiker wie Carl Friedrich Goerdeler sowie Mitarbeiter von Ministerien und Dienststellen der Wehrmacht. 1944 wird Moltke verhaftet.

## 2. SEPTEMBER

# Mehr Macht für Speer

Durch einen Erlass von Reichskanzler Adolf Hitler über die Konzentration der Kriegswirtschaft im Deutschen Reich werden die Zuständigkeiten von Albert Speer, dem Reichsminister für Bewaffnung und Munition, erheblich erweitert.

Unter der neuen Amtsbezeichnung »Reichsminister für Rüstung und Kriegsproduktion« übernimmt er verschiedene Kompetenzen vom Reichswirtschaftsministerium. Dar-

### Hitler-Erlass zur Kriegswirtschaft

Der Erlass von Führer und Reichskanzler Adolf Hitler über die Konzentration der Kriegswirtschaft hat u.a. folgenden Wortlaut:
»1. Der Reichswirtschaftsminister ist zuständig für die grundsätzlichen wirtschaftspolitischen Fragen der deutschen Wirtschaft.
2. Die Zuständigkeiten des Reichswirtschaftsministers auf dem Gebiete der Rohstoffe und der Produktion in Industrie und Handwerk gehen auf den Reichsminister für Bewaffnung und Munition über. Der Reichsminister für Bewaffnung und Munition führt im Hinblick auf seinen erweiterten Aufgabenkreis die Bezeichnung ›Reichsminister für Rüstung und Kriegsproduktion‹.
3.1. Der Reichswirtschaftsminister bleibt zuständig für die Versorgung der Zivilbevölkerung mit Verbrauchsgütern und die Regelung ihrer Verteilung. 2. Der Reichswirtschaftsminister ist... für die Behandlung von Außenwirtschaftsfragen im Rahmen der Außenhandelspolitik des Reiches zuständig. Er hat ferner auf dem Gebiete des... Außenhandels für die Wahrung der allgemeinen wirtschaftlichen Gesichtspunkte im Rahmen der gesamtdeutschen Wirtschaftsplanung Sorge zu tragen.«

über hinaus erweitert Reichsmarschall Hermann Göring in seiner Funktion als Beauftragter für den Vierjahresplan die Vollmachten Speers durch

*Albert Speer, Reichsminister für Rüstung und Kriegsproduktion, steuert einen neuen Panzer durch einen Flusslauf; nicht zuletzt durch den massiven Einsatz von Zwangsarbeitern kurbelt Speer die Rüstungsproduktion immer stärker an.*

die Einrichtung eines Planungsamtes beim Generalbevollmächtigten für Rüstungsaufgaben und die Kriegsproduktion.

Der Erlass über die Konzentration der deutschen Kriegswirtschaft stellt den Abschluss einer Entwicklung dar, die eine weitere Steigerung der Rüstungsproduktion – hierdurch eine Verbesserung bzw. Vereinfachung der kriegswirtschaftlichen Bürokratie – zum Ziel hat. Die »Deutsche Bergwerks-Zeitung«, das Organ der deutschen Schwerindustrie, kommentiert die neue Situation am 12. September u.a. wie folgt: »Unabhängig von organisatorischen Erwägungen ist der Zweck und das Ziel der jetzigen Kon-

zentration der Produktionslenkung die Steigerung der Rüstungsproduktion. Das verschärfte Tempo des Materialkrieges verlangt die schärfste Anspannung aller Kräfte der Erzeugung.

Durch die Ausschaltung aller Zweigleisigkeiten erhält Reichsminister Speer die Möglichkeit, jeden Betrieb, besonders die mittleren und die kleineren Betriebe, so zu belegen – oder gegebenenfalls zu schließen –, dass der größte Nutzeffekt der Gesamtwirtschaft gesichert ist. Die Produktion muss so weit wie möglich in die fortschrittlichsten Betriebe verlagert werden... Es ist möglich, dass das die Tendenz zum Großbetrieb verschärft. Aber wenn es sich darum handelt, die

Rüstungsleistung zu steigern, müssen alle anderen Erwägungen schweigen. Andererseits werden gerade Kleinbetriebe jetzt zusätzlich für die Rüstung herangezogen werden. Denn alle im zivilen Sektor nicht unumgänglich erforderliche Produktion wird im Interesse der Rüstung gedrosselt werden.« Einen ergänzenden Schritt zum Hitler-Erlass stellt die Erweiterung der am 22. April 1942 eingerichteten »Zentralen Planung« um Reichswirtschaftsminister Walther Funk dar. Diesem überministeriellen Lenkungs- und Koordinationsgremium gehören bereits Minister Albert Speer, Generalfeldmarschall Erhard Milch und Staatssekretär Paul Körner an.

Mit einem der modernsten Landungsschiffe gehen vier Divisionen der 5. US-Armee unter Generalleutnant Clark am 9. September in Salerno an Land.

Verstärkung trifft im Hafen von Neapel ein; die schwer zerstörte Stadt wird zur wichtigsten Versorgungsbasis für die alliierten Streitkräfte.

## 3. SEPTEMBER

# Alliierte landen auf italienischem Festland

Um 4.30 Uhr landen zwei Divisionen der 8. britischen Armee in Kalabrien, an der Südspitze des italienischen »Stiefels«.

Damit beginnt die Invasion der Alliierten auf dem europäischen Festland. Am selben Tag schließt die italienische Regierung unter Ministerpräsident Pietro Badoglio in Cassibile auf Sizilien einen zunächst noch geheimgehaltenen Waffenstillstand mit den Alliierten.

Die Landung der 8. britischen Armee in Kalabrien ist die Fortsetzung des Feldzugs der Alliierten, der am 10. Juli (→ S. 308) mit der Landung auf Sizilien begonnen hatte. Nachdem die Insel endgültig in ihre Hände gefallen war (→ S. 321), hatten die Alliierten mit den Vorbereitungen für ein Übersetzen über die zwischen Sizilien und dem italienischen Festland liegende Straße von Messina begonnen.

Ein alliierter Kriegsberichterstatter schildert die Aktivitäten im Vorfeld der militärischen Operation: »Bis zu dem Augenblick, da die erste Welle der britischen Infanterie auf italienischem Boden vorging, war ich Zeuge einer Reihe außergewöhnlicher Szenen. Seit zehn Tagen wurden große Mengen von Truppen und Fahrzeugen nach den Invasionshäfen geleitet; nur wer sich eine hundertfache Vergrößerung des Londoner Straßenverkehrs der Vorkriegszeit vorzustellen vermag, kann sich ein Bild davon machen, wie es auf den sizilianischen Straßen zuging. Flotten von Invasionsschiffen fuhren unter dem Schutz der Dunkelheit längs der Küste heran, um die Truppen aufzunehmen. Der Feind schien bemerkt zu haben, dass etwas im Gange war; morgens und abends erschienen schnelle Erkundungsflugzeuge... An den Einschiffungsstellen, die ich besuchte, herrschte peinliche Ordnung.

In der Dunkelheit konnte man Tausende von menschlichen Stimmen hören; es war ein dumpfes Gemurmel, übertönt von den hellen Kommandos der Offiziere. Alles vollzog sich wie am Schnürchen.« Die Invasion beginnt in mondloser Nacht. Geleitet allein von dem schwachen Licht der Sterne, nehmen Hunderte von Schiffen und Landungsfahrzeugen Kurs auf die kalabrische Küste. Die Absetzung der Truppen erfolgt unter dem Schutz von Bombern und den Geschützen alliierter Kriegsschiffe. Am 9. September landen weitere Einheiten in Süditalien.

Ankunft US-amerikanischer Transportfahrzeuge in Resina, einer Station auf dem Weg nach Neapel

Oberbefehlshaber Montgomery beobachtet den Einmarsch seiner Truppen in Reggio (Kalabrien).

Britische und italienische Verwundete werden zu einem Verbandsplatz bei Salerno transportiert.

---

**8. SEPTEMBER**

# Italien kapituliert

Um 17.30 Uhr lässt US-General Dwight D. Eisenhower im Rundfunk mit folgenden Worten die bedingungslose Kapitulation der italienischen Wehrmacht verkünden: »Ich habe einen Waffenstillstand gewährt, dessen Bedingungen durch Großbritannien, die Vereinigten Staaten und Sowjetrussland gebilligt worden sind. Ich habe demnach im Interesse der Vereinten Nationen gehandelt. Die italienische Regierung hat erklärt, sich diesen Bedingungen ohne Vorbehalte zu unterwerfen. Der Waffenstillstand... tritt sofort in Kraft... Alle Italiener, die dazu beitragen, den deutschen Angreifer vom italienischen Boden zu entfernen, werden die Hilfe der Vereinten Nationen erhalten.« Der Waffenstillstand zwischen Italien und den Alliierten war am 3.

*General Montgomery, Oberbefehlshaber der britischen 8. Armee, dankt den kanadischen Truppen, die an dem Einmarsch in Italien beteiligt waren.*

September in Cassibile auf Sizilien unterzeichnet worden. Das Dokument trägt die Unterschriften des italienischen Generals Giuseppe Castellano und des US-Generalmajors Walter Bedell Smith. Die Kapitulation erfolgt nach Kontakten der italienischen Regierung unter Ministerpräsident Pietro Badoglio mit den Alliierten: Badoglio hatte zwar noch unmittelbar nach seiner Regierungsübernahme erklärt, den Krieg an der Seite des Deutschen Reiches fortsetzen zu wollen, doch war das neue Kabinett von vornherein entschlossen, das Land aus dem Krieg herauszuführen.

---

**1. SEPTEMBER**

## Papst Pius fordert Friedensinitiativen

Papst Pius XII. wendet sich in einer Rundfunkbotschaft anlässlich des vierten Jahrestages des Kriegsbeginns an die Völker der Welt und bittet ihre Führer um den Friedensschluss.

Das Oberhaupt der katholischen Kirche sagt u. a.: »Heute, an der Schwelle des fünften Kriegsjahres, sehen auch diejenigen, die auf schnelle Siege... hofften, nur Bilder des Schreckens und der Zerstörung rings um sich her...

In allen Ländern wächst der Abscheu vor den Grausamkeiten des totalen Krieges, die alle Grenzen und alle Gesetze überschreiten. Nach so vielen gebrochenen Verträgen, so vielen Scheinabkommen und missachteten Versprechen sowie nach so vielen Widersprüchen zwischen Worten und Taten hat das Vertrauen zwischen den Nationen ein so tiefes Niveau erreicht, dass die Großmut geschwächt und enttäuscht ist...«

---

**HINTERGRUND**

# Niederlegung der Waffen – Bildung der Militärregierung

Der bereits am 3. September in Cassibile (Sizilien) unterzeichnete Waffenstillstand zwischen Italien und den Alliierten enthält folgende Bedingungen (Auszug):

»1. Sofortige Einstellung jeder feindseligen Handlung der italienischen Wehrmacht.

2. Italien wird alles im Bereich des Möglichen Stehende tun, um den Deutschen Erleichterungen, die im Kampf gegen die Vereinten Nationen ausgenutzt werden könnten, vorzuenthalten.

3. Alle Kriegsgefangenen oder Internierten der Vereinten Nationen sind sofort dem alliierten Oberbefehlshaber auszuliefern; keiner von diesen darf jetzt oder zu einem anderen Zeitpunkt nach Deutschland verbracht werden.

4. Sofortige Überführung der italienischen Flotte und Luftwaffe nach solchen Orten, wie sie durch den alliierten Oberbefehlshaber bezeichnet werden.

5. Italienische Handelsschiffe dürfen von dem alliierten Oberbefehlshaber requiriert werden, um der Not seines militärischen Schiffsprogramms zu begegnen.

6. Sofortige Übergabe Korsikas und alles italienischen Territoriums, Inseln und Festland, an die Alliierten zur Verwendung als Operationsbasen und für andere Zwecke.

7. Sofortige Zusicherung der freien Benutzung aller Flugplätze und Kriegshäfen auf italienischem Gebiet für die Alliierten ohne Rücksicht darauf, in welchem Tempo der italienische Boden von deutschen Truppen gesäubert wird.

8. Sofortige Zurücknahme der italienischen Streitkräfte von jeder Teilnahme am gegenwärtigen Kriege und von allen Kriegsschauplätzen... nach Italien.

9. Garantie der italienischen Regierung, dass – wenn notwendig – sie alle ihre verfügbaren Streitkräfte gebrauchen wird, um die prompte und exakte Erfüllung aller Bestimmungen dieses Waffenstillstandes sicherzustellen.

10. Der Oberbefehlshaber der alliierten Streitkräfte behält sich das Recht vor, jede Maßnahme zu er-

*Italiens Regierungschef Badoglio*

greifen, welche seiner Meinung nach für den Schutz der Interessen der alliierten Streitkräfte notwendig sein kann zur Fortsetzung des Krieges; und die italienische Regierung verpflichtet sich, solche administrativen oder andere Funktionen zu übernehmen, wie sie der Oberbefehlshaber verlangen kann; insbesondere wird der Oberbefehlshaber eine alliierte Militärregierung über diejenigen Teile Italiens einrichten, wie er sie im militärischen Interesse der verbündeten Nationen als notwendig erachten kann.

11. Der Oberbefehlshaber... wird die Vollmacht haben, Maßnahmen der Entwaffnung, Demobilmachung und Entmilitarisierung anzuordnen.

12. Andere Bedingungen politischer, wirtschaftlicher und finanzieller Art, zu welchen Italien verpflichtet sein wird, sie zu erfüllen, werden zu einem späteren Zeitpunkt übermittelt werden.«

*Aus dem Berghotel »Campo Imperatore« in den Abruzzen wird der dort internierte Mussolini durch eine deutsche Fallschirmspringereinheit befreit.*

*Mit einem Fieseler »Storch« wird der abgesetzte italienische Ministerpräsident zum nächsten Flugplatz gebracht, bevor er nach Wien geflogen wird.*

## 12. SEPTEMBER

# Mussolini von Fallschirmspringern befreit

**Der im Berghotel »Campo Impera-tore« auf dem Gran-Sasso-Massiv (Abruzzen) internierte ehemalige italienische Ministerpräsident und Duce Benito Mussolini wird durch eine deutsche Fallschirmspringer-einheit unter der Leitung von SS-Hauptsturmführer Otto Skorzeny befreit.**

Der deutsche Diktator Adolf Hitler hatte unmittelbar nach der Ent-lassung und Verhaftung Mussolinis (→ S. 311) Maßnahmen zu dessen Auffindung und Befreiung angeord-net. Die deutsche Polizei und der Si-cherheitsdienst in Rom begannen da-raufhin, durch Aussetzung von Geld-

prämien Informanten zu kaufen, die Aufschluss über den Aufenthaltsort Mussolinis geben könnten. Dieses »Unternehmen Eiche« wurde mit ge-fälschten britischen Pfundnoten fi-nanziert, die ursprünglich hergestellt worden waren, um die Geldwirt-schaft des Vereinigten Königreichs durcheinander zu bringen.

Als erster Internierungsort Musso-linis wurde die Gefangeneninsel Pon-za ausgemacht, doch wurde der ehe-malige Ministerpräsident und Duce auf die Nachbarinsel Santo Stefano verbracht, bevor von deutscher Seite

eine Befreiungsaktion eingeleitet wer-den konnte.

Die nächste Station Mussolinis war Gerüchten zufolge die Insel Madda-lena; im Gästehaus des Reichssicher-heitshauptamtes am Berliner Wann-see wurden einige Dutzend Hellseher und Astrologen, die bisher in deut-schen Konzentrationslagern einge-sessen hatten, zusammengezogen, um diese Information »überprüfen« zu lassen.

Otto Skorzeny unternahm einen Erkundungsflug über die Insel, um die örtlichen Gegebenheiten für eine

Befreiungsaktion in Augenschein zu nehmen. Er stürzte dabei jedoch ab und als der aus dem Wasser Gerette-te am Nachmittag des 26. August mit fünf Schnellbooten und 100 Mann Maddalena besetzte, war Mussolini bereits wieder verlegt worden; sein Aufenthaltsort wurde jetzt das Gran-Sasso-Massiv.

Die Befreiungsaktion erfolgt unter Einsatz von Lastenseglern, deren Be-satzungen bei ihrer Landung auf kei-nerlei Widerstand seitens der Wachen stoßen. Der Befreite wird nach Wien ausgeflogen, von wo er Hitler anruft.

### Mussolini in Führerhauptquartier

Der ehemalige italienische Minister-präsident und Duce Benito Mussoli-ni trifft am 14. September zum ersten Mal nach seiner Befreiung durch deutsche Fallschirmjäger mit Adolf Hitler zusammen. Zu seinem Emp-fang auf dem Flugplatz des Führer-hauptquartiers »Wolfsschanze« bei Rastenburg hat sein Gastgeber einen »großen Bahnhof« aufgeboten. Bei der Unterredung zwischen dem Füh-rer und dem früheren Duce in der »Wolfsschanze« muss sich Mussolini Hitlers Forderung nach Errichtung einer faschistischen Gegenregierung zum Kabinett von Ministerpräsident Pietro Badoglio unter deutscher Oberaufsicht beugen (→ S. 329).

*Nach der Überrumpelung der Wachen: der Duce (r.) und seine Befreier vor seinem Gefängnis auf dem Gran Sasso*

*Reichskanzler Hitler empfängt Mussolini auf dem Flugplatz des Führerhauptquartiers »Wolfsschanze« in Rastenburg.*

## Eine tolldreiste Geschichte

*Das Deutsche Nachrichten-Büro gibt am 15. September Einzelheiten über den Ablauf der Befreiung Mussolinis bekannt. Der Bericht fußt auf der Darstellung von SS-Hauptsturmführer Otto Skorzeny, dem Leiter der Operation, der die Ereignisse vermutlich im Nachhinein etwas dramatisiert hat:*

»Der SS-Hauptsturmführer erreichte an diesem Tag um 14.10 Uhr mit einer Gruppe von zunächst nur neun Mann als Erster das Bergmassiv... Auf den Schultern seiner Leute erstieg der SS-Hauptsturmführer einen 3 m hohen Vorbau, sprang über eine Mauer und sah sich plötzlich vor dem Haupteingang des Hauses, der von Karabinieri mit Maschinengewehren bewacht wurde. Mit vorgehaltener Maschinenpistole riefen der Hauptmann und seine Männer den Karabinieri zu: ›Mani in alto!‹ (Hände hoch). Erschreckt und völlig verwirrt kamen sie dieser Aufforderung sofort nach. In diesem Augenblick erblickte der SS-Hauptsturmführer an dem Fenster eines Zimmers des zweiten Stockes die Gestalt des Duce... Durch das Erscheinen des Duce am Fenster war der Hauptsturmführer in die glückliche Lage versetzt, den genauen Aufenthalt des gefangenen Duce zu erkennen. Da inzwischen weitere Verstärkungen gelandet waren, stürmte er mit wenigen Männern... in das Haus und die Treppe hinauf, riss die Tür zum Zimmer des Duce auf und sah sich plötzlich dem Duce... gegenüber... Der Hauptsturmführer eilte zum Fenster und rief seinen vor dem Haus in Anschlag stehenden Männern weitere Befehle zu. Darauf meldete er sich beim Duce: ›Duce! Der Führer schickt mich, um Sie zu befreien. Sie stehen jetzt unter meinem Schutz. Ich hoffe, dass alles geglückt ist.‹ Der Duce trat wortlos auf ihn zu und umarmte ihn, auf das Tiefste bewegt. Dann sagte er: ›Ich habe es geahnt und nie daran gezweifelt, dass der Führer alles tun wird, um mich hier wieder herauszuholen.‹«

## Neue Siegeszuversicht

*Die geheimen Lageberichte des Sicherheitsdienstes der Schutzstaffel vom 16. September geben einen Eindruck von der Wirkung der Ereignisse in Italien seit Beginn des Monats auf die Bevölkerung des Deutschen Reiches:*

»Die letzten zehn Tage haben... die Stimmung der Bevölkerung neu belebt und eine fühlbare Auflockerung gebracht. Viele Volksgenossen sind aus ihrer Lethargie herausgerissen und zeigen eine schon lange nicht mehr gesehene Zuversicht. Die Art und Weise, wie die zunächst als kritisch angesehene Situation von der deutschen Führung gemeistert wurde, ist als Zeichen für die deutsche Wendigkeit und Stärke und die ungeschwächte Schlagkraft der deutschen Wehrmacht angesehen worden. Letzteres hat die schon lange anhaltende Beunruhigung, Deutschland hätte die Initiative an die Feindmächte abtreten müssen, völlig verdrängt. Dass Deutschland im gegebenen Moment... blitzartig handeln kann, ist der Bevölkerung die beruhigendste Erkenntnis der letzten Zeit geworden... Trotz der insgesamt gemeldeten Auflockerung wird die militärische Gesamtlage fast allgemein als ernst angesehen. Man beurteilt die Lage jetzt so, dass Deutschland in Europa praktisch allein dastehe, dass jetzt zwei Fronten vorhanden seien, nämlich im Osten und im Süden. Der Luftkrieg könne sogar als dritte Front angesehen werden. Der Wille zum Durchhalten wurde ganz wesentlich durch die den Italienern gestellten Kapitulationsbedingungen gestärkt. Für den Fall einer deutschen Niederlage, so erklärt man, würden die Bedingungen eher noch härter sein... Die Erfolgsaussichten der deutschen Truppen gegen die Anglo-Amerikaner in Italien werden aufgrund der veröffentlichten Berichte überwiegend sehr günstig beurteilt... Zur Zeit stellt man sich vor, dass die Frontlinie nach Stabilisierung der Verhältnisse südlich Neapel verlaufen werde... Die sensationellen Umstände der Befreiung des Duce..., haben vor allem durch die allgemein anerkannte Einsatzbereitschaft der Fallschirmjäger und SS-Männer erheblich zur Stärkung der Siegeszuversicht beigetragen.«

*Mussolini (l.) nach der Bildung der faschistischen Gegenregierung*

*Der Duce (mit Mantel) bei einer Truppeninspektion in Mailand*

### 15. SEPTEMBER

# Gegenregierung in Salò

**Benito Mussolini, bis zum 25. Juli amtierender italienischer Ministerpräsident, bildet eine faschistische Gegenregierung.**

Seine Regierung mit Sitz in Salò am Gardasee ist allerdings nur eine Marionette: Die Kontrolle haben Botschafter Rudolf Rahn als deutscher Reichsbevollmächtigter und General Rudolf Toussaint als »Bevollmächtigter General der deutschen Wehrmacht in Italien«.

### 21. SEPTEMBER

# Massaker an Italienern

**Im Rahmen der Entwaffnung der italienischen Armee durch die Wehrmacht kommt es zu einem Massaker auf der griechischen Insel Kefallinia.**

*Skopje in Jugoslawien: von Deutschen gefangen genommene Italiener*

4000 Mann, die mit der Waffe in der Hand gefangen genommen worden waren, werden erschossen, 5000 weitere vom deutschen Diktator Adolf Hitler »begnadigt«.

Nach einer am 9. September erlassenen Regelung unterscheidet die deutsche Wehrmacht unter den italienischen Soldaten: 1. »bündnistreue« Soldaten; 2. Soldaten, »die nicht weitermachen wollen«; 3. Soldaten, »die Widerstand leisten oder mit dem Feind oder Banden paktiert haben«. Für die dritte Gruppe ergeht der Befehl: »Offiziere sind zu erschießen, Uffz. [Unteroffiziere] und Mannschaften nach dem Osten zum Arbeitseinsatz zu verbringen.«

Die Gefangenen haben den Status von »Militärinternierten«; sie kommen in Lager in Griechenland. Nur die Hälfte aller Internierten kehrt irgendwann nach Hause zurück; die anderen kommen bei späteren Kämpfen oder Exekutionen um oder gelten als vermisst.

## Stalins Absage an Sonderfrieden

Die im Dezember 1942 aufgenommenen, streng geheimen Friedenssondierungen in Stockholm (→ S. 236) zwischen dem Deutschen Reich und der Sowjetunion enden nach der alliierten Landung in Italien ergebnislos.

Der sowjetische Staatschef Josef W. Stalin hatte in den letzten zehn Monaten trotz der großen Siege der Roten Armee bei Stalingrad (→ S. 254) und Kursk (→ S. 304) die Möglichkeit eines Sonderfriedens mit Adolf Hitler auf dem Besitzstand von 1939 ausgelotet. Ein solcher Friede kam für Hitler aber nie in Frage. Hintergrund der Friedensfühler war Stalins Enttäuschung über die Verzögerung des Aufbaus einer zweiten Front in Europa durch die Westalliierten.

Die Rote Armee trägt seit dem Überfall Hitlers auf die UdSSR 1941 (→ S. 124) die Hauptlast des Kampfes der Anti-Hitler-Koalition gegen das NS-Regime. Stalin befürchtet, dass die Landung in Europa von den Westalliierten planvoll verzögert wird, damit sie bei Kriegsende einer durch lange Kämpfe geschwächten Sowjetunion die Neuordnung Europas diktieren können. Unbekannt ist, ob Stalin seine Friedensvorschläge ernst gemeint hat oder sie nur als Druckmittel gegen die Westalliierten verwandte, damit diese ihre Invasionsplanungen beschleunigen.

## Stalino wieder in sowjetischer Hand

Mit der Eroberung von Stalino (Donezk) durch die Rote Armee müssen die deutschen Truppen an der Ostfront das Donezbecken aufgeben.

Generalfeldmarschall Erich von Manstein bildet eine neue Front hinter den Flüssen Dnjepr und Desna. Der Rückzug aus dem Donezbecken geht so rasch vor sich, dass die Truppen alles schwere Kriegsmaterial sowie die Lebensmittel- und Munitionsdepots nicht mehr abtransportieren und oft auch nicht mehr vernichten können.

# Hitler lehnt Waffenstillstandsgespräche ab

*Reichspropagandaminister Joseph Goebbels (Abb.: während einer Rede im Berliner Sportpalast am 2. März 1933) äußert sich in seinem Tagebuch über die Bereitschaft von Führer und Reichskanzler Adolf Hitler zu Friedensgesprächen:*
»Ich frage den Führer, ob er eventuell bereit wäre, mit Churchill zu verhandeln, oder ob er das grundsätzlich ablehne. Der Führer gab mir darauf zur Antwort: Grundsätze gibt es in der Politik in Persönlichkeitsfragen überhaupt nicht. Allerdings glaubt er, dass ein Verhandeln mit Churchill zu keinem Ergebnis führen würde, da er zu tief in gegenteiligen Anschauungen verstrickt sei und im Übrigen auch der Hass und nicht die Vernunft sein Ratgeber sei.
Mit Stalin wäre der Führer schon eher zu verhandeln bereit; aber er glaubt nicht, dass das zu einem Ergebnis führen könnte, weil das, was er im Osten verlangt, nicht von Stalin abgetreten werden kann.
Wie nun die Dinge auch liegen mögen, ich stelle dem Führer vor, dass wir mit der einen oder der anderen Seite ins Klare kommen müssen. Ein Zweifrontenkrieg ist vom Reich noch nie gewonnen worden.
Wir müssen also sehen, aus dem Zweifrontenkrieg auf irgendeine Weise herauszukommen. Noch

einmal stellt der Führer mir vor Augen, was geschehen wäre, wenn damals bei der Ankunft von Heß [Rudolf Heß, Reichsminister und Stellvertreter des Führers, war am 10. Mai 1941 zu Geheimverhandlungen nach Großbritannien geflogen, musste dort notlanden und wurde verhaftet] die Engländer die Entschlusskraft besessen hätten, diesen Fall so auszunützen, dass sie unsere Verbündeten misstrauisch gemacht hätten.«

## Deutsche Offiziere in der UdSSR

Wehrmachtsoffiziere gründen im sowjetischen Kriegsgefangenenlager Lunjowo den Bund deutscher Offiziere.

Die Widerstandsgruppe unter Vorsitz von General Walther von Seydlitz tritt gemeinsam mit dem am 12. Juli in Krasnogorsk gegründeten Nationalkomitee Freies Deutschland für eine Beendigung des Krieges ein.

Die Motive der Offiziere sind neben sowjetischem Druck die Einsicht in die Unabwendbarkeit der deutschen Niederlage und Zusagen der UdSSR zur Wahrung der staatlichen Integrität des Deutschen Reiches für den Fall, dass die Führung der Wehrmacht Adolf Hitler ausschaltet. Am 25. September findet in London die Gründungsversammlung einer weiteren Widerstandsgruppe, der Freien deutschen Bewegung, statt.

*Angehörige des Nationalkomitees Freies Deutschland und des Bundes deutscher Offiziere (vorne l. Walther von Seydlitz, vorne r. Erich Weinert)*

# Großeinsatz an der »Heimatfront«

Das Jahresmotto der Hitlerjugend (HJ) 1943 lautet »Kriegseinsatz der deutschen Jugend«.

Der Septemberbericht über die Aktivitäten der HJ macht deutlich, was sich dahinter verbirgt. Für die NSDAP beispielsweise übernehmen die Jugendlichen Kurier- und Wachdienste bei den Dienststellen der Partei und die Verteilung von Propagandamaterial.

Öffentliche Aufgaben nimmt die HJ z.B. im Meldedienst bei Reichsluftschutzbund und Feuerwehr, beim Luftschutz und in der technischen Nothilfe, im Hilfsdienst für die Reichspost, im Verkehrsdienst (Schaffner/-in), bei der Polizei und bei Behörden wahr.

## Jahresmotto der Hitlerjugend

Das Dienstjahr der Hitlerjugend steht unter einem festen Motto, das jeweils zum Jahresanfang vom Reichsjugendführer verkündet wird. Die Vorkriegsjahre standen unter Leitworten wie »Schulung«, »Ertüchtigung«, »Gesundheitspflicht«, »Jungvolk«, »Heimbeschaffung« und »Verständigung«. 1940 wurde zum »Jahr der Bewährung« erklärt; 1941 hieß das Motto »Unser Leben – ein Weg zum Führer« im Jahr 1942 »Osteinsatz und Landdienst«.

Für die Wehrmacht überbringen HJ-Mitglieder Gestellungsbefehle, helfen beim Verladen oder bei der Verpflegungsausgabe und machen Telefondienst.

Im Wirtschafts- und Betriebseinsatz sind beispielsweise die Warenverteilung, Entladearbeiten und der Verkauf zu unterstützen. Für das Winterhilfswerk führt die HJ Straßensammlungen durch; ebenso gehören Sammlungen von Altmaterial, von Fallholz und Laub, von Waldfrüchten und von Büchern zum Programm. Die HJ wird auch zur Erntehilfe eingesetzt. Die Mädchen leisten hauswirtschaftliche, soziale und gesundheitliche Notdienste. Weitere Verpflichtungen der Jugendlichen liegen im kulturellen Bereich, bei Soldatenbetreuungsmaßnahmen und im Einsatz als Luftwaffenhelfer.

*Eine Bereitschaft der Hitlerjugend meldet sich zum Einsatz bei einem Revierleiter für den Luftschutzdienst.*

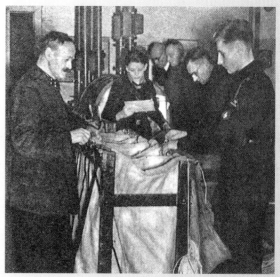

*Aufgrund des Personalmangels im Postdienst werden Hitlerjungen zum Sortieren von Briefen eingesetzt.*

*Am 15. Februar rücken die 1926/27 geborenen Jungen der höheren Berliner Schulen zum Kriegseinsatz als Luftwaffenhelfer in ihre Ausbildungslager ein; der Direktor verabschiedet seine Schüler auf dem Schulhof.*

*Beim Ernteeinsatz ist die Hilfe der Jugendlichen unentbehrlich.*

*Im Luftschutzdienst lernen die Jungen den Umgang mit Löschgeräten.*

*Als Helfer im Haushalt willkommen, hier beim Brikettransport*

1. OKTOBER

# Judenvernichtung in Dänemark und Italien

Das deutsche Besatzungsregime in Dänemark versucht in einer Großaktion in der Nacht zum 2. Oktober, die über 8000 Juden des Landes zu verhaften und in Konzentrationslager zu bringen.

Das deutsche Vorgehen bleibt jedoch weitgehend ohne Erfolg: Die Bevölkerung hatte von der bevorstehenden Deportation erfahren und die Flucht des Großteils ihrer jüdischen Mitbürger nach Schweden organisieren können. Über See wurden 5919 Juden, 1301 Halbjuden und 686 mit Juden verheiratete Christen in das Nachbarland gebracht, das seit 1933 bereits mehr als 3000 europäische Juden, darunter auch zahlreiche Deutsche, aufgenommen hat. Bei ihrer Verhaftungsaktion finden die deutschen Patrouillen rund 500 Juden vor, die nach Theresienstadt deportiert werden. Die Deutschen versuchen, die in Dänemark verbliebenen Juden durch Razzien und Wohnungsdurchsuchungen aufzuspüren. Viele Juden, die der Verhaftung nicht mehr entgehen zu können glauben, wählen lieber den Freitod als den Weg ins Konzentrationslager. In Dänemark wie auch in Schweden stößt das deutsche Vorgehen auf schärfste, auch offiziell vorgetragene Proteste; die Universitäten und höheren Schulen in Dänemark stellen demonstrativ für eine Woche ihren Lehrbetrieb ein.

In Italien, das nach seiner Kapitulation zu einem großen Teil von Deutschen besetzt worden war, beginnt am 18. Oktober die Deportation der dortigen jüdischen Bevölkerung: Rund 1000 Juden werden in Rom festgenommen und ins Konzentrations- und Vernichtungslager Auschwitz gebracht. Innerhalb eines Monats müssen ihnen mehr als 7000 weitere italienische Juden folgen; die meisten von ihnen werden umgebracht.

Die Aktion gegen das Ghetto in Rom hatte am 26. September mit der Forderung der deutschen Besatzungsbehörden an die dort lebenden Juden begonnen, binnen 36 Stunden 50 kg Gold aufzubringen; andernfalls würden 200 Bewohner des Ghettos verhaftet. In einer großen Hilfsaktion der gesamten Bevölkerung der Stadt Rom wurde das geforderte Gold herangeschafft. Dennoch begann die SS am 29. September mit Festnahmen.

*Razzia in einem jüdischen Wohnviertel, an einem Sammelplatz müssen die Häftlinge auf weitere Befehle warten.*

*In Sicherheit: Tausenden von Juden gelingt es mit Hilfe ihrer dänischen Mitbürger, nach Schweden zu fliehen.*

HINTERGRUND

# Anfang der Judenverfolgung reicht Jahrtausende zurück

Die Judenverfolgung durch das NS-Regime, seit Ende 1941 (→ S. 170) als systematischer Massen- und Völkermord an den Juden betrieben, geht in ihren Anfängen bis zu einem Antisemitismus zurück, der bis in vorchristliche Zeit zurückverfolgt werden kann.

**Judenfeindlichkeit in der Antike:** Die bereits in hellenistischer Zeit feststellbare Judenfeindlichkeit entzündete sich an der religiösen und sozialen Sonderstellung der Juden, die von der Bevölkerung des Gastlandes als fremdartig empfunden wurden. Von ihnen wurde gefordert, sich konfessionell und gesellschaftlich anzugleichen. Die Übernahme des Christentums durch das Ost- und Weströmische Reich begründete einen spezifisch christlichen Antisemitismus. Die Ausgrenzung der Juden infolge ihrer Ablehnung des Staatskirchentums wurde gezielt durch den Vorwurf gefördert, die Mörder Christi seien Juden gewesen.

**Judenpogrome im Mittelalter:** Seit dem 12. Jahrhundert wurden die gewaltsamen Verfolgungen ein zentraler Bestandteil des abendländischen Antisemitismus. Durch das kirchliche Zinsverbot und die durch das Verbot des Landerwerbs für Juden erfolgte Abdrängung auf Handel und Geldwesen zogen sie leicht den Vorwurf auf sich, Wucherer zu sein. Eine Welle von Pogromen brachte die Pestepidemie im 14. Jahrhundert mit sich, als man die Juden der angeblich gezielten Auslösung der Seuche durch Brunnenvergiftungen bezichtigte.

**»Moderner Antisemitismus« und erste »Rasselehren«:** Die mit dem Gedankengut der Aufklärung einhergehende Emanzipation der Juden, d.h. die Anerkennung des jüdischen Bürgerrechts, führte zur kulturellen Symbiose. Jetzt bildete sich jedoch der sog. moderne Antisemitismus heraus. Die beherrschende Stellung der Juden im Finanzwesen schuf einen aus Neid und Missgunst entspringenden sozialen Antisemitismus, der in Pogrome umschlug. Im Zusammenhang mit dem Niedergang des bürgerlichen Liberalismus und der durch die industrielle Revolution eingeleiteten sozialen Umschichtung kam es im letzten Drittel des 19. Jahrhunderts zu einer neuen Begründung des Antisemitismus: Das Judentum wurde als »rassisch minderwertig« bezeichnet. Die zunächst von dem Franzosen Joseph Arthur Graf von Gobineau entwickelte Lehre wurde von Karl Eugen Dühring, Houston Stewart Chamberlain und Paul Anton de Lagarde pseudowissenschaftlich begründet und von anderen Autoren popularisiert.

**Radikalisierung des Judenhasses:** In der Zeit nach dem Ersten Weltkrieg hatte sich der Rassenwahn soweit verstiegen, Juden als Parasiten am »Volkskörper« zu bezeichnen und ihnen die Schuld an der schlechten Wirtschaftslage zu geben. Diese Stimmung nutzten die Nationalsozialisten für ihre Ziele. Ihr Judenhass übersteigt in seiner Dimension und seiner Auswirkung jede bisher dagewesene Form.

*Der 42-jährige H. Himmler, Reichsführer SS und Reichsinnenminister*

## 4. OKTOBER

# Himmler-Rede vor SS-Angehörigen

Reichsinnenminister Heinrich Himmler hält in seiner Funktion als Reichsführer SS vor Mitgliedern der Schutzstaffel (SS) eine Rede.

In seinem Aufruf zu äußerster Unmenschlichkeit fordert Heinrich Himmler als Maxime einen radikalen

### »Ruhmesblatt« Judenausrottung

Reichsinnenminister Heinrich Himmler kommt auch auf den nationalsozialistischen Massenmord an Juden zu sprechen, den er in unglaublich zynischer Weise als eine Leistung von größter Tapferkeit darstellt: »Von euch werden die meisten wissen, was es heißt, wenn 100 Leichen beisammen liegen, wenn 500 da liegen oder wenn 1000 da liegen. Dies durchgehalten zu haben und dabei – abgesehen von Ausnahmen menschlicher Schwächen – anständig geblieben zu sein, das hat uns hart gemacht. Das ist ein niemals geschriebenes und niemals zu schreibendes Ruhmesblatt unserer Geschichte.«

Rassismus: »Ein Grundsatz muss für den SS-Mann absolut gelten: Ehrlich, anständig, treu und kameradschaftlich haben wir zu Angehörigen unseres eigenen Blutes zu sein und sonst zu niemandem. Ob die anderen Völker in Wohlstand leben oder ob sie verrecken vor Hunger, das interessiert mich nur insoweit, als wir sie als Sklaven für unsere Kultur brauchen.«

## 24. OKTOBER

# »Calais« sendet für Soldaten

Um 17.57 Uhr beginnt der britische Rundfunksender »Soldatensender Calais« mit seinem propagandistischen Programm.

Das Studio in Milton Bryan wendet sich über Mittelwelle speziell an die Soldaten der deutschen Wehrmacht und versucht bis kurz vor Kriegsende, mit einer raffinierten Mixtur aus Wahrem und Erfundenem ihre Kriegsmoral zu untergraben. Dem Redaktionsteam unter der Leitung von Denis Sefton Delmer gehören britische Journalisten sowie deutsche Emigranten und Kriegsgefangene an. Dem neuen Sender ist auch der britische Propagandasender »Deutscher Kurzwellensender Atlantik« angeschlossen.

Das neben dem Rundfunk wichtigste Medium zur Verbreitung von alliierter Propaganda sind Flugblätter, die im Deutschen Reich, in den besetzten Gebieten und an den Fronten abgeworfen werden. Im Deutschen Reich wurden zwischen Mitte 1940 und Mitte 1943 lediglich britische Flugblätter verbreitet. Bis zur Kapitulation Frankreichs vor den deutschen Truppen im Juni 1940 hatte auch die französische Regierung Informationen abgeworfen. Die sowjetische Luftwaffe beschränkt sich im Wesentlichen auf Propaganda in Frontnähe. Der erste Abwurf eines US-amerikanischen Flugblatts über dem Deutschen Reich erfolgte bei dem Luftangriff auf Kassel am 28. Juli, dem 78. Bombereinsatz der 8. US-Luftflotte. Die Vereinigten Staaten hatten – ausgehend von positiven Er-

*Neben Propagandablättern, die die Moral der Truppen und der Bevölkerung senken sollen, werden von den Propagandaabteilungen auch Flugzettel benutzt, die Soldaten zur Desertion aufrufen.*

*Flugblatt, das von der US-Luftwaffe im Herbst 1943 verteilt wird.*

fahrungen im Ersten Weltkrieg – schon im Laufe des Jahres 1941, als ihr Kriegseintritt immer wahrscheinlicher wurde, die Propagandaorganisation Office of Facts and Figures und den geheimen Nachrichtendienst Office of Coordinator of Information gegründet. Am 13. Juni 1942 schuf Präsident Franklin D. Roosevelt durch Zusammenfassung verschiedener Informationsabteilungen das Office of War Information (OWI), dem die Verantwortung für die offizielle Propaganda der USA im Ausland übertragen wurde. Die erste Flugblattaktion des OWI erfolgte nach der alliierten Landung in Nordafrika in der Nacht zum 8. November 1942 und wandte sich an die deutschen und italienischen Soldaten. Im selben Monat begann auch der Abwurf von US-Flugblättern über Frankreich. Die Propagandaaktionen erfolgen in enger Kooperation mit den Oberbefehlshabern auf den jeweiligen Kriegsschauplätzen, um eine optimale Abstimmung zu erreichen.

*US-Propagandaflugblatt; nach alliierten Schätzungen finden nur rund 4% der Flugblätter Leser.*

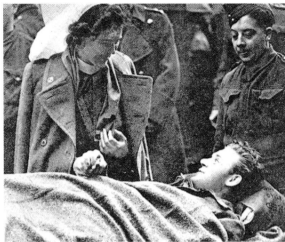

## Militärtestament wird erleichtert

Die zunehmende Zahl der Gefallenen aus den Reihen der deutschen Wehrmacht hat auch die Juristen beschäftigt: Im Deutschen Reich treten neue, erleichterte Bestimmungen für die Erstellung eines Militärtestaments in Kraft.

Das Militärtestament ermöglicht laut einer Bestimmung vom 24. April 1934 Wehrmachtsangehörigen im Mobilmachungsverhältnis und im Kriegsfall den Abschluss eines gegenüber dem normalen Testament formal erleichterten Soldatentestaments; es kann auch von Minderjährigen ab 16 Jahren erstellt werden. Der Abschluss erfolgt in der Regel vor einem richterlichen Militärjustizbeamten und wird beim Oberkommando der Wehrmacht amtlich verwahrt.

Die Formvorschriften werden jetzt weitgehend gelockert. Militärtestamente sind demnach auch dann gültig, wenn der Erblasser den Text des Testaments nur eigenhändig geschrieben oder unterschrieben hat. Eine Gültigkeit wird auch dann erkannt, wenn die schriftliche Verhandlung über eine mündliche Erklärung des letzten Willens nicht mehr vorgelesen und genehmigt werden kann, weil der Erblasser vor Abschluss des Verfahrens stirbt. In dringender Not kann der Soldat die von ihm gewünschten testamentarischen Bestimmungen auch mündlich oder durch Zeichen kundtun.

## Austausch invalider Kriegsgefangener

**Zum ersten Mal in diesem Krieg kommt es zu einem Austausch von invaliden und schwerkranken Kriegsgefangenen (s. Abb. o.) zwischen den Deutschen und den Alliierten.**

Die durch die Vermittlung der Schweiz nach langwierigen Verhandlungen zustande gekommene Vereinbarung umfasst den Austausch von rund 5000 Personen, darunter befinden sich über 4000 bisher im Deutschen Reich internierte britische und gut 800 von Großbritannien freigelassene deutsche Kriegsgefangene. Die Abwicklung der bis zum 21. Oktober dauernden Aktion erfolgt in Göteborg; die Leitung und Überwachung der vertragsgemäßen Durchführung des Austausches hat das Schwedische Rote Kreuz übernommen.

*Im Austausch gegen britische Kriegsgefangene dürfen auch diese deutschen Soldaten aus britischer Gefangenschaft in ihre Heimat zurückkehren; ein Frachtschiff bringt sie nach Marseille, wo sie von Schwestern des Deutschen Roten Kreuzes empfangen werden; mit dem Zug geht es weiter in das Deutsche Reich.*

# Völkerrechtswidrige Behandlung von Kriegsgefangenen

**Die Kriegsgefangenen, die das Deutsche Reich und die Sowjetunion bisher gegenseitig gemacht haben, haben ein besonders hartes Los.**
Auf beiden Seiten werden die Bestimmungen des Völkerrechts wie das Genfer Abkommen über die Behandlung der Kriegsgefangenen von 1929 und die Haager Landkriegsordnung aus dem Jahr 1907 wiederholt nicht eingehalten.
Die Missachtung der Bestimmungen geht von deutscher Seite aus: Die Führung in Berlin hat sich seit Beginn

des Krieges gegen die UdSSR in jeder Hinsicht die Hände freihalten wollen. Bei einer Besprechung am 16. Juli 1941 betonte Führer und Reichskanzler Adolf Hitler sein Vorhaben, alle Möglichkeiten eines militärischen Erfolgs auszuschöpfen. Dazu zählt vor allem, wie sich wenig später zeigte, der Einsatz der Gefangenen als Arbeitskräfte in der deutschen Kriegswirtschaft. Mit minimalem Aufwand, d.h. unter menschenunwürdigen Lebensbedingungen in den Lagern, soll ein Maximum an

Leistung aus ihnen herausgepresst werden. Entsprechend wurde eine Note Moskaus vom 19. Juli 1941, der Haager Landkriegsordnung zuzustimmen und unter Voraussetzung der Gegenseitigkeit anwenden zu wollen, abgelehnt. (Die Anerkennung der UdSSR war bislang unklar gewesen, weil das Abkommen noch vom Zarenreich unterzeichnet worden war.) Da die unmittelbar betroffenen Staaten zu keiner Einigung fanden, schalteten sich schon früh neutrale Kräfte ein – die Regierungen Schwe-

dens und der Vereinigten Staaten sowie vor allem das Internationale Komitee vom Roten Kreuz (IKRK). Ein Vorschlag des IKRK bereits einen Tag nach dem deutschen Überfall auf die UdSSR, den Austausch von Nachrichten über Verwundete und Gefallene und von Namenslisten der Gefangenen zu organisieren, fand die Zustimmung der Sowjetunion, doch die deutsche Führung lehnte ab. Angesichts dieser Haltung verweigerte sich zunehmend auch die Sowjetunion neutraler Vermittlung.

*Außenministerkonferenz in Moskau; Gastgeber Wjatscheslaw M. Molotow (1.v.r.), US-Außenminister Cordell Hull (6.v.r.), Anthony Eden (10.v.r.)*

## 19. OKTOBER

# Molotow, Eden und Hull treffen in Moskau zusammen

Der sowjetische Außenminister Wjatscheslaw M. Molotow empfängt in Moskau seine Amtskollegen Robert Anthony Eden (Großbritannien) und Cordell Hull (USA) zu einer bis zum 30. Oktober dauernden Konferenz über Fragen des weiteren Vorgehens (→ S. 323).

Ein Ergebnis des Treffens ist die Einrichtung einer European Advisory Commission (Europäische Beratende Kommission) mit Sitz in London. Sie soll Vorschläge für die Bewältigung der Probleme in Europa nach Ende des Krieges erarbeiten, insbesondere zur Besetzung und Verwaltung des besiegten Deutschen Reichs (→ S. 340). Darüber hinaus veröffentlichen Molotow, Eden und Hull vor dem Hintergrund der Brutalität des deutschen Regimes in den besetzten Gebieten eine von den Staats- bzw. Regierungschefs aller drei Länder unterzeichnete Erklärung, in der es u. a. heißt: »Sobald irgendeiner in Deutschland gebildeten Regierung ein Waffenstillstand gewährt werden wird, werden jene deutschen Offiziere, Soldaten und Mitglieder der Nazipartei, die für die... Grausamkeiten, Massaker und Exekutionen verantwortlich gewesen sind oder an ihnen zustimmend teilgehabt haben, nach den Ländern zurückgeschickt werden, in denen ihre abscheulichen Taten ausgeführt wurden, um gemäß den Gesetzen dieser befreiten Länder... vor Gericht gestellt und bestraft zu werden.« Die Hauptschuldigen der NS-Verbrechen sollen sich vor einem internationalen Gerichtshof verantworten.

*Wjatscheslaw M. Molotow wurde 1939 sowjetischer Außenminister; der Nichtangriffsvertrag von 1939 ist sein Werk.*

*Robert Anthony Eden bestimmte als Außenminister 1935 –1938 maßgeblich die britische Appeasement-Politik.*

*Cordell Hull, Mitglied der Demokratischen Partei, verfocht in den 30er Jahren eine Politik des »moralistischen Embargos«.*

## 9. OKTOBER

# Deutsche müssen sich zurückziehen

Die 17. deutsche Armee schließt an der Ostfront die Räumung des seit Monaten hart umkämpften Kuban-Brückenkopfes ab.

Die Stellung auf der Taman-Halbinsel war seit Anfang des Jahres gehalten worden, aber ab 7. September trat die deutsche Wehrmacht den Rückzug an. U.a. werden über 200 000 Soldaten, gut 27 000 Zivilisten, mehr als 115 000 t Wehrmachtsgut, über 21 000 Kraftfahrzeuge, 74 Panzer, 1800 Geschütze und 75 000 Pferde auf die Krim überführt.

*Panzer auf dem Vormarsch: Der Roten Armee gelingt es südlich von Welikije Luki die deutschen Heeresgruppen Mitte und Nord zurückzuschlagen.*

## 6. OKTOBER

# Rote Armee erzielt weiteren Erfolg

Um 10 Uhr beginnt eine Offensive der Roten Armee südlich von Welikije Luki, der Nahtstelle der deutschen Heeresgruppen Mitte und Nord.

Die 2. deutsche Luftwaffen-Felddivision des Luftwaffenkorps wird sofort zerschlagen; bei einigen Truppenteilen bricht eine Panik aus. Schon nach wenigen Stunden stürmen die sowjetischen Einheiten durch eine breite Lücke in die Tiefe der deutschen Linien, erobern Newel und zerstören die Eisenbahnverbindung zwischen den Gruppen.

# Verluste für US-Luftwaffe

Bei einem Tagesangriff der 8. US-Luftflotte auf Schweinfurt kommt es zu einer der größten Luftschlachten des gesamten Krieges.

Sie endet mit schweren Verlusten für die angreifenden Flugzeuge; mindestens 60 der 291 gestarteten Bomber werden abgeschossen, 17 gehen über See bzw. über Großbritannien verloren, 121 werden beschädigt. Die deutsche Luftwaffe verliert – die Zahl ist umstritten – vermutlich 50 Jagdflugzeuge. Die Verluste der US-Luftwaffe führen zu einer Verminderung ihrer Tagesangriffe. Erst im Februar 1944 greift sie wieder weit innerhalb des Reiches gelegene Ziele an.

Nach Angaben der »Neuen Zürcher Zeitung« kommen deutsche Jäger »zu Hunderten zum Einsatz«. Die von Westen anfliegenden US-Bomber müssen jenseits von Aachen und bis

*Bombenangriff auf kriegswichtige Industrieanlagen in Schweinfurt: Kugelfischer-Werke, V. K. F. Werke, W. K. P. Werke, Fichtel & Sachs*

zur Rückkehr ohne Begleitjäger fliegen. Schon auf dem Hinweg erleiden sie schwere Verluste; nur 229 Maschinen kommen zum Abwurf. Der Rückflug wird zu einem noch größeren Desaster: Die von den bisherigen Kämpfen schon erschöpften Besatzungen werden von frisch munitionierten und aufgetankten Jägern beschossen. Das gesamte Gefecht dauert drei Stunden. Die deutschen Jäger verfolgen die US-amerikanischen Bombenflugzeuge noch bis zur Kanalküste. Die deut-

sche Presse feiert den offenkundigen Sieg als Aufmacher auf der ersten Seite. Selbst die »Neue Zürcher Zeitung« spricht von dem »absolut wie relativ... bisher größten Erfolg« der deutschen Luftwaffe. Die Verlustziffern der 8. US-Luftflotte waren bis Anfang Oktober noch gering gewesen, seit Anfang des Monats jedoch schon auf bis zu 16% angestiegen. Allerdings kann die Luftabwehr nur auf Kosten einer Schwächung anderer Frontabschnitte gewährleistet werden.

# Badoglio erklärt den Krieg

Italiens Regierung unter Ministerpräsident Pietro Badoglio erklärt dem Deutschen Reich den Krieg. Sie zieht damit die Konsequenz aus den Übergriffen der Wehrmacht auf die italienische Armee nach der Kapitulation Italiens.

In der Note heißt es: »Angesichts der wiederholten und sich steigernden feindseligen Akte, die von den bewaffneten Streitkräften Deutschlands gegen die Italiener begangen wurden, betrachtet sich Italien vom 13. Oktober 4 Uhr nachmittags an als im Kriegszustand mit dem Deutschen Reich befindlich.« Badoglio bietet den USA den Kampf Italiens auf Seiten der Alliierten an, die ihr Einverständnis erklären. Am Tag der Kriegserklärung seines Landes an das Deutsche Reich verzichtet der italienische König Viktor Emanuel III. auf das Führen der Titel »Kaiser von Äthiopien« und »König von Albanien«. Von deutscher Seite wird die Kriegserklärung als Schlussstrich unter den bereits mit dem Abschluss des Waffenstillstands begangenen »Verrat« gewertet.

## Neue Flugzeuge für den Luftwaffenbedarf

Die Junkers Flugzeug- und Motorenwerke AG in Dessau stellen auch in diesem Jahr neue Maschinen vor.
In Fritzlar startet der Prototyp Ju 352 V-1, ein Transportflugzeug, dessen Tragflächen aufgrund des herrschenden Aluminiummangels aus Holz bestehen. Die Ju 390 V-1 (s. Abb.), die

am 21. Oktober ihren Erstflug absolviert, ist als Langstreckenbomber entwickelt worden, stößt aber auch bei der Lufthansa auf Interesse. Anfang des Jahres hatten die Konstrukteure in Dessau mit der Entwicklung eines mehrstrahligen Düsenbombers, der Ju 287, begonnen.

## Stärkster Panzer des Krieges wird getestet

Der Prototyp des »Tiger II«, des deutschen Panzerkampfwagens VI »Königstiger«, wird erprobt.
Er gilt als der am besten gepanzerte und feuerstärkste Panzer des Krieges. Sein Gewicht beträgt 68 t; bei einer Höchstgeschwindigkeit von 38 km/h hat er einen Fahrbereich von 110 km.

Er ist mit einer 8,8-cm-Kanone und zwei 7,92-mm-Maschinengewehren ausgerüstet und hat eine fünfköpfige Besatzung. Der »Tiger II«, Nachfolgemodell des seit Anfang des Jahres in Afrika und an der Ostfront eingesetzten »Tiger I« (s. Abb.), geht ab 1944 in Serienproduktion.

*In der Nähe von Al Alamain: Angehörige der britischen Luftwaffe warten auf ihren Einsatz; dieses Foto stammt von Cecil Beaton, der als offizieller Fotograf der Royal Air Force seit 1941 im Nahen Osten tätig ist.*

*US-amerikanische Soldaten vor Neapel; Robert Capa nahm dieses Foto als »Life«-Korrespondent am 30. September auf; Capa war außerdem Kriegsreporter in Spanien (1936) sowie bei der japanischen Invasion in China (1937).*

## Kriegsfotografie als Spiegel

**Die internationale Popularität der Kriegsfotografie ist vor allem eine Folge der Verbreitung der Illustrierten, die weltweit eine große Schar von Lesern besitzen.**

Deren Interesse am Frontalltag der männlichen Familienangehörigen und Bekannten befriedigen die Kriegsfotografen aus allen in die militärischen Auseinandersetzungen verwickelten Staaten. Die Rücksichtnahme auf die Bedürfnisse der Leser spiegelt sich in der unterschiedlichen Art der Bildreportagen der Achsenmächte einerseits und der Alliierten andererseits wider. Die deutsche Leser-

**Berühmte Kriegsfotografen**
Stilbedingt finden sich die Namen bedeutender Kriegsfotografen vor allem in den Reihen der Bildreporter auf alliierter Seite.
Für das US-amerikanische Magazin »Life« fotografieren in Europa der schon während des Spanischen Bürgerkrieges bekannt gewordene Robert Capa und Margaret Bourke-White, deren Bilder aus dem Konzentrationslager Buchenwald 1945 das ganze Ausmaß des Grauens der NS-Gewaltherrschaft dokumentieren.
Der britische Fotograf Cecil Beaton bereist im Auftrag des Informationsministeriums in London die Kriegsschauplätze in Indien, China und Afrika. Von den sowjetischen Fotografen sind u.a. Max Wladimir Alpert und Boris W. Ignatowitsch zu erwähnen.

schaft soll nach dem Wunsch des Reichspropagandaministeriums vor allem Fotos sehen, mit denen die Siege der deutschen Wehrmacht gewürdigt werden. Das wahre, grausame Gesicht des Krieges, mit dem die Soldaten tagtäglich konfrontiert werden, wird verschwiegen.
Die Bildberichterstatter im Dienste der alliierten Presse haben demgegenüber keinen Grund, den Krieg zu beschönigen. Großbritannien, die USA und die UdSSR kämpfen in einem harten Verteidigungs- bzw. Befreiungskrieg; die Zeitungsleser sollen einen realistischen Eindruck vom Krieg erhalten.

*1. Reihe v.l., sitzend: Chiang Kai-shek, Franklin D. Roosevelt, Winston S. Churchill und die Frau Chiang Kai-sheks*

22. NOVEMBER

# Kairoer Konferenz über Krieg in Asien

US-Präsident Franklin D. Roosevelt, der britische Premierminister Winston Churchill und der Präsident der chinesischen Republik, Marschall Chiang Kai-shek, nehmen in Kairo fünftägige Beratungen über das weitere gemeinsame Vorgehen im Krieg gegen Japan im südostasiatischen Raum auf (→ S. 293).

Die wesentlichen Ergebnisse der Besprechungen werden in einem gemeinsamen Abschlusskommuniqué festgehalten; darin heißt es u.a.: »Ziel

*Churchill und Frau Chiang am Rande der Kairoer Konferenz*

der drei verbündeten Mächte ist es, Japan zur Herausgabe aller Inseln im

Pazifik zu zwingen, die es seit dem Beginn des Ersten Weltkriegs von 1914 sich angeeignet oder besetzt hat. Die drei alliierten Mächte sind auch entschlossen, die Republik China wieder in den Besitz aller Gebiete zu setzen, die Japan ihr entrissen hat, wie die Mandschurei, Formosa [Taiwan] und die Pescadores-Inseln. Außerdem werden sie Japan zur Räumung aller Territorien zwingen, die es durch Gewaltanwendung in seinen Besitz gebracht hat. Im Hinblick auf die Unterdrückung und Versklavung des koreanischen Volkes sind die drei Mächte entschlossen, die Freiheit und Unabhängigkeit Koreas... wieder aufzurichten.

Zur Erreichung dieser Ziele werden die drei Mächte in Gemeinschaft mit den Mitgliedern der Vereinten Nationen, die sich im Krieg mit Japan befinden, den Krieg weiterführen ohne Rücksicht auf Schwierigkeiten und die Dauer, bis Japan die bedingungslose Kapitulation anbietet.«

Die Konferenz von Kairo ist notwendig geworden, da es zwischen Washington und der chinesischen Nationalregierung in Tschungking Auseinandersetzungen über strategische Fragen und über die Verwendung der US-amerikanischen Kriegshilfe gibt. Der US-amerikanische General Joseph W. Stilwell, Stabschef von Chiang Kai-shek, wirft Chiang vor, die US-Gelder für sich selbst statt für den Krieg auszugeben.

*1. Reihe v.l.: Marschall Chiang Kai-shek, US-Präsident Roosevelt und der britische Premierminister Winston S. Churchill mit ihren Militärberatern*

1. NOVEMBER

# Japan bemüht sich um Befreierimage

Auf Initiative der japanischen Regierung beginnt in Tokio eine Großostasienkonferenz unter Beteiligung von Delegierten aus Mandschukuo, Thailand, Birma, den Philippinen, Indien und Nanking-China.

Ministerpräsident Hideki Todscho und Außenminister Mamoru Schigemitsu legen den Teilnehmern den Plan einer »Großostasiatischen Wohlstandssphäre« vor, in der die Hegemonialmacht Japan die Rolle eines Vorkämpfers der südostasiatischen Länder gegen den europäischen Kolonialismus übernimmt. Die japanische Politik in den besetzten Gebieten zielt auf eine Förderung der einheimischen Unabhängigkeitsbewegungen ab. Entsprechend dieser Maxime wurde Birma Anfang August für unabhängig erklärt, Mitte Oktober folgten die Philippinen. Kurz darauf wurde auch die Bildung der Regierung Freies Indien unterstützt.

9. NOVEMBER

# UN-Organisation für Wiederaufbau

Vertreter von 44 Staaten unterzeichnen in Washington ein Abkommen über die Errichtung der Organisation United Nations Relief and Rehabilitation Administration (UNRRA).

Die UNRRA, die Hilfs- und Wiederaufbauorganisation der Vereinten Nationen, soll der Unterstützung derjenigen Gebiete dienen, die unter der Herrschaft der Vereinten Nationen stehen (UN) – einschließlich derer, die von deutscher oder japanischer Herrschaft befreit wurden. Der Vertrag sieht die Hilfeleistung an die Kriegsopfer durch Lieferung von Nahrung, Brennmaterial, Kleidung, Obdach, Medikamenten und anderen dringend benötigten Gütern vor; zugleich soll für eine gerechte Verteilung der vorhandenen Mittel gesorgt werden. Die Tätigkeit der UNRRA ist in umkämpften Gebieten von der Zustimmung der Militärs abhängig, innerhalb der UN-Mitgliedsstaaten von Regierungsgenehmigungen.

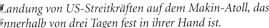

Landung von US-Streitkräften auf dem Makin-Atoll, das innerhalb von drei Tagen fest in ihrer Hand ist.

Gefallene japanische Soldaten und herumliegende Trümmer zeugen von den erbitterten Kämpfen auf Tarawa.

---

## 3. NOVEMBER

### Hitler fürchtet Front im Westen

Hitler erteilt dem Oberkommando der deutschen Wehrmacht seine letzte strategische Weisung; darin heißt es unter anderem:

»Der harte und verlustreiche Kampf... gegen den Bolschewismus hat die Masse unserer militärischen Kräfte... aufs äußerste beansprucht. Dies entsprach der Größe der Gefahr und der Gesamtlage... Die Gefahr im Osten ist geblieben, aber eine größere im Westen zeichnet sich ab: die angelsächsische Landung! Im Osten lässt die Größe des Raumes äußersten Falles einen Bodenverlust auch größeren Ausmaßes zu, ohne den deutschen Lebensnerv zu treffen. Anders der Westen! Gelingt dem Feind hier ein Einbruch in unsere Verteidigung in breiter Front, so sind die Folgen in kurzer Zeit unabsehbar...

Ich kann es daher nicht mehr verantworten, dass der Westen zugunsten anderer Kriegsschauplätze weiter geschwächt wird. Ich habe mich daher entschlossen, seine Abwehrkraft zu verstärken, insbesondere dort, von wo aus wir den Fernkampf gegen England beginnen werden... Nur stärkster Ausbau, der unter Anspannung aller... Kräfte... aufs Höchste zu steigern ist, kann in der kurzen... Zeit unsere Abwehr an den Küsten stärken.«

---

## 1. NOVEMBER

# Erfolgreiches »Inselspringen«

14 321 Mann der 3. US-Marinedivision landen am Kap Torokina auf der Salomoninsel Bougainville. Ziel der Operation ist es, einen Sprung in Richtung auf den japanischen Stützpunkt Rabaul auf der Nachbarinsel Neubritannien zu machen.

Das Landungsunternehmen stößt zunächst auf keinen nennenswerten Widerstand. Nach erfolglosen Luftangriffen von Rabaul aus laufen die verfügbaren Schiffe der 8. japanischen Flotte zum Angriff auf die Landungseinheiten der US-Marine aus. In der Nacht zum 2. November treffen die 5. japanische Kreuzerdivision und die US-Task Force 39 in der Kaiserin-Augusta-Bucht aufeinander. Nach einstündigem Gefecht müssen die durch gegnerische Treffer und Kollisionen innerhalb ihres Verbandes dezimierten japanischen Schiffe den Rückzug antreten, ohne sich zu den US-amerikanischen Transportschiffen durchgekämpft zu haben. Am 20. November gelingt den US-Streitkräften eine weitere erfolgreiche Operation; rund 25 000 Mann gehen auf den Gilbertinseln Makin und Tarawa an Land. Am 23. November sind beide Inseln in Händen der Amerikaner, insbesondere auf Tarawa stoßen die Angreifer jedoch auf starken japanischen Widerstand. Bis zum 28. November werden die restlichen Inseln des Atolls und das benachbarte Abemama besetzt.

---

## 6. NOVEMBER

### Kiew wieder in russischer Hand

Die seit dem 19. September 1941 von deutschen Truppen besetzte ukrainische Hauptstadt Kiew wird von der Roten Armee in einer der bedeutendsten Operationen des Feldzugs zurückerobert.

Die Rote Armee hatte in den letzten Wochen einige tausend Geschütze vor Kiew in Stellung gebracht. Die Artillerie war infolge genauester Spionagefotos über die deutschen Verteidigungsanlagen bestens informiert. Am Tag des Angriffs zeigen sich die deutschen Einheiten gänzlich desorganisiert und treten fluchtartig den Rückzug nach Westen an. Die

Held der Roten Armee in Kiew: der sowjetische General N. Vatutin (r.)

Tausende von Bewohnern Kiews, die vor den deutschen Besatzern geflohen waren, können nach zwei Jahren endlich in ihre Heimatstadt zurückkehren.

sowjetischen Verbände können ihren Vormarsch im Eiltempo fortsetzen und in den nächsten Tagen eine Ortschaft nach der anderen westlich von Kiew einnehmen. Kiew ist eine der größten Städte der Sowjetunion (1939: 847 000 Einwohner) und eines der bedeutendsten Industrie- und Kulturzentren des Landes. Während das Umland überwiegend landwirtschaftlich genutzt wird, konzentriert sich in Kiew insbesondere die Metallverarbeitung. Die Ende des 10. Jahrhunderts zur Stadt ausgebaute Siedlung war im 11./12. Jahrhundert Residenz des Kiewer Reichs, der ersten Territorialherrschaft auf russischem Boden. 1051 wurde hier das älteste russische Kloster gegründet. Im Ersten Weltkrieg war die Stadt schon einmal von Deutschen besetzt.

*Vorn, v.l.: Josef W. Stalin, Franklin D. Roosevelt, Winston Churchill; hinter Churchill der britische Außenminister Eden und Churchills Tochter*

*Die Konferenzteilnehmer in Teheran mit ihren Militärberatern; die Koordinierung der militärischen Operationen steht im Vordergrund der Konferenz.*

---

**28. NOVEMBER**

# Gemeinsame Konferenz der »Großen Drei«

US-Präsident Franklin D. Roosevelt, der britische Premierminister Winston Churchill und der sowjetische Staatschef Josef W. Stalin treffen in Teheran zur ersten gemeinsamen Konferenz zusammen.

Bis zum 1. Dezember beraten sie über die Koordination der militärischen Operationen und über die territorialen Neuregelungen in Mittel- und Osteuropa nach Kriegsende.

Churchill und Roosevelt unterrichten Stalin über ihren in Washington (→ S. 286, 314) gefassten Beschluss zur Invasion in Frankreich. Damit kommen sie der von Stalin seit Sommer 1941 geforderten zweiten Front in Europa entgegen (→ S. 190).

Churchill hatte noch im Juni 1942 von Roosevelt die Verzögerung der Großinvasion verlangt, der er erst nach einer Schwächung der deutschen Truppen zustimmen könne. Roosevelt, der auf die militärische Unterstützung der Sowjetunion gegen Japan und auf Erhaltung der alliierten Koalition abzielt, setzt gemeinsam mit Stalin in Teheran den Beginn der alliierten Operation endgültig für Mai 1944 fest (→ S. 392). Stalin sagt im Gegenzug eine Offensive gegen die Wehrmacht zu, um möglichst starke deutsche Kräfte im Osten zu binden. Darüber hinaus erklärt er sich zum Eintritt der UdSSR in den Krieg der USA gegen Japan nach der Niederlage des Deutschen Reiches bereit.

Über die Aufteilung des deutschen Staatsgebiets nach Kriegsende kommt trotz prinzipieller Einigung der »Großen Drei« noch kein endgültiger Beschluss zustande. Roosevelt schlägt die Bildung von fünf autonomen Staaten vor, Churchill plädiert für eine Abtrennung Preußens vom übrigen Reich und den Zusammenschluss der südlichen Landesteile mit Österreich und Ungarn zu einer sog. Donauföderation.

Der Kremlchef setzt einen sowjetisch-polnischen Grenzverlauf in Anlehnung an die sog. Curzon-Linie von 1920 durch. Polen soll mit deutschen Gebieten bis zur Oder-Neiße-Linie entschädigt werden. Der Raum Bialystok soll an Polen fallen, die UdSSR will dafür den nördlichen Teil Ostpreußens. Die polnische Exilregierung in London versucht bereits seit Beginn des Jahres, sich gegen die territorialen Forderungen Stalins zur Wehr zu setzen – sie blieb aber mit ihren Bemühungen die alten Grenzen beizubehalten erfolglos.

---

**ZITAT**

## Siegeszuversicht und Hoffnung auf Frieden

*Das Abschlusskommuniqué der Konferenz von Teheran, unterzeichnet von dem US-amerikanischen Präsidenten Franklin Delano Roosevelt, dem britischen Premierminister Winston Churchill und dem sowjetischen Staatschef Josef W Stalin, lautet im Wesentlichen wie folgt:*

»Wir... sind in der Hauptstadt des mit uns verbündeten Iran für vier Tage zusammengetroffen und haben unsere gemeinsame Politik neu festgelegt und bestätigt. Wir gaben unserer Entschlossenheit Ausdruck, dass unsere Nationen sowohl im Krieg wie auch in dem darauf folgenden Frieden zusammenarbeiten werden. Unsere militärischen Stäbe führten gemeinsame Besprechungen über die Kriegsführung und wir haben Pläne für die Vernichtung der deutschen Streitkräfte vereinbart. Wir haben eine vollständige Einigung über den Umfang und den Zeitpunkt der Operationen erreicht, die von Osten, Süden und Westen her unternommen werden sollen... Das Einvernehmen, das wir erreicht haben, bietet Gewähr dafür, dass der Sieg unser sein wird. Was den Frieden angeht, so sind wir davon überzeugt, dass er durch unsere Einigkeit zu einem Dauerfrieden werden wird. Wir anerkennen voll und ganz die auf uns und allen Vereinten Nationen ruhende höchste Verantwortung dafür, dass ein Frieden geschlossen wird, der vom guten Willen der überwältigenden Massen der Völker der Welt getragen wird und das Gespenst des Krieges für viele Generationen verbannt. Mit unseren diplomatischen Ratgebern haben wir die Probleme der Zukunft beraten. Wir werden die Mitarbeit und die aktive Teilnahme aller Nationen, klein und groß, suchen, deren Völker wie unsere eigenen Völker mit Herz und Kopf für die Beseitigung der Tyrannei und Sklaverei der Unterdrückung und Intoleranz eintreten.

Wir werden sie willkommen heißen, wenn sie in die Weltfamilie der Vereinten Nationen einzutreten wünschen. Keine Macht auf Erden kann uns daran hindern, die deutschen Armeen zu Lande, die deutschen U-Boote zur See und die deutschen Rüstungsfabriken aus der Luft zu vernichten. Unsere Angriffe werden unbarmherzig sein und immer stärker werden. Nach diesen freundschaftlichen Besprechungen sehen wir mit Zuversicht der Zeit entgegen...
Teheran, 1. Dezember 1943«

*Der sowjetische Marschall Kliment J. Woroschilow zeigt Präsident Roosevelt eine Auszeichnung, die er als Mitglied des Oberkommandos erhalten hat.*

*Winston Churchill (M.) feiert in Teheran seinen 69. Geburtstag; neben ihm US-Präsident Franklin Delano Roosevelt (l.) und Josef W. Stalin (r.).*

---

## HINTERGRUND

# Protokoll der Teheran-Konferenz

In zahlreichen gemeinsamen Sitzungen können die alliierten Kriegsgegner Deutschlands Übereinstimmung in einigen wesentlichen Punkten erzielen.

**26. 11.:** Am Abend trifft der sowjetische Staatschef Josef W. Stalin in Teheran ein.

**27. 11.:** Die per Flugzeug aus Nordafrika anreisenden britischen und US-amerikanischen Delegationen kommen am Nachmittag in der iranischen Hauptstadt an.

**28. 11.:** US-Präsident Franklin Delano Roosevelt stattet Stalin einen ers-

ten Besuch in der sowjetischen Botschaft ab. Um 16.30 Uhr beginnt die erste dreistündige Vollsitzung der Konferenz. Anschließend speisen die drei Staats- bzw. Regierungschefs im Kreise ihrer Delegationen und setzen mit ihnen die Arbeit fort. Der britische Premierminister Winston Churchill arbeitet die ganze Nacht durch an einem ersten Bericht über das Treffen an das Kabinett in London.

**29. 11.:** Churchill gibt einen Lunch, an dem u. a. sein Außenminister Robert Anthony Eden teilnimmt. Anschließend überreicht er Stalin im

Namen von König Georg VI. feierlich den Orden »Schwert von Stalingrad«. Nachmittags wird die Vollkonferenz fortgesetzt; Churchill kehrt erst nach Mitternacht in die britische Botschaft zurück und konferiert noch bis in die frühen Morgenstunden mit Außenminister Eden.

**30. 11.:** Die Delegationen setzen ihre internen Beratungen fort. Churchill stattet Schah Mohammed Ersah Palazzi einen Besuch ab und begibt sich dann zu einer kurzen Besprechung in die russische Botschaft. Am Nachmittag treffen erneut Churchill, Roosevelt und Stalin für rund drei Stunden zusammen. Am Abend findet ein Bankett anlässlich des 69. Geburtstages von Churchill statt; neben Roosevelt und Stalin nehmen daran die höchsten Mitglieder aller Delegationen sowie Kinder von Churchill und Roosevelt teil.

**1. 12.:** Morgens nimmt Churchill eine Parade der britischen Truppen ab. Danach finden weitere Vollsitzungen statt. Mittags empfängt Stalin den iranischen Ministerpräsidenten Al Zohaili und besucht anschließend den Schah. Am Nachmittag versammeln sich Churchill, Roosevelt und Stalin sowie die führenden Diplomaten aller drei Staaten, um das Abschlusskommuniqué zu unterzeichnen. Am Abend findet ein Abschiedsdiner statt.

*Empfang in der sowjetischen Botschaft: Marschall Stalin (in heller Uniform) und Premierminister Churchill salutieren zu den Hymnen.*

---

## 28. NOVEMBER

# Werben um Stalin endet erfolgreich

Die Konferenz von Teheran ist das erste Zusammentreffen aller drei führenden Staatsmänner der wichtigsten Kriegsgegner des Deutschen Reiches und seiner Verbündeten.

Damit sind die Bemühungen des britischen Premiers Winston Churchill und des US-amerikanischen Präsidenten Franklin Delano Roosevelt, den sowjetischen Staatschef Josef W. Stalin in ihre strategischen Besprechungen einzubeziehen, erfolgreich.

Bereits zur Konferenz von Casablanca (→ S. 250) war Stalin eingeladen worden, hatte sich jedoch als in Moskau unabkömmlich entschuldigt. Auch bei ihrem Treffen in Washington (→ S. 286) blieben die Westalliierten noch unter sich. Von Quebec aus erneuerten Roosevelt und Churchill ihre Einladung an Stalin, der zwar absagte, aber ein Treffen der Außenminister ihrer drei Staaten anregte und seine Bereitschaft zu einem Gipfel signalisierte. Die Außenministerkonferenz begann am 19. Oktober (→ S. 335) in Moskau und bereitete den Boden für die Besprechungen der Regierungschefs in Teheran. In die Beratungen werden auch Chiang Kai-shek und die neutrale Türkei einbezogen, Ankara soll ebenfalls zum Kriegseintritt an der Seite der Alliierten bewogen werden. Die jugoslawischen Partisanen unter Josip Broz Tito werden unterstützt.

29. NOVEMBER

## Tito Präsident des Nationalkomitees

Im Rahmen der vom 26. November bis zum 3. Dezember in Jajce stattfindenden zweiten Tagung des Antifaschistischen Rates der Volksbefreiung Jugoslawiens wird ein Nationalkomitee unter der Leitung von Josip Tito gebildet, das mit den Aufgaben eines vorläufigen Kabinetts betraut wird.

Tito wird außerdem zum Marschall ernannt. In seiner Ansprache vor dem Antifaschistischen Rat blickt Tito auf die bisherige Widerstandsarbeit zurück und hält vier Phasen

---

### Titos Weg zum Partisanenführer

Josip Broz Tito wurde am 7. Mai 1892 im kroatischen Kumroveć geboren. 1910 wurde er Sozialdemokrat. 1915 geriet er als Soldat der österreichisch-ungarischen Armee in russische Kriegsgefangenschaft und diente nach 1917 in der Roten Armee. 1920 trat er der Kommunistischen Partei Jugoslawiens (KPJ) bei. 1928 wurde er verhaftet und emigrierte 1934. 1936 bis 1938 kämpfte er im Spanischen Bürgerkrieg auf seiten der Republikaner. 1937 wurde er Generalsekretär der KPJ. Seit 1941 führt er die kommunistische Partisanenbewegung Jugoslawiens.

---

des jugoslawischen Befreiungskampfes fest: 1. Kapitulation Jugoslawiens gegenüber den Achsenmächten (→ S. 112) und Beginn des Widerstands durch Bildung zahlreicher Partisanenabteilungen, 2. Entwicklung der Partisanenabteilungen zu regulären militärischen Einheiten und Schaffung des Volksbefreiungsheeres Jugoslawien, 3. Gründung des Antifaschistischen Rats (→ S. 229), 4. Umwandlung des Antifaschistischen Rats in eine höchste gesetzgebende Körperschaft und Bildung des Nationalkomitees als provisorische Regierung für die von den Deutschen befreiten Gebiete Jugoslawiens.

Zu diesem Zeitpunkt ist mehr als die Hälfte Jugoslawiens unter der Kontrolle der Partisanen. Bislang gab es aber keine neue Regierung. Am 15. Dezember erkennt die UdSSR das Nationalkomitee als einzige Regierung Jugoslawiens an.

*Bombardierte Industriekomplexe (mit Nummern versehen) in den Berliner Stadtteilen Charlottenburg und Moabit*

18. NOVEMBER

# Bombenhagel über Berlin

**Die britische Luftwaffe beginnt in der Nacht vom 18. zum 19. November mit dem ersten einer Reihe von fünf schweren Großangriffen auf die Reichshauptstadt Berlin.**

Bis zum 3. Dezember werfen 2212 Maschinen über 8600 t Spreng- und Brandbomben auf die Stadt; mehr als 2700 Menschen werden getötet, 250 000 werden obdachlos.

Zwei Wochen vor diesem massiven Angriff auf die Reichshauptstadt hatte Arthur Travers Harris, Marschall der Royal Air Force, erklärt: »Wir können Berlin von einem Ende bis zum anderen in Trümmer legen... Es wird uns 400 bis 500 Flugzeuge, aber Deutschland den Krieg kosten«.

Die diesjährigen Bombenangriffe auf die Reichshauptstadt hatten in der Nacht vom 16. auf den 17. Januar begonnen und u.a. die Deutschlandhalle zerstört. In der folgenden Nacht kamen die nächsten Maschinen und trafen vor allem das Dahlemer Villenviertel.

In der Nacht vom 1. zum 2. März erlebte Berlin den bis dahin schwersten Luftangriff; 711 Menschen starben, 35 000 wurden obdachlos, 875 Häuser zerstört, 570 schwer beschädigt. Erstmals setzen die Briten Brandbomben in Kombination mit sog. Wohnblockknackern (1 800-kg-Bomben) ein. Weitere Angriffe folgten in den Nächten vom 27. zum 28. und vom 29. zum 30. März.

*Von Großbritannien aus bewegen sich Geschwader von US-amerikanischen »Flying Fortresses« (»Fliegende Festungen«) auf Ziele in Deutschland zu.*

# Lebensmittelversorgung trotz Rationierung hinreichend

Die Ernährung der Bevölkerung im Deutschen Reich unterliegt zwar staatlicher Bewirtschaftung, aber es kommt nicht zu so dramatischen Versorgungsengpässen wie etwa während des Ersten Weltkriegs.

Dies liegt nicht an einer wesentlichen Steigerung der landwirtschaftlichen Produktion, sondern an einer bereits im Jahr 1939 weit entwickelten Vorratsbildung und an der freiwilligen oder erzwungenen Lieferung von Nahrungsmitteln aus den besetzten Gebieten; die Importe aus diesen Ländern machen 8 bis 12% der deutschen Grundversorgung aus.

**Kartoffel Grundnahrungsmittel:** Die tägliche Kalorienversorgung liegt mit knapp 2000 Einheiten pro Tag zwar unter dem normalen Bedarf (2300 kcal), aber immer noch über dem Existenzminimum. Der Jahresverbrauch pro Kopf (in kg) beträgt bei Brot 131,2, bei Fleisch 18,8, bei Fett 11,6, bei Kartoffeln 168, bei Zucker 16,5 und bei Kaffee-Ersatz 3,3. Die Bedeutung der Kartoffel im Speiseplan soll nach dem Wunsch des Staatssekretärs im Reichsministerium für Ernährung und Landwirtschaft, Herbert Backe, weiter wachsen; um den Nährwertverlust auszugleichen, der innerhalb der Nahrungskette durch die Verfütterung von Kartoffeln in der Schweine- und Geflügelhaltung entsteht, sollen diese lieber direkt auf den Tisch kommen. Auch die Schweiz führt im Frühjahr einen Großversuch mit Kartoffelbrot durch. In der britischen Landwirtschaft werden neue, besonders effektive Maschinen für das Pflanzen und Ernten von Kartoffeln entwickelt.

In der deutschen Bevölkerung werden Stimmen laut, die sich über die minderwertige Qualität des Brotes beklagen. Nachdem zu Anfang des Krieges dem Mehl Kartoffelerzeugnisse beigemischt worden waren, wird das Brot seit Herbst 1942 mit Gerstenmehl gestreckt.

**Kein Sauerkrautmangel:** Obst und Gemüse werden als wertvolle Ergänzung zu den offiziellen Rationen und als wichtiges Ausweichnahrungsmittel stark konsumiert. Die Bevölkerung im Deutschen Reich wird von staatlicher Seite zur Steigerung der Selbstversorgung aufgerufen; jeder verfügbare Gartenwinkel soll – ebenso wie zahlreiche öffentliche Parkanlagen – entsprechend bepflanzt werden. Die Verfügbarkeit von Konserven ist aufgrund des Mangels an Weißblech sehr begrenzt. Die Bevorratung erfolgt daher unter Zuhilfenahme von Trocknung oder durch Einkochen.

Unter der Überschrift »Sauerkraut-Kampagne in vollem Gang« widmen sich die »Münchner Neusten Nachrichten« vom 5. November dem bekanntesten Gemüse der deutschen Küche: »Bei den Sauerkrautfabriken herrscht Hochkonjunktur. Die Kampagne 1943 ist in vollem Gang. In jedem bäuerlichen Haushalt sind Hausfrau, Töchter und Mägde mit dem Einschneiden und Einsäuern dieses beliebten Nahrungsmittels beschäftigt. Nach einer Anordnung der Hauptvereinigung der Deutschen Gartenbauwirtschaft werden die Großhersteller von Sauerkraut gehalten, bis zum 31. Dezember dieses Jahres wieder alle Fässer und Vorratsmöglichkeiten bis zum Äußersten zu füllen. Zwar ist das Ernteergebnis an Krautköpfen heuer nicht ganz so gesegnet wie 1942. Doch wird jede deutsche Familie und vor allem jeder deutsche Soldat in diesem Winter seine beliebten Sauerkrautgerichte essen können.«

**Verzicht auf Süßwaren:** Der deutschen Süßwarenindustrie bringen die Kriegsjahre nur magere Erträge. Kakaohaltige Rohstoffe, die zur Herstellung von Schokolade benötigt werden, sind Mangelware; zudem werden bereits seit 1941 aus dieser Branche viele Arbeitskräfte in kriegswichtige Wirtschaftszweige abgezogen.

**Einfachbier setzt sich durch:** Die deutschen Brauereien bringen zu Beginn des Jahres ein sog. Einfachbier, eine dunkle Sorte, auf den Markt. Unter den einheimischen Biertrinkern findet die neue Marke zunächst keinen besonderen Anklang; dafür werden mit den Kantinen der Zwangsarbeiterlager neue »Absatzmärkte« erschlossen. Zudem kommt dem Einfachbier bald auch ein psychologisches Moment zugute: Die Verbraucher vermuten in ihm aufgrund seiner dunklen Färbung höhere Nährwerte als im Hellen; offenbar wirkt hier der alte Ruf des Malzbiers als Nährstoff mit.

**Qualitätswein geerntet:** Die diesjährige Weinernte erbringt allgemein den besten Kriegsjahrgang; im Deutschen Reich bleibt zwar die Erntemenge hinter dem Vorjahr zurück, aber die Mostgewichte liegen höher als im Jahr 1942. Besonders zu loben ist der weiße Burgunder. Die deutsche Sektindustrie kann ihr Umsatzniveau aus den Vorjahren ungefähr halten; weiterhin bleibt Schaumwein jedoch nur sehr begrenzt verfügbar.

**Coca-Cola in den Vereinigten Staaten kriegswichtig:** Coca-Cola, das weltbekannte Erfrischungsgetränk und – wie ein Werbespruch sagt – vielleicht sogar mehr, gilt in den Vereinigten Staaten offiziell als wichtig für die Kriegswirtschaft. Die Flaschen werden wie ein Teil des militärischen Nachschubs behandelt; 163 technische Beauftragte, die »Coca-Cola-Colonels«, sorgen dafür, dass alle Fronten mit dem prickelnden braunen Saft versorgt werden. Am 29. Juni bestellt General Dwight D. Eisenhower per Telegramm zehn neue Abfüllstationen für Nordafrika; innerhalb weniger Monate entsteht in Algier die erste Coca-Cola-Niederlassung auf dem Schwarzen Kontinent – der Vorläufer von insgesamt 64 Abfüllfabriken, die während des Krieges im Auftrag der Army nach Übersee verschifft werden. Die US-amerikanischen Streitkräfte trinken im Laufe des Krieges mehr als 5 Mrd. Cokes.

Ein junger Sergeant schreibt darüber seinen Eltern aus Fernost: »Es sind die kleinen Dinge, für die der einzelne Soldat kämpft oder nach denen er sich sehnt. Das ist die Freundin zu Hause, das kühle Coke im Drugstore oder die Musikbox und das Sommerwetter.«

*»Gemeinnutz geht vor Eigennutz« – sparsame Gemeinschaftsküchen*

## Schlachtschiff »Scharnhorst« am Nordkap versenkt

Die »Scharnhorst«, eines der schwersten Kriegsschiffe der deutschen Flotte, wird am 26. Dezember bei einer Operation gegen einen alliierten Geleitzug nordöstlich des Nordkaps versenkt.

1803 Seeleute finden den Tod. Das am 7. Januar 1939 in Dienst gestellte Schiff hatte 31 850 BRT, war bis zu 31,5 Knoten schnell und trug eine Besatzung von bis zu 1840 Mann; sie war ausgerüstet mit neun 28-cm- und zwei 15-cm-Geschützen sowie vierzehn 10,5-cm-Flak und sechs Torpedorohren. Die »Scharnhorst« war u.a. 1940 an der Versenkung des britischen Flugzeugträgers »Glorious« vor Norwegen und 1941 an verschiedenen Operationen gegen Geleitzüge beteiligt.

*Die »Duke of York« ist an der Versenkung beteiligt.*

*Die »Scharnhorst« in einem norwegischen Fjord*

## Himmler sucht USA-Kontakte

Reichsinnenminister Heinrich Himmler fasst den Entschluss, in Schweden mit einem Vertreter der Regierung in Washington zu sprechen.

Er will die Möglichkeiten von Friedensverhandlungen zwischen dem

Heinrich Himmler, 1900 in München geboren, nahm am Hitler-Putsch 1923 teil, wurde 1929 Reichsführer SS und ist verantwortlich für die Errichtung des gesamten Systems der Konzentrations- und Vernichtungslager, seit August ist er auch Innenminister.

Deutschen Reich und den Vereinigten Staaten sondieren. Der Kontakt kommt jedoch nicht zustande, da der Beauftragte der US-Regierung Schweden bereits wieder verlassen hat. Genau einen Monat zuvor hatte der Chef des Geheimdienstes, Walter Schellenberg, im Auftrag Himmlers in Stockholm den Kontakt zu dem Mittelsmann der USA hergestellt.

## NS-Führungsstab für Wehrmacht

Aufgrund eines Erlasses Adolf Hitlers wird beim Oberkommando der Wehrmacht ein NS-Führungsstab eingerichtet.

Er soll eine verstärkte »politisch-weltanschauliche Führung und Erziehung der Truppe« im Sinne der ideologischen Linie der NSDAP gewährleisten. Die NS-Führungsoffiziere lösen die bisherigen Offiziere für »wehrgeistige Führung« ab. Der Hitler-Erlass weist dem Chef des NS-Führungsstabes die Aufgabe zu, »dafür zu sorgen, dass die für die Truppe notwendige politische Willensbildung und Aktivierung sichergestellt wird. Hierzu vermittelt er das... politisch-weltanschauliche Gedankengut und die erforderlichen Hilfsmittel.« Die Einrichtung dient vor allem der Überwachung und Zerschlagung des wachsenden Widerstands gegen das Regime in Offizierskreisen.

# Bomben auf norddeutsche Städte

1462 Flugzeuge der 8. und 9. US-Luftflotte fliegen ihren bislang schwersten Tagesangriff gegen norddeutsche Städte.

Der alliierte Luftkrieg über dem Deutschen Reich dauert auch im letzten Monat des Jahres unvermindert an. In der Nacht vom 2. auf den 3. Dezember warfen 401 britische Bomber knapp 1700 t Bomben auf Berlin und schlossen damit eine am 18. November (→ S. 339) begonnene Serie von Großangriffen gegen die Reichshauptstadt ab. In der folgenden Nacht bombardierte die Royal Air Force Leipzig; 1182 Menschen fanden bei diesem britischen Angriff den Tod. Am 11. Dezember flog die US-Luftwaffe einen Angriff auf die norddeutsche Stadt Emden. Am 15. Dezember richten US-Bomber von ihren Stützpunkten in Nordafrika aus einen schweren Angriff gegen

Innsbruck, wo es 281 Tote und über 500 Verletzte gibt. Am folgenden Tag ist Bremen das Ziel der US-Luftflotte.

In der Nacht vom 16. auf den 17. Dezember werfen britische Bomber erneut Bomben auf Berlin.

*Beim 122. Luftangriff der Alliierten auf Bremen, am 20. Dezember, wird auch die Börse am Markt getroffen; Ansicht von der Wachtstraße aus.*

## 1. DEZEMBER

# Höß verlässt Auschwitz

SS-Hauptsturmführer Rudolf Höß, bis zum 9. November Kommandant des Konzentrationslagers Auschwitz, tritt sein neues Amt als Chef der Politischen Abteilung der Inspektion der Konzentrationslager im Wirtschaftsverwaltungshauptamt der Schutzstaffel (SS) an.

Er löst damit SS-Obersturmbannführer Arthur Liebehenschel ab, der seinerseits Höß' Position in Auschwitz übernimmt.

Höß, am 25. November 1900 als Sohn frommer katholischer Eltern in Baden-Baden geboren, schloss sich nach dem Ersten Weltkrieg einem Freikorps an. 1923 war er in einen Fememord verwickelt und wurde zu zehn Jahren Zuchthaus verurteilt,

*KZ-Kommandant Höß bei seiner Vernehmung im Nürnberger Prozess 1946*

aber bereits 1928 im Zuge einer Amnestie freigelassen. 1934 trat er der SS bei und wurde im selben Jahr Blockführer im KZ Dachau. 1938 wurde er ins KZ Sachsenhausen versetzt und am 1. Mai 1940 Kommandant von Auschwitz (→ S. 70). Im Sommer 1941 ließ er das KZ zum Vernichtungslager ausbauen, in dem bis zur Befreiung 1945 durch die Rote Armee 2,5 bis 4 Mio. Menschen ermordet werden (→ S. 459).

## 1. DEZEMBER

## Italienische Juden werden deportiert

Die faschistische italienische Gegenregierung in Salò am Gardasee (»Repubblica Sociale Italiana«) unter Ministerpräsident Benito Mussolini ordnet die Deportation aller Juden des Landes in Konzentrationslager an.

Alle bisherigen mildernden Bestimmungen für besonders verdiente Bürger oder Frontsoldaten fallen weg. Die jüdischen Vermögen werden beschlagnahmt. Mit diesen Maßnahmen schwenkt Mussolini endgültig auf die von deutscher Seite gewünschte Linie gegenüber den Juden ein. Unmittelbar nach der Kapitulation Italiens am 8. September war auf Weisung Berlins ein »Einsatzkommando Italien« eingerichtet worden, das die Vernichtung der italienischen Juden organisieren soll. In Fossoli – an der von Rom über den Brennerpass ins Deutsche Reich fahrenden Straße gelegen – wurde ein Konzentrationslager errichtet.

## 13. DEZEMBER

## Rachefeldzüge gegen Partisanen

Die deutschen Besatzungsbehörden in Griechenland erschießen als Vergeltung für einen Partisanenüberfall auf Angehörige der Wehrmacht in Kalavrita auf dem Peloponnes 689 einheimische Geiseln. Zahlreiche Dörfer und Klöster werden dem Erdboden gleichgemacht.

Diese brutale Rache ist kein Einzelfall in der Geschichte des deutschen Besatzungsregimes in Griechenland. So überfielen deutsche Soldaten am 14. September die Dörfer der Gemeinde Ano Viannos auf Kreta. Nachdem sie auf dem Hinweg bereits wahllos jeden Einheimischen – Männer, Frauen und Kinder – erschossen hatten, der ihnen entgegenkam, trieben sie in den Dörfern selbst alle Männer zusammen und exekutierten sie gruppenweise. Die von der deutschen Wehrmacht als »Sühnemaßnahmen« für die Partisanenaktivitäten bezeichneten Massaker sind von größter Unmenschlichkeit gekennzeichnet.

---

## ZITAT

# »Menschliche Regungen müssen vor dem Befehl schweigen«

*In seinen 1946/47 in polnischer Gefangenschaft geschriebenen autobiographischen Aufzeichnungen berichtet Rudolf Höß über seine Tätigkeit als Kommandant des KZ Auschwitz:*

»Diese Massenvernichtung mit allen Begleiterscheinungen ging nun nicht einfach so... über die dabei Beteiligten hinweg. Wohl allen... wie auch mir selbst haben diese Vorgänge genug zu denken gegeben... Wohl stand für uns alle der Führer-Befehl unverrückbar fest, auch, dass die SS ihn durchführen musste. Doch in allen nagten geheime Zweifel. Und ich selbst durfte auf keinen Fall meine gleichen Zweifel bekennen. Ich musste mich, um die Beteiligten zum psychischen Durchhalten zu zwingen, felsenfest von der Notwendigkeit des grausam-harten Befehls überzeugt zeigen... Musste kalt zusehen, wie die Mütter mit den lachenden oder weinenden Kindern in die Gaskammern gingen. Einmal

waren zwei kleine Kinder so in ihr Spiel vertieft, dass sie sich absolut nicht von ihrer Mutter davon wegreißen lassen wollten. Selbst die Juden des Sonderkommandos wollten die Kinder nicht aufnehmen.

*Eisenbahneinfahrt zum Vernichtungslager Auschwitz-Birkenau (Foto 1945)*

Den um Erbarmen flehenden Blick der Mutter, die bestimmt wusste, was geschieht, werde ich nie vergessen. Die in der Kammer wurden schon unruhig – ich musste handeln. Alles sah auf mich – ich gab

dem diensthabenden Unterführer einen Wink und er nahm die sich heftig sträubenden Kinder auf die Arme und brachte sie mit der herzzerbrechend weinenden Mutter in die Kammer...

Der RFSS [Reichsführer SS Heinrich Himmler] schickte verschiedentlich höhere Partei- und SS-Führer nach Auschwitz, damit sie sich die Vernichtung der Juden ansähen... Einige, die vorher sehr eifrig über die Notwendigkeit dieser Vernichtung dozierten, wurden beim Anblick der ›Endlösung der Judenfrage‹ doch ganz still... Stets wurde ich dabei gefragt, wie ich, wie meine Männer diesen Vorgang dauernd mitansehen könnten, wie wir dies aushalten könnten. Ich antwortete stets darauf, dass eben alle menschlichen Regungen zu schweigen hätten vor der eisernen Konsequenz, mit der wir den Befehl des Führers durchzuführen hätten.«

---

# Winteroffensive

Die 1. Ukrainische Front der Roten Armee tritt an der Straße zwischen Kiew und Schitomir zu einer Offensive gegen die 4. deutsche Panzerarmee an. Damit beginnt die erwartete sowjetische Winteroffensive an der Ostfront.

**»Wellenbrecher« ohne Ausrüstung:** Seit Hitlers letzter strategischer Weisung vom 3. November 1943 werden die deutschen Verbände beim Nachschub bevorzugt. Nach Spionageberichten erwartet Hitler im Frühjahr 1944 die Invasion in Frankreich und will erst nach deren Niederschlagung wieder die Prioritäten im Osten setzen. Als Folge reduziert sich der personelle und materielle Ersatz für die ständig unter Druck stehenden Verbände im Osten massiv. Zur Verteidigung im Osten hat Hitler die sog. »Wellenbrecherstrategie« entwickelt. Vorspringende und exponierte Frontabschnitte sollen unter allen Umständen gehalten werden, da sich die Rote Armee an ihnen »ausbluten« werde. Tatsächlich aber wird den sowjetischen Verbänden so die Einkesselung großer Truppenteile erleichtert (→ S. 376).

**Deutsche Soldaten schutzlos gegen russischen Winter:** Einen Eindruck von der Härte des Kriegsgeschehens an der Ostfront vermittelt der Brief eines deutschen Soldaten: »Denk Dir ein unendliches, kahles Feld, hart gefroren, mit leichtem Schnee bedeckt, darüber pfeift ein schauderhafter Wind hin und bläst den dünnen Schnee hinter die Schollen, so dass die gefrorene Ackerkrume frei wird. Unsere Männer liegen auf diesem Feld fest verkrallt. Mit dem kleinen Infanteriespaten hacken und kratzen sie die steinige Erde auf, bis sie auf ungefrorenes Erdreich stoßen; da wird ein kleines Loch gegraben, in das sich ein oder zwei Männer hocken können. Da stehen sie drin, der eine wacht, der andere dämmert vor sich hin. Es ist eiskalt, nur die Körperwärme heizt. Der Feind erkennt schnell die Linie und schießt mit Granatwerfern auf das Feld... Wenn die Panzer die russische Infanterie schützen, kann man sich nur tief ducken und die Infanteristen im Nahkampf erledigen. Das Geschrei eines Getroffenen ist furchtbar, ohne Widerhall in der Einöde, es hat keiner Zeit teilzunehmen.«

*Soldaten der sowjetischen Roten Armee in ihrer Stellung an der Straße zwischen Kiew und Schitomir in der Ukraine; die 1. Ukrainische Front unter Leitung von Armeegeneral Vatutin ist bei ihrer Offensive sehr erfolgreich.*

---

# Öffentliche Hinrichtung

Drei deutsche Staatsbürger – ein Wehrmachtsoffizier, ein Beamter der Heeresverwaltung und ein Offizier der Waffen-SS – werden in der sowjetischen Stadt Charkow zum Tode verurteilt und am folgenden Tag vor 40 000 Menschen öffentlich gehängt.

Den drei Deutschen sowie einem sowjetischen Staatsbürger wird zur Last gelegt, an Massenerschießungen bzw. an Massentötungen von russischen Zivilisten durch Kohlenmonoxid mitgewirkt zu haben. Die drei Deutschen führen zu ihrer Entlastung an, dass sie auf Befehl von Vorgesetzten gehandelt hätten.

Die sowjetische Presse widmet dem Prozess größte Aufmerksamkeit. In den Kommentaren wird betont, dass jeder Deutsche, dem die Anordnung oder Ausführung von Kriegs-verbrechen nachgewiesen wird, entsprechend bestraft wird, sofern er in russische Hände fällt; ausdrücklich wird darauf verwiesen, dass die Täter auch dann bestraft werden, wenn sie – wie im Fall der drei verurteilten Deutschen – auf ausdrücklichen Befehl gehandelt haben.

Auch bei den Westalliierten findet das Verfahren große Beachtung. In den Vereinigten Staaten sieht man die Todesurteile gegen die Deutschen als eine erste, allerdings unerwartet frühe Folge der Beschlüsse der Moskauer Außenministerkonferenz.

In Großbritannien lösen die durch den Prozess aufgedeckten Verbrechen wie die Massenvergasungen große Erschütterung aus; die seit langem grassierenden Gerüchte hätten jetzt eine furchtbare Bestätigung gefunden.

*Nach dem Ende der Kämpfe: Deutsche Geschütze und anderes Kriegsmaterial bedecken die Straße von Brjansk nach Orel, das im Laufe des Gefechts zwischen Deutschen und Sowjets stark in Mitleidenschaft gezogen wird.*

*Mit Hilfe von Panzereinheiten vertreiben Soldaten der sowjetischen Infanterie die deutschen Besatzer; bei ihrem kontinuierlichen Vorstoß erobern die Sowjets eine Ortschaft nach der anderen zurück und dringen so bis zur Linie Belaja Zerkow-Berditschew vor.*

*Unaufhaltsamer Vormarsch der sowjetischen Armee nach Westen: Rotarmisten nehmen eine neue Stellung ein, nachdem die deutschen Soldaten aus ihren Positionen vertrieben worden sind.*

*Nachschub für die 1. Ukrainische Front; entschlossen, die deutsche Armee zu besiegen, scheuen die Sowjets keinen Einsatz.*

*Soldaten der sowjetischen Artillerie richten ihr Geschütz auf die Stellung des deutschen Gegners, der nicht in der Lage ist, dem Ansturm standzuhalten.*

*Soldaten in sowjetischer Kriegsgefangenschaft; Tausende von ihnen sterben vor Entkräftung auf dem mühsamen Transport in die Lager.*

*Gemäß dem Befehl der deutschen Wehrmachtsführung hinterlassen die deutschen Truppen bei ihrem Rückzug häufig nur verbrannte Erde, ein vergeblicher Versuch, die Offensive der sowjetischen Armee aufzuhalten.*

*Sowjetischer Minensuchtrupp, die massive Verminung des Geländes auf dem Rückzug ist ein weiterer Versuch der Deutschen, die nachrückenden Soldaten der Roten Armee aufzuhalten und so eine größere Distanz zu gewinnen.*

# Film und Kino in Kriegszeiten

*Charlie Chaplin (1889-1977) in dem Film »Der große Diktator« (1940) als Adenoid Hynkel, Diktator von Tomania. Chaplin schrieb das Buch, spielte die Hauptrolle und führte auch selbst Regie in dieser bissigen Satire auf Adolf Hitler.*

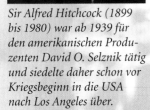

*Sir Alfred Hitchcock (1899 bis 1980) war ab 1939 für den amerikanischen Produzenten David O. Selznik tätig und siedelte daher schon vor Kriegsbeginn in die USA nach Los Angeles über.*

### DER RUSSISCHE FILM ALS VORBILD

Immun oder genauer: abgeschottet gegen solche Versuchungen war das revolutionäre Russland. Die hier schon in der Zarenzeit entstandene Film-Produktion wurde staatlich vereinnahmt und genau reglementiert. Die Partei wachte darüber, dass keine unpassenden Stoffe verfilmt und dass unerwünschte Personen aus dem Filmbetrieb entfernt wurden. Die Machthaber erkannten die propagandistischen Möglichkeiten des neuen Mediums und ließen daher zunächst fast nur Agitationsstreifen und politische Wochenschauen drehen. Rasch aber wurde deutlich, dass indirekte Botschaften, verpackt in Spielhandlungen, erheblich größere Tiefenwirkung erzielten. Beispielhaft dafür wurde der Revolutionsfilm »Panzerkreuzer Potemkin« von Sergei Eisenstein (1898–1948), der den späteren deutschen Propagandaminister Goebbels tief beeindruckte und den Film im Dritten Reich nachhaltig beeinflusste.

### KONTROLLE DER FILMINDUSTRIE

Wie die Sowjets nutzten auch die Nationalsozialisten den Film als Medium zur Einwirkung auf die Massen, schalteten ihn gleich und unterwarfen ihn einer scharfen Zensur. Nach US-Muster zentralisierten sie zudem nach und nach die Film-Unternehmen durch Übernahme der Ufa (Universum Film-AG) und Bildung der Dachgesellschaft Ufa-Film GmbH (Ufi). Und wie die »roten« Vorbilder setzten die »braunen« Kulturwächter zunächst auf relativ plumpe Ansprache, lernten aber schnell dazu: Filme wie »Hitlerjunge Quex« oder »Hans Westmar« aus den ersten Jahren des Hitler-Regimes wichen bald geschickteren Inszenierungen. Das waren beispielsweise Dokumentarfilme wie die von Leni Riefenstahl (1902–2003) gedrehten über den Reichsparteitag »Triumph des Willens« (1934) oder ihre beiden Olympiafilme über die Berliner Spiele von 1936 (»Fest der Völker«, »Fest der Schönheit«). Und das waren vor allem auch Spielfilme, die schon vor Beginn des Krieges ein beachtliches Niveau erreichten. Noch heute faszinieren viele von ihnen das Fernseh-Publikum.

**Die seit Ende des 19. Jahrhunderts aufgekommenen bewegten Bilder revolutionierten Unterhaltung und Kunst. Es entwickelte sich ein Massenmedium von ungekannter Wirkung und Sogkraft, das mit der Erfindung und Durchsetzung des Tonfilms von der Mitte der 1920er Jahre an noch einmal einen gewaltigen qualitativen Sprung machte.**

War anfangs Frankreich das bedeutendste Filmland, so holten andere Staaten rasch auf. Vor allem die USA bewiesen auch auf diesem Sektor, dass sie über unbegrenzte Potenziale verfügten. Wirtschaftliches Denken führte zudem zu Rationalisierung und Zentralisierung, so dass Hollywood, die Traumfabrik bei Los Angeles, bald zum Inbegriff des amerikanischen Films wurde. Aber auch andere Länder erkannten die künstlerischen und ökonomischen Chancen, die der Tonfilm bot. Nach Jahren der Not sprach das Kino in Deutschland die Menschen in besonderer Weise an und brachte besondere Schauspiel- und Regie-Talente hervor, von denen freilich nicht wenige später dem Lockruf des Hollywood-Geldes folgten. Unter ähnlicher amerikanischer Auszehrung litten auch Länder wie England und Italien.

### FILME VERSTÄRKEN DIE FEINDBILDER

Daher waren auch keine einschneidenden Änderungen in der Filmproduktion des Deutschen Reiches erforderlich, als im September 1939 die Feindseligkeiten begannen. Ideologisch aufgeladene Spielfilme bekräftigten oder überzeichneten weiterhin die schon bekannten Feindbilder. An erster Stelle zu nennen sind hier antisemitische Filme wie »Jud Süß«, »Die Rothschilds« und – Gipfel der Hetze – Fritz Hipplers Streifen »Der Ewige Jude« (alle drei 1940). Dieser »dokumentarische« Film stellt auf der einen Seite die »schmierigen« Gettos der Juden vor und schildert ihre Menschen als »Parasiten«. Auf der anderen Seite »entlarvt« er die »jüdische Hochfinanz«, die es auf Weltherrschaft angelegt habe. Daneben gab es anti-

*Los Angeles 1935: Der österreichisch-amerikanische Regisseur Fritz Lang (1890–1976) trifft die deutsch-amerikanische Schauspielering Marlene Dietrich (1901–1992) in einem Restaurant.*

*Bildpostkarte zu dem Propagandafilm »Hitlerjunge Quex« 1933. Der Film erzählt die Geschichte eines Jungen, der sich für die Hitlerjugend begeistert und von den Kommunisten ermordet wird.*

(1945), die den Mythos von der Unbesiegbarkeit des deutschen Soldaten weiterschrieben, obwohl rundherum, wie es im NS-Lied hieß, »alles in Scherben« fiel.

### UNTERHALTUNG ALS ABLENKUNG

Beim deutschen Publikum populärer als der Propagandafilm war die Unterhaltung, die trotz scheinbarer Harmlosigkeit direkt Kriegszielen dienstbar war, wie »Quax, der Bruchpilot« (1941) mit Heinz Rühmann. Die Mehrheit der Unterhaltungsfilme sollte allerdings nur vom Krieg ablenken; im Kassenschlager »Wunschkonzert« (1940) mit Ilse Werner, gedreht nach der gleichnamigen Rundfunksendung, wurde die leichte Muse noch als Bereicherung des Heimaturlaubes dargeboten; bei späteren Revuefilmen und »musikalischen Lustspielen« mit Stars wie Marika Rökk, Zarah Leander oder Lilian Harvey verlor sich der Bezug zur Alltagsrealität völlig. Heimatfilme sollten dem Durchhaltewillen mittels romantischer Erdverbundenheit befördern.

### DER ITALIENISCHE FILM

Im faschistischen Italien wachte der Staat natürlich ebenfalls über die Filmproduktion, doch erkannte das Regime erst spät die Bedeutung des neuen Mediums, und so konnte sich der Film bis Kriegsausbruch relativ unbehelligt entfalten. Er lag allerdings ziemlich danieder und bekam erst durch staatliche Maßnahmen wie die Gründung der Produktionsstadt Cinecittà (1937) neue Impulse. Sie wurde nach Kriegsausbruch in den Dienst der faschistischen Propaganda gestellt und schuf entsprechend aufwändige Historienfilme (»Die Eiserne Krone« von Alessandro Bassetti, 1942). Wenige und wenig erfolgreiche Kriegsfilme wur-

polnische Filme wie »Heimkehr« (1941) und antibritische wie »Carl Peters« und »Ohm Krüger« (beide 1941). Andere Dramen unterstützten die NS-Ideologie indirekter, etwa »Ich klage an« (1941) von Wolfgang Liebeneiner das Programm der Euthanasie, die Tötung unheilbar Kranker oder in der brutalen Sprache der Täter »unnützer Esser«.

Kriegsfilme im engeren Sinn sollten darüber hinaus als Inszenierung (»Feuertaufe«, 1940; »Kampfgeschwader Lützow«, 1941) oder Dokumentation (»Feldzug in Polen«, 1939; »Sieg im Westen«, 1940) die deutschen Feldzüge rechtfertigen und den Heldentod verherrlichen (»Stukas«, 1941; »Junge Adler«, 1944). Goebbels wollte, dass die »Härte und Größe des Krieges« herausgearbeitet würden (»U-Boote westwärts«, 1941), während Schrecken und Grauen nur anzudeuten seien. Alle diese Streifen beschrieben den Krieg als Abenteuer von ungeheurer Dynamik, zeigten den Feind zwar als gut bewaffnet, aber auch als unfähig und barbarisch (Polen) oder dekadent (Frankreich). Die deutschen Soldaten hingegen treten darin gesund und froh auf, waschen sich oft und gern, sind sangesfreudig, hören in der Freizeit im Rundfunk ihren »Führer«, der allgegenwärtig und unermüdlich den Krieg leitet und Garant des deutschen Sieges ist »Über alles in der Welt« (1941). Handwerklich arbeiteten die deutschen Regisseure des Kriegsdokumentarfilms so perfekt (besonders die Aufbereiter der »Deutschen Wochenschau« der Ufa), dass englische Filmkritiker ihre Dokumentaristen aufforderten, beim Feind »die Kunst des Fotografierens und des Schnitts zu lernen«.

### FILMISCHE HELDENEPEN UND DURCHHALTE-DRAMEN

Ein weiterer Themenkomplex wurde groß geschrieben: der heroische Film, denn nach Hitlers Willen sollten die »wirklich bedeutsamen Männer« des deutschen Volkes »in den Augen der Gegenwart als überragende Heroen« künstlerisch überhöht werden. Dieser Heldenkult war schon in der Vorkriegszeit weidlich gepflegt worden und erhielt nun Nachschub durch »Bismarck«, dem Wolfgang Liebeneiner gleich zwei Filme widmete (1940 und 1942) und vor allem »Der große König« mit Otto Gebühr (1942).

Der sich in die Länge ziehende und zusehends aussichtslos werdende Krieg brachte es mit sich, dass immer mehr Opferbereitschaft gefordert wurde. Ihrer Förderung galten insbesondere die Veit-Harlan-Filme »Die goldene Stadt« (1942), »Opfergang« (1944) und das Durchhalte-Drama »Kolberg«

den natürlich auch produziert, gleichzeitig lenkten wie in Deutschland Unterhaltungsfilme von der täglichen Not ab.

Anders aber als in Deutschland, wo der Film weitgehend in festen künstlerischen Formen erstarrte, nahmen italienische Regisseure schon in den frühen 1940er Jahren den Neorealismus der Nachkriegszeit vorweg: Luchino Viscontis »Ossessione« (1942) konnte wegen naturalistisch-kritischer Zeichnung« faschistischer Gegenwart allerdings nur stark beschnitten gezeigt werden. Erst als Mussolini von der Bühne abgetreten war und nur noch ein Schattendasein von Hitlers Gnaden in seiner Repubblica Sociale Italiana in Salò am Gardasee führte, konnte Roberto Rossellini mit »Rom, offene Stadt« ein zwar vom Mangel (Filmmaterial gab es nur für Un-

*Die berühmte Treppenszene aus »Panzerkreuzer Potemkin« von Sergej M. Eisenstein (1898–1948). Die Aufständischen werden von Regierungstruppen erbarmungslos niedergeschlagen, unschuldige Zivilisten ermordet.*

summen auf dem Schwarzen Markt) gezeichnetes, künstlerisch aber überzeugendes Werk über sein von Krieg und deutscher Willkür geschundenes Land nach der Befreiung der Hauptstadt drehen.

### DIE FRANZÖSISCHE FILMINDUSTRIE

Vor Kriegsausbruch gehörte Frankreich schon länger nicht mehr zu den künstlerisch wichtigsten Filmländern. Das Gros der Produktionen galt leichtgewichtigen Themen, wie sie ein Publikum wünschte, das schwere Kost möglichst mied. Nur einige wenige Regisseure retteten den Ruf des französischen Kinos: Realisten wie Jean Renoir (1894–1979), Sohn des bedeutenden Impressionisten, befanden sich 1940 auf dem Höhepunkt ihres Schaffens. Doch der Kriegsbeginn 1939 lähmte auch sie, und nach dem deutschen Einmarsch 1940 geriet die Filmindustrie unter die Kontrolle der Besatzer. Renoir ging ins US-Exil, andere wie René Clair (1898–1981) oder der Schauspieler Jean Gabin (1904–1979) folgten ihm, und wieder andere flüchteten mit ihren Filmen aus der bedrückenden Realität in eine Traumwelt, in eine Welt der poetischen Phantastik oder der leichten Muse (»Das erste Rendezvous«, 1941); kritischer Realismus beschränkte sich auf Kriminalfilme.

*Der französische Regisseur René Clair (1891–1981) verließ Frankreich 1941 und ging nach England und in die USA, um dort weiterzuarbeiten.*

*Die berühmte Abschiedsszene aus »Casablanca« (1942) mit Humphrey Bogart (1899–1957) und Ingrid Bergman (1915–1982)*

amerikanischen Konkurrenz besonders geschädigte Filmindustrie, die sich nach 1939 etwas erholte, weil die Zuschauerzahlen stiegen; in Kriegszeiten wurde eben vermehrt Kinounterhaltung verlangt. Nach zahlreichen banalen Produktionen über die Streitkräfte kam es seit 1941 zu einer Blüte des britischen Dokumentarfilms mit formal brillant gemachten patriotischen Dokumentationen des Kriegsalltags (»Listen to Britain«, 1942). Regisseure wie etwa John Grierson, der allerdings in Kanada arbeitete, sahen im Kino eine Schule der Demokratie und einen Dienst an der Öffentlichkeit. Sie verschrieben sich einer »dokumentarischen Propaganda«, denn die Realitäten sprachen für sich, beispielsweise im Film »Target for to-night« (Nachtziel, 1941), der London im deutschen Bombenhagel zeigte, bis hin zu »The True Glory« (Der wahre Ruhm, 1945), der den siegreichen Vormarsch der alliierten Armeen in Europa festhielt. Diese künstlerisch spezifisch britische Welle verebbte allmählich nach 1944 im Bewusstsein des sicheren Sieges. Sie hatte für alle Welt sichtbar das Banner der Humanität hoch gehalten und dem Film moralische Kategorien erschlossen.

*Plakat zu dem Film »Die Kinder des Olymp« des französischen Regisseurs Marcel Carné (1909–1996). Der Film wurde unter deutscher Besatzung gedreht, aber erst 1945, nach der Befreiung von Paris, uraufgeführt und ein sensationeller Erfolg.*

Man beugte sich damit stillschweigend den Weisungen des deutschen Kulturlenkers Goebbels, der vom französischen Film ausschließlich Unterhaltung verlangte und allenfalls die Verarbeitung lokaler Stoffe erlaubte. Und man kam damit dem Bedürfnis des Publikums nach Ablenkung vom schweren und verstörenden Alltag der Besatzungszeit entgegen. Dennoch konnten zu Kriegszeiten auch Meisterwerke entstehen wie Jean Cocteaus »L'éternel Retour« (Ewige Wiederkehr, 1942), eine Filmversion des Tristan-und-Isolde-Themas, oder Henri Georges-Clouzots »Corbeau« (Der Rabe, 1943) über das erstickende Leben in einer Kleinstadt während der Besatzung oder Marcel Carnés »Les Enfants du Paradis« (Die Kinder des Olymp, 1944/45) aus dem Milieu der Schauspieler und Schausteller.

### DER FILM IN GROSSBRITANNIEN

Großbritannien hatte es besonders schwer mit der Konkurrenz des englischsprachigen großen Bruders USA. Zu allem Überfluss kehrte der wichtigste Filmregisseur Alfred Hitchcock (1899–1980) dem Land noch vor Kriegsausbruch den Rücken und ging nach Hollywood. Er hinterließ eine von der

### DAS SOWJETISCHE KINO

Auch in der UdSSR wurde mit Kriegsbeginn der Dokumentarfilm zur künstlerisch und propagandistisch wichtigsten Gattung, ja zu einer zentralen Waffe - allerdings mit Verzögerung, denn der Hitler-Stalin-Pakt sorgte zunächst für das Verschwinden von antifaschistischen Agitationsfilmen. Erst nach dem Überfall der Wehrmacht auf die Sowjetunion (22.6.1941) wandelte sich das Bild schlagartig. Das sowjetische Kino begriff sich fortan als »kriegführend«. Kameraleute waren an allen Fronten, filmten die Schlachten vor Moskau, um Leningrad, in der Ukraine, wobei nicht wenige ums Leben kamen. Ein Film erhielt sogar den Oscar: »Die deutsche Niederlage vor Moskau«, am 18.2.1942 uraufgeführt, wurde seit August 1942 in den USA gezeigt und im Januar 1943 mit der begehrten Trophäe ausgezeichnet. Und auch »Die Belagerung von Stalingrad« wurde 1942/43 von den sowjetischen Dokumentaristen mit bewundernswerter Kühnheit in bewegten Bildern festgehalten.

Die Bedrohung durch die deutschen Truppen milderte die stalinistische Zensur. Im Widerstandswillen gegen den Feind wusste man sich einig; so wurde der Einmarsch sofort Thema

*Die US-amerikanische Schauspielerin Bette Davis (1908–1989) bei einer sehr frühen Werbeaufnahme im Jahr 1938*

*Ernst Lubitsch (1892–1947) wurde schon früh vor allem durch meisterhafte Komödien bekannt. 1922 emigrierte er in die USA und arbeitete dort mit gleichem Erfolg weiter.*

»Leitfaden für die Filmindustrie« forderte das Kriegsinformationsamt: »Zeigen Sie bei jeder Gelegenheit Menschen, die kleine Opfer für den Sieg bringen.«

Deutsche Emigranten, u.a. Fred Zinnemann (»Das siebte Kreuz«, 1944) und Fritz Lang (»Auch Henker sterben«, 1942, unter Mitarbeit von Brecht/Eisler, über das Attentat auf Heydrich) lieferten ihren Beitrag zum Krieg. Besonders hervorzuheben ist »To be oder not to be« (Sein oder Nichtsein, 1942) von Ernst Lubitsch, eine Hitler-Persiflage von ungeheurer Komik vor dem Hintergrund des Grauens, in diesem Kontrast fast wirkungsvoller noch als die Vorkriegs-Produktion von Charlie Chaplin »The Great Dictator« (Der große Diktator, 1940).

Im Regierungsauftrag produzierte Hollywood bis Mitte der 1940er Jahre Tausende von meist kürzeren, manchmal klischeehaft typisierenden Propagandafilmen (berühmt Frank Capras »Why we fight«-Serie). Präsident Roosevelts Überzeugung, dass Unterhaltung »in Friedenszeiten von unschätzbarem Wert, in Kriegszeiten aber unentbehrlich« sei, bewirkte, dass den Militärbehörden bis Kriegsende über 25 000 Kopien von Spielfilmen geliefert wurden und dass täglich 3000 Filmvorführungen für die Truppe stattfanden. Am beliebtesten waren Musik- und Kriminalfilme sowie Zeichentrickfilme von Walt Disney wie »Bambi« (1942), von den GIs »zweistündiger Urlaub daheim« genannt. Gern gesehen waren auch Melodramen wie »Whom the Bell Tolls« mit Gary Cooper und Ingrid Bergman (Wem die Stunde schlägt, 1943, nach Ernest Hemingway). Ein wahrer Kult entwickelte sich um Hollywood-Stars wie Bette Davis, Barbara Stanwyck, Marlene Dietrich, Spencer Tracy, Henry Fonda, Clark Gable, Rita Hayworth, Jane Russell. Vor allem die beiden Letzteren schmückten als (auf)reizende Pin-ups Hunderttausende GI-Spinde. Der Krieg stimulierte die Hollywood-Produktion so nachhaltig, dass sie 1946 ihre höchsten Kinoeinnahmen erzielte; er schob zugleich die Konkurrenz des kommerziellen, bereits in den 1930er Jahren vorgestellten Fernsehens hinaus.

**Stichworte**

■ Propaganda im Kino
→ S. 213

*Die Regisseurin Leni Riefenstahl (1902–2003) bei Dreharbeiten bei der Berliner Olympiade 1936. Für die dort entstandenen Filme »Fest der Schönheit« und »Fest der Völker« wurde sie nachträglich mit der Olympischen Goldmedaille des Internationalen Olympischen Komitees (IOC) ausgezeichnet.*

des Spielfilms, zunächst in »Kriegsfilmsammlungen« mit drastischen Episoden über die Unmenschlichkeit der deutschen Eroberer und den Heroismus der Rotarmisten. Später entstanden auch große Historienfilme, die Helden der russischen Vergangenheit für den »Großen Vaterländischen Krieg« instrumentalisierten.

## DER AMERIKANISCHE FILMBETRIEB IN KRIEGSZEITEN

Die Möglichkeiten direkter staatlichen Einflussnahme auf den Film waren in den USA auch nach Kriegsausbruch begrenzt. Der Hollywoodfilm mied lange jede Politisierung. So entstanden weiter harmlose Unterhaltungsfilme, nach dem Kriegseintritt nahmen eskapistische Western, Musicals, Komödien noch zu. Die amerikanische Filmindustrie prosperierte wie nie, da für den eigenen und den Weltmarkt die europäische Konkurrenz fast ganz ausfiel. Einige der wichtigsten Filme haben keinerlei Bezug zum Kriegsgeschehen (»Citizen Kane«, 1941, oder die grimmig-realistischen Kriminalfilme der »schwarzen Serie«). Dies änderte sich nach Kriegseintritt der USA. Als sich patriotisches Bewusstsein breit machte, suchten Hollywoodproduktionen daran anzuknüpfen mit Kriegsmelodramen und patriotischen Mythen wie »Destination Tokyo«, in dem die in den USA sonst getrennt lebenden ethnischen Gruppen sich im Kampf gegen den gemeinsamen Feind vereinten. Wichtige Unterhaltungsfilme bezogen dann den Kriegshintergrund mit ein (»Casablanca«, 1942). In einem

# 1944

»Germany first« heißt die Maxime von US-Präsident Franklin D. Roosevelt für den Krieg in Europa. Gemeinsam mit dem britischen Premierminister Winston Churchill wird der entscheidende militärische Schlag gegen das Deutsche Reich geführt – die Invasion der Alliierten in der Normandie. Die deutsche Front im Westen bricht zusammen.

### ■ 1. Januar
Generalfeldmarschall Erwin Rommel erhält den Oberbefehl über die deutsche Heeresgruppe B in Frankreich. Er übernimmt die Führung aller deutschen Kräfte nördlich der Loire. → S. 363

### ■ 4. Januar
Die 5. britische Armee beginnt einen Angriff auf das Benediktinerkloster Montecassino in Italien (→ S. 374).

### ■ 5. Januar
Die polnische Exilregierung in London unter Ministerpräsident Stanislaw Mikolajczyk fordert in einer Erklärung an die Alliierten die Achtung der territorialen Interessen Polens durch die Sowjetunion (→ S. 377).

### ■ 14. Januar
Sowjetische Truppen beginnen eine Großoffensive gegen die deutsche Heeresgruppe Nord an der Ostfront. In den folgenden Tagen erobern sie Nowgorod Luga sowie Staraja Russa und drängen die deutschen Verbände auf die »Panther-Stellung« zurück. → S. 358

### ■ 19. Januar
Mit der Verhaftung von Helmuth James Graf von Moltke durch die Geheime Staatspolizei wird die deutsche Widerstandsgruppe Kreisauer Kreis zerschlagen. → S. 364

### ■ 20. Januar
Nach schweren Kämpfen befindet sich die sowjetische Stadt Nowgorod, wichtiges Industriezentrum und Verkehrsknotenpunkt, wieder in den Händen der Roten Armee (→ S. 358).

### ■ 21. Januar
Deutsche Luftwaffenverbände bombardieren die britische Hauptstadt London. Diese Operation leitet eine bis zum 29. Mai andauernde Serie stärkerer deutscher Luftangriffe (Deckname »Steinbock«) auf London und andere Städte in Süd- und Südostengland ein. → S. 362

### ■ 22. Januar
Alliierte Verbände landen südlich von Rom bei Anzio und Nettuno überraschend im Rücken der deutschen Truppen. Diese können jedoch vorerst die Ausweitung des feindlichen Brückenkopfes verhindern. → S. 360

### ■ 28. Januar
Die 900 Tage dauernde Belagerung Leningrads durch deutsche Truppen wird beendet. → S. 359

*Russische Soldaten sprengen den Blockadering um Leningrad.*

Die US-Regierung veröffentlicht einen Bericht über die Behandlung von Kriegsgefangenen in Japan. Daraus geht hervor, dass US-amerikanische und philippinische Soldaten in japanischen Internierungslagern gefoltert und z. T. ermordet werden. → S. 363

### ■ 29. Januar
Der Vorsitzende der Kommission für die Bestrafung von nationalsozialistischen Kriegsverbrechern, der Belgier Marcel de Baer, kündigt in New York die Bildung der ersten internationalen Gerichtshöfe an, die von Mitgliedern der Vereinten Nationen besetzt werden sollen. → S. 361

### ■ 31. Januar
Im Zuge ihrer Offensive im Pazifik landen US-amerikanische Truppen auf den

*Ein Späher auf Londons Dächern: Am 21. Januar beginnt die letzte deutsche Bomberoffensive gegen die Zivilbevölkerung Londons.*

Marshallinseln und erobern sie innerhalb von 72 Stunden (→ S. 372).

### ■ 1. Februar
General Charles de Gaulle fasst alle Kräfte der französischen Widerstandsbewegung in den Forces françaises de l'Intérieur (FFI) zusammen. → S. 375

### ■ 2. Februar
US-Truppen rücken im Pazifik immer weiter vor und besetzen die Marshallinsel Kwajalein. → S. 372

### ■ 4. Februar
In Birma kommt es zu einer Offensive der Japaner gegen die britisch-indische Armee, in deren Verlauf japanische Truppen die indische Grenze überschreiten und bis nach Assam vordringen. → S. 373

### ■ 7. Februar
Als Vergeltung für die Ermordung des Chefs der Geheimen Staatspolizei von Warschau, Franz Kutschera, durch polnische Widerstandskämpfer werden 100 polnische Geiseln exekutiert und in den Straßen Warschaus zur Abschreckung liegen gelassen.

### ■ 12. Februar
Wegen »nachrichtendienstlicher Pannen« erhält der Abwehrchef im Oberkommando der deutschen Wehrmacht, Admiral Wilhelm Canaris, seine Entlassung. Canaris – ein Gegner Adolf Hitlers – hatte in seiner Amtszeit Kontakte zu Widerstandskreisen geknüpft. → S. 380

### ■ 15. Februar
Unter dem Oberbefehl von General Douglas MacArthur erobern US-amerikanische Truppen die bislang von ja-

panischen Streitkräften besetzten Salomoninseln im Pazifik (→ S. 372).

*US-amerikanische Truppen rücken auf das japanische Festland vor.*

Das Benediktinerkloster Montecassino in Italien wird durch US-amerikanische Bomber vollkommen zerstört. → S. 374

### ■ 16. Februar
Berlin erlebt in der Nacht vom 15. auf den 16. Februar den bislang schwersten Luftangriff des Zweiten Weltkrieges. Mehr als 800 Bomber der britischen Luftwaffe werfen 2643 t Spreng- und Brandbomben über Wohngebieten, den Daimler-Benz- und den Siemenswerken ab (→ S. 383).

### ■ 17. Februar
Die östlich von Tscherkassy in der Ukraine seit dem 28. Januar von sowjetischen Truppen eingekesselten deutschen Verbände brechen unter schweren Verlusten aus. Generalfeldmarschall Erich von Manstein hatte den Ausbruch angesichts der aussichtslosen militärischen Lage entgegen dem Befehl Hitlers angeordnet. → S. 376

### ■ 20. Februar
Die Alliierten starten eine knapp einwöchige Luftoffensive (»Big Week«) gegen das Deutsche Reich. → S. 378

Spanien zieht seine letzte Legion von der Kriegsfront im Osten zurück. Die Soldaten gehören zu der Blauen Division, die der spanische Staatschef Francisco Franco Bahamonde trotz der Neutralitätserklärung seines Landes zu Beginn des Krieges gegen die Sowjetunion »zum Kampf gegen den Kommunismus« gesandt hatte. → S. 377

### ■ 22. Februar
Der britische Premier Winston Churchill verteidigt in London die Gebietsverschiebung Polens nach Westen gegen den Widerstand der polnischen Exilregierung. → S. 377

### ■ 26. Februar
Das Amt für Kriegsrekrutierung der Vereinigten Staaten gibt bekannt, dass

# THE ILLUSTRATED LONDON NEWS

*The World Copyright of all the Editorial Matter, both Illustrations and Letterpress, is Strictly Reserved in Great Britain, the British Dominions and Colonies, Europe, and the United States of America.*

## SATURDAY, JULY 1, 1944.

**THE DUST AND HEAT OF WAR HANG OVER THE NORMANDY COUNTRYSIDE AS AMERICAN ANTI-TANK GUNNERS GO INTO ACTION IN THE BATTLE OF THE CHERBOURG PENINSULA.**

In less than three weeks following their first landings by parachute and glider on the Cherbourg peninsula, American infantrymen had won the admiration of the world. Seventeen days of magnificent and ceaseless fighting had placed them in the outskirts of Cherbourg itself, the vital port so soon to fall into their hands as the final prize of the battle. The German defenders, given no chance of recovering from the initial airborne assault, were smashed and relentlessly pursued to the shores of the English Channel, there to fight desperately and perish, or to throw down their arms in surrender. Our American allies may well be proud of this gallant lightning campaign.

*US-amerikanische Infanterie im Angriff auf deutsche Stellungen bei Cherbourg (Nordfrankreich): Titelseite der britischen Zeitschrift*

sich derzeit 10,6 Millionen US-Amerikaner unter Waffen befinden. Bis zum 1. Juli 1944 soll der Mannschaftsstand um 700 000 neue Rekruten auf 11,3 Mio. Soldaten erhöht werden. → S. 373

### ■ 1. März
Fritz Sauckel, Generalbevollmächtigter für den Arbeitseinsatz im Deutschen Reich, gibt auf einer Planungskonferenz bekannt, dass von den »Millionen ausländischen Arbeitskräften, die nach Deutschland gekommen sind, keine 200 000 freiwillig« kamen. → S. 381

### ■ 4. März
An der Ostfront beginnt auf 1100 km Breite die sowjetische Frühjahrsoffensive. → S. 382

### ■ 17. März
Die US-amerikanische Luftwaffe greift erstmals während des Zweiten Weltkrieges Wien an.

### ■ 19. März
Einheiten der Wehrmacht und der Schutzstaffel besetzen Ungarn. Das »Sonderkommando Adolf Eichmann« beginnt mit der Verfolgung und Deportation der ungarischen Juden. → S. 382

### ■ 25. März
Bei dem letzten Nachtangriff der britischen Luftflotte im Rahmen der »Schlacht um Berlin« werfen 720 Bomber 2500 t Sprengstoff über der Reichshauptstadt ab. → S. 383

### ■ 2. April
Die Rote Armee dringt nach Rumänien ein. Gleichzeitig erklärt die Sowjetregierung, sie beabsichtige nicht, »sich irgendein Teilgebiet des rumänischen Territoriums anzueignen oder die bestehende Gesellschaftsordnung Rumäniens zu verändern«. → S. 384

### ■ 7. April
Sowjetische Truppen beginnen eine Großoffensive zur Befreiung der von deutschen Verbänden besetzten Krim. Zuerst stoßen sie in Richtung auf Simferopol, die Hauptstadt der Halbinsel, vor (→ S. 386).

### ■ 10. April
Die 6. deutsche Armee räumt die Stadt Odessa in der Ukraine. → S. 384

### ■ 28. April
Im Vernichtungslager Auschwitz trifft der erste Transport ungarischer Juden ein. Mit ihrer Deportation war am 19. März begonnen worden, nachdem

deutsche Streitkräfte Ungarn besetzt hatten. → S. 385

### ■ 30. April
2200 t Sprengstoffe und Brandbomben werden von US-Fliegern über Berlin abgeworfen. Es ist das größte Tagesbombardement, das bisher in der Luftschlacht um Berlin durchgeführt wurde.

### ■ 3. Mai
Die USA und Großbritannien schließen ein Abkommen mit Spanien. Darin erklärt sich das iberische Land u. a. dazu bereit, die Wolframexporte in das Deutsche Reich einzustellen, sämtliche Truppen von der Ostfront zurückzuziehen und das deutsche Generalkonsulat in Tanger zu schließen. → S. 387

### ■ 10. Mai
Das Oberkommando der Wehrmacht informiert erstmals ausführlich über eine »Unterwassersetzung Hollands«, um ein Vordringen der Alliierten unmöglich zu machen. → S. 388

### ■ 12. Mai
Sowjetische Truppen überwältigen die letzten deutschen Verbände auf der Halbinsel Cherson südwestlich von Sewastopol: Die Krim ist befreit. → S. 386

### ■ 17. Mai
In US-Gefangenenlagern sind 184 000 Kriegsgefangene (133 000 Deutsche, 50 000 Italiener, 1000 Japaner) interniert. Ein Großteil von ihnen hatte in der deutsch-italienischen Heeresgruppe Afrika gekämpft (→ S. 288).

### ■ 18. Mai
Die Alliierten erobern das heftig umkämpfte Kloster Montecassino. → S. 389

*Alliierte Soldaten in den Gewölben des Montecassino*

### ■ 22. Mai
Eine Delegation des polnischen »Landesnationalrates« (das spätere Lubliner Komitee) wird in Moskau von dem

sowjetischen Staats- und Parteichef Josef W. Stalin offiziell empfangen und damit anerkannt (→ S. 403).

### ■ 4. Juni
Alliierte Truppen marschieren in Rom ein. Der deutsche Generalfeldmarschall Albert Kesselring hatte kurz zuvor die italienische Hauptstadt zur »offenen Stadt« erklärt. → S. 390

*US-amerikanische Soldaten marschieren durch das befreite Rom.*

### ■ 6. Juni
Alliierte Truppen landen an der Küste der Normandie und bilden eine zweite Front im Westen. → S. 392

### ■ 9. Juni
Eine sowjetische Offensive gegen Finnland auf der Karelischen Landenge führt zum Rückzug der finnischen Verbände. Am 20. Juni besetzt die Rote Armee die Stadt Wiborg (→ S. 401).

### ■ 10. Juni
Verbände der deutschen Schutzstaffel (SS) zerstören den französischen Ort Oradour-sur-Glane als Vergeltung für die Entführung eines SS-Offiziers. 642 Menschen werden ermordet. → S. 397

### ■ 12. Juni
Die deutsche Luftwaffe beschießt die britische Hauptstadt London erstmals mit einer »V 1«-Rakete. → S. 398

### ■ 16. Juni
Die US-amerikanische Luftwaffe beginnt von ihrem Stützpunkt Tschöngtu in China aus mit der Offensive gegen japanisches Territorium. Der erste Angriff der Boeing B 29 (»Superfortress«) gilt den Stahlwerken auf der Insel Kiuschu.

### ■ 20. Juni
Bei einer zweitägigen Schlacht in der Philippinensee vernichten US-Streitkräfte fast vollständig die japanische Flugzeugträgerflotte. → S. 400

### ■ 22. Juni
Die Rote Armee startet im Raum Witebsk-Bobruisk eine Großoffensive gegen die deutsche Heeresgruppe Mitte. Einen Tag darauf werden 35 000 deutsche Soldaten bei Witebsk eingeschlossen. Ein Ausbruchsversuch endet am 27. Juni mit der Vernichtung des Korps. → S. 401

### ■ 30. Juni
In Kopenhagen bricht ein spontaner Generalstreik gegen die deutsche Besatzungsmacht aus. → S. 401

Im Brückenkopf der Alliierten in der Normandie, den sie am 6. Juni errichtet hatten, befinden sich bereits 850 279 Soldaten, 148 803 Fahrzeuge und 570 505 t Material (→ S. 392). Die Landeaktionen gehen unvermindert weiter.

### ■ 9. Juli
Nach vierwöchigen Kämpfen befreien die Alliierten Caen. → S. 405

### ■ 10. Juli
Der jugoslawische Exilkönig Peter II.

*Englische Soldaten erreichen die gerade zurückeroberte französische Stadt Caen.*

Kardordević erkennt den Widerstandsführer seines Landes, Josip Tito, als »Chef aller militärischen Verbände in Jugoslawien« an (→ S. 342).

### ■ 12. Juli
Die Zahl der Insassen im Konzentrations- und Vernichtungslager Auschwitz beträgt 92 208. Während die Massenmorde weitergehen, werden Vorbereitungen für eine stufenweise Auflösung des Lagers getroffen (→ S. 441).

### ■ 13. Juli
Sowjetische Truppen erobern Wilna in Litauen. Danach entwaffnen und internieren sie die polnische Heimatarmee (Armia Krajowa), die sie bei der Eroberung der Stadt unterstützt hatte (→ S. 416).

**■ 17. Juli**

Bei ihrem Vormarsch an der Ostfront erreichen sowjetische Verbände die Curzon-Linie in Polen (→ S. 377).

**■ 18. Juli**

Nach der US-amerikanischen Landung auf den Marianen im Pazifik und dem Zusammenbruch des japanischen Gegenstoßes in der Flugzeugträgerschlacht in der Philippinensee ist das japanische Kriegskabinett von Ministerpräsident Hideki Todscho zum Rücktritt gezwungen.

**■ 20. Juli**

Claus Graf Schenk von Stauffenberg verübt im Hauptquartier »Wolfsschanze« ein Bombenattentat auf Adolf Hitler. Mehrere Personen werden getötet, Hitler wird nur leicht verletzt. → S. 407

**■ 22. Juli**

In Chelm gründet sich das Polnische Komitee der Nationalen Befreiung (Lubliner Komitee). → S. 403

**■ 23. Juli**

Sowjetische Truppen befreien das deutsche Vernichtungslager Majdanek bei Lublin (Polen). Insgesamt 1,5 Mio. Menschen aus 26 Nationen – die meisten von ihnen Juden – sind in Majdanek ermordet worden. → S. 403

**■ 30. Juli**

Im Deutschen Reich tritt ein »Terror- und Sabotageerlass« in Kraft: In den besetzten Gebieten sind Widerstandskämpfer nicht mehr der Wehrmachtsgerichtbarkeit auszuliefern, sondern an Ort und Stelle zu erschießen oder der Sicherheitspolizei zu übergeben. → S. 414

**■ 31. Juli**

Den alliierten Streitkräften gelingt in der einwöchigen Panzerschlacht von Avranches der entscheidende Durchbruch gegen die deutschen Stellungen an der Westfront. → S. 405

**■ 1. August**

In Warschau bricht ein Aufstand der nationalpolnischen Heimatarmee unter General Tadeusz Bór-Komorowski aus, der am 2. Oktober mit der Kapitulation vor den Deutschen endet. → S. 416

**■ 3. August**

Im nationalsozialistischen Vernichtungslager Auschwitz-Birkenau werden im Zeitraum vom 1. bis 3. August über 6000 Sinti und Roma vergast. → S. 415

**■ 4. August**

Anne Frank, die Tochter eines jüdischen Bankiers, wird zusammen mit ihrer Familie in ihrem Versteck in Amsterdam von der deutschen Geheimen Staatspolizei verhaftet und ins Deutsche Reich deportiert. Die 15-Jährige, die später durch ihre Tagebuchaufzeichnungen bekannt wird, stirbt im März 1945 im Konzentrationslager Bergen-Belsen. → S. 423

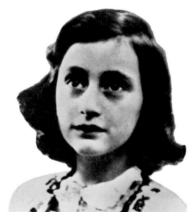

*Nach über zwei Jahren in ihrem Versteck im Hinterhaus wird Anne Frank ins Deutsche Reich deportiert.*

**■ 8. August**

Vor dem Volksgerichtshof in Berlin endet der erste Prozess gegen die Beteiligten am Attentat vom 20. Juli. Die acht Angeklagten werden zum Tode verurteilt und erhängt. → S. 415

**■ 15. August**

Zwischen Cannes und Toulon in Südfrankreich landen alliierte Truppen. → S. 418

**■ 18. August**

Ernst Thälmann, von 1925 bis 1933 Vorsitzender der Kommunistischen Partei Deutschlands, wird im Konzentrationslager Buchenwald nach über elf Jahren Einzelhaft ermordet. → S. 415

**■ 19. August**

In Frankreich endet die Kesselschlacht von Falaise. Die an der Westfront eingesetzten deutschen Panzerkräfte sind fast vollständig vernichtet. → S. 419

**■ 20. August**

127 US-Bomber fliegen einen Angriff auf die Anlagen zur Herstellung von synthetischem Treibstoff im Gelände des Konzentrationslagers Auschwitz-Birkenau. Die Vernichtungsanlagen werden nicht gezielt bombardiert. → S. 423

**■ 25. August**

US-amerikanische und freifranzösische Truppen rücken in Paris ein und befreien die französische Hauptstadt von der deutschen Besatzung. Die provisorische Französische Regierung unter General Charles de Gaulle nimmt am nächsten Tag ihre Tätigkeit auf. → S. 420

Rumänien erklärt dem Deutschen Reich den Krieg, nachdem am 23. August der rumänische Regierungschef Ion Antonescu und sein Regime gestürzt worden sind. → S. 422

**■ 26. August**

Der bulgarische Ministerpräsident Iwan Bagrjanow erklärt den »Rückzug Bulgariens aus dem Krieg« (→ S. 433).

**■ 31. August**

Die Rote Armee marschiert in der rumänischen Hauptstadt Bukarest ein. Am Tag zuvor hatte sie das für die deutsche Benzinversorgung wichtige Erdölgebiet Ploieşti besetzt (→ S. 422).

**■ 2. September**

US-Finanzminister Henry Morgenthau jr. schlägt vor, das Deutsche Reich nach Kriegsende in ein Agrarland umzuwandeln (→ S. 425).

**■ 3. September**

Alliierte Truppen befreien die belgische Hauptstadt Brüssel. Am nächsten Tag ziehen sie in Antwerpen ein. → S. 424

**■ 5. September**

Die Sowjetunion erklärt Bulgarien den Krieg. Bulgarien war zwar am Vortag aus dem Dreimächtepakt ausgeschieden, hatte aber den endgültigen Bruch mit dem Deutschen Reich zunächst noch hinausgezögert (→ S. 433).

**■ 8. September**

Die deutschen Widerstandskämpfer Carl Friedrich Goerdeler, Ulrich von Hassell, Joseph Wirmer Paul Lejeune-Jung und Wilhelm Leuschner werden vom Volksgerichtshof in Berlin zum Tode verurteilt. → S. 432

*Wegen Beteiligung am Attentat vom 20. Juli wird Carl Friedrich Goerdeler hingerichtet.*

Nachdem sowjetische Truppen nach Bulgarien vorgedrungen sind, erklärt die Regierung des Landes dem Deutschen Reich den Krieg. → S. 433

Die deutsche Wehrmacht setzt erstmals die »V 2«-Rakete gegen die britische Hauptstadt London ein. → S. 432

**■ 11. September**

Ein Spähtrupp US-amerikanischer Soldaten betritt nördlich von Trier erstmals deutsches Reichsgebiet. → S. 432

Auf einer sechstägigen Konferenz im kanadischen Quebec besprechen Franklin D. Roosevelt und Winston Churchill den Morgenthau-Plan zur Umwandlung des besiegten Deutschlands in ein Agrarland. → S. 425

**■ 12. September**

Rumänien unterzeichnet in Moskau einen Waffenstillstandsvertrag mit der UdSSR, den Vereinigten Staaten und Großbritannien (→ S. 422).

**■ 17. September**

In der größten Luftlandeoperation des Weltkrieges springen 35 000 alliierte Soldaten bei Arnheim und Nimwegen hinter der deutschen Front ab, um die Rheinbrücken zu besetzen. Das Unternehmen schlägt großteils fehl. → S. 430

*Die Verteidigung der Brücke von Arnheim bedeutet einen letzten Abwehrsieg der deutschen Truppen.*

**■ 18. September**

Die westalliierten Luftstreitkräfte stellen ihre Versorgungsflüge für die polnische Heimatarmee ein, die in Warschau seit dem 1. August erbittert gegen die deutsche Besatzung kämpft (→ S. 416).

**■ 19. September**

Finnland unterzeichnet in Moskau einen Waffenstillstand mit der UdSSR. Es verpflichtet sich, alle Truppen hinter die Grenzen von 1940 zurückzunehmen und die noch auf finnischem Gebiet verbliebenen deutschen Streitkräfte zu entwaffnen und auszuliefern. → S. 433

■ **25. September**

Ein Erlass Hitlers über den deutschen »Volkssturm« ordnet die Erfassung aller waffenfähigen Männer zwischen 16 und 60 Jahren an. → S. 431

■ **2. Oktober**

Der in Warschau am 1. August ausgebrochene Aufstand der polnischen Heimatarmee unter General Tadeusz Bór-Komorowski ist gescheitert. Die Aufständischen werden von den Deutschen zur Kapitulation gezwungen. → S. 434

*Nach der Niederschlagung des Warschauer Aufstands bieten Abgesandte der polnischen Heimatarmee die Kapitulation an.*

■ **3. Oktober**

Hitler lässt Athen zur »offenen Stadt« erklären und befiehlt den Rückzug aus Griechenland (→ S. 435).

■ **4. Oktober**

Britische Truppen befreien Patras auf dem Peloponnes. → S. 435

■ **7. Oktober**

Im deutschen Vernichtungslager Auschwitz scheitert der Aufstand einer Gruppe von Juden, die in den Krematorien arbeiten. Fast alle Beteiligten werden anschließend von der Schutzstaffel ermordet (→ S. 441).

■ **9. Oktober**

Bis zum 18. Oktober besprechen Churchill und Stalin die Abgrenzung ihrer Interessensphären auf dem Balkan. → S. 434

■ **14. Oktober**

Der deutsche Generalfeldmarschall Erwin Rommel tötet sich nahe Herrlingen (Gemeinde Blaustein) selbst. Zwei von Hitler abgesandte Generäle hatten ihn vor die Wahl gestellt, Gift zu nehmen oder sich wegen Hochverrats aburteilen zu lassen. → S. 435

■ **15. Oktober**

Die ungarische Hauptstadt Budapest wird von deutschen Verbänden und ungarischen Faschisten (Pfeilkreuzlerpartei) besetzt, nachdem der ungarische Reichsverweser Miklós Horthy einen Waffenstillstand mit der Sowjetunion bekannt gegeben hat. → S. 435

■ **16. Oktober**

Sowjetische Truppen dringen auf ostpreußisches Gebiet vor. Immer mehr Deutsche entschließen sich zur Flucht aus Ostpreußen. → S. 436

■ **20. Oktober**

Die jugoslawische Hauptstadt Belgrad wird von der Roten Armee und jugoslawischen Truppen erobert (→ S. 435).

■ **21. Oktober**

US-amerikanische Panzerverbände erobern Aachen. → S. 438

*Die Bewohner von Ubach fliehen bei Ankunft der Amerikaner aus ihrer Stadt.*

■ **22. Oktober**

Die viertägige See- und Luftschlacht mit US-Verbänden bei Leyte (Philippinen) bringt schwere Verluste für die japanischen Streitkräfte und besiegelt das Ende Japans als Seemacht. → S. 439

■ **23. Oktober**

Die USA, die UdSSR und Großbritannien erkennen die Provisorische Regierung der Französischen Republik unter Charles de Gaulle an (→ S. 421).

■ **28. Oktober**

Bulgarien schließt einen Waffenstillstand mit der UdSSR, den USA und Großbritannien und verpflichtet sich zur Beteiligung am Krieg gegen das Deutsche Reich (→ S. 433).

■ **1. November**

Bei einer alliierten Luftoffensive gegen Köln sind seit dem 28. Oktober insgesamt 9000 t Bomben abgeworfen worden. Die ganze Stadt steht in Flammen.

■ **2. November**

Die britische Regierung teilt der polnischen Exilregierung unter Ministerpräsident Stanislaw Mikolajczvk im sog. Cadogan-Brief mit, dass sie keine Garantie für die Unabhängigkeit des polnischen Staates aussprechen könne, da Mikolajczyk nicht auf die Gebiete östlich der Curzon-Linie verzichtet (→ S. 443).

■ **4. November**

Bochum, im Ruhrgebiet und damit im Zentrum der deutschen Rüstungsindustrie gelegen, erleidet seinen schwersten von insgesamt 150 Bombenangriffen im Zweiten Weltkrieg. → S. 440

■ **7. November**

Franklin Delano Roosevelt geht erneut als Sieger aus den Präsidentschaftswahlen der USA hervor.

■ **10. November**

Die Alliierten erkennen Enver Hoxha als albanischen Regierungschef an. → S. 443

■ **12. November**

Britische Flieger versenken im Tromsöfjord die »Tirpitz«. → S. 442

■ **14. November**

In London legt die Europäische Beratende Kommission im sog. Zonenprotokoll die Besatzungszonen im Nachkriegsdeutschland fest. Ein alliierter Kontrollrat ist als oberste Besatzungsinstanz vorgesehen. → S. 443

■ **24. November**

Die japanische Hauptstadt Tokio wird erstmals seit zweieinhalb Jahren wieder von US-amerikanischen Bombern angegriffen. → S. 443

Der Ministerpräsident der polnischen Exilregierung, Stanislaw Mikolajczyk, tritt zurück. Er hatte sich zur Anerkennung der Curzon-Linie als Ostgrenze Polens bereiterklärt und daraufhin die Unterstützung aller in der Exilregierung vertretenen Parteien verloren. → S. 443

■ **26. November**

Der deutsche Reichsführer SS Heinrich Himmler befiehlt, die Vergasungen im Vernichtungslager Auschwitz einzu-

stellen und alle Spuren zu beseitigen. Die Häftlinge werden in andere Lager verlegt. → S. 441

■ **3. Dezember**

In Griechenland bricht ein Aufstand der kommunistischen Befreiungsfront Ethnikon Apeleftherotikon Metopon (EAM) gegen die Regierung von Minis-terpräsident Jeorjios Papandreu aus. → S. 444

■ **8. Dezember**

Die Vulkaninsel Iwo Jima im Pazifik wird von US-Verbänden angegriffen.

■ **10. Dezember**

Der Besuch des Ministerpräsidenten der Provisorischen Französischen Regierung, Charles de Gaulle, beim sowjetischen Staatschef Josef W. Stalin in Moskau endet mit der Unterzeichnung eines Bündnisvertrages. → S. 445

■ **15. Dezember**

Churchill unterstützt in London Stalins Forderung nach Anerkennung der Curzon-Linie in Polen. → S. 445

■ **16. Dezember**

Die Ardennenoffensive, der letzte Versuch der Deutschen, den Ring der Alliierten im Westen zu durchbrechen, beginnt. → S. 446

■ **17. Dezember**

In der Wüste des US-Bundesstaates Utah beginnt eine Bombereinheit mit Probeflügen und Abwurfübungen für den Einsatz der Atombombe. → S. 445

■ **18. Dezember**

In Birma werden die Japaner nach Südosten abgedrängt. → S. 445

■ **31. Dezember**

Das griechische Kabinett unter Ministerpräsident Jeorjios Papandreu tritt zurück.

*Ein B-17-Bomber der US-Armee fliegt über ein brennendes Gebiet nordwestlich von Stettin.*

*Plakat des Volkssturms: Ab dem 25. September 1944 werden alle Männer zwischen 16 und 60 Jahren zum Dienst in dieser Kampforganisation herangezogen.*

*Ein deutsches Versorgungsflugzeug wirft Nachschub über ukrainischem Kampfgebiet ab.*

*Sowjetische Soldaten beim Gefecht an der ukrainischen Front*

*Deutsche Rückzugsvorbereitungen bei Leningrad*

*Deutsche Verbände werden nach Westen verlegt.*

*Verstopfte Straßen erschweren den Rückzug.*

---

14. JANUAR

# Großoffensive gegen Heeresgruppe Nord

Die sowjetischen Truppen beginnen eine schon seit Jahreswechsel erwartete Großoffensive gegen die deutsche Heeresgruppe Nord. In den folgenden Wochen erobern sie Nowgorod (20. Januar), Luga (12. Februar) sowie Staraja Russa (18. Februar) und drängen damit die deutschen Verbände auf die Panther-Stellung (Narwa-Peipussee-Pleskau-Opotschka-Newel) zurück.

Im Rahmen dieser Offensive wird auch die von deutschen Kräften seit 1941 belagerte Stadt Leningrad am 28. Januar endgültig entsetzt.

Zwei Jahre lang hatte die Heeresgruppe Nord unter Generalfeldmarschall Georg von Küchler nur unbedeutende Veränderungen des Frontverlaufs erlebt. Die 16. Armee hielt den Belagerungsring um Leningrad sowie einen Teil des Wolchowufers und des Ilmensees. Die 18. Armee stand an der Linie Staraja Russa–Cholm.

Nachdem die Deutschen den Plan zur Eroberung Leningrads aufgegeben hatten, besaß der Nordflügel der Ostfront für sie nur noch begrenzte strategische Bedeutung und Küchler verfügte lediglich über 48 Divisionen – darunter keine einzige Panzerdivision –, um die Stellungen zu halten. Die deutschen Generale forderten zwar einen Rückzug der Verbände hinter die Narwa oder sogar hinter die Düna, um die Frontlinie zu verkürzen, Nachschublinien einzusparen und Truppenreserven freizusetzen, aber der deutsche Diktator Adolf Hitler lehnte diesen militärisch sinnvollen Vorschlag kategorisch ab.

In dieser Situation beginnt die sowjetische Offensive mit dem Angriff der 42. und 2. Armee in Richtung auf Zarskoje Selo. Gleichzeitig stößt die 59. sowjetische Armee zu beiden Seiten der Stadt Nowgorod auf Luga vor. Beide Stöße haben das Ziel, die 18.

deutsche Armee einzuschließen, der jedoch – allerdings unter großen Verlusten und unter Aufgabe von Luga und Narwa – der Rückzug zu beiden

Seiten des Peipussees gelingt. Nun ist die 16. deutsche Armee in Gefahr, da sie an ihrem Nordflügel umgangen zu werden droht.

*Erich von Manstein*
*Generalfeldmarschall Erich von Manstein (Abb.), Oberbefehlshaber der Heeresgruppe Süd an der Ostfront, beschwört den deutschen Führer und Reichskanzler Adolf Hitler immer wieder, die Front im Osten zurückzunehmen, um unnötige Verluste von Soldaten und Material zu vermeiden. Zwischen Hitler und Manstein kommt es z.T. zu heftigen Auseinandersetzungen über die Führung der militärischen Operationen, bis Hitler den Generalfeldmarschall dann schließlich am 30. März des Jahres als Befehlshaber der Heeresgruppe Süd absetzt. Bis zum Ende des Zweiten Weltkrieges zieht er sich auf sein Gut zurück.*

*Deutsche Soldaten im Kampf gegen die Rote Armee*    *Mit Fahrrädern versuchen deutsche Verbände, im morastigen Gelände um Leningrad voranzukommen.*

*Rotarmisten vor dem stark zerstörten Peterhof*    *Sowjetische Nachschubkräfte in Leningrad auf dem Weg zur Front*

**28. JANUAR**

# Belagerungsring um Leningrad gesprengt

Die 900 Tage dauernde Belagerung Leningrads ist beendet. Im Rahmen der Großoffensive gegen die deutsche Heeresgruppe Nord gelingt es der Roten Armee, den Blockadering um die Stadt zu sprengen.

Schon im September 1941 hatte Adolf Hitler den Befehl gegeben, Leningrad zu verwüsten und einzunehmen (→ S. 142).

Die 16. deutsche Armee wurde jedoch wenige Kilometer vor der Stadt zum Stehen gebracht und seither hält Leningrad der deutschen Belagerung stand. Bereits im Januar 1943 gelang es sowjetischen Kräften, den Blockadering zu lockern und mit der Eroberung von Schlüsselburg (Petrokrepost) östlich der Stadt einen 8 bis 11 km breiten Nachschubkorridor nach Leningrad zu öffnen (→ S. 251). Der Belagerungsring um die südlichen Außenbezirke blieb jedoch bestehen.

Mit einem Angriff aus dem Brückenkopf in Oranienburg westlich von Leningrad setzten sowjetische Verbände am 20. Januar 1944 zur endgültigen Entsetzung der Stadt an. Unterstützt von Bombenangriffen sowjetischer Kampfflugzeuge rückten sie gegen die deutschen Stellungen vor

**ZITAT**

## Leiden beendet

*In einem Pressebericht aus Moskau vom 24. Januar 1944 zu den Kämpfen heißt es:*

»Die erste Phase der Schlacht um Leningrad ist zum Abschluss gekommen. Ihr Hauptzweck war, die Stadt vom feindlichen Druck zu befreien... Militärisch weniger wichtig, aber umso bedeutender für die Leningrader Bevölkerung ist, dass das Artilleriebombardement der Stadt nach vielen Wochen anhaltender Beschießung endlich ein Ende gefunden hat.«

und drangen in den Befestigungsgürtel ein, der sich in 180 km Länge von der Kronstädter Bucht bis zum Ilmensee hinzog. Innerhalb von wenigen Tagen wurden die deutschen Stellungen aufgerieben und die 16. Armee ist zum Rückzug gezwungen. Am 28. Januar verkündet der sowjetische Partei- und Staatschef Josef W. Stalin in einem Tagesbefehl die endgültige Entsetzung Leningrads und er lässt zu Ehren der kämpfenden Truppen der Leningradfront in der befreiten Stadt insgesamt 24 Salven aus 324 Geschützen abfeuern. Für die Leningrader Bevölkerung bedeutet das Ende der Blockade auch das Ende von zweieinhalb Jahren voller Entbehrungen.

Fast die ganze Zeit über lag die Stadt unter schwerem Artilleriebeschuss und wurde zusätzlich von der Luftwaffe angegriffen. Während der größten und längsten Belagerung, die je eine moderne Stadt aushalten musste, starben rd. 900 000 Menschen.

**ZITAT**

## »Sie hielten in den Stellungen aus...«

*Während die vollständige Entsetzung Leningrads von deutscher Seite nicht weiter kommentiert wird, beschäftigt sich die internationale Presse ausführlich mit den Geschehnissen. In einem Bericht der »Neuen Zürcher Zeitung« heißt es:*

»Leningrad feiert die Befreiung von der deutschen Belagerung, die mehr als zwei Jahre lang unbeschreibliche Leiden und Entbehrungen über die Stadt gebracht hat. Zehn Kilometer vor der Stadt hatten die Truppen und Bürgerwehren Leningrads die deutschen Panzerdivisionen zum Stehen gebracht. Seither hielten sie in ihren Stellungen am inneren Verteidigungsgürtel aus, während die Bevölkerung trotz beinahe täglichen schweren Artillerie- und Luftbombardierungen in den Munitions- und Waffenfabriken weiterarbeitete.«

## 22. JANUAR

# Alliierte landen bei Anzio

Alliierte Truppenverbände landen mit rund 70 000 Mann überraschend bei Anzio und Nettuno in Italien im Rücken der deutschen Front. Sie sollen die alliierten Streitkräfte, die weiter südlich an der Gustav-Linie stehen, bei dem Vormarsch auf Rom unterstützen.

Das Unternehmen ist jedoch nur teilweise erfolgreich, da die Invasionstruppen zwar ihre Stellung verteidigen können, eine Ausweitung des alliierten Brückenkopfes jedoch durch die Verbände der deutschen Wehrmacht verhindert wird. Da es den alliierten Truppen an der Gustav-Linie trotz erbitterter Kämpfe nicht gelingt,

ungeschützten Straßen und Eisenbahnlinien, auf denen der Nachschub zur Gustav-Linie befördert wird, vorzustoßen, entschließt sich der kommandierende US-Generalmajor John P. Lucas, den Brückenkopf abzusichern und gibt damit dem deutschen Militär Gelegenheit, Verstärkung heranzuschaffen. Einen Tag nach der Landung haben sich die Deutschen gefangen und der deutsche Diktator Adolf Hitler gibt der 14. Armee den Befehl, »die Warze von Anzio zum Verschwinden zu bringen«. Er lässt neun Divisionen in das Kampfgebiet einmarschieren und vereitelt die alliierten Pläne hinsichtlich eines schnel-

*Ein britischer Lastkraftwagen versinkt während der Landeoperation bei Anzio in den Fluten; die rauhe See bereitet den Alliierten große Schwierigkeiten.*

*Die 5. britische Armee landet in der Nähe von Nettuno; spezielle Schwimmkampfwagen werden im Verlauf der Landeoperation ans Ufer gebracht und befördern die Soldaten ins Landesinnere.*

*Geschütz französischer Bauart, das die alliierten Truppenverbände von der deutschen Wehrmacht erbeutet haben.*

die deutsche Front zu durchbrechen, soll die Landung bei Anzio und Nettuno den entscheidenden Sieg bringen. In Vorbereitung der Operation mit dem Namen »Shingle« werden schon Tage zuvor die deutschen Nachschubwege von Rom bis zum Garigliano an der Gustav-Linie verstärkt aus der Luft angegriffen. Die eigentliche Landung in der Nacht des 22. Januar, an der neun Transportschiffe, 226 Landungsfahrzeuge, ein Tanker und vier Lazarettschiffe beteiligt sind, erfolgt völlig problemlos. Ohne dass auch nur ein einziger Schuss fällt, werden die ersten Soldaten an Land gebracht. Die Deutschen sind völlig überrascht; ihr nur geringer Widerstand ist daher schnell gebrochen.

Doch statt das Überraschungsmoment auszunutzen und sofort auf die

len Vormarsches auf die italienische Hauptstadt.

Die eigentliche Absicht der Operation von Anzio ist durch die defensive Kampfführung von Generalmajor Lucas gescheitert. Er beschränkt sich auch in den folgenden Wochen lediglich darauf, den Brückenkopf in einer Tiefe von 11 km und einer Breite von 24 km mit einer Truppenstärke von 150 000 Mann zu halten. Doch auf der anderen Seite gelingt es auch den deutschen Kräften nicht, die an Land gegangenen alliierten Truppen ins Meer zurückzuwerfen. Bis Ende Februar beginnen sie mehrere Gegenoffensiven, die alle scheitern: Der Kampf um Anzio steht remis. Die Alliierten haben die Gelegenheit verpasst und auch den Deutschen gelingt nicht der Sieg.

*Truppen der 5. britischen Armee kurz nach ihrer Landung bei Anzio und Nettuno; in langen Reihen marschieren sie durch die Küstenebene ins Inland.*

## Keine Gnade für Graf Ciano

In Verona beginnt der Prozess gegen Mitglieder des Faschistischen Großrats, die im Juli 1943 gegen den Duce Benito Mussolini gestimmt hatten und ihn damit stürzten.

Unter den Angeklagten befindet sich auch Galeazzo Ciano Graf von Cortellazzo, der Schwiegersohn Mussolinis. Der Prozess endet mit Todesurteilen u.a. für Ciano. Die Gnadengesuche der Mussolini-Tochter Edda Ciano werden ihrem mittlerweile einflusslosen Vater überhaupt nicht vorgelegt – am 11. Januar finden die Hinrichtungen statt.

*Todesstrafe auch für Marschall de Bono*

*Galeazzo Ciano Graf von Cortellazzo*

## Roosevelt fordert Arbeitspflicht

US-Präsident Franklin Delano Roosevelt schlägt dem Kongress ein Gesetz zur Einführung der Arbeitspflicht vor, stößt damit aber auf heftige Ablehnung.

Der Präsident befürwortet eine Arbeitspflicht für die Dauer des Krieges, um Streiks zu verhindern und um jeden physisch geeigneten Erwachsenen unter Berücksichtigung einiger Ausnahmen für die Kriegsproduktion oder für einen anderen nationalen Dienst verfügbar zu machen. Führende Politiker lehnen die Einführung einer Arbeitspflicht ab.

# Treffen Churchill – de Gaulle

In Marrakesch (Marokko) geht eine mehrtägige Konferenz zwischen dem britischen Premier Winston Churchill und Charles de Gaulle, dem Führer des französischen Befreiungskomitees, zu Ende.

Die beiden Politiker berieten über Grad und Form der Zusammenarbeit im Kampf gegen das deutsche NS-Regime. Die Hauptpunkte der Gespräche waren: 1. Versorgung der französischen Widerstandsbewegung mit Waffen; 2. Säuberungsaktion gegen die Mitglieder und Anhänger des faschistischen französischen Vichy-Regimes; 3. Status des französischen Nationalkomitees bei der Befreiung Frankreichs.

*Links: General Charles de Gaulle, Führer des französischen Befreiungskomitees, fordert mehr Unterstützung.*

*Rechts: Der britische Premierminister Winston Churchill, ein unerbittlicher Kämpfer gegen das NS-Regime*

## Bestrafung von Kriegsvergehen

Der belgische Jurist Marcel de Baer kündigt die Bildung internationaler Gerichtshöfe an.

Sie sollen sich aus Mitgliedern der Vereinten Nationen zusammensetzen. Ihre Aufgabe wird in der Bestrafung »nationalsozialistischer Kriegsvergehen« bestehen. De Baer fordert harte Strafen für alle Kriegsverbrecher, da nur so künftig der Frieden in der Welt erhalten werden könne und bewiesen werden könne, dass Krieg kein profitables Unternehmen ist.

# Befreiungskampf und Vergeltungsterror in Dänemark

Mit der Ermordung des dänischen Schriftstellers und Pfarrers Kaj Munk durch die deutsche Geheime Staatspolizei (Gestapo) erreichen der Widerstandskampf im besetzten Dänemark und der nationalsozialistische Gegenterror einen neuen Höhepunkt (→ S. 401).

Der gewaltsame Tod Kaj Munks, der in seinen Dichtungen und Predigten zum aktiven Widerstand gegen die deutsche Besatzungsmacht aufgerufen hatte, löst Trauer und Zorn in der dänischen Bevölkerung aus. In Kopenhagen werden die Fahnen auf halbmast gehisst und die Bücher des Schriftstellers sind am Abend seines Todestages in allen Buchhandlungen Dänemarks ausverkauft. Die Vertreter der fünf Koalitionsparteien des dänischen Reichstags, der sich unter der deutschen Besatzung eine gewisse Bewegungsfreiheit bewahren konnte, verurteilen in einem gemeinsamen Aufruf die Gewaltmethoden im politischen Kampf und sprechen »im Namen der überwiegenden Mehrheit des Volkes« den Wunsch nach einer Beendigung der Attentate und Überfälle aus.

Die Ermordung von Kaj Munk ist Teil einer Terrorwelle in Dänemark, die schon Ende des Jahres 1943 ihren Anfang nahm (→ S. 320). Mitte November 1943 hatten dänische Saboteure mit der Sprengung von Brücken und anderen Verkehrswegen begonnen, um auf diese Weise den gesamten Verkehr in Nordjütland lahm zu legen. Als Antwort richteten die Deutschen am 22. November den Arbeiter Sven Eduard Rasmussen und den Bäcker Marius Jepesen hin. Sabotagen und Hinrichtungen folgten einander und von Dezember an begannen die dänischen Widerstandsgruppen, alle Gestapo-Spitzel in ihren Reihen, derer sie habhaft werden konnten, zu liquidieren. Die Deutschen reagierten auf ihre Weise: Am 30. Dezember 1943 wurden Revolverattentate auf den Folketingsabgeordneten Ole Björn Kraft und den Journalis-ten Christian Damm, die beide als Patrioten bekannt waren, verübt; die Schüsse waren nicht tödlich. Die Ermordung von Kaj Munk am 5. Januar bedeutet einen vorläufigen Höhepunkt, aber noch lange kein Ende der blutigen Gewalttaten. Die deutsche Polizei geht in den folgenden Wochen nach dem Grundsatz »Bombe für Bombe und Leben für Leben« gegen die dänischen Freiheitskämpfer vor.

## 21. JANUAR

# Bomber fliegen Offensive

**Die letzte deutsche Bomberoffensive gegen Großbritannien (Deckname »Steinbock«) wird mit einem Großangriff auf London eingeleitet.**

Das Unternehmen »Steinbock«, von den Briten auch spöttisch »Baby Blitz« genannt, endet am 29. Mai.

Die Offensive gegen die britische Hauptstadt und Südengland wurde von dem deutschen Diktator Adolf Hitler persönlich als »Vergeltungsaktion« angeordnet und steht unter dem Befehl von Reichsmarschall Hermann Göring, dem Oberbefehlshaber der deutschen Luftwaffe.

Der erste Angriff gegen London in der Nacht vom 21. auf den 22. Januar wird von knapp 100 Kampfflugzeugen durchgeführt. Die Bombereinheiten sammeln sich gegen Mitternacht über dem Deutschen Reich, überqueren in großer Höhe den Ärmelkanal und stoßen dann auf London zu. Über der Stadt gehen sie tiefer und ändern immer wieder ihren Kurs, um der britischen Flugabwehr die Erfassung zu erschweren. Bordfunker werfen alle

*Zerstörtes Stadtgebiet von London; Blick von der Cannon Street Richtung Süden, links die St.-Nicholas-Kirche*

*Überall in London finden sich Ruinenfelder; zahlreiche Kirchen und historische Gebäude sind schwer beschädigt.*

*Zerbombte und ausgebrannte Häuser prägen das Stadtbild Londons.*

fünf Sekunden Bündel von Stanniol-Radarstörstreifen ab – dann beginnt die Bombardierung. Insgesamt fallen im Verlauf dieser Nacht 268 t Bomben auf das Stadtgebiet.

Bis zum Ende der Aktion »Steinbock« am 29. Mai unternimmt die deutsche Luftwaffe noch 30 weitere Angriffe gegen London und Südengland – im Januar noch einen, im Februar neun, im März acht, im April neun und im Mai drei. Es kommen nie mehr als 100 Maschinen zum Einsatz und die Verbände sind stark gemischt – von der He 177 bis zum Schnellbomber Me 410.

## HINTERGRUND

### Feindliche Bomben bringen Todesangst

**Die deutschen Bombenangriffe auf London sollen neben Propagandazwecken im Reich vor allem dazu dienen, Widerstandskraft und Kriegsmoral der britischen Bevölkerung zu schwächen.**

Meist tritt das Gegenteil ein: Der Hass gegen den Feind wird geschürt und der Durchhaltewillen angestachelt. Das ändert nichts daran, dass die Bombardierungen die größten Belastungen für die Zivilbevölkerung bringen: Der Fliegeralarm, die Flucht in die Luftschutzkeller, das Ausharren in den Bunkern und gleichzeitig die Angst, verschüttet zu werden – diese Situationen bringen die Menschen an die Grenzen ihrer psychischen Belastbarkeit.

*Londoner Bürger sammeln sich vor dem Eingang eines Luftschutzkellers; mit Fahrstühlen oder über Treppen flüchten sie in die tief unter der Erde gelegenen Bunker, um sich vor einem deutschen Bombenangriff zu schützen.*

*Mit Musik und Tanz vertreiben sich die Männer und Frauen in einem Londoner Luftschutzkeller die Zeit, während über ihnen die deutsche Luftwaffe ihre Bomben abwirft; die Musik wird von einem Funkgerät geliefert.*

*In Erwartung eines Bombenangriffs der deutschen Luftwaffe sind die Londoner Straßen verwaist; links die imposante Silhouette der St. Paul's Cathedral*

*Während eines deutschen Luftangriffs teilen Helferinnen in einem unterirdischen Londoner Luftschutzkeller Getränke und Mahlzeiten aus – ein eindrucksvolles Beispiel für den gut organisierten britischen Zivilschutz und den routinierten Umgang mit den feindlichen Bombenangriffen.*

1. JANUAR

# Rommel an Westfront

Generalfeldmarschall Erwin Rommel übernimmt den Oberbefehl über die deutsche Heeresgruppe B in Frankreich.

Außerdem soll er die invasionsbedrohten Küsten verteidigungsbereit machen. Der populäre Heerführer, der wegen seiner bereits zur Legende gewordenen erfolgreichen Wüstenkriegsführung im Volksmund als »Wüstenfuchs« gefeiert wird (→ S. 201, 274), soll allein schon mit seinem Namen dafür bürgen, dass die Alliierten, sollten sie eine Landung wagen, »sofort ins Meer zurückgeworfen werden«.

Da der Gegner die Luftüberlegenheit besitzt und damit jedes Unternehmen mit größeren Truppenbewegungen von vornherein zum Scheitern verurteilt ist, wenn die Alliierten bereits gelandet sind, sieht Rommel die einzige Chance darin, den Feind in dem Augenblick zu schlagen, wenn er seine Truppen an Land gehen lässt. Deshalb setzt er auch alles in den Ausbau des Atlantikwalls.

11. JANUAR

## Deportation ins Deutsche Reich

Rund 400 norwegische Studenten werden in das Deutsche Reich deportiert und in einem Gefangenenlager in Thüringen untergebracht.

Es handelt sich um aktive Gegner der deutschen Besatzungsmacht und des norwegischen Marionettenregimes von Vidkun Abraham Lauritz Quisling (→ S. 179, 321).

Damit erhöht sich die Zahl der im Deutschen Reich internierten Norweger auf 7000. Bereits im Dezember 1943 waren 300 Studenten verschleppt worden, da sie gegen die nationalsozialistische Indoktrinierung der Universität Oslo protestiert hatten. Die norwegische Bevölkerung reagiert mit Erbitterung.

23. JANUAR

## Alliierte Bomben verwüsten Sofia

Die Evakuierung Sofias ist weitgehend abgeschlossen. Ein Großteil der Bevölkerung musste die bulgarische Hauptstadt verlassen.

Sämtliche Behörden wurden ausgelagert, da die Stadt durch zwei aufeinander folgende US-amerikanische Luftangriffe am 10. Januar zu weiten Teilen zerstört worden war. Der Bombenhagel verwandelte etwa 35% aller Häuser in Schutt und beschädigte 15% so schwer, dass sie nicht mehr bewohnbar sind. Im Anschluss an den Luftangriff wüteten Großbrände durch die Stadt. Die Zahl der Toten, die unter den Trümmern begraben liegen, wird auf mehrere tausend geschätzt.

28. JANUAR

# Japan: US-Soldaten gefoltert

Die US-Regierung veröffentlicht einen Bericht, aus dem hervorgeht, dass die US-Kriegsgefangenen und Zivilinternierten in japanischen Lagern in Malaysia, Birma und Thailand misshandelt werden.

In dem Papier, das sich auf eidlich bestätigte Erklärungen von drei US-Offizieren stützt, die aus japanischer Haft entkommen konnten, wird eingehend geschildert, wie tausende US-amerikanischer und auch philippinischer Soldaten von den Japanern gefoltert, ausgehungert und teilweise ermordet werden.

Es heißt u.a.: »Eine Kampagne der Brutalität wurde gegen die Gefangenen eröffnet. Man ließ sie den... ›Todesmarsch‹ gehen... Die Gefangenen mussten in Gruppen von 500 und 1000 Mann längs der Straße marschieren. Die Japaner gaben ihnen Ohrfeigen und Stockschläge, ohne dass die Gefangenen Wasser oder Nahrungsmittel erhalten hätten. Viele von ihnen wurden wahnsinnig, viele starben.«

---

## 19. JANUAR

# Moltke verhaftet

Helmuth James Graf von Moltke, Sachverständiger für Völkerrecht im Oberkommando der Wehrmacht (OKW) und einer der führenden Männer der Widerstandsbewegung, wird von der Geheimen Staatspolizei (Gestapo) verhaftet.

Mit seiner Festnahme zerfällt die bedeutende bürgerliche Widerstandsgruppe Kreisauer Kreis, die ihre Aufgabe weniger in der Beseitigung des nationalsozialistischen Regimes als vielmehr in der Erarbeitung einer neuen geistigen und politischen Moral zum Aufbau eines demokratischen Deutschlands sah (→ S. 324).

Moltkes Verhaftung hat nichts mit seiner Zugehörigkeit zum Kreisauer Kreis zu tun. Das Verhängnis nimmt auf anderem Weg seinen Lauf: Er hatte vergeblich versucht, den ehemaligen Generalkonsul Otto C. Kiep, Mitglied des antinazistischen Solf-Kreises in Berlin, vor dessen bevor-

*Helmuth James Graf von Moltke (r.), Gründer der christlich-liberalen Widerstandsgruppe Kreisauer Kreis, die die Beseitigung des NS-Regimes will*

stehender Verhaftung durch die Gestapo zu warnen. Der Sicherheitsdienst erfuhr davon und ordnete auch die Festnahme Moltkes an. Zuerst bringt man ihn in das Reichssicherheitshauptamt in der Prinz-Albrecht-Straße in Berlin, verhört ihn dort ohne jeden Erfolg und verlegt ihn Anfang Februar nach Ravensbrück bei Fürstenberg. Nach dem Attentat vom 20. Juli (→ S. 407) wird auch Moltke

des Verrats bezichtigt, obwohl er an der Planung des Anschlags gar nicht beteiligt war.

Bei seinem Prozess vor dem Volksgerichtshof in Berlin wirft man ihm letztlich kein spezielles Vergehen, sondern vor allem seine christliche Grundhaltung vor.

Moltke wird zum Tode verurteilt und am 23. Januar 1945 in Berlin hingerichtet.

---

## 20. JANUAR

# Im Kampf gegen den »Jazzbazillus«

Der Kampf des NS-Regimes gegen den Jazz, der als »musikalischer Bazillus« gilt, wird mit ungebrochener Härte weitergeführt.

In einem Brief an Alfred Rosenberg, Leiter des Außenpolitischen Amtes der Nationalsozialistischen Deutschen Arbeiterpartei (NSDAP) und Minister für die besetzten Ostgebiete, fordert ein Parteigenosse den »Krieg gegen den Jazz und andere »undeutsche« Einflüsse.

Er reagiert damit auf eine Äußerung Rosenbergs, in der dieser kürzlich zum Thema Jazz ausgeführt hatte dass »jahrzehntelanges Betrommeln der Deutschen mit dem Gejaule und Gekreisch amerikanischer Niggersongs und Jazzmusik solche Schäden hinterlassen hat, dass so mancher Musik und Jazz noch nicht zu unterscheiden vermag«.

Über die Jazzmusik haben schon zahlreiche nationalsozialistische Musikkritiker ein vernichtendes Urteil abgegeben. So wird sie als »knieerweichende und haltlose Afterkunst« bezeichnet, die »deutsches Musikgut zerstören würde. Jazz sei eine »als Musik getarnte Kulturpest und eine den niedersten Instinkten der Masse entgegenkommende Respektlosigkeit mit dem Zweck, die Kulturmusik des Abendlandes und hier im Speziellen des musikreichen Deutschlands zu besudeln und in jeder Form zu zerstören«. Zudem ist den Machthabern der Jugendwiderstand, der sich um die Verehrung von Jazzmusik gebildet hat, ein Dorn im Auge. Die sog. Swing-Kids, die Musik von Louis Armstrong, Benny Goodman oder Teddy Stauffer hören, feiern im Geheimen ihre Partys und haben einen antitotalitären Ehrenkodex entwickelt. Dazu gehört z.B. eine betont lässige, an britischen Vorbildern orientierte Kleidung. Die Jugendlichen versuchen sich auf diese Weise weitgehend der NS-Gleichschaltungsmaschinerie wie etwa der Hitlerjugend zu entziehen. Zentren der »Swing-Kids« sind vor allem die Großstädte der Nord- und Ostseeküste. Dort, z. B. in Hamburg mit etwa 1500 »Swingern«, ist durch jahrhundertelange Handelsbeziehungen ein besonders weltoffenes und anglophiles Klima entstanden.

---

## 19. JANUAR

# Der Kreisauer Kreis zerbricht

Die deutsche Widerstandsgruppe Kreisauer Kreis, die sich um Helmuth James Graf von Moltke gebildet hatte, löst sich kurz nach dessen Verhaftung auf.

Ein Teil der nicht entdeckten Mitglieder schließt sich dem militärischen Widerstandskreis um Oberst Claus Graf Schenk von Stauffenberg an. Im Sommer 1940 hatten sich Konservative, Sozialisten, Gewerkschafter, Protestanten und Katholiken zum Widerstand gegen den deutschen Diktator Adolf Hitler und die nationalsozialistische Terrorherrschaft zusammengeschlossen. Ihr Treffpunkt war Moltkes Gut Kreisau bei Schweidnitz in Schlesien, das der Gruppe den Namen gab.

Ziel der Widerstandsgruppe war eine vollständige Neuordnung des Deutschen Reiches auf der Grundlage christlicher Wertvorstellungen. Man wollte die ethische und geistige Erneuerung dem wirtschaftlichen

*Moltkes Gut Kreisau in Schlesien, Treffpunkt der Widerstandsgruppe*

und staatlichen Wiederaufbau voranstellen, da man der Meinung war, dass nur auf diesem Wege ein wirklich demokratisches politisches System entstehen könne. Die Überlegungen der Widerständler liefen in einer am 9. August 1943 verfassten Denkschrift zusammen.

Die Frage des gewaltsamen Umsturzes der nationalsozialistischen Herrschaft wurde gegensätzlich erörtert. Aus christlich-ethischer Tradition kommend, lehnten einige einen »Tyrannenmord« an Hitler grundsätzlich ab. Das Gesetz »Du sollst nicht töten« bezog sich in ihrer Interpretation selbst auf einen Massenmörder wie den deutschen Diktator. Etwa seit 1943 kamen die Kreisauer aber einhellig zu der Meinung, dass geistiger Widerstand allein nicht ausreiche. Sie nahmen – trotz extrem gegensätzlicher politischer Einstellungen – Kontakt zur Widerstandsgruppe der Offiziere um Stauffenberg auf, die ein Attentat auf Hitler planen. Der Geheimen Staatspolizei gelingt es bis zuletzt nicht, dem Kreisauer Kreis vollständig auf die Spur zu kommen.

## 29. JANUAR

# Bormann fordert »Ehe zu dritt«

Der deutsche Reichsminister Martin Bormann, Sekretär von Führer und Reichskanzler Adolf Hitler, schlägt in einer Schrift die »Ehe zu dritt« vor.

*Bormann – der Sekretär des Führers*
*Reichsminister Martin Bormann, Leiter der Parteikanzlei und der persönliche Sekretär des deutschen Führers und Reichskanzlers Adolf Hitler, ist gegen Ende des Zweiten Weltkrieges einer der mächtigsten Männer im Deutschen Reich und praktisch Hitlers Stellvertreter. Stets in nächster Nähe des Führers, genießt er dessen unbedingtes Vertrauen. Er kennt Hitlers Schwächen und persönliche Eigenheiten und nutzt sie geschickt aus, um seine eigene Macht gegenüber den Rivalen Hermann Göring und Joseph Goebbels zu festigen und immer weiter auszubauen.*

Bormann sorgt sich angesichts des Geburtenrückgangs um den Bestand des deutschen Volkes, zumal infolge der hohen Zahl der Gefallenen immer weniger Kinder gezeugt werden. Er weist darauf hin, dass das Deutsche Reich nach Beendigung dieses Krieges wenigstens drei bis vier Millionen allein stehende Frauen haben werde.

Seine Lösung dieses Problems ist einerseits die Bigamie, andererseits die »freie Liebe«. Bormann schlägt vor, dass man es den Männern erlauben sollte, zwei Haushalte und zwei Frauen zu haben, denn Frauen könnten »ihre Kinder ja nicht vom Heiligen Geist bekommen, sondern nur von den dann noch vorhandenen deutschen Männern«. Außer mit der Bigamie müsse die Bevölkerung auch mit dem Gedanken der freien Liebe vertraut gemacht werden. Man müsse den Ehebruch entdramatisieren und den Ausdruck »uneheliches Kind« unterbinden. Bormann bezeichnet die geltenden Ehegesetze als unmoralisch und heuchlerisch.

*Der Kommandant beglückwünscht einen Soldaten zur Eheschließung.*

## 3. JANUAR

# Sinkende Moral bereitet Sorgen

Die »Lockerung der Sexualmoral« und die zunehmende »Zerrüttung der Ehen« bereiten den deutschen Machthabern große Sorgen.

Um auch in den Wirren des Kriegsgeschehens die Bildung und den Erhalt »ordentlicher« Familien zu sichern, errichtet das Thüringische Landesamt für Rassewesen in Weimar die erste staatliche Eheberatungs- und Ehevermittlungsstelle für Kriegsversehrte. Mit diesen und ähnlichen Einrichtungen will man den »moralischen Niedergang des deutschen Volkes« aufhalten. Im Laufe des Krieges haben sich die Maßstäbe für den Umgang zwischen Männern und Frauen gewandelt. Viele Ehen gehen kaputt, weil sich die Männer oft jahrelang an der Front befinden. Die kurzen Urlaubsbegegnungen, die im Verständnis der Nationalsozialisten in erster Linie der Fortpflanzung dienen sollen, können in vielen Fällen eine Entfremdung zwischen den Ehepartnern nicht verhindern.

Besonders erbost sind die nationalsozialistischen Machthaber darüber, das sich deutsche Frauen mit »fremdvölkischen« Männern, die im Deutschen Reich als Arbeitskräfte zwangsverpflichtet sind, einlassen. Frauen, denen eine Beziehung oder Freundschaft mit einem Ausländer nachgewiesen wird, müssen mit harten Strafen rechnen.

## HINTERGRUND

# Lebensborn: Schutz des »guten Blutes«

Der Verein Lebensborn e.V., der 1935 von Reichsführer SS Heinrich Himmler gegründet wurde, hat seiner eigenen Satzung zufolge das Ziel, »den Kinderreichtum in der SS zu unterstützen, jede Mutter guten Blutes zu schützen und zu betreuen und für hilfsbedürftige Mütter und Kinder zu sorgen«.

In den Heimen des Lebensborns – während des Krieges gibt es 22 davon – werden vor allem auch diejenigen schwangeren Frauen aufgenommen, die ein uneheliches Kind erwarten. Gemäß der NS-Rassenlehre müssen sie jedoch »erbbiologische Gesundheit« nachweisen können und es muss zu erwarten sein, dass sie »gleich wertvolle Kinder zur Welt

bringen«. Der Verein vermittelt die Neugeborenen entweder an SS-Familien oder sie bleiben zur Erziehung in den Heimen. In den Lebensborn-Häusern werden außerdem tausende von Kindern untergebracht, die wegen ihrer »reinrassischen äußeren Merkmale« aus den besetzten Gebieten verschleppt wurden.

*Musterung von Frauen (Szene aus einem deutschen Nachkriegsfilm)*

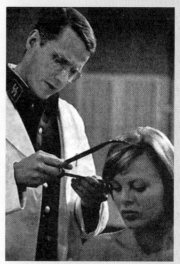

*Schädelmessung (Film von 1960)*

# Widerstandsbewegungen in Europa 1940–1945

*Französische Untergrund-kämpfer, geleitet von einem Offizier, der die amerikanische und die britische Flagge trägt, marschieren durch die zerstörten Straßen von Caen. Am 9. 7. 1944 war die Stadt von den Alliierten befreit worden.*

In allen Ländern, die im Krieg von fremden Truppen besetzt wurden, bildeten sich früher oder später Widerstandsgruppen, die in einigen Fällen zu mächtigen Bewegungen anwuchsen und enorme gegnerische Kräfte binden konnten. Im Gros aber handelte es sich um größere oder kleinere lose Verbände von mehr schlecht als recht ausgerüsteten und ausgebildeten Untergrundkämpfern, die ihre Schlagkraft durch genaueste Ortskenntnisse und durch ihren Rückhalt in der Bevölkerung gewannen.

Zur Verfolgung strategischer Ziele reichte das jedoch nicht, sondern allenfalls zu operativen Unternehmungen. In den meisten Fällen gelangen nur punktuelle Nadelstiche, passiver Widerstand und Obstruktion. Mangels Uniform und klarer Befehlsgliederung wurden die Widerständler nicht als Kombattanten anerkannt und daher auch nicht als Kriegsgefangene behandelt, wenn sie in Feindeshand fielen. Sie führten zudem einen doppelten Krieg. Einmal den gegen die Besatzer durch Sabotage aller Art, womit die Freischärler im Nebeneffekt oft auch die eigene Bevölkerung trafen. Und dieser galt die andere Stoßrichtung ihres Kampfes: Die eigenen Leute mussten notfalls mit Gewalt zur Kooperation mit dem Untergrund gebracht und zudem mit allen Mitteln von einer Kollaboration mit der Besatzungsmacht abgehalten werden.

## UNTERSCHIEDLICHE AUSPRÄGUNG DES WIDERSTANDES

Höchst verschiedene Motive führten die Menschen in den einzelnen Ländern zum lebensgefährlichen Einsatz gegen die Besatzerübermacht. Gemeinsam aber war allen eine patriotische Grundhaltung und der unbedingte Wille, die Heimat von der Fremdherrschaft zu befreien. Das überdeckte im Kampf gegen den gemeinsamen Feind zeitweilig Differenzen der Ideologie und des Herkommens, wich aber bei sich abzeichnender Niederlage der Besatzer wieder inneren Streitigkeiten. Zu stärkerem Zusammenhalt fehlte dem Untergrund weitgehend auch der Organisationscharakter; in den Widerstand konnte man nicht »eintreten«, man gehörte qua Gesinnung dazu, nahm an ihm aber in sehr unterschiedlichem Maße teil. Ja, es ließ sich sogar eine Haltung der begrenzten Kollaboration mit den Besatzungsbehörden und der ebenso dosierten Gegnerschaft leben. Wie weit der Einzelne zu gehen bereit war, hing auch davon ab, wie die fremden Herren regierten, inwiefern man von besonderen Härten betroffen war und wie man sie empfand. So bildeten sich in den kulturell Deutschland verwandten

*Ein Bild vom dänischen Widerstandskampf 1944: Mitglieder einer Aktionsgruppe sollen den geplanten Ausbruch aus einem Kopenhagener Gefängnis decken.*

*Vorführung eines mobilen Peilgerätes zum Aufspüren illegaler Sender von Widerstandsgruppen an der Polizeischule in Berlin (um 1941)*

west- und nordeuropäischen Ländern nur zögernd nennenswerte Widerstandsgruppen, während im Osten und Südosten schon gleich nach Beginn der Feindseligkeiten Partisanenverbände entstanden.

Wenn hier vor allem an den Beispielen UdSSR, Jugoslawien und Frankreich sowie am Sonderfall Italien die Bedeutung des Widerstands gezeigt werden soll, dann verkennt das nicht seine herausragende Rolle in den anderen Ländern. So hatte er in Dänemark wesentlichen Anteil an der Rettung der Juden vor dem Zugriff der SS. So wagte er in Polen im Spätsommer 1944 den Warschauer Aufstand gegen die Deutschen – und verblutete, weil Stalin seine Truppen anhielt und so praktisch ein zweites Mal gemeinsame Sache mit Hitler machte. Denn einen nationalpolnischen Sieg konnte der Kremlherr für sein Vorhaben der Bolschewisierung des Landes nicht gebrauchen. In Norwegen unterstützten Untergrundkämpfer die britischen Kommandounternehmen gegen die Norsk Hydro Werke (Februar 1943), die Schweres Wasser herstellten, Moderatorsubstanz für die deutschen Atommeiler. In den Niederlanden steigerte sich der Widerstand bis zu Streiks gegen die Judenverfolgung (Februar 1941) und gegen die erneute Internierung bereits entlassener Kriegsgefangener (1943). In Belgien verhinderten Freischärler Ende 1944 die Zerstörung des Hafens von Antwerpen durch die Deutschen. In Griechenland hatten die italienischen und deutschen Besatzungstruppen erhebliche Probleme mit den Untergrundkämpfern, obwohl diese unter der Spaltung zwischen kommunistischen und bürgerlichen Gruppen litten.

## DER PARTISANENKRIEG IN JUGOSLAWIEN
Militärische Bedeutung erlangte der Widerstand zuerst in Jugoslawien, wo sich im unwegsamen Gebirge gleich nach der Kapitulation am 17. 4. 1941 Männer zu gemeinsamen Aktionen gegen die Deutschen zusammenfanden. Schnell stieg hier Tito, seit 1937 Generalsekretär der Kommunistischen Partei, zum Vorsitzenden des am 27. 6. 1941 gegründeten Obersten Rats der Volksbefreiungsabteilung wider Partisanen auf. Er richtete nur zehn Tage später einen Aufruf an alle »patriotischen Kräfte«, sich gegen die Besatzer zu erheben. Daraufhin brachen noch im Juli 1941 in nahezu allen Landesteilen Aufstände aus, derer die Wehrmacht nur mit Mühe und nie gänzlich Herr wurde; Terror- und Sabotageakte häuften sich, woran der Gegenterror der deutschen Behörden wenig zu ändern vermochte, so brutal sie auch vorgingen mit wahllosen

Verhaftungen und Einweisungen in Konzentrationslager, Geiselnahmen, »Sühne«-Aktionen, denen ganze Ortschaften zum Opfer fielen, und summarischen Erschießungen.

Gemäß Befehl des Oberkommandos der Wehrmacht vom 16. 9. 1941 sollten für jeden getöteten deutschen Soldaten oder volksdeutschen Bewohner des Landes hundert Zivilisten erschossen werden; Dörfer und Gehöfte, aus denen heraus Widerstand geleistet wurde, waren vollständig niederzubrennen. Das hatte ebenso wenig Erfolg wie diverse Offensiven der Wehrmacht gegen Widerstandsnester der Partisanen, die sich immer wieder, oft in letzter Minute, der Einschließung zu entziehen verstanden. Es half den Angreifern dabei wenig, dass die Gegner zerstritten waren, denn im Ernstfall traten solche Differenzen zunächst noch zurück.

*Rückeroberung Odessas durch die Sowjetarmee am 10. 4. 1944: Partisanen, die sich während der Zeit der deutschen Besatzung in den Katakomben versteckt hatten, steigen aus einem Schacht.*

In Zentralserbien hatte Oberst Mihailovic großserbisch gesonnene Nationalisten um sich geschart, die mit Titos kommunistischem Kurs nicht einverstanden waren. Sie hatten ein Jugoslawien unter serbischer Führung auf ihre Fahnen geschrieben, während die Kommunisten allen Völkern des Landes gleiche Rechte versprachen und außerdem eine sozialistische Umgestaltung der Gesellschaft anstrebten. Zunächst schien das Konzept der Serben zu dominieren, weil auch die Alliierten, ja selbst Stalin, darauf setzten; ein Jugoslawien ohne serbische Ordnungsmacht schien ihnen zu labil. Doch im Innern hatte Tito den größeren Zuspruch, weil die serbische Bevormundung von Kroaten und Slowenen, Montenegrinern und Bosniern gleichermaßen abgelehnt wurde. Mihailovic machte sich zudem verdächtig durch begrenzte Zusammenarbeit mit den italienischen Besatzern im Süden des Landes.

Damit verscherzte sich der zugleich als Minister in der Londoner Exilregierung fungierende Mihailovic die Sympathien auch der Alliierten. Churchill schwenkte Ende 1943 zu Tito um und ordnete an, dass nur noch dessen Leuten mit Hilfsgütern unter die Arme zu greifen sei. Damit zog er auch die Konsequenz aus den inzwischen veränderten Kräfteverhältnissen. Titos Bewegung war zu einer veritablen Armee angeschwollen und hatte sich zudem mit Kriegsbeute aus der Hinterlassenschaft der Italiener versorgt, die im September 1943 aus dem Krieg ausgeschieden waren. Ehe die Deutschen zugriffen, hatten Titos Leute bereits manches Waffenlager an sich gebracht. Auch Schiffe und Flugzeuge wurden erbeutet und

*Februar 1942: Lagebesprechung russischer Partisanen bei Artjomowsk in der Ukraine*

War Tito bisher vor allem von der Westmächten bei seinem erfolgreichen Kampf unterstützt worden, so suchte er nun bei näher rückender Roter Armee auch den Kontakt zu Moskau. Im Zusammenwirken mit der 3. Ukrainischen Front des Marschalls Tolbuchin eroberten seine Leute am 19.10 1944 Belgrad. Es dauerte noch bis zum 15. 5. 1945, also eine Woche nach der deutschen Kapitulation, ehe die Kampftätigkeit in Jugoslawien erlosch, denn der Partisanenkrieg war von beiden

*Der jugoslawischen Partisanenbewegung unter Josip Broz Tito gehörten gegen Kriegsende über 400 000 Mann an; sie hatte die Strukturen einer regulären Armee. Hier telefoniert Tito gerade von seinem Höhlen-Hauptquartier.*

in entlegenen Häfen und auf versteckten Fliegerhorsten stationiert. Mitte 1944 zählten Titos Streitkräfte bereits 250 000 Mann; der Konkurrent Mihailovic wurde seines Kommandos enthoben, seine Leute forderte man auf, sich den Tito-Partisanen anzuschließen, die bereits große Teile des Landes mit Ausnahme der Städte kontrollierten und für eine kommunistische Zukunft des Vielvölkerstaats einrichteten.

*Buch mit Hohlraum als Versteck für eine Pistole. Das Schmuggeln von Waffen war im Untergrund an der Tagesordnung.*

zur Vernichtung von Fahrzeugen sowie zu Unterbrechungen von Nachrichtensträngen und Sabotage an Nachschubeinrichtungen der Wehrmacht.

In Russland war die deutsche Seite erstmals in großem Stil mit Partisanen konfrontiert und stand dem Phänomen zunächst relativ hilflos gegenüber. Wie nicht anders zu erwarten, fiel den Verantwortlichen nur brutaler Abschreckungsterror als Gegenmittel ein: Partisanen und ihre tatsächlichen oder auch nur angeblichen Helfer wurden erschossen oder öffentlich gehenkt. Ortschaften, wo sie Unterschlupf gefunden haben sollten oder aus denen geschossen worden war, machte die Truppe dem Erdboden gleich und tötete die Bewohner. Das ließ die Erbitterung jedoch nur weiter steigen und den Zustrom für die Untergrundkämpfer ebenfalls.

Erst allmählich gewannen die deutschen Stellen Verhaltensmaßregeln für die Partisanen-Bekämpfung. Es wurden Jagdkommandos gebildet, die ständig bei der so genannten Bandenbekämpfung eingesetzt waren und die Schliche der Guerilla bald genauestens kannten. Dadurch stiegen die Erfolgszahlen, die der seit 23. 10. 1942 hauptamtlich als »Bevollmächtigter für die Bandenbekämpfung« fungierende General der Waffen-SS von dem Bach-Zelewski nochmals steigern konnte. Das gelang ihm vor allem durch eine andere Haltung der Bevölkerung gegenüber, auf deren Mitarbeit man beim Untergrundkrieg ganz entscheidend angewiesen war. Er verbot kollektive »Sühne«-Maßnahmen und belohnte Informanten.

Auf Dauer konnte aber auch dieses Konzept nur greifen, so lange die Wehrmacht siegreich

Seiten mit äußerster Erbitterung geführt worden, so dass deutscherseits alles versucht wurde, die eigenen Kräfte in die Nähe von britischem Schutz zu bringen.

Nach jugoslawischen Angaben sollen die Partisanen insgesamt 1099 Züge zum Entgleisen gebracht, 1918 Loks, 19 759 Waggons und 20 022 Kraftfahrzeuge vernichtet sowie 1077 Eisenbahn- und 2148 andere Brücken zerstört haben; 447 000 deutsche Soldaten und jugoslawische »Verräter« seien getötet worden. Selbst wenn die Zahlen womöglich übertreiben, steht fest, dass der Widerstand der Tito-Partisanen die deutsche Wehrmacht von schließlich fast unlösbare Aufgaben gestellt hat.

## UNTERGRUNDBEWEGUNGEN IN RUSSLAND

Bereits wenige Tage nach dem deutschen Überfall erließ der sowjetische Rat der Volkskommissare am 29. 6. 1941 Beschlüsse mit allgemeinen Anweisungen zur Bildung von bereits manövermäßig geprobten Partisanenabteilungen. Sie setzten sich zunächst zusammen aus von der Front überrollten Rotarmisten, entwichenen Kriegsgefangenen und in die Wälder geflohenen Parteifunktionären. Auch die »normalen« Mitglieder der Partei organisierten sich in den besetzten Gebieten in Untergrundgruppen, die sich durch straffe Disziplin und entsprechende Effektivität auszeichneten. Einigen Zustrom erhielt der Untergrund zudem bald durch Juden, die vor der nationalsozialistischen Verfolgung geflohen waren.

In den ersten Monaten kam es zu Überfällen auf kleinere deutsche Einheiten und Polizeiposten, zu Sprengungen von Brücken und Gleisanlagen, zu Anschlägen auf Transportzüge,

blieb. Als ihr Scheitern absehbar wurde, wuchsen auch wieder die Partisanenverbände. Sie spezialisierten sich seit Herbst 1943 auf den Kampf gegen den deutschen Nachschub im so genannten Schienenkrieg. Zugleich sorgten sie für die nachrichtendienstliche und psychologische Vorbereitung von Offensiven der Roten Armee, der sie Standorte deutscher Einheiten meldeten und Schwachstellen in deren Verteidigung.

*Brutales Vorgehen gegen Widerstandskämpfer an der Ostfront: Wehrmachtssoldaten eines Exekutionskommandos zwingen russische Partisanen, ihre Gräber selbst auszuheben.*

*Sabotageakte wie die Sprengung von Bahnschienen waren die Hauptmittel der Résistance. Hier eine damals verwendete Zeitbombe.*

Unmittelbar vor Angriffen stifteten Widerständler durch Massierung von Anschlägen und durch Fehlinformationen Verwirrung, so dass gegnerische Kräfte möglichst verzettelt oder überrumpelt wurden. Die Bilanz des Partisanenkriegs in Russland liest sich schon wegen des riesigen Operationsgebiets noch eindrucksvoller als die des jugoslawischen. Nach sowjetischen Angaben brachten die Untergrundkämpfer mindestens 18 000 Militärzüge zum Entgleisen, vernichteten 9400 Loks, 85 000 Waggons und 42 000 Kraftfahrzeuge, wobei rund zwei Millionen Tonnen Nachschubgüter verloren gingen; 2000 Eisenbahn- und 8000 Straßenbrücken fielen Sprengungen zum Opfer; mindesten 550 000 deutsche Soldaten und Polizisten sollen während des Russlandfeldzuges im Partisanenkrieg ihr Leben verloren haben.

### DIE FRANZÖSISCHE »RÉSISTANCE«

Der französische Begriff »Résistance« umfasst Politisches wie Militärisches und meinte die Gesamtheit der Gegnerschaft gegen die deutschen Besatzer und, nicht weniger wichtig, gegen ihre Kollaborateure im eigenen Land. Die Résistance entstand als Reaktion auf den Londoner Aufruf von General de Gaulle am 18. 6. 1940, den Widerstand trotz der militärischen Niederlage unbeirrt fortzusetzen, sei

Kader-Organisation, sondern mit den im Frühjahr gebildeten Franc-Tireurs et Partisans Français (FTPF) über einen bewaffneten Arm.

Vielfältige Aktionen kennzeichneten den Kampf der Résistance: Sie reichten vom passiven Widerstand über Streiks, Fluchthilfe, Anschläge, Sabotage, Spionage, nachrichtendienstliche Tätigkeit für die Alliierten, bewaffnete Überfälle bis hin zu Aufstandsversuchen. Obgleich der französische Untergrund ursprünglich maßgeblich von Intellektuellen, Militärs und Politikern gespeist worden war, sog er später Widerständler aus allen Schichten der Bevölkerung auf. Ideologisch oder parteipolitisch Trennendes zählte lange wenig angesichts der Übermacht des Gegners.

So konnte de Gaulle aus dem Exil heraus durch seinen Emissär Jean Moulin am 27. 5. 1943 den Zusammenschluss der meisten Widerstandsgruppen im »Conseil National de la Résistance« (CNR) erreichen und dessen Unterstellung unter seine »France Libre«. Die bewaffneten Gruppen konzentrierte er am 1. 2. 1944 in den »Forces Françaises de l'Intérieure« (FFI) unter General Koenig. Sie umfassten rund 250 000 Mann, von denen aber nur 70 000 umgehend mobilisierbar waren. Auch ließen sich die Rivalitäten und politischen Verwerfungen nicht völlig überdecken, vor allem weil die Westmächte die bürgerlichen Verbände eindeutig bevorzugten. Der Ausbildungsstand

*Italienische Partisanen beim Häuserkampf. Um der Deportation zu entgehen, haben sich viele italienische Soldaten in die Bergregionen in Oberitalien zurückgezogen.*

*Aus dem Exil in London hielt de Gaulle über das Radio mehrere Ansprachen an seine französischen Landsleute, in denen er sie zum Kampf gegen die deutschen Besatzer aufrief.*

es zunächst auch nur mit den passiven Mitteln des zivilen Ungehorsams und der Verweigerung.

Erst allmählich bildete sich aus vereinzelten, unkoordinierten regionalen Anfängen 1941/42 eine parteiübergreifende, innerlich aber wenig einige Untergrundbewegung in der besetzten Nordzone, wo die deutschen Herren Zwangsarbeiter rekrutierten, das Land wirtschaftlich ausplünderten und bei geringstem Widerstand zu Geiselerschießungen griffen. Der Kampf weitete sich nach Süden in den unbesetzten Teil des Landes aus gegen das dort in Vichy etablierte Regime von Marschall Pétain, der einen Kurs der dosierten Kollaboration mit der Besatzungsmacht eingeschlagen hatte. Zunächst noch gebremst durch den Hitler-Stalin-Pakt, stellten die Kommunisten seit dem deutschen Überfall auf die Sowjetunion (Juni 1941) eine starke Fraktion der Résistance. Sie verfügte nicht nur über eine effiziente

war zudem schlecht, die Bewaffnung mangelhaft, und die medizinische Versorgung lag im Argen.

Daher scheiterte auch der einzige groß angelegte Versuch der FFI, die Besatzungsarmee entscheidend zu schwächen: Im Vercors, einem dicht bewaldeten Gebirgskessel in den französischen Voralpen südwestlich von Grenoble, bot sich den Kämpfern eine Art natürliche Festung. Sie sollte Ausfallstor für den Guerillakampf gegen die deutschen Verbindungslinien im Rhônetal und in den Alpen werden. Seit Dezember 1943 waren bereits Waffenbehälter der Alliierten über dem Vercors abgeworfen worden, denen nach einer Invasion in Südfrankreich Fallschirmjäger folgen sollten. Durch sie verstärkt, wollten die 4000 Mann der dortigen FFI den Aufstand wagen.

Im Juli 1944, noch ehe die Alliierten an der Mittelmeerküste gelandet waren, riefen die Résistance-Kämpfer im Vercors die Republik aus und bereitete den Ausbruch vor. Die Luftlandetruppen der Westmächte aber blieben aus, und die Wehrmacht massierte in der Gegend Gebirgsjäger. Sie drangen am 19. 7. 1944 mit Artillerie-Unterstützung in den Vercors ein, während Lastensegler 400 Mann der Waffen-SS absetzten. Schon im Ansatz war daher der einzige massierte Partisaneneinsatz gescheitert, 639 Widerstandskämpfer und 231 Zivilisten hatten ihn mit dem Leben bezahlt; deutsche Verluste 150 Mann.

Die Zahlen über die Gesamtverluste der Résistance schwanken erheblich. Realistische Schätzungen sprechen von rund 30 000 Hingerichteten und etwa 75 000 Deportierten, die ihre KZ-Haft in Deutschland nicht überlebten. An den Exekutionen waren außer deutschen Kommandos auch französische Kollaborateure und Gendarmerie beteiligt, was zu bis heute nicht ganz ausgestandenen Konflikten in der Gesellschaft führte. Direkt nach dem Abzug der Deutschen kam es zu blutiger Abrechnung mit ihren tatsächlichen oder auch nur vermeintlichen Helfern. Insbesondere Frauen, die sich mit deutschen Soldaten eingelassen hatten (die »femmes à boches«, nach einem Schimpfwort für die Deutschen), hatten Schreckliches von ihren Landsleuten zu erdulden; ihre Kinder waren noch Jahrzehnte später Verfemte. Man schätzt die Zahl der Todesopfer dieser »Rache« auf bis zu 10 000.

## SPÄTER WIDERSTAND IN ITALIEN

Ein Sonderkapitel stellt der Widerstandskampf in Italien dar. Er hatte die Hypothek zu bewältigen, die sich aus der jahrelangen »Waffenbrüderschaft« mit dem Deutschen Reich ergab. Sie war zwar keineswegs populär gewesen, doch hatte sich lange wenig Widerstand dagegen gerührt. Er entzündete sich zunächst an den italienischen Niederlagen, richtete sich gegen die eigene faschistische Regierung unter Mussolini und erreichte mit der Landung der Alliierten auf italienischem Boden im Juli 1943 den ersten Höhepunkt.

Lange hatten ideologische Gräben, die auch die italienische Emigration zerklüfteten, gemeinsame Aktionen erschwert oder ganz verhindert, später lähmte der Hitler-Stalin-Pakt die kommunistischen Kräfte, die noch am aktivsten gegen den Faschismus gekämpft hatten. Erst mit dem deutschen Krieg gegen die UdSSR konnten sie sich unter ihrem Anführer Togliatti wieder sammeln. Am Sturz Mussolini am 25. 7. 1943 hatten sie allerdings keinen Anteil; er war eine innerfaschistische Revolte. Er entfernte aber den patriotischen Deckel vom brodelnden Topf der Widerstands, der nun keine Rücksichten mehr auf nationale Gefühle nehmen musste und sich mit aller Erbitterung, wie sie eigenes Versagen in besonderem Maße fördert, gegen die deutschen Unterdrücker sowie gegen ihre Marionette Mussolini in der norditalienischen Repubblica Sociale Italiana (RSI) in Salò am Gardasee richtete.

Unterstützt von den von Süden her vorrückenden Alliierten, gewannen die vor allem kommunistisch motivierten Partisanen erhebliche Schlagkraft. Sie konnten sich auf die Masse der Arbeiterschaft stützen und mit Streiks im November 1943, März 1944 und im Herbst 1944 die norditalienische Produktion für die Deutschen empfindlich treffen. Sie forderten damit allerdings massive deutsche Gegenmaßnahmen heraus, unter denen vor allem die Zivilbevölkerung zu leiden hatte. Massaker wie die von Marzabotto und Sant' Anna di Stazzema im Spätsommer 1944 stehen für die Gnadenlosigkeit des Kampfes. Die Partisanen spielten in der letzten Kriegsphase beispielsweise bei der Eroberung von Florenz, Padua oder Genua eine entscheidende Rolle. Sie nahmen auch den flüchtigen Mussolini gefangen und erschossen ihn am 28. 4. 1945. Obwohl spät erwacht, gewann die italienische Widerstandsbewegung erheblichen Einfluss auf die Neuordnung Italiens nach dem Krieg und betrieb erfolgreich die Beseitigung der Monarchie, die durch das Paktieren mit dem Faschismus nachhaltig diskreditiert war.

Zusammenfassend lässt sich feststellen: Der Widerstand gegen die Besatzer hat nirgendwo den Krieg entschieden. Er hat aber nicht unwesentlich zum Sieg der alliierten Sache beigetragen. Ohne den Mut der Untergrundkämpfer hätten sich die Despoten noch länger behaupten können.

*Harte und schmachvolle Strafen für die Kollaborateure in Frankreich: Hier werden einer jungen Frau die Haare abrasiert, weil sie persönliche Kontakte zu den Deutschen hatte.*

### Stichworte

■ Sowjetische Partisanen → S. 130

■ Partisanen auf dem Balkan → S. 156

■ Die Résistance → S. 404

■ Kollaborateure → S. 422

*US-Soldaten auf der Insel Roi; im Hintergrund brennende japanische Stützpunkte*

*Im Kampf gefallene Japaner auf der Pazifikinsel Namur*

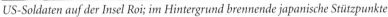

**2. FEBRUAR**

# US-Streitkräfte stoßen weiter auf Japan vor

Die Truppen unter US-Admiral Chester William Nimitz landen auf der Marshallinsel Kwajalein im Pazifik und haben damit die Eroberung der gesamten Inselgruppe innerhalb von nur 72 Stunden abgeschlossen. Während die Truppen von Nimitz durch den mittleren Pazifik unaufhaltsam auf Japan vordringen, nähert sich US-General Douglas MacArthur aus südwestlicher Richtung.

Die Eroberung der Marshallinseln hatte am Morgen des 31. Januar mit Angriffen auf das Herzstück der Inselgruppe, Kwajalein, und zwei kleine, aber strategisch wichtige Inseln im Nordosten – Roi und Namur – begonnen.

Gut 40 000 US-Soldaten sowie mehrere hundert amphibische Fahrzeuge und Zugmaschinen wurden bei dem Landungsunternehmen eingesetzt. Die knapp 9000 Japaner, die zur Verteidigung der Atolle bereitstanden, hatten gegen diese Übermacht von Menschen und Material keine Chance und nach dreitägigem, ungleichem Kampf sind alle mit Ausnahme von 265 Gefangenen getötet. Unter den US-Truppen zählt man 272 Gefallene und Vermisste. Admi-

ral Nimitz hat einen schnellen und vollständigen Sieg errungen. Er verzichtet darauf, die sechs übrigen japanischen Stützpunkte auf den Marshallinseln anzugreifen, da sie nun keine militärische Bedeutung mehr haben.

Nur das Atoll Eniwetok wird noch eingenommen. Die Karolinen und die Marianen bilden die nächsten Etappen des US-Vorstoßes im mittleren Pazifik. Noch im Februar beginnt die Bombardierung von Truk, einer be-

deutenden japanischen Flottenbasis auf den Karolinen. Mehrere Dutzend japanische Schiffe und fast 300 Flugzeuge werden vollständig zerstört oder stark beschädigt. Auch im Südpazifik geraten die Japaner unter Druck.

*Die Generäle Douglas MacArthur (l.) und George Catlett Marshall leiten die Operationen gegen Japan.*

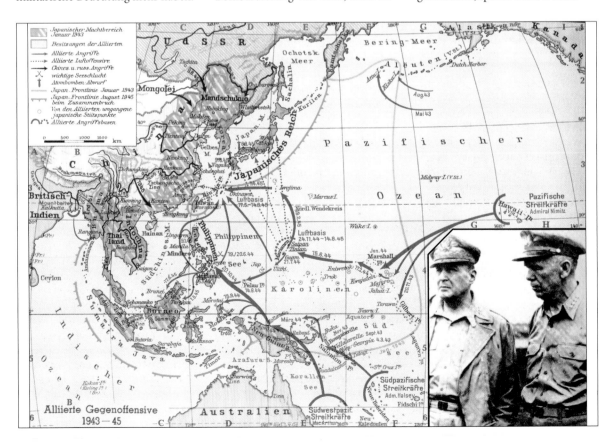

Soldaten der anglo-indischen Armee beim Gegenstoß nach Birma

Der britische Admiral Louis Mountbatten (2.v.l.) mit Offizieren im Hauptquartier in Birma

## 4. FEBRUAR

# Offensive der Japaner

In Westbirma kommt es zu einer Offensive der Japaner gegen anglo-indische Truppen, in deren Verlauf japanische Verbände die indische Grenze überschreiten.

Zum ersten Mal kämpfen auf Seiten Japans auch Einheiten der national-indischen Befreiungsarmee unter Subhas Chandra Bose. Die Japaner, die das von ihnen 1942 besetzte Birma (→ S. 194) bislang hauptsächlich als Verteidigungsflanke genutzt hatten, entschließen sich nun doch zu einem Einfall nach Indien, zumal der radikale indische Unabhängigkeitskämpfer Bose erklärt hatte, dass er in diesem Fall im indischen Bundesstaat Assam einen nationalen Aufstand gegen die britische Vorherrschaft entfachen wolle. Drei Divisionen der 15. japanischen Armee beginnen mit der Offensive in der Ebene von Imphal im Zentrum der Frontlinie entlang der indisch-birmesischen Grenze. Die Japaner besitzen jedoch nicht mehr ihre frühere militärische Durchschlagskraft und so gelingt es den anglo-indischen Truppen unter dem Oberbefehl des britischen Admirals Louis Mountbatten, sie aus Indien wieder zu vertreiben. Während die Japaner bei Imphal in die Offensive gehen, werden sie an anderen Frontabschnitten in Birma bedrängt.

## 26. FEBRUAR

# Härterer US-Kriegseinsatz gefordert

**Rund 10,6 Mio. US-Amerikaner befinden sich nach Mitteilung des Kriegsrekrutierungsamtes der USA gegenwärtig unter Waffen.**

US-Präsident Franklin Delano Roosevelt ruft jedoch zu einem noch härteren Kriegseinsatz auf und fordert neben einer deutlichen Erhöhung der Rüstungsproduktion eine Aufstockung des Mannschaftsstandes der Armee des Landes durch eine Verschärfung der Einberufungsbestimmungen.

Allein bis zum Juli sollen weitere 700 000 Männer eingezogen werden, so dass dann 11,3 Mio. im aktiven Kriegsdienst stehen. Insgesamt sind in den USA zur Zeit rund 22 Mio. Männer im Alter zwischen 18 und 37 Jahren bei den Erhebungsstellen registriert. Etwa 3,5 Millionen gelten als kriegsuntauglich und nochmal so viele sind vom Militärdienst befreit, weil sie einer kriegswichtigen Beschäftigung nachgehen. Gut 4,5 Mio. Männer wurden bislang nicht einberufen, da sie als einzige Ernährer ihrer Familien unabkömmlich sind.

Die Forderung Roosevelts nach einer weiteren Erhöhung des Truppenbestandes bedeutet, dass auch Familienväter einberufen werden können, da eine Herabsetzung des Gesundheitsstandards vorerst nicht sinnvoll ist. Die Verschärfung der Einberufungsbestimmungen wird notwendig, da die USA für die Invasion Truppen aufstellen müssen.

## 24. FEBRUAR

# Putsch: Machtwechsel in Argentinien

Einige argentinische Offiziere, die für ihre freundliche Haltung gegenüber den Achsenmächten bekannt sind, zwingen Staatspräsident Pedro Pablo Ramirez, der in letzter Zeit einen neutraleren Kurs eingeschlagen hatte, gewaltsam zum Rücktritt.

Daraufhin brechen die USA am 4. März ihre Beziehungen zu Argentinien ab. Die Putschisten stellen sich gegen Ramirez, weil er von seiner achsenfreundlichen Haltung immer mehr abgerückt war und schließlich im Januar die diplomatischen Beziehungen zum Deutschen Reich und zu Japan abgebrochen hatte. Als bekannt wird, dass er außerdem die Bildung einer neuen, liberaleren Regierung durchsetzen will, zwingen ihn einige rechtsradikale Offiziere, von seinem Amt zurückzutreten und setzen Edelmiro Fárrell als neuen Staatspräsidenten ein.

Diese Entwicklung veranlasst die USA dazu, ihre schon gegen die Regierung Ramirez ausgesprochene Drohung wahrzumachen und ihre diplomatischen Vertreter aus Argentinien zurückzurufen.

Ein weiterer Grund für diesen Schritt besteht darin, dass die deutsche Botschaft in Buenos Aires schon seit langer Zeit als deutsches Spionagezentrum für die gesamte westliche Welt gilt.

## 21. FEBRUAR

# Heeresführung in Japan umbesetzt

In Japan werden die Konsequenzen aus den jüngst im Pazifik erlittenen Niederlagen der japanischen Flotte gezogen und mehrere Umbesetzungen in der Kommandoführung vorgenommen.

Zum Heeresstabschef wird Ministerpräsident und Kriegsminister Hideki Todscho ernannt. Als Stabschef der Marine wird Marineminister Shigetaro Shimada berufen. Zu der Verschmelzung von Staatspolitik und Kriegsführung erklärt Todscho, dass der Augenblick gekommen sei, »Front und Heimat zusammenzufassen...«.

15. FEBRUAR

# Bomben auf Montecassino

229 US-amerikanische Kampfflugzeuge werfen Bomben auf das im Jahre 529 erbaute Benediktinerkloster Montecassino in Italien und zerstören es völlig.

Der Kommandant der 2. neuseeländischen Division, General Bernard Freyberg, hatte zu dieser Aktion gedrängt, weil er innerhalb der Klostermauern eine deutsche Funk- und Aufklärungsstation vermutete. Tatsächlich hatte der deutsche Oberbefehlshaber in Italien, Albert Kesselring, den Truppen ausdrücklich verboten, das Kloster in die Gustav-Linie genannte Verteidigungsstellung miteinzubeziehen.

Durch die von 142 US-amerikanischen »Fliegenden Festungen« und 87 weiteren Maschinen abgeworfenen Bomben, die mit außerordentlicher Präzision ihr Ziel treffen, wird das Kloster von gewaltigen Explosionen erschüttert und ein riesiger Rauchpilz steigt auf. Die Flugzeuge drehen ab und unmittelbar darauf eröffnet die Artillerie ihr Feuer. Nach kurzer Zeit folgt noch eine zweite Bomberwelle. Die Mönche von Montecassino, die es abgelehnt hatten, das von dem heiligen Benedikt von Nursia gegründete Kloster zu verlassen, halten gerade in den uralten Kellergewölben ihre zweite Morgenandacht, als das Bombardement beginnt. Mit ihnen in der Kapelle versammelt sind Flüchtlinge und Verwundete, Männer, Frauen und Kinder aus der Stadt Cassino und den zerstörten Dörfern im Tal. Obwohl nur wenige hundert Meter weiter der Kampf tobt, fühlen sie sich bei Gesängen und Gebet in den Mauern des Klosters sicher. Doch plötzlich dringt der Lärm der Flugzeugrotoren in die Gewölbe und Bomben detonieren.

Die jahrhundertealten Mauern wanken und brechen zusammen. Die Menschen flüchten ins Freie. Die Krypta des Klosters mit den Gebeinen Benedikts bleibt unversehrt und ebenso verliert keiner der Mönche sein Leben. Die Gebäude jedoch werden durch den alliierten Bombenangriff beinahe vollständig zerstört.

*Der malerisch gelegene Ort Cassino mit dem darüber liegenden Benediktinerkloster*

HINTERGRUND

# Ein Benediktinerkloster als Ziel militärischer Operationen

Das jahrhundertealte Benediktinerkloster Montecassino wird von alliierten Kampfflugzeugen auf Veranlassung von General Bernard Freyberg bombardiert und dem Erdboden gleichgemacht.

Die Zerstörung des heiligen Ortes, eines Kulturdenkmals ersten Ranges, ist das Ergebnis einer offenbaren Fehleinschätzung der militärischen Bedeutung des Klosters von Seiten General Freybergs.

Montecassino liegt auf der deutschen Gustav-Linie, die im Herbst 1943 quer durch den Stiefel Italiens gezogen wurde, um den alliierten Vormarsch auf Rom zu stoppen. Seit Januar 1944 rennen alliierte Verbände gegen die deutsche Frontlinie an und versuchen bei Montecassino in Richtung Norden durchzubrechen.

Um die Benediktinerabtei aus den Kämpfen herauszuhalten, hatte der Oberbefehlshaber der deutschen Truppen in Italien, Albert Kesselring, um das Kloster einen Sperrkreis von 300 m Durchmesser gelegt, den zu betreten allen deutschen Soldaten, selbst den verwundeten, streng verboten war. Die Kunstschätze und die Bibliothek des Klosters waren schon Ende 1943 dem Vatikan übergeben worden.

Freyberg jedoch, der Kommandant der 2. neuseeländischen Division, verlangt die Bombardierung des Klosters. Er behauptet, dass die Abtei von deutschen Truppen besetzt sei, wobei er sich auf die Aussage eines britischen Aufklärungsfliegers stützt, der Sendeantennen über dem Kloster gesehen haben will. US-General Mark Wayne Clark stimmt einer Bombardierung zu, weil er den Rückzug der neuseeländischen Truppen fürchtet.

*Der zentrale Innenhof des italienischen Benediktinerklosters Montecassino, das 529 n.Chr. erbaut wurde*

*Das Grabmal von Pietro de Medici aus dem 16. Jahrhundert gehört zu den Schätzen des Klosters Montecassino.*

*Noch halb von einer Rauchwolke bedeckt zeigt sich der nach einem alliierten Bombenangriff zerstörte Ort Cassino unterhalb des Klosters Montecassino.*

*Blick in das Innere der Basilika von Montecassino; der Raum ist mit Marmor, Mosaiken und zahlreichen Fresken aufs Wertvollste ausgestattet.*

## 1. FEBRUAR

# Armee der Résistance

General Charles de Gaulle, der Vorsitzende der französischen Exilregierung in Algier, vereint alle kämpfenden Kräfte der innerfranzösischen Widerstandsbewegung (Résistance (→ S. 290) in den Forces Françaises de l'Intérieur (FFI).

Zum Oberkommandierenden wird General Marie Pierre Koenig berufen. In der FFI werden die paramilitärischen Kräfte der drei größten Organisationen der Inlandsrésistance vereint: 1. die Armée Secrète, die Truppen der gaullistischen Widerstandsgruppe Mouvements Unis de la Résistance; 2. die Francs-Tireurs et Partisans, die Militärorganisation der kommunistischen Front National; 3. die Organisation de Résis-tance de l'Armée. Die FFI hat einen großen Anteil an der Befreiung Frankreichs.

*Französische Widerstandskämpfer*

*Eine Einheit der französischen Befreiungsarmee trainiert in einem geheimen Ausbildungslager; den Truppen fehlt es vor allem an Waffen und Munition.*

## 29. FEBRUAR

# Erhöhte Kindersterblichkeit

Durch Nahrungsmittelmangel und eine damit in Zusammenhang stehende steigende Zahl von Krankheitsfällen hat die Kindersterblichkeit in den vom Deutschen Reich besetzten Ländern in erschreckendem Maße zugenommen.

Dies geht aus einem Bericht hervor, der in der »Neuen Zürcher Zeitung« veröffentlicht wird. Die Sterblichkeit der Kinder unter einem Jahr erhöhte sich gegenüber der Vorkriegszeit in Belgien um 15 %, in Frankreich um 16%, in den Niederlanden um 28% und in Warschau um 78%. Ähnlich erschreckende Zahlen gelten für andere Altersgruppen. In den Niederlanden z.B. stieg die Sterberate bei den 15- bis 24-Jährigen um 43%.

Der Hauptgrund für diese Entwicklung liegt in der Schwächung der körperlichen Widerstandskraft durch eine unzureichende und qualitätsmäßig schlechte Versorgung mit Lebensmitteln. Milch und Fette sind in vielen Gebieten überhaupt nicht mehr zu bekommen. Eines der größten Probleme ist die Tuberkulose, die vor allem Kinder befällt. In Frankreich hat die Zahl der Erkrankungen im Vergleich zur Vorkriegszeit um 40% zugenommen.

17. FEBRUAR

# Deutscher Ausbruch bei Tscherkassy

Die seit dem 28. Januar in der Ukraine bei Tscherkassy eingeschlossenen deutschen Truppen brechen aus, obwohl der deutsche Diktator Adolf Hitler befohlen hatte, den Kessel unter allen Umständen zu halten.
Nur 30 000 der insgesamt 50 000 Soldaten gelingt es jedoch, sich in Richtung Westen durchzuschlagen (→ S. 382).

Die Lage der beiden westlich des Dnjeprs eingekesselten Armeekorps (XI. und XXXXII. Armeekorps) war so aussichtslos geworden, dass der Oberbefehlshaber der deutschen Heeresgruppe Süd, Generalfeldmarschall Erich von Manstein, entgegen der Anordnung Hitlers dem Oberkommandierenden der eingeschlossenen Truppen, General Wilhelm Stemmermann, befohlen hatte, seine Soldaten auf jeden Fall durchbrechen zu lassen.

Stemmermann sammelte daraufhin die schon völlig erschöpften Männer und bereitete den Ausbruch vor. Am Abend des 17. Februars lässt er die letzten Granaten verschießen. Dann formieren sich die noch kampffähigen Soldaten hinter den übrig gebliebenen deutschen Panzern zu drei Kolonnen. In der Nacht wirft sich der

*Ein deutsches Sturmgeschütz schießt sich im Kampf bei Tscherkassy den Weg frei; der Rauch einer soeben abgefeuerten Granate vernebelt die Sicht.*

*Eine deutsche Vierlingsflak sichert den Versorgungsflugplatz bei Tscherkassy.*

*Toter Soldat im Schützengraben*

verzweifelte Haufen, bewaffnet nur mit Seitengewehren, auf die sowjetischen Belagerungskräfte. Diese sind von dem Angriff völlig überrascht, so dass immerhin noch 30 000 deutschen Soldaten der Durchbruch gelingt. Die allgemeine Verwirrung ist so groß, dass hinterher keiner der Überlebenden eine zusammenhängende Darstellung von dem Ablauf des Kampfgeschehens geben kann. Die nationalsozialistische Propaganda feiert die Aktion als eine Heldentat und einen erneuten Beweis für den ungebrochenen deutschen Kampfgeist. Die überlebenden Soldaten sind dagegen äußerst erstaunt, als sie von ihrem angeblichen »großen Sieg«

hören. In Wirklichkeit sind zwei weitere deutsche Armeekorps geschlagen, da Hitler auf seiner seit 1941 angewandten Taktik »Halten um jeden Preis« (→ S. 158) beharrt. Zur Befreiung der Eingeschlossenen hatte er zwar eine groß angelegte Operation mit acht Panzerdivisionen eingeleitet; diesen gelang es jedoch nicht, bis nach Tscherkassy vorzudringen.

Die Panzer blieben tagsüber im halb aufgetauten Boden stecken und froren nachts in der Erde fest. Zwei Panzerkorps gelangten zwar bis auf wenige Kilometer an den Kessel heran, stießen dort jedoch auf erbitterten sowjetischen Widerstand.

Sie konnten deshalb nicht zu den eingeschlossenen Truppen vordringen. Auch die von Hitler angeordnete Lufthilfe erwies sich als völlig unzureichend.

*SS-Hauptsturmführer Léon Degrelle (M.) mit Soldaten seiner Einheit, die versucht, die sowjetischen Linien zu durchstoßen und aus dem Kessel von Tscherkassy auszubrechen.*

*Auf einem Sturmgeschütz aufsitzende deutsche Soldaten beim Kartenstudium; nur durch sofortigen Rückzug nach Westen kann ein Großteil der Truppen noch gerettet werden.*

# Churchill nähert sich Stalin an

Der britische Premierminister Winston Churchill äußert sich in einer Rede vor dem Unterhaus in London zum polnisch-sowjetischen Konflikt über den Gebietsstand Polens. Ganz im Sinne des sowjetischen Partei- und Staatschefs Josef W. Stalin fordert er von der polnischen Exilregierung unter Führung von Ministerpräsident Stanislaw Mikolajczyk, einer Westverschiebung des Landes zuzustimmen.

Mikolajczyk solle laut Churchill auf die 1939 an die UdSSR verlorenen Gebiete östlich der Curzon-Linie verzichten und dafür als Entschädigung deutsche Territorien östlich der Oder annehmen. Wörtlich sagt der Premierminister: »Ich fühle für Polen eine lebhafte Sympathie; aber ich stehe auch dem russischen Standpunkt sympathisch gegenüber... Ich habe nicht das

**Gebietsstand Polens**

Polen bei Beginn des 2. Weltkrieges

— Grenze des Deutschen Reiches 1942

–·– Curzonlinie vom 8. 12. 1919

······ Deutsch-sowjetische Interessengrenze 1939–41

Gefühl, dass die russischen Forderungen hinsichtlich der Westgrenzen das übersteigen, was man als vernünftig und gerecht bezeichnen darf. Zwischen Stalin und mir herrscht auch Einigkeit darüber, dass Polen eine Kompensation auf Kosten Nord- und Westdeutschlands gegeben werden muss.« Die polnische Exilregierung in London, die erst 1943 wegen der Katyn-Affäre die Beziehungen zur Sowjetunion abgebrochen hatte (→ S. 278),

weigert sich jedoch, die Curzon-Linie als polnisch-sowjetische Grenze anzuerkennen. Dieser Konflikt führt einerseits zu einer Verschlechterung des Verhältnisses zwischen den Alliierten und der polnischen Exilregierung und andererseits zur Bildung des Lubliner Komitees, einer von der UdSSR unterstützten kommunistischen polnischen Gegenregierung (→ S. 403). Im November muss Mikolajczyk zurücktreten.

Der britische Premierminister hatte die sowjetischen Annexionen in Ostpolen scharf verurteilt. Seit einiger Zeit, besonders aber seit der Konferenz von Teheran (→ S. 340), wandelt sich Churchills Umgang mit Stalin. Er misstraut ihm trotz des Zweckbündnisses in der Anti-Hitler-Koalition zutiefst und befürchtet, dass die Rote Armee durch ihren Vormarsch die »Bolschewisierung« großer Teile Europas einleiten könnte. Zudem sieht er sich von US-Präsident Franklin Delano Roosevelt nicht genug unterstützt. Dieser möchte primär den Krieg in Europa schnell beenden.

## Spanien zieht Blaue Division ab

Das im Zweiten Weltkrieg neutrale Spanien zieht seine letzte Legion von der Kriegsfront im Osten zurück.

Die Soldaten gehören zur Blauen Division, die der spanische Staatschef Francisco Franco Bahamonde trotz seiner wiederholten Neutralitätsbekundungen »zum Kampf gegen den Kommunismus« entsandt hatte.

Die Blaue Division war im Juni 1941 aus Freiwilligen gebildet worden. Sie hatte eine Gesamtstärke von fast 50000 Mann mit 2272 Unteroffizieren und 640 Offizieren. Unter General Agustín Muñoz Grandes wurden die Soldaten ins Deutsche Reich geschickt, dort am 31. Juli 1941 vereidigt und schließlich als 250. Infanteriedivision im Nordabschnitt der Ostfront eingesetzt.

Ein Großteil der Truppe kehrte schon am 8. Oktober 1943 nach Spanien zurück. Lediglich eine Legion blieb an der Front, bis auch diese jetzt abgezogen wird (→ S. 387).

# Finnland erwägt Frieden

Finnlands Ministerpräsident Edwin Linkomies berichtet vor dem finnischen Reichstag über Geheimverhandlungen mit Moskau.

*Der finnische Ministerpräsident Edwin Linkomies; bereits seit dem Sommer 1943 unternimmt er Anstrengungen, um sein Land aus dem Krieg gegen die Sowjetunion herauszuführen; die Verhandlungen scheiterten bislang aber immer an den harten Bedingungen, die die Sowjetunion für einen Waffenstillstand stellte.*

Seine Regierung führe seit Mitte Februar in Stockholm Gespräche mit der Sowjetunion über einen möglichen Waffenstillstand zwischen beiden Ländern (→ S. 127). Er informiert über die sowjetischen Bedingungen für einen Frieden, die zwar hart seien, aber nicht das Ziel hätten, die Selbstständigkeit des Landes zu vernichten. Finnland hatte schon im Sommer 1943 einen ersten Versuch unternommen, aus dem Krieg auszuscheiden. Mit dem Vordringen der Roten Armee nach Westen war der Druck gewachsen, die Friedensverhandlungen voranzutreiben. Als Ergebnis der Stockholmer Gespräche stellt die UdSSR folgende Hauptbedingungen für einen Waffenstillstand: 1. Abbruch der Beziehungen zum Deutschen Reich; 2. Internierung der in Finnland befindlichen deutschen Truppen; 3. Rückzug der finnischen Truppen auf die Grenzen von 1940. Der endgültige Friedensvertrag wird am 19. September 1944 (→ S. 401, 433) unterzeichnet.

## Türkei verweigert Kriegseintritt

**In Ankara enden britisch-türkische Verhandlungen ohne ein Ergebnis.**

Ismet Inönü, Staatspräsident der Türkei, setzt die Neutralitätspolitik der Türkei auch nach Beginn des Weltkrieges konsequent fort. Er widersetzte sich bislang allen Forderungen der Alliierten.

Thema war die »Bündnispflicht der Türkei« gegenüber den Alliierten. Nach Abbruch der Verhandlungen stellt Großbritannien am 2. März die Lieferung von Militärgütern an die Türkei ein. In den 1943 begonnenen Gesprächen hatte Großbritannien die Türkei wiederholt aufgefordert, auf Seiten der Alliierten in den Krieg einzutreten. Die Türkei widersetzt sich jedoch nachdrücklich diesem Ansinnen.

# Luftoffensive gegen deutsche Industrie

Die alliierte Luftoffensive »Big Week« beginnt. Hauptziel der schweren Bombenangriffe, die für die Dauer von zehn Tagen angesetzt sind, aber schon am 25. Februar wegen schlechter Wetterlage abgebrochen werden, ist die Vernichtung der deutschen Flugzeugindustrie.

Der erste Angriff im Rahmen der »Big Week« wird am 20. Februar von 1000 viermotorigen US-Bombern durchgeführt. Er gilt den Luftfahrtindustriezentren Oschersleben, Braunschweig, Tutow, Hamburg und Posen, vor allem aber den im Raum Leipzig gelegenen Flugzeugwerken, die über ein Drittel der Jäger vom Typ Me 109 und Me 110 herstellen.

Am ersten Tag der »Big Week« fallen insgesamt 3830 t Bomben. Der deutschen Luftabwehr gelingt es lediglich, sieben der feindlichen Kampfflugzeuge und zusätzlich 13 Begleitjäger abzuschießen.

Der nächste Großangriff im Rahmen der Luftoffensive erfolgt am 24. Februar mit einer »Double-Blow«-Operation gegen die Kugellagerwerke in Schweinfurt. Der erste Teil des Doppelangriffs wird von 266 »Fliegenden Festungen« der US-Luftwaffe durchgeführt. Wegen des starken Jagdschutzes durch Mustang- und Thunderbolt-Jäger kann die deutsche Abwehr nur elf Flugzeuge abschießen.

Nur knapp zwölf Stunden später befinden sich 662 britische Bomber im Anflug auf Schweinfurt. Aber der zweite Teil der Aktion misslingt: Nur 22 Maschinen können das Ziel ausfindig machen. 640 Flugzeuge laden die Bombenlast in der weiteren Umgebung ab.

---

## HINTERGRUND

### »Double-Blow«

Ab Februar 1944 wenden die Alliierten verstärkt die »Double-Blow«-Taktik (Doppelangriff) an. Dabei wird dasselbe Ziel kurz hintereinander mehrmals angegriffen. So soll verhindert werden, dass wertvolle Einrichtungen, die beim ersten Bombardement verschont geblieben sind, geborgen werden können. Die Kugellagerfabriken in Schweinfurt sind das erste Ziel eines »Double-Blow«-Angriffs.

---

## HINTERGRUND

### Kriegsproduktion wird fortgesetzt

Die deutsche Rüstungsproduktion wird trotz der alliierten Luftoffensive fast ohne Einschränkungen fortgesetzt.

Dies wird dadurch ermöglicht, dass man ab Herbst 1943 dazu übergegangen war, die Fabrikationsprozesse für die Herstellung von Rüstungsgütern zu unterteilen, räumlich zu trennen und z.T. unter die Erde zu verlegen. Auch in Großbritannien geht die Produktion von Kriegsgerät ungebrochen weiter. Vor allem Bomben, Sprengstoffe und Flugzeugteile werden fabriziert.

*Britische Frau beim Verarbeiten von geschmolzenem Sprengstoff*

---

*Den Blick nach oben gerichtet, beobachtet ein Bauer die näher kommenden feindlichen Flugzeuge; gleichgültig, ob die Bombenangriffe Industriewerken, Verkehrsanlagen oder Städten gelten – meistens sind Zivilisten die Leidtragenden.*

# ZWEITER WELTKRIEG

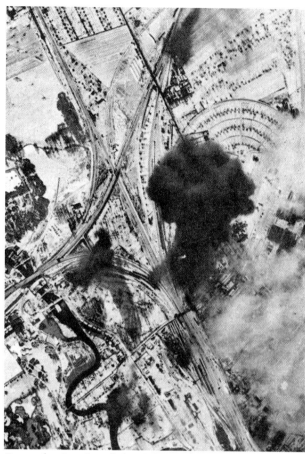

Braunschweig während eines US-amerikanischen Bombenangriffs; Ziel sind Produktionsstätten der Luftfahrtindustrie.

US-amerikanische Kampfflugzeuge auf ihrem Weg zu Angriffszielen im Deutschen Reich; die US Air Force und die Royal Air Force kontrollieren mittlerweile nahezu den gesamten Luftraum über dem Reichsgebiet; deutsche Abfangjäger können nur noch geringe Erfolge erzielen.

Britische Arbeiterinnen bei der Rüstungsproduktion; unter Einsatz aller verfügbaren Arbeitskräfte und mit Massenfertigungsverfahren wird versucht, die Kriegsproduktion zu steigern.

Leipzig wird von den Kampfflugzeugen der US Air Force angegriffen; die Brand- und Sprengbomben werden in erster Linie auf die Flugzeugwerke Junkers und Messerschmitt abgeworfen.

# Abwehrchef erhält die Entlassung

Die deutsche Widerstandsbewegung wird von einem harten Schlag getroffen: Admiral Wilhelm Canaris, Chef der deutschen Abwehr des Geheimdienstes im Oberkommando der Wehrmacht (OKW), wird seines Amtes enthoben und kurz darauf festgenommen.

Unter seiner Leitung hatte sich die Abteilung Abwehr zu einem organisatorischen Zentrum des deutschen Widerstands entwickelt. Bereits im April 1943 war die Abwehrabteilung im OKW in Verruf geraten und die Mitarbeiter von Canaris, Hans Oster, Hans von Dohnanyi und Helmuth

*Admiral Wilhelm Canaris (zur Tarnung mit einer italienischen Offiziersmütze); Canaris, geboren am 1. Januar 1887 in Dortmund-Aplerbeck, trat 1905 in die kaiserliche Marine ein; er übernahm im Jahr 1938 die Leitung der Abteilung Abwehr im OKW und schloss sich dort der Widerstandsbewegung gegen Adolf Hitler an.*

Groscurth, waren wegen ihrer Widerstandsaktionen gegen das NS-Regime entlassen bzw. von der Geheimen Staatspolizei (Gestapo) verhaftet worden (→ S. 284). Der vernichtende Schlag der nationalsozialistischen Machthaber gegen Canaris und die gesamte Abteilung blieb jedoch damals noch aus. Erst ein neuer »Skandal« im Bereich der Abwehr – der deutsche Abwehrbeauftragte in der Türkei war zum britischen Geheimdienst übergelaufen – bringt das Ende für Canaris. Der deutsche »Führer« Adolf Hitler konstatiert ein generelles Versagen des Geheimdienstes, enthebt Admiral Canaris seines Postens und unterstellt den Gesamtbereich dem Reichssicherheitshauptamt (RSHA), wo er von SS-Gruppenführer Walter Schellenberg übernommen wird. Dies bedeutet einen schweren Rückschlag für den deutschen Widerstand. Einige führende Offiziere der Geheimdienstabteilung waren NS-Gegner und hatten unter dem Schutz von Canaris aktiv am Sturz Hitlers gearbeitet.

(→ S. 284)

## HINTERGRUND

### Patriot und Gegner Hitlers

Welche Rolle der deutsche Abwehrchef Wilhelm Canaris in der Widerstandsbewegung gespielt hat, lässt sich letztlich nicht eindeutig klären.

Einerseits ist er der Meinung, dass Adolf Hitler das Deutsche Reich ins Verderben führe und wünscht deshalb als Patriot seine Beseitigung. Außerdem verabscheut er als kultivierter Mensch das Brutale am Nationalsozialismus. Andererseits unterstützte er mit seiner Tätigkeit als Geheimdienstchef das NS-Regime und arbeitete mit dem Sicherheitsdienst und der Geheimen Staatspolizei zusammen. Wegen seines Wissens um »Geheimnisse« der NS-Größen war er aber auch lange unangreifbar. Er war zwar der große Schutzherr des militärischen Widerstands, scheute aber vor einem »Landesverrat« zurück. Canaris wird nach dem 20. Juli verhaftet, zum Tode verurteilt und am 9. April 1945 hingerichtet.

# Aufruf zum Arbeitsdienst

Der Generalbevollmächtigte für den Arbeitseinsatz im Deutschen Reich,

*Pensionär, der in der deutschen Rüstungsindustrie beschäftigt ist*

Fritz Sauckel, ruft zur freiwilligen Tätigkeit in der Kriegswirtschaft auf. Jeder, der nicht von Gesetzes wegen zur Arbeit verpflichtet sei, solle sich möglichst sofort in »einem freiwilligen Ehrendienst« zur Verfügung stellen.

Obwohl bereits für alle deutschen Männer bis zu 65 Jahren und alle deutschen Frauen bis zu 45 Jahren eine gesetzliche Arbeitsdienstpflicht besteht und zusätzlich hunderttausende von Ausländern meist gegen ihren Willen zu Tätigkeiten in deutschen Fabriken gezwungen werden, kann der Bedarf der Rüstungs- und Kriegsindustrie an Arbeitskräften immer noch nicht gedeckt werden. Mit seinem Aufruf an die »Freiwilligen« wendet sich Sauckel nun an die allerletzten Reserven. Eindringlich fordert er u.a. Pensionäre auf, ihr Gewissen zu prüfen und sich dann soweit wie möglich zur Verfügung zu stellen.

# Zwergpanzer »Goliath«

Der neu entwickelte Panzer kann rd. 90 kg Sprengstoff tragen und soll u.a. Brücken, Hindernisse und Feldbefestigungen ohne Einsatz von Menschenleben vernichten.

Im Rahmen einer Offensive gegen den alliierten Landekopf bei Anzio

(→ S. 360) setzt die deutsche Wehrmacht mit großem Erfolg den ferngesteuerten Zwergpanzer »Goliath« ein. Beide Typen des »Goliath«, »B-1-A« und »B-1-B«, sind 1,6 m lang, 0,66 m breit, 0,67 m hoch und maximal 19 km/h schnell.

(→ S. 360)

*Zwergpanzer »Goliath« mit Kabelrolle für Steuerung und Zündung; der 1,6 m lange, 66 cm breite und 67 cm hohe Kleinpanzer kann 90 kg Sprengstoff tragen.*

## 1. MÄRZ

# Millionen leisten Zwangsarbeit

Der Generalbevollmächtigte für den Arbeitseinsatz, Fritz Sauckel, stellt auf einer Planungskonferenz fest, dass von den »Millionen ausländischen Arbeitskräften, die nach Deutschland gekommen sind, keine 200 000 freiwillig« kamen.

Fritz Sauckel ist verantwortlich für die massenhafte und systematisierte Verschleppung von »Fremdarbeitern« ins Deutsche Reich. Adolf Hitler hatte Sauckel am 21. März 1942 zum »Generalbevollmächtigten für den Arbeitseinsatz« ernannt (→ S. 192) und ihn am 30. September 1942 ermächtigt, »nach seinem Ermessen im Großdeutschen Reich, einschließlich des Protektorats sowie im Generalgouvernement und in den besetzten Gebieten, alle Maßnahmen zu treffen, die den... Arbeitseinsatz für die deutsche Kriegswirtschaft unter allen Umständen gewährleisten«.

Da der Bedarf an Arbeitskräften vor allem in der Rüstungs- und Bauindustrie sowie in der Landwirtschaft höher ist als das Angebot und die Lücke durch freiwillige Fremdarbeiter nicht zu decken ist, ordnete Sauckel in verstärktem Maß Zwangsrekrutierungen an. Bereits 1940 waren im besetzten Polen die ersten Arbeitsverpflichtungen erfolgt (→ S. 24). Die Zwangsrekrutierung und Verschleppung betrifft seit 1942 auch Sowjetbürger, Franzosen, Belgier und Niederländer. Die Anzahl der Fremdarbeiter im Deutschen Reich beträgt im Jahre 1944 rund 7 Mio.

### Verordnungen für Ostarbeiter

»Ostarbeiter« dürfen im Deutschen Reich ihren Aufenthaltsort nicht wechseln, ihre Unterkunft nachts nicht verlassen, keine öffentlichen Verkehrsmittel benutzen, keine Gaststätten oder kulturellen bzw. gesellschaftlichen Veranstaltungen besuchen, keine Radios oder Zeitungen besitzen und keinen Kontakt zu deutschen Frauen aufnehmen. Polen und Sowjetbürger müssen das Zeichen »P4« bzw. »OST« gut sichtbar an der Kleidung tragen.

*Eine Ostarbeiterin, wie unzählige andere Menschen ins Deutsche Reich verschleppt*

Da die Beschäftigungs- und Lebensverhältnisse katastrophal sind und vor allem polnische und russische Arbeiter zu Hunderttausenden sterben, muss man davon ausgehen, dass die deutschen Behörden insgesamt rund 14 Mio. Ausländer verschleppt haben.

Die Zwangsrekrutierungen werden von Einsatzkommandos der Arbeitsämter, unterstützt von Einheiten der Sicherheitspolizei und der SS, mit brutaler Gewalt durchgeführt. Besonders in Polen und in der Sowjetunion werden Männer, Frauen und Jugendliche auf offener Straße ergriffen und ins Deutsche Reich deportiert. Dort zwingt man die Verschleppten unter zum Teil lebensgefährlichen Bedingungen zu harter Arbeit.

Sie erhalten einen minimalen Verdienst, der meist nicht ausreicht, um zugeteilte Verpflegung und Unterkunft in Baracken, Ställen oder Kellern zu bezahlen. »Alle diese Menschen«, so die Worte Sauckels, »müssen so ernährt, untergebracht und behandelt werden, dass sie bei denkbar sparsamstem Einsatz die größtmögliche Leistung hervorbringen.«

## HINTERGRUND

# Verfaulte Kartoffeln und Steckrübenbrühe

Für die Nationalsozialisten sind all die Millionen ausländischer Zwangsarbeiter im Deutschen Reich nichts als wirtschaftlich nutzbringendes »Menschenmaterial«, das verbraucht und bei Bedarf ersetzt werden kann.

Jeder Kontakt zwischen den »fremdvölkischen Untermenschen« und der deutschen Bevölkerung wird verboten und unter Strafe gestellt. Durch die engen Arbeitsbeziehungen in Fabriken oder landwirtschaftlichen Betrieben werden jedoch Feindseligkeiten bis zu einem gewissen Grad abgebaut und es entstehen persönliche Kontakte zwischen den Zwangsarbeitern und der einheimischen Bevölkerung. Diese Entwicklung wird von den deutschen Machthabern mit Sorge betrachtet, da man eine Verringerung des »volkstumsmäßigen Abstandes« befürchtet.

Das unterschiedliche Verhalten der Deutschen gegenüber den Ausländern schildert ein »Ostarbeiter«, der drei Jahre lang zwangsweise in einem Rüstungsbetrieb beschäftigt war. Er

*Fritz Sauckel, Generalbevollmächtigter für den Arbeitseinsatz*

berichtet einerseits über die Repressalien des NS-Regimes, andererseits aber auch über die Hilfeleistungen, die ihm von einigen Deutschen zuteil wurden. In dem Lager, in dem er und seine Leidensgenossen untergebracht gewesen seien, so erzählt er, habe es nur verfaulte Kartoffeln, eine Art Steckrübensuppe und ab und zu ein Stück mit Sägemehl vermischtes Brot zu essen gegeben. Oft sei er aus Hunger aus dem Lager geflohen und habe von gutherzigen Bauern Brot, Kartoffeln und Äpfel erhalten. »Vielleicht wäre der Tod unvermeidlich gewesen«, heißt es in seinem Bericht, »wenn unter den Frauen, Arbeitern, Bauern und der Intelligenz nicht... Deutsche gewesen wären, die sich nicht von der... Verkommenheit des Faschismus mit seiner Menschen hassenden Theorie beeinflussen ließen.«

4. MÄRZ

## Rote Armee stößt nach Westen vor

Unter dem Oberbefehl von Marschall Georgi K. Schukow beginnt die sowjetische Frühjahrsoffensive gegen die deutschen Heeresgruppen Süd (Generalfeldmarschall Erich von Manstein) und A (Generalfeldmarschall Ewald von Kleist) in der Ukraine.

Die Rote Armee rückt unaufhaltsam Richtung Westen vor und kesselt Ende März die 1. deutsche Panzerarmee bei Kamenez-Podolski ein. Schon Ende April befindet sich die gesamte Ukraine wieder in sowjetischer Hand (→ S. 377).

Die Offensive beginnt mit einem Vorstoß der 1. Ukrainischen Front gegen die östlich des Dnjestr stehende 1. deutsche Panzerarmee und gegen die im Norden der Heeresgruppe Süd stehende 4. Panzerarmee. Am 5. März tritt auch die 2. Ukrainische Front zum Angriff gegen diese beiden Armeen an. Nur 24 Stunden später, am 6. März, beginnt auf einer Breite von 800 km ein Großangriff der 3. Ukrainischen Front gegen die deutsche Heeresgruppe A in der Südukraine.

*Nur noch mit Pferden und Maultieren kommen die Deutschen über den aufgeweichten Boden der Ukraine voran.*

*Deutsche Infanteristen warten in einem Versteck auf den Befehl zum erneuten Angriff gegen die Rote Armee.*

Alle angegriffenen deutschen Verbände werden zum Rückzug gezwungen, der sich außerordentlich schwierig gestaltet, da die Schlammperiode begonnen hat. Fahrzeuge bleiben in dem aufgeweichten Boden stecken und die erschöpften Soldaten kommen nur langsam und unter den größten Anstrengungen voran. Der sowjetische Vormarsch ist schließlich schneller als der deutsche Rückzug. Am 24. März erreichen Verbände der 1. Ukrainischen Front vor den Deutschen den Dnjestr und schließen die 1. Panzerarmee unter Oberbefehl von General Hans Valentin Hube ein.

Auf Vorschlag Mansteins bricht Hube nicht direkt nach Süden aus, sondern bewegt sich mit seinen Truppen als »wandernder Kessel« am Dnjestr entlang langsam Richtung Westen. Am 6. April erreicht er die 4. Panzerarmee und hat damit – unter relativ geringen Menschenverlusten – den Anschluss an die deutsche Front wieder erlangt. Am 8. April beginnt ein Angriff sowjetischer Verbände gegen die Landenge von Perekop, der die Befreiung der Krim von der dort stationierten 17. deutschen Armee zum Ziel hat. Adolf Hitler will sich mit der Rücknahme der Front im Osten nicht abfinden und ordnet wiederholt an, die Stellungen unbedingt zu halten. Für den Zusammenbruch der Ostfront macht Hitler Manstein und Kleist verantwortlich.

19. MÄRZ

# Deutsche übernehmen die Macht in Ungarn

Einheiten der deutschen Wehrmacht und der Schutzstaffel dringen in Ungarn ein und übernehmen kurz darauf alle Schlüsselstellen in Verwaltung und Regierung sowie im Militärbereich.

Der deutsche »Führer« Adolf Hitler hatte den ungarischen Reichsverweser Miklós Horthy, den er für politisch unzuverlässig hielt, unter Druck gesetzt und gezwungen, der Besetzung seines Landes zuzustimmen. Hitler befürchtete einen Frontwechsel Ungarns, da die sowjetischen Truppen bereits bis an die Grenzen des Landes vorgedrungen sind und Horthy schon früher einige Anstrengungen unternommen hatte, um aus dem Krieg auszuscheiden.

Unter einem Vorwand ließ Hitler Horthy nach Schloss Kleßheim kommen, isolierte ihn dort und übte so lange Druck auf ihn aus, bis sein Widerstand gebrochen war und er einer Besetzung zugestimmt hatte. In Ungarn lässt Horthy kurz darauf bekanntgeben: »Um im Rahmen der gemeinsamen Kriegsführung der im Dreimächtepakt verbundenen europäischen Nationen gegen den gemeinsamen Feind Ungarn zur Seite zu stehen,... sind aufgrund gegenseitiger Verständigung deutsche Truppen in Ungarn eingetroffen.« Als Horthy nach Budapest zurückkehrt, muss er auf deutsche Anordnung den bisherigen ungarischen Botschafter in Berlin, Döme Sztojay, zum neuen Ministerpräsidenten und Außenminister Ungarns ernennen. Die neue Marionettenregierung schaltet sofort die Oppositionsparteien aus, lässt führende Persönlichkeiten des politischen und wirtschaftlichen Lebens verhaften und verbietet zahlreiche Zeitungen. Ein Teil der landwirtschaftlichen Erzeugnisse Ungarns wird beschlagnahmt und ins Deutsche Reich abtransportiert, wo sie Lücken im Bereich der Lebensmittelversorgung ausfüllen sollen.

*Deutsches Militär kurz nach dem Einmarsch in die ungarische Hauptstadt*

*Brautpaar in Berlin; trotz Bomben und Kriegssorgen ist der Durchhaltewillen vielfach ungebrochen.*

*An einem Straßenbrunnen holen Anwohner Wasser; die Leitungen sind nach einem Angriff zerstört.*

*Briefträgerinnen notieren sich Adressen der neuen Zufluchtsstätten von Berliner Einwohnern.*

*Der nächtliche Bombenangriff ist vorbei; eine Gruppe von ausgebombten Berlinern sucht mit ihrer geretteten Habe Schutz im Stettiner Bahnhof.*

*Berliner Straßenzug nach einem heftigen Bombardement; obwohl viele Häuser Ruinen gleichen, bieten sie noch zahlreichen Menschen notdürftig Unterkunft.*

---

## 25. MÄRZ

# Berlin durch Bomben zerstört

Im Rahmen der seit 1943 andauernden alliierten Luftoffensive gegen Berlin (→ S. 342) fliegt die Royal Air Force (RAF) mit 726 Maschinen in der Nacht vom 24. auf den 25. März ihren vorerst letzten Angriff auf die deutsche Reichshauptstadt.

Die Flugzeuge werfen knapp 2300 t Spreng- und Brandbomben ab. Die Alliierten stellen die »Schlacht um Berlin« vorläufig ein, da sie ihre Luftstreitkräfte im Vorfeld der Invasion in Frankreich (→ S. 392) umgruppieren müssen.

Die Bomber werden in den folgenden Monaten hauptsächlich auf Ziele angesetzt, die produktions- oder verkehrstechnische Bedeutung haben.

### Alliierte Luftangriffe auf Berlin

| | |
|---|---|
| 2.1.: | 386 RAF-Bomber |
| 3.1.: | 311 RAF-Bomber |
| 21.1.: | 697 RAF-Bomber |
| 28.1.: | 481 RAF-Bomber |
| 29.1.: | 596 RAF-Bomber |
| 31.1.: | 489 RAF-Bomber |
| 16.2.: | 806 RAF-Bomber |
| 6.3.: | 730 US-Bomber |
| 8.3.: | 540 US-Bomber |
| 9.3.: | 330 US-Bomber |
| 25.3.: | 726 RAF-Bomber |

(Zahlen Januar bis März 1944)

Im Zuge der »Schlacht um Berlin« waren seit 1943 insgesamt 16 Großangriffe geflogen worden. Die US-Luftwaffe beteiligte sich erst in der Endphase mit Tagesangriffen an der Offensive. Sie verlor 140 Maschinen gegenüber 537 britischen Verlusten.

Unter der Berliner Bevölkerung fordern die Bombardierungen 6166 Todesopfer und 18 431 Schwerverletzte. Die Stadt ist auf einer Gesamtfläche von 9,5 km² zerstört, und 1,5 Mio. Menschen haben ihr Obdach verloren. Von den 103 als kriegswichtig eingestuften Industriewerken erhalten 43 schwere Bombentreffer. Als eine Folge der Angriffe bricht das Verkehrssystem fast völlig zusammen, die Versorgung der Bevölkerung ist eingeschränkt.

## Kriegsmüdigkeit und Lebensangst

*In den geheimen Lageberichten des Sicherheitsdienstes der Schutzstaffel (SS) wird über die gedrückte Stimmung in der Berliner Bevölkerung angesichts der Angriffe berichtet:*

»Zu der bedrückenden Auffassung vom ganzen Krieg komme in den luftgefährdeten Gebieten... nach den Tagesangriffen mit dem Abwurf zahlreicher... Sprengbomben, eine ausgesprochene Lebensangst... Während man sich bisher in den Nachtangriffen verbittert, nicht frei von Furcht, aber mit einem gewissen Stoizismus in den Keller geduckt habe, beginne jetzt am hellichten Tage vielfach eine ›Rennerei um das Leben‹...«

*Ausrüstung, von den Deutschen in Odessa zurückgelassen*

*Im befreiten Odessa wird die sowjetische Flagge gehisst.*

## Rote Armee dringt in Rumänien ein

Im Zuge ihres Vormarsches gen Westen überschreiten Verbände der Roten Armee bei Jassy den Pruth und marschieren in Rumänien ein.

Trotz starker Gegenwehr können deutsche und rumänische Kräfte nicht verhindern, dass die sowjetischen Truppen in den darauf folgenden Tagen rasch immer weiter in das Land eindringen.

Anlässlich des Einmarsches erklärt der sowjetische Außenminister Wjatscheslaw M. Molotow im Namen seiner Regierung, dass die UdSSR nicht beabsichtige, sich irgendwelche Teile des rumänischen Gebietes anzueignen oder die gegenwärtige Gesellschaftsstruktur des Staates zu ändern. Der Einmarsch in rumänisches Territorium erfolge einzig aus militärischen Gründen und diene allein dem »Zwecke der Zerschmetterung des Widerstandes der feindlichen Truppen«. Die sowjetische Erklärung wird von den Westalliierten begrüßt.

# Deutsche Armee räumt Odessa

Die 6. deutsche Armee unter General Maximilian de Angelis ist gezwungen, die Stadt und den Hafen von Odessa zu räumen.

Sie muss sich bis an den Dnjestr zurückziehen. Damit befindet sich der an der Schwarzmeerküste gelegene wichtigste Versorgungshafen der 17. deutsch-rumänischen Armee, die auf der Krim abgeschnitten ist, wieder in den Händen sowjetischer Truppen.

# SS-Massaker in Frankreich

Als grausame Vergeltung für einen Sprengstoffanschlag auf einen deutschen Militärzug ermordet die deutsche Schutzstaffel (SS) in Asq in Frankreich insgesamt 120 unbeteiligte Zivilisten.

Der deutsche Militärzug, der sich auf dem Weg nach Amiens befindet, ist Ziel eines Sabotageaktes der französischen Widerstandsbewegung Résistance. Als er in der Nacht vom 1. auf den 2. April den Bahnhof von Asq nahe der Stadt Lille passiert, ereignen sich zwei heftige Explosionen. Mehrere Zugwaggons entgleisen, Menschen kommen jedoch nicht zu Schaden.

Die Deutschen reagieren prompt und grausam auf den Anschlag. SS-Männer betreten das Bahnhofsgebäude und erschießen auf der Stelle den Bahnhofsvorsteher und zwei Reisende. Dann begeben sie sich in die Stadt. Sie dringen in die Häuser ein, wecken die Männer und treiben sie auf einer Wiese zusammen. 60 von ihnen, darunter ein elfjähriger Junge, werden erschossen. Zur gleichen Zeit streifen andere SS-Angehörige durch Asq und ermorden insgesamt 26 weitere willkürlich ausgewählte Einwohner.

Insgesamt fallen 120 Menschen dem Massaker zum Opfer. 86 finden sofort den Tod, die anderen erliegen später ihren Verletzungen. Aus Protest gegen das grausame Vorgehen der SS treten am 2. April zahlreiche Eisenbahnangestellte in Paris für einen Tag in den Streik.

Der Sprengstoffanschlag auf den deutschen Militärzug ist einer der zahlreichen Sabotageakte, die seit etwa einem halben Jahr systematisch und in immer stärkerem Maße von Résistance-Mitgliedern durchgeführt werden. Die Partisanenanschläge konzentrieren sich vor allem auf Hochspannungsleitungen, Eisenbahnen, Kanäle und Straßen. Sie bringen die Stromversorgung der für die deutsche Kriegsindustrie arbeitenden Betriebe beinahe zum Erliegen und behindern den Eisenbahn- und Straßenverkehr.

### Briten greifen Schlachtschiff »Tirpitz« an

Das letzte und größte deutsche Schlachtschiff, die »Tirpitz«, (42900 BRT), das im Altafjard (Nordnorwegen) vor Anker liegt, wird von einem britischen Flottenverband angegriffen.

An der Operation in Norwegen sind die britischen Träger »Furious« und »Victorious« mit 41 »Barracuda«-Bombern beteiligt (Abb.: Lagebesprechung vor dem Angriff). Die »Tirpitz« erhält 14 Treffer und wird so stark beschädigt, dass sie in eine Werft gebracht werden muss. 122 Besatzungsmitglieder kommen um.

## 28. APRIL

# Ungarische Juden deportiert

Im Vernichtungslager Auschwitz trifft der erste Großtransport ungarischer Juden ein. In Folgezeit werden unter dem »Sonderkommando Adolf Eichmann« etwa 500 000 Menschen aus Ungarn deportiert und in Auschwitz ermordet.

In Übereinstimmung mit Adolf Hitler hatte Eichmann, Leiter des Judenreferats im Reichssicherheitshauptamt, sofort nach dem Einmarsch deutscher Truppen in Ungarn am 19. März mit der systematischen Verfolgung der dort lebenden Juden begonnen. Dabei wurden nicht wie bisher irgendwelche Tarnmaßnahmen getroffen, sondern die Massendeportation vollzog sich in aller Öffentlichkeit. Eichmann begab sich persönlich mit seinen Sondereinheiten nach Budapest und begann die Ghettoisierung

*Juden nach ihrer Ankunft im KZ bei der Selektion für die Gaskammern*

der Juden zu organisieren. Sie wurden durch das »Sonderkommando Eichmann« aufgespürt und gezwungen, in Sammellager umzuziehen. Nachdem Eichmann sichergestellt

hatte, dass das Lager in Auschwitz die technischen Möglichkeiten besitzt, eine halbe Million Menschen innerhalb kürzester Zeit zu ermorden und anschließend zu verbrennen, gab er

den Befehl, mit den Massendeportationen aus Ungarn zu beginnen.

Die für den Abtransport vorgesehenen Juden werden gewaltsam aus den Ghettos auf die Bahnhöfe getrieben. Bereits dabei erleiden sie häufig grausamste Folterungen (Schläge, Stromstöße, Auspeitschungen), womit sie gezwungen werden sollen, ihre Verstecke für Geld und Wertgegenstände zu verraten. Den Menschen wird alles abgenommen und man pfercht sie zu Hunderten in Viehwaggons. »Packt sie hinein wie die Heringe«, lautet die Anweisung, die Eichmann für den Transport gibt. Schon während der mehrtägigen Reise mit der Reichsbahn sterben viele an Hunger, Durst und Erschöpfung; nicht wenige werden wahnsinnig.

Die Judendeportationen aus Ungarn werden mit unglaublicher Geschwindigkeit durchgeführt. Zuweilen treffen fünf Züge mit etwa 14 000 Menschen an einem einzigen Tag in Auschwitz ein. Der unmenschliche Massenmord führt zu einem »technischen« Problem. Da mehr Personen im KZ ankommen als pro Tag umgebracht werden können, wendet sich der stellvertretende Inspekteur der deutschen Konzentrationslager und ehemalige Lagerkommandant von Auschwitz, Rudolf Höß, mit der Bitte an Eichmann, das Tempo der Deportationen zu verlangsamen.

Angekommen in Auschwitz, geraten Frauen, Männer und Kinder unentrinnbar in die Vernichtungsmaschinerie der KZ. Bei der Ankunft führen Angehörige der SS und Ärzte »Selektionen« durch. Die Häftlinge werden u.a. in arbeitsfähige und nicht arbeitsfähige Personen eingeteilt. Mit einer Handbewegung weist der Arzt die einen nach links, die anderen nach rechts und entscheidet damit, wer sofort den Gang in den Tod antreten muss. Etwa 30% der Ankömmlinge werden als Arbeitskräfte in das Lager überwiesen, die anderen – Kranke, Mütter mit Kindern, schwangere Frauen sowie Personen von schwächerer körperlicher Konstitution – werden in die Gaskammern geschickt.

Die genaue Zahl der vergasten Juden ist umstritten. Nach Angaben von Ex-Kommandant Höß sind in Auschwitz 1 135 000 Menschen vergast worden. Andere Schätzungen gehen von zwei bis drei Millionen Ermordeten aus.

## HINTERGRUND

# Schreckensreise im Viehwaggon

Schon auf ihrer Fahrt in die Vernichtungslager bekommen die von den Nationalsozialisten verfolgten Juden die Unmenschlichkeit ihrer Peiniger in ihrer ganzen Härte zu spüren.

Bei klirrender Kälte genauso wie bei glühender Hitze werden die Menschen zu Hunderten in Viehwaggons der Reichsbahn gepfercht. Ohne Luftzufuhr, ohne Wasser und ohne Nahrung kommt es während der mehrtägigen Fahrten unter den eingeschlossenen Menschen häufig zu den schrecklichsten Szenen. In vielen Fällen überlebt nicht mehr als die Hälfte der Deportierten die grauenvolle Reise zum Vernichtungslager.

Ein ungarischer Jude berichtet von seiner Fahrt nach Auschwitz: »Es war eine Schreckensreise... Wir hatten vor der Abfahrt etwas Wasser hergerichtet, aber die SS-Leute schütteten es aus... Es gab nicht ein-

*Juden beim Einsteigen in Waggons, mit denen sie ins KZ deportiert werden*

mal Platz zum Stehen... Am Abend... setzte sich der Zug in Bewegung. Wir wußten nicht, wohin der Zug fuhr... Frauen wurden ohnmächtig, aus der Ecke kamen Seufzer ›Wasser, Wasser‹. Doch es gab keins... Nach drei Tagen kam der Zug auf einem Nebengleis zum Stehen; wir wussten nicht, wo wir waren. Nachdem wir drei Stunden... gestanden hatten, da sahen wir

Schornsteine und Feuer und nahmen einen seltsamen, schauerlichen Geruch wahr. Auf die Frage, woher denn dieser Geruch käme, sagte man uns, dass man hier ganz einfach Lumpen verbrenne. Aber nachher... zeigte einer der Häftlinge auf den Schornstein und sagte: ›Bald geht ihr da durch‹... Wir waren in Auschwitz.«

Häuserruinen in der zerstörten Stadt Sewastopol (Krim); nach der Befreiung durch die Rote Armee kann die Bevölkerung in ihre Heimatstadt zurückkehren.

Deutsche und rumänische Soldaten warten auf ihre Einschiffung im Hafen von Sewastopol, um über das Schwarze Meer in Sicherheit gebracht zu werden.

## 12. MAI

# Deutsche Truppen räumen Krim

Die Offensive der Roten Armee gegen die Krim, die General Fedor I. Tolbuchin am 5. Mai einleitete, endet mit einer deutschen Niederlage.

Die 17. deutsche Armee und das 1. rumänische Gebirgskorps müssen die Halbinsel räumen. Von rund 250 000 Mann werden 150 000 im letzten Moment über das Schwarze Meer nach Rumänien eingeschifft.

Noch Anfang April war der Oberbefehlshaber der deutschen Heeres-

Fedor I. Tolbuchin, sowjetischer General, 1942 Oberbefehlshaber der 57. Armee, am Kampf um Stalingrad beteiligt; im Mai 1944 zum Oberbefehlshaber der 3. Ukrainischen Front ernannt

gruppe Südukraine, Generalfeldmarschall Ferdinand Schörner, davon überzeugt, dass die Verteidigung der Krim gesichert sei. Am 8. April trat Tolbuchin zum Angriff an. Der schnelle sowjetische Vormarsch zwang die deutsch-rumänischen Verbände zum Rückzug. Am 16. April erreichten sie unter dem großen Verlust von

zwei Dritteln ihres Materials Sewastopol im Süden der Krim und schlossen sich dort ein.

Bereits am 9. April hatte der Oberbefehlshaber der 17. Armee, Generaloberst Erwin Jaenecke, erstmals vergeblich von Adolf Hitler die Erlaubnis verlangt, die Krim räumen zu dürfen. Als Jaenecke nach dem Fall der Versorgungsbasis Odessa weiterhin auf dieser Forderung beharrte, ließ Hitler ihn verhaften und durch General Karl Allmendinger ersetzen. Doch die Situation war bereits aussichtslos und erreichte ihren Höhepunkt, als Tolbuchin am 5. Mai zum Sturm gegen Sewastopol antrat. Schließlich gab Schörner am 8. Mai auf eigene Verantwortung den Rückzugsbefehl.

HINTERGRUND

## Verschiffung über das Schwarze Meer

Obwohl sich die deutschen Verbände auf der Krim in einer aussichtslosen Lage befinden, lautet der Befehl des deutschen Führers Adolf Hitler:

»Kein kampffähiger Mann darf sich einschiffen.« Angesichts der Situation unterlaufen die deutschen Militärbefehlshaber diese Anordnung und beginnen am 8. Mai damit, die Soldaten über das Schwarze Meer nach Rumänien abzutransportieren. 150 000 Mann können so noch in Sicherheit gebracht werden.

## 21. MAI

# Propaganda der Westalliierten

Die staatliche britische Rundfunkanstalt British Broadcasting Corporation (BBC) beginnt mit der Ausstrahlung einer neuen Propagandasendung.

Die Bevölkerung der vom Deutschen Reich besetzten Gebiete soll angesichts der kurz bevorstehenden alliierten Invasion (→ S. 392) über Rundfunk die letzten Instruktionen für ihr Verhalten und mögliche Hilfen erhalten. Die Botschaften der BBC,

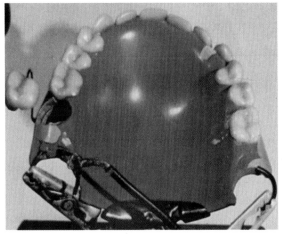

Rundfunkempfänger, der zur Tarnung in eine Zahnprothese eingebaut ist; ein norwegischer Soldat hatte diese Konstruktion in einem Kriegsgefangenenlager bei Breslau hergestellt; er und seine Kameraden konnten damit die für Europa bestimmten Meldungen der BBC hören.

die in mehreren Sprachen verlesen werden, enthalten die Aufforderung an die Bevölkerung, Informationen jeder Art über die deutschen Besatzer und ihre Machenschaften zu sammeln und festzuhalten. Für die Alliierten von besonderem Interesse seien die Standorte deutscher Hauptquartiere, Minenfelder, Vorratslager und anderer strategisch wichtiger Einrichtungen sowie die Truppenverteilung. Zu der Propagandakampagne der Alliierten gehört neben Rundfunksendungen und Zeitschriften in der jeweiligen Landessprache vor allem der Abwurf von Flugblättern.

## 3. MAI

# Spanien beugt sich alliiertem Druck

Großbritannien und die USA schließen ein Abkommen mit Spanien, das die Beziehungen des Landes zum Deutschen Reich neu regelt.

Der Einigung ging ein monatelanger Konflikt voraus, der sich daran entzündet hatte, dass Spanien trotz Neutralitätserklärungen den Achsenmächten Unterstützung zukommen lässt. Erst nachdem die Alliierten ihre Drohung wahr gemacht und die Erdöllieferungen nach Spanien eingestellt hatten, erklärte sich Madrid zu folgendem bereit: 1. Ausweisung aller Agenten der Achsenmächte aus Spanien; 2. Schließung des deutschen Generalkonsulats in Tanger; 3. Freilassung aller in spanischen Häfen festgehaltenen italienischen Handelsschiffe; 4. Rückzug aller spanischen Streitkräfte, die noch an der Ostfront kämpfen; 5. Reduzierung der kriegswichtigen Wolframlieferungen an das Deutsche Reich.

## 25. MAI

## Tito entgeht deutschem Angriff

**Deutsche Fallschirmjäger landen bei Drvar in Bosnien und greifen das Hauptquartier Josip Titos an.**
Der erfolgreiche Partisanenführer (s. Abb. vorne rechts) soll ausgeschaltet werden, um den Widerstand der Jugoslawen zu brechen. Im letzten Moment gelingt es Tito jedoch, sich aus der Höhle – seinem Befehlsquartier – zu retten. Mit einem britischen Flugzeug entkommt er auf die Adriainsel Vis.

## 26. MAI

# Bombardement soll Aufmarsch stören

Im Vorfeld der alliierten Invasion in der Normandie führen die britische und die US-amerikanische Luftwaffe zahlreiche Bombenangriffe auf französisches Gebiet durch, die eine systematische Zerstörung des Verkehrsnetzes zum Ziel haben.

Die Angriffe fordern häufig viele Opfer unter der Bevölkerung: Allein am 26. Mai kommen 3760 Menschen, meist Zivilisten, durch Bombenabwürfe ums Leben. Die Luftangriffe zur Vorbereitung der Invasion hatten Anfang März begonnen. Sie zielen in erster Linie auf die Zerstörung der Eisenbahnanlagen, um den deutschen Truppentransport zu behindern. Schon Mitte März war in Nordfrankreich der Eisenbahnverkehr auf 20% im Vergleich zum Vormonat gesunken. Ende Mai beträgt er in ganz Frankreich nur noch 50 % des früheren Umfangs.

## 16. MAI

# Konferenz der Premierminister

In London geht die Empirekonferenz zu Ende, an der neben dem britischen Premierminister Winston Churchill u.a. die Premierminister der vier Dominions teilnahmen.

Zu den Themen der Beratungen seit dem 1. Mai gehörten allgemeine Fragen zur Politik des British Empire, die Fortsetzung des Krieges gegen Japan und das Deutsche Reich sowie die Neuordnung in Europa nach Kriegsende. Im Mittelpunkt der Gespräche stand die aktuelle Kriegslage. Die Premierminister der Dominions (britische Kronländer) Neuseeland, Südafrika, Kanada und Australien billigen in einer Resolution zum Abschluss der Konferenz das Vorgehen der britischen Regierung im Kampf gegen die Achsenmächte und sagen ihre volle Unterstützung zu. In diesem Zusammenhang wird mitgeteilt, dass Neuseeland gegenwärtig 189 000, Südafrika 269 000, Kanada 750 000, Australien 870 000 und Indien 2 Mio. Mann an Truppen im Krieg stehen haben. Große Erwartungen setzen die Staatsmänner in die bevorstehende alliierte Invasion in Westeuropa.

In ihrem Schlusskommuniqué formulieren die Premierminister ihre Prinzipien für die Nachkriegszeit. Auf ihrem Programm stehen die Forderungen nach Selbstbestimmung der Völker, Wohlfahrt und sozialem Fortschritt sowie einer wirksamen Friedenssicherung.

*Treffen der Premierminister in London (v.l.): William Lyon Mackenzie King (Kanada), Jan Christiaan Smuts (Südafrika), Winston Churchill (Großbritannien), Peter Fraser (Neuseeland), John Joseph Curtin (Australien)*

## 10. MAI

# Zum Gedenken an verbrannte Bücher

Zum elften Jahrestag der Bücherverbrennung im Deutschen Reich veranstaltet das Women's Council For Post War Europe (Frauenrat für das Nachkriegseuropa) im Town Hall Club in New York einen Gedenktag, um die Erinnerung an die von den Nationalsozialisten verbrannten Schriften wach zu halten.

In einem Aufruf anlässlich der Gedenkfeier heißt es: »Wir wollen, dass nach der Befreiung [vom Nationalsozialismus] der 10. Mai nicht nur der Tag der Wiederverbreitung dieser Bücher wird, sondern auch ein Tag, gewidmet der Toleranz... und der Achtung vor den ewigen Werten der Menschheit, wie sie in den Kulturen der Völker der Welt zum Ausdruck kommen.« In den USA haben sich bereits vor dem Kriegseintritt 1941 eine Fülle von Vereinigungen zu verschiedenen Problemen in Europa gebildet. So widmet sich z.B. das Emergency Rescue Comitee der Flüchtlingshilfe.

# Weite Teile Hollands überflutet

Das Oberkommando der Wehrmacht informiert erstmals ausführlich über eine »Unterwassersetzung Hollands«.

Es wird berichtet, dass Dörfer, Städte und ganze Landstriche überflutet worden sind (s. Abb.), um das Vordringen der gegnerischen Truppen im Falle einer Invasion unmöglich zu machen. Hunderttausende von Niederländern müssen ihre Häuser verlassen.

---

HINTERGRUND

## Widerstand verstärkt den Kampf

Im Deutschen Reich verstärken sich im Mai die Aktivitäten der Widerstandskreise gegen den Diktator Adolf Hitler.

Vor allem aus den Reihen der Wehrmacht werden angesichts der immer hoffnungsloseren Kriegslage mehrere Staatsstreichversuche unternommen, von denen jedoch keiner zum Erfolg führt. Am 14. Mai plant Generalfeldmarschall Erwin Rommel, Befehlshaber der deutschen Heeresgruppe B in Nordfrankreich, gemeinsam mit dem Militärbefehlshaber in Frankreich, General Karl-Heinrich von Stülpnagel, die Verhaftung von Hitler und seine

*General Karl-Heinrich von Stülpnagel, Militärbefehlshaber in Frankreich*

Aburteilung. Rommel wie Stülpnagel lehnen eine Ermordung Hitlers ab, da sie die psychologischen Folgen fürchten. Das deutsche Volk, so lautet ihr

Argument, werde für die unausweichliche militärische Niederlage des Reiches die Verschwörer verantwortlich machen und Hitler erst recht zum Helden der Nation erheben. Die beiden Generäle wollen ihn deshalb vor Gericht stellen und dort vor den Augen aller Deutschen mit all seinen verhängnisvollen Fehlentscheidungen und Schreckenstaten konfrontieren. Rommel traut man zu, dass ihm die Offiziere der Wehrmacht nach einem Putsch folgen würden. Ihre Pläne beinhalten ferner die Aufnahme von Waffenstillstandsverhandlungen mit den Westalliierten bei gleichzeitigem Rückzug der deutschen Truppen auf die Reichsgrenzen. Im Osten dagegen soll die Frontlinie gegen die Rote Armee von der Stadt Memel über Lemberg bis zur Donaumündung aufrecht erhalten werden.

---

# Goebbels zur Invasion

In einem Artikel der Zeitschrift »Das Reich« beschäftigt sich der deutsche Reichspropagandaminister Joseph Goebbels mit der bevorstehenden alliierten Invasion in Europa, die nicht nur von ihm und anderen NS-Größen, sondern auch von einem Großteil der europäischen Bevölkerung erwartet wird.

Goebbels vertritt die Ansicht, dass die Vorbereitungen der Alliierten für eine Landung in Westeuropa abgeschlossen seien und dass man die Aktion jeden Tag erwarten könne. Ruhig und gelassen, so Goebbels, sehe das Deutsche Reich den kommenden Ereignissen entgegen, denn es sei nichts versäumt worden, um den Feind gebührend zu empfangen. Schließlich geht der Reichsminister auf das Lieblingsthema der NS-Propaganda ein, die »bösen Überraschungen«, die das deutsche »Weltheer« für die Alliierten bei einer Landung bereithalte. Goebbels erwähnt »eine Anzahl von unbekannten Vorbereitungen, die kennen zu lernen man die angreifenden feindlichen Truppen nur beglückwünschen kann. Denn wenn sie sich die Invasion so vorstellen, wie sie in den Londoner Zeitungen... erläutert wird, so sind sie sehr zu bemitleiden.« Es steckten noch einige Trümpfe im Spiel, die bisher sorgfältig verborgen gehalten worden seien, aber selbstverständlich auf den Tisch kämen, wenn die entscheidende Stunde gekommen sei.

Wörtlich führt Goebbels dazu aus: »Kurz und gut: Sollte der Feind wirklich das denken, was er sagt und schreibt und tatsächlich die Absicht haben, mit einem so bodenlosen Leichtsinn ein Unternehmen zu starten, von dem alles abhängt, dann gut Nacht!« Abschließend versichert der Reichspropagandaminister, dass die Deutschen sich nur beglückwünschen könnten, wenn der Feind diese Andeutungen nicht ernst nehmen würde.

In zunehmendem Maße rettet sich die NS-Propaganda im fünften Kriegsjahr in Versprechungen neuer »Wunderwaffen« (→ S. 398), um den Rückzug an allen Fronten zu verharmlosen. Gezielt werden Gerüchte von neu und heimlich aufgestellten Verbänden gestreut.

## 18. MAI

# Deutsche räumen Montecassino

Das monatelang schwer umkämpfte und am 15. Februar durch alliierte Bomben völlig zerstörte ehemalige Benediktinerkloster Montecassino in Mittelitalien wird von den Alliierten eingenommen.

Zur gleichen Zeit durchbrechen sie die deutsche Verteidigungslinie Minturno-Garigliano-Cassino, die sog. Gustav-Linie, auch an mehreren anderen Stellen. Die deutschen Truppen sind zum Rückzug gezwungen und können den raschen Vormarsch der Alliierten auf Rom nicht mehr verhindern.

In der Nacht vom 11. auf den 12. Mai hatte die 5. US-Armee unter General Mark Wayne Clark, unterstützt durch die 8. britische Armee, zum Sturm gegen die Gustav-Linie angesetzt. Die Hauptlast des Vorstoßes trug an der Küste des Tyrrhenischen Meeres das II. US-Korps zusammen mit dem französischen Expeditionskorps unter General Alphonse Juin. Beiderseitig von Cassino hatten das XIII. britische und das II. polnische Korps unter General Wladislaw Anders Stellung bezogen. Ihnen gegenüber lagen Einheiten der 10. und 14. deutschen Armee. Insgesamt standen 22 alliierte gegen 18 stark angeschlagene deut-

sche Divisionen. Der Angriff begann in der Nacht gegen 23 Uhr auf ein Zeichen des britischen Rundfunks hin. In dem Frontabschnitt zwischen der Küste und dem Rapido-Tal auf einer Länge von 30 km eröffneten die Alliierten ein Trommelfeuer aus etwa 2000 Geschützen und tauchten das Gelände in einen Feuerschein. Kurz darauf stürmten die Verbände los: die Briten am Rapido, die Polen am Montecassino, die Franzosen in den Aurunkischen Bergen und die US-Amerikaner im Küstensektor.

In verbissenen Kämpfen gelang es den alliierten Einheiten in den folgenden Tagen, die deutschen Verbände zurückzudrängen. Stück für Stück rückten sie in dem unwegsamen, gebirgigen Gelände vor. Ein entscheidender Durchbruch gelang den marokkanischen Einheiten, die dem französischen Korps unterstellt sind. Die Soldaten überwanden innerhalb von vier Tagen die zerklüfteten Aurunkischen Berge, die von deutscher Seite kaum gesichert wurden, da man ihre Überquerung für unmöglich gehalten hatte. Nach diesem Einbruch geriet die deutsche Front ins Wanken. Das II. US-Korps rückte rasch an der Küste vor und vereinigt

*Alliierte Soldaten stürmen das Kloster Montecassino.*

sich am 18. Mai mit den Truppen am Brückenkopf bei Anzio-Nettuno. Während der ganzen Zeit rannten polnische Einheiten gegen den von der 1. deutschen Fallschirmjägerdivision unter General Richard Heidrich gehaltenen Montecassino an. General Anders führte die verbissen kämpfenden Männer immer wieder den Berg hinauf, an dem im Laufe der

Monate schon soviele Angreifer gescheitert waren. Die Polen erlitten furchtbare Verluste, doch die Stellung war uneinnehmbar. Das Ende für Montecassino kommt auf anderem Wege: Angesichts der aussichtslosen Gesamtlage der deutschen Italienfront befahl ihr Oberbefehlshaber, Albert Kesselring, am 17. Mai den Abzug aus dem Kloster.

*Deutsche Soldaten im Kampf an der Italienfront; angesichts des alliierten Vorsturms muss Oberbefehlshaber Albert Kesselring den Rückzugsbefehl geben.*

*Deutsche Kriegsgefangene, die die Gustav-Linie verteidigt hatten, transportieren Verwundete auf Krankentragen zum nächsten Feldlazarett.*

*Häuserkampf in Mittelitalien; deutsche Kräfte kämpfen um jeden Meter, können aber auf Dauer dem Druck der feindlichen Truppen nicht standhalten.*

4. JUNI

# Rom feiert die Freiheit

**Alliierte Truppen ziehen drei Wochen nach Beginn ihrer Offensive in Mittelitalien in Rom ein.**

Um die »Ewige Stadt« vor der Zerstörung zu bewahren, hatte der deutsche Oberbefehlshaber in Italien, Albert Kesselring, Rom am Tag vorher zur »offenen Stadt« erklärt und seine Truppen abziehen lassen. Zurück bleiben nur wenige Soldaten zur Deckung des Rückzugs.

Am Morgen des 4. Juni erreichen Einheiten der 8. britischen Armee und der 5. US-amerikanischen Armee die südöstlichen Außenbezirke der Stadt, ohne auf nennenswerten Widerstand

*Alliierte Soldaten ziehen mit ihren Geschützen in der italienischen Hauptstadt Rom ein; sie werden von der Bevölkerung mit Begeisterung empfangen.*

*Soldaten der 5. US-Armee marschieren durch die befreite italienische Hauptstadt; im Hintergrund das Denkmal für Viktor Emanuel II.*

gestoßen zu sein. Deutsche Nachhutverbände hatten lediglich versucht, durch Artilleriebeschuss den gegnerischen Vormarsch zu verzögern, um den zwischen den Albaner Bergen und dem Meer befindlichen eigenen Truppenverbänden den Rückzug zu sichern.

Die alliierten Truppen werden von der Bevölkerung mit Begeisterung empfangen, als sie die römische Stadtgrenze erreichen. Die jubelnde Menschenmenge lässt es sich nicht nehmen, gemeinsam mit den alliierten Soldaten in die Innenbezirke Roms einzumarschieren. Einige bezahlen diesen Wunsch mit dem Leben, denn noch immer halten sich deutsche Nachhuten in der Stadt auf und leisten vereinzelt Widerstand. Im Laufe des Tages werden jedoch alle noch in Rom befindlichen deutschen Kräfte überwältigt und um 21.15 Uhr meldet das alliierte Hauptquartier den Erfolg. Die Einnahme der Hauptstadt hat für die Alliierten weniger militärische als vielmehr politische Bedeutung. Sie steht symbolisch für die völlige Befreiung Italiens und die allmähliche Zerschlagung des gesamten Bündnissystems des Deutschen Reiches.

HINTERGRUND

## Kesselring erklärt Rom zur »offenen Stadt«

**Die Stadt Rom ist von den zerstörerischen Auswirkungen des Zweiten Weltkrieges weitgehend verschont geblieben.**

Dies bedeutet nicht nur die Rettung vieler Menschenleben, sondern auch den Erhalt unersetzbarer Kulturdenkmäler und Kunstschätze. Es zeigt gleichzeitig aber auch, dass selbst in diesem vor keiner Grausamkeit zurückschreckenden Krieg menschliche Vernunft und Verzicht auf Gewalt und Zerstörung in Einzelfällen nicht vollkommen unmöglich geworden sind.

Schon als die Alliierten noch weit vor Rom standen, hatte es eine stille Übereinkunft zwischen den Kriegführenden gegeben, die Stadt aus den Kämpfen möglichst herauszuhalten (→ S. 321). Das deutsche Oberkommando verzichtete darauf, die durch Rom führenden Verkehrswege für militärische Zwecke zu nutzen und im Gegenzug hielten sich die Alliierten mit Bombardierungen zurück. Am 3. Juni, einen Tag vor dem Einmarsch, wird von alliierter Seite mitgeteilt, dass man keine militärischen Handlungen gegen Rom unternehmen werde, falls die Deutschen auf eine Verteidigung verzichteten.

*A. Kesselring (l.); auf seinen Befehl wird Rom zur »offenen Stadt« erklärt.*

---

5. JUNI

# Italiens König dankt ab

Einen Tag nach dem Einmarsch der Alliierten in Rom unterzeichnet der italienische König Viktor Emanuel III. seine Abdankungsurkunde.

Er überträgt alle königlichen Rechte und Vollmachten an seinen Sohn, Kronprinz Humbert II., der den Titel »Generalstatthalter des Königreiches Italien« erhält. Der König kommt damit einem Versprechen nach, das er auf Druck der antifaschistischen Kräfte in Italien am 12. April abgegeben hatte. Damals verkündete er in einer Rundfunkansprache an das italienische Volk, Abdankung und Machtübertragung würden »an dem Tage wirksam werden, da die alliierten Truppen in Rom einziehen«.

Der italienische König sieht sich zur Abdankung gezwungen, da ihm von vielen Seiten seine engen Verbindungen zum Faschismus vorgeworfen werden. Viktor Emanuel hatte 1922 Benito Mussolini zum Ministerpräsidenten ernannt und ihn viele Jahre unterstützt und im Amt gehalten, bevor er ihn im Juli 1943 zusammen mit dem Faschistischen Großrat stürzte (→ S. 311).

*Viktor Emanuel III., König von Italien seit 1900; der Monarch dankt am 5. Juni zugunsten seines Sohnes ab.*

*Kronprinz Humbert II. von Italien erhält die königlichen Rechte.*

*Trotz der kärglichen Lebensmittelrationen herrscht in Rom Hochstimmung.*

---

4. JUNI

# Rom nach der Befreiung

Nur wenige Tage nach der weitgehend unblutig verlaufenen Befreiung Roms am 4. Juni durch alliierte Truppen beginnt sich die Lage in der Stadt zu normalisieren.

Mit Begeisterung hatte die Bevölkerung ihre Befreier empfangen, und mit einem Gefühl der Erlösung und im Vertrauen auf die Zukunft nehmen die Römer ihr Leben wieder auf. Viele tausend Menschen, die sich in der Zeit der deutschen Besetzung versteckt gehalten hatten, können sich jetzt wieder offen und ungehindert bewegen. Die Straßen sind erfüllt von einem lebhaften, geschäftigen Treiben; es herrscht trotz Versorgungsengpässen Hochstimmung.

Die alliierten Soldaten laufen im Gegensatz zu den deutschen Mannschaften unbewaffnet durch Rom. Sie zeigen großes Interesse für die Kulturdenkmäler und Sehenswürdigkeiten der italienischen Hauptstadt, schlendern auf dem Petersplatz umher und besuchen zu Tausenden die Papst-Audienzen, die Pius XII. prinzipiell Soldaten aller Nationen gewährt. Der allgemeinen Hochstimmung steht die Tatsache gegenüber, dass die wirtschaftliche Lage in Italien schwierig bleibt.

---

6. JUNI

## Desertion als Akt des Widerstands

Der Schriftsteller Alfred Andersch, der als deutscher Soldat an der Arno-Front in Italien kämpft, desertiert von seiner Truppe und läuft zu den US-Streitkräften über.

Dieses für sein Leben entscheidende Ereignis verarbeitet er später in dem 1952 erscheinenden autobiografischen Bericht »Die Kirschen der Freiheit«. Andersch, ab 1929 für die Kommunistische Partei tätig, sah wie viele andere der nationalsozialistischen Machtübernahme tatenlos zu. 1933 wurde er zweimal verhaftet und ver-

*Der deutsche Schriftsteller Alfred Andersch; der 30-jährige NS-Gegner entschließt sich 1944 zur Desertion.*

brachte drei Monate im Konzentrationslager Dachau. Politisch zog er sich in den folgenden Jahren völlig aus dem öffentlichen Leben zurück. Als er zur Wehrmacht eingezogen wurde, begann ihn der Gedanke an »Flucht« immer mehr zu beschäftigen – er versteht die Flucht aus der Wehrmacht als politischen Widerstand und vor allem als eine Entscheidung für die »Freiheit des menschlichen Denkens«. Am 6. Juni führt er den Plan aus. Er entfernt sich von der Truppe und nähert sich einem US-Verband. In der Gewissheit, dass die Aktion geglückt ist, pflückt und isst er eine Handvoll Kirschen. Es sind die, wie er später schreibt, »wilden Wüstenkirschen meiner Freiheit«.

---

17. JUNI

## Freifranzösische Truppen auf Elba

Freifranzösische Truppenverbände unter dem Oberbefehl von General Jean de Lattre de Tassigny landen auf der italienischen Insel Elba im Tyrrhenischen Meer.

Da auf Elba nur schwache deutsche Verbände stationiert sind, gelingt es den Freifranzosen innerhalb von drei Tagen, die Insel einzunehmen. Am 20. Juni erobern sie Porto Longone und brechen damit auch den letzten Widerstand. Ein Teil der deutschen Garnison wird auf das italienische Festland überführt.

## 6. JUNI

# Alliierte landen erfolgreich in der Normandie

Alliierte Truppen landen an der Küste der Normandie – die weltweit erwartete Invasion in Westeuropa, die den endgültigen Niedergang des NS-Systems bringen soll, hat damit begonnen (→ S. 405).

Eine Armada von gut 6000 Schiffen setzt die gewaltige britisch-US-amerikanische Streitmacht im Küstenabschnitt zwischen Cherbourg und Caen an Land. Unterstützt wird der Sturm auf die »Festung Europa« durch den Einsatz von rund 14 000 alliierten Bombern, die einen dichten Schutzschirm über Flotte und Bodentruppen spannen. Am Abend des ersten Invasionstages halten die Alliierten mehrere Landeköpfe, die bis zu zehn Kilometer ins Landesinnere hinein reichen. Rund 150 000 alliierte Soldaten befinden sich bereits auf

französischem Boden. In den folgenden Tagen können die alliierten Truppen ihre Brückenköpfe ausbauen. Am 8. Juni ziehen sie in Bayeux ein, am 14. Juni rücken sie auf der Halbinsel Cotentin vor, am 19. Juni sind die ersten behelfsmäßigen Flugbasen im Invasionsraum fertig gestellt und am 26. Juni wird die Festung Cherbourg erobert. Einen wesentlichen Anteil am Erfolg der Invasion hat der kurz nach der Landung begonnene Aufbau künstlicher Häfen (»mulberries«), der es den Alliierten ermöglicht, den benötigten Nachschub heranzuschaffen. Ende Juni befinden sich schließlich rund 850 000 Soldaten, 150 000 Fahrzeuge und 570 000 t Material in der Normandie. Die deutsche Führungsspitze hatte die Invasion zwar erwartet, ohne jedoch Zeitpunkt oder Landungsgebiet zu kennen. Irregeleitet durch alliierte Ablenkungsmanöver, war Adolf Hitler davon überzeugt, dass der feindliche Schlag bei Calais stattfinden würde. Hitler hält die Invasion in der Normandie für ein Täuschungsmanöver und verweigert deshalb für mehrere Tage die Entsendung von Verstärkung in das Kampfgebiet. Die Alliierten haben in Südengland eine Zeltstadt und Puppen aufgebaut, um eine zweite »Invasionsarmee« vorzutäuschen. Die deutsche Abwehr ist dem alliierten Angriff nicht gewachsen. Der von der Propaganda seit 1942 als uneinnehmbar beschworene Atlantikwall (→ S. 212) ist – vor allem im Invasionsgebiet – unzureichend.

Entscheidend aber ist die Tatsache, dass die Alliierten die Luftherrschaft

besitzen. Schon im Vorfeld der Invasion hatten sie das Verkehrsnetz in Frankreich so weit zerstört, dass es den Deutschen kaum noch möglich ist, die Front mit Nachschub zu versorgen (→ S. 387). Wenige Tage nachdem die alliierten Truppen in Frankreich an Land gegangen sind, besteht kein Zweifel mehr am Erfolg der Invasion. Neben der Ost- und Italienfront setzen die Alliierten nun auch von Westen zum Angriff auf die »Festung Europa« an.

Bereits im Januar 1943, auf der Konferenz in Casablanca, hatten US-Präsident Franklin D. Roosevelt und der britische Premierminister Winston Churchill erste Pläne für eine Landung in Frankreich besprochen. Konkrete Pläne wurden im Sommer 1943 diskutiert.

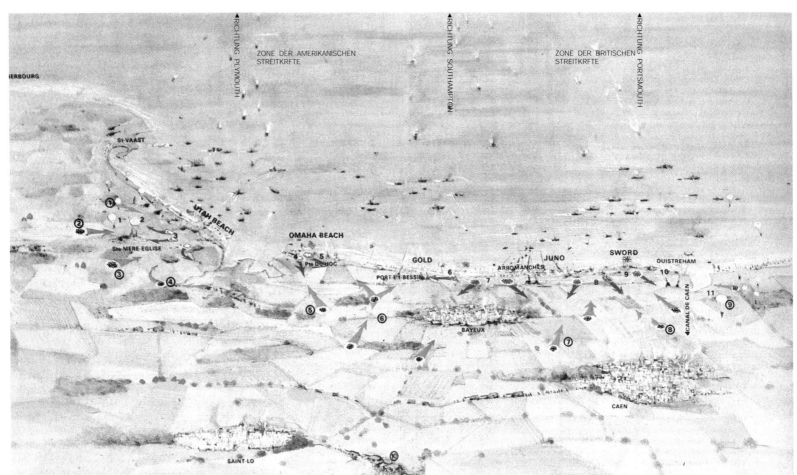

*Truppenaufstellung nach der alliierten Landung an der Küste der Normandie:*
*Die deutschen Streitkräfte: ① 1058. Grenadierregiment; ② 1057. Grenadierregiment; ③ 6. Fallschirmjägerregiment; ④/⑤ 352. Infanteriedivision; ⑥ 716. Infanteriedivision; ⑦ 21. Panzerdivision; ⑧ 12. Panzerdivision; ⑨ 711. Infanteriedivision; ⑩ Panzerdivision Lehr*
*Die alliierten Streitkräfte: 1. 82 Fliegerdivision (USA), 2. 101. Fliegerdivision (USA); 3. 4. Division (USA); 4. 2. Bataillon der Rangers; 5. 1. US-Division; 6. 50. britische Division; 7. 7. britische Panzerdivision; 8. 2. kanadische Division; 9. 3. kanadische Division; 10. französisches Kommando*

Oben: In den Stunden nach der alliierten Landung in der Normandie: Alliierte Panzer, Kampfwagen und militärische Ausrüstung werden von Transportschiffen entladen und an ihre Bestimmungsorte gebracht; die Alliierten hatten für diese größte amphibische Operation des Zweiten Weltkrieges spezielle Transport- und Landungsfahrzeuge entwickelt, da nur ein schnelles Ausschiffen von riesigen Mengen Material den Erfolg dieses Unternehmens sichern kann.

Links: Küstenabschnitt in der Normandie; während die soeben ausgeschifften Soldaten auf ihre Einsatzbefehle warten, geht die Entladung von Kriegs- und Versorgungsmaterial weiter; im Hintergrund sind die großen Landungsschiffe und die kleineren Küstenschiffe zu sehen; im Watt wurden Kräne zum Entladen aufgerichtet, Geschütze und Fahrzeuge bedecken den Strand; bei der Invasion gelingt es den Alliierten, gewaltige Mengen von Material und Hunderttausende von Soldaten innerhalb kürzester Zeit von Großbritannien nach Westfrankreich zu transportieren.

## 6. JUNI

# Der Startschuss für die Operation »Overlord«

Die Invasion in der Normandie (Operation »Overlord«) läuft um 0.15 Uhr mit der alliierten Landungsoperation »Neptun« an. Auf einer Breite von 80 km werden im Laufe des Tages gut 150 000 Soldaten der 1. US-amerikanischen und der 2. britischen Armee an der französischen Küste zwischen Cherbourg und Caen abgesetzt.

Über 4000 Landungsschiffe und gut 2000 Kampfschiffe sind an dieser größten amphibischen Operation des Weltkrieges beteiligt. 14 000 Kampfflugzeuge unterstützen das Landungsunternehmen. Trotz des angeblich gut befestigten Atlantikwalls und heftiger Gegenwehr können die deutschen Besatzungstruppen die Invasion nicht verhindern: Die »Festung Europa« fällt.

**Die alliierte Vorbereitung**

Die militärische Durchführung der Operation »Overlord« wurde von den Westalliierten bereits seit Dezember 1942 vorbereitet und ist bis ins Detail vorausgeplant. Zum Oberbefehlshaber der Invasions-truppen war US-General Dwight D. Eisenhower ernannt worden; die Leitung der gesamten Operationen der Bodentruppen wurde in die Hände des britischen Feldmarschalls Bernard Law Montgomery gelegt. Dieser Kompromiss über die Kompetenzverteilung ist das Ergebnis eines langen »Kommandostreits« zwischen den Verbündeten. Nach langen Diskussionen hatten sich die Alliierten auf die Küste zwischen Cherbourg und Caen als Landungszone geeinigt, weil Strände und Gezeitenverhältnisse an diesem Abschnitt für eine amphibische Operation besonders geeignet sind und die deutsche Befestigung dort Schwachstellen aufweist.

Zu Beginn des Jahres 1944 wurde mit der Ausarbeitung des endgültigen Plans und mit den technischen Vorbereitungen begonnen. Unter Aufbietung aller Kräfte nahmen Großbritannien und die USA die Aufstellung einer Landungstruppe und die Beschaffung des erforderlichen Kriegsmaterials in Angriff. Riesige Truppenmassen mitsamt ihrer Ausrüstung mussten in Großbritannien zusammengezogen werden. Kurz vor der Invasion befanden sich 3500000 Soldaten und Kriegsmaterial im Gewicht von 20 Mio. t auf der Britischen Insel.

Für die Operation »Overlord« wurden spezielle Transport- und Landungsfahrzeuge entwickelt und innerhalb kürzester Zeit in großen Mengen gebaut. Viele Fachleute konstruierten u.a. nach Ideen Churchills künstliche Nachschubhäfen (»mulberries«) zur Installation im französischen Landungsgebiet.

Wegen unerwarteter Verzögerungen verschob man den ursprünglich auf den 1. Mai festgelegten Termin für die Invasion um einen Monat auf Anfang Juni. Die genaue Festlegung des Datums hing vor allem von den meteorologischen Voraussetzungen ab.

Zwei Armeen nehmen an der Landung teil: die 1. US-Armee und die 2. britische Armee. Das Invasionsgebiet wird in fünf unabhängige Landungszonen (»beaches«) aufgeteilt. Von Westen nach Osten sind dies: »Utah« (4. US-Division), »Omaha« (1. US-Division), »Gold« (50. britische Division), »Juno« (3. kanadische Division) und die Landungszone »Sword« (3. britische Division).

**Die deutsche Vorbereitung**

Auf deutscher Seite rechnete man zwar mit einer alliierten Invasion, wusste aber weder Ort noch Zeitpunkt. In der militärischen Führungsspitze dominierte die Meinung, dass die feindliche Landung, nachdem sie im Mai ausgeblieben ist, frühestens im Monat August zu erwarten sei. Man vermutet sie in der Gegend von Calais.

Im Invasionsgebiet stehen zwei Heeresgruppen bereit: Die Heeresgruppe G unter Generaloberst Johannes Albrecht Blaskowitz und die Heeresgruppe B unter Generalfeldmarschall Erwin Rommel. Den Oberbefehl über beide Gruppen hat Generalfeldmarschall Gerd von Rundstedt. Die Schwäche der deutschen Abwehr liegt jedoch nicht in erster Linie in einem Mangel an Bodentruppen, sondern in der Ohnmacht von Luftwaffe und Flotte. In der Luft besitzen die Alliierten eine 50-fache Überlegenheit und der alliierten Flotte aus über 6000 Schiffen können die Deutschen nur drei Zerstörer, 36 Schnellboote, 309 Minensucher sowie eine Anzahl kleinerer Boote entgegensetzen. Zudem sind die deutschen Reserven nach Ideen Hitlers und Rundstedts küstenfern stationiert und auf dem Marsch an die Küste aus der Luft angreifbar.

Unter diesen militärischen Voraussetzungen beginnt kurz nach Mitternacht des 6. Juni die kriegsentscheidende Operation »Overlord«.

**Chronik des 6. Juni**

**0 Uhr bis 1 Uhr:** Ein Luftlandeunternehmen leitet die Invasion ein. Kurz nach Mitternacht setzen sechs britische Lastensegler im Invasionsgebiet

## ZITAT

# »Über unseren Köpfen brausten Bomber«

*Ein britischer Pressefotograf, der am 6. Juni bei der Landung der alliierten Truppen an der Küste der Normandie vor Ort war, berichtet rückschauend über die Ereignisse:*
»Die amerikanischen Landungsboote gingen mit der Flut dem Ufer zu; sie hatten gefährliche Hindernisse zu überwinden, die im Wasser lagen, das vermint war... Eine ziemlich große Zahl von Minen explodierte im Wasser und am Ufer. Als die ersten Truppen an Land gingen, wurden sie durch das Kreuzfeuer deutscher Maschinengewehre niedergemäht. Die nachfolgenden Detachements [Truppen] mussten über die Leichen ihrer Kameraden klettern, und erst nachdem viele Mannschaften gefallen waren, gelang es den Truppen, am Ufer Fuß zu fassen.
Trotz des hartnäckigen Widerstands der Deutschen herrschte unter den Landungstruppen eine bewundernswerte Ruhe. Die Aktion war vorzüglich organisiert. Die Truppen waren ihres Erfolges von Anfang an völlig sicher. Die Leute saßen inmit-

ten ihrer... tödlichen Waffen und zeigten nicht die geringste Spur von Aufregung... Man gewann wirklich den Eindruck, als führten sie die Operation nicht zum ersten Mal, sondern zum hundertsten Male durch.
Während der Landungsoperation besorgten viele Hunderte von Flugzeugen den Luftschutz. Dieser Flugzeugschirm hatte eine ausgezeichnete Wirkung auf die Truppen... Der Flugzeugschirm war von geradezu unvorstellbarer Dichte... Man konnte unmöglich zum Himmel emporsehen, ohne ein großes Geschwader zu sehen, das bald in dieser, bald in jener Richtung flog. Direkt über unseren Köpfen brausten die Bomber einher und zerschmetterten die deutschen Verteidigungsanlagen.«

*Ein deutscher Kriegsberichterstatter gibt folgende Beschreibung der Landung:*
»Die Flut kam. Manchmal ließ der Wind nach und der Regen ergoss sich wie befreit von einem Zwang in sanften Wasserschleiern auf die Gräben... Ferner erklang das Rauschen der

Brandung... Plötzlich war es, als beugte sich die Erde und die Felsen der Dünen schwankten wie von einem Erdbeben. Lichter wie Perlenschnüre erhellten die Nacht. Grüne und rote Geschosse verschwanden, gegen die unendliche Höhe der Finsternis aufsteigend, im Himmel und mit dem Bersten und Krachen explodierender Granaten und Geschosse ertönten gleich entferntem Glockengeläut die Alarmzeichen. Strahlend erhellte sich die Regennacht von den weißen, durch die Nebel bis zur Wolkendecke tastenden Fangarme der Scheinwerfer küstenauf- und küstenabwärts.
Unter den Abschüssen der Batterien begann die Erde nun zu wanken. Der Wind versank darin. Feuer brachen wie aus dem Rachen eines Ungeheuers von See und von Land aus der Dunkelheit... Die Batterien hielten ihre Salven auf den Gegner, der von der englischen Küste mitten in der Nacht den Überfall auf das europäische Vorfeld gewagt hatte.«

auf. Der 160 Mann starken Truppe gelingt es, zwei strategisch wichtige Brücken zu erobern. Um 0.15 Uhr springt die 101. US-Luftlandedivision im Westen und gegen 1 Uhr die 6. britische Luftlandedivision im Osten der Küstenzone ab.

**1 Uhr bis 6 Uhr:** Zwischen 1 und 2 Uhr erhalten die deutschen Militärdienststellen aus verschiedenen Gegenden des Invasionsgebietes Meldungen über die Landung von Fallschirmjägern. Man beginnt zu ahnen, dass eine größer angelegte Operation der Alliierten bevorsteht. Währenddessen befestigen die britischen Luftlandetruppen ihre Brückenköpfe östlich der Orne. Um 2.45 Uhr und um 3.30 Uhr landen erneut britische Fallschirmjägerbataillone. Sie nehmen die beiden Städtchen Varaville und Merville ein.

Die US-Luftlandetruppen haben größere Schwierigkeiten bei der Landung. Sie werden durch Nebel und Wind behindert und gehen außerdem auf morastigem Boden nieder. Von den 13 200 Mann der 82. und 101. Luftlandedivision finden sich nur 2500 sofort bei den festgelegten Sammelstellen ein. Der größte Erfolg der US-amerikanischen Truppen ist die Einnahme von Sainte-Mère-Eglise durch das 505. US-Regiment. Inzwischen wird auf deutscher Seite höchste Alarmbereitschaft gegeben. Kurz vor 6 Uhr erfolgt die erste Meldung über die Landungsoperation an den Chef des Führungsstabs im Oberkommando der deutschen Wehrmacht, Alfred Jodl.

Rund 1000 britische Bomber beginnen inzwischen mit der Bombardierung der deutschen Stellungen im Küstengebiet der Normandie.

Um 2.29 Uhr geht das »schwimmende Hauptquartier« des VII. US-Korps vor »Utah Beach« und um 2.34 Uhr das »schwimmende Hauptquartier« des V. US-Korps vor »Omaha Beach« vor Anker. Die Angriffsgruppen der Landungsboote beginnen sich zu formieren.

Auch die britischen Schiffe nähern sich ihren Strandabschnitten und bereiten sich auf den Angriff vor. Kurz nach 5.30 Uhr eröffnen ihre Geschütze das Feuer auf die Landungszonen »Sword«, »Juno« und »Gold«. Die Beschießung von »Omaha« und »Utah« beginnt um 5.50 Uhr. Die Landungsboote befinden sich noch drei Kilometer von der französischen Küste entfernt.

**6 Uhr bis 12 Uhr:** Um 6.30 Uhr betreten die ersten US-Soldaten »Utah Beach«. Sie treffen nur auf geringe

*Oberkommandierende der Invasion (v.l.): Admiral Ramsay, US-General Eisenhower, Feldmarschall Montgomery*

deutsche Gegenwehr und die Landung gelingt ohne größere Verluste. Anders sieht es bei »Omaha Beach« aus: Das Meer ist stark bewegt und ein Großteil der ins Wasser gelassenen amphibischen Panzer geht mitsamt der Besatzung unter. Die an Land gehenden Soldaten werden vom Geschosshagel der schlagkräftigen 352. deutschen Infanteriedivision empfangen. Der ganze Strand ist mit brennenden Panzerfahrzeugen und Schiffen sowie mit Verwundeten und Toten bedeckt. Auch die Briten haben in allen drei Zonen mit dem Meer Schwierigkeiten. Trotz einiger Verluste gelingt es ihnen jedoch zu landen und im weiteren Verlauf des Vormittags ins Landesinnere vorzurücken. Auf deutscher Seite wird Rundstedt mittlerweile von Jodl telefonisch mitgeteilt, dass dieser nicht über die beiden im

Hinterland stationierten deutschen Reservedivisionen verfügen könne, da sie unter Adolf Hitlers Oberbefehl stünden und dieser noch schliefe. Kurz nach 6 Uhr ist Rommel unterrichtet worden. Er glaubt genauso wenig wie Jodl, dass es sich um die lang erwartete Invasion handelt, begibt sich aber vorsichtshalber an die Westfront.

**12 Uhr bis 20 Uhr:** Gegen Mittag teilt der britische Premierminister Winston Churchill im Unterhaus mit, dass die Invasion begonnen habe und sich planmäßig entwickle. Inzwischen verkündet Hitler, dass er die Landung für ein Täuschungsmanöver halte und nicht glaube, dass es sich um die eigentliche Invasion handle.

In der Normandie gehen die Kämpfe weiter. Die alliierten Truppen erzielen Geländegewinne, selbst die Einheiten in der Zone »Omaha« stoßen

ins Landesinnere vor, als am Nachmittag das deutsche Feuer nachlässt. Dem deutschen Panzergrenadierregiment 192 gelingt es zwischen den britischen Zonen »Juno« und »Sword« bis ans Meer vorzustoßen und einen Keil zwischen sie zu treiben. Die 21. deutsche Panzerdivision soll nachstoßen, wird jedoch von britischen Bodentruppen und alliierten Bombern angegriffen und ist gezwungen, sich an den Stadtrand von Caen zurückzuziehen.

**20 Uhr bis 24 Uhr:** Die alliierten Luftstreitkräfte beginnen mit der Bombardierung des gesamten Gebietes, um die Heranführung deutscher Truppenreserven zu verhindern. Die Kampfhandlungen selbst lassen nach. Die Bilanz um Mitternacht: 83 115 Briten und 73 000 US-Amerikaner befinden sich auf französischem Boden.

## 6. JUNI

# Erklärungen zur Invasion

**Der britische Premierminister Winston Churchill gibt vor dem Unterhaus eine Sondererklärung ab, in der es u.a. heißt:**

»Ich habe dem Hause mitzuteilen, dass wir im Laufe der heutigen Nacht und der frühen Morgenstunden die erste einer Reihe von Großlandungen auf dem europäischen Festland vorgenommen haben. Eine ungeheure Flotte von über 4000 Schiffen, mehrere tausend Kleinfahrzeuge nicht eingerechnet, hat den Kanal überquert... Bis jetzt berichten die Befehlshaber, dass sich alles genau nach Plan entwickelt. Und nach was für einem Plan! Es ist ganz zweifellos, dass diese Operation die komplizierteste und schwierigste ist, die jemals unternommen wurde... Eines darf ich noch sagen, innerhalb der alliierten Armeen herrscht völlige Einmütigkeit. Die Waffenbrüderschaft zwischen uns und unseren Freunden aus den Vereinigten Staaten ist aufrichtig... Es war, wie ich aus persönlichem Augenschein bezeugen kann, ein großartiges Erlebnis, den Kampfgeist und -eifer der in den letzten Tagen eingeschifften Truppen zu beobachten. Nichts ist vernachlässigt worden, was Voraussicht, Wissenschaft und Technik zu tun vermögen und die Regierungen der Vereinigten Staaten und Großbritanniens sowie die Befehlshaber werden mit der äußersten Entschlossenheit den Aufbau dieser neuen, großen Front betreiben.«

Am Tag der Invasion verliest US-Präsident Franklin Delano Roosevelt ein Gebet, das im US-Rundfunk ausgesendet wird: »Allmächtiger Gott! Unsere Söhne, der Stolz unserer Nation, haben an diesem Tag den gewaltigen Kampf um die Erhaltung unserer Republik, unserer Religion und unserer Zivilisation und um die Befreiung der leidenden Menschheit begonnen. Sie werden Deinen Segen brauchen. Ihre Straße wird lang und hart sein. Der Feind ist stark und er mag unsere Streitkräfte zurückwerfen. Der Erfolg mag vielleicht nicht schnell kommen; aber wir werden immer wieder zurückkehren und wir wissen, dass unsere Söhne durch Deine Gebete und durch die Gerechtigkeit unserer Sache triumphieren werden. Amen.«

Der sowjetische Staats- und Parteichef Josef W. Stalin äußert sich erstmals am 12. Juni in einem Presseinterview zu der Landung der Alliierten in Nordfrankreich: »Wenn man die Ergebnisse der siebentägigen Kämpfe der Befreiungstruppen der Alliierten in Nordfrankreich zusammenfasst, so kann man ohne zu zögern sagen, dass die groß angelegte Überquerung des Ärmelkanals und die Massenausschiffung der Landungstruppen der Verbündeten in Nordfrankreich vollständig gelungen ist. Es ist ohne Zweifel ein glänzender Erfolg unserer Verbündeten. Man muss anerkennen, dass die Kriegsgeschichte kein Unternehmen kennt, das diesem in der Gewaltigkeit des Plans, der Großartigkeit der Maßstäbe und der Meisterschaft der Durchführung gleichkäme. Bekanntlich scheiterte seinerzeit der ›unbesiegbare‹ Napoleon schmählich mit seinem Plan, den Kanal zu bezwingen und die Britischen Inseln zu erobern. Der Hysteriker Hitler, der zwei Jahre lang prahlte, er werde den Kanal bezwingen, riskierte nicht einmal den Versuch, seine Drohung wahrzumachen. Allein den britischen und amerikanischen Truppen gelang es, den grandiosen Plan der Bezwingung des Kanals und der Massenlandung von Truppen ehrenvoll zu verwirklichen. Die Geschichte wird diese Tat als einen Erfolg größten Formats buchen.«

General Charles de Gaulle, der Chef der »Provisorischen Regierung der Französischen Republik«, richtet am 15. Juni eine Begrüßungsansprache an die Bevölkerung der Stadt Bayeux im Invasionsgebiet; er sagt darin u.a.: »Wir sind alle durch die Tatsache bewegt, dass wir uns in der ersten befreiten Stadt des französischen Mutterlandes befinden. Es ist jetzt keine Zeit, von bewegten Gefühlen zu sprechen. Was das Land von euch in den rückwärtigen Linien erwartet, ist, den Kampf weiterzuführen, wie ihr ihn seit Beginn des Krieges und seit dem Juni 1940 geführt habt... Wir werden für Frankreich kämpfen, mit Leidenschaft, jedoch auch mit Vernunft. Ihr, die ihr unter der feindlichen Sklaverei gelitten habt und der Widerstandsbewegung angehörtet, wisst, was Krieg ist. Ich verspreche euch, dass wir diesen Krieg zu Ende führen werden, bis jeder Zoll französischen Bodens wieder uns gehört. Niemand wird uns aufhalten...«

**Premierminister Churchill**
*Winston Churchill (\*30.11.1874), seit 1940 britischer Premierminister, ist der Motor der britischen Kriegspolitik. Er war immer zu einer Landung in Frankreich entschlossen, hätte aber vor der Invasion in der Normandie weitere militärische Aktionen im Mittelmeerraum bevorzugt. So sympathisierte er als massiver Antikommunist mit Landungen auf dem Balkan, um der Besetzung der dortigen Staaten und ihrer von ihm befürchteten »Sowjetisierung« zuvorzukommen.*

**US-Präsident Roosevelt**
*Franklin Delano Roosevelt (\*30.1.1882) ist seit 1933 im Amt und führte die USA nach dem Angriff der Japaner auf Pearl Harbor 1941 in den Krieg. Auf Ratschlag Churchills und weil die US-Army noch nicht genügend vorbereitet war, verzögerte er 1942 die Vorbereitungen für die Invasion in Frankreich zugunsten der Landung in Nordafrika. Vom D-Day verspricht er sich einen schnellen Sieg in Europa und einen baldigen Kriegseintritt der UdSSR gegen Japan.*

**Kremlchef Stalin**
*Josef W. Stalin (\*21.12.1879) regiert seit den 20er Jahren in der UdSSR als Diktator mit brutalen Machtmitteln. Vom August 1939 bis zum Überfall der Wehrmacht auf sein Land 1941 war er Verbündeter Adolf Hitlers und ließ Teile Polens, Finnlands, Rumäniens sowie Estland, Litauen und Lettland annektieren. Seit dem Ausbruch des Kriegs mit dem Dritten Reich hat er die Westmächte auf eine Invasion in Westeuropa zur Entlastung der Sowjetunion gedrängt.*

**General de Gaulle**
*Der französische General Charles de Gaulle (\*22.11.1890) rief nach der französischen Kapitulation (1940) zur Fortsetzung des Krieges gegen das Deutsche Reich auf und erklärte sich zum legitimen Repräsentanten Frankreichs. Nach Ausschaltung seiner Gegenspieler setzte er sich an die Spitze des in Algier residierenden Französischen Komitees der Nationalen Befreiung, das er im Mai 1944 zur Provisorischen Regierung der Französischen Republik erklärte.*

## 15. JUNI

## Minister Goebbels: »Die Lage ist ernst«

Im Deutschen Reich beginnt man in Führungskreisen genauso wie in der Bevölkerung sich Sorgen über den Verlauf der Invasion zu machen. Berichte über alliierte Erfolge einerseits und deutsche Verluste und Niederlagen andererseits lassen das Schlimmste befürchten. Als die Meldung von der Landung alliierter Truppen am 6. Juni das Deutsche Reich erreichte, war Erleichterung, ja sogar Freude die erste Reaktion. Man war allgemein der Ansicht, dass man den Gegner, da er nun greifbar ist, endlich entscheidend schlagen könne. Auf ein baldiges Kriegsende hoffend, war das durch die Propaganda geschürte Vertrauen der Bevölkerung in die deutsche Abwehrkraft nach wie vor groß. Erst im Verlauf der folgenden Tage, ausgelöst durch die Frontberichte, beginnt sich die Stimmung zu wandeln. Enttäuschung und Pessimismus breiten sich aus. Dem Ernst der Lage entsprechend, äußert sich auch Reichspropagandaminister Joseph Goebbels zu der Invasion. Er richtet einen leidenschaftlichen Appell an das deutsche Volk und bereitet es auf schwere Zeiten vor. Wörtlich erklärt er u.a.: »Es wäre tragisch und verhängnisvoll, wenn das deutsche Volk sich angesichts des gigantischen Zusammenpralls der Waffen im Westen unseres Kontinents der Illusion hingeben wollte, es handle sich hier um ein leichtes und risikoloses Unternehmen, das mit Blitzesschnelle... die Gesamtlage des Krieges verändern könne und werde. Schließlich stehen wir hier zwei Weltreichen gegenüber... Wir stehen in der ernstesten und entscheidendsten Phase dieses Krieges. Ein leichtfertiges Verkennen der damit für unser ganzes Volk aufgeworfenen, tief greifenden Lebensprobleme wäre hier mehr als zynisch. Wir brauchen keine Furcht zu haben. Wir dürfen uns aber auch nicht in Selbstgefälligkeit wiegen. Der Krieg ist noch in keiner Weise entschieden und kein Hoffnungsschimmer, er könne heute oder morgen zu Ende gehen, weit und breit zu entdecken. Also müssen wir die Zähne zusammenbeißen und uns weiter durch sein Dickicht... hindurcharbeiten. Nur so werden wir aus ihm und seinem Leiden einen Ausweg finden.«

## 10. JUNI

# Massaker in Oradour-sur-Glane

**Als Vergeltung für die Entführung eines Offiziers der deutschen Schutzstaffel (SS) durch die französische Widerstandsbewegung ermorden Angehörige des SS-Regiments »Der Führer« 642 Einwohner des Dorfes Oradour-sur-Glane und machen den Ort vollkommen dem Erdboden gleich. Die einzigen Überlebenden sind eine Frau, fünf Männer und ein Kind.**

Gegen Mittag erscheinen die SS-Soldaten in dem kleinen französischen Ort und beginnen ihr Vergeltungswerk. Sie holen die Einwohner aus den Häusern und treiben sie auf dem Marktplatz zusammen. Während die Frauen in der Dorfkirche eingesperrt werden, müssen sich die Männer in fünf Gruppen aufteilen, werden in Scheunen geführt und dort mit Maschinengewehren niedergemetzelt. In einer mehrstündigen Aktion brennen die SS-Angehörigen anschließend das ganze Dorf nieder.

Gegen 17 Uhr dringen sie in die Kirche ein und stellen ein Erstickungsgerät auf. Zusätzlich feuern sie auf die Eingeschlossenen, die zu entkommen versuchen. Nach einiger Zeit betreten sie das Kirchengebäude, um die Überlebenden zu erschießen und alles niederzubrennen.

*Kirche in Oradour-sur-Glane, in der die Frauen und Kinder des Dorfes eingeschlossen und von Angehörigen der SS bei lebendigem Leib verbrannt wurden*

*Verkohlte Leichen der von SS-Männern ermordeten Frauen und Kinder*

*Straßenzug in der vollkommen zerstörten Ortschaft Oradour-sur-Glane*

*Ausgebrannte Häuser in Oradour; das Dorf wird als Vergeltung für Partisanenaktionen völlig zerstört.*

*Oradour-sur-Glane nach dem Massaker; 642 Dorfbewohner sind von der SS grausam ermordet worden.*

# »Wunderwaffe« gegen Großbritannien eingesetzt

**Die von der deutschen Propaganda als »Wunderwaffe« gepriesene »V 1« (»V« für Vergeltungswaffe, s. Abb.), eine rückstoßgetriebene Flugbombe, kommt erstmals gegen Großbritannien zum Einsatz.**

Im Deutschen Reich spricht man von einem durchschlagenden Erfolg – in Wirklichkeit jedoch ist die militärische ebenso wie die psychologische Wirkung der fliegenden Bomben verhältnismäßig gering.

In der Nacht vom 12. auf den 13. Juni werden die ersten Vergeltungswaffen von Abschussrampen in Nordfrankreich in Richtung London abgeschossen. Kurz nach 4 Uhr schlägt die erste Bombe in dem Städtchen Swanscombe in der süd-englischen Grafschaft Kent ein, 32 km entfernt von dem eigentlichen Ziel. Die zweite Bombe fällt in Cuckfield, die dritte im Londoner Stadtteil Bethnal Green. Sechs Menschen kommen dabei ums Leben.

In der Nacht vom 15. auf den 16. Juni beginnen die Deutschen mit einem verstärkten Einsatz von fliegenden Bomben. Bis zum Mittag des 16. Juni werden 244 »V1«-Flugkörper auf London abgefeuert. Am 18. Juni erreicht die 500. Bombe London; eine stürzt auf die Wellington-Kaserne, nur wenige hundert Meter vom Buckingham-Palast entfernt, und tötet 121 Menschen.

Bis Ende August werden von deutscher Seite 8000 »V 1« abgeschossen. Rund 2000 fallen durch technische Mängel gleich nach dem Start aus, ein Großteil wird von Jägern und von der Flugabwehr zerstört. Etwa 2400 erreichen London oder Südengland, richten dort einigen Schaden an und fordern insgesamt 4000 bis 5000 Todesopfer.

Auf den ersten Einsatz der deutschen Vergeltungswaffe reagiert die britische Öffentlichkeit noch mit Schrecken und Angst vor einer womöglich schlagkräftigen feindlichen Waffe. Doch der Schock wird schnell überwunden, als man feststellt, dass der militärische Wert der angeblichen deutschen Wunderwaffe letztlich recht gering ist.

Britischen Technikern und Wissenschaftlern gelingt es rasch, das Geheimnis um die »V 1« zu lüften. Sie stellen fest, dass es sich um ein flugzeugähnliches Gerät handelt, das zudem relativ langsam ist. Zur Abwehr setzt man Jagdflugzeuge ein, die einen Großteil der »V 1«-Geschosse bereits über dem Kanal abfangen. Zahlreiche Flügelbomben werden durch Fesselballons vorzeitig zur Explosion gebracht.

Trotz des geringen Erfolges schlachtet die deutsche Propaganda die vermeintliche Wunderwaffe für ihre Zwecke aus und spricht von einer verheerenden Wirkung.

## Propagandatricks des NS-Regimes

**In Großbritannien reagiert man zunächst mit Schrecken auf die neue deutsche »Wunderwaffe«, da man noch nicht einschätzen kann, welche Wirkung sie hat.**

Bald wird jedoch deutlich, dass die militärische Schlagkraft der »V 1« relativ gering ist. In der britischen Öffentlichkeit wertet man den Einsatz der »V1« in erster Linie als einen Propagandatrick des NS-Regimes, mit dem das Ziel verfolgt wird, das langsam immer mehr dahinschwindende Vertrauen des deut-

schen Volkes in seine Führung wieder zu stärken. In der »Sunday Times« heißt es dazu: »Das deutsche Radio hat sich in der Übertreibung der Wirksamkeit dieses fliegenden Sprengmittels ebenso übertroffen wie in seiner sadistischen Freude. Wir sehen dann das Zeichen der wachsenden Panik, von der Hitler, Goebbels und ihre Freunde erfasst sind. Der Zweck dieser Waffe ist völlig klar. Das neue deutsche Kampfmittel dient einzig und allein dazu, den Verfall des Vertrauens im eigenen Volk aufzuhalten.«

*»V 1«, die auf ihrem Flug nach London bereits in Frankreich abgestürzt ist*

12. JUNI

# Die Technik der »V 1«

Bei der »V 1«, die erstmals gegen London eingesetzt wird, handelt es sich um eine Flügelbombe mit Strahltriebwerk.

Der mit Tragflächen und Leitwerk versehene Flugkörper wird von einer Rampe aus gestartet und mit Hilfe einer Selbststeuerungsanlage auf Kurs gehalten. Angetrieben wird die »V 1«-Flügelbombe durch ein Pulso-Triebwerk, das schubweise eine bestimmte Luftmenge ansaugt, dazu in die Verbrennungskammer Flugbenzin einspritzt und das entzündete Gemisch dann durch eine Heckdüse austreten lässt. Die 7,90 m lange Bombe erreicht eine Höchstgeschwindigkeit von 650 km/h und kann eine Sprengladung von 850 kg rd. 330 km weit transportieren. Am Ziel wird sie in den Sturzflug gebracht, indem der Kraftstoffzufluss und damit das Triebwerk gestoppt wird. Entwickelt wurde die »V 1« von den Gerhard Fieseler Werken. Der erste Versuchsabschuss – kein Bodenstart, sondern ein Abwurf von einem Bomber – fand 1942 über der Raketenversuchsanstalt Peenemünde statt. Unter der Tarnbezeichnung »Reichenberg« war ein Teil der »V 1«Flugkörper mit Cockpits ausgerüstet worden. Die Piloten sollten nach Ausrichtung der Bombe auf das Ziel mit Fallschirmen abspringen oder sich selbst mit herabstürzen. Die bemannte »V 1« kommt jedoch nicht zum Einsatz.

*Deutsche Soldaten schieben die »Wunderwaffe« »V 1« zur Startrampe; die strahlgetriebene Flügelbombe ist 7,90 m lang und kann 850 kg Sprengstoff tragen.*

*»V 1« -Bombe kurz vor ihrem Start von einer Pressluftstartanlage; die Abschüsse auf Großbritannien erfolgen von der nordfranzösischen Kanalküste aus.*

## Sabotageakte im Osten nehmen zu

Im Vorfeld der sowjetischen Sommeroffensive (→ S. 401) gegen die deutsche Heeresgruppe Mitte in Weißrussland verstärken die dortigen Partisanen ihre Aktivitäten.

In der Nacht vom 19. auf den 20. Juni holen die Freischärler zum größten Sabotageakt des Zweiten Weltkrieges aus.

Fast 150 000 Partisanen zünden im Rücken der Heeresgruppe Mitte gleichzeitig rund 10 000 Sprengsätze an Eisenbahnen, Brücken und Nachrichtenverbindungen im Gebiet zwischen Dnjepr und der Gegend westlich von Minsk. Zusätzlich werden zahlreiche deutsche Versorgungslager angegriffen.

Infolge der Sabotageakte sind die Nachschublinien der Heeresgruppe Mitte auf Tage hin unterbrochen. Ebenso fatal ist darüber hinaus, dass das deutsche Oberkommando den Zusammenhang der Aktionen mit der bevorstehenden Offensive der Roten Armee nicht erkennt und so am 22. Juni von dem feindlichen Angriff völlig überrascht wird.

Die Heeresgruppe Mitte ist von allen deutschen Kräften an der Ostfront am stärksten von Partisanenaktivitäten betroffen. Rund 250 000 Freischärler verstecken sich in den ausgedehnten Wald- und Sumpfgebieten Weißrusslands. Sie werden aus der Luft mit Nachschub versorgt und sind generalstabsmäßig organisiert.

## Schwere Vorwürfe gegen Argentinien

Die Spannungen zwischen den alliierten Staaten und Argentinien verschärfen sich.

Die USA veröffentlichen eine offizielle Erklärung, in der sie der argentinischen Regierung eine achsenfreundliche Haltung vorwerfen und sie beschuldigen, den Feinden der Vereinigten Staaten trotz wiederholter gegenteiliger Beteuerungen ständig Hilfe zukommen zu lassen. Argentinien sei das einzige Land der westlichen Welt, das den Kampf gegen das Deutsche Reich untergrabe.

US-amerikanische Flugzeugträger, Kampfschiffe und Zerstörer ankern zwischen den Seegefechten in einer Lagune.

# Entscheidungsschlacht USA–Japan

**In der Philippinensee kommt es am 19. und 20. Juni zu einer entscheidenden See- und Luftschlacht zwischen Streitkräften der USA und Japans.**

Die Kämpfe westlich der Marianeninseln Guam und Saipan enden mit der fast völligen Zerstörung der japanischen Trägerwaffe. Die US-Flotte erleidet nur geringe Verluste. Der japanische Verband (Vizeadmiral Jizaburo Ozawa) mit neun Flugzeugträgern und die US Task Force 58 (Vizeadmiral Mark A. Mitscher) mit 15 Flugzeugträgern operierten rund 600 km voneinander entfernt in der Philippinensee, als japanische Aufklärer am 19. Juni die US-Flotte ausmachten. Ozawa ließ 375 Flugzeuge aufsteigen und Kurs auf den Feind nehmen. Nur eine geringe Anzahl von Jägern bleibt zum Schutz der eigenen Flotte zurück. Die US-Amerikaner, die den Angriff vorerst nicht bemerken, orten die gegnerischen Flugzeuge auf ihren Radarschirmen, als sie noch 270 km entfernt sind. Sofort steigen US-Jäger auf und verwickeln die japanischen Maschinen schon beim Anflug in schwere Luftkämpfe. Sie schießen 218 Flugzeuge ab und verlieren selber nur 29 ihrer Maschinen. Unterdessen greifen US-amerikanische Unterseeboote den japanischen Flottenverband an und versenken die beiden Flugzeugträger »Shokaku« und »Taiho«.

Trotz der schweren Verluste will Ozawa sich nicht geschlagen geben. Er lässt seine Flotte abdrehen und beschließt, am 20. Juni seine Treibstoffvorräte aufzufüllen und am 21. Juni erneut anzugreifen. Doch US-Vizeadmiral Mitscher kommt ihm zuvor. Ein US-Aufklärer entdeckt am 20. Juni gegen 15 Uhr die japanische Flotte wieder. Mitscher lässt sofort 216 Maschinen starten und die nur noch durch 35 Flugzeuge gesicherten japanischen Einheiten angreifen. Trotz heftigen Flaksperrfeuers versenken die US-Bomber den Flugzeugträger »Hiyo« sowie zwei Tanker.

Die US-Luftflotte bombardiert die Hafenanlagen auf Saipan (Marianen); dort befindet sich ein wichtiger Stützpunkt der japanischen Flugzeugträgerflotte.

---

## — 22. JUNI —

# Zusammenbruch der Ostfront

Die Rote Armee startet eine Groß-offensive gegen die deutsche Heeres-gruppe Mitte in Weißrussland. Bis Ende Juni sind die sowjetischen Ver-bände rund 300 km nach Westen vor-gedrungen und haben die deutsche Ostfront in einer Länge von 350 km von Polozk an der Düna bis zum Pripjet bei Pinsk aufgerissen.

Die Heeresgruppe Mitte ist in der größten Niederlage deutscher Ver-bände im Zweiten Weltkrieg ver-nichtend geschlagen. Ende Juli stehen sowjetische Verbände bereits an der Grenze Ostpreußens.

**Hitler träumt von zweitem »Bar-barossa«:** Seit Monaten wurde Hitler von Militärs zu einer Zurücknahme der Heeresgruppe Mitte gedrängt. Ihre Front biegt sich weit nach Osten vor, derweil die südlichen Teile des deutschen Ostheeres bereits weit nach Westen abgedrängt worden sind (→ S. 382, 384). Hitler will jedoch die exponierte Stellung unbedingt hal-ten; er glaubt noch immer, dass die deutschen Truppen nach der Abwehr der Invasion in der Normandie (→ S. 392) im Osten wieder die Ini-tiative ergreifen können und will den vorspringenden Frontbogen der Heeresgruppe Mitte als Ausgangs-punkt dieser neuen Offensive nutzen.

Damit fordert der Diktator den vernichtenden Schlag der Roten Ar-mee förmlich heraus, weil die Heeres-gruppe Mitte die lange, gebogene Front keinesfalls halten kann.

**Großangriff schlägt überall durch:** Die sowjetische Sommeroffensive wird gestaffelt von Norden nach Sü-den durchgeführt. Am 22. Juni, dem dritten Jahrestag des deutschen Über-falls auf die Sowjetunion (→ S. 124), geht die 1. Baltische Front gegen die 3. deutsche Panzerarmee beiderseits von Witebsk vor. Am 23. Juni tritt die 2. Weißrussische Front zur Offensive gegen die 4. deutsche Armee an und etwa 24 Stunden später erfolgt dann schließlich der Angriff der 1. Weiß-russischen Front gegen die 9. deut-sche Armee. Den sowjetischen Kräf-ten gelingt es an mehreren Stellen durchzubrechen und zu einer Zan-genbewegung anzusetzen. Umfang-reiche deutsche Verbände werden bei Witebsk, Orscha, Mogiljow und Bo-bruisk eingekesselt, die der deutsche

»Führer« Adolf Hitler zu »festen Plät-zen« erklärt hatte. Die Stellungen müssen jedoch bald unter großen Verlusten aufgegeben werden. Am 26. Juni fällt Witebsk, am 27. Juni Orscha und am 29. Juni kapituliert die 9. deutsche Armee bei Bobruisk.

*In der Deckung eines Sturmgeschützes stoßen Soldaten der Roten Armee im Zuge der sowjetischen Sommeroffensive gegen die deutschen Linien vor.*

**Größte Niederlage des Krieges:** We-nige Tage nach Beginn der sowjeti-schen Offensive existiert die Heeres-gruppe Mitte nicht mehr: Die 3. deut-sche Panzerarmee und die 9. deutsche Armee sind vernichtet, die 4. deutsche Armee ist von den feindlichen Ver-bänden eingeschlossen. 350 000 Sol-daten sind gefallen oder in Kriegs-

gefangenschaft geraten. Im Bereich der Heeresgruppe Mitte stehen nur noch acht reguläre und acht Nach-schubdivisionen auf deutscher Seite. Die sowjetische Führung verfügt da-gegen über 132 Divisionen und 62 Panzerbrigaden.

**Ausdehnung des Angriffs:** Der Vor-marsch der Roten Armee ist nun nicht mehr aufzuhalten. Am 3. Juli wird bereits Minsk, am 8. Juli Bara-nowitschi, am 9. Lida und am 13. Juli Wilna befreit. Im Norden erreicht die 1. Baltische Front am 29. Juli den Golf von Riga und nimmt am 31. Juli Kaunas. Im Süden wird am 22. Juli der Bug über-schritten und am 24. Juli fällt Lu-blin.

Ende Juli stehen sowjetische Trup-pen im Norden vor den Grenzen Ostpreußens, im mittleren Front-abschnitt vor War-schau und im Sü-den vor Belgrad. Die Rote Armee muss daher die Offensive darauf-hin kurzfristig un-terbrechen, um den Nachschub neu zu organisieren.

*Rotarmisten im Gespräch mit Einwohnern der Stadt Minsk, die im Verlauf der sowjetischen Sommeroffensive durch die 2. Weißrussische Front bereits am 3. Juli befreit wird*

---

## — 21. JUNI —

# Druck auf Helsinki: Hitler oder Stalin

Nach dem Vormarsch der Roten Ar-mee auf der Karelischen Landenge und dem Fall der finnischen Stadt Wiborg am 20. Juni sind in Finnland angesichts der kritischen militäri-schen Lage rasche politische Ent-schlüsse erforderlich.

Sowohl das Deutsche Reich als auch die Sowjetunion versuchen nun, die finnische Regierung, die sich bisher noch zu keiner endgültigen Entschei-dung durchringen konnte, auf ihre Seite zu ziehen. Bereits im Februar (→ S. 377) hatte es erfolglose Geheim-verhandlungen zwischen der UdSSR und dem mit dem Deutschen Reich verbündeten Finnland über einen möglichen Waffenstillstand gegeben. Jetzt wird die Möglichkeit einer Über-einkunft mit der UdSSR erneut in Erwägung gezogen, da die Rote Armee inzwischen auf finnisches Gebiet vor-gedrungen ist. In militärisch bedräng-ter Lage gibt die Regierung Moskau zu verstehen, dass sie zur Wieder-aufnahme der Gespräche bereit ist. Bis September aber kann Hitler den Abfall des Verbündeten verhindern.

---

## — 30. JUNI —

# Dänemark: Streik in der Hauptstadt

In Kopenhagen bricht ein spontaner Generalstreik aus, der sich an der Er-mordung von drei dänischen Frei-heitskämpfern entzündet und gegen die deutsche Besatzungsmacht ge-richtet ist.

Das deutsche Militär reagiert mit ei-ner Reihe von Verhaftungen und zahl-reichen anderen Terrormaßnahmen. Der Streik erfasst rund eine halbe Mil-lion Menschen. Trotz eines Ausgeh-verbotes kommt es zu Großdemons-trationen, bei denen britische, US-amerikanische und sowjetische Flag-gen gehisst werden. Deutsche Truppen besetzen daraufhin öffentliche Gebäu-de, sperren die Gas-, Wasser- und Elek-trizitätsversorgung sowie die Lebens-mittelzufuhr. Die Lage beginnt sich erst zu entspannen, als der Dänische Freiheitsrat die Bevölkerung zur Wie-deraufnahme der Arbeit auffordert.

5. JUNI

# 102 Angriffe in gut fünf Monaten

Die Bilanz des alliierten Luftkrieges in der Zeit vom 1. Januar bis zum 5. Juni zeigt folgendes Bild:

*Straßenzug im zerstörten Berliner Stadtteil Tempelhof*

Insgesamt unternahmen die Luftflotten der USA und Großbritanniens an 36 Tagen und in 55 Nächten 102 größere Angriffe. Sie warfen ihre Bomben auf 36 Städte, darunter 17-mal auf Berlin, 13-mal auf Braunschweig, achtmal auf Frankfurt am Main und jeweils fünfmal auf die Städte Hannover und Schweinfurt.

Die Schwerpunkte des alliierten Luftkrieges traten dabei immer klarer zutage: Im Januar und Februar bildeten die deutschen Flugzeugwerke und ihre Zubehörindustrie das Hauptziel. Im März richtete sich der Schwerpunkt der Angriffe gegen Flugplätze und allgemeine Industrieziele, während im April neben den Flugplätzen wieder die Flugzeugwerke in den Vordergrund traten. Im Mai wurden verstärkt Eisenbahnziele bombardiert. Dazu kamen Großangriffe auf Hydrierwerke und Ölraffinerien.

HINTERGRUND

## Bomben auf das Deutsche Reich

Die schwersten Nachtangriffe auf das Deutsche Reich in der Zeit vom 1.1. bis 5.6.1944:

20.1.: Berlin (über 2300 t)
21.1.: Magdeburg (2024 t)
15.2.: Berlin (über 2600 t)
15.2.: Leipzig (2300 t)
26.2.: Augsburg (1730 t)
23.3.: Frankfurt a. M. (3116 t)
24.3.: Berlin (über 2500 t)
31.3.: Nürnberg (2460 t)
21.5.: Duisburg (2000 t)

Die schwersten Tagesangriffe auf das Deutsche Reich in der Zeit vom 1.1. bis 5.6.1944:

11.1.: Flugzeugwerke
31.1.: Klagenfurt
20.-25.2.: Flugzeugwerke
06.3.: Berlin (1500 t)
17.3.: Wien
12.5.: Gdingen, Marienburg

HINTERGRUND

# Ausländische Verbände gemeinsam mit deutscher Armee

Der Umfang ausländischer Verbände in der deutschen Wehrmacht erreicht Mitte Juni einen Höhepunkt. Hatte Adolf Hitler anfangs noch erklärt, dass »nur Deutsche eine Waffe zu tragen würdig« seien, ist er nun oberster Kriegsherr eines Heeres mit Soldaten aus den unterschiedlichsten Völkern.

Die Waffen-SS, ursprünglich als ein Symbol der »germanischen Rasse« gedacht, steht bereits seit 1940 Freiwilligen aus Westeuropa offen. Franzosen, Belgier, Niederländer und Skandinavier bildeten die Verbände »Charlemagne«, »Wallonien«, »Flandern«, »Nederland« und »Nordland«. Hinzu kamen die spanische Blaue Division (→ S. 377) als Nicht-SS-Verband und die französische Freiwilligenlegion. Im Februar 1942 stimmte Hitler, der sich bis dahin gegen den Einsatz von »slawischen Untermenschen« gesträubt hatte, der Aufstellung von »Osttruppen« zu. Sie werden entweder zur Zeit der deutschen Besetzung im Lande selbst angeworben oder aus den Kriegsgefangenenlagern herangezogen. Im Sommer 1944 erreicht ihre Zahl rund eine halbe Million. Einen Begriff von dem Völkergemisch, das in den Verbänden der Wehrmacht kämpft, vermittelt ein Blick in die Zusammensetzung der Truppen an der Westfront. Vertreten sind u.a. Franzosen, Italiener, Kroaten, Ungarn, Rumänen, Polen, Finnen, Letten, Litauer, Nordafrikaner, Schwarzafrikaner, Ukrainer, Baschkiren, Nordkaukasier und Inder.

*Ein flämischer Verband, der unter deutscher Flagge kämpft, marschiert durch Antwerpen.*

*Lettische Soldaten werden für ihren Einsatz im Kampf gegen die Rote Armee ausgezeichnet.*

*Estnische Rekruten; sie sollen gemeinsam mit deutschen Soldaten an der Ostfront kämpfen.*

## 5. JULI

# Holocaust wird bekannt

**Die Kenntnis von den Massendeportationen und -vernichtungen ungarischer Juden nach der deutschen Besetzung des Landes am 19. März dringt an die Weltöffentlichkeit.**

Der britische Außenminister Robert Anthony Eden berichtet vor dem Unterhaus über die Judendeportationen in Konzentrationslager. Durch die Befreiung des Vernichtungslagers Majdanek am 23. Juli bestätigen sich endgültig die Gerüchte und Informationen, die seit Ende 1941 in den Ländern der Anti-Hitler-Koalition aufkamen.

Der stets gut informierte deutsche Industrielle Eduard Schulte gab Informationen über das Ausmaß der sog. Endlösung der Judenfrage an Verbindungsleute in der Schweiz weiter. Bereits Anfang 1942 informierte die dortige Jewish Agency für Palästina US-amerikanische Stellen: »Die Zahl unserer Toten nach dem Krieg wird nicht in Tausenden anzugeben sein und nicht in Hunderttausenden, sondern in mehreren Millionen.«

Auch die Presse in den USA griff die Informationen ab 1942 auf. Die Westalliierten schenkten den Berichten anfangs keinen Glauben. Als sich die Gerüchte aber verdichteten und klar wurde, dass ein Massenmord fern jeder Vorstellung in Europa vollzogen wird, entstanden zwei schwer zu lösende Probleme. Die Alliierten sahen keine Interventionsmöglichkeit und befürchteten zudem bei einer Veröffentlichung ihrer Erkenntnisse einen Sturm der Entrüstung, der eine akzeptable Nachkriegsordnung für das deutsche Volk erschwert hätte.

## 22. JULI

# Lubliner Komitee regiert in Polen

**In Chelm wird das Polnische Komitee der Nationalen Befreiung gegründet.**

Am 24. Juli übersiedelt es nach Lublin und übernimmt mit sowjetischer Billigung als Lubliner Komitee die Regierungsgeschäfte in den von der Roten Armee befreiten polnischen Gebieten.

Das Lubliner Komitee unter dem Vorsitz von Edward Osóbka-Morawski war auf Veranlassung des sowjetischen Staats- und Parteichefs Josef W. Stalin als Gegenmacht zur Exilregierung unter Stanislaw Mikolajczyk gebildet worden. Durch die Einsetzung einer moskauhörigen Regierung möchte Stalin seine von der Exilregierung abgelehnten Gebietsforderungen an Polen durchsetzen.

*Sitzung des neu gegründeten Polnischen Komitees der Nationalen Befreiung; der Vorsitzende und spätere Regierungschef Osóbka-Morawski (l.) und Boleslaw Bierut*

## 23. JULI

# Rote Armee befreit KZ Majdanek

**Sowjetische Truppen erreichen das deutsche Konzentrationslager Majdanek bei Lublin in Polen.**

Es ist das erste Massenvernichtungslager, das von den alliierten Kräften befreit wird. Obwohl die Weltöffentlichkeit aus zahlreichen Berichten bereits über die systematische Ausrottung der Juden informiert ist, rufen die fotografischen Zeugnisse von den nationalsozialistischen Greueltaten tiefsten Abscheu und fassungsloses Entsetzen hervor.

Die Lagerinsassen von Majdanek waren angesichts der näher rückenden Roten Armee bereits im März 1944 nach Westen gebracht worden. Die Kranken wurden ins Lager Auschwitz gebracht und in den Gaskammern ermordet. Die anderen männlichen Gefangenen brachte man nach Groß-Rosen, die Frauen in die Lager Ravensbrück und Natzweiler. Noch während sich die Rote Armee Majdanek nähert, zerstören Kommandos der Schutzstaffel einen Teil der Lageranlagen.

*Gaskammern im Vernichtungslager Majdanek; nachdem die Häftlinge eingesperrt waren, wurde Zyklon B eingeleitet.*

*Journalisten betrachten einen Haufen mit Schlüsseln, die den Häftlingen von Majdanek abgenommen worden waren.*

*Reisepässe und Personalausweise einiger Opfer im Lager Majdanek*

*Krematorium im Vernichtungslager Majdanek, in dem die Leichen der zuvor durch Giftgas ermordeten, meist jüdischen Häftlinge verbrannt wurden.*

## 21. JULI

# Der Kampf der Résistance

Der französische Widerstand, der in den Bergen des Vercors gegen die deutsche Besatzung kämpft, wird erneut von einem harten Schlag getroffen.

Deutsche Soldaten dringen in ein Höhlenlazarett bei Luire ein und ermorden Verwundete, Ärzte und Pflegepersonal. Ein Teil der entdeckten Résistance-Angehörigen wird verschleppt und später hingerichtet.

Das Widerstandszentrum im Vercors, einem Gebirgskessel in den Voralpen südwestlich von Grenoble, sollte nach dem Wunsch der Alliierten nach der Landung in der Normandie (→ S. 392) als innerfranzösischer Brückenkopf dienen, in dem sich alle aktiven Kräfte des Widerstands sammeln und gegen die Deutschen organisieren sollten. Anfang Juni zählte die Résistance im Vercors rund 4000 Kämpfer.

*Ein verwundeter französischer Partisanenführer gibt den Angehörigen seiner Gruppe Anweisungen für einen Überfall.*

*Bewacht von seinen Kameraden, montiert ein Résistance-Angehöriger eine Sprengladung für einen Sabotageakt.*

Am 13. Juni begann die deutsche Wehrmacht mit ihren Aktionen gegen die Partisanen. Da die Freischärler zahlenmäßig unterlegen waren, mussten sie sich trotz erbitterten Widerstands zurückziehen. Die Deutschen ermordeten rund 200 Zivilisten und über 600 Untergrundkämpfer. Dennoch bindet die Résistance in dieser Phase viele deutsche Kräfte im Landesinnern und geht auch mit großem Erfolg gegen die deutschen Nachschubwege vor. Schienensprengungen, Attentate und Überfälle auf Transporte sind an der Tagesordnung und wirken sich auf die Stärke der deutschen Front aus. Die deutsche Führung reagiert mit aller Härte.

Das Zusammenwirken mit den Alliierten wird u.a. über Funkgeräte gewährleistet. Daneben dient die BBC als Nachrichtenübermittler durch verschlüsselte Botschaften.

## HINTERGRUND

*Deutsche Kriegsgefangene auf ihrem Marsch durch Moskau*

*Bewacht von Rotarmisten, ziehen die deutschen Männer durch die Straßen.*

# 58 000 deutsche Kriegsgefangene durch Moskau geführt

In einer langen Kolonne werden am 17. Juli 58000 deutsche Kriegsgefangene – durchweg Soldaten der Heeresgruppe Mitte – durch die Straßen von Moskau geführt. Danach werden sie in Gefangenenlager überstellt. Vorbei an tausenden von triumphierenden Sowjetbürgern müssen die Soldaten den erniedrigenden Marsch durch die Hauptstadt des Landes machen, gegen das sie einstmals in den Krieg gezogen waren. In Reihen mit jeweils 20 Männern nebeneinander bewegt sich der etwa drei Kilometer lange Zug auf dem Sadowoj-Ring durch die Sowjetmetropole. 19 deutsche Generäle führen die »Parade« der Gefangenen an.

Der sowjetische Staats- und Parteichef Josef W. Stalin hatte den Marsch befohlen, um den sowjetischen Bürgern die Befriedigung zu verschaffen, die Gegner, die sich selbst zur »Herrenrasse« erklärt hatten, nun als Besiegte erleben zu können. Die Deutschen hatten Tod und Verwüstung über viele Dörfer und Städte in der Sowjetunion gebracht – nun will man ihnen die Schmach der Niederlage deutlich vor Augen führen.

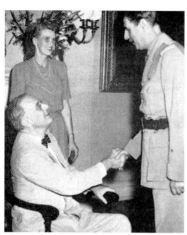

*Begrüßung in Washington: Roosevelt (l.) und Charles de Gaulle*

---

### 6. JULI

## De Gaulle zu Gast im Weißen Haus

**General Charles de Gaulle, Chef des Französischen Komitees der Nationalen Befreiung in Algier, trifft auf Einladung von US-Präsident Franklin D. Roosevelt in Washington ein.**

Im Mittelpunkt ihrer gemeinsamen Gespräche steht die von de Gaulle geforderte Anerkennung der Provisorischen Regierung der Französischen Republik als offizielle und legitime Regierung im befreiten Frankreich.

Nach der Landung der Alliierten in der Normandie (→ S. 392) hatte es Differenzen zwischen de Gaulle einerseits und den USA und Großbritannien andererseits über die zukünftige Stellung Frankreichs und die Verteilung der Machtkompetenzen in den befreiten Gebieten gegeben. De Gaulle hatte verlangt, dass er bis auf weiteres als Staatschef anerkannt werde und seine Vertreter die Regierungsmacht anstelle der von den Alliierten eingesetzten Militärkommandanten übernehmen. Was die Frage der Neuordnung Europas nach Kriegsende betrifft, forderte er, dass Frankreich neben den Vereinigten Staaten und Großbritannien als vollwertiger und gleichberechtigter Partner akzeptiert werde.

Obwohl de Gaulle sich in Washington gegenüber Roosevelt nicht in allen Punkten durchsetzen kann, kommt er einen entscheidenden Schritt weiter: Die USA erkennen de Gaulles Befreiungskomitee zwar nicht als offizielle, aber als amtierende vorläufige Regierung an.

---

### 9. JULI

# Caen von Alliierten erobert

**Die französische Stadt Caen wird nach vierwöchigen erbitterten Kämpfen von alliierten Truppen eingenommen, einige Stadtviertel im Osten bleiben jedoch noch bis zum 19. Juli in deutscher Hand.**

Nach dem Plan der Alliierten hatte Caen unmittelbar nach der Landung in der Normandie (→ S. 392) erobert werden sollen. Die in diesem Raum stationierten britischen und kanadischen Kräfte trafen jedoch auf unerwarteten Widerstand des 1. deutschen SS-Panzerkorps.

Am 7. Juli setzten die Alliierten zum entscheidenden Schlag gegen Caen an. Am Morgen begann die 9. US-Luftflotte mit der Bombardierung der Stadt. Kurz darauf rückten die Verbände des 1. britischen Korps vor und eroberten einen Vorort nach dem anderen.

*Ein US-Infanterist zerstört mit einer Bazooka (Panzerabwehrwaffe) einen Panzer.*

---

### 31. JULI

## US-Vorstoß bei Avranches

**Nach sechstägigen Kämpfen gelingt es der 12. US-Heeresgruppe, die Stellungen der Wehrmacht bei Avranches zu durchstoßen.**

Damit ist der deutsche Verteidigungsring um die gegnerischen Truppen im räumlich begrenzten Invasionsgebiet (→ S. 392) durchbrochen. Durch die nur 20 km breite Frontlücke rollen starke US-Panzerkräfte in Richtung Rennes und stoßen gleichzeitig nach Osten vor. Von deutscher Seite wird sofort ein Gegenschlag eingeleitet, der jedoch nicht verhindern kann, dass die 1. US-Armee am 4. August Rennes nimmt. Die 3. US-Armee dringt zeitgleich Richtung Osten vor und gelangt so in den Rücken der in der Normandie stehenden deutschen Heeresgruppe B. Damit ist es den Alliierten endgültig gelungen, aus dem Landungsgebiet auszubrechen.

---

### 11. JULI

## Versorgungskrise in ganz Frankreich

**Die Versorgungslage in Frankreich ist einen Monat nach der alliierten Invasion in der Normandie (→ S. 392) Besorgnis erregend.**

Infolge der fortdauernden Bombardierungen durch die alliierte Luftwaffe und die Sabotageakte der französischen Widerstandsgruppen (→ S. 404) sind weite Teile des Verkehrsnetzes außer Betrieb gesetzt. Lebensmittel und eine Reihe anderer Versorgungsgüter können deshalb nicht mehr in ausreichenden Mengen transportiert und verteilt werden. In der Südzone Frankreichs, die auf die Kornsendungen aus dem Norden angewiesen ist, kann die Brotversorgung nicht mehr sichergestellt werden. Im gesamten Land sind die Fleisch- und Fettrationen drastisch reduziert worden. Paris wird nur noch eingeschränkt, u.a. mit Früchten, beliefert.

---

### 15. JULI

## Ex-Minister Mandel ermordet

**Frankreichs ehemaliger Innenminister Georges Mandel wird von der Miliz der Vichy-Regierung ermordet.**

Georges Mandel, eigtl. Louis Rotschild, (*5. 6. 1885), einflussreicher französischer Politiker, widersetzte sich als Kolonialminister (1938 bis 1940) und Innenminister (1940) der Kapitulation vor der NS-Politik.

Mandel hatte sich 1940 vehement der Kapitulation Frankreichs vor den Deutschen widersetzt. Seit 1940 im Deutschen Reich inhaftiert, sollte Mandel an Frankreich ausgeliefert werden. Auf dem Weg zu dem vorgesehenen Aufenthaltsort wird der Politiker mit sieben Schüssen ermordet.

## 4. JULI

## Julius Leber von Gestapo verhaftet

Julius Leber und Adolf Reichwein, die dem sozialdemokratischen Flügel des deutschen Widerstands angehören und Mitglieder des Kreisauer Kreises waren (→ S. 364), werden von der Gestapo verhaftet.

Julius Leber, sozialdemokratischer deutscher Widerstandskämpfer; 1933 bis 1937 in KZ- und Gefängnishaft, danach in engem Kontakt zum Kreisauer Kreis; er war an den Vorbereitungen zum Hitler-Attentat beteiligt.

Die Opposition verliert damit zwei weitere führende Mitglieder. Leber und Reichwein hatten im Auftrag des Kreisauer Kreises Kontakt zur kommunistischen Untergrundbewegung aufgenommen und ein Gespräch mit Anton Saefkow und Franz Jakob, Funktionären der KPD, geführt. Wenig später werden sie ebenso wie ihre Gesprächspartner verhaftet. Saefkow und Jakob werden am 18. September im Zuchthaus Brandenburg enthauptet. Am 20. Oktober verurteilt der Volksgerichtshof Leber und Reichwein zum Tode. Reichwein wird am selben Tag in Berlin-Plötzensee gehängt; das Urteil gegen Leber wird am 5. Januar 1945 vollstreckt.

Goerdeler wird im Gasthaus von der Stabshelferin erkannt (Szene nachgestellt).

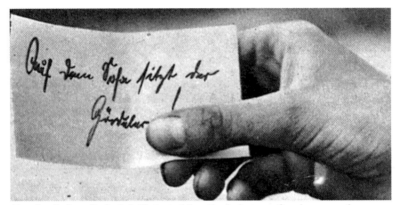

Zettel, mit dem die Stabshelferin auf ihre Entdeckung aufmerksam macht

Stabshelferin, die Goerdeler verriet

## 18. JULI

# Hitler-Gegner Goerdeler flieht

Die Verhaftung des ehemaligen Oberbürgermeisters von Leipzig, Carl Friedrich Goerdeler, führendes Mitglied des bürgerlich-konservativen Widerstands wird vom deutschen Reichssicherheitshauptant angeordnet.

Goerdeler erfährt von der bevorstehenden Festnahme und entschließt sich unterzutauchen. Er reist nach Ostpreußen und verbirgt sich bei Bekannten. Auf seine Ergreifung wird ein Kopfgeld von insgesamt einer Million Reichsmark ausgesetzt. Am 12. August wird er erkannt und verhaftet. Am 8. September vom Volksgerichtshof zum Tode verurteilt, wird Goerdeler am 2. Februar 1945 in Berlin-Plötzensee hingerichtet.

## HINTERGRUND

# Frontlage nähert sich Krise

Der Oberbefehlshaber der deutschen Heeresgruppe B in Nordfrankreich, Generalfeldmarschall Erwin Rommel, informiert Adolf Hitler am 15. Juli über die aussichtslose militärische Situation, in der sich die Truppen im Invasionsgebiet in Frankreich befinden:
»Die Lage an der Front der Normandie wird von Tag zu Tag schwieriger, sie nähert sich einer schweren Krise. Die eigenen Verluste sind bei der Härte der Kämpfe... derartig hoch, dass die Kampfkraft der Divisionen rasch absinkt. Ersatz aus der Heimat kommt nur sehr spärlich... Rund 97 000 Mann an Verlusten..., also durchschnittlich pro Tag 2500 bis 3000 Mann, stehen bis jetzt insgesamt 6000 Mann Ersatz gegenüber...
Die neu zugeführten Divisionen sind kampfungewohnt und bei der geringen Ausstattung mit Artillerie... und Panzerbekämpfungsmitteln nicht imstande, feindliche Großangriffe nach mehrstündigem Trommelfeuer und starken Bombenangriffen auf die Dauer erfolgreich abzuwehren. Wie

Generalfeldmarschall Rommel

die Kämpfe gezeigt haben, wird bei dem feindlichen Materialeinsatz auch die tapferste Truppe Stück für Stück zerschlagen. Die Nachschubverhältnisse sind... derart schwierig, dass nur das Allernötigste herangebracht werden kann... Auf der Feindseite fließen Tag für Tag neue Kräfte... und Mengen an Kriegsmaterial der Front zu... Unter diesen Umständen muss damit gerechnet werden, dass es dem Feind in absehbarer Zeit – 14 Tagen bis drei Wochen – gelingt, die eigene dünne Front... zu durchbrechen und in die Weite des französischen Raumes zu stoßen...«

## 20. JULI

# Attentat auf Hitler scheitert

Bei einem Bombenanschlag in seinem Hauptquartier »Wolfsschanze« wird Adolf Hitler leicht verletzt. Attentäter ist Oberst Claus Graf Schenk von Stauffenberg, der mit Angehörigen des militärischen und politischen Widerstands Hitler beseitigen und das nationalsozialistische Regime stürzen will.

Nachdem Attentat und Staatsstreich missglückt sind, wird auf Befehl Hitlers eine umfassende »Säuberungsaktion« durchgeführt, die das Ende des organisierten Widerstands im Deutschen Reich bedeutet (→ S. 412). Die Opposition gegen Hitler war angesichts der drohenden militärischen Niederlage auch in den Kreisen der Wehrmacht immer stärker angewachsen. Nachdem sich Stauffenberg aus Empörung über die NS-Terrorherrschaft dem Widerstand angeschlossen hatte, war vor allem er derjenige, der das Umsturzvorhaben mit Entschiedenheit vorantrieb.

Der Plan der Verschwörer sah vor, nach dem Tod Hitlers den Alarmbefehl »Walküre« auszugeben, der eigentlich für eine Mobilisierung des Ersatzheeres bei inneren Unruhen im Reich vorgesehen ist. Nach Übernahme der Staatsgewalt sollte eine vom Widerstand gebildete neue Regierung eingesetzt werden und umgehend in Friedensgespräche mit den Westmächten treten. Stauffenberg, seit dem 1. Juli 1944 Stabschef beim Befehlshaber des Ersatzheeres, kommt in den Plänen zum Staatsstreich eine zentrale Rolle zu. Er führt das Attentat selbst durch, weil er aufgrund seiner Position direkten Zugang zu Hitler hat, und kehrt dann nach Berlin zurück, um den Umsturz zu leiten. Auf die Nachricht, dass Hitler nur leicht verletzt ist, reagieren Stauffenbergs Mitverschwörer in Berlin jedoch mit Unentschlossenheit und geben so regimetreuen Kräften die Gelegenheit, Gegenmaßnahmen zu ergreifen. Der Putsch bricht gegen Abend zusammen; vier der Verschwörer, darunter auch Stauffenberg, werden sofort erschossen.

**Ein historisches Bilddokument vom 20. Juli**    Aufnahme: Gerd Baatz (Laux)

*Das erste Bild des deutschen »Führers« und Reichskanzlers Adolf Hitler nach dem missglückten Anschlag; Hitler hat sich zum Bahnhof Rastenburg begeben, um den Ministerpräsidenten der italienischen faschistischen Republik von Saló, Benito Mussolini, den er zu einem Staatsbesuch erwartet, zu empfangen. Hitler wurde von der Bombe, die in der Lagerbaracke detonierte und ihn töten sollte, nur leicht verletzt. Geschützt durch einen massiven Eichentisch, hat er lediglich Hautabschürfungen, leichte Verbrennungen, Blutergüsse und ein geplatztes Trommelfell davongetragen. Um alle Gerüchte über seinen Tod von vornherein zu zerstreuen, zeigt Hitler sich bereits unmittelbar nach dem Attentat in der Öffentlichkeit. Viele sehen sich durch sein Glück in ihrem Glauben an die Unverletzlichkeit des »vom Schicksal bestimmten Führers« bestätigt.*

# Staatsstreich der Offiziere wird niedergeschlagen

Nach mehreren vergeblichen Versuchen wird das lang geplante Attentat deutscher Widerstandskämpfer auf Führer und Reichskanzler Adolf Hitler am 20. Juli durchgeführt.

Trotz intensiver Vorbereitung scheitert der Staatsstreich an Missverständnissen, fehlender Tatkraft und Unentschlossenheit mancher Offiziere, Fehlern bei der Planung und nicht zuletzt an unberechenbaren Zufällen. Oberst Claus Graf Schenk von Stauffenberg, Chef des Generalstabs beim Oberbefehlshaber des Ersatzheeres, hat die Aufgabe übernommen, Hitler zu beseitigen. Stauffenberg ist zwar körperlich gehandikapt – er hat nach einer Kriegsverletzung nur noch eine Hand mit drei Fingern –, ist aber andererseits einer der wenigen Offiziere des Verschwörerkreises, der bisweilen zu den Besprechungen Hitlers im streng bewachten Führerhauptquartier »Wolfsschanze« eingeladen wird. Der ursprüngliche Plan Stauffenbergs, sich zusammen mit Hitler in die Luft zu sprengen, wird verworfen, da Stauffenberg für die Organisation des geplanten Umsturzes in der Bendlerstraße in Berlin unabkömmlich ist. Von dort aus sollen nach dem Tode Hitlers der »Walküre«-Plan in Gang gesetzt und alle nationalsozialistischen Machtzentren, also die wichtigsten Dienststellen von Partei, Verwaltung, Polizei, Geheimer Staatspolizei und Schutzstaffel (SS) ausgeschaltet werden. Doch dazu kommt es nicht mehr: Der zeitliche Ablauf des 20. Juli zeigt, wie und warum das Attentat scheitert.

**Vorabend:** An die 30 dem Verschwörerkreis angehörende Offiziere – unter ihnen Stauffenberg, Generalfeldmarschall Erwin von Witzleben, Generaloberst Erich Hoepner und der Wehrmachtskommandant von Berlin, Paul von Hase – finden sich zu einer letzten Besprechung zusammen. Alle erfahren, dass am nächsten Tag die Bombe gezündet werden soll. Anschließend geht Stauffenberg in seine Wohnung.

**Kurz nach 6 Uhr:** Stauffenberg verlässt in Begleitung seines Bruders Berthold seine Wohnung und lässt sich von seinem Fahrer in die Innenstadt bringen. Dort stößt dann Oberstleutnant Werner Karl von Haeften zu ihnen; sie fahren gemeinsam zum Flugplatz Rangsdorf.

**7 Uhr:** Eine He 111 mit Stauffenberg und Haeften an Bord startet Richtung Rastenburg. Die Verschwörer haben jeder eine Aktentasche mit einer Bombe bei sich, die mit lautlos arbeitenden chemischen Zündern versehen sind. Stauffenbergs Bruder begibt sich vom Flughafen in die Bendlerstraße, wo das Reichswehrministerium und der Generalstab ihren Sitz haben.

**10.15 Uhr:** Stauffenberg und Haeften landen in Rastenburg. Am Flugplatz steht ein Wagen bereit, der sie beide ins Führerhauptquartier »Wolfsschanze« bringt. Im inneren Sperrkreis des Führerhauptquartiers angekommen, frühstückt Stauffenberg im Kasino und begibt sich anschließend zu General Erich Fellgiebel, dem Chef des Wehrmachtsnachrichtendienstes, der in die Attentatspläne eingeweiht ist. Er soll die Verschwörer in der Berliner Bendlerstraße später vom Gelingen des Anschlags verständigen und das Führerhauptquartier »Wolfsschanze« von sämtlichen Nachrichtenverbindungen abschneiden.

**Etwa 11.30 Uhr:** Stauffenberg trifft sich mit Generalfeldmarschall Wilhelm Keitel, dem Chef des Oberkommandos der Wehrmacht. Keitel teilt Stauffenberg mit, dass die Lagebesprechung um eine halbe Stunde auf 12.30 Uhr vorverlegt wird und wegen der großen Hitze in der »Lagebaracke« stattfindet.

**Kurz vor 12.30 Uhr:** Keitel bricht zu der Besprechung auf. Stauffenberg fragt, wo er noch schnell ein Hemd wechseln könne. Der Adjutant Ernst John von Freyend geleitet ihn in ein Schlafgemach. Hier schaltet der At-

*Stauffenberg (l.) und Mertz im Bendlerblock (Foto vom 18. oder 19.7.)*

tentäter den Säurezünder der Bombe ein. Er kommt nicht mehr dazu, auch noch die zweite mitgebrachte Bombe scharf zu machen, denn noch ehe er die erste in der Aktentasche verstaut hat, reißt Freyend plötzlich die Tür zu dem Zimmer auf und mahnt zur Eile. Stauffenberg geht nun zur Besprechung in die Lagebaracke.

**Kurz nach 12.30 Uhr:** Keitel und Stauffenberg betreten den Konferenzraum, wo die Besprechung bereits be-

gonnen hat. Außer Hitler befinden sich weitere 23 Personen in der Holzbaracke. Sie haben sich um einen schweren Eichentisch mit dicker Platte und massiven Beinen versammelt und studieren die ausgebreiteten Lagepläne. Stauffenberg erhält einen Platz rechts neben Hitler. Während der Vortrag über die Lage an der Ostfront weitergeht, schiebt er die Aktentasche mit der Bombe so weit wie möglich in die Nähe Hitlers unter den Tisch.

**Etwa 12.37 Uhr:** Fünf Minuten bevor die Bombe explodiert, verlässt Stauffenberg unauffällig den Raum. Unterdessen stellt ein Besprechungsteilnehmer die Aktentasche mit der Bombe auf die von Hitler abgewandte Seite des schweren Eichentischbeins, weil sie ihn beim Betrachten der Karten stört.

**Etwa 12.42 Uhr:** Mit einem ohrenbetäubenden Knall explodiert die Bombe. Die Anwesenden werden durch die Druckwelle zu Boden geschleudert, der Tisch zerbirst und die Decke stürzt herab. Fast alle sind leicht oder schwer verwundet; vier Personen sterben. Hitler, geschützt durch die massive Tischplatte und das Tischbein, trägt lediglich Blutergüsse, Hautabschürfungen, leichte Verbrennungen und ein geplatztes Trommelfell davon. Stauffenberg und Haeften beobachten die Ex-

## »Lagebaracke« im Führerhauptquartier »Wolfsschanze«

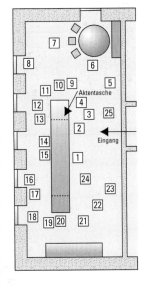

1 Hitler
2 Heusinger
3 Stauffenberg
4 Brandt
5 Bodenschatz
6 Walzenegger
7 Buhle
8 Puttkamer
9 Schmundt
10 Borgmann
11 Berger
12 Aßmann
13 John
14 Scherff
15 Voß
16 Günsche
17 Below
18 Fegelein
19 Buchholz
20 Büchs
21 Sonnleithner
22 Warlimont
23 Jodl
24 Keitel
25 Korton

*Durch eine Verstrickung widriger Umstände wird Hitler nicht durch die explodierende Bombe getötet. Stauffenberg hatte die Aktentasche mit der Sprengladung auf der linken, Hitler zugewandten Seite des schweren Eichentischbeins deponiert, doch als er die Lagebaracke verlassen hat, stellt Oberst Heinz Brandt sie auf die andere Seite des Sockels, da sie ihn bei der Betrachtung der Lagekarte stört; die Wucht der Explosion wird so von Hitlers Körper weg nach rechts geleitet.*

*Bendlerblock in Berlin, Befehls- und Verwaltungszentrum des deutschen Heeres; in diesem Gebäude spielen sich die Hauptereignisse des 20. Juli ab.*

plosion aus einiger Entfernung und gewinnen die Überzeugung, dass Hitler tot ist. Obwohl der Alarm schon ausgelöst ist, gelingt es ihnen, das Gelände der »Wolfsschanze« zu verlassen.

**13.15 Uhr:** Die beiden Verschwörer starten von Rastenburg wieder in Richtung Berlin. Dort erfährt Friedrich Olbricht, Chef des Allgemeinen Heeresamtes und einer der Mitverschwörer, unterdessen telefonisch, dass der Anschlag stattgefunden, Hitler aber überlebt hat.

Während Stauffenberg sich auf dem zweieinhalbstündigen Flug nach Berlin befindet, bahnt sich dort das Verhängnis an. Verunsichert durch die Meldung von dem missglückten Attentat, passiert in der Reichshauptstadt viele Stunden lang fast nichts.

**15.45 Uhr:** Stauffenberg landet in Berlin-Rangsdorf und übermittelt Friedrich Olbricht telefonisch die Nachricht: »Hitler ist tot!«

**16.00 Uhr:** Erst jetzt begibt sich Olbricht zu Generaloberst Friedrich Fromm, der als Befehlshaber des Ersatzheeres zur Unterzeichnung der offiziellen »Walküre«-Pläne berechtigt ist. Fromm besteht darauf, sich erst selbst vom Tode Hitlers zu vergewissern; er ruft in Rastenburg an, erfährt von Keitel, dass Hitler lebt und weigert sich daraufhin, den Mobilisierungsbefehl »Walküre« amtlich in Gang zu setzen.

Inzwischen sind jedoch schon die ersten Maßnahmen angelaufen. Die in Berlin stationierten Truppen, die Infanterieschule in Döberitz und das Berliner Wachbataillon unter dem Befehl von Major Otto Ernst Remer, werden alarmiert und in Marsch gesetzt. Die Dinge entwickeln sich jedoch nur ausgesprochen zögernd, da allgemein Unklarheit darüber besteht, was passiert ist und welchen Befehlen man gehorchen soll.

**Gegen 16.30 Uhr:** Stauffenberg und Haeften treffen gleichzeitig mit Generaloberst Ludwig Beck und anderen Mitverschwörern in der Bendlerstraße ein. Gemeinsam drängen sie Fromm, sich der Verschwörung anzuschließen und »Walküre« zu unterschreiben. Als dieser sich immer noch standhaft weigert, wird er festgenommen und in einen Nebenraum gesperrt.

Während die Verschwörer in Berlin nur langsam zur Tat schreiten, geht der Staatsstreich in Paris auf Befehl von General Karl-Heinrich von Stülpnagel, Militärbefehlshaber in Frankreich, zügig voran (→ S. 388). In einer Großaktion werden die 1200 Angehörigen der SS und des Sicherheitsdienstes von Paris verhaftet. Doch auch im Westen scheitert der Putsch, und zwar an Generalfeldmarschall Hans Günther von Kluge, dem Oberbefehlshaber der Heeresgruppe B in Frankreich. Als Kluge nach dem Attentat erfährt, dass Hitler noch am Leben ist, lässt er Stülpnagel fest-

setzen und gibt den Befehl, die bereits eingeleiteten Verhaftungsmaßnahmen rückgängig zu machen. Die Großaktion lässt sich allerdings nicht mehr stoppen, und bis 22.30 Uhr befinden sich in Paris alle NS-Leute in Haft.

**Nachmittag:** Während in Paris die Verhaftungswelle anläuft, entgleitet dem Berliner Wehrmachtskommandanten Hase, der für die Mobilisierung der Truppen verantwortlich ist, die Situation: Hase hatte Major Remer mitgeteilt, dass Hitler tot sei und ihm befohlen, sein Bataillon bereitzuhalten. Ein zufällig anwesender NS-Funktionär kann Remer davon überzeugen, sich erst einmal bei Reichspropagandaminister Joseph Goebbels über die Richtigkeit der Angaben zu vergewissern.

Auf diese Weise erfährt Goebbels von den Vorgängen. Er erfasst sofort, dass es sich um einen Putsch großen Stils handelt und beordert Remer zu sich. Es gelingt Goebbels – und das ist zu diesem Zeitpunkt verhängnisvoll für die Verschwörer – eine Telefonverbindung mit Hitler herzustellen, der Remer auf der Stelle zum Oberst befördert und ihm befiehlt, mit seinen Truppen den Putsch niederzuschlagen.

**Gegen 19 Uhr:** Nur ein Teil der von den Putschisten mobilisierten Truppen hat sich auf die ihnen zugedachten Positionen begeben. Die Befehle der Verschwörer werden, wenn überhaupt, nur zögernd befolgt, zumal zu dieser Zeit bereits die ersten Gegenbefehle durchdringen. Gegen Abend sind Reichskanzlei, Reichspropagandaministerium, Reichssicherheitshauptamt und vor allem die Rundfunksender noch nicht besetzt, so dass bis 19 Uhr im Rundfunk bereits mehrmals die Nachricht vom fehlgeschlagenen Attentat gemeldet wird.

**20 Uhr:** Oberst Remer sammelt seine Truppen und bereitet, wie von Hitler angeordnet, den Angriff auf die Bendlerstraße vor. Gegen 21 Uhr kontrollieren seine Verbände das gesamte Stadtzentrum.

**22.40 Uhr:** Eine von den Verschwörern angeforderte Kompanie der Heereswaffenmeisterschule trifft zur Sicherung des Gebäudes in der Bendlerstraße ein. Doch kurz darauf erreicht auch Remers Wachbataillon

die Bendlerstraße, entwaffnet die Schulkompanie und belagert den Gebäudekomplex.

**22.45 Uhr:** Stauffenberg telefoniert nach Paris und teilt mit, dass endgültig alles verloren ist.

**22.50 Uhr:** Einige Hitler-treue Offiziere stürmen das Büro, in dem sich Stauffenberg, sein Bruder Berthold, Haeften, Beck, Peter Graf Yorck von Wartenburg, Eugen Gerstenmaier und Albrecht Mertz von Quirnheim versammelt haben. Fromm, der inzwischen befreit worden ist, betritt kurz darauf den Raum: »So meine Herren«, sind seine Worte, »jetzt mache ich mit Ihnen das, was Sie heute nachmittag mit mir machen wollten«. Er entwaffnet die Verschwörer und erklärt sie für verhaftet.

Der pensionierte Generaloberst Beck bittet darum, sich selbst erschießen zu dürfen. Fromm lässt ihn gewähren. Beck richtet zweimal die Pistole an seine Schläfe, doch beide Schüsse sind nicht tödlich. Ein Feldwebel gibt ihm den »Gnadenschuss«.

Fromm fordert als Chef eines selbst ernannten Standgerichts die Verschwörer auf, rasch noch eine Notiz für ihre Angehörigen niederzuschreiben. Er geht in sein Büro, kehrt nach fünf Minuten zurück und verkündet: »Es werden Oberst im Generalstab von Mertz, General Olbricht«, er deutet auf Stauffenberg, »der Oberst, den ich mit Namen nicht mehr nennen will, und der Oberstleutnant von Haeften zum Tode verurteilt.«

**Gegen Mitternacht:** Die vier Männer werden in den Hof der Bendlerstraße geführt. Mehrere Wehrmachtsfahrzeuge geben mit ihren Scheinwerfern Licht für die Exekution. Nacheinander werden Olbricht, Haeften, Stauffenberg und dann Mertz vor einen Sandhaufen gestellt und erschossen. Stauffenberg stirbt mit dem Ausruf: »Es lebe das heilige Deutschland«. Der Aufstand der Offiziere ist beendet. Zufälle, Fehlplanung und Unentschlossenheit ließen den Anschlag und den Staatsstreich scheitern. Hitler nimmt das Attentat zum Anlass, gegen zahlreiche NS-Gegner vorzugehen.

## 20. JULI

# Hitlers Reaktion auf das Attentat

**Bald nachdem gegen 12.42 Uhr die von Claus Graf Schenk von Stauffenberg gezündete Bombe in dem Führerhauptquartier »Wolfsschanze« explodiert ist, stellt sich heraus, dass Adolf Hitler dem Anschlag beinahe unversehrt entgangen ist.**

Sofort werden Maßnahmen zur Ergreifung der Attentäter und zur Niederschlagung des angelaufenen Staatsstreichs ergriffen. Hitler reagiert zunächst unerwartet ruhig auf den Anschlag. Gegen 14 Uhr fährt er zum Bahnhof Rastenburg, um den angekündigten Ministerpräsidenten der italienischen faschistischen Republik von Salò, Benito Mussolini, zu empfangen. Gemeinsam kehren sie zur »Wolfsschanze« zurück und Hitler zeigt Mussolini die durch die Explosion zerstörte Baracke. Erst als sich die beiden Diktatoren zum Tee niedersetzen, bekommt Hitler plötzlich einen Anfall rasender Wut. Tobend und schreiend droht er den Widerstandskämpfern und ihren Familien die schrecklichsten Vergeltungsmaßnahmen an. Währenddessen befindet sich Reichsführer SS Heinrich Himmler bereits auf dem Weg nach Berlin. In Zusammenarbeit mit Reichspropagandaminister Joseph Goebbels soll er den Putsch niederschlagen. Um der von den Verschwörern verbreiteten Meldung vom Tod Hitlers entgegenzuwirken, wird eine Ansprache Hitlers vorbereitet.

Da kein Übertragungsgerät zur Stelle ist, kann die Rede erst in der Nacht auf den 21. Juli gesendet werden:

»Eine ganz kleine Clique ehrgeiziger, gewissenloser und zugleich verbrecherischer, dummer Offiziere hat ein Komplott geschmiedet, um mich zu beseitigen... Die Bombe, die von dem Oberst Graf von Stauffenberg gelegt wurde, krepierte zwei Meter an meiner rechten Seite... Ich selbst bin völlig unverletzt...«

*Hermann Göring (M.), Oberbefehlshaber der Luftwaffe, besichtigt mit einigen Offizieren die durch das Bombenattentat verwüstete Lagebaracke; durch die starke Detonation ist das Mobiliar zerborsten und die Decke herabgestürzt.*

*Nach dem Attentat: der nur leicht verletzte Hitler (l.) zusammen mit Göring (r.) in der durch die Explosion zerstörten Lagebaracke im Führerhauptquartier »Wolfsschanze«*

*Führer und Reichskanzler Adolf Hitler nach dem Attentat, während im Hauptquartier größte Aufregung herrscht, reagiert Hitler zunächst unerwartet ruhig auf den Anschlag.*

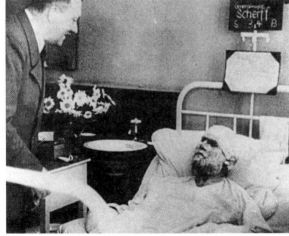

*Hitler besucht die bei dem Bombenattentat Verwundeten im Krankenhaus; von den 24 Personen, die bei der Explosion anwesend waren, sterben vier an ihren Verletzungen.*

*Göring (l.) und Hitler (r.) blicken auf den durch die Bombendetonation verwüsteten Besprechungsraum.*

*Wenige Stunden nach dem Attentat in der »Wolfsschanze« (v.l.): Benito Mussolini, Ministerpräsident der Republik von Salò, Reichsleiter Martin Bormann, Großadmiral Karl Dönitz, Adolf Hitler, Reichsmarschall Hermann Göring*

*Reichsaußenminister Joachim von Ribbentrop (l.) im Gespräch mit Hitler*

*Reichskanzler Adolf Hitler zeigt dem Ministerpräsidenten der italienischen faschistischen Republik von Salò, Benito Mussolini, die Wirkung der Bombe; Mussolini war kurz nach dem Attentat zu einem Staatsbesuch eingetroffen.*

*Reichskanzler Adolf Hitler (l.) im Gespräch mit Generalfeldmarschall Wilhelm Keitel (r.), Chef des Oberkommandos der Wehrmacht, der bei dem Anschlag zugegen war und ebenso wie Hitler nur leichte Verletzungen davongetragen hat*

# Die Rache des NS-Regimes

**Nach dem gescheiterten Attentat auf den deutschen Führer und Reichskanzler Adolf Hitler beginnt die gnadenlose Jagd des Regimes auf die Täter und Mitwisser.**

Verfolgung, Terror, Folterungen und Hinrichtungen treffen nicht nur diejenigen, die an der Verschwörung direkt beteiligt sind sowie ihre Familien, sondern auch viele andere einer antifaschistischen und Hitler-feindlichen Haltung Verdächtige. Schon in der Nacht nach dem Anschlag beginnen die Bluttaten. Die Attentäter und Verschwörer Claus Graf Schenk von Stauffenberg, Albrecht Mertz von Quirnheim, Werner Karl von Haeften und Friedrich Olbricht werden im Hof des so genannte Bendlerblocks in Berlin erschossen. Ludwig Beck hatte kurz vorher Selbstmord begangen.

Die Leichen der fünf Männer werden unmittelbar nach den Hinrichtungen beigesetzt, am nächsten Tag jedoch auf Befehl von Reichsführer SS Heinrich Himmler wieder ausgegraben und verbrannt; die Asche wird über einen Acker verstreut.

Das NS-Regime nimmt die erste Rache an den Toten; danach sind dann die Lebenden an der Reihe.

Himmler bildet bei der Gestapo eine »Sonderkommission 20. Juli«, der 400 Beamte angehören. Die Menschenjagd beginnt. Erbarmungslos werden die Armeestäbe durchleuchtet, Kopfgelder ausgesetzt und Verhaftungen vorgenommen. Unter Anwendung von Folter verhört die Gestapo die Verhafteten und erfährt so die Namen weiterer Gegner des Regimes.

Kaum einer der Verschwörer hatte Vorbereitungen zur Flucht im Falle eines Scheitern des Staatsstreichs getroffen. Die wenigsten versuchen unterzutauchen. Sie rechnen damit, vor ein Ehrengericht gestellt, verurteilt und erschossen zu werden und halten es für ihre Pflicht, mit Anstand zu sterben. Tatsächlich werden sie im August vom berüchtigten Präsidenten des Volksgerichtshofes, Roland Freisler, – der längst außerhalb aller juristischen Normen agiert (→ S. 213) –, unter demütigenden Beschimpfungen zum Tode verurteilt.

Nach Hitlers Wunsch wird eine möglichst grausame Tötung vorgesehen und die Verfolgung der Angehörigen angekündigt.

Einer der ersten Verschwörer, die festgenommen werden, ist General Erich Fellgiebel. Wie viele nach ihm schickt man ihn nach seiner Verhaftung am Nachmittag des 20. Juli in der »Wolfsschanze« sofort in die Folterkammern der Gestapo. Nicht anders ergeht es den Verschwörern, die noch am Abend des 20. Juli zusammen mit Stauffenberg in der Bendlerstraße in Berlin überwältigt und festgenommen werden. Einige der Teilnehmer an dem Staatsstreich entziehen sich durch Selbstmord der zu erwartenden Verhaftung und den grausamen Folterungen.

General Karl-Heinrich von Stülpnagel, der als Militärbefehlshaber in Frankreich den Putsch lenkte, erhält am 21. Juli den Befehl, sich in Berlin zu melden. Auf der Fahrt in die Reichshauptstadt schießt er sich eine Kugel in den Kopf, die ihn jedoch nicht tötet und auch nicht vor der Hinrichtung bewahrt. Ebenfalls am 21. Juli erschießt sich General Henning von Tresckow, einer der Drahtzieher der Verschwörung, in einem Wald an der Ostfront. Auch Generalquartiermeister Eduard Wagner, Oberstleutnant Werner Schrader und der Major Hans Ulrich von Oertzen begehen Selbstmord, um nicht in die Hände der Gestapo zu fallen. Die Gesamtzahl der Verhaftungen im Zusammenhang mit dem 20. Juli beträgt schätzungsweise 7000, darunter zahlreiche Mitglieder kommunistischer Organisationen. Die Zahl der unmittelbaren Opfer dürfte etwa bei 170 liegen.

*Henning von Tresckow*
(*10.1.1901) gehört zu den führenden Mitgliedern der Widerstandsbewegung. Ab 1941 scharte er als Erster Generalstabsoffizier der Heeresgruppe Mitte an der Ostfront eine Gruppe von Offizieren um sich, die zu einem Attentat entschlossen waren. Nachdem mehrere Versuche 1943 fehlschlugen, beteiligte er sich an der Vorbereitung des von Claus Graf Schenk von Stauffenberg geplanten Staatsstreichs. Nach dessen Scheitern begeht Tresckow am 21. Juli bei Bialystok Selbstmord.

*Friedrich Olbricht*
(*4.10.1888) ist Chef des Allgemeinen Heeresamtes und einer der führenden Männer des 20. Juli. Olbricht hat seit 1938 Kontakt zu Widerstandskreisen und ist seit 1943 aktiv an der Vorbereitung eines Staatsstreichs beteiligt. Zusammen mit Claus Graf Schenk von Stauffenberg plante er die »Operation Walküre«, die vorsieht, dass Teile des Ersatzheeres nach dem Attentat dem Befehl der Widerstandskämpfer unterstellt werden. Olbricht wird am Abend des 20. Juli erschossen.

*Ludwig Beck*
(*29.6.1880), zwischen 1935 und 1938 Generalstabschef des deutschen Heeres, war an der Vorbereitung und Durchführung des Attentats am 20. Juli maßgeblich beteiligt. Als entschiedener Gegner der nationalsozialistischen Kriegspolitik trat Beck 1938 von seinem Posten zurück, wurde aus der Wehrmacht entlassen und steht seitdem im Mittelpunkt des militärisch-konservativen Flügels der Widerstandsbewegung. Er wird nach einem gescheiterten Selbstmordversuch am 20. Juli erschossen.

*Claus Graf Schenk v. Stauffenberg*
(*15.11.1907), seit dem 1. Juli 1944 Stabschef beim Befehlshaber des Ersatzheeres, spielt die führende Rolle beim Attentat am 20. Juli. Zunächst von den Erfolgen des Führers und Reichskanzlers Adolf Hitler beeindruckt, wuchs seine Empörung über die nationalsozialistische Terrorpolitik und seit 1942 befasst er sich mit Umsturzplänen. Trotz einer schweren Kriegsverletzung führt er das Attentat auf Hitler persönlich aus. Am Abend des 20. Juli wird er erschossen.

# »Ungeheuerliches hat sich abgespielt...«

Die Verschwörer um Claus Graf Schenk von Stauffenberg hatten einen Aufruf vorbereitet, den sie nach einem erfolgreichen Attentat auf den Führer und Reichskanzler Adolf Hitler an das deutsche Volk richten wollten:

»Deutsche! Ungeheuerliches hat sich in den letzten Jahren vor unseren Augen abgespielt. Hitler hat ganze Armeen gewissenlos wider den Rat der Sachverständigen seiner Ruhmsucht, seinem Machtdünkel, seiner gotteslästerlichen Wahnidee geopfert, berufenes und begnadetes Werkzeug der ›Vorsehung‹ zu sein. Nicht vom deutschen Volk gerufen, sondern durch Intrigen schlimmster Art an die Spitze der Regierung gekommen, hat er durch dämonische Künste und Lügen, durch ungeheuerliche Verschwendungen,... die das deutsche Volk in gewaltige Schulden gestürzt haben, Verwirrung angerichtet. Um sich an der Macht zu halten, hat er damit eine zügellose Schreckensherrschaft verbunden, das Recht zerstört, den Anstand in Acht erklärt, die göttlichen Gebote reinen Menschentums verhöhnt und das Glück von Millionen von Menschen vernichtet.

Mit tödlicher Sicherheit musste seine wahnwitzige Verachtung aller Menschen unser Volk ins Unglück stürzen, sein blutiger Terror gegen Wehrlose den deutschen Namen der Schande überantworten. Rechtlosigkeit, Vergewaltigung der Gewissen, Verbrechen und Korruption hat er in unserem Vaterlande, das von jeher stolz auf seine Rechtlichkeit und Redlichkeit war, auf den Thron gesetzt, Wahrheit und Wahrhaftigkeit, zu denen selbst das kleinste Volk seine Kinder zu erziehen für seine größte Aufgabe hält, werden bestraft und verfolgt. So droht dem öffentlichen Wirken und dem Leben des Einzelnen tödliche Vergiftung. Das aber darf nicht sein, so geht es nicht weiter! Dafür dürfen Leben und Streben unserer Männer, Frauen und Kinder nicht fernerhin missbraucht werden. Unserer Väter wären wir nicht würdig, von unseren Kindern müssten wir verachtet werden, wenn wir nicht den Mut hätten, alles, aber auch alles zu tun, um diese furchtbare Gefahr von uns abzuwenden und wieder Achtung vor uns selbst zu erringen. Zu diesem Zweck haben wir, nachdem wir unser Gewissen vor Gott geprüft haben, die Staatsgewalt übernommen. Unsere tapfere Wehrmacht ist Bürge für Sicherheit und Ordnung. Die Polizei wird ihre Pflicht erfüllen... Helfe jeder durch Disziplin und Vertrauen mit. Erfüllt Euer Tagewerk mit neuer Hoffnung. Helft einander! Eure gepeinigten Seelen sollen wieder ruhig und getrost werden. Fern jedes Hasses werden wir der inneren, in Würde der äußeren Versöhnung zustreben. Unsere erste Aufgabe wird es sein, den Krieg von seinen Entartungen zu reinigen und die verheerenden Vernichtungen von Menschenleben, Kultur- und Wirtschaftswerken hinter den Fronten zu beenden. Wir wissen alle, dass wir nicht Herren über Krieg und Frieden sind. Im festen Vertrauen auf unsere unvergleichliche Wehrmacht und im zuversichtlichen Glauben an die von Gott der Menschheit gestellten Aufgaben wollen wir alles zur Verteidigung des Vaterlandes und zur Wiederherstellung einer gerechten Ordnung opfern...«

---

## Geplante Regierung des 20. Juli

**Reichspräsident oder Reichsverweser:**
Generaloberst Ludwig Beck
oder Generalfeldmarschall Erwin von Witzleben

**Reichskanzler:**
Calr Friedrich Goerdeler
oder Julius Leber

**Oberfehlshaber der Wehrmacht:**
Generalfeldmarschall Erwin Rommel
oder Erwin von Witzleben, Friedrich Olbricht

**Justiz:**
Joseph Wirmer

**Finanzen:**
Ewald Loeser

**Kultur:**
Kurt Schuschnigg oder Eugen Bolz,
Johannes Popitz

**Vizekanzler:**
Wilhelm Leuschner

**Staatssekretär:**
Peter Graf Yorck von Wartenburg

**Inneres:**
Julius Leber

**Wirtschaft:**
Paul Lejeune-Jung

**Arbeit:**
Bernhard Letterhaus

**Äußeres:**
Ulrich von Hassell oder
Friedrich Werner Graf von der Schulenburg

---

## Die Regierung nach Hitler

Die Widerstandsgruppe um Claus Graf Schenk von Stauffenberg hatte sich vor dem Attentat auf Reichskanzler Adolf Hitler bereits auf die Zusammensetzung einer neuen Reichsregierung geeinigt, die nach der erfolgreichen Durchführung des Staatsstreichs die Macht im Deutschen Reich übernehmen sollte. Für einige Ämter in der potenziellen neuen Reichsregierung gab es auch noch Alternativvorschläge. Für das Amt des Reichspräsidenten oder Reichsverwesers war an erster Stelle Ludwig Beck ausersehen. Der 1880 in Berlin geborene Generaloberst, seit 1911 im Generalstab tätig, hatte 1933 die Leitung des Truppenamtes übernommen und wurde 1935 an die Spitze des Generalstabs des Heeres berufen. Während der Sudetenkrise im August 1938 trat er aus Opposition gegen die Pläne von Führer und Reichskanzler Adolf Hitler zur vollständigen Zerschlagung der Tschechoslowakei von seinem Posten zurück. In der Folgezeit wurde er immer stärker zum Mittelpunkt der militärischen und nicht kommunistisch-zivilen Widerstandsbewegung im Deutschen Reich (→ S. 40). Reichskanzler sollte der frühere Leipziger Oberbürgermeister Carl Friedrich Goerdeler werden (→ S. 406, 432). Er tritt für die Rückkehr zum parlamentarischen Rechtsstaat mit einer starken Regierungsgewalt ein.

---

## Alliierte Reaktion auf das Attentat

Dem Attentat auf Hitler und dem gescheiterten Staatsstreich im Deutschen Reich werden von alliierter Seite keine große Bedeutung zugemessen. Es gilt die Ansicht, dass es sich lediglich um eine Krise in der Führungsspitze handele.

Es wird sogar der Verdacht geäußert, dass der Anschlag womöglich von den Nationalsozialisten selbst inszeniert worden sei, um als Rechtfertigung für eine umfassende »Säuberungsaktion« unter den Angehörigen von Oppositionskreisen zu dienen.

In der alliierten Presse wird das Attentat als Beweis für einen ernsten Konflikt zwischen Nationalsozialisten und hohen Militärs gewertet. Die Reaktion auf die Krise könne jedoch nur sein, die militärischen Anstrengungen zur Niederwerfung des nationalsozialistischen Staates zu verstärken. »Wenn der Gegner verwirrt ist oder schwankt«, schreibt der »Daily Express«, »lässt kein Boxer nach, sondern er schlägt um so erbarmungsloser zu.«

Die Widerstandskämpfer und ihre Beweggründe werden mit Skepsis bis Ablehnung betrachtet. Die »Times« schreibt: »Sind es nicht die gleichen Männer, die sich der nationalsozialistischen Bewegung als Mittel zur Weltherrschaft bedienen wollten? Die gleichen, die Hitler getreulich dienten, solange alles gut ging? Sie lehnen sich nicht gegen den Krieg auf, sondern nur gegen den Misserfolg.« Auch der britische Premierminister Winston Churchill beschränkt sich auf die Erklärung, dass der Anschlag gegen »the old bastard« zeige, wie sehr sich der deutsche Generalstab über den für das Deutsche Reich negativen Ausgang des Krieges im Klaren sei. Es klingt sogar durch, dass man ein fehlgeschlagenes Attentat einem geglückten vorzieht. Der »Manchester Guardian« kommentiert: »Um der Zukunft willen mag es gut sein, dass die Verschwörung stattfand – und besser vielleicht noch, dass sie fehlschlug.« Und aus dem britischen Informationsministerium verlautet: »Hitlers Strategie stellt einen der größten Vorteile der Alliierten dar. Wir haben alles Interesse daran, ihn und seine Institution uns bis Kriegsende zu erhalten.«

# Harte Strafen für Sabotage

Auf Anordnung des deutschen Diktators Hitler tritt der »Terror- und Sabotageerlass« in Kraft: In den von Deutschen besetzten Gebieten sind Partisanen und Saboteure, die auf frischer Tat ertappt werden, sofort an Ort und Stelle zu erschießen.

Wer später ergriffen wird, soll künftig nicht mehr der Wehrmachtsgerichtsbarkeit ausgeliefert, sondern der deutschen Sicherheitspolizei übergeben werden. Als Mitläufer verdächtige Personen sollen zur Zwangsarbeit verpflichtet werden. Die deutsche Führung reagiert mit diesen Bestimmungen auf die Tatsache, dass die Aktivitäten der Partisanengruppen, die überall in Europa gegen die Besatzungsmacht kämpfen, angesichts der bevorstehenden Niederlage des Deutschen Reiches in den letzten Monaten immer mehr zugenommen haben. Die nationalen Widerstandsbewegungen wollen an der Befreiung ihrer Länder teilhaben und unterstützen die regulären alliierten Armeen.

Ein deutsches Exekutionskommando legt auf einen französischen Widerstandskämpfer an; auf frischer Tat ertappte Partisanen werden sofort erschossen.

# Totaler Einsatz für Rüstung und Krieg

Adolf Hitler setzt einen Erlass über den »totalen Kriegseinsatz« in Kraft. Mit der Durchsetzung der Verordnung wird Reichspropagandaminister Joseph Goebbels beauftragt, dem der Titel »Reichsbevollmächtigter für den totalen Kriegseinsatz« verliehen wird.

Goebbels soll sämtliche Bereiche des gesellschaftlichen, politischen und wirtschaftlichen Lebens den Erfordernissen des Krieges anpassen, um unter Einsatz aller Kräfte die drohende militärische Niederlage des Deutschen Reiches abzuwenden.

Im Einzelnen ist vorgesehen, alle öffentlichen Anstalten, Einrichtungen und Betriebe sowie den gesamten Staatsapparat einschließlich Reichsbahn und Reichspost mit dem Ziel zu überprüfen, ob durch Rationalisierung oder Stilllegung von Betrieben Arbeitskräfte für den Dienst an der Front oder in der Kriegsindustrie freigesetzt werden können. Vergleichbare Maßnahmen waren bereits zu Anfang des Jahres 1943 durchgeführt werden.

Jetzt sollen auch alle kulturellen Veranstaltungen eingeschränkt werden, damit sie »Wehrmacht und Rüstung keine Kräfte entziehen«.

---

# Reaktionen der deutschen Bevölkerung auf Hitler-Attentat

*In den Lageberichten des Sicherheitsdienstes der Schutzstaffel wird beschrieben, welche Reaktionen das Attentat auf Hitler und der Staatsstreichversuch vom 20. Juli in der deutschen Bevölkerung hervorgerufen haben.*

Aus den Meldungen geht hervor, dass die Meinung vorherrscht, dass es sich bei den Putschisten um Gegner des Reiches handle, die versucht hätten, ihrem Heimatland in den Rücken zu fallen:

»Der missglückte Anschlag auf den Führer und der Putschversuch der Offiziersclique haben die Erörterungen über die Lage an den Fronten in den Hintergrund treten lassen. Nachdem sich der erste Schreck über das Attentat selbst gelegt hat, beschäftigen sich die Volksgenossen in ihren Gesprächen mehr mit den Hintergründen und den evtl. Folgen des Ereignisses... Die Bevölkerung atmet erleichtert auf, dass der Führer dem Anschlag nicht zum Opfer fiel. Fast durchweg ist die Bindung an den Führer vertieft und das Vertrauen zur Führung gestärkt worden, die sich als Herr der Lage gezeigt hat... Nur hin und wieder werden Befürchtungen laut, dass die Ereignisse des 20. Juli unsere politische Lage dem Ausland gegenüber beeinträchtigen würden. Dagegen macht sich allgemein eine Erhöhung des Kampfgeistes und des Willens zum unbedingten Durchhalten bemerkbar... Die Volksgenossen können sich immer noch nicht damit abfinden, dass der Anschlag auf den Führer überhaupt möglich war. Sie ergehen sich in den verschiedensten Vermutungen über die ›Drahtzieher‹ und machen ihren Verwünschungen gegen die Täter in sehr drastischer Weise Luft. Immer wieder wird bedauert, dass ›das gerade bei uns passieren musste, während es bei den anderen bestimmt nicht möglich sei‹. Hin und wieder wird gefragt, ob denn unsere Lage so schlimm sei, dass selbst Männer aus der nächsten Umgebung des Führers den Glauben an den Sieg und den Mut verloren hätten... Die Bekanntgabe der Namen von 23 an dem Verbrechen beteiligten Stabsoffizieren und Generälen wird von der breiten Masse des Volkes zum Anlass schon vereinzelt ausgesprochener Vermutungen genommen, dass Verrat und Sabotage im Heer und in der gesamten Wirtschaft und der Verwaltung anscheinend weit größeres Ausmaß angenommen hatten, als man dem Volke Glauben machen wollte... Der überwiegende Teil der Bevölkerung gewinnt immer mehr die Überzeugung, dass die Offiziers- und Verräterclique... schon seit längerer Zeit systematisch auf allen Gebieten der Verteidigung Sabotage betrieben habe, so dass die Ostfront weder mit dem nötigen Nachschub noch mit den notwendigen Waffen und Munition versehen wurde...«

## 8. AUGUST

## Hinrichtungen in Berlin-Plötzensee

Die wegen Beteiligung an der Verschwörung des 20. Juli zum Tod verurteilten Widerstandskämpfer werden noch am selben Tag hingerichtet. Auf persönlichen Befehl Adolf Hitlers, der einen möglichst demütigenden Tod wünscht, werden sie nicht erschossen, sondern nacheinander an Fleischerhaken erhängt. Ohne geistlichen Beistand werden die Verurteilten mit auf den Rücken gefesselten Händen in den Hinrichtungsraum in der Haftanstalt Berlin-Plötzensee geschleppt. Dort legen ihnen die Henker die Schlingen um den Hals und üben ihr blutiges Amt aus. Die grauenvolle Szene wird auf Befehl Hitlers in allen Einzelteiten gefilmt und ihm am Abend vorgeführt.

*Hinrichtungsstätte in der Haftanstalt Berlin-Plötzensee*

## AUGUST

## Haft für Familien der Verschwörer

Kurz nach dem Anschlag auf Adolf Hitler am 20. Juli hatte dieser verkündet, dass er nicht nur die Attentäter, sondern auch ihre Familien auslöschen wolle.

Im Laufe des Monats August wird diese Drohung verwirklicht; zahlreiche Angehörige der Verschwörer des 20. Juli werden festgenommen und inhaftiert. Betroffen sind u.a. die Familien Stauffenberg, Goerdeler, Tresckow, Hase, Moltke, Dohnanyi, Bonhoeffer und Leber. Nicht nur die Ehefrauen und Kinder der Widerstandskämpfer fallen der Sippenhaft zum Opfer, sondern auch entferntere Verwandtschaft sowie Freunde und Bekannte der Familien werden in Konzentrationslager bzw. Heime verschleppt.

## 18. AUGUST

# Thälmann ermordet

Ernst Thälmann, ehemaliger Vorsitzender der Kommunistischen Partei Deutschlands (KPD), wird nach über elfjähriger Haft im Konzentrationslager (KZ) Buchenwald erschossen.

Seine Ermordung geht vermutlich auf einen direkten Befehl Hitlers zurück und steht im Zusammenhang mit einer allgemeinen »Säuberungsaktion«, die nach dem Attentat vom 20. Juli eingeleitet wurde. Der Öffentlichkeit wird mitgeteilt, Thälmann sei bei einem alliierten Bombenangriff auf das Konzentrationslager ums Leben gekommen.

Thälmann war von 1924 bis 1933 Abgeordneter im Reichstag. Im Oktober 1925 wurde er zum Vorsitzenden der KPD ernannt. Er übte dieses Amt aus, bis er am 3. März 1933 nach der nationalsozialistischen Machtübernahme verhaftet wurde. Zunächst ins Untersuchungsgefängnis Berlin-Moabit gebracht, leitete man ein Ermittlungsverfahren gegen ihn ein, das jedoch 1935 ergebnislos eingestellt wurde. Danach kam Thälmann in »Schutzhaft«, wurde zunächst sechs Jahre lang in Einzelhaft in Hannover gefangen gehalten und schließlich ins Gefängnis Bautzen

verlegt. In der Nacht vom 17. auf den 18. August 1944 trifft Thälmann in Buchenwald ein. Nach dem Bericht eines Augenzeugen wird er von Angehörigen der Schutzstaffel (SS) über den KZ-Hof zum Krematorium geführt, auf dem Weg von hinten niedergeschossen und anschließend verbrannt.

*Ernst Thälmann, der im September 1925 die Leitung der KPD übernahm, bei einer Rede zum 1. Mai 1932 im Lustgarten in Berlin-Mitte*

## 19. AUGUST

## Freitod aus Furcht vor Verhaftung

Generalfeldmarschall Hans Günther von Kluge, Oberbefehlshaber West, begeht während einer Autofahrt Selbstmord.

Auf einer Fahrt von Frankreich ins Deutsche Reich nimmt er eine Giftkapsel. Kluge war am 16. August seines Kommandos enthoben und nach Berlin zitiert worden, da er der Beteiligung an der Verschwörung vom 20. Juli (→ S. 407) verdächtigt wird. Um der Verhaftung und zu erwartenden Hinrichtung zu entgehen, nimmt er sich das Leben. Vorher schreibt Kluge, der zwar von der Verschwörung gewusst hat, eine Mitarbeit am Staatsstreich jedoch verweigerte, einen ehrfurchtsvollen Abschiedsbrief an Adolf Hitler: »Gestatten Sie, mein Führer, in aller Ehrerbietung... Sollte[n] Ihre neuen, heiß ersehnten Kampfmittel... nicht durchschlagen, dann, mein Führer, entschließen Sie sich, den Krieg zu beenden... Mein Führer! Ich habe stets Ihre Größe und Ihre Haltung in diesem gigantischen Kampf und Ihren eisernen Willen... bewundert. Wenn das Schicksal stärker ist als... Ihr Genie, so ist das Fügung. Sie haben einen ehrlichen, ganz großen Kampf gekämpft...«

## 3. AUGUST

## Vergasungen von Sinti und Roma

Im Konzentrations- und Vernichtungslager Auschwitz-Birkenau werden zwischen dem 1. und 3. August 6432 Sinti und Roma vergast.

Es sind die letzten von 21 000 Angehörigen dieser ethnischen Minderheit, die aus allen Teilen Europas nach Auschwitz deportiert wurden. 10 718 von ihnen starben an den unmenschlichen Lagerbedingungen, 17 wurden erschossen und 3833 in andere Lager umquartiert. Die Sinti und Roma fallen, ähnlich wie die Juden, dem Rassenwahn des nationalsozialistischen Regimes zum Opfer. Sie werden verfolgt, verhaftet und ermordet. Bereits seit 1937 gelten sie als »Asoziale«, die nach dem Willen der NS-Führung von den »Reinrassigen« abgesondert werden sollen. Nach Kriegsausbruch wurden sie in Sammel- und Arbeitslager eingewiesen. Ab 1940 – in großem Umfang ab 1942 – begannen die Deportationen der Sinti und Roma in die Konzentrations- und Vernichtungslager, wo sie den Massenermordungen in den Gaskammern zum Opfer fielen. Ende November werden die Vergasungen eingestellt. Am 27. Januar 1945 wird das KZ Auschwitz befreit.

# Aufstand in Warschau

In Warschau bricht ein Aufstand der polnischen Heimatarmee Armia Krajowa (AK) unter General Tadeusz Bór-Komorowski gegen die deutsche Besatzungsmacht aus. Obwohl die Rote Armee nur wenige Kilometer vor der Stadt steht, kommt sie den Aufständischen nicht zu Hilfe.

Die polnische Heimatarmee will in Abstimmung mit der Londoner Exilregierung die polnische Hauptstadt aus eigener Kraft von der deutschen Besatzungsmacht befreien. Damit soll verhindert werden, dass der sowjetische Staats- und Parteichef Josef W. Stalin nach dem bevorstehenden Ein-

*General Bór-Komorowski, Führer der Aufständischen in Warschau*

marsch der Roten Armee in Warschau das mos-kauhörige Lubliner Komitee als Regierung einsetzen kann, das der Durchsetzung der territorialen Interessen Stalins auf Kosten polnischer Gebiete nicht im Wege steht.

Als die polnischen Aufständischen Moskau um Hilfe im Kampf gegen den gemeinsamen Feind bitten, lehnt Stalin mit Blick auf die geplante Regierungsübernahme ab, die durch die Niederwerfung der AK erleichtert wird. Die Westalliierten, die Stalin bedrängen, den Aufständischen zu Hilfe zu kommen, werfen zur Unterstützung Waffen, Munition und Nahrungsmittel über der Stadt ab. Die Aktionen werden dadurch erschwert, dass Stalin sich weigert, westalliierten Flugzeugen die Benutzung sowjetischer Flughäfen zur Zwischenlandung zu gestatten. Zudem werden die

möglichen Abwurfgebiete im Verlauf des Aufstands immer kleiner. Die Flüge werden am 18. September eingestellt. Ohne Hilfe von außen hat die polnische Heimatarmee trotz unerschütterlichem Kampfgeist keine reelle Chance. Der Aufstand steht vor dem Zusammenbruch.

Die AK-Mitglieder und die sie unterstützende Zivilbevölkerung sehen sich den in Ausrüstung und Stärke überlegenen deutschen Kräften gegenüber, die zudem brutal gegen die Aufständischen vorgehen. Zu den schwärzesten Tagen des Aufstands zählt der 5. August, als deutsche Einheiten unter der Führung des SS-Obergruppenführers Erich von dem Bach-Zelewski bei einem Vorstoß in das Aufstandsgebiet ein Blutbad anrichten, dem etwa 15 000 Zivilisten zum Opfer fallen. Männer, Frauen und Kinder werden zu Tausenden aus den Häusern geholt und erschossen. Soldaten dringen in Krankenhäuser ein, misshandeln und ermorden Patienten, Ärzte und Pflegepersonal.

Dieses Massaker ist nur der Anfang der Leiden für die Warschauer Bevölkerung. Im Laufe der Erhebung werden die Polen auf immer kleinerem Gebiet zusammengedrängt. Die Häuser liegen unter ständigem Beschuss deutscher Artillerie. Wasser und Nahrungsmittel werden knapp, Licht, Gas und Kanalisation funktionieren nicht mehr. Die Polen müssen ein Stadtviertel nach dem anderen aufgeben. Schon längst gehen die Absichten der deutschen Führung über die Niederschlagung des Aufstands weit hinaus. Warschau, ehemalige polnische Metropole und Zentrum des Widerstands, soll dem Erdboden gleichgemacht werden. Am 21. September führt Reichsführer SS Heinrich Himmler vor Befehlshabern der Wehrmacht aus: »Geschichtlich gesehen, ist es ein Segen, dass die Polen das machen. Über die fünf, sechs Wochen kommen wir hinweg. Dann aber ist Warschau, die Hauptstadt, der Kopf, die Intelligenz dieses einstmaligen 16-17-Millionen-Volkes der Polen ausgelöscht.« Ende September fallen Mokotow und Zolibor in die Gewalt der Deutschen. Als die AK nur noch einige Straßenzüge hält, entschließt sie sich, aufzugeben.

*Abgesandte der polnischen Heimatarmee schreiten durch das zerstörte Warschau auf die deutschen Kampfstellungen zu, um die Kapitulation anzubieten.*

*Polinnen in Warschau, die zu Tausenden in der Heimatarmee kämpfen*

*»Zur Sicherheit« werden den AK-Unterhändlern die Augen verbunden.*

*Ein polnischer Patriot, der sich im Kanalisationssystem Warschaus versteckt gehalten hatte, wird von deutschen Soldaten zum Herauskommen gezwungen.*

# ZWEITER WELTKRIEG

Deutsche Soldaten, die sich in einer Hausruine in Warschau verschanzt haben, im Feuergefecht mit den Kämpfern der polnischen Heimatarmee (AK)

Der deutsche SS-Obergruppenführer Erich von dem Bach-Zelewski (r.) empfängt den polnischen General Bór-Komorowski (l.) zu Übergabeverhandlungen.

Eine Frau, die mit hohem Fieber in einem Warschauer Keller aufgefunden wurde, wird in einem Liegestuhl zum Sammelplatz für Zivilgefangene getragen. Die Zivilbevölkerung leidet unter Wasser- und Nahrungsmittelknappheit.

Die Soldaten der polnischen Heimatarmee Armia Krajowa sind z.T. mit britischen Waffen ausgerüstet, die von den westlichen Alliierten über Warschau abgeworfen werden. Die UdSSR fürchtet, bei einem Erfolg des Aufstands ihre territorialen Forderungen gegenüber Polen nicht durchsetzen zu können.

Die Häuser der Warschauer Innenstadt liegen unter ständigem Beschuss der deutschen Artillerie; die Polen müssen ein Viertel nach dem anderen aufgeben.

# Alliierte Truppen landen in Südfrankreich

**Alliierte Truppen landen an der französischen Mittelmeerküste zwischen Toulon und Cannes (Deckname der Operation: »Dragoon«) und treffen kaum auf Widerstand.**

Die Streitkräfte, bestehend aus der 7. US-Armee mit dem VI. US-Korps und dem französischen II. Korps, treffen lediglich auf geringen deutschen Widerstand und stoßen in den folgenden Tagen rasch in Richtung Norden vor. Bereits in der Nacht auf den 15. August springen tausende britischer und US-amerikanischer Fallschirmjäger der 1. US-Luftlandedivision über der Provence ab. Fast 2000 Schiffe, darunter fünf Schlachtschiffe, 23 Kreuzer, Zerstörer, Truppentransporter und Landungsboote, nähern sich zur selben Zeit der französischen Riviera. Sie erreichen im Morgengrauen das Küstengebiet.

Nach heftigem Bombardement vom Meer und aus der Luft setzen die alliierten Truppen zur Landung an und gegen 8 Uhr betreten die ersten Soldaten fast gleichzeitig in den Buchten von Saint-Raphael, Saint-Tropez, Cavalaire und Anthéor französischen Boden. Zur Unterstützung der Landeoperation setzt die alliierte Luftwaffe rund 5000 Kampfflugzeuge ein.

Zur Überraschung der Alliierten treffen sie kaum auf Widerstand. Die deutschen Abwehrkräfte reichen bei weitem nicht aus, um eine Landung zu verhindern. Die französische Mittelmeerküste wird von der 19. deutschen Armee unter General Friedrich Wiese verteidigt. Dieser hatte jedoch schon Verbände an die Normandiefront und zur Bekämpfung der Résistance abtreten müssen, so dass er nur noch über sieben bodenständige Divisionen und eine Panzerdivision verfügt. Dem deutschen Oberkommando ist klar, dass der neuen Invasion (erste Invasion am 6.6., → S. 392) kein ernsthafter Widerstand entgegengesetzt werden kann und am 16. August erteilt der deutsche Führer und Reichskanzler Adolf Hitler den Befehl zum schrittweisen Rückzug aus Südfrankreich.

*Alliierte Luftlandetruppen, bestehend aus tausenden von Fallschirmjägern, gehen in Südfrankreich nieder, kurz bevor die Seestreitkräfte an der Küste landen.*

*Pierre Laval, Ministerpräsident des französischen Vichy-Regimes*

# Zusammenbruch des Vichy-Regimes

**Der deutsche Führer und Reichskanzler Adolf Hitler lässt den französischen Ministerpräsidenten Pierre Laval und am 20. August auch Staatschef Marschall Philippe Pétain verhaften.**

Er befürchtet, dass das Vichy-Regime, das seit 1940 in Kooperation mit den Deutschen regiert, angesichts der alliierten Siege und des deutschen Rückzugs in Frankreich womöglich die Fronten wechseln könnte. Tatsächlich hatten sowohl Laval als auch Pétain die Absicht, in ihrer provisorischen Hauptstadt Vichy auszuharren und dort die Alliierten zu erwarten. Sie hegten die Hoffnung, sich in Absprache mit den »Befreiern« an die Spitze einer Übergangsregierung stellen zu können. Als Laval von deutscher Seite aufgefordert wird, Vichy zu verlassen, nach Belfort umzuziehen und dort die Regierungsgeschäfte in deutschem Sinne weiterzuführen, weigert er sich. Daraufhin wird er am 17. August festgenommen. Das gleiche Schicksal ereilt Pétain: Er wird am 20. August mit Waffengewalt aus seinem Hotelzimmer entführt. Zunächst werden die beiden Politiker nach Belfort gebracht, am 8. September jedoch ins Deutsche Reich überführt und in Sigmaringen in Baden-Württemberg interniert. Damit ist die Vichy-Regierung endgültig zusammengebrochen.

*Deutsche Soldaten, die in Frankreich in alliierte Kriegsgefangenschaft geraten sind; im Hintergrund britische Panzer*

## 19. AUGUST

# Deutsche Armeen eingekesselt

Die Kesselschlacht bei Falaise in der Normandie endet mit einem Teilerfolg für die Alliierten. Es gelingt ihnen nach mehrtägiger Vorbereitung, die 7. deutsche Armee und Teile der 5. Panzerarmee einzukesseln.

Von den rund 125 000 deutschen Soldaten können sich jedoch im letzten Moment 50 000 unter hohen Verlusten und starken Materialeinbußen retten. Die Kesselschlacht hatte sich bereits seit einigen Tagen angebahnt. Sieben deutsche Armeekorps befanden sich am 15. August in einer 50 km langen und 20 km breiten Zone. Noch war der Rückzug nach Osten offen, aber die Lage verschärfte sich beinahe stündlich. Von Norden drängte die 1. kanadische Armee und von Süden die 1. US-Armee vor, um den Kessel zu schließen.

Da der Oberbefehlshaber der US-Armee, General Omar Nelson Bradley, zu lange zögerte, hatten die Deutschen Gelegenheit, einen Teil ihrer Truppen zu retten. In der Nacht vom 16. auf den 17. August gab Generalfeldmarschall Hans Günther von Kluge den Befehl, mit allen Kräften aus dem derzeit noch nicht ganz geschlossenen Kessel auszubrechen. Wegen Treibstoffmangel müssen alle Fahrzeuge zurückgelassen werden und die Soldaten machen sich zu Fuß auf den Weg. Starken Verbänden gelingt es, über die letzte intakte Brücke die Ostseite der Orne zu erreichen und schließlich zwischen Trun und Chambois über die Dives endgültig zu entkommen. Als die Alliierten den Rückzug der Deutschen bemerken, verstärken sie ihre Offensive. Doch erst am 19. August kann die 1. polnische Panzerdivision die letzte deutsche Stellung auf der Höhe des Ormel einnehmen und sich mit dem 317. US-Infanterieregiment vereinen: Der Kessel ist geschlossen. In einem Rechteck von 10 x 12 km sind mehr als 50 000 Soldaten zusammengedrängt; etwa genauso viele sind bereits entkommen. Einigen kleineren Verbänden gelingt noch der Ausfall.

*Oben: Brennende und zerschossene deutsche Militärfahrzeuge liegen entlang der Straße nach Falaise, auf der alliierte Kräfte vorstoßen; sie versuchen die über 100 000 deutschen Soldaten, die in einem immer kleiner werdenden Kessel zusammengedrängt sind, vollständig zu umzingeln, um sie dann zur Kapitulation zu zwingen. Viele Deutsche können jedoch noch durch eine Lücke im Kessel nach Osten entkommen; da sie über keinen Treibstoff mehr verfügen und die Versorgung aus der Luft absolut unzureichend ist, werden fast alle Fahrzeuge zurückgelassen. Die Männer der 7. Armee und der 5. Panzerarmee müssen sich zu Fuß auf den Weg machen.*

*Links: Kesselschlacht bei Falaise: Soldaten der alliierten Streitkräfte liegen auf der Lauer und warten auf weitere Befehle für einen Vorstoß gegen die feindlichen deutschen Verbände; diese leisten verbissenen Widerstand und es gelingt ihnen tatsächlich, bis zum 19. August eine etwa 8 km große Lücke in dem Kessel als Fluchtweg offen zu halten. Erst als die Hälfte der Eingeschlossenen entkommen ist, vereint sich die 1. polnische Panzerdivision mit dem 317. US-Infanterieregiment zur vollständigen Umzingelung; auch in den folgenden Nächten durchbrechen noch einige versprengte Trupps die alliierten Linien.*

25. AUGUST

# Paris feiert Befreiung

**Kurz nach Mitternacht ziehen freifranzösische und US-amerikanische Truppen in die Stadt ein. Gegen Mittag befinden sich alle wichtigen Stützpunkte in ihren Händen.**

Der deutsche Stadtkommandant von Groß-Paris, General Dietrich von Choltitz, entschließt sich entgegen einer strikten Anweisung Hitlers zur Kapitulation und bewahrt damit die Stadt vor der Zerstörung. Bereits am 19. August hatte in Paris angesichts der bevorstehenden Befreiung eine Erhebung gegen die deutsche Besatzung begonnen. Wehrmachtssoldaten wurden ermordet, deutsche Fahrzeuge in Brand gesetzt, die Polizeipräfektur und andere Gebäude besetzt.

Choltitz reagierte auf den Aufruhr nicht mit den erwarteten Repressalien, sondern bot am 20. August einen Waffenstillstand »bis zur deutschen

ZITAT

## »Halten oder in Trümmer legen«

*Am 23. August gibt der deutsche Führer und Reichskanzler Adolf Hitler telegrafisch den Befehl, Paris zu halten oder in ein Trümmerfeld zu verwandeln:*
»Die Verteidigung des Brückenkopfs Paris ist von entscheidender militärischer und politischer Bedeutung. Sein Verlust reißt die gesamte Küstenfront nördlich der Seine auf und nimmt uns die Basis für den Fernkampf gegen England. In der Geschichte bedeutete der Verlust von Paris aber auch bisher immer den Fall von ganz Frankreich... Innerhalb der Stadt muss gegen erste Anzeichen von Aufruhr mit schärfsten Mitteln eingeschritten werden, z.B. Sprengung von Häuserblocks, öffentliche Exekutierung der Rädelsführer, Evakuierung des betroffenen Stadtteils, da hierdurch eine weitere Ausbreitung am besten verhindert wird. Die Seinebrücken sind zur Sprengung vorzubereiten. Paris darf nicht oder nur als Trümmerfeld in die Hand des Feindes fallen.«

Räumung von Paris« an. Er erreichte damit zwar nicht die Beendigung der Kämpfe, aber immerhin eine Eindämmung des Aufstands. In den darauf folgenden Tagen kam es nur noch gelegentlich zu Zusammenstößen.

Der Einmarsch in Paris hat weniger militärische als vielmehr politische Bedeutung. Die unterschiedlichen nationalen Kräfte, genauso wie die Alliierten, haben ein Interesse daran, an der Befreiung direkt beteiligt zu sein, um daraus einen politischen Machtanspruch ableiten zu können. Die kommunistischen Führer der Résistance (→ S. 290) unterstützten den Aufstand in Paris. Ihr Ziel ist es, die wichtigsten Machtpositionen bereits zu besetzen, bevor General Charles de Gaulle, Führer der Provisorischen Regierung der französischen Republik, gemeinsam mit den Alliierten in Paris einmarschiert.

De Gaulle wiederum fürchtet nicht nur den kommunistischen Machtanspruch, sondern vor allem auch den Einfluss der Alliierten. Er forderte von ihnen, dass nicht US-amerikanische oder britische, sondern französische Verbände als Erste in der Hauptstadt einziehen.

Die Alliierten willigten ein und setzten die 2. französische Panzerdivison unter Marschall Jacques Philippe Marie Leclerc in Marsch auf Paris. Sie wurde von der 4. US-Infanteriedivision unterstützt.

Am Abend des 24. August stand Leclerc mit seinen Truppen vor den Toren der Stadt. Eine Abteilung stieß noch am selben Tag durch das 8. Arrondissement vor und erreichte gegen Mitternacht das Rathaus. Eine Stunde später beginnen die Glocken sämtlicher Pariser Kirchen mit einem feierlichen Geläut.

Am Morgen des 25. August wird der Befreiungsmarsch durch die von jubelnden Menschen bevölkerten Straßen von Paris fortgesetzt. Einheiten der 2. Panzerdivision fahren durch den Arc de Triomphe und über die Champs-Elysées, erreichen die Ecole Militaire, den Invalidendom sowie das Außenministerium und die Kommandantur auf der Place de l'Opéra. Die US-Verbände stehen gegen Mittag im Zentrum der Stadt. Um 12.30 Uhr flattert die Trikolore auf dem Eiffelturm.

*Laut jubelnd und feiernd begrüßt die Pariser Bevölkerung die westalliierten Truppen, die als Befreier in die französische Hauptstadt einmarschieren.*

*Eine riesige Menschenmenge hat sich vor dem Hôtel de Ville versammelt; sie bereiten den einziehenden US-Truppen einen begeisterten Empfang.*

*Britische Soldaten salutieren nach ihrem Einzug in die französische Hauptstadt vor dem Grabmal des unbekannten Soldaten am Arc de Triomphe.*

*General de Gaulle (in Uniform) an der Spitze eines Triumphzuges auf der Pariser Prachtstraße Champs-Elysées*

# Die Stunde de Gaulles

General Charles de Gaulle, Führer der Provisorischen Regierung der Französischen Republik, zieht unter dem Jubel der Bevölkerung in Paris ein.

Sein Siegesmarsch über die Champs-Elysées ist nicht ohne Risiko. In der Stadt befinden sich noch bewaffnete deutsche Soldaten, aber auch militante politische Gegner de Gaulles. Zudem bietet die Parade ein verlockendes Ziel für einen deutschen Luftangriff. De Gaulle nimmt das Wagnis auf sich; er will die Stunde der Befreiung nutzen, um sich feiern zu lassen und seine Macht zu zeigen. Aufrecht schreitet er – hinter sich sein Gefolge – über die Pariser Prachtstraße. Eine riesige Menschenmenge jubelt ihm zu. Selbst als Schüsse fallen und viele Menschen sich zu Boden werfen, setzt er unbeirrt seinen Weg fort.

*General Charles de Gaulle inspiziert die 2. französische Panzerdivision.*

*De Gaulle verlässt Notre-Dame nach dem Besuch eines Dankgottesdienstes.*

*Deutsche Soldaten, die in Paris stationiert waren und nach dem alliierten Einmarsch gefangen genommen und in einer Kaserne zusammengetrieben wurden*

*500 in einem Gebäude verbarrikadierte deutsche Soldaten kapitulieren; ein deutscher und ein französischer Offizier handeln die Übergabebedingungen aus.*

# Verfolgung der Kollaborateure

In den befreiten Gebieten Frankreichs beginnt ein blutiger Rachefeldzug gegen all diejenigen Personen, die in den vergangenen vier Besatzungsjahren mit den Deutschen kollaboriert haben.

Überall machen Widerstandskämpfer und erbitterte Zivilisten Jagd auf die einstigen Helfershelfer der Deutschen und befriedigen ihre lange aufgestauten Rachegelüste. Allein in den Wochen unmittelbar nach der Befreiung von Paris werden mehr als 11 000 Kollaborateure, häufig ohne Gerichtsverfahren, hingerichtet. Vor allem die Ex-Mitarbeiter der deutschen Schutzstaffel (SS) finden keine Gnade. Kollaborateure kleineren Kalibers müssen Demütigungen und Misshandlungen über sich ergehen lassen. Die aufgebrachte Menge reißt ihnen nicht selten die Kleider vom Leib und treibt sie durch die Straßen. Frauen, die sich mit deutschen Soldaten eingelassen haben, wird der Kopf kahl geschoren oder man hängt ihnen Schilder mit der Aufschrift »Ich habe mit den Boches gehurt« um den Hals.

*Umgeben von einer höhnenden Menschenmenge wird eine kahl geschorene Kollaborateurin gezwungen, in einen ihr vorgehaltenen Spiegel zu blicken.*

*Französische Kollaborateure in Gefangenschaft (Paris)*

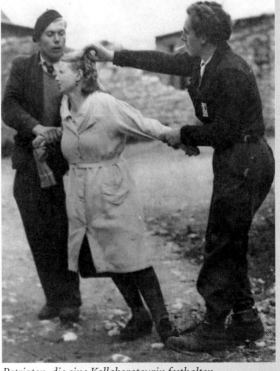

*Patrioten, die eine Kollaborateurin festhalten*

# Umsturz in Rumänien

Rumänien erklärt dem Deutschen Reich den Krieg. Erst zwei Tage zuvor war der deutschfreundliche Ministerpräsident Ion Antonescu gestürzt worden.

Der Auslöser für die Wende ist die Offensive der Roten Armee gegen die deutsche Heeresgruppe Südukraine, die seit dem 20. August gegen Rumänien zielt. König Michael hält es für erforderlich, sofort Waffenstillstandsverhandlungen mit der UdSSR aufzunehmen. Am 23. August forderte er Antonescu auf, die Beziehungen zum Deutschen Reich abzubrechen. Als Antonescu sich weigerte, ließ der König ihn und alle Kabinettsmitglieder verhaften. Schließlich beauftragte er Constantin Sanatescu mit der Bildung einer Regierung, die noch am selben Tag den Abbruch der Beziehungen zum Deutschen Reich erklärte. Das Volk und die Armee begrüßen den Wechsel. Hitler ordnete an, dass der »Putsch der Generals-clique um den König« niederzuschlagen sei. Nachdem Bukarest von der deutschen Luftwaffe angegriffen wurde, folgt die Kriegserklärung.

# Vernichtungslager werden evakuiert

Seit Juli sind angesichts des Vorrückens der Roten Armee mehrere deutsche Konzentrationslager östlich der Weichsel aufgelöst worden. 27 000 Juden wurden bisher nach Westen deportiert und in die Lager Auschwitz, Dachau und Bergen-Belsen überführt.

Am 23. Juli hatten sowjetische Truppen das Vernichtungslager Lublin-Majdanek befreit und der Weltöffentlichkeit erstmals Beweise für den nationalsozialistischen Massenmord vorgelegt. Um die NS-Verbrechen zu vertuschen, befahlen die NS-Behörden die Evakuierung der Lager im Frontbereich und ordneten die Beseitigung aller Spuren an. Die Verlegung bedeutet für viele Häftlinge den Tod. Sie sterben schon auf der Reise an Hunger und Erschöpfung.

*Der neue Staatspräsident Finnlands als Nachfolger von Risto Heihki Ryti und Oberbefehlshaber der Streitkräfte, Carl Gustaf Emil Freiherr von Mannerheim, begrüßt in der Hauptstadt Helsinki Mitglieder des finnischen Parlaments.*

## 1. AUGUST

## Mannerheim wird Staatschef

*Mannerheim, Staatschef von Finnland*

Der finnische Staatspräsident Risto Heikki Ryti zieht die Konsequenzen aus der politischen und militärischen Krise, in der sich sein Land befindet (→ S. 401), und tritt zurück.

Sein Nachfolger wird der Oberbefehlshaber der Streitkräfte, Carl Gustaf Emil Freiherr von Mannerheim. Mit dem Rücktritt Rytis fühlt sich Finnland nicht mehr an die mit dem Deutschen Reich getroffene Vereinbarung über die Fortsetzung der Waffenbrüderschaft gebunden.

## 29. AUGUST

## Revolte in der Slowakei

Angesichts der sich nähernden Roten Armee beginnt in der mittleren Slowakei ein nationaler Aufstand gegen die deutsche Besatzungsmacht.

Die Revolte, die eigentlich für einen späteren Zeitpunkt geplant war, entzündet sich vorzeitig als Reaktion auf den Einmarsch deutscher Truppen in die Westslowakei. Hitler hatte den Befehl zur militärischen Besetzung gegeben, da am 28. August meuternde slowakische Soldaten 22 deutsche Wehrmachtsoffiziere ermordet hatten. Hitler äußerte danach Befürchtungen, die Slowakei könne in naher Zukunft das Bündnis mit dem Deutschen Reich aufkündigen.

Die Aufständischen setzen den deutschen Einheiten erbitterten Widerstand entgegen. Während das 1. slowakische Armeekorps unter der Führung von Generalmajor Augustin Malar die einmarschierenden Truppen in schwere Kämpfe verwickelt, errichtet Oberstleutnant Jan Golian, Chef der revoltierenden Slowaken, in Neusohl (Banská Bystrica) eine eigene Verwaltung und nimmt Kontakt zu US-amerikanischen, britischen und sowjetischen Verbindungsoffizieren auf. Obwohl die Aufständischen keine nennenswerte militärische Unterstützung erhalten, setzen sie ihren Widerstand bis in den Oktober hinein fort.

## 3. AUGUST

## Polens Zukunft ist ungewiss

Stanislaw Mikolajczyk, Ministerpräsident der polnischen Exilregierung in London, trifft zu Gesprächen mit dem sowjetischen Partei- und Staatschef Josef W. Stalin in Moskau ein.

Die Verhandlungen, bei denen es um die Zukunft Polens geht, werden am 10. August ergebnislos abgebrochen. Eine Einigung scheitert an zwei Punkten: Stalin erklärt, dass er nicht das Kabinett Mikolajczyk, sondern das am 22. Juli gegründete, kommunistisch orientierte Lubliner Komitee als rechtmäßige Regierung Polens betrachtet. Zum anderen besteht er auf der von der Exilregierung abgelehnten Westverschiebung der Landesgrenzen.

*Stanislaw Mikolajczyk*

## 20. AUGUST

# Keine Bomben auf KZ

127 US-Bomber fliegen einen Angriff auf das Gelände des deutschen Konzentrationslagers Auschwitz-Birkenau. Gezielt zerstören sie die Werke zur Herstellung synthetischen Treibstoffs – die Vernichtungsanlagen bleiben unberührt.

Hätten die US-Maschinen ihre Bombenlast nur wenige Kilometer weiter abgeladen, so wäre die größte »Todesfabrik« des NS-Regimes mit ihren Gaskammern und Krematorien zerstört worden und das Leben vieler Menschen hätte vielleicht dadurch gerettet werden können. Schon seit längerer Zeit haben jüdische Kreise die Alliierten wiederholt aufgefordert, die ihnen gut bekannten Vernichtungsanlagen in deutschen KZ zu bombardieren. Obwohl die alliierten Luftstreitkräfte im Laufe des Krieges bewiesen haben, dass gezielte Bombardierungen durchaus möglich sind, haben die Verantwortlichen aus letztlich unklaren Beweggründen nie einen derartigen Befehl gegeben. Die Nachrichten, die die Alliierten über die Massenmorde in den Vernichtungslagern erreichten, wurden lange Zeit als Gerüchte abgetan.

## HINTERGRUND

## Anne Frank verhaftet

Anne Frank wird am 4. August mit ihrer Familie in Amsterdam von der Gestapo entdeckt und ins Deutsche Reich deportiert.

Am 14. Juli 1942 hatte sich die Familie in einem Hinterhaus versteckt. Am 4. August verhaftet die Gestapo alle Anwesenden und überführt sie in Konzentrationslager im Deutschen Reich. Anne Frank stirbt am 12. März 1945 im Konzentrationslager Bergen-Belsen. Als Einziger überlebt ihr Vater in Auschwitz.

*Eingang zum Hinterhausversteck*

## 3. SEPTEMBER

# Alliierte Truppen in Brüssel

Alliierte Truppen überschreiten an mehreren Stellen die Grenze nach Belgien. Sie treffen nur auf schwachen deutschen Widerstand, rücken rasch in nordöstliche Richtung vor und erreichen am selben Tag die belgische Hauptstadt Brüssel.

Starke US-amerikanische und britische Verbände betreten am Morgen des 3. September von Frankreich kommend belgischen Boden. Wäh-

### Aufruf an die Bevölkerung

US-General Dwight D. Eisenhower, Oberbefehlshaber der alliierten Streitkräfte in Europa, richtet am 4. September folgende Botschaft an die belgische Bevölkerung:

»Führt eure Operationen gegen den Feind gemäß den Bestimmungen des Kriegsrechts. Falls von deutschen Truppen Grausamkeiten gegen euch verübt werden, ersuchen wir euch, alle verfügbaren Beweismittel zu sammeln, besonders die Namen und die Einheiten der Urheber dieser Grausamkeiten, um den alliierten Truppen zu ermöglichen, die Schuldigen gerichtlich zur Rechenschaft zu ziehen. Hütet euch davor, Gewalttätigkeiten zu begehen. Ihr habt nun den Auftrag, die Fabriken, Bergwerke und anderen industriellen Anlagen gegen Sabotageakte zu schützen.«

rend die US-Truppen Richtung Charleroi marschieren, stoßen Panzerkräfte der 2. britischen Armee auf

Brüssel vor. Am Vormittag besetzen sie Tournai und wenige Stunden später erreichen sie die 80 km von der Grenze entfernt gelegene belgische Hauptstadt. Dort werden sie von der Bevölkerung mit großem Jubel und Begeisterung empfangen.

Die Deutschen hatten die Stadt bereits am Tag zuvor geräumt und ihren Abmarsch sogar über Rundfunk bekannt gegeben. Ein Sprecher hatte verkündet: »Wir wissen sehr wohl, dass viele von euch das Eintreffen der britischen und amerikanischen Soldaten mit Ungeduld erwarten. Wir können uns auch vorstellen, wie ihr die Straßen füllen und ausrufen werdet: ›Endlich sind die Befreier da!‹ Deshalb möchte ich euch schon heute warnend sagen: Vergesst nicht, dass wir wiederkommen werden.«

Der alliierte Vormarsch bleibt nicht in Brüssel stehen: Die Truppen rücken weiter nach Osten gegen deutsches Reichsgebiet und nach Norden in Richtung Niederlande vor. Am 4. September erreichen britische Verbände Antwerpen, am 6. September ziehen US-amerikanische Truppen in Lüttich ein. Die Deutschen können eine – wenn auch schwache – Frontlinie aufbauen.

Sie verläuft im Norden an der Schelde-Mündung bei Antwerpen, ostwärts bis zur Maas, dann südlich nach Aachen (→ S. 438) mit Anschluss an den Westwall, der bis in den Raum Trier reicht.

*Befreiung von Brüssel: Die Bevölkerung der belgischen Hauptstadt bereitet den einziehenden britischen Panzertruppen einen jubelnden Empfang.*

*Hunderttausende von feiernden Menschen säumen die Straßen der belgischen Hauptstadt, als die britischen Panzerverbände am 3. September einrollen.*

## HINTERGRUND

# Aktivitäten des Widerstands in Belgien

Als die Alliierten die belgische Grenze überschreiten, gehen die Widerstandsgruppen des Landes zum offenen Kampf gegen die deutsche Besatzungsmacht über. Ihr Anteil an der Befreiung Belgiens ist jedoch relativ gering, da nur ein kleiner Teil der Untergrundarmee mit Waffen und Munition ausgerüstet ist.

Bereits 1940, als deutsche Truppen Belgien besetzten (→ S. 55), waren die ersten Widerstandsgruppen entstanden. Ihre Koordination lag ab 1942 bei der belgischen Exilregierung in London. Es lassen sich im Wesentlichen zwei Richtungen unterscheiden: die Résistance Militaire (militärischer Widerstand) und die Résistance Civile (ziviler Widerstand). Der zivile Widerstand sah seine Hauptaufgabe im Aufbau einer Nachrichtenorganisation und einer Untergrundpresse. Bereits 1940 erschien die erste Widerstandszeitung »Libre Belgique«. Ihr folgten rd. 300 verschiedene Unter-

grundzeitungen. Daneben wurde ein umfassendes Nachrichtensystem aufgebaut. Schon 1942 gab es 35 Informationsnetze, die teilweise einen sehr hohen technischen Standard aufwiesen und Mitteilungen im Lande bzw. nach London weiterleiteten.

Von den neben dem zivilen Widerstand entstandenen militärischen Untergrundgruppen sind als wichtigste Organisationen zu nennen: L'Armee belge des Partisans du Front de l'Independance, Mouvement national belge und Legion belge. Diese Gruppen verlegten sich auf Sabotageunternehmen und gingen ab Mitte 1944 auch zu direkten Angriffen auf deutsche Einrichtungen über. Da die belgische Exilregierung befürchtete, dass die Untergrundarmee militärisch und politisch zu stark werden könnte, sorgte sie in Absprache mit den Alliierten dafür, dass Waffenlieferungen gedrosselt wurden.

## 11. SEPTEMBER

# Morgenthaus Plan für Deutschland

US-Präsident Franklin Delano Roosevelt und der britische Premierminister Winston Churchill treffen zu einer Konferenz in Quebec zusammen. Neben einer Aussprache über die militärische Lage geht es um den von US-Finanzminister Henry Morgenthau jr. vorgelegten Plan für die Neuordnung des Deutschen Reiches nach Kriegsende.

Der Morgenthau-Plan sieht einen Straffrieden vor, der das Deutsche Reich auf die Stufe eines Agrarlandes zurückführen und in politische und wirtschaftliche Bedeutungslosigkeit abdrängen soll. Geplant ist neben einer völligen Entmilitarisierung die Stilllegung bzw. Demontage von Industriewerken. Das Land soll 20 Jahre unter wirtschaftliche Kontrolle gestellt werden. Nach Abtretung Ostpreußens, Südschlesiens, des Saarlandes, des Gebietes zwischen Mosel und Rhein sowie der Bildung einer internationalen Zone, die das nördliche Rheinland, Westfalen, die Nordseeküste sowie die Häfen Bremen, Hamburg und Bremerhaven umfasst, soll der Rest in zwei dezentralisierte Staaten aufgeteilt werden. Während Roosevelt dem Plan grundsätzlich positiv gegenübersteht, äußert Churchill größte Bedenken. Da

US-Präsident Franklin Delano Roosevelt (2.v.l.) und der britische Premierminister Winston Churchill (3.v.l.) in Quebec

er jedoch zur Sicherung der britischen Nachkriegswirtschaft einen US-Kredit erwartet, lenkt er ein.

Am 15. September unterzeichnen beide Politiker einen Plan, der in einigen Punkten abgemildert ist, aber grundlegend immer noch die Absicht verfolgt, das Deutsche Reich in ein Land zu verwandeln, das »in erster Linie einen landwirtschaftlichen und ländlichen Charakter hat«. Die Unterzeichnung des Plans stößt auf erbit-

terte Kritik seitens des britischen und des US-Außenministers, Robert Anthony Eden und Cordell Hull, sowie des US-Kriegsministers Henry Lewis Stimson. Dieser nennt Morgenthaus Friedensvorschläge »ein Verbrechen gegen die Zivilisation«.

Am 21. September gelangt das Programm durch eine Indiskretion an die Öffentlichkeit. Die Reaktionen sind überwiegend negativ und Roosevelt sieht sich gezwungen, am 22. Septem-

ber seine Unterschrift zurückzuziehen. Der Plan spielt daraufhin bei den alliierten Staaten keine Rolle mehr. Dem deutschen Reichspropagandaminister Joseph Goebbels kommen Morgenthaus Vorschläge gelegen. Mit dem Hinweis auf das Schicksal, das die »internationale Judenclique unter Morgenthau« einem besiegten deutschen Volk zugedacht habe, gelingt es ihm, den Durchhaltewillen der Deutschen noch einmal zu mobilisieren.

Pressekonferenz nach den Gesprächen von Quebec; Churchill (l.) teilt mit, dass die Verhandlungen in vollkommener Einigkeit stattgefunden hätten.

Churchill (im Wagen hinten l.) bei der Abfahrt aus Quebec, wo er sich mit Roosevelt auf einen harten Straffrieden für das Deutsche Reich geeinigt hat.

# Franklin D. Roosevelt – Strategie und Vision

*Der wiedergewählte US-Präsident Franklin Delano Roosevelt tritt in Washington am 20. 1. 1941 seine dritte Amtsperiode an. Aus dem offenen Wagen heraus winkt er der jubelnden Menge zu. Links neben ihm seine Frau Eleanor.*

### PARALLELEN ZWISCHEN HITLER UND ROOSEVELT?

Die Ähnlichkeiten resultierten eher aus den ähnlichen und ähnlich gewaltigen Problemen, denen sich beide bei Regierungsantritt gegenüber sahen. Die Weltwirtschaftskrise hatte sowohl den Hauptschuldner unter den Industriestaaten (Deutschland) wie den größten Gläubiger der Welt (die Vereinigten Staaten) besonders hart getroffen und beide Völker an den Rand der Leidensfähigkeit gebracht. Roosevelt wie Hitler verdankten daher ihren Aufstieg der verzweifelten Suche nach einem Rettungsanker und ihrer vergleichbar suggestiven Rhetorik, natürlich bei höchst unterschiedlichen Botschaften. Maßnahmen des »Führers« wie »Arbeitsschlacht« und deficit spending (kreditfinanzierte Wirtschaftsankurbelung) ähnelten daher zwangsläufig denen des »Führers der großen Armee unseres Volkes«, wie Roosevelt sein Selbstverständnis in der Antrittsrede auf die Formel brachte. Schon diese Terminologie wies beide als virtuose Propagandisten aus, die den sich verbreitenden Rundfunk geschickt zu nutzen verstanden, ob Hitler mit dem Ritus der »Führerreden« oder FDR mit den legendären wöchentlichen »fireside chats« (Kaminplaudereien) aus seinem Wohnzimmer des Landsitzes Hyde Park. Ebenfalls ähnlich waren sich die weltpolitischen Gegner

Franklin D[elano] Roosevelt trat am 4. März 1933 sein Amt als 32. US-Präsident an, nur 33 Tage nach Hitlers Ernennung zum Reichskanzler. Am 12. April 1945 starb er in Warm Springs (Georgia) an einer Gehirnblutung, nur 18 Tage vor dem Selbstmord seines Gegenspielers. Roosevelts Regierungszeit deckte sich damit fast genau mit der Lebensdauer des Dritten Reiches, dessen Überwältigung nicht zuletzt seinem entschlossenen Kampf gegen den deutschen Diktator zu danken war.

Trotz dieser erbitterten Feindschaft gab es Parallelen zwischen den ungleichen Gegnern, wenn auch bei weitem nicht in dem Maße, wie es Kritiker gern behaupteten - so beispielsweise Roosevelts Amtsvorgänger Hoover, der in seinen Memoiren den Nachfolger einen skrupellosen Machtpolitiker nannte und seinen wirtschafts- und sozialpolitischen Kurs des »New Deal« als faschistisch brandmarkte.

*Roosevelt und seine Frau während einer Mußestunde auf der Veranda ihres Anwesens in Hyde Park (New York) mit ihrem schottischen Terrier*

im virtuosen Umgang mit den Institutionen. Doch während Hitler bewusst rivalisierende Instanzen (»Polykratie«) zur Sicherung seiner alleinigen Macht schuf, dienten sie Roosevelt als Stimulanz für kreativen Wettbewerb.

Spätestens hier aber enden auch die bloß formalen Parallelen zwischen dem aus dem Nichts aufgestiegenen Weltkriegsgefreiten, der nur tiefste Verachtung kannte für die Demokratie als »nichtssagende Herrschaft der Zahl«, und dem am 30. Januar 1882 geborenen New Yorker Patrizier, der sich jederzeit seiner Stellung als gewählter - und damit im Prinzip eben auch absetzbarer - Repräsentant seines Volkes bewusst blieb.

## AUFSCHWUNG DURCH DEN »NEW DEAL«

Entfernt verwandt mit »Teddy« Roosevelt, dem 26. Präsidenten der USA, aber anders als dieser Demokrat, war Franklin Delano Roosevelt (gängige Kürzel: FDR) 1910 zum Senator des Staates New York gewählt worden. Er war ein entschiedener Parteigänger von Präsident Wilson (1913–1921) und bis 1920 dessen Unterstaatssekretär für die Marine, bewarb sich erfolglos 1920 um den Posten des Vizepräsidenten und musste sich 1921 nach einer Erkrankung an Kinderlähmung (Poliomyelitis) aus der Politik zurückziehen. Nach zähem Kampf gegen die Behinderung gelang ihm 1929 mit der Wahl zum Gouverneur von New York das Comeback und in der beginnenden Wirtschaftskrise die Profilierung als ideenreicher Sozialpolitiker. Das Image brachte ihm 1932 mit über 57 Prozent der Stimmen den triumphalen Sieg in der Präsidentschaftswahl.

Angetreten mit der Parole, »die Reichen etwas weniger reich und die Armen etwas weniger arm« zu machen, bewirkte er

*Roosevelt und Churchill auf der Casablanca-Konferenz im Januar 1943*

den USA hielt, wurde zum Markenzeichen der ersten Phase der Präsidentschaft, erzielte aber erheblich langsamer Wirkung als in Deutschland Hitlers Kurs, der sehr bald durch die einsetzende Aufrüstung gestützt wurde.

## ROOSEVELT UNTERSTÜTZT DIE KRIEGSGEGNER

Obwohl auch Roosevelt bei zunehmend gespannter Weltlage intensiv über eine umfassende Aufrüstung nachdachte, waren ihm durch den herrschenden Isolationismus in den USA lange die Hände gebunden (1935 Neutralitätsgesetz, Verbot von Waffenlieferungen an Krieg führende Staaten). Erst nach der Wiederwahl 1936 wandte er sich zunehmend außenpolitischen Fragen zu, bemüht, Amerikas Gewicht zur Geltung zu bringen. Einen ersten Schritt aus der Reserve tat er am 5.10.1937 mit der »Quarantäne-Rede« in Chicago, als er vor der aggressiven Politik der Achsenmächte warnte: »Wenn sich eine Epidemie auszubreiten beginnt, dann tut sich die Gemeinschaft zusammen und isoliert (quarantines) den Patienten ... Krieg, erklärt oder nicht erklärt, ist ansteckend.«

Nach Kriegsbeginn dehnte Roosevelt am 4. 11. 1939 die Cash-and-carry-Klausel (Lieferung gegen Barzahlung vor Ausfuhr) auch auf Waffen aus und förderte damit die Westmächte. Als von denen schließlich nur noch Großbritannien

*Ein Bild aus dem Präsidentschaftswahlkampf 1932: Die Demokraten Roosevelt und John N. Garner während einer Bahnfahrt. Roosevelt gelingt ein deutlicher Wahlsieg gegen seinen Vorgänger Herbert Hoover (1874–1964).*

mit einer Flut von Gesetzen und Verordnungen allein in den ersten hundert Tagen seiner Amtszeit so etwas wie eine Revolution des amerikanischen Wirtschafts- und Wertesystems durch erste Schritte auf dem Weg vom schrankenlosen und ungehemmten Wirtschaftsliberalismus zum Sozialstaat. Dieser »New Deal« (Neuverteilung), inspiriert auch von Hjalmar Schacht, Hitlers Wirtschaftsberater, der damals Vorträge in

*Durch die sozialen Maßnahmen des »New Deal« sicherte sich Roosevelt eine breite Zustimmung der Bevölkerung. Hier versammeln sich Briefträger auf den Stufen des Pennsylvania Post Office in New York mit ihren Anträgen zur Sozialversicherung.*

blieb, ging er, inzwischen zum dritten Mal gewählt, am 11. 3. 1941 mit dem Leih- und Pachtgesetz (Lieferung von kriegswichtigen Gütern ohne Bezahlung) offen zur Unterstützung der Kriegsgegner Deutschlands über (September 1941 Einbeziehung der UdSSR in die Lieferungen). Roosevelts Begründung: »Wenn das Haus meines Nachbarn brennt, und ich habe in meinem Garten einen Schlauch liegen, dann sage ich nicht: 'Nachbar, der Schlauch hat mich 15 Dollar gekostet, die musst du mir zahlen.' Vielmehr leihe ich ihm den Schlauch und erwarte, dass ich ihn zurück bekomme, wenn der Brand gelöscht ist.« Die gemeinsame Konferenz mit Churchill im August 1941 und die dabei verkündete Atlantik-Charta zeigten, dass FDR nur noch ein geeigneter Vorwand zum Kriegseintritt fehlte. Vor allem ein Waffengang gegen Deutschland war in den USA höchst unpopulär, so dass dem Präsidenten zunächst nur geschicktes Lavieren blieb und energische Hilfe für den bedrohten Gegner des Reiches.

*Der Physiker Albert Einstein (1879–1955) informiert Roosevelt 1939 darüber, dass in Deutschland Uranexperimente vorgenommen werden und dass die Möglichkeit zum Bau einer Atombombe besteht.*

*Am 8.12.1941 unterzeichnet der amerikanische Präsident Franklin D. Roosevelt die Kriegserklärung gegen Japan.*

### KRIEGSEINTRITT DER USA

Dass aber das Schicksal der Welt letztlich an Roosevelt hing, erkannte sogar ein eigentlich fern Stehender wie der deutsche Dichter und Emigrant Thomas Mann, der im Januar 1941 bei den Roosevelts zu Gast war. Brieflich äußerte er sich über den »Rollstuhl-Cäsar«, wie er den angehenden Commander-in-chief der mächtigsten Militärmaschine der Welt titulierte: »So etwas wie Segen ist auf ihm, und ich bin ihm zugetan als dem, wie mir scheint, geborenen Gegenspieler gegen Das, was fallen muss. Hier ist einmal ein Massen-Dompteur modernen Stils, der das Gute oder doch das Bessere will und der es mit

*Gouverneurswahlen in New York 1928; von links nach rechts: Henry Morgenthau (Diplomat in den USA), Herbert H. Lehman (Regierungsmitglied), F. D. Roosevelt (Gouverneur von New York), Maurice Block und Howard Cullman (Führer der Demokraten)*

uns hält. Wie sollte ich es nicht mit ihm halten? Ich bin gestärkt von ihm gegangen.« Dabei konnte der deutsche Besucher nicht ahnen, wie rasch der Präsident beim Kampf gegen »Das, was fallen muss«, also gegen Hitler, auch in seine militärstrategische Rolle hineinwachsen würde.

Der Überfall Japans auf Pearl Harbor am 7.12.1941, den Roosevelt mit einer harten Embargo-Politik förmlich provoziert hatte, über den er aber trotz nicht verstummender Gerüchte wohl nicht direkt unterrichtet war, bot die Gelegenheit zum militärischen Handeln. Gegen Deutschland wäre sie allerdings immer noch kaum zu instrumentalisieren gewesen, wenn nicht der deutsche Tyrann dem Präsidenten den Gefallen einer völlig wahnwitzigen Kriegserklärung (11.12.1941) getan hätte. Und so wurde nicht Japan, sondern wie von Roosevelt immer angestrebt Deutschland – nach dem Stoppen der

*Am 15. August 1945 unterzeichnet Japan nach den Atombombenabwürfen auf Hiroshima und Nagasaki die bedingungslose Kapitulation.*

japanischen Offensive bei Midway (4.6.1942) - Kriegsgegner Nr. 1. Diese »Germany first«-Strategie, von Rosevelt auf der Casablanca-Konferenz mit Churchill im Januar 1943 festgelegt, stand hinter den Landungen der Alliierten in Nordafrika (November 1942), auf Sizilien (Juli 1943), in Italien (September 1943) und schließlich in der Normandie (Juni 1944), von wo der Vormarsch gegen das von der alliierten Luftoffensive angeschlagene Deutsche Reich begann.

Roosevelt formulierte in Casablanca auch die unglückliche Forderung nach bedingungsloser Kapitulation, die ungewollt der Propaganda der Nationalsozialisten in die Hände arbeitete. Der Präsident hielt sich für einen besonders guten Deutschland-Kenner, da er 1890/96 seine Eltern zur Kur in den Schwarzwald begleitet, Radtouren durch das Land gemacht und sogar drei Monate eine Volksschule in Bad Nauheim besucht hatte. Er hielt die Deutschen für unheilbar und dauerhaft geprägt vom »Militarismus« und pflegte eine tiefe Abneigung gegen das »preußische Junkertum«, woran vermutlich auch der Versuch von Adam von Trott zu Solz 1940 scheiterte, Roosevelt für die Unterstützung der deutschen Widerstandsbewegung zu gewinnen.

Die zeitweilige wohlwollende Erwägung des Morgenthau-Plans zu einer Reagrarisierung des besiegten Deutschlands hatte hier wohl ebenfalls ihre Wurzeln. Auch dieser Plan war Wasser auf die Mühlen eines Goebbels, der ihn als »von Hass und Rache diktiert« hinstellte. Und selbst im eigenen Lager stieß er auf scharfe Kritik. Kriegminister Stimson etwa qualifizierte ihn als »wildgewordenen Semitismus«. Dabei spielte in den Augen von FDR der Rachegedanke, wenn überhaupt, weit weniger eine Rolle als die Absicht, den Deutschen einen radikalen Neuanfang in ländlicher Friedfertigkeit zu ermöglichen – naiv vielleicht, aber sicher nicht bösartig bei einem Mann, der stets das Landleben gepriesen und einen Hang zu agrarromantischen Vorstellungen nie verborgen hatte.

### ROOSEVELTS STRATEGIE

Die Übermacht des amerikanischen Rüstungspotentials machte Roosevelt zur tonangebenden Figur auf den Konferenzen der Alliierten in Casablanca (Januar 1943), Quebec (August 1943 und September 1944), Kairo (November 1943), Teheran (November/ Dezember 1943) und Jalta (Februar 1945); aus dem »Dr. New Deal«, wie er anfangs genannt worden war, wurde »Dr. Win-the-War«. Auf den Konferenzen entwickelte er bereits Visionen für eine Nachkriegsordnung, während er anders als Churchill die militärischen Details den Fachleuten überließ. Gern unterhielt er sich zwar mit dem

## DAS ENDE ROOSEVELTS

englischen Verbündeten über die anstehenden Operationen, doch mischte er sich nicht in den Planungen der Stäbe ein, sondern beschränkte sich auf Zielvorgaben und die Schaffung der nötigen politischen Voraussetzungen.

Stimmte er zunächst noch Churchills »Strategie der Peripherie« zu, dem Angriff vom Mittelmeerraum her gegen das von Deutschland beherrschte Europa (gegen dessen »weichen Bauch«), so machte er sich später Stalins Forderung nach direktem Stoß über den Ärmelkanal zueigen, was zur Preisgabe Osteuropas an die Rote Armee führte. Der Präsident sah dies so gut wie der nachdrücklich davor warnen-

*Auf einem Kriegsmarineschiff verhandelt Roosevelt am 20. 2. 1945 mit dem saudi-arabischen König Ibn Saud.*

de britische Freund, doch hielt er Stalin, den er verniedlichend »Uncle Joe« nannte, für einen verlässlichen Partner und wollte ihn zudem für den Sieg in Fernost pflegen. Dass dieses Werben gar nicht mehr nötig war, ahnte Roosevelt nicht, denn er überschätzte Japan und erlebte nicht mehr die furchtbarste und machtvollste Frucht der eigenen Kriegsanstrengungen, die Einsatzreife der mit gigantischem Aufwand entwickelten Atombombe, die er knapp ein Jahr nach dem Schreiben von Albert Einstein vom 2.8.1939 in Auftrag gegeben hatte und die ihn von allen Bündnissen unabhängig gemacht hätte.

Als sich Roosevelt 1944 zum vierten Mal zur Wahl stellte, war er bereits von Krankheit gezeichnet. Militärisch hatte er sein Feld bestellt und die Combined Chiefs of Staff (das alliierte Oberkommando) auf das Niederringen zuerst Hitlers und dann Japans eingeschworen. Die Generäle, allen voran Dwight D. Eisenhower, der Oberkommandierende in Europa, hatten ihn als einen umsichtigen Dienstherren schätzen gelernt, der ihre Forderungen politisch durchsetzte und dem gegenüber sie daher bedingungslos loyal waren. Ein Konflikt wie zwischen Roosevelts Nachfolger Truman und General MacArthur im Korea-Krieg (1951) wäre undenkbar gewesen. Roosevelts Tod knapp vier Wochen vor dem Kriegsende in Europa traf sie daher ebenso tief wie den verbündeten und befreundeten Churchill, der bei der Londoner Trauerfeier am 17. April die Tränen nicht zurückhalten konnte.

Das Ende des Präsidenten löste dagegen im Berliner Führerbunker unter der Reichskanzlei noch einmal Illusionen über eine denkbare Kriegswende und über ein Zerbrechen der »widernatürlichen Koalition« von Kapitalisten und Bolschewisten aus. Mit dem amerikanischen Staatschef verschwand für Hitler ja der »Judenknecht« und »Hauptschuldige an diesem Kriege« (Rede anlässlich der deutschen Kriegserklärung vom 11.12.1941). Anfangs hatte Hitler die Tatkraft des Präsidenten bewundert: »Roosevelt ist mir sympathisch, denn er marschiert gerade auf sein Ziel, ohne sich um den Kongress, die ‚lobbies' und sture Bürokraten zu kümmern« (Interview der New York Times, August 1933). Später wurde der so fehl eingeschätzte Amerikaner für den deutschen Autokraten zum Inbegriff des »Plutokraten«.

Roosevelt war der am längsten amtierende Präsident der gesamten amerikanischen Geschichte (nach ihm wurde die Präsidentschaft auf zwei Amtsperioden beschränkt), und ist bis heute der umstrittenste wegen seiner »weichen« Linie gegenüber Stalin. Doch wenn auch seine zwölf Jahre so wenig bewältigt sind wie die gleichzeitigen deutschen hier zu Lande, so ist auch diese Parallele selbstverständlich keine inhaltliche.

*Nach dem Überfall auf Pearl Harbour ließ Roosevelt die militärischen Atomforschungen mit großem Druck vorantreiben. Den Abwurf der Atombomben auf Hiroshima und Nagasaki im August 1945 und die verheerenden Auswirkungen hat Roosevelt nicht mehr miterlebt. Er starb am 12. April 1945.*

*Lastensegler, die Soldaten und Material in die Einsatzgebiete transportieren, in den Niederlanden*

## 17. SEPTEMBER

# Landung bei Arnheim

**Im Raum Arnheim/Nimwegen/ Eindhoven in den Niederlanden beginnt das größte Luftlandeunternehmen des Zweiten Weltkrieges.**

Die Alliierten setzen 35 000 Fallschirmspringer ab, die Brückenköpfe am Wilhelmina-Kanal und an Maas, Waal und Rhein errichten sollen, um dann den Rhein bei Arnheim zu überqueren und von Norden gegen das Ruhrgebiet vorzustoßen. Die alliierte Landeoperation scheitert jedoch und bedeutet einen letzten großen Abwehrsieg für die deutschen Kampfverbände.

Die eigentliche Landung der Fallschirmtruppen geht reibungslos vor sich. Die 101. US-Luftlandedivision wird zwischen Veghel und Zon abgesetzt, die 82. US-Luftlandedivision südlich von Nimwegen und die 1. britische Luftlandedivision nördlich des Rheins bei Arnheim. Während die US-Einheiten wie geplant die wichtigsten Brücken einnehmen können, geraten die Briten in Schwierigkeiten. Es gelingt ihnen nicht, sich der Brücke bei Arnheim zu bemächtigen und im Laufe der folgenden Tage werden sie immer stärker von dem deutschen II. SS-Panzerkorps bedrängt. Sie müssen sich am 25. September ergeben. Von über 10 000 bei Arnheim gelandeten Soldaten finden 8000 den Tod oder geraten in Gefangenschaft.

*Brücke über den Lek in Arnheim; westlich der Stadt hat sich – bedrängt von dem deutschen II. SS-Panzerkorps – die 1. britische Luftlandedivision zusammengezogen. Die Landung der Briten nordwestlich von Arnheim war reibungslos vonstatten gegangen. Doch anstatt sofort die strategisch wichtige Brücke einzunehmen, entschließt sich der britische Oberbefehlshaber C. D. Frost, den Morgen auf dem rechten Flussufer abzuwarten. Die Deutschen nutzen diesen Aufschub, um ihre Kräfte zusammenzuziehen und die Briten am 18. September anzugreifen. Da die Alliierten den Bedrängten wegen des schlechten Wetters keine Lufthilfe leisten können und ihre Erdkampftruppen nicht durchkommen, muss C. D. Frost am 25. September kapitulieren.*

*6 km vor Arnheim: Soldaten der 1. britischen Luftlandedivision, die im Kampf gegen die Deutschen gefallen sind*

25. SEPTEMBER

# Das letzte Aufgebot des Reiches

Ein Erlass des deutschen Führers und Reichskanzlers Adolf Hitler bestimmt, dass alle waffenfähigen Männer im Alter von 16 bis 60 Jahren zum »Volkssturm« einberufen werden können, um den »Heimatboden« zu verteidigen. Mit der Aufstellung der ersten »Volkssturm«-Bataillone wird am 18. Oktober begonnen.

Die Organisation des »Volkssturms« liegt bei der Nationalsozialistischen Deutschen Arbeiterpartei, ihren Gauen und Gauleitern. Reichsminister Martin Bormann, Leiter der Parteikanzlei, soll die Rekrutierung übernehmen, Reichsführer SS und Innenminister Heinrich Himmler unterstützt die militärische Führung.

Als Aufgaben für den »Volkssturm« sind vorgesehen: Besatzung in Grenz- und Festungsbereichen, Verteidigung von Ortschaften, Bau und Sicherung von Panzersperren, Objektschutz, Bau- und Schanzarbeiten an der Front, Nachschubdienst, Einsatz als Räumungs- und Begleitkommando, als Panzerjägerkommando sowie Spreng- und Spezialkommando, Wehrmachtseinsatz. Das Aufgebot des »Volkssturms« besteht in der Mehrzahl aus alten Männern und Jungen – die Männer der mittleren Jahrgänge sind bereits an der Front. Die Ausrüstung und Ausbildung dieser notdürftig zusammengestellten Kampftruppen ist unzureichend.

Nach wenigen Stunden militärischer Schulung erhalten die Eingezogenen eine Armbinde mit dem Aufdruck »Deutscher Volkssturm – Wehrmacht« sowie ein Soldbuch und gelten damit bereits als reguläre Soldaten der deutschen Wehrmacht. Ausgerüstet wird der »Volkssturm« mit Beutewaffen – italienische Karabiner, sowjetische, tschechische, italienische und französische Panzerabwehrkanonen – oder mit dem speziell für dieses letzte Aufgebot konstruierten einfachen und Material sparenden »Volksgewehr«. Häufig steht nicht einmal genügend Munition zur Verfügung. Viele der Männer kämpfen auch nur mit Panzerfäusten bewaffnet. Beinahe eine Million deutscher Kinder, Greise und Kranker werden zum »Volkssturm« eingezogen. Häufig setzt man sie für militärisch sinnlose Aktionen ein. Zehntausende sterben auf diese Weise noch in den letzten Kriegsmonaten, werden verwundet oder geraten in Gefangenschaft.

Auch in der deutschen Bevölkerung bestehen Zweifel an der Effektivität dieser letzten Kampftruppen. In Spottversen heißt es: »So wollen wir den Feind erwarten,/des Führers letztes Aufgebot,/ durch Panzerschreck im Schrebergarten/zum Reichsfamilienheldentod./Wir hissen die zerfetzten Segel/ und wandern froh an Hitlers Stab/ Mit Mann und Maus und Kind und Kegel/ ins Massengrab, ins Massengrab.«

*Ein Bataillon des deutschen »Volkssturms«; alte Männer marschieren gemeinsam mit halbwüchsigen Jungen in den Kampf.*

ZITAT

## »Totaler Einsatz aller Deutschen«

*Der Erlass des deutschen Führers und Reichskanzlers Adolf Hitlers über die Bildung des »Volkssturms« zur Reichsverteidigung wird mit folgendem Aufruf eingeleitet:*

»Nach fünfjährigem schwerstem Kampf steht infolge des Versagens aller unserer europäischen Verbündeten der Feind an einigen Fronten in der Nähe oder an den deutschen Grenzen. Er strengt seine Kräfte an, um unser Reich zu zerschlagen, das deutsche Volk und seine soziale Ordnung zu vernichten, sein letztes Ziel ist die Ausrottung des deutschen Menschen... Dem uns bekannten totalen Vernichtungswillen unserer jüdisch internationalen Feinde setzen wir den totalen Einsatz aller deutschen Menschen entgegen... Zur Verstärkung der aktiven Kräfte unserer Wehrmacht und insbesondere zur Führung eines unerbittlichen Kampfes überall dort, wo der Feind den deutschen Boden betreten will, rufe ich daher alle waffenfähigen, deutschen Männer zum Kampfeinsatz auf.«

8. SEPTEMBER

# »V 2«-Rakete gegen London

Von einer Startrampe bei Den Haag wird zum ersten Mal die in der Raketenversuchsanstalt Peenemünde entwickelte »V 2« (V = Vergeltungswaffe) in Richtung London abgeschossen. Die »V 2« ist die erste große ballistische Rakete der Welt.

Im Gegensatz zu der erstmals am 12. Juni (→ S. 398) eingesetzten »V 1« kann die »V 2« wegen ihrer enormen Geschwindigkeit (bis 5630 km/h) und ihrer Flughöhe (maximal 96 km) nicht abgefangen werden. Die einzige wirksame Verteidigung gegen die Rakete besteht in der Zerstörung der Abschusseinrichtungen. Die 14 m lange »V 2« kann rund eine Tonne Sprengstoff über eine Reichweite von nahezu 320 km transportieren. Auch ohne Gefechtskopf hinterlässt ihr Einschlag einen Krater von etwa 13 m Tiefe und 36 m Durchmesser.

Die »V 2«, entwickelt unter Wernher Freiherr von Braun, ist der Vorläufer der Weltraum- und Interkontinentalraketen. Die erste gegen Großbritannien eingesetzte neue »Wunderwaffe« schlägt etwa fünf Minuten nach ihrem Start in der Haveley Road im Londoner Vorort Chiswick ein. Der angepeilte Zielpunkt, die Londoner Feuerwehrwache in der Southwark Bridge Road, wird zwar um 10 km verfehlt, dafür werden sechs Wohnhäuser völlig zerstört und mehrere andere Gebäude beschädigt. Drei Menschen sterben, etwa 20 erleiden ernsthafte Verletzungen. Der Beschuss von London und Südostengland mit der »V 2«-Rakete wird von der britischen wie von der deutschen Seite nicht offiziell kommentiert. Erst am 8. November, zwei Monate nach dem ersten Abschuss, gibt der deutsche Reichspropagandaminister Joseph Goebbels bekannt, dass eine neue »Vergeltungswaffe« gegen Großbritannien eingesetzt wird. Daraufhin sieht sich auch der britische Premierminister Winston Churchill gezwungen, die Ursache der »mysteriösen« Explosionen der vergangenen Wochen aufzuklären. Bis Ende November gehen über 200 »V 2«-Raketen auf Großbritannien nieder, rund 100 davon in London. Etwa 600 Menschen sterben.

*Deutsche ballistische Rakete »V 2«*

*»V 2« auf einem Transportwagen; mit einer Kippvorrichtung wird sie aufgestellt.*

HINTERGRUND

# Alliierte in Deutschland

Die ersten US-Soldaten betreten am 11. September deutschen Boden. Ein Spähtrupp überschreitet um 18.55 Uhr bei Stolzenburg in Luxemburg die Grenze.

Während der Einmarsch der Alliierten auf breiter Linie bevorsteht, werden auf deutscher Seite die eigenen Streitkräfte reorganisiert. Es gelingt, eine Front aus 66 Divisionen entlang der Landesgrenze aufzubauen, von denen jedoch nur 18 voll kampffähig sind.

*Ein US-amerikanischer Panzer überquert die Mosel bei Trier.*

8. SEPTEMBER

# Todesurteile für fünf Verschwörer

Die deutschen Widerstandskämpfer Carl Friedrich Goerdeler, Ulrich von Hassell, Wilhelm Leuschner, Joseph Wirmer und Paul Lejeune-Jung werden vom Volksgerichtshof zum Tode verurteilt.

Hassell, Wirmer und Lejeune-Jung werden noch am selben Tag im Hinrichtungsraum der Haftanstalt Berlin-Plötzensee gehängt; Leuschner wird am 29. September hingerichtet, Goerdeler am 2. Februar 1945. Die Verurteilten gehörten zum Widerstandskreis

Carl Friedrich Goerdeler; aus Protest gegen die NS-Politik trat er 1937 von seinem Amt als Oberbürgermeister von Leipzig zurück, seit 1939 gehörte er zu den führenden Köpfen des zivilen Widerstands.

Ulrich von Hassell wurde 1938 wegen seiner oppositionellen Haltung zum NS-Regime als deutscher Botschafter in Rom entlassen; er schloss sich später der Widerstandsgruppe um Goerdeler an.

um Claus Graf Schenk von Stauffenberg und werden alle der Beteiligung an dem Hitler-Attentat vom 20. Juli (→ S. 407) für schuldig befunden.

Der Präsident des Volksgerichtshofs, Roland Freisler, erweist sich auch in diesem Prozess als Blutrichter, der seine Opfer mit Schmähungen überhäuft, bevor er sie in den Tod schickt. Selbst der deutsche Justizminister Otto Georg Thierack äußert nach der Verhandlung Bedenken gegen Freislers Stil: »Leider redete er aber Leuschner als Viertelportion und Goerdeler als halbe Portion an und sprach von den Angeklagten als Würstchen. Darunter litt der Ernst dieser gewichtigen Versammlung erheblich. Wiederholte längere, nur auf Propagandawirkung abzielende Reden des Vorsitzers wirkten in diesem Kreise abstoßend... Es fehlt dem Präsidenten völlig an eiskalter überlegener Zurückhaltung« (→ S 213, 412).

## 19. SEPTEMBER

## Finnland schließt Waffenstillstand

In Moskau unterzeichnet Finnland einen Waffenstillstandsvertrag mit der UdSSR. Angesichts der militärischen Übermacht der Truppen der Roten Armee sieht sich Ministerpräsident Antti Verner Hackzell gezwungen, die harten sowjetischen Friedens-bedingungen annehmen zu müssen.

In dem Abkommen verpflichtet sich Finnland, alle Kampfhandlungen gegen die Sowjetunion einzustellen und seine Truppen hinter die sowjetisch-finnische Grenze von 1940 zurückzuziehen. Der eisfreie Hafen Petschenga fällt an die Sowjetunion. Diese erhält außerdem das Pachtrecht für die Halbinsel Porkkala. Ferner sollen alle deutschen Truppen, die sich noch im Lande befinden, entwaffnet und dem alliierten Oberkommando ausgeliefert werden.

## 8. SEPTEMBER

## Frontwechsel in Bulgarien

Wenige Tage nachdem Rumänien das Bündnis mit dem Deutschen Reich aufgekündigt hat (→ S. 422), erhält Hitler auch aus Bulgarien die Kriegserklärung.

Am 2. September erreichte die Rote Armee die bulgarische Grenze. Sofort wurde in Sofia ein neues demokratisch-westlich orientiertes Kabinett unter Ministerpräsident Konstantin Murawjew gebildet, der am 4. September den Austritt aus dem Dreimächtepakt erklärte. Trotzdem erfolgte am 5. September die Kriegserklärung der UdSSR an Bulgarien, das davon völlig überrascht wurde, da es sich seit 1941 mit Großbritannien und den USA, nicht aber mit der Sowjetunion im Kriegszustand befindet. Um die sowjetische Aggression zu stoppen, erklärt Murawjew am 8. September dem Deutschen Reich den Krieg; Bulgarien wird damit für das Reich und die UdSSR zum Feindstaat. Murawjew richtet ein Waffenstillstandsgesuch an Moskau.

## Hitler ist körperlich und psychisch am Ende

Der Gesundheitszustand Hitlers wird immer schlechter. Körperlich gebrochen, zeigt er sich kaum noch in der Öffentlichkeit.

In der Presse erscheinen nur noch ältere oder retuschierte Fotos, die das Bild vom starken und zuversichtlichen »Führer«, der die Staatsgeschäfte im Inneren und außenpolitisch fest im Griff hat, aufrechterhalten sollen. Unter dem Eindruck der Kriegsniederlagen ist Hitler etwa seit 1942 psychisch und

*Adolf Hitler (Aufnahme um 1940)*

*Hitler im Jahr 1942; mit ernstem und sorgenvollem Gesicht verfolgt er eine Rede im Reichstag (links: Reichsaußenminister Joachim von Ribbentrop).*

körperlich immer mehr verfallen. Er leidet an Kopfschmerzen, Grippeanfällen, Magenkrämpfen und Schwindelgefühlen. Seine Körperhaltung ist gebeugt, das Zittern des linken Armes und Beines, an dem er bereits nach dem Novemberputsch 1923 litt, verstärkt sich zusehends. Hitler reagiert immer jähzorniger auf Einwände und hält starrsinnig und verbissen selbst an den abwegigsten Entscheidungen fest. Wutanfälle wechseln sich mit depressiven Stimmungen ab.

Seit Hitler im Februar 1944 durch eine Schädigung des Glaskörpers im Auge vorübergehend schlecht sah, ist sein Argwohn gegen andere ins Krankhafte angewachsen.

Eine weitere Verschlechterung seines Zustandes tritt nach dem Atten-

*Hitler im Jahr 1944*

tat am 20. Juli (→ S. 407) ein. Kurze Zeit nach dem Anschlag beginnt Hitlers ganze linke Körperhälfte zu zittern, sein Gang wird schleppend. Alles, was er tut, geschieht im Zeitlupentempo. Zusätzlich machen sich Gleichgewichtsstörungen bemerkbar. Bei den wenigen kurzen Spaziergängen, zu denen er seinen Führerbunker noch verlässt, kommt es vor, dass er zur Seite wegtaumelt. Im August befallen Hitler starke Kopfschmerzen, im September erkrankt er an Gelbsucht und leidet zusätzlich an Herzbeschwerden. Als Hitler die Nachricht von der alliierten Luftlandung bei Arnheim am 17. September (→ S. 430) erhält, erleidet er einen Herzanfall. Völlig geschwächt, apathisch und ohne Lebenswillen legt er sich ins Krankenbett und bekommt noch eine Stirnhöhlenentzündung.

Hitlers Verfall ist nicht mehr aufzuhalten. Am 1. Oktober verliert er bei einem Schwächeanfall kurzzeitig das Bewusstsein. Danach geht es gesundheitlich noch rascher bergab. Er kann sich nur mühsam und schleppend bewegen. Zitternd, aschfahl und mit blutunterlaufenen Augen bietet er ein erschreckendes Bild.

### Abhängig von Medikamenten

Theo Morell, Leibarzt des deutschen Führers und Reichskanzlers Adolf Hitler, verabreicht seinem Patienten in den letzten Kriegsjahren eine zunehmende Menge an Arzneien, die diesen zum Medikamentenabhängigen machen.

In den medizinischen Unterlagen Morells, die er nach Kriegsende den US-Dienststellen zur Verfügung stellt, werden u.a. folgende Arzneien aufgeführt, die Hitler von seinen Krankheiten heilen sollen: Vitamin A, D und Traubenzucker zur Appetitanregung und zur Stärkung der körperlichen Widerstandskraft; Dr. Kösters Antigas-Pillen und das Verdauungsmittel Euflat; Prostacrinum und Vitamultin-Ca zur Abwendung von Depressionen; zusätzlich Pervitin und Koffein enthaltende Vitamultin-Tabletten; gespritztes Testoviron und Tonophosphan, Herz- und Leberextrakte, das Kreislaufmittel Cardiazol und Kokain zur Anwendung gegen dauernde starke Kopfschmerzen.

---

9. OKTOBER

# Poker um den Balkan

Der britische Premierminister Winston Churchill trifft in Moskau ein, um bis zum 18. Oktober mit dem sowjetischen Staats- und Parteichef Josef W. Stalin über die britisch- sowjetischen Einflusszonen auf dem Balkan zu verhandeln.

Churchill hatte auf die Konferenz gedrungen, da die Rote Armee mittlerweile Rumänien und Bulgarien besetzt hat, in Ungarn einmarschiert ist und vor den Grenzen von Jugoslawien und Griechenland steht. Der britische Regierungschef befürchtet, dass mit dem Vormarsch der sowjetische Einfluss in Europa übermächtig wird.

Die beiden Politiker einigen sich bereits am ersten Tag der Konferenz auf folgende Hegemonialaufteilung: 90% der Vorherrschaft in Rumänien und 75% in Bulgarien fallen an die UdSSR, dafür soll in Griechenland Großbritannien 90% des Einflusses ausüben. Für Jugoslawien genauso wie für Ungarn einigt man sich auf einen beiderseitigen Machteinfluss von jeweils 50%.

*Stalin (Zeichnung von M. Kallem)*

*Churchill (Zeichnung M. Kallem)*

*US-Botschafter William Averell Harriman*

*M. Molotow, sowjetischer Außenminister*

*Britischer Außenminister Robert A. Eden*

Über den Ablauf dieses Handels berichtet Churchill, der die Vorschläge auf einem Papier notiert und Stalin präsentiert: »Ich schob den Zettel Stalin zu... Eine kleine Pause trat ein. Dann ergriff er seinen Bleistift, machte einen großen Haken und schob uns das Blatt wieder zu. Die ganze Sache beanspruchte nicht mehr Zeit, als sie zu schildern... Das Papier lag in der Mitte des Tisches. Schließlich sagte ich: ›Könnte es nicht für äußerst zynisch gehalten werden, wenn wir den Anschein erweckten, über die für Millionen von Menschen so gravierenden Schicksalsfragen aus dem Stegreif entschieden zu haben? Lassen Sie uns das Papier verbrennen.‹ – ›Nein, heben Sie es auf‹, antwortete Stalin.«

US-Präsident Franklin Delano Roosevelt, der über die britisch-sowjetische Absprache informiert wird, erklärt sich bereit, sie zu tolerieren. Er selbst möchte sich allerdings in Fragen, die Nachkriegsregelungen in Europa betreffen – ausgenommen das Deutsche Reich –, nicht binden. Churchill kann mit dem Ergebnis der Konferenz zufrieden sein. Griechenland ist seinem Einflussbereich zugesprochen worden und mit Billigung Stalins kann er dort mit der Niederschlagung kommunistischer Kräfte beginnen.

---

HINTERGRUND

## Heimatarmee muss kapitulieren

Nach 64 Tagen erbittertem Widerstand der polnischen Heimatarmee Armia Krajowa (AK) gegen die deutschen Besatzer in Warschau wird der Aufstand am 2. Oktober niedergeschlagen.

Die Reste der AK ergeben sich dem deutschen SS-Obergruppenführer Erich von dem Bach-Zelewski. Am selben Tag unterzeichnet der Führer der AK, General Tadeusz Bór-Komorowski, die Kapitulationsurkunde. Die Bilanz des Aufstands: Rd. 150 000 Zivilisten sind ums Leben gekommen, 16 000 AK-Soldaten sind gefallen, 6000 schwer verwundet, 9000 werden gefangen genommen, 3000 tauchen unter. Auf deutscher Seite kommen 2000 Soldaten um.

*Kapitulationsverhandlungen: Ein Dolmetscher übersetzt deutschen Offizieren die Übergabeforderungen von Bór-Komorowski, dem Führer der Aufständischen. Die polnischen Widerstandskämpfer werden entwaffnet und gehen anschließend als deutsche Kriegsgefangene einem ungewissen Schicksal entgegen. Die Befreiung der Stadt von deutscher Besatzung ist gescheitert.*

---

19. OKTOBER

# Pläne der Alliierten

Das Hauptquartier von US-General Dwight D. Eisenhower, Oberbefehlshaber der Alliierten in Europa, veröffentlicht einen Katalog von Verwaltungsmaßnahmen, die nach der Besetzung des Deutschen Reiches zur Anwendung kommen sollen.

Danach wird mit der Machtübernahme jeder Reiseverkehr für die Zivilbevölkerung verboten. Post- und Telefondienst gehen in die Hände der Alliierten über, die Benutzung durch die Zivilbevölkerung ist nur in Ausnahmefällen gestattet. Waffen und Radiosendestationen müssen binnen 48 Stunden ausgeliefert werden. Deutsche Presseerzeugnisse sind verboten. Das gesamte Eigentum des Deutschen Reiches wird beschlagnahmt.

*Generalfeldmarschall Erwin Rommel erhält in Ulm ein feierliches Staatsbegräbnis; seine Sympathie für die Verschwörer des 20. Juli wird verschwiegen.*

## 14. OKTOBER

# Erzwungener Selbstmord

Dem Rachefeldzug Adolf Hitlers nach dem missglückten Attentat vom 20. Juli fällt nun auch Generalfeldmarschall Erwin Rommel zum Opfer.

Da man den populären deutschen Heerführer nicht öffentlich aburteilen möchte, wird er zum Selbstmord gezwungen. Rommel hatte sich zwar immer geweigert, der Ermordung Hitlers zuzustimmen, sympathisierte aber dennoch mit den Verschwörern. Dies wurde bekannt, als zwei seiner Mitarbeiter nach dem Attentat verhaftet wurden und unter Folter Rommels

Namen nannten. Hitler entsendet daraufhin die beiden Generale Wilhelm Burgdorf und Ernst Maisel nach Herrlingen (Gemeinde Blaustein), wo Rommel nach seiner Verwundung am 17. Juli einen Genesungsurlaub bei seiner Familie verbringt.

Der Generalfeldmarschall wird vor die Alternative gestellt, entweder Selbstmord zu begehen und ein Staatsbegräbnis zu erhalten oder vom Volksgerichtshof in Berlin abgeurteilt und anschließend erhängt zu werden. Seiner Familie wird mit Sippenhaft gedroht. Rommel ent-

*Generalfeldmarschall Rommel, populärster Heerführer des Krieges*

scheidet sich für den Selbstmord. Er verabschiedet sich von seiner Frau und seinem Sohn und nimmt auf der Autofahrt nach Ulm das von Maisel und Burgdorf bereits mitgebrachte Gift. Offiziell wird erklärt, Rommel sei im Zusammenhang mit seiner Verwundung an einer Embolie gestorben. Er erhält ein feierliches Staatsbegräbnis.

## 4. OKTOBER

# Griechisches Festland frei

In den frühen Morgenstunden landen britische Truppen an der Küste des Peloponnes und befreien die griechische Hafenstadt Patras.

Damit ist die Operation »Manna«, die Befreiung Griechenlands von der deutschen Besatzung, erfolgreich eingeleitet. Bis Ende des Monats bringen die Briten gemeinsam mit den nationalen Befreiungskämpfern das gesamte griechische Festland unter ihre Kontrolle.

Bereits am 3. Oktober hatte Hitler den Befehl gegeben, Griechenland mit Ausnahme einiger Inselstützpunkte zu

räumen. Die Briten rücken nach ihrer Landung von Patras aus rasch auf dem Peloponnes vor und besetzen am 8. Oktober Korinth. Am 12. Oktober wird Athen von den Deutschen geräumt, am 13. Oktober ziehen die Briten in die Stadt ein. Währenddessen hat die Armee der kommunistischen griechischen Befreiungsbewegung das Landesinnere unter ihre Herrschaft gebracht (→ S. 314). Als am 16. Oktober der Ministerpräsident der griechischen Exilregierung, Jeorjios Papandreu, in Athen eintrifft, zeichnet sich ein Machtkonflikt ab.

## 15. OKTOBER

# Wechsel auf dem Balkan

Der ungarische Reichsverweser Miklós Horthy lässt einen Waffenstillstand mit der Sowjetunion verkünden. Die Deutschen übernehmen daraufhin die Macht in Budapest.

Am 11. Oktober hatte Horthy einen Waffenstillstand mit der UdSSR unterzeichnet und den Kampf gegen die deutsche Besatzung vorbereitet. Als seine Pläne bekannt wurden, vereitelten Angehörige der deutschen Besatzungsbehörden mit der ungarischen faschistischen Pfeilkreuzlerpartei unter Ferenc Szálasi am 15. Oktober die Bekanntgabe des Waf-

fenstillstands. In der folgenden Nacht wird Horthy gezwungen, abzudanken. Er überträgt die Regierung auf Szálasi und widerruft die Erklärung vom Vortag.

Am 20. Oktober wird die jugoslawische Hauptstadt Belgrad durch sowjetische und jugoslawische Truppen befreit. Nachdem am 15. Oktober Kämpfe zwischen der deutschen Korpsgruppe unter General Willi Schneckenburger, dem 4. sowjetischen Gardekorps und jugoslawischen Partisanen ausgebrochen waren, gaben die Deutschen auf.

*Jedes greifbare Fahrzeug wird für die Flucht aus den Ostgebieten eingesetzt.*

*Flüchtlingsfamilie in Wriezen an der Oder, die sich aus Furcht vor der rasch vordringenden Roten Armee auf den Weg Richtung Westen begeben hat; vor allem viele Kinder, Alte und Kranke überleben die Strapazen der Flucht nicht.*

*Ein Flüchtlingstreck versucht sich mit einer weißen Fahne vor Luftangriffen oder Überfällen zu schützen; oft hilft dies jedoch nicht gegen das hasserfüllte Vorgehen der Rotarmisten gegen deutsche Zivilisten in den Ostgebieten.*

## 16. OKTOBER

# Der große Flüchtlingsstrom in Richtung Westen beginnt

Nachdem sowjetische Truppenverbände in Ostpreußen eingedrungen sind und durch brutale Übergriffe auf die deutsche Bevölkerung Angst und Schrecken verbreitet haben, entschließt sich ein Großteil der Bewohner des betroffenen Gebiets zur Flucht.

Bereits im August des Jahres hatten deutsche Militärbefehlshaber der nationalsozialistischen Staatsführung nahe gelegt, angesichts der sich rasch nähernden Front mit der Evakuierung der Bevölkerung aus Ostpreußen zu beginnen. In starrem Glauben an den deutschen Endsieg hatte Hitler dieses Ansinnen jedoch kategorisch abgewiesen. Die Bevölkerung sollte in ihren Heimatorten die Front stärken und nicht durch Flucht den Eindruck aufkommen lassen, die politische Führung rechne womöglich selber mit einer militärischen Niederlage.

Die NS-Propaganda tat alles, um die Bevölkerung Ostpreußens davon zu überzeugen, dass die sowjetische Armee allenfalls bis zu der Stadt Memel vorstoßen könne, wo sie spätestens von der deutschen Wehrmacht zurückgeschlagen werde. Im Vertrauen auf die Stärke des deutschen Militärs und den seit Juli 1944 errichteten Ostwall fühlten sich die Bauern an der Ostgrenze des Deutschen Reiches vor sowjetischen Angriffen sicher. Während im Westen viele Deutsche den Krieg im alliierten Bombenhagel zu spüren bekommen, herrschte in den ländlichen Gebieten Ostpreußens bislang ein beinahe noch friedliches Leben. Dies ändert sich schlagartig, als Mitte Oktober sowjetische Verbände zwischen Memel und Suwalki auf deutsches Gebiet vordringen und mit Plünderungen, Vergewaltigungen und Morden beginnen. Obwohl es den deutschen Truppen im Verein

mit »Volkssturm«-Männern gelingt, den sowjetischen Vormarsch zu bremsen, verbreitet sich in der Zivilbevölkerung Panik. Viele beginnen zu ahnen, welches Schicksal sie erwartet.

Die militärische Führung der UdSSR versucht Übergriffe sowjetischer Soldaten auf die deutsche Bevölkerung zu verhindern. Sie verbietet Angriffe auf deutsche Zivilisten und Plünderungen bei Androhung der Todesstrafe. Die UdSSR will sich mit Blick auf die Nachkriegszeit bei der deutschen Bevölkerung nicht in Misskredit bringen. Dennoch häufen sich die Greueltaten der Rotarmisten.

Sie können den jahrelangen grausamen Terror der Einsatzkommandos der SS und der Wehrmacht gegenüber ihren Landsleuten nicht vergessen, zumal sie bei ihrem Vormarsch Richtung Westen überall Spuren des deutschen Vernichtungswillens vorgefunden haben. Zudem hat fast jeder von

ihnen selbst Familienangehörige durch die nationalsozialistische Ausrottungspolitik verloren.

Die Bevölkerung im deutschen Osten, die sich als erste zur Flucht entschließt, glaubt selbst im Herbst 1944 noch nicht an einen Zusammenbruch des Deutschen Reiches. Vielfach ist man der Ansicht, dass die sowjetischen Truppen bald wieder vertrieben sein würden und man dann in die Heimatorte zurückkehren könne. So ziehen viele Flüchtlinge zuerst einmal nur einige Kilometer weiter ins Binnenland und warten die Entwicklung ab. Kaum nähert sich die Front, zieht man ein Stückchen weiter. Auf diese Weise schwillt der Flüchtlingsstrom, der vor der Front hergetrieben wird, immer mehr an. Bald befinden sich Tausende in kilometerlangen Trecks auf der Flucht. Viele sind den Strapazen nicht gewachsen, fallen Hunger, Kälte und sowjetischen Überfällen zum Opfer.

*Eine Schwester der NS-Volkswohlfahrt führt eine alte, kranke Frau zu einem Sammelplatz, wo ein für die Evakuierung vorgesehener Omnibus wartet.*

*Ein Kind ruht sich auf einem Leiterwagen aus, auf dem die letzte Habe transportiert wird; nur das Allernötigste kann auf der Flucht mitgenommen werden.*

*Mit Booten der deutschen Kriegsmarine werden Letten zu einem auf offener See wartenden Dampfer gefahren, der sie in den Westen bringt.*

---

**HINTERGRUND**

# Rotarmisten begehen brutale Verbrechen

**Sowjetische Soldaten, die – nach ihrem Marsch durch die von deutschem Terror gezeichneten ehemaligen eroberten Ostgebiete – am 16. Oktober auf ostpreußisches Gebiet vordringen, versetzen die deutsche Zivilbevölkerung mit Plünderungen, Brandstiftungen, Vergewaltigungen und Morden in Angst und Schrecken.**

Im Rahmen ihrer Offensive brechen die Rotarmisten am 20. Oktober in Nemmersdorf (Kreis Gumbinnen) ein und richten ein Blutbad an. Männer, Frauen und Kinder – ihre Zahl wird auf 50 bis 80 geschätzt – werden ermordet, nachdem die meisten von ihnen vorher misshandelt worden sind. Ein Augenzeuge der Grausamkeiten schildert später, welches Bild sich nach dem Massaker bot: »Am Straßenrand und in den Höfen der Häuser lagen massenhaft Leichen von Zivilisten, die augenscheinlich nicht im Lauf der Kampfhandlungen durch verirrte Geschosse getötet, sondern planmäßig ermordet worden waren. Unter anderem sah ich zahlreiche Frauen, die man, nach der Lage der verschobenen und zerrissenen Kleidungsstücke zu urteilen, vergewaltigt und danach mit Genickschuss getötet hatte; zum Teil lagen daneben auch die ebenfalls getöteten Kinder.«
Ein deutscher Generalmajor, der ebenfalls bei den Ausschreitungen in Nemmersdorf wie auch anderen Ortschaften im Kreis Gumbinnen als Zeuge zugegen war, berichtet von den Überfällen:
»In einer größeren Anzahl von Ortschaften südlich Gumbinnen [wurde] die Zivilbevölkerung – z.T. unter Martern wie Annageln an Scheunentore – durch russische Soldaten erschossen. Eine große Anzahl von Frauen wurde vorher vergewaltigt.

Dabei sind auch etwa 50 französische Kriegsgefangene durch russische Soldaten erschossen worden.« Auch in Berichten der schweizerischen Presse wird wiederholt von den Grausamkeiten sowjetischer Soldaten, die oftmals unter starkem Alkoholeinfluss stehen, berichtet: »Die Lage wird nicht nur durch die erbitterten Kämpfe der regulären Truppen gekennzeichnet, sondern leider auch durch Verstümmelung und Hinrichtung der Gefangenen und die fast vollständige Ausrottung der deutschen bäuerlichen Bevölkerung.« Die Schrecknisse von Nemmersdorf, die bekannt werden, als den deutschen Verbänden nach wenigen Tagen die Wiedereroberung gelingt und die sich in anderen Orten nicht selten wiederholen, versetzen die Bevölkerung Ostpreußens in Panik. Viele verlassen fluchtartig ihre Heimat.

---

**16. OKTOBER**

# Sowjetarmee in Ostpreußen

Die 3. Weißrussische Front unter General Iwan D. Tschernjachowski leitet mit fünf Armeen von Litauen aus eine Offensive gegen die in Ostpreußen stationierte 4. deutsche Armee unter General Friedrich Hoßbach ein.

Etwa 40 sowjetische Schützendivisionen dringen zusammen mit Panzerverbänden auf einer Breite von 140 km zwischen den Städten Memel und Suwalki nach Ostpreußen vor. Militärisches Ziel der Offensive ist die Eroberung von Königsberg (Kaliningrad). Am 22. Oktober nehmen Panzerverbände der 11. sowjetischen Gardearmee die Städte Goldap, Eydtkau und Ebenrode ein. Den deutschen Verbänden gelingt es, die sowjetischen Truppen bis Anfang November wieder aus dem Reichsgebiet zu vertreiben. Anfang 1945 beginnt eine erneute Offensive der Roten Armee.

## 21. OKTOBER

# US-Truppen im zerstörten Aachen

Aachen fällt als erste deutsche Großstadt in die Hände der Alliierten. Nach mehrtägigen erbitterten Kämpfen ziehen Panzerverbände der 9. US-Armee in die vollkommen zerstörte Stadt ein.

Die Eroberung von Aachen bedeutet für die deutsche Seite nicht nur den Verlust einer Schlüsselstellung für die Verteidigung des Ruhrgebiets, sondern auch eine symbolische Niederlage. Der »Völkische Beobachter« stellt fest, dass man mit Trauer daran denken müsse, dass der Feind nun den Dom beherrsche, in dem 37 deutsche Könige gekrönt worden seien. Mit dem Einmarsch in Aachen haben die Alliierten eine Bresche in den zur Reichsverteidigung errichteten Westwall geschlagen. Nachdem Luftstreitkräfte und Artillerie ihr vorbereitendes Zerstörungswerk getan hatten, konnten US-Truppen die Stadt am 16. Oktober einkesseln. Adolf Hitler gab den »üblichen« Befehl: Kampf bis zum letzten Mann. Die Militärbefehlshaber Aachens kapitulieren jedoch am 21. Oktober. Die Bevölkerung verhält sich gegenüber den US-Truppen weniger ablehnend als eher mit abwartender Zurückhaltung.

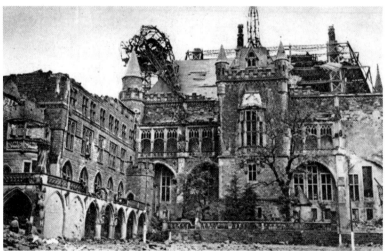

Oben: Bevor die US-Truppen am 21. Oktober in Aachen einziehen, verlassen Tausende von Einwohnern aus Angst vor den feindlichen Soldaten ihre Heimatstadt; andere verstecken sich in Häusern und Ruinen; wenn sie in die Hände der US-Soldaten fallen, werden sie in ein Lager nach Belgien gebracht und dort – bei guter Behandlung – interniert.

Links: Das stark beschädigte Rathaus in der Innenstadt von Aachen; der zwischen 1358 und 1376 entstandene Bau ist mehrmals von Bomben getroffen worden; das gesamte Stadtgebiet Aachens ist ein einziges Trümmerfeld; kaum ein Gebäude blieb verschont.

Ein US-amerikanischer Infanterist geht vorsichtig durch die brennenden Straßen Aachens, immer auf der Hut vor möglichen deutschen Scharfschützen.

US-amerikanische Soldaten haben zwei Kinder im Alter von 14 und 10 Jahren gestellt; die beiden werden beschuldigt, auf US-Amerikaner geschossen zu haben.

## 22. OKTOBER

# Schlacht um die Philippinen

Bei Leyte (Philippinen) beginnt eine große See- und Luftschlacht; US-amerikanische und japanische Seeverbände liefern sich bis zum 25. Oktober vier Einzelschlachten in der Si-buya-See, in der Surigao-Straße, bei Kap Engano und bei Samar. Am Ende der viertägigen Kämpfe haben die Japaner so schwere Schiffsverluste erlitten, dass sie als Seemacht bis Kriegsende keine Rolle mehr spielen.

Die Seeschlacht war am 20. Oktober eingeleitet worden, als die US-Amerikaner auf Leyte landeten, um von dort aus die gesamte Inselwelt der Philippinen zu erobern. Die Japaner wollen die Inselgruppe jedoch nicht aufgeben und mobilisieren ihre Seestreitmacht, um die feindlichen US-Truppen wieder zu vertreiben.

Am 22. Oktober rückt die japanische Flotte mit neun Schlachtschiffen, vier Flugzeugträgern, 19 Kreuzern und 34 Zerstörern in Richtung auf die Philippinen vor. Ihnen steht eine US-amerikanische Übermacht der 7. (Admiral Thomas Kinkaid) und 3. Flotte (Admiral William Halbsey) mit 32 Flugzeugträgern, zwölf Schlachtschiffen, 23 Kreuzern, 94 Zerstörern und 1000 Landungsschiffen gegenüber.

Die Japaner teilen ihre Seestreitkräfte in drei Gruppen auf. Zwei Abteilungen – die 2. (Vizeadmiral Takeo Kurita) und die 5. Flotte (Vizeadmiral Shoji Nischimura) – werden direkt in die Schlacht geschickt. Die dritte – unter Vizeadmiral Jizaburo Ozawa – ist als Köder gedacht und soll die 3. US-amerikanische Flotte aus dem Kampfgebiet weglocken.

Am 23. Oktober nähern sich die Japaner dem Golf von Leyte. Die 2. und 5. Flotte werden von US-Aufklärern entdeckt, von U-Booten angegriffen und erleiden beträchtliche Verluste. Lediglich das japanische »Köder«-Geschwader bleibt den US-Amerikanern verborgen.

Am 24. Oktober kommt es in der Sibuya-See zu der ersten größeren Schlacht. Kuritas Geschwader wird fünfmal von US-Bombern angegriffen. Mehrere Einheiten werden schwer beschädigt, das Riesenschlachtschiff »Musashi« sinkt.

Gegen Mitternacht erreicht Nischimura die Surigao-Straße und es kommt zu einer Schlacht zwischen seinen Verbänden und der 7. US-Flotte. Nach vierstündigen erbitterten Kämpfen sind die japanischen Kräfte vollkommen zerschlagen, die beiden Schlachtschiffe »Fuso« und »Yamashiro« gesunken.

300 km weiter nördlich entbrennt am selben Tag die Schlacht am Kap Engano zwischen Osawas »Köder«-Geschwader, das mittlerweile entdeckt worden ist, und Halseys 3. US-Flotte. Wie von den Japanern vorausgeplant, beginnt Halsey mit der Verfolgung und Vernichtung des beinahe wehrlosen japanischen Verbands.

Mittlerweile ist auch die vierte Teilschlacht – bei Samar – im Gange. Hier gelingt den Japanern unter Kurita die Überrumpelung des Gegners. Sie treffen auf die Restkräfte der 7. US-Flotte, deren Hauptmacht noch in der Surigao-Straße liegt. Die US-Amerikaner ziehen sich jedoch geschickt aus der Affäre. Die Verluste sind auf beiden Seiten etwa gleich groß. Kurita entschließt sich abzudrehen und entkommt mit vier seiner fünf Schlachtschiffe.

Die Seeschlacht bei Leyte ist zu Ende. Mit einem Verlust von 25 Schiffen ist Japans Seemacht zerschlagen.

*US-amerikanische Soldaten in Schwimmpanzern kurz vor der Insellandung; im Hintergrund ein durch einen Bombenangriff in Brand geratener Brückenkopf; die Japaner sind den technisch überlegen ausgerüsteten US-Landungstruppen auf Dauer nicht gewachsen und müssen eine Insel nach der anderen aufgeben.*

*Ein US-amerikanischer Sherman-Panzer rollt durch ein kleines Dorf auf der Philippineninsel Leyte, wo die 6. US-Armee am 20. Oktober gelandet ist; dem Panzer folgen Infanteristen, ständig auf der Hut vor japanischen Scharfschützen, die sich möglicherweise in den Grashütten verborgen halten. Um die US-Amerikaner wieder von Leyte zu vertreiben, greift die japanische Flotte vom 22. bis 25. Oktober die US-Landetruppen an. Diese Großoffensive scheitert jedoch; die Angreifer verlieren drei Schlachtschiffe, vier Flugzeugträger, neun Kreuzer und neun Zerstörer; der Schlachtausgang besiegelt das Ende Japans als Seemacht; die Eroberung der gesamten Philippinen durch die US-Truppen ist nicht mehr zu verhindern.*

# Bomben auf das Ruhrgebiet

Die Alliierten setzen ihre im Oktober eingeleitete Luftoffensive gegen das Ruhrgebiet als das Zentrum der deutschen Rüstungsindustrie fort: Bochum erleidet seinen bislang schwersten Bombenangriff im Zweiten Weltkrieg. Fast 700 britische Kampfflugzeuge werfen 2323 t Bomben auf die Stadt. 1300 Menschen kommen ums Leben, 70 000 werden obdachlos.

Der Angriff richtet sich vor allem gegen den Bochumer Verein für Gussstahlfabrikation. Das Werk wird mit über 10 000 Spreng- und mehr als 130 000 Brandbomben belegt und ebenso wie die umliegenden Gebäude völlig zerstört.

Anfang Oktober hatten die alliierten Luftstreitkräfte mit der systematischen Bombardierung des Ruhrgebiets als Ballungszentrum und Waffenschmiede begonnen. Ziele der Angriffe sind vor allem Rüstungsbetriebe und Verkehrsanlagen. Oft werden die Bomben auch über Wohngebieten ausgeklinkt. Der erste alliierte Großangriff gegen das Ruhrgebiet im Oktober wurde am 6. des Monats gegen Dortmund geführt. Rund 170 000 Bomben fielen auf die Stadt; 1015 Menschen kamen ums Leben, 60 000 wurden obdachlos. In der Nacht vom 14. auf den 15. Oktober lag Duisburg im alliierten Bombenhagel; am 22. und 24. Oktober war Essen Ziel schwerer feindlicher Luftangriffe. Im November folgt zwei Tage nach der Bombardierung von Bochum ein schwerer Luftangriff auf Gelsenkirchen. Die Altstadt und mehrere Vororte werden in Schutt und Asche gelegt. Allein 1000 Sprengbomben treffen die Werksanlagen des Schalker Vereins. Im Laufe des November folgen noch mehrere Luftangriffe auf Wanne-Eickel, Dortmund, Essen und Duisburg. Die fortwährenden Bombardierungen haben verheerende Auswirkungen auf die Zivilbevölkerung.

## Luftangriffe auf das Revier 1944

| | | |
|---|---|---|
| 27.3.: | Essen | 2834 t |
| 21.5.: | Duisburg | 2000 t |
| 6.10.: | Dortmund | |
| 14.10.: | Duisburg | |
| 15.10.: | Duisburg | |
| 22.10.: | Essen | 4522 t |
| 24.10.: | Essen | 3719 t |
| 4.11.: | Bochum | 2323 t |
| 6.11.: | Gelsenkirchen | |
| 9.11.: | Wanne-Eickel | 1315 t |
| 12.11.: | Dortmund | 1122 t |
| 15.11.: | Dortmund | 904 t |
| 19.11.: | Wanne-Eickel | 1519 t |
| 29.11.: | Essen | 1147 t |
| 29.11.: | Dortmund | 1618 t |
| 1.12.: | Duisburg | 2270 t |
| 13.12.: | Essen | 2354 t |
| 17.12.: | Duisburg | 1767 t |

*Stadtviertel in Gelsenkirchen im Herbst 1944 nach einem schweren alliierten Luftangriff; ein Großteil der Wohnhäuser ist beschädigt oder zerstört.*

*Gelsenkirchen im Herbst 1944; neben Wohnvierteln gelten die Bombenangriffe vor allem den Fabrikanlagen zur Herstellung von Rüstungsgütern.*

*Nachdem die alliierten Luftstreitkräfte ihre Bomben abgeworfen haben, gleicht die Ruhrorter Straße in Duisburg einem Trümmerfeld; kaum ein Stein ist auf dem anderen geblieben.*

*Claubergstraße in Duisburg nach einem Bombenangriff; fassungslos betrachten die Anwohner die verwüsteten Häuser.*

*Ruinen, Trümmer und Geröll; so sieht es im Herbst 1944 in Dortmund aus; lediglich die großen Straßen wurden nach dem Angriff vom Schutt freigeräumt.*

## 26. NOVEMBER

# KZ Auschwitz liquidiert

Da die Befreiung des Massenvernichtungslagers Auschwitz durch die Rote Armee bevorsteht, ordnet Reichsführer SS Heinrich Himmler die Auflösung des Lagers an.

Kurz vor der Ausgabe des Befehls war am 7. Oktober ein Aufstand von Häftlingen, die zu den die Krematorien bedienenden Sonderkommandos gehörten, brutal niedergeschlagen worden. Die Revolte war ausgebrochen, weil sie von ihrer unmittelbar bevorstehenden Liquidation erfahren hatten. Die SS will alle Zeugen des Massenmords beseitigen. Daher werden nach dem Auflösungsbefehl technische Einrichtungen aus den Gaskammern und Ofenanlagen demontiert und in das Konzentrationslager Groß-Rosen gebracht. Häftlingskommandos müssen die Gräben zur Verbrennung von Leichen und zur Aufnahme der Asche aus den Krematorien zuschütten und mit Grassoden abdecken. Große Mengen von Kleidungsstücken und Wertgegenständen, die man den Juden abgenommen hatte, werden ins Reichsinnere transportiert. Die noch lebenden Häftlinge werden zu Tausenden in Todesmärschen oder mit dem Zug in andere Lager verlegt. Die Angaben über die Gesamtzahl der Menschen, die in Auschwitz vergast wurden, schwanken stark. Rudolf Höß, bis 1943 Lagerkommandant, spricht selbst einmal von 2,5 Mio, dann wieder von 1,135 Mio. Andere Schätzungen liegen bei bis zu 4 Mio. Opfern.

*Heinrich Himmler, Reichsführer SS und Leiter der deutschen Polizei*

## 20. NOVEMBER

# Hitler räumt »Wolfsschanze«

Der »Führer« Adolf Hitler verlässt endgültig sein durch den sowjetischen Vormarsch bedrohtes Hauptquartier »Wolfsschanze« bei Rastenburg in Ostpreußen.

Seit dem 24. Juni 1941 hatte sich Hitler mit Unterbrechungen in der »Wolfsschanze« aufgehalten. Von hier leitete er das politische und militärische Geschehen, hielt Lagebesprechungen ab und empfing Staatsbesuche. Als er nun von allen Seiten bedrängt wird, sein langjähriges Hauptquartier zu verlassen, da beinahe täglich mit dem Eintreffen sowjetischer Verbände zu rechnen sei, siedelt Hitler nach Berlin um.

Nach kurzem Aufenthalt begibt er sich ins Führerhauptquartier »Adlerhorst«, in der Nähe Bad Nauheims, um von dort die Ardennenoffensive zu leiten.

## 25. NOVEMBER

# Durchhaltebefehl für Wehrmacht

Adolf Hitler fordert in einer Anweisung alle deutschen Truppen abermals dazu auf, auch in aussichtslosen Situationen durchzuhalten und bis zum letzten Mann zu kämpfen.

Er reagiert damit auf immer häufigere Kapitulationen von Kommandoführern angesichts der Übermacht der Alliierten. In der Anweisung heißt es u.a.: »Tatkraft und Entschlussfreudigkeit, Charakterfestigkeit und Glaubensstärke und harte unbedingte Einsatzbereitschaft sind... unerlässliche Eigenschaften für den Kampf. Wer sie nicht... besitzt, kann nicht Führer sein und hat abzutreten. Ich befehle daher: Glaubt ein Truppenführer,... den Kampf aufgeben zu müssen, so hat er erst seine Offiziere, dann Unteroffiziere, danach die Mannschaft zu befragen, ob einer von ihnen... den Kampf fortführen will...«

*Marktplatz in der Innenstadt von Dortmund; auch die Marienkirche (erbaut 1260-1280) ist durch mehrere Bombentreffer stark zerstört worden.*

## 12. NOVEMBER

# Wehrmacht auf NS-Linie

Im Münchner Zirkus Krone verliest Reichsführer SS Heinrich Himmler eine Proklamation Adolf Hitlers zum 21. Jahrestag des Marsches auf die Feldherrnhalle 1923. Hitler verkündet in dem Aufruf die vollständige Eingliederung der Wehrmacht in den Nationalsozialismus.

Die letzten Schritte zur Gleichschaltung der deutschen Streitkräfte waren nach dem Attentat auf Hitler eingeleitet worden. Drei Tage nach dem Anschlag, am 23. Juli, hatte Reichsmarschall Hermann Göring als rangältester Wehrmachtsoffizier »als Zeichen unverbrüchlicher Treue zum Führer und engster Verbundenheit zwischen Wehrmacht und Partei« den »Deutschen Gruß« als militärische Ehrenbezeigung eingeführt. Ferner wurden alle Personen, die nicht auf der Linie der nationalsozialistischen

Weltanschauung lagen, rücksichtslos aus der Wehrmacht entfernt.

Wesentliche Befugnisse des Heeres gingen an die SS und Waffen-SS über. Den Abschluss der »Säuberungsaktion« in der Wehrmacht lässt Hitler am 12. November mit folgenden Worten verkünden: »[Der] Putschversuch am 20. Juli... wurde... zum Beginn einer gründlichen Überholung des gesamten Staatsapparates... Die Reichskriegsflagge ist in diesen Tagen als Symbol der nationalsozialistischen Revolutions- und Staatsidee die Regimentsfahne der deutschen Wehrmacht geworden. Der Deutsche Gruß wurde eingeführt... Was mich aber nach diesem 20. Juli am tiefsten ergriffen... hat, ist die Erkenntnis, dass das Heer, die Marine und die Luftwaffe... in ihrer Gesamtheit, ohne dass dies leider vielleicht früher äußerlich so sichtbar geworden war, den nationalsozialistischen Geist schon so in sich aufgenommen hatten, dass so gut wie nichts mehr zu tun übrig blieb, außer die Unwürdigen aus der Partei, aus dem Staat und aus der Wehrmacht auszustoßen, um eine vollkommene Einheit der Auffassungen und des Willens von Partei, Volk, Staat und Wehrmacht herbeizuführen... Die Antwort auf den Aufruf zum Ausbau der Reichsverteidigung... war ein Symbol für die immer mehr in Erscheinung tretende deutsche Volksgemeinschaft.«

### HINTERGRUND

## Wehrmachtsstärke

Angaben in Millionen

| Jahr | Heer | Luftwaffe | Marine | Insg. |
|------|------|-----------|--------|-------|
| 1939 | 3,10 | 0,68 | 0,14 | 3,92 |
| 1940 | 4,15 | 0,98 | 0,15 | 5,28 |
| 1941 | 5,65 | 1,40 | 0,36 | 7,41 |
| 1942 | 6,50 | 1,90 | 0,58 | 8,98 |
| 1943 | 7,50 | 2,05 | 0,64 | 10,19 |
| 1944 | 7,85 | 2,12 | 0,78 | 10,75 |

*Wehrmachtssoldaten üben den »Deutschen Gruß«, der seit dem 23. Juli als militärische Ehrenbezeigung gilt; Reichsmarschall Hermann Göring hatte ihn kurz nach dem Attentat auf den deutschen Führer und Reichskanzler Adolf Hitler am 20. Juli eingeführt, um die Verbundenheit der Wehrmacht mit der NSDAP und Hitler zu demonstrieren.*

## 12. NOVEMBER

# Lancaster-Bomber versenken »Tirpitz«

Das im norwegischen Tromsöfjord liegende letzte große deutsche Schlachtschiff die »Tirpitz« (42 900 BRT), wird von britischen Kampfflugzeugen versenkt.

21 Lancaster-Maschinen werfen Sechs-Tonnen-Bomben auf das Schiff: Sie erzielen zwei Volltreffer. Der eine vernichtet die Katapultvorrichtung für das Bordflugzeug, durchschlägt das Panzerdeck und explodiert; der andere trifft den Geschützturm »Cäsar«. In wenigen Minuten legt sich die »Tirpitz« auf die Seite und sinkt (s. Abb.). 28 Offiziere und 874 Matrosen kommen ums Leben.

# US-Luftoffensive gegen Japan

US-Langstreckenbomber vom Typ Boeing B 29 »Superfortress« greifen Industrieziele im Raum Tokio an.

Es ist das erste Mal seit dem 18. April 1942, dass wieder US-Bomben auf die japanische Hauptstadt fallen. Der Angriff leitet die US-Luftoffensive gegen Japan ein. In der Anfangsphase des forcierten Luftkrieges gegen Japan haben die Besatzungen der Bomber große Schwierigkeiten wegen der Länge des Anflugs. Beim Angriff vom 24. November erreichen von den insgesamt 111 in Saipan gestarteten Maschinen der 21. US-Air Force nur 88 den Raum Tokio, 23 Flugzeuge müssen bereits vorher umkehren. Lediglich 24 B 29 finden das Hauptziel, die Nakajimawerke bei Tokio. Den 125 eingesetzten japanischen Jägern gelingt ein Abschuss.

Ende 1944 greifen meist relativ kleine Bomberverbände die japanischen Mutterinseln an. Ihr Hauptziel ist die japanische Kriegs- und Versorgungsindustrie, die auch durch die Versenkungserfolge der U-Boote bei der Zulieferung von Rohstoffen entscheidend geschwächt wird. Wegen mangelnder Luftbasen in der Nähe Japans fliegen die Bomber ohne Begleitschutz durch Jäger. Erst nach der Eroberung Iwo Jimas 1945 können »Mustang«-Jäger die angreifenden Verbände schützen. Seit März 1945 beginnt die US-amerikanische Luftoffensive in vollem Ausmaß, als der Abwurf von Brandbomben auf japanische Städte beschlossen wird. Die leichte Bauweise der Häuser wird der japanischen Zivilbevölkerung zum Verhängnis. Der Angriff auf Tokio vom 10. März 1945 ist die schlimmste Bombardierung des gesamten Zweiten Weltkriegs.

*Der neue US-amerikanische Langstreckenbomber B 29 »Superfortress«*

## Mikolajczyk muss sein Amt abgeben

Stanislaw Mikolajczyk tritt als Ministerpräsident der polnischen Exilregierung in London zurück.

Er und seine Bauernpartei hatten die Unterstützung aller Parteien in der Exilregierung verloren, da sie sich unter britischem Druck bereit erklärt hatten, im Konflikt um die sowjetisch-polnische Grenze nachzugeben und die Curzon-Linie (→ S. 377) als Ostgrenze Polens anzuerkennen. Sein Nachfolger Tomasz Arciszewski verliert wegen seines harten Kurses in der »Polenfrage« die Anerkennung der Alliierten (→ S. 445, 459).

Die strittige Polenfrage war auf der Moskauer Konferenz (→ S. 434) zwischen dem sowjetischen Staats- und Parteichef Josef W. Stalin und dem britischen Premierminister Winston Churchill in Anwesenheit von Mikolajczyk diskutiert worden: Stalin beharrte dabei auf der Westverschiebung Polens.

# EAC legt Zonenprotokoll vor

Die Europäische Beratende Kommission (European Advisory Commission = EAC) legt nach dem sog. 1. Zonenprotokoll vom 12. September das überarbeitete sog. 2. Zonenprotokoll vor.

Die EAC, in der die USA, die Sowjetunion und Großbritannien mit je einem Mitglied vertreten sind, macht den alliierten Regierungen Vorschläge über mögliche Kontrollverfahren und die künftige Einteilung von Besatzungszonen in Deutschland nach Kriegsende. Die Kommission ist am 15. Dezember 1943 aus der Taufe gehoben worden.

Nach ihren Vorschlägen sollen nach dem Ende des Krieges drei Besatzungszonen gebildet werden; der Ostteil Deutschlands fällt danach an die Sowjetunion, Nordwestdeutschland an Großbritannien und Südwestdeutschland mit Hessen und Bremen wird den USA zugesprochen. Großberlin gliedert sich nach dem Plan der EAC in drei Sektoren: Die Sowjetunion erhält die Bezirke Pankow, Weißensee, Prenzlauer Berg, Mitte, Lichtenberg, Friedrichshain, Treptow und Köpenick. Für Großbritannien sind Reinickendorf, Wedding, Spandau, Charlottenburg und Wilmersdorf vorgesehen und den Vereinigten Staaten werden die Bezirke Zehlendorf, Steglitz, Tempelhof, Neukölln und Kreuzberg zugesprochen.

Als oberste Besatzungsinstanz schlägt die Beratende Kommission einen alliierten Kontrollrat vor, der sich aus den obersten Militärbefehlshabern der drei Besatzungsmächte zusammensetzt. Das 2. Zonenprotokoll der EAC bildet die Diskussionsgrundlage für die Konferenz von Jalta, die am 4. Februar 1945 stattfindet und wird dort von den Staats- und Regierungschefs der USA, der Sowjetunion und Großbritanniens grundsätzlich bestätigt.

Am 27. November wird Frankreich neben den USA, der UdSSR und Großbritannien als viertes vollwertiges Mitglied in die Europäische Beratende Kommission aufgenommen.

# Alliierte erkennen Hoxha an

Die im Mai von Oberst Enver Hoxha gebildete moskaunahe albanische Regierung wird als rechtmäßige Regierung Albaniens anerkannt.

Wie in Jugoslawien konkurrieren in Albanien zwei Widerstandsgruppen – die kommunistische Befreiungsbewegung und die konservativ-republikanische Nationale Union.

*Albanische Partisanen, z.T. mit deutschen Waffen und Uniformen, in einem Vorort von Tirana, nachdem die deutschen Truppen abgezogen sind*

## 3. DEZEMBER

# Bürgerkrieg in Griechenland

Nachdem die griechische Regierung unter dem sozialdemokratischen Ministerpräsidenten Jeorjios Papandreu am 1. Dezember die Auflösung und Entwaffnung aller Partisanenverbände verfügt hat, bricht in der Hauptstadt Athen ein Aufstand der kommunistischen Befreiungsfront Ethenikon Apeleftherotikon Metopon (EAM) und ihrer militärischen Abteilung Ethnikos Laikos Apeleftherotikos Stratos (ELAS) aus.

Die Erhebung wird in einem 40 Tage dauernden blutigen Kampf von den in Griechenland stationierten britischen Truppen unter General Ronald Scobie im Verein mit regierungstreuen Verbänden niedergeschlagen.

Die ELAS-Anhänger besetzen in den ersten Tagen des Aufstands alle Polizeistationen in Athen und übernehmen die Kontrolle über die Straße Athen–Piräus. Bis Mitte des Monats gelingt es ihnen nach heftigen Straßenkämpfen, die zahlenmäßig erheblich unterlegenen Briten auf ein kleines Gebiet im Stadtzentrum zusammenzudrängen. Erst als die Briten Verstärkung durch die 4. britische Division erhalten und die britische Luftwaffe die Hauptstützpunkte der ELAS mit Bomben belegt, gelingt es ihnen, die kommunistischen Verbände aus der Hauptstadt herauszudrängen.

### Kriegsrecht über Athen

General Ronald Scobie verkündet zur Verhängung des Kriegsrechts über Athen am 4. Dezember die nachfolgende Proklamation:

»Gewisse Elemente der Minderheit haben ihre Absicht kundgetan, die gesamten Interessen Griechenlands durch inneren Zwist aufs Spiel zu setzen, wenn ihnen dies möglich ist. Die griechische Regierung sah sich in der Folge gezwungen, für Athen und den Piräus das Kriegsrecht zu verhängen, gemäß der griechischen Verfassung. Ich wiederhole, dass ich mit der großen Mehrheit der Griechen fest hinter der verfassungsmäßigen Regierung stehe und ihr... beistehen werde, bis ein griechischer Staat mit legalen Streitkräften errichtet werden kann und sich freie Wahlen durchführen lassen.«

*Oben: Kampfszene in der Athener Innenstadt: Britische Soldaten stoßen vorsichtig, immer wieder Deckung suchend, auf der Euripidhou-Straße vor; die britische Streitmacht unter dem Oberbefehl von General Ronald Scobie ist mit einer Stärke von etwa 6000 Mann der bewaffneten kommunistischen Befreiungsfront ELAS zahlenmäßig beträchtlich unterlegen.*

*Links Mitte: Britische Fallschirmjäger im Häuserkampf in Athen; die Briten sind von der kommunistischen griechischen Befreiungsarmee ELAS auf wenige kleine Gebiete in der Stadt zusammengedrängt worden; die Verbindungen untereinander sind z. T. abgerissen; zu ihrer Versorgung müssen sie sich den Weg zum Hafen von Piräus jedesmal unter blutigen Verlusten durch die Linien der ELAS bahnen.*

*Links unten: ELAS-Anhänger, die in britische Hände gefallen sind, werden abtransportiert; sie wurden gefangen genommen, als britische Truppen mit Erfolg ein EAM-Gebäude stürmten; nachdem die Briten Truppenverstärkung aus Italien bekommen haben und die britische Luftwaffe die Bombardierung von ELAS-Stützpunkten einleitete, wendet sich das Blatt zu ihren Gunsten; die ELAS-Verbände sehen sich gezwungen, einen Stadtteil nach dem anderen zu räumen und sich allmählich aus der griechischen Hauptstadt und von Piräus zurückzuziehen.*

## 10. DEZEMBER

# De Gaulle und Stalin im Gespräch

Der neuntägige Besuch von General Charles de Gaulle, Chef der Provisorischen Regierung der Französischen Republik, bei dem sowjetischen Staats- und Parteichef Josef W. Stalin in Moskau endet mit der Unterzeichnung eines sowjetisch-französischen Beistandspaktes.

De Gaulle, der seit dem 23. Oktober von den Alliierten als offizielles Staatsoberhaupt Frankreichs anerkannt wird, ist bestrebt, sein Land wieder in die Reihe der Großmächte zurückzuführen. Dazu will er sich aber nicht nur einseitig an den Westen binden, sondern sucht auch den Kontakt zur UdSSR.

Daher reiste de Gaulle am 2. Dezember zu einem offiziellen Besuch nach Moskau, wo er von Stalin mit allen einem Staatsoberhaupt gebührenden Ehren empfangen wurde, und trug dort seine Nachkriegswünsche vor: Verschiebung der Ostgrenze Frankreichs bis zum Rhein

und Zuteilung einer französischen Besatzungszone in Deutschland. Die Rheingrenze ist seit Jahrhunderten ein Ziel französischer Außenpolitik. Nach dem Ersten Weltkrieg wurde sie den Franzosen von den USA und Großbritannien verwehrt und de

Gaulle versucht nun bereits im Vorfeld der Friedensregelungen die Unterstützung Stalins zu gewinnen. Stalin weicht jedoch allen konkreten Zusagen aus. Das entscheidende Ergebnis des Besuchs ist der Abschluss eines Bündnisvertrages.

*Stalin (3.v.r.) und de Gaulle (h.r.) handeln den Beistandspakt aus.*

## 15. DEZEMBER

# Polenplan wird akzeptiert

Der britische Premierminister Winston Churchill bezieht vor dem Unterhaus Stellung zur Polenfrage.

Er bezeichnet die Forderung der Sowjetunion nach Anerkennung der Curzon-Linie als polnische Ostgrenze und die damit verbundene Westverschiebung des Landes als rechtens und rügt die kompromisslose Haltung der polnischen Exilregierung dazu. Die UdSSR habe, so Churchill, ein Recht darauf, sich gegen eventuelle künftige Angriffe aus dem Westen zu sichern. Auf der Moskauer Konferenz habe er sich mit Josef W. Stalin darauf geeinigt, dass Polen als Entschädigung für die abzugebenden östlichen Gebiete »im Norden ganz Ostpreußen südlich und westlich von Königsberg einschließlich Danzig erhalten« solle. Zur Vertreibung der Deutschen sagt er, dass in Deutschland genug Platz für die Ostpreußen sei, da ja schon 6-7 Mio. Deutsche gefallen seien.

## 18. DEZEMBER

# Japaner aus Nordwesten Birmas verdrängt

Den britisch-indischen Truppen ist es in einer dreiwöchigen Offensive gelungen, die Japaner nach Südosten abzudrängen und in Birma eine beinahe einheitliche Frontlinie zu bilden.

In einem großen Halbkreis schieben sich die Briten von Nordwesten und Norden her weiter an die drei japanischen Stützpunkte Monywa, Mandalay und Lashio heran; von Osten rücken chinesische Truppen vor.

1942 scheiterte ein britischer Angriffsversuch rasch (→ S. 237). Seitdem fanden zahlreiche Einzelkämpfe und Partisanenaktivitäten an den verschiedensten Orten statt. Höhepunkt dieses zersplitterten Kampfgeschehens bildete das Luftlandeunternehmen unter dem Befehl von Major General Orde C. Wingate in der Zeit von März bis Ende August 1944, als an mehreren Stellen im Rücken der Japaner Truppen landeten und mitten im Dschungel Birmas Stützpunkte errichteten.

Dank dieser militärischen Vorarbeit kann nun der Vorstoß der britisch-indischen Truppen durchgeführt werden. Zu Beginn des Monats wird der Oberlauf des Chindwin, des

zweitgrößten Stroms Birmas, überquert. Binnen drei Wochen rücken die Truppen 80 km vor. Gleichzeitig setzen weiter südlich andere Verbände über den Chindwin.

*Ein alliierter Transportkonvoi versucht im Dschungel Birmas voranzukommen; den Pfad durch das unwegsame Gelände bahnt ein Raupenschlepper.*

## 17. DEZEMBER

# USA üben Abwurf von Atombomben

Im US-Bundesstaat Utah, 200 km westlich von Salt Lake City, beginnt die 509. Bombergruppe der 20. US Air Force, sich für geheime Übungszwecke einzurichten.

In dem weiträumigen Wüstengebiet sollen Probeflüge und Abwurfübungen im Zusammenhang mit der Atombombe durchgeführt werden, deren Bau ohne Wissen des US-amerikanischen Kongresses bereits seit 1941 betrieben wird.

Die 509. Gruppe ist eine völlig unabhängige US-Einheit mit höchster Geheimhaltungsstufe. Sie ist mit einer verbesserten Version des US-Langstreckenbombers B 29 (»Superfortress«) ausgestattet.

Die Bombenschützen sollen Abwürfe aus 9000 m Höhe üben und dabei eine einzige 4500-kg-Bombe auf Sicht abwerfen. Ihre Maschine muss bei der Explosion der Atombombe mindestens 13 km von ihrem Ziel entfernt sein, damit sie nicht von der enormen Druckwelle erfasst wird.

## 16. DEZEMBER

# Großoffensive scheitert

An der Westfront, zwischen Aachen und dem Norden Luxemburgs, beginnt auf einer Breite von etwa 100 km die deutsche Ardennenoffensive unter dem Decknamen »Wacht am Rhein«. Sie stellt den letzten Versuch Adolf Hitlers dar, im Westen die Initiative wiederzugewinnen und die alliierten Invasionstruppen zurückzuschlagen (→ S. 438), um sich dann wieder dem Ostfeldzug zuzuwenden. Nach Anfangserfolgen zeichnet sich jedoch bereits gegen Weihnachten das Scheitern der Operation ab. Hitlers Angriffsplan sieht vor, von den Ardennen aus nach Nordwesten über die Maas vorzustoßen, Brüssel einzunehmen und dann Antwerpen zurückzuerobern. Damit soll gleichzeitig ein Keil zwischen die britischen und US-Einheiten getrieben werden, um die isolierten Truppenteile dann zerschlagen zu können. Zur Durchführung des letzten deutschen Groß-

*Straßenzug in Bastogne; die Stadt wird im Verlauf der Ardennenoffensive acht Tage lang belagert und wiederholt von der deutschen Luftwaffe angegriffen.*

angriffs wird am Westwall beinahe unbemerkt vom Gegner noch einmal eine schlagkräftige Streitmacht zusammengezogen. Im Norden steht die 6. SS-Panzerarmee unter SS-Generaloberst Sepp Dietrich mit vier Panzer- und fünf Infanteriedivisionen, im Mittelabschnitt die 5. Panzerarmee unter General Hasso von Manteuffel mit drei Panzer- und vier Infanteriedivisionen und im Süden die 7. Armee unter General Erich Brandenberger mit vier Infanteriedivisionen. Das Luftkommando West stellt 1500 Jäger zur Verfügung.

Am frühen Morgen des 16. Dezember bricht der deutsche Angriff vom Westwall Richtung Ardennen los. Die in diesem Frontabschnitt relativ schwachen US-Verbände werden völlig überrascht. Die Deutschen können zwar am ersten Tag der Offensive ihre strategischen Ziele nicht erreichen, erzielen aber einige bedeutende Geländegewinne.

Die Alliierten erholen sich jedoch bald von dem ersten Schock, schicken Verstärkung in die Schlacht und holen zum Gegenschlag aus. In den Orten Bastogne und St. Vith, deren sofortige Einnahme aus verkehrsstrategischen Gründen unbedingt erforderlich gewesen wäre, igeln sich US-Verbände ein und halten den Angriffen stand. Vor allem im Bereich der 6. SS-Panzerarmee gerät der deutsche Vormarsch bereits am dritten Tag ins Stocken. Eine entscheidende Wende bringt dann der 23. Dezember, als die Wetterlage nach einer Reihe neblig-trüber Tage den Einsatz der alliierten Luftstreitkräfte zulässt. Deutsche Truppenansammlungen und wichtige Verkehrsknotenpunkte liegen im Bombenhagel.

Am 25. Dezember gelangt der deutsche Oberbefehlshaber West, Gerd von Rundstedt, zu der Überzeugung, dass die Ardennenoffensive zum Scheitern verurteilt ist. Seine Forderung, die Truppen auf den Westwall zurückzunehmen, wird aber von Hitler abgelehnt. Auf Befehl aus Berlin versuchen die Deutschen unter größten Verlusten, ihre Stellungen zu behaupten, werden aber nach und nach zum Rückzug gezwungen, bis sie Mitte Januar 1945 stark dezimiert wieder ihre Ausgangsstellung am Westwall erreicht haben. Während des Angriffs verlieren 20 000 deutsche und 30 000 alliierte Soldaten ihr Leben.

*Einwohner flüchten aus ihrer Heimatstadt Bastogne in Belgien; um die Stadt, einen verkehrsstrategisch wichtigen Ort, werden die schwersten Kämpfe im Verlauf der Ardennenoffensive geführt; Soldaten der 101. US-Luftlandedivision (links im Bild) hatten sich in Bastogne eingeschlossen und werden während einer achttägigen Belagerung von einer Übermacht deutscher Truppen angegriffen; am 26. Dezember können die Eingeschlossenen von der 4. US-Panzerdivision befreit werden.*

*Ein Symbol des deutschen Rückzugs – das völlig vereiste Geschütz haben die Deutschen in den verschneiten Wäldern der Ardennen zurücklassen müssen, als sie unter dem Druck alliierter Angriffe nach Osten abgezogen sind; diese letzte große deutsche Schlacht, mit der Hitler noch einmal das Steuer des schon verlorenen Krieges herumreißen wollte, endet mit einem Fiasko; nach verlustreichen Kämpfen erreichen die Deutschen Mitte Januar 1945 wieder ihre Ausgangsstellungen.*

HINTERGRUND

# US-Truppen in Bastogne

Die Schlacht in den unwegsamen Ardennen ist vor allem ein Kampf um Verkehrsverbindungen. Dabei spielt der verkehrsstrategisch wichtige Ort Bastogne eine besondere Rolle: Hier kreuzen sich drei Eisenbahnlinien und fünf Straßen.

Nach dem Plan Adolf Hitlers soll Bastogne sofort nach Beginn der Ardennenoffensive eingenommen werden. Doch die US-Amerikaner sind schneller: Die 10. US-Panzerdivision und die 101. US-Luftlandedivision unter dem Befehl von Brigadegeneral Anthony McAuliffe treffen kurz vor den Deutschen ein. General Hasso von Manteuffel ordnet daraufhin die Belagerung der Stadt an, der die US-Amerikaner acht Tage lang – bis zur Entsetzung durch stärkere Verbände am 26. Dezember – standhalten können.

Zunächst ist die Lage für McAuliffes Truppen äußerst kritisch. Die 18 000 Eingeschlossenen müssen sich gegen eine dreifache Übermacht verteidigen. Am 22. Dezember wird ein deutscher Unterhändler mit der Aufforderung zur Kapitulation in die Stadt geschickt. Die Antwort McAuliffes besteht nur aus einem einzigen Wort: »Nuts!« – was soviel heißen soll wie »Geht zum Teufel!«

Am 23. Dezember bekommen die Amerikaner endlich die erwartete Hilfe aus der Luft. Da sich das Wetter aufgeklart hat, können Transportflugzeuge Nachschub abwerfen. Hitler, dem das Widerstandsnest mitten in dem von Deutschen kontrollierten Gebiet ein Dorn im Auge ist, beordert Verstärkung nach Bastogne. Am 24. Dezember beginnt ein Angriff, der jedoch von dem taktisch klugen McAuliffe erfolgreich abgeschlagen wird. Am 26. Dezember nähern sich die Befreier den Eingeschlossenen. Die 4. US-Panzerdivision schlägt einen Korridor nach Bastogne. Die Belagerung ist beendet.

## 18. DEZEMBER

# Österreichisches Nationalkomitee

In Wien wird das Provisorische Österreichische Nationalkomitee (POEN) gegründet, das die wichtigsten Widerstandsgruppen des Landes unter einer einheitlichen Leitung zusammenfasst und die politische Führung der gesamten Bewegung übernehmen soll.

Dahinter steht der Gedanke, dass nur ein Zusammenschluss aller Gruppen mit einer zentralen Organisation dem österreichischen Widerstandskampf zu einer stärkeren Durchschlagskraft verhelfen kann. Außerdem hofft man, den Alliierten, die bislang nur wenig Vertrauen in die Seriosität des österreichischen Widerstands gezeigt hatten, mit der Bildung der POEN die Ernsthaftigkeit der nationalen Oppositionsbewegung beweisen zu können.

Dem Nationalkomitee untersteht die Organisation O5, in der die ak-

### Österreicher im Widerstand

Wegen ihrer Aktivitäten gegen die nationalsozialistische Herrschaft wurden u.a. hingerichtet:

**Rosa Hoffmann** – wegen Aufbau einer kommunistischen Jugendorganisation zum Tode verurteilt; wird am 9. März 1943 in Berlin hingerichtet,

**Karl Roman Scholz** – Augustinerchorherr des Stiftes Klosterneuburg, Leiter der Österreichischen Freiheitsbewegung, am 10. Mai 1944 zusammen mit dem Widerstandskämpfer Karl Lederer in Wien hingerichtet,

**Jakob Kastelic** – Rechtsanwalt, neben Scholz und Lederer der dritte bedeutende Widerstandsführer in Wien, am 21. Juli 1944 in Berlin hingerichtet,

**Robert Bernardis** – Oberstleutnant im Generalstab, österreichischer Verbindungsmann beim Attentat vom 20. Juli (→ S. 353), am 8. August 1944 hingerichtet.

tiven Teile der Widerstandsgruppen zusammengefasst sind. O5 steht für Ö (= Österreich) – der Buchstabe O und der fünfte Buchstabe des Alphabets, E. Die O5 führt Sabotageaktionen durch, behindert Transporte, sprengt Verkehrswege usw. In Wien ist bald überall der Schriftzug O5 als Forderung nach einem freien Österreich zu lesen.

*Die zerstörte Innenstadt Münchens; neben Wohnhäusern sind auch zahlreiche historische Gebäude stark beschädigt.*

## 17. DEZEMBER

# Britische Bomben auf Münchens Innenstadt

Die Alliierten setzen ihre Luftangriffe gegen deutsches Reichsgebiet fort und bombardieren in der Nacht vom 17. auf den 18. Dezember das Stadtgebiet Münchens.

Der Angriff wird von 180 Bombern der britischen Luftwaffe geflogen. Sie werfen fast 1000 t Spreng- und Brandbomben auf die dicht besiedelten Innenbezirke der Stadt. 562 Menschen kommen ums Leben, viele tragen z.T. schwere Verletzungen davon. Daneben entstehen Schäden an zahlreichen öffentlichen Gebäuden. Getroffen werden u.a. das Prinz-Karl-Palais, das Deutsche Museum, das Al-

pine Museum, die Neue Pinakothek, die chirurgische Klinik und die Augenklinik.

Nach schweren Luftangriffen im September 1942, im September und Oktober 1943 sowie im Juli, November und Dezember 1944 gleicht die Innenstadt Münchens einem Trümmerfeld. Hunderte von Menschen sind ums Leben gekommen, 200 000 bis 300 000 Einwohner obdachlos. Fast 100 000 Menschen sind im Zuge eines Reichsumquartierungsplans aus München in die Gaue Bayreuth und Schwaben evakuiert worden. In München selber treten Versorgungs-

schwierigkeiten auf. Nach den Angriffen funktionieren die Strom-, Gas- und Wasserleitungen oft tagelang nicht. Die Menschen müssen sich an Straßenhydranten mit Wasser versorgen. Die NS-Volkswohlfahrt verteilt Mahlzeiten, um die größte Not zu lindern.

So wie in München sieht es auch in vielen anderen deutschen Städten aus. Während sich die US-Luftwaffe auf die Zerstörung einzelner strategisch wichtiger Ziele beschränkt, haben sich die Briten auf die Flächenbombardierung der Großstädte spezialisiert.

## 24. DEZEMBER

# »Fest des Friedens« mitten im Krieg

Das Weihnachtsfest im sechsten Kriegsjahr wird im Deutschen Reich vom Geheul der Sirenen und in den Grenzgebieten vom Schlachtenlärm begleitet. Das »Fest des Friedens« ist vom »totalen Krieg« überschattet.

Die Stimmung in der Bevölkerung ist trotz der Zuversicht verbreitenden Berichte der NS-Propaganda allgemein gedrückt. Nach den militärischen Niederlagen an der Ostfront und dem Vormarsch der Alliierten im Westen wachsen die Zweifel am deutschen Endsieg. Die Grauen des Krieges und die zunehmende Not haben viele Menschen zermürbt. Angst vor der ungewissen Zukunft greift immer mehr um sich. Die Großzahl der Ehemänner und Väter ist zum Weihnachtsfest an der Front. Den Daheimgebliebenen gelingt es nur mit Mühe, ihre Not und ihre Sorgen für einen kurzen Augenblick zu vergessen und zumindest ein wenig festlich-besinnliche Atmosphäre aufkommen zu lassen. Das Fest wird mit bescheidensten Mitteln ausgerichtet. Die Weihnachtsgottesdienste finden in allen Teilen des Reiches großen Anklang. Die noch nicht zerstörten Kirchen aller Bekenntnisse sind überfüllt.

*Mit besinnlichen Bildern versucht die NS-Propaganda das deutsche Volk trotz Kriegsnot auf Weihnachten einzustimmen.*

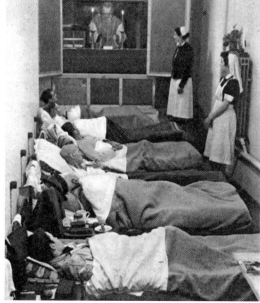

*Weihnachtsmesse für Bombenopfer in einem unterirdischen Krankenhaus in Nimwegen (Niederlande)*

*Eine Krankenschwester bringt im Esssaal eines niederländischen Hospitals Weihnachtsschmuck an.*

*Weihnachtsatmosphäre, so behauptet die NS-Presse, herrsche auch in den ostpreußischen Grenzstädten.*

# 1945

Der Zweite Weltkrieg endet mit der bedingungslosen Kapitulation Deutschlands und Japans. Mehr als 50 Mio. Menschen sind auf den Kriegsschauplätzen in aller Welt ums Leben gekommen. Allein die Sowjetunion beklagt den Tod von 20 Mio. Menschen. Auf den Konferenzen der Siegermächte wird über die Nachkriegsordnung verhandelt.

■ **1. Januar**

Unter dem Decknamen »Bodenplatte« fliegt die deutsche Luftwaffe einen Großeinsatz gegen alliierte Flugplätze in den südlichen Niederlanden, Belgien und Nordfrankreich. → S. 456

Das unter der Führung der Kommunistischen Partei Polens gebildete Lubliner Komitee wird zur provisorischen Regierung der Republik Polen umgebildet. → S. 459

■ **3. Januar**

Die britischen Streitkräfte erobern im japanisch besetzten Birma die strategisch wichtige Hafenstadt Akyab am Golf von Bengalen. → S. 457

■ **6. Januar**

Bei einem japanischen Luftangriff, an dem auch »Kamikaze«-Piloten beteiligt sind, werden in den Gewässern vor den Philippinen die US-Schlachtschiffe »California« und »New Mexico« schwer beschädigt (→ S. 457).

■ **9. Januar**

US-amerikanische Marineinfanterie landet unter großen Verlusten im Lingayengolf auf der philippinischen Hauptinsel Luzon. → S. 457

■ **11. Januar**

In Griechenland wird zwischen dem Oberkommando der britischen Truppen und der kommunistischen Widerstandsbewegung ELAS (Ethnikos Laikos Apeleftherotikos) ein Waffenstillstandsabkommen unterzeichnet, das am 19. Januar in Kraft tritt. Die ELAS verpflichtet sich u. a. zur Übergabe ihrer Gefangenen (→ S. 444).

■ **12. Januar**

Sowjetische Artillerieeinheiten der 1. Ukrainischen Front unter dem Befehl von Marschall Iwan S. Konew eröffnen vom südlich der polnischen Hauptstadt Warschau gelegenen Baranow-Brückenkopf aus die groß angelegte Win-

*Mit schwerem Batteriegeschütz rücken die Soldaten der Roten Armee während der Winteroffensive nach Westen vor.*

teroffensive der Roten Armee gegen die deutsche Wehrmacht. → S. 458

■ **13. Januar**

Einheiten der sowjetischen 3. Weißrussischen Front unter dem Befehl von Armeegeneral Iwan D. Tschenjachowski beginnen bei Pillkallen (Ostpreußen) mit ihrer Winteroffensive gegen die Stellungen der deutschen Ostfront.

■ **14. Januar**

Die 1. Weißrussische Front der Roten Armee unter dem Befehl von Marschall Georgi K. Schukow beginnt auf breiter Front in Polen mit ihrer Winteroffensive gegen die deutsche 9. Armee unter dem Befehl von General Hans Jordan. (→ S. 458).

■ **17. Januar**

Der letzte deutsche Widerstand in der polnischen Hauptstadt Warschau wird von polnischen Einheiten gebrochen.

■ **18. Januar**

Streitkräfte der deutschen Wehrmacht räumen die südpolnische Stadt Krakau.

■ **20. Januar**

Vertreter der ungarischen Gegenregierung mit Sitz in Debrecen schließen in Moskau nach dreitägigen Verhandlungen mit der UdSSR einen Waffenstillstand ab, Ungarn tritt damit auf Seiten der alliierten Staaten in den Krieg gegen das Deutsche Reich ein (→ S. 464).

■ **24. Januar**

In Aachen erscheint mit den »Aachener Nachrichten« die erste Zeitung in einer von Alliierten besetzten deutschen Stadt.

■ **26. Januar**

Sowjetischen Truppen gelingt es durch einen Vorstoß an die Ostseeküste, die

Landverbindung zwischen Ostpreußen und Pommern zu unterbrechen, am selben Tag schneiden sie auch die Stadt Königsberg vom Samland ab (→ S. 475).

■ **27. Januar**

Sowjetische Truppen befreien die rund 7600 im deutschen Konzentrations- und Vernichtungslager Auschwitz verbliebenen Häftlinge. → S. 459

■ **29. Januar**

Die US-amerikanische Marine landet auf der Insel Luzon (→ S. 457).

■ **30. Januar**

Stoßkeile der Roten Armee bilden bei Küstrin einen ersten Brückenkopf am Westufer der Oder.

Der deutsche Passagierdampfer »Wilhelm Gustloff« wird in der Ostsee von einem sowjetischen Unterseeboot torpediert und sinkt innerhalb einer Stunde. Von den 6000 an Bord befindlichen deutschen Flüchtlingen kommen über 5000 ums Leben (→ S. 465).

■ **2. Februar**

In Berlin wird der frühere Oberbürgermeister von Leipzig, Carl Friedrich Goerdeler, wegen Mitwisserschaft des Attentats von 20. Juli 1944 hingerichtet (→ S. 432).

■ **3. Februar**

Die US-amerikanische Luftwaffe fliegt mit 937 Bombern, begleitet von 613 Jagdflugzeugen, einen der schwersten Luftangriffe auf die deutsche Reichshauptstadt Berlin, bei dem über 3000 t Sprengbomben abgeworfen werden. 22 000 Menschen, darunter der Präsident des Volksgerichtshofes, Roland Freisler, kommen bei dem Angriff ums Leben (→ S. 480).

■ **4. Februar**

Die letzten Einheiten der deutschen Wehrmacht haben das Territorium Belgiens geräumt.

■ **8. Februar**

Das britische Innenministerium gibt die Zahl der Kriegsopfer unter der Zivilbevölkerung des Landes bekannt: Von September 1939 bis September 1944 sind rund 57 000 Briten ums Leben gekommen.

Einheiten der sowjetischen 1. Ukrainischen Front gehen in Schlesien zum Angriff auf die zur Festung erklärte Stadt Breslau über. → S. 465

■ **10. Februar**

Einheiten der Roten Armee erobern Budapest. → S. 464

■ **11. Februar**

In Jalta auf der Halbinsel Krim (UdSSR) enden die Beratungen zwischen US-Präsident Franklin Delano Roosevelt, dem britischen Premierminister Winston Churchill und dem sowjetischen Staats- und Parteichef Josef W. Stalin über die Nachkriegsordnung. → S. 460

■ **12. Februar**

Einheiten der britischen und kanadischen Armee überschreiten in der Nähe von Kleve die deutsch-niederländische Grenze.

■ **13. Februar**

Dresden wird durch ein dreitägiges alliiertes Bombardement fast vollständig zerstört. → S. 462

■ **15. Februar**

Einheiten der US-amerikanischen Marineinfanterie besetzen die Halbinsel Bataan auf den Philippinen und die vorgelagerte Felseninsel Corregidor.

■ **17. Februar**

US-amerikanische Bomber, die von Flugzeugträgern aus gestartet sind, beenden eine zweitägige Luftoffensive gegen Ziele im Großraum Tokio.

■ **19. Februar**

US-Streitkräfte landen auf der zu den Bonininseln gehörenden Insel Iwo Jima. → S. 465

■ **23. Februar**

Die britisch-kanadische 21. Heeresgruppe unter dem Oberbefehl von Feldmarschall Bernard Law Montgomery tritt zu einer Großoffensive an, um die deutschen Verteidigungsstel-

GROSS·ST·MARTIN

ALLE KIRCHEN SIND VERNICHTET
DAS HAT HITLER ANGERICHTET

lungen bis zum rechten Rheinufer zurückzudrängen.

■ **24. Februar**
US-amerikanische Truppen schließen die Eroberung der philippinischen Hauptinsel Luzon ab.

Reichsführer SS Heinrich Himmler ordnet die Einrichtung von sog. Sonderstandgerichten an, die bei Auflösungserscheinungen in Teilen der Wehrmacht und der Zivilbevölkerung tätig werden sollen.

■ **27. Februar**
Der rumänische König Michael I. ernennt in der Landeshauptstadt Bukarest auf sowjetischen Druck eine von der kommunistischen Partei des Landes dominierte Regierung.

■ **28. Februar**
Einheiten der US-Marineinfanterie in Stärke von rund 8000 Mann landen auf der philippinischen Insel Palawan (Operation »Victor III«), um auch hier die japanischen Besatzer von den Philippinen zu vertreiben.

*Im Lauf der Gegenoffensive der Alliierten im südwestlichen Pazifik erobern US-Soldaten die philippinischen Inseln.*

■ **3. März**
Finnland erklärt rückwirkend vom 19. September 1944 dem Deutschen Reich den Krieg.

■ **5. März**
Mit Ausnahme eines Brückenkopfes bei Wesel ist das gesamte linksrheinische Territorium des Deutschen Reiches von Truppen der Westalliierten besetzt.

Der vom jugoslawischen König Peter II. Karadordević eingesetzte Regentschaftsrat beauftragt nach dem Rücktritt des Nationalkomitees zur Befreiung Jugoslawiens, das bisher als provisorische Regierung amtierte, Marschall Josip Tito mit der Bildung einer Regierung.

■ **7. März**
US-amerikanischen Einheiten gelingt es bei Remagen, eine unzerstörte Eisenbahnbrücke über den Rhein in Besitz zu nehmen. → S. 466

Köln wird von Einheiten der US-amerikanischen 1. Armee besetzt.

■ **8. März**
Auf Befehl von Adolf Hitler wird allen deutschen Familien die Sippenhaft für den Fall angedroht, dass sich Angehörige, die als Soldaten eingezogen wurden, in Gefangenschaft begeben, ohne bis zum Äußersten gekämpft zu haben oder verwundet worden zu sein.

■ **9. März**
US-amerikanische Luftstreitkräfte bombardieren die japanische Hauptstadt Tokio. Bei den Angriffen kommen mehr als 83 000 Menschen ums Leben; 25 % aller Gebäude werden zerstört.

■ **10. März**
Einheiten der deutschen Kriegsmarine darunter die Schweren Kreuzer »Prinz Eugen«, »Lützow«, das Schulschiff »Schlesien« und der Leichte Kreuzer »Leipzig« beschießen in der Danziger Bucht die sowjetischen Stellungen in Küstennähe, um den Rückzug deutscher Truppen und die Evakuierung der Zivilbevölkerung zu decken. → S. 468

*Mit Handkarren und wenigen Pferdegespannen treten Vertriebene aus den Ostgebieten den Weg nach Westen an*

Wesel am Niederrhein wird von deutschen Truppen geräumt (→ S. 467).

■ **12. März**
Die 15-jährige Anne Frank kommt im Konzentrationslager Bergen-Belsen ums Leben (→ S. 209).

■ **13. März**
Die deutsche Luftwaffe versucht durch den Einsatz ihrer modernsten Maschinen vergeblich, die von der US-Armee. genommene Rheinbrücke bei Remagen zu zerstören (→ S. 466).

■ **14. März**
Die UdSSR überträgt Polen die Gebietshoheit über die von sowjetischen

Truppen besetzten deutschen Gebiete östlich von Oder und Neiße.

■ **18. März**
Die Stadt Kolberg an der pommerschen Ostseeküste wird von sowjetischen Truppen erobert. Zuvor ist es der deutschen Marine gelungen, 68 000 Bewohner der Stadt und über 5000 Soldaten auf dem Seeweg zu evakuieren.

■ **19. März**
Auf Befehl Adolf Hitlers sollen sämtliche Industrie- und Versorgungseinrichtungen im Reichsgebiet bei Heranrücken gegnerischer Kräfte zerstört werden. Die Alliierten sollen bei ihrem Vormarsch nur noch verbrannte Erde vorfinden.

■ **20. März**
Britische Truppen besetzen die Stadt Mandalay in Birma (→ S. 445).

■ **22. März**
Bei Oppenheim setzt die 3. US-Armee über den Rhein und stößt nach Osten auf Frankfurt am Main und Darmstadt vor.

■ **23. März**
Die deutschen Verteidigungslinien bei Gdingen und Danzig werden von sowjetischen Einheiten durchbrochen; die Halbinsel Hela ist damit vom Hinterland abgeschnitten.

■ **25. März**
Franz Oppenhoff, der von der US-Besatzungsmacht in Aachen eingesetzte Oberbürgermeister, wird von einem »Werwolf«-Kommando erschossen.

■ **26. März**
Die 3. US-Armee besetzt Darmstadt und erreicht drei Tage später bei Frankfurt den Main.

Die letzten japanischen Truppen auf Iwo Jima (Bonininseln) kapitulieren vor den US-Truppen (→ S. 465).

■ **29. März**
Frankfurt am Main, Wiesbaden und Mannheim werden von Einheiten der 3. US-Armee besetzt. → S. 470

In Dutchworth in der englischen Grafschaft Kent schlägt das letzte deutsche Raketengeschoss vom Typ »V 1« ein. Insgesamt wurden während des Zweiten Weltkriegs 1050 deutsche »V 1«-Raketen gegen Großbritannien abgefeuert.

■ **30. März**
Die Hafenstadt Danzig an der Weichselmündung wird von sowjetischen Truppen erobert. → S. 469

■ **1. April**
Die deutsche Kriegsmarine beginnt mit der Evakuierung von Soldaten und Flüchtlingen von der Halbinsel Hela in der Danziger Bucht über die Ostsee nach Westen.

Die deutsche Heeresgruppe B, die unter dem Befehl von Generalfeldmarschall Walter Model steht, wird mit 340 000 Mann im Gebiet zwischen Rhein, Ruhr und Sieg von US-amerikanischen Streitkräften eingeschlossen (→ S. 474).

*Deutsche Soldaten geben nach der Kapitulation ihre Waffen ab.*

Einheiten der US-amerikanischen Marineinfanterie landen auf der zu den japanischen Riukiuinseln gehörenden Insel Okinawa. → S. 472

■ **3. April**
Reichsführer SS Heinrich Himmler ordnet an, die männlichen Bewohner aller Häuser, an denen vor den heranrückenden Truppen der Alliierten die weiße Fahne gehisst wird, sofort zu erschießen.

**■ 5. April**

Die deutschen »V 2«-Raketenangriffe auf Ziele in Belgien und Großbritannien werden eingestellt.

Mit Wirkung vom 13. April 1945 kündigt die Sowjetunion den 1941 mit Japan geschlossenen Neutralitätsvertrag (→ S. 515).

**■ 6. April**

US-amerikanische Luftstreitkräfte versenken vor der Insel Okinawa das japanische Schlachtschiff »Yamato«, das größte Schlachtschiff der Welt. → S. 472

**■ 9. April**

Die deutsche Besatzung im zerstörten Königsberg kapituliert vor den angreifenden Einheiten der 3. Weißrussischen Front der Roten Armee. → S. 475

Im deutschen Konzentrationslager Flossenbürg werden der deutsche evangelische Theologe Dietrich Bonhoeffer und der ehemalige Chef der deutschen Abwehr, Admiral Wilhelm Canaris, hingerichtet (→ S. 215, 380).

**■ 12. April**

In Warm Springs im US-Bundesstaat Georgia erliegt US-Präsident Franklin Delano Roosevelt einer Gehirnblutung. Am selben Tag wird Vizepräsident Harry Spencer Truman als sein Nachfolger vereidigt. → S. 473

**■ 13. April**

Die sowjetische 4. Gardearmee schließt die Eroberung der österreichischen Hauptstadt Wien ab. Am 7. April hatte die Armee die Stadtgrenze erreicht. → S. 485

**■ 14. April**

In Norditalien startet die US-amerikanische Armee eine Großoffensive gegen die deutsche 14. Armee, die sich daraufhin auf das Nordufer des Po zurückziehen muss (→ S. 485).

**■ 15. April**

Britische Truppen befreien das deutsche Konzentrationslager Bergen-Belsen in der Lüneburger Heide.

**■ 16. April**

Teilen der sowjetischen 1. Weißrussischen und der 1. Ukrainischen Front gelingt es, im Raum von Küstrin und Guben an der Oder die Verteidigungslinien der Wehrmacht zu durchbrechen und auf die deutsche Reichshauptstadt Berlin vorzustoßen. → S. 480

**■ 17. April**

Die Reste der im Ruhrgebiet eingekesselten deutschen Truppen ergeben sich. 325 000 Soldaten geraten in US-amerikanische Kriegsgefangenschaft. Ihr Oberbefehlshaber, Generalfeldmarschall Walter Model, begeht Selbstmord. → S. 474

**■ 18. April**

US-Truppen besetzen die Städte Düsseldorf und Magdeburg.

Einheiten der US-amerikanischen 3. Armee dringen in Westböhmen gegen Pilsen und Budweis vor. → S. 483

**■ 19. April**

Leipzig wird von US-amerikanischen Truppen besetzt, am selben Tag stoßen Einheiten der britischen Armee bis zur Elbe vor (→ S. 482).

**■ 20. April**

US-amerikanische Bomberverbände fliegen den letzten strategischen Luftangriff auf die Reichshauptstadt Berlin.

**■ 22. April**

Beim Endkampf um die Reichshauptstadt dringen sowjetische Truppen in die Berliner Stadtbezirke Weißensee und Pankow ein (→ S. 480).

**■ 23. April**

Reichsmarschall Hermann Göring wird von Adolf Hitler aus allen seinen Ämtern entlassen; Göring hatte Hitler zuvor in einem Telegramm angeboten, dessen Ämter zu übernehmen.

**■ 24. April**

Kräfte der sowjetischen 1. Ukrainischen Front erreichen von Süden kommend

*Konzentrationslager nach der Befreiung: Gefangene haben einen Wachturm bestiegen und winken mit ihren Hüten.*

die Stadtgrenze der umkämpften Reichshauptstadt Berlin (→ S. 480).

**■ 25. April**

Bei Torgau an der Elbe treffen erstmals US-amerikanische und sowjetische Truppen aufeinander. → S. 482

In San Francisco im US-Bundesstaat Kalifornien treten Delegierte aus 50 Staaten zur Gründungsversammlung der Vereinten Nationen zusammen.

**■ 26. April**

Die deutsche Reichshauptstadt Berlin ist vollständig von sowjetischen Truppen eingeschlossen (→ S. 480).

Für die US-amerikanischen Truppen wird unter der Bezeichnung »JCS-1067« eine Direktive zur Besatzungspolitik in Deutschland erlassen, in der es u.a. heißt, Deutschland sei nicht zum Zweck der Befreiung, sondern als besiegter Feindstaat besetzt worden. → S. 491

**■ 27. April**

Britische Truppen besetzen die Hansestadt Bremen.

Der italienische Ministerpräsident und Duce Benito Mussolini wird mit Gefolgsleuten bei Dongo nahe der Schweizer Grenze von italienischen Partisanen gefangen genommen und einen Tag später erschossen. → S. 484

In Wien bildet der Sozialdemokrat Karl Renner eine provisorische Regierung für Österreich (→ S. 485).

**■ 28. April**

US-amerikanische Truppen befreien die letzten Insassen des Konzentra-

tionslagers Dachau bei München. → S. 486

**■ 29. April**

Die in Oberitalien kämpfende deutsche Heeresgruppe C unter dem Oberbefehl von General Heinrich Gottfried von Vietinghoff kapituliert in der italienischen Stadt Caserta vor den alliierten Streitkräften. Die Kapitulation tritt am 2. Mai in Kraft. → S. 485

**■ 30. April**

Adolf Hitler begeht im Bunker unter der Reichskanzlei Selbstmord. → S. 488

Die bayerische Landeshauptstadt München wird von Truppen der US-amerikanischen 7. Armee besetzt. → S. 490

**■ 1. Mai**

Vor dem Bunker der Reichskanzlei in Berlin begehen der Reichsminister für Volksaufklärung und Propaganda, Joseph Goebbels, und seine Ehefrau Magda Selbstmord.

Der Oberbefehlshaber der deutschen Kriegsmarine, Großadmiral Karl Dönitz, gibt in einer Rundfunkansprache seine Ernennung zum Reichspräsidenten bekannt und spricht sich für eine Fortsetzung des Krieges im Osten aus. → S. 492

Sowjetische Truppen stürmen im Stadtzentrum Berlins die Reichskanzlei; sie finden im Garten des Gebäudes

*Sonderausgabe der »Hamburger Zeitung«, in der die Lüge verbreitet wird, Hitler sei im Kampf gegen die Rote Armee gefallen.*

die verkohlte Leiche des ehemaligen Reichsministers für Volksaufklärung und Propaganda Joseph Goebbels.

■ **2. Mai**

Der deutsche Kampfkommandant von Berlin, General Helmuth Weidling, unterzeichnet die Kapitulation der ihm unterstehenden Truppen; die Schlacht um Berlin ist damit beendet. → S. 492

In der Nacht fliegen britische Bomberverbände den letzten Angriff auf das Deutsche Reich. Ziel sind die Hafenanlagen von Kiel.

■ **3. Mai**

Die deutschen Passagierdampfer »Cap Arcona« und »Thielbeck«, auf denen sich mehr als 7000 aus dem deutschen Konzentrationslager Neuengamme evakuierte Häftlinge befinden, werden von britischen Jagdbombern in der Neustädter Bucht vor Schleswig-Holstein versenkt. Nur etwa 200 Häftlinge können sich an Land retten.

Britische Truppen rücken in das zur »offenen Stadt« erklärte Hamburg ein.

Britische Streitkräfte besetzen die birmanische Hauptstadt Rangun.

■ **4. Mai**

Einheiten der US-Armee, die im Juli 1943 auf Sizilien und im Juni 1944 in der Normandie gelandet waren, treffen am Brenner in den Alpen zusammen.

Im Hauptquartier des britischen Feldmarschalls Bernard Law Montgomery in der Lüneburger Heide unterzeichnet Generaladmiral Hans-Georg von Friedeburg die Kapitulation der deutschen Truppen in Dänemark, Nordwestdeutschland und in den Niederlanden. → S. 493

■ **5. Mai**

In der tschechoslowakischen Hauptstadt Prag erheben sich Widerstandsgruppen gegen die deutsche Besetzung. → S. 493

■ **6. Mai**

Sowjetische Truppen beginnen in Böhmen eine Großoffensive gegen Reste der deutschen Heeresgruppe Mitte. → S. 492

Die letzten deutschen Truppen der zur Festung erklärten schlesischen Stadt Breslau kapitulieren vor Einheiten der Roten Armee. → S. 493

■ **7. Mai**

In Reims unterzeichnen Generaloberst Alfred Jodl (Heer), Generaladmiral Hans-Georg von Friedeburg (Marine) und General Wilhelm Oxenius (Luftwaffe) die bedingungslose Kapitulation aller deutschen Streitkräfte. → S. 494

■ **8. Mai**

In einer Rundfunkansprache über den Sender Flensburg gibt der Reichspräsident Großadmiral Karl Dönitz sämtlichen deutschen Streitkräften den Befehl zur Kapitulation.

Nach Inkrafttreten der am Vortag in Reims (Frankreich) unterzeichneten deutschen Gesamtkapitulation begeben sich rund 7,5 Millionen deutsche Wehrmachtsangehörige in alliierte Kriegsgefangenschaft (→ S. 506).

Der ehemalige Reichsluftfahrtminister und Oberbefehlshaber der deutschen Luftwaffe, Reichsmarschall Hermann Göring, wird in Kitzbühel von Angehörigen der US-Armee gefangen genommen.

■ **9. Mai**

Kurz nach Mitternacht wird in Berlin-Karlshorst die Unterzeichnung der deutschen Gesamtkapitulation wiederholt. → S. 496

■ **13. Mai**

Der Chef des Oberkommandos der Wehrmacht (OKW), Generalfeldmarschall Wilhelm Keitel, wird in Flensburg von britischen Soldaten verhaftet.

*Feldmarschall Wilhelm Keitel unterzeichnet die Kapitulation der deutschen Armee.*

■ **14. Mai**

Die letzten deutschen Truppen in Ostpreußen (rund 150 000 Mann) ergeben sich der Roten Armee.

■ **23. Mai**

Die Mitglieder der geschäftsführenden Reichsregierung und des deutschen Oberkommandos der Wehrmacht werden von britischen Truppen in Flensburg verhaftet.

Der ehemalige Reichsführer SS Heinrich Himmler begeht nach seiner Identifikation Selbstmord. → S. 499

■ **31. Mai**

Die Nationalsozialistische Deutsche Arbeiterpartei (NSDAP) wird durch Gesetz der britischen Militärregierung in Deutschland aufgelöst.

■ **5. Juni**

In Berlin unterzeichnen die Oberbefehlshaber von Großbritannien, Frankreich, der UdSSR und den USA eine Deklaration zur Übernahme der obersten Regierungsgewalt in Deutschland.

■ **22. Juni**

Großbritannien entlässt die ersten deutschen Kriegsgefangenen. → S. 506

■ **26. Juni**

Vertreter von 51 Staaten unterzeichnen in San Francisco die Charta der Vereinten Nationen.

■ **28. Juni**

Auf der philippinischen Hauptinsel Luzon ergeben sich die letzten japanischen Verbände den US-Truppen.

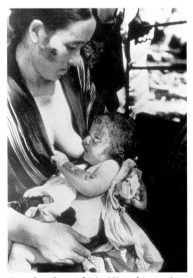

*Atombombenopfer in Hiroschima; eine Frau stillt ihr Baby.*

■ **2. Juli**

In Anbetracht der US-amerikanischen Luftoffensive gegen Japan fordert der japanische Rundfunk die Einwohner Tokios zum Verlassen der Stadt auf.

■ **17. Juli**

Im Schloss Cecilienhof in Potsdam bei Berlin treffen US-Präsident Harry Spencer Truman, der sowjetische Staats- und Parteichef Josef W. Stalin und der britische Premierminister Winston Churchill zu einer Konferenz zusammen. → S. 508

■ **6. August**

Die US-Luftwaffe wirft über der japanischen Stadt Hiroschima die erste Atombombe ab. → S. 510

■ **8. August**

Die UdSSR erklärt Japan den Krieg und lässt ihre Truppen in Korea sowie in die Mandschurei einmarschieren und auf den Kurilen und Sachalin landen. → S. 515

■ **9. August**

Die US-amerikanische Luftwaffe wirft eine zweite Atombombe über Japan ab: In Nagasaki sterben 36 000 Menschen, 40 000 werden verletzt (→ S. 510).

■ **11. August**

In Nordchina schließen sich die kommunistischen Truppen unter dem Befehl von Mao Zedong der sowjetischen Offensive an und nähern sich den Städten Schanghai und Nanking.

■ **14. August**

Die japanische Regierung in Tokio nimmt die Kapitulationsbedingungen der Alliierten an und tritt zurück. Neuer Regierungschef wird am 17. August Prinz Norihiko Higaschikuni.

■ **15. August**

Der japanische Kaiser Hirohito befiehlt in einer Rundfunkansprache allen Streitkräften seines Landes die sofortige Feuereinstellung. → S. 515

■ **23. August**

Nationalchinesische Streitkräfte unter Marschall Chiang Kai-shek besetzen Nanking und Schanghai.

*Unterzeichung der bedingungslosen Kapitulation Japans auf dem US-Schlachtschiff Missouri*

■ **31. August**

US-amerikanische Truppen ziehen in Tokio ein. → S. 515

■ **2. September**

Auf dem in der Bucht von Tokio liegenden US-amerikanischen Schlachtschiff »Missouri« unterzeichnen Außenminister Mamoru Schigemitsu und Generalstabschef Yoshijiro Umezu Japans Kapitulation. Für die Alliierten unterzeichnet der Oberbefehlshaber der US-amerikanischen Streitkräfte im Südpazifik, General Douglas MacArthur. → S. 516

*Freude über die Rückkehr der US-Soldaten im »Ladies' Home Journal« vom Juli 1945*

# Deutsche Luftwaffe startet Großangriff

Die deutsche Luftwaffe unternimmt unter dem Decknamen »Bodenplatte« einen absolut geheim gehaltenen Großangriff gegen 13 britische und vier US-Feldflugplätze in Belgien, Nordfrankreich und den Niederlanden.

An der für die alliierten Luftstreitkräfte überraschenden Operation beteiligen sich 1305 deutsche Flugzeuge, die nach Angaben des Oberkommandos der Wehrmacht 479 alliierte Jäger und Bomber zerstören. Die eigenen Verluste werden offiziell mit lediglich 277 Flugzeugen beziffert.

Unter größter Geheimhaltung wurde das Unternehmen »Bodenplatte« vorbereitet. Am 20. Dezember 1944 wurden auf Hitlers Befehl die ersten deutschen Kampfgeschwader in den Westen des Reichsgebietes verlegt. Eine absolute Nachrichtensperre sollte den Überraschungseffekt sichern. In den Morgenstunden des Neujahrstages starten trotz dichten Nebels die ersten mit Sprengbomben ausgerüsteten Jagdflugzeuge von den Feldflugplätzen. Wegen der alliierten Radarüberwachung können die Maschinen nur in einer Höhe von etwa 200 m fliegen. Die strikte Geheimhaltung der Operation führt jetzt jedoch zu Problemen. Da die deutsche 16. Flakdivision nicht informiert worden war, beschießt sie die Flugzeuge der eigenen Luftwaffe. An der Luftüberlegenheit der alliierten Bomberverbände kann Unternehmen »Bodenplatte« jedoch nichts ändern.

*Das Jagdflugzeug Messerschmitt Bf 109 G-2 mit einem Daimler-Benz-Motor wird für die deutsche Luftwaffe seit 1942 in großen Stückzahlen hergestellt.*

*Die Focke Wulf FW 190 wird von beiden Krieg führenden Seiten als eines der besten deutschen Jagd- und Tiefangriffsflugzeuge im Weltkrieg angesehen.*

# Angriff auf Rheinbrücken

570 schwere Bomber der US-amerikanischen 8. Luftflotte fliegen Einsätze auf die Rheinbrücken bei Koblenz, Neuwied und Remagen. Ziel der Operation ist es, nach der gescheiterten deutschen Ardennenoffensive den eventuellen Rückzug der deutschen Streitkräfte hinter den Strom zu behindern.

Schon seit dem 23. Dezember war das Misslingen der Ardennenoffensive offensichtlich, als die alliierten Luftwaffen mit 3170 Flugzeugen die deutschen Truppen angriffen und die Nachschubwege bombardierten. Die sich nun zurückziehenden deutschen Verbände mussten bis zum Jahresende große Verluste in Höhe von etwa 100 000 Mann hinnehmen.

*Britische Infanteristen erwarten im niederländischen Grenzgebiet bei Zetten einen deutschen Gegenangriff.*

*Ein Panzer der 1. US-Armee mit aufgesessener Infanterie beim Vorstoß gegen deutsche Stellungen im Reichswald*

Die militärische Lage an der Westfront ist für die Wehrmacht katastrophal. Die letzten gut ausgerüsteten Divisionen sind durch die misslungene Ardennenoffensive zerschlagen worden.

Die Materialknappheit, speziell auch der Mangel an Treibstoff, macht sich immer deutlicher bemerkbar, zumal die alliierten Luftangriffe gezielt die Hydrierwerke attackieren. Das Oberkommando der Wehrmacht stellt bereits Überlegungen an, das Heer zu »entmotorisieren« und z. B. »Panzergrenadiere nur noch zu Fuß oder per Rad zu bewegen«. Im Februar erreichen die rasch vorrückenden alliierten Truppen das Rheinland.

# GIs landen auf Philippinen

Unter großen Verlusten landen die Truppen der US-amerikanischen 6. Armee auf der philippinischen Hauptinsel Luzon. Mehr als acht Stunden lang versuchten die japanischen Streitkräfte unter Einsatz von »Kamikaze«-Fliegern vergeblich, den an der Westküste von Luzon gelegenen Lingayengolf zu verteidigen.

Bereits beim Einlaufen der US-amerikanischen Landungsflotte in den Lingayengolf am 6. Januar hatten die japanischen »Kamikaze«-Flieger angegriffen. 28 Todesfliegern und 15 Kampfflugzeugen gelang die Versenkung eines Minensuchers sowie die Beschädigung zahlreicher anderer Schiffe. Sie töteten 167 und verletzten 502 Soldaten. Gemessen am Einsatz war es der aus japanischer Sicht er-

*Der Hafen von Manila auf den Philippinen: Die Aufnahme entstand während eines Luftangriffs zur Unterstützung der Landung von US-Truppen.*

folgreichste »Kamikaze«-Angriff des Krieges. Am 3. Februar rücken US-Truppen in Manila ein, das bis zum 27. Februar schließlich befreit, aber

auch fast vollständig zerstört wird. Bis zum Kriegsende halten sich in den Bergen noch über 50 000 japanische Soldaten auf.

## »Kamikaze« – letzte Waffe Japans

Der japanische Admiral Takijiro Onishi entwickelte nach der für Japan vernichtenden Niederlage in der Philippinensee (→ S. 400) im Juni 1944 den Plan, die gegnerische Flottenübermacht durch eine neue Angriffstaktik zu brechen. Ausgewählte japanische Piloten sollen ihre Bomben nicht mehr über den US-Schiffen abwerfen, sondern ihre mit Sprengstoff vollgestopften Maschinen in die Schiffsrümpfe hineinfliegen. Die sich freiwillig meldenden Flieger werden in Spezialverbänden mit streng religiösem Kodex zusammengefasst, die den Namen »Kamikaze« erhalten. Dies bedeutet »göttlicher Wind« und nimmt Bezug auf ein Unwetter, das 1281 eine mongolische Invasionsflotte vor Japan vernichtete.

Seit Herbst 1944 mehren sich die »Kamikaze«-Einsätze. In Jagdmaschinen transportieren die Piloten 250-Kilogramm-Bomben ins Ziel, doch bleibt ihre militärische Wirkung insgesamt gering. Sie versenken einige kleinere Einheiten und beschädigen Schlachtschiffe sowie die Startdecks der Flugzeugträger, doch ist in der Regel der Luftschirm über den US-Flotten bereits so dicht, dass die Flugzeuge meist schon vor dem Ziel abgeschossen werden.

# Erfolge für Briten in Birma

Britische Streitkräfte besetzen die birmanische Hafenstadt Akyab am Golf von Bengalen. Damit wird die Position der Japaner in Birma weiter geschwächt.

Birma besitzt wegen der von dem Eisenbahnendpunkt Lashio bis zur chinesischen Stadt Kunming führenden Birmastraße eine strategische Schlüsselrolle in Südostasien. Seit der Besetzung Birmas durch die japanische Armee im Frühjahr 1942 sind die chinesischen Truppen unter Chiang Kaishek von Hilfslieferungen über diese Strecke abgeschnitten. Über eine Luftbrücke konnten aber bis Januar 1945 mehr als 600 000 t Nachschub und 300 000 Mann Verstärkung nach China eingeflogen werden.

## Das von den USA eroberte Herrschaftsgebiet im Pazifik (Stand 1. 1. 1945)

*Auch in Ungarn ist die Rote Armee auf dem Vormarsch; sowjetische Infanterie gerät in einem Vorort der Hauptstadt Budapest unter gegnerisches Feuer.*

*Nach der Einnahme von Warschau durch sowjetische Truppen kehrt die polnische Zivilbevölkerung in die fast völlig zerstörte Hauptstadt zurück.*

## 12. JANUAR

# Rote Armee startet Winteroffensive

Die sowjetische Rote Armee beginnt ihre Winteroffensive gegen die deutsche Ostfront. Nach mehrstündigem Artilleriefeuer durchbricht in den frühen Morgenstunden die 1. Ukrainische Front (Heeresgruppe) unter Marschall Iwan S. Konew südlich der polnischen Hauptstadt Warschau am Baranow-Brückenkopf die deutschen Verteidigungslinien.

Am darauf folgenden Tag schließt sich die 1. Weißrussische Front unter Marschall Georgi K. Schukow der Offensive an und stößt auf Warschau vor, das am 17. Januar besetzt wird. Am selben Tag beginnt die 3. Weißrussische Front unter Armeegeneral

Iwan D. Tschenjachowski einen Großangriff auf Ostpreußen. Ziel der sowjetischen Offensive ist der direkte Vorstoß auf Berlin. Es gelingt den sowjetischen Armeen innerhalb von 18 Tagen bis an die Oder vorzudringen, wo sie nördlich von Küstrin am Westufer des Flusses einen Brückenkopf bilden.

Im Verlauf der Offensive überschlagen sich die Ereignisse. Bereits am 21. Januar überschreiten die Sowjets die deutsche Reichsgrenze. Einen Tag später erreichen sie die Stadtgrenze von Breslau. Am 23. Januar entbrennen heftige Kämpfe um das oberschlesische Industrierevier. Bis

## Moskau feiert Siege

Feuerwerkskörper erleuchten den Platz der Revolution in Moskau (Abb.). Die Stadt feiert die Siege der Roten Armee im Kampf gegen die deutsche Wehrmacht.

Die Feiern sind Ausdruck der Freude über die Erfolge der eigenen Truppen und der Hoffnung auf den bevorstehenden Gesamtsieg über das Deutsche Reich. Das Feuerwerk dokumentiert außerdem, dass in der sowjetischen Hauptstadt die nächtliche Verdunkelung längst aufgehoben wurde. Angriffe der deutschen Luftwaffe, wie sie Moskau z.B. im Jahr 1941 erlebte, sind aufgrund der veränderten Kriegslage nicht mehr zu befürchten.

zum Ende des Monats ist es fast vollständig von sowjetischen Truppen erobert. Mit Ausnahme des Samlandes und der Stadt Königsberg ist zu diesem Zeitpunkt auch Ostpreußen von der Roten Armee besetzt. Für die Wehrmachtsführung kommt die sowjetische Offensive überraschend. Zwar hat man mit einem Großangriff der Roten Armee gerechnet, ging jedoch von der Annahme aus, dieser werde hauptsächlich gegen Ostpreußen und Ungarn geführt. Tatsächlich war es dem sowjetischen Oberkommando gelungen, die Deutschen über ihre Absichten zu täuschen und zu einer Stärkung ihrer Abwehrstellungen im nördlichen und südlichen Teil der 700 km langen Ostfront zu veranlassen. Die im Mittelabschnitt stehende deutsche Heeresgruppe A (Mitte) unter Generaloberst Josef Harpe blieb dagegen nur mangelhaft ausgerüstet: Die Überlegenheit bei der Artillerie beträgt 20:1, bei Panzern 7:1 und bei der Infanterie 11:1, wobei die deutschen Verbände übermüdet und auch überaltert sind. Ihr Widerstand bricht nach kurzer Zeit zusammen. Wenige Tage nach Beginn der Offensive fordert der Generalstabschef des deutschen Heeres, Generaloberst Heinz Guderian, von Adolf Hitler den Abzug eines Teils der deutschen Truppen aus Norwegen und Kurland, um mit ihnen die deutsche Ostfront zu verstärken.

## ZITAT

# Aus den Memoiren von Schukow

*Der Oberbefehlshaber der 1. Weißrussischen Front, Marschall Georgi K. Schukow, beschreibt in seinen Memoiren die Vorbereitungen und den Beginn der sowjetischen Offensive vom Januar 1945 (Auszüge):*

»Bei der Vorbereitung dieser Operation taten wir viel zur Desinformation des Gegners, um den Maßstab der bevorstehenden Offensive und die Stoßrichtungen, besonders die Richtung des Hauptstoßes, geheimzuhalten... Nach einer umfassenden Analyse der Lage und einer Beratung aller Gesichtspunkte mit den Befehlshabern und den Chefs der Waffengattungen beschlossen wir, direkt vor dem Generalangriff eine gewaltsame Gefechtsaufklärung durchzuführen und, wenn sich der Gegner rührte, sofort den... Angriff zu beginnen. Der Gegner hielt dem Angriff unserer Aufklärungsbataillone nicht stand und begann sich zurückzuziehen. Wir eröffneten darauf ein stärkeres Feuer der ganzen Artillerie und setzten die Hauptmasse unserer Flugzeuge gegen die entfernteren Ziele der Verteidigung ein...«

27. JANUAR

# Rote Armee befreit Auschwitz

Sowjetische Truppen befreien das deutsche Konzentrations- und Vernichtungslager Auschwitz bei Krakau in Polen. Als Einheiten der 1. Ukrainischen Front das Lager erreichen, finden sie dort noch etwa 7600 lebende Häftlinge, darunter rund 4000 Frauen, vor.

Sie entdecken außerdem die unbestatteten Leichen von 648 Lagerinsassen. Vermutlich verloren insgesamt etwa 3 Mio. Menschen auf grausame Art und Weise ihr Leben in dem Lager. Die genaue Zahl der Opfer in den Lagern wie des gesamten Massenmordes durch die NS-Führung ist nicht genau bekannt. Wahrscheinlich starben über 6 Mio. Menschen auf Befehl des »Führers« Adolf Hitler durch die Vernichtungsmaschinerie der SS – 300 000 Menschen überlebten den Holocaust.

Das Konzentrationslager Auschwitz war im Juni 1940 zunächst als Straflager für polnische Kriegsgefangene eingerichtet worden (→ S. 70). Nachdem im Juli 1941 von der nationalsozialistischen Führung des Deutschen Reiches die »Endlösung der Judenfrage« beschlossen worden war (→ S. 133), ließ Reichsführer SS Heinrich Himmler das Lager Auschwitz zum größten der Ver-

*Gesprengte Gaskammern im Vernichtungslager Auschwitz nach der Befreiung: Hier wurde die massenhafte Ermordung von Menschen betrieben.*

nichtungs- und Konzentrationslager ausbauen. Neben Auschwitz bestanden in Treblinka, Majdanek, Sobibor, Belzek und Chelmno weitere dieser »Todesfabriken«, die ausschließlich in den deutsch besetzten Gebieten in Osteuropa errichtet wurden.

Die Massendeportationen von Juden nach Auschwitz setzten bereits im Herbst 1941 ein; die Massenvernichtung der Juden begann im Frühjahr 1942 (→ S. 193). Nach ihrer Ankunft in dem Vernichtungslager wurden die meisten Deportierten nach einer sog. Selektion sofort vergast. Diejenigen, die vom SS-Aufsichtspersonal für noch arbeitsfähig erachtet wurden, mussten in zahlreichen Außen- und Nebenlagern unter unmenschlichen Bedingungen Zwangsarbeit verrichten. Sie arbeiteten u.a. in Werken der I.G.-Far-

benindustrie und auch Krupp hatte den Bau eines Werkes bei Auschwitz erwogen (→ S. 284). Bis Ende 1944 sind in Auschwitz vermutlich rund zweieinhalb Millionen Juden mit dem Giftgas Zyklon B ermordet und anschließend in riesigen Krematorien verbrannt worden. Etwa 500 000 weitere Häftlinge verloren durch Seuchen, Hunger und Kälte ihr Leben.

Als sich die Rote Armee im Zuge ihrer Winteroffensive dem Konzentrationslager Auschwitz näherte, begannen die SS-Wachmannschaften in aller Eile, die Spuren ihrer grausamen Taten zu verwischen (→ S. 441) und die neuerliche Deportation der noch rund 98 000 verbliebenen Lagerinsassen einzuleiten. Wer von den Häftlingen bei diesen Todesmärschen vor Erschöpfung und Kälte zusammenbrach, wurde erschossen.

1. JANUAR

# Kommunistische Regierung in Polen

In der ostpolnischen Stadt Lublin nimmt die Provisorische Regierung der Republik Polen, der Kommunisten, Sozialisten sowie Vertreter der Bauernpartei und der Demokratischen Partei angehören, die Arbeit auf.

Mit der Umwandlung des im Juli 1944 auf Initiative der Kommunisten gegründeten Lubliner Komitees in eine provisorische Regierung endet praktisch der Konflikt zwischen den Kommunisten und der bürgerlichen Exilregierung Polens in London um den Einfluss auf die innerpolnische Entwicklung. Die sowjetfreundliche provisorische Regierung des Ministerpräsidenten Edward Osobka-Morawski betrachtet sich als einzig legitime Vertretung Polens. Sie wird am 5. Januar von der UdSSR anerkannt; die Vereinigten Staaten und Großbritannien versuchen auf der Konferenz von Jalta zugunsten der Exilregierung zu intervenieren, doch siegt in der Folge die Macht des Faktischen.

---

ZITAT

## Hitlers letzte Rede

*Am zwölften Jahrestag der sog. Machtergreifung richtet sich Hitler am 30. Januar zum letzten Mal an das deutsche Volk:*

»Das grauenhafte Schicksal, das sich heute im Osten abspielt..., wird mit äußersten Anstrengungen von uns am Ende trotz allen Rückschlägen und harten Prüfungen abgewehrt und gemeistert werden... Es ist unser unabänderlicher Wille, in diesem Kampf der Errettung unseres Volkes... vor nichts zurückzuschrecken... Was immer auch unsere Gegner ersinnen mögen, was immer sie deutschen Städten, den deutschen Landschaften und vor allem unseren Menschen an Leid zufügen, es verblasst gegenüber dem unkorrigierbaren Jammer und Unglück, das uns treffen müsste, wenn jemals die plutokratisch-bolschewistische Verschwörung Sieger bliebe...«

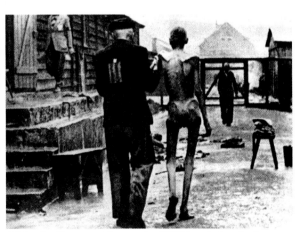

*Bilder des Grauens: Nur wenige Häftlinge haben in den deutschen Konzentrations- und Vernichtungslagern überlebt; in Auschwitz sind es nur noch rund 7600; sie sind meist völlig entkräftet; so auch dieser Mann auf einem Foto, das noch von Wachmannschaften aufgenommen wurde.*

*Aufnahme des deutschen Konzentrations- und Vernichtungslagers Auschwitz; Wachtürme und elektrisch geladene Zäune machten ein Entkommen für die Häftlinge fast unmöglich; rund 3 Mio. Menschen, die meisten davon Juden, sind seit 1940 dort umgekommen.*

## 11. FEBRUAR

# Zweite Konferenz in Jalta beendet

Im Liwadia-Palais im Seebad Jalta auf der Halbinsel Krim (UdSSR) endet die zweite Konferenz der »Großen Drei« (→ S. 340).

US-Präsident Franklin Delano Roosevelt, der sowjetische Staats- und Parteichef Josef W. Stalin und der britische Premierminister Winston Churchill waren am 4. Februar zusammengekommen, um über die Beendigung des Krieges gegen Japan und die künftige Gestalt Europas zu verhandeln. Sie haben sich auf die folgenden Punkte geeinigt:

- Die Sowjetunion verpflichtet sich, innerhalb von drei Monaten nach der Kapitulation des Deutschen Reiches in den Krieg gegen Japan einzutreten (→ S. 515); als Gegenleistung wird ihr die Südhälfte der Insel Sachalin zugesprochen

- Frankreich erhält eine aus Teilen der britischen und US-amerikanischen Zone zu bildende Besatzungszone in Deutschland und wird gleichberechtigt am Besatzungsregime beteiligt (→ S. 443, 508)

- Die Vertreter der USA, Großbritanniens und der UdSSR befürworten die Einberufung einer Gründungskonferenz der Vereinten Nationen

- In der Frage der Wiederherstellung eines polnischen Staates wurde eine grundsätzliche Übereinkunft über die Regierung erzielt. Sie soll sich künftig aus Mitgliedern des kommunistisch geführten Lubliner Komitees und Vertretern der polnischen Exilregierung in London zusammensetzen (→ S. 459).

Über eine Reihe wichtiger Tagesordnungspunkte konnten sich die »Großen Drei« hingegen nicht einigen. So bleibt die Frage der Reparationsleistungen weiterhin strittig. Die Westmächte hegen Zweifel, ob angesichts der Kriegszerstörungen Deutschland den von der UdSSR geforderten Betrag in Höhe von 20 Mrd. US-Dollar aufbringen kann. Auch über den genauen Verlauf der polnischen Westgrenze gibt es noch keine Einigung.

Konferenz der »Großen Drei« in Jalta: Winston Churchill, Franklin D. Roosevelt und Josef W. Stalin (v.l.)

### Realist Churchill

Großbritanniens Premierminister Winston Churchill vertritt in Jalta in erster Linie die Interessen der Westmächte in Europa. Mit wachsendem Misstrauen betrachtet er die Versuche der Sowjetunion, ihren politischen Einfluss auf Ost- und Südosteuropa auszudehnen. Er hält die sowjetischen Reparationsforderungen gegenüber Deutschland angesichts der großen Zerstörungen für weit überzogen.

### Taktiker Stalin

Der sowjetische Partei- und Regierungschef, Marschall Josef W. Stalin, zeigt sich mit dem Konferenzverlauf zufrieden, denn der Einfluss der UdSSR in Polen bleibt garantiert. Auch in Fernost stehen der Sowjetunion territoriale Gewinne in Aussicht. Nur in der Frage der deutschen Reparationszahlungen hat er sich mit seiner Forderung von insgesamt 20 Mrd. US-Dollar bisher noch nicht durchsetzen können.

### Mittler Roosevelt

Präsident Franklin Delano Roosevelt fährt als schwerkranker Mann zur Konferenz, wo er die Erörterung von Fragen der künftigen politischen Ordnung Europas dem britischen Premierminister Winston Churchill überlässt. Sein Hauptinteresse besteht darin, die UdSSR zum Kriegseintritt gegen Japan zu bewegen. Zudem setzt er sich für die Gründung der Vereinten Nationen ein.

*Der US-amerikanische Präsident Franklin D. Roosevelt (l.) im Gespräch mit dem britischen Premierminister Winston Churchill (r.); Roosevelt überlässt die Erörterung der Neuordnung Europas dem britischen Premierminister.*

*Der sowjetische Staatschef Josef W. Stalin und US-Präsident Franklin D. Roosevelt (v.l.): Roosevelt versucht, die UdSSR zum sofortigen Kriegseintritt gegen Japan zu bewegen, um den Krieg in Asien möglichst rasch zu beenden.*

*Fordert die Festsetzung der zukünftigen deutschen Reparationen auf eine Höhe von 20 Mrd. US-Dollar: der sowjetische Staatschef Josef W. Stalin im Gespräch mit dem britischen Premierminister Winston Churchill.*

---

ZITAT

# Weichen für Zukunft gestellt

*US-Außenminister James Francis Byrnes erinnert sich an den Verlauf der Gespräche der »Großen Drei« auf Jalta:*

»Mancher von uns fühlte sich nicht ganz wohl in seiner Haut, als wir von Malta abflogen... Diese Sorgen beruhten auf einer Unterschätzung der gewaltigen Anstrengungen der Russen, ihre Gastfreundschaft unter Beweis zu stellen. Der Landungsstreifen in Saki war bis auf die letzte Schneeflocke reingefegt. Die Straße vom Flugplatz nach Jalta war in ihrer ganzen Länge von 130 km bewacht von einer ununterbrochenen Linie von Sowjettruppen, darunter vielen Mädchen, – Mädchen mit Gewehren...

Die Konferenz von Jalta wurde am Sonntag, 4. Februar 1945, eröffnet – getragen von einer steigenden Flut alliierter Siege. Die deutsche Gegenoffensive im Wes-ten war im blutigen Schnee der Ardennen zum Stehen gebracht worden und wir waren bald soweit, das Signal zum Vorstoß über den Rhein zu geben. Die Russen hatten an der deutschen Ostfront ihren Zug nach Westen begonnen, der sie in drei Monaten bis nach Berlin führte.

Präsident Roosevelt und Marschall Stalin konnten es sich unter solchen Umständen schon leisten, in einem kleinen, scherzhaften Geplänkel eine Wette darüber einzugehen, wer schneller an sein Ziel kommen werde: die Rote Armee nach Berlin oder die amerikanische Armee nach Manila.

Die Konferenz hatte von uns aus den Hauptzweck, Einigung über die Vorschläge... zur Errichtung einer internationalen Friedensorganisation zu erzielen. Aber unsere Armeen rückten so schnell vor, dass unbedingt auch die politischen und militärischen Probleme Europas berücksichtigt werden mussten.

Stalin äußerte sofort den Wunsch, die Bedingungen für eine deutsche Kapitulation, die künftige Form eines deutschen Staates oder deutscher Staaten, die Reparationen und das Problem der Zuweisung einer Besatzungszone an Frankreich behandelt zu sehen... Am Konferenztisch saß Marschall Stalin zwischen Molotow und Maiskij, dem stellvertretenden Volkskommissar für Auswärtiges. Maiskij war elf Jahre lang russischer Botschafter in London gewesen; in Jalta war er daher oft sowohl der Dolmetscher wie der Berater Sta-lins. Von ihm wurde uns der sowjetische Vorschlag zu den deutschen Reparationsleistungen vorgetragen...

Er schlug vor, 80% der deutschen Industrieanlagen demontieren zu lassen... Schließlich erklärte er, die Höhe der Reparationen sei auf 20 Mrd. Dollar festzusetzen; der Anteil der Sowjetunion an diesem Betrag dürfe nicht weniger als die Hälfte ausmachen.«

*In seiner Reaktion auf die sowjetischen Reparationsforderungen wird Churchills Skepsis gegenüber Stalins Konzept deutlich. US-Außenminister Byrnes erinnert sich:*

»Churchill antwortete... ›Wenn wir die deutsche Wirtschaft so behandeln, dass 80 Millionen dadurch dem Hunger über-antwortet werden, können wir dann einfach daneben stehen und sagen: ›Das geschieht euch recht!‹ oder werden wir sie am Leben erhalten müssen? Wenn ja, wer soll für die Kosten aufkommen? Wenn Sie wollen, dass Ihr Pferd den Karren zieht, dann müssen Sie ihm schon eine gewisse Menge Hafer geben.‹... ›Wenn das Pferd aber ausschlägt?‹ wandte Maiskij ein.«

*James F. Byrnes nimmt als US-Außenminister an der Konferenz teil.*

# Bomben zerstören »Elbflorenz«

In der Nacht zum 14. Februar wird Dresden durch einen britischen Luftangriff nahezu völlig zerstört. Die Zahl der Opfer ist nicht exakt zu ermitteln; die Forschung geht von mindestens 35 000 Toten aus. Es ist der bisher schwerste Luftangriff des Krieges auf eine deutsche Stadt.

773 Flugzeuge vom Typ »Lancaster« der Royal Air Force fliegen mit rund 2700 t Bomben an Bord in zwei Angriffswellen auf Dresden zu. Eine deutsche Luftabwehr existiert nicht mehr, die Flakbatterien wurden im Januar 1945 zur Panzerbekämpfung an die Ostfront verlegt. Lediglich einige Attrappen aus Holz sollen eine Luftabwehr vortäuschen. Die britischen Bomberverbände werfen zunächst große Mengen Sprengbomben ab, um die Dächer und Fenster der Gebäude zu zerstören. Dadurch können die etwa 650 000 anschließend abgeworfenen Brandbomben ihre größte Wirkung entfalten. Die Taktik der Briten ist erfolgreich: Mehr als 20 km² der bebauten Fläche Dresdens werden durch Explosionen und Feuer völlig zerstört. Einige Stunden später werfen 311 US-amerikanische Bomber weitere 771 t Bomben auf die Stadt; am folgenden Tag greift die US-amerikanische Luftwaffe das bereits völlig zerstörte Dresden nochmals an.

Die Zahl der Todesopfer kann nur geschätzt werden, da sich rund 500 000 Flüchtlinge aus Schlesien in Dresden aufhalten. Der militärische Nutzen des verheerenden Luftangriffs auf die sächsische Metropole ist umstritten. Dresden liegt weder im unmittelbaren Kampfgebiet noch verkehrstechnisch günstig und besitzt auch keine nennenswerte Industrie. Der einzige strategisch wichtige Punkt, der Flugplatz in Dresden-Klotzsche mit den nahe gelegenen Kasernen, bleibt von den Angriffen verschont.

Der weltberühmte historische Kern der 700 000 Einwohner zählenden Stadt, der ihr den Namen »Elbflorenz« eingebracht hat, ist hingegen durch das Bombardement dem Erdboden gleichgemacht.

*Das Bombardement auf Dresden fordert zehntausende Todesopfer. Die Stadt, in der sich zum Zeitpunkt des Angriffs rund 500 000 Flüchtlinge aufhalten, wird völlig zerstört; der militärische Nutzen des Luftangriffs ist nicht ersichtlich, da in Dresde weder militärische Einrichtungen noch kriegswichtige Industrien ansässig sind.*

*Das Luftbild zeigt das Ausmaß der Zerstörungen: Das wegen der Schönheit seiner Bauten »Elbflorenz« genannte Dresden gleicht einem Meer von Trümmern.*

*Blick vom Rathausturm der Stadt nach den nächtlichen alliie ten Luftangriffen: Rund 80 000 Wohnungen in der sächsische Metropole liegen in Schutt und Asche.*

*Die Dresdner Innenstadt: Rund 20 km² der 700 000-Einwohner-Stadt mit ihren zahlreichen Baudenkmälern sind nahezu völlig verwüstet; die in der Stadt ange-fallene Trümmermenge wird auf rund 18 Mio. m³ geschätzt.*

*Viele Opfer sind durch die von Brandbomben verursachten Feuersbrünste bis zur Unkenntlichkeit verbrannt und können nicht mehr identifiziert werden.*

*Von den weltberühmten Bauten wie z.B. dem Zwinger, der Hofkirche, der Kreuz-kirche oder der Semperoper bleiben nur Schutt und Trümmer übrig.*

## HINTERGRUND

### Zerstörtes Dresden

Mit der Ernennung von Arthur Travers Harris zum Oberbefehlshaber des britischen Bomberkommandos 1942 begannen die Terrorangriffe auf deutsche Städte.

Harris glaubte, den Krieg aus der Luft entscheiden zu können, wollte die deutsche Industrie vernichten und die Moral der deutschen Bevölkerung brechen. Die Alliierten eröffnen ab 1942 eine neue Dimension des Luftkriegs, der vier Fünftel aller deutschen Großstädte zerstörte. Weder deutsche noch alliierte Terrorangriffe konnten jedoch die Moral der Bevölkerung un-

*Unter der Leitung von Arthur Travers Harris entwickelte die Royal Air Force den Bomben-krieg gegen deut-sche Städte bis zur Perfektion; nach seiner An-sicht wird ein Krieg durch ständige, zer-mürbende Luft-angriffe entschieden.*

tergraben. Auch nach 1945 bleibt das Thema brisant: Als Großbritannien »Bomber-Harris« 1992 ein Denkmal errichtet, kommt es zu deutschen Pro-testen. Anlässlich eines Besuchs von Elisabeth II. in Dresden 1994 demons-trieren Bürger gegen die Zerstörung der Stadt. 2004 konnte der äußere Wiederaufbau der Dresdner Frauen-kirche abgeschlossen werden. Eine britische Förderinitiative hatte das Geld für die Wiedererrichtung der hölzernen Turmhaube und des ver-goldeten Kuppelkreuzes bereitgestellt – heute ein weithin sichtbares Zeichen der Versöhnung und Mahnung.

*Straßenkampf in Budapest: Soldaten der Roten Armee nehmen deutsche Stellungen unter Beschuss.*

*Die Rote Armee auf dem Vormarsch: Die deutschen Verbände verfügen kaum noch über Munition.*

*Rotarmisten versuchen einen von Wehrmachtsverbänden gehaltenen Häuserblock zu nehmen.*

*Die sowjetische Luftabwehr verhindert die Versorgung der eingeschlossenen deutschen Truppen aus der Luft.*

*Sowjetische Kampfflugzeuge bombardieren die noch von deutschen Verbänden gehaltenen Stadtteile in Budapest.*

*An der Donau gehen Soldaten der Roten Armee an Bord eines Schnellbootes.*

---

## 10. FEBRUAR

# Rote Armee steht in Budapest

**Nach schweren Kämpfen erobern sowjetische Einheiten die ungarische Hauptstadt Budapest.**

Damit haben die sowjetischen Streitkräfte ihre Großoffensive, die sie am 8. Dezember 1944 aus mehreren Donau-Brückenköpfen heraus gegen die Stadt begonnen hatten, erfolgreich abgeschlossen. Am 26. Dezember 1944 war es Truppen der 2. und 3. Ukrainischen Front unter ihren Oberbefehlshabern Marschall Rodion J. Malinowski und Marschall Fedor I. Tolbuchin gelungen, den Belagerungsring um Budapest zu schließen. Daraufhin hatte der Führer und Reichskanzler Adolf Hitler die ungarische Hauptstadt zur Festung erklären lassen, die bis zum letzten Mann verteidigt werden müsse. Dadurch sollte der Zusammenbruch des Südabschnitts der Ostfront verhindert werden.

Den gut ausgerüsteten sowjetischen Verbänden standen innerhalb Budapests insgesamt jedoch nur 33 000 deutsche und 37 000 ungarische Soldaten gegenüber. Seit Anfang Januar 1945 unternahm die deutsche Wehrmacht mehrere Entsatzversuche, an denen Truppenverbände, die von der Heeresgruppe Mitte abgezogen wurden, sowie Reserveeinheiten der Heeresgruppe Süd beteiligt waren. Ein erster Entsatzversuch von acht deutschen Panzerdivisionen scheiterte trotz massiver Unterstützung durch die Luftwaffe nach anfänglichen Erfolgen am 6. Januar. Am 18. Januar begann eine weitere deutsche Offensive gegen den Belagerungsring der Roten Armee. Durch den massiven Einsatz von Panzern, Feldgeschützen und Flugzeugen gelang es den deutschen Entsatztruppen diesmal, sich am 26. Januar der Stadtgrenze von Budapest bis auf etwa 25 km zu nähern. Doch auch dieser letzte Versuch, durch den Angriff eines Panzerkeils in die eingeschlossene Stadt vorzustoßen, scheiterte an der großen Überlegenheit der sowjetischen Streitkräfte. Währenddessen entbrannte innerhalb von Budapest ein erbitterter Kampf um Straßen und Häuserblocks. Obwohl die deutsche Führung versuchte, die eingeschlossenen Truppen aus der Luft zu versorgen, wurde deren Lage immer verzweifelter. Ende Januar verfügten die deutschen Einheiten kaum noch über Munition; der Verpflegungssatz lag bei 150 g Brot pro Tag.

## HINTERGRUND

### Sowjets rücken weiter vor

**Anfang des Jahres 1945 ist die Lage für die deutsche Wehrmacht auch am südlichen Abschnitt der Ostfront hoffnungslos.**

Die Rote Armee beherrscht die Linie Krakau–Budapest–Belgrad und rückt unaufhaltsam in Richtung Westen vor.

Die 2. und 3. Ukrainische Front der Roten Armee unter ihren Oberbefehlshabern Marschall Rodion J. Malinowski und Marschall Fedor 1. Tolbuchin stoßen ab Januar von den Westkarpaten aus in Richtung Budapest vor. Nach der Eroberung der ungarischen Hauptstadt ist das etwa 200 km entfernte Wien das nächste Ziel (→ S. 485).

*US-Marineeinheiten landen auf Iwo Jima; der Luftwaffenstützpunkt ist von größter strategischer Bedeutung.*

## 19. FEBRUAR

# Erbitterte Kämpfe um Iwo Jima im Pazifik

**Das US-amerikanische V. Amphibische Korps unter dem Befehl von General Harry Schmidt landet auf der japanischen Insel Iwo Jima. Bei den erbittert geführten Kämpfen um das zu den Bonininseln gehörende Atoll kommen rd. 20 000 japanische und etwa 6000 US-Soldaten ums Leben.**

Iwo Jima ist wegen seiner Nähe zu den japanischen Hauptinseln (1100 km) von größter strategischer Bedeutung: Hier befinden sich drei Flugplätze, von denen aus japanische Jäger die auf den Marianeninseln startenden US-amerikanischen Bomber angreifen können.

Drei Tage lang bereiteten die US-Streitkräfte die Landung auf Iwo Jima vor. Fast ununterbrochen beschoss die Schiffsartillerie, unterstützt durch die US-Luftwaffe, die Insel. Dadurch wurden die rund 21 000 japanischen Verteidiger gezwungen, sich von der Küste auf das festungsartig ausgebaute Felsmassiv zurückzuziehen.

Es gelingt den US-amerikanischen Truppen zwar bereits am 23. Februar, die US-Flagge auf dem höchsten Punkt der Insel zu hissen; die Kämpfe dauern jedoch bis zum 16. März an. Von den etwa 21 000 vor dem Angriff auf Iwo Jima stationierten japanischen Soldaten gehen nur 216 Mann in Kriegsgefangenschaft. Durch die Kämpfe um den Luftwaffenstützpunkt Iwo Jima werden die US-Luftangriffe auf die japanischen Hauptinseln erheblich erleichtert, da die Insel als Operationsbasis für die japanische Luftabwehr ausfällt. So fliegen am 25. Februar mehr als 170 B 29-Bomber der US-amerikanischen 21. Luftflotte den bisher schwersten Angriff auf Tokio. Mehr als 1600 t Brandbomben zerstören 28 000 Gebäude und fordern viele Opfer.

*Bereits im Februar gelingt es den US-amerikanischen Verbänden, die US-Flagge auf dem höchsten Punkt Iwo Jimas zu hissen. Das Foto wird jedoch erst nach der vollständigen Eroberung der Insel im März aufgenommen; die erbitterten Kämpfe um den strategisch wichtigen Luftwaffenstützpunkt forderten auf US-amerikanischer Seite rund 6000 Menschenleben; die japanischen Streitkräfte verloren mehr als 20 000 Mann.*

8. FEBRUAR

## Sowjets setzen Großoffensive fort

Die Rote Armee setzt ihre Großoffensive gegen die deutsche Ostfront mit unverminderter Härte fort. Einheiten der sowjetischen 1. Ukrainischen Front gehen in Schlesien zum Angriff auf die zur »Festung« erklärte Stadt Breslau über und schließen sie am 15. Februar vollständig ein (→ S. 493).

Dagegen gelingt es deutschen Truppen am 10. Februar, den sowjetischen Vormarsch in Pommern zum Stehen zu bringen. Ein sechs Tage später beginnender Gegenangriff muss jedoch schon nach wenigen Tagen abgebrochen werden. Daraufhin greifen die sowjetischen Verbände ihrerseits an und erzwingen am 24. Februar den Durchbruch durch die deutschen Verteidigungslinien – ihr Weg zur pommerschen Ostseeküste ist frei.

In Ostpreußen sind die deutschen Verteidiger bis auf das Gebiet um Königsberg, die Stadt Elbing und das Samland zurückgedrängt worden. Ende Januar hat die deutsche Kriegsmarine u.a. mit dem Schweren Kreuzer »Prinz Eugen« die Beschießung sowjetischer Stellungen in Küstennähe aufgenommen.

Gleichzeitig wird die Evakuierung ostpreußischer Flüchtlinge über die Ostsee fortgesetzt (→ S. 469). Dabei kommt es jedoch immer wieder zu schweren Unglücken. Am 30. Januar wurde das deutsche Passagierschiff »Wilhelm Gustloff« in der Danziger Bucht von einem sowjetischen U-Boot torpediert und sank innerhalb einer Stunde. Von den rund 6000 Menschen an Bord kamen mehr als 5000 im eisigen Wasser der Ostsee ums Leben. Nur 937 Überlebende konnten von herbeigeeilten Schiffen der deutschen Marine gerettet werden.

Das 25 484 Bruttoregistertonnen große Schiff war von Gotenhafen (Gdingen) ausgelaufen, um über 4000 ostpreußische Flüchtlinge und rund 1000 Wehrmachtsangehörigen nach Westen zu evakuieren.

Am 9. Februar sinkt in der Danziger Bucht der Passagierdampfer »General von Steuben« nach der Torpedierung durch zwei sowjetische U-Boote. Von den insgesamt 3800 Verwundeten und Flüchtlingen an Bord des Schiffes werden nur 630 gerettet.

# Einheiten der US-Armee erobern Brücke bei Remagen

**US-amerikanische Truppen erobern die Ludendorff-Brücke bei Remagen am Rhein und errichten einen Brückenkopf. Versuche der deutschen Luftwaffe, den strategisch wichtigen Rheinübergang zu zerstören, misslingen.**

Adolf Hitler lässt alle seiner Meinung nach für den Verlust der Brücke verantwortlichen Soldaten heimlich erschießen.

Bei ihrem Rückzug auf das Ostufer des Rheins hatte die stark geschwächte deutsche Heeresgruppe B unter dem Oberbefehl von Generalfeldmarschall Walter Model alle Brücken gesprengt, um den Rhein als natürliche Verteidigungslinie zu nutzen und den alliierten Streitkräften das weitere Vorrücken zu erschweren. Lediglich die Ludendorff-Brücke bei Remagen konnte wegen eines defekten Sprengsatzes nicht rechtzeitig zerstört werden. Die heranrückenden Soldaten der US-amerikanischen 9.

Panzerdivision erobern die Brücke im Handstreich und entschärfen die defekten Sprengsätze. Danach errichten sie einen Brückenkopf am Ostufer des Rheins.

Am 13. März scheitert der Versuch der deutschen Luftwaffe, die Brücke zu zerstören, an der Luftabwehr der inzwischen zur Sicherung des Brückenkopfes zusammengezogenen US-Verbände. Zwar stürzt die Brücke vier Tage später wegen Überlastung ein, doch kann sie durch eine Pontonkonstruktion ersetzt werden.

*Alliierte Fallschirmjäger werden in der Nähe des Rheins abgesetzt; sie sollen Brückenköpfe bilden und so die natürliche deutsche Verteidigungslinie überwinden; britische und kanadische Streitkräfte sollen dann in die norddeutsche Tiefebene vorrücken, während US-amerikanische Verbände das Ruhrgebiet zangenförmig umschließen wollen.*

## Deutsche Luftwaffe greift Brücke an

**Die Einnahme der Brücke von Remagen durch die 9. US-Panzerdivision wird von der deutschen Führung als Katastrophe empfunden.**

Adolf Hitler und seine Gefolgsleute hatten die illusorische Hoffnung, am Rhein eine letzte und sichere Verteidigungslinie zu errichten, eine Art letzten »Westwall«. Mit allen ihr noch zur Verfügung stehenden Mitteln versucht die deutsche Luftwaffe am 13. März, die eroberte Brücke zu zerstören. 360 strahlgetriebene Jagdbomber der Typen Me 262 und Arado 234 der III. Gruppe des Kampfgeschwaders 76 greifen die Brücke im waghalsigen Tiefflug an. Aus dem Hinterland werden elf »V 2«-Raketengeschosse abgefeuert; dies ist der erste taktische Raketeneinsatz der Kriegsgeschichte. Es gelingt der deutschen Luftwaffe jedoch nicht, die strategisch wichtige Brücke zu zerstören. Der Einsatz scheitert an der überlegenen US-Luftabwehr.

*Oben: Blick auf die noch unzerstörte Ludendorff-Brücke bei Remagen am Rhein; Soldaten der Heeresgruppe B hatten vergeblich versucht, die Brücke bei ihrem Rückzug vor den herannahenden US-Streitkräften zu sprengen.*

*Rechts: Nach dem Einsturz der Ludendorff-Brücke wegen Überlastung errichten Pioniere der 9. US-Panzerdivison eine Pontonbrücke; die deutsche Luftwaffe versucht vergeblich, den ersten alliierten Rhein-Brückenkopf zu zerstören.*

*Folgende Seite: Die Truppen der US-amerikanischen 9. Panzerdivision erreichen die Ludendorff-Brücke bei Remagen (Abb. oben); nach der Entschärfung der deutschen Sprengsätze überqueren die Soldaten den Rhein und sichern die Brücke.*

*Folgende Seite: Die Ludendorff-Brücke unmittelbar nach der Eroberung durch US-Streitkräfte (Abb. unten); die Soldaten beginnen mit der Vorbereitung für den Transport von Panzern und Versorgungsfahrzeugen; die Eroberung der strategisch wichtigen Rheinbrücke erleichtert den Vormarsch der Alliierten beträchtlich.*

# Neue Brückenköpfe bei Wesel gebildet

Bei Wesel überquert die alliierte 21. Heeresgruppe unter dem Befehl von Feldmarschall Bernard Law Montgomery den Rhein.

Am Vortag hatten die britische 2. Armee unter General Miles Dempsey, die kanadische 1. Armee unter dem Befehl von General Henry D. Crerar sowie die US-amerikanische 9. Armee unter General William H. Simpson an gleicher Stelle den Fluss überwunden und Brückenköpfe gebildet. Den Operationen war schweres Bombardement vorausgegangen. Den Flussübergang sichert die kanadische 5. Panzerdivision. Unterstützt wird die Operation durch britische und US-amerikanische Fallschirmjäger, die im Diersfordter Wald östlich des Rheins landen. Die britische 2. und die US-amerikanische 9. Armee marschieren in Richtung Lippstadt.

*Britische und kanadische Streitkräfte überwinden den Rhein bei Wesel; da die letzten einsatzfähigen Geschwader der deutschen Luftwaffe an die Ostfront verlegt wurden, um die herannahende Rote Armee zu bekämpfen, ist die Zerstörung der alliierten Brückenköpfe nicht mehr möglich; die deutschen Luftangriffe sind nur noch Nadelstiche.*

*Nach der Eroberung der Ludendorff-Brücke bei Remagen durch US-amerikanische Streitkräfte hatte die deutsche Luftwaffe am 13. März unter Aufbietung ihrer letzten Kräfte versucht, die Rheinbrücke zu zerstören; sogar elf »V 2«-Raketengeschosse gelangten zum Einsatz; trotz aller Bemühungen scheiterten die deutschen Luftstreitkräfte an der weit überlegenen Luftabwehr der Alliierten; dennoch stürzt die Brücke am 17. März wegen Überlastung ein. Die US-amerikanischen Streitkräfte errichten als Ersatz jedoch sofort eine Pontonkonstruktion.*

Ein deutsches Schiff nimmt in der pommerschen Hafenstadt Kolberg Soldaten an Bord, die über die Ostsee nach Schleswig-Holstein gebracht werden sollen.

Die meisten der rund 1,5 Mio. deutschen Flüchtlinge dürfen nur das Nötigste mitnehmen und müssen fast ihr gesamtes Hab und Gut zurücklassen.

---

### 10. MÄRZ

# Marine sichert Fluchtweg über die Ostsee nach Westen

Deutsche Kriegsschiffe setzen die Beschießung von Landzielen in Ostpreußen, Pommern und in der Danziger Bucht fort und sichern den Seeweg für die Zivilbevölkerung.

Bereits im Sommer 1944 war aus den Schweren Kreuzern »Prinz Eugen«, »Lützow« und »Admiral Scheer« ein Einsatzverband zur Landzielbekämpfung gebildet worden. Zwischen Marine und Heer entwickelte sich dabei eine enge Zusammenarbeit. So geben Aufklärer des Heeres per Funk die Ziele direkt an die Schiffsartillerie durch.

Durch den Einsatz der letzten großen schwimmenden Einheiten der Kriegsmarine gelingt es immer wieder, den Vorstoß der sowjetischen Truppen zur Ostseeküste zu verlangsamen und die Einschiffung der deutschen Zivilbevölkerung in den Ostseehäfen weiter zu gewährleisten. Die Evakuierung der Bevölkerung aus den Ostgebieten geht auch im April unvermindert weiter (→ S. 436). Die Leitung der Evakuierungsmaßnahmen hat im Januar 1945 Generaladmiral Oskar Kummetz, der Chef des Marinekommandos Ost, übernommen. Seither sind insgesamt 790 Kriegs- und Handelsschiffe in der Ostsee zusammengezogen worden. Das Rückgrat dieser Flotte bilden große Passagierschiffe wie die »Cap Arcona« oder die »Robert Ley«, von denen jedes zwischen 4000 und 10 000 Menschen pro Fahrt an Bord nehmen kann. Zum Schutz der Geleitzüge sind zwei Sicherungsdivisionen aufgestellt worden, die über 24 Flottillen mit insgesamt 350 zumeist kleineren Schiffen verfügen. Um die Einschiffung der Flüchtlinge reibungslos abzuwickeln, wurden in allen größeren Hafenstädten der Ostsee Einsatzstäbe gebildet. Bis Ende April ermöglicht die Marine dadurch die Evakuierung von etwa 1,5 Mio. Zivilisten und 500 000 Soldaten aus Ostpreußen, Pommern und aus Kurland.

Aus Angst vor der Roten Armee flieht diese deutsche Familie aus ihrer Heimat in eine ungewisse Zukunft.

Flüchtlinge überqueren die Oder bei Wriezen: Hunderttausende versuchen so nach Westen zu fliehen.

Ein Soldat ist einer schlesischen Familie behilflich: Die Wehrmacht unterstützt die Flüchtlinge in hohem Maße.

Flüchtlingstreck nach einem Angriff sowjetischer Tiefflieger: Auf der Flucht verlieren Tausende ihr Leben.

30. MÄRZ

# Danzig muss kapitulieren

Verbände der sowjetischen 2. Stoßarmee unter dem Befehl von Generaloberst Iwan I. Fedjuninski erobern die Hafenstadt Danzig an der
Weichselmündung.

Eine Woche zuvor ist es Panzerverbänden der Roten Armee gelungen,
die Stadt von der Halbinsel Hela abzuschneiden und im Gebiet der
Weichselmündung eine deutsche Armee einzuschließen. Die deutschen
Verbände haben bis zuletzt versucht,
die Häfen von Danzig und Gdingen
zu halten, um der Bevölkerung den
Fluchtweg über die Ostsee freizuhalten. Als letztes Passagierschiff hat am

### Die Entwicklung an der Ostfront

**30. Januar:** Die Rote Armee beendet
die erste Phase ihrer Winteroffensive.
Sowjetische Einheiten haben auf breiter Front die Oder erreicht (→ S. 458).
**10. Februar:** Deutschen Einheiten
gelingt es, die Offensive der Roten
Armee gegen Hinterpommern vorläufig zum Stehen zu bringen.
**24. Februar:** Die 2. Weißrussische
Front der Roten Armee durchbricht
in Hinterpommern die deutschen
Verteidigungslinien und stößt in
Richtung Ostsee vor.
**13. März:** Sowjetische Truppen treten
zur Offensive gegen die ostpreußische
Hafenstadt Königsberg an (→ S. 475).
**18. März:** Die pommersche Hafenstadt Kolberg wird von sowjetischen
Truppen erobert.
**23. März:** Sowjetische Einheiten beginnen mit dem Vorstoß auf die Stadt
Danzig.

25. März die »Ubena« mit über 4000
Menschen an Bord Danzig verlassen.

Zu Beginn der sowjetischen Winteroffensive am 12. Januar (→ S. 458)
war die Rote Armee innerhalb weniger Wochen von der Weichsel bis zur
Oder vorgestoßen. Im Süden waren
die deutschen Truppen bis zur Lau-
sitzer Neiße und in das Sudetenland,
im Norden bis nach Pommern abgedrängt worden.

Durch einen sowjetischen Vorstoß
zum Frischen Haff war außerdem am
26. Januar die letzte Landverbindung
zwischen Ostpreußen und dem übrigen Reichsgebiet im Westen unterbrochen worden, so dass als Fluchtweg für Soldaten und Zivilisten nur

die Verschiffung über die Ostsee blieb
(→ S. 468).

In Ostpreußen selbst konnten von
der deutschen Heeresgruppe Nord
nur noch das Samland und die Stadt
Königsberg (Kaliningrad) gehalten
werden (→ S. 475). Im Februar ließ
der Druck auf die deutschen Stellungen an der Ostfront in diesen Abschnitten nach, weil die Rote Armee
zunächst die Flanken ihres Vorstoßes
und die Nachschubwege durch Polen
sichern musste.

Bereits im Januar hatte der Generalstabschef der Wehrmacht, Generaloberst Heinz Guderian, vergeb-

*Soldaten der Roten Armee bei der Eroberung der Hafenstadt Danzig: Die deut-
schen Verbände leisten erbitterten Widerstand, um den Fluchtweg über die Ostsee möglichst lange freizuhalten; noch am 25. März läuft ein Schiff mit rund
4000 Deutschen an Bord in Richtung Westen aus.*

*Ein sowjetischer Panzerkonvoi: Die Rote Armee stößt im
Zuge ihrer Winteroffensive rasch nach Westen vor; innerhalb
weniger Wochen erreicht sie die Oder; die deutsche
Wehrmacht ist nicht in der Lage, den Vormarsch zu stoppen.*

*Die in Pommern eilig aufgestellte deutsche Heeresgruppe
Weichsel unter dem zeitweiligen Oberbefehl von
Reichsführer SS Heinrich Himmler besteht zu großen Teilen
aus schlecht ausgebildeten Einheiten des »Volkssturms«.*

lich versucht, den »Führer« Adolf
Hitler davon zu überzeugen, alle
möglichen Truppen an die Ostfront
zu verlegen, um die Flucht der Bevölkerung zu ermöglichen. Statt dessen
war in Pommern in aller Eile die neue
Heeresgruppe Weichsel aufgestellt
worden, die sich hauptsächlich aus
Ausbildungsverbänden, Polizei und
»Volkssturm«-Einheiten zusammensetzt. Als die Rote Armee am 24. Februar ihre Offensive fortsetzte, reichten die deutschen Kräfte bei weitem
nicht aus, der Wucht des Angriffs
standzuhalten.

Am 7. März kesselten sowjetische
Truppen die Stadt Kolberg ein. Sie
konnte bis zum 18. März gehalten
werden. Bis dahin gelang es, rund
70 000 Flüchtlinge und Soldaten aus
Kolberg über die Ostsee in den Westen zu evakuieren.

*In sowjetische Kriegsgefangenschaft geratene Soldaten der deutschen Wehrmacht:
Sie werden von ihren Bewachern in ein östlich der Oder gelegenes Kriegsgefangenenlager gebracht; die Rote Armee nimmt im Zuge ihrer erfolgreich
verlaufenden Winteroffensive Tausende von Deutschen gefangen.*

## 29. MÄRZ

# US-Truppen in Frankfurt

Einheiten der US-amerikanischen 3. Armee unter dem Oberbefehl von General George Smith Patton besetzen die Städte Frankfurt am Main, Wiesbaden und Mannheim.

Damit ist die 3. US-Armee seit der Überquerung des Rheins bei Oppenheim am 22. März rund 50 km weit auf rechtsrheinischem Gebiet vorgestoßen. Den US-Streitkräften stellt sich nach der Überwindung des Rheins, der natürlichen deutschen Verteidigungslinie an der Westfront, kaum noch Widerstand entgegen. Die letzten größeren Wehrmachtsverbände, die deutsche Heeresgruppe

Dort werden sie nun von den britischen und US-Armeen zangenförmig umfasst.

Die noch in den Niederlanden stehenden deutschen Verbände werden zunächst von den britischen Truppen umgangen, um die dortige Zivilbevölkerung zu schonen: Der Raum Amsterdam, Rotterdam und Den Haag war von Hitler zur Festung erklärt worden, die unter allen Umständen zu halten sei. Die deutschen Besatzer drohen mit der weiteren Sprengung von Deichen, um das Land unter Wasser zu setzen. Viele von der Sinnlosigkeit eines weiteren

*Soldaten der US-Armee auf dem Weg nach Ludwigshafen; ihnen stellt sich bei ihrem Vormarsch nur noch wenig Widerstand entgegen; die kriegsmüden Deutschen sind nun von der Sinnlosigkeit eines weiteren Kampfes überzeugt. Wie das Mädchen auf dem Foto begrüßen viele Deutsche die Soldaten der alliierten Streitkräfte mit weißen Fahnen und hoffen auf das Wohlwollen der Sieger.*

*US-Soldaten in Koblenz: Die Straßen der am Rhein gelegenen Stadt liegen in Trümmern. Wie in Koblenz, wo auch das kurfürstliche Schloss ein Opfer der Bomben wurde, bietet sich den Alliierten in vielen deutschen Ortschaften ein trostloses Bild der Zerstörung.*

*Eine von der zurückweichenden deutschen Wehrmacht in Gundingen nahe Saarbrücken errichtete Straßensperre kann den weiteren Vormarsch der US-Streitkräfte nicht mehr aufhalten; letzte Wehrmachtsverbände ziehen sich ins Ruhrgebiet zurück.*

*Saarbrücken liegt in Schutt und Asche; Bombenangriffe und Artilleriefeuer haben die Stadt schwer beschädigt; mit dem Einmarsch der 7. US-Armee ist der Krieg für die Einwohner endlich zu Ende; die Metallindustrie der Stadt liegt vollkommen darnieder.*

B unter dem Oberbefehl von Generalfeldmarschall Walter Model, die 5. Panzerarmee unter General Josef Harpe sowie die 15. Armee unter General Gustav von Zangen, haben sich in das Ruhrgebiet zurückgezogen.

Kampfes überzeugte Soldaten an der Rheinfront ergeben sich den alliierten Truppen. Auch bei der Besetzung deutscher Städte stoßen die vorrückenden Soldaten der Alliierten auf wenig Widerstand.

---

### Nero-Befehl: Hitler befiehlt die totale Zerstörung des Deutschen Reichs

Adolf Hitler erlässt am 19. März den sog. Nero-Befehl: Die deutschen Truppen sollen auf ihrem Rückzug im Reich alle Einrichtungen der Infrastruktur zerstören, um den alliierten Vormarsch zu behindern.

Damit wendet Hitler die sog. Strategie der verbrannten Erde auch auf Deutschland an, nachdem sie bereits seit 1943 in schärfster Form in der UdSSR durchgeführt wurde. Der

»Führer«, der vom deutschen Volk sagt, dass es vor der Geschichte nicht bestanden habe und nun abtreten müsse, will das Land mit in seinen eigenen Untergang ziehen. Reichsminister Albert Speer und sehr viele Frontkommandeure unterlaufen diesen Befehl. Angesichts der bevorstehenden Niederlage wollen sie nicht die Lebensgrundlage der Bevölkerung für die Nachkriegszeit vernichten.

*Die am 7. März in Köln einrückenden US-amerikanischen Soldaten finden in der Innenstadt eine Trümmerlandschaft vor: Lediglich der Dom blieb von den Bombardements der alliierten Luftstreitkräfte, die die mächtigen Türme als Orientierungshilfe beim Anflug auf die Stadt nutzten, weitgehend verschont; andere historische Bauten sind jedoch unwiederbringlich verloren.*

Die viertgrößte Stadt des Deutschen Reiches bietet ein Bild der Zerstörung: Köln, das auf eine 2000-jährige Geschichte zurückblicken kann, wurde bei einem 1000-Bomber-Angriff 1942 schwer getroffen und gleicht nach zwölf Jahren national-sozialistischer Herrschaft einem Meer von Trümmern. Links ist die zerstörte Hohenzollernbrücke zu erkennen, zwischen Rhein und Dom der Hauptbahnhof.

Das zerstörte Köln: Inmitten der Ruinen erheben sich die beiden Türme des Kölner Doms, des weltbekannten Wahrzeichens der Stadt; mit dem Bau der Kirche war bereits im Jahr 1248 begonnen worden. Der Dom, an dem Generationen von Handwerkern und Künstlern gearbeitet haben, wurde erst im Jahr 1880 als Symbol deutscher Einheit nach 600 Jahren Bauzeit vollendet.

Erste Begegnung mit den Besatzern: Hin- und hergerissen zwischen der Freude über das Ende des Bombenkrieges und der Furcht vor der ungewissen Zukunft nach Kriegsende beobachten die Bewohner der Frankfurter Bergerstraße den Einzug von Soldaten der US-amerikanischen 3. Armee unter dem Oberbefehl von General George Smith Patton am 29. März.

Einwohner von Worms am Oberrhein verlassen nach dem Einmarsch der 3. US-Armee die Stadt, um auf dem Land Zuflucht zu suchen; wie in vielen deutschen Städten richteten die Luftangriffe der Alliierten auch in Worms schwere Schäden an; der bereits im 12. Jahrhundert erbaute Wormser Dom wurde jedoch kaum beschädigt.

Das zerstörte Mainz; am 20. März besetzt die 3. US-Armee unter General George Smith Patton die Stadt; Widerstand kann die Wehrmacht den immer schneller in Richtung Osten vorstoßenden alliierten Verbänden in der Bischofsstadt kaum noch leisten; die geschwächten und schlecht ausgerüsteten deutschen Truppen sind nicht mehr in der Lage, den Vormarsch zu stoppen.

## 1. APRIL

# US-Truppen auf Okinawa

Marineeinheiten der 10. US-Armee unter dem Oberbefehl von General Simon Buckner und das III. Amphibische Korps unter General Roy Geiger landen auf der zu den japanischen Riukiuinseln gehörenden Insel Okinawa.

An der Landeoperation unter dem Decknamen »Iceberg« sind auf US-amerikanischer Seite 600 000 Soldaten und 1457 Schiffe beteiligt. Okinawa ist wegen der Nähe zur japanischen Hauptinsel Kiuschu von großer strategischer Bedeutung als Luftwaffenstützpunkt. Die auf Okinawa stationierten Truppen der japa-

nischen 32. Armee unter dem Befehl von General Mitsura Ushijima verschanzen sich. Zwar verfügt die japanische Luftwaffe auf der 550 km entfernten Insel Kiuschu über rd. 6000 Flugzeuge, allerdings sind die Piloten schlecht ausgebildet. Deshalb greift die japanische 1. Luftflotte den US-Landungsverband in Wellen von 400 »Kamikaze«-Fliegern an. Zur Unterstützung nähert sich das 72 800 t schwere Schlachtschiff »Yamato« mit acht Zerstörern der Insel Okinawa. Der Flottenverband kann jedoch geortet und durch die US-Luftwaffe nahezu vollständig versenkt werden.

*Der Pilot eines japanischen »Kamikaze«-Flugzeugs versucht vergeblich, sich mit seiner Maschine auf das Deck eines US-Schlachtschiffes zu stürzen.*

*Erste Feindberührung: Ein vorgeschobener Posten der US-Landungstruppen auf der Insel Okinawa*

*Tropische Regenfälle zwingen die US-Truppen, auf den Einsatz schwerer Kettenfahrzeuge zu verzichten.*

*Angehörige der 6. US-Marine-Infanteriedivision stürmen mit Flammenwerfern japanische Stellungen.*

*Die 263 m lange und 39 m breite japanische »Yamato«, das größte im Zweiten Weltkrieg gebaute Schlachtschiff; mit der Indienststellung des japanischen Schlachtschiffes im Jahr 1941 erreichte das Wettrüsten zur See, das Mitte der 20er Jahre eingesetzt hatte, seinen Höhepunkt; die stärksten Schlachtschiffe baute 1927 Großbritannien (»Nelson« und »Rodney«).*

## 6. APRIL

# Schlachtschiffe haben ausgedient

Das japanische Schlachtschiff »Yamato« unter dem Kommando von Konteradmiral Kosaku Ariga wird von der US-Luftwaffe auf dem Weg nach Okinawa versenkt.

Von der 2498 Mann starken Besatzung können sich nur wenige retten. Die US-Streitkräfte verlieren bei dem Angriff 16 Piloten. Die 72 800 t schwere »Yamato« war das größte Schlachtschiff der Welt. Ausgerüstet mit drei Drillingstürmen mit neun 46-cm-Kanonen, besaß sie die schwersten bisher gebauten Schiffsgeschütze. Jede Sprenggranate hatte ein Gewicht von 1468 kg.

## 12. APRIL

# Roosevelt stirbt – Truman wird neuer US-Präsident

In Warm Springs (US-Bundesstaat Georgia) stirbt im Alter von 63 Jahren der 32. Präsident der Vereinigten Staaten, Franklin Delano Roosevelt, an einer Gehirnblutung. Zu seinem Nachfolger wird Vizepräsident Harry Spencer Truman ernannt.

Der Tod des US-Präsidenten wird in aller Welt mit Trauer und Bestürzung aufgenommen. Lediglich die Führung des Deutschen Reiches zeigt sich über den Tod Roosevelts erfreut und knüpft daran besondere politische Erwartungen. In Erinnerung an die Situation Preußens im Siebenjährigen Krieg, als der Tod der russischen Zarin Elisabeth einen preußisch-russischen Separatfrieden ermöglichte, hofft sie auf eine ähnliche Entwicklung.

Der am 30. Januar 1882 in Hyde Park (US-Bundesstaat New York) geborene Franklin Delano Roosevelt wurde 1931 als Kandidat der Demokratischen Partei zum Präsidenten gewählt. Als seine vordringlichste Aufgabe bezeichnete er bei seinem Amtsantritt 1932 die Überwindung der Weltwirtschaftskrise.

Unter dem Motto »A new deal for the American people« (eine neue Politik für das amerikanische Volk) setzte er daher ein umfangreiches wirtschafts- und sozialpolitisches Reformprogramm durch. Staatliche Großaufträge sollten die Arbeitslosigkeit beseitigen helfen, Sozialgesetze die Armut lindern. 1936 wurde Roosevelt im Amt bestätigt und 1940 entgegen der amerikanischen Tradition ein drittes Mal wiedergewählt. Erst der spätere Kriegseintritt der USA aber führte zur endgültigen Überwindung der Wirtschaftskrise.

Seit 1938 war Roosevelt von der Unausweichlichkeit einer kriegerischen Auseinandersetzung mit dem Deutschen Reich, Italien und Japan überzeugt. Nach dem japanischen Überfall auf den US-Flottenstütz-

punkt Pearl Harbor im Nordpazifik erklärten die USA am 8. Dezember 1941 Japan den Krieg, das Deutsche Reich und Italien überreichten ihrerseits drei Tage später den Vereinigten Staaten die Kriegserklärung. 1944 wurde Roosevelt für eine vierte Amtsperiode wiedergewählt – sein Sieg war jedoch äußerst knapp.

Nachfolger Roosevelts wird Harry Spencer Truman, der am 12. April als

33. Präsident der Vereinigten Staaten vereidigt wird. Der 61-jährige Truman war bereits am 20. Januar nach der Vereidigung Roosevelts zum Vizepräsidenten ernannt worden. Truman, der im Gegensatz zu Roosevelt dem rechten Flügel der Demokraten zugerechnet wird, führt gegenüber der UdSSR eine härtere Gangart ein da er deren Hegeminialbestehungen fürchtet.

*Im Ersten Weltkrieg zeichnet Roosevelt als Marineminister der USA einen Offizier aus, der sich im Seekrieg gegen die Deutschen Verdienste erworben hat.*

*Roosevelt (l.) und der britische Premier Churchill nach Unterzeichnung der Atlantikcharta 1941 auf dem britischen Schlachtschiff »Prince of Wales«.*

*Ein historischer Augenblick: Präsident Roosevelt unterzeichnet am 11. Dezember 1941 die Kriegserklärung an das Deutsche Reich.*

*Roosevelt (vorn, 2.v.l.) und Winston Churchill (vorn r.) während der Konferenz von Quebec im Jahr 1943*

*Der US-Präsident (M. sitzend) während der Konferenz von Casablanca (1943), auf der die Forderung nach der bedingungslosen Kapitulation Deutschlands beschlossen wurde; rechts der britische Premier Winston Churchill*

*Der todkranke Präsident (M.) während der Konferenz von Jalta auf der Krim im Februar 1945*

## 16. APRIL

# Die alliierten Luftstreitkräfte setzen ihre Angriffe fort

Der Befehlshaber der Strategischen US-Luftstreitkräfte in Europa, General Carl A. Spaatz, erklärt, dass der Luftkrieg gegen das Deutsche Reich bereits entschieden sei.

Die Stellungnahme des US-Generals erfolgt zu einem Zeitpunkt, an dem die meisten strategisch wichtigen Ziele im Reichsgebiet entweder zerstört sind oder sich bereits in den Händen der alliierten Truppen befinden.

**Deutsche Luftwaffe am Ende:** Die deutsche Luftwaffe wurde fast völlig ausgeschaltet. Zwar verfügt sie noch immer über zahlreiche Flugzeuge; wegen Treibstoff- und Pilotenmangels kommen diese jedoch kaum noch zum Einsatz. Die deutsche Luftabwehr erzielt zwar noch sporadisch einige Erfolge, gegenüber der erdrückenden Luftüberlegenheit der Briten und US-Amerikaner ist sie jedoch letztlich machtlos.

**Zunehmende Tieffliegeraktivität:** Trotzdem führen die britische und die US-amerikanische Luftwaffe ihre Flächenbombardements gegen deutsche Städte, Industrieanlagen und Verkehrswege mit unverminderter Härte fort. Dabei fliegen sie ihre Angriffe immer häufiger am Tage, wobei in zunehmendem Maße auch Jagdbomber zum Einsatz kommen. In den Kampfgebieten eröffnen die Besatzungen der »Jabos« im Tiefflug mit ihren automatischen Bordwaffen das Feuer auf alles, was sich am Boden bewegt.

**Berlin im Dauerbombardement:** Fast täglich bombardiert wird im April die Reichshauptstadt Berlin. Beim bislang schwersten alliierten Luftangriff auf die Stadt waren am 3. Februar etwa 22 000 Menschen ums Leben gekommen. Der letzte Luftangriff der Westalliierten auf die Stadt erfolgt am 20. April. Einen Tag später liegt Berlin in Reichweite sowjetischer Artillerie.

**Häfen und Führerhauptquartiere:** Am 25. April entladen 318 britische »Lancaster«-Bomber rund 1000 t Bomben auf den Berghof des »Führers« Adolf Hitler in der Nähe von Berchtesgaden. Am selben Tag fliegen US-amerikanische Bombergeschwader einen Großangriff auf die Skoda-Werke Pilsen im Reichs-protektorat Böhmen und Mähren. Ein lohnendes Ziel der Bomber sind immer noch die Häfen an der deutschen Nord- und Ostseeküste. So gelang es britischen Maschinen am 3. April, den Schweren Kreuzer »Admiral Hipper« und am 10. April den Schweren Kreuzer »Admiral Scheer« im Kieler Hafen zu versenken. Am 16. April sinkt der Kreuzer »Lützow« im Hafen von Swinemünde auf der Insel Usedom nach schweren Bombentreffern.

**»Rammjäger« als letzte Waffe:** Die deutsche Luftwaffe ist in der Schlussphase des Krieges nur noch zu Einzelaktionen fähig. So wurde in der Nacht vom 7. auf den 8. April ein Großverband von über 1000 US-amerikanischen Bombern nach einem Angriff auf die Stadt Dessau an der Elbe von deutschen »Ramm-jägern« angegriffen. Die Flugzeuge vom Typ Focke-Wulf FW 190 versuchten über der Lüneburger Heide die US-Maschinen durch Rammen zum Absturz zu bringen. Die Piloten retteten sich nach dieser deutschen Variante von Material-»Kamikaze« mit dem Fallschirm. Nach deutschen Angaben sollen bei dieser Aktion 51 feindliche Bomber zerstört worden sein. Von Seiten der USA wurden die Verluste mit nur acht Maschinen beziffert.

**Düsenjäger am Boden zerstört:** Vereinzelt setzt die deutsche Luftwaffe auch ihre modernsten Maschinen ein. Es handelt sich vor allem um den ersten Düsenjäger der Welt, die Messerschmitt Me 262. Jedoch gelingt es den alliierten Luftstreitkräften, den größten Teil dieser Flugzeuge durch gezielte Aktionen schon am Boden zu zerstören. So flogen US-Bomberstaffeln am 10. April Einsätze gegen alle Fliegerhorste in Norddeutschland, auf denen Me-262-Maschinen stationiert waren, um die gefährlichste der deutschen Waffen auszuschalten.

*Luftaufnahme der nach einem britischen Luftangriff vom 10. April gekenterten »Admiral Scheer« im Kieler Hafen; die »Admiral Scheer« wurde wegen ihrer kompakten Bauweise in Großbritannien als »Pocket-Battleship« (Westentaschen-Schlachtschiff) bezeichnet.*

*Hitlers Berghof in den deutschen Alpen bei Berchtesgaden; die britische Luftaufnahme zeigt einen Teil der weitläufigen Anlage nach einem schweren Luftangriff; deutlich sind die zerstörten Wirtschaftsgebäude und Baracken der SS-Wachmannschaften zu erkennen.*

## 17. APRIL

# 325 000 Soldaten in Gefangenschaft

Bei Düsseldorf ergeben sich die letzten der im Ruhrgebiet eingeschlossenen Verbände der deutschen Wehrmacht den alliierten Streitkräften. Mehr als 325 000 deutsche Soldaten gehen in die Kriegsgefangenschaft.

Der Oberbefehlshaber der deutschen Heeresgruppe B, Generalfeldmarschall Walter Model, begeht am 21. April Selbstmord. Vom Rhein-Brückenkopf Remagen aus war die US-amerikanische 1. Armee unter ihrem Oberbefehlshaber General John N. Hodges unter Umgehung des südlichen Ruhrgebiets in das Sieger- und Sauerland vorgerückt. Die US-amerikanische 9. Armee unter dem Kommando von General William H. Simpson sowie die britische 2. Armee unter General Miles Dempsey hatten vom Brückenkopf Wesel aus kommend das nördliche Ruhrgebiet umfasst (→ S. 467). Am 1. April waren die alliierten Verbände bei Lippstadt zusammengetroffen und hatten die deutschen Truppen im »Ruhrkessel« eingeschlossen.

Dort standen neben der deutschen Heeresgruppe B unter dem Befehl von Generalfeldmarschall Walter Model die 5. Panzerarmee unter Generaloberst Josef Harpe und die 15. Armee unter General Gustav von Zangen sowie weitere kleinere deutsche Verbände. Mit Waffen, Munition und Treibstoff schlecht ausgerüstet sowie ohne Unterstützung durch die nahezu völlig zerschlagene Luftwaffe, konnten sie den Belagerungsring nicht durchbrechen. Die alliierten Streitkräfte rückten in den Folgetagen tiefer in das Ruhrgebiet vor. Am 14. April trieben sie bei Hagen einen Keil zwischen die deutschen Verbände und spalteten sie auf. Die meisten Soldaten ergeben sich widerstandslos.

*Blick auf die zerstörten Industrie- und Hafenanlagen in Bremen, dem zweitgrößten Überseehafen des Deutschen Reiches; der Anblick unterscheidet sich nur wenig von dem anderer Hafenstädte: Ausgebrannte Ruinen, Skelette von Fabrikhallen und versenkte Schiffe zeugen von der Zerstörungskraft alliierter Bomben; diese Aufnahme wurde nach der Besetzung Bremens gemacht.*

*In der Schlussphase des Zweiten Weltkrieges konzentrieren sich die britischen und US-amerikanischen Bombergeschwader auf die Zerstörung der Verkehrswege in Deutschland; so wird der große Verschiebebahnhof in Hamm (Westfalen) durch zahlreiche Angriffe in eine Kraterlandschaft verwandelt; die Gleisanlagen hatten für die Versorgung des Ruhrgebiets große Bedeutung.*

*Schiffswracks im Duisburger Hafen, dem größten Binnenhafen Europas; wie hier sind fast alle Flüsse und Kanäle in Deutschland durch versenkte Kähne, Schlepper und eingestürzte Brücken blockiert; häufig hat die deutsche Wehrmacht bei ihrem Rückzug die Schiffe selbst auf Grund gesetzt; auf diese Weise sollte der Vormarsch der Alliierten behindert werden.*

## 9. APRIL

# Königsberg kapituliert

**Die deutsche Besatzung der ostpreußischen Stadt Königsberg kapituliert. Drei Tage zuvor ist es Einheiten der 3. Weißrussischen Front der Roten Armee gelungen, bis zum Frischen Haff vorzustoßen.**

Dabei wurde Königsberg vollständig eingeschlossen. Nach dem Scheitern mehrerer Ausbruchsversuche der deutschen Truppen entschloss sich ihr Kommandant, General Otto Lasch, zur Kapitulation. Auf Geheiß von Adolf Hitler wird Lasch in Abwesenheit zum Tode verurteilt. Nach der Einnahme des fast vollständig zerstörten Königsberg werden die Reste der deutschen Heeresgruppe Mitte auf Teile des Samlandes mit der Hafenstadt Pillau, die noch bis zum 25. April gehalten werden kann, zusammengedrängt. Außerdem befinden sich noch die Frische Nehrung und die Halbinsel Hela in der Danziger Bucht in deutscher Hand. Auf diesen schmalen Küstenstreifen warten noch immer hunderttausende von Flüchtlingen auf ihren Abtransport nach Westen. Trotz pausenloser sowjetischer Luftangriffe und der Bedrohung durch sowjetische Unterseeboote setzt die deutsche Kriegsmarine die Evakuierung über die Ostsee fort.

Seit Ende Januar ist es gelungen, allein über den Hafen von Pillau rund 141 000 verwundete Soldaten und etwa 451 000 Zivilisten zu evakuieren. In der Nacht vom 16. auf den 17. April 1945 ereignet sich rund zwölf Seemeilen vor der pommerschen Küste eine der größten Schiffskatastrophen in der Geschichte der Seefahrt. Am Nachmittag des 16. April verlässt ein deutscher Konvoi, bestehend aus dem Motorschiff »Goya« und zwei weiteren Schiffen, die Halbinsel Hela. An Bord der »Goya« befinden sich insgesamt 6220 Menschen.

Kurz vor Mitternacht wird der Konvoi von einem sowjetischen Unterseeboot angegriffen. Von zwei Torpedos getroffen, sinkt die »Goya« binnen weniger Minuten. Von den Passagieren können nur 163 gerettet werden. Nach der Versenkung der Schiffe »Wilhelm Gustloff« und »General von Steuben« am 30. Januar bzw. 9. Februar 1945 ist dies der spektakulärste sowjetische Angriff auf einen deutschen Geleitzug in der Ostsee (→ S. 465).

Die Flucht der deutschen Bevölkerung aus Ostpreußen ist eine der großen Tragödien in der Schlussphase des Zweiten Weltkrieges. Als die Rote Armee im Januar 1945 ihre große Offensive gegen die deutsche Ostfront begann (→ S. 458), versuchten Millionen von Menschen aus Furcht vor Vergeltung durch die sowjetischen Truppen aus Ostpreußen zu entkommen (→ S. 468). Bei vielen Rotarmisten entlädt sich der seit Jahren angestaute Hass auf die deutschen Invasoren in Gewalttaten gegenüber der deutschen Zivilbevölkerung (→ S. 437). Viele sowjetische Soldaten waren bei ihrem Vormarsch nach Westen Zeugen der Zerstörungen und des Leids geworden, das den Menschen in den ehemals deutsch besetzten Gebieten widerfahren war. Die sowjetische Militärführung versuchte die zahlreichen Ausschreitungen ihrer Soldaten unter Kontrolle zu bekommen.

*Im brennenden Königsberg, der Hauptstadt Ostpreußens, ergeben sich am 9. April die letzten deutschen Truppen den Soldaten der sowjetischen Roten Armee; nach tagelangen schweren Häuser- und Straßenkämpfen ist die Stadt mit ihrem bedeutenden Hafen fast dem Erdboden gleichgemacht.*

# In fremder Hand – die Lage der Kriegsgefangenen

*Gießen 1945: Deutsche Soldaten marschieren auf dem Mittelstreifen der Autobahn in die Kriegsgefangenschaft, umgeben von US-Panzern und motorisierten Einheiten.*

Gefangene gab es in allen Kriegen. Sie waren Jahrtausende lang allerdings auf Gedeih und Verderb der Gnade und Barmherzigkeit des Gegners ausgeliefert. Erst mit den Genfer Abkommen von 1864, 1906 und vor allem von 1929 fand man zu einer internationalen Regelung der Behandlung der Kriegsgefangenen, die vor Tötung, Verstümmelung, Folter, Geiselnahme und Verletzung der Menschenwürde zu bewahren sind. Danach und nach der Haager Landkriegsordnung (HLKO) von 1907 richteten sich auch im Krieg 1939–1945 weitgehend die Gewahrsamsmächte.

Es gab allerdings folgenschwere Ausnahmen: Die UdSSR hatte das Genfer Abkommen von 1929 nicht ratifiziert und sah sich auch nicht an die HLKO gebunden, weil sie sich von Verträgen des Zarenreiches losgesagt hatte. Dennoch ließ Moskau nach Ausbruch der Feindseligkeiten Berlin mit Note vom 17.7. 1941 über die schwedische Vertretung wissen, dass man sich unter der Bedingung der Gegenseitigkeit an die HLKO halten werde. Von der Reichsregierung kam keine Antwort, und das hieß: Die Reichs- wie die Wehrmachtführung beriefen sich bei der Behandlung gefangener Rotarmisten darauf, dass die Gegenseite das Genfer Abkommen nicht ratifiziert habe, so dass man selbst daran nicht gebunden sei.

## WESTALLIIERTE IN DEUTSCHER GEFANGENSCHAFT

Im Wesentlichen entsprach die Behandlung der westalliierten Gefangenen in deutschem Gewahrsam den internationalen Vereinbarungen, von einigen brutalen Ausnahmen abgesehen: Da ist vor allem der so genannte Kommadobefehl vom 18.10. 1942

*Deutsche Soldaten, die sich durch Verkleidung der Gefangenschaft entziehen wollten, werden von der Roten Armee gestellt.*

zur Vernichtung von »Terror- und Sabotagetrupps« zu nennen. Danach waren bei Kommandounternehmen ergriffene Soldaten wie Agenten zu behandeln und mithin zu erschießen; notgelandete »Terrorflieger« sollten wie gemeine Verbrecher der Lynchjustiz der Bevölkerung überlassen werden. In einigen Fällen ordnete Hitler persönlich Repressalien an, die gegen die Genfer Abkommen verstießen, beispielsweise die Erschießung von geflohenen Gefangenen bei Wiederergreifung.

So gut wie keinerlei Rücksicht nahm die deutsche Seite auf das Völkerrecht, als 1943 Italien aus dem Krieg ausscherte und die Wehrmacht die bis dahin verbündeten Streitkräfte des Landes entwaffnete und gefangen nahm. Schon dabei kam es zu summarischen Erschießungen auch von ganzen Truppenteilen, die sich bereits ergeben hatten. Die Überlebenden wurden bei »Bündnistreue« in deutsche Einheiten als Kämpfer integriert, nicht mehr kampfwillige italienische Soldaten dagegen als Militärinternierte, de facto aber gemäß OKW-Erlass vom 15. 9. 1943 als Kriegsgefangene zur Zwangsarbeit für die deutsche Rüstungsindustrie ins Reich und ins Generalgouvernement abtransportiert. Hier war ihre Behandlung wegen der Wut über den Bruch der »Waffenbrüderschaft« meist entsprechend schlecht bis brutal.

## DIE LAGE DER SOWJETISCHEN KRIEGSGEFANGENEN

Sehr häufig, ja fast die Regel waren deutscherseits Übergriffe gegen Gefangene aus östlichen Staaten. Und die Behandlung der gefangenen Sowjetsoldaten verstieß gegen alle Grundsätze des internationalen Rechts. Das lag einerseits an dem erwähnten selbst ausgestellten Freibrief wegen der fehlenden sowjetischen Unterschrift unter das Genfer Abkommen, andererseits auch daran, dass Hitler im Osten einen Weltanschauungs- und damit einen Vernichtungskrieg führen ließ, nach dem sowjetische Soldaten »keine Kameraden« sein konnten. Hinzu kam, dass sich niemand die ungeheuren Massen an Gefangenen hatte vorstellen können, die zu Beginn der Feindseligkeiten eingebracht wurden, und dass daher keine auch nur annähernd entsprechende Vorsorge getroffen worden war.

Der Leidensweg der Rotarmisten begann unmittelbar nach der Gefangennahme: Krank, verwundet, auf jeden Fall aber völlig entkräftet landeten sie nach den großen Kesselschlachten in Armee-Gefangenen-Sammelstellen und Durchgangslagern. Zuweilen wurden einfach nur große Areale auf freiem Feld mit Stacheldraht umzäunt und durch Wachen gesichert. Unterkünfte für die Gefangenen waren nicht vorgesehen. Man überließ ihnen den Bau von Erdhöhlen oder von provisorischen Zelten aus Kleidungsstücken oder sonstigem Tuch. Versorgt wurden sie kaum oder gar nicht, denn die Wehrmachtstellen hatten selbst mit Nachschubproblemen zu kämpfen; was ankam, reichte kaum für die eigenen Leute. Massensterben war die unausweichliche Folge, wobei vor allem die Verwundeten und Kranken kaum Überlebenschancen hatten.

Auf den folgenden Transporten in die Stammlager im rückwärtigen Gebiet oder im Reich kamen weitere Zigtausende um, da die schwachen Gefangenen unterwegs in den häufig offenen Güterwagen Kälte, Hunger und Durst schutzlos preisgegeben waren. Und auch nach der Ankunft besserte sich die Lage nur in Ausnahmefällen, weil auch dort die Versorgung unter dem Lebensminimum blieb. Vereinzelte Versuche von Unternehmern, die russische Gefangene beschäftigten, oder von Offizieren, die im Kriegsgefangenenwesen tätig waren, auf eigene Hand Besserung zu schaffen, blieben in Ansätzen stecken und scheiterten letztlich am rassistischen Dünkel der nationalsozialistischen Behörden. Erst der sich mit wachsender Dauer des Krieges verschärfende Mangel an Arbeitskräften brachte vorübergehend eine geringfügige Besserstellung der Gefangenen.

*Deutsche Kriegsgefangene nehmen in der Kantine eines russischen Lagers eine Mahlzeit ein. Die Versorgung in den Lagern der Sowjetunion war meist katastrophal, weil im Land selbst eine große Lebensmittelknappheit herrschte.*

Einigen Gruppen gefangener Rotarmisten war von vornherein der Tod zugedacht. Mit dem so genannten Kommissarbefehl vom 6.6. 1941 wurde noch vor Angriffsbeginn angeordnet, dass politische Instrukteure (Kommissare) der Roten Armee bereits auf dem Gefechtsfeld »zu erledigen« seien. Das geschah nicht immer konsequent, einmal weil viele Männer nicht zweifelsfrei als Kommissare zu identifizieren waren, zum anderen, weil die Truppe den Befehl vielfach missachtete und Betroffene unter der Hand zu den anderen Gefangenen abschob. SD-Chef Heydrich ließ daher die Lager durch Einsatzkommandos durchkämmen und »politisch untragbare« Gefangene einer »Sonderbehandlung« zuführen, im Klartext: erschießen. Genauso verfuhr man zeitweilig mit besonders schwer verwundeten, arbeitsunfähigen und aussichtslos kranken Gefangenen, die als »unnütze Esser« den Höheren SS- und Polizeiführern zu übergeben waren und anschließend liquidiert wurden.

*Während der Westoffensive der deutschen Wehrmacht 1940 ergeben sich französische Soldaten einem Wehrmachtssoldaten.*

*Eine Frau versorgt sowjetische Kriegsgefangene am Zaun eines Lagers in der Ukraine mit Lebensmitteln.*

Wer die ihm auferlegten Beschränkungen – etwa das Verbot des Umgangs mit deutschen Frauen und Mädchen – missachtete, den erwartete der Galgen. Wer einen Fluchtversuch machte und ergriffen wurde, der kam in ein KZ (meist Mauthausen) und wurde durch Genickschuss getötet; seit Frühjahr 1944 war das mit dem so genannten Kugelerlass bindend vorgeschrieben. Dasselbe Schicksal traf bei ähnlichen Vergehen serbische und polnische Gefangene, während man bei westalliierten Soldaten meist milder verfuhr. Eine Gnadenfrist bekamen nur diejenigen, die »Wissenschaftler« sich zu Versuchszwecken »bestellt« hatten, zu Versuchen allerdings mit ebenfalls letztlich immer tödlichem Ausgang. Den miserablen Lebensbedingungen und der brutalen Behandlung, den drakonischen Strafen und der Willkür der Bewacher fielen nach Schätzungen insgesamt 3,3 Millionen gefangene Rotarmisten zum Opfer; das waren 58 Prozent der in den vier Jahren des Ostfeldzugs eingebrachten 5,7 Millionen russischen Kriegsgefangenen.

### DEUTSCHE GEFANGENE IN WESTALLIIERTER HAND

Die gefangenen deutschen Soldaten erwartete bei den Alliierten unterschiedliche Behandlung. Die Westmächte hielten sich

*Nach der Kapitulation geben deutsche Soldaten ihre Waffen ab und werden in ein Gefangenenlager gebracht.*

im Wesentlichen an die völkerrechtlichen Bestimmungen der Genfer Abkommen und der HLKO, von vereinzelten Exzessen kleiner Einheiten oder lokaler Befehlshaber abgesehen. Solche Fälle häuften sich allerdings mit zunehmender Kriegsdauer.

Vor allem in der Endphase des Krieges und noch einmal nach der Kapitulation, als die Greuel in den deutschen Lagern ans Licht kamen und die schiere Masse der Gefangenen die Sieger vor schwer lösbare Aufgaben stellte. Bevorzugte Opfer von Übergriffen waren Soldaten der Waffen-SS, die als Elite des Nazi-Staates galten. Insgesamt blieb aber auch zum und nach dem Kriegsende das Vorgehen der Briten und Amerikaner weitgehend korrekt. Soldaten, die nach Gefangennahme in Lager in den USA gebracht worden waren, berichteten sogar von fast luxuriösem Leben dort mit Fortbildungsangeboten und reichhaltigen Kulturprogrammen. Sie erlebten bei der Rückkehr nach Europa einen regelrechten Schock angesichts der großen Not und der Zerstörungen.

Der vielfach erhobene Vorwurf der – vorsätzlichen oder fahrlässigen – drastischen Unterversorgung der deutschen Gefangenen etwa in den Rheinwiesenlagern 1945 kann jedenfalls nicht in dieser Allgemeinheit aufrecht erhalten werden. Nur unmittelbar vor und nach der Kapitulation, als rund vier Millionen Landser in westalliierte Gefangenschaft gingen, kam es zu Engpässen, die erst mit einiger Mühe zu überbrücken waren; ein Massensterben aber wie von manchen Autoren, auch alliierten, unterstellt, blieb aus. Das lag auch daran, dass die Angloamerikaner sehr rasch mit der Entlassung der Prisoners of War (POW) begannen und die Verantwortung an zivile Stellen abgaben. Bis Ende 1948 waren auch die letzten deutschen Kriegsgefangenen im Westen auf freiem Fuß; nur einige wenige wegen Kriegsverbrechen verurteilte Personen blieben zunächst weiter inhaftiert.

### DEUTSCHE KRIEGSGEFANGENE IN DER SOWJETUNION

So schrecklich wie das Schicksal der gefangenen Rotarmisten in deutscher Hand gestaltete sich das der deutschen Soldaten in sowjetischem Gewahrsam. Allerdings weniger aus ideologischen Gründen als vielmehr wegen der eigenen Not der sowjetischen Bevölkerung, die selbst zu wenig zum Leben und Sterben hatte. Hinzu kamen Misshandlungen als Antwort auf Hitlers Vernichtungskrieg, insbesondere auf den bald durchgesickerten Kommissarbefehl. Der »konventionslose Krieg« förderte zudem die Willkürakte vereinzelter Befehlshaber, die von Rache geleitet und von einer fanatischen Propaganda zusätzlich aufgeputscht waren. Das ging so weit, dass in den ersten Monaten nach dem deutschen Einmarsch Mitte 1941 bis ins Jahr 1942 hinein Wehrmachtsoldaten gleich nach der Gefangennahme auf Befehl von Kommissaren kurzerhand erschossen wurden. Man passte sich dem gnaden- und rück-

*Deutsche Kriegsgefangene trinken Coca-Cola in der Kantine des größten Gefangenenlagers der USA für Soldaten der Wehrmacht in Aliceville, Alabama.*

*Nach der Landung der Alliierten in der Normandie werden deutsche Soldaten in ein Gefangenenlager geführt. Unterwegs werden sie von französischen Zivilisten angegriffen und bespuckt.*

sichtslosen Gegner an. Die Ausschreitungen hörten erst auf, als die Erschießungen vom Oberkommando unter Strafandrohung verboten wurden.

Das furchtbare Elend der überlebenden Gefangenen verschärfte sich
auf dem Marsch in die großen Sammellager. Ohne ärztliche Versorgung und fast
oder ganz ohne Verpflegung waren sie oft
tage-, manchmal wochenlang unterwegs,
wobei sie mit fortschreitender Kriegsdauer ohnehin meist geschwächt in Gefangenschaft gegangen waren. Bei den
schlechten Lebens- und extrem harten
Arbeitsbedingungen in den Lagern kam
es dann zuweilen ebenso wie in den
deutschen Lagern für russische Gefangene zu massenweisen Todesfällen.
Von fester Unterbringung konnte in
der ersten Zeit kaum die Rede sein. Da
die Gefangenen in den zerstörten
Städten und Ortschaften zum Wiederaufbau eingesetzt waren, standen
zunächst überwiegend nur beschädigte Gebäude, Bunker, primitive
Baracken und Zelte zur Verfügung,
die in den bitterkalten russischen
Wintermonaten wegen Ofen- und
Brennstoffmangel gewöhnlich un-
geheizt blieben. Durchweg erst im letzten Kriegsjahr konnte man zur Errichtung von geeigneten Baracken oder
Steingebäuden übergehen. Das größte Problem aber war auch hier die Verpflegung bei
ohnehin katastrophaler Ernährungslage in der
Sowjetunion aufgrund des Krieges und infolge von
Missernten. Außerdem machten die Sowjets die Zuteilung von
der Arbeitsleistung abhängig. Diese wieder sank rapide wegen
der unzureichenden Ernährung, ein entsetzlicher Teufelskreis.
Zeitweise bestand die Nahrung – auch in den so genannten Er-
holungslagern und Lazaretten – entweder aus Hafer oder
Graupen, Hirse, Kleie und Kraut (Kapusta) in Form von Brei
(Kascha) oder Suppe, wobei es wochen- und monatelang in
vielen Lagern die gleiche Grundnahrung gab.

Die Sterblichkeit lag entsprechend hoch. Von den 1941/42
in Gefangenschaft geratenen deutschen Soldaten verstarben

*Eine Frau befragt aus russi-
scher Gefangenschaft entlas-
sene Heimkehrer nach ihrem
Sohn, der an der Ostfront als
vermisst gilt.*

über 90 Prozent bis Kriegsende. Von den im Jahr darauf einge-
brachten Wehrmachtsoldaten kamen noch 60 bis 70 Prozent
um, 1944 sank die Quote auf 30 bis 40 und 1945 auf 20 bis 25
Prozent. Insgesamt verloren von den 3,6 Millionen in sowjetische Gefangenschaft geratenen deutschen Soldaten 1,2 Millionen ihr Leben (zum Vergleich: in amerikanischem Gewahrsam kamen 5028 deutsche Gefangene um, in Großbritannien 1254, in Frankreich 21 886). Auch nach Kriegsende
lag die Sterblichkeit in den sowjetischen Lagern noch lange
über dem Durchschnitt und normalisierte sich erst seit etwa
1949. Damals wurde immer noch das Gros der Gefangenen in
der UdSSR festgehalten, da man darauf pochte, auf ihre Arbeitskraft als eine Art Reparationsleistung Anspruch zu haben.

Bei den bis dahin entlassenen Gefangenen handelte es sich
daher überwiegend um Arbeitsunfähige und Kranke. Die
Sowjetunion ignorierte damit den Beschluss der Moskauer
Außenminister Konferenz von 1947 und bequemte sich erst
sehr spät zur Repatriierung der Mehrzahl der deutschen Gefangenen. Dringend benötigte Spezialisten aber behielt sie
weiterhin zurück, indem man sie wegen tatsächlicher oder
angeblicher Kriegsverbrechen verurteilen ließ und sie vom
Status der Kriegs- in den von Strafgefangenen überführte.
Diese »kriminellen Elemente«, so die sowjetische Sprach-
regelung, kamen erst 1955 nach Verhandlungen von Bundeskanzler Adenauer in Moskau frei, allerdings nur knapp
10 000, obwohl nach deutschen Berechnungen noch 130 000
ehemalige Wehrmachtsoldaten in sowjetischer Hand hätten
sein müssen. Das Schicksal der nicht Heimgekehrten blieb
ebenso im Dunkel wie das von Hunderttausenden schon
während des Krieges Vermissten.

*Oktober 1955: Nach der Rückkehr von seiner Reise in die Sow-
jetunion dankt die Mutter eines deutschen Soldaten Bundeskanzler Konrad Adenauer für dessen erfolgreiche Bemühungen
um die Freilassung der letzten Kriegsgefangenen.*

### Stichworte

- Sowjetische Kriegs-
gefangene → S. 204/205
- Völkerrechtswidrige
Behandlung → S. 334
- In alliierter Gefangen-
schaft → S. 506

## 16. APRIL

# Schlacht um Berlin

Nach mehrstündigem Artilleriefeuer eröffnen die 1. Weißrussische und die 1. Ukrainische Front unter dem Befehl der Marschälle Georgi K. Schukow und Iwan S. Konew den Angriff der Roten Armee auf die Reichshauptstadt Berlin.

Für diese Schlacht bieten die sowjetischen Streitkräfte insgesamt 2,5 Mio. Soldaten auf. In Berlin stehen ihnen zur Abwehr des Angriffs nur rund 94 000 zumeist schlecht ausgerüstete deutsche Soldaten gegenüber. Von zwei Brückenköpfen an der Oder aus überrennen die beiden sowjetischen Heeresgruppen bei Küstrin und Guben die deutschen Verteidigungslinien und rücken in zwei Stoßkeilen vor. Die deutsche 9. Armee, die im Südwesten Berlins steht, wird dabei eingeschlossen.

Bereits fünf Tage nach Beginn der Offensive liegt das Stadtgebiet in Reichweite der sowjetischen Artillerie. Zur selben Zeit erreichen die ersten Einheiten der Roten Armee von Norden und Osten kommend die Stadtgrenze Berlins.

Am 22. April wird der Stadtbezirk Weißensee erobert, einen Tag später fällt auch Köpenick in sowjetische Hände. Am 24. April rücken Einheiten der 1. Ukrainischen Front von Süden kommend über die Bezirke Zehlendorf, Steglitz und Schöneberg auf das Stadtzentrum vor. Einen Tag später ist die Reichshauptstadt von der Roten Armee vollständig eingeschlossen.

Deutsche Entlastungsangriffe hingegen bleiben stecken. Eine in aller Eile aufgestellte Armeegruppe unter dem SS-General Felix Steiner tritt erst gar nicht zum Angriff an. Ein Vorstoß der deutschen 12. Armee unter General Walter Wenck muss am 29. April am Schwielowsee in der Nähe von Potsdam abgebrochen werden. In der Zwischenzeit wird der deutsche Verteidigungsring um das Berliner Stadtgebiet immer enger. Nur noch das Stadtzentrum mit dem Regierungsviertel wird gehalten. Erbitterte Kämpfe entbrennen um das Reichstagsgebäude: Am 30. April hissen Rotarmisten auf dem Dach der Ruine die rote Fahne.

Sowjetische Granatwerfer in einer Straße im Berliner Stadtzentrum; in erbitterten Kämpfen rückt die Rote Armee unter schweren Verlusten unaufhaltsam auf das Regierungsviertel der Reichshauptstadt vor.

Reste einer deutschen Straßensperre in der Frankfurter Allee, einer der großen Ausfallstraßen Berlins in Richtung Osten; nach dem Ende der Kämpfe sind die Straßen mit Leichen, Trümmern und Fahrzeugwracks übersät.

Sowjetische Panzer des Typs T 34 mit aufgesessener Infanterie rücken auf das Regierungsviertel der deutschen Reichshauptstadt vor; Ziel ist die Reichskanzlei im Stadtbezirk Mitte; dort hat sich Führer und Reichskanzler Adolf Hitler in einem Bunker mit dem Rest der nationalsozialistischen Führungsspitze verschanzt; die deutschen Verteidiger, die nur ungenügend ausgerüstet sind, können dem Ansturm der sowjetischen Truppen nicht standhalten.

Die Sieger vor dem schwer beschädigten Brandenburger Tor, dem Wahrzeichen von Berlin: Eine Gruppe von Soldaten einer sowjetischen Panzerpatrouille hat sich für dieses Erinnerungsfoto auf einem Panzer aufgestellt.

Eine von vielen Kolonnen deutscher Soldaten auf dem Weg in sowjetische Kriegsgefangenschaft; während die Deutschen nach Osten marschieren, rückt die Verstärkung für die Rote Armee auf das umkämpfte Zentrum der Stadt vor.

Blick auf das zerstörte Berlin; links im Bild die Ruine des Reichstags-gebäudes; rechts im Hintergrund der schwer beschädigte Lehrter Bahnhof; jahrelange Bombardements und die Straßenkämpfe der letzten Kriegstage haben Berlin in ein Trümmerfeld verwandelt.

Die Ruine des Reichstages nach der Eroberung durch die Rote Armee; diese Aufnahme von der Vorderfront zeigt auch zerstörte Fahrzeuge auf dem Königsplatz, der Reichstag war eines der am heftigsten um-kämpften Gebäude im Berliner Stadtzentrum.

Aufnahme der Ostseite des Brandenburger Tores nach Beendigung der Kampfhandlungen; auch der einst vornehme Pariser Platz ist mit Trümmern, Autowracks und zerstörtem Kriegs-gerät übersät; rechts im Hintergrund erkennt man den Südflügel des durch Bombenangriffe und Artilleriebeschuss schwer beschädigten Reichstagsgebäudes.

---

**Berlin überrannt**

eint jeden Mittwoch | Wöchentliche Zeitung für die Aachener Gegend | Bankkonto: Kreissparkasse Aa
zelpreis 20 Pfennig | | Nr. 2571 – Tel.: Geschäftsstelle Nr.
rgang Nr. 14 | Herausgegeben mit Genehmigung der Alliierten Militärbehörde | 25. April 1

eber die Hälfte Berlins gefallen! | Russische und amerikanische Streitkräfte
ereinigung der Russen in Berlin. | stehen kurz vor ihrer Vereinigung an der Elb

Die »Aachener Nachrichten«, die seit dem Einmarsch der US-ame-rikanischen Truppen in Aachen seit Oktober 1944 unter der Kontrolle der Militärbehörden erscheinen, informieren die Leser über den Kriegsverlauf aus Sicht der Alliierten.

---

### 30. APRIL

### Rote Fahne weht über dem Reichstagsgebäude

Die Rote Armee erobert den Reichstag in Berlin. Einheiten des 756. Schüt-zenregiments der 1. Weiß-russischen Front dringen in das Gebäude ein. Die Kämpfe um die Ruine des 1933 ausgebrannten Ge-bäudes hatten den ganzen Tag angedauert. Teilweise mussten sich die Sowjeti-schen Angreifer von Zim-mer zu Zimmer vor-kämpfen. Nach erbitteten Gefechten wird die Rote Fahne auf der Kappel ge-hisst. Die Flaggenhissung wird später für ein Auf-nahmeteam der sowjeti-schen Wochenschau wie-derholt.

# Amerikaner treffen bei Torgau auf die Rote Armee

**In Strehla, etwa 30 km südlich der Stadt Torgau an der Elbe, treffen erstmals US-amerikanische Truppen und Einheiten der Roten Armee auf deutschem Boden zusammen.**

Das Deutsche Reich ist damit in zwei Teile zerschnitten und die Lücke zwischen Ost- und Westfront geschlossen. Vorausabteilungen der sowjetischen 58. Gardeschützendivision hatten bereits am 22. April die Elbe in der Nähe von Strehla erreicht und waren mit Booten auf das Westufer übergesetzt. Das Städtchen Strehla, in dem sich noch eine deutsche »Volkssturm«-Einheit befand, wurde zunächst umgangen, zwei Tage später dann kampflos besetzt.

Das Gros der sowjetischen Division wartete am Ostufer der Elbe wie vereinbart auf das Eintreffen der US-Truppen. Der Oberbefehlshaber der westalliierten Expeditionsstreitkräfte, General Dwight D. Eisenhower, hatte bereits am 28. März Josef W. Stalin mitgeteilt, dass die ihm unterstellten Truppen zunächst bis an die Elbe vorstoßen würden, um dort das Eintreffen der Roten Armee abzuwarten.

Nachdem US-amerikanische Truppen am 20. April Leipzig besetzt hatten, erwarteten sie zunächst entlang des östlich der Stadt verlaufenden Flusses Mulde ihrerseits das Zusammentreffen mit den sowjetischen Einheiten.

Am Morgen des 25. April schickt die 69. US-Division zwei Erkundungstrupps durch das Niemandsland in Richtung Elbe auf den Weg. Einer der Trupps wird von Leutnant Albert Kotzebue geführt und besteht aus insgesamt 26 Mann. Auf ihrer Fahrt durchqueren sie zahlreiche scheinbar menschenleere Dörfer. Aus den Fenstern der Häuser hängen weiße Fahnen; die Bevölkerung hält sich in Erwartung des Eintreffens der Roten Armee in den Kellern verborgen.

Kurz vor Erreichen der Elbe kommt Kotzebues Jeep plötzlich ein sowjetischer Soldat entgegen. Von ihm erfährt er, dass dessen Einheit am Ostufer der Elbe liegt. Kurzentschlossen fahren Kotzebue und seine Männer bis zum Ufer des Flusses weiter. Mit Signalpistolen geben sie sich den Sowjets zu erkennen und setzen anschließend mit einem kleinen Boot

über, um mit den sowjetischen Soldaten zusammenzutreffen. Am östlichen Ufer bietet sich Kotzebues Trupp ein gespenstisches Bild: Das Ufer ist mit den Leichen von Flüchtlingen übersät. Wenig später findet dann die erste Begegnung von Soldaten der USA und der Sowjetunion

statt. Die GIs werden stürmisch begrüßt. Um 13.30 Uhr gibt Kotzebue das Ereignis per Funk an den Stab der 69. US-Division durch. Am Abend meldet auch der zweite Erkundungstrupp unter dem Befehl des Sergeanten Frank E. Robinson bei seiner Einheit, dass er gegen 16.30 Uhr in der Nähe

von Torgau mit sowjetischen Soldaten zusammengetroffen sei. In den Hauptquartieren der alliierten Streitkräfte wird anschließend diese Begegnung zum offiziellen ersten Zusammentreffen erklärt. Die historische Brücke von Torgau wird 1994 abgerissen, weil Gelder für ihre Renovierung fehlen.

*Begegnung in der Nähe von Torgau am 25. April 1945: Sowjetische und US-amerikanische Soldaten (mit Helmen) bei einer improvisierten militärischen Begrüßungszeremonie nach ihrem ersten Zusammentreffen an der Elbe*

*Männliche und weibliche Angehörige der US-Streitkräfte und der Roten Armee tanzen unter den Porträts des sowjetischen Partei- und Staatschefs Stalin sowie des verstorbenen US-Präsidenten Roosevelt (mit Trauerflor).*

*US-amerikanische (l.) und sowjetische Soldaten reichen sich auf den Trümmern einer Elbbrücke bei Torgau die Hände.*

*Panzer der 3. US-Armee unter dem Befehl von General Patton überschreiten bei Gottmannsgrün in der Nähe von Asch die deutsch-böhmische Grenze; bei ihrem Vormarsch stoßen die Soldaten nur noch auf geringen Widerstand.*

## 18. APRIL

# US-Armee stößt nach Böhmen vor

**Panzerverbände der 3. US-Armee unter dem Befehl von General George Smith Patton haben in Bayern die tschechoslowakische Grenze erreicht und überschritten.**

Die US-amerikanischen Truppen rücken auf Anordnung des Oberbefehlshabers der westalliierten Expeditionsstreitkräfte in Europa, General Dwight D. Eisenhower, bis zum 5. Mai auf eine Linie vor, die zwischen Plauen im Vogtland, der tschechoslowakischen Stadt Pilsen und Linz in Österreich verläuft. Der Vorschlag Eisenhowers, US-amerikanische Verbände durch die Tschechoslowakei bis zur Elbe und Moldau marschieren zu lassen, stößt jedoch bei den Sowjets auf Ablehnung. Daraufhin wird der Vormarsch der US-Truppen am 5. Mai eingestellt.

## 18. APRIL

# Alliierte Truppen in Süddeutschland auf dem Vormarsch

**US-Truppen besetzen die Stadt Magdeburg. Bereits am 11. April hatten Panzereinheiten der US-Armee den Fluss im Süden von Magdeburg erreicht und einen Brückenkopf an dessen Ostufer errichtet.**

Zwei Tage später befand sich das gesamte Westufer des Flusses zwischen der Saalemündung und Wittenberge in den Händen westalliierter Streitkräfte. Drei Tage nach der Einnahme Magdeburgs erteilt der Oberkommandierende der alliierten Expeditionsstreitkräfte in Europa, General Dwight D. Eisenhower, seinen Truppen den Befehl, den Vormarsch auf das nur noch 120 km entfernte Berlin zu stoppen und die Eroberung der Stadt den sowjetischen Truppen zu überlassen.

Stattdessen wenden sich die westalliierten Streitkräfte nach Süden und rücken über Leipzig zur Elbe vor, wo sie sich am 25. April (→ S. 482) mit den sowjetischen Truppen treffen. In der Zwischenzeit wird der süddeutsche Raum von US-amerikanischen und französischen Einheiten erobert. Die dort stehende Heeresgruppe G unter dem Oberbefehl von Generalfeldmarschall Albert Kesselring verfügt kaum noch über kampffähige Verbände, um dem alliierten Ansturm standzuhalten. So dringt die 7. US-Armee unter dem Befehl von Alexander M. Patch aus dem Raum Mannheim kommend nach Bayern vor. Nürnberg wird am 20. April erobert.

*General Dwight D. Eisenhower ist seit Dezember 1943 Oberbefehlshaber der alliierten Expeditionsstreitkräfte in Europa. Der im Jahr 1890 in Denison im US-Bundesstaat Texas geborene Eisenhower koordinierte die Landung der westalliierten Streitkräfte in der Normandie am 6. Juni 1944.*

Zwei Tage zuvor ist die 3. US-Armee unter George Smith Patton bereits bis zum Reichsprotektorat Böhmen und Mähren vormarschiert (→ S. 492). Auch die französische 1. Armee rückt im süddeutschen Raum weiter vor. Bereits am 4. April war Karlsruhe besetzt worden.

General Patch setzt seine Truppen weiter nach Osten in Marsch. Am 30. April nehmen sie München ein (→ S. 490). Dort hat sich zwei Tage zuvor eine »Freiheitsaktion Bayern« gebildet und über den Rundfunk zum Widerstand gegen den Befehl des NS-Gauleiters Alfons Giesler, die Stadt mit allen Mitteln zu verteidigen, aufgerufen. Die Erhebung wurde jedoch niedergeschlagen. Die Hauptstoßrichtung der US-amerikanischen Truppenverbände weist jetzt in Richtung österreichische Grenze. In den ersten Maitagen befindet sich die US-Armee in Tirol bereits auf dem Vormarsch in Richtung Brenner.

## 27. APRIL

# Mussolini erschossen

**Der italienische Ministerpräsident und Duce Benito Mussolini wird zusammen mit seiner Geliebten Clara Petacci auf der Flucht in die Schweiz in der oberitalienischen Stadt Dongo am Comer See von Partisanen gefangen genommen.**

Am darauf folgenden Tag werden beide auf Befehl des italienischen Nationalen Befreiungskomitees ohne Gerichtsverfahren erschossen. Ihre Leichen werden am Abend desselben Tages in Mailand an einer Tankstelle aufgehängt und zur Schau gestellt.

Der Machtbereich von Mussolini hatte sich seit September 1943 auf die mit deutscher Unterstützung gegründete oberitalienische Soziale Republik Italien beschränkt. Nachdem Mussolini seine letzten faschistischen Stützpunkte in Oberitalien durch den Vormarsch der alliierten Streitkräfte sowie durch Aktionen italienischer Partisanen verloren hatte, war seine Niederlage besiegelt. In dieser Lage versuchte der einstige Diktator zunächst durch Vermittlung des Erzbischofs von Mailand, Kardinal Ildefonso Schuster, mit Vertretern der italienischen Widerstandsbewegung Verhandlungen aufzunehmen. Die Vermittlungsgespräche scheiterten jedoch endgültig am 25. April. Sein Plan, sich mit den ihm verbliebenen faschistischen Kampfverbänden ins Veltlin zurückzuziehen, um dort zum entscheidenden Gefecht anzutreten, erwies sich gleichfalls als illusorisch, Mussolini musste erkennen, dass er über keine Soldaten mehr verfügte.

Als letzte Rettung erschien ihm nun die Flucht in die Schweiz. Begleitet von einer letzten Handvoll Getreuer, schloss sich Mussolini am Comer See einem Verband deutscher Wehrmachtsangehöriger an, der Befehl hatte, durch die Linien der italienischen Partisanen nach Österreich durchzubrechen. Die aus rd. 20 Fahrzeugen bestehende Kolonne wird jedoch bereits nach wenigen Kilometern von einer Partisaneneinheit an einer Straßensperre gestoppt. Mussolini, der auf einem der Lastwagen sitzt und sich deutsche Wehrmachtskleidung übergezogen hat, wird trotz dieser Tarnung von den Partisanen sofort erkannt.

*Nach ihrer Erschießung durch Partisanen hängt man die Leichen Benito Mussolinis, seiner Freundin Clara Petacci und von zwei seiner Anhänger an einer Mailänder Tankstelle an den Füßen auf und stellt sie öffentlich zur Schau.*

# Der Abstieg des Duce

Die Karriere Benito Mussolinis, seit 1922 Führer des faschistischen Italien, schien bereits im Juli 1943 mit seiner Absetzung durch König Viktor Emanuel III. und seiner anschließenden Verhaftung beendet.

Im September 1943 wurde der Verbündete des Deutschen Reiches jedoch von deutschen Fallschirmjägern unter dem Befehl von General Otto Skorzeny aus der Gefangenschaft in den Abruzzen befreit. Mit Unterstützung der deutschen Regierung gründete Mussolini am 23. September 1943 die Soziale Republik Italien und verkündete die Rückkehr zu den Ursprüngen des Faschismus. Im Rahmen dieser Kampagne ordnete er u.a. die Sozialisierung mehrerer Industriebetriebe an. Die Bevölkerung stellte sich jedoch gegen das Regime in Oberitalien.

*Szenen aus Mussolinis Karriere in der »Illustrated London News« vom 5. Mai*

## 29. APRIL

# Heeresgruppe C legt ihre Waffen nieder

*Nahe Mailand verhandelt der Kommandant einer deutschen Einheit über die Kapitulationsbedingungen.*

*Italien im April 1945: ein deutscher und ein US-amerikanischer Soldat in einem US-amerikanischen Lazarett*

**In Italien kapituliert die deutsche Heeresgruppe C vor den alliierten Streitkräften.**

Die Unterzeichnung der Kapitulationsurkunde durch den Bevollmächtigten des Oberbefehlshabers der deutschen Heeresgruppe Südwest, General Heinrich Gottfried von Vietinghoff, und den britischen General Frederick D. Morgan findet um 14 Uhr in Caserta, dem Sitz des alliierten Hauptquartiers in Italien, statt. Die Kapitulation der deutschen Truppen tritt am 2. Mai in Kraft.

Bereits im März 1945 hatte SS-General Karl Wolff, der höchste SS- und Polizeiführer in Italien, angesichts der drückenden Überlegenheit der alliierten Armeen mit Billigung des Reichsführers SS Heinrich Himmler geheime Verhandlungen über eine Beendigung der Kämpfe aufgenommen. Sein Gesprächspartner auf Seiten der Alliierten war in der schweizerischen Stadt Zürich der Leiter des US-amerikanischen Geheimdienstes, Allen Welsh Dulles, gewesen. Von Anfang an hatten die US-Amerikaner allerdings keinen Zweifel daran gelassen, dass für sie nur eine bedingungslose Kapitulation der deutschen Wehrmachtsverbände in Frage käme. Die Kampfkraft der deutschen Truppen in Italien war vor allem aufgrund des zunehmenden Munitions- und Treibstoffmangels ständig weiter zurückgegangen.

## 13. APRIL

# Sowjetische Truppen erobern Österreichs Hauptstadt

**Die österreichische Hauptstadt Wien wird von sowjetischen Truppen erobert. Einheiten der 3. Ukrainischen Front der Roten Armee hatten am 7. April die Stadtgrenze Wiens erreicht.**

In Erwartung des sowjetischen Angriffs hatte die österreichische Widerstandsgruppe 05 versucht (→ S. 448), einen Aufstand zu organisieren. Die 05 führte in der Vergangenheit Sabotageakte aus und behinderte Transporte. Der Aufstandsplan wurde jedoch von Einheiten der SS und der Geheimen Staatspolizei (Gestapo) aufgedeckt. Die Anführer der Verschwörung wurden hingerichtet. Bereits am 2. April hatte NS-Gauleiter Baldur von Schirach Wien zum Verteidigungsbereich erklärt.

Die Eroberung der Stadt durch die Alliierten war allerdings nur noch eine Frage der Zeit. Die wenigen deutschen Einheiten, die zur Verteidigung Wiens bereitstanden, darunter die Reste der 6. SS-Panzerdivision unter dem Befehl von SS-Obergruppenführer Sepp Dietrich, waren den sowjetischen Angreifern hoffnungslos unterlegen. Dennoch dauerte es fast eine ganze Woche, ehe sich die Stadt nach heftigen Häuser- und Straßenkämpfen ergab.

Wenige Tage nach der Besetzung Wiens wird der frühere österreichische Regierungschef Karl Renner von sowjetischen Offizieren nach Wien gebracht, wo der 74-jährige Sozialdemokrat wie bereits 1918 nach dem Ersten Weltkrieg am 27. April die erste Nachkriegsregierung Österreichs bildet.

*Die Rote Armee in der österreichischen Hauptstadt Wien; Abb. links: Soldaten am Grab des Walzerkomponisten Johann Strauß (Sohn) in der Nähe von Wien; Abb. rechts: sowjetische Offiziere nach dem Hissen der Flagge der UdSSR auf dem Dach der Neuen Burg*

## 28. APRIL

# Konzentrationslager Dachau von US-Truppen befreit

Einheiten der 7. US-Armee unter dem Oberbefehl von General Alexander M. Patch befreien die rund 70 000 Insassen des deutschen Konzentrationslagers Dachau in der Nähe von München.

Bei der Befreiung stoßen die US-Soldaten lediglich auf schwachen Widerstand der SS-Wachmannschaften. Die Insassen des Konzentrationslagers müssen noch mehrere Wochen im Lager bleiben, da wegen einer Typhus-Epidemie eine strenge Quarantäne verhängt wird. Viele von ihnen sterben noch im Laufe der folgenden Wochen an den unmittelbaren Folgen der grausamen Lagerzeit.

Das Lager Dachau wurde am 20. März 1933 nach der Machtübernahme durch die Nationalsozialisten auf Befehl von Reichsführer SS Heinrich Himmler als erstes deutsches Konzentrationslager (KL, später KZ) eingerichtet. Politisch Andersdenkende wie z. B. Kommunisten und Sozialdemo-

kraten wurden interniert, um den neuen Machthabern nicht gefährlich werden zu können. Das Konzentrationslager Dachau sollte die bereits bestehenden provisorischen Lager in Süddeutschland ersetzen. Das KZ war ursprünglich für die Aufnahme von 9000 Häftlingen konzipiert. Da die Zahl der Eingelieferten jedoch ständig stieg, mussten in den Folgejahren zahlreiche Nebenlager in der Umgebung eingerichtet werden.

Seit 1941 verschleppten die Nationalsozialisten auch Angehörige jüdischen Glaubens, Sinti und Roma, Kriegsgefangene sowie politisch Verdächtige aus den von der Wehrmacht besetzten Ländern Europas in das Konzentrationslager Dachau. Anfang des Jahres 1945 saßen in Dachau etwa 35 000 Personen ein, ebenso viele waren in den zahlreichen Nebenlagern des KZ inhaftiert. Angesichts des Vormarsches der Roten Armee begann die SS mit der Überführung von Häftlin-

gen aus den im Osten errichteten Konzentrations- und Vernichtungslagern nach Dachau (→ S. 422). Dadurch herrschte in den Baracken eine ungeheure Enge. Die einzelnen Schlafräume waren mit je 75, in Dreierreihen übereinander angeordneten Betten ausgestattet. In jedem Schlafraum lebten 350 Häftlinge. Wegen der katastrophalen Enge, der mangelhaften Ernährung und der schlechten medizinischen Versorgung brachen Seuchen aus. Die SS-Wachmannschaften isolierten die Erkrankten und überließen sie ihrem Schicksal. Allein an Typhus starben täglich mindestens 150 Häftlinge. Insgesamt saßen zwischen 1933 und 1945 rund 200 000 Menschen im Konzentrationslager Dachau ein, von denen etwa 35 000 durch Erschießen, Entkräftung und Krankheiten ums Leben kamen.

Mit dem Vorrücken der Alliierten werden weitere Konzentrationslager befreit. Im April erreichen alliierte

Einheiten neben Dachau Buchenwald bei Weimar und Bergen-Belsen in der Lüneburger Heide. Die SS-Wachmannschaften versuchen häufig, die Häftlinge in andere Lager zu verlegen. So wurden rund 50 000 Insassen der Konzentrationslager Sachsenhausen bei Berlin und Ravensbrück in Fürstenberg an der Havel am 15. April evakuiert und unter unmenschlichen Bedingungen in Richtung Westen getrieben.

Ähnlich hatte sich die SS in Auschwitz in Polen, dem größten deutschen Vernichtungslager, verhalten. Wegen der sich nähernden Roten Armee war im November 1944 (→ S. 441) der Befehl zur Auflösung ergangen.

Beim letzten Appell hatten die Wachen noch 66 020 Häftlinge gezählt, von denen die meisten in die im Reichsgebiet gelegenen Lager überführt werden sollten. Die Gewaltmärsche bedeuteten für viele das Todesurteil.

## ZITAT

# »Es wurde ein bisschen geschossen und dann erschienen sie«

*Der Franzose Joseph Rovan erlebt als einer von 70 000 Lagerinsassen die Befreiung des KZ Dachau durch US-amerikanische Streitkräfte:*

»Am letzten Tage, als man den Kanonendonner hörte von den Amerikanern, war eine ungeheure Spannung... Am Lagertor... hatte sich der Lagerpolizeichef, ein Zigeuner, aufgestellt und sein Vorgänger, ein Armenier – ein sehr übler Bursche... Aber plötzlich waren die amerikanischen Jeeps da, es wurde ein bisschen geschossen und dann erschienen sie! Wir rannten alle auf das Tor zu... Und plötzlich begann einer der SS-Posten in die Masse hineinzuschießen, von einem der Wachtürme aus. Im Nu hatten sich alle Leute auf den Boden gestreckt. Die Amerikaner machten kurzen Prozess, holten sich die Posten runter und erschossen sie sofort. Dann waren also dieser Armenier und dieser Zigeuner da. Die Häftlinge forderten, dass man sie ihnen ausliefere. Es erschien ein

Mann, den wir als Präsidenten der Häftlingskomitees bestimmt hatten, ein kanadischer Offizier... da gab ein amerikanischer Leutnant ihm eine Maschinenpistole und sagte, schießen sie sofort ab. So wurden diese Leute sofort hingerichtet... Dann entlud

sich die Spannung und plötzlich war alles geändert. Plötzlich war keine Gefahr mehr. Aber die Amerikaner... waren völlig durch die Zustände über den Haufen geworfen; sie begannen den armen hungrigen Leuten erstmal ordentlich Essen auszuteilen. Da

waren nun Tausende von Leuten, die Typhus usw. hatten... Die meisten dieser heruntergekommenen Menschen hatten ja auch keine moralische Kraft mehr, sie fraßen alles in sich hinein und starben in der Nacht.«

*Ein ausgemergelter Häftling des Konzentrationslagers Buchenwald bei Weimar nach seiner Befreiung*

*Viele Häftlinge sterben noch nach der Befreiung der Konzentrationslager durch die Alliierten; wegen verschiedener Epidemien müssen zahlreiche Häftlinge noch mehrere Wochen unter Quarantäne im Lager bleiben.*

*Angehörige des weiblichen Lagerpersonals bergen die Leichen von Häftlingen aus einer Baracke des Konzentrationslagers Bergen-Belsen.*

*Überlebende und Tote des KZ Bergen-Belsen nach der Befreiung*

*Überlebende Insassen des Konzentrationslagers Wöbbelin nach der Befreiung*

*Ein Bild des Grauens: Massengrab auf dem Gelände des Konzentrationslagers von Bergen-Belsen; viele der Häftlinge sind nach der Befreiung an Entkräftung gestorben; um die Ausbreitung von Seuchen zu vermeiden, werden sie auf Anordnung der britischen Besatzungsmacht sofort in solchen Gräbern beerdigt.*

HINTERGRUND

# Organisation des Massenmords

Am 28. Februar 1933 setzte der deutsche Reichspräsident Paul von Beneckendorff und von Hindenburg auf Druck der Nationalsozialisten durch eine Notverordnung »zum Schutz von Volk und Staat« die Grundrechte außer Kraft.

Aufgrund dieser Verordnung wurden in den kommenden Monaten mehrere tausend Personen verhaftet, vor allem Kommunisten und Sozialdemokraten. Am 20. März 1933 wurde auf Befehl von Reichsführer SS Heinrich Himmler bei Dachau das erste Konzentrationslager eingerichtet.

Die in »Schutzhaft« genommenen Häftlinge wurden einem straffen System von Strafen und Klassifizierungen unterworfen. Je nach Art der Vergehen wurden zeitlich gestaffelte Arreststrafen bis hin zu Einzelhaft bei Wasser und Brot verhängt. Bei Aufforderung zum Ungehorsam wurde die Todesstrafe ausgesprochen.

Die Häftlinge hatten keinerlei Rechte und waren der Willkür der SS-Wachmannschaften ausgeliefert.

In der Folgezeit wurden weitere Konzentrationlager errichtet. Sowohl Regimegegner als auch von den Nationalsozialisten zu »Volksschädlingen« erklärte Gruppen wie Juden, Sinti und Angehörige der slawischen Völker wurden inhaftiert. Dasselbe Schicksal erlitten Homosexuelle, Vertreter der evangelischen Bekennenden Kirche sowie sog. Arbeitsscheue, Geisteskranke und nach Ausbruch des Zweiten Weltkriegs auch Kriegsgefangene. Anfang 1945 existierten im deutschen Machtbereich 434 Konzentrationslager, darunter Straflager, Arbeitslager und Vernichtungslager. Eine Deportation erfolgte ohne Gerichtsverfahren; oft genügte schon ein vager Verdacht oder eine Denunziation, um festgenommen und in ein Lager abtransportiert zu werden.

Die verschiedenen Gruppen von Häftlingen mussten je nach ihrer von der Lagerleitung vorgenommenen Klassifizierung in Form und Farbe voneinander unterschiedene Kennzeichen tragen. Seit 1938 wurden die Lagerinsassen zur Zwangsarbeit herangezogen. Sie arbeiteten für die I.G. Farbenindustrie, für die Krupp-Werke und andere Großbetriebe, die zu diesem Zweck z.T. Produktionsstätten in der Nähe der Lager errichteten. Die Arbeitszeit betrug elf Stunden täglich. Da die Häftlinge wegen der völlig unzureichenden Lebensmittelversorgung entkräftet waren, kam die Zwangsarbeit häufig einem Todesurteil gleich. Eine medizinische Versorgung gab es nicht, in den Lagerbaracken grassierten Seuchen und Krankheiten.

Ärzte und Wissenschaftler unterzogen die Häftlinge grausamen Experimenten. So wurden Lagerinsassen in Eiswasser getaucht, um festzustellen, wie lange ein Mensch Unterkühlung überleben kann. Die SS-Wachmannschaften bestraften die Häftlinge schon bei geringsten Anlässen aufs Grausamste. Peitschenhiebe, Folterungen und Erschießungen waren an der Tagesordnung.

Nach der Mitte 1941 beschlossenen »Endlösung der Judenfrage« begann in den Vernichtungslagern der organisierte Massenmord an den Juden. Nach Experimenten mit Auspuffgasen entschloss sich die SS, die Massenvernichtung mit dem blausäurehaltigen, zur Schädlingsbekämpfung dienenden Gas Zyklon B durchzuführen. Die Häftlinge wurden in große Duschräume geführt, wo aus den Duschköpfen statt Wasser das tödliche Gas austrat. Nach Entfernung eventuell vorhandener Goldzähne wurden die Leichen in Massengräber geworfen und verscharrt.

Am 15. Januar 1945 befanden sich noch etwa 500 000 Männer und 200 000 Frauen in den deutschen Konzentrations- und Vernichtungslagern. Etwa ein Drittel von ihnen kommt bis Kriegsende noch ums Leben.

Die genaue Zahl der zwischen 1933 und 1945 in deutschen Konzentrations- und Vernichtungslagern ermordeten Personen kann wegen fehlender Unterlagen nicht ermittelt werden. Schätzungen gehen von etwa sechs Millionen Toten jüdischer Herkunft aus. Hinzu kommen noch mindestens 500 000 Opfer nicht jüdischen Glaubens.

## 30. APRIL

# Adolf Hitler nimmt sich das Leben

Der deutsche Diktator Adolf Hitler begeht im Bunker unter der Reichskanzlei in Berlin Selbstmord. Gegen 15 Uhr zieht sich Hitler mit seiner Geliebten Eva Braun, die er am Tag zuvor geheiratet hat, in seine Privaträume zurück. Wenig später fällt ein Schuss.

Als daraufhin Hitlers Sekretär, Reichsleiter Martin Bormann, die Tür öffnet, findet er Hitler blutüberströmt im Sessel mit einer Pistole in der Hand vor. Seine Frau, die sich mit Kaliumcyanid das Leben genommen hat, liegt neben ihm auf einem Sofa. Das Bunkerpersonal hüllt die Leichen in Decken und trägt sie ins Freie in den Garten der Reichskanzlei. Dort werden sie in eine Grube gelegt, mit Benzin übergossen und angezündet. Einige Stunden zuvor hatten in nur 800 m Entfernung zwei sowjetische Feldwebel auf der Ruine des

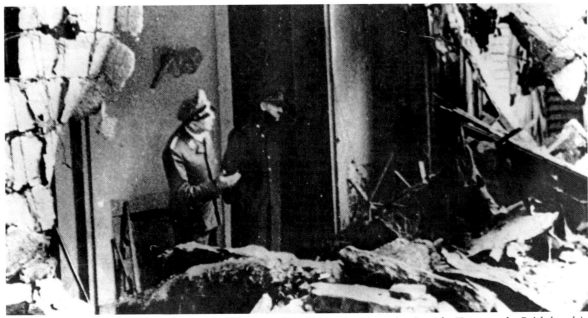

*Die letzte Aufnahme Adolf Hitlers: der deutsche Diktator während einer Feuerpause inmitten der Trümmer der Reichskanzlei*

Reichstagsgebäudes die sowjetische Flagge gehisst. Die Schlacht um Berlin geht ihrem Ende entgegen.

Bis zuletzt hatte sich Hitler an die Hoffnung geklammert, dass es der deutschen Wehrmacht noch gelingen werde, das eingeschlossene Berlin zu entsetzen und dass das von ihm als »unnatürlich« bewertete Bündnis zwischen Westmächten und UdSSR zerfallen würde. Ungeachtet der tatsächlichen militärischen Lage operierte Hitler auf seinen Generalstabskarten weiter mit zahlreichen »Geisterarmeen«, Verbände, die es nie gab oder die längst aufgerieben waren, und erließ immer neue Durchhaltebefehle. Längst hatte er sich in seinem hermetisch abgeriegelten Bunker von der Wirklichkeit entfernt. In zahlreichen Funksprüchen fragte Hitler immer wieder vergeblich nach deutschen Entsatzangriffen. In der Nacht zum 30. April meldete ihm schließlich das Oberkommando der Wehrmacht (OKW) das endgültige Scheitern dieser Angriffe.

## 28. APRIL

# Hitlers Testament: Dönitz und Goebbels als Nachfolger

Im Bunker unter der Reichskanzlei in Berlin setzt Adolf Hitler in der Nacht zum 29. April sein politisches und persönliches Testament auf.

Der zum Selbstmord entschlossene Hitler bestimmt darin u.a. den Oberbefehlshaber der deutschen Kriegsmarine, Großadmiral Karl Dönitz, zu seinem Nachfolger im Amt des Reichspräsidenten. Reichskanzler soll Reichspropagandaminister Joseph Goebbels werden.

*Adolf Hitler und seine Geliebte Eva Braun; die Aufnahme wurde in Berchtesgaden gemacht.*

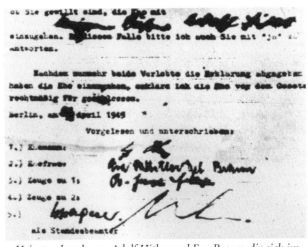

*Heiratsurkunde von Adolf Hitler und Eva Braun, die sich im Bunker unter der Reichskanzlei trauen ließen*

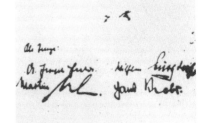

*Schluss von Hitlers Testament, in dem er Göring und Himmler absetzt*

# Adolf Hitler – Aufstieg und Fall eines Diktators

Als sich Führer und Reichskanzler Adolf Hitler am 30. April das Leben nimmt, steht das Deutsche Reich vor dem völligen Zusammenbruch. Die deutsche Wehrmacht befindet sich in Auflösung. Deutschlands Städte liegen in Schutt und Asche. In Berlin, das einmal Hauptstadt eines großgermanischen Weltreiches werden sollte, steht die Rote Armee. Millionen Deutsche aus dem Osten des Reiches befinden sich auf der Flucht.

Hitlers politische Karriere begann nach seiner Teilnahme am Ersten Weltkrieg, wo er schwer gasverletzt worden war, in München. Dort agitierte der am 20. April 1889 als Sohn eines österreichischen Zollbeamten in Braunau am Inn geborene Hitler gegen die neu entstandene deutsche Republik. Im Februar 1919 wurde er Mitglied der Deutschen Arbeiterpartei (ab Februar 1920: Nationalsozialistische Deutsche Arbeiterpartei, NSDAP). Im Juli 1921 übernahm Hitler mit diktatorischen Vollmachten den Vorsitz der Partei, die ein nationalistisches, völkisch-antisemitisches Programm vertrat. Durch sein rhetorisches Talent wurde er bald über die Grenzen der bayerischen Landeshauptstadt hinaus bekannt. Ein Versuch im Jahr 1923, durch einen Putsch die politische Macht im Deutschen Reich an sich zu reißen, scheiterte. Die NSDAP wurde daraufhin verboten und Hitler zu fünf Jahren Festungshaft verurteilt. In der Haft entstand die Schrift »Mein Kampf«, in der Hitler die Grundsätze seiner rassistischen Weltanschauung und die Ziele seiner Politik darlegte. Ende 1924 vorzeitig aus der Haft entlassen, konnte Hitler im Februar des folgenden Jahres die NSDAP wieder gründen. Vor dem Hintergrund der Weltwirtschaftskrise fand die Partei seit 1929 im Deutschen Reich immer größeren Zulauf, insbesondere aus konservativ-national gesonnenen Gruppen des Kleinbürgertums.

Am 30. Januar 1933 erreichte Hitler sein erstes großes politisches Ziel:

*Titelblatt des Buches »Mein Kampf«, das Hitler 1924 in der Haft schrieb*

Reichspräsident Paul von Beneckendorff und von Hindenburg ernannte ihn zum Reichskanzler einer rechten Koalitionsregierung. Die rechtskonservativen Kreise Deutschlands hofften, dass Hitler in der Regierungsverantwortung gemäßigter agieren würde, als er es in den Jahren vorher proklamiert hatte; sie täuschten sich gründlich. Mit Hilfe von Notverordnungen und einem Ermächtigungsgesetz, das der Regierung das Recht gab, ohne Zustimmung des Reichstags Gesetze zu erlassen, gelang ihm binnen weniger Monate die Zerstörung der parlamentarischen Demokratie. Gleichzeitig setzte im Deutschen Reich die Verfolgung politischer Gegner und der jüdischen Bevölkerung ein. Adolf Hitler wurde der unumschränkte Diktator im Deutschen Reich.

In der Außenpolitik betrieb Hitler trotz anfangs friedlicher Worte systematisch die Revision des Versailler Friedensvertrags aus dem Jahr 1919, doch wollte er von Anfang an weit darüber hinaus gehen: Langfristiges Ziel seiner Politik war die Errichtung einer deutschen Hegemonie über Europa und dann der Welt.

Erste Etappen auf dem Weg dahin waren u.a. der »Anschluss« Österreichs und die Annexion des Sudetenlandes im Jahr 1938 sowie die Besetzung der Tschechoslowakei im März 1939. Mit dem deutschen Überfall auf Polen am 1. September 1939 löste der »Führer« Hitler den Zweiten Weltkrieg aus.

Die deutsche Wehrmacht, die seit Hindenburgs Tod 1934 unter Hitlers Oberbefehl stand und auf ihn vereidigt wurde, verzeichnete zunächst zahlreiche militärische Erfolge. In kurzer Folge wurden bis 1941 Polen, Dänemark, Norwegen, die Niederlande, Frankreich, Jugoslawien und Griechenland besetzt. Auf Befehl Hitlers überfiel die Wehrmacht am 22. Juni 1941 die Sowjetunion, mit der das nationalsozialistische Deutsche Reich noch im August 1939 aus taktischen Gründen einen Nichtangriffspakt geschlossen hatte.

Der Krieg gegen die UdSSR war von Anfang an ein Raub- und Eroberungskrieg mit dem Ziel, neuen »Lebensraum« zu erobern und die ein-

heimische Bevölkerung zu versklaven oder umzubringen. Ein rascher militärischer Erfolg blieb Hitler in der Sowjetunion jedoch versagt. Ende 1941 wurden die deutschen Truppen an der Stadtgrenze Moskaus gestoppt. 1942/43 ging die Initiative auf die Anti-Hitler-Koalition über und bis Ende 1944 wurde die deutsche Wehrmacht im Westen und Osten auf die Reichsgrenzen zurückgeworfen.

Selbst als die Niederlage nur noch eine Frage der Zeit war, zeigte sich Hitler nie friedensbereit. Tatsächlich gab es für ihn immer nur »Sieg oder Untergang«. Darüber hinaus war ein Friede mit dem Deutschen Reich von seiten der Alliierten auch spätestens seit dem Juli 1941 undenkbar, als mit dem Befehl Hitlers zur sog. Endlösung der Judenfrage der Massenmord in Europa begann. Bereits vorher waren besonders in Polen und der UdSSR Massaker an

*Durch sein rednerisches Talent zog Adolf Hitler viele Deutsche in seinen Bann.*

Zivilisten verübt worden. Im Reich hatte der Diktator die sog. Euthanasie veranlasst; d.h. den Massenmord unheilbar Kranker.

Im Januar 1945 zog sich Hitler in den Bunker unter der Berliner Reichskanzlei zurück, entschlossen, das deutsche Volk in seinen eigenen Untergang mitzureißen.

*Adolf Hitler, kurz nach seiner Ernennung zum Reichskanzler; die Aufnahme zeigt ihn in Potsdam mit Reichspräsident Paul von Hindenburg*

## 30. APRIL

# Alliierte besetzen deutsche Städte

US-amerikanische Streitkräfte besetzen die bayerische Landeshauptstadt München. Erleichtert darüber, dass die Schrecken des Krieges endlich ein Ende haben, bereiten viele Bewohner den Soldaten einen freudigen Empfang.

Der größte Teil des Deutschen Reiches ist Ende April 1945 von alliierten Truppen besetzt. Den Militärbehörden in den zerstörten Städten stellt sich die schwierige Aufgabe, nach den schweren Gefechten der vergangenen Tage und Wochen die Ordnung halbwegs wiederherzustellen und das Überleben der Bevölkerung zu sichern.

Für die Menschen in den besetzten Städten beginnt die Nachkriegszeit mit Ausgangssperren und der mühevollen Beschaffung von Nahrungsmitteln. In den ersten Tagen der Besatzung kommt es vielerorts zu Plünderungen von Warenhäusern und Lebensmittelgeschäften, an denen sich alle Bevölkerungsschichten beteiligen.

Das Zusammentreffen der deutschen Bevölkerung mit alliierten Militärangehörigen ist zunächst von Misstrauen und Angst geprägt. Ein Kölner Junge schildert seine Erlebnisse bei der ersten Begegnung mit US-amerikanischen Soldaten, die in der elterlichen Wohnung nach versteckten Waffen und nationalsozialistischen Abzeichen suchen: »Plötzlich schlugen Gewehrkolben gegen die Wohnungstür... Wir wussten, es sind amerikanische Soldaten. Meine Mutter erblasste vor Schreck. Als mein Vater schnell öffnen wollte, hielt sie ihn am Arm zurück und sagte nur: ›Das Hitlerbild.‹ Ich rannte ins Wohnzimmer, riss das Bild von der Wand und ließ es hinter das demolierte Klavier fallen. Vater... öffnete die Tür. Vor uns standen zwei amerikanische Soldaten in ihren Kampfblusen, mit schussbereiten Maschinenpistolen bewaffnet. Der eine rauchte lässig, der andere kaute unablässig auf einem Kaugummi. Wir verstanden nicht, was sie sagten, merkten jedoch an ihrem Verhalten, dass sie die Wohnung durchsuchen wollten... Sie durchwühlten Schränke, Betten und Kommoden.« Ohne etwas Interessantes gefunden zu haben, verließen die Soldaten bald darauf die Wohnung.

Britische Infanterie und ein Panzer passieren auf ihrem Vormarsch in Norddeutschland einen von Zerstörungen weitgehend verschonten Teil der Stadt Uelzen.

US-amerikanische Soldaten bringen Granatwerfer in der Nähe einer Eisenbahnbrücke in Stellung: Die Aufnahme entstand beim Vormarsch der 9. US-Armee bei Dortmund.

Hissen der US-Fahne auf dem Marktplatz von Nürnberg, der ehemaligen »Stadt der Reichsparteitage«

GIs vor dem Münchner Bürgerbräu-Keller; hier hatte Hitler seine ersten Auftritte als politischer Redner.

Ein US-Jeep vor dem Eingang der Villa Wahnfried, dem Sitz der Familie Richard Wagners in Bayreuth

Ein US-amerikanischer Panzer rollt durch die zerstörten Straßen Nürnbergs; bewaffneter Widerstand gegen die alliierten Truppen stellt in den letzten Tagen des Krieges eher eine Ausnahme dar.

Das durch Bombenangriffe zerstörte Gaupropagandaamt in München – Zentrale der regionalen Parteileitung

US-Soldaten auf dem Weg zum Völkerschlachtdenkmal in Leipzig, wo sich deutsche Soldaten verschanzt haben

Ein US-amerikanischer Panzersoldat hat in Magdeburg drei deutsche Kriegsgefangene eingebracht.

Das zerstörte Stadtzentrum Nürnbergs nach dem Einmarsch der US-Truppen; unter dem Denkmal Albrecht Dürers in der Mitte des Bildes eine von der deutschen Bevölkerung zum Zeichen der Kapitulation gehisste weiße Fahne

Leipziger Bürger begrüßen US-Panzerbesatzungen; in der Schlussphase des Krieges richtete sich der nationalsozialistische Terror oft gegen die eigene Bevölkerung, so dass diese den alliierten Einmarsch mit Erleichterung aufnimmt.

## Bekanntmachung!

Im Einvernehmen mit der Besatzungsbehörde fordere ich alle Personen, die sich an der Plünderung von Waren jeglicher Art beteiligt haben, auf, diese Waren

## innerhalb von 3 Tagen

an den rechtmäßigen Besitzer zurückzugeben.

Falls eine unmittelbare Rückgabe an den Besitzer, z. B. bei der Entnahme aus Eisenbahnwaggons usw., nicht möglich ist, so wird in den Vororten bei den Bezirksämtern u. in der Altstadt im Stadthaus, Zimmer 109, Auskunft erteilt, wo die Waren abgegeben werden können. Da die Plünderungen die Ernährungs- und Versorgungslage ernstlich gefährdet haben, kann nur im Falle der sofortigen Rückgabe des Plünderungsgutes von Strafanzeigen Abstand genommen werden.

Dortmund, den 23. April 1945

**Der Oberbürgermeister**

Einer der ersten Plakatanschläge in Dortmund nach der Besetzung

## Anweisungen
an die Münchener Bevölkerung

1 Versucht Eure Äussersten, die Mitglieder der kämpfenden Truppe zur Aufgabe des Widerstandes zu bewegen. Wendet Euch an Offiziere und Beamte, damit sie ihren Einfluss im Interesse der Einstellung des Widerstandes geltend machen.

2 Gewährt Mitgliedern der deutschen Wehrmacht, die ihr von der Sinnlosigkeit des Widerstandes überzeugt habt, und die den Kampf einstellen wollen, Zuflucht in Euren Häusern und Kellern. Macht sie darauf aufmerksam, dass sie sich aller Waffen entledigen sollen. Nach Einnahme der Stadt müsst ihr die Behörden sofort von den Anwesenheit deutscher Soldaten verständigen und alle Mitglieder der Wehrmacht und SS den Militärbehörden zuführen.

3 Verweigert Eure Mithilfe an der Zerstörung von Betrieben, Einrichtungen und Bauwerken, die ihr in der Zukunft für Euer eigenes Leben und Eure eigene Arbeit braucht: Strassen, Brücken, Wasserwerke, Elektrizitätsanlagen, Maschinen, usw. Versucht, die Soldaten von der Zerstörung dieser Einrichtungen abzuhalten.

4 Entfernt vor dem Eintreffen der Amerikaner alle Strassensperren. Entfernt, wenn möglich, Minen, und markiert Minenfelder durch deutlich sichtbare Zeichen.

5 Beim Heranrücken der amerikanischen Streitkräfte begebt Euch nicht auf die Strassen. Bleibt in Euren Häusern oder Kellern, bis die Behörden anderweitige Anweisungen erteilen.

**Haltet weisse Fahnen bereit!**
Befestigt weisse Fahnen an deutlich sichtbaren Stellen, Hausgiebeln, Türmen, Fahnenmasten und Schornsteinen, wenn die Wehrmachtseinheiten abgezogen sind oder sich zur Übergabe entschlossen haben. Versorgt Wehrmachteinheiten mit weissen Fahnen.

7A-D11

Flugblatt der US-Streitkräfte, das über München abgeworfen wurde

## Bekanntmachung!

**Heute Ausgehverbot.**
**Keine Person darf die Stadt verlassen.**
Sämtliche Gaststätten bleiben bis auf weiteres geschlossen.
Ab morgen von 9 - 12 Uhr Ausgeherlaubnis.
Lebensmittelgeschäfte sind in dieser Zeit offen zu halten. Verkauf geht weiter wie bisher gegen Lebensmittelmarken. Die städt. Verwaltungsstellen arbeiten in vollem Umfange weiter.
Fabriken bleiben bis auf weiteres geschlossen.
Sämtliche Geldinstitute bleiben vorläufig geschlossen.
Waffen aller Art, auch Jagdwaffen, sind spätestens bis morgen vormittag 10 Uhr ausnahmslos im Rathaus, Zimmer Nr. 3, abzuliefern. Die Jagdwaffen sind mit der Bezeichnung des Eigentümers zu versehen.
Fotografieren ist verboten.
Eine Ansammlung von mehr als 5 Personen ist verboten, abgesehen von geschlossenen Familien von mehr als 5 Personen.
Vor allem ist auch das Anstehen vor den Geschäften verboten.

Peine, den 10. April 1945.          Der Bürgermeister
der Stadt Peine
Dr. Kronlamp

Die Besatzungsmächte erlassen in allen Städten Ausgehverbote.

26. APRIL

## US-Direktive: Keine Verbrüderung

Die US-Stabschefs erlassen die Direktive »JCS-1067«, die den US-Truppen eine Verbrüderung mit der deutschen Bevölkerung verbietet.

Deutschland sei von den USA nicht zum Zweck der Befreiung, sondern als besiegter Feindstaat besetzt worden. Dies entspricht den Richtlinien, die von den Regierungen der USA und Großbritanniens für die Behandlung der deutschen Zivilbevölkerung ausgearbeitet worden sind. Danach ist Deutschland als besiegter Feindstaat zu unterwerfen.

# Deutsches Reich vor dem Ende

Streitkräfte der 1. und 2. Ukrainischen Front beginnen in Ostböhmen eine Offensive gegen die deutschen Verbände der Heeresgruppe Mitte (→ S. 483). Die im »Protektorat Böhmen und Mähren« stehenden deutschen Streitkräfte unter dem Oberbefehl von Generalfeldmarschall Ferdinand Schörner sind die größten noch intakten Kampfverbände der Wehrmacht.

Ziel ihrer Operationen ist es, die anrückenden Truppen der Roten Armee aufzuhalten und sich anschließend nach Westen abzusetzen. Die massive Überlegenheit der sowjetischen Streitkräfte macht diese optimistischen Planungen jedoch innerhalb weniger Tage zunichte.

Das Deutsche Reich befindet sich in den ersten Maitagen in einem Zustand völliger politischer und militärischer Auflösung. Nach der Eroberung der Reichshauptstadt Berlin durch die Rote Armee am 2. Mai steht der militärische Zusammenbruch Deutschlands unmittelbar bevor. In dieser vollkommen aussichtslosen Situation entfalten mehrere Mitglieder der nationalsozialistischen Führungsspitze des Reiches noch einmal fieberhafte Aktivitäten. Diese sind jedoch zumeist von einem völligen Realitätsverlust gekennzeichnet. Zur fixen Idee, an die sich vor allem Reichsführer SS Heinrich Himmler klammert, wird dabei der Plan, nach einer Teilkapitulation gegenüber den Westalliierten zusammen mit diesen den Kampf gegen die Sowjetunion fortzusetzen. Am 24. April hatte Himmler in Lübeck mit dem Vizepräsidenten des schwedischen Roten Kreuzes, Folke Bernadotte Graf von Wisborg, Kontakt aufgenommen. Die Westalliierten reagierten auf dieses wahnwitzige Ansinnen jedoch nicht. Sie bestanden auf einer bedingungslosen Gesamtkapitulation gegenüber allen Alliierten, wie sie am 7. und 9. Mai auch erfolgt. Die letzten deutschen Verbände strecken die Waffen. Am 10. Mai kapituliert die Heeresgruppe Kurland unter General Karl Hilpert.

*Entlassen: Joachim von Ribbentrop*

*Eingesetzt: Schwerin von Krosigk*

# Dönitz wird Präsident

**Der Oberbefehlshaber der Kriegsmarine, Großadmiral Karl Dönitz, gibt den Tod Adolf Hitlers bekannt.** Wahrheitswidrig behauptet er dabei, Hitler, der am 30. April zusammen mit seiner Frau Eva Braun Selbstmord begangen hat, sei im Kampf um Berlin gefallen. Großadmiral Dönitz teilt mit, dass Hitler ihn testamentarisch zu seinem Nachfolger im Amt des Reichspräsidenten ernannt habe. Dönitz entlässt Außenminister Joachim von Ribbentrop und bestimmt den bisherigen Reichsfinanzminister Johann Ludwig Graf Schwerin von Krosigk zu dessen Nachfolger.

*Evakuierte Soldaten auf der Fahrt nach Kopenhagen*

*Vor der Einschiffung zur Evakuierung über die Ostsee*

# Berlin kapituliert vor Roter Armee

Berlin kapituliert vor der Roten Armee. In den Morgenstunden erteilt der deutsche Kampfkommandant Helmuth Weidling den ihm unterstehenden Truppen einen entsprechenden Befehl.

In Berlin gibt der deutsche Kampfkommandant Helmuth Weidling den ihm unterstehenden Truppen den Befehl zum Rückzug vor den einrückenden sowjetischen Heeresgruppen.

Die Kämpfe um die Reichshauptstadt finden damit nach zehntägiger Dauer ihr Ende. Sie hatten am 16. April begonnen, als zwei sowjetische Heeresgruppen von der Oder aus innerhalb weniger Tage zur Stadtgrenze vorgestoßen waren. Am 25. April war Berlin vollständig eingeschlossen. Am 30. April (→ S. 488), als Berlin endgültig besetzt war, hatte Hitler im Bunker der Reichskanzlei seinem Leben ein Ende gesetzt.

# U-Boote sollen sich kampflos ergeben

**Die deutsche Seekriegsleitung in Flensburg-Mürwik trifft eine folgenreiche Entscheidung. Sie befiehlt unter dem Codewort »Regenbogen« für den Fall einer Niederlage die Selbstversenkung sämtlicher Einheiten der Kriegsmarine.**

Am folgenden Tag setzt der seit dem 1. Mai als Reichspräsident amtierende Großadmiral Karl Dönitz die Anweisung außer Kraft. Inzwischen haben jedoch bereits 215 Besatzungen ihre U-Boote versenkt. Der Befehl sollte verhindern, dass Teile der Flotte in die Hände der Alliierten fielen. Da jedoch die Schiffe der Kriegsmarine wichtige Transportaufgaben bei der Evakuierung von Flüchtlingen aus den deutschen Ostgebieten erfüllen, widerruft Dönitz die Anordnung.

*Feldmarschall Montgomery (l.) und Generaladmiral von Friedeburg (2.v.r.)*

# Sieg für Aufstand in Prag

In Prag, der Hauptstadt des Protektorats Böhmen und Mähren, bricht ein von der tschechischen Widerstandsbewegung geführter Aufstand gegen die deutschen Besatzungstruppen aus.

Trotz mangelhafter Bewaffnung erzielen die Aufständischen rasch Erfolge. Bis zum Mittag besetzen sie u.a. das Rundfunkgebäude und die Telefonzentrale der Stadt. Am Abend befinden sich die östlich der Moldau gelegenen Stadtteile, darunter die gesamte Altstadt, in den Händen der Widerstandskämpfer.

Am folgenden Tag gehen die deutschen Truppen zur Gegenoffensive über. Einheiten der Waffen-SS rücken gegen die Bezirke der Prager Innenstadt vor, wobei sie vielfach tschechische Zivilisten als Feuerschutz vor sich hertreiben. Deutsche Flugzeuge bombardieren die von den Aufständischen gehaltenen Stadtviertel. Die tschechischen Widerstandskämpfer geraten immer stärker in Bedrängnis und schicken über Funk Hilferufe an die in Böhmen operierenden US-amerikanischen Streitkräfte. Die US-amerikanischen Verbände halten sich jedoch an eine Vereinbarung, wonach die Rote Armee Prag erobern soll. Deren Truppen stehen aber noch rund 80 km östlich der ehemaligen tschechoslowakischen Hauptstadt.

Am 7. Mai kommt überraschend die aus sowjetischen Kriegsgefangenen gebildete sog. Wlassow-Armee, die seit Ende 1944 auf Seiten der deutschen Wehrmacht gegen die Sowjetunion gekämpft hat, den Aufständischen zu Hilfe.

*Die deutschen Soldaten in Böhmen und Mähren ergeben sich am 8. Mai.*

# Kapitulation im Westen

Generaladmiral Hans-Georg von Friedeburg unterzeichnet im Hauptquartier des britischen Feldmarschalls Bernard Law Montgomery die Kapitulation der Streitkräfte in Nordwest-Deutschland, Dänemark und den Niederlanden.

Die Kapitulation tritt am 5. Mai um 8 Uhr morgens in Kraft. Friedeburg gelingt es, die Fortsetzung der Flüchtlingstrecks aus dem Osten sowie die Rückführung der gegen die Rote Armee kämpfenden deutschen Heeresgruppe Weichsel durchzusetzen.

# Das Kriegsende in Skandinavien

Um 8 Uhr tritt die Kapitulation der deutschen Besatzungstruppen in Dänemark in Kraft.

Sie ist am 4. Mai zwischen Generaladmiral Hans-Georg von Friedeburg, dem Oberbefehlshaber der deutschen Kriegsmarine, Großadmiral Karl Dönitz, und dem Chef der alliierten 21. Heeresgruppe, Feldmarschall Bernard Law Montgomery, vereinbart worden.

Dänemark und Norwegen waren im April 1940 von deutschen Truppen besetzt worden (→ S. 44). Damit hatte das deutsche Oberkommando einer britischen Landung in Norwegen zuvorkommen und die Versorgung mit schwedischem Eisenerz über den Hafen von Narvik sicherstellen wollen. Die strategische Bedeutung Dänemarks lag in der Kontrolle der Ostseezugänge und der

*Kapitulation in Dänemark: Deutsche Soldaten geben ihre Waffen ab.*

Verbindungswege nach Norwegen. Die deutsche Besatzung hatte die Souveränität Dänemarks zunächst kaum angetastet, 1943 jedoch die oberste Gewalt übernommen. In Norwegen hatte der Führer der faschistischen Nasjonal Samling, Vidkun Abraham Lauritz Quisling, 1942 ein Kabinett gebildet, das eng mit den Deutschen zusammenarbeitete (→ S. 179).

# Festung Breslau kapituliert

Nach elfwöchigen Häuserkämpfen kapituliert die zur Festung erklärte Stadt Breslau vor den Einheiten der 1. Ukrainischen Front der Roten Armee.

Zuletzt leisteten noch 40 000 Soldaten in der fast völlig zerstörten Stadt Widerstand. Sowjetische Truppen hatten Breslau während ihrer Winteroffensive eingeschlossen.

*Straßenkämpfe in Breslau: Eine Gruppe sowjetischer Soldaten hat in den Ruinen der Stadt ein Geschütz in Stellung gebracht; die heftig umkämpfte schlesische Industriemetropole war am 15. Februar von der Roten Armee eingeschlossen worden.*

7. MAI

*Generaloberst Alfred Jodl (vorn, 2.v.l.) kurz vor Unterzeichnung der Kapitulationsurkunde in Reims; rechts neben ihm sitzt Admiral von Friedeburg, Dönitz' Nachfolger im Amt des Oberbefehlshabers der Kriegsmarine.*

*Die Sieger des Zweiten Weltkriegs: General Eisenhower zeigt den Pressefotografen die Federhalter, mit denen die deutsche Gesamtkapitulation unterzeichnet wurde (links neben Eisenhower: US-General George Smith Patton).*

# Gesamtkapitulation: Krieg in Europa beendet

Im westfranzösischen Reims, dem Sitz des Hauptquartiers des Oberbefehlshabers der alliierten Streitkräfte in Europa, US-General Dwight D. Eisenhower, unterzeichnen Generaloberst Alfred Jodl (Heer), Generaladmiral Hans-Georg von Friedeburg (Marine) und General Wilhelm Oxenius (Luftwaffe) die deutsche Gesamtkapitulation.

Sie soll einen Tag später, am 8. Mai um 23.01 Uhr mitteleuropäischer Zeit, in Kraft treten. Am 5. Mai war Generaladmiral Hans-Georg von Friedeburg in Reims eingetroffen. Er sollte versuchen, eine Teilkapitulation gegenüber den Westalliierten auszuhandeln. Dadurch wären weitere Flüchtlingstransporte aus dem Osten ermöglicht worden. Große Teile der an der Ostfront stehenden deutschen Verbände hätten der Gefangennahme durch die Rote Armee entgehen und sich den Westalliierten ergeben können.

General Eisenhower weigerte sich, mit den Deutschen zu verhandeln. Er beauftragte seinen Stabschef, General Bedell Smith, die von den Westalliierten im Januar 1943 in Casablanca festgeschriebene bedingungslose Kapitulation (→ S. 250) Generaladmiral von Friedeburg mitzuteilen: Sämtliche deutschen Verbände sollten ihre Waffen niederlegen und sich in Gefangenschaft begeben. Friedeburg ließ den neuen Reichspräsidenten, Großadmiral Karl Dönitz, von den Forderungen der Alliierten unterrichten. Dönitz, der die Bedingungen als »unannehmbar« bezeichnete, schickte Generaloberst Alfred Jodl nach Reims, um »klar zu machen, weshalb eine Gesamtkapitulation unmöglich ist«. General Eisenhower ließ Jodl jedoch am Abend des 6. Mai ausrichten, er verlange die sofortige Unterzeichnung der bedingungslosen Kapitulation, Jodl habe eine halbe Stunde Bedenkzeit. Wenn er ablehne, werde der Bombenkrieg wieder aufgenommen. Um 21.45 Uhr übermittelte Jodl das Ultimatum Eisenhowers über Funk an Dönitz: »... Ich sehe keinen anderen Ausweg als Chaos oder Unterzeichnung...« Dönitz, der den Funkspruch am 7. Mai um 0.15 Uhr erhielt, antwortet um 1.30 Uhr: »Vollmacht zur Unterzeichnung... erteilt.«

ZITAT

## »Die Deutschen wollten Zeit gewinnen«

*In seinen 1948 veröffentlichten Memoiren schildert der Oberbefehlshaber der alliierten Streitkräfte in Europa, General Dwight D. Eisenhower, die Kapitulationsverhandlungen in Reims:*
»Als Admiral Friedeburg am 5. Mai in Reims eintraf, erklärte er, er möchte eine Reihe von Punkten klären. Für uns führte mein Chef des Stabes, General Smith, die Verhandlungen. Dieser teilte Friedeburg mit, dass es keinen Sinn habe, über irgendetwas zu debattieren, da wir nur eine bedingungslose, totale Kapitulation entgegennehmen würden. Friedeburg gab vor, er sei nicht ermächtigt, ein solches Dokument zu unterzeichnen... Uns war klar, dass die Deutschen Zeit gewinnen wollten, um möglichst viele deutsche Soldaten, die noch im Felde standen, hinter unsere Linien bringen zu können. Ich trug General Smith auf, er solle Jodl sagen, ich würde den Durchgang weiterer deutscher Flüchtlinge unter Gewaltanwendung verhindern, wenn sie nicht augenblicklich mit ihrer Vorspiegelungs- und Verzögerungstaktik aufhörten. Ich hatte es satt, mich dauernd hinhalten zu lassen. Schließlich setzten Jodl und Friedeburg einen Funkspruch an Dönitz auf, worin sie um Vollmacht zur Unterzeichnung einer bedingungslosen Kapitulation baten, die 48 Stunden später in Kraft treten sollte. Hätte ich das noch länger mitgemacht, so hätten die Deutschen immer wieder eine Ausrede gefunden... Dönitz sah schließlich ein, dass er sich fügen musste, und so unterzeichnete Jodl am 7. Mai um 2.41 Uhr die Kapitulation. Am 8. Mai um Mitternacht sollten alle Feindseligkeiten eingestellt werden. Nachdem Feldmarschall Jodl und General Smith sowie die russischen und französischen Vertreter als Zeugen die erforderlichen Dokumente unterzeichnet hatten, wurde Feldmarschall Jodl in meinen Dienstraum geführt. Ich fragte ihn durch einen Dolmetscher, ob ihm alle Punkte des Dokumentes klar seien. Er antwortete: ›Ja.‹...«

*Generaloberst Jodl (M.) setzt am 7. Mai 1945 um 2.41 Uhr seine Unterschrift unter die Kapitulationsurkunde; neben ihm General Wilhelm Oxenius als Vertreter der deutschen Luftwaffe (l.) und Admiral von Friedeburg (r.) für die Marine.*

*Dwight D. Eisenhower (l.), neben ihm der britische Luftmarschall Arthur William Tedder*

## 7. MAI

# Eisenhower dankt alliierten Soldaten

Um 2.41 Uhr unterzeichnen der Chef des Führungsstabes der deutschen Wehrmacht, Generaloberst Alfred Jodl für das Heer, Generaladmiral Hans-Georg von Friedeburg für die Kriegsmarine sowie General Wilhelm Oxenius für die Luftwaffe die Gesamtkapitulation.

Für die alliierten Streitkräfte unterschreiben die US-amerikanischen Generäle Carl A. Spaatz und Bedell Smith sowie die sowjetischen Generäle Iwan Chermiaew und Iwan Susloparow. Der britische Luftmarschall James M. Robb, der britische General Harold M. Burrough sowie der französische General François Sevez setzen ebenfalls ihre Unterschriften unter das Dokument. Auf sowjetischen Wunsch soll der Kapitulationsakt zwei Tage später im Hauptquartier der Roten Armee in Berlin-Karlshorst wiederholt werden. Nach Unterzeichnung der Kapitulationsurkunde erhebt sich Generaloberst Jodl und wendet sich an den Oberbefehlshaber der alliierten Streitkräfte in Europa, General Dwight D. Eisenhower: »Herr General! Mit dieser Unterschrift sind das deutsche Volk und die deutsche Wehrmacht auf Gedeih und Verderb dem Sieger ausgeliefert. In diesem Krieg, der über

fünf Jahre dauerte, haben beide mehr geleistet und gelitten, als vielleicht irgendein anderes Volk der Welt. In dieser Stunde bleibt mir nichts, als auf den Großmut des Siegers zu hoffen.« Nachdem die Vertreter der deutschen Wehrmacht aus dem Raum geführt worden sind, ergreift General Eisenhower das Wort: »Im Januar 1943 trafen sich der verstorbene Präsident Roosevelt und Premierminister Churchill in Casablanca. Sie verkündeten dort die Formel ›Bedingungslose Kapitulation‹ für die Achsenmächte. In Europa ist diese Formel jetzt vollzogen worden [→ S. 250]. Die alliierten Streitkräfte, die am 6. Juni 1944 Europa betraten [→ S. 392], haben mit ihren großen russischen Verbündeten und mit den Truppen, die im Süden vorgingen, den Deutschen zu Lande, zur See und in der Luft eine vollständige Niederlage bereitet. So ist die bedingungslose Kapitulation herbeigeführt worden durch Zusammenarbeit; Zusammenarbeit nicht nur unter allen beteiligten Alliierten, sondern auch zwischen den Waffengattungen Land, See und Luft. Jedem, der mir in diesem Kommando über fast 5 Mio. Alliierter unterstellt gewesen ist, schulde ich tiefen Dank, den ich nie abtragen kann...«

## HINTERGRUND

# Kommando über 5 Mio. Soldaten

US-General Eisenhower ist seit dem 24. Dezember 1943 Oberbefehlshaber der alliierten Expeditionsstreitkräfte in Europa.

Bis Juni 1942 Chef der Operationsabteilung des US-amerikanischen Generalstabs, leitete Eisenhower anschließend als Kommandeur der US-Truppen in Europa die alliierten Landungen in Nordafrika, auf Sizilien und auf dem italienischen Festland. Sein Stab leitet und koordiniert die militärischen Operationen der einzelnen Armeen der alliierten Staaten. Insgesamt unterstehen General Eisenhower rund 5 Mio. Soldaten der Land-, See- und Luftstreitkräfte. Die Grundzüge der US-amerikanischen und britischen Kriegsführung waren auf der vom 22. Dezember 1941 bis zum 14. Januar 1942 in Washington tagenden sog. Arcadia-Konferenz festgelegt worden (→ S. 178).

## 9. MAI

# Deutsche Kapitulation besiegelt

Im Kasino einer Pionierschule der Wehrmacht in Berlin-Karlshorst setzen um 0.16 Uhr Generalfeldmarschall Wilhelm Keitel, Chef des Oberkommandos der Wehrmacht, Generaladmiral Hans-Georg von Friedeburg, Oberbefehlshaber der Kriegsmarine, und Generaloberst Hans-Jürgen Stumpff als Vertreter des Oberkommandos der Luftwaffe ihre Unterschriften unter die Kapitulationsurkunde.

Von Seiten der Alliierten unterzeichnen Marschall Georgi K. Schukow (UdSSR), Luftmarschall Arthur William Tedder (Großbritannien), Generalleutnant Carl A. Spaatz (USA) und General Jean de Lattre de Tassigny (Frankreich) das Dokument. Das Ende des Zweiten Weltkriegs in Europa ist mit diesem Akt endgültig besiegelt.

Bereits am 7. Mai (→ S. 494) hatte u.a. Generaloberst Alfred Jodl im Auftrag des neuen Reichspräsidenten, Großadmiral Karl Dönitz, im Hauptquartier der alliierten Streitkräfte in Reims die Kapitulation aller deutschen Streitkräfte unterzeichnet. Sie trat am 8. Mai um 23.01 Uhr in Kraft.

*Oben: Generalfeldmarschall Keitel (M.), General Stumpff (l.) und Admiral von Friedeburg (r.) vor Unterzeichnung der Kapitulationsurkunde in Berlin-Karlshorst; die Zeremonie von Reims wird auf Wunsch der Sowjetunion in der Nacht zum 9. Mai wiederholt.*

*Links: Der Zweite Weltkrieg geht in Europa zu Ende: Generalfeldmarschall Wilhelm Keitel setzt seine Unterschrift unter die Urkunde, mit der die deutsche Wehrmacht zu Lande, zu Wasser und in der Luft vor den Alliierten bedingungslos kapituliert.*

## HINTERGRUND

# Die Zeremonie der Unterzeichnung in Berlin-Karlshorst

**Auf Betreiben der Sowjetunion wird die Zeremonie der Kapitulation in Berlin-Karlshorst wiederholt.**
Am Mittag des 8. Mai waren die Vertreter der Westmächte, die Generäle Carl A. Spaatz (USA), Jean de Lattre de Tassigny (Frankreich) und Luftmarschall Arthur William Tedder (Großbritannien) in Berlin eingetroffen. Wenig später landeten dort auch Generalfeldmarschall Wilhelm Keitel, Generaladmiral Hans-Georg von Friedeburg und Generaloberst Hans-Joachim Stumpff als die militärischen Vertreter des besiegten Deutschlands. Unter Bewachung brachte man die Deutschen zum sowjetischen Hauptquartier nach Karlshorst, wo nach Mitternacht die Unterzeichnung der Kapitulationsurkunde stattfindet. Der Vertreter der Roten Armee, Marschall Georgi K. Schukow, erinnert sich an die Zeremonie (Auszüge): »Punkt 24.00 Uhr betraten wir – die Vertreter der Alliierten – den Saal. Alle nahmen an einem Tisch Platz, hinter dem an der Wand die Staatsflaggen der Sowjetunion, der USA, Großbritanniens und Frankreichs hingen... Als Erster betrat Generalfeldmarschall Keitel... den Raum, langsam und bemüht, nach außen Gelassenheit zu zeigen. Er grüßte die Vertreter der Alliierten, indem er die Hand mit dem Marschallstab hob... Ich stand auf und sagte: ›Ich fordere die deutsche Abordnung auf, an diesen Tisch zu kommen. Hier werden Sie die Urkunde über die bedingungslose Kapitulation Deutschlands unterzeichnen...‹« Der Text entspricht dem Dokument, das Vertretern der deutschen Wehrmacht bereits in Reims am 7. Mai vorgelegt worden ist (Auszüge): »1. Wir... übergeben hiermit bedingungslos dem Obersten Befehlshaber der alliierten Expeditionsstreitkräfte und gleichzeitig dem Oberkommando der Roten Armee alle gegenwärtig unter deutschem Befehl stehenden Streitkräfte... 2. Das Oberkommando der deutschen Wehrmacht wird unverzüglich allen deutschen Land-, See- und Luftstreitkräften und allen unter deutschem Befehl stehenden Streitkräften den Befehl geben, die Kampfhandlungen um 23.01 Uhr mitteleuropäischer Zeit am 8. Mai 1945 einzustellen...«

Die Pionierschule der deutschen Wehrmacht in Berlin-Karlshorst: Hier wird in der Nacht zum 9. Mai die deutsche Kapitulation unterzeichnet.

Für die UdSSR ein Augenblick des Triumphes: Der sowjetische Marschall Georgi K. Schukow unterschreibt die Kapitulationsvereinbarungen.

Als Vertreter der britischen Streitkräfte unterzeichnet Luftmarschall Arthur Tedder in Karlshorst die Urkunde der deutschen Kapitulation.

Nach der Unterzeichnung: Generalfeldmarschall Keitel verabschiedet sich von den Vertretern der Alliierten in Karlshorst mit erhobenem Marschallstab; links Generaloberst Hans-Joachim Stumpff, rechts Admiral von Friedeburg.

Toast der Sieger: Der britische Luftmarschall Tedder (l.), der sowjetische Marschall Schukow (M.) und US-Generalleutnant Spaatz (r.) stoßen in Berlin-Karlshorst auf den Sieg über das nationalsozialistische Deutsche Reich an.

Der Krieg ist vorbei – was bringt der Frieden? Auf dem Marktplatz von Lüneburg hat sich eine schweigende Menschenmenge versammelt, um über einen britischen Lautsprecherwagen die Bedingungen der Kapitulation zu erfahren.

Für sie geht ein sechsjähriger Krieg zu Ende: Deutsche Zivilisten und Soldaten halten Exemplare eines alliierten Hamburger Nachrichtenblatts in Händen, dessen Schlagzeile das Ende des Zweiten Weltkrieges in Europa mitteilt.

─────── 9. MAI ───────

# Die »Großen Drei« verkünden Sieg über Deutschland

**Einen Tag nach Inkrafttreten der Kapitulation des Deutschen Reiches wenden sich die führenden Staatsmänner der Alliierten an ihre Bevölkerung:**

*Winston Churchill*

Sie geben dabei ihrer Freude über den errungenen Sieg über den deutschen Faschismus und seine Verbündeten Ausdruck und gedenken der Millionen Opfer, die der Krieg gefordert hat.

Der britische Premierminister Winston Churchill gibt die Kapitulation des Deutschen Reiches in einer Rundfunkrede bekannt. Churchill blickt noch einmal auf den Kriegsverlauf zurück, wobei er besonders den Anteil der mit Großbritannien verbündeten Staaten USA und Sowjetunion am gemeinsamen Sieg hervorhebt Die Zeit des Kampfes und der Leiden sei jedoch noch nicht ganz vorbei. Zusammen mit seinen Verbündeten müsse Großbritannien jetzt alle Kräfte anspannen, um auch Japan baldmöglichst niederzuringen:

»Gestern um 2 Uhr 41 Minuten am Morgen unterzeichneten im Hauptquartier General Jodl, der Vertreter des deutschen Oberkommandos, und Großadmiral Dönitz, das designierte Oberhaupt des deutschen Staates, die Urkunde der bedingungslosen Kapitulation aller deutschen Land-, See- und Luftstreitkräfte vor dem alliierten Expeditionsheer und damit gleichzeitig vor dem russischen Oberkommando. General Bedell Smith, Stabschef des Alliierten Expeditionsheeres, und General François Serez unterzeichneten namens des Oberkommandierenden des Alliierten Expeditionsheeres und General Susloparow namens des russischen Oberkommandos... Heute wird diese Vereinbarung in Berlin ratifiziert und be-

stätigt werden... Damit ist der deutsche Krieg beendet. Nach Jahren intensivster Vorbereitung fiel Deutschland Anfang September 1939 über Polen her. In Erfüllung unseres Hilfeversprechens an Polen und in Übereinstimmung mit der Französischen Republik beantwortete Großbritannien, das britische Empire und Commonwealth of Nations diesen gemeinen Angriff mit der Kriegserklärung. Nachdem das tapfere Frankreich zu Boden geschlagen worden war, führten wir von dieser Insel und von unserem geeinten Empire aus den Kampf ein ganzes Jahr lang allein weiter, bis uns die militärische Macht Sowjetrusslands an die Seite trat und später die überwältigende Stärke und die überwältigenden Hilfsmittel der Vereinigten Staaten von Amerika. Schließlich stand beinah die ganze Welt geeint gegen die Übeltäter, die nun zu unseren Füßen liegen. Alle Herzen hier auf dieser Insel und im ganzen Empire schlagen in Dankbarkeit für unsere herrlichen Verbündeten.

Wir dürfen uns eine kurze Weile Freude gönnen; wir wollen aber nicht vergessen, welche harte Arbeit und welche Anstrengungen vor uns liegen. Japan, das verräterische, gierige Ja-

pan, ist noch nicht besiegt. Der Schaden, den es Großbritannien, den Ver-

*Harry S. Truman*

einigten Staaten und anderen Ländern zugefügt hat... schreit nach Rache und Vergeltung. Wir müssen nun unsere ganze Kraft... zur Erfüllung dieser Aufgabe einsetzen. Vorwärts Britannia! Lang lebe die Sache der Freiheit. Gott schütze den König.«

US-Präsident Harry Spencer Truman erklärt u.a., dass es jetzt darauf ankomme, alle Anstrengungen für einen baldigen Sieg der Alliierten auch gegen Japan zu unternehmen: »Die alliierten Armeen haben durch Opfer und Hingabe und mit Gottes Hilfe eine endgültige und bedingungslose Kapitulation Deutschlands erkämpft. Die

westliche Welt ist von den bösen Mächten befreit, die fünf Jahre und länger Menschen ins Gefängnis geworfen und die Leben von Millionen und Abermillionen frei geborener Männer zerbrochen haben. Sie haben die Kirchen dieser Menschen geschändet, ihre Heime zerstört, ihre Kinder verdorben und ihre Lieben ermordet. Die Armeen der Befreiung haben jenen leidenden Völkern, deren Geist und Willen die Unterdrücker niemals versklaven konnten, die Freiheit wiedergegeben. Viel bleibt noch zu tun. Der im Westen errungene Sieg muss jetzt auch im Osten gewonnen werden; die ganze Welt muss von dem Bösen gesäubert werden, von dem ihre eine Hälfte bereits befreit worden ist. Gemeinsam haben die friedliebenden Nationen im Westen bewiesen, dass ihre Waffen weit stärker sind als die Macht der Diktatoren... Aber die Fähigkeit unserer Völker, sich gegen alle Feinde zu verteidigen, muss im pazifischen Krieg [gegen Japan] ebenso bewiesen werden, wie sie in Europa bewiesen worden ist. Für den Triumph des Geistes und der Waffen, den wir errungen haben, und für seine Folgen für die Völker allenthalben, die wie wir die Freiheit lieben, gehört es sich, dass wir als Nation dem allmächtigen Gott Dank abstatten, der uns gestärkt und den Sieg gegeben hat.«

## Josef W. Stalin: »Über den Völkern Europas weht die Freiheitsfahne«

Der sowjetische Staats- und Parteichef Josef W. Stalin erinnert in seiner Rede aus Anlass der militärischen Niederwerfung des Deutschen Reiches an die ungeheuren Leiden der Völker der UdSSR in diesem Krieg. Trotzdem habe die Sowjetunion nicht die Absicht, aus Rache Deutschland zu zerstückeln:

»Der große Siegestag ist da. Das faschistische Deutschland ist von den Truppen der Roten Armee und den Truppen unserer Alliierten auf die Knie gezwungen worden. Deutschland hat sich als besiegt erklärt. Wenn man die Bestrebungen der deutschen Machthaber im Auge hat, so weiß man, dass man weder ihrer Unterschrift noch ihrem Wort Glauben schenken darf. Die Deutschen haben nunmehr ihre Waffen zu strecken. Wenn sie, wie in der Tschechoslowakei noch Wider-

stand leisten, so wird die Rote Armee diesen Widerstand zu brechen verstehen. Jetzt ist... der historische Moment des Sieges gekommen. Das sow-

*Auf dem Höhepunkt seiner Macht: Marschall Josef W. Stalin*

jetische Volk hat gewaltige Opfer und unermessliche Leiden für sein Vaterland gebracht. Die slawischen Völker haben endgültig über die deutsche Tyrannei gesiegt. Jetzt weht über den Völkern Europas die Freiheitsfahne. Vor drei Jahren hatte Deutschland die Absicht gehabt, die Sowjetunion durch Abtrennung des Kaukasus, der Ukraine, Weißrusslands und der baltischen Staaten zu zerstückeln.

Es geschah jedoch etwas ganz anderes: Deutschland sieht sich gezwungen, bedingungslos zu kapitulieren. Die Sowjetunion gedenkt aber nicht, Deutschland zu zerstückeln und zu vernichten. Genossen! Der große vaterländische Krieg ist siegreich beendet. Wir können nunmehr wieder zu unserer friedlichen Arbeit zurückkehren...«

## 23. MAI

# Häufig Flucht aus der Verantwortung durch Selbstmord

Der ehemalige Reichsführer SS Heinrich Himmler begeht im Hauptquartier der britischen 21. Armee in Lüneburg Selbstmord.

Himmler, einer der Hauptverantwortlichen für den millionenfachen Völkermord in den von der Wehrmacht besetzten Gebieten Osteuropas, war am 21. Mai von einer britischen Militärpatrouille beim Versuch, durch die britischen Linien zu entkommen, festgenommen worden. Zur Tarnung hatte er die Uniform eines Feldwebels der deutschen Wehrmacht angezogen und seinen Schnurrbart abrasiert. Beim Verhör durch einen britischen Hauptmann hatte Himmler sich jedoch zu erkennen gegeben. Daraufhin war er ins britische Hauptquartier nach Lüneburg gebracht worden. Während der Untersuchung durch einen Militärarzt der britischen Armee vergiftet sich Himmler, indem er eine im Mund verborgene Giftkapsel zerbeißt.

Wie Himmler versuchen zahlreiche führende Nationalsozialisten, sich der Verantwortung für ihre Taten durch Flucht zu entziehen. Wer keine Möglichkeit mehr sieht, den alliierten Streitkräften zu entkommen, zieht häufig den Selbstmord der Verhaftung vor. Bereits am 1. Mai 1945 beging der Reichsminister für Volksaufklärung und Propaganda, Joseph Goebbels, mit seiner Ehefrau Magda vor dem Bunker der Reichskanzlei in Berlin Selbstmord. Ihre Leichen wurden von Angehörigen der SS-Wachmannschaften verbrannt. Zuvor hatte Goebbels seine sechs Kinder vergiften lassen.

Ungeklärt ist das Schicksal des Leiters der Parteikanzlei der Nationalsozialistischen Deutschen Arbeiterpartei (NSDAP), Martin Bormann. Aller Wahrscheinlichkeit nach ist er am 2. Mai bei einem gescheiterten Ausbruchsversuch aus dem Bunker unter der von sowjetischen Truppen eingeschlossenen Reichskanzlei ums Leben gekommen. Reichsmarschall Hermann Göring stellte sich am 7. Mai in Bruck bei Zell am See US-Offizieren. Er wurde nach Kitzbühel gebracht, wo er am 9. Mai im Garten eines Hotels eine Pressekonferenz abhielt.

Am 15. Mai gelang US-amerikanischen Soldaten die Festnahme von Ernst Kaltenbrunner, ehemals Chef des Reichssicherheitshauptamtes der SS, der Terrorzentrale des nationalsozialistischen Regimes.

Pressekonferenz in passender Uniform: Reichsmarschall Hermann Göring wurde in Bruck bei Zell am See in Österreich gefangen genommen; nach seiner Gefangen-nahme gibt er alliierten Militärkorrespondenten Auskunft.

Franz von Papen (r., sitzend) nach seiner Festnahme durch US-amerikanische Streitkräfte; der ehemalige Reichskanzler aus der Zeit der Weimarer Republik und Vizekanzler Adolf Hitlers wird hier von einem Major verhört.

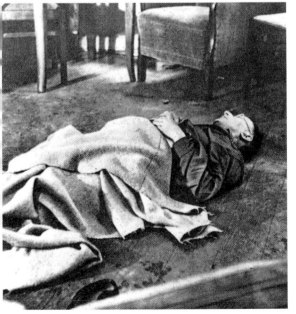

Die Leiche des ehemaligen Reichsführers SS und Chefs der deutschen Polizei, Heinrich Himmler; britische Truppen hatten den einst mächtigsten Gefolgsmann Hitlers in der Nähe von Lüneburg gefangen genommen; er hatte sich getarnt, gab sich am 23. Mai jedoch zu erkennen und beging daraufhin sofort Selbstmord.

Arthur Seyß-Inquart (M.) nach seiner Festnahme durch britische Militärs am 19. Mai in Hamburg; der ehemalige Reichskommissar für die besetzten Niederlande wird von den Alliierten als Kriegsverbrecher in Gewahrsam genommen.

Feldmarschall Gerd von Rundstedt (vorn l.) nach seiner Gefangennahme durch US-Truppen; Rundstedt war am 10. März von Adolf Hitler als Oberbefehlshaber der deutschen Westfront durch Feldmarschall Albert Kesselring ersetzt worden.

# Flucht und Vertreibung

*Völlig erschöpfte Flüchtlinge und Heimkehrer in den Straßen Berlins im Mai 1945. Über 1 Million Menschen waren allein in Berlin während der letzten Jahre des Krieges evakuiert worden und fanden nach der Rückkehr meist nur noch Trümmer ihres Hauses vor.*

Betroffenen auslöste. Man wusste eben doch mehr, als öffentlich hatte zugegeben werden dürfen und als man sich selbst innerlich eingestand. Gewiss, das ganze Ausmaß der deutschen Gräuel war den wenigsten bekannt. Auch die Tatsache, dass die Russen mit über zwanzig Millionen Toten in diesem Krieg bei weitem die meisten Opfer zu beklagen hatten, konnte mangels Information noch keine Rolle spielen. Und doch stand außer Zweifel, dass von den Siegern aus dem Osten Schreckliches zu gewärtigen war.

### FLUCHT VOR DER ROTEN ARMEE NACH WESTEN

Wer irgend eine Möglichkeit sah, versuchte sich nach Westen abzusetzen. Das geschah zunächst individuell, fast noch »friedensmäßig« bereits seit Herbst 1944, als die Russen an der deutschen Ostgrenze standen und sie stellenweise bereits überschritten hatten. Es nahm aber die Ausmaße einer Volksbewegung an, als absehbar wurde, dass die deutschen Fronten auf Dauer nicht halten würden. Damit drohten die Menschen den Machthabern einen Strich durch die Widerstands-

*Ostfront 1944/45: Flüchtlingstreck mit Pferdewagen auf der Flucht vor herannahenden russischen Panzern*

Nach dem Ende des Dritten Reiches wollte kaum jemand etwas von den Verbrechen gewusst haben, die in deutschem Namen vor allem im Osten verübt worden waren. Dass das nicht ganz stimmen konnte, belegte ein kollektives Drama gegen Ende des Krieges, das es so ohne ein diffuses Schuldgefühl und ohne Ahnung, dass die Rache der Roten Armee wohl nicht ganz unbegründet sein könnte, nicht gegeben hätte.

Anders als im Westen, wo die Ankunft der Anglo-Amerikaner nicht selten sogar herbeigesehnt und freudig begrüßt wurde, packte im Osten die Deutschen Panik beim Näherrücken der Front. Natürlich tat die deutsche Propaganda alles, diese Furcht zu schüren, hatte sie doch immer schon vor den »vertierten Untermenschen« gewarnt. Das allein aber war es nicht, was den Fluchtimpuls bei nahezu allen

rechnung zu machen. Man hatte mit den Fotos von hingemordeten Deutschen in rückeroberten Orten fanatischen Durchhaltewillen wecken wollen und erlebte nun eine allgemeine Haltung des »Rette sich, wer kann«. Ohne Bevölkerung und ausbeutbare Arbeitskräfte aber ließ sich der gewünschte Widerstand nicht organisieren, und so kam es seit Januar 1945 zu drakonischen Strafandrohungen gegen »Feiglinge« und »Drückeberger«, die die Heimat in der Stunde der Gefahr im Stich ließen. Man berief sich dabei auf einen Befehl Hitlers, nach dem jeder, der die deutsche Widerstandskraft zu schwächen versuche, »augenblicklich zu erschießen oder zu erhängen« sei.

*US-Soldaten eskortieren deutschstämmige Flüchtlinge zurück nach Silistra (Bulgarien), die während des sowjetischen Vormarsches in die Tschechoslowakei geflohen waren*

## DIE ROTE ARMEE VERBREITET FURCHT UND SCHRECKEN

Schon im Spätsommer 1944 waren erste sowjetische Einheiten ins östliche Ostpreußen eingedrungen und hatten solchen Schrecken verbreitet, dass Gauleiter Koch als Erster ein Fluchtverbot aussprach, ein Mann der wusste, was Terror war, und dass ihn die Betroffenen so schnell nicht vergessen können. Er hatte als Reichskommissar für die Ukraine 1941-1944 wahllos Plünderung, Verderben und Tod über das ihm anvertraute Land gebracht und konnte sich ausmalen, was seiner jetzigen Provinz blühen würde. Noch aber hatten die Russen Halt gemacht und gruppierten ihre Truppen zum entscheidenden Schlag um. Koch ahnte ebenso wenig wie die Frontkommandeure, dass es ein doppelter werden würde; frontal gegen die deutsche Grenze auf ganzer Länge und zugleich von Süden her Richtung Ostsee, so dass der östlichste Reichsteil zur riesigen Falle werden sollte. Der gigantische Panzergraben, den Koch ausheben ließ, würde dann der Bevölkerung, die er in Geiselhaft genommen hatte, auch nichts mehr helfen.

## GEWAGTE FLUCHT ÜBER DAS ZUGEFRORENE HAFF

Und so kam es dann auch: Am 12. 1. 1945 brach die sowjetische Großoffensive aus den Narew- und Weichselbrückenköpfen los. Der gigantischen Übermacht hatten die Wehrmachtverbände nichts entgegenzusetzen. Sie zogen sich hinter die Reichsgrenzen zurück, ihre dünne Front im Norden wurde schnell durchbrochen und Ostpreußen beim Vorstoß der Roten Armee auf Elbing innerhalb von 14 Tagen vom Reichsgebiet abgetrennt; nur noch schmale Korridore und der Weg über die See waren offen. Zu spät hatten die Behörden die Evakuierung genehmigt, die noch kurz zuvor relativ geordnet möglich gewesen wäre. Trotz des riskanten Weges wählten nun ungezählte Menschen auf eigene Faust die Flucht über das zugefrorene zwanzig Kilometer breite Frische Haff in der Hoffnung,

auf der vorgelagerten Nehrung Schiffe oder Kähne zu finden, die sie nach Westen in die Sicherheit bringen würden. Viele erfroren unterwegs bei sibirischen Temperaturen von minus 30 Grad in Schneestürmen, fielen russischen Tieffliegern zum Opfer, brachen mit ihren Gespannen ins Eis ein oder versanken in Eislöchern, die von der schweren Artillerie der Sowjets gerissen worden waren. Zu alledem kam noch die Furcht vor den eigenen Leuten: Feldjäger und SS machten Jagd auf wehrfähige Männer; Soldaten, die ihnen in die Hände fielen, wurden als Deserteure an Ort und Stelle erschossen.

## DER SEEWEG ALS LETZTE RETTUNG

Erste Zwischenziele der Flüchtlinge waren die Häfen Pillau vor Königsberg, das allerdings auch schon seit 30. 1. 1945 von allen Landverbindungen abgeschnitten war, Danzig und Gotenhafen (Gdingen), die bis Ende März 1945 in deutscher Hand blieben. Wer es bis hierher schaffte, hatte gute Chancen auf Weiterkommen. Der Seeweg war erste Wahl, weil die Ostsee noch immer weitgehend von der deutschen Kriegsmarine kontrolliert wurde und weil die Strapazen gerade für Kranke, Alte und Kinder trotz der drangvollen Enge an Bord am ehesten zu ertragen waren. Gefahrlos freilich war auch diese Route nicht, denn es wimmelte von sowjetischen U-Booten, und der küstennahe Weg, den kleinere Schiffe nehmen mussten, lag unter dem Dauerfeuer der an die Küste vorgedrungenen Verbände der Roten Armee.

So waren Tragödien an der Tagesordnung, wie das Schicksal des Fahrgastschiffs »Wilhelm Gustloff« gezeigt hat. Über 5000 Menschen kamen beim Untergang des Schiffes am 30. 1. 1945 in der eisigen See um, nur etwa tausend wurden lebend geborgen.

## GEFÄHRLICHER LANDWEG

Die weitaus meisten Menschen entschieden sich für die Flucht auf dem Landweg. Wer dabei in den hastigen Rückzug der deutschen Verbände geriet war nicht viel besser dran als die, deren Trecks von den Panzern der Roten Armee überholt wurden. Im ersteren Fall fielen die Fliehenden nicht selten Kampfhandlungen zum Opfer, im zweiten blühten ihnen Tod, Verschleppung, Vergewaltigung, Wegnahme der letzten Habe oder Rückmarsch in die verlassenen Ortschaften, wo sie in Ställen

*Oktober 1949 bei Neustadt: Tausende von Deutschen aus der sowjetischen Besatzungszone nutzen die »Friedenstag«-Feierlichkeiten der Kommunisten, um in den amerikanischen Sektor zu fliehen.*

*Passagierschiffe wie hier die »Wilhelm Gustloff« wurden im letzten Kriegsjahr zur Evakuierung von Flüchtlingen und Soldaten aus dem abgeschnittenen Ostpreußen in das westliche Deutschland eingesetzt. Bei der Versenkung der »Gustloff« kamen über 5000 Menschen ums Leben.*

und Höhlen vegetieren mussten und Sklavenarbeit für die einquartierten sowjetischen Truppen zu leisten hatten. Zur physischen Qual kam die seelische Pein, wenn sie die Leichen der Zurückgebliebenen vorfanden. Selbstmorde aus Scham über erlittene sexuelle Gewalt oder aus Not und vor Schmerz über umgekommene Verwandte, erfrorene oder verhungerte Kinder häuften sich.

### BRESLAU ALS »FESTUNG« IM OSTEN

Schlesien, die bevölkerungsreichste deutsche Ostprovinz, war genauso bedroht wie Ostpreußen, wäre aber aufgrund der Rückenfreiheit leichter zu evakuieren gewesen. Doch auch hier ließ Gauleiter Hanke die Gelegenheit dazu verstreichen und setzte seit Dezember 1944 auf Ausbau der bis dahin fast unzerstörten Hauptstadt Breslau zur Festung, an der sich »die rote Flut« brechen sollte. Dafür brauchte er alle Arbeitskräfte, weswegen auch Frauen und Kinder nicht ausreisen durften. Erst als sich am 17. 1. 1945 bereits Geschützdonner von der nahenden Front vernehmen ließ, ordnete er die Räumung der wegen der vielen Flüchtlinge auf über eine Million Einwohner angewachsenen Stadt an. Hals über Kopf mussten sich nun zunächst alle Flüchtlinge bei zwanzig und mehr Minusgraden auf den Weg machen. Es folgten die Frauen und Kinder wenige Tage später; der Treck ging als »Todesmarsch der Breslauer Mütter« in die Annalen ein, denn ein Großteil der abwandernden Frauen fiel Hunger und Frost zum Opfer, womit ihre Kinder oft ebenfalls dem Tod preisgegeben waren. Die Überlebenden erreichten nach entsetzlichen Entbehrungen Orte in Sachsen; besonders viele suchten in Dresden Unterkunft. Nur wenige Tage konnten sie sich in der schönen Stadt geborgen fühlen, dann holte sie der Krieg auch hier ein: Am 13./14.2. 1945 starben unzählige von ihnen gemeinsam mit den Dresdenern beim einem der verheerendsten Luftangriffe der bisherigen Kriegsgeschichte.

Ihre Heimat Breslau war seit demselben Tag endgültig von der Roten Armee eingeschlossen, und noch immer dachte der Gauleiter nicht daran, den gänzlich sinnlos gewordenen Widerstand aufzugeben. Im Gegenteil: Wer die Übergabe der Stadt öffentlich befürwortete, musste mit dem Todesurteil rechnen. Nach und nach verwandelte sich die Perle Schlesiens in den nächsten Wochen in einen Trümmerhaufen, woran die Verteidiger fast mehr Anteil hatten als die Belagerer. Ganze Straßenzüge ließ Hanke sprengen zur Verbesserung des Schussfeldes oder zur Schaffung von Behelfspisten für Flieger. Bis in die ersten Maitage tobten die Häuserkämpfe, dann war das letzte Pulver verschossen. Am 6. 5.1945 fiel Breslau; Gauleiter Hanke setzte sich per Flugzeug ab, geriet aber bei einer Landung in die Hände tschechischer Partisanen, die ihn bei einem - angeblichen? - Fluchtversuch erschossen. Fast noch ein zu mildes Ende für einen, der Zigtausende auf dem Gewissen hatte.

*Flüchtlinge bei der Aufnahme in ein Westberliner Lager. Ihr gesamtes Hab und Gut konnten sie auf ihren Fahrrädern transportieren.*

*Die Bewohner von Ubach fliehen bei der Ankunft der Amerikaner im Oktober 1944 aus ihrer Stadt. Sie können nur Bettdecken und das Allernotwendigste mitnehmen.*

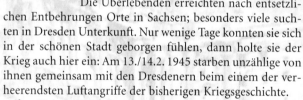

*Flüchtlinge auf dem Trachtenberger Platz in Dresden. Gerade nach Dresden waren viele Menschen aus den Ostgebieten geflohen, fanden aber auch hier wegen der verheerenden Luftangriffe der Alliierten keine sichere Bleibe.*

### DISPLACED PERSONS UND VOLKSDEUTSCHE

Mit Schlesien und Ostpreußen sind nur die Brennpunkte des Fluchtgeschehens benannt, es hatte jedoch schon weit früher begonnen. Als die ersten Flüchtlinge lassen sich die russischen, baltischen und ukrainischen Hiwis (Hilfswilligen) im Tross der Wehrmacht bezeichnen, die wussten, was sie erwartete, wenn die Rote Armee ihrer habhaft würde. Die meisten schlossen sich daher den zurückgehenden deutschen Truppen an und fanden sich bei Kriegsende als Strandgut des großen Krieges unter den Displaced Persons (DPs) in den Lagern wieder. Manche von ihnen lieferten die Westmächte an die UdSSR aus, wo die »Verräter« entweder gleich liquidiert oder nach Sibirien deportiert wurden.

Displaced, also entwurzelt, waren auch viele Volksdeutsche, Menschen deutscher Herkunft mit nichtdeutscher Staatsangehörigkeit, deren Familien zum Teil schon seit Jahrhunderten in Ländern Ost- und Südosteuropas, vor allem im Baltikum, in Polen, Ungarn und Rumänien, gelebt hatten. Jetzt machte man sie und ihre Landsleute für das Elend des Krieges verantwortlich. Die einmarschierenden Russen unterstützten den Austreibungsaffekt, sofern die Deutschen nicht schon vorher geflohen waren. Hier vermischten sich daher schon die Begriffe »Flucht« und »Vertreibung« so wie bereits gut fünf Jahre zuvor: Damals hatten Hitler und Stalin Polen untereinander aufgeteilt, wobei große Gebiete Ostpolens an die Sowjetunion gefallen waren. Die dortige polnische Bevölkerung hatte es trotz der deutschen Besatzungsgreuel zum großen Teil vor-

# FLUCHT UND VERTREIBUNG

*1951 wurde in Berlin der Bund der vertriebenen Deutschen (BvD) gegründet, dem sich jedoch nicht alle Landsmannschaften anschlossen. Die Vertriebenenorganisationen blieben in den ersten Jahren nach dem Krieg noch weitgehend zersplittert.*

gezogen, nach Kernpolen auszuweichen. Andere waren von den Russen vertrieben worden.

## VERTREIBUNG AUS DEM »NEUEN« POLEN

Diese Vertreibung zog nun 1945 eine weitere nach sich, auf die sich die Alliierten im Prinzip schon auf den Konferenzen in Teheran (Dezember 1943) und in Jalta (Februar 1945) in groben Zügen verständigt hatten. Jetzt nämlich wollte Stalin das gewonnene polnische Gebiet nicht wieder herausgeben und hatte daher für das neu zu schaffende Polen Kompensationen zu Lasten Deutschlands gefordert. Das bedeutete, dass die deutsche Bevölkerung weichen musste. Die Genehmigung zu ihrer Aussiedlung erhielt Moskau definitiv erst im August 1945, also Monate nach der deutschen Kapitulation. Doch so lange wollte Stalin nicht warten. Er ermutigte die Polen schon früh, sich den Besitz der rechtlos gewordenen Schlesier, Pommern und Ostpreußen anzueignen, und sorgte durch Schikanen der Besatzer dafür, dass viele Deutsche mehr oder minder »freiwillig« gingen. Auch nach Kriegsende kamen bei der Ausweisung immer noch zahllose Menschen zu Tode. In den für die Deutschen eingerichteten Auffang- und Durchgangslagern waren die Insassen oft schweren Misshandlungen ausgesetzt; Rache für persönlich Erlittenes tobte sich an anonymen Opfern aus. Nicht genug, dass ihnen ihre Heimat genommen wurde, sie verloren auch fast alle Habe; ihre Menschenwürde galt nichts.

## SUDETENDEUTSCHE MÜSSEN FLIEHEN

Stalin nahm sich hier ein Beispiel an der Tschechoslowakei, wo die Vertreibung der Sudetendeutschen sofort mit Kriegsende eingesetzt hatte. Die Begleitumstände waren fast grauenhafter als bei den Fluchten aus den Ostgebieten. Den Deutschen wurden zuweilen nur Minuten zum Kofferpacken und so gut wie keine wertvollen Besitztümer gelassen. Sie wurden wie Vieh zusammen-

getrieben, unterwegs misshandelt und in großer Zahl zu Tode geschunden. Gewiss, die Nazi-Besatzer hatten nicht milder gehaust, doch die Rache traf hier nicht die Täter, sondern Unschuldige, wenn sie vielleicht auch mehr oder weniger zustimmende Nutznießer der deutschen Herrschaft gewesen waren.

## RECHTSSTATUS IN DER BUNDESREPUBLIK

Das Gesamtgeschehen lässt sich nur statistisch erfassen, wobei die Zahlen das Grauen eher überdecken. Denn wer macht sich schon klar, dass und was für tragische Einzelschicksale hinter den vielstelligen Angaben stecken? Bis 1950 kamen rund 12 Millionen als Flüchtlinge nach Restdeutschland, davon 7,3 Millionen aus den Ostgebieten, 620 000 aus Polen, 420 000 aus der UdSSR, 640 000 aus Rumänien, Ungarn und Jugoslawien und 3 Millionen aus der Tschechoslowakei. Auf der Flucht und bei der Vertreibung verloren mindestens 2,3 Millionen Menschen ihr Leben.

In der Bundesrepublik Deutschland wurde der Rechtsstatus der Vertriebenen mit Gesetz vom 19.5. 1953 geregelt. Ihre langwierige Integration in die Gesellschaft und Wirtschaft gelang letztlich dank hoher Leistungsbereitschaft ihrerseits sowie staatlicher Anerkennung und Förderung, unter anderem durch das Lastenausgleichsgesetz vom 14. 8. 1952. Es sorgte für Entschädigung derjenigen, die von Krieg und Kriegsfolgen besonders schwer getroffen worden waren, insbesondere also für die Menschen aus dem Osten. Sie organisierten sich in den Vertriebenenverbänden, die sich 1950 eine »Charta der Heimatvertriebenen« gaben. Darin verzichteten sie ausdrücklich auf Vergeltung für das ihnen angetane Unrecht und auf jegliche Gewaltanwendung zur Durchsetzung von Rechtsansprüchen wie beispielsweise Entschädigungen für beschlagnahmtes Eigentum.

*Berlin 1951: Ostdeutsche Flüchtlinge warten geduldig mit ihren Koffern und Taschen auf die Aufnahme in ein Übergangsheim.*

*Die Welt feiert den Sieg über Deutschland: Auf den Champs-Elysées in Frankreichs Hauptstadt Paris hat sich eine riesige Menschenmenge versammelt.*

*Jubel vor der Pariser Oper: Am Tag der deutschen Kapitulation scheint es, als sei die ganze französische Hauptstadt auf den Beinen, um den Sieg zu feiern.*

*Erleichterung auch in London; Premierminister Churchill wird auf dem Weg zum Unterhaus in Whitehall von einer jubelnden Menschenmenge aufgehalten.*

*Dänemark feiert seine Befreier: Feldmarschall Montgomerys Triumphzug durch Kopenhagen.*

*In Rotterdam, durch deutsche Bomben schwer beschädigt, werden kanadische Truppen begrüßt.*

*Nach fünfjähriger Besatzung endlich frei: Die Rotterdamer befinden sich im Freudentaumel.*

*Auch in Portugal wird der alliierte Sieg über Deutschland gefeiert; vor der britischen Botschaft in Lissabon hat sich eine große Menschenmenge versammelt.*

*Prager Bürger am Tag der deutschen Kapitulation; bis zum Ende des Krieges war die tschechoslowakische Hauptstadt von deutschen Truppen besetzt.*

## 8. MAI

# Millionen feiern die Kapitulation

In vielen Staaten Europas feiert die Bevölkerung die deutsche Gesamtkapitulation vom 7. bzw. 9. Mai. In London versammeln sich rund 200 000 Menschen vor dem Buckingham-Palast, um ihrer Freude über den »VE-Day« (Victory in Europe) Ausdruck zu verleihen.

Die Menge ruft immer wieder nach der königlichen Familie, die sich zusammen mit dem britischen Premierminister Winston Churchill achtmal auf dem Balkon des Palastes zeigt. Churchill wendet sich mit einer kurzen Ansprache an die Menschenmenge: »Dies ist euer Sieg, es ist der Sieg der Freiheit in allen Ländern. In unserer langen Geschichte haben wir niemals einen großartigeren Tag erlebt als diesen.« In Paris feiert die französische Bevölkerung auf den Champs-Elysées das Kriegsende. Unter den Klängen der Marseillaise jubelt sie General Charles de Gaulle zu, der während der deutschen Besatzung den Widerstand organisierte. Hunderttausende säumen auch die Straßen im dänischen Kopenhagen, wo britische Truppen eine Parade abhalten. Auch in den USA feiern die Menschen das Kriegsende in Europa.

*Der Times Square in New York in der Nacht des 8. Mai 1945; die Amerikaner strömen zu Tausenden auf die Straße.*

*US-Präsident Harry S. Truman gibt vor Vertretern der Presse das Ende des Zweiten Weltkrieges in Europa bekannt.*

*Die Bewohner Neuseelands feiern vor dem Parlamentsgebäude in Wellington ebenso enthusiastisch wie ihre Verbündeten im britischen Mutterland.*

*In der italienischen Stadt Montfalcone werden die Sieger mit Plakaten begrüßt.*

**22. JUNI**

# Alliierte Lager hoffnungslos überfüllt

Nach Aussage des britischen Oberbefehlshabers in Deutschland, Feldmarschall Bernard Law Montgomery, werden pro Tag rund 13 000 deutsche Soldaten aus britischer Kriegsgefangenschaft entlassen. Auch die US-Besatzungsmacht will schon bald Kriegsgefangene freilassen, um den Arbeitskräftemangel in Deutschland zu vermindern.

Nach Inkrafttreten der Kapitulation legten rd. 7,5 Mio. Soldaten und sonstige Wehrmachtsangehörige die Waffen nieder. Insgesamt haben die Siegermächte mehr als 11 Mio. Wehrmachtsangehörige interniert. Die große Zahl Kriegsgefangener – allein die USA nahmen 3,8 Mio. Gefangene – stellt die Alliierten nach Beendigung der Kampfhandlungen vor neue Probleme. Um die deutschen Soldaten internieren zu können, wurden am Rhein und an der Nahe Massenlager errichtet. Diese sog. Rheinwiesenlager befinden sich auf großen, mit Stacheldraht umzäunten und streng bewachten Wiesen oder Äckern. Unterkünfte gibt es nur für die US-amerikanischen Wachmannschaften. In den Lagern herrscht

*Abtransport in die Kriegsgefangenschaft: Frauen und Kinder winken diesen deutschen Soldaten nach, die sich am Ende des Zweiten Weltkriegs den Alliierten ergeben hatten; sie alle sehen einem ungewissen Schicksal entgegen.*

drangvolle Enge. So sind allein im Lager Büderich bei Moers rund 250 000 Wehrmachtsangehörige interniert. Den Gefangenen stehen lediglich fünf Wasserzapfstellen zur Verfügung. Dadurch bilden sich Warteschlangen von bis zu 1000 Mann, die auf etwas Wasser hoffen.

Auch die Lebensmittelversorgung in den Kriegsgefangenenlagern der Alliierten ist katastrophal. So berichtet nach seiner Freilassung ein Gefangener aus einem Lager bei Bad Kreuznach:»Wir zerrieben die Triebe und Blätter der Hecken und aßen sie, so dass nach 14 Tagen die Hecken wie Skelette aussahen. Die Amerikaner benutzten das Fett, mit dem sie in großen Pfannen ihre Steaks brieten, nur einmal, dann wurde es in ein Erdloch geschüttet. Die Gefangenen machten sich lange Stöcke, streckten sie durch den Zaun in das Fettloch und leckten dann den Stock ab...«

Die mangelhafte Ernährung, der fehlende Schutz vor den Unbilden der Witterung sowie die mangelhaften hygienischen Verhältnisse in den Lagern begünstigen unter den Gefangenen die Verbreitung von Krankheiten und Seuchen. So bricht in dem Lager bei Bad Kreuznach eine Ruhrepidemie aus. Ein Überlebender erinnert sich an die Zustände in diesem Lager kurz nach Ausbruch der Epidemie:»Wir... sollen bei den Ruhrkranken ›Ordnung‹ machen. Wir kommen in eine Gegend, wo die kraftlosen Kranken sich auf dem Erdboden schwach bewegen. Überall

liegt ihr Kot umher, beschmutztes Papier, Lumpen, Reste aller Art... und was sich... so findet, müssen wir mit bloßen Händen einsammeln und auf einen Haufen bringen... Nachher dürfen wir uns die Hände in einer gemeinsamen Schüssel waschen, deren Wasser aber nicht erneuert wird...«

Um die Ordnung in den Camps zu gewährleisten, setzen die US-Amerikaner deutsche Lagerführer und eine deutsche Lagerpolizei ein. Diese werden von den Gefangenen fast noch mehr gefürchtet als die US-Bewacher. So berichtet ein Insasse des Lagers Rheinberg:»... Ich selbst habe noch drei Sätze in Erinnerung, die einem entgegengebrüllt wurden, wenn man den Lagerführer sprechen wollte: ›Was willst du? Wohin willst du? Hau ab!‹ Wenn man dennoch Widerstand bot, wurde drauflos geschlagen, bis man zusammenbrach...« In den Gefangenenlagern der anderen Besatzungsmächte herrschen ähnliche Verhältnisse. Von den dort inhaftierten deutschen Soldaten sterben viele infolge von Hunger oder Krankheit.

Ein Teil der knapp 3,2 Mio. deutschen Soldaten in sowjetischer Kriegsgefangenschaft wird in die UdSSR gebracht.

## Millionen Deutsche in alliierter Gefangenschaft

Nach Inkrafttreten der deutschen Gesamtkapitulation am 8. Mai befinden sich nach Angaben des US-amerikanischen Kriegsministeriums rund 11,094 Mio. Soldaten und sonstige Angehörige der deutschen Wehrmacht in alliierter Kriegsgefangenschaft.

Diese Zahl – nicht berücksichtigt sind die Internierten in Staaten wie Australien oder Norwegen – setzt sich wie folgt zusammen:

| | |
|---|---|
| USA | 3 800 000 |
| Großbritannien | 3 700 000 |
| UdSSR | 3 155 000 |
| Frankreich | 245 000 |
| Jugoslawien | 194 000 |

In der zweiten Jahreshälfte nehmen die Siegermächte einen Ausgleich

vor, um auch den kleineren Staaten Europas die Möglichkeit zu geben, Kriegsgefangene zur Zwangsarbeit heranzuziehen. So überstellen die Vereinigten Staaten rund 667 000 ehemalige Wehrmachtsangehörige an Frankreich, 64 000 an Belgien sowie 7000 an die Niederlande. Die Sowjetunion übergibt 70 000 Gefangene an Polen und 25 000 an die Tschechoslowakei. In den alliierten Kriegsgefangenenlagern sterben nach US-Schätzungen mindestens 1,2 Mio. deutsche Gefangene; davon allein in den sowjetischen Lagern fast 1,1 Mio. In jugoslawischer Kriegsgefangenschaft kommen 80 000 Menschen um, das entspricht einer Sterblichkeitsrate von über 30%. Auch in französischem Gewahrsam sterben mehr als 21 000 Deutsche.

*In endlosen Marschkolonnen werden die Reste der Wehrmacht in die Gefangenschaft geführt; den Gesichtern sind die Strapazen des Krieges anzusehen.*

*In ihren zerlumpten und schmutzigen Uniformen marschieren diese Kriegsgefangenen nach Westen; sie hatten sich am Rhein den Westalliierten ergeben.*

*Erschöpfte Kriegsgefangene: Die US-Streitkräfte lassen im Frühjahr 1945 tausende deutscher Soldaten ohne Verpflegung unter freiem Himmel kampieren.*

## HINTERGRUND

# Angst vor der Zukunft

Für die meisten Deutschen ist der Zweite Weltkrieg bereits vor der Unterzeichnung der Kapitulation des Deutschen Reiches am 7. Mai (→ S. 494) zu Ende.

Schon am Ende des Jahres 1944 hatten alliierte Streitkräfte an einigen Stellen die Reichsgrenzen erreicht und waren immer schneller vorgestoßen.

In der Zivilbevölkerung wie auch bei den Soldaten der Wehrmacht sind die Gefühle zwiespältig. Einerseits ist man glücklich, mit dem Leben davongekommen zu sein, andererseits blickt man voller Unsicherheit in die Zukunft. Die Deutschen erlebten ihr persönliches Kriegsende zu verschiedenen Zeiten und unter unterschiedlichen Umständen. Die Bevölkerung vieler kleinerer Städte und Ortschaften ergab sich kampflos den alliierten Streitkräften und rettete dadurch ihr Leben und ihre Häuser vor der Zerstörung. Eine 20-jährige Frau aus Aichbach (Bayern) notierte am 28. April:

»... Auf dem Marktplatz großer Tumult. Sie verprügeln den Ortskommandanten, heißt es, der die Stadt verteidigen will. Vormittags zieht die geschlagene deutsche Wehrmacht durch die Stadt, einzeln, müde und abgekämpft, viele ohne Gewehr. Etwas SS geht mit Panzerfäusten Richtung Unterwittelsbach, sie wollen dort den Feind stellen. Plötzlich große Aufregung. Am Unteren Tor flattert eine weiße Fahne. Die ganze Stadt läuft zusammen und schaut hinauf zu dem weißen Tuch, wie ein Weltwunder wird es bestaunt... Um 4 1/4 Uhr das erste amerikanische Fahrzeug in der Stadt. Und abends kommen sie. Panzer um Panzer und Wagen um Wagen voller Soldaten. Der Krieg ist aus.«

Der deutsche Schriftsteller Erich Kästner erinnert sich an den Einmarsch der US-amerikanischen Streitkräfte in die Ortschaft Mayrhofen in den Tuxer Alpen (Tirol) am 5. Mai: »Heute gegen Abend trafen die ersten Amerikaner ein. In zwei Panzerspähwagen und zwei Kübelwagen mit Maschinengewehren. Sie hatten deutsche Offiziere mit Armbinden der Widerstandsbewegung bei sich und hielten beim Kramerwirt... Während im Gasthof verhandelt wurde, warteten die Panzerfahrer und MG-Schützen neben ihren Fahrzeugen, rauchten und ließen sich von der Menge bestaunen... Während die Dorfjugend auf den Panzern herumturnte, meinte ein Sergeant, der ein deutsches Sportabzeichen als Siegesthrophäe an der Mütze trug, Tyrol sei a beautiful country. Ein Kamerad nickte, warf seine kaum angerauchte Chesterfield achtlos auf die Straße und merkte gar nicht, wie wir dabei zusammenzuckten...«

Dramatisch gestaltete sich das Kriegsende für die Bevölkerung erbittert umkämpfter Städte wie Berlin. Eine Einwohnerin der ehemaligen Reichshauptstadt notierte am 1. Mai in ihr Tagebuch: »Leichter Beschuss. Maifeier der Russen. Im Keller belästigt – Herr Witte geht dazwischen, konnte davonlaufen... Zu P. geflüchtet, werde dort gesucht. Weitergelaufen. Meist auf dem Boden versteckt. Nachts bei Brandenburgs geschlafen. Unruhige Nacht, überall Hilferufe.« 8. Mai: »Ruhiger Morgen. Deutschland kapituliert... Abends versuchen Russen einzudringen. Türen verbarrikadiert. Die ganze Nacht wird gefeiert. Hilferufe!« 13. Mai: »Wohnung und Keller weiter aufgeräumt. Alles ruhig. Die erste Nacht seit dem 22. April richtig ausgezogen geschlafen.«

Die Berliner Lehrerin Hildegard Weinbeer schrieb am 5. Mai in ihr Tagebuch: »Nun haben wir also den ersehnten Frieden, doch er freut mich nicht und die anderen auch nicht... Ich weiß nicht, was wird. Zunächst werde ich weiter unterrichten, im Lazarett sein – jetzt gehen wir ein wenig singen und spielen und helfen, wo es Not tut. Wenn nur die Verpflegung klappt! Endlose Schlangen stehen nach Brot; Fleisch und Kartoffeln sind nicht da, Fett und Nährmittel noch nicht zugeteilt.

Die Russen fahren langsam in Richtung Heimat, Amerikaner sollen kommen. Wenn man uns nur in unserem Trümmerhaufen nicht vergisst!«

---

**17. JULI**

---

# Die Konferenz der »Großen Drei« in Potsdam bei Berlin

Auf Schloss Cecilienhof in Potsdam bei Berlin treten der US-amerikanische Präsident Harry Spencer Truman, der sowjetische Staats- und Parteichef Josef W. Stalin und der britische Premierminister Winston Churchill zur ersten Konferenz der »Großen Drei« seit dem Ende des Weltkriegs in Europa zusammen.

Diese endet nach 13 Vollsitzungen der Delegationen am 2. August mit der Unterzeichnung eines Abschlussprotokolls. Die drei Siegermächte des Zweiten Weltkriegs verständigen sich über folgende Maßnahmen: Ein Rat der Außenminister soll zum einen Friedensverträge mit den ehemaligen Verbündeten des Deutschen Reiches ausarbeiten, zum anderen Vorbereitungen zu einer »friedlichen Regelung mit Deutschland« treffen. Frankreich schließt sich am 7. August dem Potsdamer Abkommen an. Die Alliierten einigen sich auf eine Reihe politischer und wirtschaftlicher Grundsätze:

Militarismus und Nazismus sollen in Deutschland »ausgerottet« werden, um jede künftige Bedrohung der Nachbarländer auszu-schließen. Zu diesem Zweck will man die »völlige Abrüstung und Entmilitarisierung Deutschlands« erreichen. Kriegsverbrecher sollen abgeurteilt werden.

Die Siegermächte beabsichtigen, Deutschland nicht zu versklaven oder zu vernichten; vielmehr soll es »sein Leben auf einer demokratischen und friedlichen Grundlage von neuem aufbauen können«. Aus diesem Grund ist vorgesehen, Deutschland politisch und wirtschaftlich zu dezentralisieren. Die Alliierten übernehmen in Deutschland die oberste Regierungsgewalt. Jede der Siegermächte ist für ihre Besatzungszone im Prinzip allein zuständig; Fragen, die Deutschland als Ganzes betreffen, werden allerdings im Alliierten Kontrollrat für Deutschland entschieden.

Vorläufig wird es in Deutschland keine Zentralregierung geben. Es ist jedoch beabsichtigt, eine Reihe deutscher Zentralverwaltungen einzurichten. Die alliierten Siegermächte sind gewillt, Deutschland weiterhin als wirtschaftliche Einheit zu betrachten.

Jede der Besatzungsmächte wird ihre Reparationsansprüche aus der eigenen Zone befriedigen. Darüber hinaus erhält die UdSSR 15% der Reparationsleistungen aus den drei westlichen Besatzungszonen im Austausch gegen Lebensmittel und Rohstoffe. Weitere 10% werden ohne Gegenleistung an die UdSSR geliefert.

Vorbehaltlich einer friedensvertraglichen Regelung erkennen die Westalliierten die Westverschiebung der polnischen Grenze bis an die Flüsse Oder und Neiße an. Die deutsche Bevölkerung aus den Ostgebieten, der Tschechoslowakei und Ungarn soll in »ordnungsgemäßer und humaner« Weise ausgesiedelt werden.

Zunächst scheint es, als gerieten die Verhandlungen der »Großen Drei« bereits kurz nach dem Auftakt in eine Sackgasse. Vor allem die Fragen der polnischen Grenzen und der deutschen Reparationsleistungen sind umstritten.

Nach fast zweiwöchigen ergebnislosen Beratungen gelingt es jedoch US-Außenminister James Francis Byrnes in direkten Verhandlungen mit seinem sowjetischen Amtskollegen Wjatscheslaw M. Molotow, der Konferenz doch noch zu einem Erfolg zu verhelfen. Am 29. Juli einigen sich beide darauf, dass die UdSSR auf Zahlung einer festen Reparationssumme durch Deutschland verzichtet, wenn die Westmächte einer Westverschiebung der polnischen Grenze bis zum Abschluss eines Friedensvertrags zustimmen. Die Zusammenarbeit der alliierten Siegermächte ist nur noch durch Ausklammerung umstrittener Fragen möglich. Hierzu zählen u.a. die sowjetische Forderung nach Mandatsgebieten und freiem Zugang zum Mittelmeer.

*Der britische Premierminister Winston Churchill (r.) verliert die Unterhauswahlen vom 5. Juli und muss die laufende Konferenz verlassen.*

## Ost-West-Gegensatz zeichnet sich ab

Die Konferenz von Potsdam ist das zeitlich längste Zusammentreffen der alliierten Staatsführer im Zweiten Weltkrieg.

Nur nach zähen Verhandlungen kann noch einmal nach außen der Eindruck einer in sich gefestigten Solidargemeinschaft vermittelt werden. Tatsächlich überwiegen intern bereits die Interessengegensätze, wobei die Westmächte USA und Großbritannien in Konfrontation zur UdSSR stehen. In Potsdam bewahrheitet sich die alte Diplomatenregel, dass es leichter sei, Kriege zu gewinnen, als einen Frieden zu schließen. Bei den Problemen der Nachkriegsordnung geht es um die Machtverteilung in der Welt nach dem Krieg und daher kommt es nun zu massiven Konflikten. Die Westmächte befürchten eine Ausdehnung der sowjetischen Einflusszone. Tatsächlich hat die UdSSR bereits damit begonnen, Nachkriegsregelungen vorwegzunehmen – so die Einsetzung der polnischen Regierung, die Westverschiebung der polnischen Grenze und einen Vertrag mit der Tschechoslowakei, der die Abtretung der Karpato-Ukraine an die UdSSR festschreibt. Forderungen gegenüber der Türkei nach Stützpunkten an den türkischen Meerengen und Gebietsabtretungen verschärfen die Gegensätze zwischen Ost und West und leiten die Ära des Zweiten Weltkriegs in den Kalten Krieg über.

*Großbritanniens neuer Premier: Clement Richard Attlee kehrt nach Potsdam zurück, wo er eine Ehrenformation der »Scots Guards« abschreitet.*

*Im Uhrzeigersinn v.l.n.r.: Großbritanniens Premierminister Winston Churchill (mit Zigarre), der Vorsitzende der britischen Labour Party, Clement Richard Attlee (2. neben Churchill), der sowjetische Außenminister Wjatscheslaw M. Molotow (2. neben Attlee), Generalissimus Josef W. Stalin, US-Außenminister James F. Byrnes (4. links von Stalin), US-Präsident Harry S. Truman und der britische Außenminister Robert Anthony Eden (l. neben Churchill)*

---

HINTERGRUND

# Kontroversen auf dem Weg zum Potsdamer Abkommen

**Während der Konferenz herrscht unter den drei Regierungschefs der USA, Großbritanniens und der UdSSR insbesondere über territoriale Fragen Uneinigkeit.**

Das US-amerikanische Protokoll gibt Aufschluss über die Kontroversen (Auszüge):

»Mittwoch, 18. Juli 2. Vollsitzung der Konferenz... Churchill sagte, das Wort ›Deutschland‹ sei wiederholt verwendet worden... Wenn das Vorkriegsdeutschland damit gemeint sei, stimme er zu... Stalin antwortete, Deutschland sei das, was nach dem Kriege daraus geworden ist... Der Präsident [US-Präsident Harry S. Truman] schlug vor, Deutschland in diesem Zusammenhang so zu behandeln, wie es im Jahr 1937 bestand. Stalin schlug vor, hinzuzusetzen ›abzüglich dessen, was Deutschland im Jahre 1945 verloren hat‹...

Samstag, 21. Juli 5. Vollsitzung...
Stalin erklärte, die Sowjetunion schlage vor, dass die Konferenz ihre Ansicht über die Wünsche der polnischen Regierung hinsichtlich der Westgrenzen [Polens] zum Ausdruck bringen solle... Die Sowjetunion könne die Vorschläge [der Westmächte] nicht annehmen...

Stalin beharrte darauf, dass auf dem Papier diese Gebiete [d.h. die Gebiete jenseits von Oder und Neiße] zwar zum deutschen Staatsgebiet gehörten, in Wirklichkeit aber polnische Gebiete seien, da es in ihnen keine deutsche Bevölkerung gebe. Der Präsident bemerkte, dass 9 Mio. Deutsche sehr viel seien. Stalin behauptete, dass sie alle geflohen seien...«

## 6. AUGUST

# USA werfen Atombomben auf Hiroschima und Nagasaki

Die US-amerikanische Luftwaffe wirft über der japanischen Stadt Hiroschima eine Atombombe ab. Durch die Explosion und die freigesetzte radioaktive Strahlung kommen mindestens 110 000 Menschen ums Leben. Rd. 80% der bebauten Fläche Hiroschimas werden völlig zerstört.

Angesichts der befürchteten hohen Verluste der US-Truppen bei einer Eroberung Japans hatte US-Präsident Harry Spencer Truman den Abwurf der erstmals am 16. Juli getesteten Atombombe befohlen. Dadurch soll die Kapitulation Japans erzwungen werden. Um 8.13 Uhr erhält die Besatzung des Boeing-B-29-Bombers »Enola Gay« von General Carl A. Spaatz, dem Oberbefehlshaber der strategischen US-Luftwaffe im Pazifik, den Befehl, einen Nuklearsprengsatz über Hiroschima abzuwerfen. Zwei Minuten und 17 Sekunden später wird die Bombe vom Typ »Little Boy« mit einer Sprengkraft von

### Bombe fordert 110 000 Todesopfer

Durch die Atombombenexplosion über der japanischen Stadt Hiroschima kommen mindestens 110 000 Menschen ums Leben, darunter schätzungsweise 78 000 Zivilisten und etwa 20 000 Angehörige der japanischen Streitkräfte. 12 000 Menschen werden vermisst, 9000 erleiden schwere Verletzungen (→ S. 512). Die Zahl der Getöteten ist nicht exakt zu ermitteln und kann nur geschätzt werden. Nicht berücksichtigt bei den genannten Zahlen sind die von Spätschäden Betroffenen. Sie sterben z.T. erst nach Jahrzehnten an den Folgen der durch die Explosion freigesetzten radioaktiven Strahlung. Die US-Streitkräfte sowie die am Bau der Atombombe beteiligten Wissenschaftler sind überrascht über die hohe Zahl der Todesopfer und das Ausmaß der Zerstörung in Hiroschima. Keiner der Beteiligten konnte sich vorher ein klares Bild über die Wirkung der Waffe machen.

12 500 t TNT (Trinitrotoluol) ausgeklinkt. Nach weiteren 45 Sekunden explodiert die Atombombe in einer Höhe von 600 m über der Stadt.

Nach einem grellen Blitz bildet sich über Hiroschima eine pilzförmige rote Rauchwolke. In der 300 000 Einwohner zählenden Stadt, im Mündungsdelta des Ota auf der Insel Hondo gelegen, entsteht durch die von der Bombe erzeugte enorme Hitze innerhalb weniger Sekunden ein Feuersturm, der sich mit einer Geschwindigkeit von 1200 km/h ausbreitet. In einer Entfernung bis zu anderthalb Kilometern vom Explosionsherd stürzen durch die von der Detonation verursachte Druckwelle sämtliche Gebäude ein. Die freigesetzte radioaktive Strahlung wirkt innerhalb von einem Kilometer sofort tödlich; Menschen, die sich in größerer Entfernung vom Explosionsort aufhalten, sterben einen langsamen, qualvollen Tod infolge der Strahlung sowie von Verbrennungen.

Die japanische Regierung reagiert auf den Abwurf der Atombombe zunächst mit völliger Ratlosigkeit. Da in Tokio nicht bekannt ist, was für eine neuartige Bombe die US-amerikanischen Streitkräfte besitzen und über wie viele derartige Sprengkörper sie verfügen, erkennt das japanische Oberkommando zu diesem Zeitpunkt noch nicht die völlig aussichtslose militärische Lage des Kaiserreiches.

Um endgültig die Kapitulation Japans zu erzwingen, werfen die US-Luftstreitkräfte am 9. August eine weitere Bombe ab. Dieser zweite Sprengkörper trägt den Namen »Fat Man« und besitzt eine Vernichtungskraft von 22 000 t TNT. Er explodiert um 12 Uhr mittags über der in einem Talkessel an der Nordwestküste von Kiuschu liegenden Stadt Nagasaki. Mindestens 36 000 Menschen werden getötet.

*Die Atombombe vom Typ »Fat Man« besitzt eine Sprengkraft von 22 000 t des herkömmlichen Sprengstoffes TNT.*

### HINTERGRUND

## »Ich habe nie bereut und mich nie geschämt«

Der Kommandant des mit einer zehnköpfigen Besatzung fliegenden US-amerikanischen Bombers, der den Angriff auf Hiroschima fliegt, ist der 30-jährige Oberst Paul W. Tibbets.

Er hatte das Flugzeug nach dem Mädchennamen seiner Mutter »Enola Gay« getauft. Bevor Tibbets den Befehl zum Abwurf der Bombe gibt, hat er mehrfach das Stadtgebiet von Hiroschima überflogen. Auf die

Frage, ob dies geschehen sei, um die Rückkehr der Bevölkerung aus den Luftschutzräumen der Stadt abzuwarten, antwortet Tibbets in einem späteren Interview: »Wir mussten damit rechnen, dass die Japaner versuchen würden, uns in einen Luftkampf zu verwickeln. Also mussten wir ihnen ein paar Tricks vorspielen. Eine meiner Taktiken bestand darin, drei Tage vor dem X-Tag jeweils einzelne Flugzeuge in das Zielgebiet zu schicken. Die Idee dabei war: Die Japaner sollten annehmen, dass es sich nur um Aufklärungsflugzeuge handelte und sie sollten das auch glauben, als wir mit der Bombe kamen.« Befragt, ob er jemals bereut habe, diesen Einsatz geflogen zu haben, antwortet Tibbets: »Ich hasse die Vorstellung, dass ›Hiroschima‹ noch einmal passieren könnte. Aber andererseits: Ich habe nie bereut und mich nie geschämt, denn ich glaubte damals, dass ich meine patriotische Pflicht tat, als ich den Befehlen folgte, die man mir gab.«

*Hauptmann William Parsons, Pilot des Bombenflugzeuges*

*Oberst Paul W. Tibetts: Er klinkte über Hiroschima die Bombe aus.*

*Die Besatzung der »Enola Gay« vor ihrer Maschine, von der am 6. August über Hiroschima die erste US-Atombombe abgeworfen wird*

## 6. AUGUST

# Verheerende Folgen der beiden Abwürfe

Die Abwürfe von zwei US-amerikanischen Atombomben über den japanischen Städten Hiroschima und – drei Tage später – Nagasaki fordern insgesamt mindestens 146 000 Todesopfer.

Hinzu kommen zigtausende von Verletzten. Betroffen ist in beiden Fällen vor allem die Zivilbevölkerung: In Hiroschima kommen schätzungsweise 78 000 Zivilisten ums Leben, in Nagasaki etwa 31 000. Über die Verluste an Menschenleben hinaus werden beide Städte zum größten Teil dem Erdboden gleichgemacht. Die Zahl der bei den beiden Atombombenexplosionen Getöteten wird sich in den folgenden Jahren noch erhöhen. Die bei einer nuklearen Explosion freigesetzte Radioaktivität bewirkt je nach Intensität der Strahlung erhebliche Gesundheitsschäden. Vor allem die Blut

*Das Stadtzentrum Hiroschimas nach der Zerstörung durch die erste eingesetzte Atombombe; ein Kriegsberichterstatter der alliierten Streitkräfte nimmt das bisher für unmöglich gehaltene Ausmaß der Verwüstung in Augenschein.*

### Die Wirkung der Atombombe

Bei einer Atombombenexplosion entsteht ein charakteristischer riesiger »Pilz«, in dem ein hoher Druck und Temperaturen von mindestens 15 Mio. °C herrschen. Die Hitze und die Druckwelle breiten sich mit ungeheurer Geschwindigkeit über dem Explosionsort aus. Die freigesetzte radioaktive Strahlung bzw. verstrahlte Partikel wie beispielsweise Staub werden nach der Explosion durch den Wind über weite Strecken verteilt, sinken langsam zu Boden (»Fallout«) und verseuchen über einen längeren Zeitraum die Umgebung.

bildenden Organe des Menschen werden geschädigt und Geschwulstbildungen (Krebs) hervorgerufen. Diese krankhaften Veränderungen des menschlichen Körpers zeigen sich, abhängig von der Intensität der Strahlungsdosis, erst nach einer größeren Zeitspanne. Kinder und Jugendliche leiden unter Entwicklungshemmungen und Wachstumsstörungen. Und sogar noch nicht geborene Kinder werden an den Folgen der Atombombenexplosionen zu leiden haben: Da die Strahlung auch Erbmaterial schädigt, sind Missbildungen zu erwarten.

*Die Ruine des Museums für Wissenschaft und Industrie in Hiroschima; das Gebäude, im Explosionszentrum der Atombombe, soll Gedenkstätte werden.*

## »... und schrien vor Schmerzen«

*Am frühen Morgen des 6. August werfen US-Luftstreitkräfte die Atombombe auf Hiroschima. Viele der Überlebenden sterben nach Monaten oder Jahren an den Folgen der radioaktiven Verseuchung. So auch die Angehörigen von Masayuki Hashimoto, der im Alter von neun Jahren die Atombombenexplosion überlebte und sich an die Ereignisse erinnert:*

»Ich ging in das obere Stockwerk und wollte in Vaters Zimmer spielen. Als ich die Treppe halb hinaufgestiegen war, blitzte es und es fiel allerlei von oben herab... Aber es war so dunkel, dass ich glaubte, das alles wäre ein Traum, und reglos stehen blieb. Dann wurde es im Norden allmählich hell... Inzwischen waren wir von Flammen umzingelt... Männer, am ganzen Körper blutverschmiert, und Frauen... schrien vor Schmerzen und sprangen in den Fluss... Auf der Insel Ninoshima lagen überall Menschen herum, die so schlimm verbrannt waren, dass man ihre Gesichter nicht mehr erkennen konnte...«

Blick auf das verwüstete Stadtzentrum von Hiroschima: Nur wenige Gebäude konnten der ungeheuren Wucht des Explosionsdrucks widerstehen.

Hiroschima nach dem Atombombenabwurf: Im Stadtzentrum ist eine Fläche von 8 km² völlig verwüstet worden; mehr als 110 000 Menschen kamen hier ums Leben.

In Hiroschima geht trotz der Zerstörungen durch die Atombombe das Leben weiter: zwei Überlebende der Katastrophe vor den Trümmern ihrer Stadt.

Luftaufnahme von Hiroschima; im Vordergrund die verbrannten Baumstämme eines Parks

Trümmerfeld Hiroschima: 68 000 Gebäude auf dem Gebiet von 8 km² wurden durch die Bombe zerstört.

Nur 20 Gebäude – alle aus Stahl und Beton – konnten der Atombombenexplosion widerstehen.

# 5000 Menschen arbeiteten an Atombombe

Nach der 1938 von Otto Hahn und Friedrich Straßmann in Berlin erstmals erfolgreich durchgeführten Kernspaltung begannen Wissenschaftler im Deutschen Reich, in den USA und in Großbritannien, die Möglichkeit einer militärischen Nutzung der Atomenergie zu erforschen.

Während im Deutschen Reich entsprechende Untersuchungen als »weniger kriegswichtig« eingestuft wurden, arbeiteten Wissenschaftler in den Vereinigten Staaten intensiv an der Entwicklung einer Atombombe. Sie befürchteten, dass die Nationalsozialisten als erste eine derartige Bombe entwickeln und einsetzen könnten.

1941 empfahl die US-amerikanische Nationale Akademie der Wissenschaften zur »Sicherheit der Nation und der freien Welt« den beschleunigten Bau eines nuklearen Sprengkörpers. Der damalige US-Präsident Franklin Delano Roosevelt stellte daraufhin nahezu unbegrenzte Geldmittel für die nötigen Forschungsarbeiten zur Verfügung. Im August 1942 wurde von der US-Armee das streng geheime Projekt »Manhattan« begründet. Führende Chemiker und Physiker sollten in Los Alamos im US-Bundesstaat New Mexico den Bau der Atombombe vorantreiben. 1943 zählte die eilig errichtete Barackenstadt erst 60 Einwohner; Anfang 1945 arbeiteten bereits rund 5000 hoch qualifizierte Wissenschaftler aus aller Welt in dem Atomforschungszentrum. Am 16. Juli 1945 gelang der erste erfolgreiche Test.

*Blick auf die geheime Produktionsstätte der ersten Atombomben in Oak Ridge im US-Bundesstaat Tennessee*

*Ein Exemplar der Atombombe des Typs »Little Boy«, das über der japanischen Stadt Hiroschima explodierte*

# Freisetzung von ungeheurer Energie

Die vernichtende Wirkung einer Atombombe beruht – neben der radioaktiven Strahlung – auf der ungeheuren Energiemenge, die nach der Spaltung von Atomkernen und einer unter bestimmten Bedingungen nachfolgend ausgelösten Kettenreaktion frei wird.

Das leicht spaltbare Element Uran 235 bzw. Plutonium (PU 239) wird in zwei Kammern des Bombenkörpers gefüllt. Ein Zünder schiebt mittels einer Sprengladung den Inhalt der Kammern zusammen, so dass die Mindestmenge an spaltbarem Material für eine Kettenreaktion vorhanden ist (»kritische Masse«). Durch Neutronenbeschuss werden die Atomkerne des Uran 235 gespalten, wobei wiederum Neutronen freigesetzt werden. Dadurch entsteht eine Kettenreaktion. Die dabei frei werdende Energie tritt in Form von Wärme aus. Während bei der Verbrennung von einem Kilogramm Kohle eine Energiemenge von rund 8000 Kalorien entsteht, tritt bei der Spaltung der gleichen Menge Uran 235 Energie in Höhe von 20 Mrd. Kalorien aus. Dies entspricht der Menge, die bei einer Explosion von 20 000 t TNT frei wird.

# Wissenschaftler lehnen Verantwortung für die Folgen ab

Nachdem im August 1942 in den USA der Bau einer Atombombe zum vorrangigen Ziel erklärt worden war, übernahm der US-Physiker Robert Oppenheimer die Leitung des Atomforschungszentrums in Los Alamos (US-Staat New Mexico).

Dort arbeiteten Wissenschaftler aus aller Welt an dem Bau der Bombe. Auch europäische Forscher, die in die USA emigriert waren, stellten sich in den Dienst der US-Atomforschung, darunter die Ungarn John von Neumann und Edward Teller sowie der Italiener Enrico Fermi (→ S. 237).

Viele der am Bau der Atombombe beteiligten Wissenschaftler sind sich über die Konsequenzen ihrer Forschungsergebnisse im Klaren. Die meisten lehnen aber die Verantwortung für die Folgen ihrer Arbeit ab. Robert Oppenheimer hatte am 31. Mai 1945 im Namen seiner Wissenschaftler erklärt: »Zwar ist es wahr, dass wir zu den wenigen Bürgern zählen, die Gelegenheit hatten, den Einsatz der Bombe sorgfältig zu erwägen. Indes erheben wir keinen Anspruch auf besondere Zuständigkeit für die Lösung politischer, gesellschaftlicher und militärischer Probleme, die sich im Gefolge der Atomenergie einstellen.«

*Niels H. Bohr, Professor für theoretische Physik an der Kopenhagener Universität; seine grundlegenden Forschungen trieben die Entwicklung der Atombombe voran.*

*Der Physiker Robert Oppenheimer: Er leitet in Los Alamos im US-Bundesstaat New Mexico das Atomforschungszentrum der Vereinigten Staaten von Amerika.*

## Krieg in Ostasien

Mit der Kapitulation des Deutschen Reiches endete der Krieg in Europa. Nun konzentrierten die Alliierten sich auf den letzten Kriegsgegner Japan.

**3. Juni:** Die USA beschließen die Verlegung von rd. 3 Mio. US-Soldaten von Europa auf den ostasiatischen Kriegsschauplatz.

**20. Juni:** Die 9. australische Division landet an der Nordküste der japanisch besetzten indonesischen Insel Borneo. Am 24. Juni können die Ölfelder im Norden erobert werden.

**22. Juni:** Nach zwölfwöchigen Kämpfen kapitulieren die letzten Japaner auf Okinawa. Ca. 40 000 japanische Soldaten sind bis dahin gefallen. Von 600 000 US-Soldaten sterben insgesamt etwa 12 500 Mann.

**18. Juli:** Bei einem US-Luftangriff mit 2000 Flugzeugen gegen Tokio sterben mindestens 10 000 Menschen.

**24.–28. Juli:** US-Trägerflugzeuge vernichten zwischen Honshu und Shikoku die Reste der japanischen Flotte.

**12. August:** Sowjetische Verbände landen an der Ostküste Koreas.

*General Takashiro Kawabe (2.v.l.) mit seiner Delegation; er ist von japanischer Seite mit den Kapitulationsverhandlungen beauftragt worden.*

## 15. AUGUST

# Hirohito: »Feuer einstellen«

**Der japanische Kaiser Hirohito fordert in einer Rundfunkansprache die Streitkräfte seines Landes zur sofortigen Feuereinstellung auf.**

Er begründet dies mit der für Japan hoffnungslosen militärischen Lage. Am Vortag hat die Regierung in Tokio die Kapitulationsbedingungen der Alliierten angenommen und ist zurückgetreten. Prinz Norihiko Higashikuni bildet ein neues Kabinett. Die japanische Regierung hatte angesichts der verheerenden Folgen der US-Atombombenangriffe auf Hiroschima und Nagasaki den Alliierten am 10. August ein Kapitulationsangebot unterbreitet. Sie forderte darin u.a., dass Kaiser Hirohito auch in Zukunft als souveräner Herrscher anerkannt werde. Am 11. August billigten die alliierten Staaten dieses Angebot, forderten jedoch im Gegenzug die sofortige Einstellung sämtlicher Kampfhandlungen.

## 8. AUGUST

# Kriegserklärung der UdSSR an Japan

Die UdSSR erklärt trotz eines am 13. April 1941 geschlossenen Nichtangriffspakts (→ S. 114) dem japanischen Kaiserreich den Krieg.

Damit kommt Josef W. Stalin einer langjährigen Forderung von Seiten der USA nach. Am folgenden Tag marschiert die sowjetische Rote Armee in die Mandschurei ein und greift die japanische Kwantung-Armee an. Nach erbitterten Kämpfen ergeben sich am 21. August die japanischen Streitkräfte.

Einheiten der 1. und 2. sowjetischen Fernostfront sowie der Transbaikalfront eröffnen die Offensive gegen die japanischen Besatzer. Am 12. August landen sowjetische Verbände an der Ostküste Koreas. Einen Tag später erreichen Einheiten der Transbaikalfront die mandschurische Tiefebene und schließen sich mit Truppenteilen der chinesischen 8. Kommunistischen Volksbefreiungsarmee zusammen. Die 6. sowjetische Gardearmee hat unterdessen die Berge im Großen Chingan überquert und steht nun im Rücken der japanischen Truppen. Dadurch ist die Kwantung-Armee eingekesselt. Am folgenden Tag kapituliert das japanische Oberkommando in der Mandschurei.

## 31. AUGUST

# Truppen von MacArthur ziehen in Tokio ein

Der Oberkommandierende der US-Streitkräfte im Südpazifik, General Douglas MacArthur (s. Abb., M.), zieht in Tokio ein.

Am 2. September soll die Kapitulationsurkunde auf dem vor Tokio liegenden US-Schlachtschiff »Missouri« unterzeichnet werden.

## 15. AUGUST

## Millionen feiern den Sieg über Japan

**Überall in den USA, in Großbritannien und in Australien feiern die Menschen den Sieg über Japan.**

Das nahe Ende des Zweiten Weltkrieges und die Aussicht, bald ihre Angehörigen und Freunde wiederzusehen, treibt Millionen von Menschen auf die Straße, um am »VJ-Day« (Victory-over-Japan-Day) tanzend und singend ihrer Freude über den Sieg der Alliierten Ausdruck zu geben. In den frühen Morgenstunden hatte der japanische Kaiser Hirohito in einer Radioansprache seinen Streitkräften die Einstellung des Feuers befohlen.

*Lochstreifen von Fernschreibern sind in Londons Innenstadt aus den Fenstern der Bürohäuser geworfen worden; aus Anlass des Sieges über Japan finden in Großbritannien überall spontane Feiern statt.*

*General Douglas MacArthur (2.v.r.) betritt am 30. August auf dem Flughafen Atsugi bei Tokio erstmals den Boden des japanischen Mutterlandes.*

*Die japanische Delegation auf dem US-amerikanischen Schlachtschiff »Missouri«; im Vordergrund Außenminister Schigemitsu (l.) und General Umezu*

## 2. SEPTEMBER

# Japan kapituliert

Auf der in der Bucht von Tokio ankernden »Missouri«, dem Flaggschiff der US-amerikanischen Pazifikflotte, unterzeichnen der japanische Außenminister Mamoru Schigemitsu und General Yoshijiro Umezu die Kapitulationserklärung des japanischen Kaiserreiches.

Für die Alliierten unterschreibt der Oberkommandierende der alliierten Streitkräfte im Südwestpazifik, General Douglas MacArthur, das Dokument. Damit ist der Zweite Weltkrieg auch in Ostasien endgültig beendet.

Rund 200 000 japanische Soldaten sehen die Kapitulation als eine ihr Ehrgefühl verletzende Schmach an und begehen Selbstmord. Die auf dem asiatischen Kontinent und der pazifischen Inselwelt stationierten japanischen Verbände ergeben sich erst in den nächsten Tagen, da sie aufgrund mangelhafter Nachrichtenverbindungen der Kapitulationsbefehl zu spät erreicht.

Kaiser Hirohito hatte am 15. August die japanischen Truppen aufgefordert, sich den alliierten Streitkräften zu ergeben. Angesichts der verheerenden Folgen der US-Atombombenangriffe, bei denen mindestens 150 000 Menschen ums Leben kamen, erklärte der japanische Kaiser: »Die Fortsetzung unseres Kampfes würde nicht nur mit dem endgültigen Zusammenbruch und der Vernichtung der japanischen Nation enden, sondern zur völligen Auslöschung der menschlichen Zivilisation führen.«

US-Präsident Harry Spencer Truman hatte den Einsatz der Atombombe befohlen, um den Pazifikkrieg möglichst rasch zu beenden. Beunruhigt durch die hohen Verluste bei der Besetzung Okinawas, fürchtete er, die Kämpfe gegen Japan könnten sich bis in das Jahr 1947 fortsetzen und noch tausende von Todesopfern unter den alliierten Streitkräften fordern. Die Pläne für eine Invasion des japanischen Mutterlandes waren bereits ausgearbeitet: Am 1. November sollten 13 Divisionen auf Kiuschu landen; für den 1. März 1946 war eine Landung im Raum Tokio mit 25 Divisionen geplant. Die Invasionsoperationen wären weitaus schwieriger als die Landung in der Normandie (→ S. 392) geworden: Zum Zeitpunkt der Kapitulation verfügt Japan noch über 10 000 Flugzeuge und ein intaktes Heer. Mit der Atombombe besitzen die USA nun eine Waffe, die es ermöglicht, dem Gegner ohne eigene Verluste schweren Schaden zuzufügen. Der neuartigen Bombe haben die japanischen Streitkräfte nichts Gleichwertiges entgegenzusetzen. Insgesamt hat der Pazifikkrieg auf japanischer Seite mindestens 1,8 Mio. Todesopfer gefordert. Die Alliierten verloren rd. 120 000 Soldaten, die Zahl der Opfer in China und anderen ehemals besetzten Staaten ist unbekannt.

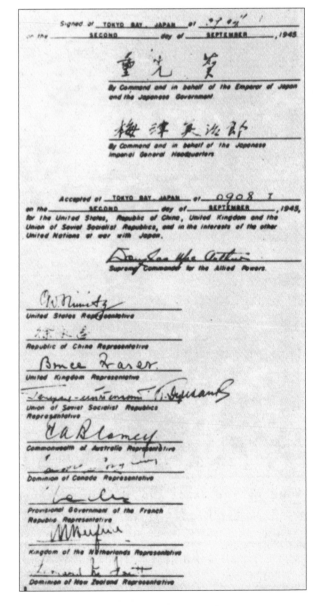

Für Japan unterzeichnen Außenminister Schigemitsu und General Umezu, für die Alliierten General MacArthur die Kapitulationsurkunde; zusätzlich unterschreiben Vertreter der mit Japan im Krieg befindlichen Staaten (USA, China, Großbritannien, UdSSR, Australien, Kanada, Frankreich, Niederlande und Neuseeland) am 2. September das Dokument. 1937 hatte Japan mit der Invasion in China den Krieg in Asien begonnen. Nach dem japanischen Überfall auf Pearl Harbor traten die Vereinigten Staaten in den Krieg ein; die Materialüberlegenheit der US-Streitkräfte ist eine der Hauptursachen für den Sieg über Japan.

General MacArthur unterzeichnet für die Alliierten die japanische Kapitulationsurkunde auf der in der Bucht vor Tokio ankernden »Missouri«.

»Die Verhandlungen sind abgeschlossen!« Mit diesen Worten von Oberbefehlshaber General MacArthur endet der Zweite Weltkrieg offiziell.

Das erste Foto von Kaiser Hirohito nach der japanischen Niederlage

US-Präsident Truman präsentiert der Presse die Kapitulationsurkunde.

Ein japanischer Offizier ergibt sich in Birma britischen Soldaten.

Ein Marinesoldat hisst die US-Flagge in der japanischen Hauptstadt.

---

**HINTERGRUND**

## MacArthur verspricht Gerechtigkeit

Der Oberkommandierende der alliierten Streitkräfte im Südwestpazifik, General Douglas MacArthur, unterzeichnet als Vertreter der Alliierten die japanische Kapitulationserklärung.

In einer kurzen Ansprache begrüßt er den nun eingetretenen Waffenstillstand und versichert dem japanischen Außenminister Mamoru Schigemitsu, gegenüber dem besiegten Kaiserreich Gerechtigkeit und Toleranz üben zu wollen.

General MacArthur kündigt an, dass zwar die japanischen Hauptinseln von US-Truppen besetzt und eine Militärregierung errichtet werden wird, sagt aber der Regierung in Tokio zu, Kaiser Hirohito und dem japanischen Volk Mitsprache in der Verwaltung des Landes einzuräumen. Dieses Versprechen MacArthurs wird in der US-amerikanischen Öffentlichkeit mit Befremden zur Kenntnis genommen. Sie befürchtet, die Vereinigten Staaten würden gegenüber Japan zu viel Milde walten lassen. US-Präsident Harry Spencer Truman äußert sich daher zu der künftigen Behandlung des japanischen Kaiserreiches am 21. September auf einer Pressekonferenz in der US-Hauptstadt Washington. Er unterstreicht seine Absicht, die politische Kontrolle in Japan nicht aus der Hand zu geben und Kriegsverbrecher unverzüglich aburteilen zu lassen. Die Industrie des Kaiserreiches soll außerdem im Zuge der von den Alliierten geforderten Reparationsleistungen zu einem großen Teil demontiert werden.

Auch in religiösen Fragen wollen die Vereinigten Staaten ihren Einfluss geltend machen. Dem Schintoismus soll der Status einer Staatsreligion entzogen werden. Dadurch kommt diese größte japanische Glaubensgemeinschaft künftig nicht mehr in den Genuss von staatlichen Zuschüssen. Mit dieser Maßnahme soll das japanische Volk, das nach den Lehren des Schintoismus Kaiser Hirohito als Gott zu verehren hat und ihm blinden Gehorsam schuldet, nunmehr an eine Demokratie westlicher Prägung herangeführt werden.

Den von der sowjetischen Regierung erhobenen Anspruch, an der Besatzungspolitik in Japan mitzuwirken, lehnt US-Präsident Truman ab. Da die UdSSR erst am 8. August 1945 (→ S. 515) dem Kaiserreich den Krieg erklärt habe, müsse das sowjetische Ansinnen abgelehnt werden. Allerdings sei man bereit, die sowjetischen Ansprüche auf die 1904 von Russland an Japan abgetretenen Kurileninseln und Südsachalin anzuerkennen. Zusätzlich wird der Regierung in Moskau die Kontrolle über die Äußere Mongolei zugesagt.

**Menschenverluste während des Zweiten Weltkriegs in Europa (Schätzungen)**

| | Soldaten | Zivilisten | Gesamtverluste |
|---|---|---|---|
| UdSSR | 13 600 000 | 7 000 000 | 20 600 000 |
| Polen | 320 000 | 5 700 000 | 6 020 000 |
| Deutsches Reich | 4 750 000 | 500 000 | 5 250 000 |
| Jugoslawien | 410 000 | 1 280 000 | 1 690 000 |
| Frankreich | 330 000 | 470 000 | 800 000 |
| Rumänien | 378 000 | | 378 000 |
| Großbritannien | 290 000 | 60 000 | 350 000 |
| Italien | 330 000 | | 330 000 |
| USA | 174 000 | | 174 000 |
| Niederlande | 12 000 | 198 000 | 210 000 |
| Griechenland | 20 000 | 140 000 | 160 000 |
| Belgien | 12 000 | 76 000 | 88 000 |
| Finnland | | | 84 000 |
| Norwegen | | | 10 000 |
| Dänemark | | | 1 400 |

Gesamt: 36 145 400

*MAN-Werke, Nürnberg: Der Krieg hinterlässt überall gigantische Verwüstung.*

# Bilanz: Verwüstung, Vertreibung und Völkermord

In allen großen Krieg führenden Staaten bedeutet der Zweite Weltkrieg einen tiefen Einschnitt in der Landesgeschichte. Die genaue Zahl der Toten des Krieges ist wegen der hohen Opfer unter der Zivilbevölkerung unbekannt: Schätzungen reichen von 35 bis 52 Mio. Menschen. Die Zerstörungen durch Luftkrieg, Kampfhandlungen und Terrorakte haben in Europa einen verwüsteten Kontinent hinterlassen. Besonders stark sind die Zerstörungen in Deutschland, der Sowjetunion und Polen, aber auch in China und Japan.

**Deutsches Reich:** Die deutschen Großstädte gleichen nach vier Jahren Luftkrieg durch die alliierten Bomberverbände und sechsmonatigen Bodenkämpfen Ruinenfeldern. Vier Fünftel aller Städte über 100 000 Einwohner sind zerstört, 7,5 Mio. Menschen sind obdachlos. Die deutsche Industrie ist fast vollständig vernichtet und die Infrastruktur zusammengebrochen. Etwa 11 Mio. deutsche Soldaten sind in Kriegsgefangenschaft und fehlen vorerst für den Neuaufbau. Das Land ist nach der Kapitulation unfähig, sich selbst zu ernähren und bleibt noch für absehbare Zeit auf die Hilfe der alliierten Siegermächte angewiesen. Zudem geht rund ein Viertel seiner Staatsfläche durch Grenzverschiebungen verloren.

**Polen:** Die schlimmsten Zerstörungen gab es in den Staaten Polen und Sowjetunion. Durch die brutale Germanisierungs- und Vernichtungspolitik des Deutschen Reiches hat Polen etwa ein Fünftel seiner Bevölkerung verloren. Besonders die oberen, gebildeten Schichten wurden von den Nationalsozialisten systematisch umgebracht. Die Metropolen des Landes sind durch die Kämpfe und die deutsche »Strategie der verbrannten Erde« nahezu vernichtet worden. Bereits während des Krieges gab es Vertreibungen der polnischen Bevölkerung. Nun folgt die »Westverschiebung«, d. h., abermals müssen Polen von den nun zur UdSSR gehörenden Gebieten im Osten in die ehemals deutschen Gebiete umsiedeln.

**UdSSR:** Ähnlich groß ist die Zerstörung in den westlichen, zeitweise durch die deutsche Wehrmacht besetzten Gebieten der UdSSR. Auch hier gab es Vertreibungen und eine systematische Tötungspolitik gegenüber der Bevölkerung. Zudem wurden die gesamte Infrastruktur und Wirtschaft in den Gebieten beim Rückzug der deutschen Truppen zerstört. Durch die alliierte Hilfe während des Krieges konnte die UdSSR aber im Ural und Sibirien neue Industriezentren errichten. Mit Hilfe der Demontagen in Deutschland nach Kriegsende werden in der westlichen UdSSR Pro-

duktionsstätten wieder aufgebaut. Dadurch erhöht sich die Produktivität innerhalb der nächsten Jahre auf ein höheres Niveau als zur Vorkriegszeit. Dennoch wirken die ungeheuren Verluste nach – mit etwa 20 Mio. Menschen hat die UdSSR ca. 40 % der Toten des Weltkriegs zu beklagen.

**Großbritannien:** Während des deutschen Luftkrieges in den Jahren 1940 bis 1942 starben zehntausende Briten und viele Industriestädte sowie insbesondere London wurden stark zerstört. Kein Land hat aber auch einen so hohen Mobilisierungsgrad erreicht, der durch die Verständigungspolitik Churchills gegenüber den Gewerkschaften ermöglicht wurde.

**Frankreich:** Unter den westlichen Staaten hat Frankreich mit 800 000 Toten die höchsten Verluste an Menschen. Nur die Weigerung vieler deutscher Kommandeure, Hitlers Befehlen zur Sprengung ganzer Städte 1944 zu folgen, hat eine noch größere Vernichtung verhindert. Schwerwiegend wirkt sich die innere Spaltung durch Besatzungs- und »Vichy«-Zeit aus: Zehntausende Verfahren werden gegen tatsächliche und scheinbare Kollaborateure eingeleitet.

**Vereinigte Staaten:** Die USA gehen als unbestritten erste Weltmacht und einzige Atommacht aus dem Krieg hervor. Die »Kriegskonjunktur« hat endgültig die Nachwirkungen der Welt-

wirtschaftskrise beseitigt, obwohl das Land noch nicht einmal alle Ressourcen mobilisieren konnte. In großen Teilen der USA war vom Krieg nichts zu bemerken – es gab kaum Angriffe auf US-amerikanisches Territorium. Durch den hohen Materialeinsatz (»safety first«) blieben die Verluste mit insgesamt 174 000 Toten vergleichsweise relativ gering.

**Asien:** Bereits seit 1937 tobte der chinesisch-japanische Krieg, der 1945 in den chinesischen Bürgerkrieg übergeht. Im Reich der Mitte wurden Millionen Menschen Opfer der japanischen Besatzungs- und Kriegspolitiker, die die Auseinandersetzung in Form eines »Rassenkrieges« führten. Ab 1944 wurde Japan selbst zum Ziel der alliierten Luftwaffe, die Tokio und viele andere Industrie- und Hafenstädte zerstörte.

Der Höhepunkt des Luftkriegs wurde mit den Atombombenabwürfen über Nagasaki und Hiroschima erreicht. Insgesamt starben mindestens 1,8 Mio. Japaner während des Krieges.

Den höchsten Tribut zahlten jedoch die Angehörigen der jüdischen Religion: Die NS-Vernichtungsmaschinerie tötete etwa 6 Mio. Menschen und ermordete die jüdische Gemeinde auf dem europäischen Kontinent.

# Der Krieg verändert die Welt

Der Zweite Weltkrieg brachte in Europa riesige Bevölkerungsverschiebungen mit sich, die die Bevölkerungsgliederung nachhaltig verändern.

»Germanisierung«: Unmittelbar nach Kriegsausbruch begann die große Bevölkerungsverschiebung unter Führung von Heinrich Himmler. Aus den baltischen Staaten und Südosteuropa wurden »Volksdeutsche« in das deutsche Herrschaftsgebiet gebracht, später auch aus den westlichen Gebieten der Sowjetunion sowie aus Frankreich und Belgien. Sie sollten in den eroberten Gebieten Polens und ab 1941 auch in der Sowjetunion angesiedelt werden, um den »neuen deutschen Lebensraum« zu »germanisieren«. Die Zahl der umgesiedelten sog. Volksdeutschen beläuft sich schätzungsweise auf 500 000 bis 800 000 Menschen.

Zwangsarbeit: Mit diesen Ansiedlungsversuchen einher ging die massenhafte Deportation der einheimischen Bevölkerung. Viele Millionen Polen wurden ins Generalgouvernement vertrieben oder ins Deutsche Reich zur Zwangsarbeit verschleppt. Insgesamt deportierten die deutschen Besatzer aus den von ihnen kontrollierten Gebieten 9 bis 14 Mio. Menschen.

Erste Flüchtlingstrecks: Mit dem beginnenden Rückzug der deutschen

*Flüchtlingstreck auf dem Weg durch Deutschland; die Eingliederung der Heimatvertriebenen wird zu einem schwierigen Problem der Nachkriegszeit.*

*Flüchtlingskinder warten im Lehrter Bahnhof in Berlin auf den Weitertransport; in der überfüllten Stadt dürfen sie allerdings nicht lange bleiben.*

*Alltagsszene 1945: Ein Flüchtlingsmädchen ist vor Erschöpfung auf den Bündeln der Habseligkeiten seiner Eltern eingeschlafen.*

Wehrmacht in Osteuropa setzte die Völkerwanderung nach Westen ein: Wiederum wurden Menschen deportiert, um sie der Roten Armee zu entziehen und die UdSSR zu schwächen. Aber es entstanden auch die ersten Flüchtlingstrecks von Personen, die befürchteten, als Kollaborateure hingerichtet oder nach Sibirien deportiert zu werden.

Deportation und Internierung: Bereits 1941/42 hatte der sowjetische Diktator Josef W. Stalin die Wolgadeutschen nach Sibirien bringen lassen, da er sie für Sympathisanten des NS-Regimes hielt. In den USA wurden 110 000 US-amerikanische Staatsbürger japanischer Herkunft, aber nur wenige Deutsche und Italiener deportiert und interniert, um eventuelle Sabotage zu verhindern. Auch in Asien und besonders in China gab es Deportationen und Vertreibungen durch die japanischen Besatzungstruppen.

Deutsche fliehen aus dem Osten: Die größte Flüchtlingswelle begann Ende 1944, als die Rote Armee zu den deutschen Reichsgrenzen vorgestoßen war. Die Bewohner der damaligen deutschen Ostgebiete waren im Glauben an die Stärke der deutschen Wehrmacht in ihrer Heimat geblieben und erst als die deutsche Front plötzlich zusammenbrach, machten sie sich auf den Weg nach Westen. Die deutsche Kriegsmarine versuchte, die Bewohner und Flüchtlinge aus den eingeschlossenen Gebieten über die Ostsee zu retten. Die Infrastruktur brach angesichts der Flüchtlingsströme vollends zusammen. Als die alliierte Luftwaffe 1945 Dresden bombardierte, kamen nach dem Stand der Forschung mindestens 35 000 Menschen um, da die Stadt voll von Flüchtlingen war. Auch nach der Kapitulation gingen die Vertreibungen weiter. Aus dem Sudetenland und den früheren deutschen Ostgebieten flohen die Menschen oder wurden vertrieben. Insgesamt verließen etwa 12 Mio. Deutsche ihre Heimat in Richtung Westen.

Westverschiebung Polens: Zeitlich parallel begann nun auch die millionenfache Umsiedlung der Polen aus den nun unter sowjetischer Regierung stehenden Gebieten im Osten des alten polnischen Staates.

*Im Juni 1945 ziehen noch immer Flüchtlingsströme mit ihrem letzten Hab und Gut durch die zerstörten Städte.*

Das **Glossar** enthält eine Auswahl der wichtigsten Begriffe und Personen des Zweiten Weltkriegs. In alphabetischer Reihenfolge bietet es dem Leser den schnellen Zugriff auf bekannte Namen und Schlagwörter.

# A

### Achsenmächte

**Gegner der Alliierten: Deutschland, Italien, Japan (und Verbündete).** Anfang der 30er Jahre näherten sich die beiden diktatorisch regierten Staaten Deutschland und Italien einander an und schlossen im Jahre 1936 einen Vertrag zur Koordinierung ihrer Außenpolitik (»Achse Berlin-Rom«). Im Mai 1939 verstärkten sie das Bündnis durch den so genannten Stahlpakt, der sie zu gegenseitigem militärischem Beistand verpflichtete. Japan trat dem Stahlpakt nicht bei. 1940 schlossen die drei Staaten den Dreimächtepakt.

### »Admiral Graf Spee«

**Deutsches Panzerschiff, erster großer Verlust der deutschen Kriegsmarine im Zweiten Weltkrieg.** Die 1934 vom Stapel gelaufene »Graf Spee« (10 000 t) versenkte 1939 neun feindliche Schiffe im Indischen Ozean und Südatlantik. Nach einem Seegefecht mit britischen Kreuzern und falschen Informationen über die Stärke der Gegner versenkte die Mannschaft ihr beschädigtes Schiff vor der Mündung des Rio de la Plata.

### Afrikakorps

**In Nordafrika eingesetzte deutsche Heeresgruppe.** Seit Anfang 1941 unterstützte das Afrikakorps die von britischen Truppen nach Westen gedrängten italienischen Verbände in Nordafrika. Die von Erwin Rommel (»Wüstenfuchs«) befehligten Einheiten stießen bis nach Ägypten vor, litten jedoch unter dauernden Nachschubproblemen. Das Afrikakorps scheiterte 1942 am alliierten Widerstand bei Al Alamain. Vor dem Gegenangriff unter Feldmarschall Bernard Montgomery musste sich Rommel zurückziehen. Von alliierten Truppen umzingelt und geteilt, kapitulierte 1943 der Rest der Heeresgruppe bei Tunis.

### Al Alamain

**Umkämpfte Oase in der libyschen Wüste, Wendepunkt des Krieges in Afrika.** Die britischen Verteidiger der Stellung Al Alamain brachten Anfang Juli 1942 den Vorstoß des deutschen Afrikakorps auf Ägypten zum Stillstand. Bis September belagerte das Wüstenkorps die befestige Stellung 90 km westlich von Alexandria. Rommel hatte sich bei seinem Vorstoß durch die Wüste jedoch mehr als 400 Kilometer von seinem nächsten Nachschublager entfernt. Nur 10% der benötigten Mittel – vor allem Treibstoff – erreichten die Deutschen. Zudem schwächten die britischen Truppen die deutschen Angreifer durch gezielte Kommandoaktionen und Sabotage. Im November 1942 zwangen überlegene britische Verbände Rommel schließlich zum Rückzug und gewannen damit die Oberhand auf dem nordafrikanischen Kriegsschauplatz. Im Mai 1943 kapitulierte das Afrikakorps, 252 000 deutsche und italienische Soldaten gingen in Gefangenschaft.

### Alliierte

**Bezeichnung für die Gegner der Achsenmächte.** Wichtigste Alliierte waren die USA, Großbritannien, die Sowjetunion und Frankreich. Zu den Alliierten zählten aber auch zahlreiche weitere Staaten, vor allem Mitglieder des britischen Commonwealth. Als Reaktion auf den deutschen Überfall auf ihren Verbündeten Polen erklärten Großbritannien und Frankreich 1939 Deutschland den Krieg. Die Sowjetunion war dagegen durch den Hitler-Stalin-Pakt zunächst Verbündeter Deutschlands und wechselte erst nach dem deutschen Angriff am 22. Juni 1941 ins Lager der Alliierten. Die neutralen USA beschränkten sich bis zum japanischen Überfall auf Pearl Harbor 1941 trotz Bindungen zu Großbritannien auf materielle Unterstützung der Alliierten, traten dann aber mit aller Kraft ins Kriegsgeschehen ein. Frankreich war nach der deutschen Besetzung durch die »Freifranzosen« Charles de Gaulles vertreten. Basis der Politik der Alliierten war ab 1942 die Atlantikcharta. Nach dem Sieg regelte das Potsdamer Abkommen ihre Rechte in Deutschland.

### Alliierte Konferenzen

**Strategietreffen der Alliierten.** Auf mehreren Konferenzen legten die gegen die Achsenmächte verbündeten Staaten zwischen 1941 und 1945 ihre Kriegsstrategien fest. Wichtige Treffen waren die Konferenzen von Moskau, Casablanca, Washington, Teheran, Jalta und Potsdam.

### Alliierter Kontrollrat

**Oberstes Gremium der alliierten Besatzer in Deutschland nach dem Zweiten Weltkrieg.** Laut Beschluss der Konferenz von Potsdam war der Alliierte Kontrollrat in allen »Deutschland als Ganzes betreffenden Fragen« oberste Instanz. Die Oberbefehlshaber der sowjetischen, US-amerikanischen, britischen und französischen Besatzungstruppen sollten im Kontrollrat ihre Aktionen koordinieren und die deutsche Verwaltung überwachen.

### Antonescu, Ion

**Rumänischer Politiker**
\* 14.6.1882 Pitești
† 1.6.1946 Jilavi/Bukarest
Antonescu, Generalstabschef und Kriegsminister, setzte 1940 König Karl II. von Rumänien ab und dessen Sohn Michael I. ein. Er selbst führte als Regierungschef das Land ins Lager der Achsenmächte. Im August 1944 ließ ihn der König beim Herannahen der Roten Armee festnehmen. Antonescu wurde verurteilt und hingerichtet.

### Appeasement

**(engl.: Beschwichtigung), Grundsatz der britischen Deutschland-Politik.** Zwischen 1933 und 1939 versuchte die britische Regierung vergeblich, den Frieden in Europa zu bewahren, indem sie den Forderungen Adolf Hitlers schrittweise nachkam. Das Münchener Abkommen vom 30. September 1938, in dem Hitler die Annexion des Sudetengebietes zugestanden wurde, bildete den Höhepunkt dieser Politik.

### Arbeitsdienst

**Pflichtdienst im nationalsozialistischen Deutschland.** Der ab 1935 obligatorische Reichsarbeitsdienst für männliche Jugendliche wurde 1939 auch für weibliche Jugendliche verpflichtend. Während ihres sechsmonatigen Dienstes wurden die »Arbeitsmänner« und »Arbeitsmaiden« vor allem beim Straßen-, Deich- und Kanalbau und bei Befestigungsarbei-

ten eingesetzt. Gleichzeitig war der Arbeitsdienst Teil der vormilitärischen Ausbildung. Seit August 1941 mussten junge Frauen weitere sechs Monate sog. Kriegshilfsdienst (Arbeit in Wehrmachts-Büros oder sozialen Einrichtungen) ableisten.

### Ardennenoffensive

**Letzte, erfolglose deutsche Offensive.** Der Angriff am 16. Dezember 1944 sollte von den Ardennen aus Brüssel und Antwerpen zurückerobern und die alliierten Truppen spalten, die von Westen her auf Deutschland zumarschierten. Nach Anfangserfolgen zeichnete sich am 23. Dezember das Scheitern ab. Hitler erlaubte den stark dezimierten Truppen jedoch erst Mitte Januar 1945 den Rückzug zum »Westwall«, der Verteidigungslinie an der deutschen Westgrenze.

### »Athenia«

**Britischer Passagierdampfer, 1939 von deutschem U-Boot versenkt.** Kurz nach der Kriegserklärung Großbritanniens begann die deutsche Kriegsmarine auf Befehl Adolf Hitlers mit dem »Handelskrieg« gegen England. Am 3. September torpedierte ein deutsches U-Boot die »Athenia«. 128 der über 1400 Passagiere kamen beim Untergang des Schiffes ums Leben. Deutschland lehnte jede Verantwortung ab und beschuldigte Großbritannien, das Schiff selbst versenkt zu haben.

### Atlantikcharta

**Erklärung der Kriegsziele der Alliierten und Basis für die Bildung der UNO.** Am 14.8.1941 verkündeten der US-amerikanische Präsident Franklin D. Roosevelt und der britische Premier Winston Churchill an Bord des britischen Kriegschiffes »Prince of Wales« in acht Punkten die Werte und Ziele der Alliierten. Dazu gehörten Selbstbestimmung, Frieden und Gleichberechtigung für alle Völker sowie ein allgemeines Sicherheitssystem und Abrüstung. Bis Kriegsende bekannten sich 45 Staaten zu diesen Grundsätzen.

### Atlantikwall

**Deutsche Verteidigungsstellungen gegen eine alliierte Invasion.** Der 1942 fertiggestellte Atlantikwall dehnte sich von Nordnorwegen bis nach

Südfrankreich aus und wurde von der deutschen Propaganda als uneinnehmbar beschworen. Am »D-Day«, der Landung der Alliierten in der Normandie, war das System aus Bunkern und Minengürteln jedoch nicht vollständig fertiggestellt und erwies sich als nicht effektiv. Allein an Frankreichs Atlantikküste wurden innerhalb von zwei Jahren 500 000 m³ Stahlbeton pro Monat verbaut.

## Atombombe

**Massenvernichtungswaffe.** Unter Leitung von Robert Oppenheimer arbeiteten seit 1942 in Los Alamos/ USA rund 5000 Wissenschaftler an der Entwicklung der Atombombe. Die US-Regierung befürchtete, dass die Nationalsozialisten zuerst eine solche Waffe entwickeln und einsetzen könnten. Das sog. Manhattan Project war erfolgreich: Am 16. Juli 1945 gelang der erste Test einer Atombombe. US-Präsident Harry S. Truman gab den Befehl zum Einsatz, um die Kapitulation Japans zu erzwingen. Nach Atombombenabwürfen auf Hiroschima (6.8.1945) und Nagasaki (9.8.1945) mit über 140 000 Todesopfern kapitulierte Japan bedingungslos. Die vernichtende Wirkung einer Atombombe beruht auf der ungeheuren Energiemenge, die bei der Kernspaltung von Uran 235 in einer Kettenreaktion als Hitze freitritt. Hinzu kommt die Radioaktivität, die auch Langzeitschäden (Krebs, Organschäden, Missbildungen) verursacht.

## Attlee, Clement Richard

**Britischer Premierminister**
* 3.1.1883 London
† 8.10.1967 London
Der Labour-Politiker, seit 1922 Unterhausmitglied, war Sekretär des Parteiführers James Ramsey Macdonald und von 1929 bis 1931 Minister. 1935 übernahm er den Parteivorsitz und trat als Oppositionsführer in Winston Churchills Kriegskabinett ein. 1945 wurde er Premierminister und löste Churchill noch während der Konferenz von Potsdam ab. Er legte die Basis für den britischen Wohlfahrtsstaat und leitete die Entkolonialisierung ein. Bei der Unterhaus-Wahl 1951 unterlag Attlee wegen der schlechten Wirtschaftsentwicklung den Konservativen.

## Auschwitz

**Konzentrationslager, später Vernichtungslager, Synonym für den nationalsozialistischen Massenmord.** Nahe der gleichnamigen polnischen Stadt errichtete die SS 1940 ein Konzentrationslager. In angeschlossenen Industriebetrieben, u.a. im Besitz der I.G. Farben, mussten die Häftlinge Zwangsarbeit leisten. Die SS baute unter Kommandant Rudolf Höß Auschwitz 1941/42 zum Vernichtungslager aus: In den Gaskammern im Außenlager Birkenau (Auschwitz II) wurden etwa 80% der Deportierten sofort nach der Ankunft vergast. Insgesamt wurden mehr als drei Millionen Menschen – Juden, politische Häftlinge, Kriegsgefangene, Sinti und Roma, Homosexuelle – in Auschwitz ermordet. Das Lager bestand bis zum 27. Januar 1945, als die Rote Armee rund 7600 Überlebende befreite. Das Leugnen des Holocaust kann in Deutschland mit bis zu fünf Jahren Haft bestraft werden.

# B

## »Barbarossa«

**Deckname für den deutschen Überfall auf die Sowjetunion im Jahre 1941.** Das »Unternehmen Barbarossa« überraschte die sowjetischen Einheiten, obwohl die deutschen Kriegsvorbereitungen Moskau nicht verborgen geblieben waren. Nach dem schnellen Vormarsch der deutschen Verbände, in dessen Verlauf Riga, Minsk und Dünaburg erobert wurden, geriet der Vorstoß ins Stocken. Grund für die Schwierigkeiten waren unterschiedliche strategische und taktische Vorstellungen über die Kriegsführung in der Wehrmachtsspitze, unvorhersehbare Befehlsänderungen Adolf Hitlers, sich verschlechternde Witterungsbedingungen und Nachschubprobleme.

## Beck, Józef

**Polnischer Politiker**
* 4.10.1894 Warschau
† 5.6.1944 Stănești/Rumänien
Beck war Offizier im Ersten Weltkrieg. Als Politiker arbeitete er eng mit Marschall Jósef Klemens Pilsudski zusammen, der 1926 per Staatsstreich ein autoritäres Regime in Polen errichtete. 1932 übernahm er das Amt des Außenministers und unterzeichnete die Nichtangriffsverträge mit der Sowjetunion (1932) und dem Deutschen Reich (1934). Nach dem Tod Pilsudskis versuchte er bis zum deutschen Überfall 1939 vergeblich, in Ostmitteleuropa einen Mächteblock unter polnischer Führung zu etablieren.

## Beck, Ludwig

**Deutscher General**
* 29.6.1880 Biebrich bei Wiesbaden
† 20.7.1944 Berlin
Beck, Generalstabsoffizier im Ersten Weltkrieg, wurde 1935 Chef des Generalstabs des Heeres. Während der Sudetenkrise im Sommer 1938 lehnte er aus militärischen Gründen die Pläne Adolf Hitlers zur Zerschlagung der Tschechoslowakei ab. Am 18. Juni 1938 trat er als Generalstabschef zurück. In der Folgezeit gehörte er zum Zentrum der liberal-konservativen Widerstandsbewegung. Nach dem Scheitern des Hitler-Attentats vom 20. Juli 1944 und missglücktem Selbstmord wurde er hingerichtet.

## Bekennende Kirche

**Kirchliche Opposition gegen die nationalsozialistisch geprägten Deutschen Christen sowie gegen die Unterdrückung der Kirche.** Die Bekennende Kirche konstituierte sich 1934 auf der ersten Bekenntnissynode in Barmen. Sie trat der nationalsozialistisch bestimmten Haltung der Deutschen Evangelischen Kirche und den von dieser unterstützten Deutschen Christen entgegen. Die Barmer Theologische Erklärung war das bedeutendste theoretische Dokument des Kirchenkampfs im nationalsozialistischen Deutschen Reich.

## Bergen-Belsen

**Konzentrationslager.** Bergen-Belsen befand sich 1943 bis 1945 in der Nähe der niedersächsischen Stadt Bergen bei Celle. Eine Besonderheit Bergen-Belsens waren mehrere tausend »Austauschjuden«. Die SS und das Außenministerium hofften, diese Gefangenen mit Verwandten im Ausland oder aus neutralen Staaten gegen deutsche Gefangene der Alliierten austauschen zu können. Tatsächlich kamen weniger als 400 Gefangene auf diesem Wege in die Freiheit. Seit Ende 1944 verlegte die SS Gefangene aus frontnahen Konzentrationslagern nach Bergen-Belsen. Bis Mai 1945 schwoll die Zahl der Gefangenen von 15 000 auf 60 000 an. Zehntausende kamen aufgrund der Enge im Lager um oder wurden ermordet. Insgesamt starben in Bergen-Belsen rund 50 000 Menschen, unter ihnen Anne Frank.

## Besatzungszonen

**Hoheitsbereiche der vier großen Alliierten in Deutschland.** Nach dem Sieg über Deutschland übernahmen die Sowjetunion, Großbritannien, die USA und Frankreich – wie auf der Konferenz von Jalta vereinbart – in einer Besatzungszone die Regierungsgewalt: Die Sowjetunion im Osten, Großbritannien im Nordwesten, Frankreich im Westen und die USA im Südwesten. Die ehemalige Reichshauptstadt Berlin wurde ebenfalls in vier Sektoren aufgeteilt. Fragen, die Deutschland als Ganzes betrafen, sollten im Alliierten Kontrollrat verhandelt werden. Die Westalliierten schlossen sich 1947 zur Bizone (Großbritannien und USA) bzw. 1949 zur Trizone (einschließlich Frankreich) zusammen. Österreich war ebenfalls in Besatzungszonen aufgeteilt.

## »Bismarck«

**Deutsches Schlachtschiff, 1941 versenkt.** Das 35 000-t-Paradeschiff der deutschen Kriegsmarine wurde für unsinkbar gehalten. Nach einem Gefecht mit britischen Schiffen wurde die »Bismarck« mehrere Tage im Atlantik verfolgt und am 26.5.1941 manövrierunfähig geschossen. Am 27. Mai 1941 sank das Schiff nach weiteren Treffern und der Eigensprengung 400 Seemeilen vor Brest. 1977 Mann gingen mit der »Bismarck« unter.

## Blitzkrieg

**Militärische Strategie.** Die Bezeichnung kam zu Beginn des Zweiten Weltkriegs für die schnellen militärischen Erfolge des Deutschen Reiches auf, besonders gegen Polen, Frankreich, Jugoslawien und Griechenland. Wesentliches Merkmal des Blitzkriegs ist der kombinierte Einsatz von schnellen Luft- und Panzertruppen.

### Bonhoeffer, Dietrich

**Deutscher evangelischer Theologe**
* 4.2.1906 Breslau
† 9.4.1945 Flossenbürg
Bonhoeffer übernahm 1935 die Leitung des illegalen Predigerseminars der Bekennenden Kirche in Finkenwalde. 1941 erhielt er Rede- und Schreibverbot und schloss sich der Widerstandsbewegung um Wilhelm Canaris an. 1943 wurde er verhaftet und 1945 nach einem Standgerichtsverfahren zusammen u.a. mit Admiral Wilhelm Canaris und Hans Oster gehängt.

### Bormann, Martin

**Deutscher NS-Politiker**
* 17.6.1900 Halberstadt
seit Mai 1945 verschollen
Bormann organisierte Anfang der 20er Jahre illegale Freikorpsgruppen für die NSDAP. 1941 wurde er Leiter der Parteikanzlei im Ministerrang und 1943 »Sekretär des Führers«. In der letzten Phase des Dritten Reiches galt er als wichtigster Mann nach Adolf Hitler. 1945 tauchte er unter und starb vermutlich in Berlin. 1946 wurde er bei den Nürnberger Prozessen in Abwesenheit zum Tode verurteilt, 1973 für tot erklärt.

### Brauchitsch, Walter von

**Deutscher Generalfeldmarschall**
* 4.10.1881 Berlin
† 18.10.1948 Hamburg
Von Brauchitsch wurde 1938 Oberbefehlshaber des Heeres. Die Staatsstreichpläne der Offiziere um Ludwig Beck waren ihm bekannt, die militärischen Erfolge im Westen ließen ihn jedoch Adolf Hitler folgen. Von Brauchitsch leitete mit Franz Halder die militärischen Operationen in Frankreich, auf dem Balkan und zu Beginn des Russlandfeldzuges. Auch die Ermordung aller von der Wehrmacht gefassten politischen Kader der Roten Armee (»Kommissarbefehl«) befahl von Brauchitsch. Nach andauernden Auseinandersetzungen mit Hitler über die Kriegsführung wurde er aber auf eigenen Wunsch im Dezember 1941 verabschiedet. Er starb in britischer Gefangenschaft.

### Bromberger Blutsonntag

**Ermordung Deutscher in Polen 1939.** Beim »Bromberger Blutsonntag« am 3. September 1939 wurden

mehrere tausend Deutsche von Polen getötet. Sie waren verdächtigt worden, mit der Wehrmacht zu paktieren. Die Deutschen erschossen als Vergeltung am 10. September auf dem Bromberger Marktplatz polnische Geiseln.

### Buchenwald

**Konzentrationslager auf dem Ettersberg bei Weimar.** Knapp 60 000 Häftlinge starben von 1937 bis 1945 in Buchenwald. Insgesamt waren dort rund 238 000 Menschen inhaftiert. Während des Krieges mussten sie teilweise als Zwangsarbeiter in Rüstungsbetrieben arbeiten. Von 1945 bis 1950 war Buchenwald ein sowjetisches Internierungslager, 1958 wurde es zu einer Mahn- und Gedenkstätte umgewandelt.

# C

### Canaris, Wilhelm

**Deutscher Admiral**
* 1.1.1887 Dortmund
† 9.4.1945 Flossenbürg
Admiral Canaris übernahm 1938 die Abteilung Abwehr im OKW. Unter seiner Leitung entwickelte sich die Abteilung zu einem Zentrum des militärischen Widerstands gegen die nationalsozialistische Herrschaft. Sie besorgte Sprengstoffe für geplante Attentate, stellte gefälschte Papiere aus und nahm Kontakt zum Ausland auf. 1943 verhaftete die Gestapo mehrere Mitarbeiter von Canaris und Hans Oster, er selbst blieb jedoch zunächst unbehelligt. Canaris schützte den Widerstand, scheute aber selbst vor »Landesverrat« zurück. Er wurde am 12. Februar 1944 aus seinem Amt entlassen, nach dem Attentat am 20. Juli verhaftet und schließlich zusammen mit Bonhoeffer hingerichtet.

### Casablanca-Konferenz

**Konferenz zwischen den Alliierten USA und Großbritannien.** Vom 14. bis 26. Januar 1943 berieten US-Präsident Franklin D. Roosevelt und der britische Premier Winston Churchill über ihre Kriegsziele. Im Mittelpunkt stand die Forderung der UdSSR nach Errichtung einer zweiten Front. Roosevelt und Churchill legten die Landung der Alliierten in Sizilien für den Sommer 1943 fest, verschoben aber

die Invasion in Frankreich auf 1944. Von ihren Kriegsgegnern forderten die Alliierten die bedingungslose Kapitulation.

### »Cash-and-Carry«

**Gesetz, das den neutralen USA Waffenlieferungen an Deutschlands Gegner erlaubt.** Am 4. November 1939 unterzeichnete US-Präsident Franklin D. Roosevelt ein Gesetz, mit dem die USA ihren neutralen Status bewahrten, aber gleichzeitig England und Frankreich unterstützen konnten. Die »Cash-and-Carry«-Klausel des Neutralitätsgesetzes erlaubt Waffenlieferungen an kriegsführende Staaten bei Barzahlung (»cash«) und Abtransport auf eigenen Schiffen (»carry«).

### Chamberlain, Arthur N.

**Britischer Premierminister**
* 18.3.1869 Edgbaston/England
† 9.11.1940 Heckfield/England
Chamberlain leitete im Ersten Weltkrieg den Nationalen Hilfsdienst. Für die Konservativen gehörte er ab 1923 als Gesundheitsminister und Schatzkanzler mehreren Regierungen an und wurde 1937 selbst Premierminister. Seine Beschwichtigungspolitik gegenüber dem Deutschen Reich und Italien (Appeasement) konnte den Kriegsausbruch nicht verhindern. Nach der erfolglosen Norwegen-Expedition der britischen Armee und einem Misstrauensvotum im Unterhaus trat er am 10. Mai 1940 zurück.

### Chiang Kai-shek

**Chinesischer Politiker**
* 31.10.1887 Feghua/China
† 5.4.1975 Taipeh/Taiwan
Chiang Kai-shek war an der chinesischen Revolution von 1911 beteiligt und bekämpfte ab 1925 als Führer einer Nationalregierung Chinas Kommunisten. Nach dem Angriff Japans (1937) verbündeten sich die Bürgerkriegsgegner für eine gemeinsame nationale Verteidigung. Mit Unterstützung der Alliierten gelang der Sieg über die Japaner. Nach 1945 flammte jedoch der Bürgerkrieg wieder auf, 1949 zog sich Chiang Kai-shek nach Taiwan zurück.

### Churchill, Winston S.

**Britischer Premierminister**
* 30.11.1874 Blenheim Palace
† 24.1.1965 London

Der bedeutendste britische Politiker des 20. Jahrhunderts begann seine politische Laufbahn 1900 als konservativer Abgeordneter, wechselte aber 1904 zu den Liberalen. Während des Ersten Weltkriegs war er Marineminister und 1919 griff er als Kriegsminister zugunsten der Weißen im russischen Bürgerkrieg ein. Churchill trat 1924 erneut den Konservativen bei und wurde Schatzkanzler (bis 1929). 1939 erhielt der kompromisslose Gegner des Deutschen Reiches zum zweiten Mal das Amt des ersten Lords der Admiralität und wurde nach dem Sturz seines Vorgängers Arthur N. Chamberlain 1940 Premier- und Kriegsminister. Von der britischen Bevölkerung forderte er in einer berühmten Rede »Blut, Mühsal, Tränen und Schweiß«. Auf den alliierten Konferenzen handelte er mit den USA und der UdSSR die Kriegsziele aus, musste aber die zunehmende Dominanz der Großmächte und den schwindenden Einfluss seines Landes akzeptieren. 1945 verlor der Kriegspremier angesichts schwerer sozialer und wirtschaftlicher Unruhen die Unterhauswahlen, wurde jedoch 1951 erneut Regierungschef (bis 1955). Nach Stalins Tod regte er 1953 ein Gipfeltreffen zwischen Ost und West an.

### Ciano, Galeazzo

**Italienischer Außenminister**
* 18.3.1903 Livorno
† 11.1.1944 Verona
Der Graf von Cortellazzo war seit 1930 Mussolinis Schwiegersohn und wurde zunächst dessen Pressechef (1933) und Propagandaminister (1935). Als Außenminister (seit 1936) befürwortete er den italienischen Einsatz im Spanischen Bürgerkrieg und förderte die Achse Berlin-Rom. Er unterzeichnete das Abkommen zur Übersiedlung der Südtiroler ins Reich. Den Einmarsch nach Albanien und Griechenland begrüßte er, kritisierte aber zugleich die zu enge Bindung an das Deutsche Reich. 1942 stieß er bei Hitler mit seinem Vorschlag eines Separatfriedens mit der Sowjetunion auf Ablehnung. Er kritisierte zunehmend Mussolinis Kriegspolitik, worauf ihn dieser 1943 als Minister entließ. Als Ciano im faschistischen Großrat gegen Mussolini stimmte, ließ der ihn sofort verhaften und 1944 zusammen mit einigen anderen innerparteilichen Kontrahenten erschießen.

## Compiègne

**Ort des Waffenstillstands mit Frankreich.** Am 22. Juni 1940 musste das besiegte Frankreich im Wald von Compiègne nahe Paris den Waffenstillstand mit dem Deutschen Reich unterzeichnen. Der Ort wurde mit Bedacht gewählt, um die Franzosen zu demütigen: 1918 stellte der französische Marschall Ferdinand Foch im selben Eisenbahnwaggon in Compiègne den Deutschen die Waffenstillstandsbedingungen. Das Abkommen von 1940 teilte Frankreich in zwei Zonen: Ein Teil wurde von deutschen Truppen besetzt. Im Süden herrschte von Vichy aus eine Regierung unter Marschall Petain. Die Vichy-Regierung musste ihre Armee demobilisieren und alle deutschen Flüchtlinge ausliefern.

## Coventry

**Englische Stadt, Ziel eines verheerenden deutschen Bomberangriffs.** Am 14. November 1940 wurde der Ort in Mittelengland Opfer des bisher schwersten deutschen Bombenangriffs. 65 000 der 75 000 Gebäude wurden zerstört, fast 600 Menschen getötet.

# D

## Dachau

**Konzentrationslager.** Bereits 1933 errichtete die SS das Lager nordöstlich der Stadt in der Nähe Münchens, zu dem zahlreiche Außenlager gehörten. Es bestand bis zur Befreiung durch amerikanische Truppen im April 1945. Viele der 70 000 Insassen starben noch nach der Befreiung. Von den insgesamt rund 200 000 Häftlingen in Dachau kamen 35 000 durch Erschießen, Entkräftung und Krankheiten ums Leben.

## Daladier, Edouard

**Französischer Premierminister**
\* 18.6.1884 Carpentras
† 10.10.1970 Paris
Als Abgeordneter der Radikalsozialisten hatte Daladier seit 1924 verschiedene Ministerposten inne. 1933/34 und von 1938 bis 1940 war er Ministerpräsident. Er unterstützte die britische Appeasement-Politik und unterzeichnete das Münchener Abkommen. 1940 lieferte ihn die

Vichy-Regierung an Deutschland aus. Nach seiner Internierung zog er 1946 als Abgeordneter in die französische Nationalversammlung ein und leitete bis 1958 die Opposition gegen Charles de Gaulle.

## Danzig

**Zwischen Deutschland und Polen umstrittene »Freie Stadt«.** Die ehemals zum Deutschen Reich gehörende Stadt an der Ostsee war als Folge des Ersten Weltkriegs ohne Volksabstimmung von Deutschland abgetrennt worden und stand seit 1920 als »Freie Stadt« unter Verwaltung des Völkerbundes. Außenpolitisch wurde Danzig durch Polen vertreten, das durch wirtschaftliche Druckmittel die Eingliederung versuchte. Das Staatsgebiet umfasste damals 1966 km$^2$. Rund 12 000 der 408 000 Einwohner waren Polen, der Rest Deutsche. Stärkste politische Kraft waren seit 1933 die Nationalsozialisten. Zu Kriegsbeginn eröffneten das Linienschiff »Schleswig-Holstein« im Danziger Hafen und die SS-Heimwehr das Feuer auf die polnischen Befestigungen auf der Westerplatte. Danzig wurde ins Deutsche Reich eingegliedert und Hauptstadt des Gaus Danzig-Westpreußen.

## D-Day

**Abk. für »Decision-Day« – engl. Bezeichnung für die Landung der Alliierten in der Normandie 1944.** In den frühen Morgenstunden des 6. Juni 1944 begann die langerwartete Landung der Alliierten in Frankreich. Damit eröffneten die Alliierten nach der Landung in Süditalien eine weitere Front gegen die Achsenmächte, wie es vom sowjetischen Diktator Josef Stalin gefordert und auf der Konferenz von Teheran beschlossen worden war. Auf 6000 Schiffen setzten 150 000 US-amerikanische und britische Soldaten von Großbritannien über und landeten an der Küste nahe Bayeux. Teilweise waren Landungsschiffe und Fahrzeuge eigens für die »Operation Overlord« konstruiert worden. Trotz heftigen Widerstands der deutschen Verteidiger gelang es den Alliierten, den »Atlantikwall« zu durchbrechen. Zu See und in der Luft waren die deutschen Truppen den Alliierten zahlenmäßig unterlegen. Das deutsche Oberkommando hatte die Landung für August in einem anderen Abschnitt erwartet. Nach dem Ausbau

von Brückenköpfen transportierten die Alliierten bis Ende Juni 850 000 Soldaten und 150 000 Fahrzeuge über den Ärmelkanal. Die Rückeroberung Frankreichs war nicht mehr aufzuhalten. Oberbefehlshaber der größten alliierten Landeoperation im Zweiten Weltkrieg war der US-General Dwight D. Eisenhower.

## Dönitz, Karl

**Deutscher Großadmiral**
\* 16.9.1891 Berlin
† 24.12.1980 Aumühle
Im Ersten Weltkrieg selbst U-Boot-Kommandeur, wurde er 1936 Reorganisator der U-Boot-Waffe und entwickelte ein Seekriegskonzept, das sich fast ausschließlich auf U-Boote stützte und dessen Ziel die Unterbindung des alliierten Schiffsverkehrs auf dem Atlantik war. 1943 wurde Dönitz Oberbefehlshaber der Kriegsmarine. Von Adolf Hitler zum Nachfolger als Reichspräsident bestimmt, bildete er noch am 2. Mai 1945 im fast komplett besetzten Deutschland eine Reichsregierung, mit der er am 23. Mai 1945 verhaftet wurde. 1946 verurteilte ihn der Internationale Militärgerichtshof in Nürnberg zu zehn Jahren Haft.

## Dreimächtepakt

**Bündnisvertrag zwischen Deutschland, Japan und Italien.** Der am 27. September 1940 geschlossene Vertrag sah gegenseitige Hilfe im Falle eines gegnerischen Angriffs vor. Dadurch sollten die USA vom Eingreifen in den europäischen und den japanisch-chinesischen Krieg abgehalten und die Welt in weiträumige Interessensphären der Großmächte eingeteilt werden. 1940 traten Ungarn, Rumänien, und die Slowakei, 1941 Bulgarien und Jugoslawien/Kroatien bei. Als Japan am 7. Dezember 1941 die Vereinigten Staaten angriff, waren das Deutsche Reich und Italien zwar nicht zur Unterstützung verpflichtet, erklärten den USA aber dennoch den Krieg. Der Dreimächtepakt wurde 1942 durch militärische und wirtschaftliche Vereinbarungen ergänzt.

## Dresden

**Durch alliierte Bomberangriffe 1945 fast völlig zerstörte deutsche Stadt.** Die Zahl der Todesopfer des Angriffs in der Nacht auf den 14. Februar 1945 wird nach aktuellen For-

schungsergebnissen auf mindestens 35 000 geschätzt – genauere Angaben sind nicht möglich, da sich in der Stadt rund eine halbe Million Flüchtlinge aus den deutschen Ostgebieten aufhielten. 20 km$^2$ der bebauten Fläche wurden zerstört, der historische Stadtkern dem Erdboden gleichgemacht. 773 britische »Lancaster«-Bomber warfen in zwei Wellen rund 2700 t Spreng- und Brandbomben ab, am nächsten Tag folgte ein Angriff der US-Luftwaffe. Der militärische Nutzen des Angriffs bleibt bis heute zweifelhaft.

## Dünkirchen

**Ort, von dem aus die alliierten Truppen bei der Besetzung Frankreichs evakuiert wurden.** Nahe der nordfranzösischen Industriestadt an der Kanalküste kesselte die deutsche Wehrmacht 1940 das britische Expeditionsheer, die französischen Nordarmeen und Reste des belgischen Heeres ein. Weil der Vormarsch des deutschen Heeres auf Befehl Adolf Hitlers überraschend abgebrochen wurde, gelang den Alliierten die Evakuierung. Eine Flotte von militärischen und zivilen Schiffen brachte 350 000 Soldaten nach England. Sie bildeten 1944 den Kern der Invasionsarmee.

# E

## Eden, Robert Anthony

**Britischer Außenminister**
\* 12.6.1897 Windlestone Hall
† 14.1.1977 Salisbury
Eden war als Außenminister von 1935 bis 1938 ein wichtiger Vertreter der Appeasement-Politik, die Hitlers Forderungen durch Zugeständnisse beschwichtigen sollte. Von 1940 bis 1945 war er unter Churchill erneut Außenminister. Er befahl 1940 die Evakuierung von Dünkirchen und unterzeichnete 1942 den Bündnisvertrag mit der Sowjetunion. Ein drittes Mal war Eden von 1951 bis 1955 Außenminister, von 1955 bis 1957 selbst Regierungschef. Nach dem Zweiten Weltkrieg schlug er in den »Eden-Plänen« den Zusammenschluss des Westens (1952) und die Wiedervereinigung Deutschlands auf der Grundlage freier Wahlen (1954) vor.

## Eichmann, Adolf

**Deutscher Organisator der Judenvernichtung**

\* 19.3.1906 Solingen

† 31.5.1962 Ramla/Israel

Der ehemalige Handelsvertreter war seit 1932 Mitglied der SS und seit 1939 Leiter des Judenreferats im Reichssicherheitshauptamt. Von 1941 bis zum Kriegsende organisierte er die Deportation und massenhafte Ermordung der im deutschen Machtbereich lebenden Juden (»Endlösung der Judenfrage«). Nach Kriegsende lebte er unter falschem Namen in Argentinien, wo ihn 1960 der israelische Geheimdienst aufspürte und entführte. Im Eichmann-Prozess verurteilten die Richter den Angeklagten am 11. Dezember 1961 zum Tode.

## Eisenhower, Dwight D.

**US-General und -Politiker**

\* 14.10.1890 Denison (US-Bundesstaat Texas)

† 28.3.1969 Washington

Als Oberbefehlshaber der US-Truppen in Europa (seit 1942) führte Eisenhower die US-Truppen von den Kämpfen in Nordafrika bis zum Sieg über Deutschland. 1944 leitete er die erfolgreiche alliierte Invasion auf Sizilien, ein Jahr später die Landung in der Normandie. 1945 blieb Eisenhower als Chef der US-Besatzungstruppen in Deutschland. Seine militärische Karriere krönte die Ernennung zum ersten Oberbefehlshaber der NATO. Von der Militärlaufbahn wechselte der populäre General (Spitzname »Ike«) in die Politik: 1952 wurde Eisenhower als Kandidat der Republikaner zum US-Präsidenten gewählt und 1956 in diesem Amt bestätigt. Eisenhowers »Containment« genannte Politik zielte darauf, den weltweiten Einfluss der UdSSR einzudämmen. Dazu bauten die USA während seiner Amtszeit ein durch amerikanische Militärbasen abgesichertes weltweites Bündnissystem auf. Mit der sog. Eisenhower-Doktrin bekräftigte Eisenhower 1957 den Willen der USA, den sowjetischen Einfluss im Nahen und Mittleren Osten zu begrenzen.

## Eisernes Kreuz

**Deutscher Kriegsorden.** 1939 wurde der preußische Orden im Deutschen Reich erneuert und fortan in vier Klassen verliehen: Großkreuz, Ritterkreuz, Eisernes Kreuz 1. Klasse und Eisernes Kreuz 2. Klasse. Der Orden wurde ohne Berücksichtigung des Dienstgrades als Tapferkeitsauszeichnung verliehen.

## Elser, Johann Georg

**Deutscher Hitler-Attentäter**

\* 4.1.1903 Hermaringen

† 9.4.1945 KZ Dachau

Der 36-jährige Schreinergeselle scheiterte mit einem Bombenattentat auf Hitler. Der Diktator hatte auf einer Versammlung der »Alten Kämpfer« der Partei am 8. November 1939 im Münchener Bürgerbräukeller gesprochen, aber vorzeitig die Rückreise nach Berlin angetreten. Elsers in nächtelanger Arbeit dort installierte Bombe explodierte zu spät. Acht Versammlungsteilnehmer wurden getötet, 62 verletzt. Eine halbe Stunde nach dem Attentat wurde Elser beim Versuch, in die Schweiz zu gelangen, verhaftet. Kurz vor Kriegsende wurde Elser hingerichtet.

## Euthanasie

**Von den Nationalsozialisten gebrauchter Begriff für den Massenmord an Behinderten.** Euthanasie bedeutet im medizinischen Sinn Sterbehilfe für unheilbar Kranke. Die Nationalsozialisten verschleierten damit die Ermordung von in ihren Augen »wertlosen« Menschen. Propaganda und Gesetzgebung hatte die »Vernichtung lebensunwerten Lebens« seit Beginn der nationalsozialistischen Herrschaft vorbereitet. Trotzdem blieb die Vernichtungsaktion »T4« geheim, da Proteste in der Bevölkerung und aus dem Ausland befürchtet wurden. Im Oktober 1939 begann die Verlegung von körperlich und geistig Behinderten, Epileptikern, Alkoholikern und anderen »Ballastexistenzen«, die nicht dem nationalsozialistischen Ideal vom starken, arischen Menschen entsprachen, aus Heil- und Pflegeheimen in sechs Anstalten. Im Rahmen von »T4« wurden in Gaskammern über 70 000 Menschen getötet. Nachdem die evangelische und die katholische Kirche von den Morden erfahren und scharf protestiert hatten, wurden die massenhaften Vergasungen am 24. August 1941 eingestellt. Trotz des offiziellen Stopps wurden durch Unterernährung und Medikamente weiterhin Anstaltsinsassen ermordet. Erneute Proteste der Kirchen blieben erfolglos.

# F

## Feindsender

**In NS-Deutschland verbotene ausländische Radiosender.** Seit Kriegsbeginn war es in Deutschland verboten, ausländische Rundfunksender zu hören. Auf Verstöße standen Einziehung des Radios, Zuchthaus und Gefängnis. Trotz des Verbotes hörten viele Menschen weiterhin ausländische Sendungen, insbesondere der britischen BBC. Im September 1941 wurden die ersten Todesurteile wegen »Rundfunkverbrechen« ausgesprochen.

## Finnisch-Sowjetischer Winterkrieg

**Sowjetischer Überfall auf Finnland 1939/40.** Weil Finnland es abgelehnt hatte, der UdSSR Militärstützpunkte zu überlassen und einen großen Landstreifen im Grenzgebiet abzutreten, griffen sowjetische Truppen am 30. November 1939 das kleine Nachbarland an. Die finnischen Truppen unter Generalfeldmarschall Carl Gustaf Emil von Mannerheim leisteten den Angreifern jedoch harten und unerwartet erfolgreichen Widerstand. Die zahlenmäßig weit überlegene Rote Armee kam wegen der eisigen Temperaturen mit schweren Waffen nur schlecht vorwärts. Die finnischen Soldaten blieben durch Skier mobil, nutzten ihre Geländekenntnis und verfügten über tarnende Winteranzüge. Mehrfach gelang es ihnen, kleinere Einheiten der Roten Armee einzukesseln. Nach vier Monaten erklärte sich Finnland nach dennoch schweren Verlusten und der vergeblichen Hoffnung auf Hilfe durch die Alliierten im Frieden von Moskau (12.3.1940) zu Gebietsabtretungen bereit. Finnland trat 1941 auf deutscher Seite in den Krieg gegen die UdSSR ein.

## Franco Bahamonde, Francisco

**Spanischer General und Politiker**

\* 4.12.1892 El Ferrol

† 20.11.1975 Madrid

Franco war 1934 Chef des Generalstabs. Ab 1936 organisierte er von den Kanarischen Inseln und den spanischen Besitzungen in Afrika aus die Erhebung gegen die Volksfront-Regierung. Dazu sammelte er eine Koalition aus nationalen, rechtsgerichteten und klerikalen Gruppen und setzte sich selbst an die Spitze eines autoritären Staatssystems. Gleichzeitig war er Chef der faschistischen Staatspartei Falange. Mit Unterstützung deutscher und italienischer Verbände (»Legion Condor«) gewann Franco den bis 1939 dauernden Bürgerkrieg. Im Zweiten Weltkrieg blieb Spanien bis auf die Entsendung von Freiwilligen zur Unterstützung des deutschen Russlandfeldzuges jedoch neutral. Nach Kriegsende geriet Francos Spanien in die Isolation, konnte sich aber durch ein Stützpunktabkommen mit den USA (1953) und dem UNO-Beitritt (1955) langsam daraus befreien. Zur Demokratie kehrte Spanien jedoch erst nach Francos Tod zurück.

## Frank, Hans

**Deutscher Generalgouverneur von Polen**

\* 23.5. 1900 Karlsruhe

† 16.10.1946 Nürnberg

Als Anwalt verteidigte Frank seit 1927 die NSDAP in zahlreichen Prozessen. Seit 1934 war er Reichsminister ohne Geschäftsbereich. 1939 ernannte ihn Hitler zum Generalgouverneur des besetzten Polen. Er war für die brutale Besatzungspolitik verantwortlich, die sich besonders gegen die polnischen Juden bzw. die polnische Intelligenz richtete. Gleichzeitig gab es aus den eigenen Reihen Klagen gegen Frank wegen Korruption und Machtgier. Teilweise geriet er mit seinem Herrschaftsanspruch in Widerspruch zu SS-Anordnungen auf seinem Territorium. Bei den Nürnberger Kriegsverbrecherprozessen wurde Frank als einer der Hauptangeklagten zum Tode verurteilt.

## Freisler, Roland

**Deutscher Präsident des Volksgerichtshofs**

\* 30.10.1893 Celle

† 3.2.1945 Berlin

Freisler, NSDAP-Mitglied seit 1925, arbeitete ab 1934 im Reichsjustizministerium und sorgte dort für die Einsetzung von Sondergerichten, die »Kriegsverbrecher« ohne Beachtung der gültigen Prozessordnung verurteilen konnten. 1942 wurde er Präsident des Volksgerichtshofs. Die Rechtsprechung des höchsten Gerichts im Deutschen Reich folgte »Führerwillen«, nicht dem Gesetz, als oberster Instanz. Freisler wurde zur

Personifikation des nationalsozialistischen Blutrichters, der die Angeklagten im Gerichtssaal mit wüsten Schmähungen überhäufte. Freisler verurteilte u. a. die Geschwister Scholl und zahlreiche Verschwörer des 20. Juli zum Tode. 1945 kam er bei einem Bombenangriff um.

# G

## Galen, Clemens August Graf von

### Deutscher katholischer Bischof
\* 16.3.1878 Burg Dinklage
† 22.3.1946 Münster

Galen, seit 1933 Bischof von Münster, sprach sich mehrmals in Hirtenbriefen und Predigten gegen die von den Nationalsozialisten als »Euthanasie« verharmloste Tötung »lebensunwerter« Menschen aus. Am 3. August 1941 verurteilte er die Tötung von Geisteskranken während eines Gottesdienstes als Mord. Wegen seiner herausragenden öffentlichen und internationalen Stellung richteten sich die Nationalsozialisten nicht gegen ihn, sondern setzten vielmehr die Massentötung nach Protesten von evangelischer und katholischer Seite aus. Nach Kriegsende engagierte Galen sich für die Interessen der Kriegsgefangenen und der deutschen Zivilbevölkerung.

## Gaulle, Charles de

### Französischer General und Politiker
\* 22.11.1890 Lille
† 9.11.1970 Colombey-les-deux-Eglises

De Gaulle war Offizier im Ersten Weltkrieg und wurde 1940 Unterstaatssekretär für nationale Verteidigung und Brigadegeneral. Nach der Kapitulation rief er im Exil in London zur Fortführung des Kampfes gegen das nationalsozialistische Deutschland auf und stellte sich an die Spitze des Französischen Komitees der nationalen Befreiung (provisorische Regierung ab 1944). 1945 wurde er im befreiten Frankreich als Ministerpräsident bestätigt und zum provisorischen Staatsoberhaupt gewählt. Nachdem er sich mit seiner Forderung nach einer starken Position des Präsidenten nicht hatte durchsetzen können, trat de Gaulle 1946 als Ministerpräsident zurück und gründete ein Jahr später die gaullistische Sammlungsbewegung RPF. Außenpolitische Leitlinie der Gaullisten war die Wahrung der Souveränität und außenpolitischen Größe Frankreichs. 1952 zog sich de Gaulle vorübergehend aus der Politik zurück, übernahm aber 1958, während des Algerienkrieges, erneut das Amt des Ministerpräsidenten und wurde im selben Jahr zum ersten (und mit großen Vollmachten ausgestatteten) Präsidenten der Fünften Republik gewählt. Als prägender französischer Politiker der Nachkriegszeit setzte sich de Gaulle für ein »Europa der Vaterländer« und die Aussöhnung mit Deutschland ein. 1969 trat er nach innenpolitischen Schwierigkeiten zurück.

## Generalgouvernement

### Die von Deutschland 1939–1945 besetzten Gebiete Polens.
Der Großteil der im Polenfeldzug eroberten Gebiete wurde auf Befehl Hitlers nicht ins Reich eingegliedert, sondern blieb als »Generalgouvernement« ein »Nebenland« ohne eigene Staatlichkeit. Es sollte als »Polenreservat« dienen, in denen Menschen durch deutsche Terrormaßnahmen und gezielte Verelendung unschädlich gemacht werden sollten. Zuständig für die Umsetzung war Generalgouverneur Hans Frank.

## Gestapo

### Politische Polizei in Deutschland während der nationalsozialistischen Herrschaft.
Die Geheime Staatspolizei entstand 1933 aus der politischen Polizei der Weimarer Republik. Seit 1936 war sie im ganzen Reich einheitlich organisiert und unterstand Heinrich Himmler. Durch eine Neugliederung 1939 wurde die Gestapo als Amt IV Teil des Reichssicherheitshauptamtes. Sie ermittelte politische Straftaten (Hoch- und Landesverrat, Verstöße gegen Rassegesetze, Rundfunkverbote, NS-Gesetze) und bekämpfte alle Personen, die das Regime als seine Gegner betrachtete (Juden, Widerstandskämpfer, Sozialisten). Dabei ging sie mit großer Grausamkeit und unter Missachtung geltender Gesetze vor.

## Ghetto

### Abgegrenztes Wohngebiet für Juden in einer Stadt.
Ghettos entstanden in Europa im Mittelalter zur Trennung der Juden von der christlichen Bevölkerung. Berühmt waren die Ghettos von Paris, Frankfurt a. M. und Prag. Nachdem die Juden im 19. Jahrhundert das Staatsbürgerrecht erhalten hatten, verschwanden die teils mit einer Mauer abgegrenzten Ghettos in Westeuropa. Die Nationalsozialisten richteten seit 1940 in den besetzten Gebieten im Osten erneut Ghettos ein. Juden wurden massenhaft in von der Bevölkerung geräumten Stadtvierteln zusammengepfercht, u.a. in Lódź, Wilna, Warschau und Lublin. Aufgrund der Enge und mangelhafter Ernährung waren Krankheiten verbreitet. Die Ghettos stellten eine Zwischenstation dar, aus der deportierte Juden in die Vernichtungslager gebracht wurden. Teilweise kam es in den Ghettos zu Widerstand und gewaltsamen Erhebungen – den Aufstand im Warschauer Ghetto (1943) schlug die SS blutig nieder.

## G. I.

### Spitzname für den einfachen Soldaten der US-Armee.
»G. I.« stand als Abkürzung für »Government Issue« (engl. Regierungsausgabe) auf den Ausrüstungsgegenständen der US-Soldaten.

## Gleiwitz

### Ort eines fingierten Überfalls, von deutscher Seite als Kriegsvorwand genutzt.
Die grenznahe deutsche Radiostation Gleiwitz wurde am Abend des 31. August 1939 von Männern in polnischer Uniform überfallen. Über den Sender verbreiteten sie eine Erklärung, die Stadt Gleiwitz befände sich in der Hand eines »Polnischen Freiwilligenkorps«. Es handelte sich jedoch um SD-Männer unter Führung von SS-Sturmbannführer Alfred Naujocks. Als Beweis wurden später ermordete KZ-Häftlinge in polnischen Uniformen gezeigt, die angeblich bei der Wiedereroberung des Senders erschossen worden seien. Der angebliche polnische Angriff lieferte den von Hitler geforderten Kriegsvorwand für den deutschen Überfall auf Polen.

## Goebbels, Joseph

### Deutscher NS-Politiker
\* 29.10.1897 Rheydt/Rheinland
† 1.5.1945 Berlin

Mit seiner Skrupellosigkeit und der perfekten Beherrschung propagandistischer Effekte hatte Goebbels wesentlichen Anteil am Griff der NSDAP zur Macht und an der Akzeptanz ihrer Herrschaft. Goebbels trat 1924 der NSDAP bei, war für verschiedene Parteiblätter verantwortlich und wurde 1929 Propagandaleiter der Partei. Nach der Machtübernahme ernannte ihn Hitler zum Propagandaminister. Er machte die Medien zu reinen Propagandainstrumenten des NS-Regimes, lenkte dadurch die öffentliche Meinung und organisierte den Führerkult. Für zahlreiche NS-Verbrechen wie die Pogromnacht von 1938 schuf er eine günstige Stimmung in der Bevölkerung. Seit der Niederlage von Stalingrad mobilisierte Goebbels im Volk den Durchhaltewillen und nährte die Hoffnung auf den »Endsieg« der Nationalsozialisten. Berüchtigt ist seine demagogische Rede im Berliner Sportpalast (18.2.1943).

## Göring, Hermann

### Deutscher NS-Politiker
\* 12.1.1893 Rosenheim
† 15.10.1946 Nürnberg

Göring, Fliegerass im Ersten Weltkrieg, nahm 1923 am Hitlerputsch teil und flüchtete nach dessen Scheitern ins Ausland. Nach seiner Rückkehr gelangte er für die NSDAP in den Reichstag. Durch ihn knüpfte Hitler wichtige Kontakte zu Großindustriellen und anderen Angehörigen der Oberschicht. Als Reichstagspräsident (seit 1932) ebnete er den Weg zur Machtergreifung der NSDAP im Parlament. Nach 1933 wuchs seine Macht und die Zahl seiner Ämter: Ab 1933 war er Ministerpräsident des größten Teilstaats Preußen und Reichskommissar für die Luftfahrt. Als Oberbefehlshaber der Luftwaffe (ab 1935) und Generalbevollmächtigter des Vierjahresplans (ab 1936) leitete Göring Aufrüstung und Kriegswirtschaft. Er war mitverantwortlich für die Entstehung der ersten Konzentrationslager und der Gestapo. Hitler verlieh ihm die eigens für ihn geschaffenen Titel Reichsjägermeister und Reichsmarschall (1940). Nach den Misserfolgen der Luftwaffe begann sein Einfluss zu sinken. In den letzten Kriegstagen versuchte der designierte Nachfolger Hitlers vergeblich, mit den Westmächten einen Waffenstillstand auszuhandeln. Er war der ranghöchste Angeklagte der Nürnberger Prozesse, bei denen er zum Tode verurteilt wurde. Zwei Stunden vor seiner Hinrichtung vergiftete er sich selbst.

## Guadalcanal

**Erste wichtige in der US-Offensive im Pazifik 1942 eroberte Insel.** Mit der Landung auf der zur Salomon-Gruppe gehörenden Insel Guadalcanal begannen die USA am 7. August 1942 die Rückeroberung der von den Japanern besetzten Gebiete im Pazifik. Der erhoffte rasche Feldzug verlief jedoch zermürbend langsam, obwohl anfangs nur 2200 Japaner die Insel gegen 17 000 US-Marine-Infanteristen verteidigten. Immer wieder landeten japanische Verstärkungstruppen, um die Amerikaner zurückzuschlagen. Es kam zu zähen Kämpfen im Dschungel und schweren Luft-See-Gefechten im Raum der Salomonen-Inseln. Erst am 8. Februar 1943 zogen sich die letzten Japaner von Guadalcanal zurück. Zuletzt kämpften dort 50 000 US-Marines.

# H

## Halifax, Edward

**Britischer Außenminister**
(eigtl. Edward Frederick Lidnley Wood Earl of Halifax)
\* 16.4.1881 Powderham Castle/ Devonshire
† 23.12.1959 Garrowby Hall/York-shire
Der konservative Politiker war von 1925 bis 1931 britischer Vizekönig von Indien, wo er sich für den Ausgleich mit der Unabhängigkeitsbewegung Mahatma Gandhis einsetzte. Von 1935 bis 1938 und 1940 amtierte er als Lordsiegelbewahrer, 1938 bis 1940 war er Außenminister unter Arthur N. Chamberlain. Anders als sein Vorgänger Eden setzte er sich für Chamberlains Appeasement-Politik gegenüber Deutschland ein. Von 1941 bis 1946 war Halifax Botschafter in den USA.

## Harris, Arthur Travers

**Befehlshaber des britischen Bomberkommandos**
\* 13.4.1892 Cheltenham
† 5.4.1984 Goring-on-Thames/Oxfordshire
Harris diente seit 1933 im Stab der britischen Luftwaffe, befehligte verschiedene Bomber-Einheiten, war im Luftfahrtministerium tätig und wurde im Februar 1942 zum Oberbefehlshaber des Bomberkommandos er-

nannt. Harris stellte die Taktik der Luftstreitkräfte von Angriffen auf Einzelziele wie Hafenanlagen oder Fabriken auf Flächenbombardements um, die vor allem die Zivilbevölkerung trafen. Harris wollte damit den Durchhaltewillen der Bevölkerung erschüttern. Die Flächenbombardements richteten schwere Zerstörungen in Hamburg, Köln, Dortmund, Essen, Pforzheim, Lübeck und anderen Großstädten, vor allem im Ruhrgebiet, an. Im Februar 1945 wurde Dresden fast vollständig zerstört. Der militärische Nutzen war auch in Großbritannien umstritten. »Bomber-Harris« musste im September 1945 ohne die üblichen militärischen Ehren in den Ruhestand gehen. Von 1946 bis 1963 arbeitete er als Manager in Südafrika.

## Heß, Rudolf

**Deutscher NS-Politiker, Hitler-Stellvertreter**
\* 26.4.1894 Alexandria/Ägypten
† 17.8.1987 Berlin-Spandau
Heß wurde 1924 wegen seiner Teilnahme am Münchener Putschversuch zusammen mit Hitler inhaftiert. Von 1925 bis 1933 war er Hitlers Privatsekretär, seit April 1933 »Stellvertreter des Führers«. Im September 1939 bestimmte ihn Hitler nach Hermann Göring zum zweiten Nachfolger. Trotz dieser Titel hatte Heß jedoch vornehmlich repräsentative Aufgaben und kaum Einfluss auf die Politik. Am 10. Mai 1941 flog er offenbar auf eigene Faust nach Schottland, um mit der britischen Regierung Friedensgespräche zu führen. Heß wurde verhaftet und blieb nach einem erfolglosen Selbstmordversuch in Gefangenschaft. Bei den Nürnberger Prozessen erhielt Heß eine lebenslange Haftstrafe. Als letzter Häftling im Kriegsverbrechergefängnis Berlin-Spandau beging Heß im Alter von 93 Jahren Selbstmord.

## Heydrich, Reinhard

**Deutscher NS-Politiker**
\* 7.3.1904 Halle/Saale
† 4.6.1942 Prag
Heydrich wurde 1931 nach zehn Jahren als Marineoffizier wegen des Verhältnisses zu einer Offizierstochter entlassen und trat der NSDAP sowie der SS bei. 1932 übernahm er die Leitung des Sicherheitsdienstes (SD) der SS. Seit 1934 organisierte Heydrich das Überwachungs- und Terrorsystem des NS-Regimes: Ab 1934 baute

er die Gestapo auf, ab 1936 die Reichskriminalpolizei. 1939 wurde er Leiter des Reichssicherheitshauptamtes, das die verschiedenen Polizeiorganisationen koordinierte. 1941 wurde Heydrich zum SS-Obergruppenführer und General der Polizei ernannt und von Hermann Göring mit der »Endlösung der Judenfrage« beauftragt. Er leitete auf der Berliner Wannseekonferenz am 20. Januar 1942 die Besprechungen über den geplanten Völkermord an den Juden. Seit 1941 war Heydrich als Nachfolger von Konstantin von Neurath zusätzlich Reichsprotektor von Böhmen und Mähren. Am 27. Mai 1942 verletzten zwei Exil-Tschechen Heydrich bei einem Attentat so schwer, dass er am 4. Juni starb. Der Anschlag löste brutale Vergeltungsmaßnahmen aus, u.a. das Massaker von Lidice.

## Himmler, Heinrich

**Reichsführer SS und Chef der deutschen Polizei**
\* 7.10.1900 München
† 23.5.1945 bei Lüneburg
Himmler nahm am Münchener Hitler-Putsch 1923 teil. 1929 stieg er zum Reichsführer der SS auf und baute die Organisation nach der nationalsozialistischen Machtergreifung 1933 und der Trennung von der SA (1934) zum Staat im Staate aus. 1934 ließ er das erste Konzentrationslager einrichten. Ab 1936 war Himmler zugleich Chef der deutschen Polizei. Der Reichskommissar für die Festigung Deutschen Volkstums (ab 1939) und Reichsinnenminister (ab 1943) veranlasste u.a. die brutalen Umsiedlungsaktionen in den eroberten Ostgebieten. Als Chef der SS unterstanden ihm alle Konzentrations- und Vernichtungslager. Er vergiftete sich, nachdem er in englische Gefangenschaft geraten war.

## Hirohito

**Kaiser von Japan**
\* 29.4.1901 Tokio
† 7.1.1989 Tokio
Hirohito übernahm als 20-Jähriger die Regentschaft für seinen erkrankten Vater Yoshihito. 1926 wurde er als Tenno (Kaiser) inthronisiert. In seine Regierungszeit fielen die Besetzung der Mandschurei (1931), der Krieg mit China (1937) und die Machtausbreitung Japans im asiatisch-pazifischen Raum. Seine Vormachtstellung im Fernen Osten ver-

lor Japan jedoch im Krieg mit den USA (seit 1941), der 1945 nach dem Abwurf der ersten Atombomben in der totalen Niederlage endete. Hirohito musste auf seinen göttlichen Status verzichten und wurde Japans erster »bürgerlicher Kaiser«. Die japanische Nachkriegsverfassung beschränkte den Monarchen auf eine repräsentative Funktion.

## Hiroschima

**1945 von der ersten eingesetzten Atombombe zerstörte japanische Stadt.** Um die japanische Kapitulation zu erzwingen, entschloss sich die US-Regierung zum ersten Einsatz einer Atombombe. Die Besatzung des US-Bombers »Enola Gay« warf am 6. August 1945 die »Little Boy« genannte Atombombe über der Stadt auf der Insel Hondo ab. Mindestens 110 000 der 300 000 Einwohner starben. Die Opfer waren hauptsächlich Zivilisten. 80% der Stadt wurden durch den Nuklearsprengsatz zerstört. Noch Jahrzehnte später starben Opfer an den Spätfolgen. Ihre Zahl kann nicht genau ermittelt werden.

## Hitler, Adolf

**Deutscher NS-Politiker österreichischer Herkunft**
\* 20.4.1889 Braunau am Inn/Österreich
† 30.4.1945 Berlin (Selbstmord)
Innerhalb von 14 Jahren vollzog sich der Aufstieg Hitlers, Sohn eines österreichischen Zollbeamten, vom berufslosen Reichswehrangehörigen zum Führer der NSDAP und Regierungschef. Nach der sog. Machtergreifung im Jahre 1933 richtete der fanatische Antisemit und Antimarxist das Militär und die Wirtschaft auf seine Kriegsziele aus. Mit Terrormethoden beseitigte er jede Opposition und errichtete in Deutschland ein faschistisches Regime. Hitlers wichtigstes politisches Ziel blieb eine Revision des Versailler Vertrags von 1919. Mit dem Überfall auf Polen im Jahre 1939 begann er mit der Umsetzung seiner Kriegsziele. Im Dezember 1941 übernahm Hitler, dessen rednerisches Talent die Massen faszinierte, auch den Oberbefehl über das Heer. Er baute einen alle Ebenen umfassenden Personenkult auf. Der Verantwortung für den Zweiten Weltkrieg und den Holocaust entzog sich Hitler, der mehreren Attentaten entgangen war, durch Selbstmord in Berlin.

## Hitler-Stalin-Pakt

**Deutsch-sowjetischer Nicht-angriffspakt von 1939.** Das Bündnis zwischen den Diktatoren des nationalsozialistischen Deutschlands und der kommunistischen Sowjetunion unterzeichneten die Außenminister Joachim von Ribbentrop und Wjatscheslaw M. Molotow am 23. August 1939 in Moskau. Darin verpflichteten sich die beiden weltanschaulich entgegengesetzten Staaten, für zehn Jahre keine aggressiven Handlungen gegeneinander zu unternehmen, Konflikte untereinander mit friedlichen Mitteln beizulegen und bei Auseinandersetzung eines Unterzeichnerstaates mit dritten Ländern neutral zu bleiben. Erst 1946 wurde das geheime Zusatzprotokoll bekannt, in dem die Vertragspartner Osteuropa in »Interessensphären« aufteilten. Der Vertrag gab Hitler-Deutschland freie Hand für den Angriff auf Polen am 1. September 1939 und ermöglichte die anschließende Teilung Polens, die am 28. September mit einem weiteren deutsch-sowjetischen Vertrag festgeschrieben wurde. Der Hitler-Stalin-Pakt wurde durch den von Hitler befohlenen Überfall auf die Sowjetunion im Juni 1941 gebrochen (»Unternehmen Barbarossa«).

## Holocaust

**Bezeichnung für den Völkermord der Nationalsozialisten an den Juden.** Die Verfolgung der Juden, die die NS-Ideologie als rassisch minderwertig betrachtete, setzte 1933 mit stetig verschärften Diskriminierungen ein. 1939 begannen die ersten Deportationen von Juden in polnische Ghettos und Konzentrationslager. Die Einsatzgruppen des SD und der SS töteten Zehntausende bei Massenerschießungen in den besetzten Gebieten im Osten. Auf der sog. Wannseekonferenz am 20. Januar 1942 wurde die organisatorische Durchführung der »Endlösung der Judenfrage« – die völlige Vernichtung der europäischen Juden – beschlossen. Die SS wandelte Konzentrationslager in Vernichtungslager um, in denen die Häftlinge u.a. durch Vergasungen mit Zyklon B ermordet wurden. Viele Gefangene fielen bereits zuvor Unterernährung, Zwangsarbeit, Krankheiten, den Folterungen der Wachmannschaften oder medizinischen Experimenten der KZ-Ärzte zum Opfer. Sämtliches Eigentum der Ermordeten beschlagnahmte

der Staat. Die Gesamtzahl der ermordeten Juden wird auf etwa 6 Millionen geschätzt. Außer Juden fielen auch Minderheiten wie Homosexuelle, Sinti und Roma dem Massenmord in den Vernichtungslagern zum Opfer.

## Höß, Rudolf Franz

**Deutscher SS-Kommandant des Konzentrationslagers Auschwitz**
\* 25.11.1900 Baden-Baden
† 15.4.1947 Auschwitz
Höß schloss sich nach dem Ersten Weltkrieg einem Freikorps an. Wegen Beteiligung an einem Fememord 1923 zu zehn Jahren Zuchthaus verurteilt, wurde er 1928 frühzeitig entlassen. 1934 trat Höß in die SS ein und gehörte zur Wachmannschaft des KZ Dachau. Im Mai 1940 übernahm er das Kommando in Auschwitz. 1941 wurde er von Heinrich Himmler in die »Endlösung« eingeweiht und organisierte in Auschwitz die Ermordung der Häftlinge u.a. in Vergasungskammern. Im Dezember 1943 wurde Höß als stellvertretender Inspektor aller Konzentrationslager abberufen. In sowjetischer Kriegsgefangenschaft schrieb er seine Memoiren, in denen er von Schuldgefühlen der SS-Leute berichtete, aber keine Reue für die aus Pflichtgefühl begangenen Morde zeigte. 1947 verurteilte ihn ein polnisches Gericht zum Tode. Gehängt wurde Höß in Auschwitz.

# I

## I. G. Farben

**Größter Chemiekonzern der Welt.** Durch die Produktion von synthetischem Kautschuk und Benzin wurde der 1925 als Zusammenschluss der führenden deutschen chemischen Unternehmen gegründete Chemiekonzern zu einem der wichtigsten Unternehmen der deutschen Kriegswirtschaft. Im Krieg beschäftigten die I. G. Farben Häftlinge aus Konzentrationslagern als Sklavenarbeiter. 1942 ließ das Unternehmen in der Nähe des Konzentrationslagers Auschwitz ein Chemiewerk errichten, in dem KZ-Häftlinge bis zur völligen Erschöpfung arbeiten mussten. 1945 wurde das Vermögen der I. G. Farben beschlagnahmt, 1952 Nachfolgegesellschaften gegründet.

## »Inselspringen«

**Taktik der US-Amerikaner im Pazifik-Krieg gegen Japan (engl. »island hopping«).** 1942 beherrschten die japanischen Streitkräfte die Inselwelt im Nordwesten des Pazifiks, die Küste Südostasiens und deren Hinterland. Die Pazifikinseln waren als Stützpunkte für Flugzeuge und Marineeinheiten strategisch wichtig. Seit November 1943 (Landung auf den Salomoninseln) versuchten die US-Streitkräfte von Insel zu Insel auf Japan vorzurücken und durch die gezielte Eroberung einzelner Inseln andere japanische Stützpunkte zu isolieren. Nach den amphibischen Landungen wurden die US-Soldaten häufig in verlustreiche Dschungelkämpfe verwickelt.

## Iwo Jima

**Insel im Pazifik, 1945 Schauplatz heftiger Kämpfe zwischen Japan und den USA.** Durch drei Flugplätze, von denen aus japanische Jäger US-Bomber auf dem Weg zu den 1100 Kilometer entfernten japanischen Hauptinseln abfangen konnten, kam Iwo Jima erhebliche strategische Bedeutung für die US-Offensive auf Japan zu. Nachdem US-Schiffsartillerie und -Luftwaffe drei Tage lang die Küstenbefestigungen unter Beschuss genommen hatten, landeten am 19. Februar 1945 US-amerikanische Truppen. Die rund 21 000 japanischen Verteidiger leisteten von ihren Stellungen im Felsmassiv des Vulkans Surabachi bis zum 16. März erbitterten Widerstand. Nur 216 Mann wurden gefangen genommen, die übrigen Japaner fielen oder begingen Selbstmord. Auf US-Seite fielen rund 6000 Soldaten.

# J

## Jalta-Konferenz

**Alliierte Konferenz im Februar 1945.** Auf der Konferenz in der ukrainischen Hafenstadt Jalta (4. bis 11. Februar 1945) ergänzten die »Großen Drei« – der sowjetische Staats- und Parteichef Josef Stalin, der britische Premier Winston Churchill und der bereits todkranke US-Präsident Franklin D. Roosevelt – die Beschlüsse der Konferenz von Teheran. Die Alliierten einigten sich u.a. darauf, Deutschland nach Kriegsende in vier

Besatzungszonen (USA, Großbritannien, Sowjetunion und Frankreich) aufzuteilen und die Kriegsverbrecher zur Rechenschaft zu ziehen. Die UdSSR verpflichtete sich, die Westalliierten im Kampf gegen Japan zu unterstützen. Die von Deutschland zu fordernden Reparationszahlungen und die polnische Westgrenze blieben strittig. Als polnische Regierung wurde ein vom kommunistischen Lubliner Komitee geführtes Gremium anerkannt, in dem auch Vertreter der exilierten Vorkriegsregierung saßen.

## JU 52

**Transportmaschine der deutschen Luftwaffe.** Die JU 52 der Junkers Flugzeug- und Motorenwerke (Dessau) wurde bereits 1936 von der deutschen »Legion Condor« im Spanischen Bürgerkrieg als Transportmaschine und Bomber eingesetzt. Während des Zweiten Weltkrieges war die JU 52 die wichtigste Transporteinheit der Luftwaffe. Neben der militärischen existierte auch eine zivile Version der JU 52.

## Judenverfolgung

**Im Holocaust gipfelnde Diskriminierungsmaßnahmen des NS-Regimes gegen die deutschen und europäischen Juden.** Die NS-Ideologie sah in den Juden gegenüber den »germanischen«, »arischen« Völkern »rassisch« minderwertige »Untermenschen« und verbreitete dieses Bild durch Propaganda und Erziehung. Unmittelbar nach der Machtübernahme begannen die sich immer weiter verschärfenden Diskriminierungen gegen Juden. Überfälle auf Juden und Benachteiligungen im öffentlichen Leben waren alltäglich. Im April 1933 riefen die Nationalsozialisten zum Boykott jüdischer Geschäfte auf. Der »Arierparagraph« schloss Juden vom Beamtenberuf aus. Ebenfalls ab April 1933 galten für Juden Beschränkungen für den Besuch von Schulen und Universitäten. Die im September 1935 verabschiedeten Nürnberger Gesetze machten Juden zu Bürgern zweiter Klasse und verboten die Ehe zwischen Juden und Nicht-Juden. Die verbotene »Rassenschande« wurde ab 1937 mit Haft im Konzentrationslager bestraft. Während der Pogromnacht am 9. November 1938 kam es in ganz Deutschland zu staatlich gelenkten Ausschreitungen gegen Juden, bei denen 91 Menschen getötet und unzählige verletzt wurden. 267 jüdische Gotteshäuser wurden angesteckt. Juden, die ins Ausland flüchteten, hatten schon zuvor ihr Vermögen zwangsweise unter Wert verkaufen müssen. Ab Herbst 1938 begann die offizielle Enteignung jüdischen Besitzes, ab September 1941 war ein »Judenstern« an der Kleidung vorgeschrieben. Mit Deportationen von Juden aus dem Reichsgebiet ins Generalgouvernement Polen (ab 1939) und der Bildung von jüdischen Ghettos in den besetzten Ostgebieten (1940) wurde die physische Vernichtung der Juden eingeleitet. Während des Russlandfeldzuges (1941) erschossen die Einsatzgruppen von SD und SS Tausende von jüdischen Zivilisten. Am 1. Oktober 1941 trat ein Auswanderungsverbot in Kraft. Auf der Wannseekonferenz im Januar 1942 legten die NS-Bürokraten die Vorgehensweise für die »Endlösung der Judenfrage«, den Völkermord an den europäischen Juden (Holocaust), fest. Die verbliebenen Juden im NS-Herrschaftsbereich wurden in Konzentrations- und Vernichtungslager verschleppt.

# K

## Kamikaze

**Japanische Piloten, die im Kampf freiwillig in den Tod gingen.** Die ersten Kamikaze-Flieger, die sich mit bombenbeladenen Flugzeugen auf feindliche Ziele, v. a. Schiffe, stürzten, versuchten im Oktober 1944 erfolglos, die US-Invasion auf den Philippinen zu verhindern. Bis Kriegsende stürzten sich etwa 2500 japanische Piloten in den Tod. Vor dem Start wurden sie mit einem Heldenritus verabschiedet. Die Kamikazes fügten dem Gegner schwere Verluste zu, konnten den Kriegsverlauf jedoch nicht zugunsten Japans wenden.

## Kapitulation

**Formelle Erklärung an den Kriegsgegner, den Kampf einzustellen.** Die Alliierten hatten auf der Konferenz von Casablanca im Januar 1943 festgelegt, nur eine bedingungslose Kapitulation des Deutschen Reiches zu akzeptieren: Ein einfacher Waffenstillstand reiche nicht aus. Kurz vor Kriegsende 1945 versuchte der von Hitler als Nachfolger eingesetzte

Großadmiral Karl Dönitz, separate Waffenstillstände oder Teilkapitulationen mit den Westmächten auszuhandeln, um deutsche Flüchtlinge und Soldaten vor der heranrückenden Roten Armee in Sicherheit bringen zu können. Die Bemühungen hatten nur minimalen Erfolg: Nach einer Teilkapitulation für Norddeutschland, die Niederlande und Dänemark am 4. Mai, unterzeichneten deutsche Unterhändler die totale Kapitulation zunächst am 7. Mai im Alliierten Hauptquartier in Reims und am 9. Mai gegenüber dem sowjetischen Oberkommando in Berlin-Karlshorst. Der Krieg im Pazifik endete am 15. August nach dem Abwurf der Atombomben auf Hiroschima und Nagasaki mit einer Rundfunkansprache des japanischen Kaisers Hirohito. Unterzeichnet wurde die japanische Kapitulation am 2. September vor Tokio auf dem US-Flaggschiff »Missouri«.

## Katyn

**Ort eines Massakers an polnischen Offizieren durch die sowjetische Staatspolizei.** 1943 entdeckte die Wehrmacht im russischen Katyn nahe Smolensk in Massengräbern die Leichen von 4443 polnischen Offizieren. Die Toten gehörten zu 15 000 im Jahre 1941 in russischer Kriegsgefangenschaft verschwundenen Soldaten. Das Schicksal der übrigen blieb ungeklärt. Die Entdeckung der Toten führte zum Bruch zwischen der polnischen Exilregierung und der UdSSR und belastete das polnisch-sowjetische Verhältnis bis zum Schuldbekenntnis der Sowjetunion 1990.

## Keitel, Wilhelm

**Deutscher Generalfeldmarschall, Chef des OKW**
\* 22.9.1882 Helmscherode/Harz
† 16.10.1946 Nürnberg
Keitel, Frontoffizier im Ersten Weltkrieg, war seit 1935 Chef des Wehrmachtsamtes im Reichskriegsministerium und wurde 1938 Chef des von Hitler neugeschaffenen OKW. Keitel, der zunächst den Angriff auf die UdSSR ablehnte, wandelte sich unter dem Eindruck der militärischen Erfolge zum Bewunderer Hitlers und wurde dessen enger militärischer Berater. Keitel führte die Befehle Hitlers widerspruchslos aus und gab selbst Befehle für brutale Vergeltungs- und Strafmaßnahmen, so die Ermordung von »50 bis 100 Kommunisten« für

jeden getöteten Wehrmachtsangehörigen. Er unterzeichnete am 9. Mai 1945 die deutsche Kapitulation in Berlin-Karlshorst. Im Nürnberger Prozess wurde Keitel zum Tode verurteilt.

## Kesselschlacht

**Militärische Operation, bei der z.B. eine Armee vom Gegner umzingelt wird.** Die Einkesselung gegnerischer Armeen war zentraler Bestandteil der deutschen Strategie. Schnelle Panzereinheiten sollten schnell in feindliches Gebiet vorstoßen, um dann den Gegner zwischen sich und der vorrückenden eigenen Infanterie einzuschließen. In den ersten großen Kesselschlachten von Bialystok und Minsk im Juli 1941 gerieten 328 000 sowjetische Soldaten in deutsche Gefangenschaft, bei Kiew (September 1941) sogar 665 000. Auch den Alliierten gelang es, deutsche Armeen einzukesseln – die verheerendste Niederlage erlitt die Wehrmacht im Kessel von Stalingrad (Februar 1943).

## Kinderlandverschickung

**Evakuierung von Kindern aus deutschen Städten.** Im Deutschen Reich wurden seit 1940 hunderttausende von Kindern aus Städten, die von alliierten Bombern angegriffen wurden, in weniger gefährdete ländliche Gebiete im Süden und Osten Deutschlands evakuiert. Oft waren sie über Jahre hinaus von ihren Familien getrennt. Die rund 9000 Kinderlandverschickungslager leitete die Hitlerjugend. Sie sorgte für die nationalsozialistische Indoktrination der evakuierten Kinder.

## Konzentrationslager

**Gefangenenlager, in denen vor allem Juden, Angehörige von Minderheiten und NS-Gegner interniert, gequält und ermordet wurden.** Seit 1933 richtete das nationalsozialistische Regime Lager ein, in denen zunächst vor allem Sozialdemokraten, Kommunisten und andere politische Gegner gefangen gehalten und misshandelt wurden. Hinzu kamen Angehörige von Minderheiten: Homosexuelle, Zeugen Jehovas, Sinti, Roma und vor allem Juden. Seit 1939 mussten die KZ-Häftlinge unter unmenschlichen Bedingungen in der Rüstungsindustrie Zwangsarbeit leisten. Wer nicht mehr arbeiten konnte, wurde getötet oder für medizinische Ex-

perimente missbraucht. 1941 begann die SS mit der Vergasung von Häftlingen in Auschwitz-Birkenau und anderen Vernichtungslagern im Osten: Bis Kriegsende wurden in den Vernichtungslagern mehr als 5 Millionen Menschen ermordet, davon rd. 4,5 Mio. Juden. In den übrigen der mehr als 400 Konzentrationslager starb eine weitere Million Menschen an den unmenschlichen Lebens- und Arbeitsbedingungen, Folterungen, Hunger und Seuchen. Die Lager unterstanden bis 1934 der SA, danach der SS.

## Kreisauer Kreis

**Deutsche bürgerliche Widerstandsgruppe.** Auf dem Landgut Kreisau in Schlesien, das Helmuth James Graf von Moltke gehörte, traf sich ab 1940 ein Zirkel von Konservativen, Sozialisten, Gewerkschaftern, Protestanten und Katholiken. Der Kreisauer Kreis plante eine Neuordnung des Deutschen Reiches auf der Grundlage christlicher Ethik. Seit 1943 unterstützte der Kreisauer Kreis die militärische Widerstandsgruppe um Claus Graf Schenk von Stauffenberg. Nach der Verhaftung Moltkes im Januar 1944 löste sich der Kreis teilweise auf. Etwa die Hälfte der Mitglieder wurde im Zusammenhang mit Stauffenbergs Attentat am 20. Juli 1944 verhaftet.

## Kriegsgefangene

**Bezeichnung für Soldaten, die in gegnerische Gefangenschaft geraten.** Rd. 5 Mio. sowjetische Soldaten wurden von der Wehrmacht gefangen genommen, von denen 3 Mio. nicht überlebten. Nach Kriegsende befanden sich über 11 Millionen deutsche Soldaten in Kriegsgefangenschaft. Die große Zahl stellte die Siegermächte vor Versorgungsprobleme. Zudem breiteten sich in vielen alliierten Gefangenlagern Krankheiten aus. Nach US-Schätzungen starben mehr als 1,2 Mio. Deutsche in Gefangenschaft, davon fast 1,1 Mio. in sowjetischen Lagern.

# L

## Lebensmittelkarten

**Berechtigungsschein für rationierte Lebensmittel.** Kurz vor dem deutschen Angriff auf Polen rationierte die nationalsozialistische Regierung die

Verteilung von Lebensmitteln. Jeder deutsche Staatsbürger erhielt eine Lebensmittelkarte, für die er eine festgelegte Menge an Grundnahrungsmitteln beziehen konnte. Die Rationierungen wurden während des Krieges aufgrund der schwierigen Versorgungssituation ausgedehnt und bis zur Währungsreform 1948 beibehalten. Die Rationierung förderte Schwarzhandel und »Hamsterfahrten« der Städter in ländliche Gegenden, wo sie bei Bauern Lebensmittel eintauschten.

## »Lebensraum«

**Schlagwort der nationalsozialistischen Ideologie.** Nach Vorstellung Hitlers und der NSDAP benötigte das von seinen Nachbarn eingeengte Deutschland für sein Überleben Rohstoffe und Raum für das Wachsen der Bevölkerung. Dieser »Lebensraum« konnte nach der NS-Ideologie nur durch Eroberungen im Osten erlangt werden. Die als rassisch minderwertig betrachteten Bewohner der eroberten Gebiete in Polen und der Sowjetunion sollten als Sklavenvölker dienen, vertrieben oder ausgerottet werden.

## Leningrad

**Von deutschen Truppen vergeblich belagerte zweitgrößte Stadt der Sowjetunion (vor 1914 und ab 1991 Sankt Petersburg).** Im September 1941 schloss die deutsche Heeresgruppe Nord den Belagerungsring um die ehemalige russische Hauptstadt am Finnischen Meerbusen. Die auf eine Belagerung durch Befestigungen und das Aufstellen einer Volksmiliz vorbereitete Stadt hielt über 900 Tage den Angriffen von Luftwaffe und Artillerie stand. Die Lebensmittellage der Bevölkerung war während der Belagerungszeit trotz Versorgung über den Luft- und Seeweg katastrophal. Bis zum Ende der Blockade im Frühjahr 1944 kamen mehr als 600 000 Menschen um.

## Luftschlacht um England

**Vergeblicher deutscher Versuch, 1940 die Lufthoheit für eine Invasion Großbritanniens zu gewinnen.** Im Juli 1940 beauftragte Hitler Hermann Görings Luftwaffe, die englische Verteidigung gegen eine deutsche Invasion auszuschalten. Die Luftschlacht um England wurde zum ersten modernen Luftkrieg mit umfang-

reichem Jäger-Einsatz und Bombenangriffen auf zivile Ziele. Zahlenmäßig war die Royal Air Force der Luftwaffe zu Beginn der Kämpfe 1:6 unterlegen. Beide Seiten verfügten jedoch mit der »Spitfire« (Royal Air Force) und der »Messerschmitt BF 109e« (Luftwaffe) über hervorragende Jäger. Der größte Vorteil der Verteidiger war neben dem Kampf über eigenem Terrain ein Frühwarnsystem mit der neuen Radar-Technologie. Nachdem am 15. September 185 deutsche Flugzeuge über London abgeschossen worden waren, verschob Hitler die geplante Invasion bis auf weiteres. Die Bomberangriffe gingen in verminderter Stärke weiter.

# M

## MacArthur, Douglas

**US-General, Oberbefehlshaber im Pazifik**
\* 26.1.1880 Little Rock (US-Bundesstaat Arkansas)
† 5.4.1964 Washington
Der Kommandeur der US-Truppen auf den Philippinen musste sich mit seinen Truppen im Januar 1942 angesichts der Besetzung durch Japan zurückziehen. Trotz dieser Niederlage wurde MacArthur Oberbefehlshaber der alliierten Truppen im Pazifik. Im Februar 1944 rückten US-Truppen auf dem Vormarsch nach Japan wieder in Manila ein. Im August 1945 nahm MacArthur die japanische Kapitulation entgegen. Er blieb als Chef der Besatzungstruppen in Japan, geriet aber wegen seiner Amtsführung in die Kritik. Als Oberbefehlshaber im Koreakrieg forderte er den Einsatz von Atombomben und wollte den Krieg auf China ausdehnen. Diese von US-Präsident Harry S. Truman nicht unterstützten Positionen kosteten ihn 1951 seinen Posten.

## Maginotlinie

**Französische Befestigungslinie an der Grenze zu Deutschland.** Nach dem Ersten Weltkrieg baute Frankreich an seiner Ostgrenze massive Befestigungsanlagen mit unterirdischen Verbindungen, Munitionsdepots und Panzerbatterien. Im Mai 1940 gelang deutschen Panzereinheiten der Durchbruch an einer Schwachstelle der Maginotlinie in der Nähe von Sedan.

## Majdanek

**Vernichtungslager bei Lublin in Polen.** 1941 errichtete die SS das Lager, in dem auch Kriegsgefangene inhaftiert waren. Ab 1942 fanden in Majdanek Massenvergasungen statt. Ingesamt sind bis zur Befreiung des Lagers durch die Rote Armee am 23. Juli 1944 rd. 1,5 Mio. Menschen dort ermordet worden. Majdanek fiel als erstes Massenvernichtungslager in die Hände alliierter Truppen. Damit bestätigten sich die Gerüchte über den Holocaust und riefen Entsetzen in der Öffentlichkeit hervor.

## Manstein, Erich von

**Deutscher General(feldmarschall)**
\* 24.11.1887 Berlin
† 9.6.1973 Irschenhausen
Manstein gehörte zu den führenden deutschen Generälen. Bereits 1940 war er entscheidend an der Planung des Westfeldzugs gegen Frankreich beteiligt. Im Juli 1942 eroberte die Heeresgruppe Süd unter seinem Befehl den heftig umkämpften russischen Flottenstützpunkt Sewastopol am Schwarzen Meer. Der Vorstoß zu den in Stalingrad eingeschlossenen deutschen Truppen misslang. Im März 1943 entwickelte Manstein Pläne für einen »Remisfrieden« mit Stalin, der zumindest einen Teil der eroberten Gebiete sichern sollte. Zwischen Manstein, der weitere deutsche Verluste vermeiden wollte, und Hitler kam es deshalb z. T. zu heftigen Auseinandersetzungen. Hitler machte Manstein für die Niederlage gegen die Rote Armee verantwortlich und setzte ihn im März 1944 ab. 1949 verurteilte ein englisches Militärgericht Manstein zu 18 Jahren Gefängnis. Er wurde aber bereits 1953 entlassen.

## »Me BF 109«

**Deutsches Jagdflugzeug.** Die Propellermaschine der Firma Messerschmitt zählte in der Version »109e« zu den am häufigsten produzierten deutschen Militärflugzeugen. Sie verfügte über zwei 7,92 mm-Maschinengewehre und zwei 2 cm-Kanonen. Mit ihrem 1110-PS Daimler-Benz-Motor erreichte die »Me 109« eine Höchstgeschwindigkeit von 570 Stundenkilometern und kam damit fast an die britische »Spitfire« heran. Zu Beginn des Krieges ein hochmodernes Flugzeug, geriet die »Me 109« trotz Weiterentwicklung zur 109G gegenüber

den neuen alliierten Flugzeugen ins Hintertreffen.

## Mengele, Josef

**Deutscher SS-Arzt im KZ Auschwitz-Birkenau**
\* 16.3.1911 Günzburg
† 7.2.1979 Bertioga/Brasilien
Mengele war von 1932 bis 1945 Arzt in Birkenau, einem Außen-lager des Konzentrationslagers Auschwitz. Dort hatte er grausame medizinische Experimente an hunderten von Häftlingen vorgenommen. Zwei Tage vor der Befreiung des Konzentrationslagers durch die Rote Armee verließ er das Lager und vernichtete alle Dokumente über seine Tätigkeit. Bis 1949 lebte er unbehelligt in seinem Heimatort Günzburg, setzte sich dann nach Südamerika ab. Unter falschem Namen lebte er in Argentinien, Brasilien und Paraguay. Erst nach seinem Tod wurde Mengeles Identität 1985 aufgedeckt.

## Midway

**Inselgruppe im Südpazifik, Ort der entscheidenden See- und Luftschlacht zwischen den USA und Japan.** In der Schlacht von Midway im Juni 1942 scheiterte der Versuch der japanischen Flotte unter Admiral Isokuru Jamamoto, die US-Flugzeugträger im Pazifik abzulenken und die ungeschützten Midway-Inseln zu erobern. Die US-Amerikaner waren jedoch zahlenmäßig stärker als von den Angreifern erwartet und über deren Strategie informiert. Sie griffen ihrerseits die japanische Flotte an und fügten ihr schwere Verluste zu. Nach Midway hatte die japanische Flotte ihre Offensivkraft verloren.

## Molotow, Wjatscheslaw

**Sowjetischer Außenminister**
\* 9.3.1890 Kukarka
† 8.11.1986 Moskau
Molotow, seit 1926 Mitglied des Politbüros, war einer der engsten Mitarbeiter des sowjetischen Diktators Stalin. Ab 1939 war Molotow Außenminister (bis 1949) der UdSSR und entscheidend am Zustandekommen des Hitler-Stalin-Paktes beteiligt. Molotow vertrat sein Land auf den Alliierten Konferenzen von Teheran, Jalta und Potsdam. Von 1954 bis 1956 übernahm er erneut das Außenministerium und gehörte nach Stalins Tod zur sowjetischen Führungs-

spitze. In den folgenden Machtkämpfen versuchte er, seine Politik fortzuführen und wehrte sich gegen die Entstalinisierung. Molotow konnte sich jedoch nicht gegen Nikita Chruschtschow durchsetzen und verlor 1957 alle Ämter.

### Montecassino

**Italienisches Kloster aus dem 6. Jahrhundert, von den Alliierten irrtümlich zerstört.** Das Benediktinerkloster von Montecassino wurde am 15. Februar 1944 zum Ziel Alliierter Angriffe. Obwohl sich keine deutschen Truppen in der Nähe befanden, befahl der alliierte General Bernard Freyberg, Kommandant der 2. neuseeländischen Division, den Angriff auf das historische Gebäude. Bei dem folgenden Bombardement wurde ein Großteil der Anlage zerstört. Keiner der im Klosterkeller betenden Mönche kam ums Leben. Bis Mai 1944 war die Ruine als Teil der deutschen Verteidigungslinie heftig umkämpft. Zwischen 1950 und 1954 wurde das Kloster in seiner historischen Form wieder aufgebaut.

### Montgomery, Bernard Law

**Oberbefehlshaber der britischen Armee in Ägypten, Italien, Frankreich und Norddeutschland**
\* 17.11.1887 Kensington
† 24.3.1976 Isington Mill/Hampshire
Montgomery kämpfte im Ersten Weltkrieg in Frankreich, wo er auch den Beginn des Zweiten Weltkrieges erlebte. Als einer der letzten britischen Soldaten verließ er 1940 den Kessel von Dünkirchen. Montgomery wurde in Nordafrika zum bedeutendsten Gegenspieler Erwin Rommels, als dieser deutsche und italienische Truppen gegen Ägypten marschieren ließ. Bei der entscheidenden Schlacht von Al Alamain konnte Montgomery Rommels Vormarsch endgültig stoppen. Anschließend leitete der Stratege die erfolgreiche Landung der Alliierten auf Sizilien im Juli 1943. Als Oberbefehlshaber führte er im Juni 1944 die 21. britische Heeresgruppe bei der Landung in der Normandie. Nach Kriegsende wurde Montgomery Oberbefehlshaber der britischen Besatzungstruppen in Deutschland.

### Morgenthau-Plan

**Konzept des US-Finanzministers Henry Morgenthau, Nachkriegsdeutschland in einen Agrarstaat zu verwandeln.** Am 2. September 1944 legte Henry Morgenthau seinen Plan vor, der die Welt künftig vor deutscher Aggression schützen sollte. Dazu sollte das Deutsche Reich territorial stark reduziert und in einen nord- und einen süddeutschen Staat geteilt werden. Morgenthau schlug vor, die deutsche Industrie und ihre Bergwerke zu demontieren, bzw. zu zerstören, um einen von Landwirtschaft und Importen abhängigen Staat zu schaffen. US-Präsident Franklin D. Roosevelt unterstützte zunächst eine abgeschwächte Version des Morgenthau-Plans, ließ das Vorhaben aber wegen starker Proteste der US-Öffentlichkeit fallen.

### Mussolini, Benito

**Italienischer Politiker**
\* 29.7.1883 Doria di Predappio
† 28.4.1945 Giuliano die Mezzegra bei Como
Nach seiner erzwungenen Ernennung zum Ministerpräsidenten errichtete Mussolini ab 1922 in Italien den ersten faschistischen Staat Europas. Mit diktatorischen Vollmachten errichtete der »Duce« ein Einparteiensystem und gründete mit Adolf Hitler 1936 die Achse Berlin-Rom. 1940 trat er an der Seite des Deutschen Reichs in den Krieg ein und übernahm den Oberbefehl über die italienische Armee. Es folgten zahlreiche militärische Misserfolge u.a. in Nordafrika. Als die Alliierten auf Sizilien landeten, ließ der italienische König Viktor Emanuel III. Mussolini gefangen nehmen. Von deutschen Fallschirmjägern aus der Haft befreit, versuchte der »Duce« daraufhin, die Republik von Saló in Norditalien zu errichten. Kurz vor Kriegsende nahmen Partisanen Mussolini auf der Flucht gefangen und richteten ihn hin.

# N

### Nagasaki

**Stadt in Japan. Nach Hiroschima zweites Ziel der Atombombenabwürfe der USA.** Am 6. August 1945 zerstörte die erste in einem Krieg eingesetzte Atombombe Hiroschima. Als die japanische Regierung in Unkenntnis der Lage die militärische Überlegenheit der USA nicht erkannte, befahl US-Präsident Harry S. Truman für den 9. August einen weiteren Abwurf. Ziel war die Stadt Nagasaki an der Nordwestküste von Kiuschu. Die als »Fat Man« bezeichnete Bombe übertraf mit einer Sprengkraft von 22 000 t TNT die Hiroschima-Bombe um fast das Doppelte. In der Druck- und Hitzewelle der Detonation starben 36 000 Menschen, 40 000 wurden schwer verletzt. Am 15. August befahl der japanische Kaiser Hirohito seinen Truppen, die Kampfhandlungen einzustellen.

### Nürnberger Prozesse

**Sammelbezeichnung für das Verfahren vor dem Internationalen Militärgerichtshof gegen die Hauptkriegsverbrecher.** Nach der Kapitulation des Deutschen Reichs klagten die Siegermächte die gefangen genommenen Mitglieder der NS-Führungsriege zahlreicher Kriegsverbrechen an. Im Nürnberger Justizpalast verhängte der Militärgerichtshof 1946 zwölf Todesurteile über Martin Bormann (in Abwesenheit), Hans Frank, Hermann Göring, Wilhelm Frick, Alfred Jodl, Wilhelm Keitel, Ernst Kaltenbrunner, Joachim von Ribbentrop, Julius Streicher, Arthur Seyß-Inquart, Alfred Rosenberg und Fritz Sauckel. Gegen Erich Funk, Rudolf Heß und Erich Raeder wurden lebenslängliche Haftstrafen ausgesprochen. Weitere hohe Haftstrafen erhielten Albert Speer, Baldur von Schirach, Karl Dönitz und Konstantin Freiherr von Neurath. Hans Fritzsche, Franz von Papen und Hjalmar Schacht wurden frei gesprochen.

# O

### Obersalzberg

**Berghang bei Berchtesgaden. Einer der bevorzugten Wohn- und Aufenthaltsorte Adolf Hitlers.** Auf dem Obersalzberg stand Hitlers »Berghof«, in den er sich zurückzog und sich mit europäischen Regierungschefs traf. Auch Hermann Göring und Josef Goebbels hatten hier Landhäuser. Durch einen Fliegerangriff wurde die Bebauung des Obersalzbergs im April 1945 zerstört.

### Okinawa

**Hauptinsel der japanischen Riukiu-Inseln. Nach schweren Kämpfen 1945 von US-Streitkräften erobert.** Die Schlacht um Okinawa begann im April 1945 mit der Landung der 10. US-Armee auf der Insel. Bei den folgenden verlustreichen Kämpfen starben rd. 60 000 Soldaten, mehr als 40 000 wurden verletzt. Ziel der US-Armee war der strategisch bedeutende Luftwaffenstützpunkt, den die Japaner auf der Insel unterhielten. Am 22. Juni 1945 mussten sich die Verteidiger ergeben.

### OKW

**Oberkommando der Wehrmacht.** Im Februar 1938 entließ die NS-Führung 16 Generäle und versetzte 44 weitere in andere Aufgabenbereiche. Es folgte die Umbenennung des Kriegsministeriums in Oberkommando der Wehrmacht unter Leitung von Generaloberst Wilhelm Keitel. Gleichzeitig gab Hitler bekannt, er habe die alleinige Führung der Wehrmacht übernommen. Diese Maßnahmen dienten dazu, das Militär unter die totale Kontrolle Hitlers zu stellen. Gegenspieler wie Generalfeldmarschall Werner von Blomberg und Generaloberst Werner Freiherr von Fritsch wurden durch Intrigen aus ihren hohen Positionen entfernt.

### Oppenheimer, Robert

**US-Physiker**
\* 22.4.1904 New York
† 18.2.1967 Princeton
Der Quantenphysiker mit Lehrauftrag in Berkeley, Kalifornien, wurde 1943 zum Leiter des »Manhattan-Projektes«, dem Bau der Atombombe, berufen. Die USA drängten auf die Entwicklung der Waffe, u.a. um sich im Krieg gegen Japan behaupten zu können. Die Bombe wurde 1945 fertiggestellt und über Hiroschima und Nagasaki eingesetzt. Oppenheimer, der »Vater der Atombombe«, widersetzte sich 1954 aus moralischen Gründen der Entwicklung der Wasserstoffbombe und wurde von allen Staatsgeheimnissen ausgeschlossen. Erst 1963 wurde er rehabilitiert.

### Oradour-sur-Glane

**Französische Gemeinde nordwestlich von Limoges, Ort eines Massakers der SS am 10.6.1944.** Wegen erfolgreicher Aktionen französischer Partisanen gegen die deutsche Wehrmacht verübten Mitglieder eines SS-Regiments eine Vergeltungsaktion an den Einwohnern von Oradour-sur-Glane. Die deutschen Soldaten trieben 642 Männer, Frauen und Kinder zusammen und ermordeten sie. Fast das gesamte Dorf wurde dem Erdboden gleichgemacht. Nur eine Frau, fünf Männer und ein Kind überlebten das Massaker. Oradour-sur-Glane wurde nach Kriegsende zur Gedenkstätte erklärt.

# P

## Partisanen

**Widerstandskämpfer in besetzten Gebieten.** In Jugoslawien formierte sich der Widerstand gegen die deutsche Besatzung in mehreren Gruppen. Die kommunistische Widerstandsgruppe unter Josip Tito entwickelte sich nach Kriegsende zur bestimmenden politischen Macht des Landes. Die französischen Partisanen wurden im Rahmen der Résistance bekannt. Ihre Gründung wurde u.a. durch eine Rundfunkrede von Charles de Gaulle beeinflusst, der seine Landsleute aus dem Londoner Exil zum Kampf aus dem Untergrund aufrief. In Russland wurden die Partisanenaktionen in den besetzten Gebieten von der Regierung in Moskau aus koordiniert. Die sowjetische Widerstandsbewegung sorgte bei ihrem Rückzug vor der vordringenden Wehrmacht u.a. für die Vernichtung der gesamten Infrastruktur der verlorenen Gebiete (»Verbrannte Erde«).

## Paulus, Friedrich

**Deutscher Generalfeldmarschall**
* 23.9.1890 Breitenau
† 1.2.1957 Dresden
Friedrich Paulus übernahm im Januar 1942 das Oberkommando über die deutsche 6. Armee, die als Eliteeinheit galt. Nachdem die Rote Armee die 280 000 Soldaten unter Paulus in Stalingrad eingeschlossen hatte, ersuchte der General Hitler um Erlaubnis zur Kapitulation. Trotz der aussichtslosen Lage gehorchte Paulus dem Befehl Hitlers, weder auszubrechen, noch zu kapitulieren. 146 300 Mann fielen daraufhin in der Schlacht um Stalingrad. Von den 108 000 Kriegsgefan-

genen kehrten lediglich 6000 nach Deutschland zurück. Paulus lebte nach seiner Entlassung aus sowjetischer Gefangenschaft (1953) in der DDR.

## Pearl Harbor

**US-Militärhafen auf Hawaii, Schauplatz eines japanischen Angriffs auf die US-Flotte.** Ohne vorangehende Kriegserklärung flogen japanische Verbände am 7. Dezember 1941 einen Angriff auf den US-Marinestützpunkt Pearl Harbor. Der Schlag traf die Militärbasis völlig unerwartet. 360 japanische Flugzeuge versenkten fünf Schlacht- und zwei weitere Schiffe der US-Flotte. Gleichzeitig eröffnete Japan eine Offensive in der Pazifikregion. Einen Tag später erklärte US-Präsident Franklin D. Roosevelt Japan den Krieg.

## Pétain, Philippe

**Französischer Politiker**
* 24.4.1856 Cauchy-à-la-Tour/Pas-de-Calais
† 23.7.1951 Port Joinville/Ile d´Yeu
Der französische Militär organisierte im Ersten Weltkrieg die Abwehrschlacht gegen Deutschland und wurde zum Nationalhelden. Im Zweiten Weltkrieg trat der »Retter von Verdun« 1940 als stellvertretender Ministerpräsident ins Kabinett ein und leitete wenige Monate später selbst die Regierung. Nach dem Einmarsch der Wehrmacht errichtete Pétain im unbesetzten Teil Frankreichs das autoritäre Vichy-Regime. Wegen enger Zusammenarbeit mit den Nationalsozialisten wurde er nach Kriegsende zum Tode verurteilt. Das Urteil wurde nicht vollstreckt.

## Polenfeldzug

**Deutscher Angriff auf Polen, Beginn des Zweiten Weltkriegs.** Nachdem sich Hitler und Stalin 1939 über die Aufteilung Polens geeinigt hatten, begann am 1. September der deutsche Angriff auf das Land. Die technisch unterlegene polnische Armee hatte der schnell vorstoßenden Wehrmacht nichts entgegenzusetzen. Am 27. September kapitulierte die Hauptstadt Warschau vor den Invasoren. Hitlers Blitzkrieg-Taktik war erfolgreich. Der westliche Teil Polens wurde dem Deutschen Reich angegliedert, der mittlere Teil zum Generalgouvernement erklärt. Die UdSSR annektierte den größten Teil von Ostpolen.

## Potsdamer Konferenz

**Treffen der Alliierten.** Das aus der Potsdamer Konferenz hervorgegangene Abkommen regelte die Besatzungspolitik im Nachkriegsdeutschland. Vom 17. Juli bis 2. August 1945 trafen sich US-Präsident Harry S. Truman, der sowjetische Staatschef Josef W. Stalin und Großbritanniens Premierminister Winston Churchill in Potsdam, um über die Machtverteilung in Nachkriegsdeutschland zu beratschlagen. Jede Siegermacht bekam die Verantwortung über eine Besatzungszone und sollte aus dieser ihre Reparationsansprüche befriedigen. Ganz Deutschland betreffende Entscheidungen sollten vom Alliierten Kontrollrat behandelt werden. Die Oder-Neiße-Linie wurde als deutsche Ostgrenze festgesetzt. Die deutsche Bevölkerung in den Gebieten jenseits davon wurde ausgewiesen. Das Potsdamer Abkommen blieb bis 1990 in Kraft.

# Q

## Quisling, Vidkun Abraham

**Norwegischer Faschistenführer**
* 18.7.1887 Fyresdal
† 24.10.1945 Oslo
Am Tag der deutschen Invasion, dem 9. April 1940, versuchte Quisling, den Invasoren mit einem Putsch zu Hilfe zu kommen und sich selbst an die Regierung zu bringen. Die von Quisling gebildete prodeutsche Regierung trieb zahlreiche Norweger in den Widerstand. Die Regierung Quisling überdauerte nur fünf Tage. 1942 wurde er von den Deutschen erneut zum Premierminister Norwegens ernannt. Nach Kriegsende wurde Quisling wegen Kollaboration mit den Deutschen hingerichtet.

# R

## RAF

**Abkürzung für Royal Air Force (britische Luftstreitkräfte).** Die Royal Air Force stellte ihre Kampfkraft vor allem bei der Luftschlacht um England (»Battle of Britain«) am 13. August 1940 unter Beweis. Hitlers Luft-

waffe gelang es nicht, die Lufthoheit der Briten zu brechen. Die geplante Invasion an den britischen Küsten konnte daraufhin nicht stattfinden. Unter der Leitung von Arthur Harris führte die Royal Air Force in den kommenden Jahren einen zermürbenden Bombenkrieg gegen Deutschland. Mit Unterstützung der US-Luftwaffe flogen britische Piloten Tausende von Luftangriffen gegen deutsche Städte. Die Flächenbombardements sollten die deutsche Industrie lahmlegen und die Moral der Bevölkerung untergraben.

## Ravensbrück

**Ortsteil von Fürstenberg an der Havel. Konzentrationslager für Frauen.** 1939 errichteten die Nationalsozialisten in Ravensbrück ein Konzentrationslager, in das nur Frauen eingeliefert werden sollten. Das Lager bestand bis 1945. In dieser Zeit wurden rd. 135 000 Frauen auf dem Gelände interniert, 96 000 kamen zu Tode.

## Résistance

**Französische Widerstandsbewegung gegen die deutsche Besatzungsmacht.**
(siehe Partisanen)

## Ribbentrop, Joachim von

**Deutscher Reichsaußenminister**
* 30.4.1893 Wesel
† 16.10.1946 Nürnberg
Bereits 1932/33 agierte Ribbentrop als Vermittler zwischen Hitler und Franz von Papen und wurde anschließend zum Abrüstungsbeauftragten der Reichsregierung ernannt. Zwischen 1936 und 1938 vertrat Ribbentrop das Deutsche Reich als Botschafter in England. Anschließend berief ihn Hitler zum Außenminister. In diesem Amt verfolgte der Diplomat eine anti-britische Politik. Er war maßgeblich an der Entwicklung des deutsch-sowjetischen Nichtangriffspaktes und dem Bündnis Deutschlands mit Japan beteiligt. Das Nürnberger Militärgericht verurteilte Ribbentrop nach Kriegsende zum Tode.

## Rommel, Erwin

**Deutscher Generalfeldmarschall**
* 15.11.1891 Heidenheim a.d. Brenz
† 14.10.1944 bei Herrlingen
Rommel war Teilnehmer am Ersten Weltkrieg und an der Niederschla-

gung der Münchener Räterepublik 1919 beteiligt. Hitler ernannte ihn 1939 zum Kommandeur des Führerhauptquartiers, 1940 nahm er am Angriff auf Frankreich teil. Populär wurde der Panzergeneral als Befehlshaber der deutschen Truppen in Afrika (seit Februar 1941). Innerhalb weniger Wochen eroberte er die gesamte Cyrenaika (Libyen) zurück, die an britische Truppen verloren gegangen war. Größter Erfolg Rommels war die Eroberung der britischen Festung Tobruk (21. Juni 1942). Der Vorstoß nach Ägypten kam jedoch vor Al Alamain ins Stocken. Ein alliierter Gegenangriff (Oktober 1942) zwang Rommel zum Rückzug. Vor der deutschen Kapitulation in Nordafrika wurde Rommel am 9. März 1943 von Hitler nach Deutschland zurückgerufen. Vergeblich versuchte Rommel als Chef der Heeresgruppe B im Nordwesten Frankreichs, im Juni 1944 die alliierten Landungstruppen zurückzuschlagen. Am 17. Juli wurde er bei einem Fliegerangriff auf seinen Wagen schwer verletzt. Weil er mit den Verschwörern des 20. Juli 1944 in Kontakt stand, zwang Hitler ihn zum Selbstmord. Der in der Öffentlichkeit populäre Rommel erhielt ein Staatsbegräbnis als Kriegsheld.

## Roosevelt, Franklin Delano

**US-Präsident**
* 30.1.1882 Hyde Park/New York
† 12.4.1945 Warm Springs/Georgia
Roosevelt wurde als Kandidat der Demokratischen Partei 1933 erstmals zum Präsidenten der USA gewählt. Er blieb über vier Wahlperioden im Amt und ist damit bis heute der am längsten amtierende Präsident der Vereinigten Staaten. Innenpolitisch leitete Roosevelt den New Deal ein, beseitigte mit diesem Reformprogramm die Folgen der Wirtschaftskrise in den USA und formte das Land in einen modernen Sozialstaat um. Trotz des Krieges in Europa beharrte Roosevelt zunächst auf Neutralität. Nach dem japanischen Angriff auf Pearl Harbor erklärte der Präsident jedoch Japan, Deutschland und Italien den Krieg und schloss sich Großbritannien und Russland im Kampf gegen die Achsenmächte an. Auf den Konferenzen von Casablanca, Teheran und Jalta bemühte sich Roosevelt um die Schaffung einer neuen Weltordnung nach dem Krieg und die Einrichtung der Vereinten Nationen (UNO) als Kontrollinstanz.

## Rote Armee

**Streitkräfte der Sowjetunion.** Die Rote Armee der Arbeiter und Bauern entstand 1918 als Streitmacht Sowjetrusslands. Leo Trotzki baute sie zu einem Freiwilligenheer aus, dessen Aufgabe der Kampf für die Weltrevolution sein sollte. Durch die stalinschen Säuberungen, bei denen 34 000 Offiziere der Roten Armee ermordet wurden, waren die Streitkräfte zum Zeitpunkt des deutschen Überfalls auf die Sowjetunion 1941 stark geschwächt und schlecht organisiert. Ab August 1941 übernahm Stalin als Oberbefehlshaber die Neuorganisation selbst. Die Ausrüstung der Roten Armee war teilweise stark veraltet, im weiteren Kriegsverlauf erhielt sie aber durch allliierte Waffenlieferungen und den sowjetischen Panzer »T-34« modernstes Kriegsmaterial. Die Rote Armee erlitt von allen alliierten Streitkräften die größten Verluste. 1942/43 erkämpfte sie in Stalingrad die Wende auf dem östlichen Kriegsschauplatz. 1945 eroberte sie die deutsche Hauptstadt Berlin. 1946 wurde die Rote Armee in Sowjetarmee umbenannt. Sie blieb nach Kriegsende als Besatzungsmacht in der östlichen Besatzungszone Deutschlands.

## Rundstedt, Gerd von

**Deutscher Generalfeldmarschall**
* 12.12.1875 Aschersleben
† 24.2.1953 Hannover
Rundstedt war als Heeresgruppen-Kommandeur an der Eroberung Polens 1939 (Heeresgruppe Süd), am Westfeldzug gegen Frankreich (Vorstoß durch die Ardennen) und am Überfall auf die Sowjetunion 1941 (Heeresgruppe Süd in der Dnjepr-Region) entscheidend beteiligt. Von 1942 bis 1944 konnte er als Oberbefehlshaber der deutschen Westtruppen die alliierte Landung in der Normandie nicht verhindern. Im Dezember 1944 leitetete Rundstedt die letzte, erfolglose deutsche Offensive in den Ardennen. Von 1945 bis 1949 war er in englischer Kriegsgefangenschaft.

# S

## SA

**Paramilitärische »Sturmabteilung«, der NSDAP.** Die SA war in der Zeit vor der Machtergreifung der NSDAP das Werkzeug für den Schutz von Parteiversammlungen und Funktionären sowie für Straßen- und Saalschlachten mit politischen Gegnern. Wegen ihrer sozialrevolutionären Tendenzen und um die Wehrmachtsspitze zu beruhigen, die um ihren Status als »alleiniger Waffenträger der Nation« fürchtete, ließ Adolf Hitler 1934 im sog. Röhm-Putsch die Führer der SA ermorden und entmachtete sie zugunsten der SS. Die SA wurde auf Wehrsportfunktionen beschränkt und blieb bis zum Ende des nationalsozialistischen Regimes bestehen.

## Sachsenhausen

**Konzentrationslager in Oranienburg/Brandenburg.** Von 1936 bis 1945 bestand im Oranienburger Stadtteil ein Konzentrationslager der SS, in dem etwa 200 000 Menschen inhaftiert waren. Rund die Hälfte der Gefangenen überlebte die Haft nicht. Von 1945 bis 1950 benutzten die sowjetischen Besatzungstruppen Sachsenhausen zur Internierung politischer Häftlinge.

## Schacht, Hjalmar

**Deutscher Reichsbankpräsident**
* 22.1.1887 Tingleff bei Flensburg
† 3.6.1970 München
Der nationalkonservative Schacht war von 1923 bis 1930 Reichsbankpräsident und trat 1932 für eine nationalsozialistische Regierung ein. Von 1933 bis 1939 war Schacht erneut Reichsbankpräsident und von 1934 bis 1937 zugleich Wirtschaftsminister. Er hatte entscheidenden Anteil am Aufbau der nationalsozialistischen Wirtschaft und Rüstung. Schacht pflegte jedoch seit 1938 lose Verbindungen zu konservativen Widerstandskreisen und war deshalb von 1944 bis zum Kriegsende inhaftiert. Der alliierte Militärgerichtshof in Nürnberg sprach ihn frei.

## Schirach, Baldur von

**Deutscher Reichsjugendführer**
* 9.5.1907 Berlin
† 8.8.1974 Kröv/Mosel
Schirach trat 1925 in die NSDAP ein und war von 1928 bis 1932 Führer des NS-Studentenbundes. Von 1931 bis 1940 war er Reichsjugendführer der NSDAP, von 1933 bis 1940 zugleich staatlicher Jugendführer. In dieser Doppelfunktion leitete Schirach die nationalsozialistische Indoktrination der deutschen Jugend in der Hitlerjugend (HJ) bzw. dem Bund Deutscher Mädel (BDM). Von 1940 bis zum Kriegsende war Schirach Gauleiter und Reichsstatthalter von Wien. 1946 wurde er vom Internationalen Gerichtshof in Nürnberg zu 20 Jahren Haft verurteilt.

## Scholl, Hans und Sophie

**Deutsche Widerstandskämpfer**
* 22.9.1918 Ingersheim (Hans)
* 9.5.1921 Forchtenberg (Sophie)
† 22.2.1943 München-Stadelheim (hingerichtet)
Die Geschwister gehörten zur Gruppe »Weiße Rose«, die sich 1942 als studentischer Freundeskreis an der Münchener Universität bildete und Verbindungen zu ähnlichen Gruppen in Berlin, Freiburg, Hamburg und Köln unterhielt. Aus einem religiös-sittlichen Verständnis riefen die Mitglieder in mehreren Aktionen mit Flugblättern und Wandparolen zum Widerstand gegen die NS-Diktatur auf. Am 18. Februar 1943 wurden Hans und Sophie Scholl bei einer Protestaktion im München verhaftet, am 22. Februar vom Volksgerichtshof unter Vorsitz von Roland Freisler mit ihrem Freund Christoph Probst zum Tode verurteilt und hingerichtet.

## Schukow, Georgi Konstantinowitsch

**Sowjetischer Marschall**
* 1.12.1896 Strelkowa bei Kaluga
† 18.6.1974 Moskau
Schukow stoppte als Kommandeur der mittleren sowjetischen Front den deutschen Vormarsch vor Moskau und bereitete 1942 die Einkesselung der 6. deutschen Armee in Stalingrad vor. Im April 1945 eroberte er als Oberbefehlshaber der 1. Weißrussischen Front Berlin. Von 1945 bis 1946 war Schukow Chef der sowjetischen Militäradministration in Deutschland und Vertreter im Alliierten Kontrollrat.

## SD

**Sicherheitsdienst der SS.** Der SD war ein Nachrichtendienst, der dem Reichssicherheitshauptamt unterstand. Er versorgte u.a. die Spitzen des nationalsozialistischen Regimes mit Berichten über die Stimmung in der Bevölkerung. Zum Sicherheitsdienst gehörten aber auch die berüchtigten Einsatzgruppen, die in den von Deutschen besetzten Gebieten Hunderttausende von Juden und andere Zivilisten erschossen.

## Sewastopol

**Umkämpfte ukrainische Hafenstadt.** Sewastopol war ein wichtiger sowjetischer Flottenstützpunkt am Schwarzen Meer im Südwesten der Halbinsel Krim. Ende Oktober 1941 wurde die Stadt von der deutschen 11. Arme eingeschlossen. Der Sturm auf die Stadt begann erst am 7. Juni 1942. Durch 55 000 Tonnen Artilleriemunition und 20 000 Tonnen Bomben wurde Sewastopol völlig zerstört. Am 1. Juli musste die Rote Armee ihren letzten Stützpunkt am Schwarzen Meer aufgeben. Nur wenigen hundert Rotarmisten gelang die Flucht über das Meer, 97 000 wurden gefangengenommen.

## Speer, Albert

**Deutscher Architekt und Politiker**
\* 19.3.1905 Mannheim
† 1.9.1981 London
Speer trat nach seinem Studium 1931 in die NSDAP ein. Seit 1933 baute er im Auftrag Hitlers Monumentalbauten in Berlin, München und Nürnberg und plante die Umgestaltung der Reichshauptstadt zur pompösen nationalsozialistischen Metropole »Germania«. Mit Kriegsbeginn übernahm Speer Aufgaben in der Rüstungsindustrie und wurde 1942 zum Reichsminister für Bewaffnung und Munition ernannt, 1943 für Rüstung und Kriegsproduktion. Im Nürnberger Kriegsverbrecherprozess wurde Speer zu 20 Jahren Gefängnis verurteilt.

## »Spitfire«

**Britisches Jagdflugzeug.** Der Einsatz der »Spitfire« hatte maßgeblichen Anteil an der Verteidigung der britischen Inseln gegen eine deutsche Invasion. In der Luftschlacht um England 1940/41 war die »Spitfire« das wichtigste Flugzeug der Royal Air Force. Das extrem wendige Propellerflugzeug verfügte über einen 1030-PS-Motor von Rolls-Royce und erreichte eine Spitzengeschwindigkeit von 580 km/h.

## SS

**Paramilitärische Schutzstaffel der NSDAP, später wichtigste Terrororganisation des NS-Staates.** Die 1925 gegründete SS war bis zur deren Entmachtung 1934 Teil der SA. Von einer parteiinternen Sicherheitsorganisation wurde aus der SS eine der wichtigsten Stützen der Diktatur. Seit 1939 unterstanden SS-Führer Heinrich Himmler im Reichssicherheitshauptamt SS, SD, Kriminalpolizei und Gestapo. Er verfolgte das Ziel, die SS zur ordensähnlichen Elite der nach NS-Doktrin überlegenen germanischen Rasse zu formen. Die Mitglieder mussten einen Stammbaum ohne jüdische Vorfahren vorweisen und wurden angehalten, möglichst viele »arische« Kinder zu zeugen. Die SS führte die brutale Umsiedlungspolitik in den besetzten Gebieten im Osten durch und war für die Massenvernichtung der Juden verantwortlich. Die Konzentrationslager wurden von der SS verwaltet und den Angehörigen der SS-Totenkopfverbände bewacht. Die Verbände der Waffen-SS kämpften als Elitetruppen an der Front. 1944 war sie auf 600 000 Mann angewachsen und übertraf damit sogar noch die Zahl der allgemeinen SS. 1946 wurde die SS mit allen Untergliederungen außer der Reiter-SS vom Internationalen Militärgerichtshof in Nürnberg zur verbrecherischen Organisation erklärt.

## Stalin, Josef W.

**Sowjetischer Politiker**
\* 21.12.1879 Gori/Georgien
† 5.3.1953 Moskau
Stalin, seit 1922 Generalsekretär der Kommunistischen Partei der Sowjetunion, konnte sich nach dem Tod Wladimir I. Lenins schrittweise gegen seine Rivalen durchsetzen und bis 1929 alle Macht an sich reißen. Statt der Weltrevolution galt ab 1925 sein Hauptengagement der Industrialisierung und Modernisierung seines Landes, begleitet von Zwangskollektivierungen in der Landwirtschaft und der Deportation ganzer Volksgruppen. Während der »Großen Säuberungen« (1934-1938) errichtete Stalin ein totalitäres Regime und Straflager mit hunderttausenden von Gefangenen. Vor der Machtausdehnung des deutschen NS-Regimes versuchte Stalin die Sowjetunion zunächst durch einen Nichtangriffsvertrag zu schützen (Hitler-Stalin-Pakt 1939). Der deutsche Angriff 1941 brachte Stalin auf die Seite der westlichen Alliierten. Nach Ende des Krieges sicherte er die Hegemonie der UdSSR in Osteuropa und Asien durch die Einrichtung sozialistischer Satellitenstaaten. Stalins Herrschaft war von einer exzessiven Verherrlichung seiner Person begleitet, die erst drei Jahre nach seinem Tod abgebaut wurde.

## Stalingrad

**Industriestadt in der Sowjetunion (heute Wolgograd).** Im Sommer 1942 startete die 6. deutsche Armee unter Generaloberst Friedrich Paulus den Angriff auf das sowjetische Rüstungs- und Verkehrszentrum. Ende November 1942 gelang es jedoch sowjetischen Truppen, Paulus' Armee in dem von ihr eroberten Teil der Stadt einzukesseln. Ein monatelanger Kampf in den Straßen der winterlichen Stadt begann. Der Luftwaffe gelang es nicht, wie von ihrem Befehlshaber Hermann Göring versprochen, die deutschen Soldaten mit ausreichenden Vorräten zu versorgen. Hitler verbot Paulus die Kapitulation, obwohl die Durchbruchsversuche deutscher Entsatztruppen gescheitert waren. Entgegen seinem Befehl ergaben sich die entkräfteten Reste der Armee am 31. Januar bzw. 2. Februar 1943. Etwa 108 000 Deutsche gerieten in sowjetische Kriegsgefangenschaft, nur 6000 überlebten. 146 300 Wehrmachtsoldaten waren in den Kämpfen um Stalingrad gefallen, verhungert oder erfroren. Die Verluste der Roten Armee lagen um ein Vielfaches höher.

## »Stalinorgel«

**Sowjetischer Raketenwerfer.** Bei der Verteidigung des von deutschen Truppen belagerten Leningrad setzte die Rote Armee im September 1941 erstmals Raketenwerfer vom Typ »Katjuscha« ein, die von den Deutschen bald »Stalinorgeln« genannt wurden. Die einfach konstruierten Raketenwerfer waren mit schwenkbaren Leitschienen auf Lkw montiert. Aufgerichtet erinnerten die Abschussschienen für bis zu 48 Raketengeschosse an Orgelpfeifen. Die Raketen hatten eine Reichweite von 8 km. Die geringe Treffsicherheit trat vor der hohen Schussgeschwindigkeit in den Hintergrund.

## Stauffenberg, Claus Graf Schenk von

**Deutscher Oberst und Widerstandskämpfer**
\* 15.11.1907 Schloss Jettingen
† 20.7.1944 Berlin (hingerichtet)
Stauffenberg war nach Aufgaben in der Organisationsabteilung des Heeres und beim Allgemeinen Heeresamt ab 1. Juli 1944 Stabschef beim Befehlshaber des Ersatzheeres. Er gehörte seit 1943 zu den Spitzen der militärischen Opposition gegen Hitler und war führender Kopf des Hitler-Attentats vom 20. Juli 1944. Trotz einer schweren Kriegsverletzung schmuggelte Stauffenberg selbst eine Bombe zur Lagebesprechung in das Führerhauptquartier »Wolfsschanze« in Ostpreußen. Nach dem Attentat flog Stauffenberg nach Berlin. Der Staatsstreich scheiterte, als bekannt wurde, dass Hitler überlebt hatte. Stauffenberg und drei andere Verschwörer wurden am Abend verhaftet und standrechtlich erschossen.

## Stuka

**Abkürzung für Sturzkampfflugzeug, die deutschen Bomber Junkers Ju 87.** Die 1935 eingeführten Stukas visierten im Sturzflug feindliche Punktziele wie Truppenkonzentrationen oder Kommunikationsanlagen an und warfen kurz vor dem Wiederaufsteigen ihre Bomben ab. Nach Anfangserfolgen der Stukas in den Feldzügen in Polen und Frankreich, bei denen die Deutschen die Lufthoheit hatten, wurde 1940 in der Luftschlacht um England deutlich, dass die relativ langsamen Stukas moderneren Jagdflugzeugen der Alliierten unterlegen waren.

# T

## T-34

**Sowjetischer Panzer.** Seit September 1943 kam die neue Waffe zum Einsatz. Der T-34 war den deutschen Fahrzeugen an Panzerung, Feuerkraft und Geschwindigkeit weit überlegen. In Schlamm und Schnee konnte der T-34 wegen seiner breiteren Ketten erheblich besser manövrieren als andere Fahrzeuge. Bis Ende 1943 wurden 12 500 Stück produziert.

## Teheran-Konferenz

**Erste alliierte Konferenz der »großen Drei«.** Auf der Konferenz in der persischen Hauptstadt (28.11. bis 1.12.1943) sagten US-Präsident Franklin D. Roosevelt und der britische Premier Winston Churchill dem sowjetischen Staatschef Stalin zu, 1944 eine zweite Front gegen Deutschland in Westeuropa zu eröffnen. Moskau erklärte sich im Gegenzug dazu bereit, nach dem Sieg über Deutschland auch gegen Japan zu kämpfen. Die Regierungschefs einigten sich grundsätzlich auf eine Aufteilung Deutschlands nach dem Krieg, erzielten aber noch keine letztgültige Übereinkunft. Die westlichen Alliierten stellten die von Stalin geforderte »Westverschiebung« Polens und der sowjetischen Westgrenze in Aussicht. Außerdem wurde die Gründung der Vereinten Nationen besprochen.

### Thälmann, Ernst

**Deutscher Politiker**
* 16.4.1886 Hamburg
† 18.8.1944 Buchenwald (ermordet)
Thälmann war seit 1919 Vorsitzender der USPD in Hamburg und ab 1920 Mitglied der KPD. Ab 1925 übernahm er den Vorsitz der KPD und des Roten Frontkämpferbundes. Thälmann ordnete die KPD der sowjetischen Politik unter und wurde dabei von Josef Stalin gefördert. 1933 wurde der KPD-Reichstagsabgeordnete Thälmann verhaftet und ohne Prozess im Konzentrationslager Buchenwald gefangen gehalten. Auf persönlichen Befehl Hitlers wurde er 1944 erschossen.

### Theresienstadt

**Konzentrationslager in Nordböhmen.** In der tschechischen Ortschaft Theresienstadt (tsch. Terezin) unterhielt die SS von 1941 bis 1945 ein Konzentrationslager, das u.a. Durchgangsstation für zehntausende Juden auf dem Weg in die Vernichtungslager war. Gleichzeitig wurde Theresienstadt als Sonderlager mit jüdischer Selbstverwaltung ausländischen Besuchern als harmloses Gefängnis vorgeführt. In Theresienstadt wurden auch Propagandafilme wie »Der Führer schenkt den Juden eine Stadt« gedreht, dessen Darsteller danach ermordet wurden. In Theresienstadt kamen rd. 33 000 Menschen ums Leben.

### »Tirpitz«

**Größtes deutsches Schlachtschiff.** Die auf der Kriegsmarinewerft in Wilhelmshaven gebaute »Tirpitz« war in Aussehen und Konstruktion ihrem Schwesterschiff »Bismarck« ähnlich. Mit 42 900 Bruttoregistertonnen besaß sie jedoch eine größere Wasserverdrängung. Sie operierte vorwiegend vor Norwegen. Nach einem ersten britischen Angriff auf die »Tirpitz« im April 1944 wurde das Schlachtschiff im November 1944 versenkt. Bei dem Untergang des letzten einsatzfähigen deutschen Schlachtschiffs kamen mehr als 900 Menschen ums Leben.

### Tito, Josip

**Jugoslawischer Partisanenführer und Politiker**
* 7.5.1892 Kumrovec/Kroatien
† 4.5.1980 Ljubljana
Tito (eigtl. Josip Broz) war seit 1920 Mitglied der ein Jahr später verbotenen KP und saß in den 20er und 30er Jahren mehrfach im Gefängnis. Das Mitglied von ZK und Politbüro (seit 1934) übernahm 1937 das Amt des Generalsekretärs der Partei. Tito organisierte 1941 die kommunistische Partisanenbewegung gegen die deutschen Truppen in seinem Land und übernahm zudem den Vorsitz des Nationalkomitees zur Befreiung Jugoslawiens. Nach dem Ende des Krieges wurde er Ministerpräsident (1945–53) und Staatspräsident (ab 1953). Tito widersetzte sich sowjetischer Einflussnahme und gestaltete einen eigenen nationalen Weg zum Kommunismus mit weitgehender Selbstverwaltung (Titoismus).

### Tobruk

**Hafenstadt an der libyschen Küste.** Die hart umkämpfte Festung wurde im Juni 1942 in einem Überraschungsangriff von deutschen und italienischen Truppen unter dem Befehl von Generaloberst Erwin Rommel erobert. Über 30 000 britische und neuseeländische Soldaten gerieten in Gefangenschaft.

### Todt, Fritz

**Deutscher Politiker**
* 4.9.1891 Pforzheim
† 8.2.1942 bei Rastenburg (Flugzeugabsturz)
Todt, der 1922 in die NSDAP eingetreten war, wurde von Hitler zum Generalinspekteur für das deutsche Straßenwesen ernannt. Seit 1933 leitete er den deutschen Reichsautobahnbau. Die dabei aufgestellte tech-

nische Spezialtruppe »Organisation Todt« übernahm im Krieg wichtige Aufgaben im militärischen Bauwesen. 1940 bis zu seinem Tod war Todt Reichsminister für Bewaffnung und Munition

### Treblinka

**Ort in Polen, Standort eines Vernichtungslagers.** Nordöstlich von Warschau errichtete die SS 1942 ein Vernichtungslager, in dem von Juli 1942 bis Oktober 1943 mehr als 700 000 Menschen – vor allem Juden – ermordet wurden. Mehrere angehörige des Lagerpersonals, unter ihnen der Kommandant Franz Stangl, standen in den 60er Jahren in Düsseldorf vor Gericht.

### Truman, Harry Spencer

**US-Politiker**
* 8.5.1884 Lamar (US-Bundesstaat Missouri)
† 26.12.1972 Kansas City
Der amerikanische Politiker wurde 1934 Senator für Missouri und stieg 1944 zum Vizepräsidenten auf. Nach Franklin D. Roosevelts Tod hatte der Demokrat von April 1945 bis 1953 das Präsidentenamt inne. Truman befahl 1945 den Abwurf der Atombomben auf Hiroschima und Nagasaki, nahm 1945 an der Potsdamer Konferenz teil und suchte seit 1947 der kommunistischen Expansion durch den Marshall-Plan und die nach ihm benannte Doktrin entgegenzutreten.

# U

### Udet, Ernst

**Deutscher Generaloberst**
* 26.4.1896 Frankfurt a. M.
† 17.11.1941 Berlin
Der im Ersten Weltkrieg erfolgreiche Jagdflieger, der ab 1925 als Kunstflieger tätig war, wurde 1936 zum Chef des Technischen Amtes der Luftwaffe ernannt. Der Generalluftzeugmeister (ab 1939) war Vorbild für die Hauptfigur in Carl Zuckmayers Schauspiel »Des Teufels General«. Nach Auseinandersetzungen mit Reichsluftfahrtminister Hermann Göring wegen des gescheiterten Luftkriegs um England beging Udet Selbstmord.

# V

### »Vaterländischer Krieg«

**Sowjetische Bezeichnung für den Abwehrkampf gegen die deutschen Truppen.** Nach dem Überfall der deutschen Wehrmacht auf Russland 1941 rief das Zentralkomitee der Kommunistischen Partei die Bevölkerung zur Gegenwehr auf. Der Kampf gegen die deutschen Invasoren wurde zum »Großen Vaterländischen Krieg« erklärt.

### Verdunkelung

**Teil der Luftschutzmaßnahmen im Deutschen Reich.** Im Mai 1940 traten zum ersten Mal im Reichsgebiet einheitliche Regelungen zur Verdunkelung in Kraft. Nach einer Anordnung des Reichsluftfahrtministeriums galt eine allgemeine Verdunkelungspflicht zwischen Sonnenunter- und Sonnenaufgang. Allgemein wurden die Gefahren der Bombenangriffe zu diesem Zeitpunkt nicht besonders hoch eingeschätzt. Im Vertrauen auf die Leistungsfähigkeit der Fliegerabwehr empfand die Bevölkerung die Verdunkelung oft eher als Schikane.

### Vertreibung

**Umfassende Bezeichnung für die durch Drohung oder Gewalt bewirkte Aussiedlung von Menschen aus ihrer Heimat.** Unter Vertreibung der Deutschen aus Ostmitteleuropa werden im Allgemeinen zwei Bereiche verstanden: Zum einen die in der Endphase des Krieges von deutschen Behörden angeordnete Evakuierung oder die Flucht weiter Teile der deutschen Bevölkerung vor der Roten Armee oder Partisanenverbänden. Zum anderen die nahezu völlige Ausweisung oder Zwangsumsiedlung der in den Ostgebieten verbliebenen Deutschen nach dem Ende des Krieges.

### Vichy-Regierung

**Bezeichnung für die zwischen 1940 und 1944 amtierende französische Regierung.** Als Frankreichs Ministerpräsident Philippe Pétain im Juni 1940 einen Waffenstillstand mit dem Deutschen Reich schloss, war der größere Teil des Landes von deutschen Truppen besetzt. Die Regierung nahm ihren Sitz in Vichy im unbesetzten Teil Frankreichs. Präsident Pétain errichtete als Staatschef ein autoritäres Regime. Durch Zusammenarbeit mit den Deutschen wollte die Vichy-Regierung ein Höchstmaß an Eigenständigkeit sichern. Nachdem im November 1942 ganz Frankreich von deutschen Truppen besetzt worden war, verlor die Vichy-Regierung ihren Einfluss.

## Volksgerichtshof

**Ein von der NS-Regierung zunächst als Provisorium geschaffenes, 1936 in ein ständiges Organ umgewandeltes Gericht.** Dem Volksgerichtshof oblag die Rechtsprechung in politischen Strafsachen, insbesondere bei Hoch- und Landesverrat. Er war ein politisches Werkzeug des Regimes und diente der Unterdrückung politischer Gegner. Unter dem Vorsitz Roland Freislers nahmen die Todesurteile ab 1942 deutlich zu. Insgesamt verfügte der Volksgerichtshof mehr als 5000 Hinrichtungen und wurde zum Symbol des nationalsozialistischen Unterdrückungsapparats.

## Volkssturm

**Bezeichnung für eine in den letzten Kriegsmonaten gebildete deutsche Kampforganisation.** Vor allem alte Männer und halbwüchsige Jungen wurden in der Schlussphase des Kriegs zum Einsatz an der Front herangezogen. Ihre Ausbildung und Ausrüstung waren mangelhaft. Der durch einen Erlass Hitlers im September 1944 gebildete Volkssturm sollte die Wehrmacht bei der Verteidigung des Reichsgebiets unterstützen.

## V-Waffen

**Abkürzung für die neu entwickelte vom Deutschen Reich Vergeltungswaffen genannten Raketensysteme.** Die neuartigen Waffen wurden ab 1944 hauptsächlich für Angriffe auf Großbritannien eingesetzt. Die V 1 war eine Flügelbombe, die V 2 eine ballistische Flüssigkeitsrakete mit einer Sprengstoffladung von 975 kg. Der Einsatz der V-Waffen wurde von großem propagandistischem Aufwand begleitet. Die Wirkung der Bomben trug jedoch nicht zu einer Kriegswende bei.

# W

## Wannsee-Konferenz

**Treffen von NS-Politikern am Berliner Wannsee zur »Endlösung der Judenfrage«.** Auf der von Reinhard Heydrich, dem Leiter des Reichssicherheitshauptamtes, am 20. Januar 1942 einberufenen Konferenz wurde die Zusammenarbeit der verschiedenen Reichsbehörden bei der systematischen Deportation und Ermordung der europäischen Juden koordiniert. Bereits kurz nach dem Angriff auf die Sowjetunion im Juni 1941 war der größte Völkermord der Geschichte eingeleitet worden.

## Warschauer Aufstand

**Bezeichnung für mehrere Erhebungen in der polnischen Hauptstadt.** 1943 erhoben sich mehrere hundert Bewohner des Warschauer Ghettos gegen die deutschen Besatzer. Die SS reagierte mit Massenerschießungen und dem Niederbrennen der Häuser. Im August 1944 brach ein Aufstand der polnischen Heimatarmee gegen die deutsche Besatzungsmacht aus. Die im Untergrund organisierten polnischen Einheiten wollten einer Befreiung durch die heranrückende Rote Armee zuvorkommen, um eine sowjetische Machtübernahme zu verhindern. Deutsche Truppen konnten den Aufstand jedoch niederschlagen, da die Rote Armee den Aufständischen nicht zur Hilfe kam.

## Wehrmacht

**Bezeichnung für die Streitkräfte des Deutschen Reichs.** Der Begriff wurde 1935 mit der Wiedereinführung der allgemeinen Wehrpflicht zur amtlichen Bezeichnung und löste den bis dahin verwendeten Begriff Reichswehr ab. Die NS-Regierung rüstete die aus drei Teilen – Heer, Kriegsmarine, Luftwaffe – bestehende Wehrmacht in den folgenden Jahren unter Verstoß gegen die Bestimmungen des Versailler Vertrags systematisch auf und band sie in den nationalsozialistischen Herrschaftsapparat ein.

## »Werwolf«

**Deutsche Sabotage-Kommandos.** Als die alliierten Streitkräfte 1945 immer weiter auf deutsches Gebiet vorrückten, rief die NS-Führung die Ju-

gend zu Sabotage-Aktionen hinter der Front auf. Sog. Werwolf-Kommandos sollten Verkehrswege und militärische Anlagen der Alliierten zerstören. Darüber hinaus wurden sie aufgefordert, Mordanschläge auf Personen zu verüben, die mit den alliierten Besatzungsbehörden zusammenarbeiteten.

## Westwall

**Befestigungssystem zum Schutz der deutschen Westgrenze.** Der Westwall – auch Siegfriedlinie genannt – zog sich von Aachen bis Basel. Er bestand u.a. aus rd. 15 000 Bunkeranlagen und Panzersperren. In seiner strategischen Bedeutung wurde er – ebenso wie die französische Maginotlinie – weit überschätzt.

## Widerstand

**Bezeichnung für Gruppierungen und Aktionen gegen das NS-Regime.** Im Widerstand gegen das NS-Regime fanden sich Angehörige vieler weltanschaulicher Richtungen zusammen. Sie einte ein moralischer Antrieb gegen die unmenschliche Brutalität des Nationalsozialismus. Zu ihnen gehörten Kirchenvertreter wie der Bischof der Evangelischen Landeskirche Baden-Württemberg, Theophil Wurm, der Theologe Dietrich Bonhoeffer oder die Philosophin und Karmeliterin Edith Stein. Einer der Hauptvertreter des bürgerlichen Widerstands war der konservative ehemalige Leipziger Oberbürgermeister Carl Friedrich Goerdeler. Er unterhielt Kontakte zum militärischen Widerstand um den 1938 als Generalstabschef des Heeres zurückgetretenen Generaloberst Ludwig Beck. Der Militär war Mitverschwörer der Gruppe um Claus Graf Schenk von Stauffenberg, die das Hitler-Attentat am 20. Juli 1944 durchführte. Weitere Widerstandsgruppen waren die kommunistische »Rote Kapelle«, die »Edelweißpiraten«, eine Gruppe von Schülern und Lehrlingen aus dem Rhein-Ruhr-Raum und die »Weiße Rose« mit den Geschwistern Scholl.

## Winterhilfswerk

**NS-Organisation zur Unterstützung von Arbeitslosen und Bedürftigen im Deutschen Reich.** Das 1933 von der NSDAP gegründete Winterhilfswerk wurde vom Reichsministerium für Volksaufklärung und Propaganda geleitet. Nach Kriegsbeginn wurde es 1939 als Kriegs-Winterhilfs-

werk zur Linderung der Kriegsfolgen weitergeführt.

## Wochenschau

**Kurzberichterstattung über aktuelle Ereignisse als Kino-Rahmenprogramm.** Enthielten die Wochenschau-Aufnahmen vor dem Krieg stets eine Mischung aus Ausschnitten von Parteiveranstaltungen, Reden nationalsozialistischer und befreundeter Politiker sowie Bilder aus Kultur, Alltag und Sport, reduzierte sich die Wochenschau im Krieg immer stärker auf eine Chronik der laufenden Frontereignisse. Damit waren die Wochenschauen in den NS-Propagandaapparat eingebunden.

## »Wolfsschanze«

**Führerhauptquartier bei Rastenburg in Ostpreußen.** Von der »Wolfsschanze« leitete Hitler vom Juni 1941 bis zum November 1944 – mit Unterbrechungen – das politische und militärische Geschehen, hielt Lagebesprechungen ab und empfing Staatsgäste. Am 20. Juli 1944 scheiterte in dem Hauptquartier das Attentat von Stauffenberg auf Hitler. Im November 1944 musste Hitler angesichts des raschen sowjetischen Vormarschs die »Wolfsschanze« räumen.

# X,Y,Z

## Zwangsarbeiter

**Bezeichnung für sog. Fremdarbeiter, die zur Arbeit in der Industrie und der Landwirtschaft im Deutschen Reich gezwungen wurden.** Im Frühjahr 1944 befanden sich rd. 7 Mio. Zwangsarbeiter u.a. aus Polen, Russland und Frankreich im Deutschen Reich. Hunderttausende starben. Da der Bedarf an Arbeitskräften vor allem in der Rüstungs- und Bauindustrie höher war als die verfügbare Zahl Freiwilliger, befahl Fritz Sauckel, Generalbevollmächtigter für den Arbeitseinsatz, auch Zwangsrekrutierungen. Diese wurden von Einsatzkommandos der Arbeitsämter, unterstützt von Einheiten der Sicherheitspolizei und der SS, mit Gewalt durchgeführt. Viele Männer, Frauen und Jugendliche wurden auf offener Straße ergriffen und ins Deutsche Reich verschleppt.

Das **Personenregister** enthält alle in diesem Buch genannten Personen (nicht berücksichtigt sind mythologische Gestalten und fiktive Persönlichkeiten sowie Eintragungen im Anhang). Die Herrscher und Angehörigen regierender Häuser mit selben Namen sind alphabetisch nach den Ländern ihrer Herkunft geordnet. Kursive Zahlen verweisen auf Abbildungen.

Das **Sachregister** enthält Stichwörter zu den in den einzelnen Artikeln behandelten Ereignissen und Entwicklungen. Kalendariumseinträge und der Anhang sind nicht in das Register aufgenommen worden. Viele Stichwörter werden unter Oberbegriffen, zu denen Ländernamen und Begriffe wie »Judenverfolgung« oder »Widerstand« gehören, zusammengefasst.

# Quellen

Texte

© für die folgenden Beiträge:

S. 18, S. 84, Paul Schmidt: »Statist auf diplomatischer Bühne«, AULA-Verlag, Wiesbaden

S. 67, S. 140, S. 257, S. 310, S. 329, S. 383, S. 414, Heinz Boberach: »Meldungen aus dem Reich«, Pawlak-Verlag, Herrsching

S. 132, Werner Jochmann (Hg.): »Adolf Hitlers Monologe im Führerhauptquartier 1941-44«, Albrecht Knaus Verlag, München

S. 132, S. 193, S. 345, Martin Broszat: »Rudolf Höß, Kommandant in Auschwitz. Autobiographische Aufzeichnungen«, Institut für Zeitgeschichte, München

S. 187, S. 216, Thomas Mann: »Deutsche Hörer. Radiosendungen nach Deutschland aus den Jahren 1040-1945« in: »Gesammelte Werke in 83 Bänden«, Bd. XI, »Reden und Aufsätze«, S. Fischer Verlag, Frankfurt am Main 1974

S. 209, Anne Frank: »Das Tagebuch der Anne Frank«, einzig autorisierte und ergänzte Fassung Otto H. Frank und Mirjam Pressler ©1991 Anne-Frank-Fonds, Basel. Alle Rechte vorbehalten S. Fischer Verlag, Frankfurt am Main.

S. 458, S. 496, Georgi K. Schukow: »Erinnerungen und Gedanken«, Brandenburgisches Verlagshaus, Berlin

S. 507, Erich Kästner: »Notabene 1945. Ein Tagebuch«, Atrium Verlag, Zürich, 1961

# Abbildungen

aisa, Barcelona (3); Archiv für Kunst und Geschichte, Berlin (46); Associated Press GmbH, Frankfurt (9); Bildarchiv Preußischer Kulturbesitz, Berlin (2); Bundesarchiv, Koblenz (2); Chronik Verlag (992); Chronos Film GmbH, Berlin (6); Cinetext, Frankfurt (1); Hermann Claasen, Köln (4); Corbis-Bettmann Archive Inc., New York (129); Deutsches Museum, München (1); DIZ München GmbH, München (27); dpa, Frankfurt (7); Etablissement Cinématographique et Photographique d'Armée, Ivry sur Seine (1); Ev. Pressedienst, Frankfurt (1); Leuther von Gersdorff, Otterfing (1); Archiv Gerstenberg, Wietze (33); Gerhard Gronefeld, München (12); Hauptamt für Hochbauwesen, Nürnberg (1); C. Henrich, Traben-Trarbach (5); Thomas Höfler, Hüsingen (1); Holtz Apfel, Bussum (1); Imperial War Museum, London (4); Interfoto, München (3); Institut für Marxismus-Leninismus, Moskau (6); Keystone, Hamburg (52); Archiv Ernst Klee, Frankfurt (1); Historisches Archiv Friedrich Krupp GmbH, Essen (1); Messerschmitt-Bölkow-Blohm Flugzeuge, München (1); Freya von Moltke, Vermont (2); Museet for Danmarks Frihedskamp, Kopenhagen (1); Museum für Kunst- und Kulturgeschichte, Lübeck (2); National Archives, Washington (9); Österr. Nationalbibliothek, Wien (1); Bildarchiv Janusz Piekalkiewicz, Rösrath (14); Rigmor Delphin (1); Rijksinstituut voor Oorlogsdocumentatie, Amsterdam (4); Roger Viollet, Paris (1); Ruhrland-Museum, Essen (1); Ruhrtalsperrenverein (1); Schiller Nationalmuseum/Deutsches Literaturarchiv, Marbach (1); Hugo Schmidt-Luchs, Hamburg (1); Irmgard Senoner-Hopf, Vico Morcote (3); Sipa Press, Paris - Witt (1); Stadtarchiv Bielefeld (1); Stadtarchiv Bremen (1); Stadtarchiv Dortmund (4); Stadtarchiv Duisburg (5); Stadtarchiv Gelsenkirchen (2); Stadtarchiv München (1); Stadtarchiv Peine (1); Stadtbibliothek Nürnberg (1); Stadtbildstelle Essen (1); Starliner Aviation Press (1); Statni Zidovske Muzeum Praze, Prag (6); Karl Stehle, München (1); Ullstein GmbH Bilderdienst, Berlin (2); US Marine Corps Archives (5); Wissen Media Verlag GmbH, Gütersloh (51); WZ-Bilddienst, Wilhelmshaven (1); Dr. Christian Zentner, München (2); Zydowski Instytut Historyczny; W. Polsce, Warschau (6).

Karten und Grafiken: Chronik Verlag

Abbildungen auf dem Schutzumschlag: Archiv für Kunst und Geschichte, Berlin (2)

Vor- und Hintersatz: Presse- und Informationsamt, Bonn (1), Wissen Media Verlag, Gütersloh (1)